《中国政党制度年鉴》编委会

中国政党制度年鉴

2013

中央社会主义学院中国政党制度研究中心编

中央文献出版社

编辑说明

一、《中国政党制度年鉴》是中央社会主义学院中国政党制度研究中心主编的一部专业性年鉴。它全面、系统地记录和反映了一年内政党制度理论创新和实践发展、执政党建设理论和实践研究、参政党建设理论和参政能力建设的基本情况。鉴于目前国内关于执政党研究的理论和实践成果十分丰富，它突出介绍了我国政党制度和参政党的研究和实践状况。

二、《中国政党制度年鉴》以中国特色社会主义理论体系为指导，力争全面、客观地反映中国共产党领导的多党合作和政治协商制度的理论研究动态、实践成果、政党和政党制度建设情况。

三、本年鉴框架相对稳定。《中国政党制度年鉴·2013》共设中国政党制度研究，执政党研究，参政党研究，重要文献，政党活动纪要，学术会议、学术人物，参政议政案例选，附录共八个栏目。

四、重要文献主要选编各民主党派本年度内关于参政议政、自身建设等重要文件、条例、规章制度，大会报告；学术会议是指与政党和政党制度研究相关的学术会议；学术人物是指在政党和政党制度研究领域有较高社会知名度的学者和专家；附录一、二分别介绍了台湾政党制度、国外政党制度年度研究状况，附录三力求全面收录国内本年度关于政党制度相关研究的文献资料。欢迎社会各界积极推介有关政党制度的研究成果、学术会议和学术人物，我们将按标准收入年鉴。

五、鉴于中国政党制度的学科体系尚未规范，有关这方面的研究成果散见于各个学科之中，给资料收集工作带来很大困难，加上我们的学术水平和编辑能力所限，疏漏和不足之处在所难免，恳请广大读者不吝赐教，以便我们在今后的编辑工作中努力改进，使之不断完善。

目录

中国政党制度研究

中国政党制度研究述评……3

一、多党合作制度的形成和发展……3
二、多党合作制度的格局和主体关系……13
三、多党合作制度的特色和优势……22
四、多党合作制度的价值和功能……27
五、多党合作制度的思想和理论……33
六、多党合作制度的坚持和完善……39
七、人民政协理论与实践……46
八、社会主义协商民主……53

学术著作评介和论文观点摘要……63

一、学术著作评介……63
二、论文观点摘要……65

执政党研究

执政党研究述评……87

一、群众路线及群众路线教育实践活动研究……87
二、权力监督和反腐倡廉研究……101
三、关于纯洁性与理想信仰研究……111
四、服务党组织建设研究……115

五、新形势下基层党组织建设研究……119
六、党内民主研究……123
七、干部队伍建设研究……127

学术著作评介和论文观点摘要……132

一、学术著作评介……132
二、论文观点摘要……137

参政党研究

参政党研究述评……149

一、中国特色社会主义参政党研究……149
二、历史研究……151
三、政党关系与“同心”思想研究……155
四、“中国梦”与参政党作用研究……157
五、参政党的职能与功能研究……167
六、参政党自身建设研究……178

学术著作评介和论文观点摘要……193

一、学术著作评介……193
二、论文观点摘要……195

重要文献

中国国民党革命委员会……215

中国国民党革命委员会第十二届中央常务委员会工作报告……215
中国国民党革命委员会中央监督委员会工作报告……225
中国国民党革命委员会第十二届中央常务委员会关于中央参政议政工作情况的报告……228
中国国民党革命委员会中央常务委员会关于学习贯彻十二届全国人大一次会议和全国政协十二届一次会议精神的决议……233
中国国民党革命委员会第十二届中央委员会第二次全体会议决议……234
民革中央关于开展坚持和发展中国特色社会主义学习实践活动的决定……235
民革坚持和发展中国特色社会主义学习实践活动实施方案……237

中国民主同盟 240

中国民主同盟第十一届中央常务委员会工作报告
——2013 年 11 月 21 日在民盟第十一届中央委员会第二次全体会议上 240
中国民主同盟第十一届中央委员会第二次全体会议决议 249
民盟中央五年工作规划 250
民盟中央 2013 年工作要点 259
民盟中央关于学习贯彻十二届全国人大一次会议和全国政协十二届一次会议精神的决定 261
民盟中央关于学习贯彻中共十八届三中全会精神的通知 262
民盟中央关于开展坚持和发展中国特色社会主义学习实践活动的通知 264

中国民主建国会 266

坚定信念　凝聚共识　为推进全面深化改革作出新贡献
——在中国民主建国会第十届中央委员会第二次全体会议上的工作报告 266
民建中央关于认真学习贯彻十二届全国人大一次会议和全国政协十二届一次会议精神的决议 275
民建中央关于学习贯彻中共十八届三中全会精神的通知 276
民建中央关于开展坚持和发展中国特色社会主义学习实践活动的通知 278
民建中央关于开展坚持和发展中国特色社会主义学习实践活动的方案 280
民建中央关于改进工作作风座谈会所提意见的整改报告 282
中国民主建国会第十届中央委员会五年工作纲要 288
民建中央 2013 年工作要点 292

中国民主促进会 294

增进三个认同　提高履职水平　为全面深化改革作贡献
——中国民主促进会第十三届中央常务委员会工作报告 294
民进中央关于学习贯彻中共十八届三中全会精神的通知 302
关于学习贯彻十二届全国人大一次会议和全国政协十二届一次会议精神的通知 304
民进中央 2013 年工作要点 305
民进中央关于加强新形势下宣传思想工作的意见 308
民进中央开展坚持和发展中国特色社会主义学习实践活动方案 311

中国农工民主党 316

积极投身于全面深化改革的伟大实践　为坚持和发展中国特色社会主义贡献智慧和力量
——在中国农工民主党第十五届中央委员会第二次全体会议上的工作报告 316

中国农工民主党第十五届中央监督委员会 2013 年工作报告......326
中国农工民主党中央关于认真学习贯彻十二届全国人大一次会议和全国政协十二届一次会议精神的通知......329
中国农工民主党中央关于学习宣传贯彻中共十八届三中全会精神的通知......331
牢记历史选择　坚定政治信念
——在农工党中央纪念中共中央发布“五一口号”65 周年座谈会上的发言......334
中国农工民主党中央关于在全党开展坚持和发展中国特色社会主义学习实践活动的决定......337
中国农工民主党开展坚持和发展中国特色社会主义学习实践活动工作方案......338

中国致公党......342

中国致公党第十四届中央常务委员会工作报告
——在致公党第十四届中央委员会第二次全体会议上......342
关于印发《致公党中央关于改进工作作风、密切联系群众的若干规定》的通知......350
致公党中央关于学习贯彻“两会”精神的决议......351
致公党中央 2013 年工作要点......352
致公党第十四届中央监督委员会第二次全体会议纪要......356
致公党中央关于学习贯彻中共十八届三中全会精神的决议......357
中国致公党参与毕节试验区建设近期工作计划......359

九三学社......363

九三学社第十三届中央常务委员会 2013 年工作报告......363
九三学社中央监督委员会关于 2013 年工作情况和 2014 年工作要点的报告......371
九三学社中央关于落实改进工作作风、密切联系群众八项规定的实施意见......374
九三学社中央关于进一步加强组织建设的若干意见......376
九三学社中央机关公文处理工作规定......379
九三学社中央关于在全社开展坚持和发展中国特色社会主义学习实践活动的实施方案......385
九三学社中央开展坚持和发展中国特色社会主义学习实践活动领导小组名单及主要职责......389
九三学社中央监督委员会工作条例......390
九三学社中央监督委员会工作细则......391

台湾民主自治同盟......393

台湾民主自治同盟第九届中央常务委员会 2013 年工作报告
——在台盟第九届中央委员会第二次全体会议上......393

台湾民主自治同盟内部监督条例......398
台盟中央专门委员会通则......401
台湾民主自治同盟中央委员会参政议政工作五年（2013—2017年）规划纲要......402
台盟中央2013年工作要点......412
台盟中央关于社会服务工作的指导意见......415
台盟中央参事室规则（试行）......418

政党活动纪要

中国共产党......423

一、重要会议及活动......423
二、经济政治文化社会建设及生态文明建设......426
三、多党合作和政治协商......434
四、港澳台工作......438
五、党际交往活动......440
六、自身建设......441

中国国民党革命委员会......447

一、重要会议及活动......447
二、参政议政......468
三、社会服务......479
四、自身建设......482

中国民主同盟......487

一、重要会议及活动......487
二、参政议政......501
三、社会服务......518
四、自身建设......525

中国民主建国会......539

一、重要会议及活动......539
二、参政议政......572
三、社会服务......574
四、联络工作......578
五、自身建设......579

中国民主促进会 586

一、重要会议及活动 586
二、参政议政 599
三、社会服务 602
四、自身建设 609

中国农工民主党 615

一、重要会议和活动 615
二、参政议政 634
三、社会服务 644
四、自身建设 651

中国致公党 665

一、重要会议及活动 665
二、参政议政 677
三、海外联谊和港澳台工作 680
四、社会服务 684
五、自身建设 687

九三学社 691

一、重要会议及活动 691
二、参政议政 702
三、社会服务 709
四、自身建设 713

台湾民主自治同盟 721

一、重要会议及活动 721
二、参政议政 745
三、对台工作 757
四、社会服务 760
五、自身建设 764

学术会议　学术人物

学术会议 771

第三届参政党建设论坛暨湖北省参政党理论研究专业委员会第七届年会 771
参政党与中国现代文明发展理论研讨会 773
2013 年全国社会主义学院系统理论研讨会暨中央社会主义学院中国政党制度研究中心第十一届年会 776
中国特色社会主义参政党理论研讨会 781
参政党的社会基础与社会功能理论研讨会 784
第五届中国政党研究论坛 786
协商民主与人民政协研讨会 788

学术人物 791

参政议政案例选

中国国民党革命委员会参政议政案例 797

一、关注农村困难群众权益保障，推进社会主义新农村建设 797
二、积极开展财税问题调研，就完善财政转移支付制度献计出力 800
三、建言首都新机场建设，推动京津冀一体化发展 803
四、推动藏区旅游业发展，为兴藏稳藏作贡献 805
五、以新型农村社区建设为抓手，助推城乡一体化发展 806

中国民主同盟参政议政案例 810

一、建言加强耕地质量建设、保障农产品质量安全 810
二、建言全面优化制度安排，实现社会保障定型、稳定、可持续发展 811
三、建言加强西北旱区农牧业可持续综合开发开展 814
四、以第九届海峡两岸暨港澳地区大学校长联谊活动为载体，力促两岸四地合作与交流 817
五、创新民盟教育论坛，推动高教内涵式发展 818

中国民主建国会参政议政案例 820

一、建议大力发展环保产业，促进生态文明建设 820
二、建议大力推动我国清洁能源发展，促进新型城镇化过程中的环境保护 824
三、建议积极稳妥推进新型城镇化，实现城镇化健康发展 826
四、建议坚持“市场主导、政府引导”的城镇化模式，充分激发民间资本的投资活力 828
五、建议规范和促进我国影子银行发展 830
六、建议在京津冀大气污染防治中加大中央政府对河北工作支持力度 832

中国民主促进会参政议政案例 838

一、促进教育公平，推进义务教育均衡发展 838
二、为推进惩治和预防腐败体系建设建言献策 843
三、为维护新疆稳定出谋划策 845
四、把脉城镇化：积极稳妥推进中国特色新型城镇化进程 847
五、关注行政审批制度改革，建议行政审批制度改革落到实处 849

中国农工民主党参政议政案例 851

一、建言积极应对区域灰霾污染 851
二、建言健康服务业发展 853
三、建言在黑龙江省建立国家安全食品生产基地 857
四、深化内陆开发开放，助推两江新区加快发展 859
五、建言加强长江上游流域生态治理工作 861
六、建言防控恶性伤医事件 863

中国致公党中央参政议政案例 866

一、全力推动农业现代化发展 866
二、积极推进淮河经济带建设 867
三、加快实施走出去战略，提升国际化经营水平 869
四、加快良田建设，促进农业转型 871
五、大力促进健康服务业发展 873

九三学社参政议政案例 876

一、呼吁促进建筑产业化健康发展 876
二、关注科技服务业，为落实创新驱动发展战略建言献策 878
三、建言加强绿色农业发展 881

四、关注科技资源配置，建言提高科技投入效率 883
五、建言强化规划的科学性、权威性，推进城镇化健康发展 884

台湾民主自治同盟参政议政案例 887

一、持续关注海西经济区建设，深入助推两岸经贸文化交流 887
二、开展典型案例系列调研，助推新型城镇化建设 890
三、助力台资企业根植大陆，巩固深化两岸关系和平发展的经济社会基础 893
四、建言水资源保护，共筑美丽中国梦 895
五、聚焦行政绩效考核，助力推动政府职能转变 897
六、关注社会组织发展，疏通承接政府职能转移的“毛细血管” 899

附　录

附录一：台湾政党制度研究 905

一、研究论文概要 905
二、研究性著作简介 922
三、重要的学术会议概况 925

附录二：国外政党制度研究 928

一、国外政党建设与执政经验研究 928
二、中外政党制度比较研究 936
三、国外政党政治及政党制度发展研究 937
四、政党理论和观点的引介与评析 948

附录三：中国政党制度年鉴文献目录 950

一、论文 950
二、著作 1006

中国政党制度研究

中国政党制度研究述评

中国共产党第十八次全国代表大会召开后的一年间，特别是在十八届三中全会前后，推动各项改革深入发展的氛围日渐浓郁，相关理论与实践研究也都鲜明地展现出全新的时代特点。中国政党制度理论与实践研究也是如此。学者们以纪念中国共产党“五一口号”发布 65 周年为契机，在追忆协商建国辉煌历史的基础上，结合我国经济社会特别是政治发展的最新要求，总揽六十多年来协商治国起落沉浮的历程，对中国共产党领导的多党合作和政治协商制度的理论与实践进行了全面深入的研究和探讨。与往年相比，2013 年中国政党制度研究的各个领域并没有出现大的变化，但研究的内容相对集中，与以往研究的问题均衡分布的情形有所不同。专家学者们尤其侧重旨在返本开新的多党合作思想研究，以及紧密结合改革与发展实际的理论探讨，特别是对协商民主理论的探讨。在研究中，学者们出于对党和人民事业的道义和责任、基于对国家和民族未来的情怀与担当，自觉贯彻了一致性与多样性相统一、逻辑与历史相统一、历史与现实相统一、民族性与现代性相统一的基本理念和原则，或高屋建瓴、注重大局，或以小见大、见微知著，或厚重学理、推重理性，或解剖麻雀、总结经验，或论从史出、娓娓道来，或直面现实、直抒胸臆，收获了不少优秀的研究成果，其中一些还是很有价值、极具创见性的精品之作。现择其要者，综述如下：

一、多党合作制度的形成和发展

任何政党制度都是特定政治发展的产物。近代以来中国政治发展的历史决定了中国政党制度产生的必然性和合理性。蕴含于政治发展历史中的基本逻辑——必须不断反映、顺应中国政治发展的时代任务和现实要求，又决定了中国政党制度历史发展、现实延展的必要性和紧迫性。这一点，既体现了政治发展、政党制度形成和发展的一般性、规律性，又决定了中国政治发展、政党制度形成和发展的特殊性、民族性。本年度学者们对于多党合作形成和发展的研究，大都在这两个方面揭示和体现了逻辑与历史、历史与现实的一致性。其中林尚立的《中国政党制度的历史性贡献》，周淑真的《政党政治理念的变革及其深层逻辑》，刘景泉、赵晓呼的《论近代以来中国政党的基本走向》，杭元祥的《中国多党合作事业的历史回顾》，朱俊瑞、赵宬斐的《社会转型中的“中心主义”与“边缘意识”——论中国政党的现代性“移植”与“建构”》，以及鲍跃华的《中国特色政党制度的共识导向及其延展》等文章，最具理论研究上的深度和问题导向上的代表性。相关研究突出表明，当代中国的政党政治理念问题，实际上是多党合作制度理论与实践中的根本问题。诚如周淑真教授所言，政党政治理念的变革是政党体制以至政治体制发展和改革的前提。就多党合作制度而言，就是这一制度究竟“为了什么”的问题，实际上决定了它“何以可能”又“如何可能”的问题。总之，所有相关的理论和实践问题，特别是最为关键的历史性变革问题，都可以因为对这一根本问题的回答而得到历史和现实的检验。

（一）多党合作制度的历史必然性

本年度发表的大多数关于中国政党制度的研究论文中，或多或少地提及了多党合作制度的历史必然性，但专门就此问题作深入的历史梳理和学理阐发的却并不太多。好在相关探讨及其研究视角都比较有代表性。总的来看，2013 年度学者们对我国多党合作制度必然性问题的研究，基本上是从纵向、横向两个角度分别展开的。对多党合作制度历史必然性的讨论，始终离不开对政治发展现实的政治关怀。当然，在讨论这一政党制度的现实问题时，也不能忘记、脱离它们所内涵的政治发展的逻辑。

林尚立在《中国政党制度的历史性贡献》（《求是杂志》2013 年第 13 期）一文中认为，由于“现代化即西方化”的错觉和历史意识，西方政治模式似乎成了后发现代化国家不得不遵从的政治正统。但现代化、民主政治本身并非只有西方模式，即便政治价值与意识形态完全一致的西方国家，彼此间也根本不存在完全相似的制度体系。因而，任何试图将现代化、民主化单一模式化的企图，都是对人类社会发展的反动且毫无历史进步意义。文章指出，在中国现代化与民主化的历史进程中，在同时致力于国家现代转型和国家与社会整合这两大历史任务方面，中国政党制度都充分展现出其产生、存在和发展的历史必然性。多党合作制度不仅建立了新社会、新国家，而且实现了快速现代化发展，使中国重新成为世界的政治、经济大国，并确立了完全意义上的现代民主制度体系。该政党制度所以具有这样的功能，在于其不仅是人民民主实践的产物，也是中国共产党统一战线实践的产物。正是借助这种独特的政党制度，中国的现代化和民主化发展一直平稳地在坚持党的领导、人民当家做主和依法治国三者统一基础之上有序展开，从而保障了大型国家在快速变迁与发展过程中的稳定与协调。

汪守军在《“中间路线”的历史宿命与中国共产党领导的多党合作和政治协商制度的历史必然性》（《中央社会主义学院学报》2013 年第 2 期）一文中认为，从世界社会主义运动源流的角度，分析了第二国际后期以来“中间道路”（“第三条道路”）和“中间路线”的发展脉络及历史演变，指出：这条道路在政治理论上具有模糊性，在走向上也始终具有摇摆性和暂时性，因而即便在西方也只是一种时常遭遇种种难题、重重危机的政治模式、道路选择。文章继而分析了中国第三条道路的提出及相关实践，指出其在特定历史时期内纯属偶然（国内暂时和平、国共力量暂时均衡）且缺乏现实社会基础和力量支撑的实质，揭示了其最终不得不在国民党独裁专制和共产党爱国民主之间做出政治抉择的历史宿命。但是，民主党派的相关理论与实践也并非全无影响。毛泽东关于新民主主义政治的理论建构客观上就涵括、呼应了民主党派的基本要求并与之高度契合，为它们后来被迫的政治转变提供了理论和现实依据。随着国共内战再次爆发和逐渐深入、国内和平与政治均衡被打破，“中间党派”一步步被推向共产党领导的人民革命阵营，人民革命力量与国民党反动派的力量对比迅速变化，“中间阵营”出现严重分化、最终接受中国共产党领导也就成了历史的必然。

刘在华在《中国共产党的政治品质和组织领导能力决定了中国政党制度的历史必然性》(《延边党校学报》2013 年第 4 期）一文中认为，各民主党派、无党派人士之所以接受中国共产党的领导，是因为中国共产党有与其他政党精诚合作的政治品质和非凡的组织领导能力。文章具体结合中国共产党第一、二次国共合作方针的确立，同国民党的独裁统治作斗争，中国政治协商会议(旧政协)的召开，以及它在建国后与多党派间政治合作的历史，得出中国共产党有与其他政党精诚合作的政治品质。此外，中国共产党在长期的革命战争中组织、领导和巩固统一战线，特别是组织领导抗日民族统一战线、实施三三制原则，同国民党政府在重庆进行了为期 43 天的和平谈判，召开新政协及建立在中国共产党领导下的多党联合政府等历史功绩，表明其的确具有非凡的组织领导能力。非凡的组织领导能力是中国共产党的禀赋品质，没有中国共产党领导的革命事业都终归失败，因此中国共产党领导的多党合作和政治协商制度是新中国必然的政治制度选择。

程单剑在《试论近代中国现代化与政党先进性的关系》(《学理论》2013 年第 26 期）一文中认为，政党与现代化联系密切。政党是现代化的产物，现代化为政党的形成和发展提供条件。政党和政党制度对现代化进程具有重大作用，很大程度上决定了现代化的快慢和成败。近代中国现代化一直没有获得强有力的先进政党的支撑，现代化进程的迟缓也与此有关。先进政党、政党制度的产生和发展与现代化的进展有着密切的关系，也能更强劲地促进现代化进程。中国共产党为中国现代化的顺利进行提供了根本前提。只有中国共产党才能完成彻底反帝反封建的使命，承担领导中国现代化的重任，而这一切则是取决于这个党的先进性。

车庆芳在《中国特色政党制度是历史的必然选择》(《山西青年报》2013 年第 11 期）一文中认为，多党合作制度的产生、确立和发展，是合乎历史发展客观规律的必然结果，也是由中国共产党和各民主党派共同创建、精心打造的智慧结晶。在中国，不存在西方政党制度生长的土壤，违背人民意志的一党专制终将被历史所抛弃。中国共产党的领导地位是在长期革命进程中确立起来的，各民主党派、无党派民主人士是在长期实践中经过比较，自觉地、郑重地选择了中国共产党的领导。这项制度，既合乎时代发展潮流，又体现了中国社会发展的内在要求，符合中国国情和中国革命、建设、改革的实际，符合社会主义民主政治的本质要求，体现了中华民族和而不同、兼容并蓄的优秀文化传统，具有鲜明的中国特色。

（二）多党合作制度的文化基础及现代意义

政党制度与各国家、各民族政治生活方式密切相关。任何政党制度都得从本民族的文化特别是政治文化的发展中生长而来，也都直接、间接地影响甚至能够变革、重塑所属国家、民族的生活方式。我国政党制度源于马克思主义，同时也深植于中国文化的沃土当中。本年度学者们的相关研究更多侧重于历史考察，侧重本民族文化对政党政治历史、现实与发展前景的角度，揭示了我国多党合作文化内涵，多党合作对于民族文化的传承和创新，以及它与中国梦的内在的精神连结。总的来看，对于多党合作制度的文化基础，还是过多地集中于民族精神、民族心理的层面，未来尚有待于进一步拓展、挖潜，尝试从中华民族、中国人民传统的行为方式以及习惯、惯例等相关制度文化的角度做出更全面、立体的探索。

李伟在《中国政党制度的特点和优势》（《人民论坛》2013 年第 27 期）一文中认为，包括政党制度在内的政治制度只有扎根于国家、民族的深厚土壤之中，才能在国家生存和持续发展的过程中，成为稳定社会、维系国民共识的正能量。中国政党制度的形成与我国的传统和合文化有深刻的联系，是从中华民族特有的文化中渗透出来的，是从人民大众自身的不断选择中走出来的，因而具有内在的发展动力、坚实的合法性和历史的逻辑性。

李文涛、顾国柱在《我国多党合作文化内涵探讨》（《上海市社会主义学院学报》2013 年第 4 期）一文中，分别从政党文化、党派合作文化以及中华传统文化三方面来论述我国多党合作文化的内涵及其重大意义。关于政党文化，作者指出，西方式的政党政治无法顺利展开并根本解决中国的问题。中国数十年革命实践证明，哪个党能更成功地扎根群众，更准确地把握社会和时代脉搏，宣传和动员最广大人民群众为国家谋利益，并将之作为立党之本、力量之源，哪个党就会走向最后的胜利。文章指出，多党合作文化是我国社会主义文明中的重要组成部分。各民主党派坚持爱国、民主、团结、求实的价值追求，与中国共产党在长期团结奋斗中形成了共同的思想政治基础，在政党基本价值取向上具有一致性。至于多党合作的传统文化基础，则在于重德厚生、和合中庸、人本仁爱及爱国奉献的基本理念与价值。在新世纪中华民族全面复兴的历史时期，发展社会主义民主政治，建设社会主义政治文明，其中一项重要任务就是不断丰富我国多党合作文化的内涵，将之提升到社会主义政治文明的高度，为人类文明做出新的贡献。

蔡圣凤在《中国多党合作制度的传统文化渊源探析》（《党史文苑》2013 年第 20 期）一文中认为，中国传统文化深刻影响中国政治制度的建构，所以中国政党制度的构建应当尊重民族传统文化。当代中国的政党制度就是中国传统文化对外来政党制度自然选择的产物。资本主义竞争性政党制度在中国以失败告终，重要原因之一便是其竞争性不符合中国传统文化理念。马克思主义多党合作思想是适应中国优秀传统文化的先进政党思想，中国共产党依据国情，最终建立了适应中国传统文化的中国共产党领导的多党合作与政治协商制度。

刘蓉宝在《多党合作文化对中华文化的传承和创新》（《文史博览·理论》2013 年第 1 期）一文中认为，多党合作文化是中国共产党和各民主党派对多党合作制度的认知、情感和态度，是独具特色的政治文化、政党文化。多党合作文化体现了共产党和各民主党派的意识形态、政治价值、政治心理、制度规范、行为作风、组织原则和标识等，它倡导团结和谐、民主协商与合作共赢，并具有如下特点：思想意识的继承性，政治共识的统一性，制度理念的先进性，以及文化内涵的包容性。文章指出，多党合作制度是浸润着中华文化“和而不同”的思想，传承了中华文化“多元一体”的文化观，秉持了中华文化“和谐包容”的意蕴。要传承、创新多党合作文化，应着力于加强制度建设，扩大参政议政，注重民主监督，向法治文化、公民文化和民主文化发展。多党合作确立了“和而不同”的和谐政党文化，能更大程度上发扬民主，体现高效率，体现集中与统一的运行效能，具有鲜明的时代特征，体现了中华民族的政治智慧，揭示了民主政治的发展方向，是中国人民的伟大创造，是对中国传统政治文化的创新和发展。

赵秀忠在《西柏坡多党合作文化的价值内涵和文化底蕴》(《山西社会主义学院学报》2013 年第 3 期）一文中认为，中共中央驻留西柏坡时期所形成的多党合作文化有着丰富的内涵和深厚的意蕴。其价值内涵主要体现为“同心、包容、协商、共赢”。“同心”理念揭示了多党合作制度的动力之源，体现多党合作制度的鲜明特征，是“和合文化”在政党政治上的反映，也是西柏坡多党合作文化价值内涵的灵魂。“包容”是西柏坡多党合作文化的品质特征，与“同心”理念形成一个问题的两个方面，都体现了多党合作制度对立统一、一致性与多样性有机融合的特点，又是中华传统文化“厚德载物”、“和而不同”思想的体现；“协商”，是多党合作文化内涵的关键内容，是多党合作文化的生命，是对中和、中庸思想的弘扬。协商民主与多党合作相伴而生，协商民主制度也是从西柏坡走来的。“共赢”是多党合作文化内涵的重要内容，最能体现多党合作文化的价值取向，是其精髓，反映多党合作的目标取向，也是中华民族人本主义精神的升华。

温小勇在《西柏坡多党合作文化对中国梦的价值启迪》(《河北省社会主义学院学报》2013 年第 4 期）一文中认为，中国共产党在西柏坡领导全国革命时期，在行为、制度上形成了共产党主导、各民主党派为主体的合作共进的中国特色的政党制度文化。该文化以民主为内核，开辟了一条跳出“历史周期律”的新路，秉承民主精神、筑牢民主根基，有助于拓展和走好适合中国国情的发展道路，赋予实现中国梦以深刻的理论自信、道路自信、制度自信；该文化以包容为通路，体现了中国共产党集思广益、善于学习的先进性，传承包容品格、提升包容价值，并融汇于民族精神与时代精神之中，有助于自信地面对“自己不懂的东西”，从而赋予实现中国梦之路以蓬勃朝气；该文化又以团结为主题，其所肇始的中国特色政党制度，实现了中华民族的大团结大联合，以团结为主轴，有助于凝聚 13 亿人的智慧和力量，形成共筑中国梦的磅礴力量。

谢扬举在《中国梦、中国文化精神与中国共产党领导的多党合作和政治协商制度》(《团结》2013 年第 3 期）一文中，探讨了中国文化精神与中国政治、中国共产党领导的多党合作制度和政治协商制度的内在关联，认为中国文化精神审视中国政治文化的标准和要求在于：一曰统治是否“有道”，二曰能否“尚贤”，其三是有否厚重人民性，重视民本于民生；四是是否崇尚多样性统一，即是否团结、包容、求大同存小异。文章指出，中国多党合作制度深刻体现了中国文化的基本精神，中国各政党行为也都深受其激励和影响。

李后强、郭丹在《政治协商的文化内涵与多党合作的“同心圆模型”》(《中国浦东干部学院学报》2013 年第 5 期）一文中，在分析了多党合作与阴阳和合文化，政治协商与妥协文化的内在机理的基础上，提出“统和共识”与“同心圆模型”概念，以此阐释多党合作与政治协商的文化内涵。文章指出，传统的阴阳和合文化、西方妥协文化与我国多党合作制度有外在相似性，但并不等同于其相互间文化血脉的相连。多党合作与政治协商文化“同心圆”的内层圆是“魂文化”，为此应树立正确的执政和参政理念；其中层圆是“法文化”，由此应构建科学的政党制度体系；其外层圆则是“形文化”，对应着响亮的政党品牌形象的塑造。

程云庆在《新世纪中国特色政党制度形成的文化因素研究评述》(《江苏省社会主义

学院学报》2013 年第 5 期）一文中，对中国特色政党制度形成的文化因素的相关研究做了综述，强调“制度认同”的根源在于“文化认同”，中国特色政党制度根源于中国文化，对它的认同也渊源于对传统和当代中国文化特别是政治文化的认同。文章倡议，要重视文化对中国特色政党制度形成问题的研究，进一步开展新民主主义文化对中国特色政党制度形成的研究，深化社会主义先进文化对中国特色政党制度引领作用的研究，丰富政治文化对中国特色政党制度形成的研究。

（三）多党合作制度的发展及相关历史问题

政党制度的合理性、有效性，体现在解决各种宏观的或具体的问题的历史与现实过程中。这一过程同时也是制度形成和发展的过程。政党制度发展过程中总会经历不同情境与任务的历史阶段，形成一些风云际会的历史事件，也会不时出现一些众说纷纭的矛盾和问题。时移世易后，对相关事件和问题作历史的还原和当代的诠释，着眼历史、展望未来，从而获得在现实中执著坚守的力量和启发创新的灵感，这从来就是多党合作不断发展前行的重要精神力量。本年度相关研究文章或从整体上梳理中国政党制度形成和发展的历史和逻辑线索，这方面以刘景泉、赵晓呼和杭元祥的文章为代表；或是研究具体的历史事件、历史问题，就大家感兴趣的历史问题作出合理的解读，如芦新建、范前锋的文章；当然，也有对某些已有定见的历史结论的挑战和质疑，如张军国、刘利平和孟彩云的论文，尽管各成一家之言，但还是给人留下深刻印象。

刘景泉、赵晓呼在《论近代以来中国政党的基本走向》（《史学月刊》2013 年第 2 期）一文中认为，中国政党的产生与西方政党很是不同。中国政党不是伴随议会政治的确立而建立，而是适应中国政治环境需要产生的。在近代中国，政党承担了艰巨的任务。在很大程度上，建立民族国家政权与革命的过程，以及社会淘汰性选择政党和政党制度的过程是合而为一的。在政党形态上，中国曾经进行过多种实验，最终发演变为中国共产党领导的多党合作制度。中国政党制度百年历史表明，一个国家实行什么样的政党制度，由该国国情、国家性质和社会发展状况所决定。各国政党制度的不同体现了人类文明发展的多样性。中国民主政治必须从中国基本国情出发，不能盲目照搬别国模式。即便我国台湾地区的两党体制，也不是西方分权主义的两党制的翻版，其政治依据仍然是极富中华民族色彩的孙中山式集权主义的“五权宪法”。展望中国政党的发展趋势，文章认为，在实现了完整的民族主义革命之后，中国共产党必将会从传统“富国强兵”的现代化道路转移到“富民强国”的现代化路线上来；而从属于过渡阶段的无产阶级专政的政党制度，也将逐步转换到后现代化的社会主义民主制度上来。

袁蕊在《民国初年竞争型政党制度的兴起与夭亡》（《商丘师范学院学报》2013 年第 1 期）一文中认为，民国初年的资产阶级革命党人虔诚地引进了以两党制和多党制为基本表现形式的竞争型政党制度，在封建政治体制的废墟上进行了西式政党政治的艰辛实验，但很快以悲剧而告终。究其原因主要是当时缺乏实施政党政治必要的社会经济基础和现代政治文化。其次，从国民素质来看，当时也普遍缺乏与国民、政党和民主相关的政治意识。再者，从政党建制上看，民初政党也是不健全的。探析民国初年竞争型政党制度的兴起与夭亡，对于坚持和完善多党合作制度的启迪意义在于，一个国家建立什么样的政党制度，应从本国国情出发，只有借鉴人类历史上政治文明的一切优秀成果，政治发展才能进入现代化的轨道。

杭元祥在《中国多党合作事业的历史回顾》（《中国政协理论研究》2013 年第 2 期）一文中，回顾了多党合作的发展历程，指出，以毛泽东为核心的中共第一代中央领导集体坚持从中国实际出发，回答了“在中国实行什么样的政党制度”、“社会主义条件下要不要民主党派”等问题，创立了多党合作制度。以邓小平为核心的第二代领导集体适应改革开放形势和任务的要求，围绕“新时期如何认识民主党派的性质”、“多党合作制度如何定位”等，开创了多党合作的新局面，使之成为中国特色社会主义事业的重要组成部分。以江泽民为核心的第三代领导集体应对国内外风云变幻，总结国内外经验教训，在继承中开拓创新，推动多党合作沿着正确轨道健康发展。以胡锦涛为总书记的中共中央面对世情、国情的变化，坚持走中国特色社会主义政治发展道路，突出制度建设，推进了多党合作事业新发展。

朱哲、刘秀玲在《从多党竞争到多党合作——中国政党制度的历史考问与当代考量》（《学习与探索》2013 年第 5 期）一文中，对中国政党制度做了历史回顾，指出自辛亥革命到新中国成立，中国政党制度取向多党制、两党制和一党制的实践和尝试都未成功，这与中国社会的特性不无关系。文章分析了政党的阶级属性并指出：由于中国民族资产阶级自身的两面性，资产阶级革命派建立的多党竞争型的政党制度难以生存和发展，国民党右派和反动地主、买办阶级的一党专制也难以维系。多党合作制度是共产党和民主党派共同的选择，也是历史和人民的选择，符合中国发展的方向，因而经受住了历史的长期考验。文章进而指出，多党合作制度既汲取了世界先发型政党制度的优点，又摒弃了各种弊端，并被中国革命、建设和改革实践证明的确有其内在的优势。文章最后回应并抨击部分人鼓吹的西方竞争型政党制度的论调并提出，应尊重历史选择，不能逆潮流而动。

芦新建、范前锋在《“五一”口号：多党合作的先声》（《湖北省社会主义学院学报》2013 年第 5 期）一文中认为，中共发布该口号是各种因素综合作用的结果。文章指出，中共所以要发布“五一”口号，在于其有强烈的多党合作的诚意和自信，在于“中间路线”破产后，民革、民盟等党派开始转向新民主主义立场、开始与中共全面合作并实际上接受了中共的领导。其次，口号提出召开政协会议，也是以真民主、“真多党合作”因应南京“国民大会”假民主、“假合作”的重大举措。此外，苏共的建议也坚定了中共在口号中提出多党合作的意愿。文章特别回顾、解释了 1947 年间毛泽东给斯大林电报中关于新政权建立后“中共外的所有党派都应离开政治舞台”的事件，认为这只是在当时各民主党派皆被迫解散的情况下，表达了要在新政权中排除反动右翼党派的决心。随着当时国内形势的最新发展，中共中央的看法也迅速跟进调整，因而也就和斯大林回电中的合理建议别无二致了。作者指出，“五一口号”揭开了中国共产党与各民主党派协商建国、团结合作的序幕，是多党合作制度形成、发展的先声，是中国民主化进程的里程碑。

邹义煜在《历史视野下“五一口号”精神内涵的再发现》（《吉林工商学院学报》2013 年第 5 期）一文中指出，“五一口号”作为中国共产党顺势适时地提出的富有鼓舞力的政治口号，表达全国民众的内心要求和反映各民主党派的政治主张，凝聚了最为广泛的革命力量，加速推进了革命形势的飞速发展并提前取得革命最后胜利。珍惜和把握“五一口号”带给我们的深刻启示，更需要完善中国共产党领导的多党合作和政治协商制度，激发和凝聚最为广泛的爱国力量，攻坚克难，继往开来，稳步推进中华民族的伟大复兴。

王锐、朱士亮在《我国多党合作制度的历史演进》（《四川统一战线》2013 年第 5 期）一文中，回顾了多党合作制度从创立和探索、曲折发展到恢复和发展及丰富和完善的基本演进轨迹。作者指出，历史的演进及其内在的规律，既是了解新中国政治变迁的客观需要，也是展望中国政治制度未来发展的重要基础。作为一种崭新的政党制度，中国共产党领导的多党合作和政治协商制度在中国政治发展中至关重要，在世界政党政治中独树一帜。

张军国、刘利平在《中国共产党领导的多党合作政治协商制度在西柏坡初步形成》（《党史博采·理论》2013 年第 9 期）一文中认为，确立中国共产党领导的多党合作制度的法律地位，是在 1949 年 9 月的中国人民政治协商会议第一次全体会议，而中国共产党领导的多党合作制度的初步形成可以说是在西柏坡。理由如下：西柏坡是毛主席和党中央进入北平解放全中国的最后一个农村指挥所。我党在西柏坡领导了国统区的爱国民主运动，粉碎了蒋介石的假和平阴谋，并解救了大批民主人士；纠正了解放区土改工作中“左”的偏差，巩固和扩大了统一战线的阶级基础；组建了中央统战部，精心安排和接待大批民主人士北上，共商建国大计；确立了一系列与各民主党派、民主人士合作的政策。开创性地形成了万水朝东、众星拱北之势，建立了中国共产党领导的最广泛的爱国统一战线，多党合作政治协商制度在此全面形成。

孟彩云在《谈共产党领导的多党合作制确立的时间》（《河南商业高等专科学校学报》2013 年第 1 期）一文中认为，从政治、思想和组织上来看，多党合作制真正确立的时间应是 1956 年 9 月召开的中共八大。文章指出，在 1949 年政协会议之后至中共八大召开之前，中国政党政治经历了明显的过渡：先是中国共产党力劝民主党派不要解散；再就是中国共产党逐步阐明对民主党派工作的方针政策、明确民主党派的性质与作用，帮助各民主党派清理整顿组织、发展成员，协商各自分工活动的主要范围和重点；直至中共“八大”，才第一次以党的文件形式，正式提出了多党合作的八字方针。作者强调，若非共产党的劝导和引领，民主党派甚至就解散、不存在了，多党合作也就成了空话。由此，直至中共“八大”，多党合作制才从政治、思想、组织上真正完善和确立起来。

（四）多党合作的历史经验及现代思考

中国的政党制度是中国共产党和中国人民在推动中国现代化、变革中国社会的革命和发展实践中逐步形成的。从多党合作制度发展史整体出发，或是从历史、现实中相对具体的政党政治过程出发，来考察多党合作制度设计、应然状态同制度实践、政治现实之间的关系，考察多党合作在当代中国政治发展和社会进步中何以可能、如何可能的问题，无疑是极具理论与现实意义的研究领域。本年度关于多党合作的历史经验及现代思考有了长足的进展，相关研究成果以周淑真、林尚立和朱俊瑞等人的文章为最具代表性，而鲍跃华关于多党合作制度之共识延展问题的分析也因其比较严密的逻辑推导而引人入胜。

林尚立在《中国政党制度的历史性贡献》（《求是杂志》2013 年第 13 期）一文中认为，中国政党制度从孕育、确立到全面发展，至少创造了四大历史贡献。第一，使共产党在革命战争中赢得广泛社会支持和良好民主声誉，为其领导新民主主义革命胜利创造了政治基础。第二，使新政权诞生于全体人民协商共议之中，使新宪法确立在有广泛共识的《共同纲领》基础上，保障了国家政权、宪制的高度合法性。第三，作为基本政治制度，它为人民民主在中国的实践发展提供了充分制度保障和有效制度空间，为中国现代化提供强大的民主支撑。第四，它在长期实践探索中，将协商民主精神全面注入中国政治体系和政治生活，在中国逐步发展出协商民主的制度体系，开辟出中国特色民主政治建设的新路。

朱俊瑞、赵宬斐在《社会转型中的"中心主义"与"边缘意识"——论中国政党的现代性"移植"与"建构"》(《浙江社会科学》2013 年第 10 期）一文中认为，中国政党是在中国社会"救亡与启蒙双重变奏"的背景中产生和发展的。中国社会面临生存性危机，变革主要动力来自外部。与现代化的"中心"——西方国家不同，"边缘"的中国的现代性经验的"近代化"部分是有悖论的——要以对近代工业、军事和宪政体系的追求来抵抗西方主导的近代世界格局。悖论的"解决"导致中国现代性的激进化。由此，欧美与苏俄的现代性逐渐被中国人理解为普适的现代性图景、模式，而不再只是两种地方性的经验和知识类型。国民党、共产党都曾走列宁式建党建国道路，党高于国、党指挥枪，都要以最高军权辅成党内最高地位，使全党服从领袖并重视控制宣传舆论、实施权力集中。此种简单移植并没有衔接好政党政治的普遍性与本土性，反而杂糅了中国传统的强调权谋的人治色彩。随着中国革命深入，中国共产党不甘心始终听命于欧、俄中心主义，在长期革命锤炼后，拥有了逆向性、辩证性和创造性等现代性特征，摆脱了"中心主义"约束，实现了"边缘意识"崛起。基于本土意识的中国化命题的提出，使中国共产党获得了新现代性，开始真正批判性地理解、继承和发展马克思主义。同时，这个党也积极加强自身现代性建设，推进以人为本的和谐社会发展，实现了对现代性的探索由革命逻辑到规范逻辑的成功转换。

周淑真在《政党政治理念的变革及其深层逻辑》(《新视野》2013 年第 3 期）一文中指出，直面我国社会各种矛盾交织激化的现实，必须承认时代在变、社会在变，人们的思维方式、价值观念也在变，执政党的组织形式、观念形态、政策主张、执政方式也必须变。党在巨大成就面前也遇到前所未有的挑战。如何认识危机、实现自我变革，已是解决当前危机的关键；以执政党的新变革促进民主发展，已是应对挑战的唯一出路。执政党应根据时代的发展和社会政治生态的变化，对已有理论和原则依据进行全面分析和重新诠释。当务之急，是切实落实十八大要求，认真研究政党变革的深层逻辑，从思想理念到制度形式上实现从革命性政党向民主性政党的变革。中国共产党应转向重视民主价值，以人的尊严、人生意义为基础的民主政治，逐步改进与公平正义原则有距离、又与芸芸众生密切相关的制度体制。理念变革的深层逻辑是如何改善权力结构，使权力在阳光下运行。为此要加强权力监督，建设廉洁政治，纯洁党的组织，推动各项制度机制的实践和创新。中国政党政治应与理性、道德存在必然联系，应代表合作而非对抗；代表友善而非恐惧；代表平等而非权利的巨大反差。执政党需要新的动力、思想和远见，回应时代，以更加开放、更加多元化的方式面对大众，取长补短、兴利除弊。

鲍跃华在《中国特色政党制度的共识导向及其延展》(《中央社会主义学院学报》2013 年第 1 期）一文中认为，我国政党制度以团结合作为典型特征和独特优势，而团结合作的政党关系和规则运行则有其浓厚的政治共识主导的倾向。革命共识曾在我国政党制度的形成和发展中据有支配地位。在民主革命时期，革命发展逻辑自始至终起着决定性的作用，而革命共识则是多党合作制度萌生与形成的主导和基础。坚持中国共产党对中国革命的领导权是中国革命取得胜利的基本共识；团结合作完成革命任务是中国共产党和各民主党派的共同欲求；民主协商是实现双方合作的程序共识。但是，对政党制度的发展的进一步发展而言，革命的共识依赖又不可避免地会带来困扰。新中国成立后的多党合作制度并没有因革命共识的依赖而顺利发展，反而在这一共识依赖的背景下遭受曲折磨难。继续革命目标的宏大和模糊导致政党共识消解；革命手段的熟悉和滥用对民主协商造成破坏；革命权威的强化和变异也致使团结合作遭到削弱。由此，在同质信仰弱化、阶级阶层共同利益模糊的“后革命时代”，如何延展革命共识成为政党制度发展的首要问题。共识延展是一个共识传承和更新的统一过程。文章最后指出，要延展共识，就必须：发展党内民主，保持中国共产党的先进性；扩大政治参与，增强政党制度的共识包容性；加强政治沟通，提高政党制度的共识有效性。

贾丽云、王丽欣在《“大位置”起用党外人士：多党合作和政治协商制度形成的基石》（《河北省社会主义学院学报》2013 年第 2 期）一文中，结合新民主主义革命时期中国共产党紧密团结各方面民主进步人士的相关理论表述和政策实践，认为对作过贡献的各民主党派领导人“用大位置好好安置”，既是中国共产党同党外人士合作共事的一贯政策，也成为建国初期多党合作和政治协商制度形成的基石。用“大位置”起用、安排党外人士的历史作用在于：一是吸引了大批社会精英加入到争取民主自由、建设强大中国的行列；二是体现了中国共产党坚持依靠群众、坚持团结统一的民主团结，以及由全体人民共同管理国家事务的根本要求，因而得到各民主党派和无党派人士的极大拥护，从而奠定了多党合作和政治协商制度的基础；三是从抗战时期开始，加速了国民党政权的灭亡和新中国的建立。文章继而探讨了“大位置”起用、安排党外人士的现实意义：有利于人才聚集，有利于发展社会主义民主，有利于决策的民主化科学化，有利于促进社会和谐稳定，以及有利于巩固党的执政地位。

吴伯奎在《超越竞争与控制：中国特色政党制度的历史生成》（《前沿》2013 年第 2 期）一文中认为，近代特殊国情催生了中国的政党。为完成时代赋予的使命，我国政党制度先后历经竞争型政党政治和垄断型政党政治的试错，最终确立起中国共产党领导下的多党合作制，在建立各革命阶级联合专政的人民民主统一战线政权的基础上，建构起独具特色的“一体多元”的政党结构，超越了竞争型政党政治和垄断型政党政治两类政党制度，适应了中国近代历史需求，解决了在中国超大型社会中实现政治结构稳定和现代化问题，彰显了自身独特的制度优势，也显示了世界政治文明的多样性。

王孝勇、郭智勇在《政治共识视域下的中国特色政党制度发展探析》（《河海大学学报·哲学社会科学版》2013 年第 4 期）一文中认为，政治共识一般包括基本价值共识和程序性共识。前者是内容，后者是表现形式；前者决定后者，后者对前者具有一定的反作用；双方统一于政治实践之中。政党制度与政治共识之间有着密切的互动关系。就中国而言：一方面，多党合作制度是中共和民主党派在追求民族独立这一基本价值共识过程中所形成的程序性共识的重要产物，与此同时，改革开放以来，中共与民主党派基本价值共识的发展有力促进了多党合作制度的发展；另一方面，在目前中国社会利益与结构以及社会思潮发展日趋多元化、异质化背景下，进一步发展和完善多党合作制度则有利于在有效整合社会多元思想的基础上，促进社会基本价值共识的健康发展。

黄小钫在《中国多党合作制研究：历史、理论和实践的维度》(《吉林省社会主义学院学报》2013 年第 4 期）一文中，分别从历史、理论和实践三个研究视角综述了多党合作制度的研究状况，认为近年来国内相关研究已经取得了许多有价值的研究成果，研究工作不断深入。但整体来看，还是不能适应社会主义民主政治建设尤其是中国政党政治发展的要求。为此，作者倡议，今后应进一步从拓展研究内容、拓宽研究思路和研究方法等方面改进中国多党合作制度的研究。

二、多党合作制度的格局和主体关系

政党格局是中国政党制度当中非常关键的内容。当代中国的各政党因其在权力体系、国家和社会治理中地位的不同，自然形成和长期保持了共产党领导、多党派合作，共产党执政、多党派参政的基本格局。这一格局既是规范性的要求，同时也内在地调节着我国政治生活中执政党与参政党之间、参政党彼此之间的互动关系，它们的背后，则是与之相匹配的现实的、变化中的社会关系。本年度从事相关研究的学者们分别从多党合作与国家政权、政党关系及其社会关系基础几个大的方面展开理论探讨，并取得了比较深入的进展。有必要指出，在这些关系的背后，其实还有一层更为深刻的关系，我们也可以称之为“关系之关系”，那就是：在现实中决定和维系特定政党格局的时候，究竟上述这几方面关系中的哪一个是居于主导地位的。显然，回归民主政治的根本、或从人民民主理论及其特质出发，就如肖存良、姚建华、田之健、王树臣和杨选锋等人所做的理论探索那样，更容易将人们对问题的理解推向深入。当然，在这一思路的引领下，其他相关问题的研究也是非常必要的。譬如多党合作格局与现代国家建构的问题、政党趋同问题以及相关比较研究等。

（一）多党合作制度与国家政权

现代国家有着双重的含义：一是公民及其权利的集合，二是治理的法政体系和结构。这其中，前者是后者的根本和基础，后者是前者的派生和体现。政党是代表公众、社会进入法政体系以保护公民权利和协调权力关系的，无论是否执政都在自身政治实践中肩负这一使命。不同政党制度条件下政党与国家政权的关系不尽相同，政党实现、完成自身使命的结果也不一样。在我国共产党领导的多党合作和政治协商制度条件下，政党与国家有着共同的历史使命并坚守共同的政治原则：人民民主、民主共和的原则。这些原则以国家根本大法、根本政治制度的形式体现出来。作为一项基本的政治制度，多党合作自然要体现、拱卫和丰富我国国体和宪法所要求的根本政治原则、政治基石。本年度学者们分别结合宪法政治、法治国家、共和理论等不同视角出发，认真考察了中国共产党领导的多党合作制度与人民民主的现代国家建构与统一的深层次关系，推动了相关理论探讨的进程。

肖存良在《政党制度与中国协商民主研究——基于政权组织形式的视角》(《南京社会科学》2013 年第 2 期）一文中认为，政党制度属于政治制度，一国政治制度的形成取决于政权组织形式，政权组织形式背后则体现了组建政权的基本原则和基本理念，因而政权组织形式及其背后的政权组织原则共同决定了政党制度的基本类型。议行分立的政治原则形成了以行政分权和竞争性民主相结合的政治逻辑，形成议会制两权分立或总统制三权分立的政府形式，以及一党独大、两党制、多党制的竞争性政党制度；议行合一的政治原则形成了以行政集权和非竞争性民主相结合的政治逻辑，形成了苏维埃制、人民代表大会制等政权形式以及一党制、多党合作制等非竞争性政党制度。两种政治逻辑、政府和政治制度形式都需要政治协商。西方权力分立、竞争性政党、政治竞争和政治协商之间形成了一个有机循环。我国坚持以政党制度和协商民主建设巩固议行合一，实现了领导、合作与协商三者间的相互契合与相互支持，从而巩固了我国的政治体系。

陈惠卿在《宪法视角下的多党合作制探析》(《法制博览》2013 年第 9 期）一文中认为，多党合作制度的优越性是其存在和发展的重要依据。中国共产党领导的多党合作制度在优化政治资源配置、促进科学发展、最大限度地反映和表达社会各阶层群体的利益要求，以及巩固安定团结的政治局面方面有着无与伦比的政治优势。而推动和促进我国多党合作制度的规范化，则是发展中国特色社会主义政治文明的重要内容及必然要求，对于建设中国特色社会主义民主政治道路而言意义重大。作者进而指出，新时期只有从凝聚和强化宪法共识开始，以宪法基本精神为方向指引，充分发挥多党合作制的优势，才能保持多党合作制度规范化的正确方向，使多党合作制度规范化的成果更好地服从服务于宪法大局和中国特色社会主义伟大事业。

田芝健在《当代中国政党与国家政权机关互动关系的法治化研究》(《唯实》2013 年第 4 期）一文中，分析了政党与国家政权机关互动关系法治化的主要价值，指出此种法治化是正确处理党和国家的关系、依法治国和建设社会主义法治国家的必然要求；是正确处理党和人民的关系、增强群众基础和不断实现人民当家做主的本质要求。要使政党与国家权力机关互动法治化，执政党不但要依法领导、依法执政，而且要以此带动依法治国、依法行政。国家政权机关应依法对政党及其活动进行立法规范、依法管理、司法监督、法定问责。具体来说，政党与国家政权机关互动关系法治化的实际路径包括：一是树立以马克思主义权力观为指导的政党、政权关系法治化理念；二是要加强政党立法，健全政党法制，即加强对执政党领导、执政行为的立法，加强对参政党的参政行为的立法，促进执政、参政有法可依；三是深化执政和参政的体制改革，并以此推动国家政治体制改革。最终实现以政党与国家政权关系的法治化、促进法治型政党、法治型政府和法治型社会建设，并使之与廉洁型政党、廉洁型国家、廉洁型政府、廉洁型社会建设相辅相成。

姚建华在《当代中国政治制度体系视阈中的多党合作制——兼析多党合作制与国体、政体的关系》(《观察与思考》2013 年第 2 期）一文中认为，政党制度在我国政治制度的发展中至少体现出先导性、协商性和主体选择性等三个重要特点，对我国政治制度建构起到特殊作用。特别是集中反映在其与国体、政体的关系上。从国家政权结构来看，我国政党制度与我国国体、政体共同构成现代国家政权。当代中国政治制度架构有两条原则：一是在政权组织上，反对三权分立，实行议行合一；二是在政党制度上，反对一党制、两党制或多党制，实行共产党领导的多党合作制。这两条原则都共同出自人民民主的基本要求。因此，议行合一与多党合作在制度上有内在的逻辑联系：非竞争性的政党制度与以代表全体人民利益为使命的人民代表大会制是相适应的。民主党派不做反对党，而是基于合作、协商的逻辑参与国家政治生活和国家事务的管理，保证了政权的统一性、整体性与连贯性，从而与人大制度相适应、相配套。从民主党派在国家政权中的作用看，作为社会主义性质的政治联盟，它们在人大、政协和司法机构中的重要存在，使我国国体政体得到有力的支撑和辅助。

朱虹在《从中外政党比较研究的视角看中国政党政治参与的发展》(《中央社会主义学院学报》2013 年第 3 期）一文中，辨析了政治参与和政党政治参与的内涵，分析比较了中西政党政治参与的不同，并指出：由于历史和现实的不同，中西方政党的政治参与在政党与民众的关系、执政党与非执政党的关系和政党与政府的关系等方面呈现很大差异，比较、研究这些差异，对于中国政党政治参与的发展具有参考价值。文章认为，中国政党政治参与主要的问题和挑战在于政治参与的环境压力越来越大和政党有效参与不足的矛盾。为此至少应在以下几方面做出努力：一是维护与民众的良好关系，努力反映民众利益诉求。二是提高政党政治参与的法治水平。三是应加强民主监督，健全和完善民主党派监督机制。四是优化政党政治参与技术技巧，完善政党政治参与机制。

周宁宁在《中国特色政党制度与现代国家建设的互动性分析》(《河北省社会主义学院学报》2013 年第 2 期）一文中认为，多党合作制度是在政党、国家与社会三方有机互动的过程中建立并发展起来的，与国家建设和协商民主的成长相契合。建设现代化国家的要求决定了中国自近代以来的国家建设的多重任务：一是对外需要主权独立；二是对内则必须实现国家的政权建设。多党合作制度对于国家建设的优势在于：使政策制定更加民主，使政府更加负责，能有力遏制腐败，有利于社会和政治的稳定，有利于人才培养和选拔机制以及避免人才的浪费。文章指出，国家建设实际上有两个维度：一是国家能力的问题，二是国家范围的问题。它们对多党合作制度提出更高要求，即坚持中国共产党的核心领导，加强参政党能力建设，实现和发展协商民主，建构和谐的政党关系，培育高度的政治认同。

柴宝勇在《论“一国两制”与中国政党制度的衔接：基础、条件与路径》(《上海市社会主义学院学报》2013 年第 3 期）一文中认为，“一国两制”与中国政党制度衔接的政治基础，是承认一国的基本原则，履行两制的基本框架，而其衔接条件则是大陆政党制度的包容性和中国共产党统一战线的优良传统。就衔接的路径而言，首先是要厘清概念。中国（包括港、澳、台）的政党制度应是一体多元、极具包容性的制度，是以大陆中国共产党领导的多党合作和政治协商制度为主体，以台湾多党竞争体制和香港、澳门政党体制为多元的政党体制。其次，是要理顺关系，即在中国范围内存在五种政党关系：合作性的、竞争性的、准竞争性的政党关系，“一国两制”下协商性的政党关系，以及“一国两制”下友好性的政党关系。由此，必须有具体制度上的设计和支撑，包括改革政协委员产生方式、调整选举制度等。这就需要两岸人民不断交流沟通进而培养政治互信，需要中国政治制度的发展和完善，需要香港、台湾的政党制度扬长避短，需要两岸政治领袖的政治魄力和政治智慧。

王树臣在《浅析党外人士进入国家政权的理论依据》(《河北省社会主义学院学报》2013 年第 2 期）一文中认为，马克思政党合作思想为党外人士进入国家政权提供了理论支撑。民主共和实践是党外代表人士进入国家政权的历史依据。国事不是一党一派的私事，公权力要有序且共享。民主共和的基本要素，就是从政治上实现个体独立，然后独立的个体成为构建国家的主体，主体间又形成平等、合作、参与的关系，这是共和原则。人民民主的主体——人民是有机的结合体，其所以“有机”，一是有核心——工人阶级，二是有成员、有其他阶级。核心领导成员，成员对核心有参与、协商、监督的作用。民主共和构成中国政治合法性的前提和基础，党外代表人士进入国家政权是民主共和的应有之义和真实体现。社会发展的合力论是党外代表人士进入国家政权的社会基础。历史的最终进程是有不同的力交汇形成的合力。合力不是单一力量单独作用而是多种力量相互交融协调的结果。各种力量在共同作用、相互制约和相互联系中形成一个整体，但个体力量又具有主观能动性，能反过来影响合力的运动和发展。党外人士进入国家政权问题其实质，就是把各种政治力量汇聚到国家政权的体制内，共同推动国家建设。

丁志刚、董洪乐在《政党、政党制度与现代多民族国家治理》(《思想战线》2013 年第 2 期）一文中认为，政党及政党制度都是在民族国家制度体系建构的过程中形成和发展起来的，是民族国家制度体系的有机组成部分。处于多民族国家的政党必然与民族和族际关系长期地紧密地联系在一起，从而获得民族内涵、具有民族性。现代多民族国家的有效治理需要合适的政党政治，而在现代多民族国家治理的历史过程中，制度供给与执行、政策的输入与输出、治理价值的进一步明晰与治理机制的长效化等问题，必然在很大程度上把政党因素与民族因素紧密结合在一起。政党与政党制度的民主政治趋向，会在一定程度上缓解或化解民族国家治理的难题。但政党民族属性的狭隘取向、极端民族性的政党则可能给国家治理带来严重障碍，极有可能是造成民族关系紧张、民族矛盾凸显的诱因，甚至是严重民族分离主义的重要支持者。政党的阶级性、参与性与代表性，政党的意识形态、问政方式与能力，以及政党制度的类型等，都会在政治过程中影响多民族国家治理的功能与效率。现代国家应当通过加强政党特别是执政党建设、维持政党政治的稳定性与常态化等来发展和完善多民族国家治理过程。

胡小芬在《多党合作与国家软实力问题研究》(《经济与社会发展》2013 年第 5 期）一文中认为，中国共产党领导的多党合作和政治协商制度是我国一项基本政治制度和政党制度，是中国特色社会主义制度、文化和价值体系的重要体现，蕴含着巨大的软实力潜力和优势。重视和加强多党合作，对于提升国家软实力具有重要的战略意义。近年来，中国执政党软实力建设已经取得较大进展，但参政党软实力的建设和推广则相对落后。为实现中国政党制度的软实力，中国共产党与民主党派都应做出相应努力，特别是要进一步加强政党自身建设、加强民主监督、开展政协和政党外交，以及扩大对外文化交流等。

（二）政党关系

政党关系问题向来是政党制度、政党体制研究的重心。在这方面，中外政党政治皆是概莫能外。从制度设计的理念来看，中国共产党领导的多党合作和政治协商制度应被归于一种合作型的政党制度。在具体的政治实践中，执政党、参政党之间，以及参政党彼此之间是否能真正和全面地体现民主、平等的原则，结成一种理想的和谐政党关系，不仅决定了这一政党制度的实际功效，也深刻影响着它的未来发展。和谐政党关系不是一味的政党趋同——尽管政党趋同有其合理性和实际的政治、社会效用，和谐政党关系更要求参与政治合作与政治协商的各政党都有自己独立的政治品质。积极的和富于价值的多党合作离不开中国共产党正确的、坚强的领导，也离不开各民主党派在内部治理、公共治理领域中的自我决断的权力和能力。从党际关系、党政关系和党群关系三个方面优化政党关系和多党合作，首先就必须致力于政党关系的民主化。本年度学者们的相关研究分别侧重于政党关系民主化、尊重参政党的独立性，以及以规范化、制度化的途径建构和谐政党关系等角度展开论述，既反映了我国政党关系的统战性质和天然的和谐属性，也揭示了内在地、外在地危及这一良性品质的种种因素，尽管视角多样化，但结论却是高度一致的：中国的政党关系，只有民主化才能保持和谐。

周维启在《当代中国政党制度的科学内涵与科学发展》(《陕西社会主义学院学报》2013 年第 1 期）一文中认为，从当代中国政党政治的实际出发，从更为宏观的“政党三维关系”研究范式着眼，重构当代中国政党制度的科学内涵。此种重构的经验基础，在于改革开放以后多党合作制度历经恢复发展、创新发展与和谐发展不同时期所累积的党际关系、党政关系和党群关系的制度化成果：“共产党领导、多党派合作”概括了党际关系内涵；“共产党执政、多党派参政”明确了党政关系内涵，“共产党代表、多党派为民”揭示了党群关系内涵。文章指出，对当代中国政党制度的内涵作出新概括，科学研判这一政党制度的时空方位，有利于为将来继续完善当代中国政党制度打开新视野、开拓新空间。

刘舒、薛忠义在《中国政党趋同问题研究：回顾与展望》(《甘肃理论学刊》2013 年第 2 期）一文中认为，从基本内涵、现状、原因、利弊等方面，对国内政党趋同问题研究进行了回顾。文章看到，国内学者关于当代中国政党趋同的内涵有着比较一致的看法，但对其积极或消极价值判断却有不同意见。文章指出，政党趋同主要体现在政治和组织趋同等方面。政治趋同有其合理性，但组织趋同则不然。至于趋同的原因，主要是注重先进性而忽略广泛性，普遍适用民主集中制组织原则并进而将其当做政治原则，以及组织发展中存在的发展目标范围重叠等。理论上讲，政党趋同可以减少部分政治运行成本，但却会导致多党合作民主活力的衰减、政党政治的窒息，直至毁掉中国特色政党制度。要在改革和发展中解决这一问题，就要做到：依靠中国共产党的领导和支持，民主党派在组织发展中要保持界别特色、在政党建设中要保持政治特色。未来对政党趋同问题的考察，应从政党关系、执政党建设与参政党建设互动的视角出发，同时也有必要做更多中西比较研究、实证研究。

蔡旺儒在《优化民主党派关系与完善中国政党制度》(《天津市社会主义学院学报》2013 年第 2 期）一文中认为，不少学者在研究党际关系时侧重于研究执政党与参政党间的和谐关系，往往忽略了党际关系还应包括各参政党之间的关系。文章从此种关系的现状出发，揭示了存在的问题并进而提出相应的对策，希望通过优化民主党派间的关系来更好地坚持和完善中国政党制度。文章指出，优化参政党内部关系，就要在保证整体参政的前提下，明确各自职责，发挥各自优势；就要在保证政党地位平等的前提下，提高各党派独立履行职能与承担责任的能力。优化参政党内部关系有利于参政党健康发展、提高其参政议政能力，有利于共产党执政能力的巩固和强化，有利于参政党参政能力和执政党执政能力的相互强化，也有利于中国政党制度更加和谐和稳定。

潘慧春在《李维汉政党关系思想的当代启示》(《湖南社院学报》2013年第2期）一文中认为，李维汉政党关系思想的当代启示在于：(1）构建和谐政党关系要充分发挥政党双方的主观能动性。执政党、参政党是政治合作关系、友党关系，有责任和义务主动支持，互相帮助，团结合作，共同发展。共产党应该负起主要责任，充分发挥主体作用，热情、积极、主动地帮助各民主党派，民主党派要深刻认识自己在和谐政党关系构建中的主体地位，自觉围绕中心，服务大局，积极参政议政、民主监督，与共产党肝胆相照、荣辱与共。(2）构建和谐政党关系要深刻领会中国共产党领导的科学内涵。中国共产党对民主党派的领导主要是政治领导，即政治原则、政治方向和重大方针政策的领导，而不是组织领导，更不是行政领导。(3）构建和谐政党关系要加强相互之间的沟通与协商。共产党与各民主党派加强相互之间的沟通与协商，不仅是我国多党合作制度的本质要求，也是执政党与参政党互动合作的重要体现，更是构建和谐政党关系的现实需要。

张灯在《论当代中国政党制度的运行机制及其完善》(《商丘师范学院学报》2013年第4期）一文中认为，当代中国政党制度的运行机制包括协商机制、监督机制、参政机制三种形式。共产党同各民主党派、无党派代表人士、全国工商联等各界代表人士就国民经济和社会发展的重大问题、国家和地方的大政方针进行的直接协商，以及以中国人民政治协商会议为载体，中国共产党同各民主党派、无党派代表人士、全国工商联等各界代表人士进行间接协商，构成协商机制的基本内容，产生了重大的政治和社会效益。建立在社会主义民主制度基础上的党际间合作式监督，以是否坚持四项基本原则为政治准绳，以民主党派监督为主，以批评建议、视察调研、担任特定监督职务等为基本形式和途径，成效显著。

郭世松在《试论保持和促进中国特色和谐政党关系》(《广西社会主义学院学报》2013年第2期）一文中认为，保持和促进中国特色和谐政党关系，体现了我国政治制度的特点和优势，但在这一方面还是存在一些问题：少数中共地方组织和领导干部思想行动上的问题、多党合作制度自身运行中存在的问题、外部环境和压力变化带来的问题，以及民主党派自身建设存在的问题。这些都对构建和谐政党关系、保持和充分发挥多党合作制度的特色和优势带来不利影响。因应之策是：第一，巩固共同的思想政治基础。要坚持和发展科学的理论体系，坚持共同的理想信念和正确的政治发展道路。第二，坚持和完善中国共产党领导的多党合作和政治协商制度。不断完善政治协商的内容、方式和程序，不断促进民主监督渠道的畅通，不断创造条件发挥参政议政作用。第三，推动执政党建设和参政党建设相互促进。要健全工作机制，把多党合作和民主党派工作纳入重要议事日程，加强执政党建设对参政党建设的示范引导，更好地发挥参政党的整体功能作用。

吴卫卫、赵乐天在《论统战文化与和谐政党关系的构建》(《湖北省社会主义学院学报》2013年第3期）一文中认为，和谐的政党关系为社会主义和谐社会提供坚实的政治基础和广泛的力量支持。统战文化以其独特内涵及品质优势，有力引导着社会主义和谐政党关系的构建。和谐政党关系体现在求同存异与和而不同、一元领导与多元参与，以及非均等性与非对称性三个方面。而所谓非对称性政党关系，是指在国家权力体系的较量中不同政党各安其位、互相合作，政党的地位和作用呈现出非均等性的状态。文章指出，统战文化作为统一战线通过长期实践凝结而成的先进意识形态，具有其独特品质和鲜明特点：（1）始终坚持以科学发展理念为指导。（2）始终以传承和发扬优秀思想文化传统为使命。（3）以构建和服务良好政党关系为宗旨。统战文化在构建和谐政党关系中的重要功能：（1）对政党内部不同利益具有整合功能。（2）对政党群体利益满足和表达具有平衡功能。（3）对和谐政党关系构建的动力机制具有激励功能。

黄文胜在《论当代中国特色社会主义和谐政党关系的特征》（《中南林业科技大学学报·社会科学版》2013 年第 5 期）一文中认为，在中国政党制度中，政党地位的体现、政党关系的形成，蕴含着政党和谐的积极因素，使得中国政党间的合作与协商既体现了中华民族整体利益的一致性，又反映各阶层人民的利益和愿望。在我国，长期共存、互助互让的和谐政党关系有牢固的政治基础、坚实的历史基础、深厚的文化基础和广泛的现实基础。政党际关系中保持“肝胆相照”原则，有助于共建融合的政治秩序、奠定社会和谐基础。有了和谐的政党关系，政党间互相监督，荣辱与共，一起发展完善民主机制，有利于党的领导和充分发扬民主，有利于执政党廉政建设。总之，中国共产党和各民主党派的和谐政党关系，根植于中华民族的历史条件、立足于中国社会现实、蕴含着中国传统文化特色的和谐精神，建构了一种全新的政党制度模式，也奠定了中国社会和谐的政治基础。

吉秀华在《正确认识中国特色政党关系需要把握的三个关键点》（《上海市社会主义学院学报》2013 年第 6 期）一文中认为，领导与被领导的关系、执政与参政的关系、互相监督的关系构成了中国特色社会主义政党制度最基本的三对关系。要正确理解和认识这三对关系，必须要把握好三个关键点：正确理解“党的领导”的概念、特征、性质、方式等问题，这是理解和认识领导与被领导关系的关键。正确理解“参政”的内涵，这是理解和认识执政与参政关系的关键。正确理解“监督”的性质，这是理解和认识共产党、民主党派互相监督关系的关键。

（三）政党关系的社会基础

政党关系背后是各政党所分别代表的社会关系。每个政党都有自己所固定联系的社会关系，都要部分或整体地体现相关的利益和意见、声音，现代政治生活正是透过这种政党所代表的社会关系的协调、融汇来实现社会整合的。换一个角度来看，此种社会关系的持续或变化，又必然会在政党关系领域产生种种性质和程度不等的影响。不仅如此，在社会生活中的分量不断加重的对于政治公共性和公共理性的要求，对于优质的社会资本的需求，以及在民众中间不断壮大的网络问政的态势，都使人们越发关注政党关系所依托的社会基础。本年度从事相关研究的学者运用了比较新颖的理论方法与知识系统，或是采用了比较研究的方法，相关成果富于时代感、极具现实性和针对性。有必要指出，这些成果触及了合作型政党关系内里和现象层面的不同，揭示了它面临基础性结构重整考验的重要事实。因此，尽管尚属比较粗浅的尝试，但却不失其研究的价值和意义。

郭钰霞在《浅析协商民主理论与中国政党制度建设》（《长春理工大学学报·社会科学版》2013 年第 10 期）一文中，侧重从政党内部党员与组织关系、政党之间相互关系的角度，分析了中国政党制度所面临的各种挑战，并认为：在执政党与参政党关系、意识形态多元化以及政治层面上的腐败等方面，都反映出多党合作制度无论是在民主协商还是政治监督领域都存在着亟待改进和发展的空间。协商民主理论和中国政党制度在根本原则上有着很大的相似性，协商民主理论对我国多党合作制度建设特别是政党内外关系的重要启示就在于：第一，要充分尊重党员的主体地位，培养党员的制度自信。第二，要不断实现和促进执政党与参政党之间的理性对话。第三，要建立和强化执政党与参政党之间公共责任的约束。惟其如此，才能使中国政党制度所引导和规范的政党内外关系不断趋于民主和理性的现代政治发展方向。

杨选锋在《浅析社会资本与政党关系》(《湖北社会科学》2013 年第 3 期）一文中认为，社会资本是一种社会结构性资源，其信任、规范和参与网络等基本要素与政党关系建设的政治认同、政治制度化和政治参与关联密切。文章依据普特南的相关理论论述，将社会资本分作信任机制、规范机制、网络机制三类，并具体分析了社会资本对于政党关系建设的基础性作用。信任机制与政治认同、规范机制与政治制度化、参与网络机制与政治稳定之间存在着正相关关系。稳定的政治秩序需要政党之间的良性互动，而正式的制度规范嵌入日益开放政治参与网络之中，则可为政治稳定提供连续而稳定的秩序。在中国特色政党制度的格局下，构建和完善社会核心价值体系，可以以政党互信机制带动社会信任；加强政治制度化建设，可以强化多党合作制度建设，完善政党建设相互促进的规范机制；丰富政治参与网络，有利于执政党与参政党互相促进，从而巩固政党政治的社会基础。总之，在政党制度建设中关注社会资本要素，能够从整体上维护稳定的政治秩序、促进社会主义政治文明建设。

朱虹在《从中外政党比较研究的视角看中国政党政治参与的发展》(《中央社会主义学院学报》2013 年第 3 期）一文中认为，政党参与须以民众的直接支持为基础，政党只有获得民众的信任才能参政或者执政。但实践也表明，在政党与民众的关系中，民众的份量也最容易被弱化。尽管群众路线是中国共产党革命和长期执政的关键所在，但在政党政治参与实践中却始终存在一个如何充分反映民意的问题。在利益诉求日益多元化的今天，如何更好地、更加广泛而精确地汇集民众的利益诉求并使之在公共政策中得到体现，这对执政的中国共产党、参政的各民主党派的有效政治参与都提出了新的挑战。如何找准功能定位，加强与人民群众的沟通，更好地汇集民意并力争使之在公共政策中得到体现，是中国政党政治参与必须解决的首要问题。各政党只有通过多党合作，真正搞好与民众的关系，它们得到民众认可的可能性也会增加，而多党合作制度在政治生活中的影响才会不断增强。

徐建萍在《当代中国社会阶级阶层结构与政党制度的关系演变及特点分析》(《中央社会主义学院学报》2013 年第 6 期）一文中认为，新中国成立六十多年来，社会阶级阶层结构和政党制度之间的关系演变经历了新民主主义社会、社会主义改造完成后至改革开放前以及改革开放至今的三个明显不同的阶段，呈现出共产党主导、明显的阶段性和必然的相关性这么三大特点，具有显著的“中国特色”。文章指出，多党合作制度具有整合多元社会阶级阶层结构的优势。政党制度的演变要与社会阶级阶层结构的变迁相适应，不论执政的中国共产党还是参政的民主党派，都要不断优化和完善自己，充分发挥其在整合多元社会利益中的优势。

李红芹在《试论多党合作在构建社会主义和谐社会进程中的作用》(《湖南省社会主义学院学报》2013 年第 4 期)一文中认为，在社会主义和谐社会进程中，要实现全社会共建的目的，多党合作有着极为重要的作用。首先，多党合作是社会主义和谐社会构建与党内和谐的重要促进力量。中国共产党对构建社会主义和谐的领导作用的一个重要体现，就是以党内和谐促进社会和谐。也就是说保持党内和谐是构建社会主义和谐社会的关键所在。党际和谐也离不开多党合作，多党合作则有利于巩固和完善共产党的领导。其次，多党合作是和谐社会构建与政治经济关系和谐的联系纽带。发展是实现社会和谐的根本途径，政治关系的和谐则有助于经济快速发展。构建社会主义和谐社会，经济是基础，政治是保障。为此，最大程度发挥民主党派的参政议政作用，强化对执政党与政府的监督功能，以政治和谐保障经济和谐发展，以经济和谐发展推动政治和谐，是实现政治经济社会和谐，达成社会主义和谐社会构建任务目的的良好途径。

戴晓娟在《论网络民主与新时期中国政党制度构建》(《韶关学院学报》2013 年第 9 期)一文中认为，网络民主是公民通过互联网针对公共问题参与政治生活的一种形式，具有直接表达意见、机会均等和方便快捷的特点，对我国政治发展和政党制度建设既有积极影响、又有消极影响，既是促进、也是挑战。积极的方面是:(1)为民众政治参与和实现党的政治文化社会化提供了新模式。(2)为我国政党制度提供了新的监督模式。(3)对进一步完善建设与时俱进的党组织有促进作用。(4)对中国特色的政党政治协商制度的完善和发展起促进作用。消极或制约的方面是:(1)网络民主在某种程度上动摇执政党的政治合法性。(2)挑战党的思想领导和主流政治文化。(3)要求现代的高素质的党员干部。(4)影响着中国政党制度的建设，政党基层组织的整合功能被削弱，且会迫切要求执政党处理好各种民主关系，尤其是执政党的党内民主以及执政党与各民主党派之间的民主关系。

曹晓飞在《网络民主对我国政党制度安全的影响及对策》(《湖北省社会主义学院学报》2013 年第 4 期)一文中认为，网络民主的迅速发展对我国政治安全产生了全方位的冲击，作为中国基本政治制度之一的多党合作制度也不例外。网络民主是一柄“双刃剑”，对我国政党制度发展有积极作用，也有消极作用。后者体现为给我国政党制度的功能带来导致公信力下降、无序参与的新冲击、新难题。要适应网络民主发展、加强中国特色政党制度建设，必须充分发挥网络民主的优势和正能量，努力解决网络民主发展中存在的问题，促进网络民主与协商民主的有机衔接，以推进社会主义民主政治健康有序的发展。

薛建泽在《网络民主对我国政党制度的影响和对策研究》(《理论观察》2013 年第 1 期)一文中认为，网络民主是随着互联网的快速发展而衍生出的一种民主形式，网络民主平等、直接、便捷、非正式等特点使它成为促进我国政党制度发展的必要形式，在网络民主发展过程中虽然对政党功能的发挥起到了一定的促进作用，但也削弱了政党的思想基础，影响了政党对优秀人才的吸引。面对这些问题，应该加强网络立法，推动政府治理，积极引导，扩大网络覆盖范围，拓宽公民参政渠道等，使网络民主成为促进政党制度建设的助推器。

刘树燕在《网络民主在我国政党制度革新中的价值分析》(《江西行政学院学报》

2013 年第 3 期）一文中认为，网络民主的崛起正在深刻影响着我国政党制度的政治生态。网络民主拥有平等、互动、全面、开放、直接、廉价等特征和优势，因而在我国政党制度革新中以深度改变代议、参与、协商、透明、责任和权利等民主要素及其实现的方式，实现了对政党制度发展积极与消极的双向影响：唤醒网络主体民主意识、推进网络社会发育、促进民主作用机制的正向价值，与承受民主全球化冲击、数字鸿沟障碍的负向价值并存。网络民主影响我国政党制度变革，在于其特点和功能与我国政党制度之间存在着契合。共产党与民主党派之间的亲密合作，执政与参政议政的配合，使具有平等性、广泛参与性等特殊功能的网络民主拥有存在与发展的空间。网络只是嵌入在现行体制内的技术工具，并不必然带来民主参与和政治进步，网络民主也不会自动改善现行政治的困境，要有现实的政治参与制度衔接，要和现实政治生态良性互动，才能发挥它的功效。因此，实现网络社会法规制度与现实协商制度的衔接，也就成了探讨网络民主在我国政党制度革新中价值影响及应对策略的逻辑起点。

三、多党合作制度的特色和优势

政党制度的特色和优势，深受制度设计理念的影响，它们也取决于政党制度规范实践的经验，并且从相关的制度和实践比较中得来。不同国家、政治生态中的政党制度都有自己的特色和优势。政党制度的优势一是渊源于解决本国政治矛盾与问题的历史实践，二是存在于解决相同政治矛盾与问题的不同国家的不同制度实践之间。但最根本的，还是政党制度要顺应本国政治生活的基本要求，要从根本上有益于本国政治实践且能够展示出较高的适应性和政治效率。本年度相关研究从纵向的历史发展角度、横向的结构功能比较角度，分别立足于制度内涵的秩序理念、中国现代化与民主政治发展、中外政党制度比较等理论问题展开深入探讨，取得了较大的理论进展。但在相关研究领域中也存在一些问题。其中，过多地偏向定性研究、更多地侧重于原则和理念的诠释，严重缺乏经验探讨、实证研究。究其原因，恐怕不在于现实基础、经验素材的匮乏，而在于研究思路和方法的亟待改进。

（一）多党合作制度的模式

中国多党合作制度的模式同中国现代化的模式密不可分。现代化意味着理性化，支撑和推进中国现代化进程的政党制度必须是理性设计、理性运作的政党制度，必须能够提供相关的政治资源和政治保障，能够汇聚民意和凝聚集体理性和政治共识，将人民主权的基本原理、制度化的力量和对政治正当性的满足融为一体。本年度关于多党合作制度模式的研究在前述问题上分别有所挖潜，以林尚立、熊必军等人的论文为代表，在理论探讨的深度上更下一城、有所贡献。

林尚立在《中国政党制度的历史性贡献》(《求是杂志》2013 年第 13 期）一文中认为，从历史由来、历史贡献看，中西政党制度皆完全不同。前者直接承载着在历史悠久的大型国家民主发展和现代化建设的任务，是使命规定性的制度，有较强发展性；后者是服务代议民主运行的政治制度，是功能规定性的制度，有较强程式性。在领导层面，多党合作制度使党的领导能在合作与协商有机统一的基础上展开，在广泛的政治协商中拥有更广泛的代表性和共识基础；在执政层面，该制度使共产党能在执政中获得更多元的参政力量支撑，提高执政实力，整合更广泛的利益诉求和科学建议，提高决策科学性和政策实效性。这种既能产生政治监督与权力约束,又能维护和激发国家发展能量的政党制度,完全契合中国对现代民主政治的内在需求,非一般政党制度所能比拟。在中国政治建设中,中国政党制度始终与人民民主的发展相互促进、共同发展，在支撑和推动相关实践与发展的同时，也赋予人民民主独特的制度形态。不论现在、未来，我国政党制度都是中国创造新发展新进步的重要制度力量。

熊必军在《试论我国多党合作制度的制度设计路径选择》(《湖南省社会主义学院学报》2013 年第 2 期）一文中认为，社会发展的持续性及人的有限理性要求要不断进行制度变革与创新，才能适应社会的发展趋势。我国多党合作制度有原则性、宏观的规定，但宏观制度缺乏中观、微观的制度支撑，制度化、规范化、程序化水平不高，从而导致了政党制度运行中的一些问题。同时，我国经济社会结构的变化对政党——国家——社会之间的关系产生了一定影响，对政党制度的民主政治功能、社会整合功能等需求不断增强，对政党制度的运行机制、运作方式等也提出了新要求。因此，在加强我国社会主义民主政治建设的进程中，要着重研究如何运用制度设计理论，从宏观、中观和微观三个层面上完善和优化与政治协商、参政议政、民主监督等相关的制度设计路径选择，以此来强化中国多党合作制度的适应性，提高我国多党合作制度的制度适应性效率，以应对国际、国内各种复杂的环境，更好地推进我国的民主政治建设。

王竞、李雯在《现代化视域下的中国政党政治》(《天津市社会主义学院学报》2013 年第 4 期）一文中，结合世界现代化和政治现代化的一般逻辑，具体剖析了中国政党政治与中国现代化特别是政治现代化的内在联结和基本特色。在中国现代化进程中，中国共产党具有“两个先锋队”的性质，是执政党，是中国特色社会主义事业的领导核心，各民主党派是参政党，共产党与各民主党派形成团结合作的合作型、协商—监督型政党关系，具有必然性、创造性和优越性。随着政治体制改革不断推进和社会主义民主政治日益发展，中国共产党将全面提高党的建设科学化水平，加强同民主党派团结合作，多党合作制度将不断巩固完善，在全面建成小康社会、推进社会主义现代化进程中发挥重要作用。从世界现代化进程来看，中国是在外力的影响下走向现代化的后发外生型现代化发展中国家，多党合作制度符合中国国情和中国革命、建设、改革的实际，符合社会主义民主政治的本质要求，体现中华民族和而不同、兼容并蓄的优秀文化传统，具有鲜明的中国特色和中国气派。

刘菊香、农晓芬在《多党合作制度与协商民主》(《江苏省社会主义学院学报》2013 年第 6 期）一文中认为，协商民主在本质上是我国典型的一种协商民主制度，体现了我国政党制度的特色。我国多党合作制度是社会主义协商民主的“开路先锋”，不断提升多党合作制度蕴含的民主性价值是传承和创新协商民主这一制度的根本和关键。协商民主是政党政治参与的重要民主形式，政党是协商民主的重要协商主体，协商民主是现代政党政治体制运行的普遍模式，我国各政党是我国协商民主的主体，中国特色的协商民主也构成中国政党政治体制运行的基本模式。多党合作制度蕴涵着协商民主的理论逻辑，即人民主权的基本原理、政治正当性的内在属性，以及互惠宽容与团结和谐的价值取向。多党合作制度体现了协商民主的原则理念，涵括主体的多元性与平等性、内容的公共性与公开性、过程的程序性与理性，以及结果的共识性与公正性。多党合作制度是国家层面长期实践的协商民主形式。多党合作制度历来强调政党之间的协商民主价值理念，多党协商合作在我国有长期的实践，多党合作制度为协商民主的发展提供了广阔的平台。

刘晓辉在《浅析共产党在中国特色政党制度中的领导地位》(《山西高等学校社会科学学报》2013 年第 8 期）一文中认为，中国共产党是我国社会主义事业的领导核心，其他民主党派是被领导者和同盟者，这种政党关系既是历史必然的选择，也具有深刻的理论依据。坚持党的领导是多党合作制度的本质特征和关键环节。共产党对民主党派的政治领导，是在关系全局的重大问题上起到政治凝聚和政治引导作用，使多党合作沿正确的政治方向前进。政治领导不是强迫的，而是建立在民主党派对在共产党领导下可实现其政治意愿和利益的进一步确认、对共产党领导能力和执政水平的肯定，以及对共产党政治主张认可的基础之上的。由此，在共产党和民主党派关系上，与领导者相对应的也不仅是被领导者，更是同盟者。

吴艳春在《社会主义民主政治的发展与中国特色政党制度的成长》(《中央社会主义学院学报》2013 年第 1 期）一文中认为，中国共产党领导的多党合作制度是中国民主政治发展的产物，其孕育、巩固、发展和完善都离不开社会主义民主政治的发展。无论从政治价值、政治主体和政治制度的角度看，社会主义民主政治建设与中国特色政党制度都有内在的契合性。对多党合作制度形成深刻的内在要求，是促使其发展完善的目标指向。要实现社会主义民主政治和政党制度运作、发展的良性互动，必须坚持走中国特色社会主义政治发展道路，以坚持中国共产党的领导为根本，加强党的执政能力建设；以政党关系和谐发展为目标，推动执政党和参政党建设相互促进；以程序化建设为重点，加强社会主义民主的制度化建设；也要以国际交流为纽带，学习借鉴世界政治文明的有益成果。

石媛在《多党合作与政治协商制度在社会主义民主中的地位》(《中共银川市委党校学报》2013 年第 5 期）一文中认为，中国共产党领导的多党合作与政治协商制度属社会主义协商民主中的政治协商范畴。中国共产党领导的多党合作与政治协商制度在社会主义协商民主中占主导地位，使政治协商在指导思想、制度保障和组织载体上都导向主导型、共识型协商。通过多党合作的历史和现实实践，政治协商有效引导社会协商，这不仅开创了我国制度化协商民主的先河，也为发展和完善其他形式的协商民主积累了丰富经验，对于带动社会协商具有重要的示范引领作用。

（二）多党合作制度的特色

多党合作制度的特色，源自于我国社会生活的特质，特别是取决于我国初级阶段社会主义社会的性质、共产党领导的人民民主政权的性质。多党合作制度的特色需要从比较研究中归纳、总结，对这一特色的研究也有必要反观其在中国具体政治实践中所体现出来的某些优势来实证阐明。本年度学者们的相关研究正是由此出发的。

李伟在《中国政党制度的特点和优势》(《人民论坛》2013 年第 27 期）一文中认为，各国经济发展水平、社会结构、文化传统等千差万别，因而不可能采取相同的政党制度模式，即使西方发达国家的政党制度也各具特色。力求发展适合本国国情的政党制度，才合乎政治发展的正确方向。我国多党合作制度在和平时期，在百姓期待稳定、发展与和谐的环境下，是符合实际，能解决问题、形成共识、推动发展、保持稳定的最优选择，可以最大限度地扩大公民政治参与范围，集中全社会意志和智慧，使政党代表性更广泛，合法性更突出。相比较而言，西方竞争性政党制度各党代表范围具有相当明显的局限性、越来越深受媒体和民粹的影响，很难较好整合社会意志，整合公民意愿和各阶层力量并形成长期利国利民的政策。

朱琳琳、任春雷在《论中国特色社会主义政党制度的发展与创新》(《吉林省教育学院学报》2013 年第 11 期）一文中认为，当代中国政党制度的特色可分做国情特色与政党关系特色两大方面。国情特色，是指多党合作制度是当代中国历史与现实的必然选择，与当前中国一致性和多样性相统一的社会经济结构、工人阶级领导的以工农联盟为基础的人民民主专政的政治结构相适应。历史实践证明，多党合作符合中国国情，是马克思主义与中国实际相结合的产物，也是中华民族和而不同、兼容并蓄的优秀文化传统的时代体现。所谓政党关系特色，是指当代中国政党制度的多重化党际关系。从党际关系看，多党合作制度是新型政党间新型的友党关系。从党政关系看，“一党执政、多党参政”超越了东西方专制型和竞争型政党制度的传统，在我国政治生活中显示了巨大活力。从政党制度结构看，这一政党制度又是核心一元性和结构多元性的有机统一，能够有效地保证中国共产党的领导核心地位、执政地位和对国家的有效治理，又能够保证不断扩大政治参与，充分考虑并保证各阶层、各群体的利益诉求和对国家政治生活的参与。

刘丛齐在《政党制度顶层设计中的他山之石——论比较方法在中国政党制度研究中的特殊意义》(《上海党史与党建》2013 年第 10 期）一文中认为，中国政党制度的顶层设计必然要摸着石头过河，这就需要在研究中坚持世界政党制度的“比较视野”。比较方法在中国政党制度研究中具有特殊的意义，它为制度特点、优势的相关研究提供了新的视野和论据，使论证更加鲜活饱满。文章提出，研究中国政党制度，应在比较视野下思考顶层设计，在比较视野下正视研究误区，在比较视野下保持自身优势，在比较视野下借鉴文明成果，在比较视野下坚守基本原则。其中，保持自身优势体现在政治参与和利益表达方面，就是中国政党制度适应了社会主义的经济基础和社会性质，反映了人民当家做主的社会主义民主实质。此外，它还体现为国内稳定的政党关系结构。

刘炳端在《中国特色政治包容视域下的多党合作和政治协商制度》(《武汉交通职业学院学报》2013 年第 1 期）一文中认为，政治包容既是社会主义民主政治建设的重要内容，也是考量社会主义政治文明建设的重要尺度。超越道德意义走向制度建构是现代中国特色政治包容的必然选择。政党制度作为国家政治制度重要组成部分，是审视、透析当代中国政治包容建设的重要理论镜像。中国共产党领导下的多党合作制和政治协商制度，是以共产党与各民主党派差异共存为前提，以坚持党的领导为底线，以发展和壮大各民主党派为特色，它们共同构成了中国特色政治包容的独特理论品质。就中国政治实践来看，多党合作制度所能达到的积极政治包容的高度主要体现在中国共产党承认各民主党派的身份差异，尊重其政治理念，且不断为其发展和壮大创造条件。一是着力帮助加强民主党派自身建设；二是充分发挥民主党派的职能作用；三是进一步加大对民主党派人士任用的力度。

梁晓宇在《坚持和完善中国特色政党制度的再思考》(《贵州社会主义学院学报》2013 年第 4 期)一文中认为,中国特色政党制度与西方资本主义政党制度有着本质的区别。这种本质的区别主要表现在二者有着不同的经济基础、不同的政党关系、不同的政治目标与运作方式。中国特色政党制度的显著特征在于：共产党领导，多党派合作，共产党执政，多党派参政。这一基本特征有三方面内涵：共产党是中国社会主义事业的领导核心，是执政党；多党合作制度是历史长期形成的，适合我国国情；民主党派是与共产党团结合作、共同奋斗的亲密友党，不是彼此争斗、相互倾轧的在野党或反对党。文章指出，多党合作制度还有着特色鲜明的比较优势：一是有利于执政党自身建设；二是有利于集中力量办大事，调动一切积极因素进行社会主义现代化建设；三是有利于发扬社会主义民主。

陈忠辉在《浅谈中国政党制度的“三性”》(《四川省社会主义学院学报》2013 年第 4 期）一文中认为，中国共产党领导的多党合作和政治协商制度既不同于两党制或多党制，也有别于一党制。这一制度是在中国长期的革命、建设、改革实践中形成和发展起来的，具有历史的必然性、伟大的创造性和巨大的优越性。这三方面的属性充分显示出独特的政治优势和强大的生命力，使多党合作制度成为适合中国国情的一项基本政治制度、具有中国特色社会主义的政党制度，同时也成为中国社会主义民主政治的重要组成部分。

（三）多党合作制度的优势

多党合作的制度的固有优势、比较优势既与先进的制度设计理念相关，也与切实的政治实践密切关联。多党合作的制度优势既是当代中国政治体系的优势，也是民意表达和社会整合的实践优势。从根本上讲，它来自于社会主义和人民民主的理论和实践优势。为此，中国共产党和各民主党派必须有高度的政治和文化自觉，自觉加强自身建设、自觉搞好协作协商，同时努力创新机制、强化监督，共同致力于国家和人民的利益，共同推进人民民主的深入发展。

侯远长在《充分发挥中国特色政党制度的独特优势》(《中州学刊》2013 年第 1 期）一文中认为，多党合作制度独特的政治优势由其固有性质和多方面的主客观条件所共同决定。其中，政治条件是共产党的先进性和纯洁性；社会条件是民主党派的进步性和合作性；组织条件是健全的组织体系、组织方式和高素质的干部人才队伍；思想条件则是建设中国特色社会主义的政治共识。多党合作制度的独特优势集中表现在：结构模式上，有“三个突出”即突出共产党的领导，突出民主党派参政、议政和民主协商；突出崭新和谐的政党合作关系，消除了一党制和多党制常有的勾心斗角、互相倾轧的弊端。社会整合上，中国共产党同各民主党派通力合作，能够高效率地完成意识形态、政治资源和利益关系的整合。党的领导本身即是多党合作的主要优势，共产党具有广泛代表性，是社会主义建设的坚强领导核心，善于同民主党派协商一致。而且，多党合作制度有利于兼顾各党派利益，有利于中国各政党、各方面政治力量团结合作、共同奋斗，有利于国家社会的稳定有序，因而有无与伦比的独特政治优势。

魏晓文、刘越在《关于新形势下发挥中国政党制度特色优势的思考》(《学理论》2013 年第 10 期）一文中认为，当前我国政党制度正面对全新的任务、机遇和挑战，必须进一步充分发挥其特色和优势。一是要大力加强执政党执政能力和参政党参政能力建设。另一方面，是要进一步优化多党合作的特色功能，适应新情况，解决新问题。首先要优化政治参与和民主监督功能，保证对执政党、对权力的监督和制约，在决策过程中发挥好政治协商作用；其次要优化各政党的社会整合与利益整合功能，发挥思想工作和政治合作并重的固有优势；三要优化维护稳定与保障安全功能，依托和谐政党关系，优化政治诉求形式、保障人民群众诉求的有效表达，发展政治协商、确保各项权力高效运行。新形势下发挥中国政党制度的这些特色优势，是增强社会公众对当代中国政党制度认同的关键所在。

林国华在《多党合作制度建设中的文化自觉》(《广东社会主义学院学报》2013 年第 1 期）一文中认为，必须培养高度的文化自觉，才能更好地坚持多党合作这一新型政党制度的特色和优势,才能有效应对世界“民主化”浪潮对中国多党合作制度与理论形成挑战、经济发展中多发性的社会矛盾带来的挑战、社会转型过程中价值取向多元化对多党合作在内的马克思主义意识形态形成冲击。

王东勤在《发挥我国政党制度的独特优势和作用，实现政党制度与人民民主的良性互动》(《中央社会主义学院学报》2013 年第 4 期）一文中认为，中国特色社会主义政党制度的发展直接影响到党内民主和人民民主的发展，并为党内民主和人民民主的发展拓宽了现实道路。民主党派参政是实现和维护党内民主与人民民主的重要途径，政治协商机制是实现和维护党内民主和人民民主的基础，政党间监督的形式则强化了党内民主监督的功能。这些都体现了社会主义制度的本质要求，保障了人民民主权利的充分行使。当前我们面临的一个重大理论问题和实践问题，是建立和完善协商民主制度体系，充分发展这一实现社会主义民主的重要形式。为此,必须发挥上述多党合作的独特优势和作用，坚持正确的政治方向，实现高水平的政治参与，并且进一步推动包括信息公开、决策公开、政务公开在内的政治公开，推动中国特色社会主义民主政治的健康发展。

耿百峰、史君红、陈小葵在《论中国特色政党制度的政治优势》(《中共济南市委党校学报》2013 年第 2 期）一文中认为,中国特色政党制度的政治优势主要体现在：（1）把促进生产力发展当成根本任务,为其开辟道路,因而有利于促进生产力的发展。（2）制度元素中内涵的执政党的优秀品质、强大的社会整合能力、一党执政和多党参政的高效执行力，有利于发挥社会主义制度优势。（3）把民主当成自己奋斗目标，不断探索相关理论与实践，有利于发展人民民主。（4）以维护政治稳定、建设和谐社会作为自己的不懈追求，有良好的党际关系基础和充足的促进和谐的渠道，有利于政治稳定与社会和谐。（5）具有强大的利益表达功能优势、以充分保障和改善民生作为重要执政理念，有利于实现人民群众的根本利益。

四、多党合作制度的价值和功能

本年度专门探讨多党合作价值与功能的论文相对偏少。深究其原因就可以看出，问题完全不在于这个研究领域不重要，而在于十八大以后对协商民主与多党合作关系问题的研究迅速升温，政党协商本身即内涵价值与功能问题，也会广泛深入地涉及政治参与、民主监督、促进稳定和发展等基本理论问题，因而会一定程度上对此前相关研究形成替代效应。尽管如此，相关研究成果还是颇具分量。其中，陈霞、杨英的《比较——历史——结构：基于中国政党功能的比较政党学新分析框架》，刘红凛的《我国政党制度的创造性价值与发展要求》，常婧的《提升政党制度的社会整合效能——基于政治社会化视角的结构功能分析》，鲍跃华的《论中国政党制度的社会和谐功能》，宋连胜、董树彬的《中国政党制度的理论构建》和熊必军的《试论我国多党合作制度的特色价值》等文，不乏创新和理论深度，且具有一定的代表性。

（一）多党合作制度的功能

有什么样的结构就有什么样的功能。政党制度的功能源于特定的政治结构，并间接反映特定的社会结构。当代中国一致而多元的政治结构、执政——参政的政党格局，是中国独特的政治发展历史所塑造的，有利于实现政治参与和民主监督，中根本上有利于社会的团结整合与全面发展，但也的确内涵一些尚有待发展和超越之处。对于与此相关的一些问题，本年度相关研究还是从整体上给出了一个较好的回答，体现了逻辑与历史相统一的要求，能够比较周延地解释一些理论和现实问题。

陈霞、杨英在《比较——历史——结构：基于中国政党功能的比较政党学新分析框架》（《上海市社会主义学院学报》2013 年第 2 期）一文中提出了关于政党功能分析的新框架。该框架以中国本土政治为基点，由基于比较的通用——特用功能、基于历史的初始——扩展功能，以及基于结构的行为扩展——相对差异三维结构组成。文章以中国政党为例校验了这个分析框架的适用性，继而揭示：从比较视角来看，我国政党的特殊性在于政党执政地位起始于特殊的军事功能。基于该功能，相关政党可自行产生权力，此种自行产生的权力在建政后使得国家对其产生了高度的依赖。从历史来看，此种功能的逐渐生成，当与中国政党产生后议会和平参与功能的长期缺失相关。从结构角度看，中国政党的政治参与行为，大致依次出现了三种功能的扩展累加：由无作为的参与到说服性参与行为，继而军政性的参与行为、执政或参政性的参与行为。革命时期共产党的军事功能始终占支配地位，其竞选、政治录用功能一直居次属地位，政党政治权力也因军事功能而取得。同一时期，民主党派的功能则始终以议会政治为核心，以竞选功能为主。这种差异延伸到解放后，自然演变成了两种完全不同的结构品格，形成了中国本土政党体系在功能上的执政——参政结构。

姜丽华在《完善运行机制，提升多党合作制度的整体效能》（《江苏省社会主义学院学报》2013 年第 5 期）一文中提出从效能角度解析多党合作制度的内涵。多党合作的制度效能就是我国多党合作政党制度的功能发挥及其实现这一制度目标的程度和效果。因此，多党合作制度的定位和功能、结构和特点、价值和目标构成一个完整的概念内涵系统，同时也是这一制度效能能否发挥的关键因素，有必要从制度效能的视角重新解析多党合作的内涵。多党合作制度的功能定位，在于政治参与、利益表达、社会整合、民主监督和维护稳定。多党合作制度的特点和结构，在于明显的核心一元性与层次差异性：政党间存在领导与被领导的关系、有主次之分，但其目标表现出同一性，总体结构上呈现稳定性。多党合作制度的价值和目标，在于发展社会主义民主。由此，提高多党合作制度效能执行主体的能力，包括执政党执政能力和参政能力并促成两者协同发展，完善多党合作制度效能发挥的外部环境和运行机制，保持稳定合理的多党合作行为主体的基本结构和基本特征，也就成为提升多党合作制度的效能的关键所在。

中共宿迁市委统战部、民进宿迁市委员会在《我国多党合作中的民主监督问题研究——以民主党派对共产党的党际监督作用为视角》(《江苏省社会主义学院学报》2013年第4期）一文中以民主党派对共产党的党际监督作用为视角，对民主党派的党际监督进行了历史回顾、现状考察。文章指出，民主党派对共产党党际监督是共产党的自主选择和要求。继而分析了民主党派党际监督内容、形式、监督强度、监督成效等方面存在的问题。在内容和形式上，党派往往是受邀才能监督，难以实现主动监督，监督重点放在对中共党委执政行为的党际监督上，没有有效体现政党监督、政治监督的特性。在监督的强度和效果上，由于缺少工具意义上的强制性，因而影响力较弱，实际成效不高。文章对民主党派的党际监督依据和定位问题进行了理论分析，认为民主党派的党际监督定位应当为非权力性、非功利性、友好性、合作式的党派间民主监督。最后，对规范和优化民主党派对共产党党际监督提出了对策，即从监督者行为和被监督者行为两方面进行规范和优化，使两者达到和谐共振，从而发挥出最佳的监督效果。

王建华、王云骏在《我国多党合作的民主监督问题研究——基于比较政党制度的视角》(《学术界》2013年第1期）一文中认为，政治制度不能照搬，但政治技术是互通的，应当借鉴西方的监督技术，建构中国特色的党派监督体系，推进中国政党发展和政治体制改革。从建构政党制度的功能与效用入手，政党监督有国外的替代性监督与我国的合作性监督两种类型。在竞争性政党制度下，替代性监督在维护国家权力良性运转与惩治腐败中，发挥了重要作用。中国特色的民主监督存在监督的内涵与定位模糊，民主监督缺少制度平台，以及党派监督的主体意识不强等问题。应借鉴竞争性政党制度下替代性监督的工具效用，充分发挥多党合作制度下的党派监督功能。

宋连胜、董树彬在《中国政党制度的理论构建》(《社会科学战线》2013年第3期）一文中，从如何掌握国际话语权的角度出发，尝试确立能够与西方两党制和多党制平等对话的中国政党制度的学术话语体系。文章认为：中国政党制度的首要前提是坚持中国共产党的领导；其特点优势在于既保证了集中与高效，又保持了和谐与合作；其根本价值体现在于通过有效政治参与达到政局稳定，以及通过有效民主监督实现权力制约；其重要功能是实现人民群众的根本利益同部分特殊阶层与群体的具体利益相结合；其第一要务在于解决发展问题；其运作方式在于共产党执政、民主党派拥护，民主党派参政、共产党支持；其实现形式在于选举民主与协商民主相结合；其发展动力在于执政党建设与参政党建设互相促进；其重要的机构平台是人民政协；其根本保障在于基本政治制度界定以及宪法的相关规定。

余磊在《中国特色政党制度对“中国奇迹”的贡献与作用》(《文史博览·理论》2013年第7期）一文中认为，对于改革开放以来我国经济上保持长达30多年持续、稳定、高速增长的良好态势及社会主义建设全面发展的“中国奇迹”而言，中国特色政党制度有着重要的贡献与作用。具体表现在社会主义现代化建设“五位一体”的总体布局中，体现在促进了社会主义经济建设、政治建设、文化建设、社会建设和生态文明建设发展上。

中国特色政党制度能够成为我国发展的助推剂，是“中国奇迹”延续的重要保障。在推进中国特色政党制度不断走向成熟过程中，实现全面建成小康社会的战略目标，让“中国奇迹”得以延续，实现全国人民的“中国梦”。

罗卫荣、彭兰萍、李佳颖、汤池在《中国特色政党制度在社会主义民主政治建设中的地位和作用》(《湖南省社会主义学院学报》2013年第5期）一文中认为，中国特色政党制度的作用在于促进社会民主政治不断发展，它能够保障公民有序参与政治，以政党民主推进人民民主，拓展人类政治民主形式多样化。中国特色政党制度的地位在于它是人民民主的重要形式。在长期的民主革命和建设实践中，我国逐步确立了选举民主与协商民主两种民主形式，共产党领导的多党合作和政治协商制度是中国协商民主的主要载体，是实现最广泛的人民民主的必然途径。

戴立言在《政党制度与反腐败》(《红旗文稿》2013年第14期）一文中反驳了“中国腐败问题的根本原因是共产党一党执政”、“只有实行多党制才可能达到廉洁”的观点，认为政党制度的产生和建立的目的是为了解决权力分配问题，本身不具备反腐败的因子；多党制并没有杜绝腐败，很多时候还导致腐败泛滥；不管多党还是一党，对腐败都没有天然的免疫力；在中国，共产党长期执政最有利于解决腐败问题。由于各国发展阶段、历史文化、政治制度等条件千差万别，解决腐败问题不应也不可能只有一种模式。历史和现实都已经并将继续证明：多党制从来不是也不可能是有效防治腐败的灵丹妙药，只有执政党下定决心，采取多种途径、多种手段相配合，进行综合治理，并随着经济、政治、社会、文化的稳定、健康发展，才可能逐步解决腐败问题。中国共产党正在这样做，并且有充分的信心做好。

刘飞在《新中国政党制度建设与社会稳定关系探析》(《山东社会科学》2013年第11期）一文中认为，成熟的政党制度是现代国家社会稳定的保障。中国政党制度的核心是中国共产党的领导。党的领导不仅包括对多党合作和政治协商的领导，而且包括对整个国家政治生活的领导。中国政党制度的确立和发展以国家统一和民族团结为旨归，以社会稳定为价值取向，社会稳定和政党制度建设在历史发展、互动中呈现阶段性特征。无论是因社会稳定的需要而完善政党制度，还是以政党制度建设维护社会稳定，关键都在于完善党的领导及其体制。中国政党制度建设更多表现为党的领导方式的改善；多党合作和政治协商围绕完善党的领导展开，表现为中国共产党领导下的政治结构不断开放的过程。

常婧在《提升政党制度的社会整合效能——基于政治社会化视角的结构功能分析》(《中央社会主义学院学报》2013年第1期）一文中认为，政党通过自上而下的政治传播和价值引导，能够发挥政治社会化功能，获得政党成员乃至全体社会成员的政治认同，进而完成社会整合。政党是社会整合的主角，而政党制度在政党整合的基础上可以平衡党际关系、决定社会整合的不同结构形态。研究中国特色政党制度的社会整合，自然应着眼于政党的政治社会化功能，从剖析多党合作制度下的社会整合同心圆柱结构入手，以意识形态整合、利益整合、组织整合三个维度寻找提升政党制度社会整合效能的实现路径。

鲍跃华在《论中国政党制度的社会和谐功能》(《广州社会主义学院学报》2013年第4期）一文中认为，和谐是中国特色社会主义社会的本质属性。政党制度是一国政党结构和关系的基本架构，决定着政党活动的方式和作用的发挥。我国政党制度适应我国国情，既是凝聚发展合力、使创造社会财富活力迸发的有效制度安排，又是汇聚改革动力、坚持深化改革和促进社会和谐的有力制度保障，也是保持政治稳定、保障社会和谐的重要制度支撑，因而是有极大优越性的制度形式。鉴于其内在的逻辑包涵和谐社会的要求，它必然对社会主义和谐社会建设产生巨大的推动和保障作用。充分开发和发挥我国政党制度的资源优势，对于促进和谐社会建设有着巨大的现实意义和深远影响。

安彩英在《论政党制度在政治民主进程中的整合功能》(《信阳师范学院学报·哲学社会科学版》2013 年第 2 期）一文中认为，整合功能是政党制度的首要功能，政党制度是否合理并不在于政党数量多少，而在于民主进程中能否最大限度地对分化的社会利益进行整合并达成一致。文章在比较分析了发达国家、后发国家竞争性政党制度整合功能的基础上指出，不同于在整合新议题上存在着冲突性功能危机的发达社会竞争性政党制度，也不同于凸显代表冲突能力但弱化整合冲突的能力的后发国家竞争性政党制度，多党合作制度既能实现利益表达功能，使不同群体的利益得到充分表达，又能够实现利益整合功能，将各种利益冲突限定在一定范围内，通过民主协商加以解决，避免了竞争性政党制度下政党为了达目的不惜超限度激化社会冲突的政治风险，促进了社会的和谐发展。

（二）多党合作制度的价值

多党合作制度的本质在于创造、巩固和发展一种新型的民主，在体现中国国情、中国道路和中国特色现实要求的基础上，同时赋予这一新型民主高度的理性和正当性相统一的理论与实践品质。这就要求多党合作制度能够切实践行“长期合作、互相监督”的基本方针，充分体现党的领导和人民当家做主相统一的基本原则，进而将执政与参政、合作与监督、选举与协商内在地融合起来，不断推进中国政党制度和民主政治的现代发展。

任世红在《协商民主：多党合作的内生价值》(《中共天津市委党校学报》2013 年第 6 期）一文中认为，民主协商是多党合作的优良传统，政治协商建制为协商这一新民主精神的发扬提供了制度承载。协商民主的确立，是多党合作理论的重大发展，为多党合作制度建设设定了基本的价值取向。文章明确指出，咨政监督权是党际协商民主的价值诉求，也是多党合作重要的内生价值之所系。其一，共产党同民主党派进行政治协商，是共产党实现领导权的重要方式。其二，协商于决策之前和决策执行之中，是实行科学民主决策的重要途径。其三，坚持民主监督和政治协商相结合，是监督执政权力的重要方面。总之，多党合作及其内生的民主价值即在于：在坚持四项基本原则的前提下，在多党合作和政治协商中努力创造团结、民主、和谐的气氛，广开言路，使民主党派的意见、批评和建议能够充分地反映出来，鼓励民主党派敢于坚持正确的意见，做共产党的亲密净友，有利于发挥参政党高层次政治监督的功能、作用，保持执政权力的纯洁性，提高拒腐防变和抵御风险的能力。

熊必军在《试论我国多党合作制度的特色价值》(《上海市社会主义学院学报》3013 年第 4 期）一文中认为，文化、国家和民族差异决定了政党制度的多样性。我国多党合作制度除了具有世界其他政党制度的价值之外，还具有四大创造性价值：第一，创建了新型的合作型政党制度，把领导核心的一元性与结构的多元性有机地结合和统一起来，形成一种一元为主导多元为组织、一元与多元的主体平等的基本架构，为世界政党制度的多样性增添了一个成功范例。第二，创新了有政党政治国家的执政形式，即一党执政、多党参与的执政形式。多党合作制度的政党制度结构构建了一种新型执政形式，既不同于一党独自执政，两党或多党轮流竞争执政的执政形式，也不同于多党联合执政的执政形式。第三，以参与民主、协商民主完善了世界民主的实现形式。从实质上来看，我国的参与民主、协商民主突破了以往把民主限定在选举环节的观念，将民主扩展到决策过程，蕴含了一种更积极的民主主张。第四，为世界政党制度的研究提供了除竞争型政党制度之外的新的政党制度研究范本，为构建世界上新的政党制度理论研究体系——合作型政党制度理论研究体系提供了理论源泉。

刘红凛在《我国政党制度的创造性价值与发展要求》(《中共中央党校学报》2013 年第 2 期）一文中认为，政治制度的价值在于规范行为、引导行为、促进政治有序发展。一种政党制度，只要丰富了民主政治的制度形式与实现方式，规范了政党政治过程与政治行为、促进民主政治发展，或者丰富了现代民主理论、促进民主观念的更新与发展，或兼而有之，就有创造性价值。与其他政党制度相比较，我国政党制度具有创造性价值。认识这一价值，就得立足多党合作的基本的特点与内容，结合政党政治基本的规律、过程、内容和实现形式，在世界性的比较中加以把握。“一党领导、多党合作”丰富了世界政党关系模式，“一党执政、多党参政”丰富了世界政党执政模式，“政治协商、民主监督、参政议政”拓展了民主的实现方式、丰富了现代民主理念。但对我国政党制度的创造性价值的把握还属于认识判断与价值判断范畴，它的实践价值则只有在现实生活中以一定的政治实践及其效果来检验。

杨立志在《中国政党制度的价值意蕴及其当代发展》(《中共天津市委党校学报》2013 年第 4 期）一文中认为，作为世界上年轻而有活力的一种新型政党制度，中国政党制度的价值意义与影响已超出了国家范围，具有更深远的政治意蕴，其价值主要体现在四个方面：丰富和发展了马克思主义政党理论，向世界提供了新的政党运行体系，推动了中国特色社会主义政治发展，为治国理政提供了坚实的政治基础。当代政治实践中，要从国家与政权的高度理解中国政党制度的价值，通过不断增强中国政党制度的包容力提高参政党的参政能力，推进中国政党制度的制度化，充分实现中国政党制度的固有价值。

吴丽萍在《中国政党制度思辩》(《当代教育理论与实践》2013 年第 7 期）一文中，为多党合作制度作了理论辩护，澄清了把多党合作制度定义为“一党专制”，把政治协商看成是“花瓶”、“摆设”，以及把民主党派对共产党的民主监督看成“自找麻烦”、“多此一举”等的错误认识，并强调指出：中国政党制度是经过长期实践检验是适合中国国情的民主的、非竞争性合作型政党体制。政治协商体现了民主的真实性，促进了科学决策，加强了民主的深度，拓宽了民主的广度。民主监督确立了多党合作的基础，在实践中也为经济社会建设发挥了巨大作用。

张瑞琨在《关于我国政党制度的发展理念问题》(《江苏省社会主义学院学报》2013 年第 2 期）一文中认为，在当今世界经济全球化、政治多元化、社会信息化的时代，中国特色的社会主义政党制度应在坚持社会主义价值要求基础上，突出“民主集中、合作共赢、科学发展”的理念。文章认为，民主集中是我国政治体系的建构原则，是中国特色政党制度内在的价值规定；合作共赢是多党合作必须坚持的重要原则，是中国特色社会主义政党制度得以巩固和发展的重要条件；科学发展是当代中国发展的主题，政党制度的发展必须突出科学发展的理念。

五、多党合作制度的思想和理论

思想和理论源于实践、反思和总结实践，同时又是创新实践的先导。马克思主义理论经典作家关于无产阶级政党联合、民主政党合作的光辉思想，从根本上指导了多党合作的政治实践，也成为多党合作制度的理论基础。本年度关于多党合作思想的研究相对比较单一，基本上是以思想、理论不断丰富发展的历史线索为主导，特别集中于对中国共产党人相关思想的仔细梳理和重新诠释上。

（一）中国多党合作制度的思想渊源和理论基础

马克思主义的人民民主理论、统一战线理论和多党合作理论是多党合作制度的思想渊源和理论基础。本年度学者们的相关研究纷纷指向中国政党制度的这一逻辑起点、理论基石，其中任世红的相关论述还是比较有代表性的。

任士敏在《中国多党合作制度孕育的理论原点》(《上海市社会主义学院学报》2013年第1期）一文中认为，马列主义的统一战线理论和政党学说是多党合作制度孕育而生的理论原点。文章分析指出，马克思列宁主义认为无产阶级及其政党为完成自己的历史使命，必须团结广大劳动阶级和其他革命阶级，必须联合一切可以联合的政治力量和政党派别，这是无产阶级革命的基本战略和策略问题。同时，在建立统一战线和多党合作的过程中，共产党必须保持独立性和领导权，这是通过联合战线整合社会力量必须坚持的根本原则。马列主义统一战线理论和政党学说是中国共产党领导创建革命统一战线、实行多党合作的指导思想。革命时期的多党合作和统一战线实践是中国多党合作制度形成的历史根据；而共产党自身的先进性，则是其在统一战线和多党合作中的领导权的生命线。

吴丽萍在《中国政党制度的思想渊源——马克思恩格斯关于政党合作的理论》(《邵阳学院学报•社会科学版》2013年第4期）一文中，立足于多党合作的必要性、共产党建立多党合作的对象及其策略原则这三个重大的理论领域，阐述了马克思主义关于成立无产阶级政党和无产阶级国际联合原则，解析了马恩关于共产党应与其他工人政党、其他一切民主政党建立合作关系的重要思想，以及共产党必须坚持领导权，必须保持先进性、独立性，对同盟者的错误有批判权等基本政治理念。文章结合中国革命和建设的理论和实践，批驳了中国政党制度实质是一党制、是民主的花瓶标签和反马克思主义的论调，认为中国政党制度渊源于马恩政党合作思想。文章指出，中国共产党人把马克思主义政党合作理论与中国革命和建设的具体实践相结合，建立起了具有中国特色的社会主义政党制度。实践证明，这一政党制度体现了社会主义民主的精神实质，也符合中国国情。它既丰富了马克思主义理论宝库，又在我国经济、政治和社会生活实践中发挥了巨大的优势。

戴小江在《马克思主义多党合作理论中国化的发展历程及基本经验》(《哈尔滨市委党校学报》2013年第3期）一文中，回顾了新中国成立以来马克思主义多党合作理论中国化的发展历程，认为中国共产党的多党合作思想是中国化的马克思主义多党合作理论，是以毛泽东、邓小平、江泽民和胡锦涛为代表的中国共产党人把马克思主义多党合作理论与中国的具体实际相结合的产物。文章指出，马克思主义多党合作理论中国化的基本经验告诉我们，只要坚持把马克思主义多党合作理论与中国的具体实际相结合，坚持既继承发扬我国的优秀历史文化，又学习借鉴国外政治文明的积极成果，坚持反对错误倾向，不断总结实践经验，党的多党合作思想就会不断向前推进，党的多党合作事业就会不断向前发展。

谭元敏在《多党合作和政治协商——中国共产党对马克思主义联合民主政党思想的继承与创新》(《湖北理工学院学报·人文社会科学版》2013 年第 5 期）一文中认为，共产党自诞生起就面临如何对待其他政党的问题。马克思主义经典作家在革命实践中形成了丰富的联合民主政党的策略思想。中国共产党以马克思主义为行动指南，在成立之初就贯彻执行了联合民主政党的策略，在不同的革命时期，联合不同的政党，先后取得了抗日战争和解放战争的胜利。此外，中国共产党还在社会主义建设的过程中继续自觉运用这一思想，真正实现了多党合作，建立起了中国特色的多党合作和政治协商制度，成功进行了伟大的制度创新和政治实践，继承、创新发展了马克思主义。

陈立明在《马克思主义多党合作理论在当代中国的实践与发展》(《中央社会主义学院学报》2013 年第 4 期）一文中认为，中国共产党正确认识和处理中国的政党关系，建立、巩固和发展了多党合作制度，创造性地回答了在中国建设什么样的政党制度、怎样建设政党制度的问题，为当代中国政治文明的发展进步提供了制度保障。在马克思主义创始人的多党合作理论及无产阶级政党战略策略的基础上，在列宁关于执政党建设、多党合作、党政分开和民主监督等理论探索的基础上，中国共产党第一代领导集体提出制定了多党合作的基本理论、政策方针，明确了民主党派是为社会主义服务的“劳动者政党”，确立“长期共存，互相监督”的方针，提出人民政协是具有党派性的统一战线组织，建立中国共产党同民主党派合作的基本形式，制定了民主党派组织发展的方针政策。改革开放后，中国共产党更是将多党合作上升为国家基本政治制度，使之实现了从革命到建设、从执政党的战略策略到国家制度、从政治协商到协商民主的根本转变。这就创造了一种崭新的政党概念、政党制度和民主形式，成为马克思主义政党理论中国化的重要成果，也体现了我国政党制度成长和发展的内在必然要求。

任世红在《多党合作嵌入国家制度的理论基点》(《中央社会主义学院学报》2013 年第 4 期）一文中认为，中国共产党与各民主党派在民主革命中形成的多党合作何以进入国家建设层面，是从历史与逻辑相统一视角考察多党合作制度理论基础时必须追问的一个基本问题。国民党实行“一个政党、一个国家”的党国体制，奉行“党外无党”的政治哲学，违背了现代中国必须消灭大地主大资产阶级专政的国家制度、成立民主的联合政府和建立新民主主义国家的必然趋势、历史法则；斯大林坚持“几个党就是政党自由，而社会主义无政党自由存在的基础”的政治逻辑，为苏式一党制作了理论辩护，但漠视了社会主义下对抗将消失、矛盾仍存在的历史规律。在反对国民党一党专制、反思苏联一党制模式的过程中，毛泽东创立新民主主义理论、社会主义社会矛盾理论以及“长期共存，互相监督”的战略思想，把革命时期从属于统一战线范畴的策略性多党合作上升到国家建设层面，最终确立了中国特色社会主义的多党合作制度。毛泽东思想的国家学说和社会主义社会矛盾理论，因此成为多党合作嵌入国家制度的理论基点。

（二）中国共产党人对多党合作思想的继承、丰富和创新

2013 年是毛泽东诞辰 120 周年，统一战线、多党合作制度研究领域关于毛泽东中国政党制度思想的研究非常热络。另外，受 2012 年在湖南召开的李维汉统战思想研究会及统一战线学学科建设相关努力的影响，也有学者开始深入研究李维汉关于多党合作的思想和理论贡献。

邹谨、张丽红在《抗日战争时期毛泽东的多党合作思想——纪念毛泽东诞辰 120 周年》（《上海市社会主义学院学报》2013 年第 4 期）一文中认为，毛泽东在抗日战争时期坚持把马克思主义政党理论和统一战线学说与我国实际相结合，形成了多党合作思想。主张在抗日根据地实行“三三制”，提出只破坏买办大资产阶级和大地主阶级的专政，并不代之以共产党的一党专政，分析了实行多党合作的原因：共产党员在人民中只占少数；为了为民族、人民谋利益，共产党应受人民监督，决不应违背人民意志，其党员应站在民众之中而非其上；国事是国家的公事，不是一党一派的私事，需要各民主党派和人民群众积极参与，共产党员只有对党外人士实行民主合作的义务而无排斥别人、垄断一切的权利。文章对毛泽东归纳了所讲的多党合作途径：第一，是要坚持和改善党对各民主党派的领导，党的领导主要是政治领导。第二，培养共产党员的多党合作意识，克服不愿和不惯同党外人士合作的狭隘性，提倡民主作风。第三，是通过参议会进行多党合作，克服宗派主义和关门主义。第四，大力团结和培养党外干部。第五，共产党要接受民主党派的监督。第六，要切实保障党外人士的权利，让党外人士有职有权。这些多党合作思想，为后来中国共产党领导确立多党合作制度作出了奠基性贡献。

乔方亭在《论毛泽东关于中国政党制度的思想》（《上海市社会主义学院学报》2013 年第 2 期）一文中认为，毛泽东在其《新民主主义论》等著作中全面回答了中国应实行什么样的政党制度的问题。他既反对一党专政，也反对资产阶级的两党制或多党制，而主张实行一种“联合专政”，中国共产党领导是“联合专政”的领导者并得与各党派“长期共存，互相监督”。文章认为，毛泽东关于中国政党制度的思想为中国多党合作制度的确立与发展做出了巨大的贡献，是伟大的创举。中国多党合作制度已经并且将继续发挥其重要作用，以实现中华民族的伟大复兴。

刘朋在《党的第一代中央领导集体政党政治思想探析》（《中央社会主义学院学报》2013 年第 2 期）一文中认为，在领导中国革命和建设社会主义的实践中，以毛泽东为核心的党的第一代中央领导集体创造性地将马克思主义政党理论与中国实际结合起来，形成了适合中国国情、独具特色的政党政治思想。一是建立民主联合政府、实行民主宪政是中国政党政治的发展道路；二是多党合作的政党制度是政党政治发展的实现形式、广泛的人民民主统一战线是政党政治的基础；三是坚持基本的政党政治伦理规范、正确处理党与国家机关的关系。

邹谨、姚红在《毛泽东与中国共产党领导的多党合作和政治协商制度的奠基——纪念毛泽东诞辰 120 周年》（《广东省社会主义学院学报》2013 年第 3 期）一文中认为，毛

泽东对中国共产党领导的多党合作和政治协商制度的奠基性贡献主要体现为：在抗日根据地实行“三三制”，为中国共产党领导的多党合作和政治协商制度的形成提供了重要历史经验；为召开新政协而奋斗，促进了中国共产党领导的多党合作和政治协商制度的基本确立；对人民政协的性质和任务进行了重要论述，促进了人民政协工作的健康发展；明确提出“长期共存、互相监督”的方针；反对在中国照搬西方的政党制度。

王东海在《毛泽东的多党合作思想辨析》(《社科纵横》2013 年第 2 期）一文中认为，毛泽东运用矛盾的普遍性与特殊性的关系原理，总结中国民主革命的经验教训，指出中国的政党制度一方面必须符合马克思主义的普遍原理，又必须与中国的特殊实际结合起来。(1）思想上的普遍性与特殊性关系。中国各阶级在现实的政治层面必然产生不同利益诉求。所以既不能以共产党思想宗旨的普遍性取代民主党派思想宗旨的特殊性，也不能以后者否定前者，而是必须将两者结合起来，相辅相成，相得益彰。(2）政治上的同一性与差异性关系。共产党和民主党派在某些具体的利益诉求上可能存在不一致甚至相冲突的差异性的一面，可以有不同表现形式，可以行使监督、质询、批评乃至否决的权利，这对于政党政治来说都是极为正常的。解决差异性的最好办法是充分发扬民主，是“团结——批评——团结”。(3）组织上统一性与多样性的关系。多党合作离不开统一战线这个统一组织，否则就会失去运作的目标和方向；多党合作又必须保持中国共产党和各民主党派组织上的多样性、相对独立性。

夏燕月在《毛泽东对中国特色政党制度形成和发展的历史性贡献》(《党的文献》2013 年第 1 期）一文中探讨了毛泽东创建和完善多党合作制度的伟大历史贡献，指出：首先，毛泽东奠定了中国特色政党制度的理论基础。毛泽东在 1923 年《外力、军阀与革命》中即已认识到中国革命胜利必须靠多党派合作，也较早使用了民主党派概念、倡导了边区民主联合政权实践。其次，倡导协商民主思想，指导了新型的多党合作实践。《新民主主义》、《论人民民主专政》论述了未来国体和政体的基本原则，为建立人民民主专政政权做了理论准备。在其指导下，中国共产党与民主党派实现协商建国，又进而在国家政权中继续协商治国。毛泽东多党合作理论是以协商民主为基础的，必然要求民主党派参加新政协、在新中国参政，这就标志着民主党派地位的根本变化。第三，制定“长期共存，互相监督”战略方针，对多党合作制度的巩固和发展中也起到重要作用。对人民政协的性质和任务作了全面阐述，确立了它作为中国特色政党制度重要载体在国家政治生活中的地位和作用。正确解决了民主党派的存废问题。确定以八字方针指导和完善中国特色政党制度。这些理论探索及其成果和经验，至今仍有重要的指导意义。

和宝军在《李维汉对多党合作理论的贡献》(《湖南社院学报》2013 年第 3 期）一文中认为，李维汉对多党合作的理论探索主要是：(1）阐明中国多党合作制与西方国家多党制的区别，在于政治前提、党与党的关系以及政治参与方式的不同。(2）阐明了中国多党合作的必要性，指出“多党合作具有历史渊源”、有利于巩固人民民主专政——既能实现最大多数人民的民主权利，又能尊重占少数地位的人民的民主权利，以及“民主党派的影响性还存在”——它们是民族资产阶级和上层小资产阶级的利益代言人，具有一定的组织号召力和直言善谏的优良传统。李维汉对今后党如何开展民主党派工作的建议至今也仍然发挥着重要指导作用。这些建议是：(1）搞好多党合作首先要加强党的领导。(2）

要创造生动活泼的政治局面。（3）完善合作共事的相关规章制度，包括完善用人机制、定期会晤机制及奖惩机制。

罗维英、龙刚在《李维汉多党合作思想初探》（《湖南社院学报》2013 年第 4 期）一文中，探讨了李维汉多党合作思想中关于民主党派形成、作用及中国共产党与民主党派的关系等问题。在李维汉看来，民主党派的出现并非偶然，而是中国具体的政治历史条件所决定的。它们在政治上主要反映其所联系的进步阶级及其知识分子的动向和要求，是其政治代表。民主党派在国家政治生活中的重要作用可归结为“参”、“代”、“监”、“改”四方面。关于党派监督作用，李维汉特别指出，第一，要认真发扬民主，耐心倾听不同意见和反对意见，造成欢迎监督的气氛。第二，对各种批评和建议都要认真分析和处理，务使有着落、有交代。第三，不要机械、繁琐地规定监督范围，只要与社会主义总方向一致，就应容许对任何问题发表各种意见。第四，清醒地估计和对待因自由的、无拘束的批评而发生的某些副作用。关于共产党与民主党派关系，李维汉强调双方既存在政治上领导和被领导的关系，又是平等的友党关系。为此，必须切实尊重民主党派独立处理自身事务的权利，彻底纠正通过少数进步分子把持民主党派事务的做法，要以积极、诚恳、友谊的态度，给予民主党派必要的帮助。

叶介甫在《李维汉对我国政党制度的理论和实践贡献》（《天津社会主义学院学报》2013 年第 1 期）一文中认为，李维汉对共产党、民主党派及其关系的思考带有很强的开拓意义，他是党内从政治制度角度分析中国共产党和民主党派关系的第一人。民主革命时期，他就致力于加强与非党人士的合作共事，参与“三三制”政权建设和理论研究。新中国成立初期，他提出民主党派是具有阶级联盟性质的政党。过渡时期，提出民主党派是参加政权的党。社会主义时期，又提出民主党派是为社会主义服务的政治力量。李维汉对我国政党制度的理论贡献在于：深刻阐明了建国后民主党派的性质和多党合作的必要性；科学论述了共产党与民主党派合作共事的原则和方法；深刻分析了中国共产党同各民主党派的关系；高度概括和科学论述了民主党派的作用和民主权利等问题，强调了充分发挥民主党派的作用和帮助民主党派加强自身建设的问题。

戴安林在《论江泽民的多党合作思想》（《湖北省社会主义学院学报》2013 年第 2 期）一文中认为，江泽民的多党合作思想体现在如下方面：第一，明确指出中国的各民主党派一直具有政治联盟性质、只是所代表的阶级和阶层随着时代的发展而发生变化，继而从我国社会主义现代化建设的实际需要出发，进一步阐明了多党合作的必要性和重要性。第二，坚持中国共产党的领导是多党合作的根本保证，提出坚持党的领导关键是改善、加强党的领导，必须坚持和完善各项根本政治制度和基本政治制度。第三，明确共同致力于社会主义现代化建设事业是中国共产党与各民主党派共同的政治主张和共同的奋斗目标，为新时期的多党合作奠定了坚实的政治基础。此外，就是创造性地坚持和实践十六字方针，以及高度重视、丰富和发展中国人民政治协商会议多党合作这一重要的政治和组织形式。

（三）多党合作理论的最新发展

十八大以后，新的中共中央领导集体全力深化改革，在理论和实践两个方面都有令人瞩目的创新举措。具体到统一战线和多党合作领域，关于“中国梦”、“协商民主”和“中国特色社会主义参政党”等理念、概念的提出，关于进一步巩固共同思想和政治基础、关于进一步加强民主监督思想的提出，都显示出相关理论方面的创新已经具备了一个良好的开局。对此学者们都予以密切的关注，并显示出很大的理论兴趣。

林萍在《坚持和完善多党合作制度 共圆中国梦——习近平对多党合作理论的创新与发展》(《天津市社会主义学院学报》2013 年第 4 期）一文中认为，习近平就任中共中央总书记之后，丰富和发展了多党合作理论。他第一次提出关于各民主党派“是同中国共产党通力合作的中国特色社会主义参政党”的全新定位；第一次提出“各民主党派和无党派人士一定要把坚持中国特色社会主义政治发展道路作为根本方向”；第一次对各民主党派自身建设的重要内容和目标作出“两个提高”的归纳和概括：一是提高参政议政、民主监督的水平（参政议政、民主监督这是民主党派的基本职能），二是提高三种能力，即政治把握能力、组织领导能力、合作共事能力；第一次提出要进一步巩固多党合作的共同思想政治基础；第一次强调要进一步加强民主监督；第一次提出两个“坚定不移”，即中共中央将坚定不移坚持和完善中国共产党领导的多党合作和政治协商制度，坚定不移贯彻长期共存、互相监督、肝胆相照、荣辱与共的方针。

谢扬举在《中国梦、中国文化精神与中国共产党领导的多党合作和政治协商制度》(《团结》2013 年第 3 期)一文中认为,中国梦的提出给中华民族的每一位分子注入了精神活力，这一活力的本质就是“超越”现实、缔造未来的精神。根据政治和政治性的逻辑，中国梦理所当然地包括中国政治文明之梦。将中国梦引入多党合作领域，其实质是为了推进我国社会主义政治文明的完善、效率和权威性。这就给我们提出了重要的使命，即通过中国文化精神阐释这项基本政治制度，对其给出更充分的历史解释，昭示其文化的合理性和优越性。

李静在《中国梦视角下的多党合作制度建设》(《贵州社会主义学院学报》2013 年第 3 期）一文中认为，国家富强、民族振兴、人民幸福是中国梦的基本内涵。为实现中国梦贡献力量是各民主党派义不容辞的光荣责任和义务，多党合作制度是在实现中国梦过程中一支独特的“中国力量”。多党合作为实现中国梦贡献力量,必须在促进社会生产力进步，推动科学发展上下工夫；又要在建设中国特色社会主义民主政治、推进社会主义政治文明上下工夫，在保持国内改革发展稳定、推进和谐社会建设上下工夫。要坚持和完善多党合作制度以实现中国梦，就要支持各民主党派加强自身建设、加强民主监督，积极推进人民民主专政国家政权建设、增强党和国家的活力，不断创新发展多党合作制度。

张世坤在《多党合作视域下“同心思想”与和谐政党关系的思考》(《河北省社会主义学院学报》2013 年第 2 期）一文中认为，中国多党合作的形成历史也是中国各政党关系和谐发展的历史。在多党合作实践中，“同心”思想始终是和谐政党关系发展的根基所在、标准所依、力量所系。促进政党关系和谐是构建和谐社会的内在要求，又是构建和谐社会的重要政治保证，为“同心”价值目标的实现奠定历史依据、理论源泉和现实基础。概言之，从历史角度看，我国逐步建立的比较和谐的政党关系，是“同心”思想形成和发展的前提和保证；从发展角度看，国内外形势深刻变化给我国政党关系带来巨大影响和挑战，需要用“同心”思想来指导和推进和谐政党关系建设。

邓方国、贺俊春在《以同心思想指导我国多党合作实践》(《江苏省社会主义学院学报》2013 年第 5 期)一文中认为，同心思想的提出具有深厚的文化、思想、政治和实践基础，它的实践需要共同的“德”来规范，需要用共同的“向”来指引，更需要一起“同行”来巩固。在参政党学习贯彻同心思想的过程中，我们应高度重视从理论到实践的跨越，坚定不移地以同心思想指导我国多党合作的政治实践，不断地实现“同德”到“同行”的跨越。要从落实同心思想的地域性、教育性、协调性、时代性、人本性等方面出发，推动执政党与各参政党一路同心、同向、同行。

王韶兴在《中国特色政党制度研究的拓展与深化》(《中国社会科学报》2013 年第 12 期)一文中，综述了 2013 年中国特色政党制度研究的成果，认为无论是在中国特色政党制度的理论构建上，还是在这一政党制度的价值功能、它的发展和完善方面，以及它与中国现代化关系等重大领域中，相关研究都得到了明显的拓展和深化。作者认为，作为中国民主政治的制度载体和实践机制，中国特色政党制度的建设质量直接关系到中国民主政治的发展水平和制度绩效。根据新时期中国民主政治实践和发展的现实要求，不断拓展和深化中国特色政党制度的理论研究，不仅是理论发展创新的必然选择，也是回应当下中国民主政治建设诸多挑战的现实需求。

六、多党合作制度的坚持和完善

作为一项基本政治制度，我国多党合作制度是由相关政治理念、政治行为和政治规范共同建构和作用而来的，要坚持和完善它，还是应当也必须分别从理念、行为和规范领域着手。当代中国政党、政党制度的完善和发展，需要在理念和行为层面日趋深入、广泛的现代创新，更需要在制度层面上及时、有效地反映和巩固这些创新。对于当代中国创新国家治理的理论和实践而言，多党合作制度是极其重要的动力源泉。但要想提供强劲的动力支持，这一制度本身及其所内涵的秩序理念、行为过程就必须率先与时俱进、不断完善发展。本年度关于多党合作制度的坚持和完善的理论文章，在解放思想、反思问题、总结经验、建言献策方面都有所触及，也不乏一些精品之作，收获了丰硕的研究成果。但要看到，相对于国情、世情的深刻变化，相对于深化改革时代任务的迫切需要，相关研究还是有不少需要进一步深入挖潜、有所突破的地方。

（一）坚持和完善多党合作制度理论与实践

这一方面的研究主要是侧重于如何从多党合作与人民民主关系的角度，以及从政党关系、政党与公权力关系等角度，深入分析如何深化多党合作、体现政党的民主本质和促进民主深入发展。本年度相关研究以杨丹娜的《坚持和完善中国共产党领导的多党合作和政治协商制度的实践思考》一文为最具代表性。

侯远长在《充分发挥中国特色政党制度的独特优势》(《中州学刊》2013 年第 1 期)一文中认为，要充分发挥中国特色政党制度的特色优势，必须首先在思想上坚持“同心”理念。再深刻领会“同心”思想内涵、为发挥政党制度优势作好理论准备的基础上，坚持以“同心”思想引领方向、助推教育引导，重点在建言献策、助推发展、服务民生、共促和谐四个方面下工夫。第二，在政党关系上，要坚持共产党领导与多党合作，发挥好“两个”积极性。第三，在权力运作方式上，要坚持一党执政、多党派参政，把党的先进性和民主党派的进步性统一起来。第四，在民主形式上，要坚持政治协商、广泛参与，增强政党制度的广泛性和包容性。第五，在协调利益关系上，要坚持维护国家和人民根本利益，照顾同盟者的具体利益。总之，关键在于：要把政治优势转化为制度优越性。

熊必军在《现代化视域中完善中国特色政党制度的思考》(《上海市社会主义学院学报》2013 年第 4 期）一文中认为，从本源上来讲，作为政治民主化的重要内容——政党的产生及政党的现代化，是由现代化本身引起的。现代化本身引起的一系列变化就是政党产生及政党现代化的基本条件和直接动因。中国社会对于多党合作制度的选择，是一种基于传统历史文化和近代中国现代化运动现实使命的民族性与现代性的双重选择，它回应了中国现代化的政治需求，解决了中国现代化运动所需求的民族独立和国家独立两大根本性问题，建立了现代化运动所需求的现代国家。在理解和探索中国特色政党的现代化时，应以政党的合法性、民主性、法治性及参与性为衡量标准。由此，要实现中国特色政党制度的现代化，应通过加强政党建设，提升政党及政党制度的合法性；强化民主建设，增强政党及政党制度的民主性；完善制度设计，建构政党及政党制度的法治性；扩大参与途径，提高政党及政党制度的政治参与性等途径加以推进。

周翠在《论新时期多党合作制度的建设和发展》(《吉林省社会主义学院学报》2013 年第 3 期）一文中认为，要完善社会主义民主政治，就必须 :(1）推动多党合作制度的“三化”建设。(2）要进一步增进互信和共识，发展各党派之间的合作与团结。(3）要正确处理矛盾和差异，保持宽松和谐的政治环境。(4）高举民主、团结两大旗帜，充分发挥人民政协优势。总之，只有加强和完善多党合作的制度建设，才能有效促进我国政党制度可持续发展，继续推进社会主义民主政治的建设。

秦玉在《多党合作与政治协商制度在新时期的理性完善》(《北华大学学报·社会科学版》2013 年第 5 期）一文中认为，作为协商民主的重要组成部分，多党合作与政治协商制度要在新时期就自身发展方向做一个理性的思考，如何更好地服务、保障和发扬民主，把权力尽可能多的交到人民手里，实现真正的民主。这就要求，中国共产党同各民主党派、各人民团体等的政治协商，也要与时俱进。关于未来进一步协商的方式、内容和如何规范，都要有一个理性的发展方向，包括方式要多样化发展，内容也要不断充实，加强程序上的逐步规范。概言之，对政治协商制度本身、运行机制和程序、民主党派自身都要进一步完善。再就是，启发民智、培养民主文化，应当被视作多党合作和政治协商理性完善的必要的社会生态。

杨丹娜在《坚持和完善中国共产党领导的多党合作和政治协商制度的实践思考》(《广东省社会主义学院学报》2013 年第 3 期）一文中认为，面对新形势、新机遇、新挑战，必须有新智慧、新对策，进一步坚持和完善多党合作制度。一是要打破传统多党合作的对象范围设定，逐渐扩大合作的对象和范围。要因应市场经济条件下我国社会阶层发生很大变化的现实，改变和调整多党合作对象和范围，实现合作成员由精英人士而社会大众的转变，实现政协组成由党派团体向阶层团体转变，使多党合作适应当前政治发展的实际需要。二是要完善多党合作政党中各阶层各党派的参政议政制度，推进民主政治发展。应引入竞争机制，提高民主党派和各阶层代表人士参政的能力和水平；要强化对政协委员学历和相关资历的要求；要逐步实现政协委员职业化；要建立监督机制，加强对政协委员的约束，防止公权私用、违法乱纪。总的看，必须通过进一步完善法律制度建设，使各项法律制度已规定的民主党派参政议政的作用和权利得到真正实施和有效保障。

张锋在《坚持和完善中国特色社会主义政党制度》(《湖北经济学院学报·人文社会科学版》2013年第10期）一文中认为，中国特色社会主义政党制度适合中国国情，它的形成是历史和人民的选择；它的内容具有鲜明的中国特色和明显的优越性，有利于促进生产力的发展和社会的全面进步，有利于发扬社会主义民主、健全中国特色社会主义政治制度，有利于保持国家政局的稳定和社会的和谐。为此，必须坚持完善中国特色社会主义政党制度，特别是要加强中国共产党对多党合作的领导制度建设；加强民主党派自身建设，健全参政党的工作机制；以及加强多党合作和政治协商、民主监督的制度化、规范化和程序化建设。

邸乘光、贾绍俊在《中国特色政党制度的完善与发展》(《中共天津市委党校学报》2013年第3期）一文中认为，随着世界政党政治环境的深刻变化和中国社会的现代转型，中国特色政党制度面临诸多挑战，多党合作和政治协商在运行和发展中也存在着法制化不高问题，一定程度上虚化、形式化的问题，民主党派发展缺少活力、政党建设滞后的问题，以及政党制度的政治功能需进一步完善和强化的问题。这是进一步完善与发展的客观根据和内在要求。六十多年来特别是改革开放三十多年的实践所奠定的基础和条件，使中国特色政党制度的进一步完善与发展具有了现实的可能性。未来进一步完善和发展这一政党制度，需要自觉坚持改革创新、加强政党自身建设，坚持正确方针原则、完善运行机制，发挥和拓展功能、完善和优化结构，培育民主和谐氛围、增强社会影响。

（二）加强多党合作的规范化、程序化和制度化建设

加强多党合作的规范化、程序化和制度化建设，既是中国共产党、各民主党派自身建设和发展的需要，也是多党合作与协商深入发展、不断完善的需要，更是多党合作制度在当代中国政治系统、政治生活当中充分发挥其优势和作用的需要。付建明、熊必军、张锋等人在规范化、程序化和制度化建设方面的研究，具有一定的合理性和可操作性。

杨正琳在《中国多党合作制度化规范化程序化建设的思考》(《云南社会主义学院学报》2013年第3期）一文中认为，进一步推进多党合作制度化、规范化和程序化，是多党合作理论、实践发展的必然要求。只有大力推进制度化规范化程序化建设，才能解决执政党和参政党建设各自面临的新问题，中国共产党领导的多党合作和政治协商制度才能得以发展和完善。促进多党合作制度化规范化程序化的有效途径在于：一是要以制度建设为核心，全面推进，坚持相互配套的系统性，高度重视程序性，注重针对性和可操作性；二是要加强领导、协调各方，要引领和形成合力，要大力支持和配合民主党派履行职能和强化自身建设；三是要认真总结经验，不断创新形式和方法，不断形成有突破性的实践成果。

付建明在《多党合作和政治协商制度的法律化问题探讨》(《四川行政学院学报》2013年第4期）一文中讨论了国内关于多党合作制度法制化的三种看法：无需法律化、宪法

化和制定专门的政党法。作者认为，政党制度的法治化主要体现在两大层面上：一是宪法的规范，二是在普通法层面制定专门的政党法律或法规。从政党制度与宪法关系看，在宪法中制定专门的政党条款对政党活动进行调整和规范，是当代政党和政党制度宪法化的普遍趋势。尤其是在我国政治传统中，宪法惯例的约束力向来较低，加之中国共产党在我国政党制度和政治生活中具有特殊地位和影响，与多党合作相关的宪法规定也就更显必要。第二，从我国实际情况看，作为一项基本政治制度，多党合作制度在当代中国政治体系中的重要地位在宪法中尚未得到完整体现，在实践运行中也缺乏充分的宪法依据，难以发挥应有的作用。第三，我国目前尚不适宜制定专门的政党法。由此，多党合作制度法律化首选应是宪法化。要通过宪法对多党合作及其基本方针、共产党的领导和执政地位、民主党派的合作和参政地位加以确认，明确规定各党派享有宪法范围内的政治自由、组织独立和法律地位平等的权利，对人民政协的组织、活动和政治协商、民主监督、参政议政的基本职能进行原则规定。

熊必军在《试论提高我国多党合作制度效能的制度设计原则与要求》(《天津市社会主义学院学报》2013 年第 2 期）一文中试图运用制度设计理论，探讨相关制度设计的原则和要求，以强化我国多党合作制度的适应性、提高其制度效能。文章指出，多党合作制度的制度结构适应了我国社会历史发展，确立了我国政党制度的基本模式，产生了很好的制度效率，这是无需改变的。但社会发展的持续性及人类理性的有限性则要求不断推进制度变革与创新。在加强社会主义民主政治建设的进程中，必须强化多党合作制度安排的制度设计。设计必须遵循科学性、普适性、效率性、激励性、协调性和帕累托改进原则，应体现如下基本要求：要与意识形态建设及文化观念相结合；要注意制度设计不能简单地照搬和移植；要注重制度设计中的惯例；要注重制度设计中初始制度的设计。这些都能够助益于我国多党合作制克服自身局限性，更好地应对国际、国内各种复杂的环境，并推进我国民主政治建设。

张锋在《坚持和完善中国特色社会主义政党制度》(《湖北经济学院学报·人文社会科学版》2013 年第 10 期）一文中，针对一些地方存在的将共产党对各民主党派的领导等同于组织、行政上领导，影响民主党派独立自主处理自己日常工作和内部事务的现象，认为应从提高党的执政能力、执政水平、发展社会主义民主政治、构建社会主义和谐社会的战略高度，加强共产党领导制度的建设，实现党对各民主党派的领导方式的民主化、制度化、法制化。针对民主党派的理论研究相当薄弱、参政议政缺少科学评价及改进沟通的工作机制，缺乏参政议政的激励机制、竞争机制，以及缺乏参政议政长效机制等问题，提出应进一步在思想理论、组织和制度层面加强民主党派自身建设，健全参政党工作机制。针对民主党派和执政党协商合作力量对比悬殊导致制度资源配置失衡的问题，认为要进一步加强多党合作和政治协商、民主监督的制度化、规范化、程序化建设。

（三）坚持和完善党合作面临的重要问题及应对之策

来自经济、社会和思想文化领域中的各种结构性矛盾总会在政治层面特别是在政党政治层面有所体现，并且总会与政党制度自身的矛盾发展形成某种双向、持续的因变关系。每一个相对具体的社会矛盾节点，以及它现在是否得到、未来能否得到较好的解决，也都可能与政党制度的坚持、完善存在着内在的关联。因为中国共产党领导的多党合作制度毕竟由党的领导、多党合作这么两大关键板块组成，其中任何一个板块中的政治结构与政治过程都关乎权利——权力关系，都关乎权力格局和权利格局。当然，在政党制度层面上，它们还是更多地从各种相对具体的领域和问题上折射反映为政党关系、政党——权力关系、政党——权利关系。本年度学者们的相关研究就很好地体现了这一点。

郭钰霞在《新视域下中国政党制度的完善》(《长春工程学院学报·社会科学版2013年第3期》) 一文中认为，随着我国改革开放不断的深入，发展不平衡的状态必然存在，各种矛盾和冲突势必出现，中国政党制度面临来自社会阶层的分化下的利益整合、意识形态的多元化下意识形态整合的挑战，以及政治层面的腐败压力下党的建设整合的挑战。在此情形下，完善中国政党制度的有效途径在于：第一，切实加强中国共产党的执政能力建设。第二，着眼于权力—权利关系，切实加强参政党对执政党的监督。第三，着眼于历史使命、政治责任，努力端正对民主党派参政议政的态度。

梁晓宇在《坚持和完善中国特色政党制度的再思考》(《贵州社会主义学院学报》2013年第4期）一文中认为，当前多党合作和政治协商过程中的问题主要体现在党派成员观念和价值取向多元化，党派社会基础和成员构成行业分布广泛、身份复杂多样、利益诉求不一，以及党派以片面的方式、方法寻求拓展自身代表的广泛性等方面。为此，首先应深入探索参政党建设的前沿问题，着力促成参政党在理论上的成熟。其次，要完善党派干部选拔任用机制。要坚持德才兼备原则，加大后备干部培养使用力度，把党派干部纳入到党和国家干部队伍建设的总体规划中。第三，要不断加强对参政党“三大职能”的实质性规定。在政治协商方面，要进一步明确协商的内容、主体，建立保障机制；在民主监督方面，要形成对监督主体知情权和监督的保障机制；关于参政议政，要制定出科学评价与改进沟通的工作机制，相关激励机制和提案成果跟踪机制。总之，要使中国特色政党制度既能发挥政党、政党制度的一般功能和作用，又能从我国的现实国情出发，且以我国政治制度、经济基础和文化传统为依据，做到普遍性与特殊性的统一。

陈立明在《马克思主义多党合作理论在当代中国的实践与发展》(《中央社会主义学院学报》2013年第4期）一文中认为，要进一步推进多党合作制度化建设，就必须始终不渝地坚持和发展马克思主义多党合作理论，不断改革和完善党的领导制度。首先，改革和完善党的领导制度要注意如下方面：(1）其核心是理顺党政关系、避免权力过分集中。(2）其重点是解决以党代政、党政职能不分的问题。不宜片面强调党的一元化领导、将党领导人民当家做主实际上搞成党代表人民当家做主。(3）其关键是党的领导要实现制度化、法治化。其次，加强和完善多党合作制度：(1）不断丰富多党合作的内容和形式，促进决策的科学化、民主化。(2）拓宽民主监督渠道，切实完善民主监督机制，加强各党派间的互相监督。(3）适应社会结构的变化，在巩固和保持民主党派传统特色的基础上拓展和完善民主党派的职能。(4）在思想、组织、作风和制度建设方面，执政党建设与参政党建设互相促进。最后，关于进一步加强政治协商制度建设，要努力做到：(1）坚持政治协商“协商于决策之前和决策执行过程之中”的重要原则。(2）进一步开发政治协商制度功能。(3）进一步发展人民政协的协商民主。

王江燕在《多党合作视域中的民主党派独立性》(《上海市社会主义学院学报》2013

年第 5 期）一文中认为，民主党派的独立性是党派自身生存与发展的重要前提，增强这一独立性也是实现、坚持和完善多党合作制度的重要前提。中国共产党应为民主党派提升独立性创造条件，除不断促进党际关系民主化以外，还须不断创新制度、创造条件，尊重民主党派组织建设的独立，提供充分的参政议政、民主监督和公共宣传渠道，以及为塑造民主党派政党形象和社会影响力创造必要条件等。民主党派要独立开展活动，塑造和保持自身鲜明的特色和参政党形象。一要强化政党的社会担当意识，有独立的精神、独特的见解和独到的理论。二要积极、充分地履行职能，担当起责任，成为民众与政府之间的桥梁，深调查研究，反映群众诉求并着力将其导入体制渠道，与执政党一起充分协商、科学决策，并不断提升执行力，在政治实践中提升独立性，赢得民众与社会的认同。总之，关键在于执政党不断推进党际民主和制度创新，基础在于民主党派积极履行参政议政、民主监督职能并因而使自己成为不可替代的政治力量。

林国华在《多党合作制度建设中的文化自觉》（《广东社会主义学院学报》2013 年第 1 期）一文中，主张以文化自觉促进多党合作制度的完善。为此应做如下努力：（1）创新发展中国特色社会主义民主文化，大力推动政治体制改革，积极发展党内民主，同时要强化政党的民主政治功能，用政党民主带动人民民主、党内民主带动党际民主，创新发展中国特色社会主义民主文化，以破除民主形式崇拜，打破西方话语霸权，增强马克思主义对多党合作制度的解释力。（2）整合文化资源，促进多党合作理论创新。以马克思主义，特别是马克思主义中国化的最新成果为主导，善于吸收优秀的传统文化、善于借鉴人类政治文明的有益成果。（3）完善多党合作制度，增强中国特色社会主义民主的文化认同。要加强和改善共产党的领导，提高党的执政能力；加强参政党自身建设，充分发挥其政党功能；进一步完善多党合作运行机制，包括政权机构中的合作机制、政治协商机制，构建完善的民主监督机制，以及加重人大活动中的党派因素、发挥其主观能动性。

杨猛在《中国党际政治协商问题的现状与对策分析》（《科教文汇·上旬刊》2013 年第 1 期）一文中认为，从历史的角度看，中国政党之间的政治协商已经趋于制度化、程序化、规范化。但从发展角度来看，国内新形势的深刻变化，政协履职缺少法律保障，民主党派自身建设滞后等，都对中国政党政治协商产生了巨大影响，使新形势下的中国党际协商面临诸多挑战。为此，就应当努力实现政治协商法制化，加强民主党派自身建设，提升共产党执政能力建设，从整体上改善和发展中国的政党协商。

郑香妞在《新时期统一战线视野下的政党制度面临的挑战与建设的原则》（《辽宁行政学院学报》2013 年第 1 期）一文中认为，在新的历史时期，面对新的形势，坚持和完善多党合作制度面临着全新的挑战。来自国际的挑战是苏东巨变后不利的国际政治格局，多党制在世界范围内的扩展，以及伴随全球化而来的西方政治思想、价值观念与民主方式在国内的传播。来自国内的挑战则包括政治资源配置已难以满足多党合作的价值诉求，民主党派自身建设薄弱、政党功能发挥不够，以及我国政党制度法制化的缺失。在明确衡量我国新时期统一战线视野下的政党制度标准的前提下，多党合作制度的建设应着力实践和坚持共产党的领导、平等原则、“十六字方针”和建设性的原则。

朱益飞、刘诚在《论增强中国政党制度的包容力——基于社会主义协商民主的视角》（《中国青年政治学院学报》2013 年第 6 期）一文中认为，中国政党制度的有序运作充分体现了社会主义协商民主，为社会主义协商民主提供了和谐的政治环境，保障了协商民主的真实性，同时还为社会主义协商民主提供了政治整合机制。在新时期，经济社会的发展、社会主义协商民主的发展，对增强中国政党制度的包容性提出了新要求，要积极探索新路径以增强中国政党制度的协商主体包容力、政治参与包容力以及协商信息包容力。为此，就有必要扩大各党派阶级基础以增强协商主体的包容力，拓展协商能力以增强政治参与包容力，整合优化协商信息以增强协商信息包容力。

（四）坚持和完善党合作制度相关实践经验总结

坚持和完善党合作制度是一项重要的政治实践，总是会在理论上和实践过程中、在整体层次上或具体操作层面上不断取得各种成绩和收获。对此及时加以总结，从中汲取经验教训、寻找创新思路，总是能够促进多党合作制度的深入发展。

叶小文、张峰在《协商民主与国家治理》(《光明日报》2013 年 12 月 28 日第 1 版）一文中，在概括、总结我国协商民主实践的基础上指出，必须充分发挥政治协商对协商民主的牵引作用，首先就必须完善中国共产党同各民主党派的政治协商。政治协商是我国多党合作事业的重要组成部分。为促进我国政党关系的和谐，支持民主党派履行参政议政、民主监督职能，中国共产党实行与民主党派和无党派人士直接进行政治协商，为发展社会主义协商民主作出了表率。十八届三中全会《决定》起草过程充分征求了民主党派中央、全国工商联和无党派代表人士的意见，既是党的集体智慧的结晶，也是政治协商的杰出成果。为完善这种政治协商，需要增强协商的计划性和形式的丰富性。特别是要总结新经验，拓展新渠道。《决定》提出“完善民主党派中央直接向中共中央提出建议制度”，既是政治协商的开拓创新之举，也是对民主党派提出的新要求，为民主党派在协商民主建设中发挥更大更好作用提供了新的制度平台。

姚雁鸣在《毕节模式——中国共产党领导的多党合作制度探析》(《法制博览》2013 年 9 月）一文中，首先分析了多党合作制度存在的问题：一是政党代表性弱化；二是政党特征弱化；三是参政议政方式与程序不完善。为此，民主党派必须就加强自身的制度建设、健全和完善参政党机制作出不断探索。作者以“毕节模式”为例，分析了党派在发挥参政议政、民主监督作用方面所做的制度创新：第一，成立专家顾问组。健全工作条例、工作标准和工作职能，为实验区提供智力支持。第二，实行定点合作。民主党派以整体的方式与地方政府直接合作，参与地方事务，多党合作更有效率、更具体。第三，建立联席会议制度。由中央统战部、各党派中央、全国工商联、贵州省和毕节地区有关方面等 19 个部门组成联席会议，信息更对称、政策更对路，有利于地方发展和民主党派发挥作用。文章总结了毕节实验区多党合作的基本经验：一是民主党派应把握好参政党角色，积极参政议政；二是党派应充分发挥自身优势，更多地以党派整体而非其领导个人的方式参与国家权力运行。三是要结合地区实际探索多党合作的内容和形式。

周维启在《当代中国政党制度的科学内涵与科学发展》(《陕西社会主义学院学报》2013 年第 1 期）一文中认为，要进一步助推多党合作制度的科学发展，必须以科学发展观为指导，不断提高多党合作制度建设的科学化水平。一是坚持发展这个第一要义，始终围绕中心、服务大局。二是坚持以人为本这个核心，加强党群关系制度化建设。党群关系在中国政党制度建设中地位尤其重要。必须进一步坚持和完善人民政协制度，积极推进政治协商、民主监督、参政议政等各项制度建设，建立健全基层党群互动制度特别是健全相对稳定而又适时创新、因地制宜的领导干部定期调研制度、决策听取群众意见制度、党员联系和服务群众制度、群众诉求反映和反馈制度、群众权益维护制度等各项制度。再就是，要坚持全面协调可持续这个基本要求，统筹兼顾党际关系、党政关系、党群关系的制度化建设。

周翠在《论新时期多党合作制度的建设和发展》(《吉林省社会主义学院学报》2013年第3期）一文中认为，在新时期要坚持和完善多党合作制度，就必须妥善解决和努力应对一些重大的问题和挑战，主要是来自政治民主化的直接挑战，表现在：当代民主进程的全球性特点对我国政党制度带来了直接的冲击。(1）苏联模式政党制度彻底瓦解，多党制在世界范围内不断扩展。(2）多党制在当今世界成为政党制度主流模式，对我国的一党执政、一党领导的政党制度提出严峻的挑战。(3）信息传播全球化网络化，思想舆论环境日趋复杂。从国内来看，主要是社会转型而引发的社会结构的变动，对多党合作制度提出了挑战。从自身运作方面来看，多党合作制度自身尚需要进一步的完善，其制度功能还没有充分、有效地得以开发，人们对这一制度的认识、认同存在着一定的距离，对其发展前景尚存疑惑。

戴晓娟在《论网络民主与新时期中国政党制度构建》(《韶关学院学报》2013年第9期）一文中认为，通过网络民主有助于构建新时期中国政党制度。首先，要从执政党自身角度完善政党制度建设。其次，要提升公民对共产党主导文化的政治认同，加强执政党的凝聚力。第三，要完善各级党和政府与公众沟通的信息平台，引导公众参政议政。最后，是要全面提升党员干部管理水平和领导水平。

许丽丽在《适应性视野下中国特色政党制度的发展和完善》(《甘肃理论学刊》2013年第2期）一文中以适应性理论为切入点，分析了中国特色政党制度适应环境挑战的能力，认为国际环境、国内环境、党内环境的变化都对中国特色政党制度的适应性提出了考验。为此，多党合作制度出现了适应性调整，通过重塑阶级基础、社会基础和成员结构，增强了制度主体的包容力；通过促进人民政协性质、地位、职能的制的度化、规范化、程序化，实现了制度组织形态的规范化；通过改革和完善领导、合作、协商和监督机制，加强了制度运作机制的正规化。这些适应性的努力使得多党合作更具生机活力，更切合中国经济社会和政治发展的实际。

七、人民政协理论与实践

2013年关于人民政协理论和实践的研究有两大热点：一是关于人民政协与协商民主的研究。中共十八大在民主政治理论上的一个突出贡献，是在党的历史上第一次提出了“社会主义协商民主是我国人民民主的重要形式”，要“健全社会主义协商民主制度”。与此同时，十八大明确要求全党“充分发挥人民政协作为协商民主重要渠道作用，围绕团结和民主两大主题，推进政治协商、民主监督、参政议政制度建设，更好协调关系、汇聚力量、建言献策、服务大局。”于是，如何发挥人民政协作为协商民主重要渠道作用就成为学者们研究的重点内容。二是关于人民政协界别组成研究。2011 年中共中央办公厅转发《中共政协全国委员会党组关于〈中共中央关于加强人民政协工作的意见〉贯彻落实情况的报告》的通知明确提出，要适应改革开放和经济社会结构发展变化，研究并进一步合理设置界别。但时至今日，如何合理设置界别，仍在探讨之中，于是，界别设置就成为学者们研究的另一个热点问题。围绕这两大重点、热点也是难点问题，学者们提出了许多有价值的意见和建议。

（一）人民政协与协商民主

政治协商是人民政协的重要职能，也是社会主义协商民主的重要形式。于是，关于人民政协在协商民主中的地位和作用问题，就引起了学者们的广泛关注，并且出现了是主要渠道还是重要渠道的不同看法。继中共十八大提出“重要渠道作用”之后，十八届三中全会进一步指出："发挥人民政协作为协商民主重要渠道作用。重点推进政治协商、民主监督、参政议政制度化、规范化、程序化。各级党委和政府、政协制定并组织实施协商年度工作计划，就一些重要决策听取政协意见。完善人民政协制度体系，规范协商内容、协商程序。拓展协商民主形式，更加活跃有序地组织专题协商、对口协商、界别协商、提案办理协商，增加协商密度，提高协商成效。在政协健全委员联络机构，完善委员联络制度。”应当说，关于人民政协在协商民主中的地位和作用问题，是十分明确的。对此，郑万通和张献生在文章中给予了很好的解答。

郑万通在《关于社会主义协商民主的几个问题》(《人民政协理论研究》2013 年第 4 期）一文中指出，社会主义协商民主的重要渠道是人民政协。人民政协是我国特有的从事政治协商的政治组织和民主形式，是中国特色社会主义政治发展道路中极具特色的部分，具备不可替代的优势。正如俞正声主席在政协十二届一次会议闭幕会上指出的，人民政协的协商民主，以宪法、政协章程和相关政策为依据，以中国共产党领导的多党合作和政治协商制度为保障，集协商、监督、参与、合作于一体，实现了人民知情权、参与权、表达权、监督权的有机结合，体现了社会主义民主的本质要求，符合广大人民群众的根本利益。我体会，这段讲话实际上概括了人民政协协商民主的基本特征。

张献生在《人民政协是否具有作为政治协商载体与主体的双重性——再谈政治协商的主体问题》(《中央社会主义学院学报》) 2013 年第 3 期）一文中认为，人民政协作为统一战线的组织形式和多党合作的重要机构，是政治协商的组织者和重要平台，其本身并不是政治协商主体。作为国家权力机关的人大常委会和作为行政机关的人民政府，各自按法定程序履行职能，不存在与作为政治协商机关的人民政协进行政治协商的问题。政协章程中明确，“人民政协可根据中国共产党、人民代表大会常务委员会、人民政府、民主党派、人民团体的提议”进行政治协商，并不意味着“人民政协的政治协商主体由三个变成五个，标志着人民政协政治协商主体范围设定的基本完成”；也不意味着人民政协的政治协商“嵌入了由政党、政府、人大组成的政治体系”。这是因为：根据政治协商的性质，政治协商的主体始终是领导和执政的中国共产党与各民主党派及各族各界人士，人大和政府建议或根据政协某个党派、界别的提议就某个问题在政协进行政治协商，并不会由此而变成政治协商主体，因而也就不存在政治协商主体“由三个变成五个”的问题。

李君如在《民主政治、协商民主与人民政协》(《党政干部学刊》2013 年第 1 期）一文中认为，民主政治是中国政治发展的必由之路。但中国在“建设什么样的民主政治、怎样建设民主政治”上经历了漫长的曲折的发展过程。建立在社会主义经济基础之上的社会主义政治制度为开创中国特色社会主义协商民主提供了重要的前提和政治基础。协商民主制度是中国共产党的创造。在长期的民主革命实践中，我们党在统一战线中实行的是协商民主；新中国建立时，我们党在民主建政过程中实行的也是协商民主。召开人民代表大会后中国继续保留了人民政协，形成了选举民主和协商民主这么两种民主形式。选举民主和协商民主都是很好的民主形式，但又各有局限。只有把两者结合起来，才有利于公民民主权利的实现、有利于社会主义民主的完善和发展。文章最后认为，人民政协在结构、机制和功能上都有独特的优势，是协商民主的重要渠道。为此，应在中国特色协商民主的框架内完善人民政协民主机制，使之在中国民主政治发展中发挥更大作用。

李仁质在《人民政协是社会主义协商民主的重要形式》(《山西社会主义学院学报》2013 年第 1 期）一文中个，区分了广义和狭义的协商民主，认为前者是在中国共产党领导下，各政党、阶层、团体、群众等以适当方式就共同关心或利益相关的问题进行深入讨论、沟通、协调、整合，了解彼此的立场、观点和利益诉求，出于共同目标、本着共同利益最大化的原则，达成一致、形成各方均可接受的方案、决策或决定，实现整体发展和多方共赢。狭义协商民主就是指我国政治协商制度这一制度化的民主机制。协商民主的主要形式有政党协商、政协协商、公共政策出台前由政府有关部门组织的民主协商，以及基层民主协商。人民政协体现协商民主的主要形式包括：政协全体会议，常务委员会会议，主席会议，常务委员专题协商会，政协党组受托召开的座谈会，秘书长会议，各专门委员会会议等；其协商程序主要包括：议题的提出和确定，协商的安排和准备，协商的进行，协商成果的整理和报送以及协商意见的处理和反馈。按协商民主的要求，政协协商一要坚持党委在政协协商中的主导作用，二是切实把政治协商纳入决策程序，三要坚持民主协商、平等议事、求同存异、体谅包容。进一步坚持和完善人民政协的协商民主，必须加强党的领导，保持宽松稳定、团结和谐的政治环境，走中国特色社会主义政治发展道路、发扬我国政治制度的优势。在不断推进制度化、规范化、程序化建设基础上，可以考虑把人民政协确立为我国一项基本的政治制度。

陈惠丰在《关于人民政协协商民主的若干问题》(《人民政协理论研究》2013 年第 3 期）一文中认为，完善协商制度是当前充分发挥人民政协作为协商民主重要渠道作用的首要任务。为此，首先要对各种政协协商形式作科学分析，注意不同形式应有不同制度要求。要有系统思维，注意各种制度间相互衔接，统筹政协内部各种制度之间、人民政协协商制度与其他协商制度特别是与党委和国家机关相关制度之间的贯通和衔接。要注意体现政协的特点，妥善处理加强制度建设与坚持和发扬政协广开言路、平等议事、畅所欲言、求同存异的组织特点和优良传统的关系。除大力加强制度建设外，政协协商也要注意继续拓宽协商渠道、丰富创新协商形式，明确专题协商、对口协商、提案办理协商和界别协商，相互之间的区别、联系，形成以界别为基础、以专委会为依托、以专题为内容、以对口为纽带、以座谈为主要方法的协商形式。

刘菊香在《关于人民政协协商民主主体的探讨》(《人民政协理论研究》2013 年第

3 期）一文中认为，对于人民政协协商主体，不管是中共中央有关文件还是政协章程都没有作明确规定，而只是对人民政协议题提出者做了正式界定。文章认为，政协协商民主的主体构成与政治协商的基本形式密切相关。以此观之，政协协商民主的主体构成是：中国共产党、人大、政府、各民主党派、人民团体、政协各界别政协委员。其中，中国共产党是人民政协协商民主的核心主体，人大和政府是人民政协协商民主的重要主体，人民政协是协商民主的载体而非主体。关于政协协商主体存在的问题，总的看，主要包括对协商主体认识仍不清晰、中国共产党和人民政协在协商民主中角色错位，以及各协商主体间存在的不平等等问题。针对上述问题，应着重在明确政协协商主体特别是政府在政协协商民主中的角色，同时在规范协商主体行为、为协商主体开展协商创造良好环境等方面下工夫，以切实提高协商的实效。

包心鉴在《论协商民主的现实政治价值和制度化构建》(《人民政协理论研究》2013 年第 2 期）一文中认为，人民政协是我国一项基本政治制度，是中国特色社会主义协商民主的重要渠道和主要载体。从一定意义上说，人民政协的工作，就是发展协商民主的工作。首先，人民政协是中国共产党领导的多党合作和政治协商的重要机构。人民政协的根本职能就是组织参加政协的各党派、各团体、各民族以及各界代表人士开展民主协商活动。人民政协在本质上就是一个实行协商民主的组织载体。其次，开展民主协商是人民政协的基本工作方式。民主协商、求同存异是人民政协的基本工作原则，广泛征求意见、尽可能达成共识，是人民政协工作的基本目的，这些都体现了协商民主的基本特征和基本要求。其三，团结和民主是人民政协的两大主题。人民政协的一切工作都要围绕这个主题，体现民主精神，包括民主的程序、民主的方式、民主的作风、民主的氛围。人民政协发展协商民主的过程，就是在充分民主的基础上寻求共识的过程，也是在充分民主的基础上加强团结的过程。其四，人民政协为发展协商民主提供了最重要的制度保证。

杨湘川在《协商民主与人民政协的主渠道》(《求索》2013 年第 1 期）一文中论述了发展社会主义协商民主的重要意义，阐发了人民政协是发扬我国协商民主主渠道的观点。作者认为，人民政协是中国共产党协调国家与社会发展、巩固领导地位的重要组织形式与政治形式。从组织特征来看，人民政协具有其他组织所不具有的政治特点，如组织上的广泛代表性、政治上的巨大包容性、党派的合作性和民主的协商性，因而是我国社会主义协商民主的主要渠道。文章继而从把政协协商民主纳入社会主义民主法治总体布局、增强协商主体的代表性包容性、完善规范人民政协政治协商的具体运行机制、提高协商主体的协商能力四个方面，分析了充分发挥政协协商民主主渠道作用的工作和努力的各方面着力点。

张继兰在《人民政协的内在困境及其解决——基于协商民主规范条件的视角》(《云南行政学院学报》2013 年第 5 期）一文中认为，尽管人民政协是最主要的协商民主形式，但无论从协商民主本质要求的平等性、直接性、程序性和开放性角度来讲，人民政协还不能很好地满足协商民主的要求，有推进其改革之必要。人民政协制度是中国特色协商民主的重要内容，但由于身兼政党参政与人民协商二任，因而存有内在的冲突：精英代表协商与协商民主直接协商相冲突；协商主体间的领导关系及其咨询性协商与协商民主平等关系相冲突；协商过程及其运作的随意性与协商民主程序化相冲突；协商“围城化”

（封闭协商）与协商民主开放性相冲突。有鉴于此，落实协商民主的参与、平等、程序和开放的基本要求，是政协协商民主改革和完善的首要内容。首先，应分割政党参政职能和协商民主职能并逐步实现政协协商的大众参与。其次，应不分党派和地位，逐步实现协商民主的平等参与。第三，应淡化政协的荣誉色彩和神秘色彩，实现政协协商的程序化。第四，应从内部协商走向公开协商，逐步实现协商民主的公开开放。要公开协商形式、内容和过程。

石绍斌在《人民政协：从党际协商到党群协商》（《人民政协理论研究》2013 年第 4 期）一文中认为，我国协商民主不同于自由民主体制下的审慎民主，而是共产党领导下的咨询民主。协商民主在西方是自由民主的完善，在中国则是人民民主的完善。结合中西方协商民主的特点来看，协商民主就是主体意识在选举民主的基础上的一种再发现，发现主体既可以是公民个体，也可以是政治主导的整体化、组织化主体，人民政协的协商民主属于后一种。作为协商民主的重要渠道，人民政协是在人民民主的指引下，经由中国共产党不断增长的主体发现能力而形成的政治协商的顶层设计。人民政协经历了从党际建国协商到党群建设协商的发展。只有强化人民政协的制度保障，才能把协商主体、民主主体的存在和意愿更清晰地表现出来，才能防止中国共产党因建国、治国成就而懈怠，才能将具有中国特色的人民民主更好地发扬光大。

（二）人民政协的界别设置

人民政协自成立之日起就是以界别为组成单位的，界别是人民政协产生、存在和发展的组织基础。由界别组成是人民政协区别于我国其他政治组织的显著特征。因而人民政协中的界别设置是否合理，不仅关系到政协组织的包容性、合法性，也是人民政协工作能否开展得好的关键。就目前政协界别的设置看，基本上是合理的，但也有需要改进的地方。学者们围绕如何改进界别设置，从不同角度，提出了很有价值的意见和建议。

邹谨、姚红在《毛泽东与中国共产党领导的多党合作和政治协商制度的奠基——纪念毛泽东诞辰 120 周年》（《广东省社会主义学院学报》2013 年第 3 期）一文中认为，为召开新政协而奋斗、对人民政协的性质和任务进行了重要论述，这是毛泽东对中国共产党领导的多党合作和政治协商制度的一项奠基性贡献。在毛泽东新民主主义和人民民主思想的指导下，新政协召开并代行全国人大职权、建立新中国，同时也标志着中国共产党领导的多党合作和政治协商制度基本确立。毛泽东妥善解决了建国后、人大召开后政协的存废问题并强调，要巩固团结、巩固统一战线，就要坚持和巩固在全国人民中有很高威信的人民政协。毛泽东指出，政协是统一战线组织，是党派性的，其成员主要是党派、团体推出的代表，政协的性质有别于国家权力机关——全国人民代表大会，也不是国家的行政机关。毛泽东还明确提出了政协的四大任务：协商国际问题；商量候选人名单；提意见；协调各民族、各党派、各人民团体和社会民主人士之间的关系。这些重要论述都促进了人民政协工作和我国协商民主的健康发展。

刘振强在《20 世纪 90 年代以来人民政协界别的变化与思考》（《河南社会科学》2013 年第 6 期）一文中认为，随着我国经济的发展和社会结构的深刻变化，人民政协界别设置欠规范、界别设置不够合理、界别意识不太强、界别凝聚力不够等问题也逐渐凸显出来。人民政协要适应经济社会的发展要求，逐步调整和完善界别设置。文中建议：一是要适时增设部分界别。要适应改革开放和经济社会发展的需要，将一些社会影响越来越大的阶层如农民、司法人员和中介组织的从业人员、自由职业者等新社会阶层纳入政协中，畅通利益表达渠道。建议增设农民界、法律界、服务人员界等界别。二是适度调整部分界别。将一些性质相近、重叠交叉明显的界别如中国科学技术协会和科学技术界等合并。将经济界这一大界别分为公有制经济界和非公有制经济界。将目前的大农业界分拆为农业界和农民界，让基层农民反映情况、表达诉求等。三是不断优化委员结构。要充分考虑各界别的组织特点，适当增加党派、团体界别委员人数，适当减少行业界别特别是特邀委员人数，充分发挥组织健全界别的作用。要降低上层委员的比例，提高普通群众委员的比例，以更好地反映各界别群众的意见和呼声。要提高各界别中有代表性委员的比例，减少一般性委员的人数。

乔传秀在《强化人民政协界别优势》(《人民政协理论研究》2013 年第 1 期）一文中认为，调整与优化政协界别构成，是适应我国社会阶层结构新变化的现实需要，是实现各界群众有序政治参与、确保政协人民性的重要基础，有利于更加充分地体现人民政协的组织性质。文中建议，根据我国经济社会结构的变化，着眼于提高政协组织的代表性，扩大人民政协的团结面、增强人民政协的包容性、实现各界群众有序政治参与，本着总体稳定、个别调整、兼顾平衡、调整与优化相结合的原则，审慎稳妥调整界别，科学合理设置界别，统筹兼顾界别委员构成。一是要关注新经济组织、新社会组织、新社会阶层、新社会群体、新社会职业、新社会行业通过政协实现有序政治参与的需求，努力把新生的社会力量吸纳到现有的政治体系中来。二是要关注工人、农民阶层通过政协实现有序政治参与的需求，着力增加基层一线的农民代表、生产一线工人代表和农民工代表等比例。三是要关注残疾人等社会弱势群体通过政协实现有序政治参与的需求，适当增加残疾人等弱势群体委员名额。四是要关注实现各阶层力量在政协组织的适当平衡问题。总之，政协界别设置，既要考虑统战性，又要考虑民主性；既要考虑精英性，也要考虑群众性，真正能够涵盖各个阶层、各个利益群体，确保各个阶层、各个群体都有代表在政协参政议政，行使民主权利。

周清在《重新认识人民政协性质，推动人民政协事业创新发展》(《中央社会主义学院学报》2013 年第 4 期）一文中认为，界别设置和委员遴选的科学程度，直接关系到人民政协性质和功能定位的实现程度。要依据政协性质，研究并合理设置界别，科学遴选政协委员。具体来说，政协界别应由党派类、地区类、社会组织类和特邀类组成。其中，党派类界别指中国共产党和八大民主党派，党派类委员必须有各党派主要负责同志参加，以便将党派性问题纳入政协协商讨论，其他委员由党派内部推荐产生。地区类指该地区所辖行政区划单位，地区类委员必须有地区政协主要负责同志参加，以便在政协协商讨论地区性问题，其他委员由地区政协常委会推荐产生。社会组织类指各主要社会团体单位，社会组织类委员必须有社会组织主要负责同志参加，其他委员由组织内部推荐产生。特邀界指特别邀请人士，特邀类委员可更多地偏向专家学者和对国家建设和社会发展作出较大贡献的人士，可由党政主要负责同志聘任，直接向党政主要负责同志负责。各界别应加强自身组织建设，更多地以组织名义开展履职活动。

马大龙在《政治体制改革视角下的人民政协体制创新初探》(《人民政协理论研究》2013 年第 1 期）一文中认为，人民政协作为我国政治体制的重要组成部分，在国家政治生活中发挥着不可替代的作用。在新形势下，深化人民政协的体制改革可以作为推进政治体制改革的重要突破口。在中国,必须防止以剧烈社会动荡和暴力革命来实现政治改革，应当寻求一条温和的、务实的、利益兼顾的路线。人民政协由于其协商民主特性，进行体制改革可能出现的政治风险较小，易于被多数人接受，是扩大社会主义民主政治的较为稳妥的切入点。从政治体制改革的顶层设计考虑，人民政协的体制改革要进一步解放思想，与时俱进，突破原有的一些条条框框，重点可以从落实依法治国方略作为主要方向，加强人民政协的法治化建设，依法进行人民政协的组织活动、依法规范人民政协机构的运行、依法保障人民政协履行职能等方面，通过修改和制定相应的基本法律，从制度上、法律上、程序上切实提高人民政协履行职能的实效性。

侯欣一在《有关人民政协界别问题的初步思考》(《同舟共进》2013 年第 3 期）一文中认为。目前全国政协中界别的设置，应该说总体上是大致合理的，但也存在着明显的问题，包括：界别界限划分不清，界别的委员就缺乏特色；界别之间互相交叉重叠；界别设置没有覆盖社会上客观存在的各阶层等。具体建议如下：一是保留现有的妇联、总工会、工商联、科协、侨联，将共青团合并到青联予以保留，然后将现行行业中原本就是以社团为单位的文联、社科联、新闻出版工作者协会、对外友协和宗教界别等团体移到社团类。二是增加个体工商业者（包括中介服务组织从业人员）协会等新的社团，完善壮大社团类别。三是逐步减少、取消行业界别。行业只代表人们在一定时间内所从事的职业，稳定性较差。同时，现代社会行业划分越来越细，如果以行业来分类，不仅无法解决行业与社团的交叉重叠问题，还会导致各行业的相互攀比，最终使界别越设越多。考虑到制度的延续性，可逐步改造和减少，如是否可考虑将现有的农业界别改为农民界别，将体育界别改造为体协放到社团类中，至于教育、医卫等行业可先作保留，待时机成熟时通过合并等方式逐步取消。四是取消特邀人士界，保留现有的少数民族和香港、澳门两个特邀界别。

关于人民政协理论研究，张平夫、王新尚、周清在《全面认识和深刻理解人民政协理论体系》(《人民政协理论研究》2013 年第 3 期）一文中认为，人民政协事业始终是在中国共产党创立的人民政协理论指引下前进的。在人民政协事业创立和发展的历史进程中，中共历代中央领导集体都对人民政协提出了许多重要思想和观点，作出了许多精辟的论述。这些重要思想、观点和论述集成形成的人民政协理论。这一理论体系坚持马克思列宁主义统一战线、政党和民主政治三大理论同中国具体实践与时代特征的紧密结合；围绕为什么创建人民政协、建设什么样的人民政协和怎样建设人民政协三大基本问题展开；体现了团结与民主、多党合作与政治协商、选举民主与协商民主三个结合的思想红线。

关于人民政协的功能，肖存良在《政治体系视野下人民政协制度的功能研究》(《江西师范大学学报·哲学社会科学版》2013 年第 3 期）一文中认为，人民政协作为一种政治结构，必定具有自身的功能。人民政协的功能不仅仅体现在人民政协自身的政治行为之中，还体现在政治体系中政党、政府、人大的政治行为之中，因而我们要从整个政治体系的视野来审视人民政协的功能。从这个视野出发，可以把人民政协的功能分为一般功能和特殊功能两大类。一般功能主要包括三个方面：精英回应功能、协商领导功能和体系维持功能。在这三个一般功能的基础上细分为九项特殊功能：政治吸纳功能、回应性功能、咨询性功能、领导性功能、协商性功能、监督性功能、合法性功能、同意性功能和解除压力功能。一般功能与特殊功能的有机结合形成了人民政协的全部功能。

周清在《重新认识人民政协性质，推动人民政协事业创新发展》(《中央社会主义学院学报》2013 年第 4 期）一文中认为，依据人民政协的性质，我们可以将人民政协定位为协商机构、党派合作机构、监督机构、民意机构、咨询机构。作为协商机构，人民政协就国家和地方的大政方针以及政治、经济、文化和社会生活中的重要问题在决策之前进行协商和就决策执行过程中的重要问题开展协商活动，达成协商共识，形成协商报告，其中，协商共识应具有较强的约束力，协商各方共同遵守。作为党派合作机构，人民政协应组织开展各种形式的党派合作活动，协商各党派共同关心的问题，形成的共识和决议应共同遵守。作为监督机构，人民政协应对国家宪法、法律和法规的实施、重大方针政策的贯彻执行、国家机关及其工作人员的工作开展各种形式的监督活动，形成监督报告。作为民意机构，人民政协应畅通各种群众反映渠道，收集民意、分析民意，使政协成为民意汇聚中心，形成民意分析报告。作为咨询机构，人民政协应设若干研究小组，就党政部门委托的重大问题开展专题研究，形成研究报告，提供决策咨询。

关于政治体制和政协体制改革，马大龙在《政治体制改革视角下的人民政协体制创新初探》(《人民政协理论研究》2013 年第 1 期）一文中认为，人民政协作为我国政治体制的重要组成部分，在国家政治生活中发挥着不可替代的作用。在新形势下，深化人民政协的体制改革可以作为推进政治体制改革的重要突破口。在中国，必须防止以剧烈社会动荡和暴力革命来实现政治改革，应当寻求一条温和的、务实的、利益兼顾的路线。人民政协由于其协商民主特性，进行体制改革可能出现的政治风险较小，易于被多数人接受，是扩大社会主义民主政治的较为稳妥的切入点。从政治体制改革的顶层设计考虑，人民政协的体制改革要进一步解放思想，与时俱进，突破原有的一些条条框框，重点可以从落实依法治国方略作为主要方向，加强人民政协的法治化建设，依法进行人民政协的组织活动、依法规范人民政协机构的运行、依法保障人民政协履行职能等方面，通过修改和制定相应的基本法律，从制度上、法律上、程序上切实提高人民政协履行职能的实效性。

八、社会主义协商民主

协商民主强调平等、互动，突出公众、理性，是现代民主政治发展的最前沿。协商民主是面向社会公众、重心向下潜沉的民主，它与政党主体的关系极为紧密，对政党与权力、权利关系及其格局的影响极为深刻。中国共产党的十八届三中全会提出要促进协商民主广泛、多层制度化发展。发展中国特色社会主义协商民主，顺应了历史和时代的潮流，是党的群众路线在政治领域的重要体现，对于坚持、完善和发展中国共产党领导的多党合作和政治协商制度，对于发展中国的社会主义民主政治都具有重要指导意义。当代中国的协商民主是本土创造和现代理念有机统一的结果。中国共产党长期致力于人民民主，有着历史悠久、经验丰富的引领中国人民协商建国、协商治国的政治实践。中国的多党合作制度、人民政协制度都是协商民主的产物，都将继续引领或支撑未来协商民主、大众民主的长足发展。鉴于以上协商民主与多党合作、人民政协的逻辑与历史的联结，协商民主的相关理论与实践问题自然构成本年度中国政党制度理论研究的热点、焦点。

（一）协商民主是我国社会主义民主政治的特有形式和独特优势

十八届三中全会指出："推进协商民主广泛多层制度化发展。协商民主是我国社会主义民主政治的特有形式和独特优势，是党的群众路线在政治领域的重要体现。"以此为指导，学者们对社会主义主义协商民主的历史、内涵、特点和优势展开了深入探讨，出现了一批有独到见解的力作。叶小文、郑万通、张峰、李金河等文章，颇具代表性。

郑万通在《关于社会主义协商民主的几个问题》(《人民政协理论研究》2013 年第 4 期）一文中认为，根据三中全会精神，对协商民主的内涵作一个初步概括：社会主义协商民主是同我国人民民主专政的国体相联系，与人民代表大会制度政体相并存的一项国家民主制度；是在中国共产党领导下，通过政权机关、政协组织、党派团体、基层组织、社会组织等渠道，就经济社会发展重大问题和涉及群众切身利益的实际问题，在全社会开展广泛协商的重要民主形式；是在政治领域体现党的群众路线，拓展公民有序政治参与，推进科学民主决策，实现国家治理现代化的重要工作机制。我国社会主义协商民主至少可以概括出以下四个基本要点：一是社会主义协商民主的本质是人民民主；二是社会主义协商民主的主旨是和谐共存；三是社会主义协商民主的目标是协同共治；四是社会主义协商民主的重要渠道是人民政协。

叶小文、张峰在《协商民主与国家治理》(《光明日报》2013 年 12 月 28 日第 1 版）一文中认为，作为制度形式的协商民主，不是从国外搬来的，也不是封建社会留下来的，而是中国共产党在长期革命、建设、改革过程中创造的。协商民主以完善和发展中国特色社会主义制度为保障，以保证人民当家做主为根本，以扩大公民有序政治参与为重点，是实实在在的具有巨大优势的民主，是我们实现国家治理体系和治理能力现代化的重要步骤。协商民主的独特优势在于"有利于完善人民有序政治参与、密切党同人民群众的血肉联系、促进决策科学化民主化"。协商民主把"涉及群众切身利益的实际问题"作为在全社会广泛开展的协商内容，具有鲜明的指向性。作为我国社会主义民主政治的特有形式，协商民主是我们的传家宝，更是我们的新武器。我们党要成为具有现代化的国家治理体系和治理能力的执政党，必须进一步推进协商民主广泛、多层、制度化发展。文章强调，发展协商民主，制度建设是关键，必须构建程序合理、环节完整的协商民主体系。

李金河在《如何认识社会主义协商民主》(《人民日报》2013 年 1 月 22 日第 7 版）一文中认为，我国具有协商议政的传统，社会主义协商民主是中国共产党领导中国人民创造的人民民主形式，是中国共产党治国方略的重要内容。在新的历史条件下，它被赋予更为广泛的内涵，把有序参与、平等议事、民主监督、凝聚共识、科学决策、协调各方、和谐发展融为一体，具有更大的包容性和有效性。协商民主可以充分利用既有政治资源，拓宽民主参与渠道，吸纳各方意见和建议，集中各方智慧和力量，使党和政府的决策更加科学合理，使社会形成强大合力。面对当前我国深刻的社会变革，发展协商民主，建立起常态化、多层次、可操作的协商对话机制，使不同阶层、不同群体都能利用宪法赋予的权利，自由、平等地参与国家管理和公共生活，就经济社会发展重大问题和涉及群众切身利益的实际问题广泛协商、增进共识，促成科学决策与理性施政。这对于发展人民民主、保持社会和谐稳定、促进经济社会又好又快发展，无疑是极其重要的。

陈惠丰在《“健全社会主义协商民主制度”的意义和主要任务》（《人民政协理论研究》2013 年第 1 期）一文中认为，十八大提出“健全社会主义协商民主制度”具有理论和实践双重意义。弄清其含义需要认清“制度”与“形式”的关系，“社会主义协商民主制度”与“中国共产党领导的多党合作和政治协商制度”的关系。“健全社会主义协商民主制度”主要有三个范围：实施政党制度的、统一战线范围的协商民主；实施政治协商制度的、在政协系统开展的协商民主；在更广泛社会领域、特别是基层开展的民主协商。推进、发展协商民主的主要任务是加强制度建设，继续拓宽协商民主渠道、创新协商民主形式。

黄国华在《关于“协商民主”新概括的若干思考——学习党的十八大报告体会》（《中共成都市委党校学报》2013 年第 1 期）一文中，仔细梳理了相关文献并指出，历史地看，协商民主的基本内涵包括两部分：一是政治协商思想与中国共产党领导的多党合作和政治协商制度，二是社会协商思想与社会协商对话制度。两者都呈现制度化、规范化、程序化、理论化且渐趋广泛的发展趋势。关于政治协商思想与多党合作政治协商，通俗地说，就是关于国是的问题，不能由党政独断，而应在决策前与执行中与民主党派、无党派和社会各界代表人士作政治协商，以实现广泛的参政议政、民主监督。这一民主思想在革命、建设与改革开放中产生、发展并趋于成熟，而多党合作制度亦由此逐步建构而来。其主要内容是：共产党是执政党、领导核心；民主党派是参政党，履行政治协商、参政议政、民主监督职责；以及通过政治协商以定国是。政治协商主要形式计有两大类十种：一类是党派间政治协商，有五种形式：民主协商会、高层次小范围谈心活动、座谈会、书面的政策性建议，以及约请面谈。另一类是人民政协内部的政治协商，也有五种形式：政协全体会议、常务委员会会议、主席会议、常务委员专题座谈会、各专门委员会会议等形式。综上所述，由于其主要是中共与社会各界“代表人士”之间的协商，故而有着突出的精英协商的特点。

杨兴林在《中国语境下协商民主的科学意蕴》（《长白学刊》2013 年第 5 期）一文中认为，在中国语境下，协商民主重要意蕴有五个方面：在民主制度视角上，它是一种具体的民主机制或形式；在管理视角上，它是党和政府及一切公共管理部门民主决策、科学决策的制度性选择；在公众视角上，它是有序参与政治过程、实现民主权利的重要平台；在政治合法性视角上，它是稳固党和政府执政基础的重要途径；在权力约束视角上，它是民主监督公共权力的重要方式。在我国发展协商民主，特别需要公共权力部门牢固确立公民权利木位价值观，加强相应制度化建设，切实实现公共权力部门信息公开和透明，着力提高公众民主参与的素质与能力。

李君如在《推进协商民主广泛多层制度化发展浅议》（《协商论坛》2013 年第 12 期）一文中认为，协商民主是具有鲜明中国特色的民主政治形式，不仅能够反映中国特色社会主义民主的特点，而且具有别的民主形式所没有的优点。第一，它反映了人民当家做主的要求，反映了公民有序的政治参与的特点。第二，它是实现决策科学化、民主化的重要形式。第三，它不仅是决策民主，而且是从决策到决策实施全过程的民主，它不仅仅关心谁来决策，更关心怎样决策、决策怎样实施以及决策的结果。第四，它是通过对话求同存异达成共识的民主，不会因民主而导致社会多数与少数的分裂甚至社会动荡。第五，它在共识形成过程中更关注整个社会的整体利益，反映的是最大多数人民群众的要求，而不迎合某一部分人的利益。

吴辉、袁为海在《落实社会主义协商民主制度的思考》(《中国井冈山干部管理学院学报》2013 年第 1 期）一文中认为，中国特色的协商民主制度，是指在中国共产党的领导下，社会各政党、阶层、团体、群众等，就共同关心或利益相关的问题，以适当方式进行协商，形成各方均可接受的方案，作出决策或决定，以实现整体发展的一项国家民主制度。中国特色的协商民主制度深深植根于中国文化的土壤，符合社会主义民主政治的木质要求,具有巨大的优越性和强大的生命力。协商民主体现了社会主义民主的真实性、广泛性、包容性。协商民主既关注决策的结果，又关注决策的过程，拓宽了民主的深度，使人民民主的形式更加真实、有效。协商民主促进党和政府决策的科学化民主化。参与公共决策，促进决策的科学化民主化是协商民主的固有属性。通过协商，能够广开言路、汇集众智、以求良策，把社会各方面分散的意见、愿望和要求进行系统、综合的反映，听到各种真知灼见、各种真招实招，使党和政府决策更加符合实际、顺应民意。发展协商民主，有利于提高中国共产党在全社会的影响力和凝聚力，巩固中国共产党的领导。

蒋红在《协商民主：社会主义民主优越性的本质体现》(《红旗文稿》2013 年第 19 期）一文中认为，协商民主是中国共产党和中国人民对社会主义民主形式的伟大创造，是对马克思主义民主理论的丰富和发展。社会主义协商民主具有鲜明的特点和独特的优势，它既坚持了社会主义制度，又继承和发扬了中国优秀政治文化传统；既坚持了民主集中制的组织原则和领导制度，又充分肯定了广大人民群众的主体地位；既坚持了中国共产党的领导，又广泛发挥了各民主党派团体、各族各界人士的作用。

何虹在《试述中国共产党协商民主思想形成的历史过程》(《湖北省社会主义学院学报》2013 年第 4 期）一文中认为，中国上古以来就有协商议政的文化传统，中国共产党在吸收传统协商文化的基础上，在长期的民主实践中积累了丰富的经验，逐步形成了中国特色的协商民主思想。第一次国共合作中“党派协商”概念的提出，标志着中共协商民主思想的萌芽。抗日民族统一战线中“政治协商”的运用，标志着中共协商民主思想的形成。中共主导协商解决西安事变，促成了抗日民族统一战线建立；抗战期间积极依托国民参政会开展政党间的政治协商，使党的政治协商思想初具雏形；根据地“三三制”政权建设，更是开启了政治协商制度的历史先河。中国共产党领导的多党合作和政治协商制度的确立，标志着中共协商民主思想的成熟。与民主党派、无党派民主人士共商建国大计，召开新政协协商建国并确立起各项新制度，中国特色协商民主形式在新中国正式确立，也标志着中共协商民主思想趋于成熟。

（二）协商民主广泛多层制度化发展

“构建程序合理、环节完整的协商民主体系，拓宽国家政权机关、政协组织、党派团体、基层组织、社会组织的协商渠道。深入开展立法协商、行政协商、民主协商、参政协商、社会协商。加强中国特色新型智库建设，建立健全决策咨询制度”是十八届三中全会提出的健全社会主义协商民主的目标和任务。据此，学者们就如何健全社会主义协商民主提出了一系列新观点。其中李景治、刘佳义、王彩玲等的文章，具有一定的代表性。

李景治在《中国协商民主制度化新进程》(《南京政治学院学报》2013 年第 1 期）一文中认为，健全社会主义协商民主制度，要求进一步扩大协商民主的主体、对象和范围。协商民主的主体要由执政党扩展到国家政权机关和政府部门，对象要由传统的民主党派扩展到人大、政府、人民团体和人民群众，内容要从传统的政治协商拓展为政治、经济、社会、文化、生态、民生等多领域的协商。要创建把民主协商纳入决策程序的具体制度和工作机制，主要包括：第一，创建把民主协商纳入决策程序的具体制度和工作机制。这些具体制度和工作机制应能够保障“协商于决策之前和决策之中,增强民主协商时效性。第二，丰富和发展协商民主的具体形式。第三，积极开展基层民主协商。

刘佳义在《推进协商民主广泛多层制度化发展》(《中国政协理论研究》2013 年第 4 期）一文中认为，构建程序合理、环节完整的协商民主体系，拓宽国家政权机关、政协组织、党派团体、基层组织的协商渠道，深入开展立法协商、行政协商、民主协商、参政协商、社会协商，加强中国特色新型智库建设，建立健全决策咨询制度，是当前推进协商民主广泛多层制度化发展的主要目标和任务。一要拓宽国家政权机关的协商渠道；二要发挥统一战线在协商民主中的重要作用；三要积极开展基层民主协商；四要充分发挥人民政协的重要渠道作用。

李金河在《如何认识社会主义协商民主》(《人民日报》2013 年 1 月 22 日第 7 版）一文中认为，发展社会主义协商民主，扩大广大群众有序有效参与是重点。有序，关键是通过国家政权机关、政协组织、党派团体等渠道开展民主协商；有效，关键是坚持协商于决策之前和决策之中，使决策真正反映民主协商的结果。为此，就必须做到和坚持广泛协商、平等协商，并且大力促进协商民主的程序化、制度化建设。

虞崇胜在《“自信、自觉、自省”应成为发展中国社会主义协商民主的基本共识》(《中国党政干部论坛》2013 年第 11 期）一文中认为，所谓自信，是说对于中国协商民主历史、功能和作用要有自信，即相信中国协商民主，相信中国共产党和中国人民自己的创造，及其在中国社会主义民主实践中发挥着的不可替代的作用。所谓自觉，是说对于中国协商民主的理论和实践要有自觉，也就是要准确把握中国协商民主的精神实质。必须明确中国协商民主形式与其他国家协商民主形式都是协商民主的重要组成部分，都为协商民主发展作出了自己的贡献。中国协商民主发展应该从其他国家协商民主中吸取有益的成分，积极借鉴其他国家协商民主发展的成功经验；同时，中国协商民主发展的经验也应该能够走出国门，可以为其他国家协商民主发展提供有益的借鉴和启发。所谓自省，是说对于中国协商民主的现实和未来发展要有自省，中国协商民主并非是成熟的协商民主，仍然处在探索之中，特别是在中国的选举民主并不成熟的情况下，中国协商民主的发展受到种种因素的制约，存在诸多不足和有待提高的地方。

蒋德海在《论协商民主中协商和民主的关系》(《同济大学学报·哲学社会科学版》2013 年第 6 期）一文中认为，民主是协商的精神，协商是民主的表现。民主的性质决定了协商的质量。民主发展到什么程度，协商也就发展到什么阶段。民主越发展，协商就越充分。民主越健全，协商就越深入。不讲民主，没有民主就没有协商。协商民主必须确立在任何时候都不能没有民主，也不能以任何理由否认民主的原则。概括起来，有利于民主的协商应当具备三个特点：一要以选举为基础。协商民主不是不要选举，而是辅助选举民主的一种民主形式。二要以民主为目标。三要有利于促进民主。

包心鉴在《论协商民主的现实政治价值和制度化构建》(《人民政协理论研究》2013年第2期）一文中认为，协商民主的实质是为广大公民参与公共政治和社会治理提供广阔渠道和制度平台。在当前全面建成小康社会、加快社会主义现代化建设的关键时期，发展协商民主尤其具有特殊的政治功能和政治价值，是切实推进中国特色社会主义民主政治的内在要求和紧迫任务。要积极适应当前关键发展时期的多元化政治价值诉求、平等性政治价值期待和包容性政治价值趋向，切实完善与推进政党协商民主、国家权力机关协商民主、国家行政机关协商民主、社会基层协商民主以及大众网络协商民主等制度化建设，进一步发挥协商民主在扩大公民参与、推进民主政治中的重要作用。尤其要着眼于提升党的执政能力，充分发挥人民政协作为协商民主主渠道作用，这对于改革与加强党的领导、推进中国特色社会主义民主政治，具有特殊的意义。

王彩玲在《论社会主义协商民主的条件》(《中央社会主义学院学报》2013年第5期）一文中认为，满足“民主”这一概念所蕴涵的基本前提和要求，是协商民主的一般条件，也是社会主义协商民主赖以实现的基础和底线。文章指出，社会成员共同关心的社会存在、共同利益，以及人的基本理性、理性的行为，是民主必要的前提。此外，强大的中产阶级、成熟的政党、健全的市场经济、完善的法治、高素质的国民及人文主义取向的历史文化等，则构成了民主的条件。这些条件越成熟，民主程度就越高，反之亦然。作者认为，我国业已具备了影响建设民主、协商民主的前提和条件，但也有严重的制约因素，譬如贫富分化及其所带来的社会断裂风险等。为此，大力推进经济发展并让经济发展的成果为全体社会成员所共享，是我国社会主义协商民主的重要前提、条件。关于社会主义协商民主的特殊条件，作者以为多元利益主体共存是社会主义协商民主的基础，“平等的政治影响力机会”、平等参与，以及自由与秩序的平衡是协商民主的基本要求，公共理性是协商民主的灵魂也是社会主义协商民主有效实行的必要条件。作者指出，为了更好地建设社会主义民主、协商民主，努力凝聚价值共识与社会共识、避免社会断裂，大力改革执政党的领导方式、执政方式，着力培养合格的协商主体，全力救助政治贫困、促进机会平等，无疑都是必要的和紧迫的。

孙津在《协商民主创制的主要问题和难点》(《中国政协理论研究》2013年第2期）一文中认为，社会主义协商民主制度是一种民主类型的创制，即协商式的民主。相对说来，民主是这个协商民主制度的属性、旨向，协商则是其功能机制。协商民主制度规范人民内部各主体的协商，而其民主特性则是相对于专政而言的。作者认为，综合考虑多党合作、人民政协和协商民主的关系会发现，无论从制度关系、性质内涵和理论依据来讲，多党合作和政治协商这两个制度都存在一种功能交叉和相互衍生的特定政治关系，而由此产生出的主要问题和难点则在于，制度的实施可能会出现性质确定和操作依据两方面的不一致、不协调甚至是矛盾。事实上，“社会主义协商民主”仍属一种定性的表述，是在制度范畴和层面以协商为主要内容和机制的民主类型或形态。由此，协商民主创制的主要问题是如何确定这个制度的性质，主要难点则在于如何使所设置的操作规范和机制不与这个性质相矛盾，尤其是如何保证各种协商的民主性。其中，尤其关键的问题和难点又在于如何规范协商过程。概言之，尽管从眼下来看，协商民主的主要问题的确多与多党合作和政治协商直接相关，但若作为一项专门制度、一种民主类型，它应当具有普适性，应能普遍适用于各领域或方面需要协商的工作。可以预想，若对此没有专门研究和高度认同，社会主义协商民主制度很可能只是一句空话，或者说即使随机实施了也很难形成一项专门的制度。

刘玲灵、徐成芳在《论中国协商民主的特殊性及发展空间》(《理论学刊》2013 年第 6 期）一文中认为，要正确认识和把握社会主义协商民主的内涵，厘清它与选举民主的关系在这个问题上，主要有主体论与互补论两种观点。主体论认为，我国传统文化以及民主价值观念，决定了我国未来民主建设自然趋向于以协商民主为主体。互补论认为，社会主义协商民主与选举民主相互补充，我国民主政治的未来发展应采取“选举民主优先，兼顾协商民主”的策略。这两种观点都强调了社会主义协商民主对于我国民主建设的重要意义。其实，选举民主与协商民主都是社会主义民主的重要组成部分，目的都是为了更好地保障人民当家做主的地位，二者不可或缺、不可偏废。从辩证唯物主义的立场出发，应该把两种民主形式有机统一起来，发挥两种民主形式各自的优势，实现更加充分的人民民主才是根本目的。

段永清在《社会主义协商民主的实践价值与发展途径》(《四川师范大学学报 • 社会科学版》) 一文中认为，发展社会主义协商民主的基本途径是 : 发展公民社会，培育社会主义协商民主文化，坚持和完善中国共产党领导的多党合作和政治协商制度，推进协商民主广泛泛、多层、制度化发展，积极拓宽公民有序政治参与的渠道和平台。

韦幼苏在《试论健全与发展中国特色社会主义协商民主》(《江淮论坛》2013 年第 5 期）一文中认为，在中国现阶段，以公民普遍参与决策过程的充分讨论、努力寻求最大限度的共识、以促进决策的合法性为其主旨的社会主义协商民主形式可以划分为国家制度、基层政治、社会自治和网络论坛等 4 个层面。国家制度层而的协商民主表现在三个领域 : 其一是中国人民政治协商会议的协商。其二是政党之间的协商。 其三是国家政权机关的立法与决策协商。

寇鸿顺在《协商民主 : 中国特色民主的自主性制度创新》(《河南大学学报 • 社会科学版》2013 年第 4 期）一文中认为，社会主义协商民主是在长期实践中形成的以中国共产党领导的统一战线和多党合作制为核心的新型民主形式，是中国共产党结合我国国情对马克思主义民主理论的丰富和发展。社会主义协商民主深深根植于中国特色社会主义的民主实践，具有坚实的实践根基和相对成熟有效的现实运行机制。中国特色社会主义协商民主的制度创新主要体现在中国共产党的统一领导制度、多党合作制度、政治协商制度、人大代议民主与政协民主协商相结合制度、政府公共决策的协商制度和基层群众自治中的协商制度等方面。

韦幼苏在《试论健全与发展中国特色社会主义协商民主》(《江淮论坛》2013 年第 5 期）一文中认为，健全与发展中国特色社会主义协商民主，首先要坚持并改善党对社会主义协商民主的领导。在西方学者关于发展协商民主的理论构想中，协商民主主要指的是公民与公民之间的协商，所以他们普遍重视的是公民社会而非国家或执政党的主导作用。但是，中国共产党的领导、人民当家做主和依法治国的有机统一，是中国特色社会主义政治发展道路和政治体制改革必须坚持的重要原则，所以，无论是发展选举民主还是协商民主，都必须坚持党的领导。其次要提高社会主义协商民主的实效性。最后要增强全社会的社会主义协商民主意识。

蒋红在《协商民主：社会主义民主优越性的本质体现》（《红旗文稿》2013 年第 19 期）一文中认为，健全社会主义协商民主制度是一个长期的过程，需要多途径推进社会主义协商民主从制度设计向制度运行的转化，并在实践中不断加以调整和完善。一是要高度重视协商民主制度文化的培育；二是要不断深化对社会主义协商民主制度的理论研究；三是要积极推动理论成果向制度层面的转化；四是要努力构筑政府与社会之间的良性互动关系。

（三）协商民主与多党合作

政治协商是中国特色社会主义协商民主的灵魂，从政治上引领其他社会领域、其他形式的协商民主。中国的政治协商有中国共产党领导的政党协商和政协协商两种基本形式。相对于政协协商，政党协商或曰党际协商更具有前置性、决定性。政党协商也是党的领导和多党合作的重要内容和形式，在政党协商中引入平等、理性、互动、永续的现代协商民主精神，在传统的精英政治领域引入大众多元的民主品质，将可能从根本上有利于中国民主政治的深层次发展。作为一种现代民主功能、机制，协商民主、政党协商的基本要求的贯彻，或能够重塑共产党、民主党派的内部结构和外部行为，因而起到优化关系、合理决策的客观效果。这些都从本质上有益于多党合作事业的长远发展。

佟一在《多党合作中的政治协商是社会主义协商民主的生动实践》（《中国统一战线》2013 年第 5 期）一文中认为，协商民主是中国党和人民在社会主义民主形式上的伟大创造，其思想和实践贯穿于我国革命、建设和改革，伴随于多党合作制度的探索、形成和发展。多党合作中的政治协商就是协商民主最初、最主要的形式。1949 年新政协的召开，标志着多党合作制度确立，也标志着协商民主这种新型民主形式、民主制度在全国范围内的实施。多党合作中的政治协商为社会主义协商民主提供了深厚底蕴和丰富经验，彰显了协商民主的内涵、本质，是我国民主最主要、最成熟的形式。多党合作中的政治协商具备平等民主的协商精神、广泛明确的协商内容、丰富多样的协商形式、规范科学的运作程序完善的制度保障。进一步推进多党合作制度发展，传承合作协商的光荣传统，提升协商的包容性，丰富形式、拓展深度，不断增强实效性，更好地整合、反映人民群众的意见建议和利益诉求，是推动社会主义协商民主稳步、健康发展的主要途径。

黄毅在《健全社会主义协商民主制度与多党合作事业发展》（《云南社会主义学院学报》2013 年第 3 期）一文中认为，其主体代表民众，其方式体现平等，其支撑是民主思想，体现民主法治精神且具有明确价值追求和行为规范——这是“协商民主”的本质要求和实践准则。文章认为，首先，提出健全协商民主制度是重大的理论和制度创新，是人民民主也是多党合作向前发展的重要标志。其次，明确把政治协商纳入决策程序及协商于决策之前和决策执行之中的原则，对中共党委提出了新要求。为此必须提高认识，对党外人士真正做到平等相待、民主协商、真诚合作；把推进制度建设纳入重要日程，统筹好政党协商、政协协商；完善同民主党派协商的内容、形式和程序，突出重点，提高实效。再者，健全协商民主制度又为民主党派发挥更大作用提供了新契机。各党派要深刻领会十八大精神，把握好协商民主与我国基本政治制度的关系，坚持正确的政治方向；要深入调查研究，使协商中提出的意见建议建立在全面了解情况、准确把握问题实质的基础上；参政议政要有深度，要充分发挥人才库、智囊团的优势，提出有深度的真知灼见；党派自身建设要深化，要为更好地履行职能、参与协商打牢基础。

徐锋在《刍议政党协商与中国式协商民主》(《中央社会主义学院学报》2013年第3期）一文中认为，协商民主之要，在于有效参与和有效治理的有机统一。中西方协商民主都要求把精英治理放置在公众理性认同的基础之上，但西方协商民主立足于“单子化”取向的自由民主社会，在关注个体、精英权利的基础上再关注社群、共同体的“共识民主”。中国协商民主起初立足于“整体论”取向的人民民主，现在则要兼容市场化后所产生的“单子化”个体和群体的权利诉求。中国式协商民主在精英政治层面上促进了政党协商深入发展，提升了政党政府理性决策、科学执政的能力和水平；也可能在大众政治层面上较好解决政党协商与有序参与、现代治理的关系，有助于建构和维系公众信任和政府责任的统一的社会主义的政治体制。在当代中国的政治过程和政治发展中，必须使传统的共识民主更加广泛和精致，以此再平衡“大众民主”与“精英政治”的关系，弥补多数民主发育不成熟的不足，实现政治正当性、合法性的内在统一，促成公民个体利益同社会整体利益更高层次的统一，促成公众自主实现和贯彻其权力意志同中国共产党正确领导、科学执政的新统一。在此过程中，无论从逻辑、历史来看，多党合作都有资格、有能力引领和带动中国式协商民主的跨越式发展。

刘俊杰在《中国党际协商民主的精神基础探析》(《重庆社会主义学院学报》2013年第5期）一文中认为，弄清中国党际协商民主的精神基础，有助于认清这一民主形式的内生性和鲜明特色。文章认为，马克思主义民主政治理论、多党合作理论以及中国优秀政治文化，构成中国党际协商重要精神基础。无产阶级专政学说、人民当家做主和民主集中制及其中国化，形成党际协商民主理论的精髓。马克思主义多党合作理论指明了无产阶级政党协商、合作的对象，明确了多党合作、政党协商的范围及其所要遵循的原则。文章指出，中国共产党在革命和建设的不同时期都创造性地继承、发展了这些理论基础与政治原则。此种创新发展也与中华民族和合、民本的优秀传统文化密切关联，特别是与人民主权和自由民主的近代政治文化，以及现代以群众路线、集体主义为特色的政治文化交相融合。

王瑜、赵海月在《论协商民主在构建和谐政党关系中的作用》(《甘肃社会科学》2013年第6期)一文中认为,协商民主是中国共产党与民主党派之间沟通合作的最佳机制，它对构建和谐政党关系起到了如下积极作用：第一，通过提高共产党执政的科学化水平来建构和谐政党关系。第二,通过提高民主党派参政议政能力来建构和谐政党关系。第三，通过完善共产党领导的多党合作制度来构建和谐政党关系。协商民主能够充分发挥中国多党合作制度中各政党的作用，有助于推动中国多党合作制度中的政治协商逐步程序化，有助于在中国多党合作制度中培育和而不同的政党文化。第四，立足于人民政协的平台来构建和谐政党关系。借助人民政协这一既有协商平台促进协商民主，既有利于坚持和改善共产党的领导，又有利于更广泛地联系和团结各阶层群众，对构建和谐政党关系具也有重要意义。总之，作为我国社会主义民主政治的创造性发展，协商民主开辟了一条构建新型和谐政党关系的重要途径。

陶建兵、徐罗卿在《建构中国特色政党制度的协商民主理论及时代意义》(《中共云南省委党校学报》2013 年第 5 期）一文中认为，必须从经济基础、政治状态、传统文化和现实需要入手，研究多党合作制度协商民主理论形成、发展的国情背景；坚持运用历史唯物主义方法，充分关注其对中国以至世界政治文明发展的地位和作用，并立足时代的要求不断地予以发展和完善。多党合作协商民主理论建构的理论意义在于：科学把握协商民主的主要内容和基本内涵、丰富和发展多党合作制度发展规律，揭示社会主义国家建设和政治发展规律。现实意义在于：坚持和完善多党合作制度、全面建设小康社会与和谐社会，探索新世纪新时期中国政治发展道路的正确路径。

陶建兵在《中国特色政党制度的协商民主理论之特色和优势》(《实事求是》2013 年第 3 期）一文中，在制度比较的基础上认为，该协商民主不同于西方政党制度的竞争民主，它创立了崭新的民主形式、崭新的和谐政党关系、崭新的政党执政方式。其优势在于，有利于促进经济稳步快速发展、构建社会主义和谐社会和推动政治民主化进程。

陶建兵、陈路明在《中国特色政党制度的协商民主理论之主要内容》(《中共太原市委党校学报》2013 年第 4 期）一文中认为，该协商民主理论的主要内容，由协商主体、协商客体、协商原则、协商场域和协商机制组成。狭义协商主体指共产党和各民主党派的协商和合作，广义协商主体则指共产党与各民主党派以及无党派人士、各族各界代表人士等非中共人士的协商和合作。关于协商客体，宏观来看是关于社会主义建设、祖国统一、振兴中华的重大方针、重要问题以及人民群众普遍关心的问题，微观上讲主要是涉及到当代中国经济、政治、文化和社会生活等各种重大问题。协商原则包括坚持党的领导、平等原则、程序性原则和“十六字方针”。协商场域包括在中共组织中进行协商，在人民政协中协商，以及在人大、政府和司法机关中的协商。至于协商的机制，则由协商主体在协商和合作中的资源配置以及协商和合作的运行过程两个方面组成。

徐　锋　中央社会主义学院中国政党制度研究中心副教授
孙　信　中央社会主义学院中国政党制度研究中心副秘书长、教授

学术著作评介和论文观点摘要

一、学术著作评介

《中国特色政党制度研究》（袁廷华著，中国书籍出版社 2013 年版）

该书在 2013 年入选“十二五”国家重点图书出版规划项目。全书分为“中国特色政党制度研究”、“中国民主党派研究”和“中共党委民主党派工作研究”三个部分，这三个部分既相互独立，又相互联系，将中国特色政党制度和参政党建设的基础理论、应用理论以及民主党派工作的实践问题贯穿起来，把理论形态的研究与实践形态的研究结合起来。

“中国特色政党制度研究”部分从理论层面对中国共产党领导的多党合作和政治协商制度作了研究，特别是在中国特色政党制度理论构建、中国特色政党制度结构与功能、中国特色政党制度与我国国体关系、中国特色政党制度与国家现代化发展、政治协商的政治功能与民主价值等方面进行了比较深入的研究，提出了若干新的观点。

“中国民主党派研究”部分以民主党派为研究对象。由于国内对民主党派的研究起步较晚，理论研究总体滞后于实践发展，因而该书这一部分的研究成果不少是带有探索和开创性的，有关文章对民主党派的历史道路、民主党派的性质和地位、民主党派的职能、民主党派的核心价值观等参政党理论的基本问题作了研究和概括，也对民主党派履行参政议政和民主监督职能，加强自身建设等实践问题进行了理论探讨。

“中共党委民主党派工作研究”以中共党委和党委统战部对民主党派工作为研究内容。民主党派工作是中国共产党统一战线工作的重要组成部分，是政治性、政策性很强的工作。该书这一部分的文章包括对中共中央关于多党合作和人民政协工作的重要文件进行解读；对中共党委和党委统战部民主党派工作的内涵、民主党派工作需要把握的原则、民主党派工作的方法、民主党派工作的主要方针政策和工作任务等作了研究和概括，形成一些规律性的认识。

该书既有对相关基本问题的诠释，也有对理论热点、重点和难点问题的解读，还有对工作实践中新问题的探索，体现了每一部分中文章的内在逻辑联系。该书是著者在长期的民主党派工作实践基础上、深入研究中国特色政党制度和参政党建设理论后所作出的规律性认识和经验性总结。该书主题鲜明，内容丰富，文字流畅，资料翔实，对从事中国政党制度理论研究的学者，以及从事多党合作实际工作的工作者开展研究和工作，具有重要的指导意义和参考价值。

《政党关系和谐与政党制度建设》（刘红凛著，人民出版社 2013 年版）

全书共分为九章，前三章主要探讨政党关系的基本理论，主要包括政党与政党关系基本问题，政党与政党关系基本问题，政党关系和谐与政党制度三个方面。在此基础上，第四、五两章作为第二部分，对我国政党制度的历史形成与政治生态、基本特点与政治优势进行了综合论述，深入分析了我国政党关系和谐的时代要求与面临的深层次问题。第三部分第六章、第七章、第八章、第九章分别从科学理论引导政党关系和谐、科学制度保障政党关系和谐、政党协调发展推动政党关系和谐以及政党制度建设与“政党法制”问题等方面提出了观点与主张。这一部分中，著者立足国情，着重从遵循民主政治发展规律，树立正确的民主观、依法执政、民主执政、科学执政，加强党派自身建设，战后世界“政党法制”的基本规律及其政治局限出发对发展和完善我国政党制度、促进政党关系和谐进行了深入探讨。

该书坚持和谐社会建设、民主政治建设、政党自身建设的统一，以政党一国家一社会关系为范式来分析政党关系和谐的影响因素与政治生态，结合政治过程、党政关系、党群关系、政党内部关系来分析政党关系与政党制度，在世界政党比较中把握政党关系和谐的一般性与特殊性。正确认识政党制度与政党规范的关系，既突出政党制度建设对政党关系和谐的关键性，又注重政党法律规范、内部规范、社会规范在政党关系和谐方面的协同作朋。坚持党的领导、多党合作、政党协调发展的统一，注重宏观、中观、微观三个层面来分析政党制度，在政党政治理念和谐，政党制度和谐、政党内部和谐、政党协调发展中深入思考政党制度建设与政党关系和谐问题。

《制度分析视域下的中国特色政党制度研究》（熊必军著，中央编译出版社 2013 年版）

该书以制度分析为研究工具，是一部运用新制度经济学及其他学科的一些理论与方法来研究中国特色政党制度的学术专著。分为七个部分：第一章 新制度经济学理论视域下的中国特色政党制度；第二章 制度设计理论视域下的中国特色政党制度；第三章 现代化视域下的中国特色政党制度；第四章 社会学理论视域下的中国特色政党制度；第五章 民主理论视域下的中国特色政党制度，第六章 合作理论视域下的中国特色政党制度；第七章 立足中国特色政党制度创建合作型政党制度理论研究体系。主要研究了中国特色政党制度的制度结构、制度效率、制度设计，论证了中国特色的政党制度是有中国特色的社会主义政治发展的必然产物，阐述了民主协商制度的合理性和先进性，并对创建合作型政党制度进行了理论探索。

二、论文观点摘要

《深刻领会和认真贯彻十八大关于统一战线的新思想新要求》（令计划，《中国统一战线》2013 年第 4 期）

在全面建成小康社会决定性阶段，党的十八大举旗定向、谋篇布局，提出一系列重大理论观点，明确一系列重大方针政策，作出一系列重大战略部署，对于夺取中国特色社会主义新胜利具有极其重要的意义，对于团结全国各族人民共同实现“中国梦”具有极其深远的影响。统一战线首要政治任务就是把十八大精神学习深、领会透、贯彻好，围绕坚持和发展中国特色社会主义这条主线，凝聚最大共识、汇聚最大力量，为共同事业团结奋斗。特别是十八大对统一战线提出了重要的新思想新要求，许多是第一次写进党的代表大会报告。这些重要论述深刻阐明了统一战线的重要地位，深刻阐明了统一战线的发展规律，深刻阐明了统一战线的着力重点，需要在全面学习基础上着重把握，切实用以武装头脑、指导工作、推动实践。

第一次提出统一战线是夺取中国特色社会主义新胜利的重要法宝。我们党力量弱小时需要统一战线，现在发展成为 8000 多万党员的大党，统一战线还是不是法宝？没有掌握政权时需要统一战线，现在已经有丰富的执政资源，统一战线还是不是法宝？过去搞革命需要统一战线，现在搞改革和建设，统一战线还是不是法宝？十八大给出了鲜明的回答：统一战线是凝聚各方面力量，促进政党关系、民族关系、宗教关系、阶层关系、海内外同胞关系和谐，夺取中国特色社会主义新胜利的重要法宝。这一重要论述与中央在不同历史时期关于统一战线法宝作用的重要思想一脉相承，并赋予了新的时代内涵。新形势下统一战线的法宝作用，根本功能是凝聚各方面力量的基本方式；主要内容是服务“五位一体”、推动科学发展，协调“五大关系”、促进社会和谐；最终目的是为中国特色社会主义事业增添助力、减少阻力、形成合力。这就要求统一战线进一步增强责任感使命感，更加注重献智与出力相结合、直接服务与间接服务相统一，引导广大成员积极投身全面建成小康社会实践，为经济社会发展贡献更大力量。

第一次提出正确处理一致性和多样性关系。一致性和多样性并存是人类社会发展的普遍现象，也是当前我国社会的鲜明特征。十八大明确提出，要高举爱国主义、社会主义旗帜，巩固统一战线的思想政治基础，正确处理一致性和多样性的关系。这既是赋予统一战线的重大责任，也是对统一战线本质规律的科学把握。统一战线正确处理一致性和多样性关系，既要求同、但不能搞成清一色，又要存异、但不能没有主导，必须秉持统战理念，掌握统战政策，讲究统战艺术。要始终增进一致性，高举爱国主义、社会主义旗帜，不断巩固共同思想政治基础；要坚持包容多样性，充分发扬社会主义民主，善于平等讨论，善于听取不同意见，善于合理引导，善于激发活力，实现最广泛的团结联合。

第一次提出促进思想上同心同德、目标上同心同向、行动上同心同行。如果心不往一块想，人再多也只是一盘散沙；如果力不往一块聚，人再多也形不成合力。十八大明确提出，坚持长期共存、互相监督、肝胆相照、荣辱与共的方针，加强同民主党派和无党派人士团结合作，促进思想上同心同德、目标上同心同向、行动上同心同行。这是基于多党合作历史规律得出的科学结论，也是对推进多党合作事业提出的明确要求。执政党与参政党同心，体现的是和谐的政党关系，反映的是优越的政治制度，彰显的是良好的政治生态，必将带动更多的党外人士与我们党团结一心、携手前进。促进思想上同心同德、目标上同心同向、行动上同心同行，就要始终把坚持和发展中国特色社会主义作为聚焦点、着力点、落脚点，引导民主党派成员和无党派人士始终坚持中国共产党的领导，不断增强中国特色社会主义道路自信、理论自信、制度自信，为推进社会主义现代化建设、实现祖国完全统一和民族伟大复兴而同心奋斗。

第一次提出健全社会主义协商民主制度。协商民主是我国人民民主的重要形式，是社会主义民主政治独特优势的重要体现，是党和政府科学民主决策的重要途径。社会主义协商民主孕育、形成和发展的过程始终与统一战线息息相关。从革命时期为反对独裁统治开创民主协商的形式，到建设时期确立政治协商的制度，再到改革开放时期坚持协商于决策之前和决策之中的原则，生动记录了我们党与党外人士协商建国、协商兴国的历程。健全社会主义协商民主制度，必须始终坚持社会主义民主政治方向，在扩大有序参与上想办法，在健全民主程序上下功夫，在提高协商质量上见成效。统一战线要立足政治协商这个主要形式，立足党外人士这个丰富资源，立足人民政协这个重要平台，为完善社会主义协商民主贡献聪明才智、提供实践经验，不断促进协商民主广泛、多层、制度化发展。

第一次提出加强党外代表人士队伍建设。为政之要，惟在得人。我们党最大的政治优势在于密切联系群众，卓越的政治智慧在于团结凝聚党外人士。十八大明确提出要加强党外代表人士队伍建设，选拔和推荐更多优秀党外人士担任各级国家机关领导职务。这不仅是首次在党的代表大会报告中鲜明提出党外代表人士队伍建设，而且突出强调了选拔推荐党外干部的层次和范围，充分体现了巩固党与党外人士联盟的鲜明立场和时代要求。

总之，我们要按照十八大精神，特别是关于统一战线的新思想新要求，在统一思想认识上下功夫，在提升工作水平上下功夫，把广大成员的智慧和力量凝聚到党的十八大作出的各项决策部署上来，转化为推进统一战线事业发展的强大动力。

《坚持中国特色社会主义 不断推进多党合作制度化规范化程序化》（万鄂湘，《中国统一战线》2013 年第 8 期）

中国特色社会主义是中国共产党和中国人民 90 多年奋斗、创造、积累的根本成就，是改革开放 30 多年实践的科学总结，是凝聚中国力量的伟大旗帜。在国际政治经济形势的风云变幻中，在国内一系列重大自然灾害的严峻考验中，中国特色社会主义都彰显了巨大优越性、强大生命力和深远影响力。在当代中国，只有中国特色社会主义而没有别的什么主义、别的什么模式能够发展中国、造福人民、振兴中华。

中共十八大报告从坚持和发展中国特色社会主义这一战略高度出发，对于“健全社会主义协商民主制度”、“巩固和发展最广泛的爱国统一战线”提出了一系列政策措施。民革如何从这一特定角度，为贯彻落实中共十八大精神献计出力，是我们要深入思考的大课题。

进一步贯彻依法治国方略，不断巩固和完善中国共产党领导的多党合作和政治协商制度。

“中国共产党领导的多党合作和政治协商制度将长期存在和发展”已写入宪法，标志着中国特色政党制度被纳入根本大法的框架体系。贯彻依法治国方略，就要按照宪法的精神，不断推进中国共产党领导的多党合作和政治协商的制度化、规范化、程序化，更好地发挥这一中国特色政党制度的优势。

进一步发扬中国特色社会主义民主，加强民主协商、民主监督工作。要从制度化、规范化、程序化上下工夫，对民主协商的时间、范围、程序等做出明确规定，减少随意性。做好民主监督工作，要按照习总书记的讲话要求，敢于讲真话，敢于讲逆耳之言，真实反映群众心声，做到知无不言、言无不尽，做中国共产党的诤友和挚友。

进一步加强民主党派参政议政工作，加大党外干部配备力度。

民主党派成员和无党派人士进入人大、政府、政协和司法机关担任领导职务，参与社会法制领域、国计民生领域的政府管理工作，是多党合作的重要内容和民主党派的参政基本点，也是民主党派了解国家管理事务、做好参政议政工作的重要条件。加强党外干部配备力度，有利于提高参政议政的能力和水平。

《坚持和发展中国特色社会主义推动多党合作事业蓬勃发展》（严隽琪，《中央社会主义学院学报》2013 年第 2 期）

2012 年 11 月，中共十八大胜利召开。大会高举旗帜、继往开来、团结奋进、求真务实，全面勾画了我国未来一个时期改革发展的宏伟蓝图，选举产生了新一届中共中央领导集体，为坚持和发展中国特色社会主义提供了坚强的政治和组织保证。2013 年年初，习近平同志在党外人士迎春座谈会上强调，中国共产党同各民主党派和无党派人士团结合作，是建立在共同思想政治基础之上的。今天，我们的共同思想政治基础就是中国特色社会主义。中国特色社会主义事业越是向前推进，越需要凝聚最广泛的力量。各民主党派成员要充分认识肩负的重要责任和使命，坚定政治信念，坚持前进方向，多建睿智之言，多献务实之策，共同开创中国特色社会主义事业新局面。

一个国家选择什么样的政治发展道路，是由这个国家的国情决定的，与其所处的时代和国际格局、特定的社会历史条件、政治经济状况和民族文化传统密不可分。在近代以来中国社会发展进步的壮阔进程中，是“历史和人民选择了中国共产党，选择了马克思主义，选择了社会主义道路，选择了改革开放”。这是走中国特色社会主义政治发展道路的历史必然性。中国特色社会主义政治发展道路的核心内涵是党的领导、人民当家做主、依法治国的有机统一。基本制度保障是人民代表大会制度、中国共产党领导的多党合作和政治协商制度、民族区域自治制度以及基层群众自治制度。其中，中国共产党领导的多党合作和政治协商制度在中国的民主政治建设中发挥着十分重要的和独特的作用。近十年来多党合作和政治协商制度的理论和实践的不断创新，也为中共十八大报告在民主政治建设部分的创新提供了强有力的支撑。十八大报告在推进民主政治建设方面又有了发展和创新，报告第一次将“坚持走中国特色社会主义政治发展道路和推进政治体制改革”作为政治建设板块的主题和主线进行系统阐述和总体布局，充分显示了执政党的高度政治自信和政治自觉。其中，明确提出“社会主义协商民主是我国人民民主的重要形式”，并将其作为政治体制改革重要内容进行了阐述，提出要“坚持协商于决策之前和决策之中，增强民主协商实效性”。报告还提出“加强同民主党派的政治协商”。这对于进一步加强和完善多党合作和政治协商制度将起到重要引领作用。

当前，各民主党派都已经召开全国代表大会，明确了今后一个时期的主要任务，选举产生了新一届领导班子和领导机构。我们要认真学习领会中共十八大精神和习近平同志重要讲话精神，把坚持中国特色社会主义政治发展道路作为根本方向，不断提高参政议政、民主监督的能力和水平。民主党派广大成员学习贯彻中共十八大精神，最根本的就是始终坚持中国特色社会主义不动摇、不放松、不偏离。自觉接受中国共产党的领导，坚持中国特色社会主义政治发展道路，是民主党派几十年来在与中国共产党和衷共济、通力合作，共同实现国家富强、祖国统一、民族振兴的历程中，取得的最基本、最广泛、最深刻的共识和自觉选择。各民主党派在同中国共产党长期合作实践中，形成了许多优良传统，是民主党派弥足珍贵的政治财富。新世纪新阶段，民主党派干部和成员要从老一辈的言传身教中不断增强对优良传统的理解和把握，从工作和实践中不断赋予优良传统新的时代内涵，进一步增强坚持和发展中国特色社会主义的自觉性和坚定性，筑牢思想基础、深化政治交接，推动多党合作事业蓬勃发展。

《坚持中国道路致力多党合作　为中国特色社会主义事业作出新贡献》（万钢，《中国统一战线》2013 年第 8 期）

坚定对中国特色社会主义道路的道路自信、理论自信和制度自信，需要我们时刻保持对使命的崇敬、对形势的警觉、对权力的敬畏、对人民的忠诚。

一、把推动多党合作事业蓬勃发展作为我们坚持和发展中国特色社会主义的重要使命。致公党“三大”以后，特别是在中共“五一口号”的感召下，走上了一条自觉接受中国共产党领导的道路，投身民族解放，参与到多党合作政治格局当中。当前，我们更要以扎实的工作，努力体现出我国多党合作制度的理论优势、实践优势和制度优势。致公党中央要求全体党员以十八大精神为指导，在工作中不断彰显“致力为公、侨海报国”的精神风貌。

二、把推进我国全面实施创新驱动发展战略作为参与社会主义建设的重要切入点。中共十八大提出实施创新驱动发展战略，着力提升经济发展的质量和效益，要更多依靠科技进步、劳动者素质提高、管理创新驱动。特别是今年以来，我国面临复杂多变的国际形势，转方式、调结构的任务十分繁重。调结构、稳增长最重要的是依靠科技创新能力、劳动力素质的提高和包括经济、社会、生态环境等综合效益的提升。我们民主党派可以立足自身优势，在推动我国实施创新驱动发展战略方面多作贡献。

三、把发挥广大海外侨胞的独特作用作为汇聚社会主义建设力量的重要载体。随着祖国的强大，更多的海外侨胞愿意聚集在实现中华民族伟大复兴的旗帜下面，参与中国的社会主义事业。建议统一战线进一步在凝聚“侨”“海”之心、汇聚“侨”“海”之智、涵养“侨”“海”之力、维护“侨”“海”权益等方面多做工作。致公党将认真落实习近平总书记在走访致公党中央机关时的重要讲话精神，立足长远、面向未来，深入研究致公党以侨为桥、凝聚海外智慧与力量的工作布局和方式方法，切实把“侨海报国”与“中国梦”的建设结合起来，为我国最广泛的统一战线事业贡献力量。

《协商民主与国家治理》（叶小文、张峰，《光明日报》2013 年 12 月 28 日第 1 版）

党的十八届三中全会通过的《中共中央关于全面深化改革若干重大问题的决定》提出“完善和发展中国特色社会主义制度，推进国家治理体系和治理能力现代化”。这是中国共产党遵循历史唯物主义原理，不断适应经济基础发展完善上层建筑的重要举措。推进国家治理体系和治理能力现代化有多方面的内容，其中一个重要途径，就是全面深入地推进协商民主。协商民主以完善和发展中国特色社会主义制度为保障，以保证人民当家做主为根本，以扩大公民有序政治参与为重点，是实实在在的具有巨大优势的民主，是我们实现国家治理体系和治理能力现代化的重要步骤。

一、协商民主是我国社会主义民主政治的特有形式和独特优势

作为制度形式的协商民主，不是从国外搬来的，也不是封建社会留下来的，而是中国共产党在长期革命、建设、改革过程中创造的。中国共产党从成立之初，就继承和发扬中华民族和而不同、兼容并蓄的优秀文化传统，注重运用协商方式建立联合战线、进行党际合作，开始了协商民主的探索。其中，抗日根据地的“三三制”政权建设是成功范例。周恩来同志曾指出，“三三制”的特点之一，“就是要各方协商，一致协议，取得共同纲领，以作为施政的方针。”1949 年 9 月举行的中国人民政治协商会议第一届全体会议，代行全国人民代表大会的职权，运用政治协商形式建立起中华人民共和国，标志着社会主义协商民主正式形成。改革开放以来，协商民主得到广泛运用，并逐步完善，成为我国社会主义民主政治特有的制度形式。

协商民主的独特优势是什么？习近平总书记在关于《决定》的说明中作了简要概括：“推进协商民主，有利于完善人民有序政治参与、密切党同人民群众的血肉联系、促进决策科学化民主化。”民主的实质，是人民当家做主。协商民主体现了社会主义民主的这一核心价值理念。共产党执政就是领导和支持人民当家做主，最广泛地动员和组织人民依法管理国家事务和社会事务、管理经济和文化事业，实现人民最广泛、最有效的政治参与。事实上，并非只有像西方国家那样实行“一人一票选总统”才是真正的民主。为了赢得更多的选票，政客们抛出的施政纲领，往往是花言巧语、政治作秀。普通民众的民主权利大多仅限于几年一次投票选举，至于对政府决策的影响，根本谈不上。有美国学者披露：大量调查结果显示，约 70% 的美国人对政策制定没有任何影响。因为他们在收入水平、财富等方面处于劣势，相当于被剥夺了参政的权利。美国人对政策制定的影响力与他们的财富水平间呈正相关性。真正能够影响决策的，大概仅有 1/10 的美国人。正是为了弥补西方代议制选举民主易于引发社会冲突、难以形成共识、难以参与公共决策之类的弊端，西方国家也开始了对协商民主理论的讨论，这从一个侧面显示出协商民主作为一种现代民主形式而出现的趋势。协商民主通过协商、交流和对话，建立和巩固团结合作所需要

的社会信任基础；强调求同存异，包容差异性，力求平等公正地对待不同利益群体的合法利益与合理要求，寻求社会最大公约数，谋求互利共存，内在地蕴含着政治行为文明。

党和政府的决策事关群众的切身利益，事关人民的福祉，必须遵循社会发展规律，必须体现人民意志。人民当家做主，在很大程度上体现为人民参与制定国家的大政方针政策，在国家的各项决策中起决定性作用。协商民主在国家权力中枢和社会公众之间建立起一道桥梁，既能够优化国家权力结构，增强政治体系的开放性，又能够广泛听取各方面意见，博采众长、广纳贤言，促成的决策能够达到多赢的结果，更好地代表和维护人民群众的根本利益。

二、推进协商民主广泛多层制度化发展

党的领导是发展社会主义民主政治的根本保证，也是协商民主形式健康有序运用的重要前提。协商民主具有强大的生命力和广阔的前景，需要大力提倡、在全社会广泛推广。要构建程序合理、环节完整的协商民主体系。在这个体系中，国家政权机关、政协组织、党派团体、基层组织、社会组织都是重要的协商渠道，都应该发挥应有的作用。选举民主和协商民主相结合，是具有中国特色的双重民主架构，是社会主义民主的一大特点，是我国政治体制的独创性优势之所在。国家政权机关通过表决进行重大决策之前，广泛开展协商，充分吸收对国家、对人民有利的意见和建议，进一步优化决策方案，有利于在尊重多数人意愿的同时，照顾少数人的合理意见和要求，在保证人民根本利益得到切实维护的前提下使社会各方利益最大化。社会组织作为协商渠道，有利于改进社会治理方式，激发包括社会团体、行业组织、中介机构、志愿者团体等在内的各种社会组织活力，建立社会参与机制,协调社会关系,解决社会问题。要丰富协商民主形式,《决定》要求："深入开展立法协商、行政协商、民主协商、参政协商、社会协商。"这五种类型的协商划分，蕴含着分类实施的要求。人大、政府、政协、党派团体、基层组织和社会组织，分别承担或主导与自身职责相关的协商，有分工，也有相互配合。

我国的协商民主是各个层次上人民广泛的政治参与，需要从不同层面上展开。我国的协商民主具有多层次性，上至国家层面的协商，中至各省市区县、各区域的协商，下到基层的协商，凡属于经济社会发展重大问题，人民最关心最直接最现实的利益问题，都可以进行协商，从而形成上下互动，左右相联，呈现多样化、立体化的格局。这也是当代中国的协商民主优势之所在。协商民主多层发展，基层民主协商是重点。相比于高层或上层的代表或精英人士的协商，基层民主协商是老百姓能直接感受到的协商，是事关群众切身利益的协商，是在全社会培育民主协商之风的基础和温床。协商民主的发展，制度建设是关键。最重要的是构建程序合理、环节完整的协商民主体系，也就是加强程序性制度建设。中国共产党领导的多党合作和政治协商制度是我国的一项基本政治制度，也是一项实体性制度，还需要一系列程序性制度来保障、来实施。

三、充分发挥政治协商对协商民主的牵引作用

协商民主是中国共产党的伟大创造，其制度成果集中表现为中国共产党领导的政治协商制度。政治协商是我国协商民主的发源地和充分应用的领域，是我们党的传统优势，是社会主义协商民主的基本阵地。只有进一步搞好政治协商，才能带动和促进协商民主在其他方面广泛运用。在这种意义上，中国共产党领导的政治协商对我国整个协商民主

发展具有牵引作用。

完善中国共产党同各民主党派的政治协商。政治协商是我国多党合作事业的重要组成部分。为促进我国政党关系的和谐，支持民主党派履行参政议政、民主监督职能，中国共产党实行与民主党派和无党派人士直接进行政治协商，为发展社会主义协商民主作出了表率。十八届三中全会《决定》起草过程充分征求了民主党派中央、全国工商联和无党派代表人士的意见，既是党的集体智慧的结晶，也是政治协商的杰出成果。为完善这种政治协商，需要增强协商的计划性和形式的丰富性。特别是要总结新经验，拓展新渠道。《决定》提出“完善民主党派中央直接向中共中央提出建议制度”，既是政治协商的开拓创新之举，也是对民主党派提出的新要求，为民主党派在协商民主建设中发挥更大更好作用提供了新的制度平台。

发挥人民政协作为协商民主重要渠道作用。在新的历史条件下，发挥人民政协发展协商民主的作用，要在以下四个方面作出努力：一是重点推进制度化、规范化、程序化，完善人民政协制度体系，规范协商内容、协商程序。二是增强协商的计划性，各级党委和政府、政协制定并组织实施协商年度工作计划，就一些重要决策听取政协意见。三是拓展协商民主形式,更加活跃有序地组织多种协商。四是着眼于发挥政协委员的主体作用，健全委员联络机构，完善委员联络制度。概括起来说，就是要切实增强协商实效，规范协商内容，提高协商能力，强化协商成果运用，更好地展现社会主义协商民主的优势和价值，努力构建多层次、全方位协商格局，让人民政协真正发挥出对社会主义协商民主的示范、带动、推动作用。

协商民主作为我国社会主义民主政治的特有形式，是我们的传家宝，更是我们的新武器。今天，我们党要成为具有现代化的国家治理体系和治理能力的执政党，必须进一步推进协商民主广泛、多层、制度化发展。

《如何认识社会主义协商民主》（李金河，《人民日报》2013 年 1 月 22 日第 7 版）

我国具有协商议政的传统。新中国与协商民主密切相关。1949 年，中国共产党领导召开新政协，与各民主党派、无党派人士和社会各界人士共同协商建设新中国的大计，协商民主制度由此逐渐确立起来。执政后，中国共产党继续坚持协商民主理念。毛泽东同志强调：“国家各方面的关系都要协商”。1954 年，人民代表大会制度被确立为根本政治制度，人民代表大会成为人民当家做主的根本途径和最高形式。相应地，中国共产党领导的多党合作和政治协商制度成为一项基本政治制度，人民政协作为协商民主的重要平台继续存在和发展。从历史发展看，无论人民代表大会所实践的选举民主、人民主权原则，还是多党合作、人民政协所专注的协商民主、议政和监督，都是发展人民民主所不可或缺的。社会主义协商民主是中国共产党领导中国人民创造的人民民主的重要形式，是中国共产党治国方略的重要内容。

在新的历史条件下，协商民主被赋予更为广泛的内涵，它把有序参与、平等议事、民主监督、凝聚共识、科学决策、协调各方、和谐发展融为一体，具有更大的包容性和有效性。协商民主可以充分利用既有政治资源，拓宽民主参与渠道，吸纳各方意见和建议，集中各方智慧和力量，使党和政府的决策更加科学合理，使社会形成强大合力。

当前，我国经济体制深刻变革、社会结构深刻变动、利益格局深刻调整、思想观念深刻变化，各种矛盾和问题明显增多，不同阶层、不同群体的利益诉求日益多元化。在这样的新形势下发展人民民主、优化公共治理、促进社会和谐，既需要选举民主，也需要协商民主。协商民主作为利益多元化社会的一种有效治理方式，通过一系列科学的制度安排和程序设计，特别是建立常态化、多层次、可操作的协商对话机制，使不同阶层、不同群体都能利用宪法赋予的权利，自由、平等地参与国家管理和公共生活，就经济社会发展重大问题和涉及群众切身利益的实际问题广泛协商、增进共识，促成科学决策与理性施政。这对于发展人民民主、保持社会和谐稳定、促进经济社会又好又快发展，无疑是极其重要的。

发展社会主义协商民主，扩大广大群众有序有效参与是重点。有序，关键是通过国家政权机关、政协组织、党派团体等渠道开展民主协商；有效，关键是坚持协商于决策之前和决策之中，使决策真正反映民主协商的结果。为此，协商民主应致力于最大限度地满足不同阶层、不同群体复杂多样的参与要求，既继续同各民主党派、无党派人士等深化民主协商，又兼顾各种新兴的社会阶层、利益主体，从而更好地保障人民当家做主；平等对待多元社会主体、不同利益群体，广纳群言、广集民智，并寓监督于其中，确保民主协商之后的决策有利于优化利益格局、减少社会矛盾；重视相关制度建设，以制度化的多层次、全方位协商提升党和政府领导的科学化水平，通过民主协商更好地协调关系、汇聚力量，在维护最广大人民根本利益的基础上巩固党的执政地位。

《中国特色协商民主的几个问题》（俞可平，《学习时报》2013年12月23日A3版）

我国政治学界关于协商民主的研究和讨论，是最近这些年的事情，它源于对西方“协商民主”（DeliberativeDemocracy）的介绍。关于这个术语的翻译，也曾经争论不休，至今仍有几种不同的译法，如“商议民主”“审议民主”“商谈民主”等。但认可度最高的是“协商民主”，并且这个概念很快就成为中国政治学界的热门话题之一。这些年来，研究中西方协商民主的著作已经出版不少。特别值得一提的是，中共十八大和十八届三中全会都充分肯定了协商民主是社会主义民主的重要形式，并且要求完善协商民主制度和工作形式，推进协商民主广泛多层制度化的发展。协商民主已成为我们中国特色民主政治的重要内容，但是，在我看来，我们对协商民主的探索才刚刚开始。在理论上，我们还缺乏系统的理论建构；在实践上，我们还缺乏完善的制度机制。

协商民主与中国国情

首先是协商民主本身的重要性。按照民主本来的意义，对话、磋商、讨论、听证、交流、沟通、审议、辩论、争论等协商民主的各种形式，其实都是公民参与政治生活的重要渠道以及决策科学化民主化不可或缺的环节。协商民主是实现民主的重要方式，这一点无论在西方还是中国都有其悠久的传统，并因此受到思想家与政治家们的高度重视。其次是选举民主的不足。选举民主或代议民主一直是近代民主的基本形式或最重要因素，但选举民主或代议民主从其诞生的第一天起就存在着内在的不足。对此，马克思和许多西方思想家、政治家都有过坦率而无情的揭示和批评，以至丘吉尔也只说，民主是最不坏的制度。例如，仅选票不足以完全真实地代表民意，选票容易被金钱或利益所捆绑，不同利益集团的恶性竞争容易撕裂社会，代议民主降低行政效率，西方国家政治冷漠日益严重，一些发展中国家推行代议民主带来灾难，等等。再次是我们的政治传统。现实政治的发展，不能离开一个国家的政治文化传统，民主政治建设也不例外。例如，在官员的选拔方面，我国传统政治有察举、科举、荐举，但没有选举。选举在中国只有一百多年的历史，所以在我国推行选举的困难特别大，百年来遇到了许多的波折。而协商却不然，在政府的政策制定方面，像商议、讨论、对话、咨询这些传统由来已久。最后是现实政治的需要。不断走向民主，是人类政治发展的普遍规律；更高地举起人民民主的旗帜，更加积极地推进民主政治建设，是我国政治发展的紧迫任务。政治协商制度，是我国的一种基本政治制度，也是一种极具中国特色的民主协商制度。我国现有的政治制度，为协商民主的发展提供了丰富的制度资源。如何最大限度地发挥这些制度资源在推进协商民主中的作用，自然应当受到理论界的高度重视。

协商民主与选举民主这个问题在中国政治学界依然存在争论，甚至存在很多误解。在政治学界有两个极端。一些学者完全否定选举民主，认为中国式的民主就应该是协商民主；另一些学者则相反，认为协商民主是假民主，真正的民主就是选举民主，离开选举民主就没有民主可言。我始终认为，选举民主和协商民主是民主政治的两个基本环节，它们是一种互补的关系，而不是一种相互排斥的关系。民主既是一种政治制度，也是一种政治过程，真正的民主应当体现在政治制度的各个方面和政治过程的各个环节。我们可以把民主制度简约成四个字，即“授权”与“限权”。授权体现为选举民主，限权则体现为决策民主。协商民主其实就是决策民主，它主要不是解决权力的产生问题，与选举民主不处于同一个层面上。进一步说，不管我们对民主如何进行分类，有两个环节最重要，它们都不可缺失。第一个环节是民主选举。即还没有一种比选举更好的形式把最能够代表人民利益并且真正对人民负责的官员推荐出来。第二个环节就是决策，这里包括了协商民主。当一个官员被授权后，一定要有一套制度来制约他，让他在决策的过程当中，能够更多地听取民众的意见。所以从这个角度讲，我们可以看到，选举民主和协商民主属于政治过程的不同环节，不能够相互取代。

协商民主与咨询民主

这是一个新的问题，因为在对中国协商民主的研究过程中，有一些专家学者，特别是西方的一些专家学者，否定中国的协商民主是真正的民主，他们认为这不是西方的协商民主，而是一种咨询民主。我认为，这种看法有失公允，虽然不能否认我们协商民主的许多实践确实带有咨询民主的性质，但并非是咨询民主。那么，什么是咨询民主，它和协商民主有什么区别呢?

在我看来，咨询民主就是决策者主动地听取别人对政策的意义和建议，它与协商民主有三个区别。第一，主体不同。第二，主体之间的关系不同。第三个区别，即议程设置权限不同。协商民主的议程实际上是法律和制度来确定的，个人不能够决定；咨询民主的议程实际上只是由决策者决定的，带有很大的随意性。

协商民主与中国特色

中国的协商民主和西方的协商民主一定有很多的共同点，例如都重视对话、讨论、磋商等。但二者也一定会有很大的差异，就是中国特色。

第一，在中国，协商民主是由共产党领导的，因为中国共产党的领导是整个政治框架的前提性条件。在西方国家，协商民主是在多党竞争的政治框架中发生作用的。第二，就中国政治的目前这个发展阶段来说，协商民主显然比竞争性的选举民主更受到执政党的重视，也更容易在社会中得以推广。第三，中国协商民主的重点有两个：其一是党与非党之间，即执政的中国共产党与其他民主党派和非党人士之间的协商对话；其二是在基层政治中政府与民众的协商。

协商民主与人民政协

我国的协商民主，最大的特色体现在政治协商制度上，特别是人民政协制度。从中国现实的政治格局来看，人民代表大会其实是在国家层面上，实现选举民主的主要场所；而各级人民政协是在国家层面上，实现协商民主的主要场所。政协确实应当更加自觉地承担起推动中国协商民主的责任。

首先要扩大人民政协政治协商的范围。其次要进一步扩大或增加人民政协的职能。在现有的政治协商、参政议政、民主监督等职能之外，还应当增加社会协商的职能，承担社会各界利益表达的责任。最关键的就是要在国家法律制度的层面给予政协更大的授权。事实上，我们现有的法律没有对政协进行授权。人民政协从上到下有一个庞大的体系，有丰富的政治资源，但如果没有在法律和制度上给政协系统必要的授权，那么这种资源就可能造成极大的浪费。所以应当从国家的制度层面对政协给予法律的授权。这种授权既符合依法治国的基本方略，同时也能更好地发挥政协在推进协商民主中的重要作用。

《中国政党制度的历史性贡献》（上海市中国特色社会主义理论体系研究中心，林尚立执笔，《求是》2013 年第 13 期）

一

现代化是人类文明发展的必然产物，从西方起源，但席卷整个人类社会。现代化的根源在于人类的进步与发展，本质上体现为人的自我独立与解放。

在这人类文明发展的革命性转型中，存在一种普遍的错觉：将西方的现代化形态视为人类现代化发展本身的形态，形成了现代化就是西方化的意识。这种错觉意识使西方的模式，尤其是西方的政治模式，变成后发现代化国家不得不遵从的政治正统，以至于任何偏离西方政治正统的政治实践与政治形式，都被西方社会视为缺乏合法性的离经叛道，视为对现代民主的不尊。西方社会所创造的这个世界性的政治气场，在不知不觉中将整个人类社会多元的存在变成程式化的一元存在，导致许多发展中国家的政治建设与政治发展被格式化了，政治体系与政治制度被模式化了。战后各国的发展实践表明，这种格式化与模式化的民主移植，虽然创造了所谓的“第三波民主化”浪潮，但并没有迎来发展中国家普遍的发展。因为，在许多发展中国家，格式化、模式化以至于神圣化的西方民主模式被强行嵌入到具体的现代化进程中，导致发展战略和制度建构出现严重的水土不服，不但没有促进现代化发展，反而使国家与社会陷入失序与困顿、危机与不发展。结果，这些国家虽然被卷进了现代化大潮，但却搁浅在滩涂上，只能望洋兴叹。这也是为什么 20 世纪末以来西方学者开始反思民主发展绩效与民主如何巩固问题的最现实原因。

民主是现代化的必然要求。现代化所带来的人的自我独立与解放，必然要求相应的政治形态与之相适应。这种政治形态就是民主政治。民主政治的本质就是：人民是国家的主体，人民治理国家，即人民当家做主。国家政治生活要体现这种本质要求，就必须有相应的制度安排,这就形成了现代民主制度体系。被西方视为不可挑战的一些民主原则，如三权分立、多党制，就是西方社会在建构这种现代民主制度中提出的。然而，西方的这些民主原则，仅仅是现代民主在西方社会实践的产物，并非现代民主本身。其实，现代民主在任何社会的实践与发展，都离不开特定社会的现实规定性，因而最终建构的制度体系总是各具特色，即使在自认为价值与意识形态完全一致的西方国家，它们之间也根本不存在完全相似的制度体系。

现代化和民主化的最大历史进步意义，就是将世界各国的发展融合为人类的整体进步与发展，并以人类的整体进步与发展来推动世界各国的自主发展。因而，任何试图将现代化、民主化单一模式化的企图，实际上都是对人类社会发展的反动，毫无历史进步意义。现代化和民主化给古老中国带来了全新的发展景象，而中国共产党在世界上人口最多的中国社会创造的中国特色社会主义现代化和民主化，则有力地推动了现代化和民主化在 21 世纪的进步与发展。在中国创造的现代化与民主化的历史进步中，中国政党制度发挥了独特作用，成为推动民主化发展的独特制度形态。

二

辛亥革命开启了中国民主共和之路，民主共和的实践孕育了中国现代政党。民主共和在中国的实践，从一开始就必须同时解决两个最基本的问题：其一是国家大转型，即从传统帝国转型为现代民主国家；其二是国家大整合，即用现代民主制度整合超大规模的国家与社会。中国用现代民主共和同时解决这两大任务，可以说是人类历史上独一无二的创举。从今天中国特色社会主义实践所取得的成就来看，中国这一创举取得了成功：它不仅建立了新社会、新国家，而且使这个社会和国家实现了快速现代化发展，重新成为世界的政治、经济大国，并确立了完全意义上的现代民主制度体系。中国成功的背后，很大程度上是中国现代政治建设的成功，而其中关键之处就是中国政党制度。

政党是现代民主政治的重要因素，对发展中国家来说尤其如此。许多发展中国家就是通过建立政党这个新的政治力量来撬动旧国家、旧政权的根基，启动国家转型，中国也是如此。辛亥革命前，中国民主共和的种子就是通过各类党派组织来传播的；辛亥革命后，在民主共和大旗下，各类党派摇身一变成为搞选举、开国会的西式现代政党。据统计，活跃于辛亥革命后第一次国会选举中的此类政党多达 300 余个。然而，这种政党政治的繁荣并没有带来真正的民主共和，相反，因为无力支撑国家转型与整合，最后只能烟消云散于袁世凯的帝制闹剧与此后的军阀割据之中。中国共产党依靠“党的领导、武装斗争、统一战线”这三大法宝，凝聚了千千万万人民大众，团结了一切进步的革命力量，形成以党的领导为核心，以各革命阶级和革命力量联合为根本、以民主集中制为框架的新民主主义政治建设。中国共产党与各民主党派的政治关系由此得以确立和发展。正是在新民主主义政治的基础上，中国共产党赢得了新民主主义革命的最终胜利，创立了中华人民共和国。

中华人民共和国是党领导和团结人民建立的国家。作为讨论建国方案，形成《共同纲领》的第一届全国政治协商会议，既是中国共产党实践人民民主的重要政治形式，也是中国共产党长期坚持的统一战线与多党派合作的重要政治形式。这种政治形式在使中华人民共和国诞生于民主的同时，也使得新生的人民共和国拥有了既能推进国家建设、又能实践人民民主的政党制度形态，这就是中国共产党领导的多党合作与政治协商制度。

不论是从辛亥革命到中华人民共和国建立，还是从新中国建立到今天中国的全面崛起，中国共产党所探索和实践的政党制度在中国发展的各个历史时期，都很好地承担起了促进国家转型与国家整合有机统一，推进革命、建设和改革全面发展的重要使命。这是一般政党制度所无法做到的。中国政党制度之所以具有这样的功能，是因为它不仅是人民民主实践的产物，而且同时是中国共产党统一战线实践的产物。作为人民民主实践的产物，中国政党制度是中国人民实践当家做主的基本政治制度；而作为统一战线实践的产物，中国政党制度一方面是实现党的有效领导的重要制度保证，另一方面是党促进社会团结、强化国家整合的重要制度基础。正是借助这种独特的政党制度，中国的现代化和民主化发展一直平稳地在坚持党的领导、人民当家做主和依法治国三者统一基础之上有序展开，从而保障了大型国家在快速变迁与发展过程中的内在稳定与协调。

三

中国政党制度不是一蹴而就的，它在中国革命中孕育，与新中国一起诞生，并随着新中国的发展而逐渐完善。纵观中国革命、建设和改革开放的整个历史过程，中国政党制度从孕育、确立到全面发展，至少创造了四大历史贡献。第一，它使中国共产党在革命战争中赢得广泛的社会支持和良好的民主声誉，为中国共产党领导人民取得新民主主义革命胜利创造了最佳的政治基础。第二，它使中华人民共和国诞生于全体人民协商共议之中，使中华人民共和国宪法确立在拥有广泛共识的《共同纲领》基础之上，从而保障了中华人民共和国的国家与宪法拥有高度的合法性。第三，作为基本政治制度，它为人民民主在中国的实践和发展提供了充分的制度保障和有效的制度空间，从而为中国的现代化发展提供强大的民主支撑。第四，它在长期实践与探索中，将协商民主的精神全面注入中国的政治体系和政治生活，使中国民主逐步发展成协商民主的制度体系，从而开辟出中国特色的民主政治建设新路。这四大历史贡献表明，中国政党制度既是能随中国革命、建设和改革开放事业的发展而不断完善的制度，同时也是能够不断贡献于中国进步与发展的制度。

不论是中国政党制度的历史由来，还是中国政党制度的历史贡献，都充分表明中国政党制度与西方政党制度是完全不同的两种制度。前者是直接承载着历史悠久的大型国家民主发展和现代化建设的政治制度，是一种使命规定性的制度，具有较强的发展性；后者是服务西方代议民主运行的政治制度，是一种功能规定性的制度，具有较强的程式性。虽然中国政党制度尚未完全成熟，但其内在具有的发展性决定了它的建设与发展，是一个不断自我丰富、自我完善和自我超越的过程。因此，中国政党制度更具有推进现代化和民主化发展的历史创造力。既能产生政治监督与权力约束，又能维护和激发国家发展正能量的政党制度，完全契合中国对现代民主政治的内在需求，其所具有的政治优势，不是一般政党制度所能比拟的。

《政党政治理念的变革及其深层逻辑》（周淑真，《新视野》2013 年第 3 期）

中国共产党在我国有着特殊的地位和作用。党的十八大报告指出：“坚持走中国特色社会主义发展道路和推进政治体制改革。”“我们党肩负着团结带领人民全面建设小康社会、推进社会主义现代化、实现中华民族伟大复兴的重任。”“形势的发展、事业的开拓、人民的期待，都要求我们以改革创新精神全面推进党的建设新的伟大工程。”“建设廉洁政治”，“深化重点领域和关键环节改革，健全反腐败法律制度”，党必须增强四种能力即“自我净化、自我完善、自我革新、自我提高”的能力。可见，贯穿于这一政治宣言和行动纲领的关键词是改革或变革，其中也包括着我国执政党的建设和政党政治的变革。

近年来，中国和世界发生了很多事情，欧债危机特别是希腊、西班牙等国债务危机使国家濒临破产，是由于政党政治“过度的民主”所造成的。政治选举造成民主的“短视化”，“过度的民主”“会腐蚀政府权力”和“处理问题的能力”。而中国出现的社会矛盾激化等问题是由于民主政治发展滞后所造成的。当前，中国可以清楚地看到肃贪、治乱、共富，是民众所急切盼望的，特别是“反腐败”这面旗帜有巨大号召力。办好中国的事情关键在党。在中国共产党一党长期执政的历史条件下，建设什么样的党、怎样建设党、党如何治国理政，始终是一个重大理论和实践课题。政党政治理念的变革是推进政治体制改革的前提。直面我国频发的群体事件和社会各种矛盾交织激化的现实，我们必须承认时代在变，社会在变，我们的思维方式、价值观念也随时代和社会发展而改变，承担治国理政职责的执政党的组织形式、观念形态、政策主张、执政方式也必须随之改变。近年公布的重大腐败案件深刻说明，我们党在权力结构和权力运行的机制等方面出现了一些问题，因此，政党变革的深层逻辑在于改善权力结构。

一、政党政治的一般规律和在我国的特殊地位

政党在现代国家政治生活中承担了国家的政治发动机和调节器的功能，起着不可代替的作用，政府的组成，政治领导的选择与甄拔，社会各阶层各方面利益的表达与汇集，国家权力的运作，以及日常一般政治活动，都必须通过政党来进行。

当代中国的政党政治有着自己独特的形态。近代历史发展使我国在政党政治方面走上了与西方国家不同的发展道路，历史赋予了中国共产党的执政地位，中国共产党成为国家政治的中心力量，并对国家的内政外交、经济文化和社会发展负有全面责任。中国共产党是世界政党历史上最成功的革命党。革命党在完成建立新国家政权的任务后，必然面临着不断转型。虽然从新世纪以来党在思想理论上重视由革命党到执政党的转型，认识到自己所处的历史方位的变化，但革命党的思维模式和政党理念或多或少依然影响着我们，对解释社会现实缺乏说服力，精神建构方式脱离实际，社会矛盾的错综复杂与理论解释的无力苍白形成鲜明的对比。党在巨大成就面前遇到前所未有的挑战。

如何认识危机以及如何面对危机实现自我变革，已成为中国解决社会危机的关键。因此，以执政党新的变革，促进中国民主政治发展，是现在中国应对挑战的唯一出路。随时随地根据社会政治生态的变化调整自己，在意识形态上不墨守成规，而是富有远见卓识，根据时代的变化，对已有的理论和原则依据进行全面分析和重新诠释，对自己的

主张和政策实践进行调整和更新。政党和国家需要新的动力、思想和远见。今日中

国的当务之急是切实落实党的十八大的要求，认真研究政党变革的深层逻辑，从思想理念到制度形式，逐渐增加民主的成分和含量，实现从革命性政党向民主性政党的变革。

二、改革政党政治理念积极适应政治生态的变化

30多年的改革开放，使我们党所处的社会政治生态发生了巨大变化，具体表现为：首先，民智得到很大开发和提升，权利意识、维权意识、政治参与意识增强，大众政治的时代到来。其次，网络时代，新技术的运用改变了政治行为的形态，也部分改变了社会组织方式。新技术的运用进一步推动了大众政治的兴起，减弱了政府对民众的控制力。第三，执政党承担着沉重的社会责任，即意味着各级党政领导握有沉甸甸的权力，权力的效能和作用无处不在。由于“周期率”的作用，在权力光环下长期执政，权力运行难以受到党内党外的有效监督，官商勾结的大案要案不断，富有神圣性的信仰和社会实践被那些利用权力的贪腐者残酷无情地撕毁，对未来的欢欣鼓舞很容易被深深的失望所取代。第四，社会经济快速发展不能使广大社会中下层感到普遍受惠，以垄断与腐败为重要因素形成的贫富两极分化导致官民对立，社会矛盾激化，群体事件频发。这种紧张的关系使社会人心难以安定。第五，在党风中一些消极因素影响下，社会道德失范，社会风气败坏，价值扭曲，唯利是图。面对这些前所未有的问题和矛盾，政党文化落后于政治现实，思维和理念同已经变化了的社会政治生态将严重脱节。

三、认真汲取各国执政党兴衰成败的经验教训

从近代世界发展来看，政党的普遍勃兴、快速发展、强力主导并决定着一个国家的政治经济社会乃至国防外交，几乎是世界各国的共同景象。从各国历史来看，随着社会经济的发展，政党的组织结构、意识形态、选民基础或者阶级基础都处在发展变化之中，适应变化与时俱进则强，拒绝变革停滞僵化则亡，成为一条不可抗拒的规律。

变革政党政治理念，实现向民主政党的转型，借鉴世界政党政治的普遍规律，首要的是吸取在历史上曾经直接影响着我们党和国家的苏联共产党的失败和国民党失去大陆的教训。苏联解体教训值得深刻反思，苏共垮台的真正原因在于它的“三垄断”制度：即垄断真理的意识形态制度——以为自己说的都是对的；垄断权力的政治法律制度——以为自己的权力是至高无上的；垄断利益的封建特权制度——以为自己没有不可以做到的特权。苏共的这一政党模式本身原则性的制度结构缺陷影响着我们。中国国民党在大陆失败的原因在于它坚持一党训政制度，把“民有、民治、民享”变成了“党有、党治、党享”，最后被人民所抛弃的教训也是深刻的。

世界各国执政党兴衰成败之间存在着内在机理和普遍规律，中国共产党作为当代世界最大的政党在世界上人口最多的国家长期执政，必须重视和遵循这些规律。党的十八大报告在阐释社会主义核心价值体系的概念中，增加了“倡导自由、平等、公正、法治”的内容，提出“要更加注重健全民主制度，丰富民主形式，保证人民依法实行民主选举、民主决策、民主管理、民主监督”，强调民主对于坚持中国特色社会主义制度、推进政治体制改革的重要意义。执政党应根据时代的发展和社会政治生态的变化调整自己，在思想观念上应转向重视民主的价值，体现在制度安排和政策主张上，把与公平正义原则有一定的距离、又与芸芸众生的生活状态密切相关的制度体制如现行养老制度的双轨制等逐步改进。

四、改善权力结构：政党政治理念变革的深层逻辑

政党变革的深层逻辑是改善权力结构，从制度体制上防范和防止腐败案件的发生。是否能科学有效地防治腐败，关系到人心的向背和党的事业的成败。我们党进行变革的深层逻辑，就是使权力结构得到改善，使权力在阳光下运行，它包括：首先，改善权力结构。使党领导人民既能驾驭它，充分发挥它清廉清明为人民谋幸福最大的长处，又能遏制规避它相伴而生的贪污腐败等最大的坏处，这在考验着党的执政能力和领导水平。其次，加强权力监督。应该关注如何规范权力和制约权力。完善权力制约监督机制，把对权力的科学配置与对干部的有效监督结合起来，应视为廉洁政治制度建设的基本原则和出发点。置权力于人民民主的监督之下；确保权力运用上的明确区分，实行决策权、执行权、监督权既相互制约又相互协调，确保国家机关按照法定权限和程序行使权力；保证决策的科学化和民主化；切实落实决策问责机制；推进权力运行公开化、规范化，完善党务公开、政务公开、司法公开和各领域办事公开制度，健全质询、问责、经济责任审计、引咎辞职、罢免等制度；从整体上对权力进行全覆盖多方位的监督。“让人民监督权力，让权力在阳光下运行”。第三，建设廉洁政治。除严格执行现有预防和惩处腐败案件的各种制度法规外，也应采用各国通行的政府官员的财产申报制度等预防腐败的有效做法，使反腐败真正做到关口前移，源头治理。第四，纯洁党的组织。以党内民主的各项制度机制的实践和创新，创造出活力健全的肌体。

《我国政党制度的创造性价值与发展要求》（刘红凛，《中共中央党校学报》2013 年第 2 期）

在当今全球化时代，如何破解西方民主话语体系，在与世界其他政党制度的比较中深刻认识我国政党制度的创造性价值，给出令人信服的科学解释？从根本上看，政党制度的实践价值只有在现实的政治实践中才能体现，需通过一定的政治实践及其效果来检验。一种政党制度，只要丰富了民主政治的制度形式与实现方式，或者有效地规范了政党政治过程与政治行为、促进民主政治发展，或者丰富了现代民主理论、促进民主观念的更新与发展，或者上述优点兼而有之，就具有了创造性价值。因此，深刻认识我国政党制度的创造性价值，需立足我国政党制度的基本特点与基本内容，结合政党政治基本规律、基本过程、基本内容、基本实现形式，在与世界其他政党制度的比较中来把握，深刻分析这一制度的创造性价值的现实表现与实际效用。

一、“一党领导、多党合作”丰富了世界政党关系模式

政党关系是在一定的国家与社会背景下，各政党以政治实力为基础，在争夺、维护、执掌、参与或参加国家政权的政治实践中，相互作用、相互影响而形成的一种关系状态。政党本质决定了政党关系首先是一种政治关系。在我国，“一党领导、多党合作”是我国政党关系与政党制度的一个显著特点，充分体现了以中国共产党为政治核心、以协商合作为基本特征的政党关系，它既不同于西方国家普遍实行的、与资本主义私有制和市场竞争相适应的、以“选举竞争、交替执政”为主要特点的“两党制”或“多党制”(在西方政党体制下，各政党间的竞争与联合都是为了取得政权或保持政权)；也明显有别于苏联“一党集权制”、其他社会主义或民族主义国家的“一党制”。国家和民族差异决定政

党制度的多样性，对世界政党关系与政党制度的“二分法”或“三分法”，难以涵盖各国纷繁复杂的政党关系与政党制度。我国政党关系是一种新型政党关系，它丰富了世界政党制度类型与政党关系模式，促使人们在思想观念上打破“以数量为标准对政党制度进行划分”的西方传统做法，使人们对政党制度与政党关系的认识更加丰富。

二、“一党执政、多党参政”丰富了世界政党执政模式

中国共产党与各民主党派的关系，既不是执政党与在野党的关系，也不同于西方“多党制”国家联合执政的各政党之间的关系，而是具有中国意蕴的执政与参政、领导与合作关系。在政党政治世界，这无疑是一种新型的执政模式，既可避免“一党制”下一党长期执政所导致的集权状态，也可避免“两党制”与“多党制”下政党竞争所导致的执政势力与反对势力(或在野势力)的政治对立，有利于密切联系与协调社会各方，有利于社会整合、政治稳定与社会和谐，有利于调动各方积极性创造性，齐心协力进行国家与社会建设，有利于实现中华民族的团结与统一。

三、“政治协商、民主监督、参政议政”拓展了民主实现方式、丰富了现代民主理念

民主不是绝对的、抽象的，而是相对的、具体的、因地制宜的，一定的民主形式必然与一定的时代相联系，与一定国家的社会、政治、经济、文化发展水平相适应；民主既是一种过程，也是一种结果；既表现在选举中，更表现在具体政治过程与实践结果中。协商民主、参与民主也是民主的实现形式。在我国，以“政治协商、民主监督、参政议政”为基本内容的多党合作，无疑具备了合作民主、协商民主、参与民主等现代民主形式，与当代世界民主发展的潮流相契合。

四、从应然到实然：我国政党制度的检验标准与发展要求

衡量与检验一个国家的政治制度，主要不是以外在标准、以外人如何看待为主，关键的是从国情党情出发、从客观事实与发展要求出发。判断一个国家的政党制度的优劣成败，不但要看其制度理性、制度结构与历史功绩，更要看其制度功能的现实发挥；不但要看其所具有的理论优势，还必须分析其现实优势；不仅要看置身其内的各政党对政党制度的评价，更要看国内民众对该制度的评价。整体上看，我国政党制度具有一定的理论与实践优势，但应然与实然之间、理论与实践之间存在一定的差距。在实际政治生活中，一定程度上还存在着忽视民主党派作用、甚至把政党合作作为形式的危险，存在着民主党派对共产党的监督虚化、形式化现象。同时，依法治国、依法执政、发展社会主义民主政治、构建和谐社会等，也对我国政党制度建设提出了新的时代要求。我们应从马克思主义统战理论、政党理论、民主政治理论相统一的角度，从基本政治制度高度，从发展社会主义民主政治、构建社会主义和谐社会的高度，来认识、发展与完善我国政党制度，不断提高其制度化、民主化、科学化水平。

《刍议政党协商与中国式协商民主》（徐锋，《中央社会主义学院学报》2013 年第 3 期）

当代中国社会是一个整体上正处于现代转型关键时期的发展中社会，在社会生活的各个领域和各个层面中，发展总是与保守并存，成就总是与困顿共生，总是需要以不断深入、广泛的改革和创新去祛除种种瓶颈和制约，方能真正实现理想的协调发展和社会和谐。当前，就我们所面临的复杂形势而言，以务实的姿态推进民主政治建设，特别是努力发展

中国式协商民主，是从政治领域和制度层面消除隐患和减少短板，以优化社会结构。降低制度成本。提高社会效率的明智选择。

一、协商民主：中国式协商民主的理论与实践渊源

协商民主和选举民主（或票决民主）一样，都是公众赋予政党政府行使公权力的正当性并同时参与和监督其决策与执行过程的形式，又是政党政府在获得合法性的基础上提取社会资源、接受压力或支持、达成一致以分配价值和维持秩序的形式。如果说选举民主、票决民主的关键是从宪政和法理层面解决赋权问题和合法性问题，那么，协商民主就是从具体政策层面来解决善治问题和合理性问题。现代治理和善治追求高度合法性与合理性的统一，因此，选举民主应当也必须辅以协商民主。

协商民主理论与实践在西方的兴起，同西方选举民主孤军深入所遭遇的困境相关。现代博弈论特别是阿罗不可能定理证伪了选举民主的全能论，西方政治现实中日渐尖锐的精英治理导向与大众权利诉求的悖离也宣告了选举全能论的破产。相对于现代治理而言，选举是必要的，但并不充分，这是西方人民主实践的最新结论，也是他们首先提出协商民主理念并且迅速将其应用到诸多规范研究领域、不同经验和研究层面的基本原因。

市场经济不仅使当代中国的经济生活焕然一新，而且也使基本的政治格局发生了根本变化。公民主体的崛起，使先前由政党政府、上层精英主导运转的政治体制机制所形成的空间显得相对有限，无法令人满意地包纳迅速扩张的政治参与和权利要求。治理有效性下降、各种矛盾堆积以及日渐表面化的冲突与对抗，也促使政党政府深入思考并积极探索如何改革创新、如何在现有基础上更进一步地推进人民民主发展：一是在草根层面建构新的民主机制，在较好地满足公民直接参与要求的基础上引导其有序发展；二是改革和完善既有体制，在拓展其空间、维护其弹性的基础上，以更科学的和更理性的决策活动调整权力和利益格局，发展公共政治，以建构和实现政党政府与社会公众良性互动的现代治理。

二、民主的形态：当代中国政党政治及其过程

确切地说，当代中国的民主形态是一种独特的无产阶级专政的形态，与西方资本主义的自由民主形态大不相同。由于包括民主建设在内的社会主义建设在全世界范围内都是新生事物，基本上没有什么前例可循，因此，曲折甚至困顿也就在所难免。较之大部分前社会主义国家中合乎苏联模式标准的单一政党体制，当代中国具有独创性的中国共产党领导的多党合作和政治协商制度无疑也具备了更多的合理性、更强的生命力。我国的多党合作制度先天地具备难能可贵的兼容性和开放性，它们在实践中体现得越多、越充分，中国政治生活中各多元主体间的关系就越融洽，中国的民主政治就越进步。相应地，体现在具体的政治过程中，精英治理与大众参与之间的衔接也会越发通畅和高效。从某种意义上讲，协商民主及其对多元政治空间的坚守，在当代中国政治发展中兼有了开国和立国之功。这其中，多党合作制度更是功不可没。

三、精英政治：政党协商与理性决策、科学执政

精英政治并不会因为包括协商民主的存在和发展而消失，相反，它会因此变得更加理性、更加富有活力。协商民主将一部分政策权力特别是政策评估权力转移给公众，这就创造了一种新的政治输入、输出进路，为匡正精英治理的不足、分散相关的风险和责任开辟了新的领域。我国民主党派得以长期存在的合理性并不直接取决于执政党的态度，而在于

其所固有的作用和价值。从协商民主的视角来看，这些作用和价值也就是政党协商的作用和价值，不仅体现为在政治输入中附加支持，而且也表现为在政策过程中的某种建设性反对，敦促执政党理性决策，就其政策上的不足和错误提出更加深思熟虑、完整成熟的政策方案。尽最大努力避免决策失误，降低政策成本、制度成本和政治风险，从根本上收获维稳与和谐之功效，这也是中国式协商民主特别是政党间协商重大的现实意义。整体上看，中国式协商民主搭建了大众与政治精英之间的互动治理关系；另一方面，也挂搭了政治精英内部执政者与参政议政者之间的互动治理关系。在新的治理结构中，政党间的民主协商起到了社会上不同意见表达和利益诉求的汇聚、碰撞和整合的作用，并且最后在政治输出的一端起到类似于票决民主的证成性（合理性）检验、政治时机选择和政治原则把关的作用。从理性决策和科学执政的角度来看，党际协商不仅有积极促成政治精英内部共识的作用，而且也起到了公正评估政策和执政绩效的作用。

四、大众民主：政党协商与有序参与、现代治理

当前，我国协商民主发展的一个关键问题，就是如何更好地将精英政治同草根民主紧密结合起来，如何使政党协商同时成为引导和促成公众有效政治参与的决定因素。如果说政党协商所勉力支撑的中国式协商民主曾不经意地决定了社会主义政治实践在中国不同于其在苏联、东欧国家的命运，那么，它在我国当前政治情境中的第一要务则应是：自觉地促进大众民主特别是基层民主的深入发展，在坚持传统的人民民主本质的同时，更加灵动地满足市场经济自然生成的大量“单子化”的公民个体和群体的权利和利益需要。

以党的领导、党际协商为依托或示范，一方面，拓展各政党共同参与的人民政协平台上各种协商的主体范围、主题领域，大幅度降低直接民意表达在到达精英政治层面之前的信息损耗；另一方面，积极开展基层民主协商，使各政党在基层的组织行为、政治协商出现在公众直接参与所及的层级领域之内，将现代治理的基本理念和过程逐步引入各政党内部关系以及政党与社会的关系领域。惟其如此，才能在精英和大众之间建构起良性的治理关系，才能超越双方各自认识和把握的局限，进而促成社会整体深思熟虑的决策，增进社会持久和广泛的团结。

五、以政党协商促进协商民主健康发展

无论是在中国还是在西方，协商民主的关键都在于如何将有效参与和有效治理有机地统一起来。统一的目的在于创新和深化民主，在于以共识民主补充和完善多数民主，在于以深沉的政治理性去加持统一的政治意志。无论是从逻辑上看，还是从历史上看，中国共产党领导的多党合作和政治协商制度都有资格、有能力以其成功的经验、创新的开拓来引领和带动中国式协商民主的跨越式发展。

《约束与创新：中国特色协商民主制度建设》（刘建成，《行政论坛》2013 年 5 期）

协商民主不是民主实现形式的唯一途径，有一系列因素制约着中国的协商民主制度建设，只有在充分而且深刻认识这些约束性因素的基础上，才能创新性地建设和完善中国特色的协商民主制度。

一、中国协商民主制度建设的约束性

中国协商民主形态从其产生之初，尽管其设计者及实践者竭力以西方民主的本土元

素为范本，但是，从这一协商民主形态植根于中国百余年的政治实践来看，由于其与西方协商民主产生的历史和文化背景完全不同，因此，在协商的内容和协商的效力等方面存在着显著差异。这种状况同时也反映了中国协商民主形式的自身特色。因此，建设中国协商民主制度，既要充分吸收和借鉴当代西方国家的优秀建设经验，同时，也要认清中国协商民主形态的演变规律，把握中国协商民主制度自身的特点，在充分认识中国协商民主制度约束性的基础上，立足国情，扎实推进中国特色协商民主制度建设。

（一）中国协商民主制度的植入性，决定了协商主体的多元对立、一元主导特征

从中国民主制度产生的社会生态来看，中国已有的协商民主形态不是内生的，而是植入的。中国协商民主形态形成之初，民主尚未作为一种普遍意识存在于社会广大民众的思想当中，协商民主更谈不上后发于广泛的选举民主基础上，协商民主不过是中国当时社会精英阶层受熏于西方民主观念下的政治范畴和朦胧社会意识。无论是清末的咨议局和资政院，还是民国时期的国民参政会、旧政协，还是中国人民政治协商会议，中国协商民主形态独特的植入性发生路径始终表现为协商主体具有多元对立和一元主导的特征。中国历经的协商民主形态，尽管存在着众多的利益集团和政治势力，却始终由一个核心政治主体来主导。这种一元主导下的协商民主过程，协商结果总是趋向于主导政治主体的核心利益和政治决策。

（二）中国协商民主制度面对的当代国情，决定了协商只能作为民主实现形式之一

事实上，严格意义上平等的民主协商是难以出现的。卢梭设想的公民自治的条件，当今大多数国家都不具备。我国是一个地域广阔的多民族国家，决定了协商民主的现代制约性因素会更加突出。

制约协商民主的另一个关键因素是协商不平等。中国民主的参与主体形成了广泛性和平等性特点和优势。不过，程序性的机会平等不代表协商资源和能力的平等。当前，我国公民文化素质、法律素质以及经济、组织资源等相对匮乏，公民自我意识和自我管理能力尚未得到充分发展，这些都限制了协商行为的开展和民主协商功能的发挥。制约协商民主的第三个关键因素是现代社会日益的复杂化。当社会正经历着严重的分化倾向，现代的“功能分化”最终形成了国家、经济和社会既区别显著又相互依赖的亚系统，每个系统都有其独特的地位和制度结构。这些亚系统不仅促使不平等的产生，而且减少甚至取消协商的可能性。更为严重的，社会复杂化使得行政和官僚系统出现了韦伯所说的非民主的、等级化的机构，这些行政部门在决策执行过程中的民主成分不是太多，而是太少。

多元文化的存在、协商条件的不完备以及现代化进程中的复杂化，共同构成协商民主进程中的三个制约因素，这些制约因素在我国尤为突出。这些因素的存在决定了在我国当前的社会条件下，协商民主制度建设不是一蹴而就的，协商民主更不是“包治百病”的唯一民主形式，而是需要在国家经济社会文化发展过程中，在公民政治参与意识和协商能力增长提高中，在政治体制改革中与其他民主政治形式相互配合，逐步建立和不断完善。

（三）中国协商民主制度的现有格局，决定了制度建设的渐进性

我国现有的协商民主制度基本上是以各级人民代表大会制度以及人民政协政治协商制度为主体的包括基层自治领域、社会管理领域以及虚拟网络领域的制度化在内的制度体系。在国家制度层面实现选举民主和协商民主的主要是人民代表大会制度以及多党合

作和政治协商制度。从我国协商民主制度所体现的民主价值、特点和地位看，我国的协商民主制度是由我国基本政治制度确定的，由我国政治体制运行机制保证的，对大政方针以及重大问题在决策之前与党委、行政机关进行协商和就决策过程中的重要问题进行协商的民主形式。

如何认识和对待民主协商，民主协商应该是附属于国家权力还是应该保持其自主性、独立性和公共性，协商民主制度是作为一种工具性、策略性的使用，还是一种战略性、国家体制层面的政治创举，等等；在协商民主制度运作的实效性上，如协商的意见如何处理，处理的结果怎样，怎样反馈和追踪，等等。这些都需要在政治发展过程中慢慢厘清，具体到制度建设，更是一个渐进的过程。在此，不能对协商民主进行过于理想化的理解，更不能认为制度建设可以一劳永逸。

二、中国特色协商民主制度建设的创新性

（一）坚持和完善人民代表大会制度，进一步强化票选民主机制，根据中国国情进行协商民主的制度设计

我国的协商民主制度建设必须在坚持和完善人民代表大会制度的前提下进行，没有这一根本政治制度的保障，我国的协商民主制度无从谈起。在我国现阶段要进行协商民主制度建设，必须进一步完善票选民主的运作过程，增强公民的民主参与意识。人民代表大会制度作为我国的根本政治制度，其历史地形成的选举民主的制度化从根本上保证了我国公民的当家做主权利，对我国公民参与意识的养成发挥着重要作用。选举民主是社会主义民主体系的主体，协商民主对选举民主具有补充和修正作用，二者相辅相成、互为补充，共同保障公共权力的正常运行，更能体现我国人民当家做主的民主本质。

（二）扩大协商主体及协商议题的范围，培育非体制性公共领域的新公众

协商主体和协商议题是协商民主的两个关键因素。协商民主的良性运行需要尽可能多地将社会的不同主体纳入进来，并就尽可能广泛的议题展开协商。从我国民主协商的现有主体来看，有效的协商主体数量还相对有限，还不足以推动持续性的民主协商取得理想的协商结果。

（三）协商民主制度建设必须走民主协商的制度化、规范化和程序化的道路

协商民主是一种程序民主，是对实质民主的补充和完善。因此，建设中国协商民主制度，强化民主协商的制度化、规范化和程序化，不仅可以丰富社会主义民主政治理论，而且可以推进人民当家做主权利充分实现的政治实践。协商民主制度还要依靠正式规则和非正式规则的互动，因为非正式规则在协商参与者信任关系的取得上往往效果更明显。

（四）加强协商民主的组织机构建设，增强协商

组织制度和机关协调能力，提高协商民主的实效性目前，中国人民政治协商会议是我国最重要的民主协商机构。在国家层面上，各级人民政协是实现协商民主的重要场所。笔者认为可以在统筹协调人民政协现有职能部门的基础上增设新的协商职能部门，将每项与协商民主有关的具体环节真正落实到各项制度、各个程序和各个细节当中，从而增强人民政协的协调能力，提高民主协商的可操控性和时效性。

王江燕　中央社会主义学院中国政党制度研究中心副教授

执政党研究

执政党研究述评

2013 年中国共产党在自身建设方面开展了两项重要工作，一是自上而下以“为民、务实、清廉”为主题的群众路线教育实践活动，另一个是以“把权力关在制度的笼子里”为目标的强有力的反腐倡廉工作。这两项工作有效地改善了党内的政治生态，提升了执政党在人民群众中的形象、树立了新一届领导集体的威望。在这一背景下，2013 年执政党建设的研究最突出的版块就是对党的群众路线、群众工作及群众路线教育实践活动进行深入全面的解读，其次是对腐败现象、反腐倡廉工作、权力监督、廉洁政治的系统研究。2013 年执政党研究还着力对十八大报告提出的党的纯洁性及党员干部理想信念问题，“学习型、服务型、创新型”执政党建设目标进行了较为集中的探讨。除此之外，党内民主研究、干部队伍建设研究、基层党组织建设研究、执政理论研究等领域，也有较多成果。从研究的视角来看，2013 年关于执政党建设的研究，侧重于对重大现实问题的深入剖析和实践指导，也兼顾了对党建发展进程中的问题探析和经验总结，体现了党建学科的时代性、政治性和实践性的特点。但是，也存在一些不足，如研究成果分布不平衡，尤其是在群众路线研究领域，低水平重复现象较为严重；又如研究的学理性不强，多数成果还是侧重于对党的文件、领导人讲话的浅层次解读，缺乏深层次、多维度的理论挖掘；再如研究的系统性、前瞻性不够，缺乏关注执政党建设整体发展、未来发展趋势的精品文章。现将主要研究成果概述如下：

一、群众路线及群众路线教育实践活动研究

根据党的十八大的部署，从 2013 年下半年开始，用一年的时间，在全党自上而下分批开展党的群众路线教育实践活动。第一批于 2013 年 6 月 18 日启动，教育实践活动的重点对象是县处级以上领导机关、领导班子和领导干部。教育实践活动紧紧围绕保持和发展党的先进性和纯洁性，以治理“官僚主义、形式主义、享乐主义、奢靡之风”为重点，在全党上下进行“照镜子、正衣冠、洗洗澡、治治病”，以达到为民、务实、清廉的目的。为配合群众路线教育实践活动的顺利开展，党建理论界对党的群众路线展开了持续、深入、广泛的研究，形成了一系列重要研究成果。这些成果涵盖了群众路线的历史发展、概念内涵、新的形势与环境、群众路线教育实践活动的开展、党的群众工作机制、党群干群关系、作风建设等方面。这些研究成果不仅丰富了党的群众观点和群众路线理论，深化了对新时期党群关系的认识，对于帮助全党全面、准确、深入地认识群众路线，更好地

开展群众路线教育实践活动起到了有效的理论指导作用。

（一）党的群众路线的历史发展与经验总结

党的群众路线形成于革命战争时代，是中国共产党夺取革命胜利的“三大法宝”之一，也是党领导社会主义建设和改革开放事业的根本工作路线。许多论者从历史发展和经验总结的角度对群众路线加以解读。这些论述有的着重分析群众路线是怎么产生的，其产生过程和历史背景，也有的是侧重于党史的某个发展阶段，如延安时期、西柏坡时期、改革开放时期，对这一历史阶段群众路线如何坚持和发展进行阐述，还有的是整体回溯群众路线形成发展的各个历史阶段，并对相关经验加以梳理总结。对于群众路线历史发展和经验的总结，有助于帮助全党更为深刻地理解这一优良传统，并从党史中汲取相关的宝贵精神财富。

关于群众路线的产生和历史由来，论述文章主要有张静如的《党的群众路线的历史考察》(《前进》2013 年第 8 期)、冷溶的《党的群众路线的由来》(《人民日报》2013 年 6 月 17 日第 6 版)。张静如在《党的群众路线的历史考察》一文中分析了中国共产党产生的近代史背景，认为党的群众路线的根本就是为民。早在建党初期，受马克思主义的群众史观影响，虽然没有用过“群众路线”这个概念，但在实际工作中已经重视和大力推动群众运动，并确立了依靠“工农联合的力量”改变现状、过上好日子的目标。冷溶在《党的群众路线的由来》一文中着重分析了毛泽东的群众路线思想，认为群众路线理论是毛泽东根据马克思列宁主义的历史观和群众观，结合中国革命的实际创立的。群众路线的孕育产生是在红军时期，在强大敌人包围的严酷斗争中，红军要生存、要打仗，就必须赢得群众的支持，重视做群众工作，注意工作的方式方法，防止官僚主义。在抗战时期，毛泽东总结了红军时期群众工作的经验，并上升为完整的群众路线理论，其内容，一是概括了党的根本宗旨，提出全心全意为人民服务的思想；二是概括了党的基本的领导方法，即“从群众中来，到群众中去”；三是概括了党的三大作风，深刻阐述了密切联系群众的群众路线和实事求是的思想路线的关系，使群众路线理论上升到哲学高度。冷溶认为，我们党后来在群众路线理论和实践上的丰富和发展，都是建立在毛泽东群众路线理论这个基础上的。

对党史某个发展阶段，党对群众路线的坚持和发展及相关理论贡献进行阐述的成果主要有：梁星亮的《延安时期中国共产党的群众工作与党的发展》(《理论导刊》2013 年第 8 期)，王玉平、王臣的《群众路线：中国共产党“赶考”路上的生命线——西柏坡时期党的群众观之宝贵经验》(《河北学刊》2013 年第 3 期)，姚桓、王雪竹的《改革开放以来党的群众路线的丰富和发展》(《理论视野》2013 年第 9 期）等。梁星亮在《延安时期中国共产党的群众工作与党的发展》一文中认为，延安时期，中国共产党之所以能在陕北“小地方”干成全国的“大事业”，其成功之道的关键一环是做好群众工作。延安时期党的群众工作的主要经验包括：一是正确处理领导者与被领导者的关系，依靠和相信群众，解决“肃反”问题，理顺群众情绪，使党中央在陕北得以落脚；二是正确处理管理者与被管理者的关系，实施“三三制”原则，兼顾各方利益，使党的根据地得以巩固；三是正确处理“要”与“给”的关系，实施精兵简政和减租减息政策，一切为了群众，使党的力量得以发展；四是正确处理“上司”与朋友的关系，和群众交朋友，使党的干部成为群众爱戴的群众领袖；五是正确处理“鱼”与“水”的关系，真诚依靠群众，使党的事业取得胜利。王玉平、王臣在《群众路线：中国共产党“赶考”路上的生命线——西柏坡时期党的群众观之宝贵经验》一文中认为，忠实践行群众路线，是中国共产党在夺取政权和巩固政权这一漫长“赶考”路上的生命线,也是西柏坡时期党的群众观的宝贵经验。这一经验的主要内容：一是以强烈的宗旨意识，彻底解决农民的土地问题，切实解决人民群众的根本利益，瓦解了国民党统治的经济基础和政治根基；二是以浓厚的公仆意识，认真纠正土改和工商业政策中的“左”的偏差，始终维护群众的根本利益，彰显党同人民群众的血肉联系；三是把党的根基和力量立足于人民，以赢得民心作为是夺取革命胜利的力量源泉。姚桓、王雪竹在《改革开放以来党的群众路线的丰富和发展》一文中论述了改革开放以来党的群众路线在实践中的新进展和理论上的新贡献。主要包括：一是在实践中，把群众路线与政治、思想、组织路线密切联系，贯穿在党的事业、党的建设各个方面；二是在理论上提出以人为本，发展了群众路线的认识；三是高度警惕执政条件下脱离群众的危险，提出“我们党的最大政治优势是密切联系群众，党执政后的最大危险是脱离群众”这一论断；四是把作风建设作为贯彻群众路线着力点，纠正脱离群众的不正之风；五是领导率先垂范，在全党坚持经常性教育与集中教育相结合的活动；六是强调贯彻群众路线过程中的制度建设，创建群众工作新机制，克服作风问题的反复性和顽固性。

整体回溯党的群众路线发展各个阶段，并进行经验总结的相关理论成果主要有许耀桐的《关于党的群众路线形成和发展的认识》(《理论探索》2013 年第 4 期)、曲青山的《从党章看群众路线的形成和发展》(《北京日报》2013 年 7 月 8 日第 19 版）和韩振峰、纪淑云的《中国共产党历代领导核心对群众路线的重大贡献》(《河南社会科学》2013 年第 11 期)。许耀桐在《关于党的群众路线形成和发展的认识》一文中对群众路线在党的历史上的形成与发展进行阶段划分。第一阶段是新民主主义革命时期群众路线的提出与形成，认为其概念最早出现于 1928 至 1929 年间，在整风运动中，群众路线正式形成，在七大报告中被系统地阐述。第二阶段是社会主义建设时期群众路线的发展和挫折，发展体现在毛泽东提出的“两参一改三结合”和“三同”（同吃、同住、同劳动）的群众路线实践形式，以及“民主集中制的方法是一个群众路线的方法”的重要观点，但后来群众路线遇到重大挫折。第三阶段是改革开放新时期群众路线的进展和提升，包括十一届三中全会公报对群众路线的恢复,《关于建国以来党的若干历史问题的决议》对群众路线的高度评价和内涵阐释，十三届六中全会对党的群众观点的界定等。该文还对十四大至十八大二十年间党的群众路线的发展作了总结：一是强调党要密切同群众的联系，坚决克服消极腐败现象；二是在干部工作中要切实贯彻群众路线；三是领导干部，要倾听群众呼声，关心群众疾苦，为群众办实事、办好事；四是贯彻群众路线，推进党的作风建设，核心是保持党同人民群众的血肉联系；五是高度重视并切实做好新形势下群众工作。

曲青山在《从党章看群众路线的形成和发展》一文中梳理了自二大以来历次党章对群众路线的表述，认为在七大之前，二大到六大党章虽然没有关于群众工作和群众路线的明确表述，但从党领导的革命实践来看，红军根据地时期“为了谁、依靠谁”这一群众路线的问题的已经提出。在七大上，刘少奇关于修改党章的报告中专门用了一个专题论述了毛泽东关于群众路线的思想，认为“这就是马克思主义的认识论”。建国后，在八大通过的党章中第一次写入了“群众路线”，把群众观点和群众工作方法统领起来，使党的群众路线得以进一步发展和完善。在历史挫折时期，党的九大党章、十大党章在总纲中都取消了对群众路线的表述。党的十一大党章讲到了全党必须保持和发扬群众路线、实事求是的优良传统，但对什么是党的群众路线没有论述。党的十二大党章恢复了党的七大党章、八大党章的表述。最后，由十四大党章对群众路线作了准确、完整、规范、权威的表述，并为后来修改的党章所继承。该文认为，在历次党章对党的群众路线的表述中，“两个一切”强调的是党的最根本的群众观点，“一来一去”强调的是党的群众工作的主要领导途径和工作方式方法，二者的集合，构成了党的群众路线的最主要内容。

韩振峰、纪淑云在《中国共产党历代领导核心对群众路线的重大贡献》一文中梳理了党的五代领导人对群众路线的具体贡献。毛泽东的贡献主要有：最早从辩证唯物主义认识论的高度对党的群众路线工作方法作了系统阐述，系统阐述了党的群众路线的核心内容，深刻揭示了党的群众路线的理论基础，全面阐述了马克思主义群众观点。邓小平的贡献主要有：强调继承和发扬党的群众路线优良传统，把维护和发展人民群众的根本利益作为制定各项方针政策的准则，强调尊重人民群众首创精神，相信人民群众自己解放自己，把脱离群众的危害提升到关系党和国家兴衰存亡的高度。江泽民的贡献主要有：进一步丰富和发展了党的群众观点，把“始终代表最广大人民的根本利益”作为我们党全部工作的根本出发点和落脚点，强调群众路线是我们党的根本工作路线，提出了“以人民群众为本”这一体现群众路线根本要求的重要命题。胡锦涛的贡献主要有：提出“以人为本、执政为民”是马克思主义政党的本质要求，提出了执政党“权为民所用，情为民所系，利为民所谋”的“为民”思想，提出“群众利益无小事”这一重要论断，把贯彻党的群众路线与保持党的先进性紧密联系起来。习近平的贡献主要有：以开展群众路线教育实践活动为契机推进新时期党的建设，深刻论述了贯彻党的群众路线与改进工作作风的关系，深刻揭示了贯彻党的群众路线与实现中国梦的关系，强调建立健全践行党的群众路线和为民务实清廉的长效机制。

（二）当前群众路线面临的新形势与新环境

群众路线作为党的优良传统和根本工作路线，在当前，经受着长期执政、改革开放、市场经济和外部环境的考验，脱离群众也是我们党极力避免的重大危险之一。研究者们从多个角度对当前群众路线面临的新形势和新环境，以及这一形势与环境下群众路线存在的问题和风险作了深入的阐释。这些研究既有对群众路线和群众工作整体外部环境进行分析评估，指出存在的主要问题，也有侧重于社会转型、现代化、信息化等具体环境变迁的深入探讨。对于群众路线当前面临的复杂环境与严峻形势的研究，有助于我们党进一步深化对群众路线概念内涵及践行要求的理解。

对群众路线和群众工作整体环境变化及存在问题的研究成果主要有刘靖北的《新时期新阶段坚持和贯彻党的群众路线的思考》（《中国浦东干部学院学报》2013 年第 3 期），付建明的《新阶段党的群众工作环境研究》（《中共四川省委党校学报》2013 年第 3 期），冯莉、江凤环的《社会转型期群众路线的新形势与新趋势》(《毛泽东邓小平理论研究》2013 年第 4 期）等。刘靖北在《新时期新阶段坚持和贯彻党的群众路线的思考》一文中列数了新时期新阶段坚持和贯彻群众路线面临的新挑战和新问题，主要有：群众工作环境更加复杂，包括社会环境、经济环境、文化环境和网络环境；群众工作对象更加多样，群众中包括了新的社会阶层，以及由“臣民”、“群众”到“公民”的转变；群众工作的内容更加丰富，包括利益协调、价值观凝聚、权利维护等方面。面对这些新情况新问题，我们党在坚持和贯彻群众路线中，存在着许多与时代不协调不适应的问题，一是思想和作风不端正，官僚主义、形式主义、享乐主义、文牍主义等；二是群众工作能力不适应，或是依赖行政权力，或是机械满足物质要求，还有的不善于应对和利用媒体；三是群众工作制度不健全，体现在领导制度、参与机制、决策机制、选人用人机制、民主法治机制等方面。

付建明在《新阶段党的群众工作环境研究》一文系统论述了党的群众工作所面临的社会转型的大环境。该文认为，在社会结构和社会关系方面出现了社会基本阶级、阶层内部分层现象加剧，新的社会阶层和利益群体不断涌现，社会流动加快等变化，对群众工作如何协调利益关系提出严峻挑战。在社会状态方面，突出的消极后果是贫富分化的加速和较严重的两极分化状态，影响了对党的执政的认同度，加剧了阶级阶层矛盾。在人民内部矛盾的新变化方面，出现了对抗性增强、群体性事件增多、利益性矛盾突出等问题，增加了群众工作的难度。最后，在全球化带来的新变化方面，市场经济的消极因素更加明显地暴露出来，政治上的围堵和文化上的渗透力度不断加强。社会转型期中国社会结构、社会形态、社会矛盾等方面发生的深刻变化及其与全球化的相互作用，构成了党的群众路线的新环境，对党的群众工作提出的新挑战。

冯莉、江凤环在《社会转型期群众路线的新形势与新趋势》一文中也从社会转型的角度分析了新时期群众路线面临的形势。该文认为，在社会转型期，随着改革开放以及融入经济全球化的过程，中国社会发展出现了新的特点，给群众路线的实践带来困难，主要有：交往货币化削弱了思想教育的功效，社会个体化分解了原先的集体性对象，群体情绪化使群体性事件频发，生活网络化导致的虚拟世界使密切党群关系困难。在社会转型期，群众工作本身也存在很多矛盾和问题，如党的一些领导干部的工作缺乏“地气”，对群众工作网络化缺乏重视，在社会发展中对群众心理建设关注不够等。

从具体的环境变迁来探讨群众路线的新形势和新问题的成果主要有：王本文、刘爱莲的《党群关系的现代性境遇与超越之路》(《南京社会科学》2013 年第 5 期），刘燕、陈少平的《新媒体环境下党的群众工作方式创新探索——基于治理理论的视角》(《福建省社会主义学院学报》2013 年第 5 期）等。王本文、刘爱莲在《党群关系的现代性境遇与超越之路》一文中从现代化发展的视角分析了党群关系的现代性境遇，一是地方政府 GDP 主义的硬发展观造成民生虚位，严重违背了党群关系应有的价值逻辑；二是官僚主义与形式主义致使民心流失，许多领导干部不是虚心地、理性地与群众进行沟通交流，而是将人民内部矛盾上升为敌我矛盾来处理，导致党群对立；三是多元社会思潮对主流意识形态冲击引发民意散化，传统的凋敝、自由主义的侵袭、“三俗”文化的滥觞让执政党所推行的主流价值观一度陷入尴尬与无奈的境地，这在很大程度上弱化了执政党主流意识形态的主导力与认同度。刘燕等在《新媒体环境下党的群众工作方式创新探索——基于治理理论的视角》一文中分析了新媒体对党的自上而下的群众工作方式带来的挑战，主要有：新媒体环境下信息量庞大，内容更新快，给群众提供了自由获取信息的渠道；新媒体的传播具有个性化、交互性的特征，群众可根据喜好选择信息；网络信息传播还具有虚拟性，无法确认接受者的具体情况。新媒体对党的群众工作主体也带来了挑战，主要体现在：新媒体环境下个人拥有独立的话语权，能发布信息，容易使党和政府陷入被动；网络信息的传播没有时空限制，影响广泛，而党组织更多地依赖传统媒体灌输。新媒体也对党员干部的群众工作能力提出了挑战，例如新媒体中充斥的虚假不良信息如何限制其负面影响，新媒体环境下危机应对中的信息处理，新媒体公开、公正、透明的特点使党员干部自身也处于监督之中。

（三）关于群众路线的概念特征的新理解

在新形势与新环境下，群众路线的概念内涵应当如何丰富发展，如何与时代特征、时代要求相契合，对于当前存在的群众路线贯彻过程中的问题，应当如何破解，这些都是迫切需要探讨和解决的重要课题。对于此，党建学者们进行了重点关注，提出了一些独到的思考和见解。对于这一重要问题的探讨及成果有利于在新形势与新环境下与时俱进地坚持党的群众路线，更为切合实际地贯彻群众路线，使群众路线生命之树长青。具体来说，研究者对群众路线的新理解主要从内涵、特征和坚持路径三个方面展开。

对于怎样理解新形势下群众路线内涵与特征的丰富和发展，主要研究成果有：高祖林的《群众路线的意义、问题与时代主题》（《毛泽东邓小平理论研究》2013 年第 6 期），王亚玲的《党的群众路线实践发展的基本特征及经验启示》（《西安政治学院学报》2013 年第 4 期），胡承槐、王侃的《中国共产党群众路线思想的基本特征与时代意义》（《中共浙江省委党校学报》2013 年第 6 期）等。高祖林在《群众路线的意义、问题与时代主题》一文中认为党的群众路线的全部意义在于其清晰而坚定地解决了“为了谁”、“依靠谁”、“我是谁”的问题，从而使党的工作获得了最广泛最可靠最牢固的群众基础和力量源泉。只有明确了“为了谁”的问题，才能保证党前进的正确方向。只有明确了“依靠谁”的问题，才能保障党的力量之源永不枯竭。只有清醒知道“我是谁”，才会把群众当主人，摆正党同人民群众的关系。在当前形势下，为民、务实、清廉反映了群众路线的时代主题。“为民”是新时期群众路线的价值诉求。“务实”是新时期群众路线的工作作风。“清廉”是新时期群众路线的党的执政形象。

王亚玲在《党的群众路线实践发展的基本特征及经验启示》一文中认为党的群众路线在实践中不断发展，呈现或正在呈现出一些变化特征。一是群众路线的价值基础从“民本”关怀转向“人本”关怀。“民本”取向与“人本”取向是有区别的：一方面“民本”的逻辑起点是群体而不是个体，关注的重点是整体或大多数人的利益与发展，而“人本”的逻辑起点是单个的人，把群众视为存在差异又不可忽视的单个的人的集合；另一方面，“民本”的关怀是自上而下的征询与惠泽，而“人本”的关怀则是平等的商谈与交换。二是群众路线的动力机制从人格依赖转向制度约束。即从主要依靠提高党员干部的思想认识到建立全面、规范、具体的制度来推动群众路线的贯彻执行。三是群众路线的互动模式从单一渠道转向多元渠道。原先的单一渠道多表现为自上而下地的收集信息，已不适应多元社会的需要。四是群众路线的主体培育从重点强化转向系统提升。逐步建立起与建设马克思主义学习型政党要求相符合，与干部人事制度改革相衔接，更加开放、更具活力、更重实效的教育培训体系，帮助党员干部成为执行党的群众路线的合格的主体。

胡承槐、王侃在《中国共产党群众路线思想的基本特征与时代意义》一文中认为党的群众路线的基本特征主要体现为：一是将群众观点、群众路线与中华民族复兴有机地统一起来；二是将群众路线作为党的根本路线并贯穿于党的思想路线、政治路线、经济政策、组织路线、军事路线和领导方式、工作方式中；三是依靠群众反对官僚主义和官僚病。这些特征实现了党性和人民性的高度统一。在当前的历史背景下讲群众路线和群众观点，首先必须告别过去的阶级斗争思维方式，应以全体国民为群众，在社会治理关系上将全体社会管理对象理解为群众。其次，必须站在社会主义道德应然的逻辑上，主张所有人的公平和正义。最后，必须继续依靠群众的监督，防止官僚主义、官僚病和腐败。

对于在新形势下如何与时俱进地贯彻群众路线，主要研究成果有：李光炎的《党的群众路线的再认识再作为》(《中国浦东干部学院学报》2013 年第 2 期)，韩锴、袁新国的《专注于时代特征　着力于落到实处——论贯彻党的群众路线务必辨识和把握的几个关系》(《观察与思考》2013 年第 9 期),林海的《论群众路线强势回归的三个关键着力点》(《科学社会主义》2013 年第 5 期)。李光炎在《党的群众路线的再认识再作为》一文中认为应从理论的高度重新认识党的群众路线，群众的概念已经发生巨大变化，群众工作的对象日益复杂多样；党的“执政”定位也逐步发生变化，以利益矛盾为主的人民内部矛盾不能仅靠说服教育加以解决，需要用经济手段和法律手段来解决。基于群众路线的新内涵，干部在贯彻群众路线时应有新的作为：必须与坚持以人为本相结合，与对人民群众的敬畏感相结合，与决策科学化民主化相结合，与分配公平正义相结合，与真实了解群众原汁原味的诉求相结合。

韩锴、袁新国在《专注于时代特征　着力于落到实处——论贯彻党的群众路线务必辨识和把握的几个关系》一文中从正确辨识和妥善把握若干对关系的角度探讨如何把贯彻党的群众路线落到实处。一是要准确把握群众整体与部分群众的关系。群众是一个相对的概念、有具体场合的概念、内涵复杂的集合概念。贯彻群众路线要处理好总体群众和部分群众的关系、要处理好困难群众和富有群众的关系、也要注意对下级干部的关心、还要注意公共利益与实际利益关系的把握。二是要正确辨识工具理性与价值理性的关系。群众路线中工具理性体现为重执政地位的巩固，轻党群关系的密切，重经济能人的作用，轻普通群众的关怀，这些工具理性与价值理性的背离，应该也是造成某些党员领导干部经常脱离群众，从而偏离群众路线的根源所在。三是要妥善协调为民之心与为民之迹的关系。干部在心里要有党的宗旨意识，即为民之心，真正做到权为民所用，始终以党和人民的事业为重，在政绩观上牢固树立按照客观规律办事，坚持讲真话、办实事、求实效的理念，在心理上要有不搞花架子，不急功近利的意念。四是要有效调处“逆取”之法与“顺守”之策的关系。在逆取过程中我们要倾重于积极义务即“多为群众办好事”的履行，那么在顺守过程中我们要更倾重于“为群众办好事”的积极义务和“不损害群众利益”的消极义务履行的共时性。五是要积极关注为民做主与人民作主的关系。只知为民做主而缺乏群众路线的意识，即使出于好心，也有可能把好事办坏。要紧迫而稳妥地改变“为民做主”的陈腐观念，通过有效的机制充分保障人民群众的知情权、选举权、监督权、表达权，确保人民的权益不受侵害。六是全面审视对上负责与对下负责的关系。解决对上负责而无视人民群众的现象，既要从体制改革着手，也要转变观念，认识到从宏观上和长远上看对下负责就是对上负责，群众满意了我们党的执政地位就得以巩固，而且群众满意是我们的本质所在和价值追求。

林海在《论群众路线强势回归的三个关键着力点》一文中认为群众路线的强势回归是当今中国一个重要问题。要重新焕发群众路线这一中国特有的思想政治资源的活力，必须从三方面的关键着力点入手。一是认清群众主体多元化格局，认识到中国共产党也是群众的一部分。二是认识到群众路线在制度化方面的缺失与制度化构建的需求，破解制度困局应以民主制度为依托，加强决策程序的制度化。三是诉诸先进性教育，使执政党回归群众路线的原本境界。提升先进性,三点必不可少：对利益的超然与公正配置,以“君子之德风”正天下,要容得下尖锐批评的胸怀。只有紧紧抓住群众路线回归的三个着力点，才能为融洽党群关系、化解社会矛盾和延续执政合法性提供理论支持与实践指南。

此外，对于当前群众路线理论的研究及不足，丁晓强在《党的群众路线的理论研究及其前沿问题》(《晋阳学刊》2013 年第 5 期）一文中进行了梳理。该文认为，改革开放以来，关于群众路线的研究取得了丰硕的成果，涵盖了以下方面：其一，关于群众路线理论的形成、内涵和意义的研究，这是对群众路线理论进行学术梳理和拨乱反正的需要；其二，关于群众路线与民主的关系的研究，实际上这是对群众路线理论的意义与价值的进一步的思考；其三，关于群众路线与制度建设的关系的研究，制度化、法治化是新的历史条件下推进群众路线的方向；其四，关于群众路线与干部作风建设的研究，群众观是干部世界观的核心问题；其五，关于群众路线与群众工作的研究。国外对于群众路线的研究集中于延安精神。但是，对于执政和新形势下的群众路线的研究，学界的前瞻性思考仍显不足，落后于实践的要求。主要表现为：一是在学理上对党的群众路线作风建设作为党的学说上的重大理论创新，它所具有的中国的特色、在党的建设中的重大作用及其机理仍需深入研究。二是在执政和新的形势下，人们重视制度建设，对作风建设有所忽视。三是群众路线的民主内涵还需要进一步的深入挖掘。四是在群众路线作风建设功能上，突出思想道德方面，而较少注意其工作方法对于干部能力提升的功能。五是在领导干部群众路线作风建设方面，主要停留在经验的总结，还没有形成系统的研究，没有出现有分量的研究成果。六是在关于群众工作的大量研究中，缺少群众路线理论主线的贯穿。

（四）关于群众路线教育实践活动的开展

对于 2013 年下半年正式开展的群众路线教育实践活动，习近平总书记在 6 月 18 日的教育实践活动工作会议上发表了重要讲话，强调了教育实践活动的重大意义、指导思想和目标要求。理论界围绕如何深入开展教育实践活动，形成有效机制，卓有成效地改进党的作风，进行了多方解读。这些解读与对群众路线其他方面的理论研究相结合，为推动群众路线教育实践活动正确、有效地开展起到了重要指导作用。

习近平的《在党的群众路线教育实践活动工作会议上的讲话》(《党建研究》2013年第7期)是群众路线教育实践活动纲领性的指导文献。在讲话中，一是明确了群众路线教育实践活动的重大意义。群众路线是我们党的生命线和根本工作路线。开展党的群众路线教育实践活动，是我们党在新形势下坚持党要管党、从严治党的重大决策，是顺应群众期盼、加强学习型服务型创新型马克思主义执政党建设的重大部署，是推进中国特色社会主义的重大举措，对保持党的先进性和纯洁性、巩固党的执政基础和执政地位，对全面建成小康社会，具有重大而深远的意义。二是明确了党的群众路线教育实践活动的指导思想和目标要求。这次教育实践活动的主要任务要聚焦到作风建设上，集中解决形式主义、官僚主义、享乐主义和奢靡之风这“四风”问题。教育实践活动要借鉴延安整风经验，明确提出“照镜子、正衣冠、洗洗澡、治治病”的总要求。以整风精神开展批评和自我批评，坚持领导带头，开好民主生活会，还要注重长效机制建设。三是对教育实践活动的加强领导提出要求。要明确责任职责，主要领导亲自抓；要深入调查研究，制定切实可行的实施方案；要加强具体指导，确保正确方向；要坚持统筹兼顾，做到两手抓、两促进；要加强宣传引导，营造良好舆论氛围。

关于如何开展群众路线教育实践活动，理论界从多个角度进行了解释和阐发，主要成果有：李君如的《以整风精神开展新形势下群众路线教育实践活动》(《文汇报》2013年7月3日第11版)，虞云耀的《正确把握党的群众路线教育实践活动的总要求》(《紫光阁》2013年第7期)，秦宣的《围绕解决民生问题开展党的群众路线教育实践活动》(《中共浙江省委党校学报》2013年第6期)，戴安林的《党的群众路线教育实践活动常态化及其机制构建》(《重庆社会科学》2013年第6期)等。李君如在《以整风精神开展新形势下群众路线教育实践活动》一文中较为全面系统地论述了群众路线教育实践活动的意义、面临问题、基本精神、新的要求和整风武器。该文认为，之所以把开展群众路线教育实践活动作为加强党建的重头戏，因为这一活动是凝聚中国力量、实现“中国梦”的迫切需要；是按照党的建设的总体布局解决党内存在的突出问题，保持党的先进性和纯洁性的迫切需要；是提高党的执政能力，巩固党执政的群众基础的迫切需要。在新的历史条件下坚持群众路线，要牢记“空谈误国、实干兴邦”的告诫，以转变作风为前提、以信任为纽带、以解决实际问题为基础、以制度为保障，做好群众工作，把服务群众与教育群众结合起来。开展好群众路线教育实践活动必须全面领会中央精神，尤其是“为民、务实、清廉”这个时代和实践、党心和民心对党的群众路线传统提出的新要求。为民，是群众路线的出发点和落脚点，更是新的历史方位对执政党提出的新要求。务实，是群众路线的本质特征，更是在新的历史条件下改进党风的重要任务。清廉，是群众路线的基本要求，更是在新的考验面前党要解决的紧迫课题。最后，要以整风精神用好批评与自我批评的武器。批评与自我批评是保持党的先进性和纯洁性的利器，也是坚持党的群众路线的基本要求，更是解决党的作风上存在的不正、不实、不廉问题的有力举措。搞好批评与自我批评，还要破除一些认识上的障碍，如严不等于“左”，正面教育不等于一团和气的好人主义，批评不等于不讲政治讲八卦等。

虞云耀在《正确把握党的群众路线教育实践活动的总要求》一文中认为，“照镜子、正衣冠、洗洗澡、治治病”，是贯穿党的群众路线教育实践活动全过程的总要求。这个总要求统揽全局、内涵丰富，立足当前、着眼长远，通俗鲜明、符合实际，具有很强的针对性和指导性。“照镜子”就是要学习和对照党章，对照廉政准则，对照改进作风要求，对照群众期盼，对照先进典型，查找宗旨意识、工作作风、廉洁自律方面的差距，敢于揭短亮丑。“正衣冠”就是要按照为民务实清廉的要求，严明党的纪律特别是政治纪律，敢于触及思想，正视矛盾和问题，从自己做起，从现在改起，端正行为，维护良好的形象。“洗洗澡”就是要以整风精神开展批评和自我批评，深入分析出现形式主义、官僚主义、享乐主义和奢靡之风的原因，坚持自我净化、自我完善、自我革新、自我提高，既要解决实际问题，更要解决思想问题。“治治病”就是要坚持惩前毖后、治病救人方针，区别情况、对症下药，对作风方面存在问题的党员、干部进行教育提醒，对问题严重的进行查处，对与民争利、损害群众利益的不正之风和突出问题进行专项治理。

秦宣在《围绕解决民生问题开展党的群众路线教育实践活动》一文中认为，开展群众路线教育实践活动是保持党的先进性和纯洁性、巩固党的执政基础和执政地位的必然要求，是解决群众反映强烈的突出问题的必然要求。解决群众反映强调的突出问题，即民生问题，是中国共产党的光荣传统，也是共产党取得执政合法性资源的一条宝贵经验。解决民生问题，必须依靠广大人民群众，这是贯彻群众路线的根本要求。开展群众路线教育实践活动，必须明确保障和改善民生的重要性，着力解决好人民最关心最直接最现实的利益问题。当前，尤其要关注以下几个方面：一是要通过群众路线教育实践活动，让我们的党员充分认识围绕民生问题贯彻党的群众路线的重要性；二是要教育我们的人民，使他们认识到自己的利益，并团结起来为实现自己的利益奋斗；三是要尊重人民群众的主体地位，发挥人民群众的首创精神；四是要加强社会建设，切实解决好民生问题；五是要加强党的作风建设，消除损害党群干群关系的根源。

戴安林在《党的群众路线教育实践活动常态化及其机制构建》一文中着重强调了群众路线教育常态化机制的重要性和构建要求。该文认为，建立和完善党的群众路线教育实践活动常态化机制，是由中国共产党的阶级性质和党的制度建设的基本特征决定的。教育实践活动常态化机制由如下六个方面的机制构成：一是建立和健全党员干部的群众路线教育培训机制，包括干部学习培训制度、党员谈心和思想汇报制度、三会一课和党员活动日制度等，激发密切联系群众的主动性。二是建立和完善党员干部联系与服务群众的工作机制，如党员干部联系点制度、调查研究制度、接待群众制度、与困难群众结对帮扶制度、党员志愿者制度等，保持与人民群众的经常性联系。三是建立和完善群众利益保障及多渠道利益表达机制，使人民群众享有充分的知情权、发言权和监督权。四是建立和完善联系群众的信息网络平台沟通机制，保证党的政治社会化功能的充分发挥。五是建立和健全监督约束机制，强化党员干部联系群众的自觉性。六是建立和健全激励评价机制，提高党员干部密切联系群众的积极性。

一些研究者还专门对群众路线教育实践活动的某个重要问题进行了探讨，如梁妍慧的《从垂范到规范：解决“四风”问题的关键》（《中国特色社会主义研究》2013年第4期）对于“四风”问题的专门分析，以及《光明日报》系列笔谈《批评与自我批评》（《光明日报》2013年12月17日第11版）对教育实践活动中的重要武器——批评与自我批评的集中探讨。梁妍慧在《从垂范到规范：解决“四风”问题的关键》一文中认为，群众路线教育实践活动其焦点在于党的作风建设，以解决发生在群众身边、反映强烈的“四风”问题为切入点和着力点，在全党树立“为民务实清廉”的良好风气。这一目标的确立，具有鲜明的针对性和明确的方向，是一场实打实的自我排查、自我检修、自我扫除，是一场紧扣民心党心的“自我净化、自我完善、自我革新、自我提高”。解决发生在群众身边、反映强烈的“四风”问题，需要有清晰的思路，正确的方法。深化改进作风举措的关键在于从中央做起，从领导干部做起，带头承诺、带头检查、带头整改，处理好领导者、组织者和参与者的关系。解决“四风”还要从思想道德抓起，在全党进行一次广泛的马克思主义群众观和权力观教育，使广大党员、干部认清执政条件下群众观和权力观的内涵及其实现途径。最后，解决“四风”还要从制度规范抓起，以法治的原则和方法抓作风建设，实现作风建设制度化、规范化、常态化。

《光明日报》关于“批评和自我批评”的系列笔谈包括郭湛的《为什么需要批评与自我批评》，孙占元和张书林的《努力把握好批评与自我批评的原则与方法》，张向鸿的《批评与自我批评要念好“四字经”》三篇文章。郭湛一文阐释了批评与自我批评的作用和意义。该文认为，在社会生活中，批评是人与人之间的相互砥砺，而自我批评则是人的自我超越。批评与自我批评也是社会矛盾得以揭露和解决的方式，是人的认识与实践活动不断优化的机制。社会生活不能没有必要的批评与自我批评。有无正常的批评与自我批评，是社会生活是否正常和富有活力的重要标志。保持正常的批评与自我批评，发挥其积极的社会功能，并非一时的权宜之计，而是社会进步的长效机制。能否坚持批评与自我批评，也是衡量无产阶级政党先进性的重要尺度。

孙占元、张书林一文分析了批评与自我批评应遵循的原则与方法。该文认为，为保证批评与自我批评的真正准确到位，必须自觉遵循如下原则：一是坚持党性的原则，反对党内生活中的自由主义、好人主义，要把批评与自我批评作为一剂真正爱护同志、自己的苦口良药；二是出于公心的原则，坚决站在党和人民的立场上去公开、公平、公正、公道地开展批评与自我批评；三是与人为善的原则，看重人、尊重人、爱护人、善待人，一切从党内同志的健康成长、积极进步之需要出发，切实营造批评者与被批评者友好相处的和谐融洽局面；四是触及灵魂的原则，力求透过表象看本质，深入探究党员干部行为表象背后的深层次根源；五是有则改之的原则，把重心放到如何更好地推动工作开展上，充分利用批评与自我批评的斗争武器发现、定位、剖析、整改问题，以解决问题的实际效果带动整体工作水平的提升。该文还列举了开展批评与自我批评的有效方法：一是群众批评，与群众谈心法；二是自我批评：撰写对照检查材料法；三是综合批评：开好专题民主生活会法；四是辩证批评：把握开展批评的两分法。

张向鸿一文依据习近平同志参与的河北省委专题民主生活会的情况，提出批评与自我批评需要注意的四个问题。其一，批评与自我批评的前提是一个“警”字。在思想上引起警惕，从工作中得到警示，牢记“两个务必”，通过“诤友”的“道义相砥，过失相规”不断检视、反省自己。其二，批评与自我批评的原则是一个“公”字。必须坚持为公不为私，对事不对人，不得掺杂个人恩怨、不得计较利益得失、不得搞远近亲疏。其三，批评与自我批评的关键在一个“真”字。要敢于动真格地提出问题，要下真功夫解决问题使批评与自我批评切实成了解决党内矛盾、统一全党思想的最佳良方。其四，批评和自我批评的根本在一个“规”字。批评与自我批评必须制度化，成为严格的党规党纪。抓住了这个关键，批评与自我批评才不会流于形式，不会成为空谈。

（五）党的群众工作机制

群众路线的贯彻最终要落实到党的群众工作机制的有效运作和党群、干群关系的改善。理论界围绕党的群众工作机制，从概念演进、发展走势、内在关系到支持系统、制度构建，进行了多方面的展开论述。主要研究成果有：苗政军、孙堂厚的《群众工作机制的概念演进与基本经验》(《重庆社会科学》2013 年第 9 期)，谭和平的《深化党的群众工作需处理好五对关系》(《求实》2013 年第 9 期)，刘彦昌的《党的群众工作的当代走势及主体的动力培育》(《中州学刊》2013 年第 9 期)，祝灵君的《积极探索科学的群众工作制度》(《理论学刊》2013 年第 7 期）等。这些论述对于从制度和机制的角度推进党的群众路线在实践中常态化、长效化地贯彻落实，有一定的借鉴意义。

苗政军、孙堂厚在《群众工作机制的概念演进与基本经验》一文中梳理了理论界对于群众工作机制的理解，认为党的群众工作机制是指党在动员群众、组织群众、宣传群众、教育群众的工作过程中，各构成要素和各个组成部分相互制约、相互联系、相互影响、相互作用而形成的特定关系和运转方式。该文还列述了毛泽东、邓小平、江泽民、胡锦涛和习近平在探索中国特色社会主义道路的进程中，创造出具有鲜明时代特征和中国特色的群众工作机制的思想理论。对于中国共产党关于群众工作机制探索的历史经验，一是坚持马克思主义唯物史观，丰富和发展了马克思主义群众观点，形成并始终坚持了一条从群众中来、到群众中去的群众路线；二是在实践中坚持全心全意为人民服务的根本宗旨，把最广大人民的根本利益作为党的全部工作的出发点和落脚点，保持党同人民群众的血肉联系；三是不断根据形势的变化和实践的要求，继承和创新党的群众工作方法，疏通和拓宽同人民群众联系的渠道，探索并形成一系列密切联系群众的制度。

谭和平在《深化党的群众工作需处理好五对关系》一文中认为，党的群众工作本质上是做人的工作。现时代群众工作出现了诸多不适应形势的新情况，包括：群众工作的主体不明确，“代民做主”和命令主义盛行，缺乏开拓性和“尾巴主义”，群众工作组织平台老化，群众工作的高调门宣传与低效率执行的矛盾等。面对这些问题，为提高群众工作实效，需处理好五对关系。一是少数与多数的关系。在价值导向上坚持最大多数人的利益；在主体选择上，发动普通党员、“社工”、“义工”等的积极性；在工作格局上，实现“一元为主、多方参与”的互动开放格局。二是做群众的学生与当群众的先生的关系。党的方针政策既要源自群众又要高于群众,实现“做群众的学生”与“当群众的先生”的有机统一。三是组织建设与发挥个人作用的关系。一方面，大力加强基层党支部建设，把维护好、协调好群众利益作为党支部的重要职责。另一方面，发挥众多非政府、非营利的社团组织、中介组织和民间组织等新型社会组织的沟通、协调与缓冲作用。四是价值引导与利益实现的关系。改变党员干部对群众空谈理论、理想、价值的传统的宣传教育方式，把解决群众生产、生活中的实际困难和问题作为群众工作的重要任务，协调不同群体之间的利益冲突、矛盾，用利益杠杆激发不同群体现代化建设的积极性。五是群众工作形式与实质的关系。既要讲究实质，就是尊重群众意愿、维护实现群众利益；也要形式上“有趣”，群众爱听，也听得进。这要求群众工作的语言、形式、载体和方法上都要创新。

刘彦昌在《党的群众工作的当代走势及主体的动力培育》一文中分析群众工作从传统到现代的走势，认为这一转变体现在工作要素、工作内容和工作基础等方面。工作要素的变化，一是工作的客体向公民转换，对党的要求苛刻了；二是人们的理想信念褪色，着眼于对实际利益的考虑；三是群众工作的主、客体边界模糊。工作内容突出的变化是：由动员参与为主向划界利益矛盾为主转变。工作基础的变化，一是情感疲劳，对群众产生麻木感；二是信息化的挑战，对群众失去信息优势；三是情况复杂多变，非对抗性矛盾常以对抗方式表现出来。在转型的过渡期，这种特定走势使群众工作面临着前所未有的考验，需要群众工作主体投入更多的真情和精力。而当前群众工作主体在个体动力方面存在着弱化的趋势，一方面表现为干部对群众工作的精力投入不够，主动性不强，缺乏转变作风的决心；另一方面，群众工作主体的动力主要靠“外加”而非“内生”，具体是靠“活动”来激发和推进,但缺乏持久性。党的群众工作机制内在动力的培育,仍需“活动”来激发，但更需机制来保持。要分层对待，构建适合不同主体的动力机制。对基层一线干部，通过建载体、转变工作方式、增加成就感来培育积极性；对机关干部和党员领导干部，通过加压驱动来激发主动性；对“两代表一委员”，搭建平台，切实让其发挥应有作用。

祝灵君在《积极探索科学的群众工作制度》一文中从制度设计存在的误区出发，探讨了群众工作制度构建中应注意的问题。该文认为，狭义的制度是指约束人行为的具体规范、规则，狭义制度可以设计，但是，如果制度设计者拥有的信息不充分或缺乏实践经验，尽管掌握了丰富的文献，也照样可能使制度失败。当前，各级党组织探索科学化的群众工作机制，要避免陷入以下误区：一是过分重视“出发点”而忽视遵循社会与自然的“规则”,防止揠苗助长,好心办坏事；二是过分强调“设计”而忽略制度运行的“细节”,要注重问题的刨根问底,抛开部门利益,充分考虑到政策可能的副作用；三是过分重视“高标准”而忽视“低标准”,违背木桶原理,只有少数人做得到；四是过分强调制度的“理性”而忽视“人情”与“人性”，否则必然会在执行中触礁；五是过分重视制度的“他律”而忽略人的“心律”，要注重道德规范的训练，尤其是耻感文化的教育；六是过分强调制度的“洋气”而忽视制度的“土气”，不接地气，导致形式主义；七是过分强调调动“个体积极性”而忽视“整体积极性”，不懂得个人理性和集体非理性的关系，陷入“合成谬误”；八是过分强调“调功能”而忽视“调结构”，使制度被条块分割所弱化和破坏。

（六）党群干群关系的现状与改善

党群关系、干群关系的现状是实践群众路线所必须面对的现实基础，良好的党群干群关系也是实践群众路线的出发点和落脚点。理论界对于当前党群关系的内涵与角色功能、农村党群干群关系、党群关系改善的着力点和取向、密切联系群众的机制建设等展开了充分的研究。主要成果有张荣臣的《正确理解和把握中国共产党的党群关系》(《中国党政干部论坛》2013 年第 8 期)、徐志宏的《群众路线中党群关系的角色定位与功用发挥》(《重庆社会科学》2013 年第 8 期)、唐晓清的《农村基层党群关系问题的思考及对策》

(《中国特色社会主义研究》2013 年第 3 期)、贾义保的《新形势下农村干群和谐关系构建中的问题与对策》(《河南社会科学》2013 年第 9 期)、李景治的《论改善党群干群关系的着力面和途径》(《中国延安干部学院学报》2013 年第 4 期)和赵士红的《构建新型党群关系的五大取向》(《中州学刊》2013 年第 5 期)等。这些研究成果对于正确理解新形势下党群关系的重要性、正确认识党群干群关系的现状、更好地发挥密切联系群众的优良传统起到了一定的理论指导作用。

关于新形势下如何理解党的群众关系，主要从中共党群关系的特点及其在群众路线中的功能来分析。张荣臣在《正确理解和把握中国共产党的党群关系》一文中认为，党群关系实际指的是党与群众之间相互作用、相互影响的状态，具体表现为党与群众之间联系和连接的方式。任何政党都有党群关系问题，只不过这种关系各有其不同的特点。中国共产党的党群关系具有来自于人民、植根于人民、服务于人民，同最广大人民群众紧密联系在一起的特点。徐志宏在《群众路线中党群关系的角色定位与功用发挥》一文中认为，党和人民群众的关系问题是群众路线的核心和实质问题，也是构成群众路线的全部秘密所在。正确健康的党群关系表现为：党离不开人民群众，党是人民群众的一部分；人民群众也离不开党，人民群众需要党的正确领导。如果构成这种关系的任何一方，地位和作用受到动摇或削弱，党和人民群众正确健康的关系就会受到影响，群众路线就不能得到有效的贯彻和执行，不仅人民群众的利益会蒙受损失。党和党领导的事业也会面临风险甚至招致失败。在群众路线中，人民群众始终居于主体地位。这种主体作用体现在：人民群众是党工作和服务的主体，是党依靠和信赖的主体，是认识和实践的主体。在党群关系中，党始终发挥着关键作用。党作为人民群众实现自身利益的组织者、宣传者和领导者，各级党组织的领导能力和领导水平、党员干部的党性修养、工作态度和工作作风等都直接影响着党群关系、干群关系，对于群众路线贯彻执行的效果起着关键性作用。

群众路线最早发端于党领导的以农村为根据地、以农民为主力军的革命时代。在新形势下，农村的党群关系、干群关系也发生了很大的变化。唐晓清在《农村基层党群关系问题的思考及对策》一文中分析了农村党群关系的现状。该文认为近年来，农村社会开始呈现“矛盾凸显期”特征，因土地征用、安置补偿、经济纠纷、环境污染、社会保障等问题引发的社会矛盾日益增多，并表现出形式多样化、原因复杂化、诉求网络化、纠纷群体化、对抗激烈化等矛盾特点。在复杂纠纷中，党群关系无疑处于各种矛盾的焦点之上。影响农村党群关系有客观和主观两方面的因素。客观原因体现为我国农村经济和政治的历史性变革，对农村基层党组织的政治定位产生了直接影响。主观原因体现在与农村改革发展要求相适应的基层党的建设转型滞后，能力不足的问题突出。该文还对营造和谐的农村党群关系提出对策。推进政治定位转型，代表广大农民群众的根本利益；明晰功能定位，建设农村基层服务型党组织；创新群众工作：构建密切农村党群关系新机制。营造和谐的农村党群关系，要深入把握农民群众的思想动向，了解农民群众利益诉求；必须紧紧抓住服务群众这个核心，建立农村基层党员服务农民群众的长效机制；必须针对当前农村社会矛盾凸显期存在的问题，建立科学有效的基层矛盾化解机制。必须发挥农村群众的主观能动性，建立群众对基层党组织和党员干部的评价考核制度。

贾义保在《新形势下农村干群和谐关系构建中的问题与对策》一文着重分析了农村

的干群关系，认为当前农村部分地区干群关系紧张，原因复杂。其中，经济发展滞后是根本因素；基层党组织软弱涣散是关键因素；部分基层干部表现不良是主导因素；部分农民群众素质低下是主体因素；农村干群间刚性任务的联系减少也是重要因素。该文认为，要针对影响农村干群关系和谐的诸多不利方面，具体问题具体分析，科学优化农村干群和谐关系。一是要以经济发展为中心，发展农村经济，为构建新型农村干群关系提供动力保障。二是要加强基层党组织建设，为构建新型农村干群关系提供政治保障。三是要建设高素质的基层管理队伍，为构建新型农村干群关系提供干部保障。四是要提升农民综合素质，为构建新型农村干群关系提供主体保障。五是要加大支农惠农政策力度，为构建新型农村干群关系提供制度保障。

对于如何构建新型党群关系，研究者们从多个角度进行了探讨。李景治在《论改善党群干群关系的着力面和途径》一文中认为，进一步改善党群干群关系，要着力从有效预防和惩治腐败、切实纠正不科学的政绩观、根本改变干部作风、努力提高干部领导艺术和管理能力四个方面抓紧落实。一是要坚持拒腐防变，既要坚持依法办事，又要打“人民战争”；既要抓大案要案，也要抓跟群众生产生活密切相关的小腐败问题。通过反腐惩腐取信于民。二是要树立正确的政绩观，坚决贯彻落实科学发展观，正确处理政绩、发展与民生的关系，要从根本上解决发展的目的和目标到底是什么的问题，是为了政绩，还是为了造福于民的问题。三是要树立正确的权力观和社会公仆意识，时刻牢记人民群众是主人，是国家和社会的权力来源。四是要进一步提高广大党员干部的领导艺术和管理能力，努力增强其做好群众工作、化解矛盾、应对危机以及管理社会具体问题的能力。

赵士红在《构建新型党群关系的五大取向》一文中认为，不同的历史时期，党群关系会具有不同的特点。党群关系是动态的，是随着时代和环境的变化而变化的。新的历史时期，党的角色功能发生了变化，群众的阶层结构、利益诉求发生了变化，党和群众所处的环境也发生了变化，对于新型党群关系的构建也提出了新的要求。一是要以和谐为取向，加强对群众的教育和引导，增进与群众的沟通和交流，增进党群之间的感情，增强党的向心力和凝聚力。二是要以利益为核心，党必须切实关注民生问题，遵循公平公正的原则，当好社会各阶层利益的调节者、仲裁者。三是要以制度为保障，通过政治体制改革，实行合理规范的党政关系，强化政党作为人民利益代表的角色定位。四是要以民主为基础，以平等的态度对待群众，健全民主制度，丰富民主形式，扩大公民有序政治参与。五是要以服务为依托，各级党组织要从过去的管理型转向现在的服务型，突出服务性本色，注重把党的宗旨和执政理念转化为行为自觉。

二、权力监督和反腐倡廉研究

加强对权力运行的监督，把权力关在制度的笼子里，是十八大以来新一届领导集体对于执政党建设的重要理念。以高压态势强力推进反腐倡廉工作，先治标再治本，以从严治标为彻底治本赢得时间，也是十八大以来党的纪检监察系统工作的中心任务。通过对权力的有效约束、对贪腐现象的严厉打击，新一届领导集体迅速建立起在全体党员和社会民众中崇高的威信，为全面深化改革、实现中国梦构筑了良好的政治风气和社会氛围。

在这样的背景下，关于权力监督和反腐倡廉的研究成为2013年执政党建设仅次于群众路线的第二大版块。相关的研究成果涵盖了当前腐败现象及其态势、反腐倡廉制度机制建设、民主反腐与网络反腐、党内权力监督、廉洁政治与廉洁文化建设等方面。这些研究成果对于人们更深刻地认识当前反腐倡廉的发展新形势、构建更有效的反腐倡廉新机制起到了重要的理论指导作用。

（一）当前的腐败现象及其态势

廉政建设的基本前提是对当前中国腐败现象的表现、程度、危害、特点和蔓延态势有准确的估量。只有搞清楚这个问题，才能对症下药，有针对性地加强惩防体系建设，完善反腐倡廉各项制度。理论界对于当前我国的腐败现象及其态势的研究主要涉及了特权现象、一把手腐败、国企腐败、隐性腐败等问题，并努力以量化研究的方法对腐败态势加以界定。相关的研究成果主要有：刘启君的《改革开放以来中国腐败状况实证分析》（《政治学研究》2013年第6期），廖奠坤的《领导干部特权现象的新表现及治理对策》（《领导科学》2013年第9期），黄建国的《特权问题治理须统筹推进》（《中国党政干部论坛》2013年第8期），乔德福的《改革开放以来市一把手腐败案例研究报告》（《理论与改革》2013年第5期），邱忠霞、张英魁的《当前中国的隐性腐败问题及其治理》（《中州学刊》2013年第8期），柏维春、李红权的《国有企业腐败的发生机理与治理对策》（《河南社会科学》2013年第5期）等。这些研究成果有助于人们准确认识当前我国腐败现象的主要表现和发展态势，对更好地推进廉政建设发挥了重要的借鉴作用。

对于当前中国腐败形势的整体性评估，刘启君在《改革开放以来中国腐败状况实证分析》一文中进行了实证与量化分析。该文取材于1978—2012年间已经审结的一万多件贪腐案件的法律文本，进行数据分析。认为，从总体情况来看，改革开放以来，我国腐败交易活动基本呈逐渐上升之势，半数以上为多次重复交易，腐败交易强度在1990年之后大幅度提高，平均交易金额是前期的30倍。但2002年以后，腐败呈现出先扬后抑的趋势。腐败的两个峰值年份分别是2000年和2006年。按部门统计的腐败情况来看，国有企业是腐败最为严重的部门，平均交易额达到51万元，腐败交易次数也远高于其他部门。其次依次是事业单位、非国有工商企业和党政机关。从腐败人员主体来看，高级管理人员腐败交易强度最高，其次是政府工作人员、高级技术人员群体。在政府工作人员中，正职官员腐败普遍比副职官员严重，但腐败程度与职级高低并不完全对应，省部级以上官员腐败交易强度最高，其次是科级、县处级、厅局级官员。对于“带病提拔”现象，统计显示，9.2%的官员“边腐边升”，其中还有三成左右获得多次晋升机会。值得高度警惕的是，不论就腐败交易次数还是腐败交易总金额而言，科级官员均位居首位，这是一个出乎意料的发现。科级官员作为基层公务员的领导者，其廉洁与否直接影响一般公务员的从政行为，必须严加遏制。

关于当前腐败现象中的一个重要方面，领导干部的特权现象，廖奠坤在《领导干部特权现象的新表现及治理对策》一文中认为，领导干部特权现象，是指某些领导干部把人民赋予的权力私有化，在政治、经济或其他方面为个人或小集团谋取私利的行为。当前干部权力在运行中缺乏监督，特权现象还没有得到有效的遏制和清除，反而借改革开放和经济社会发展之机进一步发展起来，以至于形成了令人十分担心的制度化趋势。干部特权现象的主要表现有：一是司法权中的“家法”现象，如“警察家仆化”、高级法官腐败等；二是民主权中的“老板”现象，“一言堂”和“家长制”色彩浓厚，干部间形成人身依附关系；三是用人权中的“神女”现象，即权色交易谋取官职；四是公共财政权中的“私钱”现象，预算缺乏监督，公款消费；五是执法权中的“强拆”现象，暴力执法，强制拆迁，欺压百姓，不仅关系到公民财产权益的保护，同时也关系到社会稳定；六是信访权中的“截访”现象，不让上访，强行截回，甚至非法限制公民人身自由；七是公共权力中的“拼爹”现象，“官二代”和“富二代”们采取不正当、不合法的手段挤占或掠夺社会资源。这些杂乱纷呈的现象，归根结底都是特权思想在作怪，不仅造成群众与官员之间的不信任甚至对立的状态，也严重阻碍了制度体制创新。

黄建国在《特权问题治理须统筹推进》一文中也对特权的概念、表现和产生原因进行分析。该文认为，特权是部分人享有而不是社会大众普遍享有的权利。目前我国社会存在的特权主要来源于两个方面。一类是国家基于保障或保护的目的通过正式制度设立的特权。这类特权为社会正常运转所必需，是正当合理的，一般不属于反对和禁止的范围。但是，随着社会的发展，诸如公职人员的福利保障等，也可能会发生计划时代合理的特权在市场经济时代逐步变得不再合理的问题。另一类是在社会发展过程中，一些个体和群体利用自身的优势地位通过非正当方式发展或创设的特权。这种特权才是人民群众真正反感的。包括两种情形，一种是将基于职责需要的保障性权利延伸、扩展，超出了正常履行职责的需要，甚至演化成一种固有福利和待遇，如“三公消费”；另一种是依据优势地位、利用制度和政策的模糊地带创制和发展出的特权，其中有一部分为内部掌握的潜规则，一部分已经由制度固定而成为显规则，如“官二代”的“火箭式”提拔等。具体而言，当前我国的特权表现在用人方面、政治方面、经济方面、职务消费方面和社会生活方面。特权现象总体上是围绕权力产生的，主要存在于党政干部队伍中。但还有一类特权现象必须引起重视，即一些老板通过收买权力而在一定范围和程度上拥有了某些高于普通人的权利，即资本特权。

对于当前腐败现象中最为突出、危害最大的“一把手”腐败现象，乔德福在《改革开放以来市一把手腐败案例研究报告》一文中以142个地级市“一把手”（即党委、政府、人大、政协四大班子主要领导）腐败案例为依据，进行了量化分析。数据显示，市“一把手”腐败具有如下特征：一是大权独揽，集财权、人权、事权于一身，说一不二，权力触及各个方面；二是多数有买官卖官现象，在用人权方面栽跟头；三是越权插手经济领域，如土地审批、房产开发、工程项目发包、企业经营等活动，谋取私利；四是台上大喊反腐台下大搞腐败，给廉政建设带来极大声誉损害；五是腐败家族化现象严重，有55%的市“一把手”配偶、子女、兄弟姐妹卷入腐败，共同作案；六是全面性腐败，腐败涉足多个领域，政治上买官卖官，经济上贪污受贿，生活上腐化堕落，政绩上弄虚作假；七是带病提拔现象突出，落马的市“一把手”有61%的曾被带病提拔，反映了干部考察中廉洁状况考察的失真。市“一把手”腐败总体上呈现出如下态势：一是腐败区域逐步蔓延，呈现广泛化；二是腐败潜伏期长，呈现隐蔽化；三是查处力度逐渐加大，腐败罪行严重化；四是经济腐败逐步扩大，涉案资金巨额化；五是窝案串案多，集体腐败有逐年上升趋势，呈现群体化；六是腐败领域较集中，集中于插手经济、买官卖官和生活腐化；七是腐败手段多样，类型各异，发案线索多种，呈现多元化。

对于官员腐败现象中以往关注度不够的国企领导腐败，柏维春、李红权在《国有企业腐败的发生机理与治理对策》一文中认为，国有企业腐败在本质上是作为代理人行使国家委托给国有企业经营管理权的管理人员，违背权力委托人的意愿、目标和任务，滥用委托权力谋取私利的行为。当前国有企业成为腐败高发重点领域，体现如下特点：一是普遍性，遍及各个行业；二是重点部门和重点环节易发高发，如采购、销售和财务管理等；三是腐败主体涵盖国企领导、高管、重点岗位工作人员和在下属企业兼职和派驻的领导；四是国企腐败涉案金额和造成损失巨大。在国有企业腐败行为中，权力体制、企业制度、个人的主观心理是腐败行为发生的必要条件和决定性因素。其中权力体制表现为多层级委托代理机制，委托人缺乏监督，代理人不愿实现委托人利益，而且国企领导“亦官亦商”，加剧了“一言堂”等独断专行现象。相关制度因素包括企业制度不完善，特别是内部监督制约机制缺乏，留下了许多制度漏洞和监管的真空领域，使得握有大权的国有企业管理者认为腐败的风险很小，即“敢腐败”。主观心理因素体现为腐败的收益远高于成本，被发现和查处的几率很小。除此之外，社会历史文化所带来的不良风气则起到催化作用，是辅助因素。上述因素的综合作用导致国有企业领域腐败频发。

对于腐败现象中长期不引人注目的隐性腐败现象，邱忠霞、张英魁在《当前中国的隐性腐败问题及其治理》一文中进行了专门的探讨。该文认为，面对不断深化和强化的反腐败斗争，个别企图以权谋私者会寻求更为隐蔽的方式，由此衍生出一些披着合法外衣的隐性腐败形式。从文化传统的维度来看，隐性腐败容易隐藏于人际交往之中，包括官员为了亲情伦理，滥用公权，为家庭、家族和朋友圈子谋利；也包括官员通过“礼尚往来”的方式，陷入人情交易，“礼”由传统人情交往工具向权力交易工具转变；还包括“官官相护”的等级现象，如官僚小圈子、行业性的窝案腐败等。从社会认同的维度来看，隐性腐败容易隐藏于部分公众的心理承受之中。我国部分公众形成了一种视腐败为正常现象的习惯心理，一些人对腐败表现出一种心理平衡、习以为常及默认或无奈的态度，比如，当前社会上出现的“笑贫不笑贪”现象等。还有部分公众对与己关系不大的腐败表现出漠视的心理，甚至部分公众对腐败抱有一种非理性的宽容态度——腐败直接侵害了自己之利，则愤然视之；腐败为自己带来了私利，则对其默许。从官员利益集团的维度来看，腐败隐于小集体的共同利益之中。这包括决策中部门利益现象，为小集体的利益进行政策寻租。还包括部门为了激励干部提供的超出标准的“正常待遇”，形成隐性福利，以及在出了问题之后，以集体负责为名进行责任规避。最后，从政府管理的维度来看，腐败还可能隐于政府的绩效考核之中。例如，不正确的政绩观导致现实公共利益的损失隐于个别官员的形式主义作风之中，长远公共利益的损失隐于片面政绩的追求之中，以及财政资源浪费隐于公共财政支出绩效考评制度缺失之中等。隐性腐败给社会带来了很大的深层危害。在反腐斗争中，必须以“零容忍”的态度，提高对隐性腐败的认识和关注。

（二）反腐倡廉制度制度建设

面对严峻的腐败易发、高发的形势，如何推进中国特色的反腐倡廉建设，完善惩治与预防并重的反腐败体系，营造使官员不敢腐、不能腐、不想腐的有效机制，是打赢反腐败战役、营造廉洁政治的关键所在。对于反腐倡廉的制度机制建设，理论界既有对较宏观的制度体系构建、腐败治理路径的探讨，也有针对更具体的问题如制度执行障碍、纪检监察体制、廉政风险防控的分析。主要的研究成果有：燕继荣的《中国腐败治理的制度选择》（《哈尔滨工业大学学报·社会科学版》2013 年第 3 期），包心鉴的《政治体制改革：中国特色反腐倡廉必由之路》（《新视野》2013 年第 1 期），赵绪生的《试析制约反腐倡廉制度执行力的根源》（《岭南学刊》2013 年第 4 期），任铁缨的《略论"健全纪检监察体制"》（《中国党政干部论坛》2013 年第 9 期），崔会敏的《防止利益冲突与廉政风险防控对接机制研究》（《河南社会科学》2013 年第 1 期），葛本成的《廉政风险防控在实践中的困境与对策探讨》（《广州大学学报·社会科学版》2013 年第 8 期）等。这些研究成果对于进一步完善惩防体系建设，构筑把权力管住的制度牢笼起到了重要的探索作用。

关于腐败治理的制度建设，燕继荣的《中国腐败治理的制度选择》一文中认为，反腐败是当今中国政治的核心议题。从"大历史观"的角度看，腐败治理基本可分为两种模式：古典的"君治"模式和现代的"民治"模式。中国政府反腐行动绩效不够显著有观念、制度和政策三个方面原因。从观念认识上来看，不能把腐败治理看作权力斗争的手段，也不能把腐败治理当做继续执政的权宜之计，更不能把腐败治理视为服务于经济发展或其他目标的手段，而必须把腐败治理看做是现代政治生活解决官民关系、实现公平正义必不可少的制度安排。从制度安排来看，反复实践中，在"基础制度"和"基本制度"尚不健全或尚不完善的情况下，出台了大量属于"具体制度"的政策。正是由于该充实的"基础制度"和"基本制度"得不到充实和落实，缺乏所谓的"顶层设计"，结果迫使各地胡乱开药吃药，使"具体制度"层面形形色色、别出心裁的招数也都变成中看不中用的表面文章。从政策执行来看，影响和制约中国反腐决策执行力的因素有三：一是纵向多头管理，二是横向多层分割，三是过程控制缺失。依据现代政治的一般经验，在中国既有的政治框架下腐败治理的可行制度选择是：通过宪政体制确立现代官民关系；通过分权—限权制度管住各地各部门"一把手"；引入官员财产申报登记制度；克服"体制消融"，建立统一、独立、专业化的反腐体系。反腐败需要形成共识：腐败事关重大，不仅关涉执政党地位，而且关乎社会公平正义，因此不能以任何理由为借口而敷衍了事；制度漏洞是腐败滋生和蔓延的原因和条件，因此腐败治理应归结为制度建设；腐败治理不应该仅仅以查处大案要案、惩治贪官污吏为目标，而应该以废除特权、建立现代官民关系制度为目的；腐败治理不应该仅仅局限为执政党的组织建设，而应该上升为国家政权建设；腐败治理的出路不在于各地党政部门的"廉政创新"，而在于立足执政党长期执政和中国"民族复兴"大业之需要所进行的"顶层设计"。

包心鉴在《政治体制改革：中国特色反腐倡廉必由之路》一文中也认为，坚持中国特色反腐倡廉道路，要求必须积极稳妥地深化政治体制改革。首先，改革要立足于基本出发点：从"权力本位"到"权利本位"。这是关系国家权力运行的实质与要害，因为当前腐败现象的制度根源在于权力错位和权力失控，而以往政治体制改革又陷入权力在少数人中配置的误区，因此，必须着力突破并防止重蹈这一改革误区，将各类政治体制改革的出发点真正定位到"权利本位"上来。其次，改革的主要着力点应该是从"高度集权"

到“党内民主”。应当坚持党政分开，防止党委包揽一切及由此滋生的现象：市场规则扭曲和“权力商品化”、干部选人制度扭曲和派系跑官现象、一把手腐败等。应当坚持党务公开：防止权力被垄断。应当坚持党内监督，防止权力被滥用。再次，改革的关键生长点应是从“权力委任”到“权力民授”。这需要进一步完善干部选拔过程中的民主化机制，进一步增强干部监督过程中的民主化权威。

对于反腐倡廉的主要制度依托——纪检监察制度的完善，任铁缨的《略论“健全纪检监察体制”》一文中进行了分析。该文针对十八大报告提出的“健全纪检监察体制”，从功能定位、产生方式和权力结构等方面进行了思考和建议。在功能定位方面，纪委与党委的关系在设置上有两种理念：一种定位在防止党委“权力过分集中”上；另一种定位为“协助协调”党委上。应当说，这两种理念是有很大区别的，前者侧重“分权”，后者侧重“集权”。应摒弃“协助协调”的理念，树立防止“权力过分集中”的理念。在产生方式方面，存在两大问题：其一，授权主体是党代会还是党委会；其二，授权方式是选举制还是任命制。要确保纪检监察机构的相对独立性，就应将党代会作为对纪委授权的主体进行到底，不能半途而废改为由党委会授权。对纪委书记的产生而言，可任命可选举的，一定要经过选举产生；可任命可不任命的，坚决不任命，以真正体现选举为主、任命为辅的选拔任用干部的原则。在权力结构方面，人们多纠缠于是“垂直领导”还是“双重领导”，但这仅是一个层面。至少要从三个层面思考：一是纪检监察机构在整个党内权力结构中的地位，采取“双重领导”体制，其中上级纪委领导不变，但必须将同级党委领导改为同级党代会领导，以体现权力的授受关系；二是纪检监察机构内部的横向分权，应将纪检监察机构立案、审案、结案等适当分开；三是党员自下而上对纪检监察机构权力行使的监督，应探索纪检监察部门要确立面向广大党员“公开审理党纪案件”的制度。

关于反腐倡廉的具体制度的执行力障碍问题，赵绪生在《试析制约反腐倡廉制度执行力的根源》一文认为，要提高反腐倡廉制度执行力，准确找到影响反腐倡廉制度执行的症结所在是关键。当前制约反腐倡廉制度执行力的根本原因，一是反腐倡廉制度的设计缺乏科学规划，包括缺乏体系化和规范化、缺乏权威性和震慑力、缺乏协调性和连续性、缺乏程序性和应用性。二是对反腐倡廉制度的执行力的重视程度不够。其原因在于一些领导和领导部门缺乏法治意识、缺乏权威意识、缺乏自觉意识、缺乏平等意识。三是对反腐倡廉制度的执行力缺乏有效制约和监督。表现在：制约监督机制设置不科学、某些功能缺位以及整体合力不强，导致监督制衡乏力。四是对反腐倡廉制度的执行力缺乏完善责任追究机制，责任追究“失之于软、失之于宽”，缺乏严格标准，配套制度也不完善，制度执行者也缺乏良好的素养。五是反腐倡廉制度的执行力受到制度外因素巨大干扰。这些干扰包括：官僚特权思想及其行为的影响，个人或小团体利益驱动的影响，各种潜规则的巨大干扰以及社会中复杂的人情关系网等。

惩治腐败是反腐倡廉的治标之举，而要从根本上减少腐败现象，还需要加强惩防体系建设中预防腐败的建设。对于预防腐败，研究者从腐败风险防控的角度进行了探析。葛本成在《廉政风险防控在实践中的困境与对策探讨》一文中系统分析了廉政防线防控机制运作的现状。该文认为，廉政风险是指公职人员在执行公务或日常生活中不能廉洁从政而发生腐败行为的可能性。廉政风险防控作为我国反腐倡廉建设的一个创新举措，自2011年在全国推广实施以来，取得了显而易见的成效。但在基层实践中也存在一系列困境：一是实践缺乏理论指导，易陷入盲目困境；二是缺乏高层次制度规范，防控措施较难进行实质性推动；三是缺乏社会参与，廉政风险的排查存在不少盲点；四是缺乏基层执行主体的支持，出现被动应付情况。针对这些困境，为了更好地推进廉政风险防控工作，提高其有效性，需要在实践中注重如下四方面工作：一是加强理论研究，做好廉政风险防控的"顶层设计"，尤其是整合对接防止利益冲突与廉政风险防控两大制度；二是推进综合配套改革，提高廉政风险防控指导规范层次，如加快制定从政道德法规，制定《公职人员道德法》；三是创造条件增加社会参与程度，提高风险点排查的真实性和有效性；四是借助科学信息系统技术，创新廉政风险防范管理机制。

崔会敏在《防止利益冲突与廉政风险防控对接机制研究》一文中研究了十七届四中全会提出的"建立健全防止利益冲突制度"及其与廉政风险防控的关系。该文认为，防止利益冲突是国际社会普遍认同的预防腐败的有效措施，利益冲突和腐败是两个不同的概念，体现在文化认知、行为规范和行为后果三个层面。在认知层面应明确公共利益和私人利益的分界线；在规范层面确立公共伦理规范，合理选择；在在行为后果层面，确立具体的防止利益冲突的激励和惩戒措施。防止利益冲突和廉政风险防控虽然有诸多区别，但核心共同点都是预防腐败。应从文化交融、制度整合、组织对接以及机制创新来建立防止利益冲突和廉政风险防控的对接机制。具体而言，建立健全利益信息公开和廉政风险排查机制，结合利益冲突建立廉政风险教育提醒机制，以及强化防止利益冲突和廉政风险防控的问责机制。

（三）民主反腐与网络反腐研究

反腐倡廉需要全民参与才能形成贪腐分子无处藏身的环境和土壤，民主也是最好的防腐剂。我们党开展廉政建设同样需要发动人民群众，在信息化条件下，还要充分发挥广大网民的作用，才能形成有效的监督。对于民主反腐和网络反腐，理论界进行了探讨，主要成果有：刘启春的《中国共产党民主反腐的基本历程与经验》(《三峡大学学报》人文社科版2013年第5期)，杜治洲的《公众参与反腐倡廉的影响因素及其挑战》(《理论视野》2013年第3期)，齐杏发的《网络反腐的政治学思考》(《政治学研究》2013年第1期)，吴学凡、苑晶的《当前我国网络反腐运行机理探析》(《中共贵州省委党校学报》2013年第6期)等。这些研究成果对于进一步扩大反腐倡廉中的民主参与、进一步利用和规范网络反腐有一定的借鉴作用。

关于民主反腐，刘启春在《中国共产党民主反腐的基本历程与经验》一文中认为，中国共产党以马克思列宁主义反腐倡廉理论为指导，坚持以民主制度、民主形式、民主手段监督和制约权力，把民主反腐贯穿于反腐败斗争的全过程，取得了反腐倡廉建设的巨大成效。在革命时期，民主反腐处于奠基和初创时期，苏维埃政权和抗日民主根据地政权都发动了人民对权力进行了广泛的监督，保持了廉洁形象。在建设时期，民主反腐取得了重要成就，如建立了权力监督体制，普遍实行人民监察制度，监督举报党政机关和工作人员的违法违纪行为等。但也存在重大差错：国家和社会力量严重失衡，国家权力不受制约；权力高度集中，人治型体制；把权力腐败归结于思想作风等主观因素，忽视了制度建设；群众运动式反腐走入歧途等。在改革开放时期，邓小平形成了新的民主反腐思想，一是指出腐败发生的根源在于权力高度集中；二是考虑从权力的制约与监督上遏制腐败发生；三是开辟了制度反腐的新领域。

杜治洲在《公众参与反腐倡廉的影响因素及其挑战》一文中认为，公众参与反腐倡廉具有极端重要性，但存在一系列制约公众参与的因素。一是参与能力，受年龄、文化程度和经济水平的影响。二是参与意愿，受自身涉及腐败的程度、对腐败的认知、对腐败的容忍度、对反腐败的信心、举报时受到的保护与鼓励等因素的影响。三是参与机会，受信息公开、渠道畅通等因素影响。当前我国公众参与反腐倡廉面临的主要挑战有：公众对腐败的危害认识不够，对腐败的容忍度偏高，市民社会不发达，政府透明度有待提高，举报人没有得到足够的保护和激励等。应从增强公众参与意愿、培养公众参与能力和创造公众参与机会三方面着手，尤其是在制度建设上，通过网络提高信息公开程度，建立财产申报制度，落实科学完备的公民举报权制度来促进公民对于反腐倡廉的参与。

关于网络反腐，齐杏发在《网络反腐的政治学思考》一文中进行了系统的思考。该文认为，当前，中国的网络反腐呈现出深入发展的态势，受到党和政府的高度重视。网络反腐的影响不断扩大，有效性较高，案件获得政府部门快速回应。网络反腐作为新时期反腐的新形式，有一定的积极意义，可以在一定程度上破解集体腐败难题，惩治和预防腐败，巩固党的执政基础，同时也促进了公民的政治参与，对公民意识的形成亦有帮助。但网络反腐也有明显的不足。其自身有局限性：持续性无法保证，有偏离法治轨道的倾向，对象有很大的选择性，同时缺乏制度保证。网络反腐还存在一定的政治风险，一方面会引发了对纪检部门的政治不信任，另一方面存在着诱发过度政治参与的可能，进而破坏稳定的政治秩序。针对网络反腐的无序状况，迫切需要进行制度规范，从法制建设等方面入手，将网络反腐纳入制度化政治参与渠道，发挥其积极作用，防范潜在风险，积累正能量，推动党风廉政建设和政治发展。

吴学凡、苑晶在《当前我国网络反腐运行机理探析》一文中以近年来较为著名的网络反腐事件为例，通过成功的案例与未能成功的案例的对比分析，推导出网络反腐的运行流程。这一流程一般分为七个步骤，即：个体言说、网友转发、著名网络论坛转载、媒体跟进报道、民间公共舆论压力形成、反腐机关介入、调查处理结果公布。网络反腐事件具有一定的共性：以公职人员为网络反腐对象，以爆料证据有力吸引网民注意力，以民间舆论压力引起政府主义。发端于网民曝光的网络反腐，能否最终达到反腐的目的，还需要跨过六个关键转折点，即：曝光材料是否生动形象有揭秘性、舆论领袖或网络推手是否接近、是否具有新闻价值、社会公共舆论是否形成、社会舆论压力是否形成、是否责任政府。探寻网络反腐的运行机制对我们进行有效反腐具有重要现实意义。网络反腐虽然有强大的作用，但不能治本，还需要被纳入到制度反腐之中。

（四）党内权力监督研究

腐败的根本原因在于权力高度集中，因而加强对权力的监督和制约才是反腐倡廉的治本之策。对于党内权力监督，理论界从监督的理论发展、科学化与合力的形成、监督的困难及消解、监督的重点领域等多个方面进行了探讨。主要研究成果有：董世明的《党的十八大关于权力监督问题的理论贡献》(《江汉论坛》2013 年第 9 期),李锡炎的《党内监督科学化的若干关系》(《中共四川省委省级机关党校学报》2013 年第 5 期),沈荣华、赵亮的《我国地方党组织监督困境及其消解》(《理论探讨》2013 年第 5 期),牟广东、唐晓清的《县权公开:实践探索、推进思路》(《理论探索》2013 年第 5 期)等。这些研究对于进一步严密党内权力监督,消除权力腐败的体制性根源有一定的指导意义。

党的十八大对于加强权力监督作出许多新的理论表述和任务部署,对此,董世明在《党的十八大关于权力监督问题的理论贡献》一文进行了详述。该文认为,党的十八大着重强调了权力监督问题,提出了一系列关于权力监督的重要思想。一是指出权力监督的直接目标是克服腐败现象,实现干部清正、政府清廉、政治清明。二是明确权力监督的重点是各级领导干部,特别是主要领导干部。三是强调加强制度建设,用制度来管权管事管人。四是提出要发扬民主,健全党和国家的民主生活。五是要求通过多种途径开展权力监督工作,包括党员的监督,群众的监督,党组织的监督,专门机关如纪检监察部门、巡视组的监督,舆论监督等。六是提出要通过选举制度来约束权力的运行。七是提出继续推行权力运行公开制度。八是严格执行领导干部重大事项报告制度。该文认为,十八大对于权力监督新论述、新部署的提出,进一步丰富和发展了马克思主义关于权力监督问题的理论,对于搞好权力监督和反腐倡廉工作具有重要的意义。

对于提高党内监督的科学化水平,李锡炎在《党内监督科学化的若干关系》一文中认为,党内监督需要不断提高科学化水平,党内监督科学化,本质上是要求党内监督的理念、制度和活动方式、运作程序符合党的活动规律,符合科学执政、民主执政、依法执政的基本原则。推进党内监督科学化,必须正确认识和准确把握一系列的重大关系。一是正确把握党内监督与全面提高党的建设科学化水平,同心共筑中国梦的关系,坚持党内监督的正确方向,履行党内监督的神圣使命。二是正确把握党内监督与《党章》及党内法规的关系,维护《党章》的权威性和严肃性,推进党内监督制度化、规范化。三是正确把握党内监督与发展党内民主、完善党内民主选举制度的关系,营造党内民主的监督平台和党内监督的民主平台,奠定党内监督科学化的深厚基础。四是正确把握党内监督与健全权力运行制约和监督体系的关系,完善权力结构,优化党内监督科学化的前提条件和运行机制。这包括:树立"以权制权"的监督理念,转变"以纪律制纪律"的思维定势,跳出就案办案的查处型监督套路;探索决策权、执行权、监督权相对独立、相互制约、相互配合的体制机制改革,完善权力结构,优化党内监督科学化的前提条件和运行机制;整合党内外监督资源,发挥党内监督、民主监督、法律监督、舆论监督的各自优势,形成多层次、多形式、全方位的党内监督体系。五是正确把握党内监督与保障党员民主权利、坚持为民务实清廉的群众路线关系,激活党内监督主体的活力,在人民群众中吸取党内监督科学化的正能量。六是正确把握党内监督与廉政文化时代化、党性修养信仰化的关系,营造加强党内监督的政治文化环境,增强党内监督科学化的内生文化力。七是正确把握党内监督与提升制度执行力和制度建设科学化的关系,把制度优势与人的因素结合起来,提高党内监督的实效性。

对于党内监督的具体领域和环节,沈荣华和赵亮在《我国地方党组织监督困境及其消解》一文中分析了地方党组织的监督状况,地方党组织监督具有十分重要的现实意义,它不仅可以预防与反对腐败，还可以提升地方党组织的执政效率，实现地方党组织决策的科学化。当前地方党组织的监督存在多重困境，表现为：地方人大监督地方党组织一般表现得比较“柔软”；地方政府监督地方党组织往往表现得比较“空洞”；民主党派对地方党组织监督更多表现得比较“松散”；人民群众对地方党组织监督一般表现得比较“脆弱”。归根结底还是缺乏法治前提。地方党组织监督实际上就是将地方党组织置于法治笼子内，制约地方党组织权力行使的范围与过程。法治笼子应包含法治精神、法治要件及法治运作三大要素。地方党组织要用法治精神来约束自己，用法治精神指导一切制度建构；法治要件就要将党章党纪与监督执法、国家司法体系形成无缝隙衔接，实现党员守法、党员权利救济与社会公共检举机制的效力整合；法治运作需要有社会全体民众对法治的拥护和认同为前提，在此条件下，地方党组织监督与高效法治运作相辅相成、高度耦合。

牟广东、唐晓清在《县权公开：实践探索、推进思路》一文中对当前党内监督的重点对象和重点领域——县级权力进行了分析。该文认为近年来我国在“县权公开”改革方面进行了积极探索，主要体现在如下四个环节：厘清县委职权、规范操作程序、公开权力运行、加强权力监督。但各地“县权改革”过多地把着力点放在“公开”和“透明”上，仍然存在一系列深层次的难点问题。一是县委权力仍存在不确定性，实践运行存在阻力。二是县级权力运行机制不规范，难以形成有效监督制约。三是制度保障不健全，权力公开难以向纵深发展。四是改革动力不足，难以形成长效机制。进一步推进“县权公开”，应从破解权力高度集中的体制弊端入手，站在整个县域政治的宏观视角下思考，一是完善党内立法，明晰界定县委权力；二是发展党内民主，构建党内监督机制；三是加强整体设计，理顺县级权力制约关系；四是加强民主政治建设，建立群众监督机制；五是强化动力机制，确保改革的深入持久。

（五）廉洁政治和廉政文化研究

十八大明确提出“反对腐败、建设廉洁政治，是党一贯坚持的鲜明政治立场，是人民关注的重大政治问题。这个问题解决不好，就会对党造成致命伤害，甚至亡党亡国。”廉政文化是反腐倡廉取得切实成效、建成廉洁政治的社会文化基础。学界对于廉洁政治和廉政文化进行了深入的探讨。主要成果有：庄德水的《廉洁政治：内涵、结构与运行逻辑》（《廉政文化研究》2013 年第 3 期），唐凯麟、彭定光的《加强廉政文化建设，实现“三清”政治社会》（《伦理学研究》2013 年第 1 期），刘彦昌的《廉政文化软实力评估体系的构建》（《中共浙江省委党校学报》2013 年第 1 期）等。这些研究成果对于进一步深化对廉洁政治的认识和加强廉政文化建设具有指导意义。

关于廉洁政治的理解，庄德水在《廉洁政治：内涵、结构与运行逻辑》一文中认为，从政治发展角度来看，廉洁政治是现代国家治理的必然要求。廉洁政治内涵具有三个理论维度：政治设计、价值取向和实践状态。政治设计为廉洁政治建设提供合法性，价值取向为廉洁政治建设提供发展方向，实践状态让政治设计和价值取向实现统一，从而为廉洁政治建设开辟道路。廉洁政治的内在结构包括廉洁政治观念、廉洁政治关系和廉洁政治行为三个部分，这三个部分具有一定的逻辑关系，从廉洁政治观念到廉洁政治关系再到廉洁政治行为，一个比一个更接近于政治生活现实。廉洁政治的运行逻辑是内在的，一方面取决于廉洁政治所处的国家发展阶段，另一方面反过来影响现代国家治理的发展进程。建设廉洁政治应遵循并实现法治逻辑、制度逻辑和治理逻辑的统一：法治逻辑要求依法治腐，把所有廉政建设事务纳入法制框架；制度逻辑要求制度反腐，推进宏观层面的行政体制改革、中观层面的廉政制度建设以及微观层面的分权机制探索；治理层面要求实现廉政组织重构、廉政资源配置、廉政信息公开、廉政主体合作等。

关于廉政文化，唐凯麟、彭定光在《加强廉政文化建设，实现“三清”政治社会》一文从政治伦理的角度分析了领导干部讲真话、敢担当、追求真理对于廉政文化和廉洁政治的重要性。该文认为，“干部清正、政府清廉、政治清明”政治社会的建设是一个复杂的系统工程，其关键在于领导干部。它要求领导干部具有非凡的实践智慧和高尚的道德品质，其首要之处是具备求真务实的理念和作风。领导干部要真正做到求真务实，就应该敢讲真话。只有讲真话，才能使自己内心宁静，为人光明磊落、襟怀坦白，才能取信于民，才能有利于社会风气的纯正，才能直面问题，推进社会主义建设事业的发展。领导干部还要敢于担当，做到言行一致、表里如一；善于明辨真伪，勇于坚持真理、捍卫真理。只有这样，领导干部才能真正担负起党和人民所赋予的神圣使命，实现好、维护好、发展好社会主义事业和人民的根本利益。

刘彦昌在《廉政文化软实力评估体系的构建》一文中对于如何量化评估廉政文化提出了建议。该文认为，构建科学的廉政文化软实力评估体系，有助于准确认识廉政文化建设的成效，为其可持续发展提供依据。构建廉政文化软实力评估体系，需要着重解决三个方面的问题：明确预期目标，确定设计原则，筛选评估内容。在构建目标方面，一是为改进廉政文化建设提供依据，二是客观评估廉政文化建设的成效，支撑其持续发展，三是激发廉政文化建设主体的积极性和主动性。设计原则包括：指标筛选方面的原则，包括规范性、解释力、可操作、可实现、科学性、被公认等原则；指标权重方面的原则，包括目标原则、需求原则、实效原则、平衡原则等；分析方法应遵循定性和定量结合的原则。廉政文化软实力评估体系的具体内容应包括：廉政文化凝聚力、廉政文化的导向力、廉政文化的传播力、廉政文化的创新力、廉政文化的实现力五个方面。

三、关于纯洁性与理想信仰研究

十八大报告提出，提高党的建设科学化水平要牢牢把握加强党的执政能力建设、先进性和纯洁性建设这条主线，要教育引导党员、干部矢志不渝为中国特色社会主义共同理想而奋斗。基于此，十八大以来，在执政党思想建设方面，十分重视党员干部的纯洁性建设和牢固正确的理想信仰问题。理论界对于对于党的纯洁性的要素构成、纯洁性建设存在的问题、提高纯洁性的建设路径，对于共产党人的核心价值观、理想信念、精神追求等一系列问题进行了深入的探讨，形成了较为丰富的成果。这些研究对于解答当前在党员干部队伍中普遍存在的一些疑惑，对于丰富对新时期党的建设主线的认识，有一定的推动作用。

（一）关于党的纯洁性建设的研究

保持党的纯洁性是马克思主义政党的本质要求，是中国共产党自身建设的根本问题和重要目标。对于党的纯洁性建设，党建理论界 2013 年的研究成果主要有：杨礼宾、黄红平的《纯洁性建设：关乎马克思主义政党生命的重大命题》（《廉政文化研究》2013 年第 1 期），张云的《党的纯洁性四要素之辩证分析》（《中国浦东干部学院学报》2013 年第 5 期），中共河南省委组织部课题组的《保持共产党员信仰纯洁性：问题与对策》（《中州学刊》2013 年第 5 期），阎钢的《保持党的纯洁性的政治伦理性思考》（《中共四川省委省级机关党校学报》2013 年第 4 期）等。

关于党的纯洁性建设的重要性分析，杨礼宾、黄红平在《纯洁性建设：关乎马克思主义政党生命的重大命题》一文中认为，纯洁性建设是关系到马克思主义政党生死存亡的重大命题。党的十八大报告提出把纯洁性建设作为党建新的主线，标志着我们党对马克思主义政党建设规律的认识达到了新境界。正确领会中央精神，加强党的纯洁性建设，应该把握规律性、突出紧迫性、提高实效性。一是从马克思主义政党的本质属性上把握规律性，是纯洁性建设的立足点。要深刻认识到，纯洁性是先进性建设的重要前提和基础，马克思主义政党的活力就在于保持纯洁性，而苏共亡党亡国的教训更是警示纯洁性的重要性。二是从党肩负的使命和面临的挑战上突出紧迫性，是纯洁性建设的着力点。要认识到，实现新战略目标需要加强党的纯洁性建设，应对考验和化解风险需要保持党的纯洁性。三是从严格坚持党员标准、加强理想信仰教育、健全自我净化机制和构建保纯制度体系上提高实效性，是纯洁性建设的落脚点。

关于党的纯洁性的要素与内涵分析，张云在《党的纯洁性四要素之辩证分析》一文中认为，党的纯洁性其内涵主要包括思想纯洁、政治纯洁、组织纯洁和作风纯洁等四个方面要素。其中，思想纯洁是统帅和灵魂，是最高标尺；政治纯洁是马克思主义党建思想的最重要的目标定位；组织纯洁是保持全党步调一致和推进党的事业发展的组织保证，是增强党的创造力、凝聚力和战斗力的基础性建设；作风纯洁是保持党同人民群众血肉联系和不断从人民群众实践中吸取经验、智慧和力量的固本之道。纯洁性这四个要素既具有目标的一致性又具有内涵的多彩性，不断处于动态发展之中。深入研究和积极推进保持党的纯洁性建设系统工程需要正确处理好若干关系：一是辩证地分析和科学地处理好历史梳理和现实解剖的关系，二是正确处理好传统理念和思维创新的关系，三是正确处理好纯洁性的基本定位和时代诉求的关系。阎钢在《保持党的纯洁性的政治伦理性思考》一文中从政治伦理和政治道德的角度分析了党的纯洁性的语义实质。该文认为，中国共产党的纯洁性，就是与中国共产党自身的性质、任务、终极目标紧密相连的纯粹性、单一性，以及不掺杂任何其他属性在内的政党品质和执政能力。保持党的纯洁性所寄予的政治伦理语义，实质就是对其进行政治道德形而上的追问。在当前，保持党的纯洁性反映出的政治伦理特征比较于党的其他建设显得更为集中和显著。首先，保持党的纯洁性，就是坚持"以人为本"的政治道德原则。其次，保持党的纯洁性，就是坚持诚信原则的道德取向性。其三，保持党的纯洁性，就是坚持为人民服务的政治伦理本性。

对于当前党的纯洁性建设中存在的问题和原因，中共河南省委组织部课题组在《保持共产党员信仰纯洁性：问题与对策》的调研报告中以河南省的省直机关和部分省辖市为对象，进行了调研分析。该报告认为，当前党员队伍总体上是好的，但在部分党员中存在的诸多问题，特别是在世界观、人生观和价值观方面存在的问题。党员信仰纯洁性上存在的问题主要有：一是理想信念动摇，一些党员甚至产生了“共产主义旗帜能打多久”的疑问；二是宗旨意识淡薄，有些干部对社会公益事业漠不关心；三是组织观念弱化，有的不积极参加组织活动，还有的长期与组织失联；四是封建迷信回潮，少数党员干部“不信马列信鬼神”。造成这些问题的原因是多方面的。从内部因素来看，党在长期执政中存在的消极现象影响了党员理想信念忠诚度。从利益因素来看，市场经济的利益观念对党员干部思想造成强烈冲击。从体制因素来看，社会公平正义的部分缺失和制度的不完善弱化了党员理想信念的坚定性。从环境因素来看，世界经济政治的新发展尤其是资本主义的暂时优势使党员理想信念受到冲击。从教育因素来看，基层党组织对党员教育管理的方式方法陈旧，跟不上时代要求。要解决这些问题，必须在几个方面努力：强化理论武装，筑牢思想基础；加强党性锻炼，筑牢实践基础；发挥组织优势，激发内在动力；推动教育创新，营造良好环境；强化组织约束，纯洁党员队伍；加大资金投入，提供经费保障。

（二）关于党员干部的理想信念和信仰的研究

十八大以来，习近平多次强调“革命理想高于天”。坚守共产党人的政治灵魂和精神追求是保持党的先进性和纯洁性的重要标准。长期以来，对于共产党人的理想信念和政治信仰的认识，一直被转型期混乱的社会思潮所困扰，存在一些错误认识，相关研究较为滞后。鉴于此，理论界对于党员干部的理想信念的内涵、层次、现实表达、建设经验等进行了较为系统的分析，并延伸到对共产党人的政治灵魂与精神家园的探讨。主要研究成果有：李泽泉的《论党的理想信念的层次性》(《观察与思考》2013 年第 11 期)，王延超的《党员干部理想信念的现实表达》(《理论探索》2013 年第 5 期)，周新城的《关于坚定理想信念的几个问题》(《中共贵州省委党校学报》2013 年第 2 期)、姜华有的《党员干部信仰问题研究》(《理论建设》2013 年第 3 期)，隗金成的《共产党人的政治灵魂和精神追求论析》(《辽宁师范大学学报》社科版 2013 年第 6 期）和王喜国、冯艳梅的《论共产党人精神家园的建设》(《党政论坛》2013 年第 11 期）等。这些研究对于正确、深入地认识党员干部理想信念的应然与实然状况有一定的指导作用。

关于党员干部的理念信念的内涵层次，李泽泉在《论党的理想信念的层次性》一文中认为，我们党始终坚定理想信念，与此同时，又将之分为不同层次，总的分为远大理想、共同理想和现实目标三个层次。三个层次的理想信念，既相互独立又紧密联系。共产主义作为党的远大理想一直没有变，共产主义远大理想不是主观臆想，而是在科学理论指导下对人类社会发展规律的正确反映。中国特色社会主义是共产主义远大理想在我国社会主义初级阶段的具体表现，这个共同理想是由一个个具体的现实目标组成的。实现中国梦则成为这个共同理想在当前和今后一个时期总的现实目标。中国梦作为全国人民总的现实目标，是对党的十二大以来逐步确立的“两个一百年目标”的形象表述，是对党在社会主义初级阶段基本纲领的通俗表达。现实目标根据时间、地点等具体条件的变化，有大小之别，可分为不同层次。当前，对于全国人民来说，中国梦是总的现实目标，是高层次现实目标。在中国梦总目标下，还有很多具体目标，当前，为现实目标而奋斗，最紧迫的是要按照党的十八大的部署，在我党成立100周年前全面深化改革开放，如期全面建成小康社会。

关于党员干部理想信念如何从内心的体验表现为外在的行为，王延超在《党员干部理想信念的现实表达》一文中认为，党员干部理想信念的现实表达，是指党员干部在履行岗位职责中通过语言和行为，对自己所坚守的共产主义理想和中国特色社会主义信念向社会的叙述、表示和传播。该文通过对山东、福建、青海、天津三省一市党员干部的调研，结果显示，多数干部认为有必要在实际工作中表达自己的理想信念，且可以被表达，表达的关键在于言行一致，表里如一。多数干部认可通过“为群众办实事、办好事”作为评价党员干部的理想信念坚定的标志。对于理想信念表达的难题，多数认为是“迫切需要党员干部转换话语风格和行为模式，使得党员干部理想信念的表达被群众喜闻乐见”。依据调查中显示的问题，该文认为推进党员干部理想信念现实表达，要强化对党员干部理想信念的研究和文化传播，实现党员干部理想信念语言和行为表达的一致性，崇尚党员干部坚定理想信念的本分执政理念，夯实党员干部理想信念表达的“公平公正”基础。

对于党员干部理想信念存在的问题及解决的对策，周新城在《关于坚定理想信念的几个问题》一文中进行了较为理论的分析。该文认为，当前，坚定社会主义信念是一项迫切而现实的任务。受苏东剧变、西方思想、非意识形态化思想、思想政治教育工作弱化等因素的影响，一部分党员出现了理想信念淡化甚至缺失的严重状况。理想信念的缺失是一件十分危险的事情。苏东剧变证明，实用主义是可以为和平演变打开缺口的。因此，要认真学习马克思主义著作，掌握社会发展规律，才能坚信社会主义必然取代资本主义。而正确评价社会主义实践，包括苏联和中国的社会主义实践，这是坚定社会主义信念的必要条件。姜华有在《党员干部信仰问题研究》一文中进行了较为具体的剖析。该文认为，党员干部马克思主义信仰缺失的主要表现有：信仰的冷淡化，信仰的神秘化，信仰的功利化。信仰缺失现象严重影响党的纯洁性，削弱党的战斗力，动摇党的执政地位。信仰缺失现象产生的原因是多方面的，包括：市场经济的负效应影响；对待马克思主义的错误态度；国际共产主义运动走入低潮的冲击；思想文化的多元化；社会主义初级阶段存在的复杂问题；忽视马克思主义理论的学习和运用等。治理党员干部信仰缺失，必须提高党员干部马克思主义理论水平；增强社会主义核心价值体系的主导作用；充分发挥社会主义制度的优越性；完善党员干部选拔任用制度；强化对信仰问题的监督与管理。

对于共产党人的政治灵魂，隗金成等在《共产党人的政治灵魂和精神追求论析》一文中认为，坚守共产党人的政治灵魂和精神追求是党的十八大对全党提出的要求，是新的时代条件下全面提高党的建设科学化水平、保持党的先进性和纯洁性的重要前提和根本保证。理想信念也是中国特色社会主义的精神动力，有了坚定的理想信念，才能加强和改善党的领导，才能凝聚中华民族团结奋斗的精神力量，才能坚持中国特色社会主义道路。坚守共产党人政治灵魂和精神追求的首要条件是从理论的高度把握马克思主义的思想信仰、社会主义和共产主义的政治信念的科学内涵与精神实质，理清时代新发展给共产党人政治灵魂和精神追求带来的新形势和新情况，将政治灵魂和精神追求寓于共产党人理想信念的价值体系，体现于党的建设和中国特色社会主义建设伟大实践。坚定共产党人的理想信念要善于构建长效机制。一是完善思想理论建设机制，构筑共产党人政治灵魂和精神追求的思想根基。二是完善集体主义教育机制，构筑共产党人政治灵魂和精神追求的价值导向。三是完善社会实践机制，构筑共产党人政治灵魂与精神追求的载体支撑。四是完善党内民主机制，构筑共产党人政治灵魂和精神追求的制度保障。

关于理想信念的最高境界即共产党人的精神家园，王喜国、冯艳梅在《论共产党人精神家园的建设》一文进行了系统的探索。该文认为共产党人的精神家园是共产党人理想信仰、精神追求和安身立命之所。第一，共产党人精神家园是共产党人对马克思主义这个信仰的认知、情感、意志和行动的统一。第二，共产党人精神家园是共产党人自律与他律的统一。自律为精神家园建设完善个体修养，构建和谐关系；他律是为了实现精神家园建设的共同目标，采取相应措施，适当约束共产党人个体的思想和行为。第三，共产党人精神家园是物质生活基础和精神上层建筑的统一。从物质维度研究精神家园，是马克思主义生产方式原理的直接体现和实际运用。而精神上层建筑的加强是物质生活基础的必然指向。第四，共产党人精神家园是理性精神和非理性精神的统一，既体现了个人的理性选择，又凝聚了个人的至高信仰。非理性精神是精神家园形成和建设的内驱力，理性精神则是精神家园“潜意识”的外化。最后，共产党人精神家园也是传统精神与现代精神的统一。传统精神是精神家园建设的“根”与“源”，现代精神则是精神家园建设的时代要求。

四、服务党组织建设研究

学习型、服务型、创新型马克思主义执政党是十八大提出的党的建设的重要目标。其中，服务型执政党的目标因与党的宗旨相契合，又适应了新形势下社会治理的发展要求，成为推进党的建设科学化的重要抓手。尤其是对于基层组织建设，十八大报告特别提出，要“以服务群众、做群众工作为主要任务，加强基层服务型党组织建设”。理论界对于服务执政党的建设价值、建设目标、建设路径以及基层服务型党组织的理论架构、本质内涵、建设环境等进行了深入系统的论述。这些论述有的从宏观视角进行分析，有的落脚于基层组织建设，还有的是对各地基层服务型党组织建设的经验总结。总体而言，这些研究成果有助于人们从理论和实践两个层面加深对服务型党组织建设的理解，但仍有待于进一步深化。

（一）服务型执政党建设的理论问题

关于服务型执政党建设的相关理论问题，主要研究成果有：张明军的《新时期建构服务型的马克思主义执政党的价值及实现路径》（《马克思主义研究》2013 年第 7 期），唐志龙的《论服务型执政党建设的四重维度》（《唯实》2013 年第 1 期），吴新叶的《走出科层制治理：服务型政党社会管理的路径》（《理论与改革》2013 年第 2 期）等。

张明军在《新时期建构服务型的马克思主义执政党的价值及实现路径》一文中认为，马克思主义执政党是在与时俱进的马克思主义先进理论指导下，按照无产阶级政党的民主集中制原则所建立的工人阶级先锋队组织，“是工人阶级和劳动人民中先进分子的集合体”。服务型的马克思主义执政党具有鲜明的特征，一是先进理论指导并武装人民群众的政党属性，二是以“服务”为宗旨的理念，三是以最广大人民群众为服务对象的功能彰显，四是以“服务”为重心的思想体系。在新时期建构服务型的马克思主义执政党，具有鲜明的价值：有利于适应时代变化和执政生态变迁的需要；有利于更好地发扬和传承党的群众路线；有利于更好地代表最广大人民群众的根本利益；有利于更好地发挥党领导与沟通国家和社会的功能；有利于获取更为深厚的执政资源。建构服务型的马克思主义执政党应从思想上、组织上、制度上、技术手段上等方面全方位多角度地设计建设路径。一是积极培育和推动党的服务理念的意识自觉；二是科学设计以服务为功能的政党组织结构；三是改革和完善以服务为重心的党内制度；四是丰富和拓展以服务为内容的基层党组织活动形式；五是不断创新以服务为特色的技术手段。

唐志龙在《论服务型执政党建设的四重维度》一文中认为，在“三型”执政党整体建设中，学习是基础，创新是动力，而服务则是核心，承载着马克思主义执政党全部理论和实践的出发点与归宿点。建设服务型的马克思主义执政党，一是要紧紧围绕党建主线，不断提高执政能力。要以高度的自觉精神，牢牢把握加强执政党建设的主线，坚持解放思想、改革创新，积极进行党的思想建设、组织建设、作风建设、反腐倡廉建设、制度建设。二是切实端正价值取向，坚持以人为本。要努力从理论与实践结合上紧紧围绕以人为本的价值取向，研究新问题、开拓新思路、提出新办法，使思想观念、政策措施、工作方式更好体现科学发展观内在要求，成为团结人民、鼓舞人民建成小康社会的动力源泉。三是努力改善民生，解决好人民现实利益问题。把“着眼点”放在人民长远的根本利益，把“着力点”放在关注人民当前利益、具体利益与实际利益，在工作中注重二者的联结统一。四是拓展实践路径，自觉加强作风建设。坚持把治理庸懒散问题作为加强干部队伍作风建设的突破口，以治庸提能力、以治懒增效率、以治散正风气，用党风廉政建设的实际成效取信于民，进一步推动服务型执政党建设健康发展，落在实处。

吴新叶在《走出科层制治理：服务型政党社会管理的路径》一文中从社会管理的角度，对党的两大功能——执政和服务及其相关关系进行分析。该文认为，对于社会组织的管理，服务型政党的执政方式应该是未来的发展趋势。这一定位同理论界倡导的公共服务理念也是契合的。在中国的宪政语境下，党的领导深深地影响着社会组织发育与成长的全过程。在社会管理的角度，党的领导体现在执政与服务两大领域，前者已经形成了科层制治理模式，即党建全覆盖与归口管理。这两种模式有其合理性，但存在着治理重于服务导致党领导社会管理的失衡的弊端。这种失衡体现在科层制结构与社会管理功能的失衡，党的领导与社会组织协同的失衡，行政管理与党建活动的失衡，党组织的服务能力与社会组织党员的诉求出现失衡等。现代政党政治的逻辑表明，对于社会组织的管理需要秉持服务理念，才能有效克服科层制治理的消极性。应当将党的领导融于服务之中，发挥科层制治理与服务式执政的优点，使党的领导收益最大化。其实现策略有：一是从党建全覆盖走向服务为先，以党务促业务；二是强化党在社会管理中的服务功能；三是创新党在社会管理中的服务方式；四是以体制化服务实现对社会组织的吸纳。

（二）基层服务型党组织的理论分析

关于基层服务型党组织的理论探讨，主要研究成果有：孙黎海的《基层服务型党组织建设的理论架构》（《理论学刊》2013 年第 8 期），钟龙彪的《拓展服务型基层党组织建设广度与深度的若干理论思考》（《求知》2013 年第 1 期），马国钧的《基层服务型党组织的本质内涵与建设路径》（《思想政治教育研究》2013 年第 5 期）等。

钟龙彪在《拓展服务型基层党组织建设广度与深度的若干理论思考》一文中认为，当前相关的研究还非常有限，应当在理论上进一步厘清三个基本问题。一是围绕解决“为什么”的问题，深化对建设服务型基层党组织的意义的研究。具体而言，加强基层服务型党组织建设有四方面意义：是适应基层党组织活动环境变化的现实选择；是在新的历史起点上夺取中国特色社会主义新胜利的战略需要；是建设马克思主义服务型执政党的基础工程和组织保障；是夯实党执政的组织基础的迫切需要。二是围绕解决“是什么”的问题，深化对服务型基层党组织内涵和特征的研究。服务型基层党组织的内涵包括：是更加强调服务职能的组织；是以基层党组织及其所属的党员干部为载体和主体推进服务的组织体系；是拥有健全服务体制机制的组织；主要任务是服务群众，做群众工作。服务型基层党组织的基本特征：全面覆盖的服务组织体系是基层服务型党组织服务群众、做群众工作的基本前提；建设一支服务意识较自觉、服务能力较强的基层党员干部队伍，特别是领导干部队伍，是关键要素；网络化的便民惠民综合服务平台体系是重要依托；加强建章立制是重要保障。三是围绕解决“怎么做”的问题，深化建设服务型基层党组织思路的研究。建设的思路：要通过广泛、深入的宣传，强化基层党组织和党员的服务意识；在扩大基层党组织组织覆盖面的同时，进一步增强组织活力；在完善服务硬件的同时，进一步加强管理，真正做到惠民便民；要完善服务型党组织的载体建设，提高实效性；进一步加强制度建设，完善制度保障。

孙黎海在《基层服务型党组织建设的理论架构》一文中认为，目前基层服务型党组织建设面临着一系列问题：科学的服务理念尚未充分确立，服务群众的能力素养有待提升，服务群众的工作机制不健全，服务群众过程中的双向交流缺失。推进基层服务型党组织建设的策略路向：一是强化党员干部服务群众的观念和群众路线的理念。二是加强服务群众的能力建设，包括决策能力、贯彻执行党的路线方针政策的能力、选人用人能力、反映和实现群众服务诉求能力、发展经济和维护稳定能力等。三是健全服务群众的工作体系，包括常规性服务、特例性服务、全程性服务、动态性服务。四是建立服务群众的长效机制，包括建立服务群众的工作机构、测评体系，大力造就基层服务型人才，建立长效稳定的资金支持等。

马国钧在《基层服务型党组织的本质内涵与建设路径》一文中分析了服务型基层党组织提出的背景、本质内涵和建设路径。该文认为，各地对探索“服务型党组织”付出很大努力，也取得一定成效，但由于嵌入型的基层党组织设置方式没能解决好党组织与其他组织的关系，尤其是附着于服务客体的表层，因而始终存在着服务不及时、不到位等问题，并且引发了严重的表层化、形式化现象。应突破基层服务型党组织建设的关键环节，推进融入式服务型党组织建设。应该从实际出发，大胆开拓党组织融入非公经济组织和社会组织的新途径。一是拓宽党组织依法融入的渠道；二是科学配置高效率的运行机制；三是调适主客体之间的合作关系。

（三）基层服务型党组织建设经验

关于各地基层服务型党组织的建设经验，主要研究成果有：方卫红的《同质均等视阈下的城乡服务型基层党组织建设研究》(《中共浙江省委党校学报》2013 年第 3 期)，张春福的《城乡一体化进程中服务型党组织建设路径探讨》(《唯实》2013 年第 8 期)，陈新中的《农村服务型党组织工作模型的构建思路》(《领导科学》2013 年第 31 期）等。

方卫红在《同质均等视阈下的城乡服务型基层党组织建设研究》一文中总结了杭州的推进经验。该文认为，为了尽快形成城乡统筹的基层党建新格局，杭州市将同质均等的理念引入城乡服务型基层党组织建设。同质均等的建设具有重要意义：有利于将统筹城乡基层党建协调发展落到实处，有利于基层党组织的功能转化，有利于消除农村基层党组织建设的短板。杭州的实践证明，推进这一建设既要树立标杆，使城乡基层党组织在服务理念、能力、环境等方面达到同等的品质；又要加强城乡间的资源整合，创造有利于城乡党建均衡发展的条件；还要根据城乡地域差异凸显不同的服务特色，以群众利益为导向，践行以人为本的科学发展观。

张春福在《城乡一体化进程中服务型党组织建设路径探讨》一文中介绍了常州市的建设经验。常州的做法主要有：一是紧跟城乡空间布局调整步伐，优化基层党组织设置，包括村党组织设置的调整，农村社区党组织的规范，农民专业合作社中党组织的建立等。二是顺应群众需求发展趋势，丰富党组织服务内容，如推进富民强村，服务城市新市民，关爱农村留守人员。三是坚持以城带乡、一体化发展理念，整合党组织服务资源。包括统筹单位服务资源与区域服务资源，统筹党内服务资源与社会服务资源，统筹城市服务资源与镇村服务资源，统筹物质服务资源与精神服务资源。四是适应城乡一体化发展要求，健全基层党组织服务机制。这些机制包括：网格化管理机制，组团式服务机制，信息化运作机制和社会化考评机制。

陈新中在《农村服务型党组织工作模型的构建思路》一文中以江苏扬中市为例，总结了农村基层服务型党组织的建设经验。该文认为，建设基层服务型党组织应当分层级设计，分领域规划。村和社区处在联系服务群众的第一线，是建设服务型党组织最直接的“试验田”，也是最能反映服务型党组织建设成效的“主阵地”。该文认为，当前农村服务型党组织建设存在“三多三少”的现实困境。“三多三少”是指：对农村服务型党组织建设的认知上，感性成分多，理性成分少；建设的实践上，发展经济多，致力服务少；建设路径上，微观操作多，宏观设计少。扬中市的实践显示，农村服务型党组织建设应坚持“四个必须”的鲜明导向：把服务群众作为根本导向；把凝聚党员作为重要前提；把物质保障作为必要条件；把规范标准作为关键抓手。依据扬中市的经验，该文提出了“一体四维”的农村服务型党组织建设机制。“一体”指一个主体，明确“1+N”（村党组织 + 村域内两新组织中党组织、两代表一委员等）的服务主体，解决谁来服务的问题。“四维”分布指：明确服务内容，解决服务什么的问题；明确服务方式，即如何服务的问题；明确服务保障，着力解决服务效果的问题；明确考核体系，着力解决如何评价的问题。

五、新形势下基层党组织建设研究

基层党组织是党在基层社会的堡垒，是党的全部工作和战斗力量的基础。在中央提出加强社会治理的环境下，以基层党组织引领基层社会管理创新成为促进社会和谐、重构国家与社会关系的重要路径。快速进行的城市化对于基层党建尤其是农村党建造成了巨大的影响，出现了村转社区党建等过渡性党建模式。针对基层党建出现的新形势、新问题和新任务，党建理论界对基层党建与社会管理创新、农村党组织作用发挥、城市化进程中城乡党建的问题与对策、城市社区党建与社区管理等问题进行了重点探讨。这些探讨有助于基层党组织在基层社会管理中准确定位、更好地发挥引领组织功能，有助于城市化进程中农村党组织、村转社区党组织和城市社区党组织更好地适应发展环境的变迁，有效发挥作用。

（一）基层党建与社会管理创新

关于基层党建及其与社会管理创新的关系，主要研究成果有：邢文利的《基层党组织建设与社会管理创新的内在机理探析》(《河南社会科学》2013 年第 3 期)、胡序杭的《推进基层党建科学化：社会管理创新的着力点》，何峻的《提升基层党委在新型社会管理格局中的领导效能》(《唯实》2013 年第 4 期) 等。

邢文利在《基层党组织建设与社会管理创新的内在机理探析》一文中认为，在新的形势下，我国的社会管理体制在许多方面面临着一系列重大挑战。在“五位一体”的社会主义事业总体布局中，中国共产党是引领社会发展的主要力量，更是社会管理创新的主体力量。社会管理创新离不开人民群众的广泛支持与认可。离开人民群众的参与，社会管理的创新就只能落入幻想与抽象的境地。与人民群众有着密切关联的基层党组织必须在实现社会管理创新的工作中担负起重要使命。基层党组织只有从角色定位、组织架构、工作机制以及服务意识等几个方面进行改革，才能满足社会管理创新的要求。一是通过明确基层党组织的角色定位，把握社会管理创新的政治方向。要明确基层党组织在社会管理创新过程中的主体性和领导性。二是通过创新基层党组织的组织架构，完善社会管理的组织格局。进一步完善纵向到底的条形组织资源配置体系，形成党组织——党员——群众纵向联动的组织合力。建立健全横向到边的块状组织资源配置格局，根据不同类型和性质的社会组织建立功能型网格党组织，增强基层党组织的辐射作用。三是通过优化基层党组织工作运行机制，健全社会管理的体制机制。四是通过建立服务型党组织，强化社会管理的服务功能。

胡序杭在《推进基层党建科学化：社会管理创新的着力点》一文中也认为社会管理创新离不开执政党的组织基础。面对社会管理创新这一重大任务，必须提高党的基层组织建设科学化水平，增强基层党建工作的针对性和有效性。而这需要基层党组织进行适应性转型。一是要把握社会发展规律，推进党建工作的社会化。二是要适应社会管理创新以人为本的要求，实现基层党组织的功能转换，发挥好服务功能。三是以体制机制为抓手，提高基层党组织参与社会管理的能力。包括：完善党的组织网络，解决组织覆盖问题；建立区域化党组织体系，增强基层党组织在社会管理中的统领协调能力；分类分领域设计服务载体，推进基层服务型党组织建设。四是要强化基层党组织的利益表达和利益综合功能。

何峻在《提升基层党委在新型社会管理格局中的领导效能》一文中着重探讨了基层党委在社会管理创新中的作用。该文认为，党领导社会管理是新形势下党的群众路线的创新实践，其最高效能取决于是否获得人民群众的信任、拥护和追随。在加强和创新社会管理的实践中，基层党委在新型社会管理格局中如何取得最佳领导效能，是一门实践的艺术。党组织既要有所为、又要有所不为。党是社会的领导者，但领导不是替代。在新型社会管理格局中，基层党委的领导效能应体现为政党政治功能的转换与回归，要从通过行政手段包揽一切，转向政治引领、服务群众、利益协调和文化倡导。在多元共治的社会组织管理体制中，基层党委提高领导社会管理效能的着力点，在于组织动员群众参与社会公共事务，推进社会管理社会化。

（二）农村基层党组织建设和作用发挥

在经济利益多元化、农村经济市场化、农民思想散漫化等背景下，农村基层党组织建设面临着许多许多新的问题和任务，迫切需要转型升级。理论界对新形势下农村党建进行了多方位的研究。主要研究成果有：霍军亮的《经济利益多元化视角下的农村基层党员队伍思想建设》（《湖湘论坛》2013 年第 3 期），吴梅芳的《农村基层党组织作用发挥状况的调查与思考》（《理论探索》2013 年第 8 期），阳信生、王习贤的《农村基层党的建设中村支两委关系协调问题研究》（《湖湘论坛》2013 年第 6 期），阎占定、王镇的《新型农民合作经济组织内部党组织建设分析》（《学习论坛》2013 年第 4 期）等。

关于农村党组织的思想建设，霍军亮在《经济利益多元化视角下的农村基层党员队伍思想建设》一文中认为，经济利益多元化的背景下，人们的思想认识、价值观念和思维方式发生了深刻变化，这些变化对农村基层党员队伍思想建设带来了前所未有的新机遇和新挑战。经济利益多元化为农村基层党员队伍思想建设提供了丰富的物质基础、增强了农村党员队伍的主体意识、拓宽了农村基层党员队伍思想建设的思路。但经济利益多元化也使农村基层党员的价值取向日益多元化、使农村基层党员队伍进一步复杂化、冲击着传统的农村基层党员队伍思想建设方式与方法、弱化了农村基层党员队伍思想建设的强度和力度、致使农村基层党员队伍思想建设的人才资源趋于匮乏。该文认为，加强农村基层党员队伍思想建设，需要强化主流意识形态在农村基层党员队伍思想建设中的主导地位、丰富农村基层党员队伍思想建设的内容、创新农村基层党员队伍思想建设的方式与方法、建立有效的农村基层党员队伍思想建设保障系统。

关于农村党组织的作用发挥情况，吴梅芳在《农村基层党组织作用发挥状况的调查与思考》一文中从新农村建设的角度进行调研分析。该文认为，农村基层党组织在新农村建设中的作用得到了发挥，但对乡风文明、管理民主的推进力度还有待加强；多数农村基层党组织保持着一定的动员力和号召力，但部分村民对农村基层党组织的满意度有所降低；大多数农村干部与群众对农村基层党组织在新农村建设中的作用发挥表示认可，但也有部分农民表示不满。影响农村基层党组织作用发挥的因素众多。一是农村党员和干部队伍状况与新农村建设要求不相适应，二是农村基层党组织的设置形式与新农村建设的实际需求不相适应，三是农村基层党组织的领导方式与新农村建设需求不完全适应。推进农村党组织在新农村建设中发挥更为突出的作用，要加强农村党员和干部队伍建设，改革农村基层党组织的设置形式，改进领导方式，注重向服务型转变。

关于农村党组织的组织发展环境，论者分别从传统的两委关系和新出现的农民合作组织两方面进行分析。阳信生、王习贤在《农村基层党的建设中村支两委关系协调问题研究》一文中认为，当前乡村组织中两委矛盾仍然是村民自治中的第一问题。村支两委矛盾实质上是党的领导与村民自治矛盾、行政权与自治权冲突的外在表现。破解村支两委矛盾的根本之道在于建立和谐的农村基层党政关系。破解村支两委矛盾，存在两委合一与两委分立两种路径。两委合一虽然加强了党的领导，提高了效率，但掩盖了矛盾，损害了自治。两委分立是理顺村支关系的理性选择，关键在于如何科学合理地设计两委分立后的两委关系格局和村级权力结构体系。一是坚持和完善村级党组织的领导，大力推进党内民主，把党内民主和人民民主有机结合起来。二是建构两委分立基础上的村级决策权、执行权和监督权彼此分立、相互配合的村级公共权力结构体系。三是将行政事务与村级事务完全分开，理顺乡镇与村级组织之间的关系，推动村民自治模式创新。四是大力发展农民自组织，建立各种自组织与农村党组织、村民自治组织之间良性合作与相互制衡关系。

阎占定、王镇的《新型农民合作经济组织内部党组织建设分析》一文中认为，随着农村新型农民合作经济组织的发展，其内部党组织建设成为必要和现实。尽管新型农民合作经济组织内部党组织还存在着数量少、规模小、组织运行不成熟等问题，但在产生条件、存在方式、组织运行等方面表现出了与村党组织不同的特点。这些特点对村党组织产生了一定的影响和冲击，如挑战了村党组织的威信，冲击了村党组织在农民心目中的定位。应对这些问题，在实践中应该建立“两个党支部”之间的协调机制，既要发挥村党组织对新型农民合作经济组织的支持作用，又要发挥新型农民合作经济组织内部党组织对村党组织在经济领导方面的补充作用。具体地讲，一是明确“两个党支部”之间的关系和定位，厘清党员的隶属关系。二是建立和完善新型农民合作经济组织内部党组织的制度机制，从党组织关系的接转制度、党组织活动制度、党员培养和发展机制等方面保证新型农民合作经济组织内部党组织的健康发展。三是明确“两个党支部”在农村经济社会发展中的分工，建立协作机制，使之相互支持、相互协调、避免摩擦、共同发展。

（三）城市化进程中基层党建的适应性发展

快速城市化背景下，出现了大量的村转社区，原先的农村党组织面临着向社区党组织过渡的转型任务。城市社区的党建规模不断扩大，已经成为基层党建最重要的版块，但也存在一系列的问题。城市化进程中城乡社区党建的研究成果主要有：谢忠平的《城镇化进程中城郊社区党的建设思考》(《中共天津市委党校学报》2013 年第 5 期)，刘彦昌的《“拆村建（并）居”后的基层“错乱”与原村级党组织的作用发挥》(《中共宁波市委党校学报》2013 年第 4 期)，李德、于洪生等的《城市社区党建的问题、原因与对策》(《中国浦东干部学院学报》2013 年第 1 期)，夏行的《社区发展中城市党建的战略意蕴、理论转换和路径创新》(《领导科学》2013 年 8 月上）等。

对于城市化进程中城郊社区、村转社区的党组织建设，谢忠平在《城镇化进程中城郊社区党的建设思考》一文中进行了分析。该文认为，城镇化进程中的城郊社区大多处于过渡阶段和转型状态，城郊社区的特点决定其党建工作的过渡性、复杂性、艰巨性和重要性特点。当前，城郊社区党建存在一系列问题：一是部分党员干部思想观念不适应城镇化的需要。二是有的党员干部领导能力和工作水平亟待提高。三是基层党组织设置方式需要创新和优化。四是部分基层党组织的凝聚力下降。五是党员教育管理的难度加大。应按照有利于维护人民群众的根本利益、有利于城镇化的有序推进以及有利于巩固基层党组织的领导核心地位的原则，紧紧围绕这些突出问题，把转变工作观念作为首要任务，把增强党组织的凝聚力作为关键所在，把创新党员教育管理模式作为工作重点，把健全制度机制作为有力保障，以提高城镇化进程中城郊社区党组织建设科学化水平。

刘彦昌在《"拆村建（并）居"后的基层"错乱"与原村级党组织的作用发挥》一文中分析了村转社区的党建情况。该文认为，"拆村建（并）居"是城市化过程中的常态现象。但"拆村建（并）居"在总体上推进社会进步的同时，特定时段内也有使该地社会管理陷入"错乱"的风险。要化解这一风险，还需要原村级党组织在转型期有所作为。原村级党组织在转型期也承担了一些职责，如一些与原村民相关的"区域性"领导工作，自身的党员队伍建设，还有配合新建社区党组织推动社会转型等。但拆村建居的过程中，仍存在一些亟须解决的问题，一是在对原村级党组织的定位上，上级机关和群众之间错位，使基层社会管理出现灰色地带的可能性增大；二是原村级党组织地位尴尬，直接影响了其特有作用的发挥；三是原村级党组织的自身建设问题突出，出现了一些不利于党员发挥作用的新情况。针对这些问题，应本着求真务实创新的态度，有弹性地对待原村级党组织的职能定位，对过渡期进行统筹安排，让股份经济合作制党组织发挥好转型期的特有作用。

对于城市社区党建工作，李德、于洪生等在《城市社区党建的问题、原因与对策》一文中进行了全面分析。该文认为，城市社区党建对巩固党的执政地位，加强党群关系具有重要意义。当前城市社区党建普遍存在组织活动难开展、活动经费短缺、党务工作者素质有待提高、居民参与社区事务热情不高等问题。这些问题与快速转型的社区所带来的挑战密切相关，包括市场化的挑战、城镇化的挑战、信息化的挑战等。在这样的背景下，影响社区党建问题的主要原因体现为对社区党建的认识滞后、体制不顺、人才难留、共建不畅。推进城市社区党建，一是要发扬民主、严肃党纪，增强社区党组织的凝聚力；二是要鼓励基层党组织开拓进取，不断创新；三是要拓宽基层党建的平台，提高服务能力；四是要加大对基层党建的投入，强化队伍建设；五是要积极引导驻区单位开展共建活动，激发社区活力。

夏行在《社区发展中城市党建的战略意蕴、理论转换和路径创新》一文中分析了社区党建的转型。该文认为，社区党建转型的战略意蕴在于：城市社会多元结构的变动整合引发了城市党建的战略转换。这一转换在理念上要求，从社区型封闭式小党建向区域型开放式大党建转变。具体而言，一是城镇化、工业化的快速推进，需要牢固确立区域统筹、整体推进的城市党建工作理念和思路。二是城市社会结构形态的深刻变化，对传统的封闭式社区党建工作提出挑战，需牢固树立开放共享、效率效益的城市党建工作理念。三是城市管理体制和运作方式的变化，需要牢固树立网格化、社会化的党建工作理念。四是城市管理理念转变和群众需求的多元化，需要牢固树立以人为本、尊重主体的城市党建工作理念。城市党建发展的路径创新在于探索社会化、区域化、开放式、服务型、智慧化的新路子。具体而言，一是在党建资源配置上，积极探索社会化的党建新路径。二是在组织体系架构上，积极探索区域性党建新路径。三是在党建运作机制上，积极探索开放式党建新路径。四是在党建功能转型上，积极探索服务型党建新路径。五是在党建工作模式上，积极探索"智慧党建"的新路径。

六、党内民主研究

党内民主是党的生命，也是党建研究的传统重点领域。虽然我们党早就提出了以党内民主带动人民民主的中国特色社会主义政治发展道路，但党内民主自身的发展仍然存在一系列问题。包括党内选举的民主化程度不足、党的代表大会制度如何有效运作、基层党内民主的充实等方面。针对这些问题，理论界从多个视角对党内民主进行了探讨。这些研究成果对于进一步丰富党内民主理论，指导党内民主运行发挥了积极作用。

（一）党内民主相关理论问题

对于党内民主从宏观理论视角的探讨，主要集中于党内民主与协商民主、人民民主的关系方面。主要研究成果是：朱兆华的《党内选举民主与党内协商民主的互动关系研究》（《中州学刊》2013 年第 2 期），郭榛树的《党内民主与人民民主的关系新论》（《岭南学刊》2013 年第 2 期）。这些探讨对于准确定位党内民主在社会主义民主政治中的地位和角色有一定的借鉴意义。

朱兆华在《党内选举民主与党内协商民主的互动关系研究》一文中对于党内民主的两种形式进行了比较分析。该文认为，党内选举民主与党内协商民主是党内民主的两种重要形式。党内选举民主是党内民主的重要标志和基本环节，是保证党的各级组织内部权力合法性的根本途径，是提升党员对党内政治生活参与度的有效形式。党内协商民主强调党员按照有关的民主程序参与党内选举、党内决策、党内监督等党内政治生活全过程，以期通过自由讨论和平等协商的民主形式，转变偏好，达成共识，提升党的路线方针政策的合法性。党内选举民主在实践中存在一些不足，使党内协商民主成为党内选举民主的有益补充。一是党内协商民主能克服党内选举民主在决策和权力行使方面合法性不足的局限；二是党内协商民主能实现服从多数与尊重少数的结合；三是党内协商民主能够弥补党内选举民主在实际运行中存在的不足。但党内协商民主当前也存在一系列困境，如没有自身运作制度平台，存在观念性障碍，容易导致精英主义倾向。所以，党内选举民主是发展党内协商民主的重要保障。首先，完善党内选举制度能为党内协商民主的发展提供有效载体。其次，完善党内选举民主有助于提高党内民主意识和民主素养。最后，高质量的党内选举更有可能产生高素质的领导干部。

郭榛树在《党内民主与人民民主的关系新论》一文中认为，如何加强党内民主建设，以适应和推动人民民主的发展，是当前一个重大的理论和实践问题。从静态的视角来看，党内民主与人民民主是既相互联系又在民主的性质、主体、内容、形式和效力方面相互区别，使中国特色社会主义民主呈现出“一元双轨多形态”的结构。从动态的视角来看，党内民主与人民民主不断向前推进的过程中，在不同历史阶段会呈现出不同的状况。如当前，出现了人民民主倒逼党内民主的情况。其原因主要有：党内民主的发育程度取决于人民民主的发展程度；执政党需要一定的权威来把握民主与稳定的关系；党内民主的发展必须以不动摇党的领导权与执政权为限。在今后的发展中，更应注重党内民主借鉴和适应人民民主，如借鉴人大制度的建设经验，完善党的代表大会制度；借鉴协商民主制度的建设经验，构建党内民主协商制度；借鉴基层民主的建设经验，积极推进党务公开；借鉴参与式民主的建设经验，努力拓宽党员民主参与渠道。通过借鉴和适应，党内民主最终实现引导人民民主，使中国特色社会主义民主政治水平得到提升。

（二）关于党内选举制度的研究

党内选举是党内民主的基本形式，但当前党内选举制度不够完善，在实践中也存在一系列问题。相关的研究成果主要有：李景治的《中共党内选举制度的完善》（《学术界》2013 年第 1 期），赵宸斐的《党内直接选举与差额选举的民主品质分析》（《中共天津市委党校学报》2013 年第 6 期）。这些成果对于完善党内选举制度、提升党内选举的民主程度有一定的推动作用。

李景治在《中共党内选举制度的完善》一文中认为，当前，完善党内选举制度的重点，应当是规范候选人的产生程序，改进候选人介绍办法，逐步扩大基层党组织领导班子直接选举范围。在候选人产生程序方面，要进一步规范候选人提名和正式候选人确定的具体办法，实现候选人差额提名，积极试行通过预选和差额选举产生正式候选人名单。在候选人介绍办法方面，要改进候选人的介绍方式，积极构建多样化的候选人介绍与竞争平台，增强竞争意识和机制，培育良好的竞争风气。既要坚持党的统一领导、严格遵循党的章程，又要充分考虑各种实际情况，积极探索完善党内选举制度的具体形式和做法。在领导班子选举方面，要尽量减少和简化基层民主选举的层级，逐步扩大基层党组织领导班子直接选举范围，试行由乡镇党员大会直接选举产生乡镇党委全委会，由党代会直接差额选举产生乡镇党委常委包括书记、副书记。

赵宸斐在《党内直接选举与差额选举的民主品质分析》一文中认为，党内选举制度是健全党内民主的一项基本制度，既是反映党内民主发展程度与状况的重要尺度，也是影响党内民主健康生态的基本要素。在加强党内选举制度建设中，存在着党内“间接选举”向“直接选举”的发展趋势，如党内直选范围和层次的扩大，公推直选范围和力度的扩展和提升，党内干部选举的范围扩大等。还存在着从“等额选举”向“差额选举”转变，差额选举的比例和范围逐步扩大的趋势。应进一步扩大党内直接选举的“范围”和“层次”以及党内差额选举的“比例”和“范围”。随着党内民主的进一步发展，应当把直接选举和差额选举体现的主体性、竞争性、参与性、平等性和透明性等民主精髓与品质进一步彰显出来，实现：由上到下与由下到上选举的双轨运行、程序民主与实质民主的有机结合、公权民授予党管干部原则的一致。这就要求完善与党内选举相配套的其他关联制度，包括完善党内权力授受体系，健全党内自我更新机制，完善党内监督机制等。

（三）关于完善党代会制度的研究

党的代表大会制度是党内民主的根本制度，也是党员行使民主权力的基本形式。但当前无论是党代会实际的功能还是党代表作用的发挥，都存在一系列的问题。对于党代会制度的完善，2013年党建理论界的研究集中于党代表的提案制度的完善和党代表作用发挥两个方面。主要成果有：张亚勇的《党代会代表提案制的积极效应及完善思路》(《领导科学》2013年第2期)，刘益飞的《党代会代表提案制度的困境及出路》(《中共成都市委党校学报》2013年第1期)，孟庆云的《党代会代表提案制的生成逻辑与推进思路》(《理论探索》2013年第2期)，李新生的《充分发挥基层党代表作用的基本思考》(《集美大学学报·社会科学版》2013年第1期）等。这些研究成果对于进一步丰富党代会制度的细节，使这一制度有效运转起来，有一定的推动作用。

张亚勇在《党代会代表提案制的积极效应及完善思路》一文中认为，党代会代表提案制，是指党代表以书面形式提出属于党代会职权范围内的意见和建议的制度，是党代表任期制的延伸和保障。实行党代会代表提案制，有助于保障党员民主权利，发展党内民主；有助于密切党群关系，增强党组织的公信力；有助于凝聚全党智慧，增强党的创造活力。完善党代会代表提案制度需要做好如下工作：一是深化各级党组织、各级党代会代表、广大群众的思想认识，提高推进党代会代表提案制度的自觉性；二是制定工作细则，提高党代会代表提案制度的规范化水平，包括明确提案内容，规定办理时限，规范提案程序等；三是加强党代表选育，全面提高党代表履职行权的能力，包括优化党代表队伍结构，加强对党代表的培训，加强党代表的实践锻炼等；四是健全体制机制，建立党代会代表提案长效机制，包括健全领导工作机制、工作责任机制、沟通联系机制、工作保障机制和考核评价机制等。

刘益飞在《党代会代表提案制度的困境及出路》一文中分析了党代会代表提案制度在运行中陷入困境的原因。主要有：不少党的领导机关领导干部仍然囿于对党代会的陈旧认识、习惯于党代会的传统模式，消极地认为党代会代表提案制度可有可无；缺乏对党代会代表提案制度特殊性的研究，认为与人大政协提案无差别；在实践中也缺乏自上而下的指导、要求和督促。完善党代表提案制度，一是要自上而下地解决对党代表提案制度的认识问题；二是要界定党代表提案的内容和范围，如限定为涉及党和国家、地方发展的重大问题或有重要倾向性的问题，以及涉及党的建设方面的问题；三是在提案内容的来源上，只能是来源于自己所代表的党员的意愿；四是建立和完善提案的处置程序，保障提案价值的实现。

孟庆云在《党代会代表提案制的生成逻辑与推进思路》一文中也分析了党代表提案制度在现实中的问题。该文认为，实行党代会代表提案制，其政治基因是马克思主义政党的民主建党原则，其制度借鉴是人代会制度的成果，其实践基础是各地党组织的积极探索。但当前党代会代表提案制在实践中仍存在一些困惑，如党代表“提案”在党代会制度体系中的法理界定未明确；党代表提案的党内法规依据不充分；党代表提案的受理与督办机构不健全等。推进党代会代表提案制度，一是要明确界定党代表“提案”的科学内涵，其“提案”应该当做“向党的代表大会提出议案”理解；二是建立统一的党内法规支撑体系；三是建立各级党的代表大会提案工作委员会；四是启动党代表年会制。

对于基层党代表作用的发挥，李新生在《充分发挥基层党代表作用的基本思考》一文中进行了分析。该文认为，改革和完善党的代表大会制度，发挥基层党代表作用是加强党内民主制度体系建设的一项基本任务。基层党代表是党的重要执政资源，是党代表大会主体的重要组成部分。充分发挥基层党代表的作用是全面提高党内民主建设科学化水平的一项重要举措。在实践中促进基层党代表作用发挥，一是要调整结构和比例，拓展基层党代表发挥作用的通道。二是要改善选举和培训，提升基层党代表发挥作用的能力。包括改革基层党代表的选举，逐渐扩大竞争性选举，加强对党代表的履职培训，经常组织基层党代表开展履职活动。三是要完善权责和机制，优化基层党代表发挥作用的环境。包括建立健全基层党代表服务机制、约束机制和参与机制。四是要健全制度和规范，强化基层党代表发挥作用的保障。要围绕履职进一步规范党代表的基本制度，要突出主体，进一步完善党代表任期制，着力建章立制，进一步完善党代表在大会期间和闭会期间的活动制度。

（四）党内民主发展研究

如何推进党内民主向纵深发展，实现党内民主发展的制度化、规范化，保障党员民主权利，是理论界研究的重要问题。相关研究成果主要有：蔡文华的《党内民主制度建设科学化：薄弱环节与对策》（《探索》2013 年第 3 期），马哲军的《操作设计：提升党内民主制度执行力的关键》（《湖北行政学院学报》2013 年第 4 期），谭建的《党内民主发展进程中的风险预警体系研究》（《理论学刊》2013 年第 2 期），崔建周的《论党员表达权的保障与规制》（《中共中央党校学报》2013 年第 2 期）等。这些研究成果对于进一步推进和规范党内民主发展有重要的理论指导意义。

关于党内民主建设的制度化，蔡文华在《党内民主制度建设科学化：薄弱环节与对策》一文中认为，制度建设是发展党内民主的途径和保障，党内民主的制度化水平和制度建设的科学化程度是衡量党内民主发展的标尺。当前党内民主制度建设存在若干薄弱环节，主要体现在：制度建设滞后于法治发展要求，许多制度缺乏细则；制度要素之间衔接不够合理，许多创新面临制度困境；制度创新的价值取向有待厘清，与党内民主的特性产生矛盾。这些薄弱环节造成党内民主制度的整体功能发挥有限。推进党内民主制度建设科学化，一是要激发党内民主创新的动力，在中央的统筹引导下保护地方的积极性；二是要健全党内民主制度的科学程序，细化程序，使其更加透明、规范；三是增强党内民主制度的运行实效，实现制度刚性与制度文化的有机结合，避免出现制度与实践“两张皮”的不良后果；四是要优化党内民主制度的合力效应，把已有的各项制度配套衔接起来，形成良性互动、科学运行的制度合力。

马哲军在《操作设计：提升党内民主制度执行力的关键》一文中从更为微观的制度操作来探讨党内民主制度如何运行。该文认为，当前党内民主制度在一些地方和部门没有得到很好的执行，“操作设计”滞后是其重要原因。推进党内民主建设既要注重“顶层设计”，又要注重“基层设计”，更要重视“操作设计”。要注重克服四种不良倾向，相应地强化党内民主的相关制度设计。一是要克服“重实体、轻程序”的倾向，加强党内民主制度的程序设计，以科学的程序捍卫党内民主。二是要克服“重原则、轻细节”的倾向，加强党内民主制度的细节设计，以精细化的理念推动党内民主发展。三是要克服“重制度、轻机制”的倾向，加强党内民主制度的机制设计，构建党内民主发展的强大动力系统。四是克服“重规范、轻约束”的倾向，加强党内民主制度的约束性设计，在全党构筑起对制度的信仰、忠诚和敬畏，增强党内民主制度的刚性约束力。

关于党内民主发展进程中的政治风险及其防范，谭建在《党内民主发展进程中的风险预警体系研究》一文中认为，在当前推进党内民主建设的进程中，由于受时代条件、社会条件和国内外政治思潮发展变化的影响，可能会发生某些风险。有必要加强党内民主风险预警问题的研究，促进党内民主的健康有序发展。具体来说，发展党内民主有以下风险：一是党内民主推进的力度、速度不当引发的风险；二是发展党内民主的某些环节、某些内容可能会给组织带来的消极后果风险；三是发展党内民主带来的外部（衍生性）风险，即思想多元化带来的社会失序；四是外部环境和因素造成的党内民主风险。针对这些风险，应构建党内民主风险预警体系。构建的基本原则包括预防性原则，及时性原则，准确性原则和有效性原则。在党内民主风险预警体系具体建设中，指导思想是把预警应贯穿党内民主发展全过程；主要目标是查找党内民主风险点；根本立足点是防止风险事件的发生；关键环节是构建党内民主风险指标体系；核心是预警措施的建立。

对于党内民主中的基础性问题即党员权利保障，崔建周在《论党员表达权的保障与规制》一文中对党员的表达权进行了分析。该文认为，保障和规制党员表达权是发挥马克思主义政党优势的本质要求，是化解党内矛盾实现党内和谐的根本途径，是推进思想解放、防止思想混乱的有力武器。

当前党员在行使表达权的过程中出现了“沉默”与“失范”两种与民主集中制相悖的现象。保障和规制党员表达权，应以制度建设为基础，在党内法规中明确党员的表达权，形成科学均衡的权利分配框架，不断拓宽、完善党员意愿表达渠道。应明确党员表达权边界，包括宪法和法律的边界，党内法规边界，社会道德边界。还要加强对党员表达行为的约束，始终坚持民主集中制不动摇，对于失范现象注重通过思想方法进行规制，强化党纪国法的强制性约束。

七、干部队伍建设研究

党的十八大报告指出：“坚持和发展中国特色社会主义，关键在于建设一支政治坚定、能力过硬、作风优良、奋发有为的执政骨干队伍。”干部队伍建设也是党的建设的核心问题之一。对于这一问题的研究，理论界着重从两个方面进行了深入探讨。一是干部队伍的内在能力素质，如党政领导干部应当具备的政治道德、理论素养、法治意识等。二是影响干部成长的制度问题，用人机制、政绩考核、不称职干部的调整等。这些探讨对于建设一支符合群众期盼、能承担现代化发展重任的高素质干部队伍，有较强的指导意义。

（一）关于领导干部理论素养的研究

马克思主义的理论素养对于高素质的领导干部来说，是“德才兼备”中“才”的首要体现。习近平曾指出，马克思主义理论素养是领导干部的看家本领，是我们党克敌制胜的根本法宝。缺乏马克思主义理论素养的领导干部，不可能是合格的成熟的领导干部。但当前一些领导干部在这一重要能力素养方面存在问题。相关的研究成果主要有：伍小涛的《当前党员干部马克思主义理论素养的调查与分析》（《中国井冈山干部学院学报》2013 年第 2 期），雷巧玲的《党政干部理论困惑的破解思路》（《理论探索》2013 年第 1 期）等。

伍小涛在《当前党员干部马克思主义理论素养的调查与分析》一文中选取了东中西三版块的天津、江西和贵州，进行了问卷调查。调查显示，当前党员干部的马克思主义理论素养有高有低，对马克思主义原理的运用有好有坏，虽总体较好，但也存在一些问题。问题的表现包括：对中国特色社会主义缺乏信心，在大是大非问题上认识模糊、态度摇摆；有的党员干部作风不正，宗旨意识淡薄，事业心和责任感不强，贪图安逸、奢侈浪费，庸懒散现象突出，对群众利益漠不关心，对群众疾苦麻木不仁，不敢碰矛盾，不去着力解决问题，形式主义、官僚主义严重等。造成问题的原因主要有：一是对马克思主义经典原著的研读不够；二是西方思潮的传入和各种腐败现象的影响；三是思想政治教育错位的影响，体现在：马克思主义理论宣传存在误区，马克思主义理论研究滞后，缺乏应有的说服力，马克思主义思想政治教育效果不显著。针对这些问题，必须以中国特色社会主义理论体系武装头脑，坚定不移走中国特色社会主义道路，坚定马克思主义理想信念，创新思想政治教育机制。

雷巧玲在《党政干部理论困惑的破解思路》一文分析了当前党政干部中存在理论困惑。该文引述了《人民论坛》对当前党政干部存在的理论困惑的调查，这些困惑表现在理论如何打动群众、理论如何与工作结合、理论学习缺乏效果、理论学习方式方法有待创新及一些党政干部对理论重视不够等五个方面。针对这些困惑，该文提出了破解思路：一是增强理论创新及理论宣传的亲和力，破解理论如何打动群众的困惑；二是增强理论学习的针对性，破解理论如何与工作结合的困惑；三是增强理论学习的实效性，破解理论学习缺乏效果的困惑；四是创新理论学习方式方法，破解理论学习方式方法如何创新的困惑；五是激发理论学习的内动力，破解对理论重视不够的困惑。

（二）关于领导干部政治道德建设的研究

德才兼备是我们党对领导干部的基本要求，德才兼备应当以德为先，领导干部的“德”最重要的体现就在于政治道德。对于这方面的研究，主要成果有：许卫国的《领导干部要常修为政之德》（《党政干部学刊》2013 年第 8 期）和钱国良的《关于领导干部政德建设的几点思考》（《中国延安干部学院学报》2013 年第 2 期）等。

许卫国在《领导干部要常修为政之德》一文中认为，从政重德，是我国政治文明的一大传统，是对领导干部特别是党员领导干部的基本要求。为政之德具有广义和狭义的内涵，狭义上是指国家公务员队伍中或者党组织中具有领导职权的人员在从事政务管理活动中应该具有的高尚品德。为政之德的特征：一是抽象性和具体性的统一；二是传统性与时代性的统一；三是个体性与社会性的统一。强调为政之德，从历史角度看，这是安邦治国的共性要求；从实践角度看，这是中国革命建设改革发展不断从胜利走向胜利的成功之举；从时代角度看，这是保持党的先进性和纯洁性，关系党执政兴国的关键要务。领导干部常修为政之德，一是要牢牢把握理想信仰这个价值基石，始终保持政治上的清醒与坚定，做共产主义远大理想和中国特色社会主义共同理想的坚定信仰者和忠实践行者。二是要牢牢把握执政为民这个根本宗旨，始终心系百姓，做到常怀爱民之心，恪守为民之责，善谋富民之策，勤为利民之事。三是要牢牢把握敢于并善于担当这个时代要务，始终忠诚履职，不回避矛盾，做一个敢作敢为、勇于创新、有所作为的领导干部。四是要牢牢把握求真务实这个践行标准，始终坚持实事求是，不尚空谈，老实做人，做老实人。五是要牢牢把握清廉自律这个内在要求，始终严于律己，以身作则，做端正党风、廉洁从政的表率。六是要牢牢把握潜心学习这个重要根基，始终将学习作为提高整体素质的重要途径，做一个勤于学习、善于学习、勇于实践、创新有为的领导干部。

钱国良在《关于领导干部政德建设的几点思考》一文中也对领导干部的为政之德进行了分析。该文认为，政德是与行使公共权力联系在一起的特殊职业道德，是公职人员的从政之德。中国共产党领导干部的政德内在地体现着党的性质、宗旨和使命的要求。加强政德建设是巩固党的执政基础的迫切需要，也是匡正民风、引领社会风尚的迫切需要，更是从源头上预防腐败、爱护和保护干部的迫切需要。我们党政德建设的历史提供了许多启示：既要发挥政治素质对干部政德建设的决定性作用，又不应轻视道德品行问题；党既要注重政德建设主体的主观能动作用，又不应忽视道德他律性的特征，要重视制度、法律对政德的约束作用。新形势下加强政德建设，一是要积极探索建立与社会主义市场经济体制相适应的政德规范体系；二是要加强政德的教育和养成,从做“人”开始，坚持自重、自省、自警、自励；三是加强政德的硬约束，形成有利于政德建设的制度和法律机制。

（三）关于领导干部的法治意识与能力的研究

在依法治国的方略中，领导干部的民主法治意识和运用法治方式行使权力的能力起着决定性的作用。在这方面，主要的研究成果有：谢来位的《党政领导干部民主法治意识现状及培养路径研究》(《探索》2013 年第 5 期）和王福友的《论提高领导干部运用法治思维和法治方式的能力》(《学术交流 2013 年第 9 期》）等。

谢来位在《党政领导干部民主法治意识现状及培养路径研究》一文基于对党政领导干部的问卷调查，认为：大多数领导干部对民主政府的重要性、基本特征和主要表现有准确的认识；多数领导干部赞同采用多种方式加强对领导干部的有力监督。调查表明，权利保护、权力制约、权力监督已经成为领导干部较为普遍的情感倾向；大多数干部对当前中国民主法治存在的问题有清醒认识，半数左右的领导干部具有一定程度的践行民主法治的意愿和意志。但也有部分领导干部对民主法治的认知存在问题，如对关于民主的基本原则认知不清；对于法治的核心价值即法律至上和尊重保护公民权利的认识存在误区；社会责任感不强，不知道如何去遵循民主法治程序；对公众参与的重要性也认识不够。进一步增强党政领导干部民主法治意识，需要丰富领导干部民主法治知识学习载体，严格领导干部民主法治理论考试，全社会营造民主法治理论学习氛围。

王福友在《论提高领导干部运用法治思维和法治方式的能力》一文中对领导干部的法治能力问题进行了探讨。该文认为，提高领导干部运用法治思维和法治方式的能力是依法行政的必然要求，是领导干部树立现代人生观和价值观的内在体现，是实现权力软着陆并与司法有效衔接的客观前提，是实现中国梦的有效保障，也是领导干部素质理论的重大理论创新，具有理论上的必然性和实践上的必要性。领导干部运用的法治思维和法治方式的能力具有确定的内在规定性。其具体表现为：一是在“是与非”的问题上坚持有客观根据的判断；二是在“应不应该”的问题上树立合法性至上思维；三是在对待“我与非我”的问题上树立平等的思维方式；四是在处事立场上树立“一般为原则、例外应说明理由”的思维；五是在待事态度上树立法律责任思维。领导干部提高运用法治思维和法治方式的能力本质上还是属于法治建设中的法治资源供给问题。其提升路径包括：在各级各类教育中加强法治教育；采取切实措施加强对领导干部的法治教育；建立适于法治思维与法治方式运用的领导干部成长机制；加强对权力依法运行的监督能力和矫正能力。

（四）关于干部工作各项制度机制的研究

提高干部队伍的品行修养和能力素质，归根到底还是要落实到制度上来。对于干部工作各项制度机制的研究，主要成果有：高国舫的《以德为先用人机制的实践偏差及其矫正》（《中共杭州市委党校学报》2013 年第 6 期），谢撼澜的《中国共产党干部政绩考核工作中评价导向的变迁》（《三峡大学学报·人文社会科学版》2013 年第 4 期），中共吉林省委组织部课题组的《调整不适宜担任现职干部问题调查》（《党建研究》2013 年第 4 期）等。

高国舫在《以德为先用人机制的实践偏差及其矫正》一文中认为，当前各地在设计以德为先的用人机制时，都赋予了美好的愿景。一是使被考察者道德臻于完善，如拓展干部道德的考量范围，细化干部道德指标，建立正反两套干部道德指标，强化个人私德在道德指标中的地位。二是实现“考德”方法的科学化，包括考德渠道的多元化，步骤的程序化，范围的广泛化和结论的可量化。三是保证考德主体的客观公正，如主体尽量要广，对被测评者必须知情，积极依靠权威组织参与考评，吸引“非预定”的社会各界人士参与考评等。四是确保干部考德结果的真正落实，如设置“道德高压线”，实行一票否决，针对考评结果制定相应处理办法，考核结果向社会公示等。但是这些美好的愿景在实践中出现了严重的偏差。这些偏差包括道德内涵在实践中的偏差，如内容的复杂和虚化，提倡“道德完人”导致的吹毛求疵，道德标准过于强调统一；包括考德方法的偏差，如过于复杂，有的侵犯隐私；还包括考德主体客观公正性的偏差，导致偏差的因素包括考评主体的利益关切、能力素质欠缺以及被考评干部话语权的缺失等。对以德为先用人机制实践偏差的矫正应当从完善干部道德指标体系，完善考德方法，完善考德主体的公正性和完善考德结果的落实四个方面着力。

谢撼澜在《中国共产党干部政绩考核工作中评价导向的变迁》一文中分析了事关干

部切身进步的政绩考核机制。该文认为，在不同的历史时期和发展阶段，中国共产党对干部政绩考核有不同的评价导向。这种评价导向大体历经四个阶段的变迁：新民主主义时期强调政治上对党和革命的忠诚度；新中国成立后到十一届三中全会前坚持“德才兼备”标准，开始拓宽“德能勤绩”的考核内容；十一届三中全会到党的十六大前坚持“四化”方针，注重实绩，向规范化、制度化方向发展；党的十六大以来坚持以科学发展观为导向，促进领导干部树立正确政绩观。通过对不同时期政绩评价导向的变迁的梳理，该文认为这一变迁带来了政绩考核工作的发展进步，也从一个特定角度揭示了中国特色社会主义制度进化、成长的趋势与方向。

中共吉林省委组织部课题组在《调整不适宜担任现职干部问题调查》一文中对干部能上能下、能进能出机制进行了调查分析。该文认为建设一支高素质的执政骨干队伍，迫切需要在健全调整不适宜担任现职干部制度问题上作出积极探索。当前调整不适宜担任现职干部工作存在的主要问题有：认定标准明确，操作中缺乏政策依据；考核评定办法不完善，准确认定不适宜担任现职干部难；调整程序不规范，实施中随意性较大；调整渠道不畅通，调整下来的干部难安置。导致这些问题的原因主要有思想观念上的障碍、制度机制缺失和配套措施不完善等方面。应当从内涵、认定标准、调整程序三个方面去解决好“什么是不适宜”、“依据什么进行调整”、“怎么进行调整”、“调整后怎样安排”等问题。回答这些问题之后，加强相关配套机制建设，包括以岗位职责为重点的考核评价机制，以竞争性选拔和治庸、治懒、治散、治奢为重点的择优汰劣机制，以岗位提高、跟踪管理为重点的教育管理机制，以人岗相适、能上能下为重点的动态调整机制，以职务职级并行制、社会保障制为重点的保障机制。

学术著作评介和论文观点摘要

一、学术著作评介

《现代性视域中马克思主义学习型政党研究：以历史的维度与视角》（赵宬斐著，科学出版社 2013 年版）

《现代性视域中马克思主义学习型政党研究：以历史的维度与视角》一书根据现代性社会的变迁及“现代性”含义不断丰富与完善的发展趋势，从历史的维度与视角对马克思主义学习型政党进行系统分析与总结。该书力图从历史的语境中去还原和把握学习型政党的现代性特质，着重厘清中国共产党对现代性的认知、模仿、学习、超越与创新的过程，并通过对现代性的反思，以提升和再造马克思主义学习型政党的治理能力。

该书分为五章。第一章介绍了现代性的概念和变迁，并将其作为马克思主义学习型政党产生的时代背景。认为，现代性的变迁包括新科学技术的快速发展带来的科技现代性的变迁，知识经济凸显带来的经济现代性的变迁，学习型社会的兴起带来的社会现代性的变迁。现代性的变迁催生了学习型政党。第二章介绍了中国政党对现代性的模仿与移植的过程。认为在现代性的启蒙与焦虑之中，民权政治的演练生成了中国的现代性政党。而后对于苏联政党体制的移植，建构了党国体制型政党，开启了东方国度中苏维埃模式的建构。最终，中国化的命题进一步推动了对现代性的探索。第三章介绍了中国共产党对于现代性的试错过程与创新。认为，延安时期在学习的过程中建构了新民主主义的政治模式，提升了现代性。虽然革命话语下的现代性出现了偏差，但依然实现了具有现代性的中国特色政党制度的构建。第四章介绍了苏联政党、欧洲共产主义、社会民主党、生态运动和绿党等不同类型政党的现代性模式构建与纠错过程，作为中国政党的借鉴与反思。第五章以风险社会为背景，介绍了风险社会中政党面临的危机，提出政党治理能力再造与提升的一系列举措，包括健全网络话语表达机制、丰富政党的话语叙事表达、提升政党形象表达与传播力、打造与提升公共话语场等。

《改革和完善党的领导方式执政方式问题研究》（李良栋等著，中共中央党校出版社 2013 年版）

《改革和完善党的领导方式执政方式问题研究》一书着眼于全面建设小康社会和民主

法治建设的现实要求，从历史的、借鉴的、发展的视角分析了中外执政的共产党在执政方式上的经验、教训与探索，围绕执政方式转换的目标、原则、思路以及领导、监督和保障进行了全面系统的论述。

该书分为导论和九章。第一章介绍了经典作家对无产阶级政党领导与执政这一问题的论述，前苏东国家共产党执政方式的形成及其弊端，以及苏东国家共产党丧失执政地位的警示。第二章回溯了中国共产党传统领导方式和执政方式的历史沿革，对一元化领导方式的形成、确立和巩固，以及传统领导方式的特点和经验教训进行分析。第三章介绍了改革开放以来我们党对改革领导方式执政方式的探索，包括第二代、第三代和十六大以来中央领导集体在执政理念和执政方式改革举措方面的创新，对于现行执政方式亟须解决的问题进行分析。第四章分析了转换党的执政方式的目标，即科学执政、民主执政和依法执政，对于“三个执政”提出的意义及相互关系进行分析，并强调最根本的是要实现依法执政。第五章分析了转换党的领导方式执政方式的基本原则，包括应当有利于坚持和巩固党的领导地位和执政地位；坚持从中国的实际国情出发；应当有利于巩固执政基础和扩大执政资源。第六章提出了改善党的领导方式执政方式的具体思路。认为应当认识到领导方式和执政方式的区别，要善于通过国家政权机关进行执政活动，要理顺执政党与人大、政协、国家权力执行机关的关系。第七章分析了执政党的权力应当受到严格制约与监督的问题，对于权力制约的必要性、类型与途径、难点和重点进行了探讨。第八章探讨了扩大党内民主与党的领导方式执政方式转换的关系，认为党内民主是实现“三个执政”的重要条件，应与时俱进地理解民主集中制理论，以制度建设扩大党内民主。第九章分析了领导方式执政方式转换的艰巨性和风险性，认为应当加强对党的领导方式执政方式问题的理论研究，确立合理的改革思路和举措。

《价值引导制度：社会和谐与党的执政能力建设》（蔡志强著，江苏人民出版社 2013 年版）

《价值引导制度：社会和谐与党的执政能力建设》一书从执政理念与制度成长相互作用的角度，分析了党领导中国发展面临的不确定性及各种风险挑战，重点分析了党实现社会团结、推动社会和谐发展的能力要求，试图揭示变化环境中党的现代化建设逻辑。该书通过对组织化社会中党的组织结构调整、功能发挥，以及制度安排的标准、原则和实践动力问题的分析，对党和政府与市场、社会的关系的梳理，认为，在世情国情党情深刻变化的现代社会，党的执政能力体现在能够将核心价值、先进理念变成科学的制度和具体的可操作的措施，在法治框架内实现党对国家与社会的科学领导。

该书分为六章。第一章分析了社会和谐这个党的执政能力建设的基本命题。认为危机治理是走向社会和谐的必由之路，变迁社会和危机治理也对党的执政能力、政党价值观提出了新的要求。第二章分析了多元社会中党的意识形态领导如何实现政治认同。认为，政党理念和社会主义文化建设应当体现正义之善，通过思想理论创新引领多元社会的思想整合。第三章分析了和谐社会管理创新的重要载体，即完善的社会组织。认为，社会组织化与组织创新是社会发展的基本形态，基层党组织建设是党领导社会发展的核心力量。第四章分析了执政党建设化的本质要求即制度建设。认为，执政科学化就是要制度框架内建立政治运行新模式，实现党的领导、依法治国和人民当家做主的有机统一。第五章分析了党领导社会的保障机制即民主成长，对民主成长特别是协商民主发育的物质条件、文化影响和运行逻辑加以廓清。第六章分析了执政能力建设与社会和谐的契合机制，包括全媒体时代党的沟通机制、有效的群众工作机制和创新社会管理的治理机制。

《执政党建设创新十论》（毛跃著，浙江大学出版社 2013 年版）

《执政党建设创新十论》一书紧扣政党创新这一重大命题，尝试运用马克思主义的立场、观点和方法，紧密结合党的建设的实际，从理论和实践的结合中，探索党的建设与创新良性互动的关系，阐述了党的建设在创新中开辟道路，创新促进了党的建设顺利发展，新形势下党的建设又引领着创新等重要问题，以加深对当代马克思主义创新观的理解和研究。

该书分为十章。第一章分析了党的执政理念的创新，认为应当把理论自信与大众化的辩证统一起来，以核心价值观引领社会，不断提升柔性的理论传播能力。第二章分析了先进文化的创新，认为先进性是马克思主义政党的本质属性，思想建党是政党现代化之首要，而先进文化观促进政党现代化。第三章分析了党的执政能力的创新，认为在开放环境下党的执政能力建设是党的建设一个重大而紧迫的课题，应通过善政建设不断提高党的执政能力。第四章分析了学习型政党建设，认为学习是人类与发展的永恒主题，也是党的生机与活力的源泉，应以创新的精神加强学习型政党建设。第五章分析了党的制度创新，认为制度是价值观和稳定性的保障，制度自信在于创新，完善监督机制是制度创新的重点环节，同时要提高制度的执行力。第六章分析了党性和党内民主问题，认为党性自觉的培养要通过党内民主与党员主体性体验进行，党内民主是社会主义民主政治的突破口，发展党内民主必须从国情党情出发，党员参与是党内民主发展的根本动力。第七章分析了党务政务公开问题，认为在新媒体时代必须实行党务政务公开，这有助于提高党的透明度与公信力，党组织要学会在“玻璃房”中工作，主动及时有效发布权威信息。第八章分析了党管人才战略，认为人的本质力量是一种社会的正能量，人才资源是第一资源，党管人才是强国战略的政治安排，坚持以用为本的理念创新人才工作体制机制。第九章探讨了构建新型党群关系，认为社会发展新变化对党群关系提出新挑战，党通过解放思想、价值引导、人文关怀改善党群关系，做到党为民用、党权民授、党策民选。第十章探讨了党的公众形象的塑造，认为党的公众形象是宝贵的政治资源，应以民意为参照指标树立为民务实清廉的良好形象。

《依法执政的制度化建设研究》（石文龙著，中国社会科学出版社 2013 年版）

《依法执政的制度化建设研究》一书紧扣党的执政方式的制度化建设这一重大命题，从宪法依据、执政规律、政党角色、权力划分、干部制度等方面分析了依法执政与现行党的建设各项制度的关系。并对依法执政制度化建设的过程与方法、阶段与内容、领导与保障等提出了系列建议。

该书共分九章。第一章分析了制度化建设的目的、任务和意义，依法执政制度化的宪法依据与基本路径。第二章分析了执政规律与制度化建设的关系，认为按照执政规律执政是制度化建设的基本要求，“代表执政制”使执政党与政府既统一又区分，对规范执政党的执政行为有重要价值。第三章分析了执政党的角色定位，对于执政与领导、执政党与领导党、执政者与执政党的区分进行严格区分，认为这是制度化建设的关键环节。第四章分析了执政权的规范行使问题，认为执政权与领导权在宪法上有严格区分，对执政权的确认与规范是制度化建设的核心内容。第五章分析了执政方式的转变，认为这是制度化建设的内在机制，而依法执政对“执政为民”的执政观也提出了新的要求。第六章分析了“党管干部”的制度完善,认为“党内外有别”体现了“党管干部”的不同内涵，“党管干部”实现方式的转变是制度化建设的抓手与突破口，实行依法执政应当构建干部连带责任制度。第七章探讨了依法执政制度化建设的过程与方法,认为应当从制定“党法”开始，以法治化手段推进依法执政制度化建设。第八章探讨了依法执政制度化建设的阶段与内容，认为依法执政在经历了非规范化阶段即制度化建设的前阶段之后，经过制度化建设才能进入法制化的新阶段。制度化建设应当制定《党与国家机关关系基本准则》，而法制化阶段应当制定《党与国家机关关系法》。第九章探讨了依法执政制度化建设中党的领导的制度完善问题，对于依法执政与多党合作制度的发展与完善、转型时期执政党对司法的独特作用以及党的统战制度等进行了系统分析，认为党的守法观的形成与内容是决定我国法治质量的重要因素。

《中国共产党的执政道德建设研究》（赵静著，光明日报出版社 2013 年版）

《中国共产党的执政道德建设研究》一书认为，执政应包含道德层面的要求，需要从道德维度进行评价、把握和推进。基于此，该书从理念、制度、主体、借鉴等方面对中国共产党的执政道德这一重大问题进行了系统的分析。

该书分为六章。第一章为绪论。第二章对中国共产党的执政道德的含义和加强中国共产党执政道德建设的意义进行了分析。第三章从理念引导的角度分析了执政道德建设，结合中国共产党的根本宗旨和执政理念分析这一理念中包含的道德内涵。认为，要坚持以人为本、执政为民这一执政理念的核心道德价值。第四章分析了制度在党的执政道德建设中的作用，认为加强执政道德建设，要坚持社会主义制度，凸显社会主义制度的先进价值取向；健全党的执政制度，凸显执政制度的道德价值；完善党内法规，发挥其对执政道德建设的配合作用。第五章分析执政道德建设的主体保障问题，对执政主体的道德状况、执政主体应具备的基本道德要求和提升执政主体的道德素质的途径进行探讨。第六章介绍了中国共产党执政道德建设可以借鉴的经验，包括吸收古代执政道德建设的合理因素，借鉴西方执政道德建设的有益经验，并总结党自身的执政道德建设经验。

《新兴社区党建理论与实践探索》（钟龙彪等著，天津人民出版社 2013 年版）

《新兴社区党建理论与实践探索》一书对我国近年出现的各类新兴社区的党建工作进行了系统研究。该书认为，社区是中国共产党在基层执政的支撑点。随着工业化、市场化、信息化、城镇化、国际化的发展，我国社区日益多样化，除传统住宅区以外。涉外国际型社区、农村城市化社区、村居混合型社区、外来人口聚集社区等新兴社区大量出现。就基层党建而言，新兴社区党建比传统社区党建更为复杂、特殊，面临着许多新情况、新问题。针对这些问题，该书对如何加强和改进新兴社区党建工作，推进社会管理和基层党建创新提出了对策建议。

该书分为十二章。第一章介绍了社区发展中新兴社区的类型，提出新兴社区党建问题。第二章介绍了涉外社区的发展、特点以及涉外社区党建工作的要求、难点和创新路径。第三章介绍了商务楼宇社区的发展及其对党建工作的新要求，商务楼宇社区党建现状和存在问题，并提出提高党建有效性的对策。第四章介绍了高档住宅社区的特点及其对党建工作的新要求，高档住宅社区党建现状和存在问题，并提出加强党组织有效领导的对策。第五章介绍了大学生社区的特点及其对党建工作的新要求，大学生社区党建的意义、思路和工作困境，并提出相关对策。第六章介绍了开发区社区的特点及其党建模式，认为应当按照社区的特点、规律和要求来思考和谋划开发区党建。第七章介绍了进城务工农民社区党建工作的重要性、现状、难点和改进的基本思路。第八章介绍了失地农民集中安置社区的形成与特性、党建工作的特点和难点及加强和改进党建工作的思路。第九章介绍了少数民族聚居社区党建工作的意义、特殊性、面临的新问题和改进的思路。第十章介绍了城中村社区党建工作的重要性、特点、难点和改进思路。第十一章介绍了城乡结合部的内涵及其社区党建工作的意义、特点、新情况新问题及改进的基本思路。第十二章介绍了农村集镇社区党建工作的意义、特点、难点和改进的基本思路。

《网络党建论—互联网时代政党的组织变革与社会适应》（薛小荣著，时事出版社2013年版）

《网络党建论—互联网时代政党的组织变革与社会适应》一书对于互联网时代工业社会向信息社会转型的情况下，政党的组织如何自我变革加以适应进行了深入的分析。该书认为，以互联网为代表的信息网络技术的迅猛发展，在推动工业社会向信息社会转型的过程中，已经日益显现出其对社会政治生活领域的深刻影响。现代政党作为产生、形成于机械大工业时代的特殊政治组织，在信息社会已经渐露峥嵘的新形势下，必然会引起传统政党组织结构的自我变革。通过政党的组织重建以适应迅速变化的社会，不仅是中外主流政党的普遍共识，更是作为执政党的中国共产党迫切需要解决的理论和实践问题。

该书分为导论和六章。导论介绍了信息网络技术对执政党建设在技术、组织和价值等层面的三重影响。第一章介绍了网络党建的基本问题,包括网络党建的必要性与可行性、概念与内涵、价值与功能。第二章介绍了网络党建的目标任务，即对于政党的声誉管理。政党声誉是政党的人格化，声誉管理的目的在于维护政党形象。传统物理空间领域的政党声誉管理依赖于实在的空间，受困于消失的地域，以资源的重置进行调适。网络空间领域的政党声誉管理特点是身体的缺场，表现为流动的时空、隐匿的身份和喧嚣的声音。第三章介绍了网络党建的主体即网络党组织,其类型包括网站型、论坛型、博客型、手机型，其特征体现为：政党的代言者、网络的志愿者、市场的竞争者、规则的服从者、技术的失控者。第四章介绍了网络党建的活动平台即党建网建设、管理、使用的基本情况，通过调查，认为党建网的基本功能包括：信息发布的传递工具、党务开展的活动平台、党群互动的沟通渠道、主流声音的聚集地。但党建网的功能在效用发挥上存在困境。第五章介绍了网络党建的构成，一是组织的信息化，建立党员党组织信息管理系统；二是党务的网络化，实现党的工作对社会的全覆盖；三是网络舆情治理，发挥网络党组织思想引导作用。第六章介绍了网络党建的主要能力，包括组织凝聚能力、媒介交流能力和意见表达能力。

《马克思主义党建理论在当代中国的新发展》（吴美华、于红著，中国人民大学出版社 2013 年版）

《马克思主义党建理论在当代中国的新发展》一书从党所处历史方位出发，以政党转型为切入点，围绕如何保持和发展党的先进性和纯洁性、提高党的执政能力，就思想理论建设、党内民主建设、党员队伍建设、干部队伍和人才队伍建设、基层党组织建设、党风建设和反腐倡廉建设、党内法规制度建设等重大问题进行研究，客观地梳理了当代中国共产党人对马克思主义党建理论的坚持、运用和发展，全面总结了中国共产党加强自身建设的基本经验，尤其是党的十六大以来特别是党的十八大以来党建理论的创新成果，深刻分析了这些理论指导实践所取得的成效，对全面提高党的建设科学化水平进行了较为深入的探索。

该书分为八章。第一章从历史的角度介绍了中共从革命党向执政党的艰难转型，包括对党所处历史方位的新认识，对执政党建设目标的新定位，对执政理念和执政方式的新诠释，以及转型后执政党建设的新格局。第二章介绍了党的理论建设的发展情况，包括重新确立和发展马克思主义的思想路线，不断推进马克思主义中国化、时代化、大众化，大力建设学习型党组织，努力增强社会主义意识形态的吸引力和凝聚力。第三章介绍了党内民主建设在理论、制度和监督等方面的发展。第四章介绍了党员队伍建设的历史、新时期的进展和相关经验与启示。第五章介绍了干部队伍和人才队伍建设的深化，包括相关的新思想新观点，干部人事制度改革的政策与实践，干部教育培训工作的创新以及领导班子和领导干部推动科学发展的能力的提升。第六章介绍了党执政的组织基础的夯实，包括新时期基层党组织建设的指导方针，基层党组织覆盖面的扩大、职能的转变、活动方式的创新等。第七章介绍了党风建设和反腐倡廉建设的推进，包括大力弘扬党的优良传统作风，全面推进惩治和预防腐败体系建设，加强反腐败领域的国际合作等。第八章介绍了党内法规制度建设的加强，认为应建立健全以党章为根本、以民主集中制为核心的党内法规制度体系。

二、论文观点摘要

《在党的群众路线教育实践活动工作会议上的讲话》（习近平，《党建研究》2013 年第 7 期）

围绕保持党的先进性和纯洁性，在全党深入开展以为民务实清廉为主要内容的党的群众路线教育实践活动，是党的十八大作出的一项重大部署。

一、充分认识开展党的群众路线教育实践活动的重大意义群众路线是我们党的生命线和根本工作路线。开展党的群众路线教育实践活动，是我们党在新形势下坚持党要管党、从严治党的重大决策，是顺应群众期盼、加强学习型服务型创新型马克思主义执政党建设的重大部署，是推进中国特色社会主义的重大举措，对保持党的先进性和纯洁性、巩固党的执政基础和执政地位，对全面建成小康社会，具有重大而深远的意义。

第一，开展党的群众路线教育实践活动，是实现党的十八大确定的奋斗目标的必然要求。党的十八大提出，在中国共产党成立100年时全面建成小康社会，在新中国成立100年时建成富强民主文明和谐的社会主义现代化国家。党的十八大之后，党中央又提出实现中华民族伟大复兴的中国梦。实现党的十八大确定的奋斗目标和中国梦，要求全党同志必须有优良作风。

第二，开展党的群众路线教育实践活动，是保持党的先进性和纯洁性、巩固党的执政基础和执政地位的必然要求。保持党的先进性和纯洁性，巩固党的执政基础和执政地位，是党的建设面临的根本问题和时代课题。

第三，开展党的群众路线教育实践活动，是解决群众反映强烈的突出问题的必然要求。总体上看，当前各级党组织和党员、干部贯彻执行党的群众路线情况是好的，党群干群关系也是好的，广大党员、干部在改革发展稳定各项工作中冲锋陷阵、忘我奉献，发挥了先锋模范作用，赢得了广大人民群众肯定和拥护。这是主流，必须充分肯定。

同时，我们必须看到，面对世情、国情、党情的深刻变化，精神懈怠危险、能力不足危险、脱离群众危险、消极腐败危险更加尖锐地摆在全党面前，党内脱离群众的现象大量存在，一些问题还相当严重，集中表现在形式主义、官僚主义、享乐主义和奢靡之风这“四风”上。

在形式主义方面，主要是知行不一、不求实效，文山会海、花拳绣腿，贪图虚名、弄虚作假。在官僚主义方面，主要是脱离实际、脱离群众，高高在上、漠视现实，唯我独尊、自我膨胀。在享乐主义方面，主要是精神懈怠、不思进取，追名逐利、贪图享受，讲究排场、玩风盛行。在奢靡之风方面，主要是铺张浪费、挥霍无度，大兴土木、节庆泛滥，生活奢华、骄奢淫逸，甚至以权谋私、腐化堕落。

我们一定要牢记“奢靡之始，危亡之渐”的古训，对作风之弊、行为之垢来一次大排查、大检修、大扫除，切实解决人民群众反映强烈的突出问题。

二、准确把握党的群众路线教育实践活动的指导思想和目标要求

贯彻落实好中央要求，必须高举中国特色社会主义伟大旗帜，全面贯彻落实党的十八大精神，以马克思列宁主义、毛泽东思想、邓小平理论、“三个代表”重要思想、科学发展观为指导，贯彻好党的十八大以来中央作出的重大工作部署和要求，紧紧围绕保持和发展党的先进性和纯洁性，以为民务实清廉为主要内容，切实加强全体党员马克思主义群众观点和党的群众路线教育，把贯彻落实中央八项规定精神作为切入点，着力解决突出问题。

第一，牢牢把握目标任务。历次党内集中教育活动的实践告诉我们，要使活动取得成功，确定一个合适的目标十分重要。中央反复研究，决定把这次教育实践活动的主要任务聚焦到作风建设上，集中解决形式主义、官僚主义、享乐主义和奢靡之风这“四风”问题。“四风”是违背我们党的性质和宗旨的，是当前群众深恶痛绝、反映最强烈的问题，

也是损害党群干群关系的重要根源。解决“四风”问题，要对准焦距、找准穴位、抓住要害，不能“走神”，不能“散光”。

第二，认真贯彻总要求。这次教育实践活动借鉴延安整风经验，明确提出“照镜子、正衣冠、洗洗澡、治治病”的总要求。这4句话、12个字，概括起来就是要自我净化、自我完善、自我革新、自我提高。

照镜子，主要是以党章为镜，对照党的纪律、群众期盼、先进典型，对照改进作风要求，在宗旨意识、工作作风、廉洁自律上摆问题、找差距、明方向。正衣冠，主要是在照镜子的基础上，按照为民务实清廉的要求，勇于正视缺点和不足，严明党的纪律特别是政治纪律，敢于触及思想、正视矛盾和问题，从自己做起，从现在改起，端正行为，自觉把党性修养正一正、把党员义务理一理、把党纪国法紧一紧，保持共产党人良好形象。洗洗澡，主要是以整风的精神开展批评和自我批评，深入分析发生问题的原因，清洗思想和行为上的灰尘，既要解决实际问题，更要解决思想问题，保持共产党人政治本色。治治病，主要是坚持惩前毖后、治病救人方针，区别情况、对症下药，对作风方面存在问题的党员、干部进行教育提醒，对问题严重的进行查处，对不正之风和突出问题进行专项治理。

第三，以整风精神开展批评和自我批评。批评和自我批评是我们党的优良传统，是增强党组织战斗力、维护党的团结统一的有效武器。这次教育实践活动，要在批评和自我批评上好好下一番功夫。要开好民主生活会。各级党组织要教育党员干部坚持“团结——批评——团结”的公式,既深刻剖析和检查自己,又开展诚恳的相互批评,触及思想和灵魂，既红红脸、出出汗，又明确整改方向。

第四，坚持领导带头。各级领导干部既是活动的组织者、推进者、监督者，更是活动的参与者，要以普通党员身份把自己摆进去，力争认识高一层、学习深一步、实践先一着、剖析解决突出问题好一筹。

第五，注重建立长效机制。保持党同人民群众的血肉联系是一个永恒课题，作风问题具有反复性和顽固性，不可能一蹴而就、毕其功于一役，更不能一阵风、刮一下就停，必须经常抓、长期抓。我们既要立足当前、切实解决群众反映强烈的突出问题，又要着眼长远、建立健全促进党员、干部坚持为民务实清廉的长效机制。

三、加强对教育实践活动的领导

这次教育实践活动时间紧、任务重、要求高。各级党委要增强责任感和紧迫感，把开展好教育实践活动作为一项重大政治任务抓紧抓好抓实。第一，明确责任职责，主要领导亲自抓。第二，深入调查研究，制定切实可行的实施方案。第三，加强具体指导，确保正确方向。第四，坚持统筹兼顾，做到两手抓、两促进。第五，加强宣传引导，营造良好舆论氛围。

《专注于时代特征　着力于落到实处——论贯彻党的群众路线务必辨识和把握的几个关系》（韩锴、袁新国，《观察与思考》2013年9期）

当前对群众路线的探讨，中心应该不在于要不要贯彻党的群众路线，而在于在新的历史条件下如何贯彻党的群众路线。本文试图从正确处理和把握几个关系的角度谈谈如何把贯彻党的群众路线落到实处。

一、准确把握群众整体与部分群众的关系

从时代特征看，现在我们讲群众路线，应该深入研究群众的确切含义。首先，笔者认为，群众是一个相对的概念，相对于非党团群体而言，党员对他们有个群众路线的问题；相对于党员干部，尤其是党员领导干部而言，一般党员也是他们的群众。其次，同一个人也可能有的场合他是群众，有的场合他是领导干部。再次，群众这一集合概念的构成也极其复杂，所有社会主义的建设者都包含在里面，有强势的，有弱势的，有贫困的，有富裕的。这些概念的相对性、复杂性和多样性为我们贯彻党的群众路线提出了许多必须认真加以研究的新课题。

首先，当前贯彻党的群众路线要处理好总体群众和部分群众的关系。其次，当前贯彻党的群众路线要处理好困难群众和富有群众的关系。其三，当前贯彻党的群众路线，开展党的群众路线教育实践活动，还要注意对下级干部的关心。最后，当前贯彻党的群众路线还要注意公共利益与实际利益关系的把握。总之，从当前的时代特征看，贯彻好党的群众路线，关键是着眼于全体人民，抓好社会建设，处理好不同群体的群众利益诉求，平衡好他们的利益关系，做到统筹兼顾，防止厚此薄彼。

二、正确辨识工具理性与价值理性的关系。

重执政地位的巩固，轻党群关系的密切，重经济能人的作用，轻普通群众的关怀，这些工具理性与价值理性的背离，应该也是造成某些党员领导干部经常脱离群众，从而偏离群众路线的根源所在。

在当前条件下贯彻好党的群众路线，我们必须从工具理性和价值理性有机统一的角度出发，自觉接受群众监督，保持清廉本色；保持清醒头脑，常怀敬畏群众之心；真正把群众当亲人，践行党的宗旨；着力强化从事群众工作的“第一能力”的建设，提升服务本领；把握好群众工作方法，发挥党的政治优势。出于价值理性思考的终极目标是做到权为民所赋，权为民所用，心为民所思，心为民所系，利为民所谋，利为民所有，让人民生活得更有尊严，让人民群众人生更出彩，实现广大民众的“中国梦”。

三、妥善协调为民之心与为民之迹的关系

我们必须在内心深处树立起为民谋福祉的意识，否则我们就会出现在内心深处由于缺乏为民之心的导向、匡正和鞭策而只图为民之迹，进而导致只求政绩而不注意甚至无视人民群众痛痒和承受能力的现象出现。应该说，当今中国的许多无视人民群众利益的社会问题都是只求迹而不讲心的政绩观所引起的。

这里实际上讲的是正确政绩观的人民性问题。第一个问题是我们的干部在心里要有党的宗旨意识，即为民之心，真正做到权为民所用，始终以党和人民的事业为重，为人民掌好权、用好权，用人民赋予的权力去实实在在地服务于人民，造福于人民。第二个问题我们的干部在做政绩时要在思想上牢固树立按照客观规律办事，坚持讲真话、办实事、求实效的理念。第三个问题是在心理上要有不搞花架子，不急功近利的意念。

四、有效调处“逆取”之法与“顺守”之策的关系

现在讲群众路线，人们往往用解放前党夺取政权过程中如何自然地形成密切联系群众的机制和体制来对比，而没有深入研究攻守之势的差异，即夺取政权和巩固政权之间

不同的形势及客观之势要求我们采取的不同措施。这恐怕是我们反复强调共产党人应该密切联系群众，而在实践上往往与我们党的要求有差距、有出入的根本原因所在。

在巩固政权的条件下获得人民群众的拥护，关键在于建立人民创业的起点公平，过程公平和分配公平的机制，在源头上杜绝与绝大多数人的利益相违背的体制和机制。如果说在逆取过程中我们要倾重于积极义务即“多为群众办好事”的履行，那么在顺守过程中我们要更倾重于“为群众办好事”的积极义务和“不损害群众利益”的消极义务履行的共时性。

五、积极关注为民做主与人民作主的关系

我们的体制是人民当家做主，所以应该是人民作主的体制，这种体制在理论上应该有利于形成决策的民主化和执行的坚定性相结合的为民机制。但由于几千年的封建体制的影响，我们的少数干部们仍然习惯于为民做主。

很显然，罔顾民意、脱离实际的“为民做主”，实际上仍是长官意志的“领导当家”，往往可能违背民众的意愿。只知为民做主而缺乏群众路线的意识，即使出于好心，也有可能把好事办坏。在新形势下，要想真正贯彻党的群众路线，就要紧迫而稳妥地改变“为民做主”的陈腐观念，通过有效的机制充分保障人民群众的知情权、选举权、监督权、表达权，确保人民的权益不受侵害。

六、全面审视对上负责与对下负责的关系

当前情况下，更多的是脱离群众的唯上之风的盛行，表现为对上级满面春风，而对下级和群众却冷若冰霜；对上级的决策，无视本地实际，不管正确与否，毫无异议而不切实际地加以执行。唯上是一种主观主义的表现，它已背离了群众路线。

对上负责而无视人民群众的做法之所以出现，乃至比较风行，有我们的体制上原因，也有没有认清在宏观上和长远上看对下负责就是对上负责，群众满意了我们党的执政地位就得以巩固，而且群众满意是我们的本质所在和价值追求的理论的原因。

《中国腐败治理的制度选择》（燕继荣，《哈尔滨工业大学学报•社会科学版》2013 年第 3 期）

客观地说，中共历次重要会议都要表达反腐决心，每次相关决议都会重申“制度反腐”的重要意义。为了响应党的会议精神，各地纪律检查部门都会出台相应的反腐规定和举措。但不可否认，腐败的形势似乎依然严峻，距离民众的期待仍有较大差距。这就产生一个问题，究竟是“制度反腐”本身不及“运动反腐”那么有效，还是“制度反腐”没有落到实处，或者没有反到“正点”？在既有的政治框架下，要改善腐败治理的绩效，还有什么可供选择的制度安排？

一、腐败治理的不同模式

从根本上说，腐败是人类社会的通病，它根源于官僚体制的弊端和人性的“弱点”。所以，治理腐败是各国面临的共同任务。但是，采用何种方式治理腐败，这反映了完全不同的政治理念，也决定了反腐败的成效，直接关系到一个国家能否实现所谓长治久安的问题。

从“大历史观”的角度看，腐败治理基本可分为两种模式：一是基于“君主”理念

(“君”为“主”)的制度安排(实行“君治”)，属于古典政治实践的范畴，集中体现为古代皇家的“吏治”经验。二是基于“民主”理念(“民”为“主”)的制度安排(实行“民治”)，属于现代政治实践的范畴，集中体现为现代民主宪政体制下责任政治、“有限政府”的实践。前者被概括为“人治”路线(举贤人而治)，后者被认为是“法治”路线(定良法而治)。

现代各国政治实践多采用民主宪政体制来规制官民关系，避免因官员严重腐败而引发剧烈的社会革命。民主宪政体制之所以能够有效改变人亡政息、王朝更替的历史规律，主要归功于如下制度安排：一是民主宪政体制以公认的国家宪法和法律为政治行为的最高准则；二是民主宪政体制采用限任制的办法，不给政治家个人或家族提供永久当政的机会；三是民主宪政体制采用舆论开放、定期选举等办法，保证政府官员随时接受民众评议和审查；四是民主宪政体制采用立法、司法、行政分离的原则，保证公共权力不被任何个人或组织所独揽；五是民主宪政体制为“民告官”提供了制度途径，并采用和保障司法独立原则，保证法官在官民矛盾的诉讼中公正判决。

二、腐败治理何以有效

笔者认为，中国反腐绩效不甚显著的原因很多，至少与以下三方面的因素有关。

首先是观念认识层面。从政治发展的角度看，不能把腐败治理看作权力斗争的手段，也不能把腐败治理当做继续执政的权宜之计，更不能把腐败治理视为服务于经济发展或其他目标的手段，而必须把腐败治理看做是现代政治生活解决官民关系、实现公平正义必不可少的制度安排。中国领导人必须认识到，中国共产党要真正有效地治理腐败，首先必须承认，腐败不是改革开放惹的祸，也不是别人(资产阶级和封建主义)使坏拉下水，而是共产党自身特权思想没有得到根本否定和清理的自然结果。所以，腐败治理的成效首先取决于中国共产党能否彻底摒弃“打天下坐天下”的特权观念、真正按照现代政党的要求实现脱胎换骨改造的勇气和决心。

其次是制度安排层面。如果把底层制度看作“基础制度”，把中层制度定义为“基本制度”，把表层制度看作“具体制度”，那么不难看出，中国在“基础制度”和“基本制度”尚不健全或尚不完善的情况下，出台了大量属于“具体制度”的政策。本来，“具体制度”层面上规则的有效实施依赖于“基础制度”和“基本制度”。如果“基础制度”牢固、“基本制度”完善，“具体制度”层面便不需要那么多五花八门、花样翻新的方法。正是由于该充实的“基础制度”和“基本制度”得不到充实和落实，缺乏所谓的“顶层设计”，结果迫使各地胡乱开药吃药，使“具体制度”层面形形色色、别出心裁的招数也都变成中看不中用的表面文章。

最后是政策执行层面。影响和制约中国反腐决策执行力的因素有三：一是纵向多头管理，反腐机构呈现纵向多头管理的状态，往往导致机构林立、权力分散、条块分割、各守阵地、以机构对抗机构的局面。二是横向多层分割，“横向多层分割”的局面不仅切断了纵向的督查权力，而且造成本级领导(一把手)只能由上级反腐机构来检查监督而实际上无人检查监督的状况。三是过程控制缺失。中国腐败治理的重心似乎也偏重于官员腐败的事后追查与惩戒，而事前防范和事中监控一直属于薄弱环节。此外，反腐机构“执纪不严”也是执行中的一个问题。

三、腐败治理的制度选择

中国的腐败治理最终还是要回到从根本上理顺官民关系、“将权力关进制度的笼子里”的轨道上来。那么，从中国的现实情况出发，哪些制度安排是不可或缺的？或者换一种说法，从目前的情况看，应当如何把什么样的权力关进什么样的制度的笼子里？

第一，从根本上说，通过宪政体制确立现代官民关系是必需的。

就中国而言，官民关系尚未实现现代转型，通过革命和政权更替而建立的短暂均衡，由于没有真正转化为有效的制度规范，随着时间的延续而逐渐走向失衡状态，使二者的比重自然向着“官”(公权)的一方倾斜。人民代表大会制度是中国宪法所确认的根本制度，它为中国宪政体制提供了基本的框架。把各级“人大”做实，让它真正行使宪法所赋予的权力，让人民代表真正代表人民，并通过有效的制度安排，独立行使公共财政、人事选任、官员问责弹劾等权力，这不仅是腐败治理的有效手段，也是中国政治转型的可行途径。

第二，从策略上说，通过分权—限权制度管住各地各部门“一把手”是必需的。

腐败治理确实不单单是一个政策问题，它更主要的是国家权力构建的问题：需要重构统一的国家权力及其实施方式——明确统一的国家权力是什么，到底由谁来行使和如何来行使。现行体制在腐败治理方面的最大局限在于：一方面既有的管理体制赋予作为“一把手”的领导人和决策者以巨大而集中的权力，另一方面又偏重于把权力约束的有效性建立在领导者个人品行而不是制度限制的基础上。

要改变这种状况，就要通过分权来限权，通过分权—限权的制度安排来管住“一把手”。第一，将立法权、司法权、反腐监察权适度集中，并从地方和部门党政领导手中收回，使其归国家统一掌管，以克服“地方化”倾向。第二，激活地方“人大”，强化“人大”的独立地位，将地方税收、财政权力赋予“人大”，让“人大”首先通过控制政府的“钱袋子”，改变党政领导“一支笔”的地位，从而抑制地方“一把手”的经济“冲动”。

第三，着手考虑引入官员财产申报登记制度，这对于从根本上确立反腐行动的合法性、约束官员的敛财行为、保护官员合法权益、终止官员“前腐后继”是必需的。对于中国来说，官员财产申报登记制度还有特别的意义，因为它成为反腐行动合法性的焦点。正如有观点认为，究竟是为了权力斗争而反腐，还是为了合理规则而反腐，“科学反腐制度”的关键在于官员财产申报登记制度。对于一个立志领导中国实现民族复兴的执政党来说，这道难关终究必须跨越。而且，早一天引入官员财产申报登记制度，可以早一日使跨入官场政界的“新人”得到制度的保护，免得“涉水”太深而难以自拔。

第四，克服“体制消融”，建立统一、独立、专业化的反腐体系是必需的。现行的反腐体制呈现多头管理的态势。这种看似合力反腐、人人有责的协作体制，实际上陷入“人人都管但人人都不管”的境地。要克服这种“体制消融”的困境，可以考虑的制度安排就是建立一个独立于政党和政府、向最高权力机关负责的、统一而专业的反腐队伍和体系。

《新时期建构服务型的马克思主义执政党的价值及实现路径》（张明军，《马克思主义研究》2013 年第 7 期）

建设服务型的马克思主义执政党目标的正式提出，对新时期更好地全面推进党的建设新的伟大工程，提高党的建设科学化水平和执政能力，在 2020 年实现全面建成小康社会的总目标具有重要的价值和意义。

一、服务型的马克思主义执政党的内涵及特征

“全心全意为人民服务”是党的根本宗旨,“党除了工人阶级和最广大人民群众的利益,没有自己特殊的利益”。这是马克思主义执政党“区别于其他任何政党的一个显著标志”。这种马克思主义执政党的定位,决定了服务型的马克思主义执政党具有鲜明的特征。

1. 先进理论指导并武装人民群众的政党属性。用先进的、发展的马克思主义作为党的理论指导并不断教育和武装人民群众,是服务型的马克思主义执政党的重要属性,也是服务型的马克思主义执政党的重要特征。

2. 以“服务”为宗旨的理念。全心全意为人民服务既是服务型的马克思主义执政党的本质体现,也是服务型的马克思主义执政党的最重要特征。

3. 以最广大人民群众为服务对象的功能彰显。服务型的马克思主义执政党服务的对象必然是最广大的人民群众。这种将服务对象定位于最广大人民群众而非少数官僚和政客集团的行为逻辑,直接彰显了服务型的马克思主义执政党的特点。

4. 以“服务”为重心的思想体系。马克思主义指导下的无产阶级政党,在建党的宗旨上就确定了为工人阶级和最广大人民群众进行服务的思想,从毛泽东鲜明的《为人民服务》,到邓小平的《全心全意为人民服务是党员的最高灵魂》,再到江泽民的《坚持群众路线,改进领导作风》以及胡锦涛的《坚持立党为公、执政为民,树立正确的政绩观》等一系列文章和讲话的发表,形成了全心全意为人民服务的思想理论体系。

二、建构服务型的马克思主义执政党的价值

在新的历史时期,中国共产党在带领全国各族人民实现全面建成小康社会的征程中,建构服务型的马克思主义执政党更具重要的价值意义。

1. 有利于党适应时代发展和执政生态变迁的需要。中国共产党及时地由“管理型”向“服务型”转变,建构服务型的马克思主义执政党,是顺应时代发展需求的必然举措,是中国共产党主动适应执政生态变迁的必然结果。

2. 有利于党的群众路线的传承和发扬。必须“虚心地向人民群众学习,把群众的知识和经验集中起来,化为系统的更高的知识,才能够具体地启发群众的自觉,指导群众的行动”,更好地为群众服务。

3. 有利于更好地代表最广大人民群众的根本利益。通过代表最广大人民群众的根本利益展示其全心全意为人民服务的功能,在全心全意为人民服务功能的发挥中,更好地实现最广大人民群众的根本利益,从而形成服务型政党与代表最广大人民群众根本利益良性循环的运作机制。

4. 有利于更好地发挥党沟通与领导国家和社会的功能。服务型的马克思主义执政党就其党的属性而言,“全心全意为人民服务”是其最重要的本质属性之一,这种党的各级组织和党员为广大人民群众全心全意服务的功能,必将提升党在国家机关和基层社会的凝聚力、战斗力和影响力。

5. 有利于获取更为深厚的执政资源。政党所崇尚的全心全意为人民服务的价值取向,必然在实践中提升政党人民公仆的形象,密切政党与广大人民群众的关系,取得社会公众对政党执政的广泛认同和服从,为获取更为深厚的执政资源,巩固党的执政地位奠定

坚实的基础。

三、建构服务型的马克思主义执政党实现的路径

服务型政党的建成是多种因素交织作用的结果。紧紧围绕“加强党的执政能力建设、先进性建设和纯洁性建设这条主线”，从思想上、组织上、制度上、技术手段上等方面全方位多角度地运用马克思主义的经典党建思想和现代政党建设理论，科学地思考和设计有中国特色的服务型马克思主义执政党建设的实现路径。

1. 积极培育和推动“服务”理念的意识自觉。

建设服务型的马克思主义执政党，必须实现全心全意为人民服务的意识自觉，积极推动广大党员对全心全意为人民服务理念由认知到认同的转变。为此，应从如下方面培育“服务人民”的思想意识。其一，强化党的宗旨教育，进一步提升全心全意为人民服务的理念。其二，加强党的历史学习，强化对全心全意为人民服务意义的认识。其三，深化新形势下党面临的机遇和挑战认识，增强党“服务人民”重要性的意识。其四，在重视为人民群众物质利益实现而服务的同时，注重提升思想理论服务的意识。

2. 科学设计以“服务”为功能的政党组织结构。

功能决定结构，有什么样的功能必须建立与之相适应的组织结构；结构反作用于功能，结构设计是否合理，直接决定和制约着功能的发挥。因此，中国共产党要发挥全心全意为人民服务的功能，必须科学地思考和设计中国共产党内在的组织结构。目前，国际国内形势的变革，使我们党面临的主要任务也发生了深刻的变化，应及时关注基层社会出现的各种矛盾和问题，反映群众的呼声，实现群众的利益。为此，必须进一步改进和完善党内组织机构的设置，在保持原有机构的基础上，建议增设党的群众工作部（简称群工部）。群工部的主要职责如下：其一，民情的调研、联络和沟通。其二，民意的提炼和整合。其三，民众利益的体现和服务。

3. 改革和完善以“服务”为重心的党内制度。

必须认真检视党的现有制度及其运作状况，改革和完善以服务为重心的党内相关制度。一是改进和完善为人民服务的激励制度。二是建立健全必要的惩戒制度。把能否为人民服务及服务的质量高低作为考核党员和领导干部绩效的重要内容，以此保持中国共产党的纯洁性，更好地展示中国共产党作为服务型的马克思主义执政党的本质。三是在制度建设中，坚持整体推进原则。设计党为人民服务的制度时，必须按照“突出重点，整体推进”的原则，在重点建设激励和惩戒等实体性制度的同时，不断加强相应的配套性制度建设，使党全心全意为人民服务的制度形成一个较为完整的制度体系，保障党为人民服务功能的更好发挥。

4. 丰富和拓展以“服务”为内容的基层党组织活动形式。

党的基层组织能否以合适的活动方式体察民情、反映民意、代表民众利益，直接决定着服务型政党的成功建构。必须清醒地认识到，随着经济全球化的迅猛推进和中国社会主义市场经济的深入发展，存在“一些党的基层组织软弱涣散”、组织活动难以开展、“一些党员不能发挥先锋模范作用”，难以发挥为人民服务功能的现象。为此，必须重点建设党的基层组织，开展丰富多彩的为人民服务活动。

5. 不断创新以服务为特色的技术手段。

党的全心全意为人民服务的理念能否转化为实际的客观行动并取得良好的成效，需要有适应时代变化和要求的先进科学技术手段的支撑。随着信息化的发展和以互联网为载体的虚拟社会的形成，必须认真做好电子党务工作，建立和完善基层党组织为人民服务的电子平台，使党的电子服务平台发挥三个方面的功效：一是拓宽社会公众利益和服务诉求的渠道。二是提升服务的效率和质量。三是公开接受人民群众对“服务”的监督。

胡小君　苏州大学政治与公共管理学院副教授

参政党研究

参政党研究述评

在“中国梦”成为全民族共识的时代背景下，关于参政党的性质、地位、作用的讨论再次升温，成为2013年参政党研究的重要主题。特别是“中国特色社会主义参政党”概念提出后，理论界对“中国特色参政党”的性质地位、职能作用进行了深入的研讨，对中国特色社会主义参政党如何助力“中国梦”的实现进行了广泛的交流，对参政党的政治实践起到了很好的指导作用。此外，理论界对参政党的历史研究和自身建设问题的研究也进一步深化，取得了一定的研究成果。

一、中国特色社会主义参政党研究

2013年2月，在中共中央举办的党外人士迎春座谈会上，中共中央总书记习近平首次提出，各民主党派是与中国共产党通力合作的中国特色社会主义参政党。这实际上是肯定了民主党派的社会主义性质，对民主党派促进自身科学发展具有重要意义。自此，关于中国特色社会主义参政党的讨论日渐升温，理论界对中国特色社会主义参政党这一概念的意义、内涵和依据进行了深入的研究，形成了一批有价值的理论成果。

关于提出中国特色社会主义参政党这一概念的重要意义，中央社会主义学院政党制度研究中心曾多次召集各方专家学者参与研讨，对准确把握中国特色社会主义参政党的理论价值和实践影响具有重要作用。无论是政党制度的研究专家，还是从事民主党派工作的实际工作者，都一致认为，这一概念的提出，标志着中国共产党对各民主党派的科学认识提高到新水平、进入到新境界，在统一战线和多党合作的发展史上具有重大的里程碑意义。如在2013年9月23于北京召开的“中国特色社会主义参政党”理论研讨会上，民进中央研究室副主任石述梅认为，“中国特色社会主义参政党”是对民主党派性质最新的科学论断，对于推动民主党派加强自身建设、履行参政党职能、坚持和完善中国共产党领导的多党合作和政治协商制度都具有重要意义。其理论意义和实践意义表现在：第一，明确民主党派是政党，科学界定了民主党派作为政党的自然属性。第二，明确民主党派是参政党，正确指明了民主党派在国家政治生活中的地位作用，这对民主党派履行好政党功能、发挥好在国家政治生活中的作用，提供了重要指导。第三，明确民主党派的中国特色社会主义性质，首次科学阐明了民主党派的时代特质和本质属性。第四，明确了民主党派要同中国共产党通力合作，再次强调了民主党派的前进方向，也指明了构建和谐政党关系的路径。中央社会主义学院副教授邱永文认为，中国特色社会主义参政党概念的提出具有重要的积极意义：第一，这一概念的提出，为我们理解中国的民主党派以及我国的政党制度，提供了一个正确的观察研究视角，即我们的民主党派既具有一般意义上政党所具有的共性，又带有中国特色社会主义参政所具有的特殊性，有助于推动中国特色政党理论的研究。第二，这一概念的提出，有助于推动民主党派性质和代表性问题的深入研究。中国特色社会主义参政党这一论断，明确了民主党派的社会主义性质，同时也为深入研究新时期民主党派的代表性问题指明了方向。第三，这一概念的提出，为建构中国政党理论话语体系奠定了重要基础。当前中外学术交流对话中，最大的问题是没有中国学者自己的学术话语体系。中国特色社会主义参政党概念的提出，无论从基础理论研究，还是从构建中国特色的政治和政党理论学术话语体系方面，都会产生积极影响。（见中央社会主义学院统战部理论教研部整理的《"中国特色社会主义参政党"理论研讨会纪要》，《中央社会主义学院学报》2013 年第 5 期）

关于"中国特色社会主义参政党"这一概念的提出意义，还有一些比较有价值的观点，认为这一概念对参政党的科学发展和中国的民主政治建设都具有重要意义。如刘保明在《学习"中国特色社会主义参政党"科学论断》（《前进论坛》2013 年第 12 期）一文中认为，"中国特色社会主义参政党"概念的提出，首次将中国特色社会主义与参政党结合在一起，适应了当代中国民主政治的发展要求，是对各民主党派同中国共产党团结合作历程的科学总结，是对民主党派性质和政治地位的科学论断，是对各民主党派新时期发挥职能作用的科学把握，是多党合作理论的重大创新，必将为推动多党合作事业的发展提供新的动力，必将指导统一战线和多党合作事业蓬勃发展。王彩玲在《论参政党建设的新要求——对"中国特色社会主义参政党"概念的一种解读》（《湖南省社会主义学院学报》2013 年第 6 期）一文中认为，"中国特色社会主义参政党"这一概念的提出，有助于克服参政党建设问题上无所作为的心理，同时，在具体要求和价值取向上，也对参政党建设提出了更明确、更具体的规定。首先，这一概念的提出，凸显了民主党派加强自身建设的紧迫性。各民主党派只有切实担负起"中国特色社会主义参政党"的历史使命，真正履行好"中国特色社会主义参政党"的职能，才是真正意义上的社会主义参政党。其次，这一概念的提出，对民主党派的思想政治素质提出了更高的要求。从政治思想素质来看，"中国特色社会主义参政党"既然是中国特色社会主义的，就应该具备与中国特色社会主义理论体系相符合的社会历史观、政治价值观与参政伦理观，从而为"中国特色社会主义参政党"名实相符奠定思想基础。第三，"中国特色社会主义参政党"概念的提出，为民主党派自身建设确立了明晰的评价标准。即民主党派自身建设一方面要使自身更加充分地体现社会主义性质，另一方面更应该着眼于"中国特色社会主义"的需要，使民主党派通过自身建设这种政治实践，在思想上、组织上、制度上为参政党履行职能提供保障，从而为中国特色社会主义建设提供合格的政治主体。

关于中国特色社会主义参政党这一概念的历史演变与现实依据，有学者从中国特色社会主义参政党这一概念的提出过程进行研究，在也有学者从参政党性质的演变进行探讨，还有部分学者从民主党派社会基础的演变立论，有代表性的观点有：

罗振建在《关于中国特色社会主义参政党的理论思考》（《中央社会主义学院学报》2013 年第 6 期）一文中认为，"中国特色社会主义参政党"概念的确立，大体上经历了萌芽顿挫、初步形成和正式确立三个阶段。关于"社会主义政党"这个提法最早是在1955年11月由李维汉提出来的，但是，此后由于以阶级斗争为纲的"左"的错误指导思想和反右派斗争严重扩大化的失误，各民主党派重新被戴上了"资产阶级政党"的帽子，一直延续到十年"文化大革命"的整个历史时期，这是萌芽顿挫阶段；自1978年12月召开的党的十一届三中全会到2010年以来，中国共产党在民主党派性质问题上拨乱反正，对各民主党派的科学认识不断深化，我国一些专家学者对民主党派性质问题也作了有益探讨，把社会主义、中国特色社会主义与参政党联系起来，初步形成了中国特色社会主义参政党的概念，这是初步形成阶段；2010年2月15日，中共中央统战部以佟一的署名发表文章，明确提出了"中国特色社会主义参政党"的概念至今，是中国特色社会主义参政党概念正式确立阶段。

王小鸿在《从阶级联盟到中国特色社会主义参政党——论中国民主党派性质的演变》（《湖南省社会主义学院学报》2013年第6期）一文中认为，民主党派自20世纪20年代后期出现在中国的政治舞台，在八十多年的政治生涯中，从国民党统治下的在野党，到参加共产党领导的联合政府，成为社会主义的参政党，再到中国特色社会主义参政党，走过了从爱国主义到新民主主义再到社会主义的发展历程。"各民主党派是与中国共产党通力合作的中国特色社会主义参政党"，这是对各民主党派同中国共产党团结合作历程的科学总结，是对民主党派性质和政治地位的科学论断。这一概括简洁、明确，符合民主党派的实际，必将有利于巩固中国共产党与各民主党派团结合作的政治基础，有利于民主党派充分发挥参政党作用。

关于中国特色社会主义参政党的内涵，学者们大都认为，应该立足我国社会主义政党制度、政治制度的性质和特点，从民主党派与我国政党制度、政治制度的关联上，从与处于领导和执政地位的中国共产党的关系上来理解和把握。也有学者认为应该从"参政党"、"民主党派"、"中国特色社会主义参政党"这三个概念的关系中深化对"中国特色社会主义参政党"概念的理解。罗振建在《关于中国特色社会主义参政党的理论思考》（《中央社会主义学院学报》2013年第6期）一文中认为，应该从内部构成、政治基础、奋斗目标、政治实践、参政监督、自身建设、政党关系等方面把握中国特色社会主义参政党的科学内涵。贾小明则在《论"参政党"概念属性与"中国特色社会主义参政党"》（《湖南省社会主义学院学报》2013年第6期）一文中认为，在理论研究中，"民主党派"和"参政党"两个概念常常等同混用、纠缠不清、逻辑矛盾。因此，正确认识和处理"民主党派"、"参政党"和"中国特色社会主义参政党"三个概念的关系，是科学把握和运用"中国特色社会主义参政党"概念的前提。

二、历史研究

2013年对民主党派历史的研究既有中共领导人关于多党合作与民主党派思想的研究，也有对民主党派历史人物的研究，还有对单个民主党派历史活动的研究。这些研究既丰富了人们对参政党的认知，也深化了人们对多党合作必要性的理解，具有重要意义。

关于中共领导人的多党合作和民主党派思想研究，研究者们对毛泽东关于民主党派的思想多有著述，有代表性的观点如下：

李玉宏、高轩在《建国初期毛泽东关于民主党派问题述论》(《淮北师范大学学报·哲学社会科学版》2013 年第 1 期）一文中认为，新中国成立初期，毛泽东在不同的历史阶段，阐述了新民主主义社会政治格局中的民主党派的问题，主要包括以下几个方面的内容：第一，坚持中国共产党和各民主党派的合作，以巩固和扩大新民主主义革命时期形成的人民民主统一战线。第二，坚持中国共产党和民主党派的合作，是巩固和加强人民民主专政国家政权的需要。第三，中国共产党和民主党派实行“长期共存，互相监督”的方针，是加强中国共产党建设和发展社会主义民主的需要。第四，在处理中国共产党和民主党派的关系时，注意纠正关门主义、敷衍主义、迁就主义等错误倾向。这些论述确定了党对民主党派的基本方针，为我国的多党合作和政治协商制度奠定了思想基础，丰富、发展了马克思主义政党学说，为马克思主义理论作出了独创性贡献。

王润东在《毛泽东党外代表人士队伍建设思想探析》(《渭南师范学院学报》2013 年第 10 期）一文中认为，毛泽东同志历来高度重视加强党外代表人士队伍建设，在发挥党外代表人士特殊作用、尊重信任党外代表人士、合理安排使用党外代表人士、加强党外代表人士选拔培训等方面，提出了一系列重要理论观点和政策思想，成为新时期加强党外代表人士队伍建设的重要纲领。作者认为，毛泽东同志高度重视党外代表人士的作用，把与党外人士特别是党外代表人士的合作提高到关系到革命和建设事业成败的高度。因此，毛泽东坚持与党外人士民主合作的原则，反对干部政策上的“关门主义”；坚持与民主党派长期共存的原则；尊重信任党外代表人士，关心照顾党外代表人士，为其提供工作、生活和学习条件，对党外代表人士量才使用、合理安排，充分发挥了党外代表人士的参政议政作用；有意识、有计划地培养选拔党外代表人士，加强对党外代表人士的思想教育和培训。毛泽东同志这些关于加强党外代表人士队伍建设的思想和实践，奠定了我们党对于党外代表人士队伍建设的认识基础，成为毛泽东统一战线思想中有机组成部分，为中国共产党在新形势下加强党外代表人士队伍建设提供了理论基础和思想源泉。

夏远生在《毛泽东回湖南同民主人士交朋友》(《湘潮》2013 年第 6 期）一文中回顾了新中国成立后毛泽东四次回湖南后带头做统战工作的几则轶事。作者指出，毛泽东回湖南后曾专程探望湖南省人民政府主席程潜；著名的教育家、语言文字学家杨树达，即杨遇夫；民主人士曹典球、周士钊等人，并与他们书信往来。毛泽东回湖南还多次叮嘱省委领导说，省委书记要抓统战工作，在湖南尤要摆在首要地位。在毛泽东的影响下，程潜连任湖南省人民政府主席、省长职务 10 多年，充分体现了党和人民对于民主党派和民主人士的信任和倚重，展示了人民统一战线的力量和影响。正是由于毛泽东在湖南带头做统一战线工作，重视同民主党派和民主人士和衷共济，亲密合作，促使统一战线成为历届湖南省委工作的一个特点、重点和亮点。

关于民主党派历史人物的研究，马叙伦、谭平山、司徒美堂的思想和事迹受到较多关注。康大寿在《马叙伦与〈读了中共“五一口号”以后〉》(《民主》2013 年第 5 期）一文中认为，1948 年 4 月 30 日，中共中央在解放战争迅速发展的形式下发表了“五一口号”23 条，这是中国共产党关于当时形势和任务的纲领性文献。马叙伦首先在香港听到广播，当他看到“五一口号”全文后，便立即在香港的中共中央机关刊物《群众》周刊上发表了《读了中共“五一口号”以后》一文，表达了他对革命胜利即将到来而按捺不住的喜悦之情，分析了中共“新民主主义的经济政策”，认为它是“符合新中国要求的主要条件”，给予了高度赞赏，并在对中共“五一口号”全面分析和理解的基础之上，对“五一口号”的巨大作用和意义给予了高度评价，从一个民主人士的角度诠释了“口号”的基本精神。由于这是当时较早的一篇响应性文章，而那时香港又正聚集着大批民主党派的领导人和著名的文化精英，故而其影响极大。

马元在《马叙伦与“五一口号”》(《北京观察》2013 年第 5 期）一文中回顾了马叙伦先生在“五一口号”发布前后组织、参与的和平、民主爱国运动，包括组建民主促进会、反内战活动、下关惨案、响应五一口号，积极参加新政协等等。作者认为“五一口号”所凝聚的中国共产党领袖和民主党派代表人物的共识催生了一个新中国的诞生，而马叙伦祖孙三代人也都在新中国的建设事业中贡献了自己的力量。

樊振在《宋庆龄与农工党》(《中国统一战线》2013 年第 7 期）一文中回顾了邓演达和宋庆龄在苏联共同酝酿成立“第三党”的往事。作者指出，四一二反革命政变之后宋庆龄同邓演达、陈友仁、彭泽民、徐谦等人交换意见，都主张建立一个新的组织，以继续领导国民革命。邓演达秘密抵达莫斯科后成为托派与斯大林派的争取对象，但邓演达的意愿却是恢复“真正国民党左派”领导，联合共产党等革命势力，继续努力实现国民革命的未竟目标。由于没有得到苏联政府的积极回应，邓演达与宋庆龄、陈友仁等在苏俄南部的高加索商议，一致认为中国革命不能中断，为了复兴中国革命，有必要先成立一个“临时性的革命领导机构”，这个组织应该是一个独立的、中国式的、贯彻孙中山三大政策的革命团体。1927 年 11 月 1 日，宋庆龄、邓演达、陈友仁在莫斯科联名发表了由邓演达起草的《对中国及世界革命民众宣言》(简称《莫斯科宣言》)。1930 年 5 月，邓演达秘密回国，筹建党的中央机构，党的名称即《莫斯科宣言》中提出的“中国国民党临时行动委员会”，此后，中国国民党临时行动委员会几经更名，成为延续至今的中国农工民主党，与共产党一道迎接了新中国的诞生，活跃于中国的政治舞台。

孙宗明在《中国民主党派第一人谭平山》(《泰山学院学报》2013 年第 2 期）一文中认为，谭平山是中国近代史上有建树、有影响的民主革命家。辛亥革命时，他追随孙中山加入同盟会；五四运动后，他在陈独秀的帮助下建立中共广东支部。在第一次国共合作中，在轰轰烈烈的农民运动中，在著名的南昌起义中，都留下了他不可磨灭的历史功绩。他组建中华革命党，创建三民主义同志联合会，组织中国国民党革命委员会，参加新政协，特别是在响应中共“五一”口号、开展新政协运动中，他的主张和影响为民革和各民主党派接受中国共产党领导、协商建国，发挥了积极的作用。

关于民主党派发展史的研究，既有涉及单个民主党派的，也有把民主党派作为一个整体来讨论的，涉及到民主党派的思想建设、组织建设等方方面面。比较有代表性的论文如下：

王莹、李宁在《论新中国成立初期的九三学社——以社的章程演变为基础》(《中央社会主义学院学报》2013 年第 6 期）一文中认为，新中国成立初期，九三学社章程总纲经历了三次修改和变动，这充分反映了九三学社从参加政治协商会议成为统一战线的重要组成部分，到贯彻“长期共存，互相监督”方针的政党的形成过程，同时，也揭示了新的政治秩序对九三学社的深远影响。重新梳理这段历史，不仅能从一个侧面展现新中国政党制度的形成，而且也反映了我国民主党派发展的一个缩影，为巩固和完善中国共产党领导的多党合作和政治协商制度也提供了重要借鉴。

钟光鋆在《农工党成都市级组织恢复情况回忆》(《前进论坛》2013 年第 3 期）一文中回顾了“文化大革命”结束后统一战线拨乱反正，农工党成都市组织恢复活动的情况。作者指出，农工党成都市级组织的组织恢复时期，即从成立临时领导小组开始 (1978 年 5 月) 到召开第四次党员代表大会选举产生第四届委员会为止 (1980 年 1 月 22 日)，总共经历了大约两年时间。这两年时间里，临时领导小组做了大量工作，包括调查了解各基层组织和成员的基本情况、恢复基层组织活动的试点工作、协助党和政府落实各项政策、协助基层组织恢复活动、认真协商，积极推荐农工党党员出席成都市政协六届二次全会、建立办事机构，搭起工作班子、积极筹备和召开农工党成都市第四次代表大会等等，使农工党成都市级组织的发展进入了新的历史时期。

肖建东在《辛亥革命与民盟反专制的政党政治斗争》(《江汉大学学报・社会科学版》2013 年第 5 期）一文中认为，辛亥革命的重大内容之一就是以政党政治的议会道路去反对专制统治，国民党宋教仁发起的颇具声势的政党政治奋斗就是其中的典型。中国民主同盟 (简称民盟) 早期领导人经历了这次大革命政党政治的洗礼，民主政党政治的议会道路对中国民主同盟的诞生和发展产生了深刻的历史影响。为了实现民主政党政治，民盟与中国共产党联合起来共同反对国民党的独裁统治，最后却遭到了国民党的镇压和解散，有力地证明了西式政党政治的议会道路在中国行不通，必须结合中国国情，走有中国特色的民主政治道路。

汪守军在《中共与民盟“君子协定”的由来及启示》(《江苏省社会主义学院学报》2013 年第 4 期）一文中认为，中共与民盟的“君子协定”在中国多党合作史上具有重要的作用和意义。目前对“君子协定”的认定有不少版本，包括时间、对象、时效等均有不同的看法，因此，还原历史，澄清认识是必要的。中共与民盟的“君子协定”订立是在 1946 年政协会议召开前，并在政协会议期间不断丰富完善并得到了双方忠实的贯彻执行，并使以民盟为代表的中国民主党派逐渐在政治上认同中共的领导地位，直到自愿自觉接受中共的领导，为中国共产党领导的多党合作和政治协商制度的正式确立作出了重要贡献。

孙宗明在《中国历史上的 21 个民主党派始末》(《河套学院学报》2013 年第 2 期）一文中认为，中国历史上曾先后产生了 21 个民主党派，其中结束较早或与其他民主党派融合了的有 6 个，即中国民权保护同盟、中华民族革命同盟、旅美中国和平民主联盟、职教社派、乡村建设派、孙文主义革命同盟；经历了长期发展，1949 年参加了中国人民政治协商会议，但由于各种原因到年底结束或与其他民主党派合并了的有 3 个，即中国人民救国会、三民主义同志联合会、中国国民党民主促进会；在历史一定时期内曾经加入民主党派的行列，后来投靠到国民党反动阵营中去的有 2 个，即中国青年党、中国国家社会党；成立后一段时间而自行解散的有 2 个，即生产人民党、中国农民党；持续发展至今的有 8 个，即中国国民党革命委员会、中国民主同盟、中国民主建国会、中国民主促进会、中国农工民主党、中国致公党、九三学社、台湾民主自治同盟。民主党派成员要认真学习中国现代史和党派史，不仅有清晰的了解，而且有正确的认识，从而进一步增强接受中国共产党领导的自觉性。每一位公民都要了解学习中国民主党派的历史，从而认识中国共产党领导的多党合作和政治协商制度的历史渊源及发展历程，提高履行宪法的自觉性。

龙刚在《民主党派建党初期民主思想的来源》（《贵州社会主义学院学报》2013 年第 4 期）一文中认为，中国各民主党派的民主思想，来源于西方当代资产阶级民主思想和马克思主义民主思想，这是民主党派具有进步性和多样性的思想基础，在各民主党派建党初期的政治纲领中已有体现。

三、政党关系与“同心”思想研究

参政党与执政党同心同德、同心同向、同心同行是和谐政党关系的应有之义，那么，参政党应该如何践行“同心”思想？参政党在践行“同心”思想的过程中，如何处理与执政党的关系？八个民主党派之间又是什么样的关系？对这些问题的思考，从“同心”思想提出以来就一直倍受理论界关注，也构成了 2013 年参政党研究的重要内容。

关于正确把握参政党与执政党的关系，吉秀华在《正确认识中国特色政党关系需要把握的三个关键点》（《上海市社会主义学院学报》2013 年第 6 期）一文中认为，领导与被领导的关系、执政与参政的关系、互相监督的关系构成了中国特色社会主义政党制度最基本的三对关系。正确理解和认识这三对关系必须要把握好三个关键点：正确理解“党的领导”，正确理解“参政”的内涵，正确理解“监督”的性质。作者还认为，建立和维护执政与参政的良好互动关系，关键在于提高民主党派的“参政”能力，增强参政议政的针对性和实效性，与执政党不断提高的执政能力相匹配。在此过程中，要注意区分民主党派组织以及不同成员的能力培养要求和培养目标。对于直接参加国家政权，在国家各级机构中担任领导职务的民主党派成员应当重点培养其政治把握能力、组织领导能力、合作共事能力、参政议政能力、沟通协调能力等；而对于普通的党派成员来讲，应当侧重于发现问题能力、调查研究能力、建言献策能力的培养和提升。杨明在《如何进一步发展高校中共党委与民主党派的关系》（《人力资源管理》2013 年第 1 期）一文中也认为，中共与民主党派关系的内涵是领导与被领导、共存与监督、参政与合作的关系，高校中共与民主党派处在一个利益集团中，有更加广泛的合作基础，进一步发展两者的关系不仅对高校发展、对多党合作制度也是大有裨益的。为此，要在坚持共产党领导的前提下，建立长效的共存机制，建立合作的氛围，防止民主党派工作在高校中边缘化，发挥民主党派在高校中的监督作用，发挥民主党派参政议政优势。邓伟志在《参政就该肝胆相照》（《领导文萃》2013 年第 10 期下）一文中认为，“政从‘正’来”，参政党与执政党之间固然应当互相监督，但主要是参政党监督执政党。对执政党的错误，该批评就批评，批错了也没关系，所谓“肝胆相照”就是要有肝有胆，艺高人胆大，说错话就改正，这样可以提高参政素质、参政胆量。作者指出，民主是民主党派的生命线。民主本来就讲究包容，不必说对荣辱与共的亲密友党，就是对政敌、异己也该心存恕道的。没有监督便没有民主，监督最起码的是要求官员廉政，执政党要为民主监督提供方便。

对于党际关系的研究，除了参政党与执政党的关系，还有学者提出了优化参政党之间的关系的看法。如蔡旺儒在《优化民主党派关系与完善中国政党制度》(《天津市社会主义学院学报》2013 年第 2 期）一文中认为，中国政党政治中，除了执政的中国共产党外还有作为参政党存在的八个民主党派，党际间的关系被称为和谐的党际关系。许多学者在研究党际关系时侧重于研究执政党与参政党间的和谐关系，往往忽略了参政党由八个相互独立的民主党派构成这一事实，因此，党际关系研究还应该包括对参政党内部关系的研究。作者认为，中国共产党和各民主党派的真诚合作和良性互动不仅仅取决于执政党，从各民主党派来看，它们作为参政党是当代中国政党政治以及政党制度中的重要行为主体，同样具有重要的作用。因此，各民主党派自身建设的状况以及相互间的关系不仅直接影响到各民主党派参政议政职能的发挥，而且将影响到当代中国政党制度的合法性和长久性。因此，根据各民主党派自身的特点和优势来优化民主党派间的关系，对中国政党制度的发展和完善具有重要意义。

关于“同心”思想,有的学者从这一理论对参政党政治实践的指导意义方面进行讨论,有的学者则从如何践行“同心”思想、促进政党关系和谐这个视角进行思考，有代表性的观点如下：

覃建平在《“同心”思想之于政治交接的价值意义与实践思考》(《广西社会主义学院学报》2013 年第 1 期）一文中认为，“同心”思想是理论系统，政治交接是功能系统，“同心”思想指导政治交接功能的发挥；“同心”思想是方向系统，政治交接是操作系统，“同心”思想引导政治交接实践的开展；“同心”思想是动力系统,政治交接是行为系统,“同心”思想推动政治交接行为的发展，同时，“同心”思想揭示中国特色政党制度核心灵魂，对参政党的政治交接具有思想引领意义；“同心”思想提供中国统一战线事业动力源泉，对参政党的政治交接具有精神支撑作用；“同心”思想指明民主党派文化建设前进方向，对政治交接具有价值导向功能，二者有着紧密的正相关关系。因此，未来的政治交接实践必须在“同心”思想观照下开展，政治交接必须践行“同心”思想。

杨丽丽在《试论“同心”思想指导下的参政党民主监督》(《广西社会主义学院学报》2013 年第 6 期）一文中认为，参政党在民主监督中如何践行“同心”思想，更好地担负起参政党的历史使命是一个有意义的课题，为此，参政党要为维护中国共产党和政府的威信开展民主监督，为维护宪法和法律的权威开展民主监督，为维护最广大人民群众的根本利益开展民主监督。

刘菊香在《以“同心”思想为引领培育参政党核心价值观》(《江苏省社会主义学院学报》2013 年第 1 期）一文中认为，从民主党派历史来看，与中国共产党“同心”是民主党派在革命、建设和改革各个时期得以生存发展的根基，集中体现在各个历史时期民主党派的章程或政纲中。“同心”思想与参政党核心价值观本质紧密联结，“同心”思想是参政党核心价值观定位的指针，是参政党核心价值观的核心内容，是评判参政党核心价值观的关键标准。因此，当前培育参政党核心价值观应以“同心”思想为引领，积极探索具体可行的培育途径：理论上以概括、提炼内涵为基础，明确参政党核心价值观；思想上以加强教育引导为重点，增进对参政党核心价值观的心理认同；实践上以发挥参政党职能为核心，增强参政党核心价值观的成效。

朱琳琳、魏晓文在《我国多党合作时代发展的"同心"思考》(《广州社会主义学院学报》2013 年第 4 期）一文中认为，民主党派的发展如果偏离"同心"坐标，将危及其自身存在的合法性乃至中共领导的多党合作的政党制度，以"同心"思想为基础在多党合作中推动民主党派建设非常重要。为此，必须聚焦其参政党的政党属性，一方面要加强对参政党建设规律的把握，要从"同心"思想出发，着眼于为什么要建设参政党的根本性问题，研究参政党建设的一般原理，加强理论建设的针对性和系统性，提高参政党理论的说服力；要以"同心"思想为核心；着眼于怎样建设参政党这一重大问题，从思想建设、组织建设、制度建设等方面探索参政党建设的基本原理，通过强化思想工作、完善组织肌体、规范制度运行等各项建设的协同合力，确保参政党建设的科学性；要采取"同心"行动，着眼于参政党怎样发挥实际作用的现实问题，探索参政党建设的运行原理，把参政党内力的提升外化为主动的参政意识、积极的参政行动、良好的参政能力和踏实的参政作风。另一方面要继续发挥民主党派精英政党人才荟萃、智力资源雄厚的独特优势，把"同心"思想落实到实践中。

王继宣在《由自信到同心》(《广州社会主义学院学报》2013 年第 2 期）一文中认为，建立和坚定中国特色社会主义的道路自信、理论自信、制度自信是对民主党派和无党派人士的"同心"思想建设和"同心"实践的新要求，也是巩固最广泛的爱国统一战线的思想政治基础的新要求。落实这个新要求，需要从以下几个方面做工作。一是民主党派的自身建设、特别是思想建设和"同心"思想建设要以建立和坚定这三个自信为核心内容；二是各级社会主义学院作为各民主党派和无党派人士的联合党校，在对民主党派和无党派人士的各级领导干部或者后备干部以及一般成员的政治培训和"共识"教育过程中，要把建立和坚定这三个自信作为中心内容，这可以说是"共识"教育的更高要求和进一步的深化；三是这三个自信的建立和增强，应当做为新阶段爱国统一战线实现其大团结大联合这一本质的新基础和新要求，并且把它具体地落实在统战工作的各个方面、各个环节中。

四、"中国梦"与参政党作用研究

助力"中国梦"，以参政党独特优势服务全面深化改革，致力于中国特色社会主义事业的发展，是理论界对新时期参政党角色的重要定位，也是参政党自身的自觉选择。围绕着这一定位，参政党和学者们都认真探讨了"中国梦"对参政党提出的角色要求，分析了参政党在全面深化改革的各领域的作用，研究了参政党在社会主义文明体系建设(包括物质文明、精神文明、政治文明、社会文明、生态文明等五个方面)中所负有的责任，取得了一定的理论成果。

1. 参政党与"中国梦"

在实现中华民族伟大复兴的"中国梦"的过程中，中国共产党是领导核心和带头人，参政党也是实现"中国梦"的重要力量，是重要的"助梦人"，这是对参政党的历史使命的最新理解，也是理论界对参政党的最新定位。代表性文章如下：

民革中央主席万鄂湘在《扮演好"助梦人"的角色》(《中国统一战线》2013 年第 5 期）

一文中，探讨了民革作为参政党，如何扮演好“助梦人”的角色这一问题。作者指出，“三农”、促进祖国统一和法制建设是民革参政议政的工作优势和特点。民革要把握这些优势和特点，深入了解困难群众在实现中国梦过程中遇到的障碍，并通过民革的力量最大限度地加以解决，使困难家庭在实现中国梦的路程中不掉队，努力使人民共同享有人生出彩的机会，共同享有梦想成真的机会，共同享有同祖国和时代一起成长与进步的机会。

民建中央主席陈昌智在《实现“中国梦”民建大有可为》(《中国统一战线》2013 年第 7 期）一文中认为，民建作为主要由经济界人士组成的参政党，今后要发挥优势，参与到“中国梦”的实现过程。实现“中国梦”，要以民生为本。遵从人民群众的根本利益，是民建的价值追求和根本理念，也是民建履行参政党职能的出发点和立足点。因此，在实现“中国梦”的过程中，民建作为致力于中国特色社会主义事业的参政党，将大有可为。

民进中央主席严隽琪认为，参政党的历史使命之一是凝聚政治共识，凝聚政治共识靠的是推进“三个认同”，即目标认同、道路认同、价值认同，而目标认同的重要内容之一就是实现中华民族伟大复兴的“中国梦”。围绕这一观点，民进中央的机关刊物《民主》在 2013 年分期刊发了大量理论文章，讨论这一命题。如李和平在《大力推进“三个认同”，努力实现“中国梦”》(《民主》2013 年第 5 期）一文中认为，民进作为一个与中国共产党通力合作、致力于中国特色社会主义事业的参政党，共同目标是全面建成小康社会，巩固和发展中国特色社会主义制度，实现中华民族伟大复兴的“中国梦”。要实现“中国梦”，必须走“正道”，走中国特色社会主义政治发展道路。要继承和弘扬民进的优良传统，引导广大会员把民进老一辈自觉的历史选择转化为当代民进人的现实选择，使民进的优良传统发出新时代的光芒。要充分发挥民进在文化领域的界别优势，传承中华优秀文化，不断促进形成民进共同的文化价值理念，树立高度的文化自觉和文化自信，为建设社会主义文化强国作出应有贡献。吴明兰在《积极推进“三个认同”，努力实现“中国梦”》(《民主》2013 年第 6 期）一文中认为，“中国梦”是执政党根据时代的新变化而提出的，在当代中国，它具有最大的概括性、包容性和改造力，民进会员要积极践行这一目标认同，努力实现“中国梦”。

吴棉国在《以“中国梦”引领民主党派政治共识教育的思考》(《重庆社会主义学院学报》2013 年第 3 期）一文中认为，“中国梦”蕴涵着中国特色社会主义道路的历史经验，不仅能够引领各民主党派继续拓展和走好中国特色社会主义道路，还能进一步增强他们对中国特色社会主义的道路自信、理论自信、制度自信，在新形势下，以“中国梦”引领民主党派政治共识教育具有重要意义。为此，要以“中国梦”引领共识观念的牢固树立；以“中国梦”巩固政治交接成果和优良传统的薪火相传；以“中国梦”拓展教育思路，推动科学发展；以“中国梦”抓好自身建设。

王克群、张磊在《我国民主党派追寻中国梦的光辉历程》(《天津市社会主义学院学报》2013 年第 2 期）一文中认为，实现中国梦，需要全中国人民的共同努力和共同奋斗，民主党派同样责无旁贷。几十年来，中国民主党派顺应历史发展的潮流追寻中国梦，在中国共产党的领导下，从爱国主义走向中国特色社会主义，为中国革命和建设事业做出了积极贡献，充分说明民主党派是同心共筑中国梦的重要力量。

徐宗俦在《民主党派在舆论宣传上应当秉持的基本观点——兼议参政党应当成为执

政党的“智库”》(《贵州社会主义学院学报》2013 年第 4 期）一文中认为，任何政治党派都会把自己的核心价值观、党性原则、理论指导、行动准则，在舆论宣传中体现出来。中国特色的民主党派作为中国共产党领导的参政党，要做政治上的清醒者，秉持“敢于为民发声”的基本观点，在舆论宣传上应当始终坚持与共产党合拍，为实现“中国梦”，不断传递“中国声音”，成为执政党需要、人民群众期盼的高层次的“智库”。

2. 参政党与社会主义文明体系建设

中国共产党是当代中国社会主义文明体系建设的领导者，各民主党派作为与中国共产党亲密合作、共同致力于中国特色社会主义事业的参政党，在我国社会主义文明体系建设的过程中，也发挥着重要的、特殊的作用。学者们从物质文明、精神文明、政治文明、社会文明、生态文明等五个方面探讨了参政党的作用以及发挥作用的途径。

——参政党与物质文明建设。

关于参政党在物质文明建设中的作用，学者们立足于中国特色社会主义的发展，一致认为，民主党派是协同推进中国全面深化改革的重要力量，是中国特色社会主义的参政党，要继续发挥人才荟萃、智力密集的优势，围绕全面深化改革的重大问题，围绕促进科学发展，履行好参政议政、民主监督职能，致力于中国特色社会主义建设。这既是中国共产党的信任和期待，也是参政党的职责所在。如万鄂湘在《民革要为坚持和发展中国特色社会主义作贡献》(《团结》2013 年第 5 期）一文中认为，民革作为与中国共产党共同致力于中国特色社会主义建设事业的参政党，对于坚持和发展中国特色社会主义负有重要责任。民革组织和广大党员要从中国社会发展规律的角度,从中国具体国情出发，深入理解和把握中国特色社会主义的主要内涵和基本特征，识民情、接地气，为保障和改善民生献计出力。严隽琪在《坚持和发展中国特色社会主义》(《民主》2013 年第 8 期）一文中指出，民进要从“为执政党助力、为国家尽责、为人民服务”出发，在四个方面发挥应有的作用：一是通过履行参政议政职能在执政党和政府的科学决策、民主决策中发挥“智库”的作用；二是通过履行民主监督职能对执政权力起到“他律”的作用；三是通过履行社会服务职能对建设和谐社会起到“辅助”的作用；四是团结广大成员，起到组织归属的作用。

——参政党与精神文明建设

关于参政党在精神文明建设中的作用，学者们将目光聚焦在参政党与建构社会主义核心价值体系之间的关系上，探讨了参政党树立社会主义核心价值观的意义和途径、参政党在树立社会主义核心价值观方面的作用。如刘菊香在《参政党与中国核心价值观建设研究》(《湖北省社会主义学院学报》2013 年第 1 期）一文中认为，中国核心价值观建设是一项艰巨而重大的文化工程，需要得到全社会广泛自觉的认同与参与。参政党是建设中国核心价值观的一支重要力量，其性质特点、职能作用、社会功能、优良传统在中国核心价值观建设中具有特殊的优势。因此，参政党应充分发挥自身优势助推中国核心价值观建设，为此，要以加强参政党自身核心价值观建设为切入点，推动民主党派成员自觉融入中国核心价值观建设；以发挥参政党职能为着力点，加强和丰富中国核心价值观的实践形态；以发扬民主党派优良传统为支撑点，增强中国核心价值观的亲和力和感召力；以加大研究和宣传力度为结合点，引导民众树立中国核心价值观。陈洪超在《略论参政党树立和践行社会主义核心价值观》(《辽宁省社会主义学院学报》2013 年第 2 期)一文中认为，树立和践行社会主义核心价值观是参政党对社会主义现代化美好愿景的热切希望，是参政党对美好社会现实的不倦追求，也是参政党加强自身建设和做好政治交接的内在要求。只有在立足于自身特点和充分发挥自身优势的基础上才能更好地树立和践行社会主义核心价值观，才能为国家的现代化事业和祖国统一大业作出应有的贡献，为早日实现伟大复兴的“中国梦”贡献力量。参政党树立和践行社会主义核心价值观应结合自身特点和优势，主要从以下几个方面进行：第一，自觉加强理论学习，充分发挥文化宣传引领作用；第二，结合参政党自身特点，积极履职，用实际行动践行社会主义核心价值观；第三，注重实践养成，完善制度体制建设和内化机制。梁书宏在《民主党派培育和践行社会主义核心价值观路径探析》(《上海市社会主义学院学报》2013 年第 6 期)一文中认为，社会主义核心价值观是一个国家、一个民族赖以生存和发展的灵魂。民主党派要立足于学，注重“四个结合”(即与准确把握中华民族伟大复兴中国梦的丰富内涵相结合、与坚持中国共产党的领导相结合、与继承和弘扬民主党派优良传统相结合、与树立和践行社会主义核心价值体系相结合)，增强培育和践行社会主义核心价值观的主动自觉；致力于行，突出“三个关键”(即坚持道路、同舟共济、传承进步)，准确把握民主党派培育和践行社会主义核心价值观的基本要求；重在于果，抓好“四个环节”(即全面谋划，精心组织、层层宣传，深入人心、挖掘典型，引领示范、结合履职，扩大功效)，推动培育和践行社会主义核心价值观取得成效。邹新在《民主党派树立和践行社会主义核心价值体系刍议》(《重庆与世界•学术版》2013 年第 9 期)一文中认为，作为与中国共产党亲密合作的参政党，民主党派树立和践行社会主义核心价值体系是坚持正确政治方向的需要，是不断巩固多党合作共同思想政治基础的需要，更是加强民主党派自身建设的需要。各民主党派树立和践行社会主义核心价值体系要以创建学习型参政党为契机，推进参政党自身建设；要与履行参政党职能相结合，提高参政议政的能力和水平；要与服务社会相结合，力争做出新贡献。

除了推动社会主义核心价值体系的确立，致力于文化的发展和繁荣是参政党服务于精神文明建设的又一重要着力点，研究者们对这个问题也进行了深入讨论，有代表性文章有：王晋强在《参政党服务社会主义文化建设的研究——推动地方特色文化建设浅探》(《传承》2013 年第 6 期)一文中认为，文化强国战略，事关中华复兴大业，需要有识之士热心参与，社会各界共同关注。民主党派作为参政党应充分发挥参政党自身的优势，服务地方特色的文化建设，助推地方企业文化、民族文化、红色文化和廉政文化建设，为社会主义文化大繁荣大发展做贡献。王远启在《参政党在我国文化建设中的作用》(《江苏省社会主义学院学报》2013 年第 1 期)中认为，我国参政党在文化建设中发挥着既不同于执政党、又有别于一般社会组织的重要作用，即具有自身特色的参政监督作用、团结教育作用、文化载体作用，能够为文化建设提供高层次、宽领域的服务，包括维护核心价值体系的主导地位、引导多元文化价值的和谐发展、引导社会成员增强核心价值体系下的文化共识、大力发展社会主义先进文化特别是民主政治文化、充分调动社会各阶层参与文化建设的积极性、主动性和创造性等等。谢建美在《民主党派如何在社会主义文化建设中发挥自身的作用》(《湖北省社会主义学院学报》2013 年第 5 期)一文中认为，民主党派是社会主义文化建设的重要的参与者、先进文化的倡导者、优秀文化的创造者和监督维护者。他们通过宣传社会主义核心价值观、参政议政、挖掘自身文化和民主监督，为社会主义文化建设提供了舆论的支持、决策上的引导及特色精品文化的内容。张鹏立在《民主党派与我国文化建设的关系》(《陕西社会主义学院学报》2013 年第 3 期）一文中认为，我国民主党派与文化建设关系密切，在不同的时代背景下有着不同的内容。社会主义文化建设，不是仅靠一党之力所能完成，需要包括民主党派在内的统一战线各界人士共同参与，才能做好做实。在全面建成小康社会的新阶段，民主党派作为从参政党的政治责任出发，承担文化建设的时代重任，以其特有的政治地位和优势在文化建设中发挥着不可替代的重要作用。王远启、张鹏立在《浅析文化建设对我国参政党的基本要求》(《天津市社会主义学院学报》2013 年第 1 期）一文中认为，在全面建成小康社会的新阶段，我国文化建设的新形势新任务对参政党提出了新的更高要求，参政党必须适应新形势和新任务的需要，认清自身在我国文化建设中的地位、责任、使命，通过承担责任、积极支持、广泛参与、热情奉献，积极为文化建设服务。民主党派在文化建设中，可以以参政党的身份广泛参与重大决策的政治协商，参加文化建设重大项目的调研、论证、考察，通过参政议政、民主监督、反映社情民意以及参加文化建设实践，提出文化建设的参考意见，把握文化建设的政策导向，监督文化建设的各个层面和环节。

——参政党与政治文明建设

参政党在政治文明建设中的作用，学者们主要从参政党与协商民主发展、参政党与公共政策制定、参政党与知识分子政治参与、参政党与法治、参政党的民主价值等角度进行研究，其中参政党与协商民主的发展这一问题，更是成为 2013 年参政党研究的一个热点。学者们一致认为，发展社会主义协商民主是中共十八大以来中国民主政治的重要议题，对中国的政治发展具有重要意义，参政党作为社会主义性质的政党，对发展社会主义协商民主负有重要责任，参政党不仅要积极投身协商民主具体的政治实践中，还要为协商民主的完善与发展建言献策。

关于参政党在发展和完善社会主义协商民主中的作用和使命，有的学者立足于历史，探讨参政党在中国协商民主发展过程中做出的贡献；有的学者则立足于现实，探讨参政党在发展社会主义协商民主中可能发挥作用的方式与途径；有的学者立足于价值，探讨参政党参与到社会主义协商民主过程中的重要意义；还有学者立足于协商民主的实践，探讨了参政党在协商民主中发挥作用的途径与方法。有代表性观点如下：

宋村珠在《参政党应切实承担健全协商民主制度的历史责任》(《理论研究》2013 年第 4 期）一文中认为，参政党要在健全社会主义协商民主制度的过程中，正确发挥作用，必须深化对中国特色社会主义道路、中国共产党的领导和有序政治参与的认识；必须充分利用协商民主的各种平台和载体；必须切实加强理论建设、作风建设和人才队伍建设。只有这样，参政党才能切实承担健全社会主义协商民主制度的历史责任。

王小鸿在《中国民主党派与协商民主》(《湖南省社会主义学院学报》2013 年第 3 期）一文中认为，中国民主党派作为中国民主政治中的一支重要政治力量，具有参与协商民主的重要任务。在现实中，作为中国的参政党，中国民主党派广泛参与了协商民主各个层面的协商。展望未来，只要充分发挥民主党派在协商民主中的作用，民主党派在中国民主政治发展中将大有可为。

许超宇、徐丽维在《参政党在协商民主制度建设中的作用》(《吉林省社会主义学院学报》2013 年第 4 期）一文中认为，中国民主党派作为参政党与社会主义协商民主制度的产生和发展相生相伴，在协商民主制度建设过程中发挥了不可替代的重要作用。人民政协的诞生，为建立社会主义协商民主制度奠定了坚实基础，参政党在人民政协组织中充分发挥政治协商作用；我国多党合作制度是社会主义协商民主的重要实现形式，参政党在多党合作制度中充分发挥协商民主作用。

刘晓峰在《充分发挥参政党作用，努力推进协商民主科学化建设》(《人民论坛》2013 年第 10 期上）一文中认为，参政党是协商民主的重要参与者，参政党参与协商民主在中国经历了数十年的发展而历久弥坚，重要原因在于它在促进政治发展、增强执政党执政水平、维护国家政治稳定等方面发挥着重要功能。加强协商民主建设，需要建立健全科学实际的有效机制，进一步完善我国社会主义协商民主制度，提高协商民主的科学化水平。

吉秀华在《论参政党在社会主义协商民主建设中的地位和作用》(《中央社会主义学院学报》2013 年第 5 期）一文中认为，参政党作为多党合作和政治协商制度的重要组成部分，既是多党合作的直接参与者和实践者，又是社会主义协商民主的重要主体和力量依托。从历史渊源看，参政党是中国特色社会主义协商民主形成的重要组织基础；从现实实践看，参政党是中国特色社会主义协商民主的实践主体；从未来趋势看，参政党是推动中国特色社会主义协商民主进一步发展的关键要素。

王佳玲在《论民主党派在社会主义协商民主中的地位作用》(《黑龙江省社会主义学院学报》2013 年第 4 期）一文中认为，我国政党协商民主起源、发展并创新于多党合作实践。作为具有社会主义协商民主重要主体地位的民主党派，其职能的履行和作用的发挥有利于协商民主价值的充分体现；有利于协商民主的有序实现；有利于弘扬优秀的传统政治文化；有利于培育公民的政治参与意识和协商意识。

王行道在《民主党派与协商民主》(《湖北省社会主义学院学报》2013 年第 2 期）一文中认为，民主党派是创立协商民主制度的重要参与者，民主党派是完善协商民主制度的积极推进者，民主党派是发展协商民主事业的实践创新者。事实证明，民主党派是广泛开展协商民主的宝贵资源，多党合作是一条畅通反映社情民意、表达所联系群众利益和意愿、沟通党政群关系的重要渠道，也是一条团结推进社会各方面了解和贯彻党和国家方针政策、法律法规，同心同德共创伟业的重要渠道。继续发挥好这条渠道的独特作用，是健全协商民主制度的重要一环。

李文献在《浅论民主党派与社会主义协商民主》(《广西社会主义学院学报》2013 年第 6 期）一文中认为，中国民主党派在社会主义协商民主的确立、发展和完善过程中发挥了重要作用。正确认识民主党派参与社会主义协商民主的优势，破解制约性的因素，完善制度机制，优化社会主义协商民主环境，是进一步发挥民主党派推进我国民主政治发展作用的客观要求。

顾建军在《推进参政党党际协商健全社会主义协商民主》(《重庆社会主义学院学报》2013 年第 2 期）一文中认为，党际协商是社会主义协商民主的主要层面之一，主要包括作为执政党的中国共产党和作为参政党的各民主党派之间的协商以及参政党之间的协商两个方面。目前，参政党之间的党际协商无论从哪个方面来说都显得滞后，在中国共产党领导的多党合作和政治协商制度中，参政党如何加强彼此之间的协商民主，探索和建立党际协商的机制，完善内容程序，是今后健全社会主义协商民主的重要方面之一。

姚俭建在《健全社会主义协商民主制度与参政党的新任务》（《前进论坛》2013 年第 3 期）一文中认为，在新的历史条件下，坚持和完善中国共产党领导的多党合作和政治协商制度，必然在充分发挥人民政协作为协商民主重要渠道作用的同时，更加重视民主党派的作用，这就对民主党派提出了更高要求。特别是在民主协商的过程中，民主党派更需要从提升协商质量、增强实效性着眼，树立大局观念，努力提升自身素质，真正深入实际、认真思考，理性地表达诉求，负责任地提出建议，把协商民主这一民主形式建设好、发挥好。为此，一要以科学发展观为指导，二要投身“同心”实践，三要加强能力建设。

徐佩瑛、金薇在《基于文化动因的协商民主——民主党派在协商民主建设中价值功能的多维论析》（《广州社会主义学院学报》2013 年第 4 期）一文中认为，我国各民主党派是创立协商民主形式和制度的重要参与者、积极推动者和实践者，主动担当发展协商民主文化的历史重任，是当前各民主党派责无旁贷的神圣使命。民主党派要从文化导向层面为协商民主提供精神动力和支撑；从唯物辩证法的层面为协商民主提供理论导向；从现实特征层面为协商民主建设提供实践依据；从社会政治生态层面为发展协商民主创设良好环境；从丰富内容形式的层面为协商民主建设创新渠道；从加强参政党建设的层面为协商民主提供政治和智力优势。

傅绍平在《充分发挥民主党派在协商民主中的作用》（《湖南省社会主义学院学报》2013 年第 5 期）一文中认为，民主党派的历史地位决定了它是实现协商民主的重要政治力量，民主党派的政党功能注定了它在协商民主中具有独特优势，因此，完善政治协商机制，加强民主党派自身建设，充分发挥民主党派在协商民主中的作用具有重要意义。

农工党云南省委员会在《健全社会主义协商民主制度进程中民主党派自身建设需要加强的几个问题》（《云南社会主义学院学报》2013 年第 4 期）一文中认为，我国各民主党派有各自的章程、组织机构、成员队伍和所联系群体，参政党较高的组织化程度和功能特点，决定了各民主党派在协商民主实践中具有不可替代的重要地位和作用。为更好、更充分地发挥民主党派在协商民主制度建设中的作用，提高参与民主协商的能力、水平和效果，民主党派应当首先在加强自身建设上狠下功夫，重点解决好民主党派组织与成员及所联系群众的联系有待增强、教育培训工作有待加强、民主党派代表人士政治参与能力有待增强、参政议政的特色和系统性有待增强等问题。

关于参政党与公共政策制定，学者们借鉴政治学研究的前沿成果与科学方法，对参政党参与公共政策过程的角色定位、特点优势、实际效果进行了深入的分析，表现出一定的创新性。如黄天柱在《参与性政策主体：民主党派在中国公共政策过程中的制度定位新探》（《政治学研究》2013 年第 2 期）一文中认为，在我国，作为参政党的各民主党派紧紧围绕国家政权履行职能、发挥作用，其主要功能是参与政策过程，进行利益表达和利益综合，影响公共政策的制定和执行。从政策主体的类型来看，用传统的官方—非官方或政府（体制）内—政府（体制）外的分类方法很难给中国民主党派一个合理的定位，因此需要从中国本土的角度来分析其特性。作者认为，可以将其定位为参与性政策主体。

参与性政策主体与官方决策者最大的区别在于它没有强制性的公共权力，而与一般在决策圈外对公共决策施加影响的政策主体的最大区别在于它作为体制内组织深度介入和直接参与到国家政权建设和公共政策过程之中。民主党派作为参与性政策主体，具有国家化组织资源、科层化组织体系、宪法性政治惯例和统战性治理功能等基本特征。这些特征使其与一般社会团体和组织相比，在参与公共政策过程中具有独特优势，尤其是政治资源方面的优势；但同时也使其对执政党和政府形成了强烈的依赖，而这种依赖是导致民主党派组织官僚化、自主性缺乏及代表性弱化等问题的一个重要原因。此外，黄天柱还在《中国民主党派精英参与公共政策制定的主要特征——基于问卷调查的统计分析》(《复旦政治学评论》第13辑，上海人民出版社2013年版）一文中实证分析了中国民主党派精英参与公共政策制定的主要特征。作者认为这些特征是：对公共政策制定过程的关注度明显高于普通民众；参与动机以公利导向为主；获取政策信息的主渠道更丰富，使用频率更均衡，信息技术更现代；对不同层级政策的关心程度和参与程度之间存在明显的剪刀差现象；参与频次在横向分布上存在非均衡状况；在绝大部分政策领域，民主党派的参与频次达到甚至超过了党派精英的期望值，但在反腐倡廉、政法这两个政策领域，党派精英对民主党派参与频次的认知与其期望程度有较大差距；不同党派的精英表达出来的对本党派政策参与领域的偏好不一样，这种偏好往往受到民主党派作为政党所具有的利益代表功能与民主党派作为知识分子政党所具有的社会责任感、忧患意识和大众情怀这两方面因素的影响；更倾向于使用组织化、理性化、制度化的方式参与公共政策制定；更倾向于利用制度性途径表达政策建议；参与绩效要明显高于一般民众。李春生在《民主党派参与公共政策制定研究——问题如何变成议程》(《观察与思考》2013年第11期）一文中认为，民主党派通过参与和影响公共政策体现自身在国家中的地位与价值，这是参政党履行职能的具体体现之一。作者以民盟浙江省委会参与公共政策制定的实证调查为基础，以美国约翰·W. 金登的多源流分析为理论基础和主要研究工具，对民主党派参与公共政策制定的核心环节——输入过程进行探讨，试图还原民主党派在公共政策制定输入过程中的整个流程和真实情形，力求提供一个切合实际的公共政策参与模型或范式。作者认为，民主党派参与公共政策制定，可以发挥的更大空间就是体现在公共政策输入过程这一环节。公共政策输入过程的归结点是将问题变成政策议程。民主党派围绕问题进行调查研究，形成意见建议，并以各种渠道输入到决策层，最终的目的是期待这些意见建议能被关注、被采纳。但是在大量的利益输入中，只有少数问题被提上议程。面对多元的公共政策，民主党派要提高对公共问题的准确判断，提高参政议政的有效性。民革静安区委课题组在《民主党派在公共决策中的地位与作用研究》(《上海市社会主义学院学报》2013年第2期）一文认为，我国民主党派的主要功能是参与政治过程，进行利益表达和利益综合，影响公共政策的制定和执行。就民主党派整体而言，对公共政策过程的这种参与是咨询性的政治参与，其在公共政策过程中的角色是辅助性的。尽管民主党派对公共决策的过程是参与，是咨询性、辅助性的，但这种参与同样非常重要，在促进公共决策的民主化与科学化方面具有重要作用。

关于参政党在民主法治建设中的作用，学者们一致认为，参政党具有独特的民主价值，是促进法治建设的重要力量。如唐勇在《论民主党派推进中国法治的方式》(《民族论坛》

2013 年第 3 期）一文中认为，对民主党派及其制度的思考，是一个有别于西方政党研究的中国问题。民主党派推进中国法治的方式包括三个方面：以参与立法，表达并整合利益的方式，完善社会主义法律体系；以自觉守法，积极执行法律的方式，实现社会的公平正义；以相互监督，开展平等对话的方式，维护法治统一。阚熙在《参政党推进中国科技发展立法研究》(《金华职业技术学院学报 2013 年第 1 期》）一文中讨论了参政党参与科技立法的问题。作者认为，参政党推进中国科技发展的方式多种多样，其中立法是根本手段。民主党派必须参与我国科技发展的相关立法，发挥参政党职能资源和功能优势，以实事求是、与时俱进的立场，通过依不同身份提供立法建议、提交立法提案、听取立法听证等法定途径参与起草制定促进我国科技发展的政策法规，实现推进中国科技事业进步发展的伟大目标。朱琳琳在《民主党派民主价值的历史嬗变与当代启示》(《东北师大学报·哲学社会科学版》2013 年第 6 期）一文中认为，追求和实践民主是民主党派发展演化历程中的不变主题。民主党派民主价值取向与实践有其特定的内容，呈现出阶段性发展特色。准确解读民主党派民主价值的时代内涵，加强民主党派建设，强化党的领导，铸就实现民主党派民主价值的良性政治生态环境，是历史给予当代中国政治发展的重要启示。

——参政党与社会文明建设

推动社会和谐是我国社会主义社会文明建设的重要目标，也是参政党的重要责任。研究者们从参政党与社会组织发展、参政党参与社会管理的机制创新、参政党参与社会管理创新的具体途径等角度进行了深入研究，一致认为参政党作为我国社会主义社会文明建设的重要推动力量，在凝聚和团结社会、协调利益关系、引导社会组织、培育公民精神、完善社会管理体系等方面发挥着重要作用。

关于参政党与社会组织发展，研究者们一致认为，参政党是促进社会组织健康发展的积极力量，构建参政党与社会组织的双向共赢的合作机制，是推动政府从善政走向善治的条件。如向宇《论民主党派在推进非政府组织发展中的优势和作用》(《中央社会主义学院学报》2013 年第 1 期）一文从和谐统战与促进社会和谐的视角出发，对非政府组织的发展状况、非政府组织与民主党派的契合点、非政府组织目前发展的困境和问题进行了论述和研究，认为非政府组织是介于政府与企业之间的一种组织形态，这种组织形态在化解社会矛盾、稳定社会秩序、促进社会和谐中受到广泛关注，尤其是在保护环境、推进职业教育、帮扶弱势群体、保障妇女儿童权益、服务民生等多个领域发挥着不可替代的作用。因此，民主党派发挥自身优势和承载新时期使命，帮助 NGO 克服目前发展的困境和问题，推动 NGO 朝着健康有序的方向发展，对于统战工作推进和谐社会建设发展具有积极的意义。郑宪、李梦奇在《转型期参政党与社会组织关系探析》(《观察与思考》2013 年第 4 期）一文中认为，改革开放以来，我国各类社会组织迅速成长，并对我国的民主政治建设和政党制度产生了深刻影响。参政党作为中国特色政党制度的主体之一，作为统战整合体系和国家制度整合体系当中的重要组成部分和重要制度性力量，由于其自身所具有的特色和优势，在协助执政党整合社会的过程中可以发挥不可替代的作用。转型期参政党要理顺与社会组织的关系，引导社会组织健康有序发展；构建参政党与社会组织双向共赢合作机制，共同推动政府从善政走向善治。

关于参政党与社会管理创新，学者们一致认为，参政党是社会管理创新的重要主体，在服务社会管理创新中具有独特的优势。参政党应该探寻适合自身特点的路径，服务社会管理创新。如杨雪燕在《发挥参政党职能和优势，提高服务社会管理科学化水平》（《江苏省社会主义学院学报》2013 年第 1 期）一文中认为，参政党是国家事务决策的参与者，也是建设中国特色社会主义的践行者，在提高服务社会管理科学化水平中具有独特优势。加强和创新社会管理要大力加强参政党自身建设，充分发挥参政党职能优势，努力提高创新社会管理科学化水平。王瑞敏在《民主党派参与社会管理创新的路径选择》（《重庆社会主义学院学报》2013 年第 4 期）一文中认为，加强和创新社会管理是适应我国时代发展变化的重要课题，民主党派作为社会管理创新中的一支重要力量，在社会管理创新中发挥着积极的作用。新形势下社会管理创新给民主党派提出了新的要求，包括加强民主党派自身建设，提高社会管理创新能力；提高参政议政水平，智力支持社会管理创新；健全民主监督机制，辅助社会管理创新；做好社会服务工作，服务社会管理创新等等。周长城、曹亚娟在《民主党派参与社会管理创新的新思考》（《湖北省社会主义学院学报》2013 年第 2 期）一文中认为，民主党派在社会管理创新中的参与是双重的，分别参与了新型社会管理“政府—社会组织—民众”三维主体中两大主体的构建。因此，加强民主党派建设发挥其积极作用对社会管理创新的正功能是不言而喻的。在社会管理创新中发挥积极作用是历史赋予民主党派新的使命，有利于促进“小政府、大社会”的良性管理格局和和谐社会的构建，也有利于民主党派及其成员能力的锻炼与提升，为其更好的投入社会主义建设积累经验。除此之外，也有部分研究者从具体的社会管理领域，如教育领域，探讨了参政党如何发挥作用的问题。张宝文在《发挥优势，为教育改革与发展建言献策》（《群言》2013 年第 11 期）一文中认为，推进教育改革与发展，为提高国民素质献计出力，是民盟盟员责无旁贷的崇高使命。李玲在《民主党派在促进教育政策发展和完善中的功能与优势》（《广州社会主义学院学报》2013 年第 3 期）一文中认为，进一步发挥参政党在促进教育政策发展和完善方面的作用，是民主党派参政议政的历史使命和现实任务。

——参政党与生态文明建设

民主党派是我国生态文明建设的积极倡导者与重要推动者，在生态文明建设中发挥了不可或缺的作用。那么，在未来我国生态文明建设中，民主党派应该发挥什么样的作用？如何发挥作用？研究者们从制度完善、优势发挥、自身建设等角度对这一问题进行了思考，比较有代表性的观点如下：

朱琳琳、魏晓文在《民主党派推进生态文明建设的多维思考》（《贵州社会主义学院学报》2013 年第 3 期）一文中认为，实施生态文明建设是我国的重大战略决策，民主党派是推进生态文明建设的重要力量，在生态文明建设中有明显的优势，对我国生态文明建设战略的选择与发展、生态文明建设在实践中的全方位推进等方面都发挥了重要而独特的作用。进一步增强民主党派对生态文明建设的推进作用，需要对中国政治生态环境的优化、多党合作制度的发展、参政党整体实力的提升进行深入思考。

周健民在《提升科学参政水平助推生态文明建设——学习中共十八大精神体会》（《前进论坛》2013 年第 6 期）一文中认为，推进生态文明建设对参政党履行职能提出更高要求，这些要求包括以尊重、顺应、保护自然的生态文明理念丰富参政党的参政理念；以建设美丽中国的生态文明建设目标夯实参政党的参政目标；以推进“绿色、循环、低碳”发展扩宽参政党的参政视野；以推进“绿色、循环、低碳”发展扩宽参政党的参政视野，政党的参政成果，从而发挥优势，履职尽责，做美丽中国的建设者。

刘腾飞在《发挥民主党派优势加强生态文明建设》（《吉林省社会主义学院学报》2013年第4期）一文中认为，生态文明建设绝非一朝一夕之事，也绝非执政党一党之事，而是我们中华民族共同的心愿和迫切的需要。民主党派要在生态文明建设中，尤其是环境保护中更加发挥好自身的优势，积极建言献策，为此，可从以下几个方面努力：落实精神，在舆论宣传上做党的好助手；开展调研，在重点治理上做党的好帮手；提交提案，在建言献策上做党的好助手。

五、参政党的职能与功能研究

对参政党职能与功能进行研究，是参政党研究领域的重要课题。2013年度理论界对这一课题的研究延续过去的特点，既有对参政党职能与功能的一般研究，也有对参政党某一项具体的职能和功能的研究。在此基础上，2013年对参政党的功能研究有所深化，部分研究者从参政党社会属性的角度，用系统论的方法对参政党社会功能进行了深入探讨。

1. 参政党职能与功能的一般研究

本年度对参政党职能与功能的一般研究，主要包括参政党职能和功能是如何形成的，参政党职能和功能分别有些什么内容，参政党职能与功能的关系是什么等内容。尽管本年度对参政党职能与功能的关系探讨比较鲜见，但是学者们对参政党职能的系统研究、对参政党社会功能的深入探讨，还是极大深化了对这一问题的认识，取得了一定的理论成果。有代表性观点如下：

袁廷华在《中国参政党的职能探析》（《湖北省社会主义学院学报》2013年第1期）一文中认为，政党职能是政党学理论的一个科学范畴。明确中国参政党即各民主党派的政党职能，对于参政党自觉履行职能、发挥作用具有重要意义。中国参政党具有参政议政、民主监督、利益表达、服务社会、自我教育等五项职能，其中参政议政、民主监督是其基本职能。

程红在《民主党派参政议政、民主监督两大职能的再认识》（《江苏省社会主义学院学报》2013年第4期）一文中认为，民主党派作为我国的参政党，其政党职能主要包括五个方面：参政议政、民主监督、服务社会、利益表达、自我教育。在这些职能中，参政议政和民主监督是最基本、最重要的职能。面对新形势新任务，各民主党派要在多党合作事业中发挥新作用，在民族复兴伟业中再作新贡献，就必须从宏观形势新变化再认识参政议政、民主监督面临的新挑战，从自身发展的新定位再认识参政议政、民主监督的新内涵，、从履职实践的新发展再认识参政议政、民主监督的新途径。

计时华在《民主党派两大职能的由来及区别》（《团结》2013年第6期）一文中认为，参政议政涵盖面广，内容形式丰富，实践活跃，所以在社会上的知名度高。相对而言，民主监督就显得独立性不强，民主监督权利的行使往往借助参政议政的过程，寓于参政议政之中。这极易造成人们认识上的矛盾和模糊不清，似乎参政议政工作即是民主党派行为的集中体现，甚至认为参政议政已经涵盖了民主党派的全部职能。事实上，参政议政与民主监督之间虽然具有共通性、互补性，但作为民主党派的两大职能，各自产生的缘由不同，两者之间也有明确的边界，彼此不能混为一谈。参政议政的概念，最早出现于 20 世纪 80 年代中期地方政协对人民政协工作的表述，后陆续出现在民主党派的文件和稿件中，以“参政议政”概念正式表述民主党派职能的是在 1993 年 1 月 20 日，江泽民在党外人士迎春座谈会上的讲话，并在 1997 年被各民主党派分别写入各自的章程。民主监督来源于 1956 年毛泽东在《论十大关系》中提出的“互相监督”，中共八大把“长期共存、互相监督”确定为共产党处理与民主党派关系的基本方针。1978 年，邓小平在《解放思想，实事求是，团结一致向前看》的重要讲话中，“民主监督”作为公民个人的一项基本民主权利被正式提出。可见，参政议政和民主监督产生的缘由不同，针对的领域不同，基本的内涵不同，相对的实践特征不同，在实践中应尽量避免趋同化，在理论上更应否定相互替代说，否则，将直接影响到民主党派职能的划分乃至制度的设计。

邱永文在《参政党的社会功能探析——以国家—政党—社会关系为分析框架》（《湖北省社会主义学院学报》2013 年第 2 期）一文中认为，参政党的社会功能是其功能发挥的重要内容，也是其自身性质定位和未来发展的重要依据。依据国家—政党—社会的关系框架，参政党作为中国特色政党制度中的政党行为主体，理应在中国特定的国家—政党—社会关系框架下发挥功能作用。所以，参政党的社会功能理应归纳为：社会管理功能、社会建设功能和社会代言（利益表达）功能。

许奕锋在《民主党派社会功能的三维分析》（《云南省社会主义学院学报》2013 年第 3 期）一文中认为，中国社会的深刻变革中，民主党派的社会属性不断变化。在我国政党制度中，无论从历史维度、现实维度还是理论维度来看，都需要充分发挥基于一定社会属性的民主党派的社会功能来体现民主党派作为现代政党的社会价值。通过外在环境、内生功能和配套建设三维视角，分析影响民主党派社会功能发挥的制约因素，了解民主党派的多元动态社会功能，对于进一步完善和优化民主党派社会功能发挥的配套机制具有重要理论和实践意义。作者认为，民主党派通过明确的政治目标、严密的组织网络、严整的干部队伍和健全的组织制度，吸纳凝聚社会精英，并凭借自己丰富的政治、组织和思想资源，在协助执政党整合多元动态的社会利益过程中发挥着不可替代的社会作用和独特的社会功能，包括参与社会管理，提供社会服务，整合社会利益，动员社会资源，维护社会稳定等等。

2. 参政党的政治参与功能和利益表达功能研究

对于参政党的具体功能研究，政治参与功能和利益表达功能是比较受研究者关注的。研究者们对参政党的政治参与功能和利益表达功能面临的挑战、应对措施与完善途径进行了深入思考。研究者们一致认为，民主党派在推进有序政治参与、实现利益表达与综合方面具有独特的优势和作用，因此，克服参政党在利益表达和政治参与方面的不利因素，完善参政党的利益表达和政治参与功能，具有重要意义。代表性文章如下：

陈立明、程芳在《加强和完善民主党派的政治参与功能》（《湖北省社会主义学院学报》2013 年第 3 期）一文中阐述了民主党派政治参与的优势、特点，探讨了如何加强和完善民主党派的政治参与。作者认为，就其优势来说，民主党派是政治参与的重要主体，拥有政治参与的制度平台、畅通渠道及密集的智力；就其特点来说，在新世纪新阶段党派成员价值观念多元，党派内部管理压力较大，参政代表性不够，代表人物相对缺乏，政治参与机制尚不健全，民主监督实效不明显；针对这些优势和特点，应当增强党派成员参政党意识、突出代表性、拓展党派发展空间、提高党派政治参与能力、提升民主监督水平，从而加强和完善民主党派的政治参与功能。

万雪芬在《提升民主党派政治参与组织化程度的若干思考》(《重庆社会主义学院学报》2013 年第 1 期）一文中认为，提高民主党派政治参与的组织化程度，既是转型期社会发展的形势所迫切需要，也是民主党派生存发展的应有之义。当前，民主党派政治参与的组织化程度仍然不高，主要表现在民主党派对成员政治参与的组织力度不够、民主党派政治参与呈现明显的个人化特征、民主党派组织化参与的运行机制不健全、党派纵向及横向政治参与的协作机制较缺乏等问题，因此需要结合创新实践，寻求在现行体制下改进和提高民主党派政治参与组织化水平的可行途径。为此，需要健全组织网络，强化政治参与的组织化意识；需要完善授权机制，加强各党派对其代表人士的管理；需要规范运作程序，使内部充分参与成为对外协商的前置程序；要发挥合力作用，加强民主党派横向、纵向的沟通与协作。

宋菊芳在《网络时代民主党派政治参与面临的挑战与对策分析》(《吉林省社会主义学院学报》2013 年第 4 期）一文中认为，网络时代的快速发展和迅猛普及，对我国民主政治产生了深远的影响，各民主党派的政治参与也面临着新的机遇和挑战。网络方便快捷，有利于民主党派收集并传达信息；网络时代交流环境自由，更利于民主党派相互沟通；网络平台开放性强，更利于增进了解；网络的使用率高，有利于民主党派开展宣传工作，因此，网络的出现和迅速发展，为参政党与执政党之间开辟了新型的沟通渠道，极大地影响了民主党派政治参与的方式和效果，同时也为民主党派政治参与带来了新的挑战。这些挑战表现在民主党派网络参政缺乏制度化和规范化；各民主党派自身内部的网络组织建设尚未成熟；网络时代民主党派的部分功能将被取代和弱化等等。面对这样的机遇和挑战，提高党派成员网络政治参与意识；拓宽民主党派网络政治参与途径；通过加强网络专业知识培训，逐步组建专兼职网管队伍；通过网络平台扩展社会服务的领域，更好的体现民主党派的政治参与，加强民主党派网络政治参与的常态化和制度化建设，是参政党实现网络政治参与的必要途径。

王刚《政治发展视域下民主党派的利益表达功能研究》(《辽宁省社会主义学院学报》2013 年第 2、3 期连载）一文，在考察中外学者有关政党利益表达功能理论研究成果的基础上，以近 5 年辽宁省致公党提交的政协提案统计分析为依据，总结出民主党派利益代表性的特点，分析了民主党派利益表达的功能优势。作者通过对沈阳某高校研究生的民主党派认知度调查及 2012 年 8 月初沈阳闭店事件的网络舆情分析，指出民主党派利益表达功能面临的挑战，提出优化民主党派利益表达功能的路径，着重指出要以制度建设为基础，以机制建设为保证，并在回顾历史的基础上，建议创造性应用最高国务会议、双周座谈会、政协常委会与人大常委会联席会议等形式，以有利于民主党派利益表达功能的进一步发挥。

3. 参政党的参政议政、民主监督和社会服务职能研究

2013 年度对参政党具体的职能研究，除了继续探讨参政党参政议政和民主监督这两项基本职能外，参政党的社会服务职能日益受到理论界的重视，这已成为近些年来参政党研究的一个重要特点与趋势。

关于参政党的参政议政职能，理论界除了继续关注参政议政的内涵、功能、特征、形式等传统问题之外，2013 年将更多的视野聚焦在新时期参政党参政议政面临的机遇与挑战，并从健全参政议政机制和提高参政议政能力等方面，提出了相应的对策性建议。代表性文章如下：

钟伟、钟俊在《论民主党派参政议政存在的问题与对策》(《山西社会主义学院学报》2013 年第 4 期）一文中认为，作为民主党派的基本职能，参政议政有其特定的内涵，是指国家各级政权建设、政务管理的参加与参与，以及由此而衍生的各种活动。当然，就参政议政的具体内容而言，是极其丰富和广泛的，它涉及社会主义民主政治建设和社会主义经济建设、文化建设、人民生活和社会进步，以及维护国家主权、领土完整和国家统一等方面。因此，参政议政不是仅局限于民主党派成员在政府中任职、向人大及政协提交议案和提案，或在大会上发言等参政议政基本职能，还应包括专题调研、书面建议、协调关系、参加检查、支边扶贫、咨询服务、对外联络等参政议政延伸职能。概而言之，民主党派参政议政是一项多层次、多形式的经常性工作，是每一位成员都应积极参与的有组织的政治活动。当前，民主党派在履行这一职能上还存在着许多不尽如人意的状况，其原因较为复杂。要使民主党派参政议政工作真正上水平，必须建立健全资源共享机制、联合调研机制、机关工作机制等行之有效的参政议政机制，落实民主党派的知情权，逐步扩大民主党派的实职安排，充分调动民主党派的参政热情。

张毅在《我国政治系统中民主党派的参政议政》(《云南社会主义学院学报》2013 年第 4 期）一文中认为，民主党派的参政议政是我国民主政治的重要组成部分，其参政议政活动贯穿整个政治系统的循环过程。民主党派的参政议政作为一个政治系统的参与者，他们虽然参与政治，但不同于真正的执政党和决策制定者，他们更多的是为决策的制定提供建议和意见，其主要活动还是在政治输入和输出，即提供信息、建议和监督、反馈。这种特殊的身份地位，使民主党派的参政议政在政治系统中具有独特的作用，承担着收集民意、提出建议、政治协商、监督执行和检查反馈等几个主要功能，这实际上完成了政治系统的整个过程，对我国政治系统的运转产生重要作用。但现阶段，我国民主党派的参政议政还不完善，还需要通过加强调研，广纳民意，提升能力，加强协商，加强监督，做好反馈等方式加强与完善自身的参政议政能力，以促进我国政治系统的平稳运转。

张颖聪在《正确认识民主党派履行参政议政职能的几个问题》(《四川统一战线》2013 年第 5 期）一文认为，民主党派参政议政的主要任务在于三个方面，即围绕经济社会发展的重点工作、重大事项参政议政；围绕民生参政议政；围绕民主政治建设参政议政。充分发挥民主党派参政议政职能作用是新世纪新阶段统一战线工作的新要求；是执政党和参政党合作共事的内在要求，是全面贯彻落实科学发展观的必然要求，发挥民主党派参政议政职能作用，关键是要加强机制建设。

肖建东在《当前民盟参政议政建设的基础与方向》(《湖北省社会主义学院学报》2013

年第4期）一文中认为，作为人数最多的民主党派，民盟的参政议政建设任重道远。民盟必须顺应中国特色社会主义民主政治改革的需要，加强自身最基本的民主建设，具备一定的独立性及相应的特色政纲，避免民盟作为人数最多的民主党派缺乏民主与独立的尴尬局面，努力避免民主的空洞形式，认真学习中国共产党党内民主建设的模式，充分利用有序政治参与的优势，大力发挥特色民主建设的作用，将新时期参政议政建设引向中国特色社会主义民主的新高度，为中国特色社会主义政治文明的顺利实现而不懈努力。

崔珏在《政治价值、政治技术、政治沟通社会职能——论提高民主党派参政议政效力的三个维度》（《广州社会主义学院学报》2013年第1期）一文中认为，参政议政是民主党派的重要职能，发挥参政议政作用是民主党派存在的依据，也是多党合作制度有效性的体现。应当从社会整合、利益表达、政策咨询方面综合、理性看待民主党派参政议政的价值：民主党派参政议政是一种政治行为和政党行为，民主党派参政议政不仅是对具体问题寻求解决之道，更是通过参政党进行的民意表达；不仅是对具体政策提出咨询意见，更是对政策作出价值评判，维护政策的公共性和公正性。民主党派要善于根据问题的层次把握参政议政的视角。“一个参加，三个参与”的规定客观上要求民主党派的参政议政是高层次的、全局性的，不是一般的就事论事，更不是普通的民意表达。

彭璐在《基于网络时代下民主党派参政议政的思考与研究》（《企业研究》2013年第6期）一文中认为，网络参政作为一种民主政治形式，是推进社会主义民主政治发展的重要方式和途径。面对网络政治的兴起，民主党派参政议政也面临着新的机遇和挑战。作为参政党的各民主党派应该明确自身在网络政治参与中的角色定位，更好地履行自身参政议政的职能，在网络时代以更加积极的姿态介入政治参与的过程。为此，要在已有基础上，进一步建设好民主党派各级组织的门户网站；要注重优秀经验的学习，探索建立民主党派内部组织信息网络平台；要积极培养专业人才，建构民主党派网络参政议政的强大阵容。

徐光木在《网络政治兴起背景下民主党派参政议政的新形势与创新》（《天津市社会主义学院学报》2013年第4期）一文中认为，随着网络技术的进步，网络已经成为人民群众政治参与的主要渠道之一，网络政治由此诞生。民主党派作为赋有参政议政之责的参政党，理所当然地应该主动适应网络政治兴起的新背景，直面网络政治的挑战和倍加珍惜由此带来的机遇，创新参政议政的内容和形式。网络政治的挑战表现在：首先，网络政治的包容性对民主党派建言献策的质量、数量等提出了更高要求，形成了一定挑战；其次，直接的网络政治对间接的民主党派参政议政的形式构成了挑战，如何提高参政议政的效率必然成为今后一段时间民主党派参政议政的努力方向；最后网络政治的感召性也对民主党派参政议政形成了一定压力，构成了一定挑战，即民主党派参政议政如何植根于民、问计于民、服务于民，并最终获得广大人民群众的认可是摆在民主党派及其成员前面的又一迫切问题。但是，网络政治的鲶鱼效应、信息支持和融合效益也会给参政党的参政议政带来机遇，建立和完善基于网络政治的信息机制，建立基于网络政治的重大课题攻关机制，建立基于网络政治的舆论引导机制，是当前民主党派迎接挑战、把握机遇必须重视的几项工作。只有不断地认识网络政治、发展网络政治、挖掘网络政治，网络政治兴起背景下的民主党派参政议政才能够更具水平、特色和生命力。

孙日华在《微博时代民主党派参政议政的挑战与机遇》(《前进论坛》2013 年第 7 期）一文中认为，公众的微博问政对民主党派参政议政产生了较为明显的影响，在一定程度上将改变民主党派参政议政的行动策略。这种影响表现在：第一，公众的微博问政对民主党派参政议政造成了冲击。一方面，一直以来，民主党派都是作为桥梁，向国家机关传达民意，表达诉求。微博问政弱化了民主党派参政议政的机会和空间，民众与国家机关之间建立了直接联系。另一方面，微博问政会对民主党派参政方式造成冲击。民主党派主要的参政议政方式还是通过较为传统的信息联络员、民主党派成员搜集和传递信息，这样的信息传播方式成本较高，效率较低。与此相对，日新月异的网络时代，信息传播的成本极低，但是民主党派还尚未很好地利用网络媒体搜集民意。第二，微博问政也同样会给民主党派参政议政带来利好。一方面，微博会给民主党派带来海量信息，将弥补民主党派参政议政的信息不足。另一方面，民主党派积极地参与到网络微博问政之中，将可以在更广阔的空间内塑造民主党派参政议政的新形象。

胡庆亮在《媒介民主背景下参政党的网络参政议政能力建设》(《山西社会主义学院学报》2013 年第 1 期）一文中认为，目前，媒介民主如火如荼，网络问政方兴未艾。网络参政议政的应运而生，是对我国传统政治参与方式的拓展和延伸。这既为参政党参政议政能力的提升带来诸多便利，同时也对其提出了更高要求。作为沟通政府与社会、联系官员与公民的重要桥梁，参政党在其中承担着重大责任。面对日新月异的社会变革，只有将传统方式与网络方式结合在一起，参政党才能更好地在贴近民生中挖掘热点，在交汇民智中激发灵感，在服务全局中汇聚焦点；才能使其自身建设与执政党的建设相互促进，相得益彰。为此，参政党应与时俱进，借助以互联网为代表的新媒体，适应信息时代的新形势，从领导建设、组织建设、工具建设、文化建设等方面做好应对，不断增强自身的参政议政能力。

吴平魁在《建立健全民主党派参政议政工作机制问题的几点思考》(《上海市社会主义学院学报》2013 年第 1 期）一文中认为，民主党派参政议政工作机制的建立，应当遵循政策性、系统性和实效性原则。当前，建立健全民主党派参政议政工作机制迫切需要解决四个方面的问题，即制定刚性的政策要求、建立制度化的民主协商机制和协商平台、建立科学化正规化的民主党派参政议政组织系统、全面提升民主党派自身的参政议政能力。建立健全民主党派参政议政工作机制还需要处理好三个关系，即在党派活动中处理好党派整体功能与党派个体成员作用发挥的关系；在民主党派成员参与党派活动中处理好本职工作与党派事务的关系；在参政议政活动中处理好党派成员履行责任与政策激励的关系。

张俊芳在《完善机制，提升参政议政水平》(《民主》2013 年第 10 期）一文中总结了天津民进完善参政议政工作机制的情况，为参政议政的理论研究带来了鲜活的实践经验。作者指出，民进天津市委会不断完善参政议政工作规章制度，一是深化领导班子参与参政议政工作机制；二是成立参政议政专家咨询组；三是建立“1135”战略工程（即每个专委会每年要拿出一个报送民进中央的全国性调研成果；每个专委会每年必须有一篇高质量的获奖调研成果；每个专委会每年要提交 3 个被选中或被市“两会”或各专题会议选中的调研成果；每个专委会每年要有 5 个有骨干会员参与的调研课题）四是注重完善参政议政调研机制。

蒋红丹在《完善机制提高民主党派参政议政能力》(《辽宁省社会主义学院学报》2013年第4期)一文中认为，参政议政是民主党派的基本职能之一，是我国多党合作制度的显著特征和重要内容，也是民主党派扩大社会影响力的一个重要途径。实践证明：各民主党派的参政议政工作在国家和公共事务的管理中发挥了积极而有效的智囊团作用，为促进国民经济又好又快发展提供了智力支持，对我国的社会主义建设起到了不可或缺的作用。要提高民主党派参政议政工作的能力，首先要在民主党派内部建立起一套有效的参政议政机制，包括完善领导机制、健全发现和培养人才的机制、完善调查研究机制、建立一套科学可靠的参政议政评价激励机制等内容。其次，要建立良性、高效的民主党派参政议政工作机制，还必须坚持与完善中国共产党领导的多党合作和政治协商制度、人民代表大会制度及其他具体制度，为民主党派参政议政工作提供外部制度环境保障机制。

关于参政党的民主监督职能，研究者们对参政党民主监督职能的内涵、作用、模式和民主监督的实效性等问题进行了深入的思考。研究者们一致认为，参政党的民主监督职能对执政党提高执政能力具有重要作用，对于推进中国特色社会主义民主政治建设具有积极意义，当前参政党民主监督职能效果不佳的原因很多，如对民主监督内涵特质把握不到位，对民主监督的机制建设不到位，参政党自身应对民主监督面临的挑战能力不足等等，因此，积极解决这些问题，提高民主监督的实效性，是一件非常重要的工作。有部分学者还从国家治理的角度去把握民主监督的内涵与价值，表现出一定的创新性。有代表性观点如下：

阳沐乎韧在《基于民主监督内涵的再考察》(《广西社会主义学院学报》2013年第2期)一文中认为，民主监督效果不佳的主要原因，是没有正确地理解其内涵特质，没有准确地把握其属性特征，因而没有真正找到其实践之科学途径。民主监督要紧扣内涵特质而开展，需根据属性特征而作为，应瞄准实践效果而进行。内涵特质的协商性使民主监督具有对话性、互动性、平等性；属性特征的民主性使民主监督具有参与性、柔和性、有序性；实践效果的建设性使民主监督具有建议性、影响性、共识性。在推进民主监督实践中，要强化对话力量，优化参与质量，精化共识效果。

阎玮、李云在《民主党派民主监督的探索》(《河北省社会主义学院学报》2013年第2期)一文中认为，我国民主党派民主监督的形成发展，经历了监督—互相监督—民主监督三个阶段，这一具有中国特色的监督体制，对于推进中国特色社会主义民主政治建设起着积极的不可忽视的作用。民主监督具有广义和狭义之分。广义的民主监督是指人民运用民主权利对共产党的各级组织、党员领导干部、人民政府及其工作人员实施的监察和督促，是人民当家做主权利的具体体现。也可以指共产党与各民主党派之间的互相监督以及各民主党派之间的互相监督。狭义的民主监督，是指人民政协、各民主党派和无党派人士通过提出意见、批评、建议的方式，对共产党的各级组织、党员领导干部、人民政府及其工作人员实施的监察和督促。

杨爱珍在《民主党派民主监督的再思考》(《湖南省社会主义学院学报》2013年第3期)一文中认为，中国的改革开放推动社会经济的发展，在造就财富空前增长的同时，也看到一些违背人民利益的行为如影随形穿行在现代化的发展之中。从理论上分析，政党之间的互相监督能够有效地限制这些现象的蔓延。中共提出多党合作的八字方针和十六字方针，其重要目的就是要使执政党更好地执政为民，防止以权谋私。从现实分析，我国民主党派民主监督虽有作用，但与应有的位置和社会的期望值却有一定落差。研究民主党派如何更好地发挥作用，对坚持走中国特色社会主义政治发展道路有重要的意义。作者认为，民主党派民主监督是国家治理的组成部分，要全景聚焦民主党派民主监督的效能，而不是把民主党派的民主监督全部聚焦在“反腐败”方面。社会高速发展过程中产生政治陷阱、社会转型引发各种忠诚冲突和选择、地方“一把手崇拜”现象严重等等，都深刻说明社会转型过程中更要呼唤民主党派民主监督。

郑丽敏在《民主监督：执政党建设的重要力量》(《中共山西省直机关党校学报》2013年第4期）一文中认为，民主监督是参政党的一项基本职能，也是我国民主政治体制中一个重要的有机组成部分。民主监督之于执政党建设具有重要作用，主要表现在：加强民主监督是执政党建设的应有之义；加强民主监督有利于执政党建设的各项工作顺利进行；加强民主监督有利于增强党的凝聚力和战斗力，从而更好地推进执政党建设。

靳晓光在《加强我国参政党民主监督的路径选择》(《岭南学刊》2013年第1期）一文中认为，参政党的民主监督是我国社会主义监督体系中不可或缺的重要组成部分，实行这种监督，是制约权力的需要；是弥补合作性政党制度弊端的需要；是确认和重建执政党的自由、平等等终极价值的需要。参政党对执政党的监督属于政治监督，总体来说，这种监督还处于弱化状态，存在较多问题。其主要原因在于监督意识不强，制度不完善、执行不力、运行不畅。要解决这些问题，必须提高参政党对执政党的监督意识、加强和完善参政党对执政党的监督制度体系建设。

王士龙在《我国民主党派民主监督存在的问题和发展路径》(《广西社会主义学院学报》2013年第6期）一文中认为，民主党派民主监督是中国共产党领导的多党合作和政治协商制度赋予民主党派的一项政治权利，是一项具有特殊内涵和价值的制度安排。无数政治实践表明，民主党派民主监督并不是无足轻重甚至可有可无的政治陪衬和摆设，它既是我国特色政党制度的重要组成部分，也是中国特色社会主义民主政治的突出特征。与西方政党的竞争性关系不同，我国民主党派的民主监督有利于促进中国共产党科学决策、民主决策，更加自觉和坚定地克服各种消极作风和腐败现象，使党始终保持先进性和纯洁性，有助于加强和提高执政能力建设，有助于进一步巩固执政基础，在我国权力监督制约和民主政治建设中发挥着极其重要的作用。

王报换、唐援朝在《提升参政党民主监督实效性的思考》(《民主》2013年第7期）一文中认为，从民主监督对执政党的意义来看，参政党的民主监督职能是确保作为执政党的中国共产党跳出“历史周期率”，并巩固执政地位的必然要求；从民主监督对参政党的意义来看，强化参政党民主监督职能，是参政党的存续所依、职责所系、优势所在；从民主监督对遏制权力腐败的意义来看，强化参政党民主监督职能，是中国特色政党政治制度设计的核心要义。

朱新光、朱雅宾在《当前我国民主党派的民主监督模式》(《上海市社会主义学院学报》2013年第3期）一文中认为，发挥我国民主党派的民主监督作用，不仅有助于提高共产党的执政能力，提高干部队伍的公仆意识，而且能充分体现民主党派的政党职能，激发民主党派建言献策的积极性，更好地推进多党合作和民主政治的发展。其模式主要以制度内的民主监督为主，兼顾制度外的民主监督，采用直接民主监督与间接民主监督相结合的手段，全方位、多层次地开展民主监督。当前，我国民主党派的民主监督仍存在着民主党派民主监督的观念不强、民主党派民主监督形式单一、民主党派民主监督职能被弱化等问题。为使民主党派的民主监督真正发挥作用，切实增强有效性，必须采取有效措施，合理定位民主党派的民主监督职能，完善民主党派的民主监督机制，营造宽松的民主党派民主监督的社会政治环境，加强民主党派的自身建设，进一步提高民主党派的民主监督能力。

王建华、王云骏《我国多党合作的民主监督问题研究——基于比较政党制度的视角》（《学术界》2013 年第 1 期）一文则从建构政党制度的功能与效用入手，把党派监督分为替代性监督与合作性监督两种类型,并把参政党的民主监督定位为合作性监督。作者认为，这种监督模式还存在着民主监督的内涵与定位模糊，民主监督缺少制度平台，党派监督的主体意识不强等问题，需要借鉴竞争性政党制度下替代性监督的工具效用。为此，首先厘清民主监督的精神内涵，其次要建构民主党派联系群众的制度化平台，最后，还要建构多党合作的党际监督平台以及参政党民主监督的责任机制。

邓凌在《参政党民主监督效能评估研究》(《中央社会主义学院学报》2013 年第 3 期）一文中认为,对参政党民主监督效能进行系统评估,对于厘清民主监督中存在的根本问题、更好地发挥参政党的这一基本政治职能、不断巩固和发展我国多党合作制度具有重大意义。总体来看，我国参政党民主监督效能偏低，其主要影响因素包括民主监督外部环境欠佳、参政党成员监督意识缺乏与能力不足、某些党政领导缺乏主动接受监督的自觉性、民主监督机制不够完善等。

朱玲湘在《提高民主监督效用的思考》(《办公室业务》2013 年 19 期）一文中认为，纵观目前我国“民主监督”的现状，体系内的民主监督呆板而缺乏活力，体系外活跃过度而规范不足。这种局面不可避免地降低了“民主监督”的实际效用。为了使民主监督的效用得到充分的发挥，并使其成为执政党肌体健康的有效保障，应从推进民主监督的制度化和程序化建设、加强载体和渠道建设、加大人才队伍建设等方面为民主监督打造保障体系。

刘菊香在《提升党外人士民主监督实效的理论思考》(《陕西社会主义学院学报》2014 年第 4 期）一文中认为，探讨提升监督实效的问题首要的是要解决评判监督实效性的标准是什么。目前，不同评价标准对民主监督实效有不同的判断。评价党外人士民主监督实效实际就是看监督的效果，包括可以计算并用数字能表示的直接效果，也包括很难或无法用数字表示的间接效果。总之，评价党外人士民主监督实效的标准关键就是看民主监督权利是否有保障，民主监督意见是否被采纳。以这个标准为基点，作者认为民主监督是党外人士存在的根本和目的，是党外人士最根本的一项职能。在此基础上，推进政治民主化，拓展民主空间，增强民主监督的氛围；执政党自觉接受民主监督，积极加强民主监督制度、机制和程序建设，增强民主监督的动力；党外人士主动提高监督意识，提升民主监督能力，是提升参政党民主监督效能的必要条件。

雷振文、徐婷在《值得重视的民主党派民主监督效能》(《求实》2013年第8期)一文中认为，民主党派民主监督是现代政党政治运行机制在我国的突出体现，是我国特色政党制度的内在要求，是中国共产党民主执政的重要尺度。对民主党派民主监督属性的认识“错位”、执政党应对民主党派民主监督的实践“弱位”、民主党派自身在实施民主监督时的能力“缺位”，是当前制约民主党派民主监督效能的三个重要因素。民主党派民主监督效能的提升需要来自执政党和民主党派的合力，前提在于准确把握民主党派民主监督的属性；关键是执政党拓展民主空间；基础是民主党派自身的成长。

刘激扬在《民主党派监督职能的实现路径》(《团结》2013年第6期)一文中认为，发挥民主党派的监督职能，是发展符合中国特色社会主义事业需要的民主监督的可行路径。为此，首先要有效推进民主监督制度化、规范化、程序化进程；其次，民主党派内部应建立专门行使民主监督职能的部门，政协组织中也应该设立专门行使监督职能的委员会，专门负责领导和协调各党派民主监督工作；第三，进一步提高特约监督员的组织化、规范化程度也是提升监督质量的重要途径；第四，进一步深化民主监督工作改革，包括确立在中国共产党的领导下，依法对国家机关及其工作人员提出意见或建议，以促进执政党的决策科学化、民主化的民主监督基本原则；构建以政协组织为依托，以民主党派为主体，综合运用政治协商、参政议政、专项监督等方式的新的民主监督机制；通过深入的体系化研究来回答实践中出现的问题；确立科学评价民主党派民主监督功能的标准等等。

左传圣在《如何发挥民主党派的民主监督作用问题研究》(《湖北省社会主义学院学报》2013年第1期)一文中认为，民主监督作为民主党派的基本职能，具有层次高、范围广泛、代表性强、形式灵活等优势，但由于受监督主体和监督客体主观意识的制约，加上民主监督缺乏完善的机制作保障，使民主监督实效性不强，监督弱化。为此，中共各级党委和政府有关部门要对发挥民主党派民主监督作用有充分的认识；民主党派作为监督的主体，要加强自身建设，提高民主监督水平；要加强规范化、制度化建设，这是克服民主监督工作随意性、表面性的重要措施，必须贯穿于民主监督的各方面和全过程，包括监督制约机制、监督保护机制、监督运行机制等方面。

龙建平在《充分发挥民主党派的民主监督作用建设社会主义民主》(《前进论坛》2013年第10期)一文中认为，要充分发挥参政党的民主监督作用，首先必须充分发扬社会主义民主，其次要进一步建立健全民主监督机制，推动民主监督走向规范化，拓宽渠道，使民主党派更好地知情监督、广泛监督、深入监督。第三，发挥民主监督作用，还需要民主党派树立高度的政治责任感，努力加强自身建设，不断提高自身素质，为发挥民主监督作用做好思想、政治、组织、理论和人才上的准备。第四，民主党派成员要努力探索使民主监督更加切实有效的新途径，注意方式方法。第五，要适应新形势的要求，为民主监督赋予新的内涵。

中共宿迁市委统战部民进宿迁市委员会在《我国多党合作中的民主监督问题研究——以民主党派对共产党的党际监督作用为视角》(《江苏省社会主义学院学报》2013年第4期)一文中认为，规范和优化民主党派对共产党党际监督包含两个方面，即监督者行为和被监督者行为，只有两者达到和谐共振，才能发挥出最佳效果。从规范和优化民主党派党际监督行为来看，首先，各民主党派及其成员应树立正确的党际监督意识；其次要强化党派内部进行民主监督的组织领导；第三要团结各方面力量增强民主党派进行党际监督的合力。从规范和优化共产党接受民主党派监督行为来看，首先，共产党组织和成员树立接受监督即是自我完善的观念；其次要拓宽接受民主监督的渠道；第三要完善民主监督机制；第四要科学评价民主党派民主监督作用。

李钺锋在《做好新形势下民主党派民主监督工作的理性思考》(《重庆社会主义学院学报》2013 年第 5 期）一文中认为，在现有的多种监督形式下，民主党派的民主监督与法律监督、舆论监督等其他监督形式有着本质上的区别。自中国特色政党制度产生以来，民主党派的民主监督在国家政治生活中发挥了很好的作用，它不仅是一种合作式、减少内耗式的监督，而且是一种充满活力式的监督。为进一步推进民主党派的民主监督工作，我们需要从制度设计上提升民主监督的重要地位，需要通过强化组织功能规范民主监督工作的运行，需要从管理机制上落实民主监督的综合保障。

李键在《论民主党派在完善我国民主监督机制中的作用》(《福建省社会主义学院学报》2013 年第 1 期）一文中认为，民主党派的民主监督是多党合作和政治协商这一基本政治制度中的一个重要方面，在我国民主监督机制中具有重要的地位和作用。民主党派的民主监督主要是一种政治监督，是我国监督体系中的重要组成部分，也是国家政治体制内的一种纠错机制。要充分发挥民主党派在完善我国民主监督机制中的作用，就要增强民主党派进行民主监督的政治责任感和使命感，以科学发展观指导民主监督工作，在民主监督形式上有所创新和发展，同时还要加强自身建设，不断提升民主监督质量，建立和健全民主党派参与民主监督的运行机制。

鲍跃华在《民主党派的民主监督：实践与拓展》(《江苏省社会主义学院学报》2013 年 03 期）一文中认为，民主党派的民主监督是民主党派履行职责的基本职能，也是中国政党制度的主要优势。长期以来，由于民主党派的民主监督职能未能取得预期的效果，造成了民主监督的制度预期与实践成效之间产生落差。如何缩减这种落差，关系到中国政党制度的发展和完善。一般认为，制度优势的旁落在于机制的不完善，在于运作的不成熟。因此，从完善民主监督的机制着手，建构成熟、协调的运作机制是促进民主党派民主监督改善和提升的有效途径。首先，要建立和完善民主党派民主监督的引导机制，解决民主监督的方向和动力，营造有利于民主监督的社会氛围，保持民主监督的有序运行；其次，要建立和完善民主党派民主监督的运作机制，重点创新监督议题的选择建构机制、监督双方的沟通机制和监督效果的反馈机制，保障民主党派民主监督的作用发挥；第三，要建立和完善民主党派民主监督的保障机制，保障民主党派民主监督权利、拓展民主监督的载体，保持民主党派民主监督的持续发展。

杜平、杨军在《中国参政党民主监督与反腐倡廉机制探讨》(《湖南科技学院学报》2013 年第 5 期）一文中认为，在我国现有政治体制中，积极探索民主监督机制，克服参政党履行民主监督的随意性，真正发挥监督的激励或制约功能，使得沟通、反馈、激励等机制有机统一、贯穿工作始终，具有现实的可操作性，主客体之间良性互动，具有重要意义。为此，需要健全民主党派监督的制度安排及制度结构，包括知政知情制度，政治沟通制度，反馈督办制度；需要落实公开制度，为参政党的监督提供条件。

关于参政党的社会服务职能，理论界在社会服务的内涵、社会服务的作用、社会服务的定位等方面进行了深入研讨，研究者们一致认为，社会服务是参政党的一项重要职能，是民主党派发挥作用的重要渠道。有代表性的观点如下：

鲁开垠、徐晓迪在《参政党参与社会服务的政治内涵、功能及其理论价值》(《广东社会主义学院学报》2013 年第 1 期）一文中认为，社会服务工作是参政党在长期的发展过程中对所从事的为社会、公众提供服务、做贡献的一系列实践活动，参政党参与社会服务体现了参政党的政治本质，反映了参政党的政治理念；展现了参政党的政治职责，表明了参政党的政治任务。参政党参与社会服务概念的提出与实践，既是对中国多党合作理论的发展与创新，也为统一战线理论增添了新的时代内涵，更丰富和深化了对社会建设理论的认识，显示出了在我国政治生活和民主发展过程中参政党服务社会独特的理论价值。

李萍、秦岩在《社会服务：当代中国民主党派的一项重要社会职能》(《广州社会主义学院学报》2013 年第 1 期）一文中认为，在当代中国民主党派的职能定位问题上，可以将社会服务作为与参政议政、政治协商和民主监督并列的一项独立职能，这一职能定位具有理论上的合理性和实践上的可行性：符合马克思主义唯物史观的基本原理，有利于完善中国特色的社会主义政党制度、有助于民主党派更好地担负其他社会职能、有着深厚的社会实践经验和基础。为确保民主党派更好履行社会服务职能，当前要着力构建民主党派社会服务的激励引导机制、组织管理机制、人才保障机制、经验推广机制。

黄珍、刁重阳、白洪国在《民主党派社会服务工作创新实践与思考》(《前进论坛》2013 年第 2 期）一文中认为，参政议政、民主监督是民主党派的两大基本职能，而社会服务是参政议政、民主监督两项基本职能的延伸和细化，是民主党派参政议政的基础和载体，是民主党派发挥作用的渠道和延伸。民主党派的社会服务是以国家发展为大前提的社会活动，是民主党派参与国家经济建设、社会发展的具体实践，是以围绕中心、服务大局、维护稳定、促进发展为出发点，关注社会发展中热点问题而开展的。社会服务现在是民主党派面向社会的一个窗口，也是民主党派展示社会影响力的一种重要形式。新时期、新阶段，民主党派开展社会服务工作的社会环境发生了明显的变化，开展社会服务活动工作面临新的课题。在这种情况下，民主党派要开辟社会服务工作的新路径，首先要加强社会服务工作要理论研究；其次，要坚持党派界别的不同、坚持区域的不同、坚持服务模式的不同；再次，要把握三个重点，即社会服务与参政议政紧密结合、结合实际，创新工作形式，拓展工作空间、为推进新农村建设献计出力。

何慧君《发挥优势，提升社会服务水平》(《民主》2013 年第 10 期）一文，从民主党派工作的角度，总结了参政党参与社会服务的几种形式：紧扣重点，参与双拥活动；关注热点，开展送教活动；寻找难点，组织帮扶活动等等。

六、参政党自身建设研究

2013 年对于参政党自身建设的研究，学者们继续往年的研究思路，讨论了参政党建设的目标、方法、原则，分析了自身建设存在的问题与对策。除此之外，研究者们还对协商民主与参政党建设的关系、参政党的作风建设、文化建设和形象建设等前沿问题进行了探讨，表现出一定的创新性。

1. 参政党建设的一般研究

建设社会主义协商民主已经成为理论界的共识，那么这一共识对参政党建设会产生什么样的影响？参政党建设又存在哪些不适应新要求新任务的问题？新形势下的参政党应该如何确立和理解自身建设的目标？学习型参政党建设该如何进行？等等，对这些问题的研究与回应，成为2013年度参政党研究概论非常富有特色的内容。研究者们一致认为，社会主义协商民主的构想与实践，既给参政党建设带来挑战，也给参政党建设带来策略性的变化，建设高素质参政党成为更加紧迫的任务。同时，在信息万变的时代背景下，建设学习型参政党对于提高参政党建设的实际绩效具有基础性意义。

关于高素质参政党建设，王彩玲在《关于高素质参政党的理论探讨》(《湖北省社会主义学院学报》2013年第4期）一文中认为，为了积极应对世情、国情、党情的变化，更好地承担起自身的责任与使命，中国各民主党派纷纷提出"高素质参政党建设"这一命题，以适应执政党全面推进党的建设提高执政能力的重大变化，提高与执政党合作共事的能力，更好地发挥参政作用。这反映了各民主党派对自身历史方位的变化、对加强自身建设的紧迫性与重要性都已经有了深刻的自觉。理解"高素质参政党"的内涵要准确把握"政党"、"参政党"、"高素质参政党"这三个概念在逻辑上的种属关系，并立足于参政党的功能分析，确立高素质参政党的评价标准。只有充分实现政党功能、切实履行参政党职能，为中国民主政治建设作出卓越贡献的民主党派才堪称高素质参政党。高素质参政党的实现有赖于社会发展与政治进步、有赖于参政党参政环境的优化、有赖于参政党科学有效的自身建设。强亦忠在《对建设高素质参政党的几点认识》(《江苏省社会主义学院学报》2013年第1期）一文中认为，建立高素质参政党当前最紧迫的课题是增强政党意识，加强参政政党理论建设，维护、发展和完善中国共产党领导的多党合作和政治协商制度；其次，要认真贯彻"长期共存、互相监督、肝胆相照、荣辱与共"的"十六字方针"，这是建设高素质参政党的关键；第三，要努力学习和践行科学发展观，这是建设高素质参政当前的重要任务；第四，积极探索民主党派政治交接宣传活动的新举措。要贴近时代、贴近实际、贴近党派成员，加强党派自身建设，努力实现执政党和参政建设的互相促进，使政治交接教育更加生动活泼，收到实效。

关于社会主义协商民主与参政党建设，民建云南省委在《加强民主党派自身建设，推动社会主义协商民主制度化发展》(《云南社会主义学院学报》2013年第3期）一文中从中国民主建国会的角度，探讨了社会主义协商民主对参政党的新要求。作者认为，社会主义协商民主制度的完善需要有进一步制度和工作机制作为保证，需要在进一步完善协商民主的法律建设和制度建设方面，把协商民主纳入决策程序，增强协商民主的刚性约束力；同时，民主党派要加强自身建设，增强自身参与协商民主的能力，提高民主党派在协商民主制度建设中的推动作用才能保证协商民主制度的顺利实施和推进。民建作为民主党派，在发展社会主义协商民主的过程中，首先要更加注重提高能力，提高参政议政的水平；其次，要注重发挥特色，在提高经济发展质量和效益，推动民生保障和改善等方面，作出应有的贡献；第三，要加强思想建设和组织建设，提高民建参与协商民主的自觉性和能动性。陈大明、何文生、肖珺在《试论协商民主与参政党自身建设》(《广州社会主义学院学报》2013 年第 3 期）一文中认为，协商民主与中国的政治发展具有内在的契合性，是完善多党合作制度和加强参政党建设的价值选择和制度选择。在未来国家治理中，多党合作和政治协商制度应从单向集中型政治协商转向双向互动性协商民主，通过加强制度建设、组织建设和公民社会的培育，促进协商民主的发展。同时，要充分认识，参政党在推进中国协商民主与政治发展中具有极大的特色和优势，民主党派要搞好协商民主，推进中国的政治发展，就必须要进一步加强自身建设。为此，要积极开展理论研究，为参政党建设提供理论基础；要不断健全参政党建设的制度体系；要一步完善参政议政机制；要突出民主党派各自的特色；要搞好社会服务，优化参政党建设的社会环境。孟凤英在《协商民主视域下的参政党建设探析》(《重庆社会主义学院学报》2013 年第 6 期）一文中认为，协商民主视阈下加强我国参政党建设，有利于参政党综合素质的提升和健康发展，有利于我国多党合作制度优越性的充分发挥，有利于社会主义协商民主的发展与完善。改革开放以来，我国参政党建设取得了长足的发展与进步，但也存在一些问题。应从战略高度明确参政党在社会主义协商民主中的地位，发挥思想理论建设的导向作用，巩固并发展参政党的特色组织，积极推进参政党的制度化建设，努力提高参政党的参政议政能力和水平。

关于加强参政党建设的途径，有的学者从学习型参政党建设角度探讨，有的学者则从提高自身建设的科学化水平的角度立论，代表性文章如下：李丹、邹自豪在《参政党学习型组织建设研究———现状、问题及对策》(《四川大学学报 · 哲学社会科学版》2013 年第 2 期）一文中，通过实证分析，阐明当前参政党学习型组织建设现状与问题，揭示了学习型参政党组织建设与参政绩效间的正相关性关系。作者认为，政党组织学习是促进政党生存、发展的重要途径，推进参政党学习型组织建设，首先要转变领导角色，强化伙伴关系；其次要注重党务创新及创新成果运用；第三要拓宽资源获取渠道，建立以成员自主管理为核心的长效学习机制；第四要加强社会服务与沟通，提高社会认同度。杨加增在《对民主党派推进学习型组织建设的看法》(《前进论坛》2013 年第 12 期）一文中认为，建设学习型组织理论引入参政党自身建设之中，就要求参政党通过组织成员加强学习，不断增强成员的政治把握能力、参政议政能力、合作共事能力，增强对中国特色社会主义的理论自信、制度自信、道路自信，始终与中国共产党思想上同心同德、目标上同心同向、行动上同心同行。民主党派建设学习型组织，重点应抓好以下三个方面的工作：一是建设学习型党组织，要以加强基层组织建设，创建学习型基层组织为基础；二是建设学习型党组织，要坚持科学理论武装；三是要建设学习型党组织，要着力提高成员的参政议政能力。倪立新、韦文靓在《浅论学习型参政党建设》(《广州社会主义学院学报》2003 年第 1 期）一文中认为，在世界政党建设的理论和实践中，学习型政党组织的建设是一个既有历史渊源又有时代特色的问题，它关系着政党的巩固、发展和壮大。建设学习型参政党，是参政党建设科学化发展的重大工程，具有深刻的现实意义和高度的前瞻性。学习型参政党建设，是一项长期、连续、复杂的工程，内容十分丰富，它不是一个抽象概念，也不是一种权宜之计，而是一种管理模式的实践。学习型参政党建设要全员学习，要系统思考，要贯彻同心思想，要培育共同愿景，从而真正重视民主党派的政治价值、提高民主党派运用政治技术的能力、加强有效政治沟通三个维度，提高民主党派参政议政效力。唐华生在《参政党建设科学化的目标原则及其意义》(《湖北省社会主义学院学报》2013 年第 6 期）一文中认为，作为与中国共产党长期共存、风雨同舟的我国各民主党派，要认真学习借鉴执政党建设的成功经验，进一步深刻理解我国多党合作理论的新发展，把握参政党服务科学发展规律和实现自身科学发展的规律，努力提高参政党建设科学化水平。参政党建设科学化，是事关国家和民族生存发展的需要，是保持政治稳定、促进经济社会可持续发展的需要，是促进参政党保持生机和活力的需要，各民主党派要想在中国的政治体制和政治制度中保持参政党的地位，发挥参政党的作用，继续具有参政党的资格，就必须不断加强参政党的建设，从而使自己永远保持生机和活力，把各民主党派建设成为适应新时期要求的高素质参政党。唐华生还在另一篇文章《参政党建设科学化的特点和实现路径》(《西昌学院学报·社会科学版》2013 年第 4 期）一文中具体探讨了参政党建设科学化的路径问题，作者认为，参政党建设科学化具有鲜明的同一性、较强的系统性和鲜明的独特性等特点。要实现参政党建设科学化，必须选择以科学发展观为指导，以“三个统一”为基本原则，不断巩固多党合作的思想基础；以科学制度为保障，进一步增强制度的严密性和科学性，全面提高参政党建设科学化水平；以科学方法为保证，强化科学管理，推动参政议政职能跃上新水平的路径。

关于参政党建设存在的问题与挑战，管仕福、颜娟华在《民主党派自身建设的若干突出问题及对策》(《衡阳师范学院学报》2013 年第 5 期）一文中认为，我国民主党派的自身建设中，目前存在选举方式落后于形势、党派内的干部缺乏锻炼平台、干部管理乏力等三大问题。只有解决这三大问题才能增强民主党派的活力，充分发挥他们参政议政的积极性。汤颖在《网络民主视角下参政党建设的机遇及其实现路径分析》(《经济研究导刊》2013 年第 6 期）一文中认为，随着互联网技术的深入发展和广泛应用，网络已经超越其原有范畴，成为人们经济、政治和生活的重要载体。而网络民主也成为中国社会主义民主政治的一种重要实现形式，在对执政的共产党提出了新的要求的情况下，对新形势下的民主党派也产生了深刻的影响。如何有效利用网络民主这一新的实现形式，加强自身建设，扩大自身影响，为促进社会主义民主政治的发展发挥更大的作用，这是加强参政党建设的一项重大课题。陈文良在《信息社会中的民主党派建设》(《中央社会主义学院学报》2013 年第 3 期）一文中，从科技政治学的角度，分析了信息社会形态对民主党派建设在组织结构、运行模式、政党功能等方面的影响，作者认为，信息化对参政党建设的影响，首先就在于成员的多元化与组织趋同化的加剧，其次是组织的官僚化倾向与组织活力的减弱，第三是政党功能的规范化与舆论压力的增大。这些影响背后的理论问题是信息社会形态下民主党派的合法性重构问题和民主党派与协商民主内在关系的问题。为了应对这种挑战和冲击，需要正确认识和处理政党趋同与保持自身特色的关系，需要努力创新适应信息社会背景的组织运行模式，需要积极参与社会主义协商民主的构建，提高我国多党合作制度的制度调适能力，从而促进我国多党合作事业的健康发展。

2. 参政党的思想建设研究

参政党的思想建设是参政党建设的核心，在这一共识之下，研究者们对参政党的政治交接、参政党的价值观、参政党的宣传思想工作等问题进行了研究，取得了一定的理论成果。

关于参政党的政治交接，李其春在《浅析当前民主党派政治交接的长期性》(《吉林省社会主义学院学报》2013 年第 1 期）一文中认为，民主党派的政治交接，是政治纲领的延续与交接，是老一辈领导人的政治信念、政治立场、政治态度的坚持与交接，也是历史使命、政治责任的传承与交接。这充分体现了民主党派政治交接的政治性和思想性，同时也说明政治交接不是一个短暂的、静止的过程，而是随着多党合作事业在不同时期、不同阶段的不同需要，民主党派肩负的使命的变化从而导致政治交接的内容和侧重点随之变化的动态的、不断丰富、不断发展的过程。其内容是与时俱进、不断完善的。中国共产党领导的多党合作和政治协商制度的科学性和长期性、民主党派面临的新形势新任务，也都决定了政治交接是民主党派的一项长期政治任务，民主党派认真不懈地开展好政治交接，才能实现民主党派路线、方针、政治纲领的延续，才能保证政党关系的和谐发展。王长才在《在延续制度和对国家民族负责层面上实现政治交接——关于民主党派政治交接的思考》(《江苏省社会主义学院学报》2013 年第 4 期）一文中认为，民主党派换届工作不仅仅是组织交替，更重要的是政治交接。对参政党一届又一届新的领导成员而言，政治交接则是一个永恒的命题。中国共产党和民主党派上届领导人要向参政党的后来人交接 (传递) 的内容甚多，而主要内容则体现在以下方面 : 交接光荣传统 ; 交接政治方向 ; 交接国家和民族的责任。政治交接中，责任交接重如泰山 !

关于社会主义核心价值体系与参政党的思想建设问题，孙学君在《用社会主义核心价值体系指导民主党派干部队伍建设》(《前进论坛》2013 年第 5 期）一文中认为，牢固树立中国特色社会主义共同理想，大力弘扬多党合作的优良传统，树立和践行社会主义核心价值体系，是民主党派当前和今后的主要任务之一。民主党派是社会主义核心价值体系的建设者和参与者，也是遵循者和实践者。随着多党合作事业的进步，学习践行社会主义核心价值体系是民主党派在民主政治中发挥作用及履行职能的需要，如何用社会主义核心价值体系指导民主党派干部队伍建设走上规范化、制度化轨道的重大课题不容回避。多党合作事业的蓬勃发展，离不开一支素质优良、结构合理、数量充足的民主党派干部队伍。建设这样的队伍，首先需要社会主义核心价值体系的指导，促进这支队伍提升自身素质、提高工作质量、增强凝聚力。用制度体系尊重人、理解人、关心人、帮助人。王宝生在《在社会主义核心价值体系下民主党派思想建设的原则与主要内容》(《山西社会主义学院学报》2013 年第 1 期）一文中认为,为了更好地加强民主党派的思想建设，使各党派在中国特色社会主义道路上健康发展，就要在指导思想、政治方向、建设方向以及道德底线等几个方面把握原则，坚持正确的方向。其中在指导思想上，参政党的思想建设要坚持社会主义核心价值体系的指导地位，这是由我国民主党派的特殊政治地位决定的。在此基础上，参政党的思想建设要提高对马克思主义的认识和理解，坚持科学发展观的理论指导；要增强发挥民主党派智囊团作用的意识；要以提高党派成员道德素养和个人修养来提高党派的整体思想水平；要坚持与时俱进。总之，只有在思想上牢牢坚持社会主义核心价值体系的指导，以社会主义核心价值观的主要内容作为民主党派思想建设的基本内容，增强政治理论素养，提高个人道德修养和参政议政意识，才能使民主党派在中国特色社会主义建设事业中发挥出巨大的作用。

关于参政党的价值观问题，蔡达峰在《坚持参政为民》(《民主》2013 年第 4 期）一文中阐述了参政为民的价值观。作者认为，坚持参政为民，服务大众，需要奉献精神和责任制度，使履职真正成为我们共同的、自觉的使命。对于参政党来说，参政议政即为职责，就是自身与社会价值的统一。对于参政党成员来说，既然参加组织，则要实现自身与组织价值的统一。参政为民，就要坚持科学地理解利益，就要坚持公平公正的原则。蒋红军在《权力观、空间与制度革新：建设规范性民主党派的理论思考》(《云南行政学院学报》2013 年第 4 期）一文中探讨了参政党的公共权力观。作者认为，政党的公共权力观是建构和影响权力空间的核心前提条件。从大历史的视野来看，民主党派的政党权力空间是多种因素共同作用的结果，其中最重要的因素之一就是民主党派自身的公共权力观。民主党派的公共权力观，在合作型政党制度背景下，经历了从中间党派到参政党的变迁。在新的政治形势下，各民主党派要将自身建设为一个规范性政党，就必须在政党合作型权力结构下进一步凸显自身的政治效能，在经济发展、社会建设与政治改革的事业中强化自身的主体性和公共性，真正承担其参政党的使命与责任。徐宗俦在《民主党派在舆论宣传上应当秉持的基本观点——兼议参政党应当成为执政党的“智库”》(《贵州社会主义学院学报》2013 年第 4 期）一文中讨论了参政党舆论宣传应该传达的观点。作者认为，任何政治党派都会把自己的核心价值观、党性原则、理论指导、行动准则，在舆论宣传中体现出来。中国特色的民主党派作为中国共产党领导的参政党，要做政治上的清醒者，秉持“敢于为民发声、善于为党‘补天’”的基本观点，在舆论宣传上应当始终坚持与共产党合拍，为实现“中国梦”，不断传递“中国声音”，成为执政党需要、人民群众期盼的高层次的“智库”。

关于参政党的宣传思想工作，朱松林在《构建民主党派宣传思想工作体系的传播学思考》(《前进论坛》2013 年第 10 期）一文中认为，宣传思想工作是通过政治宣传来教育人、鼓舞人和激励人，是提升人的精神状态和政治觉悟为目的的信息传播活动，有宣传主体、宣传内容、宣传渠道（或手段)、宣传对象和宣传效果五个要素。完善民主党派的思想工作体系、提高宣传思想工作的效果，要让宣传队伍的设立、宣传内容的确定、宣传渠道的选择、宣传对象的变化、重新认识效果这五个环节彼此衔接形成合力，构建起民主党派宣传思想工作的新局面。左定超在《抓紧抓好民主党派宣传思想工作》(《民主》2013 年第 12 期）一文中认为，抓紧抓好新形势下民主党派宣传思想工作，要深刻认识宣传思想工作的重要意义，不断增强抓好宣传思想工作的责任感、使命感；要把握主要任务，坚定正确的政治方向；要加强学习，不断提高政治理论水平；要宣传先进典型，树立良好的参政议政新形象；要激活各方要素，切实抓紧抓好宣传思想工作。吕东春在《新形势下民主党派思想政治工作研究》(《理论界》2013 年第 12 期）一文中认为，加强新形势下民主党派的思想政治工作意义重大。党派内部少数成员对政治上的淡漠与摆动，影响着整体工作的有效进行。加强民主党派思想政治工作，首先是要摸清情况。其次是思想政治工作在内容方面要重点突出，与时俱进。第三是制度性的思想政治工作与专题性思想政治工作相结合。第四是创新工作方法。一是分层教育，二是建立民主党派内部思想政治工作直达通道。

3. 参政党的组织建设研究

参政党的组织建设，2013 年理论界关注比较多的是代表性人士队伍建设问题、参政党的代表性问题、基层组织建设问题、内部监督机制建设问题。

关于民主党派代表性人士队伍建设，研究者们在加强党外代表性人士队伍建设这一共识的基础上，对民主党派代表性人士的准备、选拔、培养和使用，对加强民主党派代表性人士队伍建设的意义与价值，对民主党派代表性人士应有的素质与标准等问题进行了深入思考，代表性文章如下：

袁廷华在《关于加强民主党派代表人士建设的几点思考》(《广州社会主义学院学报》2013 年第 3 期）一文中认为，民主党派代表人士队伍建设是党外代表人士队伍建设的重要组成部分。加强民主党派代表人士队伍建设，建立一支政治素质好、代表性强、年龄和知识结构合理、数量充足、充分体现党派特色的民主党派代表人士队伍，是坚持和完善中国共产党领导的多党合作和政治协商制度的内在要求，是推进统一战线和我国多党合作事业可持续发展的重要基础和保障，是一项具有战略性的政治任务。

肖建平在《民主党派代表人士队伍建设与中国民主政治发展》(《湖北省社会主义学院学报》2013 年第 5 期）一文中认为，加强民主党派代表人士队伍建设是当代中国民主政治发展的必然内容，是中国民主政治的实现形式之一，也是中国民主政治的特殊优势所在。强化民主党派代表人士队伍建设，对于巩固和发展多党合作制度、推动有序政治参与和拓宽社会民意渠道具有极强的现实意义，是推动民主政治增量发展的可选路径。

王磊、张蔓菁在《“代表性”视域下的民主党派代表人士队伍建设》(《重庆社会主义学院学报》2013 年第 6 期）一文中，以代表与代表性、自然代表性与授权代表性、形式代表性与实质代表性三对概念及其逻辑关系为研究起点和分析工具，以民主党派代表人士为特定对象，着力厘清“谁代表”、“代表谁”、“是否代表”三个核心问题，对民主党派的代表性人士的本质与内涵进行了深入分析。“谁代表”，是民主党派代表人士的选拔标准和程序；“代表谁”是民主党派代表人士的界别性与公共性；“是否代表”，是民主党派代表人士的政治功能。作者认为，纵观近些年来党外代表人士队伍建设，由于在政策实践中更强调职务性、身份性、典型性等外延特征，对党外代表人士的本质和内涵——代表性却鲜有明确定义和深入研究，从而导致部分党外代表人士缺乏代表性，其政治价值和政治作为也受到削弱，当前加强民主党派代表人士队伍建设就要解决好“谁代表”、“代表谁”、“是否代表”这三个核心问题。

许奕锋在《加强民主党派代表人士队伍建设的宏观审视》(《江苏省社会主义学院学报》2013 年第 3 期）一文中认为，民主党派代表人士是我国人才队伍的重要组成部分，是中国特色社会主义民主政治建设的一支重要力量。加强民主党派代表人士队伍建设，贯彻落实《关于加强新形势下党外代表人士队伍建设的意见》这一纲领性文件，是摆在各级党委领导和民主党派机关面前的一项带全局性、根本性的任务，是一项长期的工程，也是一项系统的工程。为全面建成小康生活、构建和谐社会和发展中国民主政治，就必须解放思想，开拓创新，宏观谋划，切实提高加强民主党派代表人士队伍建设水平。为此，要在民主党派代表人士队伍建设的标准上明确新起点，以政治上靠得住、学识上有造诣、品行上能服众、对社会有贡献等作为代表性衡量标准，全面考察其综合能力、社会影响力及人格魅力；要在民主党派代表人士队伍建设的路径上树立新观念，积极探索建立和规范适合参政党特点的教育培训、选拔任用和考核管理等机制；在民主党派代表人士队伍建设的发展上提出新要求，按照“全面、协调、可持续发展”的要求做好民主党派人才的培养、选拔和使用等工作。提升加强民主党派代表人士队伍建设水平的路径选择就在于研究规律，建构模式、改进方式，注重社评、破解障碍，盘活资源、优化环境，包容激励、加大力度，健全机制。

聂继红在《加强民主党派代表人士队伍建设的现实路径》(《贵州社会主义学院学报》2013年第1期）一文中认为，在新形势下加强民主党派代表人士队伍建设具有特别重要的意义。它事关全面建设小康社会的人才支持，事关我们党长期执政的力量保证。加强民主党派代表人士队伍建设的现实路径就在于：在思想上提高认识，增强行动自觉性；着重做好选拔、培养、使用和管理工作；推进制度建设，夯实机制保障。

邱永文在《浅议政治参与与民主党派代表人士队伍建设问题》(《天津市社会主义学院学报》2013年第3期）一文中认为，扩大公民有序政治参与是我国社会主义民主政治发展的必然要求。民主党派代表人士的政治参与有着天然的组织、制度和政治优势。积极有效的政治参与活动不仅是政治民主和科学决策的重要推动力量，同时也会锻炼提高政治参与行为主体了解、熟悉和掌握政治制度和政治技能，增强政治认同和构建政治文化，从而达到自身与政治系统的良性互动。在大力推进党外代表人士队伍建设的有利政治环境下，民主党派代表人士只有积极主动的做好政治参与，才能与自身的队伍建设相互结合，相互促进，推动我们社会主义民主政治不断发展。

汪根木、贺俊春在《以政治参与组织化促进民主党派代表人士队伍建设》(《湖北省社会主义学院学报》2013年第2期）一文中认为，民主党派各级组织在其代表人士队伍建设中负有不可推卸的责任，而政治参与实践是民主党派代表人士成长的重要载体，因此，民主党派应主动围绕现实政治需要，将代表人士队伍建设纳入日益规范化、制度化的政治参与活动中。为此，要加强与执政党的沟通协调，增强参与有效性，引导党派成员走上同心同德之路；构建三位一体的政治参与动员机制，激发全体成员的参与热情，为代表人士队伍建设提供充足的后备力量；建立以参与能力和参与成绩为核心的考评机制，为选拔优秀代表人士提供依据；突出特色领域参与，提高代表性，实现代表人士在各领域的合理分布；加强参与过程引导，培养素质优良的代表人士。

胡宇彬在《民主党派成员代际变化与民主党派代表人士队伍建设研究》(《湖北省社会主义学院学报》2013年第3期）一文中认为，各党派正处于代际转换时期，民主党派成员、类别和结构也随着社会的变化而发生深刻变化，适应这种变化，民主党派的代表人士队伍建设要加强思想政治建设，提高民主党派代表人士的思想素质，实现思想政治工作与参政议政的良性互动；要明确民主党派代表人士成长方向；要更新选人用人观念，落实统战部门人事安排职能；要加强对民主党派代表人士的教育、培养、考察、使用；要建立动态管理工作机制。

吴文艳、欧阳林波、宁可、方雪晴在《我国参政党领导人才培训开发状况、问题及对策研究》(《上海市社会主义学院学报》2013年第3期）一文中，通过问卷调查和行为访谈等研究方法，分析了当前参政党领导人才素质与培训开发的现状，并提出相应的对策措施。作者认为，在中国民主政治进程不断推进、多党合作事业稳步发展的形势下，民主党派如何提升领导者素质和形成强有力的领导集体，是我们坚持和完善中国共产党领导的多党合作和政治协商制度的基础。执政党、参政党及参政党领导者自身都要高度重视培训开发工作，要建立健全参政党领导人才培养机制、选拔任用机制以及考核激励机制；要以素质标准为开发依据，突出核心能力建设，提升干部能力才干；要创新方法，整合资源，建立有自身特色的参政党领导人才培训开发体系。

齐春雷在《关于党外代表人士代表性的几点思考》(《湖北省社会主义学院学报》2013年第3期）一文中认为，表性是党外代表人士的根本属性。当前，与我国统一战线和多党合作的现实需要相比，政治上成熟、社会影响大、综合素质高的党外代表人士仍然相对匮乏。增强党外代表人士的代表性,已成为当前加强党外代表人士队伍建设的紧迫课题。首先，选拔党外代表人士应注重考察其代表性，对不同领域、不同层次、不同岗位的党外代表人士的代表性应有不同要求；其次，培养党外代表人士应注重增强其代表性，加强政治引导，注重实践锻炼；第三，安排党外代表人士注重增进其代表性。

杨选锋在《变革社会中参政党领军人物的成长》(《湖北省社会主义学院学报》 2013年第2期）一文中认为，新的社会变革时期，培养造就新一代旗帜性的领军人物是参政党建设的关键，他们成长的价值取向关系到中国特色政党制度的良性运行，关系到中国特色社会主义事业的发展。根据中国共产党对党外代表人士的界定,结合民主党派的特点，同时借鉴西方领导理论的思想，就参政党领军人物个体成长而言，其价值取向应该是政治立场的坚定；其政党愿景既要包含与执政党层面相契合的愿景，同时也要注重构建自身发展层面的愿景；能够以创新的精神适应社会的变革和工作的挑战；不断提高社会影响力和感召力；有独特的个人魅力；有过硬的专业技能和深厚的专业造诣。

李仁质在《十六大以来中国共产党关于加强党外代表人士队伍建设的思想》(《中央社会主义学院学报》2013年第6期）一文中认为，实行共产党同党外人士的合作共事，是中国共产党长期坚持的一项基本政策,具有重大的战略意义。党的十六大以来,以胡锦涛同志为总书记的党中央，从建设中国特色社会主义伟大事业出发,从实现统一战线持续发展的高度,在深入分析和准确把握党外代表人士成长规律的基础上，对加强党外代表人士队伍建设作出了许多重要论述和部署，对于坚持和完善中国共产党领导的多党合作制度具有重要的意义。这些论述和部署包括：从全局和战略的高度,强调要充分认识加强党外代表人士队伍建设的重要性和紧迫性；明确了党外代表人士队伍建设工作的原则、要求和重点,要努力建设一支素质优良、结构合理、数量充足的党外代表人士队伍；要把思想政治建设作为党外代表人士队伍建设的首要任务，努力提高党外代表人士的综合素质；要加强党外代表人士后备队伍建设，把党外代表人士后备队伍建设工作纳入人才和干部队伍建设的总体规划，形成科学合理的后备队伍结构；要建立健全党外代表人士的培养选拔任用机制和监督管理机制，不断推进党外代表人士的新老交替和政治交接。

关于参政党的代表性问题，研究者们有的从政党趋同的角度研究了参政党代表性缺乏问题，有的则从社会基础角度探讨参政党强化自身代表性的途径。代表性文章如下：

林伟在《广东省民主党派代表性问题的原因及其对策的实证分析》(《重庆社会主义

学院学报》2013年第2期）一文中，采用实证分析方法，以广东省8个民主党派的省委会在2006—2012年之间提交到政协的团体提案作为主要研究素材，探讨广东省各民主党派客观上究竟代表谁的利益、为何会代表他们的利益，以及应该如何对待广东省民主党派代表性问题进行了研究。作者认为，民主党派代表性的内涵由“民主党派利益代表性”和“民主党派人物代表性”两部分构成，根据实证数据，可以否定民主党派代表本党派成员利益的传统观点，否定多数统战理论研究者所认为的民主党派代表性与党派成员的年龄、行政级别和专业职称相关的结论，民主党派既代表本党派所联系群体的具体利益，也代表其他群体利益及公共利益的表达，其中，对公共利益予以最多关注，对弱势群体利益关注次之，对自身所联系群众的利益关注又次之。作者认为，界别分工是影响民主党派利益代表性的重要因素，而且以教育界成员为主体的党派对自己成员的利益和所联系群众的具体利益的关注度远远高于以经济界、医卫界、科技界为主体的党派。另外，民主党派领导班子的人物代表性较突出，对其利益代表性起着重要的补充作用。而对于以身份作为界别特征的民革、致公党和台盟而言，作用更是举足轻重。

唐长久在《政党适应性理论的民主党派组织发展界别特色问题研究》（《求索》2013年第5期）一文中认为，形成于建国初期民主党派组织发展界别特色，其内涵包括体现党派组织结构特色的结构界别和体现党派政治功能特色的功能界别两个基本方面；改革开放后，随着社会结构的深刻变化，民主党派组织界别特色经受重大冲击，组织发展趋同现象日益严重。为了解决目前民主党派界别特色趋同的问题，可以从政党适应性理论出发，坚持党派组织结构与功能的统一，重塑民主党派功能界别特色。

郑晓丽在《民主党派社会基础的历史演变与当代重构——以浙江丽水市为例》（《观察与思考》2013年第3期）一文中认为，从历史上看，能否紧扣不同历史时期的主要任务关系到民主党派的社会基础与活力，在当前社会阶层不断分化的大背景下，由于自身组织机构的缺陷以及参政议政、组织发展和干部队伍建设的功利化，民主党派的社会基础面临萎缩和虚化的困境。根据地方人才构成特色发展成员，发挥成员的团队优势和比较优势，拓展在社会管理中的作用，有效化解社会矛盾是基层民主党派获得实质生存空间的最重要渠道。

任世红在《民主党派社会基础演变的影响因素及发展前景》（《中共浙江省委党校学报》2013年第3期）一文中认为，政党向社会作出反应，代表某种社会利益；社会阶级、阶层或群体选择支持政党的政治主张，并自觉追随政党的政治行为。在政党代表民众与民众拥护政党的互动中，政党充当了民众的代言人和领路人，民众形成了政党的社会基础和力量源泉。民主党派社会基础的演变主要经历了“革命时期的阶级联盟”、“改造时期的特殊群体”和“改革时期的政治联盟”三个历史阶段，社会分层、政策变量和政党权威是民主党派社会基础变迁最重要的三个影响因素。新世纪新阶段，适应我国社会结构的深刻变动和知识分子队伍变化的新情况，民主党派社会基础也应适时调整、适度拓展，以增强民主党派的广泛性和代表性，提升多党合作的团结面和包容力。

关于基层组织建设，研究者们对地方组织如何加强自身建设进行了深入探讨，对地方组织的活力问题给予了高度关注，代表性文章如下：

茅玉芬在《民主党派基层组织活力源泉探析——以民进浙江临海市委科技经济支部

为例》(《中央社会主义学院学报》2013 年第 5 期)一文中，以民进浙江临海市委科技经济支部为例，对该支部开展的民主党派基层支部与中共临海市农村信用联社营业部支部结对共建的模式，从四个方面进行了分析、归纳和总结。这四个方面是：共建组织工作新机制，组织凝聚力和活力得以增加；共建学习载体，组织学习力和创新力得到提高；共建服务示范基地，组织工作力和服务力不断提升；共建社会服务团队，组织活力和品牌力日益显现。作者认为，当前，如何保持民主党派基层组织的活力，是各民主党派深入思考并积极探索的课题。实践证明，结对共建模式是提高民主党派基层组织活力的有益探索，具有积极的借鉴意义。

李存龙、张颖在《新形势下增强民主党派基层组织活力的问题研究》(《河北省社会主义学院学报》2013 年第 3 期)一文中通过对目前民主党派基层组织所处地位、作用、现状以及存在问题的分析，以唐山为例，分析了基层党派成员、基层统战部门等有关单位对加强民主党派基层组织建设的意见，提出了加强民主党派基层组织建设，增强基层活力的对策与建议。作者认为，继承和发扬优良传统是增强基层组织活力的政治保证；加强理论政策引导，提高基层组织自身建设水平，是增强基层活力的思想基础；坚持党的领导，密切与中共基层组织的联系，是增强基层组织活力的关键环节；选配和当好基层组织的负责人是增强基层组织活力的必要条件；建立健全基层组织各项工作机制，是增强民主党派基层组织活力的制度保障；顺应社会发展趋势，探索基层组织工作新思路，是增强基层组织活力的必由之路。

王建国在《地方组织加强自身建设的几点体会》(《团结》2013 年第 6 期)一文中认为，地方组织要加强自身建设，学习是自身建设的主题和要务；优秀的组织工作是自身建设的基础；制度规范化是自身建设的准则和保障；机关是党派工作的枢纽和载体；参政议政是党派自身建设的出发点和归宿；开展形式多样的活动是增强组织凝聚力的重要抓手。

杨继红、王星、佟丽娟在《新时期加强民主党派基层组织建设研究》(《辽宁师专学报·社会科学版》2013 年第 3 期)一文中认为，民主党派的基层组织建设是新时期建设更加民主、和谐社会的重要组成部分，关系到多党合作制度的发展和完善。只有把基层组织建设好，才能增强民主党派的凝聚力，巩固民主党派自身发展和履行参政议政党职能的组织基础。为此，要进一步加强基层组织的服务意识；要紧紧依靠中共党委和统战部的关心、支持；要努力增强政党意识和提升政党形象；要继续提高会员质量和基层管理水平；要切实提高基层组织的吸引力和凝聚力。

关于参政党的内部治理问题，有的研究者们讨论了参政党内部监督机制建设的意义、目标、原则和途径，有的研究者则对参政党的组织原则进行了探讨，有的学者还关注到参政党的党内民主问题。有代表性文章如下：

庞学光在《加强参政党内部监督应该关注的两个问题》(2013 年第 3 期)一文中认为，民主监督和监督机构建设是加强参政党内部监督必须关注的两个重要问题。加强参政党内部的民主监督，要善于把软约束变为硬约束，注意强化上级和下级之间的互相监督，重视监督体系的规范化、科学化建设，加强对贯彻民主集中制情况的考核与评定。加强参政党内部监督机构建设首先要明确其职能，在此基础上赋予它充分的独立性，并建构纵向化的监督机构领导体制。

陈晶璞、邢克余在《民主党派内部监督机制建设研究》(《河北省社会主义学院学报》2013 年第 4 期)一文中认为，2008 年底相继成立的各民主党派中央监督委员会，及其陆续颁布的内部监督条例，标志着我国民主党派内部监督体系建设开启了新的篇章。同时，随之而来的是该领域还有大量操作层面的问题亟须解决。针对民主党派内部监督过程中凸显的机制缺失问题，剖析其内在原因，作者从内部监督意识、内部监督制度、内部监督机构、民主集中制原则及内部监督手段等五个方面提出了构建与完善内部监督机制的对策。

黄宝荣在《监督还需自身硬——借鉴执政党的治党经验加强参政党的反腐倡廉工作》(《前进论坛》2013 年第 12 期)一文中认为，自 2008 年 12 月各民主党派相继设立中央监督委员会以来，民主党派在加强自我监督，强化制度建设上迈出了重要一步。但是，从总体来说，民主党派的廉政建设还存在诸多问题，比如制度建设落后带来无法可依、危机成本过低带来的权威不足、监督形式单一带来的监督缺位的问题，等等。民主党派的廉政建设可以主要从组织内、外两方面着手，一是完善和加强内部监督，二是创新外部监督的工作机制，通过制度设计和对党派成员的教育、管理，防患于未然，纠小错防大失。

郭层城在《在“同心”实践中坚持和完善民主集中制》(《团结》2013 年第 4 期)一文中认为，民主始终是中国各民主党派基本的价值追求和政治理想，也是其实践民主集中制的前提和基础。新形势下民主党派坚持和发展民主集中制就是要在“同心”思想指引下，确保民主党派领导班子坚持中国共产党领导的政治立场始终不渝，走中国特色社会主义道路的政治信念坚定不移，自觉认同与中国共产党思想上同心同德、目标上同心同向、行动上同心同行的政治追求，主动担当共同推进多党合作事业不断前进的政治责任，忠实继承民主党派老一辈高尚的精神风范和政治品格。通过坚持和完善民主集中制，保证民主党派的正确领导，维护民主党派内部的“向心”团结，规范民主党派内部议事规则，健全民主党派内部监督机制。

王洪树在《新时期参政党党内民主建设具有独特价值》(《中国政协理论研究》2013 年第 4 期)一文中认为，民主是参政党的政治生命。党内民主建设是参政党建设的重要战略举措。新时期，参政党党内民主建设具有战略必要性，它事关功能界别群体的有序参政、中国特色政党政治的发展完善、执政党党内民主带动人民民主的政治实现。参政党党内民主建设具有现实可能性，中国政党制度的完善、执政党的科学民主执政和党内民主建设，都为参政党党内民主建设释放了政治空间，提出了政治需求。参政党党内民主建设具有时代紧迫性，参政党党内民主现状使之难以有效承担起政党制度赋予它们的参政议政和民主监督的政治使命。因此，自觉回应时代需求，抓住战略机遇，深入推进党内民主建设，不仅意义重大，而且正当其时。它是参政党永远保持进步性和广泛性的战略举措。

4. 参政党的能力建设研究

随着中国共产党执政能力的进一步提高，参政党的参政能力问题也日益凸显，研究者们对参政党的能力问题更加关注。研究者们一致认为，参政党只有不断提升参政能力，才能更好地履行参政党职能，这是多党合作有效展开的重要前提条件。但是，在这一共识之下，研究者们对参政党能力的内涵，对参政党能力的构成还是见仁见智的，每个人对参政党应有的能力结构看法并不一致。2013 年对这一课题的研究，主要侧重于参政议政能力的探讨上，而对参政议政能力的探讨，着眼点也不尽相同，有的侧重于参政党成员素质的提高，有的侧重于参政党整体机制的完善，有的侧重于参政技术的提升与普及，有的则立足于参政党的调查研究工作和提案工作的改进来探讨提高参政能力问题。代表性文章如下：

关于参政技术的普及与参政方法的创新，袁春红在《参政党参政技术的完善和创新》（《天津市社会主义学院学报》2013 年第 2 期）一文中认为，参政党参政技术理论刚刚起步，但尚未形成自觉的意识和统一的研究方式，参政技术实践中仍存在一定的制约因素，这在一定程度上阻碍了参政技术的完善和创新。参政技术的完善和创新是顺应技术时代对政治发展提出的客观要求，同时也是参政党建设的重要内容。因此，我们需要运用互联网技术提高参政技术水平，利用信息化技术创新参政党参政技术形式，并不断探索和创新电子党务，以不断加强参政党建设。张海霞在《"微时代"下民主党派参政议政能力建设探析》（《广州社会主义学院学报》2013 年第 4 期）一文中认为，信息技术的迅猛发展已经带领我们进入了"信息爆炸"时代，以微博、微电影、微小说、微信、微电台、微访谈等"微"事物如雨后春笋般登上互联网舞台，尤其是以微博为代表的这种新媒体的出现，其互动化、实时化、社会化、去中心化等特点吸引着广大用户群的参与，对信息传播格局和社会舆论产生了深刻影响。在"微时代"这个新环境下，作为参政党的各民主党派如何利用这一契机，提高自身媒介素养，创新参政议政的方法，拓宽参政议政渠道，提高参政议政能力是值得探讨的问题。钟成、李玲在《民主党派参政议政方法论研究的若干思考》（《广州社会主义学院学报》2013 年第 1 期）一文中认为，加强民主党派参政议政方法论研究，是坚持和完善中国特色政党制度的内在要求和现实课题。当前民主党派参政议政方法的创新路径主要在于：广泛借鉴现代科技和其他领域的新方法，提高参政议政的质量和水平；借鉴现代管理方法，提高参政议政的组织化程度；创新机制运作方式，提高参政议政的运行效度。农辉锋在《行动学习在参政议政中的应用探析》（《今日中国论坛》2013 年第 12 期）一文中把行动学习理论应用到参政议政中，探讨了参政议政的方法创新问题。作者认为，行动学习是学习知识、分享经验、创造性研究解决问题和实际行动四位一体的方法，是一个系统的解决问题的工具。参政议政是政协制度三大职能之一，在参政议政中应用行动学习的理念与方法可以提升参政议政的质量。在选定主题、组建团队、调查研讨等各个环节，植入行动学习理论，对提高参政能力是大有裨益的。梁祝在《以信息化促进建言献策水平科学化》（《四川统一战线》2013 年第 10 期）一文中认为，建言献策是民主党派履行参政议政职能的主要内容之一，也是参政党参政议政能力的重要体现。在信息全球化的当下，网络信息技术和新媒体技术的高速发展使得民主党派参政议政的外部环境发生了巨大变化，各民主党派亟须与时俱进，积极适应信息时代的环境要求，以求实的态度和创新的精神加快信息化建设，促进建言献策科学化水平不断提高。

关于提高参政党提案工作的水平，朱妍在《民主党派提升提案质量的路径探究》（《前进论坛》2013 年第 8 期）一文中认为，民主党派不仅要注重提案的数量，更要不断提高提案的质量，这需要从以下几个方面着力：第一、在民主党派提案的宏观把握上，要立足于全局性、前瞻性和实效性；第二，在民主党派提案的微观形成上，要把好选题关、调研关、书写关；第三，在民主党派提案的组织工作上，要充分发挥整体性、广泛性；第四，在民主党派提案的实施过程上，要重视平台作用、导向作用。张亚娟在《努力做好民主党派政协提案》(《前进论坛》2013 年第 3 期）一文中认为，民主党派在提高政协提案质量方面，要把握好“选题关”、“调研关”、“知情关”、“转化关”。提高民主党派政协提案质量还需要民主党派和人民政协两方面的共同努力，努力把握“联动、全程、落实、宣传”的要求，在以下四个方面进行探索和推进：一是“联动”，即“加强人民政协与民主党派之间的沟通合作，加大联合调研的力度；二是“全程”，人民政协提前介入，加强对党派团体提案的全程有效干预和管理；三是“落实”，人民政协高度重视、认真做好党派提案办理落实，坚持落实重于办理，既要办理好，更要落实好提案意见的工作思路；四是“宣传”，要进一步加大对优秀党派提案的社会宣传力度、广度和深度。

5. 参政党建设的其他问题

在参政党建设理论与实践的推进中，参政党的文化建设、作风建设和形象建设等问题越来越受到人们的关注，理论界对此也有所回应。特别是参政党的文化建设和作风建设问题，在“中国特色社会主义参政党”这一概念提出之后，更是引起研究者们的深入思考，代表性文章如下：

王复光在《“大文化”视野下的参政党文化建设探析》(《厦门特区党校学报》2013 年第 5 期）一文中认为，参政党文化是参政党工作实践中所形成的理念、精神、作风、传统和制度规范的集中体现。“大文化”格局给参政党文化建设带来了机遇与挑战。参政党文化包含：历史传承、党派章程、界别分工、工作特色、经验作风、代表人物、党刊杂志、档案资料等诸多内容。参政党文化具有导向、聚合、激励、约束、传承等功能。加强参政党文化建设的途径有：培育文化载体，完善工作机制，构建学习型组织，加强理论建设，加强档案资料征编和管理，增强成员参政党意识，保持政党特色。

李文涛、顾国柱在《参政党文化建设中价值认同问题研究》(《广西社会主义学院学报》2013 年第 1 期）一文中认为，文化是一个民族与政党的精神和灵魂。加强参政党文化建设，必须不断增进参政党的价值认同。参政党的价值认同应体现普适性与人文性、价值差异与价值共识、进步性与广泛性、历史与未来等方面的统一。

孙瑞华在《参政党在中国文化与政党文化互动中的蜕变》(《重庆社会主义学院学报》2013 年第 5 期）一文中认为，一个国家的民族文化是政党文化产生和发展的基础，因此，民族文化对政党文化有着决定性的作用。但是，政党文化并不是被动地接受民族文化的影响，它一旦形成不同于民族文化的特质，则会对民族文化产生重大影响。参政党的政党文化就体现出中国文化与政党文化互动的痕迹。面对新的建设难题，参政党需要以“自我觉醒、自我反省、自我创建”的文化自觉意识，主动担当起推进政党政治发展和人类文明进步的历史责任，永葆其“求真务实”的政党特色。

唐华生在《试论参政党文化建设的内涵、意义与路径》(《重庆社会主义学院学报》2013 年第 5 期）一文中认为，参政党文化伴随着中国政党制度的产生而逐渐形成，是中华文化的有机组成部分。加强参政党文化建设，有助于推进学习型参政党的建设，有助于提升参政党参政议政、民主监督的履职能力，有助于开创中国特色社会主义事业的新局面。要建设具有中国特色的参政党文化体系，一要努力践行社会主义核心价值体系，增强国家的文化软实力；二要大力开展参政党历史教育，弘扬参政党优良传统和作风；三要大力弘扬中华传统文化，为建设中华民族共有精神家园贡献才智；四要建设高素质的参政党文化人才队伍，为社会主义文化建设添砖加瓦。

喻晓钢在《浅谈民主党派作风建设的重要意义》(《四川省社会主义学院学报》2013年第4期）一文中认为，民主党派作风建设是民主党派自身建设科学化的关键，事关民主党派自身建设的质量、事关民主党派的组织能否延续、事关民主党派参政议政形象、事关民主党派能否真正成为执政党的盟友，事关我国多党合作事业能否可持续发展、事关民主党派的生存和发展。民主党派作风建设是民主党派自身建设的重要组成部分，加强和改进民主党派的作风建设，是保持民主党派的进步性的前提；加强和改进民主党派的作风建设，是民主党派搞好党内团结、履行好职责和历史使命的根本保证。因此，民主党派一定要充分认识加强和改进作风建设的紧迫性、必要性和重要性。

蔡圣凤在《试论参政党形象建设对新闻宣传的需要》(《重庆社会主义学院学报》2013年第6期）一文中认为，参政党是我国特有的政治现象，长期以来为社会主义建设做出了重要贡献。由于各种原因，参政党的形象建设滞后，导致参政党社会知名度和美誉度与其政治地位和社会贡献不匹配,影响了参政党建设。在注重品牌形象和市场营销的今天，形象建设是参政党建设的重要内容。高度发达的大众传媒为参政党形象建设提供了机遇，参政党形象建设应该利用新闻宣传，注重新闻宣传策略，打造优秀参政党形象，改变被误解为“政治花瓶”的参政党形象。

田晓玉在《提升参政党社会公信度的几点思考》(《中央社会主义学院学报》2013年第3期）一文中认为，提升参政党的社会公信度，事关我国政党制度和民主政治的社会认同，决定着我国政党制度的前途和命运。当前，提升参政党的社会公信度，要着力解决好以下三个方面的问题：一是要深刻把握提升参政党社会公信度的重要意义；二是要准确把握目前参政党社会公信度的现状及影响参政党社会公信度的主要因素；三是要有针对性地科学谋划提升参政党社会公信度的路径选择。

学术著作评介和论文观点摘要

一、学术著作评介

《参政党的社会基础与社会功能研究》（蒋学基主编，中共中央党校出版社2013年出版）

《参政党的社会基础与社会功能研究》一书，是浙江省社会主义学院“参政党建设研究丛书”系列的第七本。之前，已陆续出版了《参政党建设与构建和谐社会》、《参政党功能与落实科学发展观》、《改革开放进程中的中国参政党》、《参政党民主监督功能研究》、《参政党与公共政策》五本论文专集和《当代中国政党制度格局中的参政党能力建设》专著。该书由民进中央副主席王佐书作序，由浙江省社会主义学院党组书记蒋学基主编，由中共中央党校出版社正式出版。

该书是一本论文专集，收录了浙江社院参政党建设研究中心2011年全国招标课题的12项结项课题成果和2011年民进中央—中央社院参政党建设理论研究中心与浙江社院参政党建设研究中心联合举办的“参政党的社会基础与社会功能”理论研讨会的优秀与会论文。围绕“参政党的社会基础与社会功能”这个主题，从“参政党的社会基础”、“参政党的社会功能”、“参政党与社会管理”、“参政党的代表性”等四方面展开了广泛而深入的研讨，既有基础理论方面的阐释，又有实证研究的分析，对推动参政党的社会基础与社会功能研究，探讨参政党建设对推动国家政治建设的重要作用，具有积极意义。

该书的主要观点是：在政党、国家和社会的互动关系中，政党与社会的关系尤为重要。就一般意义而言，政党是一个根在社会、志在国家的政治组织。任何政党一旦形成，就会像一棵树一样，努力扎根于社会土壤，并通过其根系生长于一方土地，以保证自己的生存和发展。只有根系发达，才能带来树的枝繁叶茂和旺盛的生命力。社会的多元是政党得以产生的前提，换言之，政党存在体现的是社会的多元，所以任何政党都有自己的社会基础，并且发挥着特定的社会功能。因此，把握政党的发展，不仅要考察政党与国家的关系，更要考察政党与社会的关系。

该书的研究方法也比较科学新颖。在坚持以马克思列宁主义、毛泽东思想、邓小平理论、“三个代表”重要思想和科学发展观为指导的前提下，尝试将政治学、社会学、历史学、法学等学科的理论框架和分析方法运用到多党合作与参政党建设理论研究中，强调通过问卷调查、深度访谈、个案研究等方法，在实践中总结经验，发现问题，分析原因，思考对策，提出了不少新的理论概括和新的理论观点，为学术界和实践工作部门提供一本有关参政党的社会基础与社会功能问题的较为全面、较为深入的参考学习用书。

《民主党派参政与政治文明建设研究》（李秀华、盛海英著，吉林出版集团有限责任公司 2013 年版）

《民主党派参政与政治文明建设研究》一书对民主党派参政与社会主义政治文明建设问题进行系统研究，其理论意义在于：通过对民主党派参政与我国政治文明建设问题的研究，进一步丰富和发展我国社会主义政治文明建设的理论。其实践意义在于，为我国民主党派更好的履行参政议政，发挥参政党作用，并进一步促进我国社会主义政治文明建设提供了参考。

该书运用了历史与现实相结合的方法、归纳分析的方法、理论和实践相结合的方法、个案研究与整体研究相结合的方法等对民主党派参与政治文明建设的问题进行了全方位、多视角的研究。主要观点是：民主党派参政在政治文明建设中占有重要的地位，起着无可替代的作用。民主党派参与政治文明建设是一个系统工程，要想使民主党派参与政治文明的作用得以充分的发挥，就必须进一步健全和完善民主党派的参政运行机制，就必须通过社会方方面面的不懈努力。作为执政的中国共产党要真正重视民主党派在政治文明建设中的地位和作用；而民主党派也应不断提高自身的素质，提高自身的参政能力；同时，也需要全社会的共同关注。

《中国民主同盟石家庄市志》（民盟石家庄市委会主编，河北人民出版社出版）

《中国民主同盟石家庄市志》一书是为纪念中国民主同盟石家庄市委员会成立 55 周年而出版发行的。该书由民盟石家庄市委会历时 5 年整理编纂而成，共 55 万字。全书以编年史为体例，以翔实的史料，记述了民盟石家庄市委员会自 1957 年 1 月成立筹备委员会、1958 年 9 月民盟石家庄市第一届委员会成立以来，在思想建设、组织发展、参政议政和社会服务等方面的情况，为研究民主党派的地方发展史提供了宝贵的资料。

《民主党派代表人士队伍与参政党建设研究》（黄利鸣主编，湖北人民出版社 2013 年出版）

《民主党派代表人士队伍与参政党建设研究》是一本论文集，文章来源于邀请参加论坛的全国部分社院、部分高校、湖北省参政党理论研究专委会、湖北省部分地市州统战部提交论坛的部分文章。主编黄利鸣，副主编杨建国、王耀辉、宋俭。该论文集以“民主党派代表人士队伍建设与参政党建设”为主题，对民主党派代表人士队伍的建设问题、代表性问题、民主党派代表人士队伍建设与政治参与的关系问题等方面进行了较为深入的研究，提出了一些具有创新性的观点。比如认为加强党外代表人士队伍建设是做好统战工作的基本要求，在加强党外代表人士队伍建设工作中，应当全面、正确把握民主党派代表人士的标准、把“党管干部”与充分发扬民主结合起来、适应形势发展要求推动政策的完善和工作创新；认为民主党派代表人士队伍建设的核心是增强代表性、方向是发挥群体作用；认为代表性有自然代表性与授权代表性、形式代表性与实质代表性的层面之别，应在“代表性”视域下考察民主党派代表人士的特色选拔标准和程序、界别性与公共性和政治功能；等等。

二、论文观点摘要

《参与性政策主体：民主党派在中国公共政策过程中的制度定位新探》（黄天柱，《政治学研究》2013 年第 2 期）

民主党派紧紧围绕国家政权履行职能、发挥作用，其主要功能是参与政策过程，进行利益表达和利益综合，影响公共政策的制定和执行。在我国，中国共产党作为领导党和执政党，毫无疑问在公共政策过程中扮演着主导性角色；同时我们也应注意到，八个民主党派作为参政党，已经深深嵌入到国家政治体系中，在整个公共政策过程中也发挥着不可或缺的作用。从公共政策的视角看，作为参政党的民主党派到底是一种什么性质的政策主体，它在我国公共政策过程中究竟处于一种怎样的制度位阶，具有哪些基本特征，其优劣势又表现在哪些方面？

公共政策作为一个学术概念和逻辑过程，不能缺少主体、目的、过程、形式、功能、影响因素等核心内容。一般而言，政策主体可以被简单界定为直接或间接参与政策制定过程的个人、团体或组织。政党作为重要的政策主体，其在公共政策过程中的作用因政治制度的不同而存在着很大差别。用传统的官方—非官方或政府（体制）内—政府（体制）外的分类方法很难给中国民主党派一个合理的定位。这就需要从中国本土的角度来分析作为参政党的八个民主党派的特性。实际上，在作为决策核心的官方决策者与在决策圈外对公共决策施加影响的非官方政策主体之外，还存在一个中间状态的组织类型，我们不妨称之为“参与性政策主体”。概括来看，这类组织的基本特征可以概括为如下几点：第一，具有某些公共事务重大决策的建议权、咨询权，参与决策、执行和监督活动；第二，机构编制、人员经费、上下机构设置和享受的行政级别与国家机关相似；第三，这些组织设置的目的不是直接管理公共事务，而是在为执政党和政府服务的情况下，发挥沟通国家与社会（尤其是某些特定群体）的功能和作用。以上述标准来衡量民主党派，可以将其定位为参与性政策主体。参与性政策主体与官方决策者最大的区别在于它不是严格意义上的公权机关，没有强制性的公共权力，而与一般非官方政策主体的最大区别在于它不是在决策过程外围施加影响，而是作为体制内政治主体深度介入和直接参与到国家政权建设和公共政策过程之中。这样，民主党派与西方一般意义上的政党就有了重大差别，即它们通过中国共产党领导的多党合作与政治协商制度这一国家基本政治制度嵌入到中国的政治体系结构中，从而成为我国政治体系的重要组成部分，进而在当代中国政治过程中占据着特殊地位，发挥着重要作用：一方面，它们可以通过制度化、组织化的形式广泛参与国家事务的协商、咨询活动。通过党际协商，通过政协平台，民主党派积极全面介入国家和地方重大公共事务的决策、执行和监督中，尤其是“协商在决策之前和决策执行过程中”的政治规则的不断强调和逐步确立，民主党派参与公共政策制定的制度、机制和渠道日益完善，民主党派在当代中国公共决策过程中所扮演的角色日益凸显。另一方面，他们可以深度参与国家政权的建设。作为多党合作的重要体现和保障，大量民主党派成员进入各级人大、政府和司法机关，尽管他们主要是以个人名义（或是以人大代表身份，或是以国家公务员身份）而不是以党派名义开展活动，但党派成员和国家公职人员的双重身份，使得国家政权的开放性和包容性大大增强了。

民主党派作为参与性政策主体的基本特征，首先是民主党派的组织资源国家化。新中国成立后，中国共产党对民主党派的编制、经费、干部调动、生活待遇和物质设备等具体问题从政治发展的高度予以重视，通过国家公共资源的配置予以解决。主要通过两种方式：既提供公职资源和公共财政资源，使民主党派组织运行所依托的主要资源彻底实现了国家化。其次是他们具有科层化组织体系。民主党派作为一种以参政议政和民主监督为基本职能的组织，首先是一个政治组织，但它又不同于一般的政治组织，它还是一个有层级节制、专业分工、独立运作的政治实体和行政实体，在自身的组织结构发展与运作过程中呈现科层化的组织特征。第三是遵循宪法性政治惯例。中国虽然没有制定专门的“政党法”，但是经过60多年的实践，在实现执政党与参政党的合作方式上，已经形成了一些宪法惯例。第四是统战性治理功能。民主党派具有鲜明的统战性，而且民主党派的统战性是客体性与主体性的辩证统一，即它们不仅是“统一战线工作的对象”，同时也是执政党和政府“开展统战工作、促进祖国统一、进行四化建设的一支重要依靠力量”。主客体的统一，意味着民主党派不单单只是作为“社会的部分”来参与国家公共事务的决策、管理和监督，同时也是作为“国家的代表”将执政党和政府的政策和意志传递给社会尤其是党派成员及所联系群众，并进行必要的宣传和动员工作，从而事实上参与了公共政策尤其是与统一战线和多党合作有关政策的实施。由此形成了民主党派与西方一般意义上的政党的又一个重大区别，即民主党派事实上承担了一些治理性的功能。

民主党派作为参与性政策主体的制度定位，使其与一般社会组织相比，在参与政策过程中具有独特优势，尤其是政治资源方面的优势。具体而言，可以从国家资源、行政资源、合法性资源三个方面来考察。国家资源一方面体现在经费和公共职务上，另一方面体现在参政渠道上，应该说现有体制为民主党派参与政策过程所提供的渠道是非常丰富的。行政资源主要表现在民主党派自上而下形成了一个庞大的组织体系(包括中央组织、地方组织和基层组织)，它依托于执政党和政府的组织架构，从中央到省级到市级都建立了相应的地方组织,还有数量众多的基层组织。合法性资源主要体现在两个方面：一方面，作为法定的参政党，民主党派的政治地位在国家制度规范层面上应该说已基本得到解决和保障，它具有执政党意志和国家意志的双重保障和维护。合法性资源的另一个很重要的方面,就是其历史资源,即各民主党派作为在激烈的民族斗争和阶级斗争中产生的政党,与中共一样，都有着光荣的斗争历史。

但是，民主党派在政治资源方面除了具备资源优势外，同时也存在资源劣势的问题。根据资源依赖理论，一个组织生存发展所必需的资源来源于哪些外部环境，就决定该组织对哪些外部环境的依赖。控制资源的组织对资源配置的决定权越大，则组织对其的依赖就越强。对于一个政党来说,如果与国家的联系越密切,那么它受国家的控制就越严格,独立性就越差，就会丧失自己独立的行为、独特的方式和特殊的团体目标。确实，从现实情况来看，资源依赖症的状况在民主党派组织中普遍存在，民主党派组织的官僚化倾向也常常被学者们认为是其拥有的政治资源所致；对执政党和政府的资源依赖，被认为是民主党派缺乏自主性，不敢对执政党和政府进行监督的重要原因；同时，对执政党和政府的资源依赖，也被认为是民主党派缺乏代表性，与社会基础疏离的重要原因。客观地审视民主党派的政治资源，资源优势和资源依赖症并存，这就带来了两难。简单的追求民主党派的自主独立品质，而忽视丰富的政治资源优势，显然脱离现实；克服官僚化倾向，提升政党自主性，夯实民主党派的社会根基，又需要摆脱与政治资源有直接关系的资源依赖症。因此，围绕民主党派与执政党和政府的关系话题的核心问题是：如何看待民主党派的政治资源？如何摆脱上述两难困境？回答和处理好这一问题，不仅需要策略，更需要智慧。

《中国参政党的职能探析》（袁廷华，《湖北省社会主义学院》2013 年第 1 期）

凡是政党都有其职能。政党职能指的是在一定政党制度中的政党，从其性质、地位、权利和责任出发所应发挥的作用。政党职能所揭示的是政党应当具有的政治品质和政治技能。在概念功能上，政党职能是从理论原理方面回答政党做什么的必然性、必要性的基本内容及其本质特征等问题；在实践形态上，政党职能所反映的是政党在承担政治责任时应当拥有的权利，是政党义务与政党权利的有机统一。履行政党职能，是政党存在的根本原因、目的和外在表现形式。

政党职能是一个丰富的科学体系。从一般意义上讲，主要包括政党对外和对内两个方面的职能。对外的职能包括对国家政权施加影响、处理与其他政党的关系、利益聚合与利益表达等；对内的职能则主要是政党内部的资源整合，包括组织、教育成员，形成内部合力等。政党职能的“内核”和“原点”是民主，高度发展的政党民主和社会民主是政党职能的根本指向价值依归。政治参与、利益表达、组织动员、桥梁中介、人才保障等是政党职能的基本表现。

政党职能是由政党制度所决定的。政党制度规定了政党与政党、政党与国家政权、政党与社会、政党与政治资源的关系，规范了政党在政治制度中的地位和作用，从而也就规范了政党的职能。政党职能既是政党价值的内容展开，是政党活动的权限范围，也是政党功能的评价依据。

政党“职能”与政党“功能”是两个有着紧密联系又有差异的概念。其一，从对事物产生的作用、影响和效能的意义上看，“职能”和“功能”的含义具有一致性。其二，“职能”和“功能”虽然在含义上相近，但也是有区别的。职能所说明的是人、事物或机构应有的作用，它主要突出的是事物或机构应具有的品质与技能，由此将不同事物区别开来。职能往往与特定的职责、职务相联系，有特殊的指向。功能所要说明的则是事物发挥或实现的功效和作用。具体到政党来说，职能是每个政党根据该党的性质、地位、权利和责任不同而对政党的使命和作用作出的特殊性规定；功能则是对该政党的作用的基本价值指向和共性特征作出的规律性总结。政党功能的内涵比政党职能的内涵更宽泛，每个政党的职能可以寓于和包含在该政党或该类政党的功能中。

中国参政党职能的确立，是一个历史发展过程，它是伴随着我国各民主党派在国家政治、社会生活中作用的变化发展而发展的。新中国成立初期，中国共产党在执政条件下加强与各民主党派的合作，各民主党派参加国家政权，参加国家各项建设事业，在国家政治生活中发挥着重要作用。中国共产党确立了对民主党派的总方针，即："热情地帮助民主党派团结、进步和发展，提高他们为实现《共同纲领》奋斗的水平，在国家政治生活和经济建设中同他们真诚合作，充分发挥他们的积极作用。"进入社会主义社会后，中国共产党提出在社会主义社会与民主党派"长期共存、互相监督"的方针，并对民主党派的作用进行了深入研究，归结为"参"、"代"、"监"、"改"四个方面。这实际上是对民主党派职能作出的概括。从 1957 年下半年开始，由于"反右派斗争"的严重扩大化以及指导思想上的失误，中国共产党改变了党的"八大"对民主党派性质的正确判断，民主党派成为被改造的对象，民主党派的工作主要围绕思想改造来进行，民主党派在国家政治生活中的作用受到严重削弱，组织发展处于停顿状态，其政党职能被严重弱化。新时期以来，在邓小平理论指引下，中国共产党完成了党的思想路线和政治路线的拨乱反正，恢复和发展了统一战线的优良传统，中国共产党领导的多党合作事业进入蓬勃发展阶段，参政党在国家政治生活中的地位和作用得到提高和增强，履行职能和发挥作用的领域进一步拓宽。30 多年来，参政党职能的拓展主要体现在以下三个方面：一是参政党在国家政治生活中的作用增强，参政议政、民主监督的职能进一步明确。二是为社会主义现代化建设事业服务，成为参政党职能的新的内容。三是参政党自我教育的作用进一步强化，成为参政党职能的重要方面。

中国参政党的职能，是根据参政党的性质、地位、权利和责任，以及建国 60 多年来在我国政治和社会生活中的所发挥的实际作用而确定的。参政党具有多个方面的职能。而在多个方面的职能中，又有最基本、最重要的职能，即基本职能。明确参政党的职能和基本职能，有利于参政党把握方向，找准位置，明确责任，自觉和充分发挥作用。总结建国以来、特别是改革开放以来参政党发挥作用的情况和经验，参政党的职能可以概括为以下五个方面：参政议政、民主监督、利益表达、服务社会、自我教育。在参政党所具有的五个方面的职能中，参政议政、民主监督是基本职能。将参政议政、民主监督作为参政党的基本职能，主要有以下理由：第一，参政议政、民主监督是参政党性质、地位的内在要求。第二，参政议政、民主监督是参政党最具本质性的职能。它既区别于执政党执掌政权和领导国家的职能，也区别于一般社会团体的职能。第三，参政议政是参政党政党作用的集中体现。

为什么没有将"政治协商"作为参政党职能？其理由有二：其一，政治协商既是实现人民民主的重要形式，也是中国共产党在统一战线和多党合作中实现党的领导的重要方式。民主党派虽然参与政治协商，但政治协商是双方互动的结果，主导方面在中国共产党，而不是民主党派单方面的行为。中国共产党就国家大政方针、政治生活中的重大事项、经济和社会生活中的重要问题、统一战线中的重要问题，在决策之前与各民主党派、各人民团体以及各族各界代表人士进行政治协商，充分发扬民主，同时通过政治协商实现价值导向，使党的政治领导通过政治协商最终得以实现。在多党合作中，民主党派参与政治协商，但在政治协商中起主导作用的是中共。因此，不宜将政治协商单独作为参政党的职能或基本职能。其二，参政党参政议政的基本职能实际上已经包含了民主党派参与政治协商。在中国政党制度语境中，“参政”或“参政议政”是一个宽泛的概念，包含着丰富的内涵。民主党派参政的基本点是：参加国家政权，参与国家大政方针和国家领导人选的协商，参与国家事务的管理，参与国家方针政策、法律法规的制定与执行。其中“参与国家大政方针和国家领导人选的协商”指的就是政治协商，它已经包含在“参政”或“参政议政”的内涵中。

《从阶级联盟到中国特色社会主义参政党——论中国民主党派性质的演变》（王小鸿，《湖南省社会主义学院学报》2013 年第 6 期）

民主党派自 20 世纪 20 年代后期出现在中国的政治舞台，在八十多年的政治生涯中，从国民党统治下的在野党，到参加共产党领导的联合政府，成为社会主义的参政党，再到中国特色社会主义参政党，走过了从爱国主义到新民主主义再到社会主义的发展历程。习近平总书记在今年与党外人士共迎新春座谈会上明确提出各民主党派是与中国共产党通力合作的中国特色社会主义参政党，这是对各民主党派同中国共产党团结合作历程的科学总结，是对民主党派性质和政治地位的科学论断。这一概括简洁、明确，符合民主党派的实际，必将有利于巩固中国共产党与各民主党派团结合作的政治基础，有利于民主党派充分发挥参政党作用。

民主党派在民主革命的 20 多年里，走过了一段艰难曲折的道路。虽然它不可避免地具有这样或那样的软弱性、妥协性。但是，坚持爱国、民主、追求进步是民主党派鲜明的政治特色，在整个民主革命时期占有重要的历史地位。在土地革命时期，他们作为中间力量，反对封建主义，提出了自己的政治主张，在一定程度上推动了中国民主革命的前进步伐。抗日战争中，各民主党派走向政治联盟，主张抗日救国，要求实行民主政治，有利于中国民主革命的发展。解放战争时期，各民主党派响应中共建立民主联合政府的号召，提出建国主张，并以实际行动参与中国人民政治协商会议的筹备和召开，与中共一道构建了和平民主的新中国，实现了由在野党向参政党的转变。新中国成立后，中国共产党领导、推动民主党派实现了由新民主主义到社会主义的转变。各民主党派的性质也发生了根本性的变化，从代表民族资产阶级、城市小资产阶级的政党转变为各自所联系的一部分社会主义劳动者和一部分拥护社会主义的爱国者的政治联盟，结束了在野党地位的历史，完成了由新民主主义向社会主义的历史性转变。中国共产党十一届三中全会以后，我国进入中国特色社会主义建设新的历史时期。各民主党派逐步把工作重点转移到社会主义现代化建设上来，特别是 1989 年《中共中央关于坚持和完善中国共产党领导的多党合作和政治协商制度的意见》首次明确了民主党派是参政党，标志着民主党派参政党地位的最终形成。民主党派数十年来所走过的道路，是顺应历史和时代的要求不断发展、不断前进的光辉道路。民主党派的发展史证明，坚持中国共产党的领导，坚持中国特色政党制度，是民主党派发展的根本之道。民主党派由成立时的中间派别到被确立为中国特色社会主义参政党，是历史发展的必然。习近平总书记提出各民主党派是与中国共产党通力合作的中国特色社会主义参政党，既是对民主党派自身发展光辉历程的充分肯定，也是对各民主党派同中国共产党同舟共济光辉历史的高度赞誉，必将激发民主党派广大成员继承优良传统，始终沿着中国特色社会主义的正确方向前进。

中国共产党对民主党派性质的认识，经历了一个不断演变、不断完善的曲折过程。在党的七大上，毛泽东同志第一次把存在于国共两党之间的政治派别叫做“民主党派”。这是中国共产党对中间党派的主要政治功能第一次进行初步的判断。建国前夕，毛泽东同志在党的七届二中全会上所作的报告中，把民主党派作为城市小资产阶级和民族资产阶级及其知识分子的政治派别。在社会主义改造基本完成前后，我们党认为，民主党派的性质已经发生了和正在发生着变化。党的八大政治报告曾经明确指出：“在社会主义改造完成以后，民族资产阶级和上层小资产阶级的成员将变成社会主义劳动者的一部分。各民主党派就将变成这部分劳动者的政党。”不幸的是，1957 年 6 月反右派斗争开始。7 月 1 日，《人民日报》发表社论，指出“民主党派过去和现在都是资产阶级性的政党”，从而，正式地、公开地明确了民主党派的性质。改革开放以后，随着“左”倾错误指导思想的彻底纠正，中国共产党彻底恢复了对民主党派性质的正确认识，并有了新的发展。1979 年 6 月 15 日，邓小平同志在全国政协五届二次会议开幕词中对此做出了科学的概括：“我国各民主党派……都已经成为各自所联系的一部分社会主义劳动者和一部分拥护社会主义的爱国者的政治联盟，都是在中国共产党领导下为社会主义服务的政治力量。”这是中国共产党首次对新时期民主党派的性质作出明确的科学界定。1989 年《中共中央关于坚持和完善中国共产党领导的多党合作和政治协商制度的意见》进一步肯定了民主党派的政治联盟性质，并首次明确提出了“参政党”概念。2005 年《中共中央关于进一步加强中国共产党领导的多党合作和政治协商制度建设的意见》从民主党派构成的社会基础、与中国共产党的关系、在致力于中国特色社会主义奋斗目标中的地位三个方面，将新世纪新阶段民主党派性质的表述为三句话：“在新世纪新阶段，民主党派是各自所联系的一部分社会主义劳动者、社会主义事业建设者和拥护社会主义爱国者的政治联盟，是接受中国共产党领导、同中国共产党通力合作的亲密友党，是进步性与广泛性相统一、致力于中国特色社会主义事业的参政党。”2013 年初，习近平总书记在与党外人士共迎新春时明确提出“各民主党派是与中国共产党通力合作的中国特色社会主义参政党”。从而，更加明确地对民主党派的性质作出了科学的概括。

民主党派是“中国特色社会主义参政党”，这是对民主党派性质和政治地位的科学概括。各民主党派都是中国特色社会主义的亲历者、实践者，中国特色社会主义道路是中国共产党带领中国人民（包括民主党派）一起走出来的，各民主党派与中国共产党一道共同构建中国特色社会主义理论体系，各民主党派都在各自的章程中明确坚持中国特色社会主义制度，毫无疑问，民主党派是中国特色社会主义参政党。在国家政治生活中，民主党派参加国家政权，参与国家大政方针和国家领导人选的协商，参与国家事务的管理，参与国家方针、政策、法律、法规的制定和执行，是为中国特色社会主义的坚持和发展而参政。“各民主党派是与中国共产党通力合作的”参政党，这是对各民主党派同中国共产党团结合作历程的科学总结。民主党派自 1948 年响应中共“五一”口号以来的历史表明，接受中国共产党的领导、与中共通力合作是民主党派的光荣传统。新中国成立 64 年以来，民主党派始终发扬光荣传统，自觉接受中国共产党的领导，与中共通力合作，形成了肝胆相照、荣辱与共的亲密合作关系。习总书记对民主党派性质的表述，将更加有利于巩固中国共产党与各民主党派团结合作的政治基础，有利于民主党派充分发挥参政党作用，坚持中国特色社会主义道路，坚持中国特色社会主义理论体系，坚持中国特色社会主义制度。

《论“参政党”概念属性与“中国特色社会主义参政党”》（贾小明，《湖南省社会主义学院学报》2013 年第 6 期）

今年初，习近平同志明确提出“各民主党派是与中国共产党通力合作的中国特色社会主义参政党”。由此带来一个问题：如何正确认识和处理“民主党派”、“参政党”和“中国特色社会主义参政党”三个概念的关系，从而科学把握和运用“中国特色社会主义参政党”概念？

“民主党派”作为我国特有的政党称谓，始于 1945 年毛泽东在党的七大《论联合政府》报告。新中国成立后，“民主党派”是中国国民党革命委员会（民革）、中国民主同盟（民盟）、中国民主建国会（民建）、中国民主促进会（民进）、中国农工民主党（农工党）、中国致公党（致公党）、九三学社和台湾民主自治同盟（台盟）等八个政党的通称。总之，“民主党派”是集合名词，虽然不像“中国共产党”是一个政党的专有称谓，但仍然是政党称谓。“民主党派是参政党”这个论断表明，“参政党”概念与“民主党派”概念的属性和功能不同，“民主党派”是政党称谓，是主语，“参政党”是宾语，说明“民主党派”性质、地位。也就是说，“参政党”并不是“民主党派”的另一个称谓。把“参政党”作为“民主党派”的另一个称谓等同混用，必然带来理论逻辑方面的问题。从理论逻辑看，概念不统一；从历史逻辑看，民主党派与参政党并非前后相继的关系；从非专业人士和社会公众看，根本不理解参政党的历史地位怎么讲到民主党派，不知所云。类似的问题比较普遍。

“执政党”概念在多党制下只是现在时概念，指某一政党的当前状态、政治地位，并非某一政党，更不是政党称谓，这个界限是清晰的。在中国特色社会主义政党制度下，形成“共产党领导、多党派合作，共产党执政、多党派参政”的稳定持久关系，从而造成“执政党”、“参政党”概念稳定化、实体化、称谓化。其实，把“参政党”这个性质和地位概念称谓化，混淆和颠倒了“民主党派”与“参政党”两个概念的属性和关系。同时，一个政党多种称谓，进一步加重了理论逻辑关系混乱。以中国国民党革命委员会（民革）为例，如果把“参政党”作为政党称谓概念使用，那么就会有中国国民党革命委员会→民革（简称）→民主党派→参政党→中国特色社会主义参政党这样五个称谓，经过这样五层称谓演进，“中国国民党革命委员会”这个原初的政党称谓及政党个性被多重称谓遮蔽殆尽。即使“民主党派”、“参政党”、“中国特色社会主义参政党”等同混用，也是很有问题的。名正才能言顺。“参政党”概念要去称谓化，回归作为“民主党派”性质和政治地位的本位。

“参政党”概念的使用有三种情况：一是中国共产党方面，二是理论界，三是民主党派方面。中国共产党提出和使用“参政党”概念从来是遵循“民主党派是参政党”论断本身的科学逻辑的，一是在正式语境中使用“中国共产党”和“民主党派”这样规范的概念，在单独论及民主党派时，也是在民主党派称谓之下使用“参政党”概念。独立使用“参政党”、“参政党建设”始于民主党派自身，发展于统一战线理论界。就是说，各民主党派在章程中规定自身建设目标如“建设高素质参政党”，进而把“参政党建设目标”

演变为“参政党建设”和“参政党建设理论”。在中国共产党的正式文献和党建理论研究中，虽然也使用“执政党”、“执政党建设”概念，但它们都是在“中国共产党”、“党的建设”概念之下，在特定的语境中使用，并没有把“执政党”作为中国共产党的另一个称谓，体现的是把中国共产党建设成为学习型、服务型、创新型的马克思主义执政党，成为中国特色社会主义事业的坚强领导核心这样的科学逻辑，避免“执政党”与“中国共产党”等同混用，以致出现“执政党是执政党”、“把执政党建设成为执政党”这样的逻辑矛盾。在多党合作背景下，如何界定和规范使用中国共产党建设与执政党建设、民主党派建设与参政党建设、中国共产党建设与民主党派建设、执政党建设与参政党建设的关系，是一个需要研究的问题。“执政党建设与参政党建设互相促进”命题,进一步强化了“执政党”、“参政党”演变为政党称谓的倾向。在“中国特色社会主义参政党”概念提出后，正确认识和处理“民主党派”、“参政党”和“中国特色社会主义参政党”三个概念的关系，从而科学把握和运用“中国特色社会主义参政党”概念就更加迫切。

提出民主党派是“参政党”，是关于民主党派性质和政治地位认识的历史性突破。关于民主党派的性质和政治地位，包含四个要素，即民主党派与社会的关系即社会基础、民主党派与中国共产党的关系、民主党派与社会主义事业的关系、民主党派与国家政权的关系。“参政党”的内涵不仅仅是民主党派与国家政权的关系在国家政权中的地位，而且是包含民主党派与社会的关系、民主党派与中国共产党的关系、民主党派与社会主义事业的关系、民主党派与国家政权的关系四个要素的内涵丰富具有包容性发展性的概念，是对民主党派性质和政治地位的总结和结论。为什么不能简单把“参政党”与“执政党”对应，把“参政党”单纯理解为民主党派与国家政权的关系和在国家政权中的地位？这是因为，从中国共产党的性质规定与民主党派的性质规定比较来看，一个重要不同，“参政党”是超越一般的政权关系的民主党派性质和政治地位概念，而“执政党”概念不是也并没有作为表述中国共产党性质的概念。中国共产党的性质表述中使用的是“先锋队”、“领导核心”和“代表”，而没有使用“执政”和“执政党”。因为“执政党”是“领导核心”的体现而已，是特定语境下使用的概念。“中国特色社会主义参政党”与“中国特色社会主义事业的领导核心”相对应,没有必要提出一个“中国特色社会主义执政党”与“中国特色社会主义参政党”相对应。尽管我们可以从递进关系角度对文本表述的“参政党”概念内涵作出上述理解，但是就“参政党”的字面意义，特别是与“执政党”对应起来，仍然很容易把“参政党”仅仅理解为“一个参加、三个参与”，即民主党派与国家政权的关系。

习近平同志明确提出“各民主党派是与中国共产党通力合作的中国特色社会主义参政党”这个科学论断，旗帜鲜明地提出“中国特色社会主义参政党”概念，绝不是单纯的三字之别，而是中国特色社会主义的道路自信、理论自信、制度自信的体现。“中国特色社会主义参政党”概念包含民主党派社会基础、政治地位、政权地位、事业目标等丰富内涵，是对民主党派性质和政治地位的科学论断。“中国特色社会主义参政党”概念是科学性、价值性、审美性的统一。

这一科学论断，主体是各民主党派，实质是说明各民主党派的性质和政治地位。科学把握和运用“中国特色社会主义参政党”概念，首先要尊重文本语境赋予的本来含义，不能陷入“各参政党是中国特色社会主义参政党”这样的逻辑矛盾。“中国特色社会主义参政党”论断，科学回答了民主党派的性质问题，为民主党派自身建设奠定了理论基础。这一论断实现了民主党派建设规律与中国特色社会主义建设规律有机统一，从而使民主党派自身建设理论进入科学化新阶段。“中国特色社会主义参政党”论断，把民主党派置于中国特色社会主义参政党地位，使民主党派自身建设理论与中国共产党自身建设理论更加紧密联系，有利于形成中国共产党自身建设与民主党派自身建设互相促进、共同提高。“中国特色社会主义参政党”论断，进一步明确了民主党派自身建设的目标，就是建设中国特色社会主义参政党。

《民主党派民主监督的再思考》（杨爱珍，《湖南省社会主义学院学报》2013 年第 6 期）

监督是一种普遍现象，而政治监督却有它的特殊性，属于国家的一种治理活动，是对权力的一种制约。民主党派民主监督是一种高层次的政治监督，是对权力的一种横向制约，是民主政治的基本实现机制，是国家治理的组成部分。当然，在权力纵向配置，层层负责的国家中，发挥监督作用的主要自上而下的垂直监督系统，横向监督基本处在“草色遥看近却无”的状态。因此，民主党派民主监督的作用发挥的成效在一定意义上是我国政治体制改革的风向标。

政治监督是政治体制的一个有机部分，而民主党派的民主监督属于政治监督的重要组成部分。民主党派民主监督作用发挥的效能，不但取决于国家政治体制和政治民主发展程度，也与党派的监督机制的完善、监督技能的熟练有一定关联。从理论上分析，政治过程主要是由政治决策、政治执行和政治监督构成的一个有机系统，民主党派的民主监督是政治行为的一种形式，是与目标管理相辅相成的政治管理方法。所谓目标管理，从大处讲，是国家长期目标的实现，从小处看，是国家每一项决策的实施。中国共产党是我国的执政党，因此，民主党派的民主监督就是协助共产党实现规划和计划，帮助共产党执好政，提升国家的综合国力，提升社会主义制度的活力，提升人民群众的生活水平。

民主党派的民主监督是高层次的政治监督，它贯穿在政治的全过程，包括决策、执行等方面。民主党派民主监督不但是政治体系的内在动力，而且还是一种压力。现在的问题是这种动力和压力能产生多大的能量？首先，我们先要厘清一个观念。我们对民主党派民主监督存在一个误区，就是把民主党派的民主监督全部聚焦在“反腐败”方面。其实，控制腐败只是民主党派民主监督的一个方面。民主党派民主监督贯穿政治的全过程。所以，对民主党派民主监督的作用的考量，理应从四方面展开。第一，重要方案的选择和决策；第二，决策执行和民意的反馈；第三，政府依法执政和政府干部任用的情况；第四，政府官员的廉政情况。当下，民主党派民主监督的重要性引起社会的高度重视。因为社会发展中的种种状况使人们深感焦虑。社会高速发展过程中产生政治陷阱，社会转型引发各种忠诚冲突和选择、地方“一把手崇拜”现象严重，都说明社会转型过程中更要呼唤民主党派民主监督。

民主党派民主监督，其实是权利对权力的监督。要更好地发挥民主党派民主监督的作用，就要制约权力，强化权利。然而，民主党派民主监督职能的规制和发挥要与政治体制的整体功能保持协调，离开了政治体制这一宏观的制度环境，单方面的对民主党派民主监督作研究，是很难有大的突破的。因为要更好地发挥民主党派民主监督只有从政治体制的交互作用中来把握。单纯从理论上分析，可以从三方面思考。首先是完善机制，提高制度效能。发挥民主党派的民主监督，就是要遏制政治权力的滥用，而其发挥作用又很大程度取决于监督机制的完善。完善机制，提高制度效能，就要树立程序正义的观念。要从“领导本位”的总体思路转变到“制度本位”的轨道上来。从制度本位出发，梳理已有的规约，设置严密而系统的程序和规则。要扩大知情渠道和信息；要完善接受监督机制、主动监督机制、经常监督机制、监督反馈机制。民主监督不是刚性监督，但必须是刚性操作。其次，发展民主，提升权利对权力的监督力度。民主党派民主监督是一种民主权利。在民主的条件下，权利可以平视权力，权力可以向权利低头。所以要发挥民主党派的民主监督，就要发展民主。第三，提高民主党派整体素养。民主党派民主监督的作用发挥的效能，不仅取决于监督机制的完善，也取决于民主党派主体的力量，取决于监督技能的娴熟程度。这里有两条进路可以讨论。社会政治文化发展状况和民主党派的素质。民主党派履行政治监督的职能，我们并不能单纯地从监督者和被监督者之间的关系中来解读,把一些问题全部归结为“执政党”与“参政党”之间有“肚量”和“胆量”的关系。其实，民主党派民主监督发挥的效能如何与我国的社会政治文化的底蕴有很大关系。中国社会政治文化有“明君意识”、“清官意识”、“无为意识”等，而对规则、制度等价值的东西并没有内化在心中，成为行为的准则。这些封建的“官本位”与高度集权的体制相交缠，必然会影响民主党派民主监督的水平和力度。

发挥民主党派民主监督作用的突破点，首先在如何提升地方党派民主监督的整体力量。但地方“一把手崇拜”现象又比较严重，所以要提升地方民主党派民主监督的力量，就要转变观念，创新机制。第一，建议地方民主党派组织采取纵向领导的体制。目前，地方党委对民主党派成员的选拔任用拥有相当的权力。如果地方党委没有民主意识，就很不容易听取批评的意见，要更好地发挥地方民主党派民主监督的作用，建议民主党派组织可采取纵向领导的体制，上级领导机关对本党派成员的任用有确认权，或者说上级党派在这个方面的比重要扩大。这样，地方党派才有可能放开监督的胆量。同时，地方党派对本地党委和政府的行为有看法等，也可以上报本党派的领导，党派中央在接到地方党派的报告后，应该组织调研，并在确定其真实性后报中共中央。第二，建议在民主监督形式上加入“质询”和“追究”的规则。同时在参与公共决策过程中，我们应该制定一些规则，如以差异性为前提，像“咬文嚼字”一样，全方位地对地方党委和政府提出的方案和规划多挑毛病，多听民意和反映社情。第三，监督机制与政治体制整体功能协调前进。如果政治体制的整体功能作用不强，就无法对权力有效制约，进而导致权力的裁定权无边界，官员的责任心差而得不到处罚。从我国目前状况看，我国政治体制的整体功能有待提高。从提高民主党派民主监督的作用来看，在我国政治体制中，决策权、行政权、监督权三权要均衡，改变权力高度集中的现象。同时，监督体制应该是个动态的体制，应该与整个社会经济发展保持协调，所以监督的形式等都要有调整和改革。

《参政党的社会功能探析——以国家—政党—社会关系为分析框架》（邱永文，《湖北省社会主义学院学报》2013 年第 2 期）

参政党的社会功能是其功能的重要组成部分，是其自身发展和功能发挥的重要依据，但学界对此的研究仍显不足。中共十八大五位一体的建设布局提出了加强社会建设的目标和要求，这也为研究参政党的社会功能提出了新的课题。研究参政党的社会功能不能脱离政治和社会背景孤立地进行。政党、国家和社会是构成现代政治生活最重要的三组政治变量。把参政党的社会功能研究放在国家—政党—社会的相互关系的背景下去研究，无疑会为这种研究提供重要的参照系。

政党、国家和社会是构成现代政治生活的三大重要的概念和内容。国家的概念比较复杂。着眼于国家拥有主权和合法垄断使用暴力的特征，马克思・韦伯认为：国家是指一种持续运转的强制性政治组织，其行政机构成功地垄断了合法使用暴力的权力，并以此维持秩序。社会，汉字本意是指特定土地上人的集合。在现代意义上是指为了共同利益、价值观和目标的人的联盟。从历史上看，政党是公民社会发展的必然产物。在政党、国家和社会三者关系中，社会居于核心地位，国家和政党的概念都是从社会概念中界定出来的。三者间的关系可以概括为以下三条：第一，国家源于社会。第二，社会决定国家。第三，政党连结国家和社会。

当代中国，执政党是国家和社会三者关系的核心。三者的相互关系可以表现为以下三个特点：第一是政党创建国家。中国共产党从成立到新民主主义革命的胜利过程中，绝大部分时间是被北洋政府和国民政府当做“非法”政治组织而存在的。而它自成立之日起，也先后以推翻北洋政府和国民政府为目标。经过了 28 年的新民主主义革命，最终建立了新的国家和政权体系。第二是政党改造社会。在政党与社会的关系方面，中国共产党起源于政治运动，是在动员社会、改变社会、重构社会关系中出现的，它先是重构社会关系的决定性力量，而后才表现为连接国家和社会的纽带。中国共产党在旧有的政治生态中诞生，但却摧毁了旧的国家政权和社会秩序，建立了中国共产党主导下的新的政权，并按照自己的政治和社会理念，重新塑造新的理想社会模式。第三是政党国家的边界难以明确，公民社会发育迟缓。在民族独立国家，特别是依靠政党为组织手段的民族独立国家中，“政党是这些国家中未来社会的缩影，政党被看作是独立变量。社会和政府依赖政党组织，依赖政党领导者的决策以及政党向社会施加的安排”在政党与国家政权关系问题上，是中国共产党的政治活动产生了公共权力，而后成为国家的领导者。政党领袖首先是党的领导，其次才是政府首脑，表现为党和国家权力的高度融合。

在这样一种特殊的政党—国家—社会关系的政治系统里面，参政党与政党、国家和社会的关系也需要重新审视。在与国家政权的关系上，参政党参与了新政权的建立和巩固，是新政权建立的重要参与者；在与执政的中国共产党相互关系上，中国共产党与民主党派之间既是相互合作的政治盟友，也是政治上的领导和被领导的特殊的政党关系；在参政党与社会的关系问题上，参政党既要作为特殊的政党组织与执政的中国共产党合作共事，参与一定程度的社会管理，又要作为普通的社会政治组织，具有利益表达和民主监督等相关职能。当然，是中国近现代这种特殊的政治生态塑造出中国特殊的政党、国家和社会的关系模式，形成了政党与国家政权密不可分、公民社会迟迟难以发展的特点。但是，随着社会主义市场经济体制的确立和新的经济形式和经济组织的大量涌现，随着政府职能转变和党政逐步分开，中国公民社会的发展，公民主体意识和自觉意识的提高，政党、国家和社会间的关系必然会出现调整和重构。

在政党—国家—社会关系的分析框架下，政党的社会功能的发挥应该着眼于三者之间的相互关系，同时又要考虑到中国特殊的政治和现实国情来进行。透过政党—国家—社会的框架来分析归纳，当代中国参政党的社会功能大体可以分为社会管理功能、社会建设功能和社会代言（利益表达）功能，其他社会功能均可归入这三者之中。从国家对社会的控制和影响方面的政治现实来看，在当代中国，作为中国特色政党制度中的重要行为主体——中国的参政党，它应该具有社会管理的功能，就是协助中国共产党做好社会管理，保证社会安定有序，和谐稳定。这种社会管理功能是参政党作为与执政党长期合作的亲密友党，作为新中国和新政权建设的参与者而自然形成的，也是参政党合法性的重要来源之一，但这种功能应该随着社会主义市场经济的完善和发展，随着中国公民社会的日渐发育和成熟而逐步自我弱化。从社会对国家应该具有的制约和限制来看，中国参政党应该具有推动中国社会建设的功能，使社会具有真正的能力和条件成为成熟自治社会，并有能力约束国家权力的无限扩张，以实现小政府—大社会的理想治理模式，减少行政成本和社会资源的浪费，最大限度地提高行政效率，实现社会自治。参政党不是执政党，与国家权力结合没有达到高度统一的程度，一定程度上，参政党是一个具有相当行动能力的社会政治组织，理应在中国公民社会的建立、发展和走向成熟的过程中发挥更大的作用。作为沟通国家与社会的桥梁和纽带，中国的参政党应该通过各种途径增强社会代表性功能，做到上传下达，既要把国家的政策和意志及时、准确、快捷地传达到社会各个层面，增强国家政策的合法性，又要紧密联系社会，及时反映社会矛盾和不同阶层的利益诉求，并上达到国家。参政党要加强社会代表性功能，除了在组织发展过程中要注意均衡和扩大不同社会界别的组织成员，而且要通过提案等反映社情民意的各种途径积极为所联系的社会群体和界别代言，积极履行民主监督职能，增强政党监督意识和社会影响，塑造参政党的社会形象。这是中国参政党应该具有的社会功能，也是完善参政党社会功能的目标和方向。

《政治价值、政治技术、政治沟通社会职能——论提高民主党派参政议政效力的三个维度》（崔珏，《广州社会主义学院学报》2013 年第 1 期）

在中国逐步实现社会现代化、政治制度化的今天，民主党派的作用被赋予了新的内涵，只有与时俱进，通过思维、理念、技术、手段的创新和工作机制的完善，不断提升参政议政的水平，彰显民主党派在公共领域的影响力，才能发挥参政党在国家政治生活中应有的作用，体现参政党存在的价值。

各民主党派是我国多党合作的主体，民主党派及其成员通过这一制度平台参与国家政治生活成效的有无或大小，直接关系多党合作制度目标的实现程度。因此，要充分认识民主党派参政议政的价值，尤其是政治价值。民主党派参与国家事务的管理，参与公共问题的协商讨论，就重大方针政策和民生热点问题提出意见建议，是把它们所联系的阶层和社会群体纳入现有的政治框架和体制当中，是通过政党合作最大限度整合社会资源，也为执政党架起了了解民情、集中民智的桥梁。民主党派作为中国特色的政党组织，其政治参与目标表现出很大的特殊性。从历史与现实的情况看，民主党派参政议政一直以来都是动员性参与、咨询性参与、决策参与的综合行为，不同时期侧重点不同。民主党派政治参与目标的变化，从某种程度上折射出我国政治发展的轨迹，但参与目标的多重性直接影响到对民主党派参政议政价值、效果的判断。应当从社会整合、利益表达、政策咨询方面综合、理性看待民主党派参政议政的价值：民主党派参政议政是一种政治行为和政党行为，民主党派参政议政不仅是对具体问题寻求解决之道，更是通过参政党进行的民意表达；不仅是对具体政策提出咨询意见，更是对政策作出价值评判，维护政策的公共性和公正性。民主党派要善于根据问题的层次把握参政议政的视角。重视民主党派参政议政的政治价值，有助于我们客观、全面地认识民主党派参政议政的成效。一般地说，参政议政旨在使“问题”变成“议题”，使建议进入政策方案，但没有被采纳的意见也存在不同情况：有的意见没有被重视和采纳是缺乏科学性，对问题的分析不够全面；有的意见本身是有价值的，但由于条件限制，一时还难以实施；还有的意见虽然不够全面，但引起了社会对相关问题的广泛关注和研究，为人们认识这一问题提供了新视角，其意义也应当被承认。可见，没有马上被采纳的意见不等于都是没有价值的，只要明确参政党的政治责任和使命，积极探索参政议政的有效途径，民主党派就能够我国政治生活中做出应有的贡献。

一项制度不仅要有价值、目标，还要有具体操作制度和程序、方法支持它的运行，才能有效地实现它的功能。参政议政效力的提高，需要微观层面上政治技术的开发和应用。人们通过探索和实践，运用一定的技巧、方法、手段解决政治问题由来已久，尤其是我们处在被称作“技术年代”的环境里，科学知识和信息技术的发展，改变着我们的生活方式包括政治生活方式，政治运作、政治参与、政治传播越来越多地依赖技术的支撑，政治技术已逐步纳入政治科学的范畴。对于民主党派来说，政治技术主要表现为政治参与技术，是民主党派有效履行参政议政职能的程序、经验、方法和技巧。从目前民主党派参政议政实际情况看，政治参与技术的开发和应用可以在如下几方面逐步推进：第一，运用现代组织学、管理学原理实现参政议政的管理创新，提高参政议政组织化程度。参政议政是民主党派的组织行为，对人才资源、信息资源的管理和使用，直接关系到参政议政质量和水平。鉴于民主党派个体参与和组织参与并存的现状，应规范参政党的相关工作制度，如反映社会信息的机制；联系、团结成员机制；发挥群体优势的机制等，强化民主党派作为政党组织的利益吸纳和整合功能，提高参政议政工作绩效。第二，运用政治学、社会学方法、信息技术、管理技术等对参政议政过程进行合理设计，使调查研究、建言献策、成果转化各环节能够相互衔接，促进参政议政运作程序化。调研方式上，要根据参政议政内容充分采用普遍调查、典型调查、问卷调查等各种方式，要将调查研究建立在一定的理论构架和技术支持之上。建言方式上，民主党派向党委政府建言献策有多种渠道和形式，参政成果报送到哪一级、用什么方法报送、以什么名义报送，都需要精心设计，采用不同的渠道和形式，会直接影响参政议政的效果和质量。成果反馈和成果转化上也要求合理设计，对意见建议的采纳和转化情况进行跟踪了解。第三，充分利用网络技术开展信息收集和参政议政，推动网络参政议政规范化。传统的民主党派参政议政方法主要是参与协商活动、考察调研、提案议案、反映社情民意等等，这些方法在发挥作用的同时，存在参与门槛较高，以及内容泛化、形式虚化、力度不够、效能不高等局限，需要在实践中加以创新和完善，使民主党派工作方法更加符合实际、灵活多样、切实可行。要推进网络参政议政制度化，为民主党派网络参政议政提供广阔空间。第四，利用网络、媒体、论坛等形式进行参政议政宣传平台创新，扩大参政议政的社会影响。参政议政需要树立党派社会形象，形成参政议政特色和优势领域，扩大对政府和社会的影响。

民主党派参政议政是政治行为，政治行为要产生影响，要有信息的传递和反馈，需要政治沟通。民主党派缺乏有效、多向的政治沟通，就不能顺利将政策建议输入政治过程。民主党派参政议政提出的意见建议，要对决策层、社会产生影响，既取决于内容、视角、水平、时机等因素，也要依托有效政治沟通，才能获得政府的重视和社会认同。因此，被赋予了参政党地位的民主党派应增强对政治系统输入的责任感，提高对政治行为的预期，通过制度化渠道、人际传播渠道、大众传播渠道等途径，加强与执政党、政府、社会之间的多向沟通互动，提高参政议政的影响力和效力。民主党派影响政策过程可以继续借助传统的人际沟通优势，但现代社会中有序、高效的政治沟通一般都是通过制度、组织实现的。民主党派参政议政是通过制度化平台，进行利益表达、建言献策，提供决策参考，自然要更加重视完善制度化沟通渠道如政治协商活动、提案工作、对口联系制度等，提高参政议政的有效性。首先，要改善民主党派同党委、政府的沟通机制。同时，还要建立民主党派与人大、政协组织的协调机制。此外，民主党派应当适应社会的发展变化，探索通过大众传播媒介加强与社会沟通互动的机制。

《新时期参政党党内民主建设具有独特价值》（王洪树，《理论研究》2013 年第 4 期）

参政党党内民主建设是超大型政治社会追求渐进民主的重要战略性措施。无论是在促进参政党发展、还是在深化政党政治乃至民主政治发展方面，参政党党内民主建设都有其独特的政治价值。首先，参政党党内民主建设是功能界别群体代表人士有序参政的重要政治途径。现代化中期阶段，多元社会力量政治参与的爆炸式增长，对现有的政党民主功能提出了尖锐的挑战。中国政党体制中，八个参政党党内民主建设的深度开展，将挖掘和释放出它们应有的民主功能，消融政治参与剧增给现有政治体制带来的政治冲击。这将有助于避免正式体制的政治衰败，即新生社会力量在体制外寻求政治诉求表达或政治利益维护。参政党，是中国社会功能界别群体中的一些代表人士组成的干部型政党。这些代表人士，通常都是这些社会界别群体的精英，有着较为强烈的民主意识和政治参与诉求。他们的政治参与，对参政党党内现有民主机制提出了挑战。他们要求参政党内部更加民主，更有利于保障他们的民主权利、开辟更为多元的政治参与渠道、开展更为真实的党内民主竞争。总之，参政党党内民主建设的深度开展，将有助于社会功能界别群体代表人士内部民主的真实开展，促进精英民主在政党层面获得有效建构。参政党的进步性，也将因此而获得更为坚实的政治基础和更为真实的政治表现。其次，参政党党内民主建设是完善中国特色政党政治的重要内容。参政党内部充满民主活力，是中国特色社会主义政党制度发展的必然要求。作为参与方的各参政党，要想发挥各自的参政议政和民主监督政治职能，就首先要求各参政党是一个内部具有高度民主活力和政治凝聚力的政党组织。否则，各参政党在执政党大力推进党内民主建设的背景下，将面临日趋严重的“匹配性政治压力”。如果各参政党不能以党内民主建设提升政党活力，发挥有效的参政议政和民主监督的政治功能，那么中国特色社会主义政党制度中执政党和参政党的脆弱政治平衡将被打破。这将一方面导致执政党由于没有政党监督和制衡而更加趋于封闭，另一方面也将导致参政党的民主功能萎缩甚至自我政治泯灭。因此，挖掘和释放中国特色政党制度的民主功能，发挥中国特色政党制度的优越性，建构和谐的政党关系，都要求“准确地认识和评估中国特色政党制度的民主价值，循序渐进地开发政党制度的民主功能”，大力开展参政党党内民主建设。再次，参政党党内民主建设是执政党党内民主带动人民民主的重要枢纽。中国共产党和八个民主党派，是当前中国的主流政治组织。它们内部参与性、竞争性的真实推进，将有助于在中国现有政党体制内吸纳各类精英的政治参与，最终实现精英间的共识获致和民主竞争。现阶段，精英民主的有效推进，既是中国民主政治发展的重要阶段性内容，也是中国民主政治趋于有序化的政治稳定器。所以，中国共产党和八个参政党党内民主建的推进，是中国特色精英民主政治的有益探索。它们将以畅通有效的政党渠道，有序吸纳精英的政治参与、民主整合他们的公共诉求。这将使中国民主政治在精英共识下有领导、分层次、有步骤地渐进展开。由精英民主走向大众民主，是民主政治发展的必然路径。八个参政党党内民主建设的真实推进，就是以执政党党内民主为核心的精英民主走向大众民主的重要政治承接渠道之一。八个参政党党内民主建设的推进，不仅以执政党党内民主建设成就作为学习榜样，更深人和广泛地践行精英民主，吸纳更多社会精英的政党政治参与；而且，它还拓宽了广大民众的政党政治参与渠道，扩大了现行政权的群众基础，丰富了民众监督和约束精英的政治路径与方法。

现阶段，党内民主、党际民主和人民民主的有序推进和深度发展，都离不开各参政党党内民主的有效开展。这就彰显了参政党党内民主建设的政治必要性。然而，在现行的政治体制——尤其是政党体制中，参政党党内民主建设不仅具有重要的政治价值和意义，而且具有现实可能性。首先，中国特色社会主义政党制度的完善为参政党党内民主建设释放出了广阔的政治空间。其次，执政党科学民主执政要求参政党以党内民主建设为襄助治国奠定基础。第三，执政党党内民主建设成果为参政党党内民主建设提供了学习榜样。第四，参政党党内民主建设是对执政党党内民主建设的有益补充和镜鉴。

参政党党内民主建设，事关党内民主(精英民主)、党际民主和人民民主的有序推进，具有重要的政治价值和意义。而执政党和现行的政党体制，也给参政党党内民主建设释放出了积极的政治信号和广阔的政治空间。但是，参政党党内却存在参政党成员民主素养偏低、参政党党内民主动力不足、参政党党内民主原则空置、参政党党内民主生活虚化、参政党党内民主能力缺失、参政党党内民主监督匮乏、参政党党内民主绩效低下等诸多问题，以至于出现“民主党派不民主”的政治现象。参政党党内民主现状使之难以有效承担起政党制度赋予它们的参政议政和民主监督的政治使命。这凸显了参政党加强自身内部民主建设的迫切性。参政党党内民主建设急待推动，以消除参政党政党功能提升与党内民主建设不足之间存在的尖锐矛盾。

总之，参政党党内民主建设的必要性，彰显了党内民主的独特政治价值意义，也是社会对参政党的殷切政治期盼；参政党党内民主建设的可能性，展现了执政党对于参政党党内民主建设的政治支持态度和现行政党体制释放出来的广阔政治空间；参政党党内民主建设的迫切性，提出了参政党“自我民主改造”的时代性战略要求。所以，参政党开展党内民主建设不仅意义重大、现实可能，而且是正当其时。它是民主党派“名副其实”的必然要求，是参政党永远保持进步性和广泛性的战略举措。

《政治发展视域下民主党派的利益表达功能研究》（王刚，《辽宁省社会主义学院学报》2013 年第 2 期、第 3 期连载）

利益是人们通过一定的社会关系表现出来的需要。利益在本质上属于社会关系范畴。利益表达是政治系统论中的术语，指社会个人或集团向政治系统输入政治要求，系统以一定方式对要求予以转换为政策的过程，是政策制定过程中的步骤之一，其实质是将利益主体的态度、意见传递给政治系统。政党正是一个汇集利益、表达要求的管道。政党充当着公共政策决策过程中的利益表达和聚合者，这与政党功能有着密不可分的关系。虽然中外研究视角不同，学者们对政党功能的概括也存在着不同程度的差异，但诸如伊斯顿、冯·贝米、冈泽宪芙、瓦坦伯格、萨托利、王长江、王韶兴、周淑真等学者都不约而同地把“利益表达”作为政党的一项基本功能。

在中国政治发展进程中，需要实现经济、社会、政治各方面的协调持续发展。中国现代化进程中利益诉求的表达、利益关系的协调与中国共产党和各民主党派有十分密切的关系，因而必然需要强化各政党的利益表达功能，而政治发展理论恰恰为研究民主党派利益表达功能提供了开阔的理论视野。利益表达是利益整合的基础，也是形成公共决策的重要依据，利益表达是否完整、客观，取决于利益代表性，在中国的政治发展中，中国共产党代表中国最广大人民群众的利益，而民主党派的代表性则发生了巨大变化。建国前各民主党派，是以民族资产阶级、城市小资产阶级以及同这些阶级相联系的知识分子组成的具有阶级联盟性质的政党，代表着民族资产阶级、城市小资产阶级的利益和要求。这种代表性反映在政治利益诉求上，表现为反帝、爱国，追求民主，在经济利益上则要求发展民族工业与民族经济。新中国社会主义改造完成以后，中国的政治发展正式进入社会主义阶段，资产阶级不复存在，其成员已变成社会主义劳动者的一部分，由此各民主党派也就变成了这部分劳动者的政党。改革开放以来，中国的政治发展进入平稳、健康的新阶段，各民主党派已发展成为各自所联系的一部分社会主义劳动者、社会主义事业建设者和拥护社会主义爱国者的政治联盟，在中国的政治发展中，民主党派的代表性已经发生了显著变化。

根据 2008—2012 年辽宁省省致公党政协提案、发言、调研数据情况，各类型的统计结果显示，其政治类的利益表达为 11 项，经济类利益表达为 65 项，社会类利益表达为 51 项。在 127 项利益表达中，政治类占 9%，经济类占 51%，社会类占 40%。这一利益表达比例分布，昭示了在中国政党制度框架内以致公党为代表的参政党充分履行了自己的职能，发挥出了制度内蕴的利益表达功能。虽然各民主党派的社会基础可以区分为不同的职业和人群归属，但是从总体上来看各民主党派都是以知识分子为构成主体。如果仅依据各民主党派成员的来源进行判断，各民主党派应该更多地为自己的社会基础进行利益表达，这虽然在致公党的部分提案中有所体现，但却决然没有呈现出提案和社会基础相关性的绝对正向关系，致公党的利益表达反映了作为参政党其并没有仅局限于自身的狭小社会基础，而是以政府的整体发展、社会共同利益、弱势群体关怀为着眼点。这就淡化了参政党的有限社会角色代表性，突出了参政党的广博视角和社会关怀，这既与中国传统知识分子的天下情怀一脉相承，又与政治发展进程中的挑战密不可分。

在中国的政治生态环境中，影响利益表达有效性的因素极为复杂。在众多的影响因素中析出两个主要变量加以重点考察，并以此构建民主党派利益表达的理论模式。第一个变量是“组织性”，指表达主体——民主党派的“自组织性”。第二个分析变量是“结构性”，它涉及到利益表达与政治系统的关系，主要指在现存的正式、公开、制度化的程序和专门机构的架构里，特定的利益表达内容及方式是否能为政治系统的既定结构所接纳，转化为政策议题并形成相应的政策。综合考虑表达主体的“组织化”变量以及政治系统接受情形的“结构性”变量，当代中国政治利益表达的类型可简化为 4 大类：有组织、有结构的表达；有组织、无结构的表达；无组织、有结构的表达；无组织、无结构的表达。民主党派的利益表达属于有组织、有结构型，民主党派以社会“有机团结”的方式，整合利益和要求并进行集体表达，而政治系统有对应的结构接受民主党派的利益表达。通过“组织性”、“结构性”两个变量对表达成本和有效性的影响状况建构简化的评估模型，可以认定民主党派的利益表达是一种非常有效的利益表达方式。各民主党派作为各自所联系的一部分群体的利益代表，可以将不同利益群体的利益诉求反映到政治系统之中，从而实现有效的利益表达功能。

伴随民主党派构成人员的新旧更替，民主党派代表性更为人们所关注，而民主党派的利益表达功能正回答着其代表性归属问题。同时，随着民众可支配表达渠道的增多，利益表达成本收益的分殊，必然引起民众对既有表达渠道的遴选。即使中国政党制度为民主党派利益表达功能的发挥创设了制度空间，但如何在利益表达功能效果上确立民主党派在中国整体利益表达格局中的地位，则是需要民主党派在中国政治发展中进一步回答的问题。因此，尽管民主党派利益表达具有途径多样、主题丰富、契合专长、效果良好等优势，但是，民主党派利益表达功能还是面临着巨大的挑战。这些挑战是：第一，政治发展中对民主党派利益表达的认知度影响其功能的发挥。在利益表达功能中，不仅需要民主党派对于社会利益诉求的吸纳，更需要社会向民主党派主动输入利益诉求，由此形成民主党派与社会的良性互动机制，由此将大大提升民主党派利益表达功能的效果，也更有利于中国共产党领导的多党合作制度的坚持与发展。第二，网络政治发展对民主党派利益表达功能的新要求。在网络政治面前民主党派如何将网络利益表达这一新的表达机制纳入其利益表达范畴，是政治发展中需要解决的新问题。

鉴于政党运作是民主政治的关键，提升民主党派利益表达功能的质量，避免其弱化已成为重要的课题。要进一步发挥民主党派利益表达功能的优势，需要民主党派继续加强自身建设以优化功能实施主体，同时也需要给民主党派提供充沛的制度资源供给，为其利益表达功能的实施创设外部条件。只有功能主体与制度资源实现双向互动，民主党派利益表达功能才能更加有效。当下，为实现民主党派利益表达功能，既要继承和坚持既有的优秀制度资源，又需要在如下方面继续努力。第一，传承同心思想——奠定利益表达功能的思想基础。第二，围绕中心、服务大局、建设社会主义和谐社会——明确利益表达功能的目标。第三，细化政党制度规范——夯实民主党派利益表达的制度基础。第四，提升表达能力——增强民主党派利益表达的输送绩效。

王彩玲　中央社会主义学院中国政党制度研究中心副教授

重要文献

中国国民党革命委员会

中国国民党革命委员会第十二届中央常务委员会工作报告

（2013 年 12 月 2 日在民革第十二届中央委员会第二次全体会议上）

万鄂湘

各位委员、同志们：

现在，我代表第十二届中央常务委员会向全会报告工作，请予审议。

2013 年的主要工作

2013 年，是全面贯彻落实中共十八大精神的开局之年，也是实施“十二五”规划承前启后的关键一年。这一年里，面对十分复杂的国际形势和艰巨繁重的国内改革发展稳定任务，以习近平同志为总书记的中共中央高举中国特色社会主义伟大旗帜，以邓小平理论、“三个代表”重要思想、科学发展观为指导，总揽全局、运筹帷幄，团结带领全国各族人民，开新局、树新风，以扎实稳健的举措，锐意改革的精神，向着实现中国梦的目标迈出了坚实步伐。不久前，中共十八届三中全会胜利召开，会议通过的《中共中央关于全面深化改革若干重大问题的决定》，对于全面建成小康社会、不断夺取中国特色社会主义新胜利、实现中华民族伟大复兴的中国梦，具有重大而深远的意义。

一年来，民革全党认真学习贯彻中共十八大和十八届一中、二中、三中全会及习近平总书记系列讲话精神，深刻把握中国特色社会主义参政党的科学内涵，以坚持和发展中国特色社会主义为方向，以加强领导班子和基层组织建设为关键，以为“十二五”规划实施献计出力为重点，注重统筹谋划，强化民革特色，凝聚全党智慧，思想建设取得新进展，组织建设实现新突破，参政议政打造新亮点，社会服务开创新领域，祖统工作迈上新台阶，各项工作都取得了显著成绩，实现了换届后的顺利起步、良好开局。

一、思想建设工作稳步推进

民革中央坚持把学习贯彻中共十八大精神与提高民革全党的思想建设水平相结合，民革全党的思想理论建设水平和民革党员的思想政治素质不断提高。

认真开展坚持和发展中国特色社会主义学习实践活动。今年，民革中央按照中共中央统战部《关于在统一战线开展坚持和发展中国特色社会主义学习实践活动的建议》要求，在全党开展坚持和发展中国特色社会主义学习实践活动。10月，民革中央中心学习组举行扩大会议，部署开展学习实践活动，民革中央领导同志先后在《团结报》发表署名文章。这次全会将审议并通过《民革中央关于开展坚持和发展中国特色社会主义学习实践活动的决定》，会后还将召开学习实践活动动员培训会。学习实践活动以坚持和发展中国特色社会主义为主题，以学习贯彻中共十八届三中全会精神为重点，坚持“自觉、自主、自为”的原则，通过成立活动领导小组和办公室、制定具体规划、编发学习资料、撰写理论文章、召开报告会、培训班、研讨会等多种形式，将活动覆盖到所有基层组织，争取人人参与，使民革各级干部和广大党员能够深入理解和把握中国特色社会主义的主要内涵和基本特征，统一思想认识、传承优良传统、巩固政治基础、加强自身建设，切实履行好参政党职能。

深入开展“薪火相传,圆多党合作之梦”学习教育活动。今年4月民革中央下发了《关于纪念中共中央“五一口号”发布65周年，深入开展“薪火相传，圆多党合作之梦”学习教育活动的通知》和《试点工作方案》，在全党深入开展“薪火相传，圆多党合作之梦”学习教育活动。5月,民革中央中心学习组召开了纪念“五一口号”发布65周年学习座谈会。这项活动与坚持和发展中国特色社会主义学习实践活动的根本要求完全一致，民革各级组织要把这一活动纳入到中国特色社会主义学习实践活动之中，通过学习实践活动，教育和引导民革广大党员继承和发扬民革优良传统，以饱满的政治热情投入建设中国特色社会主义的各项事业。

加强民革党史研究和宣传。今年，民革中央积极开展民革史迹保护利用工作和民革前辈史料收集活动，对屈武纪念场馆保护利用情况进行了专题调研，编辑出版“民革前辈纪念场馆系列丛书”第一册《李济深与苍梧故居》，7月在安徽六安召开了朱蕴山生平事迹研讨会暨民革前辈纪念场馆联谊会第二次年会，8月下发了《民革中央关于开展抢救性采集民革前辈史料工作的通知》，9月在湖南长沙召开了民革前辈史料收集工作现场会，史料收集工作为民革保存了数量可观的第一手珍贵资料，为今后的民革党史研究与宣传奠定了坚实的基础。

加强孙中山思想和辛亥革命的学习、研究与宣传。民革中央继续开展孙中山研究学会和中国辛亥革命研究会的工作，9月在广东省中山市召开了孙中山研究学会理事会换届暨“拓展孙中山研究新境界”学术研讨会，并在孙中山故居纪念馆举行了中国国民党革命委员会孙中山研究基地揭牌仪式。12月中下旬，将在北京召开中国辛亥革命研究会理事会换届会及“拓展辛亥革命研究新境界”学术研讨会，进一步推进海内外对孙中山思想和辛亥革命的研究。

加强民革自身建设和参政议政成果的宣传。《团结报》、《团结》杂志和民革中央网站紧密结合时事，突出民革特色，抓住坚持和发展中国特色社会主义学习实践活动、民革牵手活动、“同襄共举‘中国梦’”民主党派领导人采访活动、基层组织工作等亮点，围绕全国两会、“五一”口号发布65周年等重大主题，刊发了一系列有影响的报道。团结出版社出版的《中国梦青少年教育读本》系列图书，取得了良好的社会影响。

二、参政议政工作全面加强

民革围绕国家经济工作“稳中求进”的总基调，围绕保障和改善民生，围绕社会法制、“三农”、促进祖国和平统一这三个参政议政工作重点领域，通过高层协商、政协发言和提案、调研报告、反映社情民意信息等多种渠道，识民情、接地气，多途径、多形式地履行参政党职能，参政议政能力和水平进一步提高。

立足特色打造参政议政品牌。民革中央今年共向全国政协提交了55件集体提案，其中12件被确定为重点督办提案。全年共开展32次专题调研，有13份调研报告得到习近平总书记、李克强总理、俞正声主席等中共中央、国务院领导同志的26次批示，其中一些意见和建议已经在国家大政方针和政府决策中得到体现。全年共有51篇社情民意信息被全国政协采用，社情民意信息质量不断提高。今年，民革中央发挥自身特色和优势，找准突破口，选好着力点，加大在三个重点领域的参政议政工作力度。在社会法制方面围绕行政审判体制改革、民事赔偿标准统一的适用问题、环保执法体制改革、道路停车立法等课题开展了多项调研，在司法改革领域提出了一系列有价值、有分量、有影响的意见和建议，得到中共中央政法委、最高人民法院等中央政法部门的高度评价。在“三农”方面开展了农村社区建设、农村土地制度改革、农村金融改革等课题的调研，其中《关于协调推进新型城镇化和新型农村社区建设的建议》得到了李克强总理、张高丽副总理等领导同志的批示。年度大调研选择了“农村困难群众权益保障”课题，首次将社会法制与“三农”两方面特色相结合，取得了良好的效果，该建议得到了李克强总理、俞正声主席、张高丽副总理、汪洋副总理等多位领导同志的批示。祖统工作方面有多份提案得到有关部门的高度重视，国台办法规局等部门就推动两岸金融合作、共同维护国家海洋权益、进一步推进两岸关系和平发展进程等提案专程来民革中央机关座谈。

凝聚全党智慧参与高层政治协商。今年，民革中央参加中共中央、国务院和有关部门召开的党外人士协商会、座谈会、情况通报会共19次，通过运用重点调研成果、组织召开经济形势分析会、发挥专委会和研究中心人才优势，以多种形式整合党内外资源，凝聚多方面智慧，不断提升高层协商的建言水平。民革中央在发言中提出的持续加大对“三农”的支持力度，加大对农村困难群体的权益保障力度，建立健全城乡统一的建设用地市场，提高农业科技投资比重，对农业龙头企业给予金融政策大力支持，千方百计把强农惠农富农的政策措施落到实处；在经济发展和宏观调控中注重强化法治思维，树立诚信政府形象；深化行政执法和司法管理体制，健全司法权力运行机制，建立涉诉上访终结机制，依法追究污染环境者的刑事责任；深化行政审批制度改革，探索建立中国特色的机关法人制度；建立科学的评估体系，健全中央财政转移支付制度，完善区域发展规划，加快养老产业、国际互联网经济和海水淡化产业发展；加大党外干部实职安排力度，提高民主党派参政能力等意见和建议，受到中共中央、国务院领导同志的高度重视，其中一些建议在制定国家大政方针和政府决策中得到采纳。

创新参政议政工作新机制。今年，民革中央进一步加强参政议政平台建设，努力提升参政议政的科学化水平。在民革十二届三次中常会上，提出了“中央与地方组织相结合、集中与分散相结合、专家与群众相结合”的参政议政工作机制，强化了专委会的平台和抓手作用。民革中央各专委会相继换届，新增补一批高素质的委员，并在原有7个专委会基础上增设“三农”委员会，每个专委会相应成立1至2个研究中心，积极吸纳民革党内外的专家学者，努力提高参政议政成果的专业性、权威性和针对性。民革中央针对调研报告和相关建议报送程序、信息直报点和特约信息员制度、民革中央常委信息报送、反映社情民意信息奖励工作、向中全会提交参政议政书面报告等建立了一系列新机制，进一步提升了参政议政工作规范化、制度化、程序化水平。

三、组织建设工作彰显活力

民革全党围绕基层组织建设和代表人士培养使用这两项重点工作，大力加强组织建设，进一步优化组织结构，提高党员整体素质，为全面履行参政党职能奠定了扎实基础。

加强基层组织建设。今年5月召开的民革十二届三次中常会强调，要加强对基层组织的领导和指导，重视、研究和帮助基层组织解决存在的困难和问题，努力为基层组织顺利开展工作创造条件。按照这些要求和部署，民革中央今年相继就基层组织工作、基层组织开展社会服务工作、县级组织功能定位及有关理论问题赴多地调研，深入基层，了解党员思想动态，进一步夯实基层组织建设的基础，激发民革组织的生机和活力，发挥基层组织在参政议政、民主监督中的基础作用。同时，民革组织和党员发展工作也在积极、稳步推进。目前，民革共有270个地市级委员会、52个县级委员会和392个总支、4371个支部。从去年6月底到今年6月底，民革党员净增5000人，全国党员总数共计106865人。

加强干部队伍建设。为保证民革事业健康发展，民革中央今年围绕搞好政治交接和领导班子建设，切实加强代表人士培养使用和后备干部培养工作。年初，民革中央把握换届契机，通过民革各级组织举荐，共有2047位民革党员当选为各级人大代表，12133位民革党员担任各级政协委员。在中共统战部门的大力支持下，民革党员在省级政府、司法机关等部门担任领导实职方面取得新突破，湖南1位副省长今年加入了民革组织，3位民革党员在省级政府部门担任正厅级领导职务，5位民革党员在国有企业、事业单位、人民团体担任正厅级领导职务，19位民革党员在人民法院、人民检察院、司法厅（局）担任副厅级以上领导职务。截至今年10月，共有23位民革党员受聘担任国家级特约人员，民革代表人士培养使用方面取得了较好成绩。今年，民革中央相继举办第十、十一期民革中青年干部培训班，对民革各省辖市级组织领导班子成员和近几年来未参加过中央各类培训的新当选民革中央委员进行专门培训，同时积极配合有关部门做好民革代表人士任职、培训推荐工作，加强了后备干部队伍的培养工作，进一步提高了民革代表人士队伍整体水平。

加强党内监督工作。民革中央今年6月召开了民革内部监督工作专题研讨会，对今后五年内部监督工作总体规划提出了意见和建议。在此基础上制定的《民革中央监督委员会2013—2017年工作规划》，进一步推动了党内监督工作的制度化、规范化。民革全党不断强化监督意识，不断加强内部监督理论研究和实践探索，符合民革自身特点的党内监督体系已经基本建立。

加强民革作风建设。根据中共中央“八项规定”和“六项禁令”的要求，民革中央切实改进工作作风，围绕民革组织机关作风建设开展多次调研，并于8月召开全国机关建设工作研讨会,认真部署加强作风建设工作。民革各级组织和广大党员认真贯彻落实"八项规定",大力改进文风、会风、学风,开短会、写短文,讲实话、讲真话,提高办事效率,同时将改进工作作风与民革牵手活动有机结合起来,在社会上产生了良好反响。

四、社会服务工作创新发展

民革社会服务工作充分发挥自身优势和特点,在开创法律咨询服务、民革牵手活动等新品牌,巩固扩大支边扶贫、非公经济人士、书画和办学等老品牌影响力方面取得了显著成效。

积极推动法律咨询服务。今年,民革各级组织按照中共十八大提出的"全面推进依法治国"、"加快建设社会主义法治国家"和民革十二届三次中常会的要求,结合各地实际,积极筹备、组建各类法律咨询服务机构。截至11月初,共有北京、天津、辽宁、吉林、江西、河南、贵州、云南、新疆等9个省级组织成立了法律服务机构。同时,民革各级组织特别是基层组织,充分发挥社会法制领域人才聚集的优势,积极开展形式多样的法律咨询服务活动,通过"法律服务在一线"工程、"法律之星"进社区、"送法下乡"活动等多种形式,让普法教育、法律咨询等法律服务进乡村、进校园、进企业、进社区,为所联系的困难群众提供法律服务,拓宽和深化了民革社会服务工作的领域。截至11月底,《团结报》头版刊发各地民革组织开展法律咨询服务和成立法律服务机构的报道共15篇次,其中头条5篇,民革法律咨询服务工作产生了良好的社会反响。

广泛开展民革牵手活动。今年,民革中央在全党开展了"伸出博爱之手——民革基层组织牵手困难群众"活动。8月初,民革中央调研组到北京市就民革基层组织牵手所联系的困难群众情况进行调研,慰问病中的百岁民革党员陈殿学老人。以此次调研为开端,北京、河北、山西、吉林、上海、浙江、安徽、福建、湖南、广东、重庆、四川、贵州、云南、宁夏、新疆等民革省级组织积极行动起来,以基层组织为载体,通过捐款捐物、慰问困难群众、与抗战老兵促膝长谈、给乡村小学生送温暖、关爱孤残儿童等多种形式,帮助所联系的困难党员群众解决实际问题。其中,北京东城区委会启动了牵手关爱孤残儿童志愿者活动,云南省委会经济总支和湖南长沙、株洲、常德市委会开展了关爱抗战老兵工作,广东珠海市委会成立了博爱帮扶助学小组并积极开展"三联系三服务"活动,使所联系的困难群众切身感受到民革基层组织的关爱。民革中央领导同志外出调研时,都抽出时间深入基层,走访慰问当地困难家庭,与农民话家常,共商脱贫之举。《团结报》从8月以来连续在头版报道民革牵手活动,开设了《博爱牵手——共筑中国梦》专栏,共刊发相关报道24篇次,其中头条3篇,民革牵手活动的影响力不断提升。

继续打造支边扶贫品牌。今年,民革中央紧密围绕职业教育、保障和改善民生等主题,继续打造"同心·博爱"民革扶贫工作品牌,积极推动支边扶贫工作。一年来,共组织各方面领导、专家79人次赴纳雍县,实施参与毕节试验区建设"同心工程"援助项目12个,直接投入帮扶资金和物资总值389万元,累计资助贫困学生295人,开展各类培训班29期,累计培训人员2060人次。民革中央先后与黔西南自治州共同举办"中国美丽乡村——万峰林峰会",与农业部农村事业发展中心共同主办"休闲农业与美丽乡村建设"系列活动,与环保部、新闻出版广电总局等部门共同举办"美丽家园——环保公益电影万里行"活动,并在北京举办黔西南州乡村旅游管理培训班，进一步扩大了民革扶贫工作的影响力。

五、促进祖国和平统一工作不断深化

民革全面贯彻中共十八大关于对台工作的重大决策部署，深入贯彻“坚持将推动两岸关系和平发展作为民革祖统工作的核心内容，坚持将能否做好台湾人民的工作作为衡量民革祖统工作成效的主要标准，坚持将创新作为保持民革祖统工作旺盛生命力的根本动力”的民革祖统工作要求，进一步加大做好台湾人民工作和涉台参政议政工作的力度。

对台交流活动取得新进展。民革中央今年先后接待了第十二届“台湾高校杰出青年赴大陆参访团”、第二届“台湾中华工商业联合协会大陆参访团”、第六届“台湾新同盟会中南部会员（会友）大陆参访团”等来访团体，民革对台交流的影响力进一步提升。民革中央还注重团结海外爱国力量，邀请30位台港澳人士及华侨华人组成“海内外知名人士国庆64周年参访团”到北京、甘肃参加相关考察活动。民革中央领导同志也分别率团赴巴西、秘鲁、台湾等国家和地区，出席“2013年中华插花艺术展”、“全球华侨华人反独促统大会”等活动，加强了民革与海外华侨华人的联系。此外，民革中央还举办或出席了“台湾和国际问题专家研讨会”、“纪念台儿庄大战胜利75周年座谈会”、“黄永川书画展”、“走进台湾生活美学”等会议和活动，使民革对台交流的形式愈加多样，内涵愈加丰富，工作覆盖面越来越广，影响持续提升。

祖统工作形式取得新突破。今年5月，民革中央与岛内有关团体和组织合作，共同在台湾高雄举办“第四届两岸青年创新创业论坛”，此次论坛是民革首次在台湾开展的大型交流活动，也是大陆在南台湾地区第一次举办以两岸青年创新创业为主题的论坛。6月，民革中央继续与水利部合作，举办“第五届海峡论坛·两岸乡村农田水利建设交流会”，作为第五届海峡论坛两岸名乡名村交流版块的重要内容，得到国台办与海峡论坛组委会的高度重视、大力支持和充分肯定。

祖统工作水平获得新提升。今年10月，民革中央在海南举办了民革全国祖统工作培训会暨台湾研究撰稿人换届大会，进一步加大祖统工作理论与实践相结合的力度，加强了祖统干部队伍建设。民革中央领导同志多次应邀为吉林、海南、浙江等地民革组织做台湾形势与两岸关系报告，加强祖统干部业务培训，助推民革祖统工作人才队伍和资源实现新的整合，全面提升民革祖统工作的能力和水平。

过去的一年，民革各项工作都取得了可喜的进步和成绩。这些进步和成绩的取得，是以习近平同志为总书记的中共中央正确领导的结果，也是民革各级组织和广大党员团结奋斗、努力工作的结果。在这里，我代表民革中央常委会，向民革全体党员付出的辛勤努力和作出的无私奉献，表示衷心的感谢！

同时，我们也清醒地看到，与新形势、新任务的要求相比，与民革承担的历史使命相比，民革各项工作还存在不少问题和困难：一是参政议政选题过于宽泛，界别特色不够鲜明。二是民主监督工作较为薄弱。三是担任各级政府及部门领导实职的代表性人士仍然较少，干部队伍尤其是后备干部队伍建设亟待加强。对这些问题和困难，我们要切实采取措施，努力加以改善，力争取得更大的成绩和进步。

2014 年的主要任务

2014 年是贯彻落实中共十八大和十八届三中全会精神的重要之年，是完成“十二五”规划目标任务的关键一年。民革全党工作的总体要求是：高举中国特色社会主义伟大旗帜，贯彻落实中共十八大和十八届三中全会精神，以坚持和发展中国特色社会主义学习实践活动为统领，以代表人士培养使用为关键，以提升参政议政科学化水平为重点，推动参政议政与法律服务、组织建设与社会服务、祖统工作与关爱老兵联动发展，在凝聚改革共识上多尽责，在推动科学发展上作贡献，在加强自身建设上下功夫，确保民革各项工作取得新成效。

一、认真学习贯彻中共十八届三中全会精神

中共十八届三中全会是在我国改革开放新的重要关头召开的一次重要会议，会议深刻剖析了我国改革发展稳定面临的重大理论和实践问题，描绘了全面深化改革的新蓝图、新愿景、新目标，是全面深化改革的又一次总部署、总动员，体现了不走封闭僵化的老路、不走改旗易帜的邪路、坚定走中国特色社会主义道路的道路自信、理论自信和制度自信，必将对坚持和发展中国特色社会主义产生重大而深远的影响。作为长期与中国共产党通力合作的亲密友党，作为中国特色社会主义的亲历者、实践者、维护者、捍卫者，民革各级组织和广大党员衷心拥护中共十八届三中全会作出的一系列重大决策，我们对坚持和发展中国特色社会主义、实现中华民族伟大复兴的中国梦更加充满信心。

全会通过的《中共中央关于全面深化改革若干重大问题的决定》，描绘了全面深化改革的新蓝图，是具有划时代意义的纲领性文件。民革各级组织一定要把学习贯彻中共十八届三中全会精神作为全党的重大政治任务，认真学习全会文件，准确把握文件精神实质，自觉把思想和行动统一到中共中央决策部署上来，为实现三中全会确立的全面深化改革目标作出应有贡献。

中共十八届三中全会在新的历史起点上对全面深化改革作出战略部署，在理论上有一系列重大创新，在政策上有一系列重大突破，充分体现了以习近平同志为总书记的新一届中共中央领导集体高度的政治智慧和卓越的执政能力。作为中国特色社会主义参政党，民革要紧紧围绕学习贯彻中共十八届三中全会精神扎实开展各项工作，进一步加强自身建设，积极履行职能，充分发挥好参政党的作用。各级组织要围绕全会提出的改革目标和任务，根据自身特点和优势，选择一些重点课题，比如完善和发展中国特色社会主义制度、推进国家治理体系和治理能力现代化的问题；如何推进协商民主广泛多层制度化发展的问题；如何处理好政府和市场的关系、使市场在资源配置中起决定性作用的问题；如何发挥中央和地方两个积极性、建立事权和支出责任相适应的制度的问题；如何推进法治中国建设、强化权力运行制约和监督体系的问题；如何建立系统完整的生态文明制度体系的问题等，深入基层考察调研，真正做到有高度、有力度、识民情、接地气，为全面深化改革建睿智之言、献务实之策，为实现中国梦贡献智慧和力量。

二、不断提高履职实效

深入贯彻落实科学发展观，牢牢把握国家经济工作稳中求进的工作总基调，继续坚持“利用优势，‘联结’特色，找准切入点，打造新亮点”的工作新思路，以提升高层协商建言献策整体水平为核心，以提高全国政协大会发言和提案质量为重点，以发挥专委会的抓手、平台和参谋作用为载体，以建立健全长效机制为保障，进一步提升参政议政、民主监督的科学化水平。

要围绕重点领域建言献策。民革各级组织和全体党员要结合民革自身实际，突出界别特色，围绕三中全会确定的目标和任务，围绕民革参政议政工作的三个重点领域，选准选好课题，提出具有前瞻性、战略性、可操作性的意见和建议。“三农”方面要围绕打破城乡二元结构，建设新型城乡关系，赋予农民更多财产权利、完善土地流转等问题，祖统工作方面要围绕两岸司法合作、经贸合作、能源安全合作、两岸婚姻家庭等问题，开展参政议政工作。特别是要充分利用民革法律人才聚集的优势，围绕司法体制改革、产权制度的平等保护、行政审批制度改革等三个方面，以人民法院组织法、人民检察院组织法的修改为重点，充分发挥研究中心智囊团的作用，为全面推进依法治国献计献策。前不久，习近平总书记在党外人士座谈会上指出，民主党派在高层协商中提出的意见建议要由中共中央、国务院相关部门办理回复，中央统战部将把这项工作制度化、常态化，这对今后民主党派的高层协商提出了更高要求，民革一定要以更高的标准要求自己，以更高的水平建言献策，努力做到“尽职而不越位、帮忙而不添乱、切实而不表面”。

要加大民主监督工作力度。民主监督是民革作为参政党的一项重要工作，任何时候都不能有丝毫松懈。要探索更加有效的民主监督形式，开辟新的民主监督途径，使民主监督进一步具体化、规范化。要结合自身实际、找好民主监督方向，民革中央委员、各级领导干部和全体党员，要把推进环境保护和反对浪费作为今后民主监督的重点关注领域，充分发挥民革党员中人大代表、政协委员的带头作用，努力成为绿色低碳、厉行节约的示范员，保护生态、倡导勤俭的劝导员，治理环境、反对浪费的监督员，使民主监督真正落到实处、发挥实效。

要健全参政议政工作机制。完善的工作机制是做好参政议政工作的基础性条件。要积极探索专委会和研究中心开展工作的新机制，加强队伍建设，整合人才资源，使专委会和研究中心真正成为参政议政工作的重要抓手。要做好调研的规划和落实，中央和省级组织的建言献策一定要以调查研究为基础，切忌拍脑袋式的闭门造车。要巩固、拓展与行政部门、司法机关、党外政策研究机构、科研机构、高校的合作，民革中央要建立健全与最高人民法院、最高人民检察院、环保部、农业部、民政部、司法部、国台办等国家机关日常联系、联合调研的长效机制，加速专委会和研究中心的成果转化，更好地发挥民革参政议政的品牌效应。

要高质量反映社情民意信息。反映社情民意信息是民革履行参政议政职能的重要形式。要认真抓好反映社情民意信息的组织协调工作，重点做好民革中央常委和代表人士的反映社情民意信息工作，加强与地方组织信息工作的沟通联系和交流反馈，充分发挥信息直报点、特约信息员的作用，积极推动搭建省级组织信息工作定期交流平台，努力提升反映社情民意信息工作的质量和水平。

三、全面加强自身建设

把坚持和发展中国特色社会主义学习实践活动作为学习贯彻中共十八大和十八届三中全会精神的聚焦点、着力点、落脚点，以学习实践活动统领民革的自身建设，巩固多党合作的政治基础。

要强化思想建设。把“薪火相传，圆多党合作之梦”学习教育活动与坚持和发展中国特色社会主义学习实践活动结合起来，运用行之有效的形式和载体，抓好中国特色社会主义理论、民革章程、民革党史的学习，不断提高民革全党的思想政治素质。要积极利用自身宣传阵地、社会主流媒体以及新媒体，宣传好民革各级组织开展学习实践活动的先进经验和党员干部先进事迹。要继续加强民革党史、孙中山精神、辛亥革命的学习、研究与宣传工作，大力推进民革前辈史料收集、生平事迹研讨会、纪念场馆保护利用等工作，将民革传统和基本特色融入坚持和发展中国特色社会主义学习实践活动之中。

要强化组织建设。重点抓好民革干部队伍建设，发展一批高素质、有代表性、有影响力的民革党员，积极推荐一批优秀干部到各级政府及部门、司法机关担任领导实职，在代表人士培养使用方面力争新突破。要抓好后备干部队伍建设，进一步完善后备干部选拔推荐制度，推进民革各级组织后备干部队伍建设的制度化、规范化和程序化，统筹考虑民革特色、履职需要和年龄梯次，加强干部培训工作，使后备干部队伍形成合理的梯队结构，实现民革组织的可持续发展。要夯实基层组织建设，各级领导要率先垂范，加强对基层组织的领导和指导，中央领导和省级主委每年至少要参加两次支部活动，深入了解基层党员所思所想，全面把握基层组织活动中的问题和困难，推动基层组织开展以帮助所联系困难群众为主要形式的支部活动。中央将研究制定“民革全国十佳基层组织评选方案”，表彰一批先进的民革基层组织。要加强领导班子建设，以坚持和发展中国特色社会主义学习实践活动为载体，切实提高各级领导干部的综合素质，完善领导班子议事规则和工作程序，推进科学决策、民主决策。要健全党内监督机制，继续推动尚未成立监督委员会的省级组织尽快成立监督委员会，积极探索做好新形势下的内部监督工作机制。

要强化作风建设。认真执行“八项规定”和《党政机关厉行节约反对浪费条例》，从严要求，从严治党，坚决反对“四风”，坚决整治庸、懒、散的不良风气，推行勤、快、实的优良作风。要继续改进文风、会风、学风，压缩各类会议时间，开短会、讲短话，减少各类参观考察，杜绝各种铺张浪费。通过加强机关干部和全体党员的作风建设，切实改进民革的工作作风，不断提高工作效率和水平。

四、社会服务工作力求突破

在巩固已有成果的基础上，坚持“发挥优势，突出重点，量力而行，持之以恒，务求实效”的方针，以为所联系的困难群众解决实际问题为着力点，争取实现社会服务工作新突破。

要打造社会服务新品牌。继续开展民革牵手活动，树立这一社会服务工作新品牌，进一步促进民革基层组织与所联系困难群众的广泛联系。要大力发挥民革社会法制方面的人才和智力优势，积极开展法律咨询服务工作和法制宣传工作，充分体现民革基层组织在推动营造公平公正的社会氛围、维护所联系的困难群众合法权益等方面的重要作用。

要推动支边扶贫新发展。发挥东部十省市民革组织联手帮扶工作机制，整合民革全党和社会力量，继续做好贵州纳雍县定点帮扶工作，强化“同心·博爱”扶贫工作品牌。要继续推动毕节贫困山区教育改革发展试验区建设，助推毕节试验区从人口大区向人口强区转变。要以重庆石柱县定点帮扶工作为重点，积极推进武陵山片区扶贫攻坚试点工作。要与中华慈善总会、中国医学基金会等团体合作开展医疗器械捐助、超声诊断技术公益培训等活动，进一步拓展民革支边扶贫工作的形式与内容。

要探索传统工作新思路。不断探索办学、非公经济、书画等民革社会服务传统工作的新渠道、新举措和新方式。积极搭建交流平台，充分发挥非公经济人士在反映基层情况、分析经济形势方面的桥梁和参谋作用，为民革参政议政特别是高层协商提供基础数据支持。要通过举办专业培训、组织对外交流等形式，引导非公经济人士投身社会公益事业。

五、推动促进祖国和平统一工作迈上新台阶

在中共中央对台工作大政方针指引下，紧紧围绕两岸关系和平发展主题，密切结合民革自身特色和工作实际，把握大局，积极探索，进一步深化促进祖国和平统一工作。

要大力推进涉台参政议政。以台湾研究中心、涉台国际政治研究中心以及专家学者人才智库为依托，以祖统委员会为抓手，与有关单位、大陆高校、科研机构加强合作，挖掘岛内相关社团资源，积极探索与四直辖市、省际片区参政议政联席会议协调联动模式，组织开展重大涉台课题的联合调研。要重点抓好包括台湾同胞、港澳同胞、海外侨胞在内的，以民革祖统委员、专家学者、台湾研究撰稿人、专职干部为骨干力量的五支队伍建设，努力打造有影响、有特色、有效果的涉台参政议政品牌。

要务实推进两岸交流与合作。通过举办“两岸青年政治论坛”和第六届“海峡论坛”，大力开展对国民党中生代的团结、争取工作，积极发现、培养、输送统派新生力量，扩大与岛内中南部、农业界、基层民众的联系。要建设好“海峡两岸文化创意人才服务基地”，打造两岸青年文创人才交流服务平台，为有意来祖国大陆发展的台湾优秀文创青年提供就业、创业服务。要进一步做好台湾高校杰出青年、新同盟会、眷村后代、工商界人士、台湾花艺文教基金会等团组的来访和交流互访等一批品牌项目，继续推动关爱黄埔老人和抗战老兵活动，拓展对台交流的新渠道。

要继续加强祖统工作机制建设。通过学习、培训、参与对台工作实践，不断加强祖统干部队伍建设，提升祖统工作骨干队伍的能力和水平。要认真贯彻落实民革祖统工作协调联动机制，强化全党祖统工作资源整合力度，充分调动各级组织和广大党员的积极性，保持和发扬民革祖统工作的优良传统，推动民革祖统工作不断向前发展。

各位委员、同志们，2014年是我国全面深化改革的第一个年头，也是充满机遇和挑战的一年。让我们更加紧密地团结在以习近平同志为总书记的中共中央周围，高举中国特色社会主义伟大旗帜，以邓小平理论、“三个代表”重要思想、科学发展观为指导，继承和发扬孙中山爱国、革命、不断进步精神，锐意进取，攻坚克难，为全面建成小康社会、不断夺取中国特色社会主义新胜利、实现中华民族伟大复兴的中国梦而努力奋斗！

中国国民党革命委员会中央监督委员会工作报告

（2013 年 12 月 2 日在民革第十二届中央委员会第二次全体会议上）

何丕洁

各位委员、同志们：

现在，我受民革中央监督委员会委托，向十二届二中全会报告监督委员会工作，请予审议。

2013 年的主要工作

今年是民革中央监督委员会换届以后开展工作的第一年。中央监委会坚持在中央委员会的领导下，贯彻落实《中国国民党革命委员会内部监督工作条例》（以下简称《条例》）精神，加强自身建设，认真履行职责，扎实推进各项工作。各省级组织积极开展工作，结合本地实际情况，进行了有益的尝试，积累了一定的经验。

一、2013 年中央内部监督主要工作

（一）召开民革内部监督工作专题研讨会。

为贯彻落实民革十二大精神，根据十二届中央委员会监督委员会第一次全体会议决议，民革中央于今年 6 月在天津召开了民革内部监督工作专题研讨会。中央监委会组成人员参加会议。

民革中央副主席、中央监委会主任何丕洁作讲话，深刻阐述了开展内部监督工作的目的和作用，对今后一个时期民革内部监督应该抓好的重点工作提出了总体要求。民革中央副主席、中央监委会副主任田惠光致辞，中央监委会副主任陈清华作总结讲话。与会同志认真学习了民革开展内部监督工作以来的一系列会议、讲话精神，以及民革内部监督工作条例。结合各地工作实际，根据会前下发的研讨题目，交流探讨了开展内部监督工作的方式方法，研究部署了今后一个时期全党的内部监督工作。

民革内部监督工作专题研讨会的召开，对于进一步统一思想、提高认识，推动未来五年内部监督工作平稳有序开展，起到了积极的作用。

（二）制定《民革中央监督委员会 2013—2017 年工作规划》。

为进一步推动民革内部监督工作的制度化、规范化、程序化，不断提高民革自身建设的能力和水平，中央监委会制定下发了《民革中央监督委员会 2013—2017 年工作规划》（以下简称“五年规划”）。

五年规划提出了中央监委会未来五年工作的总体目标，并部署了中央监委会未来五年的主要任务。一是要进一步加强内部监督宣传教育，着力提高民革全党的监督意识；二是要营造有利于内部监督工作开展的环境；三是要加强中央监委会自身建设，不断提

高有效监督的能力；四是要推进内部监督制度建设，逐渐形成有效的监督机制；五是要加强内部监督理论研究。五年规划还对具体工作进行了安排。

（三）做好中央监督委员会日常工作。

1. 信访工作

今年，中央监委会办公室共收到来信 15 件。办公室按照民革章程和《条例》规定，认真办理来信来访和举报事项，与相关省级组织监督委员会或组织部门及时联系沟通，跟踪监督检查重要信访事项的处理，直至妥善解决。

2. 党纪处分事项

2013 年，依据民革章程和相关文件规定，对触犯国家刑律的 7 名党员给予开除党籍的纪律处分。

二、加强对省级组织内部监督工作的指导

推动和指导 30 个省级组织做好内部监督工作，是中央监委会今年的重点工作之一。中央监委会通过实地调研、问卷调查等形式，积极指导省级组织成立监督委员会，推动各级组织领导班子模范执行民革章程，贯彻民主集中制，加强议事决策的规范化、程序化、科学化。

（一）推动省级组织成立监督委员会。

在中央委员会的领导下，中央监委会积极推动条件成熟的省级组织按照《条例》规定，组建监督委员会。今年，内蒙古、辽宁、吉林、湖北、广东、四川、贵州、宁夏 8 个省级组织先后制定了结合本省工作实际的内部监督条例，成立了监督委员会。截至目前，已有 22 个省级组织成立了监督委员会。其中多数省级监督委员会已在同级委员会全体会议上报告工作；部分省级监督委员会成员列席同级委员会全体会议。

（二）开展省级组织内部监督工作调研。

今年第三季度，中央监委会部分委员分赴云南、广东召开内部监督工作座谈会。民革云南省委会在全国省级组织中率先启动了内部监督工作，几年来，民革云南省监督委员会认真探索内部监督规律，逐步建立健全监督机制，稳步开展工作，取得了初步成效。民革广东省监督委员会成立于今年年初，各项工作虽然还在探索实践阶段，但在处理来信来访工作方面已经积累了一些比较好的做法。中央监委会通过与这两个省级监督委员会成员的座谈交流，重点了解省级组织在建立内部监督相关制度，开展民主生活会、谈心会、述职会以及处理党员来信来访等方面所做的工作，对加强省级组织内部监督工作进行了指导。

（三）下发民革省级组织内部监督调查问卷。

为及时了解和掌握各地内部监督工作的情况和地方领导班子履行职责情况，今年 9 月，中央监委会办公室向各省级组织下发了《民革省级组织内部监督工作调查问卷》。从反馈情况来看，各省级组织在充分调研的基础上，确定了以贯彻民主集中制原则为核心的各项会议制度和议事规则，使内部监督工作从起步之初就步入制度化、程序化和规范化轨道。绝大部分省份能够坚持定期召开领导班子成员谈心会、述职会，并接受民主评议或民主测评。结合各地实际，采取行之有效的方式方法，加强对下级组织领导班子谈心会制度、

民主评议制度的指导和监督，各省级监督委员会积极参与，发挥了应有作用。

各省级组织在调查问卷中，针对做好民革全党内部监督工作、推动内部监督机制建设提出了不少意见和建议。中央监委会办公室将把这些意见建议及时汇总上报，为领导研究部署今后工作提供参考依据。

2013 年，中央监委会的工作取得了一定实效，同时也存在不足，突出表现在基层组织和广大党员的内部监督意识比较淡薄，对民主党派内部监督工作缺乏经验；内部监督机制尚不健全，缺乏具体的规章制度和实施细则；对党员特别是领导干部的非组织行为和违反民革章程行为的惩戒标准、办法，还需要进一步明确和细化，使内部监督既体现预防性监督的作用，又具有较强的查处力。

2014 年重点工作

新的一年，中央监委会要继续保持积极稳妥的工作态度，加强学习研究，积累经验，在工作中加强交流、不断拓展工作领域，逐渐形成和完善内部监督工作机制。以坚持和发展中国特色社会主义学习实践活动为契机，加强内部监督工作，进一步推动民革自身建设。

一、开展省级组织内部监督工作调研

中央监委会要继续加强与省级组织的联系沟通，适时开展对各级组织内部监督工作的监督检查和指导。一是对省级监督委员会工作进行指导，协助省级监督委员会规范工作程序，完善工作机制，推动各级组织领导班子模范执行民革章程，贯彻民主集中制，加强议事决策的规范化、程序化、科学化；二是认真吸取各级组织和广大党员对内部监督工作的意见和建议，为在全党范围内构建规范化、程序化的内部监督制度体系奠定基础；三是推动尚未成立监督委员会的省级组织尽快成立监督委员会。

二、召开内部监督经验交流研讨会

中央和省级监督委员会成立以来，认真负责地开展内部监督工作，为民革全党的自身建设，特别是领导班子建设和机关建设做出了积极贡献。中央监委会拟在前期调研的基础上，适时召开内部监督经验交流研讨会，认真总结内部监督工作取得的成绩和经验，分析存在的困难和问题，积极探索在新形势下如何更加有效地发挥内部监督的职能作用，有序推进党内民主，把民革全党的内部监督工作推进到一个新水平。

三、召开省级监督委员会办公室工作会议

近年来，省级监督委员会办公室在监委会日常事务方面做了很多扎实有效的工作，同时也遇到不少困难和问题。中央监委会拟于明年召开省级监督委员会办公室工作会议，通过以会代训的方式，提高各级监督委员会办公室自身建设的能力和水平，改进思想作风和工作作风，增强服务意识，不断提高工作效率和工作质量，当好领导的参谋和助手。

四、加强内部监督工作理论研究，积极探索内部监督的思路和方法

加强内部监督作为民革自身建设中的重要组成部分，需要理论与实践研究的支撑与指导。要对内部监督工作进行阶段性的总结和思考，深入把握内部监督工作体系的指导思想，不断研究、探索民革内部监督工作的新态势，促进理论与实践的互动。要学习和借鉴中共党建的宝贵经验，同时注意突出自身特色，结合民革工作实际，对内部监督的本质、规律、方法等进行深入总结和思考，不断发现问题、解决问题，力求在探索中进行实践，在实践中加以鉴别，用正确理论指导实践。

五、总结现有经验，不断探索建立完善内部监督工作制度和机制

实现民革内部监督机制的长效性，根本在于构建完善内部监督工作制度，形成制度的规范化和程序化。要健全领导班子工作制度，坚持和完善民主集中制，按照集体领导、民主集中、个别酝酿、会议决定的原则，充分发挥领导班子的整体作用。要形成规范的领导班子成员谈心会制度，从制度上保证党内生活的健康开展。要积极探索，健全和完善人事安排以及干部选拔任用制度，进一步扩大民主，拓宽渠道，不断提高干部选拔工作的透明度，真正做到不拘一格选拔人才。

内部监督还需要依据具体的制度，从制度层面确保内部监督机制的长效性。制度的建立，一是要有针对性、系统性，按照周铁农同志在十一届七次中常会上提出的“预防性监督与查处性监督相结合，以预防性监督为主”的精神，把内部监督工作的重点放在防范违规违纪行为的事前预防性监督上，形成全方位的监督预防体系；二是要突出重点，对各级组织领导干部加强规范要求，重点在政治方面、工作方面和作风方面，要逐步建立健全领导集体内部监督和党员对领导干部的监督机制，形成自上而下与自下而上相结合的监督网络。

参政党内部监督还是一项新生事物，无论是监督的内容、监督的范围、监督的方式，以及监督机构和监督制度都还在建设和完善中，还需要积极的探索。在未来的工作中，中央监委会要本着从实际出发的原则开展工作、积极探索，有序推进监督工作，从而不断完善内部监督机制，提高民革自身建设的科学化水平。

中国国民党革命委员会第十二届中央常务委员会
关于中央参政议政工作情况的报告

（在民革第十二届中央委员会第二次全体会议上）

根据会议议程，现将第十二届中央委员会第一次全体会议以来的中央参政议政工作情况报告如下。

一

一年来，常委会以中共十八大和十八届三中全会以及习近平总书记系列讲话精神为

指导，深刻把握建设中国特色社会主义参政党的科学内涵，按照万鄂湘主席“提高参政议政工作科学化水平”的要求和十二届三次中常会“提高参政能力建设”的部署，围绕国家中心工作，整合全党资源，凝聚多方力量，深入调查研究，参政能力建设得到加强，建言献策水平不断提升，参政议政工作取得丰硕成果。

（一）参与高层协商。民革中央领导同志参加中共中央、国务院和有关部门召开的党外人士协商会、座谈会、情况通报会 19 次。其中，习近平总书记主持、出席 5 次，分别是在中南海同党外人士共迎新春，就拟向十二届全国人大一次会议和全国政协十二届一次会议推荐的领导人员人选建议名单听取意见，就当前经济形势和下半年经济工作、十八届三中全会《关于全面深化改革若干重大问题的决定》、当前经济形势和明年经济工作等听取意见和建议。温家宝总理主持 1 次，听取对《政府工作报告（征求意见稿）》的意见建议。

中央提早谋划，精心安排，充分运用重点考察调研成果，组织召开经济形势分析会，多方咨询论证，深度提炼观点，提升建言水平。万鄂湘主席在发言中分别提出了：持续加大“三农”支持力度，加大农村困难群体的权益保障，建立健全城乡统一的建设用地市场，提高农业科技投资比重，对农业龙头企业给予金融政策大力支持，千方百计把强农惠农富农的政策措施落到实处；在经济发展和宏观调控中注重强化法治思维，树立诚信政府形象；深化行政执法和司法管理体制，健全司法权力运行机制，建立涉诉上访终结机制，依法追究污染环境者的刑事责任；深化行政审批制度改革，探索建立中国特色的机关法人制度；建立科学的评估体系，健全中央财政转移支付制度，完善区域发展规划，加大养老产业、国际互联网经济和海水淡化产业发展；加大党外实职干部安排力度，提高民主党派参政能力等一系列意见和建议，受到中共中央、国务院领导同志的高度重视，一些建议在制定国家大政方针和政府决策中得到采纳。

此外，参加中央统战部召开的协商会、座谈会、情况通报会 13 次，分别听取了习近平总书记在十八届二中全会和全国宣传工作会议上的重要讲话精神等情况通报，就十二届全国人大常委和全国政协常委人选建议名单、十八届三中全会重点研究问题等发表意见和建议。

一年来，中央领导同志分别参加重要国事、外事活动 13 次，包括参加国家主席习近平为尼日利亚总统、越南国家主席举行的欢迎仪式及晚宴，陪同国务院总理李克强欢迎宴请美国国会众议院外委会代表团、冰岛总理等，以及分别会见乌兹别克斯坦议会议长以及德国、爱沙尼亚、澳大利亚驻华大使。此外，民革中央领导同志率团出访，分别前往澳大利亚、莫桑比克、巴西等国，向国际社会展示了多党合作成果和民革的良好形象。

（二）参加国家政权。中央把参加国家政权建设，作为参政党发挥作用、履行职能的重要保障，加强组织发展，加大培养力度，主动做好推荐，民革党员担任实职领导职务工作取得积极成效。

今年以来，在中央领导同志的直接努力和中共各级党委的大力支持下，民革实现了 2008 年换届后民革成员担任副省长“零”的突破。截至 10 月，在各级政府及其部门和司法机关担任副厅级以上实职的民革党员有 83 人，其中，3 人担任省级政府部门正职，19 人担任人民法院、人民检察院、司法厅（局）副厅级以上领导职务（包括省高院副院长 5

人、省人民检察院副检察长 5 人、省司法厅副厅长 3 人）；618 人担任县处级领导实职。5 人担任国有企业、事业单位和人民团体正厅级干部。4 位党员分别在北京、上海、重庆等“全国党外代表人士实践基地”挂职副厅级实职领导。

目前，有 2047 位民革党员当选各级人大代表，其中，全国人大代表 40 人（副委员长 1 人，常委 5 人），省级 250 人（副主任 5 人，常委 43 人）。有 12133 位民革党员担任各级政协委员，其中，全国政协委员 92 人（副主席 1 人，常委 24 人），省级 895 人（副主席 19 人，常委 199 人）。国务院还分别聘请 1 位民革党员担任国务院参事室参事和中央文史馆馆员。有 23 位党员担任最高人民法院、公安部等 8 个国家机关和部委的特约人员。

中央十分注重与有关部门和单位的经常性联系，与最高人民检察院建立日常联系机制和联合调研长效机制，民革中央领导同志拜访发改委、财政部，接待中央统战部、最高人民法院、教育部主要领导来访，参与国台办、银监会提案办理调研，联合 11 个部委开展了 8 项课题调研，为发挥参政议政作用开辟新渠道。

（三）开展专题调研。一年来，围绕国家经济社会发展全局性、战略性和前瞻性问题，中央以及机关部门、专委会开展考察调研 32 次，报送调研报告 16 篇，得到中共中央、国务院领导同志批示的有 13 篇共 26 人（次），其中，中共中央政治局常委批示 20 人（次），同比增加 180%，创历年新高。

3 月，受中共中央委托并经民革中央主席会议研究，将“农村困难群众权益保障问题”这个影响农村和谐稳定，同时涵盖社会法制和“三农”两大领域的难题，确定为年度重点调研课题。万鄂湘主席明确提出，要长期关注，并把调研与社会服务、基层组织建设结合。在委托辽宁、山东、湖南、四川、广东、宁夏等省级组织预调研基础上，5 月，民革中央与最高人民法院、民政部、人力资源和社会保障部、农业部等在湖南开展调查研究，并形成了《关于进一步加强农村困难群众权益保障工作的建议》，提出推动相关立法进程、建立多层次农村社保体系等建议，得到中共中央政治局常委李克强、俞正声、张高丽等领导同志批示和相关部委的积极回应。

6 月，万鄂湘主席带领全国人大、全国政协及有关部门和民革中央组成的联合调研组，赴广东、福建等五地调研“行政审判体制改革”，回京后多次研讨，数易其稿，形成有关调研报告，建议按照“顶层设计，先行试点，分步实施，逐步推开”方针，探索设立专门行政法院，并提出“三步走”路线，受到中共中央政法委主要领导同志的高度评价。

围绕国家重大战略、经济社会发展重点问题以及区域统筹发展的难点等，今年 6 月提交的《关于将宜昌、荆州纳入“长江中游城市群”的建议》得到了习近平总书记和中共中央政治局常委李克强、俞正声、张高丽等领导同志的重要批示，目前国家发改委已将这两个城市纳入规划，中共湖北省委对此给予高度评价；此外，《关于把北京新机场建设上升为国家战略，进一步推动首都经济圈发展的建议》、《关于协调推进新型城镇化和新型农村社区建设的建议》得到中共中央政治局常委李克强、俞正声、张高丽等领导同志批示，推动了相关工作的开展。在社法、“三农”和祖统领域，民革中央持续关注并组织开展了“环保执法体制改革”、“因监护人涉罪失管未成年人权益保护”和“道路停车立法”，“发展特色高效农业，促进农民增收”、“稳定粮食生产，确保粮食安全”和“农村土地制度改革”，“为台湾文创企业到大陆发展营造良好环境”和“两岸共建共同家园”

等调研，取得了一批成果。

（四）搞好“两会”建言。中央高度重视做好全国“两会”大会发言和政协提案工作，注重发挥民革特点和优势，深入开展人民政协的参政议政，界别作用充分发挥。

在十二届全国人大一次会议上，担任全国人大代表的40名民革党员认真履行职责。36位代表向大会提交了166份建议，《关于进一步优化上市公司并购重组、股权激励税收政策的建议》被列为重点建议；10人领衔20件议案，34人附议600多件议案，许多建议和议案受到广泛关注。

在全国政协十二届一次会议上，民革中央提交大会发言1篇，书面发言4篇，集体提案53件，会后提交2件平时提案，12件被列为重点督办提案。民革中央作了《以农业转移人口市民化为核心，稳步推进城镇化健康发展》的大会口头发言。有65位委员提交个人提案233件，13件被重点督办；提交联名提案44件，4件被重点督办。在中共中央政治局常委张德江同志参加的联组会上，5位委员分别就对台工作、环境外交等问题发言，受到充分肯定；在中共中央台办、环保部、审计署负责同志参加的民革联组会上，10位委员的发言得到了积极回应。一次会议后，中央领导同志先后参加全国政协常委会、有关专题协商和重点督办提案调研6次，分别提交了口头和书面发言各4篇。

中央的大会提案受到中共中央、国务院各部委办高度重视。截至目前，收到27个部委办关于50篇提案的56件答复，提案办复率94.3%。其中，已经解决或采纳的占26%，列入计划拟解决或拟采纳的占70%，用作参考的占4%。《加快完善国土资源节约集约利用立法，推进生态文明法制建设》的部分建议已在修改后的《矿产资源法》中得到体现；《利用市场化机制解决钢铁产能过剩问题》的部分建议被国家发改委采纳；《关于采用先进信息技术构建国家人才资源库，打造人才资源强国》提出的“为每个学生建立唯一‘学籍卡’”建议，在今年秋季入学新生中落实。

中央参政议政工作得到了新闻媒体的高度关注。3月6日全国政协十二届一次会议举行第一场记者会，万鄂湘主席在回答《纽约时报》记者提问时，幽默回答“中国有一句老话，鞋子舒不舒服只有脚知道”，成为向世界诠释和宣传中国多党合作制度的精彩名言。此外，民革界别委员还应邀参加“健全协商民主制度”记者会，接受人民网、中国网等20多家媒体采访200余人次。

反映社情民意信息工作是履行参政议政职能的重要形式和制度渠道。万鄂湘主席先后3次批示，强调“信息文字虽短，但接地气；标题虽小，但反映大问题；既要有数量，更要有质量”。常委会加大对信息工作的领导，完善工作机制，取得明显成效。一年来，民革中央共收到各省级组织和中央专委会、机关部门报送的信息素材2630篇，经过归纳和提炼，向全国政协报送512篇，被采用51篇，其中《加强工业技术研究院建设，助推经济转型升级》、《将青海设立为国家生态文明先行试验区》等4篇被单篇采用，综合采用10篇，转送有关部门37篇，单采篇数同比增加100%，信息采用率同比提高3个百分点。中共中央政治局常委张高丽同志对《将青海设立为国家生态文明先行试验区》作出批示，国台办、证监会分别对《关于台湾部分便民服务门户网站解除屏蔽的建议》和《加强对会计师事务所监管，杜绝上市公司IPO财务造假》回函。《从源头加强中小学校服质量安全监管，促进青少年健康成长》等10篇信息被《人民政协报》刊载。

二

一年来，民革中央按照十二届三次中常会对参政议政工作的要求和部署，牢牢把握“利用优势，‘联结’特色，找准切入点，打造新亮点”的工作思路，建立健全“中央与地方组织结合、集中与分散结合、专家与群众结合”的工作机制，不断创新“统筹安排、精心策划、加强交流、狠抓落实”的工作方法，有效提升了参政议政的制度化、规范化、程序化水平。主要体会有：

（一）加强领导，真抓实干是根本。中央召开中常会、主席会等进行专题研究部署，首次建立向中央全会专题报告参政议政工作制度，规范调研报告和相关建议报送程序，提高工作制度化水平。健全报送社情民意信息长效机制，明确中央常委参政议政的硬性指标。完善“领导抓、层层抓、抓基层”的工作责任，建立信息直报点、特约信息员制度，落实中央常委的领导责任，发挥代表人士的示范作用。

（二）理清思路，发挥优势是核心。在总结分析组织发展新形势和民革特色优势基础上，中央提出了参政议政工作的总体思路、工作机制和主要方法，并创新性落实到今年的重点调研和专题调研工作中。以调研为契机，推动地方组织成立法律援助中心、基层组织开展对口帮扶“牵手活动”，大大拓展和提升了参政议政领域与层次，实现了民革参政议政与社会服务、基层组织建设联动发展。

（三）深入实际，调查研究是基础。中央把组织开展好高质量、有实效的专题调研作为基础性、关键性工作，贯穿参政议政全过程。一年来，中央领导同志带队开展了 30 次实地调研，足迹遍布全国 24 个省（区、市）48 个地市。中央专委会通过参与举办“海峡论坛”，与研究机构组织“经济形势分析会”，运用直辖市、省际片区协调联动模式调研，创新专委会联合与国家部委合作调研等方式，拓展调研的深度与广度。其他常委们也通过参加调研研讨、出席会议活动等形式，为参政议政准备鲜活材料，为地方工作提供有力指导。

（四）搭建平台，创新方法是关键。中央高度重视发挥专委会的抓手、平台和参谋作用，整合资源，创新方法。中央推荐安排所有副主席分别担任专委会主任，加大指导。在原有七个专委会基础上，单设“三农”委员会，优势领域更加凸显。遴选了 284 名专委会委员，实行动态管理。按照“为高层协商服务、为政协参政议政服务、为地方经济社会发展服务”的原则，专委会已组建金融、法治、国际问题、城镇化等 6 个研究中心，加强与民革党外专家、社会力量合作。统筹协调专委会、机关部门和省级组织重点课题，制定长、中、短不同阶段研究重点和工作计划，狠抓落实，形成合力。

（五）注重激励，队伍建设是保障。中央修订完善工作办法，健全量化考核、动态管理和激励保障制度。组织召开“民革全国参政议政工作暨成果交流会”，调动地方组织和民革党员履职的积极性、主动性。继续发挥《专委会通讯》作用，并依托民革中央网站建立参政议政、专委会网上工作平台，交流经验、共享成果。通过联合调研、研讨培训，提升队伍整体水平。

在看到成绩的同时，我们也清醒地认识到，与新形势新任务的要求和广大民革党员的期望相比，参政议政工作还有差距。如何增强高层协商中经济领域建言献策的全局性、可操作性，如何提升民革党员担任实职领导职务的数量和层次，如何增加政协大会发言和提案的影响力，如何提高调研成果的“采用率”、“批示率”和“转化率”，如何确保调研工作有计划有准备开展等，还需要不断加强和改进。

三

2014年是贯彻落实中共十八大和十八届三中全会精神的重要之年，是完成“十二五”规划目标任务的关键一年，常委会将以坚持和发展中国特色社会主义为方向，以提升高层协商建言献策水平为核心，以提高全国政协大会发言和提案质量为重点，以加强代表人士队伍建设为关键，以建立健全长效机制为保障，围绕健全社会主义协商民主、深化司法体制改革、加快行政审批制度改革、完善产权制度的平等保护、构建新型农业经营体系、形成新型工农城乡关系、赋予农民更多财产权利、完善土地流转、建立两岸司法合作、经贸合作、能源安全合作、两岸婚姻家庭等课题，注重统筹谋划，深入实地调研，在凝聚共识上多尽责，在推动发展上作贡献，进一步提升参政议政的科学化水平。

回顾一年来参政议政工作取得的成绩，我们感到欣慰；展望参政议政工作的广阔前景，我们充满信心。让我们紧密团结在以习近平同志为总书记的中共中央周围，同心同德，再接再厉，切实履行参政党职能，努力提高议政建言质量，以更加奋发有为的工作，为全面建成小康社会作出新贡献！

中国国民党革命委员会中央常务委员会关于学习贯彻十二届全国人大一次会议和全国政协十二届一次会议精神的决议

（2013年3月10日民革第十二届中央常务委员会第二次会议通过）

中国国民党革命委员会第十二届中央常务委员会第二次会议认真学习了十二届全国人大一次会议和全国政协十二届一次会议精神，一致赞同温家宝总理所作的政府工作报告、吴邦国委员长所作的第十一届全国人大常委会工作报告、贾庆林主席所作的全国政协第十一届常委会工作报告及其它报告。

会议认为，过去的五年，是我们在中国特色社会主义道路上奋勇前进的五年，是我们经受住各种困难和风险考验、夺取全面建设小康社会新胜利的五年。五年来，全国各族人民在中国共产党领导下，高举中国特色社会主义伟大旗帜，坚持以邓小平理论、“三个代表”重要思想、科学发展观为指导，团结奋斗，开拓进取，社会主义经济建设、政治建设、文化建设、社会建设、生态文明建设取得重大进展，人民代表大会和人民政协的工作成效显著，爱国统一战线不断巩固和壮大，中国共产党领导的多党合作和政治协商制度不断发展，民主党派的工作更加活跃和富有生机，在国家政治生活中发挥了重要的作用。

会议强调，十二届全国人大一次会议和全国政协十二届一次会议，是全面贯彻落实中共十八大精神的重要会议。会议的召开，对进一步动员全国各族人民为全面建成小康社会、不断夺取中国特色社会主义新胜利而团结奋斗，具有重大的意义。民革全党要认真学习两会精神，按照两会明确的目标和任务，全面做好民革各项工作。

会议指出，张德江同志在参加全国政协十二届一次会议民革、台盟、台联界委员联组会上发表的讲话，牢牢把握持续推进两岸关系和平发展的主题，体现了始终坚持一个中国原则、反对“台独”的坚强意志和坚定决心。广大民革党员要认真学习张德江同志的讲话，紧紧围绕两岸关系和平发展这一主题，坚持“和平统一、一国两制”方针，坚持发展两岸关系、推进祖国和平统一进程的“八项主张”，坚决反对“台独”分裂活动，继续遵循中共中央对台工作大政方针，积极促进两岸各项交流与合作，进一步做好促进祖国和平统一的工作。

会议要求，民革各级组织要结合民革实际，把两会精神贯彻落实到实际工作中，大力加强以参政能力建设为重点的自身建设，不断提高参政能力和水平，围绕两会提出的各项任务和“十二五”规划的实施，统一思想，凝聚力量，发挥优势，突出特色，积极做好参政议政、民主监督工作。

会议号召，全党紧密团结在以习近平同志为总书记的中共中央周围，高举中国特色社会主义伟大旗帜，以邓小平理论、“三个代表”重要思想、科学发展观为指导，继承和发扬孙中山爱国、革命、不断进步的精神，进一步增强责任感和使命感，齐心协力，奋发进取，扎实工作，为全面建成小康社会、实现中华民族伟大复兴的“中国梦”而努力奋斗！

中国国民党革命委员会第十二届中央委员会第二次全体会议决议

（2013 年 12 月 3 日民革第十二届中央委员会第二次全体会议通过）

中国国民党革命委员会第十二届中央委员会第二次全体会议于 2013 年 12 月 2 日至 3 日在北京召开。会议学习了中共十八届三中全会精神，审议通过了万鄂湘同志代表中央常务委员会作的工作报告、何丕洁同志代表中央监督委员会作的工作报告，讨论通过了《民革中央关于开展坚持和发展中国特色社会主义学习实践活动的决定》。会议认为，万鄂湘同志的报告实事求是、内容丰富、文风朴实、亮点纷呈，全面具体地总结了今年的工作，并且对明年的主要工作提出了针对性的意见，对下一阶段民革各项工作的开展有着重要指导作用。

会议认为，中共十八届三中全会是在我国改革开放新的重要关头召开的一次重要会议，是全面深化改革的又一次总部署、总动员，必将对推动中国特色社会主义事业产生重大而深远的影响。全会通过的《中共中央关于全面深化改革若干重大问题的决定》，深刻剖析了我国改革发展稳定面临的重大理论和实践问题，阐明了全面深化改革的重大意义和未来方向，提出了全面深化改革的指导思想、目标任务、重大原则，描绘了全面深化改革的新蓝图、新愿景、新目标，汇集了全面深化改革的新思想、新论断、新举措，形成了改革理论和政策的一系列重大突破，是对全面深化改革进行总体部署的纲领性文件，是为赢得战略机遇、实现可持续发展作出的重大决策。认真学习领会和全面贯彻落实中共十八届三中全会精神，是民革当前和今后一个时期的重要政治任务。各级组织和全体党员要通过认真学习，准确把握全会精神实质，切实把思想和行动统一到中共中央关于全面深化改革的重大决策部署上来，把智慧和力量凝聚到实现全会作出的一系列新要求新部署上来，坚定信心，凝聚共识，明确任务，增强责任感和使命感，在改革开放的新征程中作出应有贡献。

会议要求，民革各级组织和广大党员要继续坚定不移地接受中国共产党领导，进一步发扬与中国共产党密切合作、风雨同舟的优良传统，坚持和维护中国共产党领导的多党合作和政治协商制度。要深入开展好坚持和发展中国特色社会主义学习实践活动，坚定不移沿着中国特色社会主义道路奋勇前进。要紧紧围绕中共十八届三中全会确定的目标和任务，紧扣全面深化改革的主题，着力加强自身建设，认真履行参政党职能。要结合民革实际，围绕国家经济社会发展中的重大问题和民革参政议政工作的三个重点领域，重点就经济体制改革、法治中国建设、城乡一体化发展、政府职能转变、社会事业改革创新、生态文明建设、两岸合作发展等问题，深入调查研究，为推动经济社会持续健康发展建睿智之言，献务实之策。

会议强调，中共十八届三中全会所带动的经济社会各项事业新发展，必将为两岸经济合作乃至两岸关系发展提供更强劲的动力、更宽广的空间和更有利的条件。面对新形势新任务，民革全党要牢牢把握两岸关系和平发展的主题，继续遵循“和平统一、一国两制”方针，在中共中央对台工作方针、政策和原则指导下，整合资源，创新思路，进一步做好促进祖国和平统一的工作。

会议号召，全党同志紧密团结在以习近平同志为总书记的中共中央周围，高举中国特色社会主义伟大旗帜，以邓小平理论、“三个代表”重要思想、科学发展观为指导，继承和发扬孙中山爱国、革命、不断进步精神，认清形势，振奋精神，求真务实，开拓进取，沿着中共十八大和十八届三中全会指引的方向，努力开创民革工作新局面，为谱写改革开放伟大事业新篇章，为全面建成小康社会、实现中华民族伟大复兴的中国梦而努力奋斗！

民革中央关于开展
坚持和发展中国特色社会主义学习实践活动的决定

（2013 年 12 月 3 日民革第十二届中央委员会第二次全体会议通过）

坚持和发展中国特色社会主义是中共十八大、十八届三中全会精神的核心，是民革自身建设和履行职能的聚焦点、着力点和落脚点。为引导民革广大党员坚定对中国特色社会主义的道路自信、理论自信、制度自信，切实担负起中国特色社会主义事业的亲历者、实践者、维护者、捍卫者的使命，以饱满的政治热情投身于建设中国特色社会主义的各项事业，在中国共产党的领导下，在中共十八大、十八届三中全会精神指导下，共同为全面建成小康社会和实现中华民族伟大复兴作出新的更大贡献，民革中央决定从现在开始，利用四年左右的时间，在全党开展坚持和发展中国特色社会主义学习实践活动。

一、本次学习实践活动的总要求，是以坚持和发展中国特色社会主义为主题，以学习贯彻中共十八届三中全会精神为重点，通过开展形式多样的学习实践活动，使民革各级干部和广大党员深入理解和把握中国特色社会主义的主要内涵和基本特征，深刻理解和把握中共十八届三中全会关于全面深化改革的指导思想、目标任务、重大原则、各项部署，统一思想认识、传承优良传统、巩固政治基础 、加强自身建设 ，为全面实现中共十八届三中全会描绘的新蓝图、新愿景、新目标，充分发挥参政党参政议政、民主监督作用。

二、本次学习实践活动的核心，是加强理论学习，提高思想认识，坚定信心和勇气，凝聚共识和力量。要深入学习中共十八大和十八届三中全会精神，学习以习近平同志为总书记的新一届中共中央领导集体关于治国理政的一系列重要论述，学习中共十八届三中全会关于全面深化改革的一系列重要部署。要进一步学习中共中央关于多党合作制度的一系列文件和民革中央领导同志关于自身建设的一系列重要讲话精神 。要进一步深入学习统一战线和多党合作的光辉历史和优良传统，学习民革章程和民革党史。

三、本次学习实践活动的关键，是贯彻理论联系实际的学风，用理论指导工作实践。各地要以本次学习实践活动为契机，发扬民革自我教育的优良传统，根据民革自身建设的目标和原则，解放思想，实事求是，与时俱进，大力加强自身建设。

各地民革组织要紧紧围绕中共十八届三中全会确定的目标和任务，为加快发展社会主义市场经济、民主政治、先进文化、和谐社会、生态文明建言献策。要注重保持和发挥民革参政议政重点领域的特色，发挥好各专委会和研究中心的作用，围绕高层协商、政协大会发言和提案工作深挖潜力，研究社会经济发展中的战略性、全局性、前瞻性问题。

各地民革组织要积极推进“民革基层组织牵手困难群众”活动，帮助所联系困难群众解决实际困难；要坚持将推动两岸关系和平发展作为民革祖统工作的核心内容，坚持将做好台湾人民的工作作为衡量民革祖统工作成效的重要标准。

四、开展学习实践活动，要突出民革特色，与继承和发扬孙中山爱国、革命、不断进步的精神结合起来，与深入系统地学习民革章程、加强民革党史学习研究结合起来。以民革章程的要求规范各级组织的运行和党员的政治行为，以民革前辈坚持中国共产党领导、与中国共产党亲密合作的宝贵经验，追求进步、崇尚真理的高尚风范作为自身建设的重要资源，激励和引导民革党员为坚持和发展中国特色社会主义而努力奋斗。

各地民革组织要围绕本次学习实践活动的主题，加强理论研究。要整合党内外研究力量，选取民革自身建设和参政议政中的重要理论课题，组织开展调研。

五、各级领导同志要高度重视，统筹安排，精心组织，切实加强对学习实践活动的领导，成立活动领导小组，做好活动计划。把民革中央于今年 4 月发出通知、各级组织正在开展的“纪念中共中央五一口号发布 65 周年，薪火相传圆多党合作之梦”学习教育活动纳入本活动之中。重点是抓好领导干部和党员骨干的学习实践，坚持领导干部带头作出表率。要坚持“自觉、自主、自为”原则，将学习实践活动覆盖到所有基层组织。

六、要不断创新学习的方法、形式，积极探索、运用行之有效的方式和载体，如举办报告会、培训班、研讨会等，创造出更多使广大党员便于参与、乐于参与的新形式。

七、要做好学习实践活动的宣传报道。大力宣传开展学习实践活动的重大意义、进展情况和活动中好的做法、经验和成效。要加强对先进人物、先进事迹的宣传报道力度，增强党员的荣誉感，凝聚党员共识、强化精神纽带、增进奋斗动力，树立民革良好的社会形象。

各地民革组织要把开展学习实践活动的情况及时向中央报告。

民革坚持和发展中国特色社会主义学习实践活动实施方案

为保证民革坚持和发展中国特色社会主义学习实践活动切实有效开展，根据《民革中央关于开展坚持和发展中国特色社会主义学习实践活动的决定》(以下简称《决定》)和民革十二届二中全会、民革坚持和发展中国特色社会主义学习实践活动动员培训会的要求，制订本方案。

一、加强领导，把握方向

（一）为保证对学习实践活动的组织领导，民革中央决定成立学习实践活动领导小组。成员如下：

组长：万鄂湘

副组长：齐续春、修福金、何丕洁、郑建邦

秘书长：修福金（兼）

副秘书长：李惠东、吴先宁、李霭君、刘英琪、但昭颖、边旭光

办公室主任：李惠东（兼）

办公室设在办公厅。

各地组织要按照《决定》要求，成立学习实践活动领导小组和办公室，制订具体规划和方案。

（二）民革各级领导既是学习实践活动的领导者，也是学习者、实践者。民革中央领导同志率先垂范，主席、常务副主席、驻会副主席分别在《团结报》撰写署名文章，从不同角度，对民革全党开展坚持和发展中国特色社会主义学习实践活动提出要求，并主动深入基层，积极参加支部活动。民革中央中心学习组召开了坚持和发展中国特色社会主义专题学习座谈会。民革各地各级领导也要以身作则，深入基层了解情况，带头学习，参与实践，加强理论研究，亲自动手撰写文章。

（三）民革中央主席对学习实践活动进行全面督导，常务副主席、各位副主席每人联系 2—5 个省级组织。

齐续春：河北、山西、内蒙古

修福金：辽宁、吉林、黑龙江、安徽、河南

刘 凡：上海、浙江

程崇庆：江苏、江西

傅惠民：北京、山东

何丕洁：湖北、湖南、贵州、广东、海南

田惠光：天津、广西

郑建邦：重庆、云南、陕西、青海、新疆

邓力平：福建、甘肃

刘家强：四川、宁夏

二、注重引导，把握动态

（一）民革各级组织要及时掌握广大党员的思想动态，每年根据当年形势任务和民革工作实际，确定年度学习实践活动重点。现阶段，要把学习贯彻中共十八届三中全会精神，作为民革开展学习实践活动的主要任务。

（二）民革中央宣传部围绕主题编写学习资料，并组织下发至各地。

（三）组织好在新闻媒体关于学习实践活动的报道工作，着重做好民革中央及各地典型事例的报道，弘扬正能量，对学习实践活动的开展进行及时引导。

三、认真学习，深入实践

（一）中共十八届三中全会作出了全面深化改革的重大战略决策。全面深化改革的根本目的，就是要坚持和发展中国特色社会主义。在现阶段，民革开展学习实践活动的主要任务，就是引导和推动民革全党，把学习贯彻中共十八届三中全会精神作为重大政治任务，把服务全面深化改革作为工作重中之重，把思想和行动统一到全会精神上来，把智慧和力量凝聚到完成全会确定的各项改革任务上来，为实现中共十八届三中全会确立的改革目标，充分发挥参政党职能作用。

（二）各地要把开展学习实践活动的成效体现在参政议政的水平和成果上，紧紧围绕中共十八届三中全会确定的目标和任务深入调研，根据本组织具体情况确定参政议政重点工作领域，为全面深化改革建言献策。

四、精心组织，抓好载体

（一）开展形式多样的学习活动，组织撰写相关理论文章。各地要坚持理论联系实际，树立终身学习和学习就是工作的理念。每个省级和地市级组织每年举办的报告会、培训班、研讨会等学习活动累计不少于十次。每个省级组织每年撰写的理论文章不少于十篇，并及时向中央提交。中央将各省级组织提交的理论文章分别在《团结报》、《团结》杂志、民革中央网站上发表。

（二）各地按照《决定》要求，结合本地实际，贯彻理论联系实际的学风，用理论指导工作实践，建立健全各项工作制度，尤其是进一步建立健全领导班子的各项规章制度，大力加强自身建设。

（三）各地积极开展“伸出博爱之手——民革基层组织牵手困难群众”活动，努力探索民革组织开展社会服务和扶贫帮困工作的有效形式。

（四）加强各专委会研究工作。各地要按照《决定》要求，整合党内外研究力量，选取民革自身建设和参政议政中的重要理论课题，组织开展调研。

（五）各地大力推进民革前辈史料收集工作，让民革优良传统薪火相传。

（六）各省要对本省获得国家级表彰的民革党员和曾任全国人大代表、全国政协委员且参政议政工作成绩突出的民革党员，进行深度报道（篇幅应不少于 1 万字），并报送中央，每省每年报送文章不少于 2 篇。中央将编辑出版民革人物《亲历者》丛书，将民革党员作为中国特色社会主义事业的亲历者、实践者、维护者、捍卫者的风采充分展示出来。

（七）民革中央与省级组织联合、分期举办县处级以上政府实职干部专题研讨班，对民革党员中的县处级以上政府实职干部进行思想理论培训和反腐倡廉教育。

（八）民革中央举办省级组织各部门负责人培训班，四年内完成。

（九）《团结报》、《团结》杂志、民革中央网站和各地组织的报刊、网站要开设专栏，做好组织、发表理论研究和宣传报道文章的工作，为学习实践活动搭建一个加强学习和交流的平台。为了鼓励广大民革党员积极参加学习实践活动，《团结报》、民革中央网站设立“亲历者赞”专栏，用诗歌、诗词、书画、摄影等形式，宣传中国特色社会主义优越性，增强民革党员爱国热情，讴歌改革开放丰硕成果，加强参政党文化建设。

五、狠抓落实，做好总结

（一）各省级组织每年总结学习实践活动的阶段性成果和经验，形成书面材料，于每年 11 月底前报送民革中央学习实践活动领导小组。

（二）民革中央根据各省级组织上报的总结材料，选取部分省份，进行调研督导，总结学习实践活动中好的经验和做法，在全党推广，把学习实践活动引向深入。

（三）民革中央每年年底召开一次学习实践活动阶段性总结表彰会，2017 年底召开全面总结表彰会。

本方案自发布之日起实施，至 2017 年民革第十三次全国代表大会召开之前终止。

中国民主同盟

中国民主同盟第十一届中央常务委员会工作报告

——2013 年 11 月 21 日在民盟第十一届中央委员会第二次全体会议上

张宝文

各位委员、各位同志：

我受第十一届中央常务委员会的委托，向全会作工作报告，请予审议，并请列席会议的同志提出意见。

2013 年工作回顾

2013 年是全面贯彻落实中共十八大精神的第一年。面对经济社会发展转型阶段的复杂形势，以习近平同志为总书记的中共中央总揽全局、科学决策，坚持稳中求进的总基调，采取了一系列创新性的政策措施，着力稳增长、调结构、促改革，保证了经济、社会平稳运行。中共中央还在全党认真落实转变工作作风的“八项规定”，深入开展了“党的群众路线教育实践活动”，为各项工作的开展注入了强大动力。2013 年也是民盟第十一届中央委员会的开局之年。新一届中央常务委员会按照民盟十一大的部署，研究制定了《民盟中央五年工作规划（2013—2017）》，明确了今后五年发展的新思路、新目标、新任务，有效增强了盟务工作的前瞻性和系统性。召开了民盟全国工作会议，对盟务工作进行了全面部署。一年来，全盟坚持中国特色社会主义政治发展道路，继承发扬盟的优良传统，努力加强自身建设，较好地履行了参政党职能，各项工作均取得了新的进展。

一、加强思想建设，搞好政治交接，多党合作共同思想政治基础更加巩固

民盟十一大以来，全盟各级组织大力加强思想建设，认真学习贯彻中共十八大和民盟十一大精神，紧密结合盟员队伍实际，继承和发扬盟的优良传统，积极开展丰富多彩的宣传教育活动和理论研究，引导广大盟员进一步坚定信念，凝聚共识。

——认真学习贯彻中共十八大等重要会议精神。全盟各级组织认真学习中共十八大和习近平总书记走访民盟中央时的重要讲话精神，努力树立大局意识和责任意识，把坚持中国特色社会主义作为多党合作的最大政治共识，不断增强道路自信、理论自信和制

度自信。民盟十一届二次中常会对落实“两会”精神、更好地履行参政党职能作出了安排部署。全盟各级组织采取有效措施，不断提高民盟思想理论建设水平，广大盟员思想上更加坚定，理论上更加清醒，自觉成为中国特色社会主义的维护者、科学发展的推动者和改革开放的促进派。

——政治交接持续推进。民盟十一届三次中常会专题研究盟的自身建设，提出政治交接是盟的自身建设的长期任务，各级盟组织要把政治交接融入自身建设和履行职能的各项工作之中，确保盟的优良传统薪火相传。今年是中共中央“五一口号”发布65周年，民盟中央领导出席了中共中央召开的纪念座谈会，并在会上作了重要发言。各级盟组织通过召开纪念会、研讨会，开展征文等多种形式，纪念这一具有重大意义的历史事件，回顾民盟与中国共产党团结合作的光辉历程，引导广大盟员倍加珍惜、牢牢把握65年的实践给我们的启示，始终不渝地坚持中国共产党的领导，坚定不移地走中国特色社会主义政治发展道路。

——宣传工作成效不断提高。各级盟组织进一步加强与主流媒体的联系与合作，积极向各大媒体推荐稿件，多层次全方位介绍民盟工作，扩大了民盟社会影响。全国“两会”期间，民盟组委员共接受采访350余次，《人民日报》、《光明日报》、《人民政协报》、《团结报》等刊发有关报道100多篇。

各级盟组织主办的盟讯等内部刊物，贴近盟员思想实际，内容丰富，有较强的可读性，在盟内宣传和指导工作方面发挥了重要作用。围绕新形势下如何提高宣传工作科学化水平和加强网络宣传等问题，盟中央领导在山东、江苏、江西、安徽等地开展调研。召开了首次“民盟宣传暨网络管理工作会议”，总结运用网络开展宣传工作的经验，明确了加强各级网站建设的任务和举措。今年盟中央网站年发稿量2000余篇，年访问量300余万次。完成了盟中央网站的手机版上线工作。目前30个省级组织都建立了网站，省级以下盟组织建立网站120个，在盟的宣传工作中发挥了重要作用。《群言》杂志继续围绕国家发展中亟待解决、人民群众关注的热点难点问题，广纳群言，献策立论，办刊质量不断提高。完成了新一届民盟中央美术院理事会的组建工作，召开了理事会第一次会议。

——参政党理论研究工作继续加强。理论上清醒是参政党政治上坚定的重要保证。全盟各级组织进一步加强理论研究工作的组织领导，坚持正确政治方向，不断完善机制，推动研究工作深入开展。民盟中央参政党理论研究中心开展的课题招标工作积极推动研究水平的提高，引导拓宽研究领域，突出实践导向，强化对策研究。今年共有28个省级组织的31个课题中标，涵盖多党合作理论、盟务工作、盟史等多个领域。部分省级组织成立了专门的理论研究机构，组建了较为稳定的研究队伍。各省级组织通过开展课题招标，组织论坛、研讨会，编印出版研究文集，表彰先进个人及优秀成果等形式推动理论研究，产生了一批有较高质量的研究成果，较好地发挥了理论研究在深化对参政党建设规律的认识、推动工作创新方面的作用。

二、深入调查研究，积极建言献策，更好地履行了参政党职能

全盟坚持“奔走国是，关注民生”的优良传统，立足民盟的特色和优势，把促进科学发展作为参政议政的第一要务，科学规划，周密安排，深入调查研究，凝聚全盟智慧，

不断提高建言献策的质量。

——围绕国家发展大局，积极参与高层协商。今年中共中央、国务院共召开5次高层协商会，盟中央领导在一系列深入调查研究基础上，先后就政府工作报告、中共十八届三中全会决定等重要会议文件以及统筹推进城乡一体化、完善基本公共服务体系建设、深化社会保障体制改革、收入分配体制改革、加快转变经济发展方式、转变政府职能等重大问题提出意见和建议，受到高度重视。盟中央领导还先后参加全国政协及有关部委举行的协商会、座谈会，就城镇化建设、生态保护、教育公平等提出明确建议。盟的地方组织领导积极在当地中共党委、政府召开的协商会、座谈会上建有据之言，献务实之策，有些意见、建议进入决策程序，推动了当地经济社会科学发展。

——利用政协平台议政建言，推进社会主义协商民主建设。在全国政协十二届一次会议上，民盟中央整理、提炼调研成果，凝聚广大盟员智慧，共提交大会发言1篇，书面发言1篇，提案25件，其中《民众金融资产保值增值应引起高度重视》的大会发言受到社会关注，《关于建立基层公共服务与社会管理有机结合机制的提案》等3篇提案被列入全国政协“积极稳妥推进城镇化，着力提高城镇化质量”提案办理协商会。《关于进一步加强节能减排的提案》等4篇提案被列入全国政协“加强城乡污染防治，改善城乡人居环境”提案办理协商会，并被全国政协社会与法制委员会列入专题座谈会内容。《关于改进基层医疗卫生机构保障机制建设的提案》被列入全国政协提案办理座谈会内容，《关于加强耕地质量建设,保障农产品质量安全的提案》被全国政协提案委员会列入重点督办、考察座谈会。

盟中央在全国政协常委会上发言，提出《关于大力发展我国草产业的建议》，从维护食品安全、粮食安全、生态安全的高度提出要重视发展草产业，得到高度评价。在全国政协大会闭会期间盟中央提交的《关于继续加大对农业支持保护力度的提案》等4份平时提案，受到国务院有关部门的重视。

盟的地方组织也高度重视在政协平台上发挥作用。在深入调研基础上不断提高大会发言和提案的质量，积极反映社情民意，受到党委政府的重视和社会好评。

——围绕改革发展的重要领域和关键环节深入调研，提出政策建议。为继续推动搞好社会保障领域改革顶层设计，盟中央受中共中央委托在山东进行重点调研，民盟江苏、安徽、辽宁、黑龙江、四川省委和成都市委在当地协同调研，形成了报送中共中央、国务院的《关于全面优化制度安排，实现社会保障定型、稳定、可持续发展的建议》及关于养老保险、医保制度、社会救助等4个方面的具体建议方案。这已是盟中央连续第四次就社会保障专题向中共中央提交政策建议，习近平总书记和李克强总理先后作出重要批示。

盟中央和地方盟组织联合就经济社会发展重要问题开展调研。在湖南就洞庭湖生态经济区水资源综合利用，在河北、北京就南水北调工程建设开展调研，推动水资源开发和生态环境保护。在北京就城乡一体化开展调研，了解农村集体建设用地集约利用、公共服务一体化等方面的成功经验。在四川就“川渝合作示范区建设（广安片区）”进行调研，力争在国家层面进一步助推示范区建设。在四川、贵州就“赤水河流域连片扶贫开发”进行调研，争取加大国家政策扶持力度。在宁夏、甘肃就西北地区农业综合开发开展调研，青海、陕西、新疆等地盟组织协同调研，为推进西北地区实施农业可持续综合开发战略提出政策建议。

今年盟中央共向中共中央、国务院报送政策建议信8篇，截至目前，《关于保护与建设洞庭湖水生态文明的建议》、《关于加强南水北调受水区地下水压采的建议》、《关于试点建设钒钛产业高技能人才培养基地的建议》、《关于在芦山灾区建设国家生态文明示范区的建议》等7篇政策建议信已获得中共中央、国务院主要领导批示。

盟中央与省级组织合作开展课题调研运行机制日益成熟，课题质量不断提高。截至目前，20项合作调研课题已基本完成，为盟中央在明年政协大会上的发言和提案提供了宝贵素材。各省级组织在支持、配合盟中央调研课题开展的同时，积极探索、丰富参政议政工作形式，不断完善参政议政工作机制，取得良好成效。

——专委会建设进一步加强，作用更加突出。今年盟中央专委会进行了换届，专门委员会数量由原来的8个增加到11个。本届专委会工作基础更加广泛，专委会委员也由上届的172名增加到342名，尤其是大幅增加了京外委员，占比达到38.3%；委员的知识结构、年龄结构也更加合理，不少年富力强的盟员专家的加入为专委会增加了生机与活力。各省级组织也积极发挥专委会作用，为参政议政工作提供智力支持。

专委会举办的论坛质量不断提高。由教育委员会、民盟河南省委主办的首届民盟教育论坛围绕促进内涵式发展、提高高等教育质量和促进教育公平进行了热烈研讨，取得重要成果。由经济委员会主办的第三届民生论坛，聚焦“构建民生优先的社会公平保障体系”，《人民日报》等多家媒体详细报道，引起社会广泛关注。由联络委员会、科技委员会主办的网络空间与国际关系座谈会，就网络安全等问题进行了深入研讨。

——社情民意信息报送工作继续保持领先。盟中央加强完善社情民意信息报送工作机制，充分调动各级盟组织和广大盟员的积极性，上报信息质量不断提高。截至10月底，共报送全国政协393件，被采用56件。目前，民盟信息报送工作在全国政协民主党派、工商联组继续排名第一。

——民主监督工作取得新进展。盟中央寓民主监督于履行参政党职能的各项工作中，通过高层协商、政策建议信、政协发言与提案等方式，发挥民主监督作用。在中央统战部召开的“征求对中共中央政治局加强作风建设的意见”座谈会上，民盟中央就落实“八项规定”有关问题提出了建议。各级盟组织领导参加统战部、人民法院、人民检察院等召开的座谈会和情况通报会，就经济社会发展中的突出问题和公正司法等问题提出建议。担任各级人大代表和政协委员的盟员，认真参与立法和执法检查，积极提交议案、提案、建议。担任中央和地方各级特约监察员、检察员、审计员、教育督导员等职务的盟员积极参与行风政风评议，依法依规履行监督职责，为推进廉政建设、依法治国发挥了积极作用。

——继续做好对港澳台联络工作，参加重要外事活动。盟中央参与主办的第九届“海峡两岸暨港澳地区大学校长联谊活动”今年在台湾成功举办。来自两岸四地近30所大学的校长围绕深化地区之间大学交流、推动中华文化传承、强化现代大学社会责任等内容进行了热烈研讨，取得重要共识。联谊活动开展九年来，两岸四地参与活动的高校总数已达42所，校长共计68位，达到了“加深了解、增进友谊、推进合作、扩大共识”的目的。

盟中央领导还参加了一系列重要外事活动，展示了民盟的良好形象。

三、注重整合资源，不断丰富内涵，社会服务工作取得新成绩

盟的各级组织把社会服务作为民盟履行参政党职能的重要内容，坚持立足民盟实际，突出民盟特色，努力丰富工作内容，拓宽工作渠道，增强工作实效。

——智力扶贫工作取得新进展。盟中央领导先后到重点扶贫联系点调研，多次考察贵州毕节试验区，提出推进生态建设、教育优先发展、大力发展现代农业等建设性意见。支持毕节基层卫生院建设，捐资416万元为19个乡镇卫生院建立了化验室，帮助提高基层卫生院的医疗水平。协调有关部门落实毕节市倒天河三期综合治理工程信贷、甘肃天祝生态移民小康供水和四川遂宁武引蓬船灌区工程等项目，推动当地经济社会发展。帮助河北广宗引进外部智力资源和农业龙头企业，联合建设农业科技示范园。协调北京优质教育资源支持重庆彭水基础教育发展。召开“盟安合作”联席会，研究探讨进一步深化“盟遂合作”工作思路。

——巩固深化“农村教育烛光行动”成果。民盟“农村教育烛光行动”开展7年来，在社会上引起了很大反响，习近平总书记走访民盟中央时也对“烛光行动”进行了充分肯定。今年，继续开展“烛光行动之新东方教师社会责任行”活动，在甘肃、青海、福建等10个省（区、市）培训农村中小学英语教师3100余人次，并组织重庆、内蒙古、河北、河南的80位乡村基层骨干教师到北京参加新东方骨干英语教师进修班。组织京津教育专家和优秀教师赴贵州黔西南州安龙县开展“烛光行动”暑期教师培训活动，200多名中小学骨干教师参加了培训。联合美国科技教育协会举办第49届“海内外基础教育研讨会”，邀请资助福建、河南、安徽等地的50名校长和骨干教师参会。与北京四中网校合作开展的“远程教育烛光行动”稳步推进，先后在四川成都，湖北武汉、恩施，黑龙江哈尔滨、伊春，河南鹤壁和天津蓟县捐赠价值1000余万元的远程教学资源。与外研社合作开展“烛光行动——外研通支教行”。

——全面推广“黄丝带帮教计划”。盟中央领导先后深入陕西、重庆、四川、江苏、北京等地开展帮教工作调研，召开“民盟社会服务工作暨黄丝带帮教计划研讨会”，总结帮教工作经验，进一步探索构建帮教工作长效机制。盟的各级组织加强与司法部门的沟通与合作，积极开展法律咨询、心理咨询、技能培训、医疗义诊等活动千余次。目前全盟30个省（区、市）盟组织都开展了帮教工作，得到了司法部门的好评与支持。

——打造社会服务新品牌。“同心·明眸工程”继续在广西、宁夏、湖南、贵州等地开展，先后实施白内障、低视力康复、角膜移植等手术800余例。组织开展“健康呼吸万里行”，在河南三门峡、陕西富平等地共救助患者300余人，捐赠药品100余万元。在重庆启动“民盟名医讲堂”。部分地方组织继续探索城市社区服务工作，开展了讲学、义诊、咨询服务等活动，积极探索民主党派参与社会管理创新、服务社区新模式，产生了良好的社会反响。

四、继续实施“人才强盟”战略，进一步推进民盟组织建设

今年是民盟中央换届后的第一年，组织建设面临艰巨的任务。全盟各级组织大力加强领导班子、后备干部队伍和基层组织建设，认真贯彻落实《2010—2020年党外代表人

士教育培训改革和发展纲要》精神，组织工作取得新成效。

——组织发展有序推进。盟中央指导各省级组织制定组织发展五年规划，明确今后五年组织发展任务，以体现民盟特色、改善人才结构、提高参政能力为目标，不断深化组织发展工作。召开了组织工作会议，总结五年来民盟组织工作成果和经验，表彰民盟组织发展工作先进集体，研究部署新形势下民盟组织工作。截至目前，全国盟员总数约为 242000 余人。在职盟员比例逐年上升，盟员整体素质进一步提高，非主体界别比例有序增长，为民盟履行参政党职能提供了更加丰富的人才资源。

——后备干部队伍建设力度不断加强。民盟各级组织着眼长远，不断健全后备干部的发现选拔、培养锻炼、推荐使用机制。目前盟员担任全国人大代表 63 名，全国政协委员 133 名，担任县级以上人大代表 2900 余名，政协委员 14900 余名。在各级政府和司法部门担任县处级以上领导职务的共有 891 名，担任大学校（院）长的共有 179 名。

加大骨干盟员培训力度，丰富培训形式，提升培训效果。举办新任民盟中央委员培训班和盟务工作骨干培训班，共有 39 位新任民盟中央委员和 64 位盟务工作骨干参加了培训。协助中央统战部举办了民主党派省级组织新任专职领导干部多党合作专题研究班，积极推荐盟员参加中央统战部举办的境外研讨班、民主党派干部进修班、培训班。盟中央领导先后接见来京参加各类学习的 20 批 420 多名盟员，密切了盟中央与基层盟员的联系。

——盟内监督工作稳步推进。搞好盟内监督，是民盟领导班子建设的重要内容。各级领导班子按照盟中央制定的贯彻落实中共中央“八项规定”实施办法的要求，切实转变工作作风。进行了监督委员会工作调研，了解掌握省级监督委员会设立和开展工作情况。适应形势发展需要，进一步明确了盟内监督的基本原则、内容和方法。为进一步规范监督委员会会议程序，制订了《民盟中央监督委员会全体会议规则》。

——鼓励支持广大盟员建功立业。今年以来，广大盟员立足本职，再创佳绩。郑哲敏院士荣获 2012 年度国家最高科学技术奖，这是继 2007 年度吴征镒院士、2008 年度徐光宪院士、2009 年度谷超豪院士、2011 年度吴良镛院士之后，民盟盟员第五次荣获国家最高科学技术奖。杨志峰等 21 位盟员分别荣获 2012 年度国家自然科学奖二等奖、国家技术发明奖二等奖、国家科学技术进步奖二等奖等奖项。江雷、焦念志、邓秀新、何清华等盟员荣获 2013 年度何梁何利基金奖。方汝将、周利、茅善玉、姚百青等盟员荣获梅花奖。

——机关建设上升到新水平。全盟各级组织高度重视机关建设，着力打造学习型、绩效型、服务型、和谐型机关。盟中央修订完善机关各项规章制度，加大执行力度，促进机关工作的程序化、规范化。各级机关注重加强干部培训，通过选派干部参加培训班、学习班，不断提高干部素质；选派干部到地方政府挂职锻炼，在机关内部进行干部轮岗，加强干部锻炼培养；加强后勤管理，为机关提供更好的服务保障；组织开展丰富多彩的文体活动，增强机关凝聚力，机关氛围更加团结和谐，工作绩效明显提升。

各位委员、各位同志，一年来，全盟的各项工作成绩都是在中共中央的正确领导下，在中央统战部的大力支持下，也是在各位中央委员和全盟同志共同努力下取得的，在这里我谨代表中央常务委员会，向中共中央、中央统战部，向各位中央委员和全盟同志表示衷心感谢！

在肯定成绩的同时，我们也要清醒地看到，还有许多工作需要进一步加强，比如，宣传工作还需要更加贴近盟员思想实际，增强实效；参政议政还需要进一步健全机制、更充分凝聚全盟力量；组织工作需要进一步加强代表性人士队伍建设，以满足各项盟务工作需要等。希望大家提出宝贵意见和建议，帮助我们把工作做得更好。

2014 年工作安排

2014 年是我国改革发展的关键一年。明年全盟工作的总体要求是：认真学习贯彻中共十八届三中全会精神，深入开展“坚持和发展中国特色社会主义”学习实践活动，按照《民盟中央五年工作规划》的要求，全面推进盟的自身建设，坚持“奔走国是，关注民生”的优良传统，围绕全面深化改革、实现科学发展深入调研，咨政建言，切实履行好参政党职能。

一、认真学习贯彻中共十八届三中全会精神，进一步夯实多党合作的共同思想政治基础

中共十八届三中全会是在中国改革开放新的重要关头召开的一次重要会议。全会通过的《中共中央关于全面深化改革若干重大问题的决定》，提出了全面深化改革的指导思想、目标任务、重大原则，做出了深化改革的总体部署，体现了新一届中共中央领导集体治国理政的战略理念，是新的历史起点上全面深化改革的科学指南和行动纲领。会议精神的贯彻落实必将极大地激发全国人民的改革热情和奋斗精神，对推动中国特色社会主义事业产生重大而深远的影响。

——认真学习贯彻中共十八届三中全会精神。民盟各级组织要将认真学习中共十八届三中全会精神，作为当前和今后一段时期内的重要政治任务，切实抓紧抓好。全体盟员特别是各级领导干部，要认真学习《决定》等重要文件，准确把握我国经济社会发展的新要求，把思想和行动统一到中共中央关于全面深化改革重大决策部署上来，不断凝聚改革共识，为推动经济社会发展、促进社会和谐稳定做出贡献。

——深入开展“坚持和发展中国特色社会主义”学习实践活动。学习实践活动是政治交接主题学习教育活动、树立和践行社会主义核心价值体系活动的深化和延续。各级盟组织要在分析了解广大盟员的思想动态及自身建设中存在的突出问题的基础上，认真制定实施计划，围绕加强自身建设、切实履行职能，不断创新活动思路、方式和载体，增强活动的针对性、实效性，引导广大盟员在复杂情况下明辨是非，坚持正确方向，进一步坚定走中国特色社会主义政治发展道路的信念和决心。

——认真做好宣传思想工作。面对复杂多变的形势，各级盟组织要坚守宣传阵地，增强主动宣传的意识，结合盟员队伍的思想实际和特点，积极开展广大盟员便于参加、乐于参与、易于接受的宣传教育活动。要在全盟开展宣传思想工作调研的基础上，适时召开全盟宣传工作会议，探讨总结新形势下宣传思想工作的内在规律和基本经验。要加强与主流媒体、新兴媒体的联系沟通，及时向社会宣传民盟的各项工作和优秀盟员事迹。

进一步改进《中央盟讯》的编辑工作，丰富盟中央网站的版块内容。《群言》杂志2014年改版后，要继续保持“知识分子的群言堂”的鲜明特色，扩大品牌影响力，发挥《群言》舆论宣传阵地的作用。

——进一步加强理论研究和盟史研究工作。要深入分析新形势下民盟事业发展面临的新情况、新问题，紧紧围绕民盟的基本特色和工作重点，努力将丰富的工作实践经验在理论上加以概括和提炼，为推动盟的事业发展提供正确有效的理论指导。要在总结经验的基础上，继续在全盟开展课题招标工作，增强课题设计的科学性，推动课题成果质量不断提高，形成一批对领导决策和盟务工作探索创新有较高参考价值的研究成果。要注意整合民盟自身的理论研究资源，更好地发挥民盟中央参政党理论研究中心特邀研究员的作用。适时召开理论专题研讨会，努力推动理论研究工作深入开展。

要重视对盟史的研究，以史为鉴，以史育人。集中力量开展盟史资料的收集和抢救工作，编辑出版有关文献资料，筹备建立文史资料档案数据库。加强与地方组织合作，支持地方组织有关纪念活动、文史出版和研究、口述历史采编等工作，支持有条件的盟的地方组织建立民盟传统教育基地。

——大力加强民盟的文化团体建设。要组织开展好民盟中央美术院、艺术团的各种活动，将优秀的文艺作品呈现给广大盟员和社会群众。探索组建民盟中央文联组织及其他文化机构，带领文艺界盟员，参政议政、服务社会，为推进文化体制改革、繁荣文化事业献计出力。

二、以推动全面深化改革、促进科学发展为重点积极建言献策，切实履行参政党职能

参政议政、民主监督是民主党派的基本职能。全盟各级组织要以中共十八届三中全会精神为指导，把推动全面深化改革作为盟务工作的重中之重，把改革的新任务、新要求同盟的参政议政、民主监督紧密结合起来，不断提高全盟服务改革的能力和水平。

——努力提高政协大会和高层协商会的建言质量。参加政协大会和高层协商会是民盟作为参政党最重要的政治活动，做好会议的发言、提案等工作至关重要。要在深入调研的基础上，整合全盟智力资源，充分吸收盟内外专家学者的智慧，对关系改革开放和国计民生的重大问题，提出前瞻性、全局性、可操作性的意见建议，进一步推进社会主义协商民主建设。

——做好重点调研，积累参政议政资源。要大兴调查研究之风，按照围绕中心、服务大局的原则，充分发挥民盟优势，紧紧围绕改革发展中的主要任务、重点领域和关键环节，开展基础性、持续性研究，加强调研成果的积累和转化。继续加强对意见建议的跟踪，推动有关方面抓好落实。切实做好中共中央委托调研、盟中央与省级组织合作调研等重点调研。

——完善机制，继续发挥好专委会作用。要切实加强专委会的自身建设，不断提高参政议政的组织化水平。要逐步建立和完善专委会工作机制，密切与专委会委员的联系，强化委员的责任意识，使专委会真正成为开展参政议政工作的重要智库。办好民盟第二届教育论坛、民盟第四届民生论坛、海峡两岸暨港澳地区大学校长联谊等活动。

——切实履行民主监督职能。要秉承“肝胆相照、荣辱与共”的方针，努力做好民主监督工作。要积极参加高层政治协商，向各级党委和政府提出改进工作的意见建议；充分发挥盟内各级人大代表和政协委员的作用，积极提出议案、提案、建议；充分发挥担任各级特约人员的盟员的作用，认真对政府部门和司法机关进行民主监督。要健全机制、重视质量、突出特色，继续做好社情民意信息报送工作。

三、突出特色优势，进一步做好社会服务工作

社会服务工作是民主党派参政议政的延伸和拓展。要在坚持传统、发挥优势的基础上，积极探索新的工作机制和工作方式，增强工作的实效性和可持续性。

——继续坚持做好智力扶贫工作。要发挥盟员在科技、教育、文化等领域的优势，鼓励、引导广大盟员为建设新农村服务。继续做好贵州毕节、黔西南州、河北广宗、重庆彭水、甘肃定西、广西百色、四川遂宁等重点帮扶地区的智力扶贫工作，坚持把好事做实，把实事做好。继续引导东部地区民盟组织参与毕节试验区建设，适时召开第二次东部十省市民盟组织参与毕节试验区建设座谈会。从关注民生出发，加强医疗卫生领域的社会服务工作，在贵州、云南等地举办“民盟名医讲堂”，在中西部欠发达地区继续推广“明眸工程”，在山东、黑龙江、吉林、辽宁、重庆等肺纤维化、尘肺疾病多发地区开展“健康呼吸万里行”活动。

——巩固“农村教育烛光行动”成果。鼓励和支持民盟地方组织在实践中进一步优化和创新烛光行动工作模式，把握好角色与工作定位，使烛光行动更好地利用现代教育技术和信息化手段，更加符合农村师资队伍建设的实际情况。巩固与新东方教育科技集团、北京四中网校、北京教育学院、外研社等合作关系，创新合作模式，支持有条件的省级盟组织建设烛光行动示范学校。

——积极参与社会管理与创新方面的探索与实践。要努力将“黄丝带帮教计划”打造成为社会服务新品牌，对司法机构的帮教工作起到补充作用。加强与司法行政部门联系，发挥民盟组织和盟员优势，精选工作内容，创新工作形式，支持有条件的盟组织参与社区矫正工作。鼓励有条件的盟的地方组织关注社区建设，开展工作实践和理论探索。

四、以开展“基层组织建设年”活动为契机，全面加强组织建设

组织建设是民盟自身建设的基础。继续大力实施“人才强盟”战略，有计划、有重点地发现人才、培养人才、使用人才，确保盟的各级干部队伍新老更替、后继有人，努力推进民盟事业实现可持续发展。

——深入开展“基层组织建设年”活动。按照2013年民盟组织工作会议精神，为搞好人才建设系统工程，将在全盟开展“基层组织建设年”活动。各级盟组织要按照盟中央的部署，深入开展基层调研，加强基层组织活力建设，力争达到完善相关制度、促进组织活动、增强盟员组织意识、密切党盟关系的目标任务。适时召开全盟基层组织工作会议，总结推介基层组织工作经验，表彰基层组织建设先进集体，研讨新形势下如何做好盟的基层组织建设工作。

——大力加强干部队伍建设。各级盟组织要把干部队伍建设同组织发展、基层组织

建设有机结合起来，在现有工作基础上，重点发展有较大社会影响的代表性人士、当前参政议政等工作需要的高层次人才以及层次高、有发展潜力的中青年人才，进一步充实后备干部和代表性人士队伍，不断优化人才结构，完善人才管理的动态机制。要继续加强后备干部和盟务骨干的培训工作。

——进一步做好盟内监督工作。中央监督委员会要进一步发挥作用，指导省级组织结合各地工作实际，做好省级领导班子述职评议工作，稳步开展盟内监督。

——扎实推进机关建设。机关是盟务工作的枢纽，也是展示民盟形象的窗口。要通过学习培训、轮岗交流、挂职锻炼等途径，为机关干部创造良好的学习条件，尽快提高机关干部的综合素质，不断增强解决实际问题的能力。进一步加强制度建设，规范机关工作程序，严格执行规章制度。进一步加强作风建设，培养求真务实、严谨细致、讲究效率的优良作风，增强服务意识，提升服务水平。盟中央机关要高标准、严要求，努力建设学习型、绩效型、服务型、和谐型机关，为地方各级机关作出表率。

各位委员、同志们，2013 年即将过去，我们将迎来充满希望的 2014 年。在新的一年里，让我们高举中国特色社会主义伟大旗帜，进一步增强责任感和使命感，全面加强自身建设，不断提高参政能力和水平，努力履行好参政党职能，为全面建成小康社会、不断夺取中国特色社会主义新胜利、实现中华民族伟大复兴的中国梦作出更大贡献！

中国民主同盟第十一届中央委员会第二次全体会议决议

（2013 年 11 月 22 日中国民主同盟十一届二中全会通过）

中国民主同盟第十一届中央委员会第二次全体会议于 2013 年 11 月 21 日至 22 日在北京举行。会议学习了中共十八届三中全会精神，听取并审议了民盟第十一届中央常务委员会工作报告。

全会认为，中共十八届三中全会是在改革开放新的重要关头召开的一次重要会议。会议审议通过的《中共中央关于全面深化改革若干重大问题的决定》，深刻阐述了在新的历史起点上全面深化改革的重大意义，明确提出了全面深化改革的指导思想、目标任务、重大原则，展示了中共中央推动中国特色社会主义制度自我完善和发展的决心和魄力，是指导全面深化改革的里程碑式纲领性文件，必将对推动中国特色社会主义事业产生重大而深远的影响。全盟要认真学习贯彻中共十八届三中全会精神，准确把握我国经济社会发展的新要求，不断凝聚深化改革共识，把思想和行动统一到中共中央关于全面深化改革重大决策部署上来，与全国人民一道，努力开拓中国特色社会主义事业更加广阔的前景。

全会同意张宝文主席代表第十一届中央常务委员会所做的工作报告。全会认为，过去的一年，以习近平同志为总书记的中共中央总揽全局、科学决策，坚持稳中求进的工作总基调，着力稳增长、调结构、促改革，实现了中共十八大召开后第一年的良好开局。

民盟十一届中央常务委员会研究制定了《民盟中央五年工作规划（2013—2017）》，明确了今后五年民盟发展的新思路、新目标、新任务。全盟坚持中国特色社会主义政治发展道路，大力加强自身建设；继承发扬民盟“奔走国是，关注民生”的优良传统，把促进科学发展作为参政议政的第一要务，完善参政议政工作机制，建言献策质量进一步提高；注重整合资源、拓宽社会服务工作渠道，增强工作实效，各项工作均取得了新的进展。

全会指出，2014年是我国在新的历史起点上全面深化改革的关键一年，改革已进入攻坚期和深水区，机遇和挑战并存，我们要正确认识国际国内形势的新变化，自觉适应全面建成小康社会目标的新要求，承担起时代赋予参政党的历史使命。全盟要认真学习贯彻中共十八届三中全会精神，把服务全面深化改革作为全盟工作的重中之重，不断增强责任感和使命感，紧紧围绕改革发展的中心任务、重点领域和关键环节，深入调研，积极建言献策，着力推动解决我国发展面临的一系列突出矛盾和问题，坚决做改革的促进派。坚持立足民盟实际，突出民盟特色，创新工作机制和工作方式，进一步做好社会服务工作。继续大力实施“人才强盟”战略，积极开展“基层组织建设年”活动，全面加强组织建设。扎实推进机关建设，规范机关工作程序，提升服务水平。

全会强调，中国特色社会主义是当代中国发展进步的根本方向，是我国多党合作制度的最大政治共识。开展坚持和发展中国特色社会主义学习实践活动要与参政党理论建设相结合，与参政党能力建设相结合，与组织建设、后备干部队伍建设和政治交接相结合，深入学习贯彻中共十八大、十八届三中全会和习近平同志一系列重要讲话精神，不断增强广大盟员对中国特色社会主义的道路自信、理论自信、制度自信，夯实多党合作的共同思想政治基础。

全会号召，全盟各级组织和广大盟员要紧密团结在以习近平同志为总书记的中共中央周围，认真学习贯彻中共十八届三中全会精神，切实履行参政党职能，团结进取，开拓创新，为全面建成小康社会、实现中华民族伟大复兴的中国梦做出更大贡献！

民盟中央五年工作规划
（2013—2017年）

民盟中央五年（2013—2017年）工作规划，根据中共十八大精神和民盟十一大精神，认真分析民盟工作业已奠定的基础和具备的条件，深入研究新形势下更好地履行参政党职能面临的机遇和挑战而制定，旨在提出民盟中央工作的总体思路和基本框架，明确指导思想与主要工作目标、任务，是制定每年工作计划、安排布置各项工作的重要依据。

中共十八大提出了全面建成小康社会决定性阶段的奋斗目标，描绘了实现中华民族伟大复兴中国梦的光明前景。新一届中共中央领导集体顺应人民群众的期待，作出了关于改进工作作风、密切联系群众的八项规定，并率先垂范，展现实事求是的思想品格，为各项工作的开展注入了强大动力。习近平总书记和其他中共中央领导走访民盟中央机关，对民盟的工作寄予殷切期望。习总书记在党外人士迎春座谈会上指出，各民主党派一定要把坚持中国特色社会主义政治发展道路作为根本方向，提高参政议政、民主监督的水平，提高政治把握能力、组织领导能力、合作共事能力，要求党外人士要敢于讲真话，建诤言，真实反映群众心声，做到知无不言、言无不尽。这些都对民盟今后一个时期更好地履行参政议政、民主监督职能提出了新的更高要求。

民盟是一个具有七十多年历史的知识分子政党。在长期的革命、建设和改革开放实践中，形成了爱国进步，追求真理，接受中国共产党的领导，以天下为己任、奔走国是、关注民生等优良传统。近年来，民盟坚持正确政治方向，开拓创新、锐意进取，出色地履行参政党职能，在国家政治生活中发挥着越来越重要的作用。民盟形成的优良传统和取得的不凡业绩为做好今后的工作奠定了坚实基础，使我们能够站在更高的起点上谋划全盟的发展，设计如何更好地履行参政党职能。

一、指导思想和总体目标

当前，我国正处于全面建成小康社会的关键时期和深化改革开放、加快转变经济发展方式的攻坚时期。要适应新形势新任务的挑战，民盟必须全面加强自身建设，不断提高参政议政、民主监督的质量和成效，在促进经济平稳较快发展、维护社会和谐稳定中发挥更大的作用，成为中国特色社会主义民主政治建设中一支重要力量。

（一）指导思想

高举中国特色社会主义伟大旗帜，以邓小平理论、“三个代表”重要思想、科学发展观为指导，认真学习中共十八大精神，深入贯彻落实民盟十一大精神，继承和发扬盟的优良传统，提高思想理论建设水平，不断增强中国特色社会主义的道路自觉、理论自觉、制度自觉。继续实施“人才强盟”战略，全面加强组织建设，切实提高参政能力。充分发挥参政党在社会主义协商民主制度中的作用，认真履行参政议政、民主监督职能，积极提高社会服务工作成效，努力推动科学发展、促进社会和谐，为全面建成小康社会作出更大贡献。

（二）总体目标

——参政议政、民主监督迈上新台阶。调查研究不断深化，成果的质量、针对性和实效性全面提高，在推动国家经济发展和社会全面进步中发挥更加重要的作用。

——社会服务实现新跨越。工作机制更加规范、完善，努力巩固既有品牌，积极探索新的工作领域，全面提高工作成效。

——思想理论建设和宣传工作达到新水平。全盟思想共识进一步增强，与中国共产党长期团结合作的思想政治基础更加巩固。参政党理论研究在推动实践探索创新中发挥更大作用。社会宣传和盟内宣传取得新成效，为民盟各项工作开展营造更加良好的舆论环境，民盟的影响力进一步扩大。

——组织建设开创新局面。组织发展稳步增长、人才队伍储备充足、集体领导规范有力、基层活力有效增强，盟组织的凝聚力显著提高。

——机关建设取得新突破。机关管理制度化、规范化、程序化建设进一步加强，行政效率有较大提高，服务水平、保障能力明显提升。

二、围绕改革发展大局，积极开拓创新，全面提高参政议政工作水平

把促进科学发展作为参政议政第一要务，围绕党和国家中心工作和大局，根据中共十八大确定的各项目标任务及民盟十一大的工作部署，积极发挥自身特色和优势，不断开拓创新，深入调查研究，积极建言献策，着力提高参政议政工作水平。

（一）努力拓展调查研究的深度和广度

——把提高调研质量作为搞好参政议政工作的突破口。科学规划，周密安排，切实提高每年重点调研的质量。持之以恒推进系列调研，注意每个子课题之间的衔接，确保每次调研都是对大课题的不断细化和深化。

——完善调研课题遴选机制。精心选取既符合民盟实际，又与国家改革发展大局关系密切、受到群众广泛关注的课题。

——继续探索协作调研的有效方式。进一步加强与有关政府部门的合作。吸收更多地方盟组织以适当方式参与调研，完善上下联动、横向互动的调研模式。

——发挥专委会和盟员专家的“智囊”作用。积极吸收专委会成员和其他盟员专家参与调研活动，充分利用盟员专家的专业特长。

——巩固在教育、文化、科技、民生等重点领域的传统优势。不断拓展新的调研领域。

（二）围绕执政党和政府关注的重大问题建言献策

——做好政协大会发言、提案的起草工作。围绕党和政府高度重视、人民群众普遍关心的问题，精心准备，切实提高在政协会上发言、提案的数量和质量，力争产生较强的社会影响。

——做好高层协商会和政策建议信的起草工作。扎实调研，汇聚全盟智慧，努力提高在高层协商会的发言质量。每年向中共中央国务院提交若干篇政策建议信，为促进经济社会发展建诤言、出良策。

——继续保持民盟在反映社情民意信息工作上的领先优势。调动各省级组织、专门委员会信息报送工作积极性，帮助其建立信息工作促进机制。加强信息工作培训，培养一批素质高、业务精的优秀信息工作人才。在保证报送信息数量的同时，努力提高质量。

（三）精办论坛、研讨会等活动，使之成为履行参政议政职能的重要载体

——创新论坛、研讨会的举办模式。深化内涵，创新形式，做强高教研讨会、基础教育研讨会、民生论坛、灾害与社会管理专家论坛、海洋经济研讨会等传统品牌，扩大其社会影响，提高成果转化效率，使其在民盟的参政议政工作中发挥更大的作用。

——加强对生态、社会、文化等领域的研讨。采取隔年轮换的方式进行论坛结构的整合，在控制数量的同时拓展研讨内容、提高研讨质量。

——办好海峡两岸暨港澳地区大学校长联谊活动。进一步增进两岸四地高教界人士的交流和友谊。深化关于高等教育领域重点问题的研讨，不断促进教育交流合作，共同弘扬和传播中华民族的优秀文化。

（四）进一步健全参政议政工作机制

——建立民主、科学的组织领导机制，提高每年参政议政工作会议的质量和实效性，充分发挥地方盟组织的积极性。

——建立规范、全面的人才保障机制，充分发挥盟员专家特别是专委会的作用。

——成立新一届中央专门委员会，调整其原有结构，设立社会、经济、生态环境、文化、教育、科技、农业、法制、联络、妇女、社会服务十一个专门委员会，增加京外委员名额。

——探索建立长效、高效的工作激励机制，健全和完善《民盟参政议政工作测评表彰办法》。

——建立协同、紧密的合作交流机制和畅通、快捷的成果共享机制，不断完善“民盟参政议政成果共享平台”，实现参政议政成果的资源共享，提高参政议政工作的科学化、信息化水平。

（五）积极探索开展民主监督的有效渠道

——增强政党意识，提高政治把握能力，通过协商会和各级人大、政协平台等合适的渠道和方式，就制定国家大政方针、管理国家事务、制定和执行法律法规等方面的问题，向执政党和政府提出切实可行、高质量的意见和建议，推进社会主义民主法治进程。

——把民主监督与民主协商、参政议政有机结合起来，与执政党共同建立事前协商、事中监督、事后反馈的良性互动机制，推进民主监督的制度化、程序化。

——整合内部资源，形成一支参政议政能力和民主监督能力较强的干部队伍，将盟员的真知灼见升华为民主监督的合力，提高民主监督的质量和水平。

——采取有力措施要求担任各级特约监察员、检察员、审计员、监督员的盟员恪尽职守，充分发挥监督作用。

三、巩固传统优势，拓展内容形式，开创社会服务工作新局面

社会服务是民盟履行参政党职能的重要内容，是参政议政的延伸和拓展。要围绕国家经济社会发展中心工作，发挥自身特点和优势，不断拓展工作领域，丰富工作内容形式，努力打造“同心品牌”，形成有效凝聚各方优势的长效工作机制，实现社会服务工作的新跨越。

（一）深入开展智力扶贫工作

——按照《中国农村扶贫开发纲要（2011—2020年）》的总体部署，坚持“观念扶贫、科技扶贫、教育扶贫”的思想，继续做好贵州毕节、黔西南州、河北广宗、重庆彭水、甘肃定西、广西百色、四川遂宁、内蒙古北方生态园等重点帮扶地区的智力扶贫工作。

——帮助制定发展规划，积极协助引进资金、项目、技术和人才。倡导、支持民盟省级组织从实际出发，选择有群众基础、各方面条件适当的地方进行新农村建设试点，切实提高项目实施的科学性、针对性和示范性。

——关注民生，继续在中西部欠发达地区推广“明眸工程”，扩大合作范围和领域，建立和完善多方合作的长效机制。开辟“民盟名医讲堂”。

——拓展“健康呼吸万里行”，在河南、山东、黑龙江、吉林、辽宁、重庆等肺纤维化、尘肺疾病多发地区，积极探索多方合作医疗救助模式。在帮扶地区推进“同心大爱·基层化验”项目。

（二）巩固“农村教育烛光行动”成果

——总结各地开展烛光行动的成功经验，在实践中进一步优化和创新具体工作模式，

巩固扩大成果，使烛光行动更加适合参政党角色和民盟界别特点。

——利用现代教育技术和信息化手段，为贫困地区农村师资培训提供帮助。

——巩固与新东方教育科技集团、北京四中网校、北京教育学院等合作关系，创新合作模式，优化志愿者队伍。支持有条件的省级盟组织建设烛光行动示范学校。

（三）加强帮教和社区服务工作

——加强与司法行政部门的联系与合作，开展共建法制教育基地、职业技能培训、帮助刑释解教人员就业安置回归社会等活动，支持有条件的地方盟组织参与社区矫正工作。打造“黄丝带帮教计划”，使之成为民盟社会服务新品牌。

——鼓励民盟组织参与社会管理创新方面的探索与实践，关注城市社区建设和社区统战工作的形势发展，有序参与社区建设，在城市社区选择开展讲学、办培训班、咨询服务等符合民盟特点的社区服务工作。

（四）进一步完善工作保障机制

——完善“东西互助 联手扶贫”、“东部十省市参与贵州毕节试验区建设”等工作的协调机制，支持东部发达地区盟组织积极参与支援西部省（区、市）的社会服务工作，整合资源，多边联动，做强“烛光行动”、“明眸工程”等品牌。

——协调慈善组织、民间团体等社会力量，联合优势互补的战略合作伙伴，探索多赢高效的合作模式。

——引导各级民盟组织充分利用自身人才资源优势，建立中央与地方相结合、专职与兼职相结合的社会服务志愿者队伍，开展有针对性的业务培训，构建科学、完善的人才支撑体系，为进一步提升社会服务工作水平提供充足的智力支持和人才保障。

——充分发挥民盟中央社会服务工作委员会的作用。支持盟的各级组织充分发挥自身优势，联合有关职能部门，合作开展共建示范点、试验点、项目基地等社会服务平台建设。

四、加强思想宣传和理论研究建设，进一步巩固多党合作的共同政治思想基础

以科学发展观为指导，坚持以人为本的原则，大力弘扬民盟优良传统，创新工作方式，深化对参政党建设规律的认识，建立全盟思想理论建设的长效机制，为民盟更好地履行参政党职能提供强有力的理论指导、思想保证、精神动力和舆论支持。

（一）全面加强思想理论学习

——以中国特色社会主义理论体系为主要内容，以深入学习践行社会主义核心价值观为主线，把思想建设、理论研究与民盟履行参政党职能的各项工作有机结合起来，从实践中来，到实践中去，为盟的各项事业的发展提供坚定的思想保障和坚实的理论基础。

——牢固确立以人为本、以盟员为主体的原则，贴近实际、贴近生活、贴近盟员，合理引导盟员的思想动态和愿望诉求，增强思想建设工作的亲和力和感召力。

（二）大力开展民盟优良传统教育

——以民盟历史上重要人物和事件的纪念活动为契机，深入开展传统教育活动，以真实、生动的史实，激励广大盟员学习民盟先辈的道德风范和精神境界，将民盟优良传统发扬光大。

——扩建中国民主同盟盟史图片陈列室。深入挖掘传统教育资源，支持有条件的地方盟组织建立民盟传统教育基地，争取到2017年所有地市级盟组织都有盟史教育设施。

——继续开展口述历史选题征集和采编工作，加大对盟史资料的抢救、挖掘和研究力度。利用数字技术，将文字、图片、音像等历史档案资料电子化，建立文史资料档案数据库。

（三）内外兼修，积极开展宣传工作

——加强对民盟参政议政、社会服务、民主监督等履职活动的报道，增加对基层盟务工作和盟员先进事迹的宣传，充分展示各级盟组织和广大盟员取得的工作业绩。

——加强与报纸、广播、电视、互联网等主流媒体的合作，立足民盟工作，突出民盟特色，树立民盟良好的社会形象，为各项工作的开展营造良好的舆论氛围。在2012年的基础上，报道数量力争逐年递增。

——发挥好《中央盟讯》等盟内刊物、网站的宣传阵地作用，利用艺术院、美术团等盟内宣传资源，丰富内容，拓展功能，扩大受众参与度。

（四）提升《群言》办刊质量

——保持《群言》杂志"知识分子的群言堂"的特色，积极反映各级盟组织和广大盟员对国家政治、经济、文化、社会领域重大问题的思考和见解，展现盟员知识分子的家国情怀和精神风骨，进一步增强杂志的政治性、学术性、针对性与可读性。

——继续坚持开门办刊的原则，加强与地方盟组织的联系与合作，全面、深入地反映民盟履行参政党职能取得的新成就。

——完善作者数据库，建立特约通讯员制度，努力打造高水平、稳定的作者队伍。健全杂志社机构设置和各项制度，组建新一届《群言》编委会，培养、建立一支政治和业务素质过硬的编辑队伍，保证刊物的可持续发展。

——完成杂志扩版工作，改进版式设计。加大发行工作力度，力争订阅数量占盟员总数10%。

——举办《群言》创刊30周年纪念活动，出版《群言30年》纪念文集和《群言》丛书。

（五）科学选题，深入调研，提高民盟参政党理论研究水平

——重视调查研究，完善选题机制。理论研究课题要紧紧围绕民盟的中心工作，围绕民盟自身建设和履行职能实践中的难点问题，深入基层调查研究，突出实证研究，提高研究成果的科学性和质量，形成一批对盟务工作有较高参考价值的研究成果，为民盟的自身建设和履行职能提供理论支撑，为民盟中央决策提供理论依据。

——围绕多党合作理论研究、参政党工作研究、民盟历史研究、社会热点问题研究等领域，适时组织开展理论研讨活动。每年确定30个左右课题，在全盟进行招标。同时，确立1—2个高层次、综合性研究课题，制定科学合理的研究计划，吸收有条件的省级组织共同参与，用2年或更多时间集中力量进行系统调研，力争做出有较高参考价值的成果。

——盟中央理论研究中心每年将评选优秀研究成果，并择优发布一些阶段性成果。

（六）完善思想理论建设和宣传工作机制

——健全培训机制，分层次、分阶段对思想宣传专职干部、理论研究骨干进行多党合作理论、时事政治、新闻写作等方面的培训。拟与中央有关部门、中央社会主义学院

等联合举办6期专题培训班，培训400人次以上。

——建立以民盟中央参政党理论研究中心为主体，以研究课题为纽带，以参政党理论特邀研究员为骨干，以社会力量为依托的开放和动态的理论研究工作机制。

五、继续推进“人才强盟”战略，全面提高组织建设的科学化水平

组织工作要增强使命感、责任感、紧迫感，从组织和人员两方面整体规划，扎实推进“人才强盟”战略，使盟的各级组织班子更有影响力、组织更有凝聚力、活动更有号召力、盟员更有向心力，为民盟各项事业的发展提供人才支持和组织保障。

（一）切实加强领导班子建设

——建立和完善有效的学习制度，推进学习的规范化、常态化，切实加强领导班子成员的能力建设和作风建设。

——坚持民主集中制，加强内部监督。完善民主生活会、谈心会、述职和民主评议，将领导班子各项制度执行情况列入监督考核内容，并量化出席各种会议、发展代表性人士入盟、推荐优秀盟员、“一对一”联系基层支部、走访基层等各项具体指标。探索兼职领导从事盟务工作效果评价体系和相关激励机制，更好地发挥领导班子集体合力。

（二）稳步推进组织发展工作

——制定《二〇一三年至二〇一七年组织发展规划》和《年度组织发展计划》。在保证发展质量的同时进一步提高发展数量，力争全盟每年净增率保持在4.5%—5.0%，新发展盟员大学以上文化程度比例由现在的年均87.4%增长到90%，中上层人士比例由现在的年均82.7%增长到85%。

——加大在高校发展盟员力度。在有条件的高校、院系建立盟组织，力争使新发展盟员中高教界比例由现在的年均20.7%达到21.5 %。

——开辟组织发展的新领域。着眼2017年换届和开展参政议政、社会服务等工作的需要，积极稳妥地发展一批政府机构、经济、金融、法律等非重点界别的高层次管理人才和专业技术人才。

（三）切实加强后备干部队伍和代表性人士队伍建设

——进一步提高全盟人才库的建设水平。着眼于2017年和2022年盟中央和省级组织的换届与各级人大代表、政协委员以及政府、司法机关实职人员的推荐，对人才库实行分类分级管理，统筹考虑后备干部的民盟特色、人才结构和年龄梯次等因素，及时调整补充各级班子后备干部名单。

——制定并执行好人才培训五年规划和年度计划。根据领导班子后备、代表性人士、专职干部等需求，与中央有关部门、中央社会主义学院联合举办民主党派干部进修班和培训班各10期，共约230人次参训。举办新任中委培训班、省级组织新任副主委培训班、中青年干部多党合作专题研究班、盟务工作骨干研讨班、从政盟员研讨班、新盟员代表性人士学习班、组工干部培训班等各类专题培训班。

——将新盟员培训班和中青年骨干盟员培训班衔接起来，在使用中发现人才、选拔人才、培养人才，建立跟踪培养机制。

——加大推荐干部的力度。将定时推荐和适时推荐相结合，每年向有关部门推荐一

批优秀的后备干部。在各级人大、政府、政协换届、调整之前积极主动地向有关部门推荐人选，力争使更多盟员在各级人大、政协、政府、司法机关及社会团体中担任实职或特邀职务。重点做好国务院各部委及地方省部级干部的及时、主动推荐，努力解决部分省、市级组织主委的政治安排。

——争取更多的干部锻炼机会。鼓励后备干部参加公开招考，并提供必要的帮助。为各级各类干部争取盟内外上派下挂的锻炼机会，为人才的成长搭台铺路。

——注意在使用中选拔人才、培养人才，对各方面表现较好的后备干部，应及时给予适当安排，如在盟内领导机构、专门委员会、基层组织，或者人大、政协以及有关部门特邀工作安排职务，同时在使用中继续考察和筛选。

（四）全面加强基层组织建设

——对领导班子成员联系基层、走访基层等工作实行量化管理。制定支部工作量化指标评比标准，树立先进典型，营造“争先创优”的良好工作氛围。

——建设学习型盟组织。学习活动要在总体活动次数的1/3到1/2。积极创新活动方式，实现资源共享、优势互补，形成相互融合、协调发展的大基层格局。

——建立盟内关爱机制。深入开展谈心活动，坚持定期走访慰问，关心照顾老盟员、关注支持年轻盟员，尽力为盟员排忧解难。

（五）加大民盟中央监督委员会工作力度

——制定《民盟中央监督委员会全体会议规则》，修订《民盟中央监督委员会工作试行条例》，完善《民盟中央关于省级领导班子及其成员述职和民主评议暂行办法》。

——定期考察已建成省级组织监督委员会的工作情况，听取省级组织对中央监督委员会工作的意见和建议。协助部分省级组织成立监督委员会。

（六）进一步健全组织工作机制

——制定和落实组织发展、干部培训等工作的五年规划和年度计划。坚持原则，注重实际，保持连贯性，抓住重点，层层落实。

——抓好调研工作，以解决问题作为调研的出发点和落脚点，不断推进基层工作的深入发展。

——加强组工干部队伍建设，加大各级组工干部培训力度，保证工作扎实、有序、高效开展。

六、以人为本，开创机关建设新局面

以制度建设为抓手，以务实高效为原则，促进机关工作规范化、制度化、程序化，真正把机关建设成为盟员之家，使机关成为盟务工作运转枢纽和形象窗口。

（一）全面加强制度建设。

——建立健全各项工作制度，用制度管人，依制度办事。进一步规范办文、办会程序，建立“基本格式范本”示范体系。

——树立科学规划、环境友好、资源节约的新理念。坚持厉行节约，科学统筹安排，优化行政运行程序，推进节约型机关建设。

（二）改进作风，提高服务水平

——加强执行力度，把提高办事效率作为机关建设的关键环节来抓。明晰职责，细化目标，量化考核，推行无隙化后勤保障。

——进一步改进会风，严格控制会议活动数量、规模和规格，增强会议实效。

——切实改进文风，理论与实际相结合，说真话、建诤言，言之有物、言之有据、言之有理。行文力求严谨、准确、规范。

（三）加强专职干部队伍建设，打造和谐机关

——坚持正确用人导向，选拔任用复合型人才。同时，盟的机关专职干部要热爱盟组织、热心盟务工作、热情服务盟员。

——加强培训和交流，提高专职干部的综合素质。通过举办专职干部培训班、开展中青年读书会活动等多种方式，加强专职干部的相互学习和经验交流。

——努力为专职干部的成长搭建平台。大胆使用政治素质高、业务能力强的专职干部，为他们积极争取盟内外多种途径的外派、挂职、锻炼机会，鼓励并推荐他们参与社会岗位的竞争。

——充分发挥党、盟、团组织和工会的作用，开展形式多样的文体活动，丰富机关干部的精神文化生活，营造和谐向上的机关氛围，进一步增强机关的凝聚力和向心力。

七、强化实施，落实规划提出的各项目标任务

建立健全规划实施的保障机制是确保民盟中央五年工作规划目标顺利实现的重要条件。要从完善机制、分类指导、组织落实、监督检查等方面，形成工作规划实施的有力保障。

（一）加强规划衔接

——以民盟中央五年工作规划为统领，以参政议政、社会服务、理论研究、组织建设、思想宣传等各项工作的统筹安排为保证，强化规划的指导作用，健全规划落实的工作机制。

——有条件的省市（区）盟组织要依据规划确定的发展方向和总体要求，立足本地实际，组织编制实施好本地区的工作规划，确保在总体要求上方向一致，在空间配置上相互协调，在时序安排上科学有序，提高规划的管理水平和效率。

（二）加强规划考评

——制定并完善有利于推动职能履行的绩效评价考核体系和具体考核办法。充分发挥年度计划落实总体规划的作用，把规划提出的任务目标分解到年度计划中，保持规划实施的连续性。

——盟中央各部门要按照职责分工，将规划确定的相关任务纳入本部门年度工作，明确责任人和进度要求，切实抓好落实，并及时通报进展情况。

（三）加强规划实施监督

——健全规划实施年度监测和中期评估制度。定期组织对规划实施情况进行监督检查，并做好实施情况的跟踪分析。组织对规划实施情况进行中期评估，中期评估报告提交民盟中央全体会议审议。

——及时公布规划实施的进展情况，充分听取盟员的意见和建议，营造全盟共同参与和支持规划实施的良好氛围，促进各级各类规划的有效实施。

民盟中央 2013 年工作要点

（2013 年 1 月 21 日民盟中央主席办公会议通过）

2013 年是全面落实中共十八大战略部署的第一年，也是民盟十一届中央委员会的开局之年。全盟工作总的要求是：认真学习贯彻中共十八大精神，进一步夯实多党合作的共同思想政治基础；坚持把促进科学发展作为参政议政的第一要务，紧紧围绕党和政府关注的重大问题建言献策，不断提高参政议政工作水平；巩固现有成绩，加强探索实践，开拓社会服务工作的新局面；加强组织建设，抓好组织发展工作，切实提高盟的履职能力。

一、认真学习贯彻中共十八大精神，进一步巩固多党合作思想政治基础

全盟要认真学习贯彻中共十八大精神，深刻领会全面建成小康社会的新要求和经济建设、政治建设、文化建设、社会建设、生态文明建设五位一体的新部署。把全盟思想和行动统一到中共十八大精神上来，把智慧和力量凝聚到全面建成小康社会的宏伟目标上来。

深刻领会中共十八大对多党合作事业提出的新要求，遵循多党合作的政治准则，切实搞好政治交接，坚定不移地走中国特色社会主义政治发展道路。把学习贯彻中共十八大精神与开展学习践行社会主义核心价值体系活动紧密结合起来，不断夯实多党合作的共同思想政治基础。

二、发挥主席会和常委会的领导作用，推进全盟参政议政和自身建设不断发展

主席会和常委会要充分发挥对全盟工作的领导作用，把握形势，立足长远，围绕改革发展大局，针对中共十八大确定的各项目标和任务及民盟十一大的工作部署，推动全盟各项工作持续有效开展。

今年常委会的主要工作是：研究换届后全盟各级领导班子特别是省级领导班子的思想建设、组织建设和制度建设，强化对全盟干部和盟员的思想引导和教育培训，切实做好政治交接工作。围绕中共十八大提出的重大战略决策部署，发挥民盟的特色和优势，积极建言献策，全面提高参政议政水平。着力加强制度建设，进一步推动盟务工作的制度化、规范化和程序化。

召开全国盟务工作会议，安排部署 2013 年度参政议政、社会服务、组织建设、宣传、理论研究、机关建设等各项盟务工作。

制定民盟中央五年规划，明确今后五年盟务工作的指导思想、发展目标、工作思路、主要任务，更好地适应多党合作事业发展的要求，进一步开拓盟务工作新局面。

三、保持传统优势，积极开拓创新，全面提高参政议政工作水平

把促进科学发展作为参政议政工作的出发点和切入点，认真做好全国政协十二届一次会议上民盟中央大会发言和提案工作；进一步做好年内调研选题的酝酿、征询、筛选

和确定各个环节的相关工作；整合盟内外资源，精心组织调研团队，积极探索深入调研的有效方式，在切实做好调研工作的过程中，促进上下联动、横向互动工作机制的形成和完善；发挥民盟中央助推区域发展的传统优势，结合“十二五”规划的要求，联合地方盟组织，拓展新的重点研究区域；强化在教育、文化、科技、社会等重点领域的界别特色，继续办好教育、灾害与社会管理、发展海洋经济等品牌论坛，不断提升论坛水平，更好地履行参政议政职能。

筹备成立民盟中央新一届专门委员会，适当调整专门委员会的数量和规模，扩大京外委员名额，进一步健全完善专门委员会工作机制。加强社情民意信息工作，开展业务培训，提高专职人员素质；根据盟

务工作会议的总体安排和要求，认真总结2012年度参政议政工作，表彰先进，部署2013年度调研课题，并在课题实施过程中尝试加强协调和指导工作，促进全盟参政议政工作水平的不断提高。

四、巩固现有成绩，加强探索实践，开创社会服务工作新局面

响应中共中央扶贫开发工作会议要求，继续做好智力扶贫工作，重点推进贵州毕节、黔西南、河北广宗、重庆彭水、四川遂宁等地的扶贫工作。围绕社会主义新农村建设继续做好相关工作。

培育和打造民盟社会服务工作品牌，在完善“烛光行动”、“明眸工程”等原有品牌的基础上，培育“健康呼吸万里行”、监狱帮教“黄丝带”行动等新品牌，树立民盟良好社会形象。

加强对社会管理与创新方面的探索与实践，推动开展城市社区服务工作，丰富服务内容，拓展服务平台。召开社会服务工作研讨会，总结民盟十大以来社会服务工作经验，部署安排社会服务工作。成立民盟中央社会工作委员会,进一步促进社会服务工作的发展。

五、抓好组织发展工作，推动全盟组织建设工作再上新台阶

继续实施“人才强盟”战略,制定全盟2013–2017年组织发展规划,做好组织发展工作。做好2013年人大、政府、政协的换届人才推荐工作。适时召开国家部委、北京地区高校联系点会议，加强沟通联系，推进代表人士发展和干部推荐工作。

做好省级组织班子成员和组织干部的培训工作。举办新任中委培训班，协助中央统战部办好省级组织培训班。举办省级组织工作干部培训班，提高组织干部的工作水平。

针对组织建设、新任领导班子工作情况等开展调研，并召开全盟组织工作会议，总结过去五年组织建设情况，研讨如何开拓组织发展工作的新思路、新领域，继续加强组织发展工作，表彰组织工作先进集体。进一步健全和完善中央监督委员会工作机制，重新修订《民盟中央监督委员会工作试行条例》，召开全盟监督委员会工作研讨会。

六、深化参政党理论研究，推进新时期盟的思想宣传工作

进一步加强参政党理论研究工作，不断深化对参政党建设规律的认识，发挥理论对实践的指导作用。继续做好多党合作和参政党建设理论研究课题的组织和成果转化工作，

促进盟内理论研究工作交流。

召开民盟理论研究暨特邀研究员工作会议，围绕多党合作理论和民盟履职实践进行探讨。组织专题研讨会，进一步提升对参政党建设重大问题的研究深度。

探讨新时期思想宣传工作的内在规律和基本经验，建立思想宣传工作的长效机制，充分利用盟内外宣传阵地，做好宣传工作，改进文风，增强工作的针对性和实效性。加强队伍建设，举办全盟思想宣传工作人员培训会。深入推进学习践行社会主义核心价值体系活动，组织实地调研，总结先进经验。支持各地方传统教育基地建设，继续做好盟史资料的收集、整理和研究工作，弘扬盟的优良传统。加强与地方盟组织联系，贴近实际，贴近基层，办好《中央盟讯》和民盟中央网站。

《群言》杂志要紧密围绕中共十八大提出的思路和重点精心组稿，依托主要栏目对关系国计民生的话题深入探讨。积极宣传民盟参政议政、社会服务工作成果，加大对盟内先进人物的宣传报道力度。加强与地方盟组织的合作，依托地方盟组织适时召开群言工作会议。

七、提供平台，促进对话，继续做好对外联谊工作

认真办好第九届“海峡两岸暨港澳地区大学校长联谊活动”，推动两岸四地高等教育交流合作，弘扬中华民族优秀传统文化，增进了解，扩大共识。

继续发挥民盟联系广泛的优势，做好台港澳同胞和海外侨胞的联谊和联络工作，为祖国和平统一大业做出应有的贡献。

八、转变工作作风，提高机关管理水平

加强机关作风建设，改进文风会风，开短会、发短文、讲短话，提高议事效率，增强厉行节约的政治意识和责任意识，营造务实创新的良好氛围。

抓好机关制度建设，完善各项规章制度，修订《民盟中央规章制度汇编》，提高机关管理水平。进一步优化机关干部结构，重视机关干部的培养使用。切实树立以盟员为主体的服务意识，把机关建设成为盟员之家。

民盟中央关于学习贯彻十二届全国人大一次会议和全国政协十二届一次会议精神的决定

（2013 年 3 月 10 日民盟十一届二次中常会通过）

十二届全国人大一次会议和全国政协十二届一次会议，是在全国人民深入贯彻落实中共十八大精神、努力开创中国特色社会主义事业新局面的关键阶段召开的十分重要的会议。认真学习贯彻全国“两会”精神，对于全盟各级组织认清形势，凝聚共识，切实履行好参政党职能，具有十分重要的意义。

民盟中央赞同温家宝总理所作的政府工作报告，赞同吴邦国同志所作的全国人大常委会工作报告和贾庆林同志所作的全国政协常委会工作报告，赞同十二届全国人大一次会议

审议通过的《国务院机构改革和职能转变方案》,拥护全国“两会”通过的各项决定、决议。

民盟中央认为，过去的五年是我国发展进程中极不平凡的五年。面对错综复杂的国际环境和艰巨繁重的改革发展稳定任务，中共中央团结带领全国各族人民，高举中国特色社会主义伟大旗帜，胜利完成“十一五”规划，顺利实施“十二五”规划，全面推进社会主义经济建设、政治建设、文化建设、社会建设、生态文明建设，中国特色社会主义事业取得了举世瞩目的成就。五年来，民盟作为致力于中国特色社会主义事业的参政党，自觉围绕国家中心工作，紧扣经济社会发展中的综合性、战略性、前瞻性课题，充分发挥特色优势，深入调查研究，提出应对国际金融危机冲击、推进区域经济发展、促进教育资源公平配置、完善收入分配机制、加快社会保障制度建设等一批有价值有分量的意见和建议，为推动经济持续健康发展与社会和谐稳定做出了新贡献。

中国共产党第十八次全国代表大会，描绘了全面建成小康社会、加快推进社会主义现代化的宏伟蓝图，为国家各项事业的发展指明了方向。2013 年是全面贯彻落实中共十八大精神的第一年，是为全面建成小康社会奠定坚实基础的重要一年，也是民盟第十一届中央委员会的开局之年。面对新的形势任务，全盟同志要把学习贯彻全国“两会”精神与学习贯彻中共十八大精神结合起来，与开展学习践行社会主义核心价值体系活动结合起来，不断增进对中国特色社会主义的道路自觉、理论自觉、制度自觉，与中国共产党思想上同心同德、目标上同心同向、行动上同心同行，进一步夯实多党合作的共同思想政治基础；要秉承民盟“奔走国是、关注民生”的优良传统，坚持把促进科学发展作为参政议政的第一要务，突出教育、文化、科技、民生、区域经济、“三农”等重点领域，围绕教育综合改革、经济结构战略性调整、创新型国家建设、生态保护、保障和改善民生等问题，多建睿智之言，多献务实之策；要把社会服务工作作为履行参政党职能的重要内容，进一步整合优势资源，在努力打造“农村教育烛光行动”、“明眸工程”等同心品牌的基础上，积极探索社会服务工作的新领域、新形式；要着力提升民盟自身建设科学化水平，继续实施“人才强盟”战略，深化参政党理论研究，建立健全思想建设和宣传工作长效机制，努力把民盟建设成为符合时代要求的高素质参政党。

民盟中央要求，全盟各级组织和广大盟员要认真学习贯彻全国“两会”精神，进一步坚持和完善中国共产党领导的多党合作和政治协商制度，紧密团结在以习近平同志为总书记的中共中央周围，高举中国特色社会主义伟大旗帜，以邓小平理论、“三个代表”重要思想、科学发展观为指导，锐意进取、开拓创新，为全面建成小康社会、夺取中国特色社会主义新胜利做出新的更大的贡献。

民盟中央关于学习贯彻中共十八届三中全会精神的通知

民盟各省、自治区、直辖市委员会：

中共十八届三中全会是在我国改革开放新的重要关头召开的一次重要会议。会议通过的《中共中央关于全面深化改革若干重大问题的决定》（以下简称《决定》），深刻剖析了我国改革发展稳定面临的重大理论和实践问题，阐明了全面深化改革的重大意义和未来方向，提出了全面深化改革的指导思想、目标任务、重大原则，描绘了全面深化改革的新蓝图、新愿景、新目标，汇集了全面深化改革的新思想、新论断、新举措，是新的历史起点上全面深化改革的科学指南和行动纲领。这次会议作为全面深化改革的又一次总部署、总动员，必将对在新形势下坚定不移高举改革开放大旗，推动中国特色社会主义事业，产生重大而深远的影响。

民盟中央认为，过去的一年，以习近平同志为总书记的新一届中共中央领导集体，团结带领全国各族人民，着力稳增长、调结构、促改革，全面推进社会主义经济建设、政治建设、文化建设、社会建设、生态文明建设，推动发展成果更多更公平惠及全体人民,实现了贯彻落实中共十八大精神第一年的良好开局。从十一届三中全会开启改革大幕，到今天的全面深化改革，是谱写改革开放新篇章的历史必然。民盟中央要求，全盟各级组织和广大盟员要认真学习贯彻中共十八届三中全会精神，为实现十八届三中全会提出的总目标和各项任务，积极进取，努力工作，履行职能，发挥作用。为此，特通知如下：

一、全盟要把深入学习贯彻中共十八届三中全会精神作为当前和今后一个时期的重要任务。全面深化改革的总目标，是完善和发展中国特色社会主义制度，推进国家治理体系和治理能力现代化。要通过学习，深刻领会《决定》在改革理论和政策上一系列重大突破的精神实质，认识到改革开放是当代中国最鲜明的特色，是决定当代中国命运的关键抉择，从而把全盟的智慧和力量凝聚到全面深化改革的决策和部署上来，努力为全面建成小康社会、不断夺取中国特色社会主义新胜利、实现中华民族伟大复兴的中国梦作出新贡献。

二、全盟要把深入学习贯彻中共十八届三中全会精神与履行参政党职能相结合，坚决做改革的促进派。全面深化改革是关系国家事业发展全局的重大战略部署，经济体制改革是全面深化改革的重点。《决定》提出了在经济、政治、文化、社会、生态文明、党建这六个领域的改革主线。民盟要继续以经济建设为中心，围绕科学发展的主题，发挥在文化、教育、科技领域的特色优势，就完善现代市场体系、推动城乡发展一体化、发展社会主义民主政治、推进法治、保障与改善民生、促进教育公平、创新社会治理、发展繁荣社会主义文化、建设生态文明等方面建言献策，履行好参政议政、民主监督职能，以实际行动支持改革、参与改革、推进改革。

三、全盟要把深入学习贯彻中共十八届三中全会精神与坚持和发展中国特色社会主义学习实践活动相结合，全面加强自身建设。中国特色社会主义是当代中国发展进步的根本方向，是我国多党合作制度的最大政治共识。要继承和发扬民盟优良传统，通过广泛开展学习实践活动，巩固政治交接成果和多党合作思想政治基础，不断增强广大盟员对中国特色社会主义的道路自信、理论自信、制度自信，切实承担起做中国特色社会主义事业亲历者、实践者、维护者、捍卫者的政治责任。进一步加强思想建设、组织建设、制度建设、理论建设，把民盟建设成为适应新形势要求的合格参政党，在改革开放伟大事业中发挥更大作用。

中国民主同盟中央委员会
二〇一三年十一月十五日

民盟中央关于开展坚持和发展中国特色社会主义学习实践活动的通知

民盟各省、自治区、直辖市委员会：

经民盟中央主席会议研究，提请民盟中央常委会审议，从今年第四季度起，到本届届终，在全盟开展坚持和发展中国特色社会主义学习实践活动。

坚持和发展中国特色社会主义学习实践活动，是政治交接主题学习教育活动、树立和践行社会主义核心价值体系的深化和延续。全盟要深入学习中共十八大和习近平总书记一系列重要讲话精神，特别是学习中共十八届三中全会通过的《中共中央关于全面深化改革若干重大问题的决定》，深刻领会全面深化改革的重要历史意义，不断增强广大盟员对中国特色社会主义的道路自信、理论自信、制度自信，切实承担起作为中国特色社会主义事业亲历者、实践者、维护者、捍卫者的政治责任，进一步明确参政党的性质、地位和作用，不断巩固和完善中国共产党领导的多党合作和政治协商制度，为全面建成小康社会、实现中华民族伟大复兴的中国梦贡献更大力量。

为此，通知如下：

一、充分认识坚持和发展中国特色社会主义学习实践活动的重大意义

坚持和发展中国特色社会主义是贯穿中共十八大的鲜明主线，全面深化改革是一项伟大事业和长期任务。广大盟员在改革发展的辉煌成就中见证了中国特色社会主义道路的优越性，坚信中国共产党是中国特色社会主义的领导核心，有能力带领全国人民实现“两个一百年”的宏伟目标和中华民族伟大复兴的中国梦。民盟作为参政党，必须深刻认识中国特色社会主义是当代中国发展进步的根本方向，要通过本次学习实践活动，进一步夯实多党合作的政治思想基础，进一步深化对我国政治制度、政党制度历史必然性、伟大独创性、巨大优越性的认识，进一步深化对参政党性质地位、优良传统、独特优势和责任使命的认识，努力把民盟建设成为高素质的参政党，为实现民族复兴的中国梦做出应有贡献。

二、坚持和发展中国特色社会主义学习实践活动要高度重视理论学习

理论是行动的指南。全盟要把学习中共十八大精神作为一以贯之的主要内容，认真学习以习近平同志为总书记的新一届中共中央领导集体关于治国理政的一系列重要论述，学习中国特色社会主义理论体系，学习中共十八届三中全会通过的《中共中央关于全面深化改革若干重大问题的决定》，学习多党合作的光辉历史和民盟的优良传统，进一步增强履行参政党职能的使命感和责任感，始终保持理论上的清醒和政治上的坚定，自觉坚持中国共产党的领导，坚持多党合作和政治协商制度，坚持中国特色社会主义政治发展道路，推动社会主义政治制度不断完善和发展。

三、坚持和发展中国特色社会主义学习实践活动要大力加强作风建设

作风建设是自身建设的重要内容。民盟必须大力加强自身建设，切实改进工作作风，才能跟上执政党励精图治、锐意进取的步伐，承担起参政党的重任。盟的各级领导要通过本次学习实践活动，充分发挥表率作用和组织带动作用，准确把握新时期民盟的历史定位。盟的各级领导要深入基层开展调查研究，认真了解国情、世情、民情、盟情，要求真务实花大力气，要真抓实干下真工夫，做到知实情、办实事、求实效，不断提高盟的参政议政、民主监督水平，为中国特色社会主义事业贡献智慧和力量。

四、坚持和发展中国特色社会主义学习实践活动要结合实际注重实效

中国特色社会主义事业为民盟进一步发挥参政党作用，提供了广阔空间。盟的各级组织要结合各自实际，确定本次学习实践活动的重点。要根据形势发展不断充实并丰富活动的内涵，使学习实践活动与盟的各项工作有机结合、相互促进。盟的各级组织要紧密结合盟员思想实际，采取盟员便于参加、参与的方式，引导广大盟员积极参与到活动中来。全盟要发挥智力密集、视角客观、氛围宽松、渠道畅通的优势，紧紧围绕改革发展稳定中的重大问题，多建睿智之言、多出务实之策，为全面建成小康社会贡献新的力量。

中国民主同盟中央委员会

2013 年 11 月 21 日

中国民主建国会

坚定信念　凝聚共识　为推进全面深化改革作出新贡献

——在中国民主建国会第十届中央委员会第二次全体会议上的工作报告

（2013 年 12 月 16 日）

陈昌智

各位委员、各位同志：

我受第十届中央常务委员会委托，向本次中央全会报告工作，请予审议，并请列席会议的同志提出意见。

2013 年工作回顾

今年是全面贯彻落实中共十八大精神的开局之年。中国共产党以邓小平理论、“三个代表”重要思想和科学发展观为指导，高举中国特色社会主义伟大旗帜，带领全国人民坚定信心，凝聚共识，团结奋斗，全面推进社会主义经济建设、政治建设、文化建设、社会建设、生态文明建设，保持了国民经济持续健康发展和社会和谐稳定，实现了良好开局。一年来，全会认真学习贯彻中共十八大精神，积极落实本会十大提出的各项任务，着力推进基层组织建设，改进工作作风，认真履行参政党职能，各项工作取得可喜成绩，为促进深化改革开放、经济健康发展、社会和谐稳定作出了积极贡献。

（一）以中共十八大精神为指导，深化思想宣传教育

深入学习贯彻中共十八大精神。会中央发出通知，对全会学习贯彻好中共十八大精神提出要求。会中央中心学习组坚持集体学习，采取专题讲座、讨论交流等方式，深入学习中共十八大精神、习近平同志系列重要讲话和中共十八届三中全会精神等，理解精神实质，把握思想和理论内涵，结合会务工作实际，研究新情况、新问题，提出改进工作的新举措。各级地方组织采取多种形式开展学习活动，交流学习体会，增进政治共识，坚定理想信念，进一步增强广大会员对中国特色社会主义的道路自信、理论自信和制度自信。

开展主题教育活动。深化学习践行社会主义核心价值体系教育活动，围绕实现中国梦和纪念响应“五一口号”65 周年等加强思想引导，《中国统一战线》、《团结报》刊发《实

现中国梦民建大有可为》、《大道之行：风雨同舟写春秋，同心共筑中国梦——“五一口号”65年纪事（民建篇）》、《历史的转折》等会中央领导署名文章或纪念文章；会中央网站和《民讯》开设纪念“五一口号”发表65周年专栏；会中央将上海黄炎培故居命名为民建中央爱国主义教育基地，并举行挂牌仪式。各级组织通过召开座谈会和报告会、开展征文活动、参观教育基地等多种形式，引导广大会员不断继承和弘扬民建老一辈与中国共产党风雨同舟、团结合作的优良传统，积极为实现中国梦贡献智慧和力量。为在全会开展坚持和发展中国特色社会主义学习实践活动，会中央在9月的中常委会议上做了动员，11月下发《民建中央关于开展坚持和发展中国特色社会主义学习实践活动的通知》，对全会开展活动作出部署，明确要求把开展学习实践活动作为今后一个时期推进全会思想建设的首要任务。

加强参政党建设的理论研究。会中央以加强自身建设的经验和规律为重点开展理论研究，共收到理论研究成果460多篇，为做好建会70周年的经验总结和理论概括奠定基础。会中央理论研究委员会与浙江省社会主义学院联合举办“参政党与中国现代文明发展”研讨会，对参政党的建设与发展做了有益探讨。编辑出版《陈昌智论民建工作》，发至市级组织学习。会中央网站的《理论园地》刊登理论文章33篇，促进了理论成果交流。

搞好宣传工作。召开民建新闻宣传工作研讨会，进一步加强新闻宣传工作特别是刊物和网站建设。全国“两会”期间，召开提案新闻通气会，人民日报社、新华社、中央电视台等61家媒体的70多位记者参加。在《团结报》刊登专版，宣传介绍民建中央的提案。据统计，“两会”期间中央及地方主要新闻媒体、重点新闻网站等直接登载的有关民建的报道达600多条。《人民日报》刊发《企业不转型，经济难转变》、《完善创新企业激励机制》等多篇会中央领导署名文章，刊登《环保产业迎来发展黄金期》、《健全基层服务网络，提高农技推广成效》等文章，对会中央重点调研和民建界别政协委员履职情况进行报道。人民网、《中国政协》、《中国统一战线》、中央统战部网站“高端访谈”栏目对会中央主要领导进行专访。及时宣传报道会中央学习贯彻中共十八届三中全会精神座谈会、民建全国基层组织建设研讨会等重要活动。会中央网站重新设计主页，不断优化功能，更好地发挥网站作用，全年接到地方组织、机关部门和其他渠道供稿共计10742篇，编辑发稿7985篇。《民讯》的质量不断提高。今年有4个省的会刊由季刊改为双月刊，目前有20个省的会刊为双月刊、2个为月刊。

（二）创新工作思路，增强组织发展活力

推进基层组织建设。9月，会中央召开以基层组织代表为主的全国基层组织建设研讨会，主题鲜明，指导性强，成效显著。会中央领导在会上作重要讲话和基层组织建设情况报告，201位基层组织代表和省级组织主委、分管组织工作副主委、组织部门负责人参加会议。会议全面总结民建九大以来全会贯彻落实《民建中央关于进一步加强基层组织建设的意见》的情况，交流经验和做法，分析存在问题，明确新形势下加强基层组织建设的重点和要求，编发《省级组织材料汇编》、《基层组织材料选编》，15个基层组织代表作大会发言。会议期间，还召开全国组织处长工作会议，对落实研讨会精神进行部署。会后，会中央印制会议光盘发送地方组织和全国6660个基层组织，会中央网站设立会议专栏，《民讯》推出会议专刊。各省级组织积极做好会议精神的贯彻落实，认真学习会中央领导讲话和工作报告，学习先进经验和做法，加大宣传力度，推动基层组织建设。

做好组织发展工作。6月初，召开主席务虚会，结合中共十八大精神，分析研究后备干部队伍建设情况和存在的问题，提出加强和改进的意见。继续贯彻落实会中央《关于进一步做好组织发展工作若干问题的意见》和《发展会员规程》，对五年来会员发展情况进行统计，分析组织发展工作面临的新情况、新问题，就省级组织2013年的发展速度、质量等进行评估，指导规范会员发展工作。年内新成立5个地方组织。截至6月底，全会共有会员146979人，经济界会员占78.6%；担任各种经济实体正副董事长、总经理、厂长等高级管理人员28451人，占企业界会员的31.1%，占会员总数的19.4%；专家学者24281人，占会员总数的16.5%；担任政府及司法机关处级以上领导职务的1355人，占会员总数的0.9%。

加大骨干和会员队伍的培训力度。根据本会十大精神制定和实施培训工作规划，组织省级组织新任专职领导干部参加多党合作专题研究班，选送会员骨干参加党外领导干部市场经济研修班和民主党派干部进修班、培训班。本次会后，将对新任中央委员进行培训。建华课堂的培训进一步加强，在11个区域分课堂就经济形势、政策咨询等开展学习培训活动58场，培训会员会友16000多人次，建华课堂培训案例入选中央统战部编撰的《统一战线教育培训优秀案例选编》。

加强会内监督工作。召开民建第十届中央监督委员会第一次全体会议，确定中央监督委员会2013年度工作重点和成员分工。中央监督委员会组织部分成员到监察部学习，受到王岐山同志的重视，监察部主要领导就中共党内监督工作作了专题介绍；走访兄弟党派，就监督工作进行学习交流；参加了部分省级组织领导班子的谈心会或民主生活会。中央监督委员会办公室修订印发《中国民主建国会会内监督文件汇编》、编发中央监督委员会工作的《情况通报》，积极参与会中央改进作风的相关工作，深入4个省级组织开展调研，沟通情况，总结经验，研究问题。截至目前，全国已有23个省成立了省级监督委员会，有12个省级组织的监督委员会完成换届或调整。有6个市级组织成立了监督委员会或监督小组。认真做好会员权益保障工作，共处理来信来访1301件次。

关怀老会员的生活。向21个省的88名原工商业者寄发慰问金，并增加补助金额，其中对一般人员的补助款增加100%、有代表性人员的补助款增加62.5%。

（三）改进工作作风，密切与基层的联系

会中央领导带头改进工作作风。6月下旬，会中央下发《关于改进工作作风，密切联系群众的通知》，就严格遵守“八项规定”、制定改进工作作风的措施等方面提出要求。9月，会中央先后3次召开“改进工作作风座谈会”，分别征求中央常委、省级组织主委、会中央机关局级和处级以下干部对会中央工作的意见和建议，主席办公会对大家提出的103条意见和建议进行专题研究，制定改进措施，并责成中央监督委员会办公室进行梳理，归纳为35条，形成《民建中央关于改进工作作风座谈会所提意见的整改报告》，经主席会议讨论同意，在十届五次中常委会上作了通报。会中央主席和各位副主席按照联系省级组织的分工，分别到22个省（自治区、直辖市）的77个地市进行调研，了解情况，听取意见，指导帮助解决实际问题。省级组织认真贯彻《通知》精神，有的下发改进工作作风的意见和方案，针对作风方面存在的问题制定改进措施。

推进机关建设。会中央机关认真查找在工作作风方面存在的问题,对会议、财务、档案、行政等管理制度进行梳理和修订，新制定《民建中央机关财务管理制度》、《民建中央机关会议费管理办法》等，并认真抓好落实，进一步提高机关日常管理和会务工作的水平。组织机关干部参加人社部举办的“公文写作及文件管理”培训班,选派干部赴台参加以“管理与沟通能力”为主题的学习培训，不断提高机关干部的业务能力。选派多名局级、处级和科级干部到基层挂职锻炼，增强实际工作能力。会中央机关各部门更新联系的北京市支部，所联系的支部由 9 个增加到 13 个，加强了机关与基层的联系。

（四）围绕科学发展，提高履职能力和水平

积极参加高层协商。在中共中央和国务院召开的政府工作报告座谈会、上半年和全年经济工作座谈会、十八届三中全会《决定》征求意见会等高层协商会上，会中央领导代表民建围绕关系经济发展和社会稳定的重大问题，提出针对性、可行性较强的措施建议,内容涉及发挥市场作用、发展环保事业、助推实体经济发展等方面，受到中共中央领导的重视。

努力提高政协大会发言和提案质量。在全国政协十二届一次会议上，民建政协委员提交口头发言 4 件、书面发言 38 件，民建中央提交口头发言 1 件、书面发言 5 件，特别是 5 件大会口头发言，关注社会焦点，反映群众期盼，受到与会委员好评，引起社会广泛共鸣。民建政协委员提交提案 420 件；民建中央提交提案 40 件，占各民主党派中央、全国工商联提案总数的 12.8%，其中 4 件被列入全国政协重点督办提案、2 件参加全国政协重点提案办理协商会、7 件被选入《重点提案摘报》，收到发改委、财政部、住建部、证监会等 42 个单位的答复。会中央领导在全国政协常委会、专题协商会上作了《坚定信念，深化改革，切实发挥市场在资源配置中的决定性作用》、《大力发展环保产业，促进生态文明建设》、《规范和促进影子银行健康发展》、《民建中央关于完善城镇化进程中投融资模式的建议》的发言。

深入开展重点专题调研。会中央领导就年初确定的 5 个重点调研专题，分别组建专家队伍，制定调研方案，赴 19 个省（自治区、直辖市）开展调研，形成《大力发展环保产业，促进生态文明建设》、《大力推动我国清洁能源发展，促进新型城镇化过程中的环境保护》、《积极稳妥推进新型城镇化，实现城镇化健康发展》、《坚持“市场主导、政府引导”的城镇化模式，要充分激发民间资本的投资活力》、《关于规范和促进我国影子银行发展的政策建议》的调研报告，并到有关部委征求意见；会中央对“在京津冀大气污染防治中加大中央政府对河北工作支持力度”的课题开展应急调研，与中国证监会就“地方发起设立股权交易中心”课题联合开展多层次资本市场建设的调研，提交调研报告。以上调研报告得到李克强、张高丽等中央领导 14 人次批示。

认真履行民主监督职能。在中共开展党的群众路线教育实践活动中，会中央积极向中共中央政治局常委、全国人大党组、全国政协党组、中央统战部提出意见和建议。会中央领导参加最高人民法院、最高人民检察院举行的征求意见座谈会，对改进工作提出建议。担任各级人大代表、政协委员的会员积极提交议案、提案，参加各级人大开展的执法检查活动、各级政协组织的委员视察活动。担任各级法院、检察院和政府部门特约人员的会员，认真对有关部门的工作进行监督，积极提出改进的建议。

加强中央专门委员会建设。召开第十届中央专门委员会成立大会，专门委员会由九届的 10 个增加到 12 个，委员由 540 名增加到 650 名。各专门委员会分别研究制定了工作规则、2013 年度工作计划和重点调研课题，为新一届中央专门委员会开展工作奠定良好基础。12 个专门委员会共向会中央提交调研报告 61 篇、社情民意信息 126 篇。经济委员会、财政金融委员会、企业委员会、能源与资源环境委员会经过调研，在十届四次中常委会上分别提出关于经济形势的分析与建议，为会中央的参政议政提供参考。

继续做好反映社情民意工作。举办信息工作人员培训班，推动各级组织做好反映社情民意工作。截至 11 月底，共收到社情民意来稿 2741 篇，编辑并向全国政协报送 585 期，被全国政协采用 52 期，有的受到国务院领导和有关部委的重视。

（五）发挥自身优势，增强社会服务实效

思源工程取得新成效。中华思源工程扶贫基金会今年募集善款 1.4 亿元，创历年新高，其中社会捐款占 76%，仅“2013 芭莎明星慈善夜”活动当天募集善款达 6200 多万元；支出 1.2 亿元，受益者达 80 万人次。实施了一些重大项目。思源救护项目全年资助 4000 多万元，帮助 22 所县、乡医院改善医疗卫生条件，为 305 所县、乡医院配置救护车，救护患者 20 多万人次；“思源骨髓基金”救助白血病贫困大学生项目，受到新华社、人民日报、中央电视台等 200 多家媒体的关注；在国家集中连片特困地区实施思源教育移民计划，新开思源教育移民班 30 个，已有 1500 多名贫困家庭的优秀小学毕业生入选，并开始初中学习生活；新建思源扬帆图书室 193 个，总数达 623 个，受益学生超过 20 万人次。今年，中华思源工程扶贫基金会在基金会中心网透明指数评比中并列全国公募基金会第 1 名，荣获“中国慈善透明卓越组织奖”，“扬帆计划”和“爱的分贝”项目获得“2012 中国年度慈善推动者”奖。

成功举办两大论坛。“2013(第十五届)中国风险投资论坛”以“拓展 VC/PE 行业新思维，开启创新驱动新引擎”为主题，汇聚海内外专家学者 1400 多人，举办 15 场专题论坛，24 个项目参加融资路演，签约投资额 4.2 亿元。“2013・中国（贵州）非公有制经济发展论坛”以“强化改革创新，激活后发优势，打造非公经济升级版”为主题，首次在地级市毕节举办，会内外著名经济学家、企业家及当地代表 600 多人参加，收到论文 70 多篇，签约项目 24 个、投资额 370.18 亿元，其中会员企业签约 228 亿元。这次非公论坛得到俞正声同志的高度评价。

多层次推进定点扶贫。在会中央协调和推动下，一些重大扶贫项目实施，如：毕节飞雄机场项目在 6 月份正式投入使用，总投资 8.55 亿元；丰宁抽水蓄能电站项目在 5 月份正式开工，总装机 360 万千瓦，总投资 170 亿元，建成后是世界上装机容量最大的抽水蓄能电站，每年可增加税收 3.6 亿元。会中央协调有关方面投入 146 万元，实施一些惠民工程和示范项目，为两个定点扶贫县新建或改造村级卫生室 20 个，修建小水窖 50 口、村内便道 1 条、村级便桥 1 座，安装清洁沼气罐 50 套。积极扶持黔西县继续发展特色优势产业，建设黑莓、樱桃、魔芋、生姜示范基地 4 个，总面积 9646 亩；召开“防沙治沙研讨会”，探讨如何在丰宁县将防沙治沙和利用沙化环境种植经济作物相结合；连续四年在黔西县和丰宁县开展送医下乡活动，对当地卫生人员进行指导。会中央和部分省市民建组织联合开展扶贫培训，在黔西县和丰宁县开展百名村医、百名乡村干部和农民技能的培训；实施千名乡村骨干教师培训计划，培训乡村骨干教师1100多名；在丰宁县开展为期三年的“助教培训计划”，今年对全县13所学校的校长、教导主任、骨干教师580人进行了培训。此外，会中央组织会员企业向新疆喀什地区捐赠价值近200万元的结核病快速诊断检测设备和试剂，帮助建成结核病快速诊断示范实验室，有效提高了快速检测水平。

探索服务会员企业的新途径。5月，会中央与中央社会主义学院联合举办第一期民建企业家培训班，73名会员企业家参加，围绕企业如何突破发展瓶颈、转型升级、提高企业效益等进行针对性培训。首次与中国经济时报社联合，在天津、北京、广东、辽宁、山东举办“非公经济发展圆桌会议”，研究非公经济发展面临的现实问题，探求破解途径，为会员企业交流搭建新的平台。

积极开展抗灾救灾工作。4月20日四川省雅安市芦山县发生7.0级地震后，会中央向全会发出做好抗震救灾工作的通知，全会各级组织和广大会员、中华思源工程扶贫基金会积极行动，捐献款物近1.53亿元。会中央派出的“思源·雅安抗震救灾”工作组在地震当天到达震区，先后组织13批次、价值454万元的救灾物资运往灾区。7月22日甘肃岷县、漳县地震发生后，民建中央、基金会和当地民建组织迅速投入救灾工作，将最急需的物资运到受灾最严重的村庄。黑龙江省特大洪灾发生后，基金会和当地民建组织捐款200万元，支持灾后恢复重建。

会中央在对外联络工作中，认真贯彻中共中央对台工作方针，深化与港澳台各界的交往与合作，加强与境外工商经济界的交流。会中央领导率大陆经济专家访问团出席“2013两岸财经论坛暨扩大内需策略下的两岸企业合作研讨会”，并拜访台湾贸促会、台湾海基会等，拓展两岸交往渠道。组织中小企业考察团访问台湾中小企业和相关科研机构，了解台湾中小企业发展的现状和政策，为会中央参政议政提供参考。全国“两会”期间，对20位港澳代表和委员逐一拜访，深入交流沟通。继续加强与台湾世新大学、一国两制研究会、香港中华出入口商会等机构的友好交流。组织环境保护考察团赴巴西、阿根廷考察环境保护与资源综合利用，组织科技考察团到德国和俄罗斯考察促进科技发展的政策和经验，组织中小企业发展访问团赴捷克、匈牙利考察促进中小企业发展的政策和经验，促进国际交往与合作。全年派出出国考察调研团3个、赴台交流团3个，共计86人次；接待台港澳团组4个，共计70多人次。

各位委员、各位同志，一年来，全会各级组织和广大会员以高度的政治责任感和积极进取精神，扎实工作，讲求实效，为本会履行好参政党职能作出了新的贡献。在这里我代表中央常务委员会向各位委员和全会同志表示衷心的感谢，并致以崇高的敬意！

今年是贯彻落实本会十大精神的起步之年。会中央继承和发扬会的优良传统，以加强基层组织建设为重点，改进作风，抓好落实，推动各项工作取得了新成效。今年工作有三个明显特点：

1. 广泛征求意见，改进工作作风。作风建设关系民建事业发展的全局，关系会的参政党社会形象。会中央借鉴中共中央开展党的群众路线教育实践活动的做法，从领导班子做起，改进工作作风：一是广泛听取意见，诚恳接受批评；二是对意见建议进行认真梳理和分析，专题研究改进的重点；三是制定改进措施，对能改易改的立行立改，对需要一定时间改进的作出计划安排，对涉及有关部门的积极反映和沟通，促进问题的解决。

2. 工作重心下移，推进基层组织建设。基层组织是民建全部工作的基础，是增强会的创造力、凝聚力、影响力的可靠保证。会中央高度重视基层组织建设：一是为开好全国基层组织建设研讨会，会中央领导分别深入基层，专题调查研究，掌握基层组织建设实际情况；二是会中央改进工作方法，与基层组织负责人共同研究基层组织建设；三是会中央领导和省级组织、基层组织代表就如何搞好基层组织建设取得基本共识，即：以理想信念引导会员，以参政议政吸引会员，以人为本凝聚会员，以骨干带动会员；四是各级地方组织和基层组织积极贯彻会议精神，讲求效率，学习推广好经验、好做法，效果明显。

3. 转变工作方式，非公论坛与帮扶工作相结合。非公有制经济发展论坛是民建的品牌，定点扶贫是参政党的社会服务工作重点。会中央从实际出发，转变工作方式：一是根据形势变化，在毕节举办非公论坛，这是第一次在地级市举办；二是实事求是，因地制宜，缩小论坛规模，节约费用，务实求效；三是将论坛与帮扶工作紧密结合，不仅论坛取得成效，而且为毕节地区引进项目和投资，促进地方经济发展。

我们在看到工作成绩的同时，也应清醒地认识到在工作中存在的问题和不足：全会的思想宣传教育需要进一步深化，理论学习与研究有待加强；各级领导班子和后备干部队伍的建设水平还需要进一步提升；发现和培养高素质高层次代表人士的任务仍然十分紧迫；各级组织建言献策的质量和水平有待进一步提高。对这些不足，会中央和各级地方组织要高度重视，认真研究，切实改进。

2014 年主要工作任务

中共十八届三中全会是在我国改革开放新的重要关头召开的一次重要会议。会议作出《中共中央关于全面深化改革若干重大问题的决定》，对全面深化改革作出系统部署，吹响了为实现“两个一百年”奋斗目标奋力前进的号角，对推动我国经济社会各领域的深刻变革、加快全面建成小康社会进程、实现中华民族伟大复兴的中国梦，具有重大而深远的意义。全会要深入学习贯彻中共十八届三中全会精神，把握大局，拓展思路，紧密围绕全面深化改革的目标、任务和重点，动员全会积极投入全面深化改革的实践，认真履行参政党职能，扎实开展好各项工作，以优异工作业绩迎接中华人民共和国成立 65 周年。

（一）深入学习贯彻中共十八届三中全会精神

《中共中央关于全面深化改革若干重大问题的决定》制定了全面深化改革的指导思想、目标任务、重大原则，汇集了新思想、新论断、新举措，在改革的理论和政策上实现一系列重大突破，是在新的历史起点上全面深化改革的科学指南和行动纲领。

全会要把学习贯彻中共十八届三中全会精神作为当前的首要政治任务。各级组织要认真组织广大会员学习研读《决定》和习近平同志对《决定》的说明，充分认识三中全会的重大意义，准确把握《决定》精神实质。通过深入学习，深刻认识全面深化改革必须高举中国特色社会主义伟大旗帜，坚持社会主义市场经济的改革方向；深刻认识全面深化改革是关系党和国家事业发展全局的重大战略部署，必须把握改革的系统性、整体性、协同性；深刻认识全面深化改革必须立足于我国长期处于社会主义初级阶段的实际，坚持以经济建设为中心，推动经济社会持续健康发展。全会要切实把思想和行动统一到中共中央的决策部署上来，统一到《决定》提出的目标和任务上来，进一步解放思想，振奋精神，开拓创新，为促进全面深化改革、实现十八大制定的奋斗目标和任务贡献智慧和力量。

（二）开展主题教育活动，积极推进思想建设

深入开展坚持和发展中国特色社会主义学习实践活动。要牢牢把握坚持和发展中国特色社会主义、实现中国梦这个主题，深入学习中共十八大、十八届三中全会和习近平同志一系列重要讲话精神，通过多种生动活泼的学习教育形式，使广大会员深刻领会中国特色社会主义的三大基本构成和总依据、总布局、总任务，把握“八个必须坚持”的基本要求，深刻认识中国梦的实质，不断增强对中国特色社会主义的道路自信、理论自信、制度自信。要将学习实践活动与学习民建会章、会史、会的优良传统结合起来，创新形式，增强学习的吸引力、感染力，提高会员学习的质量和效率，进一步增强凝聚力和向心力，做中国特色社会主义事业的亲历者、实践者、维护者、捍卫者。继续推动符合条件的地方建立爱国主义教育基地。

加强宣传思想工作。会中央将召开宣传思想工作会议，重点总结和交流开展坚持和发展中国特色社会主义学习实践活动的经验和做法，推动学习实践活动有序、深入地开展。新闻宣传要坚持正确舆论导向，服务工作中心，突出本会特色和优势，弘扬主旋律，传播正能量；利用多种宣传阵地，在办好各级会刊和网站的基础上，积极借助新媒体，增强宣传时效，扩大会的社会影响。省级会刊是季刊的争取改为双月刊，鼓励办成月刊。

积极开展理论研究。围绕建会近 70 年的会务实践开展研究，做好经验总结和理论概括，为会务实践提供指导。深入分析新形势下本会在建设和发展中面临的新情况、新问题，努力在参政党理论研究上取得新成果。适时召开理论研讨会，着重对本会自身建设的经验和规律进行研讨。

2014 年是中华人民共和国成立 65 周年，各级组织要通过各种纪念活动，进一步激发广大会员爱祖国、爱人民、爱社会主义的热情，增强接受中国共产党领导的自觉性，坚定不移地把建设中国特色社会主义作为全会的共同理想、前进方向和奋斗目标，积极为推动科学发展、促进社会和谐作出贡献。

（三）着眼于多党合作事业的长远发展，加强各级组织建设

切实加强领导集体建设。各级领导干部要带头践行“八项规定”，以“信念坚定、为民服务、勤政务实、敢于担当、清正廉洁”为准则，认真落实民主集中制，坚持“集体领导、民主集中、个别酝酿、会议决定”的原则，严格遵循决策程序，不断提高各级领导班子科学决策、民主决策的水平。各级组织要建立健全联系基层制度，切实尊重基层组织和会员的主体地位，坚持问需、问计于基层和会员，了解真实情况，解决实际问题，增进对基层组织和会员的感情，从基层组织和会员的创造性实践中汲取经验和智慧，提高工作能力和水平，尽心为基层组织和会员服务。会中央领导要坚持联系省市组织的制度，参加分管机关部门所联系北京市支部的活动。会中央适时召开全国市级组织建设研讨会，

促进市级组织健康发展。

认真做好会员发展和培训工作。在会员发展工作中，坚持注重质量、注意数量、保持特色、优化结构的原则，始终将质量放在首位，把握代表性和本会特色，积极发展经济界专家学者和企业界高层人士，同时做好其他方面代表人士的发展工作。做好会员培训工作，扩大建华课堂的影响，进一步提高培训水平。

推进后备干部队伍建设。按照做好民主党派省级组织领导班子后备干部队伍建设的要求，会中央将积极配合有关方面，把信念坚定、务实敬业、敢于担当、清正廉洁，有较好群众基础、热爱民建事业的同志选入后备干部队伍，并建立完善后备干部队伍人才库，实行动态管理；召开在政府及司法机关担任厅局级领导职务干部座谈会，不断提高履职能力和水平。各级组织要重视做好后备干部的培养工作，通过挂职锻炼、选调培训等多种途径，加强对后备干部队伍的培养。

认真贯彻落实全国基层组织建设研讨会精神。各级组织要深入学习贯彻会议精神，切实重视基层组织建设，落实领导责任。基层组织要学习借鉴先进单位的有益经验和做法，建立适合自身特点、有效运行的工作机制。要加大宣传力度，以先进促后进，不断丰富学习和教育的内容，创新工作和活动的形式，推进基层组织建设再上新台阶。

积极稳妥地推进会内监督工作。中央监督委员会要派成员参加省级组织领导班子的谈心会、民主测评会，重点检查领导班子和成员贯彻民主集中制、改进工作作风的情况。继续贯彻落实《会内监督条例（试行）》，推进省级组织建立健全监督委员会，加强会内监督。围绕会内监督重点课题特别是改进会内工作作风进行研究。

加强机关建设。认真贯彻落实2013年全国组织工作会议精神，深化干部人事制度改革，切实改进民主推荐、民主测评的措施办法，做到不唯票取人。进一步改进各级机关作风，把继承传统和探索创新相结合，不断增强机关干部服务大局、服务基层、服务会员的意识，密切与基层和会员的联系，不断提高机关工作的质量和水平。继续推进信息化建设，提高机关办公平台的使用效率。

（四）紧密围绕全面深化改革和经济社会发展的重点，认真履行参政党职能

深入做好参政议政工作。全会各级组织要紧紧围绕全面深化改革和经济社会发展的重点，密切关注国际经济形势变化和国内经济运行情况，围绕深化土地制度改革、推动金融体制改革、财税体制改革和推进经济结构战略性调整、城镇化建设、文化建设、生态文明建设等开展调查研究，积极建言献策。发挥自身优势，就市场在资源配置中起决定性作用和更好发挥政府作用、发展非公经济和混合所有制经济、创新驱动和经济结构调整、资源能源和环境保护等确定重点调研专题，形成有水平、有影响的调研报告及相关成果。立足会内、整合资源，拓宽视野、借力会外，为会中央参加高层协商、全国政协重要会议等提供有分量的材料支撑。重视发挥基层组织参政议政的作用，积极培养参政议政骨干，鼓励和指导他们参加基层的民主协商。要努力拓宽信息来源，提高社情民意信息工作的质量。

认真履行民主监督职能。在政治协商、参政议政工作中要注意发挥民主监督作用，善于通过调查研究发现问题，勇于提出批评意见，提出的建议要有针对性。担任各级人大代表和政协委员的会员要积极参加各级人大和政协组织的检查监督、考察视察活动，

担任各级特约人员的会员要积极参加各级党政部门开展的视察活动，对法律法规、方针政策在执行过程中出现的偏差和问题，提出改进的措施建议。

充分发挥专门委员会作用。专门委员会要进一步完善各项工作制度，推动工作的制度化建设、程序化运行、规范化管理，对调研课题和社情民意可实行量化管理。要发挥专家学者的专长，确定年度调研课题，精心组织，深入调研，提交高质量的调研成果。

（五）推进社会服务工作，扩大对外交流合作

努力提高社会服务工作水平。深入贯彻落实俞正声同志在贵州毕节试验区的讲话精神，探索新形势下民主党派社会服务工作新思路、新途径、新办法，在扶贫工作中更加强调政治责任，更加突出示范特色，更加重视农民增收和民生改善。发挥民建界别优势，围绕人才培养、产业提升、招商引资等重点，着力实施助推发展、民生改善、智力支持、生态建设、示范带动五大工程，完善和巩固长效帮扶机制，促进贵州毕节试验区和河北丰宁县后发赶超、同步小康。进入国家扶贫开发主战场，在集中连片特困地区和革命老区继续实施思源教育移民计划，打造“教育扶贫”品牌。关注会员企业发展，开展多种形式的学习培训，提高会员企业家经营管理水平，积极为会员企业健康发展、转型升级提供有效的支持和服务。以基金会为平台，整合会内外资源，抓好已有亮点项目，挖掘、培育新品牌，扩大“思源工程”社会影响力。举办好 2014（第十六届）中国风险投资论坛、2014' 中国非公有制经济发展论坛，扩大品牌效应。

积极开展对外联络工作。认真贯彻中央对台方针，加强与台湾民间组织和基层民众的广泛交往。发展与港澳各界的联系，促进港澳繁荣稳定。扩大与欧美工商经济界的交流，借鉴国外好的经验和做法，为会中央的参政议政提供参考。

同志们，2014 年我们的工作任务繁重而艰巨。全会要共同努力，加强协作，密切配合，充分调动和发挥各级组织、各级干部和广大会员的积极性、主动性，结合实际创造性地开展工作，不断开创会的事业发展新局面。让我们紧密团结在以习近平同志为总书记的中共中央周围，团结一心、奋发进取，为推进全面深化改革、夺取中国特色社会主义建设事业的新胜利作出更大的贡献！

民建中央关于认真学习贯彻十二届全国人大一次会议和全国政协十二届一次会议精神的决议

（2013 年 3 月 11 日 中国民主建国会第十届中央常务委员会第二次全体会议通过）

中国民主建国会第十届中央常务委员会第二次全体会议认真学习了十二届全国人大一次会议和全国政协十二届一次会议的精神，一致赞同温家宝总理所作的政府工作报告及其他报告，一致拥护选举产生的第十二届全国政协领导人。

会议认为，十二届全国人大一次会议和全国政协十二届一次会议全面贯彻中共十八大精神，高举中国特色社会主义伟大旗帜，以邓小平理论、“三个代表”重要思想和科学

发展观为指导，进一步动员全国各族人民为夺取全面建成小康社会新胜利而团结奋斗，对推进中国特色社会主义事业具有重大意义。全会要认真学习贯彻十二届全国人大一次会议和全国政协十二届一次会议的精神，把思想认识统一到中共十八大精神上来，坚持把促进科学发展作为第一要务，充分发挥本会密切联系经济界的特色和优势，按照中共十八大对加快完善社会主义市场经济体制和转变经济发展方式提出的新要求，围绕全面深化经济体制改革、实施创新驱动发展战略、推进经济结构战略性调整、推动城乡发展一体化、全面提高开放型经济水平等关系经济社会发展和民生的重大问题，深入调查研究，积极建言献策。参与国家的法制建设，对法律法规的制定、修改和实施过程中的问题，提出意见和建议。根据国家扶贫开发工作的新部署和新要求，努力做好全会的社会服务工作，为改变贫困地区落后面貌贡献智慧和力量。做好社情民意工作，及时反映人民群众和会员关心的社会热点、难点问题，为党和国家科学决策提供参考。

会议号召，全会要紧密地团结在以习近平同志为总书记的中共中央周围，认真学习贯彻全国“两会”精神，结合实际贯彻落实本会十大制定的工作目标和任务，增强使命感和责任感，振奋精神，团结进取，扎实工作，为全面建成小康社会、推进本会事业发展作出积极贡献。

民建中央关于学习贯彻中共十八届三中全会精神的通知

民建各省、自治区、直辖市委员会：

中共十八届三中全会是在我国改革开放新的重要关头召开的一次重要会议。会议审议通过了《中共中央关于全面深化改革若干重大问题的决定》(以下简称《决定》)。这次会议，是全面深化改革的又一次总部署、总动员，必将对推动中国特色社会主义事业产生重大而深远的影响。全会要把学习贯彻中共十八届三中全会精神作为当前和今后一个时期的首要政治任务，切实抓紧抓好。现就有关问题通知如下：

一、充分认识中共十八届三中全会的重大意义，凝聚全面深化改革的共识

各级组织要采取多种形式组织全体会员、尤其是各级领导集体成员认真学习中共十八届三中全会的文件，特别是深入学习和领会《决定》和习近平同志对《决定》稿的说明。《决定》深刻剖析了我国改革发展稳定面临的重大理论和实践问题，阐明了全面深化改革的重大意义和未来方向，提出了全面深化改革的指导思想、目标任务、重大原则，描绘了全面深化改革的新蓝图、新愿景、新目标，合理布局了深化改革的战略重点、优先顺序、主攻方向、工作机制、推进方式和时间表、路线图。《决定》汇集了全面深化改革的新思想、新论断、新举措，形成了改革理论和政策的一系列重大突破，具有很强的战略性、指导性和前瞻性，是在新的历史起点上全面深化改革的科学指南和行动纲领。在学习过程中，要把学习《决定》与学习中共十八大精神结合起来，与学习新一届中共中央领导集体治国理政的一系列重要论述结合起来，与民建参政议政的实际结合起来。通过学习，

引导广大会员深刻认识在新的历史起点上全面深化改革，是坚持和发展中国特色社会主义的必由之路，是实现经济社会持续健康发展的必然要求，也是促进社会公平正义、增进人民福祉的根本途径。深刻认识新形势下全面深化改革的重要性和紧迫性，增强中国特色社会主义参政党的责任感和使命感，把思想和行动统一到中共十八届三中全会的重大决策部署上来，坚定全面深化改革的信心，坚持全面深化改革的正确方向。各级组织要精心组织、周密安排，使学习贯彻会议精神的过程成为凝聚全面深化改革共识的过程。网站和刊物要及时开设专题专栏，加强舆论宣传和引导，营造学习贯彻的浓厚氛围。

二、充分发挥密切联系经济界的特色和优势，为全面深化改革献计出力

中共十八届三中全会对全面深化改革作出了系统部署，明确了完善和发展中国特色社会主义制度，推进国家治理体系和治理能力现代化的总目标；明确了经济体制改革是全面深化改革的重点；明确了深化改革的重要领域。这为本会更好地发挥参政党作用提供了广阔的舞台，也对本会履行参政党职能指明了方向。民建各级组织要把服务全面深化改革作为工作重中之重，紧紧围绕全面深化改革的目标、任务和重点，紧密结合当地实际，认真谋划明年参政议政重点课题，组织力量深入开展调查研究，在充分论证的基础上提出有分量的意见和建议。巩固和拓展本会参政议政的优势领域，鼓励、支持非公有制企业加快转型升级，推动落实支持非公有制经济发展的改革举措，激发非公有制经济活力和创造力。积极反映社情民意，开展社会服务，努力协助化解矛盾，切实履行参政党职能，为全面深化改革贡献力量。

三、以学习贯彻中共十八届三中全会精神为契机，开展坚持和发展中国特色社会主义学习实践活动，推进会的自身建设

各级组织要通过学习贯彻中共十八届三中全会精神，强化改革精神，增强进取意识，创造性地推动会的思想、组织、制度、队伍和作风建设，切实提高履行参政党职能的能力和水平。会中央从时代要求出发，将在全会开展坚持和发展中国特色社会主义学习实践活动，这一活动既是民建近年来系列主题教育活动的延伸和发展，也是深化新一轮政治交接的必然要求，是增进政治共识的核心内容。各级组织要以学习贯彻中共十八届三中全会精神为契机，开展好坚持和发展中国特色社会主义学习实践活动，进一步引导广大会员不断增强中国特色社会主义道路自信、理论自信、制度自信，切实承担起中国特色社会主义事业亲历者、实践者、维护者、捍卫者的政治责任，积极投身全面深化改革的生动实践。

各地在学习贯彻过程中的有关情况和问题，请及时报告会中央。

民建中央关于开展坚持和发展中国特色社会主义学习实践活动的通知

民建各省、自治区、直辖市委员会：

中国特色社会主义是当代中国发展进步的旗帜，是现阶段全国各族人民的共同理想信念。为认真学习贯彻中共十八届三中全会精神，进一步引导广大会员增强对中国特色社会主义的道路自信、理论自信和制度自信，切实承担起作为中国特色社会主义事业亲历者、实践者、维护者、捍卫者的政治责任，努力为全面建成小康社会、实现中华民族伟大复兴的中国梦贡献力量，民建中央决定，从现在起，到2017年本会召开全国代表大会之前，在全会开展以“坚持和发展中国特色社会主义”为主题的学习实践活动。现将有关事项通知如下：

一、充分认识坚持和发展中国特色社会主义学习实践活动的重大意义

坚持爱国主义、致力于中国特色社会主义事业，是民建的优良传统。正是坚持把中国特色社会主义作为共同理想信念、共同前进方向、共同奋斗目标，民建才有了坚实的思想政治基础。面对新的形势和任务，在民建全会开展坚持和发展中国特色社会主义学习实践活动，有利于促进广大会员深刻认识中国特色社会主义是历史的选择、是前进的旗帜和方向；有利于更大限度地调动广大会员投身中国特色社会主义事业的积极性、主动性和创造性；有利于巩固本会换届成果，搞好政治交接，夯实多党合作思想基础。在全会开展这一活动对于我们推进自身建设，履行参政党职能，在实现中国梦的伟大进程中奋发有为、建功立业，具有重要意义。

二、学习实践活动的主要内容

认真学习中共十八大和十八大以来历次中央全会精神，学习新一届中共中央领导集体关于治国理政的一系列重要论述，特别要认真学习贯彻中共十八届三中全会关于全面深化改革的重大决策部署，深刻认识改革开放是当代中国发展进步的活力之源，是坚持和发展中国特色社会主义的必由之路，是决定当代中国命运的关键一招，也是实现“两个一百年”奋斗目标、实现中华民族伟大复兴的关键一招，凝聚促进全面深化改革的共识。

认真学习中国特色社会主义理论体系和社会主义核心价值体系，深刻认识走中国特色社会主义道路是实现中国梦的必然的唯一途径，中国特色社会主义是社会主义而不是其他什么主义，进一步坚定为深化改革开放、全面建成小康社会团结奋斗的信念和信心。

认真学习多党合作历史、理论和政策，充分认识中国共产党在中国特色社会主义事业中的领导核心地位和作用，充分认识中国特色政治制度和政党制度的历史必然性和巨大的优越性，自觉维护中国共产党的执政地位，与共产党同心同德、同心同向、同心同行，坚定不移地走中国特色社会主义政治发展道路。

认真学习民建会章、会史和会的优良传统，研读《中国民主建国会简史》、《中国民主建国会概述》、《陈昌智论民建工作》等，深刻认识民建作为参政党的性质、地位、职

能和任务，深入了解本会近70年的光荣历程，传承老一辈的政治信念、弘扬老一辈的优良传统。要根据形势适时增添新的内容，通过研读学习和开展理论研究，把握精神内涵，增进思想共识，提高政治自觉，推进政治交接，加强自身建设。

三、学习实践活动的基本原则

一是学习实践活动的重点是各级领导集体成员和骨干队伍，包括中央和地方组织领导集体成员，在各级人大、政府、政协和司法机关任职的成员，以及其他有影响的代表人士。二是发扬自我教育的优良传统，坚持自己提出问题，自己分析问题，自己解决问题。三是坚持正面引导，搞好思想引领，充分展示多党合作事业蓬勃发展的大好局面，展示广大会员积极履职尽责、团结奋进的良好形象。四是注重实效，认真总结近年来开展主题教育活动的经验，紧密结合会员思想和工作实际，采取会员愿意参加、乐于参与的方式，努力扩大参与面，注重解决实际问题。

四、加强学习实践活动的落实措施

（一）高度重视，认真搞好筹划部署。学习实践活动是当前和今后一个时期的重要政治任务，必须加强组织领导，统筹协调。会中央成立以陈昌智为组长，马培华为副组长，张少琴、辜胜阻、宋海为成员的学习实践活动领导小组，领导小组下设办公室。各省级组织也要成立相应的学习实践活动领导机构，精心组织，制定具体的实施计划，认真落实。各级领导班子要把中国特色社会主义理论作为中心组学习的主要内容,发挥表率作用，带头宣讲辅导、撰写文章，扩大影响力，拓展受益面，带动各级组织和广大会员掀起学习热潮。

（二）突出重点，着力巩固思想共识。准确把握坚持和发展中国特色社会主义的主题和“亲历者、实践者、维护者、捍卫者”的内涵。通过报告宣讲、座谈研讨、征文演讲等形式，倡导理论联系实际、工作结合学习，推动广大会员学深悟透，进一步坚定中国特色社会主义理想信念，增强政治自觉性，改进工作作风，提升道德水平，自觉将个人的理想追求融入中国特色社会主义伟大事业，融入实现中国梦的伟大实践。

（三）搞好结合，切实提高履职能力。要结合自身实际，体现自身特色，突出时代性、思想性和实践性。要与学习贯彻中共十八届三中全会精神紧密结合，与深化学习践行社会主义核心价值体系相结合，与推进政治交接相结合，认真总结成功做法，充分运用鲜活经验，努力搞好成果转化。要与纪念本会成立70周年活动紧密结合，使学习实践活动成为思想建设的亮点。要与履职实践相结合，紧紧围绕全面深化改革的战略部署和人民群众关心的热点难点问题，结合本地经济社会发展实际，深入基层，联系群众，反映民意，积极献策出力。要与自身建设相结合，着眼于建设适应新世纪要求参政党，切实抓好基层组织建设，增强组织凝聚力和向心力，引导各级组织和机关营造和谐向上的氛围，建立规范有效的工作机制。

（四）创新形式，提高主题活动成效。要坚持以正面教育为主，积极探索行之有效的方法手段，形成广大会员热情参与的局面。要及时掌握会员思想态势，加强工作的针对性。要加大培训力度，组织专题培训。要注重典型示范，开展学优赶先活动。要加大宣传力度，充分利用会内外媒体，努力营造浓厚氛围，增强活动的吸引力和感染力。

各级组织要把开展坚持和发展中国特色社会主义学习实践活动作为当前和今后一个时期推进思想建设的首要任务，通过坚持不懈的自我教育，引导广大会员不断增强对中国特色社会主义的自信，巩固全面深化改革的共识，凝聚促进改革的力量，在实现中国梦的伟大实践中作出积极贡献。

各地在开展活动中，要及时沟通交流，并向会中央汇报有关情况。

民建中央关于开展坚持和发展中国特色社会主义学习实践活动的方案

（2013 年 12 月 15 日 中国民主建国会第十届中央常务委员会第五次全体会议通过）

开展坚持和发展中国特色社会主义学习实践活动，是当前和今后一个时期本会推进思想建设的首要任务，是建设中国特色社会主义事业参政党的题中应有之义。为深入学习贯彻中共十八大、十八届三中全会精神，进一步落实相关措施，推动学习实践活动扎实有效开展，引导广大会员切实承担起作为中国特色社会主义事业亲历者、实践者、维护者、捍卫者的政治责任，努力为全面建成小康社会、实现中华民族伟大复兴的中国梦贡献力量，民建中央在向全会发出学习实践活动通知的基础上，特制定如下活动方案，各地组织须结合自身实际付诸落实。

一、学习实践活动的指导思想

高举中国特色社会主义伟大旗帜，以马克思列宁主义、毛泽东思想、邓小平理论、“三个代表”重要思想、科学发展观为指导，深入学习贯彻中共十八大和十八大以来历次中央全会精神，紧紧围绕广大会员受教育、参政议政上水平、自身建设见成效的总要求，进一步搞好政治交接，夯实多党合作思想政治基础，调动全会致力于中国特色社会主义事业的积极性、主动性和创造性，努力在实现中国梦的伟大进程中奋发有为、建功立业。

二、学习实践活动的基本原则

要突出领导干部这个重点，包括中央和地方组织领导集体成员，在各级人大、政府、政协和司法机关任职的成员，以及其他有影响的代表人士。要发扬自我教育的优良传统，坚持自己提出问题，自己分析问题，自己解决问题。要坚持正面引导，搞好思想引领，充分展示多党合作事业蓬勃发展的大好局面，展示广大会员积极履职尽责、团结奋进的良好形象。要注重实效，认真总结近年来开展主题教育活动的经验，紧密结合会员思想和工作实际，采取会员愿意参加、乐于参与的方式，努力扩大参与面，注重解决实际问题。

三、学习实践活动的步骤安排

（一）动员部署，明确学习重点（现在到 2014 年初）。会中央主席会、常委会、全委会进行专门学习研究，做出具体部署，成立领导小组，发出活动通知、方案，各省级组织成立相应领导机构，结合实际，认真安排落实。各级组织要明确学习重点，集中学习中共十八大和十八大以来历次中央全会精神，学习习近平同志一系列重要讲话精神，学习新一届中共中央领导集体关于治国理政的一系列重要论述，学习中国特色社会主义理论体系和社会主义核心价值体系，深刻认识走中国特色社会主义道路是实现中国梦的必然的唯一途径，进一步坚定为深化改革开放、全面建成小康社会团结奋斗的信念和信心。特别要认真学习贯彻中共十八届三中全会关于全面深化改革的重大决策部署，深刻认识改革开放是当代中国发展进步的活力之源，是坚持和发展中国特色社会主义的必由之路，是决定当代中国命运的关键一招，也是实现“两个一百年”奋斗目标、实现中华民族伟大复兴的关键一招，凝聚促进全面深化改革的共识。

（二）结合 2014 年度宣传思想建设这项重点工作，开展研讨交流（2014 全年）。以中共十八大、十八届三中全会精神为指导，认真研究新形势下加强参政党思想建设的目标、任务和方法，研讨交流推进坚持和发展中国特色社会主义学习实践活动的途径和举措。会中央将召开宣传思想工作会议，重点总结和交流开展坚持和发展中国特色社会主义学习实践活动的经验和做法，推动学习实践活动有序深入地开展。集中学习中共方针政策，多党合作历史、理论和政策，充分认识中国共产党在中国特色社会主义事业中的领导核心地位和作用，充分认识中国特色政治制度和政党制度的历史必然性和巨大的优越性，自觉维护中国共产党的执政地位，与共产党同心同德、同心同向、同心同行，增强对中国特色社会主义的道路自信、理论自信和制度自信，努力把学习实践活动成果转化为推动经济社会发展的强大动力。

（三）利用民建成立 70 周年契机，推动优良传统学习教育（2015 全年）。组织开展多种形式系列纪念活动，集中学习宣讲民建会章、会史和会的优良传统，引导广大会员深刻认识民建作为参政党的性质、地位、职能和任务，深入了解本会 70 年的光荣历程，传承老一辈的政治信念、弘扬老一辈的优良传统、学习老一辈的高尚风范，进一步坚定广大会员特别是领导集体成员走中国特色社会主义政治发展道路的信心。

（四）做好换届中的思想政治工作，搞好政治交接（2016—2017 年）。根据会内外形势发展的情况和需要，适时充实丰富学习实践活动的内容。特别是在市级、省级、中央的依次换届工作中，结合开展坚持和发展中国特色社会主义学习实践活动，认真组织学习民建成立 70 周年大会上的中共中央贺词、大会讲话等文件材料，学习会的章程及各项规章制度，加强思想政治工作，推动政治交接，保证换届工作顺利进行。并总结交流开展学习实践活动以来的经验和成果，以全会履职尽责和自身建设的实绩来检验学习实践活动的实效。

四、学习实践活动的落实措施

（一）高度重视，认真搞好筹划部署。中央和各省级组织学习实践活动领导机构，要切实发挥领导作用，精心组织，认真落实。各级领导班子要把中国特色社会主义理论作为中心组学习的主要内容，发挥表率作用，带头宣讲辅导、撰写文章，扩大影响力，拓展受益面，带动各级组织和广大会员掀起学习热潮。

（二）突出重点，着力巩固思想共识。各级组织要通过报告宣讲、座谈研讨、征文演讲等形式，倡导理论联系实际、工作结合学习，推动广大会员学深悟透，进一步坚定中国特色社会主义理想信念，增强政治自觉性，改进工作作风，提升道德水平，自觉将个人的理想追求融入中国特色社会主义伟大事业，融入实现中国梦的伟大实践。

（三）联系实际，切实提高履职能力。要与学习贯彻中共十八届三中全会精神紧密结合，与深化学习践行社会主义核心价值体系相结合，与推进政治交接相结合，认真总结成功做法，充分运用鲜活经验，努力搞好成果转化。要与纪念本会成立 70 周年活动紧密结合，使学习实践活动成为思想建设的亮点。要与履职实践相结合，紧紧围绕全面深化改革的战略部署和人民群众关心的热点难点问题，深入基层，联系群众，反映民意，积极献策出力。要与自身建设相结合，努力建设适应新世纪要求参政党。

（四）创新形式，提高主题活动成效。要坚持以正面教育为主，积极探索行之有效的方法手段，形成广大会员热情参与的局面。要及时掌握会员思想态势，加强工作的针对性。要加大培训力度，组织专题培训。要注重典型示范，开展学优赶先活动。要加大宣传力度，充分利用会内外媒体，努力营造浓厚氛围，增强活动的吸引力和感染力。各级组织要立足当地实际，体现自身特色，加大宣传力度，努力营造浓厚氛围，增强吸引力和感染力。加强理论研究，认真总结成功做法，充分运用鲜活经验，努力搞好成果转化。

主要学习参考资料：

1. 马列主义、毛泽东思想经典原著、邓小平、江泽民、胡锦涛同志著述讲话
2. 中共十八大报告
3. 中共十八届三中全会公报
4. 中共中央关于全面深化改革若干重大问题的决定
5. 习近平同志一系列重要讲话
6. 全国两会、中共中央全会有关文件材料
7.《中国民主建国会简史》、《中国民主建国会概述》、《中国民主建国会章程汇编》
8.《努力弘扬民建优良传统 共同致力于中国特色社会主义事业》、民建优良传统宣讲光盘
9. 电视文献片《中国民主党派》、电视连续剧《黄炎培》
10.《胡厥文文稿选编》、《孙起孟文稿选编》、《成思危论民建工作》、《陈昌智论民建工作》
11. 民建成立 70 周年纪念大会讲话、有关方面的贺词、讲话
12.《民建优秀会员风采录》、《民建全国先进基层组织事迹材料》

民建中央关于改进工作作风座谈会所提意见的整改报告

（2013 年 12 月 15 日在民建十届五次中常委会议上）

去年底，中共中央制定了《十八届中央政治局关于改进工作作风、密切联系群众的八项规定》，习近平总书记作出了重要批示，在全党范围开展了群众路线教育实践活动。

民建作为中国共产党领导的多党合作制度中的参政党，也面临着转变工作作风、密

切联系群众、进一步加强自身建设的重要课题。为改进工作作风，加强自身建设，进一步增强会的凝聚力，切实履行好参政党职能，会中央于今年6月下发了《关于改进工作作风、密切联系群众的通知》，要求认真学习总书记重要批示和讲话精神，严格贯彻“八项规定”。会中央先后召开中央常委、省级主委座谈会、会中央机关局级干部和处级及以下干部座谈会，就会中央领导班子和会中央机关的各项工作征求意见，以增强改进工作作风的针对性，确保取得实效。与会人员认真准备，积极发言，针对组织建设、思想建设、机关建设及其它会务工作方面提出许多意见、建议。

会后，会中央监督委员会办公室对收集到的意见、建议认真进行梳理，将内容相同或相近的意见进行合并、归类，梳理出35条意见，其中有20条意见属于国家政策方面的问题，需要向有关方面呼吁；15条意见需要提出相应整改措施，涉及组织建设方面6条、思想建设方面2条、机关建设方面4条、其它会务工作方面3条。主席办公会专门研究了这些意见、建议，提出相关整改措施，经主席会议讨论，现将整改措施向中常委会报告如下：

一、组织建设方面

（一）有意见提出，希望会中央领导加强与各级党委、统战部的沟通；进一步深入走访基层；还有意见反映，主席、副主席调研市级组织形式过于单一。

整改措施：

1. 认真落实《民建中央主席副主席联系地方组织有关规定》。会中央领导到地方调研要更加细致、深入、全面，要更加关心基层，关心会员，及时了解、积极回应地方组织和会员的诉求，掌握领导班子自身建设、后备干部队伍建设、基层组织建设、组织发展工作、参政议政工作、社会服务工作及机关作风建设等方面的情况，认真分析地方组织存在的问题、困难和解决办法，提出具体意见，指导工作。

2. 努力丰富会中央领导与地方组织和会员的交流形式。会中央领导到地方组织调研，可以与市级组织领导班子成员集体谈话或个别谈话，召开市级组织委员以上的座谈会、各支部主委座谈会、骨干会员座谈会，参加基层组织的社会服务活动等，也可以通过深入支部调查研究，考察会员企业等方式，倾听地方组织和会员的意见，增进与会员之间的交流。

3. 进一步加强与中共方面的沟通。会中央领导到地方组织调研，要积极与当地中共党委和统战部领导交流，就有关情况交换意见，努力帮助地方组织解决实际困难，积极推荐人才，争取更多的政治安排；对于暂时不能解决的问题，要高度重视，安排有关部门进一步扩大调查范围，掌握面上情况，认真分析研究，积极向有关方面反映，呼吁解决。

4. 建立相对固定的交流机制。会中央主席、副主席在按照规定听取省级组织和市级组织工作汇报的基础上，每年要与所联系省级组织的主委至少谈一次话，了解工作情况，交流思想，听取意见、建议，进行工作指导；主席、专职副主席要不定期参加会中央机关工作部门联系支部的活动。

（二）有意见反映，希望班子配备中突出民建特色，省级领导班子中至少配备一名企业家。

整改措施：

适时个别调整班子。目前30个省级组织中，26个省的主委、副主委中有企业界人士，浙江、青海、宁夏、新疆等4个省级组织主委、副主委中暂时没有企业家。对这4个省级组织，将根据《关于民建中央及省级组织换届工作的意见》，结合当地实际，与中央统战部、省委统战部协商，在政策允许的情况下，争取在届中调整时解决；届中不能解决的，在下一次换届时予以解决。

（三）有意见提出应该进一步加强后备干部队伍建设。

整改措施：

1. 根据统战部的统一部署，做好后备干部队伍建设工作。后备干部队伍建设是一项政策性很强的工作，需要根据统战部的统一部署来做。按照以往经验，省级组织领导班子是按照领导班子职数，主委一职二备，副主委一职一备建立后备干部队伍。目前，中央统战部方面正在酝酿新的办法。会中央拟于明年按照统战部的部署，确定省级组织领导班子后备干部队伍名单。

2. 抓好后备干部的选拔环节。后备干部的选拔要符合人选条件，综合考虑政治素质、任职资历、整体结构等方面，严格按照人选推荐、遴选协商、考察确定的程序。要全面考察人选情况，注重一贯表现和综合素质，推荐票作为重要参考，不能简单"以票取人"。

3. 加强后备干部的培养锻炼。加强后备干部理论、知识和业务方面的培训，根据不同类别不同层次后备干部的特点和本人实际情况，有计划、有针对性地进行培训；要强化实践锻炼，通过挂职锻炼，到政府及有关部门、司法机关任职，选调培训等方式加强培养，不断提高后备干部的能力和水平。

4. 实行动态管理。注重在实践中跟踪考察后备干部，结合工作实绩和履职表现及时调整后备干部队伍，完善后备干部管理信息系统，逐步建立有进有出、充满活力的后备干部动态管理机制。

5. 大胆推荐、使用。继续加强与中共有关部门的沟通联系，积极搭建发展平台，鼓励和支持后备干部参加地方政府和司法机关的公开选拔和竞争上岗，按照民主推荐程序和工作程序使用干部。

6. 做好市级组织后备干部队伍建设工作。省级组织要重视市级组织领导班子后备干部队伍建设工作，制定相关的选拔、培养、管理计划和方案，积极发现和培养干部，切实推进后备干部工作的制度化、规范化，努力培养一支政治素质好、代表性强、结构合理、数量充足、充分体现民建特色的后备干部队伍。

（四）有意见希望会中央能够支持、帮助市级组织的成立和发展。

整改措施：

1. 督促将市级组织成立纳入五年规划。按照有关方面的规定，新建市级组织要由省级组织与中共省委统战部沟通协商，提请省委统战部报中央统战部，纳入五年规划并经会中央同意后方可进入筹备和成立程序。2009—2013年的五年规划即将到期，2014年实施下一个五年规划。会中央要督促各省级组织高度重视，迅速与中共省委统战部、中共市委等有关方面协商，及时上报，纳入下一个五年规划。

2. 加强指导，做好协调工作。会中央要指导地方组织根据《中国民主建国会新建、改建地方组织的规定》的相关程序有计划地推进筹备和成立工作。积极支持、配合地方组织，做好与有关部门的沟通、协调和程序性工作。

（五）有意见提出，要加强培训工作。

整改措施：

1. 探索“大培训”思路。会中央将总结以往培训的经验和不足，在构建培训大格局上下工夫，加强创新，探索主体层次化、载体多样化、内容重点化、机制长效化的“大培训”思路。

2. 建立分层培训机制，实现培训主体层次化。会中央主要负责中央委员、省级组织主委、驻会副主委和市级组织主委的培训，包括与中央统战部的合作培训，以及组织参加统战部的培训；省级组织及市级组织主要负责市级组织主委、副主委，支部主委，新会员及骨干会员的培训；同时会中央加强对省级组织培训的指导，形成各司其职、互相补充的培训机制。

3. 探索多样化的培训载体。要形成集中学习和自主学习相结合，专题讲座学习与典型事例分析相结合，理论学习和会务实践相结合，能力培养和骨干帮带相结合，形式多样的培训机制。会中央要及时总结开展会务工作的先进典型经验，精心编写一批生动鲜活的学习材料。各省级组织和市级组织应将丰富多样的培训贯穿于会务工作的实践中，干什么学什么，缺什么补什么，增强培训的针对性和实效性。

4. 牢牢把握培训方向，突出培训重点。注重加强思想政治、参政议政、会务工作等方面的培训，加强政治交接学习教育、践行社会主义核心价值体系教育和会的优良传统教育，着力提高各级领导班子的政治把握能力、参政议政能力、组织领导能力和合作共事能力以及会员队伍的综合素质。

5. 努力实现培训机制长效化。各级组织要加强对培训工作的领导，制定具体的培训计划，既要有短期计划，又要有长期规划。要将学习培训放在重要位置，鼓励广大会员在实践中不断增强自我教育、自我提升的能力。

6. 落实好各项培训计划。结合坚持和发展中国特色社会主义学习实践活动的开展，会中央拟于年底完成新任中央委员的培训，2014 年将对市级组织主委进行培训（以会代训），对任政府实职的厅局级干部进行培训等，并积极配合中央统战部举办的各类培训；适时举办参政议政培训、企业家培训等。

（六）有意见提出，希望会中央帮助协调解决地方组织“三无”问题。

整改措施：

1. 调查了解市级组织办公条件情况。会中央已于 10 月中旬印发《2013 年民建各市级组织办公条件调查表》，对市级组织经费、编制和办公场所等办公条件进行问卷调查。对各省上报的情况，将及时汇总、整理。

2. 积极寻求有关方面的支持。针对调研中掌握的市级组织存在的困难和问题，会中央将向有关方面反映、呼吁，争取逐步解决；各省级组织要加强与中共方面的联系和沟通，积极争取支持和帮助；主席、副主席到地方调研时要积极向当地中共党委及有关方面反映地方组织存在的困难，争取协调解决。

3. 要认真总结经验。各级组织要积极探索、总结在解决办公条件方面好的做法和经验，向有关方面宣传建议，多种方式解决市级组织存在的困难。

二、思想建设方面

（七）有意见提出，会中央在参政党的理论研究方面需要加强。

整改措施：

制定理论研究计划，进一步加强参政党的理论研究。近期要以参政党建设和发展规律为课题深入开展理论研究，理论研究委员会着重于从理论高度总结会务实践经验，深入研究在推进会的建设和发展中遇到的理论和实践问题，研究探索本会成立以来参政党建设的规律，努力取得一批有指导性的研究成果，把会的理论研究提高到新的水平。

（八）有意见提出，希望加大宣传力度，扩大民建影响。

整改措施：

1. 要进一步提高对宣传工作的重视程度。会中央机关各工作部门和会的各级组织要高度重视网站建设工作，要积极提出意见，不断提高网站建设水平，努力建成精品网站；要积极组织稿源，发挥好网站和《民讯》的宣传作用；要加强地方组织网站建设，努力提高地方网站建设水平；要继续强化地方组织的宣传工作，省级组织逐步实现月刊或双月刊。

2. 要进一步拓宽宣传渠道，扩大宣传范围，增强会内外宣传的时效性。要坚持正确的舆论导向，突出自身特色，找准切入点和重点，利用好社会主流媒体和统战系统网络，通过在全国“两会”期间举行媒体通气会，邀请主流媒体参与重点调研专题等形式，及时把民建参政议政、民主监督、服务社会的新成效和民建工作的新进展、新经验投送各级主流新闻媒体，争取更多地在国内一流媒体发声，抢占“制高点”，树立民建形象、扩大民建影响，同时引导会员树立党派意识，增强荣誉感。

3. 加强宣传队伍建设。要培养锻炼宣传骨干队伍，互相交流、推广好的经验、做法，推动会的宣传工作再上一个新台阶。明年，会中央计划召开民建宣传思想工作会议。

三、机关建设

（九）有意见提出，主席、副主席与所联系的工作部门、机关干部之间，部门与部门之间应该加强沟通，同事之间应该坦诚相处，共同营造良好的机关氛围。

整改措施：

1. 加强会中央领导与机关干部之间的沟通。主席、副主席可不定期找干部谈心、谈话；每年至少到分管的部门开一次会，听取部门的工作总结，了解部门同志在工作、生活上的情况，帮助解决困难，推进工作。

2. 加强部门之间的沟通。在日常工作中，落实好机关办公会制度，讨论、交流各部门的工作情况，要及时在本部门传达会议情况；在会务工作中，各部门要主动沟通，团结协作，相互支持配合，共同完成好工作。

（十）有意见提出，机关制度方面硬性约束较少，制度执行方面力度不够，需要加强；机关人事管理制度有待完善。

整改措施：

1. 以贯彻中共“八项规定”为契机，强化制度建设。按照公务员法及配套法规的要求，结合会务工作实际，重新梳理、研究制定和修订会中央机关的会议费支出、财务等各项管理制度，努力形成制度完备、程序严密、工作高效的机关工作运行机制。

2. 认真落实各项制度。制度修订完成后，要组织干部认真学习，严格贯彻落实。加强层级管理，强化对制度执行情况的监督检查，细化奖惩措施，确保各项制度得到有效落实。

3. 完善机关人事管理制度。认真贯彻落实《2010—2020 年深化干部人事制度改革规划纲要》和 2013 年全国组织工作会议精神，切实改进民主推荐、民主测评的办法，做到不唯票取人，不断提高机关干部的政治素质和业务能力。

（十一）有意见提出，机关干部在遵守规范方面需要加强。

整改措施：

1. 切实改进工作作风。机关是会务工作的枢纽和窗口，要倡导勤奋敬业、风清气正、绩效优先的机关作风，制定《机关干部行为规范》，严格遵照执行，加强监督，营造民主、团结、创新、敬业的氛围，进一步增强机关服务大局、服务基层、服务会员的意识。在政策规定的前提下，研究适当增加机关干部体检的项目。

2. 规范事业单位管理。事业单位要纳入机关考勤等制度的管理范围，与机关干部一样，实行上下班打卡制度。

（十二）机关干部反映培训机会较少，希望增加干部培训、学习的机会。

整改措施：

1. 加强培训工作。培训中心要制定机关培训的短期计划和长期规划，注重政治上的培训和办文、办会、办事能力的培训，突出培训的针对性和实效性。不定期邀请专家针对中共中央重要会议精神、中共中央在治国理政方面的新论述、经济形势、会务工作等作专题辅导。

2. 要引导干部树立自觉学习、自我提高的意识。要积极发挥干部个人主观能动作用，鼓励干部自觉学习、自我提高，在办文、办会、办事的日常实践中思考问题、总结规律、掌握方法、提升能力。

四、其他会务工作

（十三）有意见提出，会务工作需要加强研究。

整改措施：

1. 要更加重视会务工作。会中央和地方组织要提高对会务工作重要性的认识，要认识到会务工作不是简单的事务性工作，而是对会的事业发展能够产生影响的重要工作。要加强对会务工作规律的研究，努力提高会务工作水平。

2. 提升会务工作能力。会中央和地方组织领导班子成员、会务工作者要自觉加强政党理论、统战知识和会章会史的学习，努力提高自身的政治素养和政党意识，进一步增强参政议政、会务管理、政治思想工作等方面的能力。切实重视会员的建议和意见并反馈处理信息。

3. 要加强会务理论研究。各级组织要完善工作制度和工作机制，逐步实现会务工作的制度化和正规化；要努力学习、实践、总结、宣传开展会务工作好的经验和做法。会中央要加强理论研究，努力探索新形势下加强会务工作的思路和措施，不断把会务工作好的经验上升到理性认识，用正确的理论指导实践。要坚持监督与教育并举、重在预防的方针，积极稳妥加强会内监督，推进会内民主，保证会的事业健康发展。

（十四）有意见提出，会风需要改进。

整改措施：

1. 改进会风。今后，全会各级组织要提高会议效率，大力整治文风会风，要改进会议形式，丰富会议内容，提倡开短会、讲短话、讲管用的话、力戒空话套话。

2. 注重实效。要针对会议主题深入开展调研，在充分占有和分析材料的基础上概括出新思想、新观点、新举措；要将总结经验、查找问题、剖析问题、解决问题作为会议的出发点和落脚点，切实抓好会议精神的传达和学习，确保会议精神落到实处。

（十五）有意见反映，两个论坛为会员提供了平台，提高了会的凝聚力和在统一战线中的影响，应该继续办好。

整改措施：

1. 提升论坛水平。要认真总结办好“中国风险投资论坛”和“非公有制经济发展论坛”的经验，积极听取会员和社会各界对办好论坛的意见、建议，凝聚全会智慧，发挥全会合力办好论坛，提升水平，扩大影响。

2. 要发挥论坛作用。要创新形式，注重实效，探索论坛与社会服务、参政议政等工作的有机结合。

对于提出的会员发展范围、地方组织的发展空间、党派干部安排职数、干部待遇、机关干部住房等涉及国家政策方面的意见，会中央将继续主动与中共中央、统战部等有关方面沟通，积极呼吁解决。

中国民主建国会第十届中央委员会五年工作纲要

（2013 年 3 月 11 日 中国民主建国会第十届中央常务委员会第二次全体会议通过）

根据本会十大确定的工作目标，全会今后五年的主要任务是：深入学习贯彻中共十八大精神，以邓小平理论、“三个代表”重要思想和科学发展观为指导，大力发扬会的优良传统，全面推进自身建设，提高整体素质；充分发挥本会密切联系经济界的特色和优势，提高参政议政能力和水平，认真履行好参政党职能；充分发挥各级组织的积极性和创造性，团结带领广大会员与所联系群众投身中国特色社会主义建设事业的伟大实践，把本会建设成为适应新时期发展要求的致力于中国特色社会主义的参政党，为全面建成小康社会作出新的更大的贡献。

一、加强思想建设，夯实多党合作思想政治基础

中共十八大为推进全面建成小康社会进程、建设美丽中国、发展中国特色社会主义指明了方向。全会要把深入学习贯彻中共十八大精神作为当前和今后一个时期的重要政治任务，通过多种形式组织会员认真学习中共十八大精神，深刻理解，增进共识，深化对中国特色社会主义道路、中国特色社会主义理论体系、中国特色社会主义制度的认识，

与中国共产党同心同德、同心同向、同心同行，在坚持和发展中国特色社会主义中更好地发挥参政党作用。

坚持把思想建设放在自身建设的首位。进一步健全完善各级领导集体的学习制度，不断提高学习的深度和效果。要精心组织好建会70周年纪念活动，并结合建国65周年、胡厥文和章乃器诞辰120周年等重大活动，采取学习、研讨、座谈等多种形式，组织会员总结历史经验，弘扬优良传统，深化树立和践行社会主义核心价值体系教育活动。及时了解和掌握会员的思想动态，把握思想脉络，增强思想政治工作的针对性、主动性和实效性，做到见微知著，未雨绸缪。

加强参政党建设的理论研究。重点围绕"建设什么样的参政党，怎样建设参政党"，结合工作实际确定年度研究课题，从理论高度总结会务实践经验，深入研究在推进会的建设和发展中遇到的理论和实践问题，研究探索本会成立以来参政党建设的规律，努力取得一批有影响和指导性的研究成果。完善研究成果评比表彰制度，努力培养一支热爱民建事业、能力强、有创造力的理论研究骨干队伍。召开全会理论研讨会，交流新认识、新观点，集思广益，把会的理论研究提高到新的水平。

加大宣传力度。进一步拓宽宣传渠道，扩大宣传范围，增强会内外宣传的时效性。积极利用报刊、电台、电视台、网络等宣传渠道，重点做好全会重大活动、会中央领导重要活动、"两会"的提案和大会发言、会中央的年度重点专题调研等方面的宣传，使会的对外宣传有声有色，不断扩大社会影响。充分发挥好会内宣传平台的作用，会中央网站、《民讯》和《经济界》要不断推出新栏目，民主与建设出版社要多出好的文化书籍，省级组织的网站和刊物要努力提高质量和水平，及时报道各级组织在自身建设、参政议政、民主监督、服务社会等方面取得的成绩，广泛宣传各项工作的新进展与新经验、先进集体和优秀会员的事迹。加强宣传队伍建设，培养一支热心会务工作、政治素质好、业务能力强、善于钻研创新的宣传骨干队伍。继续开展好新闻宣传评比工作。

二、提高调查研究水平，增强履职尽责能力

充分发挥和体现本会联系经济界的特色和优势，坚持把促进科学发展作为履行参政党职能的根本任务，紧密围绕党和国家的工作中心和大局，针对经济社会发展中出现的重点难点和前瞻性问题，深入实际调查研究，进一步提高高层政治协商的建言献策水平。及时了解国内外形势变化特点，把握国家宏观政策导向，围绕中共十八大制定的全面建成小康社会和全面深化改革开放的目标以及加快完善社会主义市场经济体制和加快转变经济发展方式、坚持走中国特色社会主义政治发展道路和推进政治体制改革、扎实推进社会主义文化强国建设、在改善民生和创新管理中加强社会建设、大力推进生态文明建设等战略任务，进一步提高提交全国政协大会提案和发言的水平。密切关注民生问题，拓宽信息来源，畅通反馈渠道，及时反映人民群众的意愿和诉求，提出有针对性、可操作的措施建议，进一步提高社情民意信息的水平。增强调查研究的时效性，及时将调研的阶段性成果转化为政策建议，为党中央和国务院决策提供参考。针对改革中的重点、难点问题持续开展专题调查研究，深入分析和研究问题，提出解决问题的有效措施。

健全组织有力、上下联动、内外协作、运行有序的参政议政工作机制。加强会中央

与地方组织、有关方面的密切协作，整合会内资源，协调社会力量，形成整体合力和优势，搞好会中央的年度重点专题调研、经济形势分析、春秋季调研成果征选等。做好新一届中央专门委员会的换届工作，巩固和拓展参政议政的优势领域，充分发挥各级专门委员会和参政议政骨干的积极性、主动性和创造性，选择带有前瞻性的课题开展调研，提交质量好的调研成果。召开全会参政议政工作会议，总结和交流调研工作经验，进一步提高全会的参政议政水平。继续举办好中国风险投资论坛、中国非公有制经济发展论坛，突出特色，提升水平，扩大影响。认真履行民主监督职能。积极探索民主监督的有效形式，努力提高监督水平。本会各级人大代表、政协委员要不断增强使命感和责任感，积极提交议案、提案，积极参加各级人大的执法检查活动、各级政协的视察活动，加强学习和调查研究，使提出的意见、批评和建议持之有据、言之成理、有针对性。担任各级特邀（约）职务的会员，要认真履行职责，敢于监督，善于监督，坦诚己见，当好诤友。组织力量对全国人大常委会拟出台的法律草案提出修订建议，对最高人民法院、最高人民检察院和国务院有关部委的工作提出改进的建议。

三、推进组织建设，增强发展活力

加强各级领导班子建设。加强各级领导班子成员的政治理论学习和培训，不断增强政治把握能力、参政议政能力、组织领导能力、合作共事能力，继承和发扬民建老一辈与中国共产党团结合作形成的优良传统，增强接受中国共产党领导的坚定性与自觉性，与中共中央在思想上、目标上、行动上保持一致，深入搞好政治交接。切实加强各级领导班子的作风建设，认真贯彻民主集中制，发扬民主，增进团结，推动工作。领导班子成员要深入基层调查研究，对工作提出指导意见和建议，发挥示范带动作用。召开全会政治交接经验交流会，更好地弘扬民建优良传统。

积极推进组织发展。深入贯彻落实会中央《关于进一步做好组织发展工作若干问题的意见》，坚持“三个为主”的基本方针，把握注重质量、注意数量、保持特色、优化结构的组织发展原则，突出代表性和经济界特色，做好组织发展工作。进一步完善组织管理数据库，做好各级组织系统操作员的培训，实施动态管理，提高使用效率。加大市级组织的工作力度。坚持会中央主席、副主席分工联系市级组织的制度，加强对市级组织的工作指导。会中央开展对市级组织工作情况的调研，召开市级组织工作研讨会，交流经验，研究制定指导性文件，推动市级组织做好各项工作。加强代表人士队伍建设。认真学习贯彻《国家中长期人才发展规划纲要》、《2010—2020年党外代表人士教育培训改革和发展纲要》的精神，制定规划，明确职责，采取有效措施，按照德才兼备、以德为先的原则，切实做好高层次有代表性和影响力的经济界人士和其他人士的发展、培养和教育工作，建立素质优良、结构合理、数量充足、同中国共产党同心同德的代表人士队伍。加强后备干部队伍建设。认真贯彻落实《关于加强省级组织领导班子后备干部队伍建设的意见》精神，按照民主推荐、组织考核、酝酿协商、集体决定的程序选拔后备干部。建立后备干部队伍名单，实行动态管理。加强与中共有关部门的沟通联系，加大在各级政府和司法机构中任职会员推荐工作的力度。切实推进后备干部工作的制度化、规范化，探索后备干部人才发现、培养、选拔的工作机制。增强基层组织活力。

深入贯彻落实会中央《关于进一步加强基层组织建设的意见》精神，完善和落实各级领导成员联系基层的制度，对基层组织的工作加强指导。加强基层组织的班子建设，注意培养、选拔政治坚定、作风正派、热心会务、乐于奉献、有群众基础和组织协调能力的支部主任人选。开展好“创优争先”活动，评选先进，树立典型，推广经验，推动工作。召开全会基层组织建设经验交流研讨会，探索搞好基层组织建设的有效方式和途径。加强培训工作。举办新任中央委员培训班，进行会务知识学习培训，为履行好职责奠定基础。召开市级组织主委工作会议，对市级组织主委进行以提高“四个能力”为重点培训，进一步提高工作能力和水平。举办在政府司法机关担任领导职务的会员座谈会，交流经验和体会，相互促进，进一步增强合作共事能力。开展会员骨干培训，为本会十一大的换届做好人才准备。继续办好“建华课堂”，开展适合会员特点、内容丰富的培训，不断提高培训质量。 推进会内监督。深入贯彻落实《中国民主建国会会内监督条例（试行）》，制定《中国民主建国会会内处分办法》，建立健全各项配套制度，落实监督任务和职责。省级组织全部建立监督委员会，完善机制，积极有序地开展监督工作。召开会内监督工作研讨会，总结中央和各省级组织推进监督工作的经验和做法，研究探讨加强会内监督的有效办法。对省级监督委员会成员进行培训，提高工作能力和水平。关爱会员。提高补助标准，认真做好原工商业者中生活困难会员的慰问工作。切实做好会员来信来访工作，维护会员的合法权益。

四、加大社会服务力度，扩大社会影响

根据《中国农村扶贫开发纲要（2011—2020 年）》和中央统战部“同心工程”提出的新任务、新要求，创新工作思路，积极探索服务贫困地区科学发展的新举措、新模式。以会内专家和企业家为骨干，在助推发展、智力支持、改善民生、生态建设、示范带动等方面，做好会中央定点帮扶县和国务院确定的集中连片特困地区的帮扶工作，继续实施东部十省市民建组织对黔西的对口帮扶，组织京津冀民建组织对丰宁县实行对口帮扶，重点增强帮扶地区的造血能力，取得定点帮扶工作的新成效。 以中华思源工程扶贫基金会为平台，围绕改善贫困地区的民生和生态环境，重点打造“思源工程”教育移民示范项目，进一步实施好“扬帆计划”、“甘泉计划”、“思源沼气”、“思源水窖”等项目，不断培育新的“思源工程”品牌，使思源工程惠及更多贫困地区和群众，扩大品牌的社会影响。 关注会员企业遇到的问题和困难，构建投资、融资、智力、信息支持的平台，探索和建立维护会员企业权益的机制，积极为会员企业的发展提供力所能及的支持和服务。加强对会员企业家的培训，使之提高政治素质，增强社会责任感，积极参与社会公益事业。 加强对地方社会服务工作的分类指导，建立健全社会服务的工作制度、交流机制、合作机制与激励机制，重视发挥各级组织、会内专家学者和会员企业家在社会服务工作中的作用，突出重点、注重实效，为贫困地区人民办实事、办好事，进一步提高各级组织的社会服务工作水平。召开全会社会服务工作会议，交流经验，找出差距，制定措施，推动工作。 五、拓展对外联络，广泛交流与合作 积极开展对外联络工作，不断拓展联络领域和渠道，丰富和深化交流合作的主题和内容。加强与台湾各阶层人士的联系与沟通，扩大两岸经贸、科技、文教等领域的交流与合作，为维护和促进两岸关系和平稳定发展作贡献。继续与台湾世新大学合作举办好经济系列研讨会，提升品质，扩大两岸的影响。加强与台湾民众特别是中南部人士的交往，依托台湾“一国两制”研究协会等进步社团组织，建立联系，开展活动，扩大影响。 加强与港澳的会员、会友联系，巩固与港澳的全国人大代表和全国政协委员、工商经济界和教育界等高层人士、爱国社团组织的联系，开展多种形式的互访活动，促进内地与港澳的交流与合作，及时向有关部门反映他们的意见建议。 积极拓展与国外工商经济界在经贸、科技等领域的交流与合作，将境外交流与会中央的年度重点调研课题相结合，为会的参政议政服务。在对外交往中，大力宣传我国改革开放和现代化建设取得的成就、中国特色社会主义制度和政党制度的优越性，积极传播中华文化，促进友好往来。召开对外联络工作座谈会，加强与地方组织的协作，建立联络工作动态管理机制，不断提高联络工作的水平。 六、搞好机关建设，提高服务能力和水平 按照公务员法及配套法规的要求，健全和完善各级机关的工作制度，努力形成制度完备、程序严密、工作高效的机关工作运行机制，进一步提高机关服务大局、服务基层、服务会员的工作质量和水平。倡导勤奋敬业、风清气正、绩效优先的机关作风，坚持德才兼备、以德为先的用人原则，完善民主、公开、择优、公正的选人用人机制，培养一支热心服务民建事业的机关干部队伍。充分运用现代化网络技术加强信息交流，增强会务工作的透明度，推进会务公开。坚持机关干部挂职锻炼的制度、机关联系基层支部的制度，促进相互交流和共同提高。召开全会机关建设经验交流会，促进机关建设。

民建中央 2013 年工作要点

2013 年，全会要深入学习贯彻中共十八大精神，以中国特色社会主义理论体系为指导，认真落实本会十大精神，制定好五年工作纲要。正确认识国内外形势的发展变化，紧密围绕党和国家的工作中心，把握大局，扎实工作，开拓创新，履行好参政党职能，推进自身建设，努力取得各项工作的新成效。

1. 思想教育。深入学习贯彻中共十八大、中共中央致本会十大贺词、习近平总书记走访民建时重要讲话的精神，加深对坚持中国共产党的领导、坚持走中国特色社会主义道路、坚持以中国特色社会主义理论体系为指导、坚持中国特色社会主义制度的理解和认识，深化政治共识，坚定理想信念。要紧密结合会员思想实际，按照本会十大提出的要求，深化学习和践行社会主义核心价值体系教育活动，以《中国民主建国会简史》、《中国民主建国会概述》、《民建优秀会员风采录》、《民建全国先进基层组织事迹材料》、《中国民主建国会专题片》等为基本教材，采取多种形式，进一步推进会章、会史的学习，激励广大会员弘扬会的优良传统。以参政党建设和发展规律为课题开展理论研究，系统总结建会以来的建设和发展经验，形成规律性认识。编辑出版《陈昌智论民建工作》。做好“两会”期间的宣传工作，加强对全会重大活动、重点调研课题、先进基层组织和优秀会员事迹的宣传，及时报道各级组织开展参政议政、民主监督、服务社会取得的成效，向社会展示民建的精神风貌。

2. 组织建设。召开全会基层组织建设经验交流研讨会，促进基层组织健康发展，为会的建设和发展奠定坚实基础。认真贯彻《中共中央关于加强新形势下党外代表人士队伍建设的意见》、《2010—2020年党外代表人士教育培训改革和发展纲要》的精神，坚持“三个为主”的组织发展方针，把握注重质量、注意数量、保持特色、优化结构的发展原则，突出代表性，注意广泛性，广纳贤才，进一步做好高层次、有影响力代表人士的发展、培养、使用工作。加强会内外培训，积极组织参加中央统战部和中央社会主义学院举办的培训，举办新任中央委员培训班，运用建华课堂资源做好对会员、会务工作者的培训。做好会内监督工作，健全制度，加强研究，探索监督的有效形式，稳妥推进中央和地方监督工作的开展。

3. 参政议政。遵照中央经济工作会议关于继续把握好稳中求进工作总基调的要求，围绕实施创新驱动发展战略、推进经济结构战略性调整、解决“三农”问题、推进城镇化建设、发展非公经济、推进文化建设和生态文明建设等关系经济社会发展的重大问题，确定调研重点，深入调查研究，形成有分量的调研报告及相关成果，不断提高政治协商的建言献策水平。会中央拟对生态建设、能源发展战略、新型城镇化建设、中小企业对城镇化的推动作用、金融改革和创新等方面开展重点专题调研。关注改革开放和人民群众关心的问题，深入基层、深入群众，了解实际情况和群众诉求，提出有针对性、可操作的意见和建议，进一步提高全国政协大会提案和发言的水平。及时了解国际国内形势变化特点，把握国家宏观政策导向，做好经济形势分析研究。积极参与最高法和最高检的民主监督、国家法律法规的修改，发挥会内人大代表、政协委员、特邀人员的作用，履行民主监督职能。召开新一届中央专门委员会成立大会，明确任务，健全制度，落实责任，出成果、育人才。拓展信息渠道，提高社情民意工作的质量和水平。办好“2013（第十五届）中国风险投资论坛”。

4. 社会服务。深入贯彻落实《民建中央关于新形势下进一步加强社会服务工作的意见》，以“助推发展、智力支持、改善民生、生态建设、示范带动”为重点，围绕县域经济发展、产业结构调整、农民致富增收、劳动力转移、招商引资等方面，做好会中央定点帮扶县和国务院确定的集中连片特困地区的帮扶工作。推进“思源工程”，确保项目质量，树立品牌，扩大社会影响。及时了解和反映会员企业的需求，运用多种方式搭建投资、智力、融资、信息的平台，为会员企业的发展提供力所能及的支持和服务。办好“2013（第十一届）中国非公有制经济发展论坛”。

5. 对外联络。拓展与海外工商经济界的联系，结合会中央参政议政的需要，组织好会内专家学者的出访和考察，将考察成果转化为参政议政的对策建议。举办两岸第十五次经济系列研讨会，组织两岸的交流活动，促进交流与合作。加强与港澳会员、会友的联系交流，拓展与港澳工商经济界以及专业人士的联系，促进两岸三地人员的往来与合作。

6. 机关建设。努力提高机关干部的政治和业务素质，讲奉献、树正气，形成绩效优先、风清气正的工作氛围，增强机关干部服务大局、服务基层、服务会员的意识和责任，提高机关工作的质量和水平。精心做好中央常委会、中央全会等会议的服务工作。推进信息化建设，提高会中央网站平台的使用效率和安全性。进一步加强各工作部门与基层组织的联系。

中国民主促进会

增进三个认同　提高履职水平　为全面深化改革作贡献

——中国民主促进会第十三届中央常务委员会工作报告

（2013 年 12 月 9 日）

严隽琪

各位委员、各位同志：

我代表中国民主促进会第十三届中央常务委员会，向大会报告工作，请予审议，并请列席的同志提出意见。

2013 年工作回顾

2013 年是民进十三届中央委员会的开局之年。一年来，面对十分复杂的国际形势和艰巨繁重的国内改革发展稳定任务，以习近平同志为总书记的中共中央，总揽全局、科学决策，全面深化改革，开创了党和国家事业发展的新局面。民进中央深入学习贯彻中共十八大、十八届三中全会和习近平总书记一系列讲话精神，认真落实民进十一大提出的各项工作任务，不断深化对中国特色社会主义参政党的自我认识，坚持“有思有行、集智聚力、顺势而为、开拓创新”的工作方针，把思想建设确定为今年的年度工作主题，切实加强宣传思想工作，增进全会的道路认同、目标认同和价值认同；按照执政党建设与参政党建设相互促进的要求，切实加强作风建设，深入基层，深入实际，不断增进全会的凝聚力和活力，提高自身建设的科学化水平；秉持为执政党助力、为国家尽责、为人民服务的使命，研究国情，认识形势，分析问题，围绕全面深化改革，积极建言献策，提高履职水平，实现了我会自身建设和履行职能的良好开局。

一、加强学习，凝聚共识，不断深化政治交接

思想建设是参政党建设的核心。会中央按照中国特色社会主义参政党的定位，针对当前我会面临的新形势新任务和广大会员的思想实际，加强学习引导，凝聚思想政治共识，增进“三个认同”，不断深化政治交接，使我会始终在中国特色社会主义这条正道上行。

切实发挥领导班子的领学和带动作用。坚持中心学习组、主席会、常委会和中全会的学习，先后就中共十八大精神，中共中央关于改进工作作风、密切联系群众的八项规定，《中共中央关于在全党深入开展党的群众路线教育实践活动的意见》，《中共中央关于全面深化改革若干重大问题的决定》，坚持和发展中国特色社会主义等进行专题学习交流，并通过简报、宣讲、专题、专栏、发表理论文章等形式，带动全会学习，扩大了学习的覆盖面，提高了学习的成效。根据形势的发展，会中央决定在全会开展坚持和发展中国特色社会主义学习实践活动，这是我会深化新一轮政治交接、建设中国特色社会主义参政党的重大部署。各级地方组织积极响应会中央决定，结合当地实际，认真贯彻落实，加强学习培训，使广大会员进一步认清了形势，明确了方向，坚定了走中国特色社会主义道路的决心和信念。

切实增强宣传思想工作的针对性。为了进一步推动宣传思想工作，会中央广泛开展调研，充分听取地方组织、基层会员的意见和建议，召开民进全国宣传思想工作会议，强化了学习，总结了经验，明确了任务，对宣传工作中涌现出来的 128 个先进集体、116 名先进个人进行了表彰，印发了《民进中央关于加强新形势下宣传思想工作的意见》，各级组织先后召开研讨会、工作会、座谈会等，认真贯彻落实会议精神，取得了积极效果。会中央把思想引导同服务会员结合起来，积极推动宣传思想工作贴近实际、贴近基层、贴近会员，通过建立信息报送机制，开展问卷调查，发挥新媒体的作用等，及时了解宣传思想工作的实际情况和会员关心的问题；分别在上海、海南召开“民进学习践行社会主义核心价值体系先进会员事迹宣讲大会”，用李国武、李亚威、金哲民、李超洪、施杰、裴亚飞等优秀会员的事迹，激励和引导会员在本职岗位和会务工作中建功立业，受到广大会员的欢迎和好评。

切实加大新闻宣传力度。会中央坚持正面宣传和积极引导，针对会员关注的热点难点问题解疑释惑，积极组织开展“中国梦”、“三个认同”等主题宣传活动。注重整合会内外资源，先后在《人民日报》、《求是》、《光明日报》、《人民政协报》、《团结报》、《民主》和民进中央网站等媒体，刊发署名文章，组织人物专访，并以头条、专版、专题、专稿等形式，及时报道全会重点工作和各级组织开展宣传思想工作的有效做法。通过举办新闻宣传特约通讯员培训班和会刊（报）工作座谈、改版《民主》和加强发行工作等，巩固了宣传思想工作阵地，增强了新形势下宣传思想工作的影响力。

深入开展优良传统教育。会中央充分发挥会史资政育人作用，积极开展会史资料收集和研究工作，加强会史的学习与宣传，注重总结和提炼我会优良传统的时代价值。结合纪念“五一口号”发布 65 周年，组织开展系列活动，在全会继续推进“口述会史”工作，启动《中国民主促进会简史》、《中国民主促进会 70 年大事记》的修订和编写工作，启动马叙伦纪念馆、雷洁琼纪念馆的建设，召开纪念叶圣陶从事编辑出版工作 90 周年研讨会，引导广大会员继承老一辈的崇高风范，弘扬我会的优良传统。

不断深化应用理论研究。会中央坚持理论研究与实际工作相互促进，围绕参政党建设中亟待解决的现实问题和会员关心的重大理论问题，通过召开理论研讨会，发布年度研究课题，开展课题招标，完善研究机制，推进了会中央和地方组织之间的互动。借助民进中央—中央社院参政党建设理论研究中心，加强了与有关部门和高校之间的合作，有力地促进了我会理论研究水平的提高，在推进社会主义政治文明建设、健全社会主义协商民主制度、增强“三个自信”、增进“三个认同”等方面的研究中取得了积极成果。

二、突出重点，整体推进，夯实参政党建设的组织基础

组织建设是参政党建设的基础。换届以来，会中央以领导班子建设和代表人士队伍建设为重点，加大培训力度，切实推进思想建设、能力建设、制度建设和作风建设，部署开展“创先争优”活动，稳步推进会内监督，组织工作取得新进展。

切实加强领导班子建设。会中央深入学习中共中央关于改进作风的八项规定，结合中央国家机关群众路线教育实践活动，率先在会中央领导班子中开展了以加强作风建设为主题的学习实践活动。坚持和完善民主集中制，严格按照民主程序和决策程序办事，不断提高民主决策、科学决策水平；召开谈心会和民主生活会，对换届以来的工作进展、思想状况交换看法，增进共识，适时与中央常委、地方组织领导班子成员沟通情况，营造民主务实团结和谐的班子氛围；采取多种形式，密切联系基层、联系会员，增强了全会的凝聚力。各级地方组织也采取了切实有效的办法，进一步加强领导班子作风建设，推动了各项工作的开展。

切实加强代表人士队伍建设。会中央从“人才强会”的高度，进一步加大对代表人士和后备干部的培训力度。举办两期中央委员培训班，对新任中央委员进行了全覆盖培训，使他们进一步明确了责任使命和任务要求，提高了履职能力；推荐50名骨干会员参加中组部、中央统战部、中央社院举办的各类培训班、研讨班；加强与代表人士的联系交流，召开“中央国家机关中的民进会员座谈会”和“民进实职人员座谈会”，及时了解他们的工作和思想动态，听取意见、增进感情，进一步调动了他们参与会内工作的积极性；积极向有关部门推荐任职人员，向最高人民法院、公安部、审计署和中华海外联谊会、全国妇联等中央部门和社会团体推荐11位会员担任特约人员或兼职职务。

稳步推进会内监督。会中央重视发挥中央监督委员会的作用，形成了中央监督委员会委员列席常委会、中央全会，听取常委意见等基本工作制度，对会中央领导班子遵守会章、执行制度和改进作风情况实施监督进行了有效的探索。支持中央监督委员会深入开展调研，听取并反馈对会中央加强作风建设和各项工作的意见建议；指导有条件的省级组织建立监督委员会，现有16个省级组织成立了监督委员会。

扎实推进机关建设。会中央认真贯彻落实《公务员法》，以“和谐、高效、规范、阳光”为目标，抓制度规范工作，抓队伍提升能力，抓作风提高服务，抓文化营造和谐。不断推进干部队伍建设，严格遵照公务员招考录用和晋升制度，进一步健全竞争择优的用人机制，有序安排机关干部挂职、支教、轮岗等，机关干部队伍建设进步显著；进一步完善工作机构和工作制度，形成公开规范的办事程序，强化了机关工作的制度化、规范化、程序化；认真贯彻落实中共中央关于改进作风的八项规定，结合民进实际制定了《关于改进工作作风、厉行节约的意见》，推动了文风会风的转变。积极推进信息化建设，召开了民进全国信息化建设工作交流会，完成民进新闻手机客户端试

用版的开发，提高了运用现代信息技术开展工作的效率。我会机关服务大局、服务会员、服务基层的认识有了提高，干部的精神状态更加振奋，办文、办会、办事的效率和整体执行力进一步提升。

组织建设各项工作的推进，为谋划和准备明年以组织建设作为中央工作的年度主题奠定了基础。

三、坚持和完善集智聚力的工作机制，不断提高履行参政议政、民主监督职能的水平

参政议政、民主监督是参政党的基本职能。会中央坚持围绕改革发展大局，完善集智聚力的体制机制，加强人才队伍建设，以务实的工作作风推动参政议政、民主监督工作取得显著成绩。

——在中共中央、国务院召开的5次党外人士座谈会上，会中央分别围绕新型城镇化，小微企业健康发展，调整中央与地方财权事权，国家机构的功能整合，建立灾害应急财政责任分担制度，深化教育体制改革，推进全民阅读活动，加强农民工技能教育，加强生态文明建设顶层设计，探索建立生态协议保护的新机制，推进协商民主广泛、多层、制度化发展等，提出一系列建议，受到高度重视。

——向党和国家领导人报送26份建议书，建议内容被采纳或供科学决策参考，其中《调整我国高等教育布局与政策 加快培养新型军事人才》、《建立人才新机制 提升中国在国际组织中的影响力》、《进一步加大反腐倡廉力度 推进惩治和预防腐败体系建设的建议》、《行政审批制度改革仍需落到实处的建议》、《土壤生态告急 亟待综合治理的建议》等18份建议书得到了党和国家领导人的重要批示。域外研究系列建议成为民进中央参政议政的新亮点。

——在"两高"召开的党外人士座谈会上，分别提出建设"法治中国"、为维护社会和谐稳定提供司法保障等建议。

——在全国政协十二届一次会议期间，会中央以党派名义提交大会发言6件，党派提案36件，民进组提案9件，委员个人及委员联名提案188件，内容涵盖了当前经济社会发展的众多领域。其中，会中央提出的《县区义务教育均衡发展是促进教育公平的当务之急》被专门列为大会口头发言，有3件提案被纳入重点办理提案，5件提案被列为重点调研提案，2件提案被列入重要提案摘报；我会政协委员还围绕环境保护、文化建设作了大会口头发言。在全国政协常委会上，提出了构建区域环境综合管理体系、推进生态文明建设综合制度创新、防止土壤污染、深化教育综合改革等建议，并作了题为《着力深化教育领域综合改革，推进实现教育现代化》的发言。在全国政协召开的系列专题座谈会上，就加大国家层面湿地保护、优化现代职业教育体系结构、保障司法机关依法独立公正行使司法权、推进城镇化建设等问题建言献策。

——截至11月底，会中央社情民意信息报送系统共收到各省级组织、专委会和其他参政议政平台报送信息稿件2385篇，编报《民进信息》350期，被全国政协采用57篇，年度分值及采用率在各民主党派中央和全国工商联中均排名第一。

深入调查研究是民进求真务实作风在新时期参政议政工作中的体现。紧紧围绕事

关全局的瓶颈问题和事关民生的热点难点问题，会中央进一步加大了对教育老阵地建言献策的力度，在选题和成果上均接近一半；年度大调研以“促进教育公平，推进义务教育均衡发展”为题，安徽是主调研地，前期调研在天津、河北、海南等地开展，补充调研在江苏、福建等地进行，辽宁、宁夏、重庆、内蒙古、四川等省级组织开展了同步调研，调研成果得到了中共中央的重视。在福建、河南、北京、湖北、贵州等地分别开展了推进小城镇建设、提高城镇化质量、产城融合与新型城镇化建设、水库水土保持和泥沙淤积情况、水安全问题、赤水河流域的保护与发展等系列专题调研，形成了《加快推进粮食主产区城镇化进程》、《推进小城镇建设必须正确处理好六个关系》等政协专题协商会发言材料。

会中央提出的“集智聚力”开展参政议政工作的方针，得到了会内外的热烈响应和积极支持。实践证明，这是提高我会参政议政能力和水平的行之有效的途径，也是群众观念的必然体现。经过几年的努力，集智聚力在全会取得了思想上的高度共识，集智聚力的体制机制基本形成，各方面的积极性得到较好的发挥，形成了广泛动员、会内外结合、专兼职结合、中央与地方互动的大合作局面，形成了鲜明的特点，做到了“五个有”：一是有组织。各省级组织重视参政议政部门建设，会中央举办“全国信息员培训班”对省级组织专职干部进行了培训；会中央加大了专门委员会向工作机构转化的力度，并增设了“人口资源环境委员会”；对特邀研究员队伍进行了调整和补充，明确了以会外专家为主的定位。二是有渠道。我会信息收集、课题申请、成果收集和应用、交流学习等各种渠道，为各级组织和广大会员参政议政、参与会务提供了良好机遇。三是有平台。在教育领域中有与北京师范大学共建的“中国教育政策研究院”，在经济和社会建设领域中有与上海社科院、清华大学政治经济学研究中心分别建立的合作平台，这三个平台今年产生了61项高质量的参政议政成果。会中央继续与会外力量合作，举办了“基础教育改革座谈会”、“中国教师发展论坛”，并积极发挥参政议政网上平台作用，有效扩大了参政议政的参与面，是集智聚力的重要载体。四是有资源。专门委员会、合作平台、特邀研究员汇集了会内外大量的智力资源，会员在本职工作上的造诣为参政议政提供了专业上的支持，广泛联系国家部委、社会组织、科研院所，提供了参政议政需要的宝贵信息、思路和素材。五是有制度。会中央高度重视并不断探索加强制度建设，及时总结在实践中形成的好方法、好经验并转化为制度，如课题确定、调研考察、学习交流、走访国家部委、成果汇集和应用、评价考核、头脑风暴、专题座谈会等，增强了工作的主动性和可操作性，为参政议政工作提供了坚强的制度保障。

我会参政议政工作既自觉服务于国家事业发展的重大战略和总体目标，围绕国家的长远发展出谋划策，又针对当前存在的突出问题提出解决之道，对重大问题、在关键时刻发出了民进的声音，体现出民进的时代价值。

四、发挥优势、体现特色，积极开展社会服务工作

社会服务工作为我会参与和维护中国特色社会主义搭建了履职平台，是宣传多党合作和政治协商制度的窗口，是团结各界公益力量、共同建设和谐社会的纽带，也是

继承和发扬民进优良传统、参与社会实践的过程。会中央坚持政治性、公益性和务实性相统一，坚持智与力、智与资的结合，以智力帮扶为主，社会服务工作取得新成效。

“同心·彩虹行动”取得积极成果。会中央坚持发挥民进的优势，针对帮扶地区的实际情况，在教育、文化、科技、医卫等领域积极开展智力帮扶。引导各省级组织和会员积极开展对金沙县的帮扶工作，为金沙县教师举办培训班19期，培训教师857名；在京举办骨干教师暑期培训班、“同心·彩虹行动”新疆少数民族校长暑期培训班，培训教师、校长170名；参与贵州黔西南苗族布依族自治州的经济建设和社会发展，引导民进企业家到当地投资兴业，在兴义市、望谟县分别新建了西南片区农业博览城、污水处理系统、医疗废弃物处置中心和中医院等，继续加大对安龙县的帮扶力度。在“同心·彩虹行动”取得一定成绩的基础上，召开民进参与毕节试验区建设“同心·彩虹行动”经验交流大会，对“同心·彩虹行动”工作进行阶段性总结，对作出突出贡献的43个先进集体和57位先进个人进行了表彰，对下一阶段参与毕节试验区建设工作进行研讨，进一步推动了“同心·彩虹行动”的开展。

加强社会服务平台建设。会中央以民进企业家联谊会联席会议为抓手，积极推动各省市企业家联谊会间的交流与合作，进一步加大对企业家会员的培训，为他们提供展示才华和学习的机会，鼓励他们在社会服务工作中多作贡献。大力支持开明慈善基金会的工作，推动其加入中国慈善联合总会，获得公益性捐赠税前扣除资格。今年开明慈善基金筹集200万元用于西部教师培训和水窖建设，筹集“雅安抗震救灾专项基金”260万元全部用于受灾的芦山县初级中学教学楼的建设。进一步发挥叶圣陶研究会和开明画院在对台交流中的作用，增进两岸基层和专业人士的交流，“海峡两岸中华传统文化与现代化研讨会”首次在台湾举办，扩大了与台湾各界的接触面。

我会的社会服务工作坚持讲政治大局、讲特色优势、讲群众观念、讲开拓创新，以实际行动促进和谐社会建设，在实践中扩大了民进的影响，取得了积极的社会效果。

各位委员、各位同志：我们顺利完成了2013年的各项工作任务，取得了一定的成绩，也积累了一定的经验。这是全会各级组织和广大会员共同努力的结果。在此，我代表常委会向大家表示衷心的感谢！

在看到成绩的同时，我们也清醒地认识到，虽然本届中央委员会开局良好，工作进展顺利，但面对复杂多变的国际国内形势和我国全面深化改革面临的困难与挑战，面对执政党的要求、中国特色社会主义参政党的责任，以及广大会员和社会各界的期待，我们的工作还存在一定差距。主要表现在：在发挥民进特色和善用会内资源上下工夫不够，宣传思想工作的理论基础不够扎实；队伍建设面临高端人才紧缺的难题，代表人士和后备干部的培养方式需要更加灵活多样，基层组织建设还存在不少困难，会内监督需要进一步探索和推进；参政议政的工作机构和工作机制仍需进一步完善，建言献策需要在增加数量的同时，更加重视成果质量；广大会员参与社会服务工作的积极性需要进一步发挥；机关的工作效率和服务质量需要进一步提升，等等。我们要高度重视这些问题，认真思考和总结，切实采取措施，进一步改进工作。真诚地希望各位委员提出批评意见和建议。

2014 年工作部署

当前，我国正处于全面建成小康社会的关键时期，前进道路上充满机遇与挑战，全面深化改革的任务繁重而艰巨。民进作为参政党，要时刻关注、准确把握形势的深刻变化，始终保持清醒头脑。在新的一年里，我会总体工作思路是：坚持以中国特色社会主义理论体系为指导，深入学习贯彻中共十八大、十八届三中全会精神，认真落实民进十一大提出的各项任务，将坚持和发展中国特色社会主义学习实践活动贯穿于各项工作之中，以组织建设为年度工作主题，全面加强自身建设；围绕全面深化改革，提高履行职能的水平，努力建设中国特色社会主义参政党，推动我会各项工作再上新水平。

一、深入学习贯彻中共十八届三中全会精神，持续开展中国特色社会主义学习实践活动，巩固共同的思想基础

深入开展坚持和发展中国特色社会主义学习实践活动，是我会近年来系列主题教育活动的延续和发展，是深化新一轮政治交接的必然要求，是增进“三个认同”、保持进步性的需要，也是贯穿本届工作的一条主线。全会要自觉树立“主线意识”，将学习实践活动贯穿于各项工作之中，不断深化对中国特色社会主义参政党定位和作用的自我认识，提高学习能力和实践能力，切实承担起作为中国特色社会主义事业亲历者、实践者、维护者和捍卫者的政治责任。各级领导班子要带头学习，增强走中国特色社会主义道路的决心和信心，为全会起到示范和带动作用。要结合庆祝新中国成立65 周年、纪念人民政协成立 65 周年、迎接民进成立 70 周年，加强多党合作和民进优良传统教育，将民进老一辈的坚定信念、优良传统和高尚风范转化为新一代民进人的价值追求，使学习实践活动体现出民进特色，促进两者的相辅相成。

当前尤其需要通过学习实践活动，深刻认识新形势下全面深化改革的重要性和紧迫性。中共十八届三中全会对全面深化改革的重大问题作出了新的战略部署，学习贯彻中共十八大、十八届三中全会精神是我会当前和今后一个时期的首要政治任务。通过学习实践活动，把思想和行动统一到中共十八届三中全会的重大部署、增强为全面深化改革尽力的责任心和使命感上来，落实到为中国特色社会主义事业的发展履行好参政党的职能上来，进一步凝聚共识、坚定信念，通过更好地履行职能，在执政党和政府的科学决策、民主决策中发挥积极作用，为实现全面深化改革和全面建成小康社会的目标作出更大贡献。

贯彻落实民进全国宣传思想工作会议精神是开展好学习实践活动的有机组成部分。要坚持把增进全会的“三个认同”作为当前宣传工作的重要任务，以参政党建设亟待解决的问题为导向，不断夯实理论功底、丰富宣传内容、贴近会员思想，提高工作实效，增强广大会员对中国特色社会主义的道路自信、理论自信、制度自信；要充分发挥先进典型的示范作用，开好“民进坚持和发展中国特色社会主义先进会员事迹宣讲大会”，增强学习实践活动的感染力；要加强组织领导，健全工作机制，加强队伍建设，

用好宣传平台，及时报道全会各级组织开展学习实践活动的做法、经验和成果；要重视并支持基层组织在密切联系会员方面的独特作用，及时了解和反映会员的思想动态，发表系列专题文章，营造学习实践活动的良好氛围。

二、以组织建设为年度工作主题，切实加强自身建设，为提高履行职能水平提供坚实保障

围绕中国特色社会主义参政党建设，进一步强化“人才强会”理念，牢牢把握组织建设科学化水平的要求，全面推动和加强组织建设。要加强领导班子建设，进一步提高政治把握能力，参政议政能力，组织领导能力，合作共事能力，进一步改进工作作风，形成清正廉洁负责的风气。加强代表人士队伍建设，完善代表人士的发现、培养、推荐使用、管理监督机制，适时召开教育、文化、出版等界别的代表人士座谈会；做好后备干部的物色、考察、培养工作，举办骨干会员培训班；加强组织发展，改善会员结构；深入开展创先争优活动，进一步推动基层组织建设，增强基层组织的活力。召开全国组织工作会议，制定《民进中央关于加强组织建设工作的意见》，表彰创先争优活动的先进集体和先进个人。不断完善机制，推动会内监督工作的开展。

加强制度建设，进一步建立健全以民主集中制为核心的会内制度体系。健全各级领导班子集体领导和个人分工相结合的领导体制，完善领导班子学习制度、谈心制度、下基层制度、代表大会代表联系制度、基层组织工作制度等，进一步提高工作效率。

加强理论建设，提高应用理论研究水平。结合学习实践活动，深入开展中国特色社会主义参政党地位作用、科学内涵、基本要求的研讨。坚持以问题为导向，围绕健全社会主义协商民主制度、民主监督、会内监督等重大理论和实践问题开展研究，适时举办专题研讨会或理论研修班，切实做到与实际工作相互促进。

加强机关建设，提高工作效率和服务水平。深刻认识中国特色社会主义参政党机关的地位和作用，以服务大局为宗旨，以改进工作作风为重点，贯彻落实中共中央关于改进作风的有关规定，切实提高全会各级机关的服务能力。进一步完善机关工作制度，优化工作流程，提升机关工作质量和管理水平。

三、围绕全面深化改革，积极履行参政党职能，为全面建成小康社会作出新贡献

坚持加强学习、围绕大局、深入调研、完善体制、改进方法，进一步增强全会的履职能力。要进一步巩固集智聚力的思想共识，完善集智聚力的工作机制，深入开展调研，促进成果转化，提出具有前瞻性、战略性、关键性的意见和建议，做好高层协商、“两会”发言提案和全国政协常委会、专题协商会发言等工作，进一步提高建言献策的质量。以讲求实效为重点，加强参政议政平台建设，办好长江保护与发展研讨会、中国教师发展论坛、基础教育改革座谈会等活动，不断扩大社会影响力。以提高调研实效为主题，开好民进中央参政议政年会。加强参政议政网上平台建设，改进社情民意信息报送系统，推动地方组织参政议政工作的开展。积极履行民主监督职能，着重围绕国家宪法和法律法规的实施情况，国家大政方针的制定和贯彻执行情况，廉政建设等情况，提出意见和建议，切实做到建真言、做诤友。

充分认识参政党开展社会服务工作的政治意义和社会效益，深入研究新形势对社会服务工作的新要求和相关方面的新期待，认真总结工作经验，研究参政党社会服务工作规律、完善社会服务工作的机制，进一步发挥社会服务工作在和谐社会建设中的助推作用。积极参与毕节试验区新一轮的改革发展，深入推进“同心·彩虹行动”。按照“近期做示范、长远探路子”的要求，坚持发挥作用与深化认识相结合，智力支持与资金帮扶相结合，体现优势与立足实际相结合，出主意与办实事相结合，不断优化对口帮扶机制，探索不仅有“输血”式帮扶而且能“造血”式发展的方式；完善社会服务和参政议政互相促进的机制；发挥社会服务工作平台作用，支持开明慈善基金会、企业家联谊会、开明画院等积极参与社会服务工作。

各位委员、各位同志：

努力建设中国特色社会主义参政党，为全面深化改革凝聚共识、献计出力，是时代赋予民进的光荣使命。让我们紧密团结在以习近平同志为总书记的中共中央周围，积极进取、务实创新，为全面建成小康社会、实现中华民族伟大复兴作出更大贡献！

民进中央关于学习贯彻中共十八届三中全会精神的通知

（2013 年 11 月 15 日）

民进各省、自治区、直辖市委员会：

中国共产党第十八届中央委员会第三次全体会议，是在我国改革开放新的重要关头召开的一次重要会议。中国共产党站在新的历史起点上，准确判断当前国际国内形势，全面总结我国改革开放 35 年来的成功实践和伟大成就，对全面深化改革的重大问题作出了新的战略部署。会议审议通过了《中共中央关于全面深化改革若干重大问题的决定》（以下简称《决定》），中国民主促进会中央委员会完全赞同和拥护。

为指导和推动民进全会深入学习贯彻中共十八届三中全会精神，民进中央对全会各级组织和广大会员提出如下要求：

一、深刻认识新形势下全面深化改革的重大意义，凝聚全面深化改革的共识

中共十一届三中全会召开以来，中国共产党带领全国各族人民锐意推进改革，不断扩大开放，取得了举世瞩目的成就。当前，我国面临经济结构调整和社会重大转型，积累的矛盾和问题亟待破局，全面深化改革的紧迫性、复杂性、艰巨性前所未有。面对全面建成小康社会，进而建成富强民主文明和谐的社会主义现代化国家、实现中华民族伟大复兴的中国梦的新形势和新任务，必须在新的历史起点上全面深化改革。这是坚持和发展中国特色社会主义的必由之路，是实现经济社会持续健康发展的必然要求，也是促进社会公平正义、增进人民福祉的根本途径。民进各级组织要引导广大会员深刻认识新形势下全面深化改革的重要性和紧迫性，增强中国特色社会主义参政党的责任感和使命感，把思想和行动统一到中共十八届三中全会的重大决策部署上来，

坚定全面深化改革的信心，坚持全面深化改革的正确方向，凝聚全面深化改革的共识。

二、紧密围绕全面深化改革的重点问题履行参政党职能，形成推进改革的合力

中共十八届三中全会通过的《决定》，深刻剖析了我国改革发展稳定面临的重大理论和实践问题，阐明了全面深化改革的重大意义和未来方向，提出了全面深化改革的指导思想、目标任务、重大原则，在改革理论和政策方面具有一系列重大突破。《决定》指出全面深化改革的总目标是完善和发展中国特色社会主义制度，推进国家治理体系和治理能力现代化。必须更加注重改革的系统性、整体性、协同性，加快发展社会主义市场经济、民主政治、先进文化、和谐社会、生态文明。《决定》是新形势下全面深化改革的科学指南和行动纲领，为当前和今后一个时期中国经济社会发展指明了方向，也为民进履行参政党职能指明了方向。民进各级组织要深入学习贯彻中共十八届三中全会精神，增强“为执政党助力、为国家尽责、为人民服务”的责任感，不断提高参政议政、民主监督能力，立足民进优势和特色，找准履行职能、发挥作用的着力点，围绕全面深化改革的中心任务与重点领域，深入调查研究，积极建言献策，反映社情民意，开展社会服务，努力协助化解矛盾，切实履行参政党职能，为全面深化改革贡献力量。

三、积极推进中国特色社会主义参政党建设，巩固团结合作的思想和组织基础

改革开放是当代中国最鲜明的特色，是决定当代中国命运的关键抉择，在新的时代条件下全面深化改革开放是一场新的伟大革命。全面深化改革既要冲破思想观念的障碍，又要突破利益固化的樊篱，是一项复杂艰巨的历史任务。改革越是面临矛盾和困难，越是需要坚强的领导核心。民进作为参政党，最根本的就是要坚持接受中国共产党的领导，坚定不移地走中国特色社会主义道路，巩固全会的政治道路认同、奋斗目标认同、文化价值认同，加强中国特色社会主义参政党建设，这是民进与中国共产党团结合作的思想政治基础，也是提高民进凝聚力和影响力的组织保障。要从坚持和发展中国特色社会主义的时代要求出发，按照执政党建设和参政党建设相互促进的要求，深入开展坚持和发展中国特色社会主义学习实践活动，进一步引导广大会员不断增强中国特色社会主义道路自信、理论自信、制度自信，切实承担起中国特色社会主义事业亲历者、实践者、维护者、捍卫者的政治责任，积极投身全面深化改革的洪流。

民进中央号召全会各级组织和广大会员，更加紧密地团结在以习近平同志为总书记的中共中央周围，高举中国特色社会主义伟大旗帜，以邓小平理论、“三个代表”重要思想、科学发展观为指导，在中共十八届三中全会精神指引下，坚定信心、凝聚共识，昂扬奋进、扎实工作，为全面建成小康社会、不断夺取中国特色社会主义新胜利、实现中华民族伟大复兴的中国梦而奋斗！

中国民主促进会中央委员会

2013 年 11 月 15 日

关于学习贯彻十二届全国人大一次会议和全国政协十二届一次会议精神的通知

（2013 年 3 月 10 日民进十三届二次中常会审议通过）

民进各省、自治区、直辖市委员会：

十二届全国人大一次会议和全国政协十二届一次会议，是在全面贯彻落实中共十八大精神的开局之年召开的重要会议。会议审议通过了《政府工作报告》和政协常委会工作报告，选举产生了新一届国家机构和全国政协领导人员，审议通过了《国务院机构改革和职能转变方案》，是一次凝民心、聚民智、谋发展的盛会。民进中央赞成和拥护两会通过的各项决议和决定。

2013 年是实施“十二五”规划承前启后的关键一年，是为全面建成小康社会奠定坚实基础的重要一年。学习贯彻两会精神，对于民进以中共十八大精神为指引，贯彻落实民进十一大工作部署，扎实做好全年工作具有特殊重要意义。全会各级组织要高度重视、精心组织，认真做好学习贯彻两会精神的各项工作。

一是把学习贯彻两会精神与学习贯彻中共十八大精神结合起来，始终坚持和发展中国特色社会主义不动摇、不放松、不偏离。民进全会要不断增强中国特色社会主义的道路自觉、理论自觉、制度自觉，进一步坚定深化改革开放、推动科学发展的信念和信心，聚合推动改革进程的正能量，为实现中华民族伟大复兴的中国梦凝聚人心、汇集力量。要深刻认识严峻复杂的国际形势和艰巨繁重的国内改革发展稳定任务，切实把思想和行动统一到中共中央对形势的分析判断上来，统一到中共十八大确定的大政方针和工作部署上来，为实现全面建成小康社会宏伟目标而团结奋斗。

二是把学习贯彻两会精神与履行参政党职能结合起来，为实现经济持续健康发展和社会和谐稳定献计出力。民进全会要围绕两会提出的目标和任务，坚持以科学发展为主题、加快转变经济发展方式为主线，深入调查研究，积极建言献策，努力推进社会主义经济建设、政治建设、文化建设、社会建设、生态文明建设；充分发挥教育、文化、出版领域的界别优势，在教育事业改革发展、推动社会主义文化大发展大繁荣、提高国家软实力等方面发挥更大作用。要以保障和改善民生为出发点和落脚点，谋民生之利、解民生之忧，围绕人民最关心最直接最现实的利益问题，反映社情民意，开展社会服务，积极支持贫困地区加快发展，促进全体人民共享改革发展成果。

三是把学习贯彻两会精神与搞好政治交接、推进自身建设结合起来，为巩固参政党与执政党的团结合作奠定坚实基础。民进全会要把搞好政治交接，加强会员队伍尤其是领导干部和代表人士队伍的思想建设，作为当前最紧迫的课题和全年工作的重点，进一步深化学习践行社会主义核心价值体系主题教育活动，推进学习型参政党建设，巩固多党合作的思想政治基础；结合纪念中共“五一口号”发布 65 周年，深入开展会史学习和宣传活动，继承和弘扬民进老一辈的优良传统。要按照参政党建设的目标和原则，坚持改进工作作风、密切联系群众，进一步加强组织建设、制度建设和作风建设，不断提高自身建设的科学化水平。

会中央号召全会各级组织和广大会员，更加紧密地团结在以习近平同志为总书记的中共中央周围，深入学习贯彻中共十八大精神，以邓小平理论、“三个代表”重要思想、科学发展观为指导，稳中求进，开拓创新，扎实开局，以履行职能和自身建设的优异成绩，为全面建成小康社会、加快实现社会主义现代化的宏伟目标做出更大的贡献！

中国民主促进会中央委员会

2013 年 3 月 18 日

民进中央 2013 年工作要点

（2013 年 1 月 26 日民进中央十三届二次主席会议通过）

根据中国民主促进会第十一次全国代表大会精神和对今后工作的部署，提出民进中央 2013 年工作要点如下：

一、深入学习贯彻中共十八大精神，推进思想理论建设

1. 深入学习贯彻中共十八大精神。以深入学习贯彻中共十八大精神为重点，发挥中心学习组的领学和带动作用，指导和推动全会的理论学习工作。学习宣传贯彻民进十一大精神，切实落实《民进中央关于推进学习型参政党建设的意见》。

2. 深化学习践行社会主义核心价值体系活动。进一步明确学习践行活动的主题，坚定政治立场，凝聚思想共识，夯实团结奋斗的共同基础。发挥先进典型的示范作用，开展民进学习践行社会主义核心价值体系先进事迹宣讲活动。组织召开民进全国宣传思想工作会议。

3. 加强民进宣传思想工作阵地建设。大力宣传新一届中央委员会的工作思路、重要决策，以及自身建设和履行职能取得的新进展、新成果。推出新版民进网站，做好民主杂志改版工作，加强与新闻媒体的沟通与协调，做好会中央重要会议和重点工作的新闻宣传。

4. 切实加强参政党理论研究工作。继续通过下发研究课题、开展课题招标、召开研讨会等，就多党合作和参政党建设中的重大理论问题、我会各项工作中亟待研究解决的现实问题开展研究。积极利用好民进中央—中央社院参政党建设理论研究中心，发挥好参政党理论特邀研究员的作用，适时举办专题研讨会或理论研修班，推动我会理论研究工作取得新成果。

5. 切实加强会史资料的收集整理和会史的研究工作。按照“老帐抓紧还，新帐不再欠”的要求，继续做好会史资料的抢救、收集和编辑、出版工作。启动迎接民进成立七十周年的会史资料编辑工作，制定《中国民主促进会简史（1995—2015）》和《民

进70周年大事记》的编写计划，完善民进中央会史展览，筹建马叙伦纪念馆、雷洁琼纪念馆；协助开明出版社做好《雷洁琼文集》的编辑出版工作；推动“口述会史”工作；编辑出版《中国民主促进会年鉴2012》。

二、以有序推进会内民主为主线，加强组织建设

1. 加强制度和作风建设，坚持和完善中央和省级领导班子决策体系和研究体系。坚持民主集中制，健全集体领导和个人分工负责相结合的制度，使民主程序和决策程序进一步健全和完善，提高决策的效率和质量；倡导求真务实的作风，坚持领导班子谈心会、民主评议和述职、下基层等制度；贯彻落实《民进全国代表大会代表联系办法》，密切领导班子成员与全国代表大会代表和基层会员的联系。

2. 加强后备干部和代表人士队伍建设。认真贯彻4号文件精神，举办两期中央委员培训班；对新任主委、副主委、秘书长进行轮训；加强代表人士队伍建设的分析研究，建立健全数据库，加强动态管理和分类管理。

3. 推进会内监督工作。加强对省级监委会工作的指导，积极支持省级组织成立监督委员会；中央和省级监委员会对新一届领导班子执行制度和履行职能的情况、机关建设情况加强监督；进一步加强关于会内监督的理论研究。

4. 加强民进全国组工干部的培训交流。举办“民进全国省级组织组织部（处）长培训班”；组织部深入各省级组织开展调研，了解换届后各省级组织工作情况。

三、加强队伍建设，完善工作机制，提高参政议政能力

1. 围绕科学发展主题和加快转变经济发展方式主线积极参政议政。在推进政治体制改革、社会主义文化强国建设和生态文明建设，在改善民生和创新管理中加强社会建设等方面建言献策。

2. 深入开展调查研究。以年度专题考察为重点，在专门委员会和民进地方组织重点调研的基础上，民进中央和地方组织参政议政工作互相促进、有机结合，形成在高层协商座谈会上的意见，报送中共中央、国务院的建议书，在全国“两会”上的大会发言、提案等参政议政成果。

3. 加强参政议政人才队伍建设。成立新一届专门委员会和参政议政特邀研究员队伍，对骨干会员和专职干部进行培训，对省级组织信息员进行培训，支持地方组织办好参政议政人才培训班和专题工作会议。

4. 加强参政议政工作机制建设。以“中国教育政策研究院”、民进中央—上海社科院合作中心、清华大学政治经济学研究中心等参政议政平台为依托，继续完善参政议政课题合作机制、立项申报机制、成果评审机制及网上参政议政平台建设。

5. 加强参政议政品牌建设。继续办好“中国教师发展论坛”，开展“长江保护与发展研讨会”调研工作。顺势而为，积极探索建设新的参政议政品牌。

四、立足民进特色优势，提高服务社会能力

1. 继续做好支边扶贫工作。继续推进毕节试验区在建项目，加大对黔西南州安龙

县的扶贫开发工作；举办"同心·彩虹行动"西部教师暑期培训班和新疆少数民族中学校长暑期培训班；适时召开"同心·彩虹行动"交流表彰大会；积极参与新疆跨越式发展，开展"同心·彩虹行动"新疆行活动。

2. 进一步做好新阶层会员服务工作。积极服务新阶层会员，建立交流服务平台，推进相互交流与合作；指导各地企业家联谊会开展工作，在重庆召开"2013 年企业家联谊会联席会议"；举办民进企业界会员培训班；制作开通"民进新阶层会员"网页。

3. 进一步加强对台港澳联谊工作。继续以中华传统文化为纽带，举办"2013 年海峡两岸中华传统文化与现代化研讨会"；做好 1 月份开明画院赴台文化交流团考察活动和 4 月份叶圣陶研究会出版工作交流团赴台湾考察工作；继续做好台港澳人士来访的接待工作，指导省级组织积极开展海外联谊工作。

4. 充分发挥好社会服务平台作用。召开开明慈善基金会理事会议，建立开明慈善基金会宣传网，完善基金会各项管理制度；做好民进中央联络委员会的工作；开展慈善公益活动的调研和交流，召开民进全国公益慈善研讨会；协助民进中央开明画院做好新址启用、举办书画展览、地方组织成立画院、召开民进全国开明画院院长会议等工作；召开纪念叶圣陶从事编辑工作 90 周年研讨会、叶圣陶研究会第四届理事会第四次会议。举办民进全国社会服务专职干部培训班。

五、加强机关建设，提高组织协调能力

1. 认真贯彻《公务员法》，提高机关干部素质。建立健全干部选拔任用评价体系，做好机关干部招录、考核、民主推荐、晋升考察工作；做好干部的教育培训工作；坚持开展学习、考察等活动，提高干部的综合素质和能力；继续开展干部会内、会外挂职锻炼工作。

2. 建立健全各项规章制度。修订《民进中央机关制度汇编》，完善机关工作制度体系；加强对机关执行和落实制度情况的检查。

3. 加强机关作风建设。落实民进全国机关建设会议精神，倡导和形成共同的社会主义价值理念，改进机关作风，提高服务意识，切实做好后勤保障工作；充分发挥党政群团组织在机关建设中的作用，开展工作交流与研讨，提升工作质量与管理水平。做好退休老同志工作。

4. 加强机关信息化建设。完善机关信息化系统，提升信息化规划的前瞻性和实用性；更新信息化设备，加强学习培训；召开"民进全国信息化建设工作交流会"；做好"民进中央信息资源管理平台"、"民进组织管理应用系统"、"民进参政议政网站平台"的推广、应用工作；加强网络安全管理。

2013 年 1 月 26 日

民进中央关于加强新形势下宣传思想工作的意见

（2013 年 10 月 29 日）

思想建设是中国特色社会主义参政党建设的核心任务，加强宣传思想工作是坚持和发展中国特色社会主义学习实践活动的重要组成部分。当前，世情、国情、会情继续发生深刻变化，进一步深化政治交接，不断巩固中国民主促进会全会的政治道路认同、奋斗目标认同、文化价值认同，推进适应时代要求的高素质参政党建设面临着新的形势和任务。为进一步加强新形势下全会各级组织的宣传思想工作，现提出如下意见。

一、深刻认识新形势下宣传思想工作的重要意义

1. 加强宣传思想工作是积极应对国际国内形势变化的迫切需要

当前，全会思想建设面临着更加开放、更加复杂多样的社会环境，面临着改革开放不断深入、人们思想观念和价值取向深刻变化的时代背景，面临着网络等新媒体快速发展的崭新课题。只有不断加强宣传思想工作，才能引导广大会员认清中国的基本国情和当代中国发展所处的国际环境，进一步增强政治鉴别力和政治敏锐性。

2. 加强宣传思想工作是坚持和完善多党合作制度的必然要求

坚持和完善中国共产党领导的多党合作和政治协商制度，构建和谐政党关系，需要全会不断巩固与中国共产党团结合作的共同思想政治基础，促进思想上同心同德、目标上同心同向、行动上同心同行。只有加强宣传思想工作，才能坚定广大会员坚持多党合作制度的信心和决心，推动多党合作事业持续健康发展。

3. 加强宣传思想工作是推进中国特色社会主义参政党建设的重要内容

随着我会内外环境的发展变化，继承和弘扬民进优良传统、凝聚政治共识的任务更加艰巨，提高履职能力的要求更加紧迫，需要全会不断提高学习能力和实践能力，切实推进中国特色社会主义参政党建设。只有加强宣传思想工作，才能深化广大会员对中国特色社会主义参政党地位、性质和历史使命的认识，不断增强责任感和使命感。

二、明确新形势下宣传思想工作的主要任务

1. 深化思想上的政治交接

以领导班子和代表人士为重点，开展坚持和发展中国特色社会主义学习实践活动，引导广大会员坚定对中国特色社会主义的道路自信、理论自信、制度自信，切实承担起作为中国特色社会主义事业亲历者、实践者、维护者、捍卫者的政治责任。贯彻落实《民进中央关于推进学习型参政党建设的意见》精神，学习践行社会主义核心价值体系，建设学习型组织、学习型领导班子、学习型机关。以纪念民进成立 70 周年等重大纪念活动为契机，组织开展系列活动，加强会史的学习和宣传，继承和弘扬民进优良传统。把会章学习和培训作为一项基础性和经常性工作，积极营造深入学习会章、严格遵守会章的

浓厚氛围。发现、树立和宣传一批新时期涌现出的民进先进集体和会员，用先进典型的事迹和精神传递正能量。

2. 强化理论学习和研究

结合坚持和发展中国特色社会主义学习实践活动，联系民进履职工作和会员思想实际，针对社会热点难点问题开展学习，不断提高学习的针对性和有效性。改进学习形式，注重个人学习与集体学习相结合，专家辅导与研讨交流相结合，突出重点与带动一般相结合，力戒形式主义。围绕参政党建设和履行职能工作中亟待解决的现实问题，会员最关心和最困惑的理论问题深入开展研究，不断深化对参政党建设规律和工作规律的认识，为加强宣传思想工作提供理论指导。

3. 加强基层思想政治工作

民进中央和各级地方组织要加强对基层工作的指导，逐步建立加强基层思想政治工作的领导体制，形成上下互通、联动的会内思想动态信息工作机制，推动上级组织服务下级组织、基层组织服务广大会员的工作，把思想政治工作落实到基层。各级领导干部要深入基层调查研究，各级民进组织机关要建立干部定点联系基层的制度，努力做到贴近实际、贴近基层、贴近会员。基层组织要树立以会员为中心的工作导向，坚持组织生活制度，丰富和活跃基层组织生活，及时了解和反映会员的思想动态，善于做深入细致的思想工作，发挥基层组织在思想政治工作中的重要作用。

4. 做好网络环境下的宣传思想工作

高度重视网络等新媒体对宣传思想工作的影响，辩证认识网络环境下宣传思想工作面临的机遇和挑战，主动适应信息化时代对宣传思想工作提出的新要求，认真研究新情况和新问题，见微知著、未雨绸缪。学习了解网络等新媒体应用的相关知识，研究把握其传播特点和规律，扬长避短、趋利避害，积极稳妥推动网络等新媒体在宣传思想工作中的运用。要进一步强化责任意识，始终坚持正面宣传、积极引导，对出现的不良倾向、苗头要及时关注，对于发现的问题要及时疏导解决。

5. 营造良好的舆论氛围

要充分利用包括网络等新媒体在内的社会媒体，以及会刊（报）、网站（页）等会内平台，加强对自身建设和履职成果的宣传，加强对先进集体和会员的宣传，坚持会刊（报）、网站（页）、媒体一起策划部署、一同组织实施，统筹会内外资源形成宣传合力和综合效应，发好会内与会外的“立体声”。加强宣传策划提高质量，用好宣传契机扩大影响，不断增强吸引力和感染力。坚持服务民进、服务统战、服务社会，加强指导性、思想性和可读性，进一步提高会内刊物的质量和水平。提高民进各级组织网站（页）的新闻性、服务性和互动性，做好网络宣传，拓展宣传思想工作的途径。

三、把握新形势下宣传思想工作的基本原则

1. 坚持正确的政治方向和舆论导向

宣传思想工作必须始终高举中国特色社会主义伟大旗帜，坚持以邓小平理论、“三个代表”重要思想和科学发展观为指导，把围绕中心、服务大局作为基本职责，坚持团结稳定鼓劲、正面宣传为主的方针，引导广大会员始终坚持接受中国共产党领导，坚持走

中国特色社会主义政治发展道路。

2. 坚持以领导班子思想建设为重点

宣传思想工作要以加强领导班子思想建设为重点，深化政治交接，提高思想理论水平和政治把握能力，增强运用科学理论分析与解决实际问题的能力。要把领导班子的思想建设与制度建设和作风建设相结合，贯彻落实民主集中制，密切与基层和会员的联系。

3. 坚持与自身建设和履行职能的各项工作相互促进

宣传思想工作是一项系统工程，做好宣传思想工作需要全会参与。要加强和改进“有形”的宣传思想工作，也要重视和利用其他工作中蕴含的“无形”的教育机会，推动宣传思想工作与自身建设其他工作有机结合，与履行职能的实践相互促进，形成上下联动、合力推进的工作格局。

4. 坚持开展自我教育

继承民主党派自我教育的传统，自己提出问题，自己分析问题，自己解决问题，体现“自觉、自主、自为”，突出会员的主体地位，通过自我学习、自我提高，促进内化式教育。辩证处理加强组织引导和搞好自我教育的关系，要明确方向和目标，也要发挥会员的积极性、主动性和创造性。

5. 坚持正面引导、求同存异

坚持以社会主义核心价值体系为引领，正面引导广大会员不断提高思想认识，同时注意求同存异、体谅包容，营造宽松和谐的氛围。坚持具体问题具体分析，对于存在的不同思想认识问题，注意区别情况，耐心引导。对于涉及重大是非和政治原则的问题，必须增强主动性和说服力，对错误观点要旗帜鲜明地批评教育。

6. 坚持以人为本、注重实效

开展宣传思想工作，要注重从尊重人、理解人、关心人入手，通过深入会员的工作实际和生活实际，了解会员的思想动态和愿望诉求，把服务会员同思想引导结合起来，把满足需求同提高素养结合起来，力求工作取得实效。要根据社会发展实际和会员思想特点，讲求工作方法和工作艺术，因地制宜、有的放矢地做好工作。

四、建立健全新形势下宣传思想工作的机制

1. 建立思想动态分析机制

深入开展调查研究，积极关注网络舆情，加强与会员所在单位党组织的沟通联系，加强与会员的谈心和交流，全面深入把握会员思想动态。建立会内思想动态信息报送机制，上级组织要加强分析、研判和指导，下级组织要向上级组织反映会员思想动态。

2. 完善学习培训机制

发挥中心学习组的示范作用，贯彻《中共中央关于加强新形势下党外代表人士队伍建设的意见》、《2010—2020 年党外代表人士教育培训改革和发展纲要》精神，完善分层分类的学习培训制度，把加强教育培训作为人才队伍建设的重要内容，着力在培训实效上下功夫。

3. 健全宣传引导机制

结合会内外重大宣传教育契机，因势利导，推动主题学习教育活动的深入开展，形

成有效工作载体。通过会内先进典型的示范带动，引导广大会员在本职岗位和履行参政党职能的工作中建功立业。挖掘会史资源，加强民进会史教育基地建设，发挥会史资政育人的作用。

4. 研究建立应急机制

建立宣传思想工作的长效机制，建立突发事件和不良信息的预警机制和应急预案，做到快速上报信息，及时跟踪和反馈信息，加强多方沟通协调，推动形成工作合力。加大正面引导力度，提高会员政治鉴别和理性思考能力。

5. 规范评价激励机制

定期评选表彰民进全国宣传思想工作先进集体、先进个人，做好省级组织新闻宣传工作、会刊（报）工作和电子信息化建设专项评比，推广典型经验，宣传典型事迹，发挥评选表彰的激励和引导作用。

五、切实加强对宣传思想工作的组织领导

1. 领导重视。各级领导同志要充分认识做好新形势下宣传思想工作的重要性和紧迫性，把宣传思想工作摆在更加突出的位置，列入重要议事日程，放在全会工作全局中谋划，与自身建设、履行职能统筹考虑，做好安排部署和组织实施。

2. 明确责任。各级组织要切实负起责任，加强分析研究和统筹指导，不断提高领导宣传思想工作的能力和水平。要逐步建立符合民进工作实际、体现民进工作特点的领导体制和工作机制，做到有责、负责、尽责。

3. 加强协调。各级组织要制定具体实施意见，提出操作性强的措施要求，确保宣传思想工作的任务落到实处。宣传、组织、研究等有关部门要把宣传思想工作与自身建设和履行职能的各项工作紧密结合起来，加强协调与配合，合力推动宣传思想工作取得实效。

4. 提供保障。各级组织要加强与中共党委、政府和有关部门的联系，在机构、人员、经费等方面争取支持，进一步改善工作条件。要积极选配好宣传部门的干部，为他们的工作和学习提供必要保障，努力建设一支专兼职结合的骨干队伍，形成中央、地方、基层三级工作网络。

民进中央开展坚持和发展中国特色社会主义学习实践活动方案

（2013 年 11 月 4 日发布）

今年 8 月，习近平总书记作出重要批示，从坚持和发展中国特色社会主义的战略高度，充分肯定党外人士提出要做坚持和发展中国特色社会主义的亲历者、实践者、维护者、捍卫者的思想认识，强调要进一步增强党外人士对中国特色社会主义的道路自信、理论自信和制度自信。在民主党派换届后开展坚持和发展中国特色社会主义学习实践活动，深入学习贯彻中共十八大和习近平总书记一系列重要讲话精神的重要举措，是深化新一轮政治交接的必然要求，是增进政治共识的核心内容，是今后一个时期民主党派工作的

有力牵引，意义重大。为此，中国民主促进会中央委员会决定在本届任期内，在全会开展坚持和发展中国特色社会主义学习实践活动（以下简称学习实践活动），具体方案如下。

一、指导思想

高举中国特色社会主义伟大旗帜，坚持以马克思列宁主义、毛泽东思想、邓小平理论、“三个代表”重要思想、科学发展观为指导，深入学习贯彻中共十八大和习近平总书记一系列重要讲话精神，以深化政治交接、增进政治共识为引领，以领导班子成员和代表人士为重点，不断增强广大会员对中国特色社会主义的道路自信、理论自信、制度自信，切实承担起作为中国特色社会主义事业亲历者、实践者、维护者、捍卫者的政治责任，为全面建成小康社会、实现中华民族伟大复兴的中国梦贡献更大力量。

二、活动目的

学习贯彻中共十八大精神，落实民进十一大工作部署，加强中国特色社会主义和民进优良传统的学习教育，进一步凝聚政治共识，巩固政治道路认同、奋斗目标认同、文化价值认同，紧密结合重点工作，不断增强民进组织的凝聚力、战斗力和影响力。

三、活动主题

以坚持和发展中国特色社会主义为主题，通过开展形式多样的学习实践活动，统一思想认识、传承政治薪火，继承优良传统、巩固政治基础，加强自身建设、发挥积极作用。

四、主要任务

学习实践活动是近年来系列主题教育活动的延续和发展。全会要继续坚持“有思有行、集智聚力、顺势而为、开拓创新”的工作方针，结合形势任务和民进工作实际，把学习实践活动贯穿于我会加强自身建设和履行参政党职能的全过程，着重抓好以下三个方面的工作。

1. 搞好学习教育，提高思想理论水平

深入学习中共十八大和十八大以来历次中央全会精神，学习以习近平为总书记的新一届中共中央领导集体关于治国理政的一系列重要论述，重点是学习习近平总书记一系列重要讲话，不断深化中国特色社会主义学习教育，增强广大会员对中国特色社会主义的理论认知和政治共识。

把会章和会史的学习作为各级各类培训的重要内容，学习宣传多党合作光荣历史和民进优良传统，学习宣传民进老一辈的坚定信念、优良传统和高尚风范，引导广大会员深刻认识中国特色社会主义政治发展道路的历史必然性和现实优越性，不断增强接受中国共产党领导的自觉性和坚定性。

结合主席会、中常会和中央全会，坚持和完善民进中央中心学习组制度，发挥领导班子和中心学习组的示范作用，指导和推动民进各级组织的理论学习。结合贯彻《中共中央关于加强新形势下党外代表人士队伍建设的意见》、《2010—2020年党外代表人士教育培训改革和发展纲要》精神，把加强教育培训作为人才队伍建设的重要内容，完善分层分类的学习培训制度，着力在培训实效上下功夫。

贯彻落实《民进中央关于推进学习型参政党建设的意见》精神，学习践行社会主义核心价值体系，建设学习型组织、学习型领导班子、学习型机关，提高全会的学习能力和实践能力。

2. 结合履职实践，凝聚深化改革共识

深入学习贯彻中共十八届三中全会关于全面深化改革的精神，充分认识全面深化改革对于坚持和发展中国特色社会主义的重要性和紧迫性，切实增强作为中国特色社会主义参政党的责任感和使命感。要围绕中心、服务大局，着眼服务于改革实践，提高参政议政、民主监督的水平，提高社会服务工作的实效，始终坚持以科学发展为主题，以加快转变经济发展方式为主线，以保障和改善民生为出发点和落脚点，找准履行职能、发挥作用的着力点。

围绕推动科学发展，加强参政议政能力建设，凝聚深化改革的信心和共识。坚持以新作为巩固老阵地、在顺势中开拓新领域，加强参政议政人才、平台、机制建设，提高工作科学化水平。改进调研方法、提高调研水平，倾听基层会员关于参政议政工作的意见和建议、关于建言献策的观点和思考。2017 年召开民进全国参政议政工作会议，总结和研究参政议政工作规律，进一步提高参政议政工作水平。

按照社会服务的政治性、公益性、务实性原则，促进社会和谐，集聚全面深化改革的正能量。围绕经济社会发展和民生需要，发挥智力优势，突出民进特色，加强“同心·彩虹行动”的品牌建设，完善上下联动、左右联合的工作模式。2015 年召开民进全国社会服务工作会议，研究并拓展参与推动贫困地区科学发展的新思路和新举措。

坚持参政议政与社会服务相结合，形成推进深化改革的合力。通过社会服务深入了解国情，及时将社会服务工作中发现的问题，转化为参政议政课题，积极探索社会服务与参政议政成果转化机制。

3. 加强自身建设，巩固团结合作基础

从坚持和发展中国特色社会主义的时代要求出发，按照执政党建设和参政党建设相互促进的要求，全面加强中国特色社会主义参政党建设，为巩固与中国共产党的团结合作奠定坚实基础。

一是加强思想建设。开展宣传思想工作专题调研，进行会员思想状况问卷调查，提高工作的针对性和有效性。2013 年召开民进全国宣传思想工作会议，印发《民进中央关于加强新形势下宣传思想工作的意见》，提出工作的主要任务、基本原则，建立健全工作机制。

按照理论研究与实际工作互相促进的要求，紧密结合参政党自身建设和履行职能的工作，以应用理论研究为重点，大力推进参政党理论建设，不断深化对中国特色社会主义参政党建设规律的认识。2016 年召开民进全国参政党建设理论工作会议，进一步提高理论指导实践的水平。

在全会开展以“弘扬优良传统 爱岗敬业奉献”为主题的纪念民进成立 70 周年系列活动，以纪念大会、文艺晚会、书画展览、编写简史、主题征稿等形式，回顾和总结民进 70 年的不懈追求，继承和弘扬民进的优良传统，促进与中国共产党思想上同心同德、目标上同心同向、行动上同心同行。

继续发现、树立和宣传一批新时期涌现出的民进先进集体和会员，发挥先进典型的引领作用，激励和鼓舞广大会员在本职岗位和履行参政党职能的工作中建功立业。

二是加强组织建设。以贯彻落实民主集中制为重点，完善领导班子议事规则和工作程序，推进决策民主，积极营造民主务实、团结和谐的氛围。做好代表人士发展、培训、推荐、人才库建设等工作，规范后备干部选拔和管理工作，为 2017 年换届和政治交接做好准备。开展创先争优、双岗建功活动，表彰一批先进组织和个人，加强基层组织建设。2014 年召开民进全国组织工作会议，推动全会组织建设迈上新台阶。

2017 年召开民进全国机关建设工作会议，建设“和谐、高效、规范、阳光”的机关，以机关建设的新成绩，迎接民进十二大的胜利召开。

三是加强作风建设。深入学习《中共中央关于在全党深入开展党的群众路线教育实践活动的意见》精神，2013 年 6 月至 2014 年 3 月，在民进中央主席班子中进行以加强作风建设为主题的学习实践活动，以自学、谈心交流、座谈研讨、提出建议为主要方式，开展批评和自我批评，重点是树立群众观念，增强贯彻民主集中制和联系基层制度的执行实效；树立务实清廉负责的风气，改进文风、会风与学风。

民进中央主席班子成员要带头深入地方和基层，指导和推动全会开展好学习实践活动。

四是加强制度建设。执行会章规定的组织制度，推进会内制度体系建设，健全各级领导班子集体领导和个人分工相结合的领导体制和工作机制。按照《中国民主促进会中央监督委员会工作条例》，完善会内监督机制，推进全会监督体系建设，落实领导班子谈心制度、届中述职和民主评议制度，加强对领导班子执行制度、履行职能、遵守纪律情况的监督。

五、基本原则

1. 坚持突出重点。学习实践活动以各级领导班子成员和代表人士为重点，把学习中共十八大精神作为一以贯之的主要内容，并根据形势发展不断丰富活动的内涵，根据各级组织实际，各自确定学习实践活动的重点。

2. 坚持自我教育。体现“自觉、自主、自为”，自己提出问题，自己分析问题，自己解决问题，增强思想自觉和行动自觉。注重体现民进特色，根据会员特点采取便于参加、乐于参与的方式。

3. 坚持正面引导。突出思想引领，把握活动导向，展示中国共产党同民主党派和无党派人士团结合作、肝胆相照、荣辱与共的大好局势，展示广大会员积极履职尽责、发挥优势作用的良好形象。

4. 坚持注重实效。认真总结近年来开展主题教育活动的有效做法和经验，紧密结合广大会员的思想实际，注重解决突出问题，把学习与实践相结合，使增进政治共识和提高履职实效相促进。

六、组织实施

1. 成立领导机构。民进中央成立由主席任组长、常务副主席任副组长、副主席任成员的学习实践活动领导小组。领导小组下设办公室，由民进中央一位副主席、秘书长、副秘书长，以及组织、宣传等有关部门负责人组成，具体负责日常工作。民进各省级组织成立相应领导机构和工作机构，主要领导同志亲自负责。

2. 做好统筹规划。深入开展学习实践活动，对于做好本届内的各项工作具有十分重要的意义和作用。民进各省级组织要按照本《方案》的精神和要求，结合地方工作实际，制定具体实施的工作方案。要注重统筹规划，有序推进，保证学习实践活动不走过场，扎实有效。

3. 注重经验总结。民进中央学习实践活动领导小组要及时了解全会开展学习实践活动的情况，加强工作交流和经验总结，加强分类指导。各省级组织领导小组要加强组织和部署，安排专人负责此项工作，并及时向民进中央学习实践活动领导小组办公室报送当地开展活动的情况。

4. 加强宣传引导。民进各级组织要切实加强宣传学习实践活动的平台和阵地建设，充分利用会刊（报）和网站（页），开辟专栏、专版和专题，大力宣传学习实践活动中涌现出来的成功经验和先进典型，及时做好引导、示范和交流，努力营造浓厚氛围，积极扩大社会影响。

中国农工民主党

积极投身于全面深化改革的伟大实践
为坚持和发展中国特色社会主义贡献智慧和力量

——在中国农工民主党第十五届中央委员会第二次全体会议上的工作报告

2013 年 12 月 13 日

陈 竺

各位委员、各位同志：

我受中央常务委员会委托，向第十五届中央委员会第二次全体会议报告工作，请予审议。

一、2013 年主要工作

中共十八大以来，以习近平同志为总书记的新一届中共中央领导集体，面对复杂的国内外形势，推出了一系列治国理政新思路和新举措，政治风清气正，经济稳中有进，改革开放力度加大，人民生活继续改善，社会大局和谐稳定，实现了良好开局，赢得了包括我们全体农工党员在内的全国人民的赞誉和拥护，更加坚定了我们对中国特色社会主义的道路自信、理论自信、制度自信，更加坚定了我们对实现中华民族伟大复兴中国梦的信心！

去年 12 月 24 日，中共中央总书记习近平同志走访我党中央机关，对我党成立八十多年来的历史给予充分肯定，对今后履行参政党职能提出具体要求，特别是希望我党要在医药卫生、人口资源、生态环境等优势界别领域积极发挥作用，能够有所建树。习近平同志的殷切希望，使我们深受鼓舞和鞭策，增强了我们致力于建设中国特色社会主义参政党的信心和勇气。

我党十五大以来，中央常委会先后召开了四次全体会议，对一些重大问题进行研究并做出决定。全党坚持以邓小平理论、“三个代表”重要思想、科学发展观为指导，认真学习贯彻中共十八大和我党十五大精神，大力加强思想建设、组织建设、制度建设、作风建设，深化政治交接成果，围绕政府的中心工作，以促进实现“健康中国”、“美丽中国”宏伟目标为主线，以科学发展、推进改革、保障民生、拉动内需为参政议政、民主监督和社会服务的主要工作目标，以加强合作、深入基层、细化调研、凝炼建议为主要工作方式，切实履行参政党职能，扎实推进各项重点任务的落实，取得了显著的成绩，得到了中共中央主要领导同志的肯定和社会的好评，实现了全党工作的良好开局。

（一）以满足经济社会发展重大需求为宗旨，积极建言献策，参政议政成效显著。

围绕大局，认真参与政治协商。中央和地方组织的主要领导同志，积极参加中共和政府举行的政治协商会、情况通报会，就经济建设和社会发展、重要人事安排等重大问题提出意见建议。中央主要领导同志多次参加中共中央、国务院召开的党外人士座谈会，分别就政府工作报告、国务院机构改革和职能转变方案、国家机构人事安排、经济工作、关于全面深化改革若干重大问题的决定以及群众路线教育实践活动等重大问题，提出了意见和建议，获得中共中央领导同志的高度评价，一些建议得到重视和采纳。在年中经济形势分析座谈会上，我党建议大力发展健康产业；在全年经济工作征求意见座谈会上，我党建议加大改革力度、扩大改革范围、深化医改、推动健康服务业发展、依法维护医务人员切身利益等，对中共中央、国务院有关决策产生了积极影响。中央多位领导同志参加重要国事外事活动，体现了我党在国家政治生活中的作用。

目前，我党有 1788 名党员当选各级人大代表，54 名党员当选十二届全国人大代表，有 818 名党员担任政府和司法机关县处级以上实职，其中有 81 名厅局级领导干部，他们在各自岗位上，积极履行宪法和法律所赋予的权利，发挥了参政的作用。我党有 11236 名党员担任各级政协委员，86 名党员担任全国政协十二届委员。我党各级组织和政协委员在政协会议上积极建言献策，有些提案成为重点提案或优秀提案，并得到各级政府及有关部门的重视和采纳。在全国政协十二届一次会议上，以我党中央名义提交 33 件提案，16 篇书面发言，我党中央关于治理灰霾的大会口头发言引起委员高度共鸣和社会广泛关注。

精心调研，重大建议得到重视。一年来，我党中央向中共中央和国务院报送了 9 个有关参政议政的建议专报，均得到重要批示，有的已产生实际效果。《关于积极应对区域灰霾污染的有关工作建议》得到中共中央和国务院高度重视，习近平同志批示“建议很有价值，应认真研究，出台有力举措，为实现‘美丽中国’发展目标作出应有贡献”，李克强总理和张高丽、刘延东、汪洋、马凯副总理也分别做出批示。在这一建议的积极推动下，9 月初，国务院下发了《大气污染防治行动计划》，采纳了我党关于 PM2.5 纳入政府政绩考核、区域联防联控、京津冀等重点区域重点治理等主要建议。受中共中央委托，我党中央开展了“动员社会力量促进健康服务业发展，有效拉动内需、保障民生”的大调研，提出了《关于动员社会力量促进健康服务业发展的建议》，李克强总理批示认为很有针对性，要求在研究制定相关指导意见时统筹考虑。国务院专门召开常务会议就相关问题进行研究部署，在国务院《关于促进健康服务业发展的若干意见》中，体现了我党中央建议的主要观点。中央联合开展了“长江上游生态环境保护和综合开发利用”的调研，向国务院提出《关于加强长江上游流域生态治理工作的建议》和《统筹规划，生态优先，促进长江上游水电开发可持续发展》的两个报告，张高丽副总理作出请相关部门认真研处的批示，相关建议被有关部门采纳。中央《关于建立符合国情、体现规律、促进发展的医疗保障管理体制的有关建议》、《关于将科技重大专项标志性成果——国家 1.1 类新药盐酸埃克替尼（凯美纳）纳入国家新农合肺癌治疗药物目录的建议》以及《防控恶性伤医事件刻不容缓》等专报得到刘延东副总理批示，要求有关部门重视农工党的建议。这些建议在国务院机构改革、维护我党所联系的医药卫生界切身利益等方面发挥了重要作用。中央还与长期合作的中共黑龙江省委省政府、重庆市委市政府开展合作调研，分别形成了《关于在黑龙江省建立国家安全食品生产基地的建议》和《关于加快重庆两江新区发展，推动内陆开放高地建设的建议》，张高丽副总理感谢农工党对食品安全工作的关心，要求有关部门认真研究。中央赴甘肃就中医药产业发展问题进行调研，并在中共中央、国务院高层协商会上提出建议。上述调研与专报工作，得到了我党上海、江苏、浙江、天津、陕西、四川、云南、黑龙江、重庆、青海、甘肃等省级组织的大力支持与配合。我党各地方组织创新选题模式、拓展调研思路，围绕地方经济社会发展的重大问题，组织力量，调查研究，提出对策建议，得到当地中共党委和政府的吸收和采纳。

开拓进取，认真履行民主监督职能。今年2月，习近平同志在同党外人士共迎新春时强调，要继续加强民主监督，要求中共各级党委主动接受、真心欢迎民主党派和无党派人士的监督。为贯彻落实习近平同志重要讲话精神，切实履行民主监督职能，推进政府决策的科学化、民主化，担任各级特约（邀）监察员、检察员、审计员、教育督导员的我党党员，积极参加重点工作督查，参与行风政风评议，为推进依法行政和廉政建设作出了贡献；担任各级人大代表和政协委员的我党党员，依法履行职责，认真参与立法和执法检查，通过人大议案、政协提案、信息专报等方式开展工作，发挥了民主监督作用。在全国政协十二届一次会议的联组讨论上，担任政协委员的我党党员就民主监督工作机制作了发言，得到参加联组讨论的王岐山同志的重视，相应提案获得中共中央统战部的答复。

紧扣热点，反映社情民意信息工作效果明显。中央和地方组织十分重视反映社情民意信息工作，中央主要领导撰写信息，通过召开全党社情民意信息工作及培训会议、专家研讨会等方式，整合全党资源，信息数量和质量显著提升。截至第三季度，中央共收到各方面报送的社情民意信息3406件，遴选后向全国政协编报《信息专报》311期，已采用47篇。其中，《解决儿童用药紧缺和用药安全问题迫在眉睫》、《创建具有中国特色的医疗保障体系，为实现全面建成小康社会目标提供重要民生保障》和《关于水资源开发、利用和保护的政策建议》等多篇信息，由全国政协上报中共中央领导同志或转送相关部委。

凝聚共识，生态健康论坛聚焦改革。12月初，我党中央召开“第八届中国生态健康论坛”，围绕生态文明制度建设，展开政府、党派、行业间对话交流、问题研讨，就深入学习贯彻中共十八届三中全会精神，推动生态文明建设领域的深化改革提出了多项对策建议。

抓好培训，夯实参政议政基础。前不久，我党召开了参政议政工作会议，围绕推动全面深化改革，在重点领域和关键环节出实招、献良策，完善相关专家库、建立高水平智库等问题展开深入研讨，形成了进一步改进工作的思路，提出了相关举措。10月份，举行了全党参政议政业务骨干培训会议，交流经验，提升能力，推动全党参政议政整体能力的提升。

（二）以改革发展为核心，开拓新领域，社会服务取得新进展。

总结经验，进一步提高社会服务质量。今年9月，我党召开了全国社会服务工作会议，进一步增强工作责任感，建立健全社会服务组织管理和人才保障机制，总结了相关经验，对下一步工作进行了总体部署。

打造品牌，大力参与毕节试验区建设。今年3月，俞正声同志视察贵州毕节试验区，发表了重要讲话。为贯彻落实讲话精神，我党中央两次组织赴大方县开展考察调研，明确了今后帮扶大方县的总体思路，推动签订投资总额达156.4亿元的意向性协议。目前，已有近一半项目实现落地。在我党中央协调下，国家开发银行每年授信20亿元，连续5年支持我党中央推荐的大方县经济社会发展项目。我党东部的省级组织，积极参与对毕节的对口帮扶，促进经济社会发展。目前，毕节试验区同心食品药品产业园区建设、职业教育发展、大方特色农产品进京、基层医疗卫生服务能力建设等工作进展顺利。俞正声同志对我党帮扶大方县的成果给予了充分肯定，他在批示中说“感谢农工党中央对扶贫工作的热忱，以及细致、负责的工作态度”。

迅速行动，积极参与抗震抗洪救灾。今年，四川雅安、甘肃定西发生地震，黑龙江发生洪水。面对地震、洪水等自然灾害，我党各级组织和党员通过多种方式为灾区做贡献，许多党员直接参加灾区一线救灾工作。雅安地震发生后，我党中央迅速发出“积极支援四川雅安抗震救灾工作的倡议”，动员和组织全党献爱心。据统计，全党捐赠款物折合人民币1.1128亿元，其中天津党员企业家束昱辉为雅安地震灾区捐款1亿元。上述工作，体现了我党党员的公益爱心，展示了农工党良好的社会形象。

发挥优势，传统项目精耕细作。今年6月，我党中央与国家有关部委联合举办了第六届“中国环境与健康宣传周”活动，围绕“生态环境与健康”主题，主办了慢性病防治知识宣传义诊、空气质量与健康高峰论坛等活动，累计捐赠物资共计110多万元，发放宣传资料15万份，直接受益群众20余万人。全党深入开展第25届国际科学与和平周、同心助医工程、定点帮扶乡镇卫生院、“杏林春雨行动”等活动，扩大了我党的社会影响，品牌效应明显。

拓展领域，社会服务彰显特色。我党积极拓展社会服务新领域，举办新活动，树立新形象。中央联合国家中医药管理局共同开展“中医同行计划”，推动我国传统医学、健康服务业和中医药产业发展。各级组织紧密围绕中共党委、政府的中心工作，充分发挥优势，通过实施项目、举办论坛、促进交流合作、支援贫困地区发展等多种形式，服务地方经济社会发展。

（三）以深入学习贯彻中共十八大和十八届三中全会精神为重点，不断夯实思想政治基础，宣传思想工作再上新台阶。

狠抓学习，凝聚思想共识。着眼于提高认识、统一思想，在全党深入开展了学习贯彻中共十八大、十八届三中全会和习近平同志一系列重要讲话精神的活动，举办各种座谈会、报告会、培训班，召开纪念“五一口号”发布65周年座谈会，凝聚提高广大党员思想认识。今年7月，我党中央领导参加了中共中央统战部举办的“学习中共十八大报告专题研讨班”，坚定了走中国特色社会主义道路的思想政治基础。根据形势发展要求，中央制定了《开展坚持和发展中国特色社会主义学习实践活动工作方案》。中共十八届三中全会闭幕后，中央和各省级组织立即召开了专题学习座谈会，制定下发《关于学习贯彻中共十八届三中全会精神的通知》，把深入学习贯彻中共十八届三中全会精神作为我党当前首要的政治任务。

深入实际，开展思想调研。今年，为了提高宣传思想工作的针对性，在全党开展了一次问卷调查,收回答卷12000多份。这是我党的一次覆盖面很广的思想调研活动。同时，中央还派出三个调研组，分赴五省两市进行调研，分专题写出了有分量的思想调研报告。

突出重点，加强社会宣传。一年来，在《科技日报》、《人民政协报》、《团结报》等中央级媒体刊登有关我党的文章600余篇，报道的数量、质量稳中有升。大力推进我党中央网站建设,及时宣传报道我党重大活动。举办了我党中央和地方组织网站编辑培训班，加强网络骨干队伍建设。进一步办好党刊《前进论坛》，创新思路，转变文风，为我党履行参政党职能、加强自身建设发挥积极作用。

总结提高，进行全面部署。今年10月，我党召开了全国宣传思想工作会议，深入学习贯彻中共十八大和中共全国宣传思想工作会议精神，强调要充分认识宣传思想工作面临的新情况新挑战，充分认识加强宣传思想工作的重要性，提出构建我党“大宣传、大教育”理念，并对今后五年宣传思想工作进行了全面部署。

抓住重点，理论研究不断深入。我党注重理论研究工作，关注政党制度领域的前沿课题,撰写出一批有分量、有价值的理论文章。由四川、江苏、安徽省委会分别承担的《关于参政党建设科学化问题研究》、《“同心”理论与参政党建设研究》、《协商民主理论与实践研究》等中央重点课题，取得初步成果。中央加强理论研究工作，开展调研，推动理论点建设，召开了理论研究工作研讨会和参政党与协商民主研讨会，出版《理论研究优秀论文集》和《理论研究参考》，并把加强参政党作风建设列为重点研究课题，将全党的理论研究工作引向纵深发展。

统筹规划，党史研究成果突出。中央重视党史研究，召开党史研究工作研讨会，交流经验,明确任务。按照突出重点、分步研究的思路,组织编写了《同心同德 共铸辉煌——中国农工民主党2008—2012年主要工作成果》、《中国农工民主党与“福建事变”史料研究汇编》、《过渡时期的中国农工民主党研究参考资料》，组织开展了党史人物资料收集整理和撰写工作，维修和保护了福建福州补山精舍、江西修水查祠、中央机关抗战时期在渝旧址等史迹点，筹建了“保定军校毕业的农工党领导人陈列室”，召开了纪念“福建事变”80周年座谈会。江苏、福建等省级组织与中央密切配合，形成上下联动机制，党史研究工作开展得有声有色。中央机关开展了档案整理与数字化项目，完成了38万页文书档案和5万页党史资料的整理编目工作，提高了我党史记工作的规范化水平。

（四）以推进人才强党战略实施为抓手，稳妥推动内部监督，组织建设进一步加强。

高端谋划，做好人才强党战略的顶层设计。我党中央领导班子高度重视组织建设工作,多次召开主席办公会研究人才强党战略的实施工作。有关领导多次与中共中央统战部、国务院有关部委及地方党委协商沟通，就党外干部的政治与实职安排、加强省市级组织建设、做好组织发展、加强领导班子和后备干部队伍建设等政策性问题提出重要意见建议，并就实施人才强党战略的顶层设计、代表性人才培养与使用等工作做了全面细致的部署与安排。

严格把关，做好党员发展和干部推荐工作。我党把发展高层次人才作为一项基础性工作，新发展了一批包括专家学者、实职干部、企业家在内的高层次代表人士。截至今年9月底，全党共有131980名党员。认真做好干部推荐工作，推荐了一批党员担任各级人大代表、政协委员；开展了副部长级后备干部人选的推荐工作，推荐了一批党员担任国务院部委的副职、省级政府部门的正职、所在单位的领导职务以及国家部委的特约人员。各地方组织重视后备干部队伍建设和代表人士队伍建设，制定了政治安排和实职安排推荐计划，加大了推荐力度。

形式多样，党员干部培训有新突破。我党注重实施人才强党战略，重视对党员干部的培养，把今年定为培训年，培训规模为历年来最大。中央举办了针对新任中央委员和中监委委员、中央专委会委员、政府和司法机关厅局级实职干部、市级组织主委、中青年骨干党员、企业家党员、中西部地区骨干党员的10期培训班或研讨班，并与中共中央统战部等联合举办了省级组织新任专职领导干部研讨班，选调了一批党员参加中共中央统战部主办的民主党派干部进修班、培训班和党外领导干部市场经济研修班。各地方组织举办各种形式的培训班、研讨班，使党员增强了参政党意识，提高了履行职责的能力和水平。

强基固本，加强地方和基层组织建设。按照《中国农工民主党中央工作规则（试行）》要求，中央研究制定了中央领导班子成员联系省级组织分工制度，加强对省级组织的指导和帮助，推动解决实际问题。中央召开了省级组织部长工作会议、组织工作研讨会。认真协调和发展市级组织，今年新批复成立4个市级委员会。启动《中国农工民主党基层组织工作条例》修订工作，健全基层工作制度，推动改善基层组织的工作条件，确保基层组织做好工作。各地方组织通过加强基层组织负责人培训、创新基层组织活动内容等方式，推动基层组织健康发展，增强了党员的凝聚力和归属感。

积极稳妥，推动内部监督工作。中央先后召开了监督委员会工作会议和党内监督工作会议，学习内部监督的方针政策和业务知识，明确中央监督委员会委员的工作分工，交流党内监督工作的开展情况，研讨如何完善和推进党内监督制度建设。中央监督委员会坚持积极稳妥、循序渐进的方针，自上而下有序推动省级监督机构建设，全党已有湖南、重庆、福建、河北、贵州、北京、上海等7个省级组织成立了监督委员会，天津等8个省级组织正在筹备成立监督委员会。

（五）以完善机制为切入点，动员各方力量，专委会工作和台港澳联络工作有新进展。

健全制度，成立新一届专委会。中央重视专委会的作用，制定了《中央专门工作委员会工作条例》，召开了新一届中央各专门工作委员会成立大会，成立了由387名委员组成的11个专委会，职能由单一的参政议政扩大到全党的各项工作，并在经费和办公条件方面予以大力支持。各省级组织也制定了专委会工作条例，成立了新一届专委会。

立足专长，各专委会工作强势开展。各专委会立足界别特色，发挥委员的专业与优势，开展了留守儿童心理健康调查、农村养老情况、姓氏宗亲文化等课题研究，参加全国政协职业教育问题座谈会、司法公正座谈会和城镇化课题调研，为修订《环境保护法》等提出意见建议，为中央参与高层协商提供智力支持。同时，还立足资源优势，联合国家中医药局等有关单位开展中医药科技惠民活动、义诊捐赠等社会服务活动。

拓宽渠道，积极开展对台联络工作。我党注重通过多种形式加强两岸交流、促进两岸关系发展。协调组织“台湾医疗品质促进联盟参访团”赴陕西、青海参观访问，邀请部分台籍学生参加中秋联谊活动，促进了两岸医药卫生界人士交流。福建省委会继续组团赴台湾参加学术活动，与台湾有关组织和代表性人士建立了长期联系。河北省委会主办了第二届冀港澳台中华传统医药文化发展大会，为两岸四地中医药界提供了交流合作平台。

（六）以制度建设为保障，采取有力措施，机关建设取得明显效果。

落实规定，作风建设深入开展。为认真落实中共中央八项规定，我党中央下发了《关于厉行勤俭节约、反对铺张浪费的通知》和《关于改进机关工作作风的十项规定》。全党按照中央要求，认真执行规定，工作作风有了很大改观。中央机关狠抓纪律与作风建设，要求全体工作人员遵守各项规章制度，形成了积极向上、健康和谐的良好风气。

规范程序，制度建设成果显著。中央研究制定了《中国农工民主党中央工作规则（试行）》，明确了我党中央领导决策、责任分工的基本规则与程序。中央重视加强机关建设，今年9月召开了农工党全国机关建设工作会议，强调了讲政治、讲法制、抓学习、树正气、立规章五大工作要求，明确机关服务保障的主要职责，推动我党机关建设规范化、程序化、制度化水平的有效提升。中央机关着力抓好制度建设，整理修订《中央机关工作制度汇编》，建立了秘书长办公会、部务会等会议制度，形成相互配合的工作机制，初步建立了靠制度管人、管事、管财的管理体系，为建立中央机关长效运转机制奠定了基础。各地方组织机关加强作风建设，建立健全工作制度，完善工作机制，服务保障能力明显提高。

立足长远，机关干部队伍建设不断加强。中央机关注重干部队伍建设，加强对机关干部的培养，择优选派骨干力量到地方基层挂职锻炼。制定和实施了《处级领导职位竞争上岗工作方案》，力求形成竞争择优的干部选拔任用机制，调整和充实了一些局处级干部。调整了内设部门处室，进一步理顺了工作关系。继续更新完善机关公务员管理信息系统数据库，努力提高公务员管理的科学化、信息化水平。

同志们，在中央委员会各位委员、全党同志的共同努力下，2013年我党各项工作都取得了显著成绩，这与同志们的辛勤努力分不开，在此我代表常委会向同志们致以衷心的感谢和崇高的敬意。

但是，我们还应看到，与中共十八届三中全会提出的全面深化改革的重大任务要求相比，与我党充分履行职能、发挥重要作用的要求相比，我们的工作尚存不足，主要表现为：一是高层次人才储备不足，有较大社会影响和较强参政议政能力的代表性人士比较少；二是基层组织开展工作仍然面临较多实际困难需要有效克服；三是思想建设、理论建设、参政议政能力建设、社会服务工作机制和制度建设、机关建设等都需要进一步加强；四是有的党员参政党意识薄弱，理想信念不坚定，有的领导干部思想理论水平不高，解决复杂矛盾的本领不强，个别领导干部思想作风不够严谨，形式主义、官僚主义比较突出，还有极个别领导干部违法违纪。我们必须高度重视上述问题，在今后的工作中认真加以解决。

二、2014年工作任务

中共十八大、十八届三中全会规划了开创中国特色社会主义事业新局面，描绘了全面深化改革的宏伟蓝图，部署了全面建成小康社会和全面深化改革开放的目标任务，为我党工作指明了前进方向。2014年我党工作的主要任务和总体要求是：深入学习贯彻中共十八大、十八届三中全会和我党十五大精神，把开展坚持和发展中国特色社会主义学习实践活动贯穿于参政议政、社会服务和自身建设的全过程，坚定理想信念，增强中国特色社会主义的道路自信、理论自信、制度自信，进一步解放思想，开拓进取，组织动员全党力量，以促进实现“健康中国”和“美丽中国”宏伟目标为主线，以服务全面深化改革、推进科学发展、促进社会公平正义、保障民生福祉为参政议政和社会服务的主要目标任务，以全面深化改革的精神，发挥优势，认真履行参政党职能，积极推动改革路径科学化和改革成果制度化，扎实推进各项重点任务落实，为全面深化改革献计出力。

（一）认真学习，勤于实践，把坚持和发展中国特色社会主义学习实践活动贯穿于全党工作中。

建设中国特色社会主义参政党是我党的不渝追求。在今年中共中央党外人士迎新春座谈会上，习近平同志明确提出各民主党派是与中国共产党通力合作的中国特色社会主义参政党。这是对民主党派性质和地位的科学论断，也是对各民主党派在新的历史条件下发挥职能作用的新要求。怎样建设中国特色社会主义参政党，既是我党面临的理论问题，也是我党投身实践的实际问题；既是时代赋予我党的历史使命，也是我党的努力方向。我党要解放思想、实事求是，始终高举中国特色社会主义伟大旗帜，以中国特色社会主义统领全局工作，坚持以思想建设为核心，毫不动摇地坚持中国共产党的领导，巩固共同思想政治基础；坚持以组织建设为基础，加强领导班子建设，努力建设高素质的参政骨干队伍；坚持以制度建设为保障，创新工作思路、机制与方法，努力提高工作实效；坚持以作风建设为重点，继承和发扬优良传统，遵守组织纪律，展现良好的整体面貌和形象，努力建设高素质、有作为的学习型、服务型、创新型参政党。

开展坚持和发展中国特色社会主义学习实践活动是我党的重要政治任务。开展坚持和发展中国特色社会主义学习实践活动，是深入学习贯彻中共十八大和习近平同志一系列重要讲话精神的重要举措，是深化新一轮政治交接的必然要求。中央决定要在本届内开展坚持和发展中国特色社会主义学习实践活动，今明两年启动的第一个主题是“坚定政治信念，解放思想，推动改革”。我党开展学习实践活动，要以深化政治交接、增进政治共识为引领，全面融入思想建设、组织建设、制度建设、作风建设之中，贯穿于参政议政、社会服务的全过程，不断增强历史使命感和责任感，增强中国特色社会主义的道路自信、理论自信、制度自信，切实承担起作为中国特色社会主义事业亲历者、实践者、维护者、捍卫者的政治责任。

（二）振奋精神，开拓创新，加强宣传思想工作，巩固共同思想基础。

凝心聚力，认真学习贯彻中共十八届三中全会精神。中共十八届三中全会审议通过的《中共中央关于全面深化改革若干重大问题的决定》，是我国全面深化改革、全面建成小康社会的政治宣言和行动纲领。我党各级组织和广大党员要认真学习贯彻中共十八届三中全会精神，深刻领会精神实质，切实把思想和行动统一到中共十八届三中全会精神上来，把智慧和力量凝聚到实现中共十八届三中全会确定的各项任务上来，围绕全面深化改革目标和任务，凝心聚力，广集民智，协调关系，化解矛盾，为深化改革的路径摸索、难关攻克和制度保障献计出力。

围绕中心，开创我党宣传思想工作新局面。全党要认真学习贯彻习近平同志在中共全国宣传思想工作会议上的重要讲话精神，以开展坚持和发展中国特色社会主义学习实践活动为契机，充分发挥宣传思想工作的引领作用，弘扬主旋律，传播正能量，巩固团结奋斗的共同思想基础。大力开展中国梦的宣传教育，引导广大党员正确处理好国家梦、民族梦和个人梦的关系，立足本职，埋头苦干。加强我党党史教育，引导广大党员继承和发扬我党与中国共产党风雨同舟、亲密合作的优良传统。加强对宣传思想工作的领导，建设队伍，充分利用党刊、社会主流媒体和新兴网络媒体等新闻舆论工具和宣传手段，加强对我党代表性人士的宣传，不断增强我党的凝聚力，扩大影响力，构建"大宣传、大教育"的宣传思想工作新格局。

（三）突出特色，聚焦重点，认真履行参政议政职能，推进全面深化改革。

促进全面深化改革，在重点领域和关键环节改革上有所作为。2014年，是我国进入全面深化改革的第一年，是我党发挥智力优势与作用的关键年。全党要围绕全面深化改革的目标和任务，发挥优势，就医药卫生体制改革、生态文明制度建设、计划生育国策实施等重大改革方向与任务，广泛动员专家力量，组织相关调研，在完善改革路径、推动形成改革共识以及改革的制度化和法制化保障等方面建言献策。在相关领域的重大改革上，要有独特观点与建议，在维护所联系群众切身利益上要有响亮声音与行动，为立法推动医改和环保、推动健康与环保产业发展、人口政策调整后配套政策和积极应对人口老龄化挑战作出贡献。

多措并举，切实履行参政议政职能。中央和地方组织要认真做好明年"两会"的建言献策工作，体现推动改革的内容。中央要认真准备好全国政协十二届二次会议的提案、大会口头发言、书面发言、联组会发言等材料，做好全国政协专题协商会、常委会发言的准备工作。要注重发挥整体组织优势和代表性人士的专业优势，强化我党骨干党员参政议政的责任感，调动担任人大代表、政协委员的我党党员工作积极性，关注全面深化改革，关注维护人民群众切身利益，及时准确地反映社情民意。继续落实我党中央与中共重庆市委、黑龙江省委关于加强协作的《纪要》精神，做好攀枝花市作为我党参政议政联系点的相关工作，办好第九届中国生态健康论坛。

（四）创新思路，整合资源，推动社会服务工作再上新台阶。

围绕改革方向与任务，创新模式，发挥示范带动作用。我党开展社会服务工作，是坚持和发展中国特色社会主义的重要实践形式，也是密切联系群众的重要途径。要积极开展社会服务工作，为科学发展和民生改善服务，为全面深化改革、破解发展难题、构建和谐社会做贡献。要在传统项目的基础上，紧紧围绕全面深化改革的总目标与重点任务，结合我党优势，创造性地开展工作，力求将改革创新贯彻社会服务各项工作之中，注意发挥社会服务推动改革的作用，提升社会服务的全面效应。

集中力量，拓展渠道，积极开展扶贫工作和社会公益活动。全党要集中力量，积极参与贵州毕节试验区建设，鼓励各级组织和广大党员参与，协调有关方面加大支持力度；积极推进"毕节试验区食品药品同心产业园"发展，深入实施"贵州毕节贫困山区同心助医工程"；做好大方县帮扶工作，支持发展绿色经济、特色产业，推动经济社会全面发展。继续做好东部支援西部的对口协调工作，整合资源，做好武陵山区等其他贫困地区的帮扶工作，推广中药材适宜技术，完成雅安地震灾后重建项目。要积极探索开展城镇化建设试点工作。要拓宽渠道，联合政府有关部门和社会各界，开展社会服务活动，继续实施“中医同行计划”，推动中医药事业发展；继续开展“中国环境与健康宣传周”、“国际科学与和平周”等品牌活动。

（五）扎实推进人才强党战略，强化党内监督，切实加强组织建设。

采取切实措施，加强领导班子和干部队伍建设。我党要认真学习贯彻习近平同志在中共全国组织工作会议上的讲话精神，建设高素质的干部队伍，提升我党的履职能力。进一步健全干部选拔机制，完善组织工作制度体系，为广大党员搭建发挥作用、实现价值的平台。树立正确的用人导向，把政治坚定放在第一位，把拥护共产党领导、党性修养、知党爱党作为基本标准。要全面加强领导班子建设，贯彻民主集中制原则，建设政治坚定、团结民主、工作高效、关系和谐、廉洁自律的领导班子。各级领导干部要严格执行我党清正廉洁的有关规定，要拒腐蚀永不沾，努力做到立党为公、参政为民、一身正气、两袖清风。

实施人才强党战略，提高我党的整体素质。加强人才强党战略的规划、实施与评估三大环节。强化规划的顶层设计，明确发展目标、重点任务与措施保障，明确战略的实施路径与重点任务，抓好工作计划方案的制定与落实，切实解决高层次人才的短缺现象。加强对地方组织的指导，调动中央和地方的两个积极性。做好后备干部基础性工作，办好干部和党员培训班、进修班。

建立机制，加强党内监督。要按照积极稳妥、循序渐进、惩防并举、重在预防的方针，探索建立符合我党特点的监督机制和制度。要加强任政府实职和事业单位领导的我党党员的思想教育工作，提高其廉政履职的责任风险意识，强化党内的纪律约束。中央监督委员会要以加强省级组织领导班子建设为重点，完善领导班子谈心会和述廉述职等制度。要及时总结省级组织监督机构的经验，在中共地方党委的领导下，在条件成熟的省级组织稳妥有序建立监督机构。

（六）切实加强制度建设、作风建设和机关建设，为全面履行参政党职责提供强大的服务保障。

我们要以执政党为榜样，抓好制度建设、作风建设和机关建设，把制度建设提升到加强管理的高度来认识，夯实作风建设的基础，并推进相关工作，把机关建设作为参政党组织机构优化与提高运行效能的重点工作来部署安排。

加强作风建设，狠抓长效机制保障。中央及地方组织机关要贯彻落实中共中央八项规定和群众路线教育实践活动的精神，在现有工作基础上进一步做好长效机制保障。把反对形式主义、官僚主义、享乐主义、奢靡之风，落实到会议组织、调研与培训安排等工作之中，在会议主题设置、时间限制、经费预算等多环节要符合程序与规则，端正学风和改进文风会风。要深入实际，深入基层，深入党员，接地气，通下情，虚心向党员学习，热心为党员服务。要勤政廉政、克己奉公，杜绝请客送礼等庸俗现象。要进一步完善相关制度机制，艰苦奋斗，勤俭办事，弘扬求真务实、风清气正的良好作风。

加强制度建设，狠抓完善机制与执行。我党要根据参政党性质、任务和要求，结合自身实际和特点，建立适应组织运行和工作开展需要的各项制度，使各项工作有章可循，努力做到科学化、规范化。要建立尊重规则的理念，严格按章办事，抓好制度的执行，做到有章必守、违规必究。要加强民主集中制，健全和完善领导班子议事决策规则、领导班子集体领导和分工负责制度、领导班子成员述职和民主评议制度，坚持以制度建设保障党内民主，保障党员民主权利。要加强工作制度建设，建立健全岗位责任、团结协作，沟通交流等工作机制。

加强机关建设，狠抓效能体现。机关工作人员要讲政治，明是非，讲法制，守规则，树正气，做贯彻《公务员法》的模范；要加强学习，注意研究问题并探索解决问题的新方法；要遵守政治与工作纪律，加强作风建设，展现我党机关干部良好风尚。要进一步完善规则与程序，全面提升我党机关制度建设的科学化水平。规范机关人事管理，完善岗位责任制，努力建设一支政治坚定、团结协作、作风务实的高素质机关干部队伍，规范和强化财务和国有资产管理，整体提升我党机关服务保障能力与水平。

各位委员、各位同志：回顾 2013 年工作，我们倍感欣慰；展望今后工作，深感责任重大。让我们紧密团结在以习近平同志为总书记的中共中央周围，凝聚力量，同心同德，共同谱写多党合作事业发展的新篇章，为推动全面深化改革、全面建成小康社会、实现中华民族伟大复兴的中国梦贡献智慧和力量。

中国农工民主党第十五届中央监督委员会 2013 年工作报告

（2013 年 12 月 15 日 中国农工民主党第十五届中央委员会第二次全体会议审议通过）

2013 年，中央监督委员会在第十五届中央委员会领导下，以贯彻落实中共十八大和农工党十五大精神为引领，按照党章和党内监督条例要求，认真履行党内监督职责，积极稳妥做好各项工作。一年来，中央监督委员会认真健全党内监督机制，以领导班子建设为重点着力抓政治监督、作风监督和组织监督，积极开展党内监督工作交流研讨，不断加强理论研究和监督培训，实践经验进一步丰富，工作机制进一步理顺，为党内监督工作持续深化奠定了较好的基础。现将今年工作和下一步工作设想报告如下：

一、今年工作总结

讲学习重交流，夯实监督基础。新一届中央监督委员会规模有所扩大，结构更加合理，具备进一步做好党内监督工作的有利条件。为了不断提高监督履职能力，充分发挥监督委员作用，中央监督委员会把加强监督委员学习和交流作为一项首要工作来抓。今年 1 月，在四川召开了一次中央监督委员会工作会议。会议结合党章和党内监督条例，熟悉了党内监督的政策和业务，交流了全党党内监督工作开展情况，研讨了如何完善规范和实施党内监督制度，明确了中央监督委员会委员工作分工。会议一致认为，做好党内监督工作，要继续坚持从工作实践中取得经验，要以作风建设为重点推动加强各级领导班子建设，要以了解情况、预防教育、帮助成长为目的，在党内稳妥推动廉政建设，要整合资源、发挥合力，继续加强监督委员会自身建设。今年 10 月，在湖南再次召开党内监督工作会议，交流了党内监督工作，研究了如何加强领导班子作风建设，讨论部署了下一阶段党内监督工作，会议要求积极推动成立省级监督委员会，加强党内监督的理论研究和党史研究，不断壮大监督工作队伍，深化民主监督意识，完善监督工作机制。这两次监督工作会议有两个特点：一是参会人员范围广，既有中央和省级监督委员会的同志，也有部分省级主委、专职副主委，还有特邀党员代表，二是会议氛围民主热烈，大家畅所欲言、充分交流，因此都取得了加强学习交流和推动工作的较好效果。今年11月，在中央社院举办了新任中央委员、中监委委员培训班，进一步提高了中央监督委员会委员的政治素质和党性修养。

讲政治抓作风，推进班子建设。政治是参政党的生命线，也是我党党内监督工作的核心内容。党内监督主要是对各级组织和党员遵守党章的情况进行监督，重点监督各级领导班子及其成员履行党内领导职责和廉洁行政的情况，其中推动领导班子加强政治能力和民主作风建设是关键。中央监督委员会结合中共抓党的建设的有关精神，主要通过调研、参加谈心会等方式，以省级组织为重点不断推进领导班子建设。几年来，按照《关于建立健全中国农工民主党省级组织领导班子谈心会制度的意见（试行）》规定，省级领导班子谈心会在程序上已经比较规范，形成了会前征集意见、会上交流谈心、会后整改提高的完整流程，在避免形式主义、提高谈心会实效上也进行了积极摸索，为增进班子团结、提高班子履职水平发挥了重要作用。在推动加强中央领导班子建设方面，中央监督委员会配合中央相关部门做了一些探索性工作，如中央出台《中国农工民主党中央工作规则（试行）》进一步加强中央领导班子履职要求，今年7月十五届三次中常会期间召开了一次中央领导班子谈心会等。一年来中央领导班子及成员发挥模范带头作用，坚持民主集中制原则，坚持加强作风建设，认真履行职责，带领全党各级组织和广大党员，推进了我党事业发展迈上新台阶。为了进一步推动我党领导班子加强作风建设，中央监督委员会起草了《中国农工民主党中央委员会关于加强领导班子作风建设的意见（草案）》，现正在征求全党意见。该文件明确规定了领导班子作风建设的要求和制度实施，是党内监督加强政治监督和作风监督的重要体现，也是加强党内监督制度化、规范化、程序化的重要举措。今年3月，在浙江举办了政府和司法机关厅局级实职干部研讨班，加强了对实职干部的党风廉政教育。

讲程序扬民主，健全监督机构。党内监督条例规定，省级监督委员会须在条件成熟的情况下设立。2007年党内监督写入党章以来，全党党内监督意识不断增强，党内监督实践经验不断丰富，党内监督工作机制不断完善，为成立省级监督委员会、不断健全监督机构奠定了坚实基础。尤其是十五大以来，按照新形势新任务新要求，在有关部门的指导帮助下，成立省级监督委员会变得更加成熟和必要。成立省级监督委员会的程序是：省级监督委员会成立，须报中央委员会批准，其规模参照中央监督委员会并由省级委员会决定，组成人员由主委会议或常委会提名，省级委员会决定，在省级监督委员会正式成立或每次换届后，监督委员会规模和组成人员报告中央监督委员会。目前，已有北京、河北、上海、福建、湖南、重庆、贵州成立了监督委员会，天津等8个省级组织正在筹备成立，即省级监督委员会成立比例将达到一半。已成立的7个省级监督委员会，平均规模约12人，组成人员主要包括高教、医卫、法律等界别，兼顾市级组织和基层组织、非省委委员代表，结构比较合理。各省级监督委员会在创新监督工作思路、完善监督工作机制上发挥了积极作用，有效推动了我党地方自身建设尤其是地方领导班子建设。中央监督委员会加大专职干部配备力度，在中央支持下增设了 1 名专职办公室副主任。

一年来，中央监督委员会在学习中实践、在实践中学习，始终牢记党内监督要坚持正确的政治方向和职责定位，始终坚持不断完善党内监督机制。我们认识到，民主党派党内监督是中国特色社会主义监督体系的有机组成部分，要从全局战略高度考虑，从自身实际出发，积极稳妥创新发展，认真把党内监督工作落到实处，有效保障我党事业健康可持续发展。我们认识到，党内监督工作要发挥惩防并举、重在预防的正面作用，理清工作思路，规范工作程序，丰富工作手段，不断营造党内民主团结的良好氛围。我们认识到，领导班子谈心会要真正做好交流谈心，要做到多一些肺腑之言，少一些官样文章，多一些建设意见，少一些歌功颂德，多一些互动交流，少一些照本宣科，多一些宽容理解，少一些私心埋怨。通过大家的努力，全党党内监督工作呈现良好局面，各级领导班子不断深化政治交接，认真履职尽责，进一步增强了政治把握能力、参政议政能力、组织领导能力和合作共事能力。同时，党内监督还存在工作队伍不强、理论研究和监督宣传不足、地方和基层调研不够等问题，我们将在今后工作中不断研究解决。

二、明年工作设想

2014 年，中央监督委员会将按照中央工作部署和职责定位做好各项党内监督工作。总的工作思路是：借鉴总结有益经验，以调研、谈心会、制度建设等为抓手，继续推进加强领导班子建设，完善监督工作机制，健全监督机构，全面推动党内监督工作稳步前进。

一是推进加强领导班子建设。认真做好《中国农工民主党中央委员会关于领导班子作风建设的意见（草案）》起草工作，并在中常会审议通过后做好文件的贯彻落实，推动领导班子加强思想建设、制度建设和民主作风建设，推动领导班子形成民主团结、求真务实、联系党员、履职尽责、清正廉洁的思想和工作作风。贯彻落实省级领导班子谈心会制度，按照有关部门要求建立健全中央领导班子谈心会制度，推动省级组织根据实际情况加强下级组织领导班子谈心会工作。加强地方走访调研，了解掌握领导班子履职情况，收集反映各级组织和党员的意见建议。推动领导班子加强学习，修养党性，自觉接受组织和党员的监督。推动领导班子加强廉政建设，加强廉政宣传，建立廉政教育机制，不断树立我党良好社会形象。根据党章规定，加强党内纪律处分问题研究。

二是健全完善监督工作机制。充分发挥监督委员会作用，加强同级监督，完善中央监督委员会对中央决策进行监督的工作程序，形成事前知情、事中参与、事后反馈的良性工作机制。加强党内监督工作与自身建设、参政议政、民主监督、社会服务等各项工作的有机结合，逐步形成共同推动讲政治、守制度、重履职的双赢良好局面。深化理论建设和工作实践的有机统一，着力研究党内监督的一些基本理论问题，认真开展我党早期监督历史研究。以理论研究和工作实践为基础，不断加强监督宣传工作，进一步增强全党民主监督意识。畅通上级和下级、组织和党员的意见建议反映渠道，发挥党员在党内监督中的积极作用。

三是健全监督机构。按照积极稳妥、循序渐进的方针，与有关部门加强沟通协商，推动成立省级监督委员会，并以省级监督委员会为落脚点，全面加强全党党内监督工作。加强中央监督委员会对省级监督工作的指导，中央监督委员会的有关工作安排要及时向下通告。加强监督工作交流，通过座谈会、信息通讯等方式，相互借鉴经验。加强监督工作队伍建设，建立专职干部培训制度，提高专职干部的工作水平。

同志们，时代发展赋予党内监督更大的责任。中央监督委员会将在中央委员会领导下，坚持以邓小平理论、“三个代表”重要思想、科学发展观为指导，学习贯彻中共十八届三中全会、农工党十五届二次中全会精神，自觉接受各级组织和广大党员的监督，不断完善党内监督机制，不断深化党内监督工作成效，稳步务实，开放创新，为我党不断适应多党合作事业发展需要贡献力量。

中国农工民主党中央关于认真学习贯彻十二届全国人大一次会议和全国政协十二届一次会议精神的通知

（2013 年 3 月 10 日中国农工民主党第十五届中央常务委员会第二次〈扩大〉会议通过）

农工党各省、自治区、直辖市委员会：

十二届全国人大一次会议和全国政协十二届一次会议，是在全面贯彻落实中共十八大精神的开局之年召开的重要会议。认真学习贯彻好“两会”精神，对于我们进一步统一思想、凝聚力量、履行职能，为实现经济持续健康发展，保持社会和谐稳定作出新贡献，具有重大的意义。现就有关要求通知如下：

一、认真学习贯彻“两会”精神，切实把思想和行动统一到中共中央的决策部署上来

2012 年是我国发展征程上具有极其重要意义的一年。面对严峻复杂的国际环境和艰巨繁重的国内改革发展稳定任务，全国各族人民在中国共产党的领导下，解放思想，改革开放，凝聚力量，攻坚克难，取得了社会主义经济建设、政治建设、文化建设、社会建设、生态文明建设新的重大成就。中共十八大明确了中国特色社会主义的总依据、总布局、总任务，为进一步发展中国特色社会主义事业指明了方向。在中共十八大精神指导下，农工党召开了十五大，实现了政治交接和新老交替。

2013 年是全面贯彻落实中共十八大精神和我党十五大精神的开局之年，是实施“十二五”规划承前启后的关键一年，是为全面建成小康社会奠定坚实基础的重要一年。我们要认真学习贯彻“两会”期间习近平等中共中央领导同志的重要讲话精神，认真学习领会“两会”通过的各项报告和决议等重要文件精神。通过学习，深刻理解人民代表大会制度是保证人民当家做主的根本政治制度，多党合作和政治协商制度是我国的基本政治制度，必须坚持走中国特色社会主义政治发展道路；深刻理解改革开放是发展中国特色社会主义的必由之路，必须以更大的勇气和智慧深入推进改革开放；深刻理解保障和改善民生的意义和要求，必须切实维护最广大人民的根本利益，在政治上、思想上、行动上同中共中央保持高度一致。

二、积极履行参政党职能，为全面建成小康社会积极贡献智慧和力量

在新的一年里，各级组织和全党同志要认真贯彻《中国农工民主党第十五届中央常委会2013年工作要点》的要求，要认真贯彻中共中央关于改进作风的八项规定，大兴求真务实之风，脚踏实地，真抓实干，深入实际，深入基层，深入党员。敢于说实话，精于办实事，勤于创实绩。要坚持以经济建设为中心，坚持科学发展主题和加快转变经济发展方式主线，把工作的着力点放到深化改革开放、支持创新驱动和改善民生上来，围绕加快产业结构调整、推进区域经济协调发展、加强环境保护和节能减排等，深入开展调研，积极建言献策，为发展中国特色社会主义事业建睿智之言，献务实之策。

要充分发挥界别人才优势，围绕卫生、民生、环保等社会发展的重大问题建言献策，在推进卫生立法、建立家庭医生制度、建立湿地保护长效机制、推动健康产业发展、积极稳妥推进生态文明建设、推进城镇化等方面开展专题调研。要在深入调研的基础上，提出前瞻性、全局性、战略性意见和建议，为建设“健康中国”、“美丽中国”作贡献。

三、以中共十八大精神为指导，努力建设适应多党合作事业发展要求的参政党

要把学习贯彻全国“两会”精神和学习贯彻中共十八大精神结合起来，全面准确地学习领会十八大的主题、精神实质和战略部署，引导广大党员不断增强中国特色社会主义的道路自信、理论自信、制度自信。要认真学习贯彻中共十八大关于统一战线和多党合作的新论述新要求，自觉把工作放到国家工作全局中谋划和推进，不断提高履行职能的成效和水平。

要继续深入开展中国特色社会主义主题学习教育活动，深化践行社会主义核心价值体系教育和“同心”实践，开展纪念“五一”口号发布65周年活动，始终不渝地坚持中国共产党的领导，进一步巩固多党合作的思想政治基础。要切实加强自身建设，以思想建设为核心，组织建设为基础，制度建设为保障，努力提高政治把握能力、参政议政能力、组织协调能力、合作共事能力。

责任重于泰山，事业任重道远。我们要更加紧密地团结在以习近平同志为总书记的中共中央周围，高举中国特色社会主义伟大旗帜，以邓小平理论、“三个代表”重要思想、科学发展观为指导，同心同德，凝聚力量，为全面建成小康社会、实现中华民族伟大复兴的中国梦而共同奋斗。

中国农工民主党中央委员会办公厅

中国农工民主党中央关于学习宣传贯彻中共十八届三中全会精神的通知

农工党各省、自治区、直辖市委员会：

中共十八届三中全会，是在我国改革开放新的重要关头召开的一次重要会议。全会听取和讨论了习近平同志受中共中央政治局委托作的工作报告，审议通过了《中共中央关于全面深化改革若干重大问题的决定》(以下简称《决定》)。这次会议的召开，是中国共产党带领全国各族人民坚定不移高举改革开放大旗的重要宣示和重要体现，描绘了全面深化改革的新蓝图、新愿景、新目标，是全面深化改革的又一次总部署、总动员，必将对推动中国特色社会主义事业产生重大而深远的影响。作为中国共产党的亲密友党，深入学习宣传、深刻领会贯彻中共十八届三中全会精神是农工党当前一项重要的政治任务，现将有关要求通知如下：

一、充分认识中共十八届三中全会的重大意义

中共十八届三中全会，是在实现中华民族伟大复兴的征程中召开的一次十分重要、十分关键的会议，是高举改革开放旗帜、奋力开拓中国特色社会主义事业广阔前景的重要会议。全会充分肯定了中共十八大以来中央政治局的工作，高度评价中共十一届三中全会召开35年来改革开放的成功实践和伟大成就，科学回答了全面深化改革的一系列重大理论和实践问题，研究部署了全面深化改革的主要任务和重大举措，向全国人民描绘了中国全面深化改革的宏伟蓝图，是全面深化改革的又一次总部署、总动员，对于统一全党全国各族人民思想和意志，进一步解放和发展社会生产力，开拓中国特色社会主义更加广阔的前景，实现中华民族伟大复兴的中国梦，具有重要的里程碑意义。

中国特色社会主义的航船正处于新的历史坐标点上，作为与中国共产党肝胆相照的亲密友党，农工党要坚定地和中国共产党一起，用中共十八届三中全会精神统一思想、凝聚力量，锐意进取、攻坚克难，为中国特色社会主义事业开辟更加广阔灿烂的前景，为全面建成小康社会、实现中华民族伟大复兴的中国梦贡献力量。

二、准确把握中共十八届三中全会的创新突破

中共十八届三中全会把握时代、实践和人民的新要求，对在新的历史起点上全面深化改革作出战略部署，在理论上有一系列重大创新，在政策上有一系列重大突破，充分体现了以习近平同志为总书记的中共中央高举改革开放旗帜的高度自觉。中共十八届三中全会提出，改革开放的总目标是完善和发展中国特色社会主义制度，推进国家治理体系和治理能力现代化；经济体制改革是全面深化改革的重点，核心问题是处理好政府和市场的关系，使市场在资源配置中起决定性作用和更好发挥政府作用；成立全面深化改革领导小组，设立国家安全委员会；划定生态保护红线；深化财税体制改革等等，有许多创新、突破，有许多新思想、新观点、新表述，表明了全面深化改革的视野和路径，

也表明着中国的美好未来。

中共十八届三中全会通过的《决定》，深刻剖析了我国改革发展稳定面临的重大理论和实践问题，阐明了全面深化改革的重大意义和未来方向，提出了全面深化改革的指导思想、目标任务、重大原则，描绘了全面深化改革的新蓝图、新愿景、新目标，合理布局了深化改革的战略重点、优先顺序、主攻方向、工作机制、推进方式和时间表、路线图，汇集了全面深化改革的新思想、新论断、新举措，形成了改革理论和政策的一系列重大突破，是中国共产党在新的历史起点上全面深化改革的科学指南和行动纲领，是开启新一轮改革开放伟大征程的政治宣言，是指导新形势下全面深化改革的纲领性文件。

三、深刻领会《决定》中有关统一战线的重要内容

中共十八届三中全会从经济、政治、文化、社会、生态文明等方面，具体部署了全面深化改革的主要任务和重大举措，其中有许多涉及统一战线、多党合作以及农工党界别的重要内容。《决定》强调加强社会主义民主政治制度建设，坚持和完善中国共产党领导的多党合作和政治协商制度；完善中国共产党同各民主党派的政治协商，认真听取各民主党派和无党派人士意见；完善民主党派中央直接向中共中央提出建议制度。《决定》强调深化医药卫生体制改革，统筹推进医疗保障、医疗服务、公共卫生、药品供应、监管体制综合改革。《决定》提出加快生态文明制度建设，建立系统完整的生态文明制度体系，用制度保护生态环境。

农工党是以医药卫生和人口资源环境为主要界别的参政党，要认真学习《决定》中有关统一战线工作特别是有关涉及农工党联系界别的重要内容，坚决贯彻与我党参政议政有关的医药卫生、生态保护体制改革的重要要求，扎实履行好参政议政、民主监督的职能，努力建设发展中国特色社会主义参政党，为建设“健康中国”和“美丽中国”贡献智慧和力量。

四、认真学习宣传贯彻中共十八届三中全会精神

中共十八届三中全会为我们描绘了深化改革的路线图和美好愿景，实现这些愿景需要全体中国人的共同努力，作为致力于中国特色社会主义事业的参政党，我们要学习好、宣传好、贯彻好中共十八届三中全会精神，把思想和行动统一到全会精神和中共中央决策部署上来，坚定信心，凝聚共识，形成合力，汇聚起推进改革的强大正能量，切实为推进改革开放进程贡献力量。

1. 认真学习宣传、研究贯彻中共十八届三中全会精神，切实加强全党的思想武装。学习宣传、研究贯彻中共十八届三中全会精神，是农工党当前和今后一个时期的重要政治任务。农工党各级组织和全党同志要积极行动起来，开展举办报告会、召开研讨班、组织研讨会等形式多样的学习宣传活动，结合“坚持和发展中国特色社会主义学习实践活动”，紧密联系我党实际，全面准确领会中共十八届三中全会精神，以饱满的政治热情和高昂的政治责任感，学习宣传贯彻好中共十八届三中全会精神，为全面深化改革营造良好的社会环境，提供坚强有力的思想舆论支持。特别要加强对中共十八届三中全会新思想、新观点的理论研究，努力推出一批结合我党实际、有较强实践指导意义的理论成果。要

通过多种媒体形式，及时宣传各级组织学习贯彻中共十八届三中全会精神的情况，注意推广好的经验和做法，不断把学习贯彻引向深入。要以中共十八届三中全会精神统一思想和行动，坚持中国共产党的领导，最大限度凝聚改革共识，形成改革合力，按照中共中央的部署安排，带领广大党员，支持改革，不走封闭僵化的老路，不走改旗易帜的邪路，增强对中国特色社会主义的道路自信、理论自信、制度自信，切实担负起作为中国特色社会主义事业亲历者、实践者、维护者、捍卫者的政治责任。

2. 以中共十八届三中全会精神为指导，努力解放思想，切实推进改革。全面深化改革是包括我党同志在内的全国各族人民的共同目标和共同事业。中共十八届三中全会确定的全面深化改革开放的战略部署和目标任务，是我党履行参政议政职能、建设中国特色社会主义事业的主要方向和任务。实践发展永无止境，解放思想永无止境，改革开放永无止境。高举改革开放的旗帜，一定要有自我革新的勇气和胸怀，进一步解放思想，以积极主动精神研究和提出改革举措。作为以医药卫生和人口资源环境为主要界别的参政党，农工党要认清改革的方向和着力点，突出自己的特色和优势，在参与和推进深化医药卫生体制改革、加快医药卫生立法、健全基本医疗保障体系、完善人口政策，加强环境保护立法、建设生态文明等方面，深入调查研究，积极探索规律，切实提出自己的真知灼见，积极建睿智之言，献务实之策，以实际行动投入到改革开放的伟大征程中，为全面深化改革贡献智慧和力量。

3. 实施人才强党战略，为投身改革事业提供有力支撑。中共十八届三中全会提出，经济体制改革是全面深化改革的重点，要紧紧围绕使市场在资源配置中起决定性作用深化经济体制改革。农工党各级组织要围绕中心，服务大局，积极实施人才强党战略过程，在保持以医药卫生、人口资源和生态环境领域界别为主的同时，特别重视积极发展经济、金融和法律等领域发展更多的学术水平较高、有代表性的人士，及时发现人才，培养人才，更好地使用人才，形成一支具有较好政治素质、较高参政议政能力、较强合作共事意识、较大社会影响的高素质人才队伍，扩大参政议政、服务社会的人才基础，并不断充实领导班子和后备干部队伍，发挥我党人才荟萃、智力密集的优势，紧紧围绕全面深化改革的重大问题，在深入开展调研的基础上，提出具有前瞻性、战略性、可操作性的意见和建议，为帮助和促进全面深化改革提供有力的人才支撑。

中国农工民主党中央委员会
2013 年 12 月 5 日

牢记历史选择　坚定政治信念

——在农工党中央纪念中共中央发布“五一口号”65周年座谈会上的发言

2013年4月27日

陈　竺

各位同志：

今天，我们在这里隆重集会，纪念中共中央发布“五一口号”65周年。同志们刚才讲得都很好，很受启发。

回顾农工党与中国共产党风雨同舟、患难与共的历程，追寻革命先辈的足迹，缅怀革命先烈的业绩，使我们更加感到今天的美好生活来之不易，更加认识到中国共产党的伟大、光荣、正确，更加体会到农工党老一辈领导人响应“五一口号”、宣布自觉地接受中国共产党的领导这一政治抉择是完全正确的。在此，我谨代表中国农工民主党，向伟大的中国共产党致以崇高的敬意，向开创多党合作事业的老一辈领导人表示深切的怀念。

中共中央发布“五一口号”，是中国近现代政治史上的一件大事。她标志着中国民主政治建设的开端，建树了中国特色社会主义政治发展道路的里程碑；她揭开了我国多党合作事业发展的历史新篇章，预示着中国共产党领导的多党合作这一全新政党制度的诞生；她吹响了向建立新中国前进的号角，为中国人民走向光明幸福的未来指明了方向。忆往昔，看今朝，我们由衷地感到中共中央发布的“五一口号”是多么的高瞻远瞩，同时也深深地感到农工党响应“五一口号”是多么的及时正确。我们为中共中央提出“五一口号”而骄傲，也为农工党老一辈领导人作出的历史性抉择而自豪。

——农工党庄严宣布自觉地接受中国共产党的领导，是在历经艰苦曲折之后，所作出的正确历史选择。农工党自1930年成立，在探索中国革命的道路上，屡遭挫折，先是农工党创始人邓演达被杀害，后是参与组织发动“福建事变”的失败。在工作难以维继的艰难时刻，1935年中国共产党发表了《八一宣言》，呼吁停止内战，一致抗日，使农工党在困惑中看到了灯塔，找到了前进的方向，认识到“共产党是革命的主力”，是中国革命胜利的保证。农工党率先响应《八一宣言》，自此在抗日民族统一战线的旗帜下，走上了同中国共产党合作的道路。在以后的征程中，农工党在中国共产党的关心、帮助和指导下，在政治上与中国共产党同心同向，共同为中华民族解放和国家独立努力奋斗，并在军事斗争中予以策应与配合，同舟共济，亲密合作，结下了经受过血与火考验的深厚情谊。更为重要的是，农工党人深深地感悟到，只有中国共产党才能救中国；只有接受中国共产党的领导，农工党才有奋斗的信心和前进的方向。因此，农工党宣布“愿在中国共产党领导下，献其绵薄，共策进行”，是发自内心的庄严承诺，是顺应历史潮流的正确选择。

——农工党响应中共中央发布的“五一口号”，是时代的召唤。抗日战争胜利后，中国面临着“两种命运、两种前途”的大决战，斗争的中心是建立一个什么样的国家。到

1948年上半年，决战形势已明朗，国民党反动派已是强弩之末，但仍一边在军事上抵抗共产党，一边加紧对民主势力的残酷镇压，试图挽回败局。此时农工党的组织活动已被迫转入地下，部分负责人也去了香港。中国共产党在即将取得全面胜利的时刻，发布了"五一口号"，阐明了政治主张，提出了新中国政权的蓝图，主动邀集与各民主党派、各人民团体和无党派人士一起，组建民主联合政府，共同建立独立、民主、和平、统一的新中国。沧海桑田，人间正道。中国共产党登高一呼，体现出人民的意愿，反映了各民主党派的共同愿望，它所产生的能量，像一个巨大磁场，把包括农工党在内的各民主党派和其他爱国民主人士团结起来，促使我们在政治上实现了历史性的跨越。时代在召唤农工党，农工党也选择了这个时代，跟上了时代的步伐，符合了时代的要求，才有农工党在中国政党格局中的地位，才有农工党为建设中国特色社会主义事业服务的今天。

——农工党坚持中国特色社会主义政党制度，是历史的必然。近百年来，许多仁人志士对中国的政党制度进行了艰苦的探索。20世纪上半叶，孙中山先生领导的辛亥革命推翻帝制，建立共和，仿效西方国家实行议会制和多党制，最终失败；国民党的一党独裁给中国人民带来了深重灾难，最终被抛弃；在决定中国命运的历史关头，中国共产党所领导的革命斗争为中国带来了光明前景，使农工党看到了未来的希望。中国共产党领导的统一战线所展现出海纳百川、博大宽阔的胸怀，深深地感染着农工党；政治利益和目标追求的一致，深深地吸引着农工党，使农工党走上了同中国共产党团结合作的道路，进而在中国共产党的领导下，共同开创了中国特色的新型政党关系。"五一口号"发布的65年来，中国共产党同包括我们农工党在内的各民主党派一道，坚持不懈地推动多党合作的理论创新、实践发展和制度完善，使中国政党制度不断适应中国社会发展的内在要求，不断显示出鲜明的中国特色和伟大的独创性，形成了作为国家基本政治制度的中国政党制度。历史告诉我们，中国的政党制度是植根于中国的土壤而成长起来的，符合中国的国情，符合历史发展的规律，符合人民的意志，是历史和人民的选择，我们要倍加珍惜。

今天，我们回顾农工党与中国共产党团结合作的光辉历程，就是要继承和发扬农工党与中国共产党亲密合作的优良传统，不断增强接受中国共产党领导的自觉性和坚定性，确保多党合作事业薪火相传。我们牢记，坚持自觉接受中国共产党的领导，一定要坚定不移；坚持走中国特色社会主义道路，一定要毫不动摇；坚持中国特色社会主义政党制度，一定要始终不渝。这是农工党在长期实践的基础上得出的宝贵政治财富，也是我们必须遵守的政治准则。

当前，在全面建成小康社会的新时期，农工党要认真学习贯彻中共十八大精神，以科学发展观为指导，立足于当下，着眼于未来，根据自身的特点和优势，脚踏实地，真抓实干，大力加强自身建设，切实履行参政议政职能，使我们的各项工作百尺竿头更进一步。为此，我讲几点建议，供大家参考。

一、深入学习贯彻中共十八大精神，巩固多党合作的共同思想政治基础。

农工党要把深入学习贯彻中共十八大精神，作为当前和今后一个时期的首要政治任务，切实抓紧抓好。要把学习中共十八大精神和学习习近平同志近来的一系列重要讲话精神结合起来，将坚持和发展中国特色社会主义作为学习贯彻中共十八大精神的聚焦点、着力点、落脚点，牢牢把握建设中国特色社会主义的总依据、总布局、总任务，不断增强对中国特色社会主义的道路自信、理论自信、制度自信；要深刻领会实现中华民族伟大复兴“中国梦”的基本内涵，中国梦是民族的梦，是实现国家富强、民族振兴、人民幸福；中国梦是每一个中国人的梦，必须紧紧依靠人民来实现，必须不断为人民造福，使13亿中国人民共同享有同祖国和时代一起成长与进步的机会。通过学习，全面领会和准确把握中共十八大精神的实质，切实把思想和行动进一步统一到中共十八大精神上来，把智慧和力量凝聚到中共十八大提出的宏伟目标和各项任务上来，增强责任感和使命感，明确目标和任务，推动我党各项工作迈上新台阶。

二、继承和发扬农工党的优良传统，结合实际，体现出时代特征。

农工党在长期的革命、建设和改革实践中，与中国共产党团结合作、共同奋斗，形成了追求真理、不断进步，风雨同舟、肝胆相照，参政为民、甘于奉献，热爱组织、自我教育等一系列优良传统。这些传统既是农工党宝贵的精神财富，也是我党参与多党合作的重要价值追求。在纪念“五一口号”发布65年的今天，我党要把继承弘扬优良传统作为思想建设的重要责任和内在要求，通过召开纪念会、座谈会等多种形式，缅怀追思我党老一辈领导人的高尚风范，重温历史，展望未来，不断深化对优良传统的理解和认同，丰富和充实优良传统的精神内涵和时代价值，营造学传统、讲传统、用传统的浓厚氛围，使广大党员心灵受到洗礼、思想得以升华、境界不断提高，为我党的发展注入源源不断的精神动力；使我党始终保持为国家发展而积极有为、主动有为的精神状态，始终保持与中国共产党团结合作、共同奋斗的政治局面。

三、围绕全面建成小康社会和全面深化改革开放，切实提高履职实效。

中共十八大规划了开创中国特色社会主义事业新局面的宏伟蓝图，部署了全面建成小康社会和全面深化改革开放的目标任务，已经成为中国共产党团结带领全国各族人民沿着中国特色社会主义道路继续前进的政治宣言和行动纲领。农工党要按照中共十八大指引的方向，坚持把推动科学发展作为参政议政的第一要务，围绕新一届政府的中心工作，组织动员全党力量，发挥优势，以促进实现“健康中国”和“美丽中国”宏伟目标为主线，以推进改革、保障民生、拉动内需为重点，以加强合作、深入实际、细化调研、凝炼建议为方式，以思想建设、组织建设、制度建设为保障，转变作风，创新机制，把各项工作做实、做深、做细，切实提高履职实效。要在考察调研、建言献策、社会服务等各个方面深化工作方式，强化实践锻炼，主动到情况复杂的地方去了解社情民意，到条件艰苦的地方去帮助脱贫致富，到发展又快又好的地方去学习先进经验，沉下心来，认真做好深入细致的调查研究，努力做到讲实话、干实事，敢作为、勇担当，多建科学发展之言，多献改善民生之策，多尽促进社会和谐之力，多做团结鼓劲之事，在社会实践中充分发挥我党的特点和优势，在为国分忧、为民解困中展示出我党的良好形象，以优异成绩来纪念“五一口号”发布65周年。

同志们，使命光荣重大，承诺铭记在心。让我们紧密团结在以习近平同志为总书记的中共中央周围，按照中共十八大规划的宏伟蓝图，同心同德、凝心聚力成就中国梦；求真务实、开拓进取谱写新篇章，为巩固和发展多党合作事业，为全面建成小康社会、实现中华民族的伟大复兴贡献智慧和力量！

中国农工民主党中央关于在全党开展坚持和发展中国特色社会主义学习实践活动的决定

（2013 年 12 月 15 日 中国农工民主党第十五届中央委员会第二次全体会议审议通过）

农工党各省、自治区、直辖市委员会：

坚持和发展中国特色社会主义是贯穿中共十八大报告的一条主线，是中共十八大精神的精髓。今年 8 月，习近平总书记作出重要批示，从坚持和发展中国特色社会主义的战略高度，充分肯定党外人士提出要做中国特色社会主义的亲历者、实践者、维护者、捍卫者的思想认识，强调要进一步创造条件，充分展示党外人士对中国特色社会主义道路、理论体系、制度的坚信和支持，体现中国共产党同民主党派和无党派人士团结合作、肝胆相照、荣辱与共的大好局势。11 月 9 日至 12 日召开的中国共产党十八届三中全会，是在我国改革开放新的重要关头召开的一次重要会议，标志着中国的改革站在了新的历史起点上。全面深化改革是坚持和发展中国特色社会主义的必由之路，是实现经济社会持续健康发展的必然要求，也是促进社会公平正义、增进人民福祉的根本途径。

作为中国特色社会主义参政党，要深入学习领会中共十八大和十八届三中全会精神、全面贯彻习总书记的系列重要讲话和批示精神，把思想和行动统一到中共中央的决策部署上来，为此，农工党中央决定在全党开展坚持和发展中国特色社会主义学习实践活动。学习实践活动以深化政治交接、增进政治共识为引领，巩固政治道路认同、奋斗目标认同、文化价值认同；要增强中国特色社会主义参政党的责任感和使命感，最大限度地凝聚改革共识，形成改革合力，汇聚起推动改革的强大正能量，为中国特色社会主义开拓更加广阔的前景，为全面建成小康社会、实现中华民族伟大复兴的中国梦贡献智慧和力量。

为了开展好此次学习实践活动，中央特制定了《中国农工民主党开展坚持和发展中国特色社会主义学习实践活动工作方案》，请各级组织结合《工作方案》，根据自身实际，认真组织开展活动。

中国农工民主党中央委员会

中国农工民主党开展坚持和发展中国特色社会主义学习实践活动工作方案

今年8月，习近平总书记作出重要批示，从坚持和发展中国特色社会主义的战略高度，充分肯定党外人士提出要做中国特色社会主义的亲历者、实践者、维护者、捍卫者的思想认识，强调要进一步创造条件，充分展示党外人士对中国特色社会主义道路、理论体系、制度的坚信和支持，体现中国共产党同民主党派和无党派人士团结合作、肝胆相照、荣辱与共的大好局势。

11月9日至12日召开的中国共产党十八届三中全会，是中国共产党带领全国各族人民坚定不移高举改革开放大旗的重要宣示和重要体现，描绘了全面深化改革的新蓝图、新愿景、新目标，是全面深化改革的又一次总部署、总动员，必将对推动中国特色社会主义事业产生重大而深远的影响。

作为中国特色社会主义参政党，为深入学习领会中共十八大和十八届三中全会精神、全面贯彻习总书记的批示精神，把思想和行动统一到全会精神和中共中央决策部署上来，结合《统一战线开展坚持和发展中国特色社会主义学习实践活动方案》的精神，我党决定在全党开展坚持和发展中国特色社会主义学习实践活动。工作方案如下。

一、指导思想

开展坚持和发展中国特色社会主义学习实践活动，要以邓小平理论、“三个代表”重要思想、科学发展观为指导，深入学习贯彻中共十八大和十八届三中全会精神以及习近平总书记关于治国理政的一系列重要讲话精神，以坚持和发展中国特色社会主义为主题，以深化政治交接、增进政治共识为引领，通过全党各级组织和全体党员的共同努力，不断增强接受中国共产党领导的自觉性和坚定性，不断巩固多党合作的思想政治基础。

二、工作思路

开展坚持和发展中国特色社会主义学习实践活动，主要是以各级领导班子成员和代表人士为重点，要坚持思想教育与发挥作用相统一，继承传统与学习贯彻中共十八大精神相结合，典型示范与整体推进相统筹，有针对性地解决我党思想建设、组织建设、制度建设等方面存在的问题，精心组织安排学习实践活动的各项工作，每年突出一个重点、找准若干抓手，解决实际问题，切实提高我党自身建设和履行职能的科学化水平。

三、工作目标

开展坚持和发展中国特色社会主义学习实践活动，要深入学习中共十八大和十八届三中全会精神以及习近平总书记关于治国理政的一系列重要论述，深入学习中国特色社会主义理论，深入学习统一战线和多党合作的光辉历史和优良传统，深入学习农工党党史，通过开展形式多样的学习实践活动，统一思想认识，传承政治薪火，继承优良传统、巩固政治基础，坚定广大党员走中国特色社会主义道路的信心与决心，为全面建成小康社会、实现中华民族伟大复兴作出更大贡献。

四、工作主题

开展坚持和发展中国特色社会主义学习实践活动，从现在开始到2017年换届前结束，各级组织可结合本地实际，围绕以下主题，每年突出一个重点，制定方案，开展形式多样的学习实践活动。

（一）以“坚定政治信念、解放思想、推动改革”为主题，深入学习宣传、深刻领会贯彻中共十八届三中全会精神，用全会精神统一思想、凝聚共识，形成合力、锐意进取，努力解放思想，切实推进改革，为中国特色社会主义事业开辟更加广阔灿烂的前景。

（二）以“坚定理想信念、共筑中国梦”为主题，深入开展学习宣传“中国梦”的活动，进一步明确实现“中国梦”必须在中国共产党的领导下坚持中国道路、弘扬中国精神、凝聚中国力量，引导广大党员在本职岗位上建功立业，为全面建成小康社会、实现中华民族伟大复兴的中国梦贡献自己的力量。

（三）以实施“人才强党战略”为主题，大力开展领导班子建设和后备干部队伍建设，同时开展学习农工党党史、党章活动，开展纪念“福建事变”八十周年、农工党成立八十五周年等系列活动，加强我党光辉历程和优良传统的教育，努力使广大党员成为我党历史的知晓者和积极传播者。

（四）以建设“健康中国”为主题，围绕执政党和国家的工作大局，以保障和改善民生为出发点和落脚点，充分发挥我党界别特色，在深化医药卫生体制改革，推动医药卫生事业和健康产业发展，促进人口长期均衡发展等方面发挥积极作用。

（五）以服务“美丽中国”为主题，围绕社会经济发展和民生需要，发挥我党人才智力优势，在促进实施生态环境保护、助力生态文明制度建设和改革生态环境保护管理体制等方面下功夫，努力增强我党社会服务工作的实效。

五、工作任务

开展坚持和发展中国特色社会主义学习实践活动，是近年来我党开展政治交接学习教育活动的延续和深化。为此，要着重抓好以下三方面的学习实践活动。

（一）狠抓学习教育，重在提高思想理论水平。

结合中央理论中心组学习会、中常会和中央全会，在全党范围内深入开展学习中共十八大、十八届三中全会精神和以习近平为总书记的新一届中共中央领导集体关于治国理政的一系列重要论述，不断深化中国特色社会主义学习教育。

把党史和党章的学习作为学习实践活动的重要内容。学习宣传多党合作光荣历史和农工党优良传统，学习宣传老一辈的坚定信念、优良传统和高尚风范，引导广大党员深刻认识中国特色社会主义政治发展道路的历史必然性和现实优越性，不断增强接受中国共产党领导的自觉性和坚定性。

在我党各级组织领导班子中开展以加强作风建设为主题的学习实践活动。深入学习

《中共中央在全党深入开展党的群众路线教育实践活动的意见》精神，把各级组织领导班子成员作为重点，解决“四风”问题，以自学、谈心交流、座谈研讨、提出建议为主要方式，重点是在我党各级领导班子中树立群众观念，树立务实清廉负责的风气。

（二）结合履职实践，为全面建成小康社会做贡献。

深入学习贯彻中共十八届三中全会精神，深刻领会《中共中央关于全面深化改革若干重大问题的决定》的内涵，充分认识全面深化改革对于坚持和发展中国特色社会主义的重要性和紧迫性，切实增强作为中国特色社会主义参政党的责任感和使命感。

提高参政议政工作水平。着眼服务于改革实践，发挥我党人才智力优势，以“健康中国、美丽中国”为主线，找准履行职能、发挥作用的着力点，把学习实践活动与我党履职尽责、发挥重要作用结合起来。

提高社会服务工作的实效。要按照社会服务的政治性、公益性、务实性原则，研究并拓展参与推动贫困地区科学发展的新思路和新举措，同时继续把贵州毕节地区大方县作为农工党坚持和发展中国特色社会主义学习实践活动的基地。

（三）加强自身建设，搞好学习实践活动的总结表彰。

加强思想建设。开展社会主义核心价值体系的学习实践活动，明确党员价值追求和行为规范；开展宣传思想工作专题调研，提高工作的针对性和有效性；开展参政党理论研究，以应用理论研究为重点，不断深化对中国特色社会主义参政党建设规律的认识。

加强组织建设。积极实施“人才强党”战略，进一步加大高层次人才的发展力度，加强干部的教育培训、实践锻炼和推荐使用。做好代表人士发展、培训、推荐、人才库建设等工作，规范后备干部选拔和管理工作，为2017年换届做好准备。

加强制度建设。执行党章规定的组织制度，推进党内制度体系建设，健全各级领导班子集体领导和个人分工相结合的领导体制和工作机制。按照《中国农工民主党中央监督委员会工作条例》，进一步完善党内监督机制。

开展总结表彰。把学习实践活动与换届工作紧密结合起来，通过举行经验交流会、总结表彰会等形式，及时总结和宣传推广各级组织在开展坚持和发展中国特色社会主义学习实践活动中的好经验、好做法，推动形成学习实践活动的长效机制。

六、今明两年重点工作

（一）认真学习贯彻中共十八届三中全会精神。各级组织要认真组织部署，集中学习，切实把思想和行动统一到全会精神上来，用会议精神指导我党各方面工作。

（二）以“坚定政治信念、解放思想、推动改革”为主题，围绕中共十八届三中全会提出的重大理论观点、重大战略思想、重大工作部署，把深化医药卫生体制改革、促进人口长期均衡发展、实施环境保护基本国策和加快生态文明制度建设作为我党的工作重点，积极参政议政、建言献策。

（三）召开“纪念福建事变80周年座谈会”，回顾农工党参与策动和组织“福建事变”的历史，缅怀参与事变的农工党前辈，引导党员继承和发扬农工党爱国革命的优良传统。拍摄制作“中国农工民主党与福建事变”资料片，并在年底中央全会上播放。制作资料片光盘发放至地方各级组织进行党员教育。

（四）以“坚定理想信念、共筑中国梦”为主题，在全党开展学习、宣传“中国梦”活动。开展“中国梦、我的梦”的主题演讲活动，用“中国梦”这面旗帜来统一思想，坚定理想信念，用“中国梦”这一思想基础来凝聚力量，深入开展中国特色社会主义宣传教育，引导全体党员进一步增强中国特色社会主义道路自信、理论自信、制度自信。

（五）组织编写并出版发行《农工党党员知识读本》，将中共十八大精神，多党合作理论、政策和农工党历史以及“中国梦”的基本内涵等基础知识编撰成册，作为广大党员学习资料。

（六）推动我党理论研究点《参政党建设科学化问题研究》、《“同心理论”与参政党建设研究》和《关于民主协商的若干问题研究》三该书的出版。

（七）配合“中国梦”和我党党史教育，抓紧建立一批学习实践活动基地，如上海基地、惠州基地、重庆基地、福建基地等。

七、措施要求

（一）加强领导。中央成立“坚持和发展中国特色社会主义学习实践活动领导小组”，组长：陈竺主席，常务副组长：刘晓峰常务副主席，副组长：何维副主席、龚建明副主席，中央机关各部门负责人为领导小组成员。领导小组负责指导和检查我党各级组织学习实践活动的开展情况。领导小组下设办公室，办公室设在中央宣传部，宣传部部长兼任办公室主任。办公室具体负责学习实践活动的协调、宣传和信息的收集反馈。地方各级组织要结合实际制定工作方案，加强组织领导，推动学习实践活动扎实有效地开展。

（二）坚持自我教育。要以自我教育为主，体现“自觉、自主、自为”，自己提出问题，自己分析问题，自己解决问题，增强思想自觉和行为自觉。

（三）加强正面引导。要坚持正面教育的原则，搞好思想引领。地方各级组织可以通过组织参观党史教育基地、革命纪念圣地，开展理论学习研究、党史传统研究等党员便于参加、乐于参与的方式，深入开展学习实践活动，教育广大党员坚定信念、忠诚事业。

（四）注重实效。开展学习实践活动要注重学习与实践结合，把解决实际问题放在首位，同时加强督促指导，注重检查任务的落实情况。地方各级组织要把学习实践活动与中心工作密切结合起来，通过抓理论学习强化宣传教育，通过加强自身建设努力实现领导班子好、党员队伍好、工作机制好、工作业绩好的目标。

（五）经费保障。中央和地方各级组织要将学习实践活动专题立项，安排专项经费，对为此所开展的活动要提供条件，给予大力支持，使之办出成效。

全党各级组织要按照我党中央工作方案的要求，创造性地开展工作。有关学习实践活动进展情况要及时上报中央。

中国致公党

中国致公党第十四届中央常务委员会工作报告

——在致公党第十四届中央委员会第二次全体会议上

（2013 年 12 月 17 日）

万　钢

各位委员、同志们：

我受第十四届中央常务委员会委托，向全会作工作报告，请予审议，并请列席会议的同志提出意见。

一

2013 年是我国各族人民在全面建成小康社会伟大征程中迈出重要步伐的一年。全国各族人民在以习近平同志为总书记的中共中央坚强领导下，坚定不移地沿着中国特色社会主义道路前进，同心协力、锐意进取，取得了社会主义经济建设、政治建设、文化建设、社会建设和生态文明建设的重大成就。

2013 年也是致公党十四届中央委员会的开局之年。在中共中央领导下，本党新一届中央常务委员会牢牢把握致力为公和侨海报国两大主题，广泛动员各级组织和全体党员，立足自身特点和优势，切实履行参政党职能，扎实推进高素质参政党建设，各项工作取得了新的成绩，实现了良好开局。

（一）强化思想理论建设，切实增强走中国特色社会主义道路的自觉性和坚定性

常委会认为，加强思想建设是致公党始终坚持正确政治方向的根本保证，是致公党强基固本、发挥作用的关键所在。我们坚持把加强思想建设摆在各项工作的首位。3 月，常委会要求各级组织和广大党员按照紧扣主题、把握灵魂、狠抓落实的要求，努力形成学习贯彻全国"两会"精神的热潮。11 月，常委会及时作出部署，号召各级组织和全体党员通过深入学习习近平总书记系列讲话和中共十八届三中全会精神，在武装头脑、指导实践和推动工作三个方面取得新成效。同时，常委会专题研究致公党中央关于开展坚持和发展中国特色社会主义学习教育活动的具体方案，力求使即将全面开展的学习教育活动能体现党派实际、突出界别特点、结合地方工作、注重活动实效，使全党同志能够

进一步增强对中国特色社会主义的道路自信、理论自信和制度自信。

坚持把深化参政党理论研究作为推动工作创新的重要基础。依托本党中央理论研究会、党务研究会的专家学者，有计划、有组织地针对侨海报国的发展与实践、中国梦与民主党派等重大理论问题开展研究，取得了一批重要理论成果，编辑出版了理论文集。强化中国发展论坛的理论与实践结合性，成功举办“中国发展论坛·2013”。注重提高《中国发展》杂志的办刊质量和水平，积极提升其学术影响力。重视从理论层面推进社会服务工作，专题开展创新致公党社会服务工作方面的理论研究。

坚持把舆论引导和新闻宣传作为思想理论建设的重要支撑。努力增进与社会主流媒体的联系与合作，依托本党参政议政、海外联谊、社会服务等工作中的重大成果，加大对本党全方位的宣传力度。针对网络等新媒体对思想宣传工作的影响，加大对中国致公党网站信息发布的力度，及时调整《中国致公》的发行方式和办刊重点。高度重视党内先进人物和先进事迹对全党思想建设的积极作用，编辑出版《侨海情·中国梦》，进一步展现本党优秀留学归国人员创新创业、报效祖国的良好形象。

（二）紧扣主题主线议政建言，积极为全面建成小康社会献计出力

紧紧围绕科学发展观主题和加快转变经济发展方式主线献计出力，是今年致公党履行职能、服务大局的基本方向。我们高度重视高层协商工作，努力通过协商参政，体现本党参政议政的最新成果和水平。本党中央主要领导同志 6 次出席中共中央、国务院召开的高层协商会，就政府工作报告、创新驱动发展、对外合作开放、全面深化改革等问题，提出意见和建议，有不少建议被采纳。在全国政协大会、常委会和专题协商会上，我们立足自身特色，抓住焦点、热点问题，着力就促进农村土地制度改革、加强生态文明建设、建设社会主义法治国家、推进城镇化等问题，积极建言献策。

认真做好提案发言工作，努力提高提案发言的质量与实效。全国政协十二届一次会议期间，本党中央提交提案 29 件，发言 19 件。发言和提案内容涉及科技、教育、“三农”、经济与区域发展、民生等多个领域。其中，《加强海外引智工作，大力推进人才国际化》、《重视帮扶社会新底层群体》、《优化转移支付结构，完善分配管理制度》等 3 篇发言被全国政协选作大会口头发言。《关于在城乡规划管理中落实低碳生态建设要求的提案》、《关于加强农村河道综合整治的提案》、《关于加强区域联防联控，改善大气质量的提案》等 12 件提案入选办理会。

加强对经济社会发展中重大问题的调查研究和建言议政。围绕农业、科技、医药、教育、生态、经济等领域，先后开展考察和专题调研 14 次。目前，已向中共中央、国务院等报送有关建议 12 件，得到批示 7 件。其中，“加快发展农业现代化”的建议得到李克强总理、汪洋副总理的批示；“完善城镇化进程中的住房保障”、“推进淮河经济带建设”的建议得到张高丽副总理的批示；“推进留学人员创业园服务体系建设”的建议得到刘延东副总理的批示；“加快良田建设，促进农业转型”、“加快实施走出去战略，提升国际化经营水平”、“提升草原生态服务功能”的建议得到汪洋副总理的批示；“推进绿色低碳循环经济发展”、“推动中医药事业健康发展”、“加快郑州航空港经济综合实验区建设”、“促进健康产业发展”、“加强海岛保护与开发”、“推进乡村发展”等调研均提出有关建议，为相关部门科学决策提供了参考。

坚持把反映社情民意信息作为议政献策的基础性工作。今年的社情民意工作更加注重特色性、时效性以及针对性。截至10月31日，共收集各地报送的信息1168篇，其中报送全国政协、中央统战部234篇，被采用60余篇。《“营改增”试点中的新问题》、《关于旧金山中华会馆撤旗后各方动态情况反映》、《中资企业走进巴西遇到的困难和相关建议》等5篇信息，得到中共中央和国务院有关领导同志的批示。

注重发挥专门委员会和地方组织在参政议政工作中的积极作用。认真做好专门委员会的换届工作，鼓励和支持专委会在各自专业领域，通过召开研讨会、举办论坛、组织调研等多种形式，积极发挥作用。重视发挥地方组织的积极性，本党中央领导多次赴地方和基层组织调研，听取改进工作的意见，努力推进全党参政议政资源共享、优势互补。此外，鼓励和支持担任各级人大代表、政协委员以及政府实职的本党党员，牢记使命，切实履行自身职责。

（三）加大海外联络力度，努力发挥本党的“侨”“海”优势

常委会认为，在新时期做好、做深海外联络工作是落实好习近平总书记对致公党提出的做好“侨”“海”大文章重要指示精神的重要体现。我们围绕服务国家总体外交战略，结合国内外侨情新变化，积极谋划、突出重点，首次编制对外联络工作五年规划纲要，加强对全党海外联络工作的指导。

立足联络优势，巩固与海外传统侨社的联谊。本党中央先后组织3个团组，赴南美拜会巴西洪门协会、阿根廷洪门协会、巴拉圭洪门协会；赴东南亚走访慰问马来西亚、印度尼西亚、缅甸三国的主要传统侨社；赴北美参加全加洪门庆祝加拿大洪门成立150周年庆祝活动，并拜访了美国旧金山湾区的主要传统侨团。通过交往，及时了解海外洪门的最新发展动态，支持和鼓励他们推进社团改革，进一步发挥在当地华人社会的组织引导和服务联系作用。

拓展联络广度，加大对新移民和留学人员工作力度。本党中央专门组团赴葡萄牙、波兰、匈牙利和荷兰，了解新移民在当地的发展情况。邀请北美致公协会来华访问，引入高层次科技人才资源，推动与有关省市的合作与交流。重视在欧洲和北美等重点区域培育和发展一支在政治上有影响、社会上有地位、经济上有实力、专业上有造诣，能够在各领域、各层面发挥积极作用的对我友好力量。

增加联络深度，以海外政要为对象开展公共外交工作。继续加强与未建交国家的官方交往，邀请多米尼加议员团访华并派团出访巴拿马，努力发挥党派交往在我国与未建交国家双边交流中的独特作用。组团赴北美地区与当地各级议会议员及政府官员接触，听取他们对增进双边关系的意见与建议。配合国家整体外交，邀请菲律宾议员团访华，积极促进双边关系向好发展。

把握联络主题，做好港澳交流及海外促统工作。本党中央组团先后访问香港和澳门，广泛接触了两地十余个社团，发挥本党在团结爱国爱港、爱国爱澳力量中的积极作用。加大促统力度，支持海外华侨华人“反独促统”活动，本党中央组团分别参加了在巴西举办的“全球华侨华人和平统一促进大会”和在厄瓜多尔举办的“中南美洲中国和平统一促进会2013年大会”，进一步密切与海外“反独促统”侨社的联系与合作，推动“反独促统”活动深入开展。

加强联络平台建设，发挥海外联络工作的品牌效应。积极创新合作形式，与浙江省政府共同创办“海外浙商·致公峰会”，努力探索本党与海外侨商联系与交流的新机制。举办“首届海峡论坛·致公恳谈会”，丰富民间交流议题，提升本党在海峡论坛机制中的作用。利用原有平台提升工作成效，举办“第四届海峡两岸科技论坛”、“第六届海峡两岸中华武术论坛”和“海峡两岸四地青少年中华武术夏令营”，进一步促进两岸的科技、经济和文化交流。

（四）提升社会服务水平，为促进和谐社会建设和改善民生贡献力量

常委会认为，民生问题不仅是重要的经济问题、社会问题，也是重大政治问题。我们始终心系国情、情牵民生，把社会服务工作作为新时期参政党履行职能的一个重要方面，积极协助执政党和政府做好促进和改善民生工作。结合形势发展需要，首次编制社会服务工作五年规划纲要，指导全党社会服务工作有序、有重点地开展。

深入开展毕节试验区建设。本党中央高度重视贯彻落实俞正声主席对统一战线参与毕节试验区建设工作的重要讲话精神，深入调研，提出以“科技帮扶促发展、人才帮扶补短档、特色帮扶惠民生”的新思路，制定《致公党参与毕节试验区建设近期工作计划》。创新思维，开创医疗帮扶工作新模式，在毕节七星关区建立“致公医卫帮扶实践基地”，帮助当地提升医疗保障技术水平。发挥智力优势，建立“致公农业科技帮扶园”，培训培养现代农业技术、生产经营和管理人才。捐资助学，继续实施“致公学生培养计划”、“一对一”助学项目和新东方奖学金计划,完成“致公光华同心幼儿园”援建项目。牵线搭桥，组织福建、广东两省党内企业家前往毕节考察投资，助推当地经济发展。2013 年，全党在参与毕节试验区建设工作中开展项目捐赠总计约 481 万元，投资项目总计约 3.75 亿元。

继续推进“致酉合作”、“致泸合作”。组织海外洪门向重庆酉阳捐赠 100 万元，兴建铜鼓镇卫生院。深入泸州偏远农村，开展参与式农村社区能力建设项目，促进农民创业致富。同时，组织党员企业家赴黔西南考察投资，参与黔西南“星火计划、科技扶贫”工作。积极支持四川雅安抗震救灾工作，加快灾后恢复重建，全党累计捐赠款物达 4800 万元。

创办“致福慈善基金会”。本党中央领导高度重视，数次召开会议专题研究，与有关部门积极沟通协商，8 月底得到民政部的正式批复。召开“致福慈善基金会发起人单位、发起人和出资人会议”及第一届理事会，通过了《致福慈善基金会章程》等文件。完成基金会账户、免税申请等基础性工作，开展基金会运营的前期调研，全力做好基金会正式运营的筹备工作。

推进社会服务工作品牌建设。加大全党社会服务工作的培训和研讨，促进本党各级组织间的合作与交流。深入调研，科学评估，对社会影响力大、持续性强的重点项目，强化本党中央与地方组织的互动与推进。今年，本党中央与北京、天津、海南、安徽、西安等组织共同开展“关爱空巢老人”、“贫困先心病儿童救助”、“爱心助侨工程”、“同心示范工程”等项目，努力打造致公特色的社会服务新品牌和新亮点。

（五）切实加强组织和机关建设，着力推进本党事业健康发展

常委会认真分析新时期组织建设工作的重点和难点，把加强组织发展工作提到重要议事日程。今年，按照既要数量更要质量的组织发展原则，各地吸收了一批素质好、层

次高、专业结构和年龄梯次合理的教授、博士、政府实职人员入党。截至 11 月底，全党共有党员 42295 名；新发展的党员中，中上层人士约占 83.9%，有“侨”“海”关系人士约占 78.7%，归国留学人员和访问学者比重较去年继续增大。

继续推动地方和基层组织建设。就成立致公党陕西省委会相关事宜，积极与中央统战部、中共陕西省委、省委统战部沟通协商，并切实指导陕西省筹委会开展好各项筹备工作。通过多种形式，积极推进地方组织建设，经过多方努力，成立了山东济宁市委会、贵州遵义市工委会和重庆酉阳县、广东肇庆市、湖北潜江市基层组织。

加大对骨干党员和党务工作者的培训力度。开展新任中央委员专题培训，切实提高新任中央委员的政治素养和履职能力。组织本党省级组织新任专职领导干部参加中央统战部多党合作专题研究班，举办第一期地市级组织的专职副主委培训班，提高本党省、市两级组织党务工作者的党派工作能力。加强组工干部培训，分别组织全国各级组工干部参加了两期组工干部专题培训班。

稳步推进本党监督委员会工作。召开本党中央十四届监督委员会第二次全体会议，交流本党省级组织开展监督工作情况，研讨中央监督委会加强对地方组织党内监督工作的方式方法。积极推动地方组织建立相应机构，北京市委会、上海市委会、湖南省委会也先后成立了监督委员会。同时，提高监委会委员的实际履职能力，从今年开始，正式确立中央监督委会委员列席中央常委会和全委会的制度。

努力推进“学习型、服务型、和谐型”机关建设。本党中央机关进一步健全规章制度，制定并印发了《致公党中央关于改进工作作风、密切联系群众的若干规定》。成立致公党中央机关财务管理领导小组，加强对中央机关财务预算及执行情况的监督力度。建立部门负责同志给机关干部举行专题讲座的学习机制。加大选派干部到全国政协、基层有关单位的交流锻炼力度，鼓励地方组织选送干部到本党中央机关挂职锻炼。加强对全党省级组织机关的调研指导，努力提高机关的统筹协调和服务保障能力。

各位委员、各位同志：一年来，本党中央的各项工作成绩都是在中共中央领导下，在中央统战部的支持下，也是在各位委员和全党同志共同努力下取得的。在这里，我谨代表本党中央常务委员会，向中共中央、中央统战部，向各位中央委员和全党同志表示感谢！

总结一年来的工作实践，我们深刻体会到，推进致公党事业发展，必须牢固树立政治意识，把中国特色社会主义作为共同信念，坚定不移地走中国特色社会主义政治发展道路。必须牢固树立大局意识，把党派工作放在执政党和国家工作大局中谋划和开展，自觉与执政党目标上同向，工作上合拍，行动上一致。必须牢固树立“侨”“海”意识，多做汇集“侨”“海”智慧、维护“侨”“海”权益、发挥“侨”“海”力量之事。必须牢固树立“人才兴党”意识，让一切参政兴国的才智得到展现，让一切侨海报国的力量得到发挥。

我们也清醒地看到，虽然我们每一年都会就上一年度全委会所反映的问题进行集中解决，但仍有很多问题需要通过开动全党智慧，创新工作方式来解决。常委会认为，我们要以学习贯彻中共十八届三中全会精神为契机，以改革发展的精神，在今后一段时期，着力解决以下五个重点问题：

一是在全委会议和常委会闭会期间，如何更好地发挥中央委员尤其是京外委员的作用。着力建立委员知情、视察、咨政、培训等方面的机制，进一步激发委员履行职责的积极性、主动性和创造性。

二是在完善协商民主的趋势下，如何更好地发挥本党在参与协商民主中的积极作用。着力形成调研、协商为一体的建言选题筛选机制，逐步完善提案、建议等咨政成果落实情况的追踪机制与宣传方法，建立应对网络舆情对党派政治协商、民主监督产生压力的疏导机制，进一步夯实本党在参政协商中的基础，提升参政议政的能力。

三是在现有格局的基础上，如何更好地发挥地方组织在本党中央工作中的作用。着力建立中央和地方组织在参政议政、海外联络、社会服务、组织发展、对外宣传等领域的资源共用、任务共担、成果共享机制，完善中央与地方组织机关工作人员交流培训互动机制，进一步密切本党各级组织在工作互动、信息互联、人才互用上的联系与合作。

四是在中共有关部门的指导下，如何更好地解决后备干部队伍建设的统筹性和衔接性问题。着力建立后备干部队伍建设与组织发展工作的互补机制，健全后备干部平时履职与推荐考核的关联机制，完善本党组织部门在后备干部队伍建设上动态管理的工作机制，进一步提高本党后备干部队伍建设的统筹性和实效性。

五是在兼职为主的人员构成下，如何更好地发挥各专委会的作用。着力理顺专委会组织管理的责任机制，健全专委会与机关部门工作的联动机制，建立无作为专委会委员的退出机制，健全专委会委员参与党务工作的激励机制，进一步提高专委会委员的责任意识和履职能力。

上述这些问题都需要我们在今后的实践中不断总结探索，逐步改进。我们真诚希望各位委员和列席的同志对常委会的工作提出意见和批评，把致公党的各项工作做得更好。

二

中共十八届三中全会是在我国改革开放新的重要关头召开的一次重要会议。会议通过了《中共中央关于全面深化改革若干重大问题的决定》，习近平总书记在会上发表了重要讲话。《决定》明确提出了全面深化改革的指导思想，精辟论述了全面深化改革的总目标，用六个“紧紧围绕”深刻阐释了改革顶层设计和总体思路，用四个“必须长期坚持”系统总结了35年改革开放的历史经验，勾画了改革时间表、路线图，鲜明地回答了在新的历史起点上全面深化改革的一系列重大理论和现实问题，提出了紧紧围绕使市场在资源配置中起决定性作用深化经济体制改革、推进国家治理体系和治理能力现代化等一系列新观点、新思想，内涵丰富，意义深远。

学习贯彻中共十八届三中全会精神，是本次会议的重要主题，也是致公党当前和今后一个时期的重大政治任务。特别是《决定》强调要坚持和完善中国共产党领导的多党合作和政治协商制度，充分发挥我国社会主义政治制度优越性；对推进协商民主广泛多层制度化发展作出了重要部署，强调要发挥统一战线在协商民主中的重要作用；完善中国共产党同各民主党派的政治协商，认真听取各民主党派的意见。在这种形势下，在全党范围内进一步深入学习贯彻中共十八届三中全会精神，尤为重要。全党同志要强化使命意识和担当意识，进一步提高对全面深化改革重大意义的认识，积极投身全面深化改革的伟大实践，努力为全面建成小康社会、夺取中国特色社会主义新胜利做出积极贡献！

（一）始终坚持改革的正确方向，不断增强道路自信、理论自信、制度自信

中共十八届三中全会指出，全面深化改革，必须牢牢把握坚持和发展中国特色社会主义这一性质和方向，不走封闭僵化的老路，不走改旗易帜的邪路。现在，我国改革面临十分复杂的国内国际环境，各种思想观念和利益诉求相互激荡。对此，致公党全体同志必须始终保持清醒头脑，不为各种错误观点所左右，不为各种干扰所困惑，不生搬硬套西方思想理论和制度模式。始终坚持从社会主义初级阶段基本国情出发、从经济社会发展实际出发，增强战略定力，拒绝一切浮躁和脱离国情的极端主张，防止急于求成、急于求纯思想的影响。始终高举中国特色社会主义伟大旗帜，不断巩固团结奋斗的共同思想基础，坚定改革信心、凝聚改革力量，做促进全面深化改革坚定的支持者、拥护者和实践者。

（二）认真履行参政党职能，为全面深化改革献计出力

中共十八届三中全会提出了16个方面60条改革意见。这些任务的落实，需要依据经济社会发展的进程，因势而为，逐渐推进。有的是马上就要推行的，有的需要经过试点推进，有的是到2020年前逐步实现的，这些都有一个结合实际贯彻落实的问题。贯彻落实的过程也是研究问题解决问题的过程。这就要求我们要更好地履行参政党职能，主动围绕改革的重大课题出主意、提建议。全党各级组织要认真选题，精心组织，通过建议、提案、反映社情民意等多种方式，针对重大改革举措的贯彻落实深入研究论证，多提有价值的意见和建议。要坚持实事求是的原则，提出问题要符合客观真实，不主观臆想，不照抄照搬国外情况；分析问题要符合实际，不掩盖不回避；提出解决问题的办法，不脱离基本国情，尽可能使其科学合理、切实可行，为执政党和政府提供决策参考。

（三）充分发挥本党特色与优势，努力营造共促改革的良好环境

中共十八届三中全会强调，凝聚共识很重要，没有广泛共识，改革就难以顺利推进，也难以取得全面成功。当前，改革进入攻坚期和深水区。改革必然会触及经济社会生活中的深层次矛盾和问题，必然会出现思想观念的障碍和心理情绪的波动。但越是思想认识不统一，就越要善于通过做工作增进共识，切实做到求同存异、聚同化异。致公党要从改革发展稳定大局和广大人民群众根本利益出发，充分发挥本党凝聚“侨”“海”之心、汇聚“侨”“海”智慧、发挥“侨”“海”力量、维护“侨”“海”权益的功能和优势，多做协调关系、理顺情绪、化解矛盾、增进团结的工作，把一切可以团结的力量广泛团结起来，把一切可以调动的积极因素充分调动起来，在深化改革上形成聚焦点，为顺利推进改革营造良好的社会环境。

三

2014年，是我国改革发展的关键一年，是在新的起跑线上推进全面建成小康社会、实现伟大中国梦的重要一年。本党十四届中央委员会及其常委会的指导思想和总的要求是：高举中国特色社会主义伟大旗帜，以邓小平理论、“三个代表”重要思想、科学发展观为指导，深入贯彻中共十八大、十八届三中全会及中共中央经济工作会议精神，牢牢

把握致力为公和侨海报国两大主题，充分履行参政党职能，把为全面深化改革服务作为履行职能的重点，解放思想、实事求是、开拓创新，努力在服务大局上有新的作为，在社会主义参政党建设上有新的进展。

（一）紧紧围绕学习贯彻中共十八届三中全会精神，全面开展坚持和发展中国特色社会主义学习实践活动

着眼巩固共同政治思想基础，在全党深入开展坚持和发展中国特色社会主义学习实践活动，坚定不移地把中国特色社会主义作为新时期致公党各级组织和全体党员的共同理想信念、共同前进方向、共同奋斗目标。坚持突出重点，以各级组织领导班子成员、各级人大代表与政协委员为主；坚持自我教育，体现“自觉、自主、自为”；坚持正面引导，发挥思想引领，把握活动方向；坚持注重实效，把学习与实践相结合，注重解决问题。积极鼓励各地充分发挥自身优势和主观能动性，在完成中央的“规定”动作外，挖掘新方法、探索新举措，设计“自选”动作，务求使学习教育活动落到实处，不走过场，不搞形式主义。把学习贯彻中共十八届三中全会和习近平总书记系列重要讲话精神，作为2014年学习教育实践活动的重要内容，精心组织，认真筹划，推动学习宣传活动深入本党基层组织、深入党员和所联系的群众。

（二）紧紧围绕全面深化改革，努力就国家经济社会发展中的重大问题建言献策

要把围绕全面深化改革献计出力作为参政议政工作的头等大事。充分发挥本党的智力优势和特色，利用好党外人士座谈会、政协专题协商会等民主协商机制，努力提高参政协商的水平和质量。结合本党的实际情况和传统优势，重点围绕创新驱动发展、促进经济开放合作能力、推进城乡发展一体化、加快生态文明建设、深化文化体制改革、推动社会事业改革创新、促进协商民主广泛多层制度化发展、服务“侨”“海”等8个方面问题深入开展调研，以国际视野建言立论，为执政党和政府科学决策提供参考。充分发挥专委会的依托作用，善于从国家治理能力建设的角度研究、分析改革和经济社会发展中出现的矛盾与问题，使提出的对策建议更加符合建设法治中国的新要求，更加适应人民群众对公平正义的新期待。强化反映社情民意信息工作。进一步统筹利用好参政议政资源，推进中央和地方资源共享、调研合作、成果互通的全党参政议政联动机制建设，全面提升全党参政议政工作的整体效能。

（三）紧紧围绕以“侨”为桥、以“海”为脉，着力强化海外联络工作

按照国家外交工作的总体方针和部署，着力研究海外侨团工作的新情况新特点，有计划、有重点、多层次、多领域地开展侨团工作，进一步完善与“老侨”、“新侨”的联系机制，巩固老朋友，结交新朋友。配合国家外交大局，通过邀请重点侨社、重要人士访华，推进文化交流等形式，切实做好侨务公共外交工作。继续遵循现有的交往原则，坚持保持与未建交国家对我友好社团的组织联系，逐步推进与南太平洋地区未建交国家的联系与交往。加大对海外高层次留学人员的联络工作，搭建平台为他们回国发展提供服务。牢牢把握两岸关系和平发展的主题，继续办好海峡论坛·致公恳谈会、海峡两岸科技论坛、海峡两岸中华武术论坛，深化两岸交流合作，密切两岸同胞感情。积极主动与港澳侨界社团和各界人士的联系，不断发展壮大爱国爱港、爱国爱澳力量。

（四）紧紧围绕改善民生民计，推进形成社会服务新格局

按照“量力而行，尽力而为”的原则，整合力量，突出重点，进一步做好对西部地区的定点扶贫工作，重点支持毕节试验区建设、“致西合作”、“致泸合作”以及黔西南“星火计划、科技扶贫”等项目。加强“致福慈善基金会”的基础性工作，筹划基金会的运营团队和机制，稳步推进基金会的运营工作。继续重视社会服务工作的品牌建设，加强中央与地方组织、地方组织与地方组织之间的合作，开展具有致公党特色的精品工程。继续密切关注归侨侨眷、归国留学人员等本党所联系群体的生活和发展状况，积极听取他们的意见和建议，及时向有关部门反映。加强全党社会服务工作的队伍建设，着手建立本党社会服务企业家联谊会和专家团。

（五）紧紧围绕体制机制创新，进一步加强自身建设

要以改革创新的精神，着力推进全党的宣传、组织和机关建设。进一步加大思想建设和宣传工作的力度，加强对外宣传和网络宣传，切实提高舆论引导能力。扎实推进参政党理论建设工作，在完善参政党理论体系和宣传普及方面迈出新步伐。认真稳妥地推进组织发展、后备队伍建设工作，积极推动成立河南省筹委会，加大对全党党员发展的指导和监督工作。积极贯彻落实新修订的《中国致公党党内监督条例》及《中国致公党中央监督委员会工作规则》，实现省级组织监督委员会机构全覆盖。适时召开全党组织工作会议，加大对地市级专职副主委的培训力度，进一步完善全党组织工作信息库建设。加强本党中央与地方组织的联系合作，优化中央专门委员会工作机制，形成本党组织协同整合、信息互通、上下联动、内外呼应的合力。继续推进“学习型、服务型、和谐型”机关建设，召开全党机关建设工作会议，进一步创新工作方法，提高机关工作效能。加大本党中央与地方组织机关干部交流锻炼力度，进一步努力提高机关干部队伍素质，保证机关工作运行的协调统一、规范有序、精干高效。

各位委员，各位同志！

当前，我国改革和发展正处于关键时期，多党合作事业前景广阔、大有可为。让我们紧密团结在以习近平同志为总书记的中共中央周围，同心同德，开拓进取，为全面建成小康社会、不断夺取中国特色社会主义新胜利、实现中华民族伟大复兴的中国梦，作出新的更大的贡献！

关于印发《致公党中央关于改进工作作风、密切联系群众的若干规定》的通知

致公党各省、自治区、直辖市及中央直属组织：

《致公党中央关于改进工作作风、密切联系群众的若干规定》经致公党中央第十四届第二次主席会议讨论通过，现印发给你们，请结合实际情况参照执行。

二〇一三年三月二十六日

致公党中央关于改进工作作风、密切联系群众的若干规定

为贯彻落实中共中央政治局《关于改进工作作风、密切联系群众的八项规定》精神，结合本党中央实际，制定《致公党中央关于改进工作作风、密切联系群众的若干规定》。

1. 改进调查研究，注重调研效果。中央各级领导干部要深入基层，密切联系基层组织和党员。到基层调查研究，选题要务实，内容要具体，调研后要形成调研报告。

2. 改进工作作风，简化调研形式。要轻车简从，按规定组成调研团队。不给当地增加额外的接待负担。不悬挂各类欢迎标语横幅，不安排宴请。

3. 加强调研的统筹协调。年初，机关各部门应就考察调研活动进行统筹协调，避免选题重叠和时间、地点过于集中，汇总形成活动安排计划后，按程序审批。

4. 精简会议活动，切实改进会风。本着务实高效的原则，切实减少各类会议活动，能不开的不开，可合并的要进行合并。要坚持开短会，讲短话，讲实话，力戒空话。严格控制会议活动规模和会期。

5. 严格控制公务接待经费。要严格执行有关规定，厉行节俭，反对浪费。严格执行会议用餐、住宿标准，严禁公款高消费娱乐活动。

6. 减少各类文件简报，切实改进文风。各类文件、简报要言简意赅。没有实质内容、可发可不发的文件、简报一律不发，可印可不印的文件资料一律不印。减少合订本、精装本、汇编本的印制。

7. 规范各级领导干部参加会议活动。邀请中央领导同志出席会议活动的请示，要列明会议活动具体时间、地点、主题、人员范围、程序及新闻报道安排建议等事项。中央领导同志一律不出席各类商业性庆典活动。

8. 统筹协调，合理安排出访。根据实际情况统筹安排出访活动，严格控制出访随行人员。按规定加强外事礼品和经费管理。简化迎送。

9. 改进新闻报道。新闻报道工作应侧重于宣传基层组织活动和广大党员的先进事迹。中央领导同志出席的本党全国性会议和举行的重大活动、到地方组织指导具体工作的报道，要注意压缩报道数量和字数。

10. 中央各级领导和部门要严格执行本规定。中央监督委员会将对本规定的执行情况进行专项检查。中央财务管理小组对各部门经费的使用情况进行审查。

致公党中央关于学习贯彻“两会”精神的决议

（中国致公党第十四届中央常务委员会第二次会议通过）

十二届全国人大一次会议和全国政协十二届一次会议是在认真学习贯彻中共十八大精神的开局之年召开的重要会议。此次全国“两会”的胜利召开，对深化改革开放，全面推进社会主义经济建设、政治建设、文化建设、社会建设、生态文明建设，实现经济

持续健康发展和社会和谐稳定，具有深远的意义。认真学习、深入贯彻“两会”精神，是致公党当前和今后一个时期的首要政治任务。

学习贯彻“两会”精神，要认真学习《政府工作报告》、《全国政协十一届常委会工作报告》及有关文件精神。过去五年是我国发展进程中极不平凡的五年，中国经济社会发展呈现稳中有进的良好态势，各项事业全面推进，人民生活持续改善。这些成就的取得来之不易，是中共中央总揽全局、正确领导的结果，是中国共产党带领全国各族人民齐心协力、艰苦奋斗的结果。2012 年 11 月召开的中共十八大明确提出，要健全社会主义协商民主制度，加强同民主党派的政治协商，这对民主党派如何更好地发挥协商民主渠道作用提出了更高的要求。通过学习，我们要充分认识过去五年所取得的成绩，更加坚定地坚持和发展中国特色社会主义道路、中国特色社会主义理论体系、中国特色社会主义制度，努力推进社会主义协商民主建设，切实把思想和行动统一到中共中央对当前形势的决策部署上来，把智慧和力量凝聚到“两会”提出的目标和任务上来。

学习贯彻“两会”精神，要与认真学习习近平同志走访致公党中央时的重要讲话精神和致公党十四大精神结合起来，不断加强参政党建设，积极履行参政党职能。要以开创“致力为公，侨海报国”新局面为目标，注重提高致公党的“侨”“海”特色和服务意识，注重提高服务科学发展的能力和水平；要努力形成参政议政、海外联络、社会服务、组织发展、社会宣传相互协作、相互融合的工作格局，以大侨务工作思路综合推进各方面工作；要在工作中积极探索符合致公党实际的新思路和新方法，增强致公党中央和地方组织在工作上的互动，鼓励地方组织之间互相配合与联动，不断创新工作方式，提高工作成效。

学习贯彻“两会”精神，要坚持以科学发展为主题、以转变经济发展方式为主线，按照稳中求进的工作总基调，做好专题调研和实际工作。各级组织要开展专题学习，结合“两会”关注的热点、焦点问题，及时调整和完善 2013 年的工作思路，使各项工作更具有针对性和适用性；要提高调研能力和水平，提出有针对性的对策和建议，推动参政议政工作取得更好的成效；要把“两会”精神和中央转变作风的要求贯彻到具体工作中，深入实际、深入基层，重视收集和反映带有普遍性、倾向性的社情民意，为决策部门提供参考；要加强对专委会委员的联系与沟通，进一步完善专委会工作机制，不断提高专委会建言献策的质量和水平。

2013 年是全面推进改革开放和社会主义现代化建设，为实现中共十八大确定的目标任务开好局、起好步的关键一年，也是致公党全面推进高素质参政党建设的关键一年。全党要高举中国特色社会主义伟大旗帜，坚持以邓小平理论、“三个代表”重要思想、科学发展观为指导，紧密团结在以习近平同志为总书记的中共中央周围，凝心聚力，开拓创新，为全面建成小康社会、实现中华民族伟大复兴作出新的更大的贡献。

致公党中央 2013 年工作要点

2013 年全党工作的总体思路是：高举中国特色社会主义伟大旗帜，坚持以邓小平理论、“三个代表”重要思想和科学发展观为指导，深入学习贯彻中共十八大精神和本党十四大精神，全面提高自身建设水平，认真履行参政党职能，充分发挥“侨”、“海”优势，围绕中心、服务大局，扎实推进各项工作。

一、关于学习宣传工作

1. 认真学习贯彻有关方针政策。深入学习中共十八大精神、2013 年全国“两会”精神、中共中央经济工作会议精神和本党十四大精神。积极开展学习研讨、宣传教育活动，深入开展党章教育，组织好时政学习。

2. 推进中国特色社会主义主题教育活动。围绕树立和践行社会主义核心价值体系，继续在全党开展“同心”行动，搞好政治交接，巩固政治共识。通过加强“同心”教育，促进“同心”实践，深化“同心”研究，扩大“同心”宣传，进一步巩固党员的思想政治基础。下半年召开总结交流会。

3. 做好新闻报道工作。继续深化与主要新闻媒体的合作，使本党工作中的新举措、新成就、新经验和新发展得到及时反映。召开宣传工作外联会，集中展示本党参政议政的成果；推荐本党各级组织开展的重要活动，加强宣传工作。

4. 不断提高《中国致公》的刊物质量和水平。《中国致公》拟在下半年改为双月刊。改版后，将加强策划选题，突出专题引导，强化理论研究。为提高地方组织宣传干部写作和编辑水平，拟于今年 8 月份组织《中国致公》特约编辑记者培训交流会。

5. 加大对基层组织和基层党员先进事迹的宣传力度，与各地组织合作，拟在 10 月份编辑出版反映党员风采的书籍。

6. 做好网站平台建设，筹建网络党史展览馆。在完善网站平台建设的基础上，做好本党各项重大活动的新闻上传发布工作，突出时效性，及时更新内容，做好视频板块建设。进一步改进和完善英文网站。做好网站特约编辑的培训工作，配合中央机关有关部门开展数据库建设和维护工作。

7. 加强理论研究工作。召开中央理论研究会会议，研究中央理论研究会的章程，讨论研究会人员构成，并制定 2013 年研究课题。继续在全党范围内征集理论研究论文并组织评比，年底举行理论研究交流活动，从而推动全党理论研究工作的开展。

二、关于参政议政工作

8. 做好政协大会提案发言准备工作。做好提案发言的收集、整理、论证、报送、调研、座谈、宣传、答复等多项工作。“两会”前召开新闻媒体通气会，推介本党重点提案和发言。加强平时提案的提交工作。做好政协常委会发言、专题协商会发言的准备工作。

9. 做好国是建言工作。继续做好本党中央在中共中央、国务院召开的高层协商会议、座谈会和经济形势通报会等会议上发言材料的准备工作。加强调研社情民意信息等素材的积累，定期召开相关专家座谈会，加强对社会热点、难点问题的跟踪分析，提高建言献策的能力和水平。

10. 认真组织专题调研活动。围绕主题主线，突出科技创新、区域发展、强农惠农、生态文明等重点，关注民生和社会热点问题，积极开展调查研究、建言献策工作。以“加快农业现代化”为主题开展大调研。围绕“创新驱动，推动绿色、低碳、循环经济发展”、

“促进中医药健康发展”、“加快良田建设 促进农业转型”、“淮河治理与农业发展”、“边远海岛基础设施建设”、“草原土壤环境保护及生态修复”、“城镇化进程中住房保障问题”、“中国乡村发展模式研究”、“中国企业走出去”、“改进完善参政议政调研工作机制”等问题进行调查研究。

11. 进一步做好反映社情民意信息工作。进一步完善信息数据库平台，整合参政议政资源，实现地方组织用户上报信息及时、参政议政资料自动检索的功能，努力打造全党信息共享的数据库。建立信息撰写的专家队伍，主动加强与党内专家、学者的联系和服务工作，编辑整理他们对社会热点问题的看法和建议。

12. 办好中国发展论坛·2013 和中国发展杂志。围绕经济社会发展中的热点难点问题，选准主题，邀请党内外有关专家举办论坛；加强对《中国发展》杂志的指导，调整充实编委会成员，提高杂志质量。

13. 召开全党参政议政工作会议暨表彰大会。总结经验，交流工作。对五年来参政议政工作先进集体和个人进行表彰；进一步加大参政议政干部培训力度，培训重点逐步转向基层组织专职干部和参政议政骨干专家。

14. 加强中央专门委员会建设。调整中央专门委员会领导班子，进一步完善其机构和功能，努力推进专委会工作能力建设。完善专委会工作制度，充分发挥专委会的作用。重视和加强专委会参政议政成果转化和应用。

三、关于海外联络工作

15. 确定未来五年对外联络工作整体思路。编制《致公党中央对外联络工作五年规划纲要（2013—2017）》，部署中央对外联络工作，完善对内对外的联络、协调机制，推进对外联络工作数据库建设。

16. 继续推进与传统侨团的往来与联系。秉承深交老朋友，结识新朋友的宗旨，今年将派出团组参加美国、加拿大等海外传统侨社的大型庆典活动，加强与他们的联系与沟通。

17. 积极开展侨务公共外交工作。配合国家整体外交，继续做好未建交国家及双边关系敏感国家的工作。将组团赴巴拿马等未建交国家进行访问，邀请多米尼加、菲律宾政要代表团来华访问，以此增进他们与中国的感情，促进双方关系发展。

18. 进一步拓展留学人员和新移民工作。继续加强与海外留学人员团体的联系，引导北美致公协会在海外发挥团结留学人员的作用，并继续邀请该协会组派相关专业人士考察团回国访问；将以海外侨商致公峰会的形式，加强与海外新移民团体的联系与交流。

19. 继续参加全球反独促统活动。延续自 2000 年来一直派团组参加海外华侨华人的反独促统大会的传统，今年继续派代表团参加全球性或区域性“反独促统”大会；以加入国内“反独促统协调会”为契机，发挥致公党在“反独促统”工作中的作用。

20. 继续开展台港澳工作。通过入岛访问和邀请台湾岛内民间团体和人士来访，深化两岸的民间交往；通过举办论坛等形式，发挥在推进两岸科技、文化交流中的作用；通过邀请港澳团组来访和访问港澳相关社团和组织，加强与港澳同胞的联系，促进港澳地区的繁荣稳定。

21. 积极进行平台建设。以开展论坛、峰会、恳谈会、夏令营、大型庆典活动等形式，加强与海外及台港澳地区不同层次、不同背景人群的沟通与联系。除继续保持海峡两岸中华武术论坛、海峡两岸科技论坛等老的品牌活动外，今年还将尝试进行海外浙商致公峰会、海峡论坛分论坛——致公恳谈会等新的平台建设。

22. 加强调研工作。今年调研主打“台”字牌，并将调研课题贯穿全年访问和邀请来访活动始终。将重点开展针对海外台籍侨团和侨胞的调研，开展岛内洪门历史和发展现状调研，开展有关台资企业转型升级的专题调研。在调研基础上，提交有关涉台的提案和建议。

四、关于社会服务工作

23. 确定全党的社会服务工作整体思路，做好社会服务理论研究和宣传工作。制定《中国致公党社会服务工作五年规划纲要（2013—2017）》，全面部署本党社会服务工作；面向全党展开创新社会服务工作理论研讨，进一步创新社会服务工作新思路、新机制；全面加大社会服务工作宣传力度。

24. 继续做好贵州毕节、重庆酉阳、贵州黔西南和四川泸州的定点扶贫工作。根据中央统战部总体部署，协调本党东部六省三市组织，落实好中央和地方帮扶毕节的一系列重点项目；继续开展“致酉合作”，协调重庆市委会，继续落实好农民电脑培训、设施援建等民生项目；稳步推进黔西南和泸州的定点扶贫工作，通过做调研、抓项目，进一步落实好各项帮扶任务。

25. 围绕拓宽和深化社会服务工作，积极开展社会服务工作调研。围绕当前社会服务工作的中心任务，做好华侨农场情况调研、社区建设情况调研、企业家慈善活动调研、农业科技帮扶情况调研、同心示范点情况调研、“致福工程”开展情况调研，拓宽社会服务工作总体思路。

26. 挖掘和培养社会服务重点项目，建社会服务工作实践平台。根据各地方组织社会服务工作的特色，与相关地方组织开展社会服务特色优势项目的互动。抓好品牌建设，培育、推广有良好社会影响和社会建设创新价值的品牌项目，打造多样化的社会服务工作平台，吸引更多优秀人才的加入。

27. 加强人才队伍建设和工作机制建设。召开社会服务工作座谈会；邀请专家学者，开展面向社会服务工作人员的培训工作；加强与党内优秀人才的交往，积极组建社会服务工作专家团。

28. 继续推进“致福慈善基金会”筹备工作。推进基金会申请，制定基金会管理制度，建设基金会项目库。

五、关于组织工作

29. 认真贯彻落实“人才兴党”战略，加强本党代表性人士队伍建设。围绕代表性人士队伍建设工作中的难点、热点问题，以及担任政府实职党员的履职情况开展调研，筹备召开本党代表性人士建设工作会议，总结交流各级组织代表性人士队伍建设工作经验，结合本党特色，探索研究本党代表性人士队伍建设的思路规律、方式方法。

30. 贯彻落实组织发展方针，指导地方组织做好党员发展工作。根据各省党员发展、备案情况，及时了解、掌握优秀人才和各地党员发展动态，结合普遍性问卷调查与实地重点调研，了解掌握各地方组织在党员发展方针、原则方面的执行情况，党员发展工作规范化、程序化情况，以及党员发展净增率、党员总体构成等情况，分析党员发展中存在的问题，并提出相应的对策建议。

31. 有目标、有重点做好地方组织发展工作。与有关部门就本党地方组织发展进行密切沟通、交流，综合分析省辖市级组织发展规划执行情况，选取地方组织发展工作重点；在尚无本党地方组织且条件相对成熟的地方，个别发展成员，建立基层组织；在已有基层组织或工作委员会的地方，通过各个层面的工作和互动，积极推动地方组织的建立和发展。

32. 制定干部培训五年规划，有计划分类别开展党员干部的培训工作。妥善安排各地党员领导干部参加中央社院举办的培训；从今年起用三年时间对本党地市级组织专职副主委进行轮训；加大对组工干部的培训力度，进一步提高本党各级组织组工干部的工作能力和水平。

33. 推进党内监督工作在各省级组织全面展开。履行中央监督委员会办公室职能，继续对中央及各省级组织规章制度的完善、落实情况进行检查，开展对各级领导班子成员履职情况和改进工作作风情况进行监督。

34. 做好对本党重大历史事件和重要历史人物的专题调研和史料收集。部署启动本党党务党史专题研究项目“抗战时期致公党在重庆开展活动情况”，充实确定“致公党传统教育基地”。

六、关于机关建设工作

35. 继续推进“三型”（学习型、服务型、创新型）机关建设。进一步加强机关建设的理论研究和实践探索。办好本党十四届二中全会和十四届二、三、四、五次中常会的会务工作。继续做好机关干部交流挂职和培训工作。

36. 进一步加强中央机关财务工作。成立中央财务管理小组。严格执行国家相关文件要求，做好中央财务预决算工作。进行项目支出的绩效考评及财务分析，加强财务管理、强化跟踪问效。

37. 加强中央机关档案管理工作，督促机关各部门及时归档建档。

致公党第十四届中央监督委员会第二次全体会议纪要

致公党第十四届中央监督委员会第二次全体会议于2013年11月2至4日在南京召开。

会议听取了各位委员关于本省、直辖市党内监督工作开展情况的汇报；研究中央监督委员会如何对地方组织进行党内监督工作指导；研讨本党监督条例及监督工作规则的修订；讨论下一步工作安排。

蒋作君主任在总结发言中指出，要明确党内监督工作的实质，是以党章为依据，对党务工作进行监督；要尽快将监督工作试点单位的经验全面推广，以推动各地方组织监督机构的成立；各省级组织要全面启动监督机构的设立，条件成熟的年内或明年要尽快成立，其他地方组织也要在本届内全部成立。

蒋主任强调了监督工作的四个重点：一是要与班子建设结合起来，建立健全规章制度，检查执行情况；二是要与机关建设结合起来，特别是加强对财务、人事工作的监督；三是与换届工作结合起来，严明换届纪律，规范换届程序；四是与党员发展工作结合起来，把好源头关，地方组织建设及党员发展既要积极，也要稳妥，党员的基本素质要保证，对此要进行不定期的抽查。

蒋主任还指出，监督工作要进行四个拓展：一是对任实职的党员要经常提醒；二是对企业家党员要定期召开相关座谈会；三是对任人大代表、政协委员的党员的履职情况进行考察，以作为是否继续推荐的参考；四是与党员所在单位经常联系，对培养对象要动态了解。

蒋主任最后对下一步工作进行了部署：从明年开始，监委会委员由主任、副主任亲自带队，对地方组织制度建设进行实质性内容的检查；监督条例及工作规则尽快修改完善，提交常委会审议，并交全会通过。

会议由中央监督委员会副主任杨邦杰主持。中央监督委员会田成有、李刚、吴毅、张立军、郑国美、侯茂丰、骆伟、谢朝华等委员出席了会议。江苏省委主委麻建国、专职副主委吴晓蓓、秘书长米其智、北京市委监督委员会办公室主任张浩列席会议。

致公党中央关于学习贯彻中共十八届三中全会精神的决议

（2013 年 11 月 20 日致公党第十四届中常会第四次会议通过）

中共十八届三中全会是在我国改革开放新的重要关头召开的一次重要会议，是中国共产党高举中国特色社会主义伟大旗帜，坚持以邓小平理论、“三个代表”重要思想、科学发展观为指导，在新形势下坚定不移高举改革开放大旗的重要宣示，是全面深化改革的总部署、总动员。这次会议的胜利召开，标志着我国改革开放事业在新的历史起点迈入全面深化新阶段，必将对加快发展社会主义市场经济、民主政治、先进文化、和谐社会、生态文明，全面推动中国特色社会主义事业产生重大而深远的影响。

常委会认为，学习贯彻中共十八届三中全会精神，是本党当前和今后一个时期的重大政治任务。为此，会议要求全党：

一、学习贯彻中共十八届三中全会精神，要深刻理解全面深化改革的重要意义。

中共十八届三中全会面对新形势、新任务，站在新的历史起点上，作出了《中共中央关于全面深化改革若干重大问题的决定》（以下简称《决定》），深刻剖析了我国改革发展面临的重大理论和实践问题，阐明了全面深化改革的重大意义，提出了全面深化改革的指导思想、目标任务、重大原则，描绘了全面深化改革的新蓝图、新愿景、新目标，合理布局了深化改革的战略重点、优先顺序、主攻方向、工作机制、推进方式和时间表、路线图，汇集了全面深化改革的新思想、新论断、新举措，形成了改革理论和政策的一系列重大突破，是中国共产党在新的历史起点上全面深化改革的科学指南和行动纲领。

全党要认真学习《决定》和习近平同志的重要讲话精神，深刻领会全面深化改革的指导思想、目标任务、重大原则，深刻认识改革开放是中国共产党在新的历史条件下带领全国各族人民进行的新的伟大革命，是当代中国最鲜明的特色，是决定当代中国命运的关键抉择，是国家和人民事业大踏步赶上时代的重要法宝。

二、学习贯彻中共十八届三中全会精神，要准确把握全面深化改革的总目标，巩固团结奋斗的共同思想政治基础。

全面深化改革的总目标是完善和发展中国特色社会主义制度，推进国家治理体系和治理能力现代化。《决定》确立的这个总目标，深刻表明了改革的鲜明性质和根本任务：改革开放的旗帜必须高高举起，中国特色社会主义道路的正确方向必须牢牢坚持。

全党要认真学习和准确把握全面深化改革的总目标，与中国共产党通力合作，致力于推动社会主义民主政治发展，坚持和完善中国共产党领导的多党合作和政治协商制度，推进政治协商、民主监督、参政议政制度化、规范化、程序化，协助完善民主党派同中国共产党的政治协商和民主党派中央直接向中共中央提出建议制度，充分发挥我国社会主义政治制度优越性。要紧密结合坚持和发展中国特色社会主义学习实践活动，继承和弘扬致公党优良传统，加强理论学习和研究，积极投身于中国特色社会主义实践，进一步坚定广大党员对中国特色社会主义的道路自信、理论自信、制度自信，进一步增强广大党员在中国共产党的领导下不断把改革推向深入、为实现中国梦而努力奋斗的必胜信念。

三、学习贯彻中共十八届三中全会精神，要围绕全面深化改革的系统部署，进一步发挥“侨”“海”特色和优势，积极履行参政党职能。

《决定》对全面深化改革作出了系统部署。全党要紧紧围绕《决定》要求，凝聚“侨”“海”力量，发挥“侨”“海”优势，最大限度地发挥全党的智力优势，最大限度地提升参政议政水平，最大限度地履行参政党职能。要以本党十四大精神为指导，加强致公党自身建设，实施“人才兴党”战略，让一切参政兴国的才智得到展现，让一切侨海报国的力量得到发挥，最大限度地做到政治上增进共识、思想上积极向上、组织上坚强有力、行动上规范有序、履行职能上奋发有为。

全党要紧紧围绕全面深化改革的重大问题，密切关注国内外形势变化，以促进改革、发展和创新作为参政议政第一要务，在深入开展调研的基础上，提出具有前瞻性、全局性、战略性、可操作性的意见和建议，使广大党员成为推动科学发展、建设和谐社会的重要力量。要积极发挥“侨”“海”优势，始终坚持服务公共外交，有计划、有重点、多层次、多领域地开展对外交流活动，为引进海外高层次人才、推动我国企业“走出去”、促进祖国统一和维护港澳地区繁荣稳定作出贡献。要坚持以改善民生为基本宗旨，以智力支持为主要途径，深入扎实地开展各项基础性、长期性工作，不断夯实本党社会服务工作的重要基础。

各级组织要周密部署，精心安排，组织党员认真学习贯彻中共十八届三中全会精神，充分调动广大党员的积极性和创造性，切实把思想和行动统一到中共中央的决策和部署上来，把智慧和力量凝聚到中共十八届三中全会提出的目标和任务上来，增强进取意识、机遇意识、责任意识，牢牢把握方向，大胆实践探索，凝聚改革共识，努力建言献策、服务改革，坚定不移地促进实现中共中央改革决策部署。让我们紧密团结在以习近平同志为总书记的中共中央周围，锐意进取，攻坚克难，共同谱写改革开放伟大事业历史新篇章，为全面建成小康社会、不断夺取中国特色社会主义新胜利、实现中华民族伟大复兴的中国梦而奋斗！

中国致公党参与毕节试验区建设近期工作计划

为积极落实俞正声主席在民主党派扶贫工作座谈会的讲话精神，进一步推动致公党参与贵州毕节试验区建设工作，助推贵州毕节经济社会的发展，依据《中国致公党社会服务工作五年规划（2013—2017 年）》，制定致公党参与毕节试验区建设近期工作计划。

一、总体目标

根据中共“十八大”和致公党“十四大”的会议精神，以中共中央领导关于民主党派参与毕节试验区建设的重要指示精神为引领，坚持科学发展和以人为本，发挥智力和特色优势，总结本党参与毕节建设经验，创新参与建设机制和方法，实事求是、因地制宜，进一步开展助推毕节试验区发展的建设工作。近期具体实施“三个一”工程，即帮助毕节七星关区建立 1 个优势产业，全面技术帮扶 1 所医院，帮助建设 1 个新型城镇化示范点；在此基础上，打造 2 个体系，即符合贫困地区实际的新型农业科技帮扶体系和民生帮扶体系，帮助毕节地区在科技、民生、新型城镇化等方面有实质的发展和提升。

二、工作内容

（一）项目带动、政企研合作，科技助推现代农业优势产业。

帮助毕节七星关区谋划科技发展项目，与政府、高校科研机构和企业合作，帮助毕节引进、传播和培训先进的农业科学技术并得到应用，产生示范带动，促进现代农业生产技术进步，推动地方产业发展，切实提高人民收入。

1. 帮助毕节落实国家科技支撑计划项目。《毕节地区生态涵养安全高效果、牧业关键技术集成与示范》项目，鉴选毕节地区优良果树与牧草品种、筛选引进的果树与牧草优良品种，集成“十一五”科技支撑的研究成果和技术，在毕节高寒山区示范应用。项目于 2012 年 4 月由致公党中央组织，中国农业大学党员专家牵头，联合贵州大学、贵州省农科院、贵阳小河区金海农业科技开发有限公司、贵州草畜农业有限公司和毕节市七星关区科技局等单位共同参与，以贵州大学为申报单位，2012 年 5 月通过贵州省科技厅向国家科技部申报，并于 6 月通过国家科技部评审顺利入库。2013 年致公中央将积极与国家科技部、贵州省科技厅协调与沟通，争取项目早日落实并实施。通过该项目的实施，将在毕节建立起生态涵养果树安全高效种植模式和山区农牧业安全高效标准化生产技术体系，并推广应用，促进毕节地区果、牧业发展，提高农民收入；预计培训果、牧业技术农民 4000 人次，提高地方农业生产技术水平和农民自我发展能力；提高毕节地区的生态涵养能力，实现生态修复和脱贫致富的协调同步，可为政府探讨新型帮扶落后山区发展模式提供参考。

2. 帮助毕节七星关区落实国家科技部科技富民强县项目。联系国家科技部有关司局和贵州省科技厅，帮助毕节七星关区《毕节白蒜产业技术集成示范与推广》项目申报国家科技富民强县项目。该项目以“毕节白蒜无公害生产技术规程”为技术基础，以“毕节白蒜”悠久的种植历史和独特品质为优势，通过国家科技项目资金的支持，培育龙头企业和大蒜专业合作社，建立大蒜无公害种植核心示范区并完善无公害基地认证，辐射带动周边地区，建设成大蒜示范种植基地 5.6 万亩。同时建立科技公共服务体系，向企业和农民提供大蒜技术信息，开展白蒜技术咨询、技术培训、技术标准、产品检测等多方面服务，培训基层科技人员 150—200 名，培训农民 20 期，共 20000 人次。用现代食品工业带动和改造传统农业，培育“毕节白蒜”特色支柱产业，促进大蒜产业的可持续发展，提高农民收入，壮大县域经济。

3. 建立“致公党毕节农业科技帮扶园”。与贵阳小河区金海农业科技开发有限公司合作，通过党员农业专家和其他党内资源为公司提供先进农业技术和其他方面支持，依托该公司在毕节七星关区的基地，建立“致公党毕节农业科技帮扶园”，全程为农民提供信息技术、技术培训、生产资料、市场、品牌等服务，以“脱产培训、托管经营、基地分块反承包”三种模式对当地农户进行帮扶，增加农民收入的同时提高农民的农业生产技术水平，促进现代农业技术在毕节的传播与发展。

（二）建立医疗卫生服务实践基地，创建“助医”工程品牌。

鼓励、动员和整合更多党内外医疗资源，整合集中投入到致公医疗卫生服务实践基地，开展对毕节七星关区人民医院的全面帮扶，同时提升社区医院、乡镇卫生院的技术水平，促进毕节地区的医疗卫生服务水平的整体提升。

1. 全面帮扶毕节七星关区人民医院。在毕节七星关区建立致公党医疗卫生服务实践基地，发挥党内医疗专家的技术特长，在医疗技术上对毕节七星关区人民医院进行全面帮扶。与天津医科大学总医院合作，利用 3 年时间在天津医科大学总医院免费为毕节七星关区人民医院培养本土包括 2 名副主任医师，4 名主治医师，2 名技师和 4 名护理在内的心血管科室全建制的医务技术人员，完成心血管科室医疗技术建设，推动心血管科室的建立，填补整个毕节市心血管疾病治疗技术空白。在此基础上，逐步扩大合作范围，与深圳市第二人民医院等国内大型医院合作，为毕节七星关区人民医院全面培训医疗技术人员，提高医院的治疗技术水平，帮助医院提升一个等级。

2. 开展对毕节七星关区社区医院、乡镇卫生院的帮扶工作。为毕节七星关区基层医务人员提供更多培训和进修机会，免费为毕节社区医院、乡镇卫生院培训管理人员和医务技术人员，提高基层医务人员的医疗技术水平。继续组织开展义诊、送医送药活动，帮助基层群众享有更好的医疗卫生服务。

（三）建设新型城镇化示范点。

落实中共十八大报告关于推进新型城镇化的要求，贯彻落实经济建设、政治建设、文化建设、社会建设、生态文明建设“五位一体”、全面建成小康社会的目标，在毕节七星关海子街镇建设新型城镇化示范点（村级）1个，组织本党中央和地方组织，利用各自优势资源，分别开展产业、科技、公共服务、社会管理等多方面的帮扶，促进工业化、城镇化、农业现代化、信息化的协调发展。在示范点内主要开展以下工作内容：

1. 发展特色产业。因地制宜地帮助改良、引进农业、林果业、畜禽渔养殖业、中草药种植业等优良品种，帮助引进设施农业、循环农业等现代农业技术，发展当地特色产业。

2. 促进就业。开展各种技术和职业技能培训，同时依托科技示范项目的落实和实施，培训和培养毕节本土的先进果业、畜牧业、农业科技人员和管理人员，提升当地技术和管理水平，提高当地群众就业能力。

3. 开展信息技术服务。开展信息技术应用培训，教农民上网，促进农民对信息技术的了解和掌握，加快自身与外部的信息交流。帮助引进先进农业信息技术，提高地方信息技术应用水平。积极推进农村信息化建设，为统筹城乡发展打下坚实的信息基础。

4. 促进人的城镇化。整合党内外资源，为当地教育、科技、文化、卫生、体育等公共事业发展提供力所能及的帮助，捐资捐建书屋、卫生室、图书馆等，提升农村社区公共服务水平。建立毕节农村社区大学，开辟农村社区培训课堂，开展社区居民劳动技能培训和文化、法制、环保等方面的讲座，改变农村社区居民观念，提高社区居民素质，开展社区管理人员培训，提高社区管理水平，促进和谐社区建设，加快农村社区城镇化进程。

（四）继续开展教育帮扶。

教育帮扶是致公党参与毕节试验区建设的一项长期民生工程，也是致公特色的帮扶工作，本党中央和地方组织将继续开展有关教育帮扶工作，为毕节未来发展培养更多人才储备。

1. 继续开展“致公学生培养”计划。致公中央牵头组织，与北大青鸟和贵州团省委合作，从2010年开始，每年在贵州招收约100名贫困学生赴北京北大青鸟附属实验学校免费学习6年，其中每年在毕节招收15—20名贫困学生，并为每个学生免费提供4—5万元学习和生活费用，每年总计为毕节贫困学生提供约100万左右费用。

2. 开展“致·科”工程。上海市委会在毕节开展“致·科”工程，在毕节七星关区实验小学建立科普中心，对毕节青少年进行科普知识的普及教育，开展科普培训，增进毕节不发达地区学生对科普知识的了解，培养学生对科普知识的兴趣，激发学生科学发明创造的潜质。一期工程总投入60万已建设完毕并投入使用，效果良好，目前正积极筹备二期建设。

3. 开展致公党中央“一帮一”助学计划。致公党“一帮一”助学计划为期3年，号召党员资助700名贵州毕节贫困学生，每年为每位毕节贫困学生捐助300元助学金，计划从2011年开始至2013年，每年捐助21万元，3年总计63万元。

4. 继续做好2013年“新东方奖学金”计划工作。协调新东方学校，从2004年开始到2013年结束，每年为毕节市20名优秀贫困大学生资助奖学金共计10万元，十年总计100万元。

5. 开展“同心·致公课堂”。致公党南京市委会开展“同心·致公课堂”——毕节英语教师培训工作，在南京和毕节为英语教师免费提供培训，提高毕节英语教师的业务水平和教学能力。

（五）帮助招商引资，助推发展。

发挥桥梁纽带作用，组织党员和联系的企业家实地考察，寻找投资发展机会，做好协调和服务，帮助毕节招商引资，助推毕节发展。

1. 做好南山公园休闲度假区建设项目协调服务工作。

南山公园休闲度假区建设项目是经海外侨胞黄金泉牵线广州吉隆集团在毕节总投资20亿的助推发展项目，本党中央将继续为企业和毕节做好协调服务工作，促使该项目2013年3.5亿的投资工作顺利进行。

2. 做好织金大峡谷恐龙谷景区旅游开发项目协调服务工作。织金大峡谷恐龙谷景区旅游开发项目是经海外侨胞黄金泉牵线广州吉隆集团在毕节总投资13亿的助推发展项目，本党中央将继续为企业和毕节做好协调服务工作，促使该项目2013年0.3亿的投资工作顺利进行。

3. 做好金沙县安底斗酒厂“十二五”技改一期工程项目的协调服务工作。金沙县安底斗酒厂“十二五”技改一期工程项目是本党党员企业——深圳宝德集团控股有限公司总投资2亿的助推发展项目，2013年将投资0.97亿对酒厂进行技术改进，提高酒厂生产能力和酒品质量。

（六）发挥“侨”“海”优势，开展特色帮扶。

利用侨党优势，积极向海外介绍和宣传毕节试验区，吸引海外华侨、港澳同胞、台湾同胞、海外留学人员对毕节试验区的关注，帮助联系海外人士到毕节考察参观、投资兴业或工作，捐资捐助民生事业，将侨海报国与社会服务有机结合，开展有侨海特色的帮扶活动。

通过以上农业科技帮扶计划任务的落实与实施，探索党派主导、政府支持、企校带动、农民自愿的农业科技帮扶模式，逐步建立起科技助推农业现代化、产业化的农业科技帮扶体系；通过医疗卫生、教育等民生帮扶计划，探索党内外资源整合、相互支持的民生帮扶模式，建立起专业培训、特色服务与综合试点相结合的民生帮扶体系。

致公中央积极动员东部六省三市致公党组织、党员并鼓励其他省市致公党组织、党员，按照中共中央统战部的要求，结合各自特色和资源，积极参与毕节试验区建设，并不断开拓参与毕节试验区建设的新领域、新方法。

三、工作方法

按照“资源整合、统筹安排、协调联动、监测评估、宣传提高”的二十字方针落实和开展各项工作。在深入调研的基础上，分析需求，确定项目，整合资源，统筹安排，科学制订方案，加强本党中央、各地方组织、党员之间，党内资源与党外资源，本党与毕节市七星关区有关部门之间的合作，建立联动机制，分工协作。项目过程中加强评估与监测，认真分析总结，宣传提高，确保各项参与建设任务顺利实施，提高本党参与毕节试验区建设的工作效率与质量并产生示范带动效应。

九三学社

九三学社第十三届中央常务委员会 2013 年工作报告

（2013 年 12 月 9 日）

韩启德

各位委员、同志们：

我受九三学社第十三届中央常务委员会委托，向全会作工作报告，请予审议。

2013 年工作回顾

去年 12 月，我社十大召开并顺利换届。当月 25 日上午，习近平总书记一行走访社中央机关，这充分体现了中共中央对多党合作的高度重视和对九三学社的亲切关怀，全社上下深受鼓舞。习总书记强调，要坚定不移坚持和完善中国共产党领导的多党合作和政治协商制度，支持民主党派更好履行参政党职能，充分发挥自身优势，最大限度调动一切积极因素，凝聚一切积极力量，为实现中共十八大确定的奋斗目标和工作任务而奋斗。

为贯彻落实习总书记走访社中央的重要讲话和社十大的工作部署，社中央新一届领导班子于 1 月中旬召开战略研讨会，就当前形势下民主党派参政议政与民主监督的内涵和任务，如何继承和体现九三学社爱国民主科学的优良传统，如何发挥科技特色和实现参政议政工作新突破，如何扩大九三学社的社会影响，如何加强组织体系建设以实现组织坚强等进行了深入探讨与交流，形成了不少新的工作思路和具体工作意见。

今年是换届后的开局之年，全社各项工作都取得了新的成绩。

一、参政议政、民主监督工作取得新成绩

一是高层政治协商成效显著。社中央主要领导多次应邀参加中共中央国务院就《政府工作报告》、经济形势和经济工作、中共中央《十八大报告》、加强作风建设意见等主题举行的高层政治协商活动，分别就加强民主政治建设、垄断行业改革、收入分配改革、深化行政审批制度改革、推进城镇化健康发展、优化科技资源配置、强化经济规划的指导性和约束力等内容，在高层协商会上发言，并提出具有可操作性的建议；特别是在中共中央召开的就关于全面深化改革若干重大问题的决定听取党外人士意见的座谈会上，

我们提出的关于加大国有股权划转社保基金比例的建议，在中共十八届三中全会的决定中得到体现；我们反映的关于基层税收造假、招商引资弄虚作假情况也得到中央领导的高度重视，对党和国家不断推出标本兼治的改革举措，解决制约经济社会发展的关键问题，促进经济结构转型、提高发展质量等方面起到了积极的推动作用，充分展现了九三学社履行职能的质量和成效。

二是政协大会建言成果丰硕。在社中央和各级组织的共同努力下，九三学社在全国政协十二届一次会议上所提交社中央名义提案41件，界别提案22件、平时提案12件，大会口头发言5篇，书面发言14篇，得到了委员、承办单位和社会舆论的好评。其中《关于加强绿色农业发展的建议》被全国政协列为大会“一号提案”；《优化科技资源配置，提高科技投入效率》和《坚定决心，深化行政审批制度改革》两篇发言被全国政协选为大会口头发言；《关于强化规划的科学性、权威性推进城镇化健康发展的建议》、《关于促进工业绿色发展的建议》、《关于深化行政审批制度改革的建议》入选提案办理协商会；《关于优化科技资源配置提高科技投入效率的建议》等2件提案被选为专门委员会督办重点提案；《关于建立开放式创新平台的建议》被选为政协办公厅和提案委员会联合督办重点提案；《关于进一步推动我国科技成果转化的建议》等8篇提案入选《全国政协重点提案摘报》。九三界别委员个人提案或联名提案百余件，有35篇大会书面发言被政协选用，对推进社会主义经济、政治、文化、社会、生态文明建设，起到了积极作用。社中央提出的建筑产业化提案和建议被确定为今年11月全国政协双周协商会的协商主题，俞正声主席在总结时指出，建议国家把建筑产业化作为一项重要国策加以推行。

三是调查研究成绩突出。一年来，社中央围绕经济和社会发展中的重大问题，开展近30次专题调研，向中共中央、国务院及相关领导同志报送了21篇调研报告。如《关于促进自主知识产权三维图形平台建设的调研报告》,《房地产市场调控应跳出“就房论房”框框》,《关于在芦山地震灾后重建中推广轻钢结构建筑的建议》,《加大四川地震灾区地质灾害防治力度的建议》,《循序渐进，稳步推进进城农民市民化》等，这些调研报告得到了李克强、俞正声、张高丽、刘延东、汪洋、马凯、孟建柱、王勇等中央领导同志的高度重视，并分别作出批示。

四是信息工作质量稳步提升。一年来，我们始终把反映社情民意的信息工作当做履行参政党职能的重要基础工作和关键环节，采编形成《九三信息》《九三信息专报》573篇。社中央加强了信息的分析筛选和与省级组织的沟通联系，通过经验交流和培训，社员的参与意识增强，积极性、主动性明显提高，信息的数量和质量进一步提升，产生了一批精品，引起了中共中央、国务院领导同志的重视。

五是民主监督扎实推进。社中央把民主监督与参政议政工作紧密结合起来，通过高层政治协商、“直通车”建议、人大议案、政协提案、“九三信息”等多种方式提出批评建议，推进民主监督。社中央领导应邀出席最高人民法院、最高人民检察院、中央统战部召开的座谈会和情况通报会，就社会发展中的突出问题提出建议。在中共开展党的群众路线教育实践活动中，社中央领导同志对部分党和国家机关的作风建设提出意见。设立社中央特约监督人员委员会，担任各级特约监督员、监察员、检察员、审计员和国家督学的社员，以高度的政治责任感认真参加有关检查和监督工作，参与有关法律法规制定研究和重大案情调查，发挥了特约人员的作用。社中央认真接待处理来信来访，使一些损害社员群众权益的事件得到了妥善解决。

六是参政议政工作机制进一步完善。通过搭建互动交流平台，整合全社资源、汇聚社内外力量，取得了很好的成效，如今年的一号提案就是农林专委会联合相关专家合作完成的。今年 6 月，社中央与四川县域经济学会在四川双流县联合主办了“推进新型城镇化与县域经济科学发展”座谈会；7 月，又以“生态文明建设”为主题，在宁夏银川召开了第八届“九三论坛”；8 月，全国参政议政和信息工作会议在山西长治召开，11 月，全国参政议政和信息培训会在河南郑州召开。此外，今年选举产生了新一届社中央专门委员会，专委会数量由过去的 7 个增加到 8 个，并增加了成员及活动次数，专委会成员及社内专家的作用更加突出，为提高我社参政议政水平作出了贡献。

二、社会服务工作不断创新发展

一是规范有序地推进“九地合作”。今年以来，合作范围不断拓展。社浙江、安徽、湖北、青海等省级组织与地方政府、部门分别签订了“九善（浙江嘉善县）”、“九博（安徽马鞍山市博望区）”、“九潜（湖北潜江市）”、“九互（青海互助土家族自治县）”等合作协议。“九广合作”大唐广元火电项目获得国家发改委批准；“九攀（四川攀枝花市）合作”农产品质量安全监督检测检验中心建设项目获得农业部列项支持；“中国（绵阳）科技城建设座谈会暨科技创新项目对接活动”成功举办，签订 10 余个合作项目协议，投资额超过 10 亿元。山西九三实施“农业社会化服务体系建设”项目，在全省 80% 的县推广生物有机肥技术，取得显著成效。“九校地合作”、“九企合作”、“沪豫科技合作”、“晋豫合作”等不断取得新成绩。整合社会资源，组织近 60 名企业家社员参与社会服务活动，搭建企业家社员与地方政府的合作平台。多党合作社会主义新农村建设项目在北京、广西、云南、宁夏、内蒙古、青海六省区市选址并顺利实施。各项目点因地制宜发展特色农业，同时结合项目开展农民培训，受到地方政府的高度重视。

二是全社科普工作呈现积极发展态势。社中央今年新成立科普工作委员会，并召开了第一届社中央科普委员会全体会议，讨论通过了《九三学社中央科普工作委员会 2013-2017 年发展规划》，确定了在“民生、社会管理、生态文明、科技成果转化”四个领域推动科普工作、全方位发展的工作目标，完善了我社科普工作的工作制度和联系机制，充实了科普工作的人才队伍。社中央与社北京市委在北京师范大学联合举办“九三学社院士专家进校园暨第 25 届国际科学与和平周”活动，就“核安全”问题与高校师生进行交流对话。社中央办公厅和院士工作委员会继续组织“九三院士专家行”活动，分别到福建、宁夏、云南等地，围绕“绿色循环经济”、“科学精神与科研创新”等主题举办多场报告，听众逾千人。社省级组织之间互动交流与合作进一步加强。社江苏省委派出专家赴甘肃天水开展技术交流培训并建立“专家工作站”，目前社江苏省委已建立“专家工作站”34 个。社北京、甘肃、山东、云南等省委也与当地科协合作开展“科学讲堂”、“百名专家科技下乡”等活动，深受基层群众欢迎。一年来，全社各级组织共开展“百名专家进乡村入学堂”和“国际科学与和平周”活动 3200 余场，受众近 60 万人次。捐款捐物赠药价值近 1500 万元人民币，发放科普资料 56 余万份；招商引资项目推介 164 项。

三是进一步拓宽扶贫帮困工作领域。今年“亮康工程”项目扩大了覆盖面，在四川、重庆、河北、甘肃、江苏、内蒙古、湖北等7省9地，共为贫困白内障患者实施复明手术2200余例。建立了九三学社亮康行动内蒙古推广基地。社河南省委发起“同心康福行动”，对贫困髋关节炎患者及其家庭开展帮扶行动。目前已经完成免费髋关节置换手术174例，帮扶困难家庭174户。社北京、上海、重庆、福建、四川、甘肃等省级组织也对四川、甘肃地震灾区和西部困难地区群众开展了多种形式的扶贫工作。九三一些企业家社员积极参与扶贫赈灾。九三社员、湖南华源港口有限公司董事长朱修林同志向四川雅安地震灾区捐款20万元，并向湖南省扶贫项目捐款20万元。

四是进一步加强参与毕节试验区建设工作。社中央主席就“草海综合治理、职业教育发展、六省市对口帮扶”等专题亲赴威宁县进行调研，部署下一步帮扶工作。协调财政部、环保部，帮助争取“草海生态环境保护试点项目”立项和资金支持。帮助推进威宁县新课程改革工作，召开“同心·智力行”教育结对帮扶经验总结座谈会，11个省市26所优质学校与威宁县24所学校签订友好合作协议，目前结对学校已有190多名教师到威宁开展教育帮扶活动，培训威宁教师3000多人次，学生8000人次，效果良好。

三、切实转变作风，自身建设呈现新气象

思想建设以学习领会中共十八大精神为指导，以凝聚中国特色社会主义共识为着力点，巩固团结奋斗的共同思想政治基础，为更好发挥参政党作用提供精神动力。社中央思想建设研究中心进行了换届，召开纪念“五一口号”座谈会、“九三学社民主与科学”征文和研讨会，研讨民主科学的历史渊源和时代背景、民主科学在中国的发展历程等问题；紧扣参政议政、社会服务等工作，全方位、多角度地进行深度报道，撰写多篇有分量的稿件；对新增两院院士、荣获全国“五一”劳动奖章和国家科技奖等社内先进人物及时进行了宣传报道。社中央多位副主席就健全社会主义协商民主制度、绿色农业和中国梦等热点话题分别接受媒体专访，做客人民网强国论坛，产生了较广泛的社会影响。召开全国宣传工作会议，以会代训形式对全社宣传干部进行了培训。建立了由96位社员组成的评审专家库，评出2011—2012年度优秀新闻作品19件。组织了“家园记忆——九三学社中央主题文学笔会”等活动。《民主与科学》杂志坚持正确的办刊方向，继续保持办刊质量。学苑出版社继续朝着“专精特新”的方向发展，进一步增强了市场竞争力。

在组织建设方面，一是以制度建设为重点推动“组织上坚强”。通过走出去、请进来等多种调研形式，系统梳理出组织建设的薄弱环节与难点问题。在此基础上，今年5月在吉林长春召开了中央常务委员会第三次会议，对组织建设工作进行了专题研究，通过了《九三学社中央关于进一步加强组织建设的若干意见》。《意见》以全面提升社组织的组织化水平和全面推进“人才强社”战略为目标，从六个方面明确了工作重点，涵盖了从中央到地方各级领导班子、基层组织、干部队伍和代表人士队伍的建设，提出探索开展中央巡视督导工作等18项创新性举措。《意见》是未来一个时期指导我社组织建设的重要文件，社各地方组织根据实际情况对落实《意见》做出了部署。二是以“人才强社”战略促进组织持续健康发展。截至2013年6月30日，我社在全国30个省、自治区、直辖市共有省辖市级组织（含筹备机构）289个、县级地方组织27个、基层组织5496个，

社员 138938 人，新发展社员 2304 人，全国人大代表 53 人，全国政协委员 103 人，高中级职称社员占社员总数的 95%。三是通过培训提升干部素质。今年是社中央历年来培训班次、人数最多的一年。社中央一方面协助中央统战部举办民主党派新任省级组织专职领导干部专题研究班，配合中央社院举办了第 29、30 期培训班和进修班，协助社浙江和江苏省委举办中青年骨干培训班；另一方面努力拓宽社内干部培训渠道，主办了以提高履职能力为主题的新任中央委员培训班，全国组织工作干部培训班和西北地区干部培训班。四是为我社优秀人才更好发挥作用搭好平台。推荐担任国务院参事、中央文史馆馆员人选 3 人；推荐审计署特约审计员、公安部特邀监督员和最高人民法院特约监督员人选 4 人；推荐全国妇女十一大代表人选 4 人和全国妇联第十一届执委人选 2 人；推荐中华海外联谊会内地理事人选 4 人。五是进行基层组织普查，摸清情况，积极推进基层组织建设。社员和组织信息管理系统运行良好，将于年底前完成信息录入工作；为激发创先活力，表彰组织建设先进集体 100 个，先进组工干部 300 名。

内部监督工作稳步推进。在深入调研和广泛征求意见的基础上，最近社中央第四次常委会审议通过了《九三学社中央监督委员会工作条例》（修订草案）。《九三学社中央监督委员会工作细则》（修订草案）亦将于明天提交社中央监督委员会第二次全体会议审议。经社中央监督委员会批准，上海、浙江、江西、湖南和云南 5 个省级组织先后成立了监督委员会，并制订了较为完善的监督工作条例和制度。截至目前，全社共有 13 个省级组织建立了内部监督委员会，还有部分省级组织正积极筹备建立。尝试建立监督讯息群发短信平台，提升监督工作信息化水平，并做好相关信访办理工作。

理论和社史研究工作有新成果。6 月出版发行《九三学社参政党理论研究论文集》，所收录的 37 篇论文都是在参政党理论研究课题招标活动中中标课题。承接中央社院研究课题《参政党在文化建设中的作用》。主办九三讲堂 2 期，理论沙龙 9 期。继续推进社史工程，5 集社史专题片全部完成。完成中央党校《中国民主党派》有关人物小传的撰写任务。搜集和抢救我社老一辈代表人物史料，整理王卓然等档案资料。“九三学社口述史”项目正式启动，首批 22 个课题中标。举办褚辅成等社史人物诞辰纪念活动。编辑《社史研究通讯》2 期，多个省级组织出版或正在编撰本省的社史社志。

机关作风建设呈现新气象。5 月，社中央印发了《九三学社中央关于落实改进工作作风、密切联系群众八项规定的实施意见》，社中央领导和机关各部门带头认真贯彻落实八项规定，大力转变工作作风和会风文风。自 8 月中旬起，社中央参照中共中央群众路线教育实践活动，依据九三学社自身特点，研究部署机关建设工作，着力加强机关作风建设。通过认真开展学习讨论，广泛征求意见，查摆问题与开展批评和自我批评，制定整改方案与落实整改措施四个环节的工作，强调领导做好表率，着力解决突出问题。通过这次活动，进一步规范和引导机关干部树立群众观点，营造以爱国民主科学为核心理念的机关文化，使机关工作作风进一步转变，履职能力增强，办事效率与服务水平得到提高。

机关各项工作进一步纳入制度化轨道。认真贯彻《公务员法》等有关法律和政策，加强机关公务员管理。为增强创新意识、激发机关整体活力，今年首次对社中央机关各部门主要负责人实行了轮岗。进一步拓展渠道，为机关干部挂职交流创造条件。不断推进机关工作运转的制度化、规范化和程序化，颁布了新的《九三学社中央机关公文处理工作规定》。进一步完善机关考勤制度、试行机关人员医疗费用报销去现金化、修订完善了用车管理，财务预算及财务公开等有关制度。不断提升机关信息化水平，社中央网站进行了改版，启用了网站采编系统，建设应用了参政议政和社会服务工作平台，实现了社内信息、人才资源共享和在线交流等功能，启动了机关档案数字化建设工作。王选基金会今年共资助 26 名社员、资助款额 78 万元；在北京、上海两地分别募集 20 万元资金用于为老社员健康体检；聘任了新的管理团队，募资救助等相关工作有序开展。

四、港澳台和海外联络工作

社中央先后组织专题调研小组赴美国、加拿大等国调研养老政策、养老服务体系建设以及养老机构的管理和运作情况；赴越南、柬埔寨、缅甸等国实地调研“中国—东盟自由贸易区”发展情况，并与有关人士进行交流。周培源基金会在 2010、2012 年成功举办台湾台北市立第一女子高级中学赴京交流访问团的基础上，再次邀请该校师生代表团约 100 人赴京进行访问，促进了海峡两岸青少年的交流，巩固了对台交往既有成果。

各位委员、同志们：过去一年的工作成绩是在中共中央领导下、在中央统战部大力支持下取得的，归功于各位委员和全社同志的辛勤工作、无私奉献。在这里，我谨代表九三学社中央常务委员会，向各位中央委员、各级组织和全体社员表示诚挚的感谢!

在肯定成绩的同时也要清醒地看到，我们还有许多工作需要进一步加强，需要进一步适应形势发展的需要，以改革的精神创新工作，开创全社工作的新局面。比如：如何进一步加强思想引导和理论建设，使全社成员更加坚定走中国特色社会主义道路的信念和决心；如何进一步整合全社力量和借助社会力量，深入调研，提高参政议政、民主监督的能力与水平；如何进一步改进作风，使各级领导干部更加密切联系群众，深入扎实工作，带领全社前进。这些问题必须引起全社的高度重视，并在今后的工作中认真探讨，逐步加以解决。

2014 年工作安排

一、深入学习贯彻中共十八届三中全会精神，为全面深化改革献智出力

刚刚结束的中共十八届三中全会对未来的改革做出全面部署。新一轮改革力度之大，范围之广，都是空前的，必将带来我国经济社会各领域发生更加深刻广泛的变化。

在新的历史起点上，我们要与中国共产党同心同德，把深入学习贯彻中共十八届三中全会精神作为当前和一段时期里首要的政治任务，把全体社员的思想认识统一到中共十八届三中全会精神上来，深入理解进一步解放思想、解放和发展社会生产力、解放和增强社会活力、推进国家治理体系和治理能力现代化的必要性和紧迫性，深入理解改革的系统性、整体性和协同性，不断增强对中国特色社会主义的道路自信、理论自信和制度自信。

我们要紧密联系思想和工作实际，以三中全会精神为指针，树立进取意识、机遇意识、责任意识，全面推进九三学社的各项工作，做到思想上更加坚定，组织上更加坚强，履职上更加坚实。全会结束后，社中央将召开领导班子战略研讨会，对此进行深入研讨。

要积极探索参政议政工作新机制，开拓社会服务新领域，切实发挥民主监督作用，最大程度地为全面深化改革做出贡献。

二、认真开展中国特色社会主义学习实践活动

社中央将把开展坚持和发展中国特色社会主义学习实践活动作为思想建设的重点，长期坚持下去。各地要按照社中央制定的活动方案，认真谋划，制定活动的实施方案，并精心组织实施。深入开展专项调研，切实了解社员的思想实际。通过宣讲团、举办论坛、读书征文、评选“九三楷模”活动、主题常委会等多种多样的学习研讨形式，引导广大成员追寻历史足迹，准确把握中国特色社会主义的科学内涵，进一步深化对中国特色社会主义政治发展道路的认识。要把活动的开展与各项社务工作紧密结合，力求取得实实在在的成效。

各级组织要高度重视理论和社史研究工作，采取切实有效措施加以推进，并以此作为开展学习实践活动、增强组织凝聚力的重要抓手。要充分发挥社中央参政党理论研究中心和社史研究中心的作用，加强对当前履行职能和自身建设中的深层次理论问题进行深入调研，并在明年召开相关主题的理论和社史工作研讨会。继续加强对《九三人物系列丛书》编纂工作的指导，对部分已完成书稿进行评审和修改，力争明年再出版五至六本。加快推进口述史项目，继续编辑《社史研究通讯》。继续办好九三讲堂和理论沙龙，努力在机关营造学习研究的良好风气。

三、参政议政工作要迈上新台阶

对于参政党来说，服务和促进全面深化改革，关键在于建言献策水平的高低。着力加强参政议政工作，进一步提升我社参政议政能力与水平，是我社履行职责最重要的任务之一。

要紧密围绕中共十八届三中全会出台的重大改革举措，深入调查研究，通过高层协商、直通车、调研报告、提案等形式，就完善社会主义市场经济、推进社会主义协商民主、改革司法体制和生态文明建设等领域面临的重点、难点和突出问题提出重要的政策建议。充分发挥我社优势，突出科技特色，发扬科学精神，继续抓好“发展低碳经济和应对气候变化”，“改革科技管理体制机制促进科技发展和自主创新”，新型城镇化建设，碳交易，水安全等中长期课题研究，提出推动经济发展方式转变的意见建议。初步确定明年的调研选题有：进城农民及其子女职业教育，城市公用事业改革，西南水电开发，大别山区域生态旅游扶贫开发，专利保护与利用等。进一步完善参政议政工作体制机制，以制度创新推进工作创新。促进上下互动，整合社内外力量，组织省级组织申报和参与 2014 年社中央调研课题。创造条件、搭建平台，让专门委员会充分发挥作用。根据工作需要建立社外专家信息库，需要时可作为特邀专家参与我们的工作。树立“钉钉子”精神，更多地深入基层扎扎实实开展调研，防止走马观花，浅尝辄止。反映问题要透彻，提出建议要实在。围绕综合性、战略性、前瞻性、迫切需要研究的重大问题，办好第九届“九三论坛”及相关研讨会。加强提案征集、信息报送工作的信息化建设，通过加强培训，完善工作平台系统，提升信息化水平。加强参政议政人才队伍建设，对那些既有热情又有较高水平的参政议政骨干人员应给予更多关心和支持。努力帮助地方组织做好参政议政

和信息工作。

四、不断强化民主监督的力度

民主监督是参政党的一项基本职能，是中国共产党领导下的多党合作制度的题中应有之义，也是中国特色社会主义政治制度和政治发展道路的优势所在。要不断强化民主监督的力度。九三界别的各级人大代表、政协委员要更好地发挥参政议政和民主监督的作用，要敢于面对现实问题、敏感问题，反映人民群众的诉求和心声，做共产党的净友。要充分发挥特约监督员委员会和各级特约监督员的监督作用，并推动相关部门不断完善特约监督制度。要寓监督于参政议政之中，进一步提高建言献策的质量，通过高层协商、政协提案、调研报告等多种形式实现民主监督的作用。要进一步搞好信息工作，充分发挥信息反映社情民意、实现民主监督的作用。要进一步拓展民主监督的渠道和途径，要总结各地这方面好的经验和做法，发挥专家咨询、政府参事等各方面民主监督的作用。

五、不断提高社会服务工作水平

一要按照《九三学社中央关于加强和完善“九地合作”工作意见（试行）》的要求，持续推进“九地合作”，探索建立更加完备、顺畅的工作机制，扎实做好多党合作社会主义新农村建设项目。二要充分发挥科普工作委员会和院士工作委员会的指导和示范作用，以“百名院士专家进乡村入学堂”、“国际科学与和平周”和“九三院士专家行”为平台，以项目带动全社广泛深入开展科普和咨询工作。三要继续做好参与毕节试验区建设工作，帮助威宁自治县做好草海综合治理总体规划和项目的争取和实施。支持社六个省级组织继续开展对口帮扶工作，为“同心·智力行”结对学校做好服务，同时积极做好职业教育帮扶工作。四要继续做好对贵州黔西南州、四川旺苍县、广西百色地区的定点扶贫工作，推动落实社深圳市委开展的和平慈善活动，将募集的356万元善款用于90名西藏先天性心脏病儿童的免费手术治疗。在扶贫工作中注重发挥社员企业家的作用，建立九三学社服务地方经济工作委员会。五要启用社会服务工作平台，举办社会服务工作人员专题研讨培训班，提升服务水平，加大宣传力度。

六、以“人才强社”战略为主线，加强组织建设

要以实现“组织上坚强”为目标，以贯彻落实《九三学社中央关于进一步加强组织建设的若干意见》为抓手，突出重点，细化举措，力求实效。探索开展中央巡视督导工作。逐步完善社员代表列席中央全会和中央委员全会建议案制度。注重吸收高层次人才入社。选择部分高校和经济技术开发区进行专题调研，了解组织发展情况，汇集工作经验，帮助解决在当地发展困难的个别优秀人才入社问题。配合中央统战部、中央社会主义学院举办地方组织后备干部培训班和省级主委研讨班，主办组织工作干部和监督工作专题研究班，继续支持省级组织的干部培训工作。在民主推荐和充分协商基础上，建立省级组织领导班子后备干部队伍名单。完善基层组织民主选举程序，探索在具备条件的基层组织试行换届差额选举。密切与地方和基层组织的工作联系，倾听社员心声，帮助解决社员的实际困难和正当诉求。启动《九三学社章程》的修改工作，完成社员和组织信息管

理系统的数据和系统验收工作。

七、从改进机关作风入手，进一步加强机关建设

重视和加强机关作风建设，既是贯彻落实中共中央八项规定的重要措施，也是充分发挥机关职能作用的必然要求。要对“加强联系群众、改进机关作风”活动中发现的问题认真加以整改，弘扬正气，严格管理，促进机关形成良好的外部形象和内部氛围。牢固树立以社员为本的服务意识，努力提高服务质量与服务水平。加强机关各部门工作的协调配合，进一步提高机关运行的规范化水平。有计划地为机关工作人员尤其是年轻人创造更多培训的机会，提升其政治业务素质和思想素养。加强机关文化建设，丰富机关文化生活。建立完善机关信息公开、公示制度，在九三机关内公开机关“三公”经费。更多地关心机关职工的工作和生活状况，尽力帮助解决他们遇到的实际困难与问题，解除他们的后顾之忧。

继续开展港澳台和海外联络工作。充分利用我社有关社员专家的资源优势，积极有效开展对外交流工作。继续加强与港澳的科技、教育和文化交流，促进台海两岸科技、教育、农业、文化和民间交流与合作。

各位委员、同志们：2014 年即将到来，中共十八届三中全会已经为改革启动了新的航程。在这样一个重要的历史关头，我们面临的任务更加繁重，肩负的责任更加重大。“长风破浪会有时，直挂云帆济沧海”。让我们紧密团结在以习近平同志为总书记的中共中央周围，以邓小平理论、“三个代表”重要思想、科学发展观为指导，大力弘扬爱国民主科学的优良传统，坚持中国特色社会主义道路，带领全社各级组织和广大社员，坚定信心，满怀激情，奋勇向前，为把我社建设成为适应新时期要求的参政党，为夺取全面建设小康社会新胜利，为创造中华民族的美好未来而努力再努力！

九三学社中央监督委员会关于 2013 年工作情况和 2014 年工作要点的报告

九三学社十三届中央委员会：

九三学社十三届中央监督委员会及其组成人员于 2012 年 12 月 4 日经十三届中央委员会第一次全体会议选举产生。在中央监督委员会第一次全体会议上，就新一届和 2013 年的工作在充分讨论、达成共识的基础上做了计划安排。一年来，在中央委员会的正确领导下，中央监督委员会认真学习贯彻中共十八大和九三学社第十次全国代表大会的精神，认真落实社中央关于进一步加强组织建设的工作部署，深入调查研究，积极探索实践，完善工作制度，总结创新经验，为推进内部监督工作做出了努力。

一、中央监督委员会 2013 年工作情况

（一）修订《工作条例》和《工作细则》

新一届中央监督委员会成立后，依循的工作制度仍是2008年社十二届中央常务委员会第五次会议通过的《九三学社中央监督委员会工作条例》和社十二届中央监督委员会第一次会议通过的《九三学社中央监督委员会工作细则》。社中央自建立监督机构和监督制度以来，至此已经过5年多的实践探索，内部监督工作取得了一定进展和成效，需要通过制度建设巩固实践成果，推动新的发展。特别是2012年换届前，中央统战部与各民主党派中央就监督制度建设工作进行了多次协商，形成对相关制度加以完善的共识。因此，新一届中央监督委员会把修订《条例》、《细则》作为开局起步之年的一项重要工作。今年四月中央监督委员会办公室就《条例》、《细则》的修改向各位中央监督委员、部分省级组织监督委员会负责人等征求意见，至7月中旬收集会齐，并在此基础上形成《条例（修订草案）》和《细则（修订草案）》。根据中央议事规则和决策程序，《条例（修订草案）》经10月16日第10次中央主席办公会议和11月18日第4次中央主席会议研究同意，于11月18日提交第4次中央常委会议审议通过。根据第4次中央常委会议的意见，中央监督委员会办公室对《细则（修订草案）》再次做了补充完善，于12月9日提交十三届中央监督委员会第2次全体会议审议通过。

（二）开展巡视督导工作前的调查研究

今年5月召开的九三学社十三届中央常务委员会第3次会议，研究并提出进一步加强组织建设的若干意见，韩启德主席就此做出工作部署和要求。认真学习领会这次常委会议精神和韩启德主席重要讲话，深入开展调查研究，抓紧落实相关举措，成为中央监督委员会的一项重要任务。《若干意见》提出“尝试开展巡视督导工作”，这既是加强领导班子建设的创新举措，也是需要内部监督机构积极配合的一项工作。自今年6月起，社中央常务副主席、中央监督委员会主任邵鸿同志利用赴江苏、浙江、辽宁、宁夏等地出差的机会就此进行调查研究，与部分省级组织负责人就巡视督导工作的内容、形式、范围、方法、时机、参与人员等问题进行咨询探讨、交换意见。为即将开始的这项尝试性工作做了前期准备。

（三）总结推介地方组织监督工作的创新经验

中央监督委员会自成立以来，一直把探索规律、总结经验、典型引路作为推进工作的有效方法。对于经验与典型的选取，则根据实践需要而有所侧重。新一届中央监督委员会根据社第十次全国代表大会修订的《九三学社章程》，把“重点监督领导班子及其成员遵守本社章程、履行职责的情况”这一新增内容作为实践探索的关注点。今年以来，社北京市监督委员会尝试开展了对市委委员履职情况的测评，社辽宁省监督委员会尝试开展了对市级组织领导班子的专项巡视。中央监督委员会认为，这两个省级组织监督机构勇于探索和创新的精神与做法，不仅值得其他省级组织学习借鉴，也为中央监督委员会发挥作用、履行职能提供了有益经验。中央监督委员会以工作通报的形式及时转发这两个省级组织的经验供地方组织学习借鉴，取得了积极的效果。

（四）继续推动地方组织建立监督机构

今年，经社中央监督委员会批准，上海、浙江、江西、湖南和云南5个省级组织成立了监督委员会，成为新建省级监督机构最多的一年。新建机构均制订了较为完善的监督工作制度。截至目前，全社共有13个省级组织建立了监督委员会。还有部分省级组织正在积极筹备。

（五）部分委员受邀列席中央委员会全体会议

中央常务委员会采纳了中央监督委员会的建议，在新修订的《中央监督委员会工作条例》中对非中央委员的监督委员可受邀列席中央委员会会议做出明确规定。列席十三届中央委员会第2次全体会议的中央监督委员被分别安排在讨论组内，参与会议各项议程和进程，直接了解中央决议形成与贯彻过程、中央委员履职的实际能力与水平、会议服务的质量与效率等真实情况。这就为中央监督委员履行职能、发挥作用提供了新的条件和制度平台。

（六）结合改进作风创新信息工作方式

今年以来，中央监督委员会及其办公室人员认真遵守中共中央关于改进作风的八项规定、九三学社中央关于改进作风的若干规定和社中央“加强联系群众、改进机关作风”专项工作的要求，把改进工作作风与改进工作方式相结合，切实精简会议文件。一是取消原定召开的商讨修订《条例》、《细则》的会议，改为发送纸质文稿，征求修改意见。二是将定期刊印的《监督工作通讯》改为专项工作情况通报，翔实介绍有关工作经验。三是创建手机短信群发平台，把监督工作信息及时发送给中央监督委员、省级组织相关负责人，不仅做到了信息“无纸化”，而且还扩大了受众范围、增强了阅读时效。

（七）认真做好信访办理工作

今年以来，社中央监督委员会办公室收到社员来信共4封，其中3封署名，反映所在市级组织领导班子个别成员工作作风问题。中央监督委员会与地方组织有关负责同志及时沟通，认真核实，对反映属实的情况，督促地方组织妥善处理，并将受理和处理情况及时通报给来信社员。

（八）面临的困难和问题

新一届中央监督委员会的规模有所扩大，结构有所改善，制度逐渐完善，工作保持了连续性和稳定性。同时，也存在着需要克服和解决的困难和问题：一是办公机构和人员编制仍未落实；二是中央监督委员的具体职责尚待明确；三是中央监督委员会对地方组织监督工作的指导还需进一步加强；四是中央和地方组织监督委员的培训工作需尽快做出安排。

二、中央监督委员会2014年工作要点

认真学习贯彻中共十八届三中全会精神和九三学社十三届二中全会决议，坚持改革创新，突出监督重点、强化监督职责、创新监督举措、增强监督能力，继续扎实推进内部监督工作。

（一）继续推动省级组织筹备并建立监督机构。

（二）继续把对领导班子、领导机构及其成员遵守章程、执行制度、履行职责的情况作为监督工作重点。适时召开座谈会，听取中央监督委员、省级组织监督机构负责人等对中央工作的意见建议。

（三）配合社中央的巡视督导工作，受邀参加地方组织领导班子民主生活会和谈心会，把对地方组织监督工作的指导与对地方组织领导班子的监督有机结合起来。

（四）在深入调查研究的基础上，适时召开会议，就中央监督委员的具体职责进行讨论，形成共识，加以明确。

（五）继续总结和推介地方组织在监督工作中的创新做法，并采用现场会、片区会等形式，加强互动交流、学习借鉴，形成并完善监督机制。

（六）在做好充分准备的基础上，适时举办或委托举办监督委员培训班，把学习与研究相结合，注重提高监督工作能力。

（七）继续完善手机短信群发功能，拓展信息传递渠道，及时发布监督讯息。

（八）适应监督工作发展需要，适当增加监督委员会办公室工作人员。

九三学社中央关于落实改进工作作风、密切联系群众八项规定的实施意见

（2013 年 4 月 28 日十三届七次主席办公会审议通过）

为贯彻落实《中共中央印发〈十八届中央政治局关于改进工作作风密切联系群众的八项规定〉的通知》精神和《中共中央办公厅国务院办公厅印发〈贯彻落实十八届中央政治局关于改进工作作风密切联系群众的八项规定〉实施细则》要求，现结合我社实际，制定实施意见。

一、改进工作作风，密切联系群众

1. 统筹协调调研活动。社中央领导除履职调研外，在社务工作方面的调研每年不少于 1 次。每年确定若干重大课题，由社中央领导牵头到基层调研；如工作需要，可结合调研重点和分管工作召开专题或小范围座谈会。重要调研意见、建议，要写出书面报告。社中央领导和各部门到地方的调研或其他活动，由秘书长统筹协调后安排，避免集中或轮番到一个地方调研。

2. 精心安排调研内容。履职调研，要围绕国家经济社会发展的重大问题和群众关切的重大问题。社务调研，要着力深入基层、及时发现问题，善于提出解决问题的措施建议，要实事求是，不做表面文章。调研要客观真实。社中央领导到地方出差，尽可能安排时间走访看望基层组织和社员。

3. 调研提倡轻车简从。调研活动一般安排集中乘车，不搞层层多人陪同，不搞到边界迎送，不张贴悬挂标语横幅，不超标准接待，不安排宴请，只安排工作餐。不准以任何名义赠送礼品、纪念品、土特产。

4. 密切联系社员，服务基层组织。制订具体计划和措施，开展机关干部联系社员、服务基层组织活动。认真办理领导信箱邮件收复和社员信访接待工作。对来京学习考察的基层社员，欢迎到机关走访，要本着务实节俭、热情周到的原则，做好安排接待工作。对有特殊困难的社员，要尽力帮助他们解决实际困难，给予精神关怀。

5. 坚持面向基层搞好宣传。要深入基层一线到社员中去实地采访，突出反映各级基

层组织的好经验好做法，弘扬先进典型、反映社员的精神风貌，不断提高宣传报道的社会效果。

二、精简会议活动、文件简报，改进会风文风

6. 严格控制会议活动。能不开的会议坚决不开，可以合并的坚决合并。提倡召开综合性社务会议，社中央机关部门召开的全国性会议原则上每部门每年不得超过1次。除工作必须外，社中央领导一般不参加各种庆典和纪念活动，不在活动中挂名任职。

7. 改进会风，提高效率。要改进会风，开短会、讲短话、力戒空话、套话。会议要精心设置，充分安排，提高效率。不得召开没有实质内容的片会、联谊会等。不组织与会议无关的活动，会议活动现场布置简朴，工作会议一律不摆放花草。不以任何名义发放纪念品，不举行宴请。社内职务性工作活动中，不得发放和接受讲课费、评审费、劳务费和调研费等酬金。

8. 精简文件简报，提高质量。加强行文规范，严控发文数量。没有实质内容、可发可不发的文件简报，一律不发。未经社中央领导或主席办公会批准，社中央机关部门不得向省级组织发布指示性公文。严格控制发文字数标准，注重质量，提高文字水平。文件简报力求言简意赅，提倡短文精文、务实管用。对不涉密文件，凡是能够通过网站发布、电子系统发送的，不再印发纸质件；已公开发布的，不再层层转发。要加快社中央机关办公网系统应用步伐，全面启用社中央电子邮件系统，逐步减少纸质文件简报，降低成本、提高效率。

9. 严格文稿发表。除统一安排和工作必需外，社中央领导个人不举办书画、摄影和收藏等作品展，不发贺电、贺信，不题词，不以个人名义作序。未经社中央领导或主席办公会批准，社中央各部门不得组织编写出版各类书籍、资料。

三、规范出国（境）考察活动

10. 严格安排出访出境。合理制定年度因公出国（境）计划，出国（境）考察必须有实质性内容，不得组织或参加任何形式的公款出国（境）旅游活动，出访次数、时间、国家数量、团组人数严格按照有关规定执行。出访期间，严格按所报路线执行公务，不得以任何理由擅自更改路线或绕道而行，不得以过境名义变相增加出访国家（地区）和时间。严格执行出国（境）预算制度，不得超出预算标准。严格执行外事礼品管理有关规定。出访不安排机场迎送。出访后必须递交考察报告或情况汇报。

四、厉行勤俭节约，制止奢侈浪费

11. 严格执行经费开支规定。严格执行机关运行经费支出标准，大力推进节约型机关建设。继续加强“三公经费”预算管理，严格执行国家有关公务接待费开支标准和会议定点管理规定，进一步压缩“三公经费”支出；制订相应制度规范，逐步在一定范围内公开财务预决算情况。不得组织公费旅游性质的学习考察活动，严格控制出差、会议人数，按标准安排用餐、住宿。接待来访人员一般在机关餐厅安排工作餐。

五、加强组织领导，抓好贯彻落实

12. 明确责任分工。各级组织要结合实际，制定贯彻落实八项规定具体措施和办法，严格落实责任制，主要领导是第一责任人。要进一步制定完善工作机制，加强督促检查，坚持按程序、按规定、依法办事，确保本规定真正落到实处。

13. 领导干部做好表率。各级领导干部要切实改进工作作风，以身作则，率先垂范，带头执行，自觉接受群众监督。要求下属做到的，自己首先做到，要求下属不做的，自己首先不做。

九三学社中央关于进一步加强组织建设的若干意见

（2013 年 5 月 7 日九三学社第十三届中央常务委员会第三次会议通过）

当前，我国正处在建设中国特色社会主义的关键时期。新形势、新任务对参政党建设提出了更高要求。我社要履行好参政党的历史使命和职责，迫切需要进一步全面加强组织建设，全面推进“人才强社”战略，全面提升社组织的组织化水平和整体运行能力，实现我社第十次全国代表大会提出的自身建设目标，把九三学社建设成为组织上坚强的参政党。为此，提出以下意见。

一、进一步强化领导机构职能，推进领导班子建设

委员会及其常务委员会和领导班子是我社各级组织的领导机构。强化机构职能的重点，在于充分发挥领导班子核心作用，增强领导成员的政治把握能力、参政议政能力、组织协调能力、合作共事能力，提高领导团队的领导力和执行力。

（一）完善领导班子议事决策制度。中央领导班子在完善主席会议和主席办公会议制度基础上，定期召开谈心会，沟通思想、交换意见、增进共识；每年召开一次战略研讨会议，分析形势、研究社务、规划工作。地方各级领导班子要认真贯彻《九三学社中央关于加强地方组织领导班子建设的意见》（2007），定期自查落实情况，完善议事规则和决策程序，用制度巩固自身建设成果。

（二）增强领导机构议事决策功能。完善中央常务委员会决策和工作班子的功能，进一步明确中央常务委员会职责，充分发挥中央常务委员作用。建立中央委员全会建议案制度，为中央委员参与社务决策创造条件。建立社员代表列席中央全会制度，探索实施代表常任制。

（三）尝试开展巡视督导工作。由中央领导成员带队，巡视督导地方工作，并就地方工作和需求，与中共地方党委和统战部门沟通情况和意见，争取帮助支持。

二、进一步完善组织体系，提升组织整体功能

中央组织、地方组织和基层组织构成我社的组织体系。完善组织体系的重点，在于建立纵向贯通、横向合作、有机联动的长效机制，提升组织体系的整体性、系统性和有效性。

（四）健全中央与地方组织的联系机制。中央领导成员应深入了解省级组织开展工作、履行职能的情况，定期分析研究，给以指导帮助。出席省级组织领导班子于届中或届末举行的述职考评会议，掌握省级组织民主评议和民主推荐情况。完善省级组织向中央的年度工作汇报和重要事项请示报告制度。探索开展地方组织对中央领导班子和工作机构评议评价工作。

（五）加强地方组织的合作交流。通过中央举办的相关会议和活动，推动地方组织的相互交流。支持地方组织区域性协作会议、城市联席会议，以及社组织多种形式的联系交往。支持地方组织就议政调研课题、社会服务项目和自身建设工作等开展跨区域合作。社中央可根据区域会议主题和省际合作需要，提供指导和帮助。中央机关有关部门可以牵头组织区域相关会议，协调专项合作事宜。

（六）增强地方与基层组织活力。继续贯彻落实《九三学社中央关于加强组织建设的若干规定》（2005）和《九三学社中央关于加强基层组织建设的意见》（2010），定期分析研究地方与基层组织建设情况，对领导成员政治安排、专职干部配置、后备干部工作，以及机关编制、办公条件存在问题和困难的地方组织，给予重点关注和指导；对班子团结民主、各项制度健全、组织生活活跃的基层组织给以宣传表彰，树立典型示范；对长期涣散的基层组织，提出整改措施，督察整改效果。中央与地方组织共同搭建人才培养平台，举办基层骨干培训班，重点培训基层领导、后备人才和社务活动骨干。中央的表彰奖励，适当增加基层组织和社员骨干的比例和名额。鼓励工作创新，关注社员政治参与和民主诉求不断增强的趋势，完善基层组织民主选举程序，探索在具备条件的基层组织试行换届差额选举。认真研究基层组织处理不合格社员的难点问题，严明组织纪律，健全社员退出机制。

三、进一步实施“人才强社”战略，加强组织发展工作

从事科学、技术工作以及高等教育、医药卫生等方面的高、中级知识分子是我社发展成员的主要对象。实施“人才强社”战略，关键在于把住发展社员的政策关和入口关，要继续坚持“三为主”原则，注重质量，保持特色，吸收更多品德优秀、业绩突出、具有较强参政议政和社会活动能力、与中国共产党同心同德的高层次人才，注意优化人才队伍结构。

（七）着力做好代表人士的发展工作。着力吸纳两院院士、国家特聘专家、长江学者、省（部）级以上重点学科带头人、重大奖项和荣誉称号获得者，以及已形成一定社会影响力的知名专家学者。重点吸纳国家各类高层次的人才计划项目入选者及国家和省（部）属重点实验室骨干。积极吸纳科学研究领域有发展潜力的中青年人才。重视吸纳人文社会科学，尤其是政治、经济、社会、文化、法律和财税、金融等专业人才。重视吸纳政府机关、司法机关、文化传媒以及国有企事业单位、社会团体中的管理人才。重视吸纳科技型企业和新社会组织的高层次人才，把经济技术开发区、高新技术产业区等作为发展社员的一个新的重点区域。

（八）合力推进组织发展工作。各级领导成员要把吸纳代表人士放在重要位置，带头

物色、推荐和发展。中央院士工作委员会及其成员应把发展代表人士作为一项重要工作；直辖市、副省级城市和省会城市，以及高等院校和科研院所的社组织应主动承担重点人物的发展任务。各级组织要切实抓好组织发展工作，把推荐和发展优秀人才入社作为领导班子及其成员考核内容。各级组织部门和基层组织要主动接触联系社外代表人士，畅通申请、考察和吸纳途径。在当地发展个别优秀人才遇到困难的，由上级组织给以协调和帮助。

四、进一步创新育人用人机制，加强人才队伍建设

实现组织上坚强，需要拥有数量充足、结构合理、素质优良、作用突出的社内代表人士队伍及后备干部队伍，需要不断创新机制、拓宽视野、整合资源，切实抓好人才发现、储备、教育培养和选拔任用。

（九）提高人才管理工作信息化水平。加快建设中央“社员和组织信息管理数据库”，中央和地方组织要给予足够的人财物支持，使之录入完备、运行完好。中央和地方组织应设置专人负责信息数据库，做到分级管理，及时更新，信息安全，资源共享。中央和地方组织根据参政议政、社会服务和自身建设需要，建立参政议政、社务人才和后备干部数据库。依据信息资源，建立社内人才中长期分析评价制度，实现社内干部的动态管理、科学管理，尤其要对各级组织领导班子和领导机构未来5年、10年新老交替、后备补充及人才结构作出预期评估。中央和地方组织应逐步建立科学实用的综合评价指标体系，不断提高选人识才的客观性、全面性和准确性。

（十）扩展人才推荐渠道和发挥作用平台。中央在调查研究和总结经验的基础上，进一步健全推荐机制，规范推荐程序，形成社内推荐与社外推荐、中央推荐与地方推荐、组织推荐与个人推荐、定期推荐与日常推荐的有机结合，促进推荐工作科学化、民主化。进一步整合社内资源，除各级委员会外，要把各级组织的专门委员会、工作委员会作为组织建设的基本内容，使之成为社内优秀人才展示才干、发挥作用的重要平台。中央思想建设研究中心、参政党理论研究中心、社史研究中心等机构可适当扩大规模，或增加分支机构，容纳更多人才。积极推荐社员担任人大、政协、政府和司法机关各层级领导职务，担任政府部门特约人员、政府参事、文史馆员，积极向工青妇等群众团体、政府管理的公益团体、社会团体推荐人才。

（十一）加大人才培训和挂职锻炼力度。科学规划培训工作，健全培训体系，完善课程设置，丰富培训形式。充分利用中央社院这个联合培训基地，继续搞好合作办班、委托办班和自主办班。充分利用党外代表人士实践锻炼基地，会同地方组织积极主动地向有关部门推荐挂职干部。推进社内挂职锻炼和轮岗交流工作，继续选调地方组织干部到中央机关挂职，选派中央机关干部到扶贫帮困点和地方组织机关挂职；支持地方组织之间选派干部挂职；推动选派干部到政府有关部门挂职。

（十二）增强专职领导干部队伍实力。在统筹社内代表人士、专兼职领导干部、机关干部、后备干部等队伍建设的基础上，重视和把握专职领导干部成长的特殊规律。注意从吸纳社员的入口发现、引进社务工作苗子，注意从社内中青年干部中物色、选拔社务工作骨干。通过内选外引、公开招考等多种途径充实专职干部队伍，通过教育培训、轮岗交流、挂职锻炼等多种措施培养专职领导干部。要及早确定专职领导干部后备人选，

推荐使用干部要同等考虑专职领导干部。届中调整和换届工作要格外关心即将离任的专职领导干部，帮助他们解决实际困难和问题。

五、进一步加强沟通协商，密切合作共事关系

参政党组织建设离不开中共组织的支持与帮助。因此，需要加强沟通协商，建立良好的合作共事关系，为社组织的建设和发展创造条件。

（十三）积极推动沟通协商工作。总结经验，把握规律，通过与中共党委和统战部门密切合作，争取就协商内容、时间、方式和后续工作等逐步形成制度和规范。建立重要社务工作沟通协商“主席（主委）负责制”，保持与中共党委及统战部门沟通协商渠道畅通有效。

（十四）主动开展联谊交友工作。根据中共中央 [2012]4 号文件有关联谊交友工作的明确要求，各级组织领导成员应把握契机，主动热情地与中共各级组织领导同志联谊交友，增强相互信任。中央和省级组织领导成员应利用到地方调研、视察等公务活动机会，安排走访当地党委和统战部门，沟通交流，联络感情，密切关系，为当地社组织拓展工作空间，营造良好氛围。

六、进一步转变工作作风，加强组织工作的领导和内部监督

各级组织应把加强组织建设和实施“人才强社”战略摆到更加重要的位置，以“党要管党”的精神，切实解决组织建设上的各种问题和困难，落实组织建设各项要求和措施。

（十五）各级领导成员和机关干部要切实转变作风。各级领导成员应身体力行，深入基层，贴近社员，开展调查研究，履行工作职责。各级机关应提倡实干、研究、民主、和谐的工作作风，面向基层，心系社员，做好服务。中央和地方组织机关各部门应齐心协力，形成互通互动互助的合作机制。地方与基层组织应发挥桥梁和纽带作用，了解社员心声，反映社员诉求，使社组织成为温暖的社员之家。

（十六）各级监督机构要认真履行监督职能。社内各级监督机构应按照《九三学社章程》规定，把领导班子及其成员遵守社章、执行制度、履行职责情况作为监督重点。当前和今后一个时期，应将领导班子履行组织建设职责，尤其是干部培养、推荐、任用和管理情况作为抓手，了解有关工作部署，监督有关工作进展，反映有关工作问题。

（十七）在继续贯彻中央自 2003 年以来制定的组织建设相关文件和规定的同时，各省级组织可根据以上意见，结合本地实际情况，研究制定相关落实措施，形成相关意见和办法。

九三学社中央机关公文处理工作规定

（2013 年 7 月 22 日第十三届第 9 次主席办公会审议通过）

为进一步加强和规范机关公文处理工作，理顺公文处理程序，实现公文规范化制度

化管理，提高公文处理的效率和质量，参照《党政机关公文处理工作条例》和《党政机关公文格式》，制订本规定。

一、公文种类

第一条　常用公文种类主要有：

（一）决议。适用于会议讨论通过的重大决策事项。

（二）决定。适用于对重要事项作出决策和部署、奖惩有关单位和人员。

（三）意见。适用于对重要问题提出见解和处理办法。

（四）通知。适用于发布、传达要求下级组织执行和有关单位周知或者执行的事项，批转、转发公文。

（五）通报。适用于表彰先进、批评错误、传达重要精神和告知重要情况。

（六）报告。适用于向上级机关汇报工作、反映情况，回复上级机关的询问。

（七）请示。适用于向上级机关请求指示、批准。

（八）批复。适用于答复下级组织请示事项。

（九）函。适用于不相隶属机关之间商洽工作、询问和答复问题、请求批准和答复审批事项。

（十）纪要。适用于记载会议主要情况和议定事项。

二、公文格式

第二条　公文一般由份号、密级和保密期限、紧急程度、发文机关标志、发文字号、签发人、标题、主送机关、正文、附件说明、发文机关署名、成文日期、印章、附注、附件、抄送机关、印发机关和印发日期、页码等组成。

适用格式主要为文件格式、信函格式、纪要格式等。

第三条　公文的版式按照《党政机关公文格式》国家标准执行。公文使用的汉字、数字、外文字符、计量单位和标点符号等，按照有关国家标准和规定执行。

第四条　公文用纸幅面采用国际标准 A4 型。特殊形式的公文用纸幅面，根据实际需要确定。

三、行文规则

第五条　行文应当确有必要，讲求实效，注重针对性和可操作性。

第六条　行文关系根据隶属关系和职权范围确定。一般不得越级行文，特殊情况需要越级行文的，应当同时抄送被越过的机关。

第七条　向全国政协、中央统战部等相关单位行文，应该遵循以下规则：

（一）原则上主送一个部门，根据需要同时抄送相关部门，不抄送下级组织机关。

（二）机关部门向相关单位主管部门请示、报告重大事项，应当经社中央分管领导同意或者授权；属于部门职权范围内的事项可直接报送相关单位主管部门。

（三）地方组织机关的请示事项，如需以本机关名义向相关单位有关部门请示，应当提出倾向性意见后上报，不得原文转报相关单位有关部门。

（四）请示应当一文一事，不得在报告等非请示性公文中夹带请示事项。

（五）除相关单位负责人直接交办事项外，不得以本机关名义向相关单位负责人报送公文，不得以本机关负责人名义向相关单位报送公文。

第八条　向地方组织机关行文，应当遵循以下规则：

（一）主送受理机关，根据需要抄送相关机关。重要行文应抄送中央统战部相关部门。

（二）机关内设部门除办公厅根据授权可以向地方组织机关行文外，其他部门不得向地方组织机关发布指令性公文或者在公文中向下级组织提出指令性要求。需经地方组织机关审批（或同意）的具体事项，经社中央分管领导同意后可以由部门行文，文中须注明已经社中央领导同意。

（三）机关部门在各自职权范围内可以向地方组织的相关部门行文。

（四）涉及多个部门职权范围内的事务，部门之间未协商一致的，不得向下行文；擅自行文的，应予纠正或者撤销。

第九条　涉及全社及社中央机关重要工作或重大活动，应以九三学社中央委员会或办公厅名义行文。需要全国政协（包括办公厅、各专门委员会）、中共中央统战部等相关单位批准或同意的事项，应以社中央名义行文。向全国政协办公厅内设机构或中央统战部内设部门等行文，一般以社中央办公厅名义。机关内设部门除办公厅外不得对外正式行文。不相隶属部门或机关之间一般用函行文。

四、公文拟制

公文拟制包括公文的起草、审核、签发等程序。

第十条　起草公文应当做到：

（一）符合国家的法律、法规和方针、政策，准确体现机关发文意图。

（二）内容简洁，主题突出，观点鲜明，结构严谨，条理清晰，表述准确，文字精炼。

（三）人名、地名、时间、数字、引文准确。公文中汉字和标点符号的用法符合国家发布的标准方案，计量单位和数字用法符合国家主管部门的规定。

（四）文种正确，格式规范。

（五）结构层次序数，第一层为“一、”，第二层为“（一）”，第三层为“1.”，第四层为“（1）”。

（六）机关负责人应当主持、指导重要公文起草工作。

（七）拟稿处室以及部门的负责人应当对所起草的公文进行审核。

第十一条　公文文稿签发前，应进行核稿。部门综合处室负责本部门主办的文稿核稿工作；办公厅秘书处负责社中央和办公厅名义行文核稿工作。重点是：

（一）行文理由是否充分，行文依据是否准确。

（二）内容是否符合国家法律法规和方针政策；是否准确体现机关发文意图；所提政策措施和办法是否切实可行。

（三）文种是否正确，格式是否规范；人名、地名、时间、数字、段落顺序等是否准确；文字、数字、计量单位和标点符号等用法是否规范。

（四）其他内容是否符合公文起草的有关要求。

第十二条　经审核不宜发文的公文，应当退回起草部门（处室）并说明理由；符合发文条件但内容需作进一步研究和修改的，由起草部门（处室）修改后重新报送。

第十三条　公文应经本机关负责人审批签发。重要公文和上行文由机关主要负责人签发。

（一）以部门名义行文。经部门综合处室核稿后，由部门分管负责人审阅，部门主要负责人审批签发。部门其他负责人签发，须报经部门主要负责人同意，并在发文稿纸上注明。须经社中央领导审批签发的公文，由主席办呈送社中央分管领导签发后退主办部门办理行文。

机关每个部门原则上只保留一种工作简报，适用部门名义行文流程签发。

社中央主办、参政议政部承办“九三学社信息”，分送全国政协、中央统战部等有关部门。适用部门行文名义流程、社中央分管领导签发。

部门需在社中央网站发布的公文或要闻文稿，经部门主要领导审签、办公厅分管领导核审后上网，部门或个人不得自行送交社中央网站发布。

（二）以办公厅名义行文。部门核签文稿、办公厅秘书处核稿、办公厅分管领导审核，送请办公厅主要领导审批签发后，由秘书处办理行文。重要公文由办公厅主要领导签报社中央分管领导签发。

社中央机关主办简报“九三学社中央通报”，主要用于全社工作交流、重要情况通报、书面发布领导讲话材料等。适用办公厅名义行文流程签发。

（三）以社中央名义行文。部门核签文稿、办公厅核审、主席办呈社中央分管领导审批签发后，退秘书处办理行文。

社的全国代表大会、中央委员会、常务委员会、主席会议、主席办公会议等会议或重大活动的有关公文，办公厅主要领导签报社中央分管领导审签后，由社中央常务副主席或主席签发。

（四）签发公文，主签人应当明确签署意见、姓名和完整日期，其他领导圈阅，视为同意。上行文应当标注签发人姓名。

（五）会议纪要、简报的签发，按照有关工作规则执行。涉及社中央各专门委员会、工作委员会有关公文事项，由归口联系部门按照各委员会工作规则及部门行文流程办理。

第十四条　公文应尽量减少“跑签”，只有少数必须在1天内办完的公文，或急需制发的公文，在发文稿纸首行标注紧急程度并由部门主要领导审签后方可跑签。无紧急、特殊情况，不得将公文或文稿直接呈送机关分管领导签发。

五、收文办理

第十五条　收文办理是指对收到公文的处理过程。一般包括签收、登记、拟办、批办、分发、传阅、承办、催办和答复等程序。办公厅秘书处、各部门综合处室分别负责送达本机关、本部门公文的处理工作。

第十六条　收到公文应及时进行登记、分发、传阅和处理。对不应当由本机关办理、不符合行文规则的公文，应退回来文单位并说明理由。需要办理的公文（含附件或材料），应及时报办公厅或部门主要领导审核、提出拟办意见。属职权范围内可以答复的，由办公厅或部门负责直接办理。对不能直接答复处理的，提出拟办意见后，交主席办呈送社中央领导批示。

机关内部重要请示、报告应通过《九三学社中央机关内部签报》办理。主要流程是：经办人拟稿签字，处室负责人、部门综合处室负责人审核，部门主要负责人签报社中央领导批阅。涉及其他部门或办公厅职权范围的请示（报告）事项，须会签有关部门或办公厅审核后，由主席办呈送社中央领导批阅。

第十七条　部门或个人一般不得将收文直接报送社中央领导；对于特急收文，经同意可直报社中央分管领导批示。经社中央领导批示的公文，一律由主席办退回呈送部门办理，并由承办部门负责催办、督办和查办。

第十八条　凡涉及经费问题的收文，应先送办公厅主要领导阅示后，再呈送社中央分管领导批示。

第十九条　承办部门接到批办的收文后，应当抓紧办理，不得推诿、延误。涉及多部门业务范围的综合事项，由主办部门协商有关部门负责办理；如不能取得一致，应及时提请秘书长统一协调处理。

第二十条　需呈送多位社中央领导传阅或传批的收文，由主席办报办公厅主要领导并秘书长阅签意见后，按一定的顺序报送。一般程序是：传阅件应按领导人排序由前向后递送，传批件应按领导人排序由后向前递送。公文传阅不得漏传、误传、横传。

第二十一条　机关领导批示收文时，对有具体请示事项的，主批示领导应当明确签署意见、姓名和批示日期，其他批示领导署名或圈阅视为同意；没有请示事项的，署名或圈阅表示已阅知。

第二十二条　密级收文应当通过机要交通传递，密电传输或计算机网络加密传输，不得密电明传、明电密电混用。机要收文由办公厅人事处直接呈送机关领导传阅并注意及时收回保管。机关领导对机要收文的有关批示，由人事处负责办理落实。

六、发文办理

第二十三条　发文办理是指以本机关名义制发公文的过程。包括公文的复核、登记、印制和核发等程序。

第二十四条　已经领导签发的公文，印发前办公厅秘书处或部门综合处室应对公文的审批手续、内容、文种、格式等进行复核。校核重点是：报批程序是否符合规定，签发手续是否完备，附件材料是否齐全，格式是否统一、规范，有无错忘漏问题等。

第二十五条　经领导签发后的公文，承办部门不得擅自更改。需作修改的，应报原签发人复审。对复核后的公文，应当确定发文字号、分送范围和印制份数并详细记载。

第二十六条　发文字号由发文机关代字、年份、发文顺序号组成。联合行文时，使用主办机关的发文字号。社中央机关具体发文字号分别为：

文件格式：九三中央发〔××××〕××号、九三中办发〔××××〕××号、九三中组发〔××××〕××号、九三中宣发〔××××〕××号、九三中社发〔××××〕××号、九三中参发〔××××〕××号、九三中研发〔××××〕××号；

信函格式：九三中央函〔××××〕××号、九三中办函〔××××〕××号、九三中组函〔××××〕××号、九三中宣函〔××××〕××号、九三中社函〔

××××〕×× 号、九三中参函〔××××〕×× 号、九三中研函〔××××〕×× 号；

纪要格式：九三中央纪字〔××××〕×× 号、九三中办纪字〔××××〕×× 号、九三中组纪字〔××××〕×× 号、九三中宣纪字〔××××〕×× 号、九三中社纪字〔××××〕×× 号、九三中参纪字〔××××〕×× 号、九三中研纪字〔××××〕×× 号；

内部签报：九三内办请字〔××××〕×× 号、九三内组请字〔××××〕×× 号、九三内宣请字〔××××〕×× 号、九三内社请字〔××××〕×× 号、九三内参请字〔××××〕×× 号、九三内研请字〔××××〕×× 号。

第二十七条　办公厅文印室负责公文印制。对待特急或重要公文，应优先保证印制。印制公文要准确、及时、规范、安全、保密。做到文面清晰、字体适当、用纸及格式规范。涉密公文应当在符合保密要求的场所印制。

第二十八条　公文印制完毕后，部门承办处室和核稿责任处室应当对公文的文字、格式和印刷质量等再次进行检查，确保准确无误后分发。

第二十九条　由办文部门负责按文件发放范围发送公文并立卷归档（呈送社中央领导的公文，交由主席办分送）。

第三十条　发送和传递秘密公文，必须采取保密措施，确保安全。利用计算机、传真机等传输秘密公文，必须采用加密装置。绝密级公文不得利用计算机、传真机传输。对紧急公文，须用特快专递发送或与办公厅协商处理。

七、公文管理、保密、归档和销毁

第三十一条　办完的公文原件由承办部门公文管理员负责保管。两个以上部门（机关）联合办理的公文，原件由主办部门（机关）保管，相关部门（机关）保存复制件。属密级公文，由办公厅人事处指定专人管理，并采取严格的保密措施。公文确定密级前，应当按照所拟定的密级先行采取保密措施；涉密公文拟稿时提出的密级设定意见，经审核签发流程后即视为确定，必要时应经社中央保密工作领导小组审核确认。确定密级后，应当按照所定密级严格管理。办完的公文，应于每年年底立卷、翌年 3 月底前移交档案室归档。

第三十二条　机关部门不得自行复制涉密公文。复制上级机关的涉密公文，须经发文机关批准或授权。确需复制的，应从严控制并严格履行报批手续，经批准后再行复制。复印的公文与正式印发的公文同等管理。

第三十三条　公文处理必须严格遵守《中华人民共和国保守国家秘密法》及有关保密法规，遵守保密纪律，确保党和国家秘密安全。凡泄露或出卖党和国家秘密公文的，将依照有关法律、法规的规定进行处理。

第三十四条　公文管理人员（含兼职）应当根据《中华人民共和国档案法》的有关规定，及时将公文的定稿、正本和有关材料收集齐全，进行立卷归档。个人不得保存应当归档的公文。

第三十五条　公文管理人员应当按规定及时对秘密公文进行清理、清退和销毁。销毁秘密公文，应当进行登记，由二人监销，保证不丢失、不漏销。没有归档和存查价值的公文，经过鉴别和部门主要领导批准，可以定期销毁。公文解密，应履行手续，提请社中央保密工作领导小组批准。

第三十六条　本规定由办公厅负责解释。自 2013 年 11 月 1 日起执行。之前有关机关公文处理规定同时废止。

九三学社中央
关于在全社开展坚持和发展中国特色社会主义
学习实践活动的实施方案

（2013 年 11 月 18 日九三学社第十三届中央常务委员会第四次会议通过）

习近平同志强调，中共十八大精神，说一千道一万，归结为一点，就是坚持和发展中国特色社会主义。中共十八届三中全会通过的《中共中央关于全面深化改革若干重大问题的决定》明确指出，全面深化改革的总目标就是完善和发展中国特色社会主义制度。2013 年 8 月 18 日，习近平同志做出重要批示，充分肯定党外人士提出要做坚持和发展中国特色社会主义亲历者、实践者、维护者、捍卫者的思想认识，强调要进一步增强“三个自信”（以下称“8・18 重要批示”）。在全社开展坚持和发展中国特色社会主义学习实践活动，是深入学习贯彻中共十八大和十八届三中全会精神、习近平同志“8・18 重要批示”和一系列重要讲话，以及九三学社十大精神的重要举措，是深化新一轮政治交接的内在要求，是增进政治共识的核心内容，是当前和今后一个时期我社各项工作的有力牵引，具有重大而深远的意义。为了扎实有序推进活动的开展，制订实施方案如下。

一、主题目的

以坚持和发展中国特色社会主义为主题，将其作为聚焦点、着力点和落脚点。通过开展形式多样的学习实践活动，凝聚思想共识、传承政治薪火，继承优良传统、巩固多党合作共同思想基础，切实承担起中国特色社会主义亲历者、实践者、维护者和捍卫者的政治责任，为全面建成小康社会、实现中华民族伟大复兴的中国梦贡献力量。

活动从现在起至社的第十一次全国代表大会召开前结束。用 4 年左右的时间，通过全社上下的共同努力，使广大社员特别是各级领导班子和骨干成员对中国特色社会主义的认识普遍提高，道路、理论和制度自信进一步增强；对多党合作制度优越性的认识普遍提高，坚持中国共产党领导的自觉性和坚定性进一步增强；对九三学社作为中国特色社会主义参政党性质、地位和历史使命的认识普遍提高，履行参政党职能的能力进一步增强；对爱国民主科学核心价值理念的认同普遍提高，社组织向心力凝聚力进一步增强。

二、基本原则

突出重点。学习实践活动在全体社员中开展，以社的各级领导班子和骨干成员为重点，坚持上级为下级做表率、骨干为社员做表率、领导班子为机关做表率；2013—2017 年分别以动员部署、学习研讨、弘扬传统、加强基层建设、深化政治交接作为重点，把深入调查研究、澄清思想认识作为切入点，远近结合、循序渐进，使学习实践活动逐步引向深入。

体现“三自”。继承和发扬我社自我教育优良传统，坚持自主自觉自为，自己提出问题、自己分析问题、自己解决问题，增强思想和行动自觉；根据当地实际和社员特点，采取便于参加、乐于参与的活动方式。

加强正面引导。把握活动导向，突出思想引领，坚持进步性与广泛性相统一，坚持和而不同、兼容并蓄，在尊重差异中扩大认同，在包容多样中增进共识。

彰显实践特色。坚持知行合一、增强可操作性，认真总结近年来开展主题教育活动作法和经验，把学习与实践相结合，注重通过参与社务工作，通过挂职和轮岗实践锻炼，通过参与网上舆论斗争，在为巩固“红色地带”、改变“黑色地带”、转化“灰色地带”发挥积极作用的同时，深化我社作为中国特色社会主义事业维护者和捍卫者的认识。

着力增强实效。与加强联系群众，改进工作作风紧密结合，聚焦“四风”之垢、解决突出问题，在学习实践活动中践行理论联系实际、活泼生动、富有新意的文风，说真话、说短话、说通俗明白话的话风，务实管用、不念稿子、交流互动的会风；与履行参政党职能、发挥参政党作用各项工作紧密结合，通过丰富生动的履职实践，深化思想认识、展示实践成果、增强活动实效。

三、重点工作

搞好动员部署。学习贯彻中共十八届三中全会精神，深刻认识全会做出全面深化改革的战略部署，深刻把握学习中共十八届三中全会精神与开展学习实践活动的关系；学习习近平同志在全国宣传思想工作会议上的重要讲话，充分融入中国特色社会主义亲历者、实践者、维护者、捍卫者的深刻内涵，从社的实际出发，认真研究制定学习实践活动实施方案；把制订方案的过程变成学习思考研究、调查了解情况、听取意见建议、凝聚思想共识的过程。实施方案经社中央十三届四次常委会审议通过后，在年底召开的社中央十三届二次全会上动员部署。

召开主题常委会。2014 年 5 月上旬，召开社中央十三届七次常委会，以坚持和发展中国特色社会主义学习实践活动为主题，安排主题报告、交流心得体会、宣讲典型事迹，加深理解认识，做到先学一步、学深一点、多学一些。

深入基层调研。社中央组成专题调研组赴各地了解社员对中国特色社会主义的认识情况，紧密结合社员思想实际，结合问卷调查，召开不同类型、不同层次、不同重点、不同规模的研讨会和座谈会，就中国特色社会主义和中国梦的重大意义、丰富内涵、精神实质和实践要求，如何用中国特色社会主义引领社员思想，增强思想建设针对性和实效性等问题进行广泛深入研讨，梳理热点难点问题，以便有的放矢地开展工作。各省级组织也要围绕学习实践活动开展广泛深入调研。

组织巡回宣讲。社的各级领导同志要在深入学习领会基础上，带头做辅导报告，带头宣讲中国特色社会主义。社中央组织坚持和发展中国特色社会主义学习实践活动宣讲团，制订宣讲计划，精心遴选团员，做好预培训和试讲工作，使团员对中国特色社会主义重大理论观点了然于胸、运用自如。在此基础上，紧密结合各地实际，紧密结合社员所思所想，广泛开展面向基层、面向社员的宣讲，努力做到形成声势、深入浅出、释疑解惑、取得实效。

举办专题论坛。每年举办 1 期“九三学社坚持和发展中国特色社会主义论坛”（以下称“论坛”），集中研讨 2—3 个意识形态领域热点问题。2014 年度“论坛”围绕如何认识中国特色社会主义科学内涵和实践要求，如何看待中国特色社会主义客观规律性和历史必然性，我社对意识形态领域特别是互联网上的极左和极右思潮应不应该发声及如何发声等 3 个问题深入研讨。搞清中国特色社会主义道路、理论体系、制度的内涵要义及其相互关系，正确认识中国特色社会主义在中国近代史上，在中共 90 多年奋斗历程中，在新中国 60 多年发展进步特别是改革开放 30 多年理论与实践探索中的形成过程、重要地位和作用；正确认识中国特色社会主义政治发展道路与维护多党合作政治格局、与弘扬我社爱国民主科学优良传统关系，引导广大社员知史爱党、知史爱国、知史爱社，在正本清源中认识中国特色社会主义规律性和必然性。其余年度“论坛”研讨题目在当年初提出。

弘扬优良传统。2015 年是九三学社成立 70 周年。本着隆重简朴务实原则，以纪念建社 70 周年为契机，回顾光荣历史，追忆我社接受中国共产党领导、与党亲密合作发展历程，缅怀九三学社先辈不凡业绩，继承优良传统，深刻认识作为中国特色社会主义事业亲历者和实践者的丰富内涵。重新修订《九三学社简史》、编辑出版《九三学社 70 年》画册、九三学社大事记和《九三学社人物系列丛书》（续编），结合社史专题片的出版发行，组织广大社员重温社史，收看中央电视台播出的《中国民主党派》系列专题片并座谈；充分发挥重庆民主党派历史陈列馆、九三学社成立旧址、褚辅成史料陈列室、张雪岩纪念馆、涂长望纪念馆、周培源故居、茅以升纪念馆、吴阶平纪念馆、王选事迹陈列馆等的作用，铭记我社老一辈领导人的优秀品质和高尚风范，传承政治薪火、弘扬优良传统，增强广大社员的荣誉感、使命感和责任感。设立一批九三学社传统教育基地。建社 70 周年前夕，表彰一批全社先进基层组织、优秀社员和优秀社务工作者；召开先进基层组织、优秀社员和优秀社务工作者代表座谈会，通过各种形式集中宣传典型事迹，唱响主旋律、传播正能量。在全社普遍开展一次走访老社员、老社务工作者活动，请他们讲社史、忆传统、提希望；力所能及地帮助解决实际问题，为他们送去社组织的温暖和关爱。社中央召开纪念大会，举办文艺晚会和书画展；九三中央社讯出版纪念专刊，社中央网站策划纪念专题，推出一批纪念文章。各地结合自身实际，开展丰富多彩、生动活泼的纪念活动。

抓好基层建设。2016 年社的地市级组织和多数基层组织将进行换届。学习实践活动以抓好基层，夯实基础作为重点，以搞好地市级组织和基层组织换届工作为抓手，加强领导班子建设，对新任基层主委普遍开展一次上岗培训，创新组织生活内容与形式、激发履职热情、提高合作共事能力，使学习实践活动进一步下沉到基层、融入基层建设各项工作。

深化政治交接。2017 年社中央和各省级组织将进行换届。学习实践活动重在深化政治交接，把增进政治共识、增强“三个自信”为作为推进新老交替和政治交接的核心内容，结合社中央和省级组织换届工作特别是面临的新形势和遇到的新问题，深入学习中国特色社会主义理论特别是多党合作理论，深入学习中共十九大精神，进一步规划在全面建成小康社会、推进社会主义现代化建设新阶段履行我社参政党职能的工作思路和各项任务；认真总结历史经验，明确今后5年参政党建设目标、原则和主要工作，在此基础上组织好大会报告的起草和社章的修改。坚持德才兼备标准，树立正确用人导向，做到知人善任；引导领导干部讲团结、讲大局、讲奉献，重事业兴衰、轻个人进退，把换届过程作为考察干部道德品质和思想境界的过程，作为我社优良传统的传承过程，作为民主集中制原则的贯彻落实过程，做好深入细致的思想政治工作，努力营造团结和谐的政治环境，确保换届工作平稳顺利进行。

加强骨干培训。利用中央和地方社会主义学院，通过自主办班、合作办班、委托办班等形式，加强思想理论骨干培训，充分发挥骨干队伍以点带面、引领示范和桥梁纽带作用。

评选“九三楷模”。每年组织评选表彰10名“九三楷模”，发挥先进典型激励引导作用，使广大社员见贤思齐、学有榜样、行有示范。

开展读书征文。结合学习“三史”，向全社推荐阅读书目，开展读书征文活动，以适当方式交流读书心得。通过广泛深入的参与过程，发挥辐射带动作用特别是学习思考、丰富内涵，开阔视野、启迪智慧的作用。编辑出版读后感征文集。

加强制度建设。2017年是学习实践活动“收官之年”，要把学习实践活动有效做法和新鲜经验及时上升为制度，完善以社章为根本、以民主集中制为核心的制度体系，特别是要进一步完善领导班子议事决策制度、理论中心组学习制度、领导干部和骨干社员培训制度、社员思想动态分析制度、网上舆情研判制度、领导班子述职评议和谈心会等内部监督制度等，充分发挥制度的规范和导向作用。学习实践活动结束后，各省级组织要向社中央报送总结报告，社中央将对全社开展学习实践活动情况进行总结，表彰先进集体和优秀社员，对深化中国特色社会主义学习实践做出部署。

四、几点要求

加强组织领导。社中央成立九三学社中央开展坚持和发展中国特色社会主义学习实践活动领导小组，领导小组下设办公室，设在社中央宣传部；把学习实践活动开展情况作为社中央巡视督导工作的一项重要内容。各省级组织也要成立相应的领导机构和工作机构，把学习实践活动列入领导班子重要议事日程，制订工作方案、明确分工职责、加强分类指导、精心组织实施。基层组织要因地制宜、创新形式，贴近社员、讲求实效；广大社员要立足本职、积极参与。要积极争取中共党委统战部的指导，及时通报情况、协调有关方面，请求必要的支持和帮助。

两手抓两促进。这次学习实践活动时间跨度长、工作任务重、标准要求高，要克服松懈和急躁情绪，防止虎头蛇尾、功亏一篑；要把学习实践活动与做好各项社务工作紧密结合，做到良性互动、相互促进；既要按照社中央实施方案要求，把规定动作做到位，又要结合各地实际，灵活安排有特色的自选动作；要增强学习实践活动的可操作性和实效性，着力抓好几件实事，发挥导向、示范和带动作用。

广泛深入宣传。充分利用社刊社讯、网站，开辟专栏专版和专题网页，发表署名文章，交流学习体会；加强与主流媒体和知名商业网站的联系，重视微博、微信作用，提供新闻线索，宣传先进典型，扩大社会影响，参与舆论引导，加强正面宣传。

全社各级组织要按照社中央实施方案的要求，创造性地开展工作。有关工作进展情况要及时报告社中央。

附件：九三学社中央开展坚持和发展中国特色社会主义学习实践活动领导小组名单及主要职责

九三学社中央开展坚持和发展中国特色社会主义学习实践活动领导小组名单及主要职责

（2013年10月16日九三学社中央十三届十次主席办公会议通过）

为了加强对全社开展坚持和发展中国特色社会主义学习实践活动的领导，决定成立九三学社中央开展坚持和发展中国特色社会主义学习实践活动领导小组。

领导小组名单

组　长：韩启德

副组长：邵　鸿　赖　明　丛　斌　印　红

成　员：赵　勇　徐国权　穆建民　苟红旗　郭　悦

领导小组下设办公室，设在社中央宣传部，穆建民任办公室主任。

领导小组主要职责

1. 安排部署全社学习实践活动，决定相关重大事项；

2. 指导检查各地学习实践活动部署和措施落实情况并提出要求；

3. 听取开展学习实践活动情况汇报，总结推广经验，研究解决问题；

4. 对学习实践活动进行总结。

领导小组办公室主要职责

1. 起草学习实践活动实施方案，做好相关文件准备工作；

2. 深入调查研究，及时掌握学习实践活动进展情况、主要经验和存在问题，为领导小组决策提供建议；

3. 负责学习实践活动宣传报道工作；

4. 负责学习实践活动的日常工作；

5. 完成领导小组交办的其他事项。

九三学社中央监督委员会工作条例

（2013 年 11 月 18 日九三学社十三届中央常务委员会第四次会议通过）

第一章 总 则

第一条 为适应多党合作事业的发展和我社自身建设的需要，建立以自我约束为重点的内部监督机制，根据《九三学社章程》有关规定制定本条例。

第二条 中央监督委员会要坚持以邓小平理论、“三个代表”重要思想和科学发展观为指导，通过加强内部监督，推进社组织不断加强自身建设，自觉坚持中国共产党的领导，坚定不移地走中国特色社会主义政治发展道路。

第三条 中央监督委员会在中央委员会的领导下开展工作，重点监督中央领导机构和领导班子及其成员遵守章程、执行制度、履行职责的情况，并对省级组织监督工作给以指导。

第四条 中央监督委员会要坚持民主集中制原则，加强学习，逐步完善工作制度，规范工作程序，认真履行职责。

第二章 中央监督委员会的职责

第五条 根据社章的要求，结合本社的实际情况，对社内监督工作向中央委员会提出意见和建议。非中央委员、常务委员的中央监督委员可受邀列席中央常务委员会和中央委员会的会议，对中央决议的形成、贯彻过程反映情况、进行监督。

第六条 按照中央委员会的部署和决定，负责做好与内部监督有关的组织、协调、实施等具体工作。

第七条 开展调查研究，了解掌握情况，总结交流经验，推进社的地方组织加强内部监督工作。

第八条 受理涉及社中央和地方组织领导成员违反社章社纪等问题的反映，提出处理意见和建议。

第九条 对内部监督中的重要事项和重大问题及时与有关部门进行沟通和协商。

第三章 中央监督委员会的组成和产生办法

第十条 中央监督委员会设主任 1 名、副主任 2 名、委员若干人，规模一般 19 人以内。

第十一条 中央监督委员会组成人员一般由主席会议提名、中央委员会决定。每届任期与中央委员会相同。

第十二条 中央监督委员任期一般不超过两届。

第十三条 中央监督委员会下设办公室，承办日常事务。办公室主任、副主任按现行公务员管理办法，由中央主席会议任命。

第四章　附　则

第十四条　省级组织设立的监督机构，可参照中央监督委员会的有关精神，积极稳妥地开展工作。

第十五条　本条例从发布之日起实施。

第十六条　本条例由中央监督委员会负责解释。

九三学社中央监督委员会工作细则

（2013 年 12 月 9 日九三学社第十三届中央委员会监督委员会第二次全体会议通过）

为了保证中央监督委员会工作有序开展，根据本社章程和《九三学社中央监督委员会工作条例》，制定本细则。

一、基本原则

中央监督委员会坚持民主集中制原则，重要问题须经集体研究决定。坚持以监督和教育为主，重在预防的方针，坚持实事求是，慎重稳妥，严格按程序办事。

二、工作规则

（一）中央监督委员会在中央委员会领导下开展工作，向中央委员会报告工作。有关社内监督的重大问题由中央监督委员会提出建议和意见，并报中央常务委员会或中央委员会决定。

（二）按照中央委员会的决定和部署开展调查研究，重点了解中央和地方委员会领导班子及其成员遵守纪律、改进作风和履行职责等情况，参与地方组织领导班子届期述职及民主评议、谈心会等活动，进行检查和督导。

（三）九三学社中央监督委员会全体会议每年至少召开一次。由主任或委托副主任主持。全体会议须有三分之二以上委员出席方能举行。委员如对会议的议题有意见或建议可以提出。因故不能参加会议应会前请假。

（四）中央监督委员会全体会议决定重要事项，应贯彻民主集中制原则，充分进行讨论，认真听取不同意见，在协商讨论的基础上，可采取举手或投票等方式进行表决，并以赞成票超过全体委员人数的半数为通过。

（五）中央监督委员会主任、副主任和办公室负责人组成主任办公会议，负责处理中央监督委员会日常工作，重要事项应及时通报中央监督委员。

（六）建立地方组织监督委员会，由地方组织按程序提出候选人名单及组成人员，经与当地统战部沟通协商后，报送中央监督委员会，由中央监督委员会主任办公会议批准。

三、工作要求

（一）中央监督委员会成员必须坚持以邓小平理论、“三个代表”重要思想和科学发展观为指导，增强政治把握能力，坚持解放思想，实事求是，努力提高社内监督工作的能力和水平。

（二）中央监督委员会委员必须依据《九三学社中央监督委员会工作条例》认真行使权力，切实履行监督职责。

（三）中央监督委员会成员及办公室工作人员要严格遵守保密制度，对保密事项和有关会议内容及讨论情况，在没有做出组织结论前必须严格保密，不得泄露。

四、本细则由中央监督委员会负责解释。

五、本细则自中央监督委员会全体会议通过之日起试行。

台湾民主自治同盟

台湾民主自治同盟第九届中央常务委员会 2013 年工作报告

——在台盟第九届中央委员会第二次全体会议上

（2013 年 12 月 3 日）

林文漪

各位委员：

现在，我代表台湾民主自治同盟第九届中央常务委员会，向全会作工作报告，请予审议，并请列席的各位同志提出意见。

一、一年来的工作回顾

即将过去的一年，是实现中华民族伟大复兴中国梦的开拓奋进之年。新一届中共中央领导集体，以“踏石留印、抓铁有痕”的优良作风，团结带领全国各族人民，从容应对复杂严峻的国际形势，大力转变发展方式，着力谋划和推进改革，开创了中国特色社会主义事业的新局面。

即将过去的一年，是台盟受到党和国家亲切关怀，进一步明确目标任务的凝心聚力之年。中共十八大刚刚闭幕，习近平总书记就冒着严寒走访台盟机关，做出了“推动两岸交流、共图民族伟大复兴，是台盟一以贯之的历史责任”的重要指示，使我们深受鼓舞，备感振奋，更加坚定了我们自觉接受中国共产党的领导、为实现祖国和平统一而同心奋斗的理想与信念。

即将过去的一年，也是台盟第九届中央常委会正式履职的继往开来之年。台盟中央团结带领全体盟员和所联系的台胞，高举中国特色社会主义伟大旗帜，认真履行参政党职能，积极参与社会主义民主政治建设，取得了新的成绩，圆满完成了台盟九大确定的阶段性任务。

一年来，我们着力把握思想政治建设、组织建设和作风建设这三条主线，推动台盟工作整体水平上了新台阶。

一是把学习贯彻中共十八大精神作为首要政治任务，切实把全盟的思想和行动统一到中共中央的决策部署上来。台盟中央主席、副主席积极参加了中共中央统战部举办的“统一战线深入学习贯彻中共十八大精神专题研讨班”，更加准确地把握了中共中央对当前形势的科学判断，极大地增强了走中国特色社会主义道路的自觉性和坚定性。在此基础上，常委会动员和引导各级地方组织、广大盟员和所联系的群众，紧密结合台盟实际，系统学习领会中共十八大和习近平等中央领导同志的重要讲话精神，激励全盟以更加昂扬的精神状态投入各项工作实践。

二是着眼新形势下爱国统一战线和多党合作事业发展的需要，加强组织和制度建设，积极探索中国特色社会主义参政党工作规律。今年以来，我们以参政议政、对台联络、社会服务等工作为切入点，先后制定实施了《参政议政工作五年（2013—2017年）规划纲要》、《对台联络工作五年（2013—2017年）规划纲要》和《关于新形势下进一步加强社会服务工作的指导意见》；以涵盖和指导全盟各项工作为目标，组建了9个专门委员会和监督委员会；以加强战略性、策略性、倾向性问题研究为出发点，在台盟历史上首次设立了参事室；以提高机关业务能力和工作效率为重点，实施和修订了一批重要的工作规则。初步形成了以《盟章》为基础，以民主集中制为原则，为台盟履行参政党职能提供有力保障与支撑的工作制度体系。

三是大力践行群众路线，强化全盟的政治意识、大局意识和服务意识。常委会虚心学习借鉴中国共产党开展群众路线教育实践活动的先进经验，制定实施了《关于改进会议、考察、调研等工作的规定（试行）》，并注重以身作则，在民主党派大调研工作中，严格落实“八项规定”，轻车简从，讲求实效，在大调研全程时间压缩两天的情况下，有效工作时间从50余小时增加到150余小时，所到的地市从一般的2个增加为6个，取得了很好的效果。通过转变作风，贯彻群众路线，我们进一步掌握了基层一线的真实情况，进一步发挥了台盟在争取台湾民心工作中的独特优势，切实增强了各级盟组织的凝聚力。

一年来，我们紧密围绕十八大确定的“两个一百年”和“五位一体”任务目标谋篇布局，实现了参政议政工作数量与质量新的双丰收。

一是高层协商咨政建言取得重要成果。以加快新型城镇化建设、推动两岸关系和平发展、深化改革等国家中心工作为重点，提早谋划，精心组织，积极主动地开展调研，努力提高议政建言水平。一年来，台盟中央领导参加由中共中央、国务院召开及委托相关部门召开的协商会、座谈会、情况通报会等26次，提出建议22项。向中共中央、国务院报送了《关于新型城镇化的顶层设计、总体规划、路线图和时间表》、《关于农业人口取得城市户籍的调研报告》、《关于因应岛内政治生态演变，全力聚合两岸双方正能量，巩固和深化两岸关系和平发展的若干对策建议》等7个调研报告，获得习近平总书记、李克强总理、俞正声主席、张高丽副总理等党和国家领导同志12次重要批示。

二是参政履职取得重要成果。在全国政协十二届一次会议期间，台盟中央提交了《强化“十二五”规划检测评估及“十三五”规划科学编制》、《助推台资企业转型升级，巩固和深化两岸关系和平发展的基础》、《加快商签两岸文化交流框架协议，推动两岸文化交流合作机制化》等党派提案30件、大会发言3件，台盟组20位委员提交提案205件、大会发言23件。16件提案入选全国政协重要提案摘报和重点提案办理协商会。张德江等中共中央领导同志在参加政协联组会期间，对台盟的发言和建议给予了充分肯定。台盟盟员中的全国人大代表也切实履行职能，以对党和国家的事业高度负责的精神，充分发表意见、提出建议，并积极行使民主监督的权利。

三是民主党派大调研取得重要成果。围绕“促进两岸关系和平发展”与“实施国家区域发展战略”这两个传统优势领域，以“发挥海峡西岸经济区先行先试作用，进一步深化两岸经贸文化交流与合作”的主题，赴福建省开展了广泛深入的大调研，形成了“支持厦门特区、平潭实验区开展先行先试，打造高水平的海峡西岸经济区对台工作前沿平台”、“充分发挥闽南文化的纽带和桥梁作用，巩固深化两岸同胞民族和国家认同”等系列建议，不仅反映了基层的呼声，而且深化了我们对海峡西岸经济区发展建设规律的认识。

四是全盟课题调研取得重要成果。各地方组织在实践中探索出“深入调研——开展课题研讨——交换意见——形成共识”的做法，丰富和发展了“上下联动、横向联合”的工作机制。今年以来，我们根据全盟的工作进展情况，确定实施了12项重点课题。我们汇集地方组织调研的成果，在全国政协十二届二次、三次常委会和城镇化专题协商会议上，就注重中小城镇发展、加强社会组织建设等问题作了发言，获得广泛好评。各地方组织向台盟中央报送社情民意信息、高层协商素材296件，我们在全盟开展扎实工作的基础上，向全国政协报送社情民意信息58件，同比增加52%。

一年来，我们着力坚持和完善“专、精、深、久”的工作思路，注重巩固与创新相结合，推动联络工作实现了新突破。

一是在对台联络交往方面努力创新。开创了“联络交流＋社会服务”的新模式。在接待台南市医师公会云南医疗参访团期间，安排来自岛内的医师专家共同参与当地的医疗咨询活动，加深了两岸同胞的感情。支持贵州盛华职业学院全额免费培训赫章县贫困学生，与台商共同支持贫困地区的发展建设。同时，圆满完成了接待来自台湾岛内和法国、德国、意大利、新西兰、美国、智利及港澳地区的众多团组，通过务实交往，加深了海内外华人特别是台湾同胞对“中国梦”的认同。

二是在加强台情研究方面努力创新。台盟中央联络部与厦门大学台湾研究院签署了合作开展涉台课题研究意向书，并与厦门大学等4家单位组建的“两岸关系和平发展协同创新中心”签订了合作协议，构建了新的台情研究平台。

一年来，我们按照俞正声主席关于“四个结合”的指示精神，实现社会服务部成功组建后的良好开局，拓展了工作的新领域

一是进一步明确社会服务工作思路，整合盟内外资源，搭建新的工作平台。台盟中央与8个地方组织共同设立“两岸同心助学基金”，首批向赫章县捐赠30万元。精心组织医疗专家义诊、台商投资考察等多项活动，取得了良好的效果。

二是社会服务工作与助力地方加快改革发展相结合。依托台盟资源和渠道，帮助河南焦作等地市在台湾岛内推介文化旅游资源和招商项目，扩大社会影响。针对黔西南试验区、重庆市万州区铁峰乡、北京市密云县大龙门村等对口帮扶单位的实际情况，提供个性化的帮助，助推地方经济可持续发展。

一年来，我们坚持以深化政治交接、巩固多党合作共同思想政治基础为主题，全面加强自身建设，取得了新的成效

宣传思想工作扎实推进。结合学习中共十八大精神，围绕纪念“五一口号”发布65周年、台湾人民“二·二八”起义66周年、台湾光复68周年，开展了形式多样的纪念活动。大力开展盟史研究，推进“老盟员口述历史”采访，整理出版《新台湾从刊》、《遗珍留痕》

等“台盟历史系列丛书”。《台湾通史》第一版大字影印本正式出版，在岛内外引起广泛关注，连战先生对出版表示祝贺并为台海出版社题词。台海出版社又有182种图书实现入岛销售，为促进两岸文化认同发挥了积极作用。

组织工作有序开展。顺利完成了全国人大代表、全国政协委员和特约人员的协商推荐。成功举办了新任中央委员和部分省市委委员培训班、中青年干部培训班，协助中央统战部举办了“民主党派省级组织新任专职领导干部多党合作专题研究班”。成立了台盟广西南宁支部。为履行好参政党职能、提高工作水平打下了坚实基础。

机关建设不断加强。顺利完成干部的调配、晋升、交流、考录工作和选派干部挂职锻炼工作，进一步拓宽了机关干部锻炼成长的途径。认真做好老干部工作，活动更加丰富多彩。机关工作安全高效，公文运转与管理、档案管理、机要保密等工作进一步规范。新办公楼装修改建工程基本完成。

各位委员：

一年来成绩的取得，是中国共产党正确领导的结果，是中国特色社会主义政治制度不断巩固和发展的结果，是全盟各级组织和全体同志共同努力的结果。在此，我谨代表第九届中央常务委员会，向全体中央委员、全体盟员以及机关工作人员表示衷心的感谢和崇高的敬意！

在看到成绩的同时，我们也清醒地认识到，我们的工作还存在不少需要改进和加强的地方。比如，理论学习的形式和内容还需要进一步完善；对中国特色社会主义参政党理论的研究还需要进一步加强；参政议政、对台联络、社会服务、组织宣传、自身建设等各项工作还需要进一步统筹协调，形成合力；青年盟员和机关干部的培养和教育还需要继续抓实抓紧等等。这些问题我们要认真研究，采取切实有效的措施，逐步加以解决。

二、新的一年工作部署

当前，国际局势正在发生深刻复杂变化，世界多极化和经济全球化深入发展，和平与发展仍是时代主题，我国仍处于可以大有作为的重要战略机遇期。在国内，改革开放和现代化建设取得巨大成就，两岸关系和平发展不断巩固深化。特别是刚刚胜利闭幕的中共十八届三中全会，深刻总结了我国改革开放35年来的伟大成就和宝贵经验，作出了全面深化改革的重大决策和部署，充分调动了全国人民推进改革发展的积极性、主动性和创造性。全面建成小康社会、实现中华民族伟大复兴，正展现出光明灿烂的前景。

中央常务委员会认为，新的形势和任务，对台盟自身建设和履行职能提出了更高的要求。新的一年，全盟要坚定不移地在中国共产党的领导下，进一步学习、贯彻中共十八大和十八届三中全会精神，以高度的政治责任感开展好各项工作，不断增强工作的系统性、整体性、协同性，保持和发展台盟“九大”以来的良好态势，在推进社会主义民主政治建设、实现祖国和平统一的新征程中攻坚克难，争创佳绩。

新的一年，我们要全面开展坚持和发展中国特色社会主义学习实践活动，加强全盟思想政治建设。

开展坚持和发展中国特色社会主义学习实践活动，是深入学习贯彻中共十八大、十八届三中全会和习近平总书记一系列重要讲话精神的重要举措，是深化政治交接的必然要求，是增进政治共识的核心内容，意义重大，影响深远。认真组织开展学习实践活动，是当前和今后一个时期台盟的重大政治任务。我们要以学习实践活动为契机，不断增强对中国特色社会主义的道路自信、理论自信、制度自信，切实承担起作为中国特色社会主义事业亲历者、实践者、维护者、捍卫者的政治责任。

要把学习实践活动与落实中共十八届三中全会确定的目标任务紧密结合起来。深刻领会中共中央关于全面深化改革的重大战略思想和决策部署，用以爱国主义为核心的民族精神和以改革创新为核心的时代精神鼓舞斗志，引导和动员全盟同志，从本职岗位做起，更加自觉、更加主动、更加积极地履行参政党职责，为全面深化改革献计出力。

新的一年，我们要着力加强参政议政能力建设，进一步提高履职水平。

中共中央对协商议政工作高度重视，从 2014 年起，全国政协将研究制定《重要协商议题》，报中共中央批准实施，并组织召开“双周协商座谈会”。这既为民主党派参政履职拓展了更加宽广的平台，更要求我们努力提高工作能力和水平。为此，全盟要更加紧密地围绕十八届三中全会和“十二五”规划的战略任务，着眼科学发展的主题，按照《五年规划纲要》的要求，为全面推进经济、政治、文化、社会、生态文明建设，提出高水平的建议；要不断深化“上下联动、横向联合”的工作机制，既要加强台盟中央、专委会与地方组织的合作，也要拓展各级盟组织与地方政府部门的合作、盟内外专家学者之间的合作，力求扎实推进，取得实效；要高度重视和加强社情民意工作。各级盟组织要有专人负责此项工作，拓宽渠道，健全制度，及时准确地反映来自盟员和群众的意见、建议，特别是来自岛内的重要动态，为中共中央相关决策提供参考。

新的一年，我们要全面贯彻两岸关系和平发展重要思想和政策主张，强化两岸同胞同呼吸、共命运的“一家亲”感情认同。

要巩固既有成绩，拓展深化交流。着力加强与台湾中国统一联盟、中华基金会、台南市医师公会、台中市原住民社会发展协会、台南市中小企业协会、台南大中学生乡土文化研习营等岛内团体的联络，巩固工作品牌。着力做好台盟参与主办的海峡论坛、海峡两岸茶博会、海峡两岸船政文化研讨会、海峡两岸休闲农业发展研讨会等大型交流活动，并筹办好“交流与融合——两岸民间和平发展论坛”。着力扩大与岛内有影响的商贸、文化、学术界代表人士的交往，团结老朋友，结识新朋友，不断增进互信，为争取台湾民心多做工作。着力推进两岸相关领域交流合作，2014 年重点加强两岸农业交流，力求多向联动，形成规模，扩大成果。同时进一步加强与海外和港澳地区台湾社团的联络交往。要充分发挥盟内外研究力量的作用，围绕 2014 年对台工作重点议题，分析民意走向，撰写有分量的研究报告。

新的一年，我们要充分发挥特色优势，更加深入扎实地开展好社会服务工作。

要全力落实《中国农村扶贫开发纲要（2011—2020 年）》和国务院扶贫工作会议精神，继续做好贵州毕节试验区等地的帮扶工作，以智力服务和改善民生为突破点，致力于帮扶地区教育、医疗和群众生产生活条件的进一步改善。要结合全盟工作实际，加快建设“台盟社会服务资源库”，为联系和组织台湾同胞参与祖国大陆的发展建设搭建平台。要进一步加强与相关地方政府的合作，促进地方经济社会发展。

新的一年，我们要紧密围绕建设中国特色社会主义参政党的主题，以与时俱进的精神状态，不断提高自身素质。

要继续认真学习借鉴中国共产党开展群众路线教育实践活动的经验，在全盟大力倡导为民、务实、清廉的作风，进一步推动各级盟组织的规范化、制度化建设，提高各级机关工作人员的政治素质和业务能力，为参政履职奠定坚实基础。要全面贯彻落实中共中央颁布的《2010—2020年党外代表人士教育培训改革和发展纲要》和《中共中央关于加强新形势下党外代表人士队伍建设的意见》，积极做好台盟代表人士和后备干部队伍的推荐、培训等相关工作。要大力推进地方组织发展建设，把握盟员发展的关键环节，规范盟员发展程序，做到保质保量。要加强盟史研究，加快搜集整理，并努力实现盟史资料数字化。要加强盟员信息数据库建设，提高盟员规范管理、培养使用工作水平。

各位委员！

中华民族伟大复兴正处在一个关键时期，推进两岸关系和平发展，面临着难得的历史机遇。形势鼓舞人心，催人奋进。让我们高举中国特色社会主义伟大旗帜，紧密团结在以习近平同志为总书记的中共中央周围，沿着中共十八大指引的方向，继承和发扬台盟的优良传统，振奋精神，齐心协力，为实现祖国和平统一而努力奋斗！

台湾民主自治同盟内部监督条例

（2012年12月14日第九届中央委员会第一次全体会议通过）

第一章　总则

第一条　为了加强盟内监督，贯彻民主集中制，发扬盟内民主，维护盟内团结，提高参政党履行职能能力，根据《台湾民主自治同盟章程》制定本条例。

第二条　盟内监督的指导思想：高举中国特色社会主义伟大旗帜，坚持中国特色社会主义理论体系，以马克思列宁主义、毛泽东思想、邓小平理论、“三个代表”重要思想和科学发展观为指导，坚定不移地走中国特色社会主义道路。

第三条　盟内监督的基本原则：要以《台湾民主自治同盟章程》为准绳，体现进步性与广泛性相统一的政治联盟特点，坚持民主集中制，坚持积极稳妥、循序渐进、惩防并举、重在预防的方针。

第四条　盟内监督的定位：对台盟盟员和台盟各级组织遵守《台湾民主自治同盟章程》的情况进行监督，重点是监督台盟各级领导班子及其成员履行民主党派领导职责的情况。

第五条　盟内监督的主要内容

（一）盟员和各级组织遵守盟的章程，遵守多党合作政治准则的情况；

（二）各级领导班子及其成员贯彻执行民主集中制的情况；

（三）各级领导班子及其成员履行民主党派领导职责的情况；

（四）维护和保障台盟盟员的合法权益与民主权利的情况；

（五）干部选拔任用、人事安排工作的情况；

（六）各级领导班子及其成员廉洁自律和作风建设的情况。

第六条　盟的各级组织及其成员应当自觉接受盟员和盟组织的监督。

第二章　监督机构

第七条　台盟中央设立中央监督委员会。台盟各省级组织内部监督机构的建立可采取试点的办法，条件成熟的，设立相应的机构，积极稳妥地推进。中央监督委员会指导省级监督委员会的工作。

第八条　中央监督委员会的组成人员和产生程序

台盟中央监督委员会设主任 1 名、副主任 1 名、委员若干名，规模一般在 19 人（单数）以内。中央监督委员会主任一般由分管组织工作的副主席兼任，副主任由其他副主席兼任，其他成员一般从中央委员中提名，也可根据需要吸收其他代表人士。中央监督委员会组成人员由主席会议提名，提请中央委员会决定，每届任期与中央委员会相同，一般与中央委员会同届。

第九条　盟的各级监督委员会下设办公室，与同级组织部门合署办公，承担办公室的日常事务。

第十条　盟的各级监督委员会是各同级盟组织盟内监督的工作机构。

第三章　监督职责

第十一条　中央监督委员会在中央委员会领导下履行职责：

（一）负责对台盟中央领导机构及其领导班子成员遵守多党合作政治准则、贯彻民主集中制和履行职责的情况进行监督；

（二）对违反台盟章程的行为进行核查，提出意见和建议；

（三）指导台盟地方组织在当地中共党委领导下加强内部监督工作；

（四）学习贯彻中共中央关于廉政建设的有关部署和要求，对台盟廉政建设的有关政策、措施进行研究，提出意见和建议；

（五）对台盟中央和省级盟组织贯彻执行各项制度的实施情况进行监督检查；

（六）受理涉及台盟各级组织和盟员违法违纪等问题的来信来访，提出处理意见和建议；

（七）对内部监督中的重要事项和重大问题与有关部门进行沟通和协商。

台盟省级组织监督委员会在台盟中央监督委员会的指导和同级委员会的领导下开展盟内监督工作，根据内部监督机制建设的需要，经报台盟中央批准，参照台盟中央监督委员会的规定，设立相应的内部监督机构。

第四章　监督制度

第十二条　领导班子议事决策规则。建立健全领导班子议事决策规则，明确主席（主委）会议、常委会议、全委会议和机关办公会议的组成人员、议事程序规则和成员职责。

第十三条　集体领导和分工负责制度。健全集体领导和分工负责制度，凡属重要决策、干部任免和重要事项，都应由领导班子集体讨论并形成决议，有关重大事项，应按章程规定，经常委会或全委会讨论通过。明确领导班子成员的各自职责，建立健全专职领导班子成员的岗位责任制，明确兼职领导班子成员的职责任务。

第十四条　谈心会制度。建立健全领导班子成员谈心会制度。盟的各级组织要定期召开领导班子成员谈心会，增进班子成员互相之间的了解，统一思想，改进作风，加强监督，增进团结，提高依靠自身力量解决问题和矛盾的能力。谈心会一般每年进行一次。

第十五条　述职和民主评议制度。建立健全领导班子成员述职和民主评议制度。领导班子成员要定期对遵守盟章、遵守多党合作政治准则、贯彻执行民主集中制、履行党派职能等情况进行述职，领导班子成员在一届任期内一般在常委会或委员会范围内进行两次述职和民主评议，在届中和换届前各进行一次。

第十六条　信访处理制度。建立健全信访处理制度，重视来信来访，及时研究来信来访中提出的重要问题。对重要信访事项的办理应当督促检查，凡向上一级盟组织检举盟员或下级盟组织严重违法问题的，以及盟员署真实姓名反映问题和意见的应当及时转达不得扣压，有关部门应当及时研究、处理并将处理结果以适当方式答复。

第十七条　谈话和诫勉制度。建立健全谈话和诫勉制度，盟各级组织领导班子成员应当不定期与下级盟组织领导班子主要负责人谈话，了解贯彻落实“三个代表”重要思想、科学发展观，遵守多党合作政治准则、坚持民主集中制等情况；对领导干部进行任职前谈话，对履行民主党派领导职责、贯彻执行民主集中制等方面提出建议和要求。发现领导干部在政治思想、履行职责、工作作风、道德品质等方面的苗头性问题，应当及时对其进行诫勉谈话并将有关内容作书面记录，经本人核实后由组织部门留存。

第十八条　廉政和机关建设制度。完善廉政建设和机关各项工作制度，各级盟组织的领导班子成员要廉洁自律，加强自身修养，模范遵守社会主义道德规范，遵守法律法规，严格执行财务制度。台盟中央和地方组织要根据实际情况，研究制定机关运行的工作规则。按照《中华人民共和国公务员法》，建立对干部德、能、勤、绩、廉的考核制度，使干部管理科学化、规范化、制度化。

第五章　监督保障

第十九条　盟的各级监督委员会应当按照本条例切实履行监督职责，发挥监督作用。盟员和盟的领导干部应正确履行职责，自觉接受监督。对违反本条例规定，不履行或不正确履行盟内监督职责、不遵守盟内监督制度的，视情节追究责任，严肃处理。

第二十条　鼓励、支持、保护本盟组织和领导班子成员、盟员、盟的代表大会代表在盟内监督中发挥积极作用。对署真实姓名反映问题的，各级监督委员会和有关人员应当为其保密，对泄露的要追究责任。对反映的问题经查证属实的，给予表扬或奖励。对打击报复监督者以及在监督中有其他违纪行为的，依纪严肃处理。

第二十一条　盟员、盟组织对处理决定不服的，可以向作出处理决定的盟组织申诉。有关盟组织应当认真复议、复查，并作出结论。如仍有意见，可以向上级盟组织直至中央申诉。申诉期间，不影响处理决定的执行。

第二十二条　建立健全惩处机制。要坚持区别对待原则，根据具体情况对违法和违纪行为加以划分，对违反国家法律法规和《台盟章程》行为的，应承担相应的法律、纪律责任。

第六章　附则

第二十三条　本条例由中央监督委员会负责解释。

第二十四条　本条例自发布之日起施行。

台盟中央专门委员会通则

（2013 年 3 月 9 日台盟第九届中央常务委员会第二次会议通过）

第一条　根据台湾民主自治同盟章程第十六条的规定和台盟第九届中央常务委员会第二次会议的决定，台盟中央专门委员会包括：参政议政工作委员会、妇女工作委员会、青年工作委员会、盟史与自身建设工作委员会、两岸关系政策研究委员会、台情研究委员会、科教医药交流委员会、两岸文化交流委员会、两岸经济合作交流委员会。

第二条　专门委员会是在中央常务委员会和主席会议领导下的台盟中央非职能部门的工作机构。

第三条　各专门委员会设主任 1 人，副主任 2—4 人，委员若干人。主任人选由主席会议提名，中央常务委员会决定；副主任、委员由主任提名，主席会议批准。

第四条　专门委员会任期同中央委员会。任期内进行人员调整时，按本通则第三条办理。

第五条　专门委员会围绕台盟中央的工作任务，按照中央委员会、中央常务委员会和主席会议的要求开展工作。

第六条　专门委员会根据工作需要可以开展各种形式的调研和交流活动，包括与盟的地方组织协作开展工作或组织活动，与政府部门、人民团体、科研机构和大专院校等有关方面合作开展调查研究，以及邀请盟外专家、学者参加的调研工作等。

第七条　主任、副主任组成主任会议，研究确定专门委员会的工作，主任会议由主任或主任委托的副主任主持。主任会议的议程需商分管副主席，重要问题报主席会议审议决定。

第八条　各专门委员会根据工作需要，可不定期地召开全体委员或部分地区委员参加的工作会议，讨论研究专门委员会的有关问题。会议议程需商分管副主席，全体会议须报主席会议批准。

第九条　主席会议指定一位副主席联系各专门委员会，并在必要时协调专门委员会与机关职能部门的工作联系。

第十条　主席或分管副主席根据需要可召开专门委员会主任联席会议，研究专门委员会工作中的重要问题。

第十一条　专门委员会的办事机构分别设在中央机关各职能部门。参政议政工作委员会办公室设在研究室；妇女工作委员会办公室设在办公厅；青年工作委员会办公室设在研究室；盟史与自身建设工作委员会办公室设在组织部；两岸关系政策研究委员会办公室设在宣传部；台情研究委员会办公室设在联络部；科教医药交流委员会办公室设在联络部；两岸文化交流委员会办公室设在社会服务部；两岸经济合作交流委员会办公室设在社会服务部。中央机关职能部门协助专门委员会的工作，处理专门委员会的日常事务。

第十二条　本通则经中央常务委员会通过后施行。

台湾民主自治同盟中央委员会参政议政工作五年（2013—2017年）规划纲要

台湾民主自治同盟中央委员会参政议政工作五年（2013—2017年）规划纲要，主要阐明参政议政工作的指导思想和主要任务，明确重点领域和课题，规范工作机制和方法，统筹和协调全盟的参政议政工作，是未来五年台盟中央开展参政议政工作的重要依据。

第一节　指导思想和主要任务

参政议政是民主党派的主要职能，是参政党在我国民主政治生活中履行职能、发挥作用的关键环节，是衡量参政党政治价值、工作绩效的重要标准，也是我国政党与政权关系、政党功能和作用的集中体现。民主党派发挥好参政议政作用，对于促进国家经济发展，维护社会和谐稳定，推动全面建成小康社会具有重要意义。

当前，我国和谐政党关系不断巩固，中共中央4号文件的颁布推动统一战线事业稳步前进，中国共产党领导的多党合作和政治协商日益制度化、规范化、程序化。我国社会主义民主政治建设取得的重要进展，为民主党派参政议政提供了更加广阔的空间。2008年，台盟八届中央委员会首次制定了《参政议政工作五年（2008—2012年）规划纲要》，明确了参政议政工作的任务目标，并统筹规划了五年内要集中全盟力量开展的重点参政议政课题，规范了工作机制和方法。五年来，在规划的引领和指导下，全盟参政议政工作的规范性、持续性不断增强，逐步形成了具有台盟特色的优势领域。未来五年，台盟中央将继续加强参政议政工作，不断提高履行职能的能力与水平，努力在国家政治生活中发挥更大的作用。

一、指导思想

台盟中央开展参政议政工作的指导思想是：在中国共产党的领导下，高举中国特色社会主义伟大旗帜，以邓小平理论、“三个代表”重要思想、科学发展观为指导，围绕中国共产党第十八次全国代表大会确定的实现全面建成小康社会的宏伟目标，按照《中华人民共和国国民经济和社会发展第十二个五年规划纲要》的具体部署，将服务国家发展大局与突出党派特色相结合，以开展调查研究为基础，以提高建言献策水平为目标，以建立健全工作机制为保障，以加强信息化建设为支撑，以建设高素质的参政议政队伍为根本，进一步加强领导和统筹协调，解放思想、开拓创新，努力开创台盟参政议政工作新局面，为推进中国特色社会主义经济建设、政治建设、文化建设、社会建设、生态文明建设和促进祖国和平统一作出新贡献。

二、主要任务

台盟中央参政议政工作的主要任务是：

——为中国特色社会主义经济建设服务。着眼于科学发展主题和加快转变经济发展方式主线，围绕促进区域协调发展、积极稳妥推进城镇化、推动城乡发展一体化等重大决策的实施，谋发展良策，献可行之计。

——为中国特色社会主义政治建设服务。坚持和完善中国共产党领导的多党合作和政治协商制度，致力于促进政党关系和谐，推进协商民主制度建设，努力推动国家各项重大决策的科学化、民主化。

——为中国特色社会主义文化建设服务。坚持社会主义核心价值引领，传承中华优秀文化传统，大力推动民族文化的保护开发和海峡两岸的文化交流，建设中华民族共有的精神家园。

——为中国特色社会主义社会建设服务。积极关注民生改善，切实反映群众最关心最直接最现实的利益问题，致力于推进社会管理创新和社会体制改革，推动社会主义和谐社会建设。

——为中国特色社会主义生态文明建设服务。服务绿色发展、循环发展、低碳发展，重点关注推动资源利用方式根本转变、加大自然生态系统和环境保护力度、加强生态文明制度建设等重大课题，推动建设美丽中国。

——为促进祖国和平统一服务。充分发挥自身特点和优势，为国家对台工作提出好的思路和建议，为巩固深化两岸关系和平发展的政治、经济、文化和社会基础作出新的贡献。

第二节　重点领域和课题

台盟中央五年（2013—2017 年）参政议政工作的重点领域和课题是：

一、关于加快转变经济发展方式方面的选题

课题 1.1：促进区域协调发展

促进区域经济协调发展，是全面建成小康社会、加快推进社会主义现代化建设的重大战略任务。要按照国家区域发展总体战略，注意加强全局性研究，积极推动区域协调发展机制的完善。要注意把促进两岸经贸交流与推动区域经济发展相结合，积极推动两岸产业融合。

课题 1.2：积极稳妥推进城镇化

城镇化是我国现代化建设的历史任务，是扩内需稳增长的最主要途径。要围绕做好城镇化的顶层设计和系统规划，围绕加快小城镇发展等课题开展调研。要注意把引导台资企业开拓内需市场与推进城镇化进程相结合，就支持台资企业参与城镇化发展、促进两岸产业深度合作提出意见建议。

课题 1.3：推动城乡发展一体化

解决好农业农村农民问题，是关系全面建成小康社会的重大课题，城乡发展一体化是解决“三农”问题的根本途径。要重点关注发展现代农业，完善城乡发展一体化体制机制，深化两岸农业合作等重大课题。

二、关于推进政治体制改革方面的选题

课题 2.1：深化行政体制改革

行政体制改革是推动上层建筑适应经济基础的必然要求，是政治体制改革的重要内容。要重点关注推动政府职能转变，稳步推进大部门制改革，完善政府绩效管理等重大课题。

三、关于推进社会主义文化强国建设方面的选题

课题 3.1：发展文化事业和文化产业

建设社会主义文化强国，是中国特色社会主义事业的重要内容，是满足人民群众精神文化生活的重要举措。要紧紧围绕加快文化产业结构调整、构建公共文化服务体系、保护优秀文化传统等重大问题开展调研，形成具有应用价值的研究成果。

课题 3.2：保护传承闽南文化

闽南文化是中华文化多样性的重要体现，也是海峡两岸文化一脉相承、相互交融的见证和纽带。要继续关注闽南文化生态保护实验区的建设进程，充分挖掘并提炼闽南文化、客家文化、妈祖文化、河洛文化等中华传统文化中的有益思想价值，大力推动两岸文化交流尤其是闽台文化交流。

四、关于加强社会建设方面的选题

课题 4.1：加强和创新社会管理

加强社会建设，必须加快推进社会管理体制改革。要重点探索新时期城乡居民自治组织建设和管理的有效模式，探索社会组织的健康有序发展方向，探索社会诚信文化建设和社会诚信规范的制定等重大问题。

课题 4.2：保障和改善民生

加强社会建设，必须以保障和改善民生为重点。要重点围绕切实转变政府提供公共服务的方式，围绕努力实现基本公共服务全覆盖，围绕不断强化民生改善的制度、机制保障等重大问题献计出力。

五、关于大力推进生态文明建设方面的选题

课题 5.1：节约资源和保护环境

坚持节约资源和保护环境的基本国策，事关人民群众切身利益和中华民族生存发展。要按照建设生态文明的要求，重点围绕推动海峡两岸共建循环经济体系，共同开发研究科学合理的能源资源利用体系，共同发展环保产业等问题开展调研，为建设美丽中国提出意见和建议。

课题 5.2：加强生态文明制度建设

制度建设是推进生态文明建设的重要保障。要围绕加强生态文明考核评价制度建设，围绕水资源管理制度、环境保护制度的落实情况，围绕增强节约意识、环保意识、生态意识等重大问题开展调研，为完善相关管理制度提出建议。

六、关于推进祖国统一方面的选题

课题 6.1：切实保护台湾同胞权益

切实保护台湾同胞权益，是巩固和深化两岸关系和平发展的重点工作之一。要继续关注对台惠民措施的贯彻落实情况，协助有关部门落实政策措施，确保台湾同胞获得实实在在的利益。

课题 6.2：台湾岛内政治生态和民意动向分析

台湾政情分析是台盟突出自身特色和优势，密切配合国家对台工作大局的一项重要工作。要进一步加强与涉台研究机构的合作，进一步发挥盟员、台胞联系范围广的资源优势，不断提升台湾政情分析的水平和层次，为对台工作提出相应对策和建议。

七、关于年度调研课题的制定和调整

根据《重点领域和课题》的内容，台盟中央每年根据当年中共中央、国务院年度工作重点，在征求各方面意见的基础上，确定台盟中央《年度调研课题》。必要时，经台盟中央主席会议批准，可以增加或取消个别调研课题，以保证重要调研选题的时效性和参政议政资源的合理调配。

第三节　工作机制

台盟中央开展参政议政工作的机制主要包括参与政治协商工作机制、调研工作机制、提案工作机制、成果量化评价与激励机制、反映社情民意信息工作机制、会议机制等。

一、参与政治协商工作机制

政治协商是我国多党合作制度的重要内容，是参政党参与国家政治生活的重要途径，主要有两种基本方式：参与与中国共产党的高层协商，以及参与人民政协的政治协商。

（一）把握工作规律

每年度根据政府工作报告征求意见、半年及全年经济形势征求意见等高层协商主题，根据全国政协议政性常委会、专题协商会的不同主题，提前谋划好相关政策建议的准备工作，做到与会议议题相结合、与会议时间相衔接，进一步加强高层协商准备工作的预见性和计划性。

（二）整合多方资源

根据协商的不同主题，向全盟各级组织广泛征集相关素材，积极推动全盟的调研成果以协商会提出重大政策建议的方式进行转化利用。与盟外专家学者建立长期联系，定期召开并委托台盟部分地方组织召开专家学者经济社会发展专题分析会议，将学者的专业研究优势与台盟作为参政党的渠道优势有效结合，不断提高议政建言的质量和水平。

二、调研工作机制

（一）“上下联动、横向联合”的课题调研运行机制

坚持和完善“上下联动、横向联合”的课题调研运行机制。“上下联动”是指以调研课题为纽带，加强台盟中央与台盟地方组织之间的沟通与合作。“上下联动”包括以台盟中央为主，台盟地方组织积极参与和配合及以台盟地方组织为主，台盟中央予以指导并酌情协助两种形式。“横向联合”是指台盟地方组织之间就共同确认的选题联合进行调研，也可以是台盟各级组织与各级人大、政府、政协、兄弟民主党派、高等院校、科研机构共同开展课题调研。

进一步完善调研课题牵头负责制。将各年度重点调研课题分别委托一个地方组织牵头负责，多个地方组织共同参与，联合开展调研，进一步增强各级台盟组织间的互动与资源整合，锻炼和提高一线盟员干部的参政议政能力。

（二）课题选择、计划实施和报告论证

1. 调研课题的确定

台盟中央研究室每年根据本规划纲要确定的重点领域和课题，结合国家发展和两岸关系发展实际情况，提出年度调研重点和具体课题。研究室在提出年度调研重点和具体课题之前，应充分听取台盟中央常委、有关工作委员会、中央机关职能部门、地方组织以及盟内外有关专家的意见和建议。每年年初应召开各省级组织参加的课题协调会议，分析研讨年度重点课题，确定课题牵头负责单位和各参与单位。

2. 调研计划的实施

经台盟中央专职主席会议研究确定年度重点调研课题后，各课题牵头负责单位应据此制定详细实施计划，并密切与课题参与单位以及台盟中央研究室的沟通合作。调研课题可能涉及的有关单位，包括各级人大、政府、政协、兄弟民主党派、大专院校、科研机构等，都应适时沟通并列入实施计划。

台盟地方组织未能列入台盟中央年度重点调研计划的课题，可根据实施计划自行开展调研，并在结题时间之前按要求完成调研报告提交台盟中央研究室。自行开展课题一经采用，视同列入台盟中央调研计划。

3. 调研报告的论证

对调研成果进行论证，是凝聚群体智慧的重要途径，是调查研究工作不可缺少的重要环节。年度调研课题完成后，台盟中央研究室应督促有关人员及时整理、汇总调研资料，按调研分工要求完成调研报告。分专题调研的课题，在完成课题分报告后，应安排人员及时完成调研总报告。

调研报告完成后，台盟中央研究室应邀请盟内外相关专家、学者对调研报告进行论证，以保证调研结果的科学性、意见的针对性和建议的可操作性。

（三）调研建议的采纳情况和成果转化

年度调研重点和具体课题报告应以书面形式提交台盟中央专职主席会议审议。经台盟中央专职主席会议同意，由主席或分管副主席签发后，调研成果可以采取专报、调研报告、提案、信息等多种形式报送中共中央、国务院、全国政协及有关部门。

调研成果报送后，台盟中央研究室应积极加强与有关部门的沟通，及时了解中共中央和国家领导的有关批示，了解各部门、各地区对调研建议的采纳和落实情况，并在实际工作中采取有效措施予以进一步推动。

三、提案工作机制

提案工作是台盟履行职能，体现我国社会主义政党制度特点和优势的重要载体。台盟中央的提案工作要注重整合资源和力量，充分吸收和利用台盟地方组织的调研成果，紧扣经济社会和两岸关系发展中的热点、难点问题，切实为推动国家经济建设，为维护社会稳定团结，为维护广大台湾同胞的利益和福祉，提出有质量、有分量的意见和建议。

（一）提案的质量

提案质量是提案工作的生命。提案质量决定提案本身的价值，也反映着台盟参政议政的能力和水平。要进一步增强提案者的责任意识，妥善处理提案数量和质量的关系，始终坚持把提高提案质量作为提案工作的立足点。

台盟中央要充分发挥台盟地方组织的组织优势和人才优势，鼓励其围绕中共中央和国家的中心工作，深入调查研究，积极提出高质量的提案。台盟中央研究室应全面掌握全盟提案工作情况并提出明确的质量要求。

根据全国政协关于提案工作要“注重发挥界别优势”的精神，台盟中央鼓励涉台方面的提案。

（二）提案的征集、审核、提交、答复与反馈

台盟中央全年向台盟地方组织和个人征集党派提案素材。台盟地方组织在调研以及广泛征求、充分听取广大盟员、社会各界人士尤其是台湾同胞意见和建议的基础上，将其中具有全局性、前瞻性、战略性的提案素材，经省级台盟组织（未设省级组织的省份由相应地方组织，下同）审核后，随时或集中报送台盟中央研究室。根据全国政协接受提案的惯例，台盟中央鼓励在每年 12 月 31 日前报送提案素材，未及时送审的提案素材可以在次年随时送审，或在全国“两会”期间作为政协委员个人提案提交全国政协大会。

台盟中央研究室对报送的提案素材进行汇总、筛选，集中邀请或个别征求有关专家的意见，提出送审建议。对需要修改、充实或合并的提案素材，由研究室将送审建议反馈省级台盟组织，由省级台盟组织与提案素材提交单位或个人协商修改后再报。

经台盟中央专职主席会议审议并最终确定的党派中央提案，署名“台湾民主自治同盟中央委员会”，经主席或分管副主席签发，由研究室按全国政协的要求统一报送，同时抄送呈报提案的省级台盟组织，由呈报单位转提案单位或个人。

提案承办单位对台盟党派中央提案的答复件由台盟中央研究室征求提案单位或个人意见后拟定反馈意见，并抄送提案单位或个人。

四、反映社情民意信息工作机制

反映社情民意信息工作是中共中央、国务院、全国政协及有关部门了解广大台盟盟员、海内外台胞对国家经济社会发展的意见和建议，了解台盟对两岸关系中的重大问题、重要事件以及关系群众利益突出问题的立场和观点的重要渠道。台盟中央要充分发挥广大盟员和台盟地方组织的积极性和主动性，全面提高社情民意信息工作的质量和实效。

（一）组织落实

台盟中央开展社情民意信息工作的职能部门为台盟中央研究室。研究室根据工作需要，调整或增配必要的人员和设备。地方组织应在适当处室安排专人负责社情民意信息工作并提供必要的工作条件。各地方组织负责社情民意信息工作的人员应和台盟中央研究室负责相应工作的人员建立经常性的业务联系。要不断巩固完善业已初步建立的全盟社情民意信息员队伍，并探索设立特约信息员制度，邀请热心信息工作的盟员及时提供各领域的社情民意信息。台盟中央各专门委员会也应将信息工作纳入各自委员会的重要任务之一。

（二）畅通渠道

全体盟员均可以通过台盟各级组织，或直接将社情民意信息报送台盟中央研究室。研究室应按照社情民意信息工作要求，遵循社情民意信息报送程序，以《台盟社情民意信息》的形式及时报送相关部门。应加强与信息接收单位的经常性联系，随时了解相关部门对社情民意信息工作的要求，了解已报送信息的处理结果并及时通报信息提供单位或个人。要不断完善社情民意信息网络报送平台，提高信息报送的时效性。

（三）督促检查

台盟中央研究室应通过《参政议政工作通讯》或其他途径，定期向全盟通报各地报送社情民意信息情况，应制定全盟社情民意信息工作统计报表反馈地方组织，并于每年年底对全盟社情民意信息工作情况进行总结。

（四）总结表彰

台盟中央每两年召开一次全盟或地区性的专题社情民意信息工作会议，交流全盟或某一区域内地方组织社情民意信息工作的经验和体会。台盟地方组织的社情民意信息工作是台盟中央参政议政激励机制的重要考核内容。对社情民意信息工作突出的台盟地方组织和个人，台盟中央将采取有效形式予以表彰和奖励。

五、会议机制

台盟中央将继续通过适当的会议形式加强各级组织之间的联系，促进参政议政资源整合，畅通信息沟通渠道。这些会议主要包括参政议政年度工作会议、经济社会发展专题分析会议、调研课题协调会、课题研讨会、提案工作座谈会等。

（一）参政议政年度工作会议

台盟中央参政议政年度工作会议任务主要包括总结、交流全盟参政议政成果，表彰年度参政议政先进集体和个人，研究部署下阶段调研、提案具体工作等。会议参加人员为台盟各级组织负责参政议政工作的分管领导及具体责任人。

（二）经济社会发展专题分析会议

台盟中央要定期召开关于经济社会发展方面的专家座谈会和台商座谈会，主要围绕经济社会发展的重要问题以及国家重大决策部署等进行座谈，为集中社会各界的智慧和力量为台盟中央更好地参与高层政治协商提供智力支持。会议参加人员主要包括中共中央部委、国家机关的有关负责人员，高等院校、科研机构的有关专家以及台商代表等。

（三）调研课题协调会

召开调研课题协调会的目的是加强台盟各级组织之间的交流，并围绕年度台盟中央的重点课题调研计划进行协调，确定课题实施计划、协商各重点课题的牵头单位和参与单位，以提高台盟中央课题调研组织工作的科学性。会议参加范围为台盟各级组织负责参政议政工作的分管领导及具体责任人。

（四）课题研讨会

课题研讨会是在总结调研成果基础上开展的台盟组织内部的研讨活动。主要围绕台盟的重点课题展开，目的在于促进台盟各级组织之间的交流，推动台盟地方组织调研成果的转化，形成台盟中央关于某项重点调研课题的全局性或阶段性成果。会议参加范围根据课题的性质确定，可以不局限于参与课题的相关地方组织。

（五）提案工作座谈会

提案工作座谈会是台盟中央与政府有关部门建立对口联系的平台之一。召开提案工作座谈会的目的是在交流、总结提案办理情况基础上，进一步了解政府有关部门的工作重点和关注点，提高台盟中央调研选题的针对性，促进与有关部门的合作，并推动调研成果的有效转化。会议参加范围视提案对象而定。

六、参政议政工作成果量化评价与激励机制

继续完善参政议政工作成果量化评价与激励机制，通过成果导向、客观量化、公开公平的制度设计，不断提高激励机制的科学性和可操作性，不断激发地方组织和广大盟员参与参政议政工作的积极性，不断凝聚全盟资源和力量、提升台盟参政议政工作的整体效应。

（一）成果申报

台盟中央研究室负责制定统一的参政议政成果电子申报系统，由各级地方组织申报填写，并提供相应证明材料。各省级地方组织汇总该省参政议政成果后，随时或集中报送台盟中央研究室。为便于每年参政议政各项奖项的评选，一般应于 10 月 31 日前报送完毕。没有报送的成果，参与一下年度的评选。

（二）公开评比

台盟中央研究室每年组织专人汇总并审查各地方组织上报的工作成果。为使汇总、审查工作公开、透明，并使台盟地方组织了解台盟中央的作业程序，台盟中央以一定的组织形式、按年度邀请不同地方组织的代表参与年度参政议政成果的初评，并邀请参政议政工作委员会委员进行函审。

最终评选结果由研究室报台盟中央专职主席会议审定。

（三）评优表彰

台盟中央每年年末按照《参政议政成果评选办法》对当年参政议政工作做出突出贡献的集体和个人进行评优、表彰，建立以精神鼓励为主、物质奖励为辅的长效激励机制。

台盟中央通过《参政议政工作通讯》等载体和形式，对台盟中央课题立项情况、台盟的党派中央提案和发言素材的征集和采纳情况、台盟地方组织的调研课题申报情况，以及社情民意信息的报送情况等进行定期通报，及时为台盟地方组织提供参政议政工作的阶段性信息，以激励和督促台盟各级组织做好参政议政工作。

对于外请专家学者提供参政议政素材的采纳和使用情况，台盟中央也要定期反馈给其本人及所在单位。

第四节　信息化建设

台盟中央要进一步加强参政议政信息化建设，努力实现各种参政议政信息和资源的实时共享，提高参政议政工作的水平和效率。

一、构建信息化平台

要继续完善参政议政成果电子资料库和骨干队伍数据库，要逐步将历年的调研报告、政协大会发言和提案、社情民意信息以及参政议政其他相关资料等整理汇总、分类管理，实现全盟参政议政信息资源共享，实现中央与地方、盟内与盟外人才资源的整合。要加强经济、文化、教育、科技、人口、资源、生态环境等领域参政议政参考信息的采集，加强参政议政信息资源的深度开发、及时处理和有效利用。要通过构建信息化共享平台，为盟员骨干畅通参政议政渠道。

二、强化信息安全保障

台盟中央要完善参政议政信息化基础设施，强化安全监控、应急响应、网络信任等信息安全基础设施建设，加强参政议政基础信息的安全防护。要规范参政议政信息资料的报送、反馈流程，积极防御，综合防范，提高参政议政信息安全保障能力。

第五节　队伍建设和人才培养

人才是参政议政最核心、最活跃的因素，也是提高参政议政能力的决定性因素。台盟中央要切实加强参政议政队伍建设，坚持把人才作为提高参政议政能力的关键，加强参政议政人才的培养和使用，逐步造就一支结构合理、素质优良的参政议政人才队伍。

一、队伍建设

担任政府实职、特约人员以及各级人大代表和政协委员的盟员是参政议政的主体。台盟中央要充分发挥他们在参政议政工作中熟悉政策、了解情况、渠道畅通等优势，激发他们在参政议政工作中的积极性和创造性，不断提升全盟参政议政工作的层次。

广大盟员特别是青年盟员是参政议政的基础力量。台盟中央要努力创造条件和机会，为他们搭建发挥能力和作用的平台。要通过合理的制度与机制设计，引导广大盟员把本职工作与民主党派成员参政议政的政治责任结合起来，运用自己的专业特长，在熟悉的领域捕捉重大题材，提出具有宏观性、前瞻性和建设性的建议，不断提升将专业问题转化为政策建议的能力。

要根据台盟的实际情况，注重对从事参政议政工作的机关干部的使用、培养和锻炼，为提高他们的政治水平和业务能力创造机会，为他们展示才华、发挥作用搭建平台，使机关干部切实发挥为全盟参政议政工作服务的中枢作用。

台盟中央还必须大力借助社会资源，积极吸才引智，广泛联络政府部门、高等院校、科研机构的专家学者，以不同的形式和平台，逐步建立一支稳定的盟外人才咨询顾问队伍，共同推动台盟参政议政工作向前发展。

二、人才培养

台盟中央要创新人才培养机制，建立以高等院校或专业培训机构为依托，与台盟中央参政议政工作开展需求相适应的人才培训机制。要建立和完善台盟中央参政议政人才培养投入机制，大力推进专业人才培养工程，并注重在实践中锻炼、提高骨干人才的参政议政水平。

条件成熟的情况下，台盟中央要尝试开展台盟各级组织间具体从事参政议政工作的机关干部的短期双向交流，以相互了解工作情况，学习先进经验，提高参政议政能力。

第六节　加强领导和统筹协调

做好参政议政工作，必须着眼全局、把握大局，切实加强组织领导。台盟中央要采取有效措施，统筹安排、综合协调，充分调动各方面的积极性，发挥各方面的整体作用，进一步推进全盟的参政议政工作。

台盟中央开展参政议政工作的主要职能部门是台盟中央研究室，其主要任务是贯彻、执行常委会议和主席会议的决定，统筹台盟中央及全盟参政议政工作的策划、实施，调研成果论证、追踪和反馈，信息资料统计、汇总和再利用等。

台盟中央开展参政议政工作的重要非职能机构是台盟中央各专门委员会，特别是参政议政工作委员会。各专委会均应结合自身特色，每年至少选择 1 项课题独立开展调研工作并形成相关研究报告。参政议政工作委员会还应从全局和战略的角度研究全盟的参政议政工作，就重大调研课题进行前瞻性探讨，就逐步完善和健全参政议政工作机制提出建议。

台盟中央各职能部门要支持、配合并参与参政议政工作。要加大基础投入，为参政议政工作提供保障；要加强与中央各大新闻媒体的联系，及时通过新闻媒体、盟内网站和刊物等渠道，加大对全盟重要参政议政工作的宣传力度；要重视人才培养，抓紧培养造就一批参政议政骨干人才。

台盟中央 2013 年工作要点

2013 年是全面贯彻落实中共十八大精神的开局之年，是实施“十二五”规划承前启后的关键一年，是为全面建成小康社会奠定坚实基础的重要一年，也是台盟新一届中央委员会团结带领全体盟员稳中求进、开拓创新、扎实开局的开篇之年。

2013 年台盟中央工作的总体要求是：高举中国特色社会主义伟大旗帜，全面贯彻落实中共十八大精神，坚持以邓小平理论、“三个代表”重要思想、科学发展观为指导，按照台盟第九次全盟代表大会的总体部署，充分发挥自身优势，为全面建成小康社会、加快实现社会主义现代化、推动祖国和平统一进程做出新的贡献。

一、坚定走中国特色社会主义道路的政治信念，巩固与中国共产党团结奋斗的思想基础

1. 认真学习贯彻中共十八大精神。把学习贯彻中共十八大精神，作为当前和今后一段时期首要的政治任务。把思想和行动统一到十八大精神上来，统一到中央决策和部署上来，并贯彻到履行参政党职能的工作中去。积极组织开展参观、调研、辅导讲座等学习活动，在全盟掀起学习贯彻中共十八大精神的热潮，及时组织媒体报道台盟开展学习活动的有关情况。

2. 深入开展学习践行社会主义核心价值体系活动。把学习贯彻中共十八大精神与学习践行社会主义核心价值体系活动相结合，与工作实际相结合。围绕中共中央发布“五一”口号 65 周年、台湾人民“二·二八”起义 66 周年、台湾光复 68 周年等主题，开展纪念活动，弘扬台湾人民维护祖国统一的爱国爱乡光荣传统，增强全盟走中国特色社会主义政治发展道路的自觉性和坚定性。

二、围绕全面建成小康社会的战略目标，为科学发展献计建言

3. 积极参与高层政治协商。把握工作规律，进一步加强高层协商准备工作的预见性和计划性，提前谋划好相关政策建议的准备工作。彰显党派特色，紧密围绕国家工作大局与对台工作大局的结合点，提出高质量的意见建议。整合多方资源，定期召开并委托台盟部分地方组织召开专家学者经济社会发展专题分析会议，不断提高议政建言的质量和水平。

4. 加强调查研究工作。从促进城乡区域协调发展、建设文化强国、推动社会管理体制创新等国家重大战略规划着眼，从推动两岸互利合作、反映台湾同胞诉求着手，组织开展台盟中央 2013 年大考察和专题调研活动。注重巩固调研课题优势领域，保持工作的连续性和持续性，不断深化已有成果。继续完善调研工作机制，开好调研课题协调会、重点课题研讨会，进一步完善调研课题地方组织牵头负责制。

5. 做好参加全国两会的相关工作。根据全国政协十二届一次会议的相关要求，做好大会发言与党派提案的征集、汇总和整理工作。及早谋划，组织台盟界别的政协委员围绕国家经济社会发展的重大问题积极建言献策。认真做好各种会议材料的准备工作和会议服务工作。根据全国政协常委会、专题协商会的主题，做好相关发言材料的准备工作。及时组织报道台盟参会情况和新一届台籍人大代表、台盟界别政协委员议政建言情况。

6. 改进反映社情民意的信息工作。健全制度，进一步推动社情民意信息工作与课题调研、提案工作的联动与互通，及时通过社情民意信息渠道对经济社会发展中的新情况新问题提出意见建议。加强全盟社情民意信息员和特约信息员队伍建设，适时举办全盟社情民意信息工作培训班。

7. 推进参政议政工作的制度化与信息化建设。在总结台盟参政议政第一个五年规划成功经验的基础上，研究制定新的五年规划，确定全盟参政议政的总体思路和框架。进一步推动“上下联动、横向联合”的工作机制有效运行，广泛整合凝聚盟内外参政议政力量与资源。进一步完善参政议政工作量化评价体系，不断提高激励机制的科学性和可操作性。进一步构建参政议政信息化平台，推动资源与信息的实时共享。通过合理的制度与机制设计，引导广大盟员把专业知识与建言献策结合起来，把本职工作与参政议政的政治责任结合起来，激发全体盟员参政议政的积极性。

三、围绕巩固深化两岸关系和平发展的基本要求，做好与台湾各阶层民众的交流工作

8. 研究制定对台联络交流工作五年规划。明确未来五年对台联络交流工作的指导思想和总体目标，整合全盟对台工作资源，加快对台工作的规范化建设，积极推动工作创新。着力支持重点工作、品牌活动的开展，发掘新的联络资源，注重各项工作及工作中各环节的联系与衔接。

9. 深化与重点对台联络对象的交流。以持续推进两岸关系和平发展为主题，以深入贯彻寄希望于台湾人民的方针为主线，充分发挥台盟自身特点和优势，坚持“专精深久”的工作原则，加强长期、重点联络对象的工作，进一步推动与岛内代表性人士、统派人士、绿营人士及中下层人士的深入交流，并积极为其提供有效支持。筹组赴台港澳交流团组，拓展海外联络渠道，扩大联系范围，密切工作配合，建立常态互动机制。

10. 加大对岛内中南部地区的工作力度。贯彻落实“向南移、向下沉”的对台工作方针，重点加强针对中南部绿营人士和基层民众的工作，全方位、多层次地拓展与台南医师公会、原住民发展协会以及中小企业界人士的工作渠道。强化、巩固已有联络资源，精心谋划来访团组考察交流的主题，使其更加鲜明，特色更加突出。

11. 继续组织、参与相关涉台论坛及社会活动。进一步加强与国家相关部委、各级地方政府的合作，积极参与中共中央统战部、国台办主办的相关涉台活动。重点围绕闽台区域文化、经贸科技交流、农业合作等主题，继续主办或参与主办“海峡论坛”、“闽南文化节”、“琼台农业合作研讨会”、“两岸船政文化研讨会”等重要交流活动。以岛内中南部基层民众和青少年为参与重点，精心设计、持续打造台盟特色品牌活动。积极支持有条件的地方组织开展特色鲜明的两岸交流活动。

12. 深入开展前瞻性、针对性台情研究。充分调动全盟研究资源，重点围绕两岸对话谈判及 ECFA 后两岸经贸合作发展趋势等议题，将对台工作的长期性策略、难点问题突破等作为重点长期研究课题。发挥好专委会的作用，使专委会成为台情研究工作的重要平台。加强台情研究骨干队伍的交流、培训，适时举办全盟台情研讨会，提高台情研究队伍素质和应对新情况的反应能力。充分发挥台海出版社图书入岛所起的积极作用，加大对台宣传力度。

四、围绕参政为民、履职惠民的宗旨，结合自身特点参与扶贫开发

13. 研究制定社会服务工作五年规划。做好全盟社会服务工作规划，确定未来五年全盟社会服务工作的总体思路。以社会服务部的成立为契机，整合盟内外资源、搭建社会服务工作平台，借鉴“上下联动、横向联合”的工作机制，调动全盟力量，积极开展社会服务活动。

14. 继续参与“同心工程”实践。贯彻落实中央扶贫开发工作会议精神，以智力支持为主线，以改善民生为核心，以生态建设为载体，以驱动改革创新为关键，在中共中央统战部的统一协调指导下，重点支持贵州省毕节市、黔西南州等区域的经济社会发展，扩大帮扶成果，提炼精品项目。积极协助当地引进台湾资金、技术、人才和管理经验，组织帮扶地区学生参访交流以及职业人才培训活动。继续开展在帮扶地区的巡回义诊活动，为改善当地医疗卫生条件作出贡献。

15. 积极参与集中连片特困地区的帮扶工作。根据《中国农村扶贫开发纲要（2011—2020）》和国务院对扶贫开发工作的有关部署，支持和协调重庆、四川和云南等省市的台盟组织积极参与国务院新近启动的连片特困地区的开发扶贫工作，开展形式多样的智力支边帮扶活动。

16. 深化与相关部门及地方政府的合作。密切与国务院扶贫办等部门的工作联系，围绕农业种植和管理及农业技术人才培训等项目，加强与中国林科院、北京林科院等科研院所的合作。继续推动“台盟助推重庆市万州残疾人猕猴桃产业发展基地”等重点项目。积极支持、协助焦作市政府做好台湾工业园和台湾农民创业园的招商引资工作。

五、围绕完善制度、健全机制，全面加强自身建设

17. 扎实推进宣传思想工作。深入研究探讨新形势下宣传思想工作的特点和规律，改进宣传思想工作的方式方法。开展盟员思想动态调研，适时召开全盟宣传思想工作会议。加强与社会主流媒体的合作与联系，积极争取他们对台盟宣传工作的支持，围绕全盟的参政议政、对台联络、社会服务和自身建设等方面的工作开展情况，加大宣传报道的深度和力度，突出重点和亮点，进一步扩大台盟的社会影响。进一步加强盟史研究和盟史教育工作，积极开展台盟盟史资料及口述历史资料抢救工程。

18. 着力加强领导班子、后备干部队伍建设。根据换届后的新情况、新特点，认真贯彻落实《中共中央关于加强新形势下党外代表人士队伍建设的意见》(中发〔2012〕4号）文件精神，针对换届后地方干部队伍特别是领导班子和后备干部队伍情况开展专题调研。同时，进一步加强与中共中央统战部和中共地方党委有关部门的联系沟通，及时补充调

整后备干部名单。

19. 组织开展教育培训。贯彻落实《2010—2020 年党外代表人士教育培训改革和发展纲要》与中共中央统战部有关实施细则，有针对性地开展换届后新当选的省级组织领导班子成员、中青年干部及新盟员的教育培训工作。统筹协调各部门的业务培训工作。

20. 制定台盟组织发展规划。根据台盟九大工作部署，制定全盟组织发展规划，确定未来五年组织工作的总体思路，推进台盟组织的发展建设。注重在台胞集中地区发掘人才，积极促成有条件的地区发展盟员、壮大组织队伍。在发展规模上加强宏观调控。

21. 推动以制度建设为重点的机关建设。健全适应台盟自身特点，符合机关工作规律的规章制度，研究制定机关运行的工作规则。整合机关力量，形成科学合理的机关运行机制，保证机关工作高效运转。规范机关公务员管理工作，认真做好机关干部调配、培训以及公务员招录和挂职干部管理工作，探索台盟中央机关和省市机关干部间的双向挂职锻炼。

22. 提升机关后勤服务水平。增强服务意识，提高工作效率，加强重要会议、活动的前期策划、分工落实和阶段检查。完善机关财务管理内部控制机制，提高财务管理工作水平。稳步推进机关新办公楼及现楼装修改造工程，妥善筹备、有序组织机关搬迁。继续加强安全保密工作，保持对计算机网络、机要文件、档案及内部资料的严格监管。

台盟中央关于社会服务工作的指导意见

为贯彻落实中共十八大和十八届三中全会精神，更好地指导和推动全盟开展社会服务工作，结合台盟九大的战略部署，现提出如下意见。

一、深刻认识社会服务工作的性质和意义

社会服务工作是台盟服务国家和人民，履行参政党职能的重要实践活动。作为参政党职能的一个重要组成部分，社会服务工作是新时期塑造台盟良好社会形象的重要途径，具有鲜明的政治性、公益性、示范性和实效性。开展社会服务工作，既是坚持和完善中国共产党领导的多党合作和政治协商制度的客观需要，也是台盟自身建设发展的内在要求。

做好社会服务工作，有利于弘扬台盟的优良传统，更好地教育和动员广大盟员干部树立正确的人生观和价值观，为全面建成小康社会献计出力；有利于广大盟员干部联系群众，贴近民生，进一步提高参政议政和民主监督水平，切实增强台盟的凝聚力和社会影响力。

中共十八大以来，统一战线和多党合作事业进入新的发展阶段，改善民生和创新管理逐渐成为和谐社会建设的重点，随之对民主党派社会服务工作也提出了更高的要求。全盟各级组织和广大盟员干部要深刻认识新形势下加强社会服务工作的重要现实意义和

深远历史意义，增强做好社会服务工作的责任感和使命感。把这项事业不断向前推进。

二、社会服务工作的指导思想和基本原则

（一）指导思想

以邓小平理论、“三个代表”重要思想为指导，全面落实科学发展观，认真贯彻中共十八大精神，按照台盟九大报告的整体部署，围绕全面建成小康社会和扶贫开发工作的总体目标，整合资源、形成特色，抓好落实，开拓创新。

（二）基本原则

1. 坚持突出政治、弘扬传统。通过开展社会服务，引导广大盟员干部弘扬台盟的光荣传统，将智慧与力量凝聚到实现全面建成小康社会的奋斗目标上来，坚定走中国特色社会主义政治发展道路的信念。

2. 坚持智力支持、发挥特色。准确把握参政党的特点，从实际出发，在工作中注重突出台盟特色，充分发挥在教育、科技、医卫和农业等领域的智力优势，以改善和保障民生为主要切入点，整合资源、重点突破，尽力而为、量力而行。

3. 坚持发展创新、开拓渠道。根据形势的发展要求，在实践中不断继承发展、在发展中不断求实创新。精心选择合适项目，打造独特品牌，努力在社会服务的理念创新、制度创新、内容创新、方法创新等方面进行探索与研究，善于总结、勇于实践，使社会服务工作与时俱进。

4. 坚持统筹发展、协调推进。社会服务要与台盟各级组织的工作紧密结合，上下联动、共谋发展；要与参政议政、对台联络、组织宣传和自身建设紧密结合，横向互动、共推发展；要与台盟各专门委员会的工作紧密结合，发挥优势，共助发展；要与台湾同胞、港澳同胞、海外侨胞和社会爱心人士紧密联系，同心同德，共促发展。

（三）总体目标

在中央统战部的指导和支持下，继续巩固和深化统一战线的“同心”品牌。以智力支持为主线，以改善民生为核心，创新方式方法，拓宽领域范围。初步建立起一套互动高效的社会服务工作机制，打造具有较大影响力的社会服务品牌，建设一支结构合理的社会服务人才队伍。巩固和提高全盟参与社会实践、服务科学发展的理论水平和实践能力。

三、社会服务工作的重点领域和内容

（一）继续参与统一战线“同心”工程

集聚全盟力量，坚持发挥优势，以智力支持为主线，以改善民生为核心，以生态建设为载体，以驱动改革创新为关键，在中央统战部的统一协调指导下，动员盟内外力量，重点围绕台盟中央和台盟地方组织定点帮扶地区，广泛参与“同心工程”。支持和协助定点帮扶地区不断改善教育和医疗卫生条件，引导台湾同胞参与当地经济建设和社会事业发展，选拔优秀师生参与培训和互动交流，助力社会主义美丽乡村建设，开展捐资助学、医疗义诊和节日慰问等公益活动。要充分运用既有参政议政资源，为贫困地区的经济社会发展和民生改善开展工作调研，积极建言献策。通过“上下联动，横向联合”的协调机制，调动各级台盟组织和盟员干部的积极性，不断扩大帮扶成果，

总结提炼品牌项目。

（二）探索和拓展社会服务新领域

紧扣中共中央、国务院对于扶贫开发和社会服务工作的方针政策，支持台盟各级组织在“毕节模式”的基础上，结合自身实际，开展形式多样的智力支边帮扶活动；支持和引导具备条件、有参与意愿的地方组织和社会力量发挥优势，找准切入点，实施帮扶项目；鼓励和支持有条件的地方组织逐步拓展社会服务工作新领域，在科教文卫、社区建设、社会保障等方面进行理论探索和工作实践。

（三）打造台盟社会服务的特色品牌

根据全盟社会服务工作的既有资源和成果积累，总结和提升若干项目，全盟形成合力，打造具备台盟特色、具有较大社会影响的服务品牌。鼓励和支持台盟各级组织统筹各方资源和力量，突出“台”字特色，在教育、医疗和农牧种植业等台盟具有帮扶基础和相对优势的领域，深化台盟与贵州盛华职业学院的合作往来，完善“两岸同心”助学基金，鼓励和支持台盟各级组织加强与科研院所、教育机构和企事业单位的社会公益项目合作，继续开展教育培训、青少年交流、义诊咨询、现代种植业方面的公益活动。

（四）加强与地方政府和中央职能部委的合作

密切与中央统战部、国务院扶贫办等指导部门的工作联系，鼓励和支持台盟各级组织充分运用现有资源和自身优势，拓展和深化各自的合作渠道；继续巩固台盟中央在江西省“深化赣台经贸文化交流、促进原中央苏区振兴”的调研成果，不断加强与江西、重庆等地的合作往来和工作联系，将社会服务工作与当地经济建设、教育事业和民生发展相结合，突出“台”字特色和两岸元素；鼓励和支持台盟各级组织协助地方政府、相关单位与岛内民间团体和各界人士接触往来，在经贸和文教等领域开展广泛合作交流。

四、社会服务工作的各项保障机制建设

（一）组织领导和协调联动机制

台盟中央社会服务部和台盟各级组织社会服务机构共同负责全盟社会服务工作的统筹、协调和执行。台盟中央定期召开全盟社会服务工作会议，总结经验成果、凝聚全盟共识；不定期召开社会服务工作协调会，集聚全盟力量、谋划项目实施；台盟中央按照台盟各级组织在社会服务领域的工作特长和资源优势，采取台盟中央与台盟地方组织联合、台盟地方组织之间联合等方式共同实施社会服务项目。切实发挥“上下联动、横向联合”的机制作用，切实发挥“整合资源、突出特色”的策略优势，引导和鼓励广大盟员干部积极参与社会服务实践活动。协调和借助所联系的各种社会力量，优势互补、合作双赢，重点打造和提炼若干精品项目，进一步扩大台盟的社会影响，形成全盟团结一致，集中力量办实事的良性互动局面。

（二）条件保障和人才支撑机制

鼓励和支持台盟各级组织充分发挥自身优势，联合各级政府以及相关职能机构，共建社会服务项目基地、示范点等实践平台；支持台盟各级组织多渠道筹集社会服务专项资金。建立和完善资金的专项使用、管理和监督机制，借鉴项目运作管理模式。

鼓励和支持台盟各级组织充分运用自身优势，建立中央与地方、专职与兼职相结合的社会服务人才队伍。定期举办全盟社会服务骨干培训班，支持和推荐盟内优秀人才积极参与统一战线系统、政府部门及外单位组织的各项业务学习；建立并优化社会服务专家资源库，为全盟社会服务工作水平提供持续的智力支持和人才保障。

（三）宣传引导和规划保障机制

建立台盟社会服务工作简报制度，相关工作内容应及时报送台盟中央和各级中共党委、政府业务指导部门。台盟中央网站是全盟社会服务信息宣传的重要平台，网站将不定期刊发社会服务工作通讯和情况简报，通报社会服务工作的最新政策、各地动态和经验体会。鼓励和支持台盟各级组织运用现代通讯手段，在确保安全的前提下，以电子邮件、微信微博、即时通讯等新兴媒体与传统纸质相结合的方式，着力提升社会服务工作的信息化水平。加强与主流媒体的合作，大力宣扬社会服务实践中涌现出来的台盟先进人物、典型事迹和典型案例。激励和带动广大盟员干部、台湾同胞和社会各界人士积极参与并支持台盟的社会服务工作。

台盟各级组织要把社会服务工作列入重要议事日程，参照台盟中央关于社会服务工作的指导意见，结合工作实际，认真制定各自社会服务工作的年度计划和中期规划纲要。确保权责明确、分工到位，既着眼于全局，又能重点突破，以有所作为的精神状态和真抓实干的工作作风，以开拓创新的思路和扎实有效的举措，努力开创台盟社会服务工作新局面。

台盟中央参事室规则（试行）

（台盟九届中央委员会第2次常委会议通过，2013年3月9日）

一、为了进一步发挥台盟老领导在台盟中央参政议政、两岸交流、社会服务、自身建设等方面的作用，经台盟中央主席会议研究，提请台盟中央常委会议决定，设立“台盟中央参事室”（以下简称“参事室”）。

二、参事室在台盟中央主席和主席会议的领导下，就台盟中央在参政议政、两岸交流、社会服务、自身建设等方面所面临的带有战略性、策略性、倾向性的问题进行研究，并提出意见或对策建议；受主席或主席会议的委托就专门事项进行调研。参事室提出的意见建议或调研成果以书面或专项口头报告等形式向主席或主席会议报告。

根据工作需要，经主席或主席会议批准，相关参事可以列席有关会议。

三、台盟中央参事由主席会议遴选，由主席颁发聘书。

四、台盟中央参事应符合下列条件：

1. 对中国特色社会主义的理论、中国特色社会主义政治发展道路、中国共产党领导的多党合作和政治协商制度等有较深刻的理解；

2. 对改革开放、经济发展、文化教育卫生等社会事业发展、生态文明建设、两岸关系和平发展等领域之一项或多项有较领先的认识和研究；

3. 熟悉盟务，曾担任台盟地方组织负责人以上职务，一般主持过台盟中央专委会工作。

五、参事的任期同中央委员会。中央委员会换届后，参事室成员由新一届主席和主席会议根据工作需要及相关条件聘任。

六、参事室设主任一名，主要负责参事工作组织协调。

七、参事室设办公室，承担具体联络服务工作，由台盟中央研究室兼。

政党活动纪要

中国共产党

一、重要会议及活动

1. 新进中央委员会的委员、候补委员学习贯彻党的十八大精神研讨班开班。1 月 5 日，新进中央委员会的委员、候补委员学习贯彻党的十八大精神研讨班在中央党校开班。开班式由李克强主持，张德江、俞正声、刘云山、王岐山、张高丽出席。习近平发表重要讲话。李克强在主持开班式时指出，习近平总书记的重要讲话对社会主义的历史发展进程特别是我们党探索中国特色社会主义的历史进程和伟大实践，对坚持和发展中国特色社会主义需要把握的几个重大理论问题，进行了系统而深刻的阐述。对于深入理解和贯彻落实党的十八大精神，进一步增强坚持和发展中国特色社会主义的自觉性和坚定性，具有重要的指导意义，要认真学习、深刻领会、切实贯彻。

2. 隆重举行国家科学技术奖励大会。1 月 18 日上午，中共中央、国务院在人民大会堂隆重举行国家科学技术奖励大会。胡锦涛、习近平、温家宝、李克强、刘云山出席大会并为获奖代表颁奖。习近平主持大会。温家宝代表党中央、国务院在大会上讲话。李克强宣读奖励决定。习近平在主持大会时指出，党中央、国务院隆重奖励在我国科学技术事业发展中作出杰出贡献的科技工作者，充分体现了党和国家对我国科学技术事业发展的高度重视和对广大科技工作者的亲切关怀。他希望广大科技工作者以获奖者为榜样，继续发扬求真务实、勇于创新的精神，始终把祖国和人民放在心中，努力作出无愧于时代、无愧于人民的创新成果。

3. 十八届二中全会举行。2 月 26 日至 28 日，中国共产党第十八届中央委员会第二次全体会议在北京举行。全会由中央政治局主持。中央委员会总书记习近平作了重要讲话。全会听取和讨论了习近平受中央政治局委托作的工作报告，审议通过了中央政治局在广泛征求党内外意见、反复酝酿协商的基础上提出的拟向十二届全国人大一次会议推荐的国家机构领导人员人选建议名单和拟向全国政协十二届一次会议推荐的全国政协领导人员人选建议名单，决定将这两个建议名单分别向十二届全国人大一次会议主席团和全国政协十二届一次会议主席团推荐。审议通过了在广泛征求意见的基础上提出的《国务院机构改革和职能转变方案》。李克强就《国务院机构改革和职能转变方案（讨论稿）》向全会作了说明。全会建议国务院将这个方案提交十二届全国人大一次会议审议。全会号召，全党全国各族人民更加紧密地团结起来，在以习近平同志为总书记的党中央领导下，坚定不移坚持和发展中国特色社会主义，锐意进取，扎实工作，团结奋进，为实现党的十八大确定的目标任务而共同奋斗。

4. 中央政治局召开会议研究部署党的群众路线教育实践活动工作。4 月 19 日，中共中央政治局召开会议，决定从 2013 年下半年开始，用一年左右时间，在全党自上而下分批开展党的群众路线教育实践活动。中央政治局带头开展党的群众路线教育实践活动。中共中央总书记习近平主持会议。会议强调，开展党的群众路线教育实践活动，要高举中国特色社会主义伟大旗帜，坚持以马克思列宁主义、毛泽东思想、邓小平理论、“三个代表”重要思想、科学发展观为指导，紧紧围绕保持党的先进性和纯洁性，以为民务实清廉为主要内容，以县处级以上领导机关、领导班子和领导干部为重点，切实加强全体党员马克思主义群众观点教育，把贯彻落实中央八项规定作为切入点，进一步突出作风建设，坚决反对形式主义、官僚主义、享乐主义和奢靡之风，着力解决人民群众反映强烈的突出问题，提高做好新形势下群众工作的能力，保持党同人民群众的血肉联系，发挥党密切联系群众的优势，为推动经济持续健康发展、全面建成小康社会、实现中华民族伟大复兴的中国梦提供坚强保证。党的群众路线教育实践活动全过程,要贯穿“照镜子、正衣冠、洗洗澡、治治病”的总要求。

5. 党的群众路线教育实践活动工作会议召开。6 月 18 日，党的群众路线教育实践活动工作会议在北京召开。习近平出席会议并发表重要讲话，对全党开展教育实践活动进行部署。他强调指出，开展党的群众路线教育实践活动，是实现党的十八大确定的奋斗目标的必然要求，是保持党的先进性和纯洁性、巩固党的执政基础和执政地位的必然要求，是解决群众反映强烈的突出问题的必然要求。全党同志要积极参与到活动中来，以实际行动密切党群干群关系，取得群众满意的成效。李克强、张德江、俞正声、王岐山、张高丽出席主会场会议，中央党的群众路线教育实践活动领导小组组长刘云山主持会议。会议以电视电话会议形式举行。

6. 中共中央政治局召开专门会议对照检查中央八项规定落实情况讨论研究深化改进作风举措。6 月 22 日至 25 日，按照中央关于党的群众路线教育实践活动首先在中央政治局开展的精神，中共中央政治局召开专门会议，围绕保持党的先进性和纯洁性，以为民务实清廉为主要内容，切实加强马克思主义群众观点教育；回顾总结贯彻落实中央八项规定情况；联系思想实际和所分管地方部门单位的工作实际，分析在形式主义、官僚主义、享乐主义和奢靡之风方面存在的问题，开展批评和自我批评；研究提出加强作风建设的措施及有关制度规定。这次会议是中央政治局开展教育实践活动的重要内容。会前，中共中央政治局的同志学习了毛泽东、邓小平、江泽民、胡锦涛同志以及党的十八大以来党中央关于坚持群众路线的重要论述，通过谈心谈话听取了有关方面意见和建议，围绕加强作风建设、发挥表率作用进行了反思和剖析，自己动手撰写了发言提纲。同时，根据中央要求，中央办公厅会同中央纪委、中央宣传部、国务院办公厅、财政部调查了解了全党贯彻八项规定精神的情况，就中央政治局加强作风建设广泛征求了意见。会议共安排 6 个半天时间，完成了 3 项议程：听取中央八项规定贯彻执行情况和对中央政治局加强作风建设征求意见情况的汇报，中央政治局的同志发言、对照检查自己落实中央八项规定的情况，讨论研究加强作风建设的措施和制度。习近平主持会议并发表重要讲话，就加强中央政治局自身建设、提高中央政治局工作水平提出5点要求。第一，不断提高思想政治水平。第二，善于观大势、谋大事。第三，全面贯彻执行民主集中制。第四，发挥模范带头作用。第五，保持同人民群众的血肉联系。

7. 全国宣传思想工作会议召开。8月19日至20日，全国宣传思想工作会议在北京召开。会议回顾总结了党的十七大以来的宣传思想文化工作，研究部署在新的历史起点上努力开创宣传思想文化工作新局面。中央宣传思想工作领导小组成员，各省区市、新疆生产建设兵团以及副省级城市党委宣传部部长，中央和国家机关有关部委、有关人民团体分管宣传工作的负责同志，中央宣传文化系统各单位主要负责同志，总政治部宣传部、武警部队政治部主要负责同志等参加会议。习近平出席会议并发表重要讲话。他强调，宣传思想工作一定要把围绕中心、服务大局作为基本职责，胸怀大局、把握大势、着眼大事，找准工作切入点和着力点，做到因势而谋、应势而动、顺势而为。中共中央政治局常委、中央书记处书记刘云山出席会议并讲话。刘云山在讲话中指出，习近平总书记重要讲话站在党和国家全局高度，深刻阐述了事关宣传思想工作长远发展的一系列重大理论问题和现实问题，进一步明确了今后工作的方向目标、重点任务和基本遵循。要深入学习领会、全面贯彻落实，切实把思想和行动统一到讲话精神上来。

8. 首都各界向人民英雄纪念碑敬献花篮。10月1日上午，中华人民共和国成立64周年纪念日，党和国家领导人习近平、李克强、张德江、俞正声、刘云山、王岐山、张高丽等来到北京天安门广场，与首都各界代表一起，向人民英雄纪念碑敬献花篮，深切缅怀为民族独立、人民解放、国家富强、人民幸福英勇献身的革命先烈，表达全党全国各族人民继往开来、奋力推进中国特色社会主义伟大事业的坚定信念。

9. 中共十八届三中全会举行。11月9日至12日，中国共产党第十八届中央委员会第三次全体会议在北京举行。全会由中央政治局主持。中央委员会总书记习近平作了重要讲话。全会听取和讨论了习近平受中央政治局委托作的工作报告，审议通过了《中共中央关于全面深化改革若干重大问题的决定》。习近平就《决定（讨论稿）》向全会作了说明。全会指出，全面深化改革的总目标是完善和发展中国特色社会主义制度，推进国家治理体系和治理能力现代化。必须更加注重改革的系统性、整体性、协同性，加快发展社会主义市场经济、民主政治、先进文化、和谐社会、生态文明，让一切劳动、知识、技术、管理、资本的活力竞相迸发，让一切创造社会财富的源泉充分涌流，让发展成果更多更公平惠及全体人民。全会号召，全党同志要紧密团结在以习近平同志为总书记的党中央周围，锐意进取，攻坚克难，谱写改革开放伟大事业历史新篇章，为全面建成小康社会、不断夺取中国特色社会主义新胜利、实现中华民族伟大复兴的中国梦而奋斗！

10. 中共中央举行纪念毛泽东同志诞辰120周年座谈会。12月26日上午，中共中央在人民大会堂举行座谈会，纪念毛泽东同志诞辰120周年。习近平发表重要讲话强调，我们要把党和人民90多年的实践及其经验，当做时刻不能忘、须臾不能丢的立身之本，毫不动摇走党和人民在长期实践探索中开辟出来的正确道路，勿忘昨天的苦难辉煌，无愧今天的使命担当，不负明天的伟大梦想，在中国特色社会主义伟大道路上，为实现中华民族伟大复兴的中国梦，前进。中共中央政治局常委李克强、张德江、俞正声、刘云山、王岐山、张高丽出席座谈会，座谈会由刘云山主持。

11. 中共中央政治局召开会议。12 月 30 日，中共中央政治局召开会议，决定成立中央全面深化改革领导小组；听取中央纪律检查委员会 2013 年工作汇报，研究部署 2014 年党风廉政建设和反腐败工作；审议通过《党政领导干部选拔任用工作条例（修订稿）》。中共中央总书记习近平主持会议。会议决定，成立中央全面深化改革领导小组，由习近平任组长。中央全面深化改革领导小组负责改革的总体设计、统筹协调、整体推进、督促落实，主要职责是研究确定经济体制、政治体制、文化体制、社会体制、生态文明体制和党的建设制度等方面改革的重大原则、方针政策、总体方案；统一部署全国性重大改革；统筹协调处理全局性、长远性、跨地区跨部门的重大改革问题；指导、推动、督促中央有关重大改革政策措施的组织落实。会议指出，党风廉政建设必须全党动手，全面落实各级党组织的主体责任。党的组织、宣传、政法等部门，人大、政府、政协、法院、检察院党组要齐抓共管，形成合力。要实行严格的责任追究，对落实党风廉政建设责任制不力的，抓出典型严肃处理，以警示党员干部；持之以恒落实中央八项规定精神、坚决纠正“四风”，一年接着一年干，坚定信心，一抓到底，防止反弹。要巩固第一批群众路线教育实践活动成果，善始善终抓好第二批教育实践活动。要狠抓纪律建设，严肃政治纪律，坚决维护中央权威，保证中央政令畅通；严格执行组织纪律、财经纪律、工作纪律、生活纪律，敢于板起脸来开展批评，确保纪律刚性约束，坚决克服组织涣散、纪律松弛问题。要坚决遏制腐败蔓延势头，保持高压态势、形成震慑。要坚持抓早抓小，对领导干部身上暴露出的问题早发现、早提醒，加强警示教育。要加强理想信念教育，增强宗旨意识，使领导干部不想腐；加强体制机制创新和制度建设，强化监督管理，严肃纪律，使领导干部不能腐；坚持有腐必惩、有贪必肃，使领导干部不敢腐。会议指出，着力选拔党和人民需要的好干部，最根本的要靠科学有效的选人用人机制。2002 年《党政领导干部选拔任用工作条例》颁布实施以来，在规范干部选拔任用工作、建立健全科学的干部选拔任用机制、防止和纠正用人上不正之风等方面发挥了重要作用。随着形势任务和干部队伍状况变化，有必要进行修改完善。会议认为，这次修订的干部任用条例贯彻了中央对干部工作的新精神新要求，吸收了干部人事制度改革新经验新成果，坚持从严治党、从严管理干部，坚持党管干部原则，坚持好干部标准，坚持继承和创新相结合，着力解决突出问题，强调进一步发挥党组织的领导和把关作用，坚持和完善民主推荐，改进干部考察，规范公开选拔和竞争上岗，从严把握破格提拔，完善干部交流回避，严明干部选拔任用工作纪律。这对加强领导班子和干部队伍建设具有重要意义。

二、经济政治文化社会建设及生态文明建设

（一）经济建设

1. 中共中央、国务院颁发《关于加快发展现代农业进一步增强农村发展活力的若干意见》。2 月 1 日，《人民日报》发布《中共中央国务院关于加快发展现代农业进一步增强农村发展活力的若干意见》。《意见》强调，全面贯彻落实党的十八大精神，坚定不移沿着中国特色社会主义道路前进，为全面建成小康社会而奋斗，必须固本强基，始终把解决

好农业农村农民问题作为全党工作重中之重，把城乡发展一体化作为解决“三农”问题的根本途径；必须统筹协调，促进工业化、信息化、城镇化、农业现代化同步发展，着力强化现代农业基础支撑，深入推进社会主义新农村建设。《意见》包括：一、建立重要农产品供给保障机制，努力夯实现代农业物质基础；二、健全农业支持保护制度，不断加大强农惠农富农政策力度；三、创新农业生产经营体制，稳步提高农民组织化程度；四、构建农业社会化服务新机制，大力培育发展多元服务主体；五、改革农村集体产权制度，有效保障农民财产权利；六、改进农村公共服务机制，积极推进城乡公共资源均衡配置；七、完善乡村治理机制，切实加强以党组织为核心的农村基层组织建设。

2. 2012 年统计公报发布。2 月 23 日，《2012 年国民经济和社会发展统计公报》正式发布。《统计公报》显示，2012 年我国国内生产总值首次超过 50 万亿元，达到 519322 亿元，比上年增长 7.8%。相比 2011 年虽继续有所回落，但仍明显快于世界主要国家或地区，对世界经济增长的贡献率继续上升。

3. 中共中央政治局常务委员会召开会议研究当前经济形势和经济工作。4 月 25 日上午，中共中央政治局常务委员会召开会议，研究当前经济形势和经济工作。中共中央总书记习近平主持会议并发表重要讲话。会议强调，要按照稳中求进的要求，坚持以提高经济发展质量和效益为中心，继续实施和用好积极的财政政策和稳健的货币政策，增强政策针对性，统筹考虑稳增长、控通胀、防风险，把深化改革开放、强化创新驱动贯穿持续发展经济、结构转型升级、不断改善民生全过程，加快转变经济发展方式，使质量和效益、就业和收入、环境保护和资源节约协调推进，稳中求好、稳中求优，促进经济持续健康发展。

4. 中共中央政治局召开会议讨论研究当前经济形势和下半年经济工作。7 月 30 日，中共中央政治局召开会议，分析研究上半年经济形势和下半年经济工作。中共中央总书记习近平主持会议。会议指出，下半年经济工作要全面贯彻党的十八大精神，按照中央经济工作会议总体部署，坚持稳中求进，坚持以提高经济发展质量和效益为中心，坚持宏观经济政策连续性、稳定性，提高针对性、协调性，根据经济形势变化，适时适度进行预调和微调，稳中有为。要统筹稳增长、调结构、促改革，积极扩大有效需求，着力推进转型升级，不断深化改革开放，着力保障和改善民生，确保完成全年经济社会发展主要任务。

5. 中共中央政治局进行第八次集体学习。7 月 30 日下午，中共中央政治局就建设海洋强国进行第八次集体学习。中共中央总书记习近平在主持学习时强调，建设海洋强国是中国特色社会主义事业的重要组成部分。党的十八大作出了建设海洋强国的重大部署。实施这一重大部署，对推动经济持续健康发展，对维护国家主权、安全、发展利益，对实现全面建成小康社会目标、进而实现中华民族伟大复兴都具有重大而深远的意义。要进一步关心海洋、认识海洋、经略海洋，推动我国海洋强国建设不断取得新成就。

6. 国务院批准设立中国（上海）自贸区。8 月 23 日《人民日报》报道，国务院正式批准设立中国（上海）自由贸易试验区。试验区范围涵盖上海市外高桥保税区、外高桥保税物流园区、洋山保税港区和上海浦东机场综合保税区等 4 个海关特殊监管区域，总面积为 28.78 平方公里。建设中国（上海）自由贸易试验区的主要任务是要探索我国对外开放的新路径和新模式，推动加快转变政府职能和行政体制改革，促进转变经济增长方式和优化经济结构，实现以开放促发展、促改革、促创新，形成可复制、可推广的经验。试验区建设将有利于培育我国面向全球的竞争新优势，拓展经济增长的新空间，打造中国经济“升级版”。

7. 习近平访问哈萨克斯坦提出共同建设“丝绸之路经济带”。9 月 7 日，习近平在哈萨克斯坦纳扎尔巴耶夫大学发表题为《弘扬人民友谊　共创美好未来》的重要演讲,提出，为了使欧亚各国经济联系更加紧密、相互合作更加深入、发展空间更加广阔，我们可以用创新的合作模式，共同建设“丝绸之路经济带”，以点带面，从线到片，逐步形成区域大合作。第一，加强政策沟通。各国就经济发展战略进行交流，协商制定区域合作规划和措施。第二，加强道路联通。打通从太平洋到波罗的海的运输大通道，逐步形成连接东亚、西亚、南亚的交通运输网络。第三，加强贸易畅通。各方应该就推动贸易和投资便利化问题进行探讨并作出适当安排。第四，加强货币流通。推动实现本币兑换和结算，增强抵御金融风险能力，提高本地区经济国际竞争力。第五，加强民心相通。加强人民友好往来，增进相互了解和传统友谊。

8. 中共中央政治局进行第九次集体学习。9 月 30 日上午，中共中央政治局以实施创新驱动发展战略为题举行第九次集体学习。中共中央总书记习近平在主持学习时强调，实施创新驱动发展战略决定着中华民族前途命运。全党全社会都要充分认识科技创新的巨大作用，敏锐把握世界科技创新发展趋势，紧紧抓住和用好新一轮科技革命和产业变革的机遇，把创新驱动发展作为面向未来的一项重大战略实施好。这次中央政治局集体学习走出中南海，把“课堂”搬到了中关村，采取调研、讲解、讨论相结合的形式进行。

9. 全国非公有制经济人士理想信念报告会召开。10 月 30 日，全国非公有制经济人士理想信念报告会在北京召开，中共中央政治局常委、全国政协主席俞正声出席会议并讲话。俞正声指出，非公有制经济人士理想信念教育实践活动是在习近平总书记等中央领导同志的关心支持下开展起来的。自 5 月上旬启动以来,各级统战部门和工商联组织以“民营企业家和中国梦”为主题，动员广大非公有制经济人士积极参与，通过一系列主题突出、贴近实际、特色鲜明的活动，进一步增强了非公有制经济人士对中国特色社会主义的信念、对党和政府的信任、对企业发展的信心。报告会以电视电话会议形式举行。全国政协副主席、中央统战部部长令计划主持会议。全国政协副主席、全国工商联主席王钦敏，全国工商联名誉主席黄孟复出席会议。

10. 中央经济工作会议举行。12 月 10 日至 13 日，中央经济工作会议在北京举行。习近平、李克强作重要讲话　张德江、俞正声、刘云山、王岐山、张高丽出席会议。会议认为，明年经济工作的总体要求是：全面贯彻落实党的十八大和十八届二中、三中全会精神，坚持稳中求进工作总基调，把改革创新贯穿于经济社会发展各个领域各个环节，保持宏观经济政策连续性和稳定性，着力激发市场活力，加快转方式调结构，加强基本公共服务体系建设，着力改善民生，切实提高经济发展质量和效益，促进经济持续健康发展、社会和谐稳定。会议提出了明年经济工作的主要任务：一是切实保障国家粮食安全。二是大力调整产业结构。三是着力防控债务风险。四是积极促进区域协调发展。五是着力做好保障和改善民生工作。六是不断提高对外开放水平。会议要求，全党全国各族人民要紧密团结在以习近平同志为总书记的党中央周围，团结一心、扎实工作，认真落实这次会议的各项部署，为推动经济社会持续健康发展而共同奋斗。

11. 中央城镇化工作会议举行。12 月 12 日至 13 日，中央城镇化工作会议在北京举行。习近平、李克强、张德江、俞正声、刘云山、王岐山、张高丽出席会议。习近平在会上发表重要讲话，分析城镇化发展形势，明确推进城镇化的指导思想、主要目标、基本原则、重点任务。李克强在讲话中论述了当前城镇化工作的着力点，提出了推进城镇化的具体部署，并作了总结讲话。会议提出了推进城镇化的主要任务：第一，推进农业转移人口市民化。第二，提高城镇建设用地利用效率。第三，建立多元可持续的资金保障机制。第四，优化城镇化布局和形态。第五，提高城镇建设水平。第六，加强对城镇化的管理。

12. 中央农村工作会议举行。12 月 23 日至 24 日，中央农村工作会议在北京举行。会议深入贯彻党的十八大和十八届三中全会精神，全面分析“三农”工作面临的形势和任务，研究全面深化农村改革、加快农业现代化步伐的重要政策，部署 2014 年和今后一个时期的农业农村工作。习近平、李克强作重要讲话，张德江、俞正声、刘云山、王岐山、张高丽出席会议。会议强调，中国要强，农业必须强；中国要美，农村必须美；中国要富，农民必须富。农业基础稳固，农村和谐稳定，农民安居乐业，整个大局就有保障，各项工作都会比较主动。我们必须坚持把解决好“三农”问题作为全党工作重中之重，坚持工业反哺农业、城市支持农村和多予少取放活方针，不断加大强农惠农富农政策力度，始终把“三农”工作牢牢抓住、紧紧抓好

（二）政治建设

1. 中共中央政治局进行第四次集体学习。2 月 23 日下午，中共中央政治局就全面推进依法治国进行第四次集体学习。习近平在主持学习时强调，全面建成小康社会对依法治国提出了更高要求。我们要全面贯彻落实党的十八大精神，以邓小平理论、“三个代表”重要思想、科学发展观为指导，全面推进科学立法、严格执法、公正司法、全民守法，坚持依法治国、依法执政、依法行政共同推进，坚持法治国家、法治政府、法治社会一体建设，不断开创依法治国新局面。

2. 政协第十二届全国委员会选出领导人。3 月 11 日下午，中共中央政治局常委俞正声在全国政协十二届一次会议第四次全体会议上，当选全国政协主席。会议同时选出 23 位全国政协副主席。会议选出的政协第十二届全国委员会副主席是：杜青林、令计划、韩启德、帕巴拉·格列朗杰、董建华、万钢、林文漪、罗富和、何厚铧、张庆黎、李海峰、苏荣、陈元、卢展工、周小川、王家瑞、王正伟、马飚、齐续春、陈晓光、马培华、刘晓峰、王钦敏。会议选举张庆黎为政协第十二届全国委员会秘书长，并选出政协第十二届全国委员会常务委员 299 名。新当选的全国政协主席、副主席平均年龄为 63.7 岁，副主席中，中共党员 11 名，非中共人士 12 名，少数民族人士 4 名，女性 2 名。新当选的常务委员平均年龄为 59.4 岁，其中非中共人士 195 名，占 65.2%；少数民族人士 38 名；女性 36 名。

3. 全国政协十二届一次会议闭幕。3 月 12 日上午，中国人民政治协商会议第十二届全国委员会第一次会议在北京闭幕。胡锦涛、习近平、吴邦国、温家宝、贾庆林、李克强、张德江、刘云山、王岐山、张高丽出席。中共中央政治局常委、全国政协主席俞正

声主持闭幕会并讲话。会议通过了政协第十二届全国委员会第一次会议关于常务委员会工作报告的决议、政协第十二届全国委员会第一次会议提案审查委员会关于政协十二届一次会议提案审查情况的报告、政协第十二届全国委员会第一次会议政治决议。会议号召，人民政协的各级组织、各参加单位和广大政协委员，更加紧密地团结在以习近平同志为总书记的中共中央周围，高举中国特色社会主义伟大旗帜，以邓小平理论、“三个代表”重要思想、科学发展观为指导，求真务实，锐意进取，开拓创新，为全面建成小康社会、实现中华民族伟大复兴而共同奋斗。

4. 十二届全国人大一次会议选举产生新一届国家领导人。3 月 14 日上午，十二届全国人大一次会议在人民大会堂举行第四次全体会议，以无记名投票方式，选举习近平为中华人民共和国主席、中华人民共和国中央军事委员会主席，选举张德江为第十二届全国人民代表大会常务委员会委员长，选举李源潮为中华人民共和国副主席。李建国、王胜俊、陈昌智、严隽琪、王晨、沈跃跃、吉炳轩、张平、向巴平措、艾力更·依明巴海、万鄂湘、张宝文、陈竺当选为第十二届全国人民代表大会常务委员会副委员长；王晨当选为第十二届全国人民代表大会常务委员会秘书长。161 人当选为第十二届全国人民代表大会常务委员会委员。会议经过表决，批准了国务院机构改革和职能转变方案。大会执行主席、主席团常务主席刘云山主持会议。

5. 十二届全国人大一次会议决定李克强为国务院总理。3 月 15 日，十二届全国人大一次会议在北京人民大会堂举行第五次全体会议。会议的议程是：根据中华人民共和国主席习近平的提名，决定中华人民共和国国务院总理的人选；根据中华人民共和国中央军事委员会主席习近平的提名，决定中华人民共和国中央军事委员会副主席、委员的人选；选举最高人民法院院长；选举最高人民检察院检察长。大会执行主席、主席团常务主席严隽琪主持会议。会议经过投票表决，严隽琪宣布：决定李克强为中华人民共和国国务院总理。范长龙、许其亮为中华人民共和国中央军事委员会副主席，常万全、房峰辉、张阳、赵克石、张又侠、吴胜利、马晓天、魏凤和为中华人民共和国中央军事委员会委员。周强当选为最高人民法院院长。曹建明当选为最高人民检察院检察长。

6. 十二届全国人大一次会议闭幕。3 月 17 日上午，第十二届全国人民代表大会第一次会议，在圆满完成各项议程，产生新一届国家机构组成人员后，在人民大会堂闭幕。李克强、俞正声、刘云山、王岐山、张高丽等党和国家领导人出席会议。胡锦涛、吴邦国、温家宝、贾庆林等在主席台就座。会议经过表决，通过了关于政府工作报告的决议，批准了政府工作报告。会议表决通过了关于 2012 年国民经济和社会发展计划执行情况与 2013 年国民经济和社会发展计划的决议，决定批准关于 2012 年国民经济和社会发展计划执行情况与 2013 年国民经济和社会发展计划草案的报告，批准 2013 年国民经济和社会发展计划；表决通过了关于 2012 年中央和地方预算执行情况与 2013 年中央和地方预算的决议，决定批准关于 2012 年中央和地方预算执行情况与 2013 年中央和地方预算草案的报告，批准 2013 年中央预算。会议表决通过了关于全国人大常委会工作报告的决议、关于最高人民法院工作报告的决议、关于最高人民检察院工作报告的决议，决定批准这三个报告。完成这些议程后，国家主席习近平发表了重要讲话。张德江委员长随后也发表了讲话。

7. 中共中央印发《建立健全惩治和预防腐败体系2013—2017年工作规划》。12月26日，《人民日报》报道，近日，中共中央印发了《建立健全惩治和预防腐败体系2013—2017年工作规划》，并发出通知，要求各地区各部门结合实际认真贯彻执行。通知指出，全面推进惩治和预防腐败体系建设，是党的十八大和十八届三中全会作出的重要部署，是全党的重大政治任务和全社会的共同责任，对于坚持党要管党、从严治党，深入开展党风廉政建设和反腐败斗争，推进国家治理体系和治理能力现代化，实现"两个一百年"奋斗目标和中华民族伟大复兴的中国梦，具有重大意义。

（三）文化建设

1. 刘云山出席全国宣传部长会议并讲话。1月4日，全国宣传部长会议在北京召开。中共中央政治局常委、中央书记处书记刘云山出席会议并讲话，强调宣传思想文化战线要坚持以邓小平理论、"三个代表"重要思想、科学发展观为指导，按照高举旗帜、围绕大局、服务人民、改革创新的总要求，以学习宣传贯彻党的十八大精神为主线，稳中求进、开拓创新、扎实开局，贴近实际、贴近生活、贴近群众，切实做好宣传思想文化工作，为全面建成小康社会、夺取中国特色社会主义新胜利提供强大的精神文化力量。刘云山强调，在社会思想意识多元多样、媒体格局深刻变化条件下做宣传思想文化工作，要树立政治意识，对于党的基本政治路线、重大原则问题、重要方针政策，要有正确的立场、鲜明的观点、坚定的态度。要树立服务意识，坚持以人民为中心的工作导向，努力满足群众精神文化需求，让文化发展成果更多更公平惠及全体人民。要树立问题意识，"问题是时代的声音"，要善于发现问题、提出问题、直面问题、研究问题、回答问题，积极推动问题的解决，集聚推动发展的正能量。要树立改革创新意识，深入推进体制机制创新、内容形式创新、方法手段创新，不断推动宣传思想文化工作与时俱进、健康发展。

2. 新编竖版《中华人民共和国全图》发布。1月12日，《人民日报》报道，新编竖版《中华人民共和国全图》1月底将与公众见面。这是国内首套全景展示中国陆海疆域的地图，首次将南海诸岛与大陆同比例展示，为维护我国海洋权益提供了更直观有力的证据。

3. 马克思主义理论研究和建设工程工作座谈会召开。10月20日，马克思主义理论研究和建设工程工作座谈会在京召开，中共中央政治局常委、中央书记处书记刘云山出席会议并讲话，强调思想理论建设是党的根本性建设，中国特色社会主义事业永不停息地向前发展，马克思主义中国化的进程也会持续不断地向前推进，要把马克思主义理论研究和建设工程作为一项长期的战略任务，为实现中华民族伟大复兴的中国梦提供理论支持。

4. 中共中央办公厅印发《关于培育和践行社会主义核心价值观的意见》。12月24日，《人民日报》全文发表中共中央办公厅印发的《关于培育和践行社会主义核心价值观的意见》。《意见》包括六个部分：一、培育和践行社会主义核心价值观的重要意义和指导思想。二、把培育和践行社会主义核心价值观融入国民教育全过程。三、把培育和践行社会主义核心价值观落实到经济发展实践和社会治理中。四、加强社会主义核心价值观宣传教育。五、开展涵养社会主义核心价值观的实践活动。六、加强对培育和践行社会主义核心价值观的组织领导。

5. 中共中央政治局进行第十二次集体学习。12 月 30 日下午，中共中央政治局就提高国家文化软实力研究进行第十二次集体学习。武汉大学沈壮海教授、全国宣传干部学院黄志坚教授就这个问题进行讲解，并谈了他们的意见和建议。中共中央政治局各位同志认真听取了他们的讲解，并就有关问题进行了讨论。中共中央总书记习近平在主持学习时强调，提高国家文化软实力，关系“两个一百年”奋斗目标和中华民族伟大复兴中国梦的实现。要弘扬社会主义先进文化，深化文化体制改革，推动社会主义文化大发展大繁荣，增强全民族文化创造活力，推动文化事业全面繁荣、文化产业快速发展，不断丰富人民精神世界、增强人民精神力量，不断增强文化整体实力和竞争力，朝着建设社会主义文化强国的目标不断前进。

6. 探月工程嫦娥三号任务圆满成功。12 月 15 日深夜，嫦娥三号着陆器、巡视器顺利完成互拍成像，标志我国探月工程二期取得圆满成功。中共中央总书记、国家主席、中央军委主席习近平专程前往北京航天飞行控制中心观看实况，代表党中央、国务院、中央军委，代表全国各族人民，向全体参研参试人员表示热烈祝贺和诚挚慰问。中共中央政治局常委、国务院总理李克强一同观看。中共中央、国务院、中央军委对探月工程嫦娥三号任务圆满成功致贺电。

（四）社会建设

1. 习近平就做好新形势下政法工作作出重要指示。1 月 7 日，全国政法工作电视电话会议召开。习近平作出重要指示。他强调，政法机关在保障人民安居乐业、服务经济社会发展、维护国家安全和社会稳定中具有十分重要的作用。全国政法机关要全面贯彻落实党的十八大精神，坚持依法治国基本方略，以党和国家工作大局为重，以最广大人民利益为念，切实肩负起中国特色社会主义事业建设者、捍卫者的职责使命。习近平要求，全国政法机关要顺应人民群众对公共安全、司法公正、权益保障的新期待，全力推进平安中国、法治中国、过硬队伍建设，深化司法体制机制改革，坚持从严治警，坚决反对执法不公、司法腐败，进一步提高执法能力，进一步增强人民群众安全感和满意度，进一步提高政法工作亲和力和公信力，努力让人民群众在每一个司法案件中都能感受到公平正义，保证中国特色社会主义事业在和谐稳定的社会环境中顺利推进。

2. 俞正声走访在京全国性宗教团体。1 月 21 日至 23 日，俞正声分别走访了中国佛教协会、中国道教协会、中国伊斯兰教协会和中国天主教爱国会、主教团等在京的全国性宗教团体以及中国藏语系高级佛学院，同各宗教团体、学院负责人进行座谈，看望工作人员，了解他们的工作情况和存在的困难，并考察了各宗教团体、学院的办公场所。他指出，要继续全面贯彻党的宗教工作基本方针，发挥宗教界人士和信教群众在促进经济社会发展中的积极作用，为实现全面建成小康社会的宏伟目标共同奋斗。

3. 俞正声与全国性宗教团体负责人座谈。2 月 4 日下午，中共中央政治局常委俞正声邀请全国性宗教团体负责人到中南海座谈。俞正声强调，2013 年是全面贯彻落实十八大精神的开局之年，是实施“十二五”规划承前启后的关键一年。宗教界要深刻认识中国特色社会主义道路是实现中华民族伟大复兴的必由之路，不断增强道路自信、理论自信、制度自信。要围绕国家的宏观战略部署，结合宗教界的自身特点和优势，找准促发展保稳定的着力点，带领和引导广大信教群众在新的历史阶段作出新的贡献。俞正声指出，全面贯彻党的宗教信仰自由政策，依法管理宗教事务，坚持独立自主自办的原则，积极引导宗教与社会主义社会相适应，是我们党宗教工作的基本方针。只有结合新的社会实际，坚定不移地贯彻这一方针，才能把信教群众和不信教群众、信仰不同宗教群众在全面建成小康社会的大目标下团结起来共同奋斗，才能把宗教事务纳入法制化轨道，才能抵御境外敌对势力利用宗教对我国进行渗透，才能引导我国各宗教通过自身的进步，适应建设中国特色社会主义事业的历史潮流。

4. 中共中央政治局常务委员会召开会议全面部署四川芦山抗震救灾工作。4 月 23 日下午，中共中央政治局常务委员会召开会议，进一步全面部署四川芦山抗震救灾工作。中共中央总书记习近平主持会议并发表重要讲话。会议开始时，中共中央总书记、国家主席、中央军委主席习近平提议，出席会议的中共中央政治局常委李克强、张德江、俞正声、刘云山、王岐山、张高丽等全体起立，为四川芦山地震中遇难的同胞和在抢险救灾中英勇牺牲的战士默哀。会议听取了国务院抗震救灾指挥部关于四川芦山地震灾情和抗震救灾工作情况的汇报。会议强调，抗震救灾工作正处在关键时刻，要按照党中央统一部署，把抗震救灾作为当前一项十分重要而紧迫的工作，以更加有力的举措、更加科学的方法，坚决完成好抗震救灾这项重大任务。

5. 国务院常务会议研究推进政府向社会力量购买公共服务。7 月 31 日，国务院总理李克强主持召开国务院常务会议，研究推进政府向社会力量购买公共服务。会议指出，创新方式，提供更好的公共服务，是惠及人民群众、深化社会领域改革的重大措施，又是加快服务业发展、扩大服务业开放、引导有效需求的关键之举，也是推动政府职能转变，推进政事、政社分开，建设服务型政府的必然要求。要放开市场准入，释放改革红利，凡社会能办好的，尽可能交给社会力量承担，加快形成改善公共服务的合力，有效解决一些领域公共服务产品短缺、质量和效率不高等问题，使群众得到更多便利和实惠。

6. 中共中央政治局进行第十次集体学习。10 月 29 日下午，中共中央政治局就加快推进住房保障体系和供应体系建设进行第十次集体学习。中共中央总书记习近平在主持学习时强调，加快推进住房保障和供应体系建设，是满足群众基本住房需求、实现全体人民住有所居目标的重要任务，是促进社会公平正义、保证人民群众共享改革发展成果的必然要求。各级党委和政府要加强组织领导，落实各项目标任务和政策措施，努力把住房保障和供应体系建设办成一项经得起实践、人民、历史检验的德政工程。

（五）生态文明建设

1. 中共中央政治局进行第六次集体学习。5 月 24 日上午，中共中央政治局就大力推进生态文明建设进行第六次集体学习。中共中央总书记习近平在主持学习时强调，生态环境保护是功在当代、利在千秋的事业。要清醒认识保护生态环境、治理环境污染的紧迫性和艰巨性，清醒认识加强生态文明建设的重要性和必要性，以对人民群众、对子孙后代高度负责的态度和责任，真正下决心把环境污染治理好、把生态环境建设好，努力走向社会主义生态文明新时代，为人民创造良好生产生活环境。

2. 国务院常务会议部署大气污染防治十条措施。6 月 14 日，国务院总理李克强主持召开国务院常务会议，部署大气污染防治十条措施。一是减少污染物排放。一是减少污染物排放。全面整治燃煤小锅炉，加快重点行业脱硫脱硝除尘改造。整治城市扬尘。提升燃油品质,限期淘汰黄标车。二是严控高耗能、高污染行业新增产能,提前一年完成钢铁、水泥、电解铝、平板玻璃等重点行业“十二五”落后产能淘汰任务。三是大力推行清洁生产，重点行业主要大气污染物排放强度到2017年底下降30%以上。大力发展公共交通。四是加快调整能源结构，加大天然气、煤制甲烷等清洁能源供应。五是强化节能环保指标约束，对未通过能评、环评的项目，不得批准开工建设，不得提供土地，不得提供贷款支持，不得供电供水。六是推行激励与约束并举的节能减排新机制，加大排污费征收力度。加大对大气污染防治的信贷支持。加强国际合作，大力培育环保、新能源产业。七是用法律、标准“倒逼”产业转型升级。制定、修订重点行业排放标准，建议修订大气污染防治法等法律。强制公开重污染行业企业环境信息。公布重点城市空气质量排名。加大违法行为处罚力度。八是建立环渤海包括京津冀、长三角、珠三角等区域联防联控机制，加强人口密集地区和重点大城市PM2.5治理，构建对各省（区、市）的大气环境整治目标责任考核体系。九是将重污染天气纳入地方政府突发事件应急管理，根据污染等级及时采取重污染企业限产限排、机动车限行等措施。十是树立全社会“同呼吸、共奋斗”的行为准则，地方政府对当地空气质量负总责，落实企业治污主体责任，国务院有关部门协调联动，倡导节约、绿色消费方式和生活习惯，动员全民参与环境保护和监督。

3. 第四届库布其国际沙漠论坛开幕。8月2日，第四届库布其国际沙漠论坛在内蒙古开幕。国务院总理李克强向论坛发贺词，对论坛的举办表示热烈祝贺。国务院副总理汪洋出席开幕式，宣读了李克强的贺词。李克强在贺词中指出，荒漠化防治是人类面临的重要课题和挑战，需要国际社会的共同努力。中国防治荒漠化取得了可喜成绩，为构筑北方生态屏障、改善环境和促进沙漠化地区经济社会发展发挥了积极、重要的作用，也为世界治沙事业进步做出了贡献。中国将继续遵循规律，强化科学治沙、综合治沙。我们愿与各国加强合作，探索实践防治荒漠化的新理念、新模式，拓展生态环保新技术、新产业，在打造中国经济升级版的进程中更好推进生态文明建设，推动人类的绿色可持续发展。

三、多党合作和政治协商

1. 习近平同党外人士共迎新春并发表讲话。2月6日下午，习近平在中南海邀请各民主党派中央、全国工商联新老领导人和无党派人士共迎新春。中共中央政治局常委、国务院副总理李克强，中共中央政治局常委俞正声，中共中央政治局委员、中央办公厅主任栗战书出席。民革中央主席万鄂湘、民盟中央主席张宝文、民建中央主席陈昌智、民进中央主席严隽琪、农工党中央主席陈竺、致公党中央主席万钢、九三学社中央主席韩启德、台盟中央主席林文漪、全国工商联主席王钦敏、无党派人士代表林毅夫等应邀出席。严隽琪代表各民主党派、全国工商联和无党派人士致辞。她表示，刚刚过去的一年在我国发展征程上具有极其重要的意义，中共十八大明确了中国特色社会主义的总依据、总布局、总任务。作为与中国共产党肝胆相照、风雨同舟的诤友和挚友，我们将以中共十八大精神为指导，从“为执政党助力、为国家尽责、为人民服务”出发，凝心聚力，加强自身建设，切实履行职能，为实现“中国梦”贡献才智。习近平发表重要讲话强调，实现我们的奋斗目标，需要全国上下共同努力，需要加强中国共产党同各民主党派和无党派人士的团结合作。各民主党派是同中国共产党通力合作的中国特色社会主义参政党，无党派人士是我国政治生活中的一支重要力量。各民主党派和无党派人士一定要把坚持中国特色社会主义政治发展道路作为根本方向，提高参政议政、民主监督的水平，提高政治把握能力、组织领导能力、合作共事能力。工商联要加强思想政治建设和履职能力建设，努力成为政治坚定、特色鲜明、作风优良的人民团体和商会组织。中国共产党同各民主党派和无党派人士团结合作，是建立在共同思想政治基础之上的。今天，我们的共同思想政治基础就是中国特色社会主义。中国特色社会主义事业越是向前推进，越需要凝聚最广泛的力量。同志们要充分认识肩负的重要责任和使命，坚定政治信念，坚持前进方向，多建睿智之言，多献务实之策，共同开创中国特色社会主义事业新局面。要继续加强民主监督。对中国共产党而言，要容得下尖锐批评，做到有则改之、无则加勉；对党外人士而言，要敢于讲真话，敢于讲逆耳之言，真实反映群众心声，做到知无不言、言无不尽。希望同志们积极建诤言、作批评，帮助我们查找问题、分析问题、解决问题，帮助我们克服工作中的不足。中共各级党委要主动接受、真心欢迎民主党派和无党派人士监督，切实改进工作作风，不断提高工作水平。

2. 中共中央举行民主协商会。2 月 28 日上午，中共中央在中南海怀仁堂举行民主协商会，就国务院机构改革和职能转变、中共中央拟向十二届全国人大一次会议推荐的国家机构领导人员人选建议名单和拟向全国政协十二届一次会议推荐的全国政协领导人员人选建议名单，向各民主党派、全国工商联和无党派人士通报情况，听取意见。中共中央政治局常委李克强、张德江、俞正声、刘云山、王岐山、张高丽出席会议。李克强通报了《国务院机构改革和职能转变方案（草案）》的有关情况。刘云山就新一届国家机构领导人员和全国政协领导人员人选建议名单作了说明。会议上，民革中央主席万鄂湘、民盟中央主席张宝文、民建中央主席陈昌智、民进中央主席严隽琪、农工党中央主席陈竺、致公党中央主席万钢、九三学社中央主席韩启德、台盟中央主席林文漪、全国工商联主席王钦敏、无党派人士代表郝如玉等发了言。他们认为，《国务院机构改革和职能转变方案（草案）》，新一届国家机构领导人员和全国政协领导人员人选建议名单，都是在广泛征求意见、充分酝酿协商的基础上形成的，体现了中共十八大精神，顺应全面建成小康社会新形势新任务的要求，考虑比较周全，表示拥护和赞成，并就推进国务院机构改革和职能转变等提出了意见和建议。中共中央总书记习近平主持会议并发表重要讲话。习近平指出，邀请各民主党派中央、全国工商联负责人和无党派代表人士，就国家政治生活中的重大问题包括国家机构领导人员人选进行协商，是多党合作和政治协商制度的内在要求，是我国社会主义民主的具体体现，也是我们党的优良传统和一贯做法。在座各位同志，多年来同我们党亲密合作，积极建言献策，对我们党的工作和国家各项事业发展提出了许多真知灼见。希望同志们牢记党和人民的重托，胸怀大局，心系人民，团结带领广大成员继承和发扬长期以来形成的优良传统，坚定不移走中国特色社会主义政治发展道路，提高自身各方面素质和能力，履行好参政议政、民主监督职能，巩固多党合作的良好局面。

3. 纪念中共中央发布“五一口号”65周年座谈会举行。4月27日，纪念中共中央发布“五一口号”65周年座谈会在北京举行。中共中央政治局常委、全国政协主席俞正声出席座谈会并讲话。俞正声在讲话中说，1948年4月30日，中共中央发布纪念“五一”劳动节口号，发出了召开政治协商会议、成立民主联合政府的号召，得到各民主党派、无党派民主人士的热烈响应。这一历史事件，在民主党派发展史上、在统一战线和多党合作发展史上、在我国民主政治建设发展史上，都具有重大而深远的意义，标志着各民主党派、无党派民主人士公开自觉地选择了中国共产党的领导，坚定地走上了新民主主义、社会主义的道路，揭开了我国民主政治建设和政党制度建设的新篇章。俞正声指出，我们纪念“五一口号”，就是要认真总结中国共产党与各民主党派、无党派人士团结合作的光辉历程，探索社会主义民主政治建设和多党合作事业发展的内在规律。65年的实践给了我们很多启示，需要倍加珍惜、牢牢把握。必须始终不渝地坚持中国共产党的领导，坚持共产党和各民主党派、无党派人士之间“长期共存、互相监督、肝胆相照、荣辱与共”的方针；必须坚定不移地走符合国情的政治发展道路，始终保持清醒头脑，像珍惜生命一样珍惜这条道路；必须坚持中国共产党领导、人民当家做主和依法治国的有机统一，毫不动摇地发展社会主义民主；必须聚精会神地致力共同奋斗目标，团结一切可以团结的力量，实现中华民族伟大复兴的中国梦；必须与时俱进地完善和发展多党合作制度，进一步提升多党合作制度化规范化程序化水平。俞正声强调，当前我国正处于改革发展的关键时期，多党合作事业面临着新的形势和任务。希望各民主党派紧密团结在以习近平同志为总书记的中共中央周围，进一步加强中国特色社会主义参政党建设，牢固树立理想信念，全面提高参政议政水平，着力发挥民主监督作用，切实搞好政治交接，为全面建成小康社会、实现中华民族伟大复兴的中国梦作出新的更大贡献。

4. 中共中央召开党外人士座谈会。7月25日，中共中央在中南海召开党外人士座谈会，就当前经济形势和下半年经济工作听取各民主党派中央、全国工商联领导人和无党派人士的意见和建议。中共中央总书记习近平主持座谈会并发表重要讲话。中共中央政治局常委李克强、俞正声、刘云山、张高丽出席座谈会。李克强通报了上半年经济工作有关情况，介绍了中共中央、国务院关于做好下半年经济工作的考虑。习近平指出，做好下半年经济工作，任务艰巨，需要各方面共同来努力。希望各民主党派、工商联和无党派人士把智慧和力量凝聚到推动经济持续健康发展上来，围绕加快转变经济发展方式、推进经济结构调整、提高宏观调控水平等事关全局的重大问题深入调查研究，多献务实之策，为实现今年经济工作目标任务共同努力。习近平表示，中国共产党正在全党深入开展以为民务实清廉为主要内容的党的群众路线教育实践活动。我们将坚持开门搞活动，请大家围绕中国共产党作风建设方面存在的重点问题，多向我们反映群众呼声，多提切实可行的意见和建议，帮助我们解决工作中存在的不足。

5. 政协召开第一次双周协商座谈会。10月22日下午，全国政协第一次双周协商座谈会在全国政协礼堂召开，主要议题是分析当前宏观经济形势，就如何统筹稳增长、调结构、促改革，保持经济发展良好势头议政建言。全国政协主席俞正声主持会议。俞正声说，双周座谈会是人民政协的优良传统，要总结好、利用好其中的宝贵经验。在新形势下，为进一步发挥好人民政协作为协商民主重要渠道的作用，十二届全国政协在继承的基础上有所创新，建立双周协商座谈会制度，通过定期邀请各界别委员主要是民主党派成员、无党派人士座谈交流，听取意见和建议，使双周协商座谈会成为沟通思想、增进共识、协调关系、凝心聚力的协商平台。

6. 中共中央召开党外人士座谈会。9 月 17 日，中共中央在中南海召开党外人士座谈会，就中共中央关于全面深化改革若干重大问题的决定听取各民主党派中央、全国工商联领导人和无党派人士的意见和建议。中共中央总书记习近平主持座谈会并发表重要讲话。中共中央政治局常委俞正声、刘云山、张高丽出席座谈会。座谈会上，民革中央主席万鄂湘、民盟中央主席张宝文、民建中央主席陈昌智、民进中央主席严隽琪、农工党中央主席陈竺、致公党中央主席万钢、九三学社中央主席韩启德、台盟中央主席林文漪、全国工商联主席王钦敏、无党派人士胡四一先后发言。他们赞同中共中央关于全面深化改革若干重大问题的决定，并就深化行政体制、财税体制、土地制度、社会保障、教育体制、医药卫生体制、司法体制等重点领域改革以及加强生态文明建设、推进创新驱动发展、加强和改善中国共产党对多党合作和政治协商的领导等方面提出意见和建议。在认真听取了大家发言后，习近平作了重要讲话。他表示，大家提出了许多具有针对性和可操作性的好意见、好建议，对起草好文件很有帮助，我们将认真研究吸收。习近平指出，新时期以来，各民主党派、工商联和无党派人士十分关注改革，积极投身改革，特别是始终把深化改革作为建言献策的重点内容，为推进改革开放作出了重要贡献。希望同志们继续发挥人才荟萃、智力密集的优势，紧紧围绕全面深化改革的重大问题，在深入开展调研的基础上，提出具有前瞻性、战略性、可操作性的意见和建议。

7. 第九次全国归侨侨眷代表大会开幕。12 月 2 日上午，第九次全国归侨侨眷代表大会在北京人民大会堂开幕。党和国家领导人习近平、李克强、张德江、俞正声、刘云山、王岐山、张高丽等到会祝贺。中共中央政治局委员、国家副主席李源潮受党中央委托，发表了题为《团结动员广大归侨侨眷和海外侨胞为实现中华民族伟大复兴的中国梦作出独特贡献》的祝词。

8. 中共中央召开党外人士座谈会。11 月 22 日，中共中央在中南海召开党外人士座谈会，就今年经济形势和明年经济工作听取各民主党派中央、全国工商联负责人和无党派人士代表的意见和建议。中共中央总书记习近平主持座谈会并发表重要讲话。中共中央政治局常委李克强、俞正声、刘云山、张高丽出席座谈会。李克强通报了今年经济工作有关情况，介绍了中共中央关于做好明年经济工作的考虑。习近平指出，全面深化改革涉及各个方面乃至每个人的切身利益，需要进一步统一思想、凝聚共识。希望各民主党派中央、全国工商联和无党派人士认真学习领会中共十八届三中全会精神，把所联系成员和群众的思想和行动统一到中共中央决策部署上来，紧紧围绕全面深化改革和明年经济社会运行中的重大问题进行深入调查研究，把智慧和力量凝聚到理解改革、支持改革、参与改革上来，为实现全面深化改革的目标营造良好社会环境。

四、港澳台工作

1. 2013年对台工作会议举行。2月19日，2013年对台工作会议在北京举行。中共中央政治局常委俞正声出席会议并作重要讲话。俞正声强调，我们党在对台工作实践中形成的两岸关系和平发展重要思想，丰富了国家统一理论和中央对台工作大政方针，具有长期指导意义。推动两岸关系和平发展，是实现和平统一的必由之路，也是我国和平发展战略的重要组成部分。俞正声强调，做好对台工作事关国家核心利益和民族根本利益，党中央历来高度重视。新一届中央领导集体将义不容辞地担当起这一历史责任。党的十八大明确了今后对台工作的指导思想、总体布局和努力目标。我们要坚持中央对台工作大政方针，全面贯彻两岸关系和平发展重要思想，不断巩固深化两岸关系和平发展的政治、经济、文化、社会基础，在实现中华民族伟大复兴进程中完成祖国统一大业。会议强调，各地各部门要围绕巩固深化两岸关系和平发展这一主要任务，更加积极有为地做好今年对台工作，稳步推进两岸关系全面发展。要努力增进两岸政治互信，反对“台独”分裂图谋，保持两岸关系发展正确方向。要加快两岸经济合作框架协议后续协商，加强两岸产业和金融合作，支持帮助台资企业发展，促进海西经济区建设。要坚持把团结广大台湾同胞作为对台工作主线，努力为台湾同胞多做实事、多办好事。要进一步促进两岸人员往来，深化文化教育等各领域交流，扩大两岸基层交流。要着力提高两岸交流的质量和效益，积极推进制度化建设。要鼓励两岸学术界从民间角度就解决两岸政治问题开展对话。要切实做好台胞权益保护工作。

2. 吴邦国出席纪念澳门基本法颁布20周年启动大会。2月21日上午，澳门社会各界纪念澳门基本法颁布20周年启动大会在澳门文化中心隆重举行。全国人大常委会委员长吴邦国出席大会并发表讲话。吴邦国指出，今年是澳门基本法颁布20周年。澳门特别行政区政府和基本法推广协会筹划了一系列纪念活动，宣传和推广基本法，在全社会牢固树立基本法意识和法制观念，抓住了澳门长期繁荣稳定的根本，具有重大意义。他强调，宣传和推广基本法，一要始终坚持中央政府对澳门实行的各项方针政策的根本宗旨，维护国家主权、安全、发展利益，保持澳门长期繁荣稳定，并以此作为依法处理澳门事务的指导原则。这是维护基本法权威地位的要求，也是既保持基本法稳定，又与时俱进、不断丰富基本法理论和实践的要求。二要深刻认识澳门特别行政区实行的制度，既要维护中央权力，也要保障澳门特别行政区高度自治权，从而使这两方面权力都落到实处，以实现澳门的良好管治。三要全面理解国家主体实行社会主义和澳门实行资本主义的关系，这样坚持一国原则才能落到实处，尊重两制差异才能成为自觉行动，从而保持两种制度都不变，把国家和澳门建设好、发展好。

3. 习近平总书记会见连战一行。2月25日上午，中共中央总书记习近平在人民大会堂会见中国国民党荣誉主席连战及随访的台湾各界人士，中共中央政治局常委俞正声参加会见。习近平强调，继续推动两岸关系和平发展、促进两岸和平统一，是新一届中共中央领导集体的责任。我们有充分信心继续坚定不移推动两岸关系和平发展，有充分信心克服各种困难开辟两岸关系新前景，有充分信心同台湾同胞携手迎接中华民族伟大复兴。两岸同胞同属中华民族，这种天然的血缘纽带任何力量都切割不断；两岸同属一个中国，这一基本事实任何力量都无法改变；两岸交流合作得天独厚，这种双向利益需求任何力量都压制不住。全体中华儿女有决心通过自己的不懈奋斗自立于世界民族之林，这种全民族共同愿望任何力量都阻挡不了。

4. 习近平会见梁振英崔世安。3 月 18 日上午，国家主席习近平在中南海会见了来京列席第十二届全国人民代表大会第一次会议闭幕式的香港特别行政区行政长官梁振英、澳门特别行政区行政长官崔世安。

5. 海协会第三届理事会第一次会议暨纪念“汪辜会谈”20 周年活动举行。4 月 26 日上午，海峡两岸关系协会第三届理事会第一次会议暨纪念“汪辜会谈”20 周年活动在北京人民大会堂举行。中共中央政治局常委、全国政协主席俞正声会见全体代表并发表重要讲话。俞正声代表中共中央和习近平总书记充分肯定海协会在推进两岸协商谈判、改善发展两岸关系方面发挥的积极作用。俞正声说，中央历来高度重视对台工作，制定了一系列行之有效的方针政策，开辟了两岸关系和平发展的正确道路，推动两岸关系发展取得了历史性成就。我们一贯主张通过平等协商，改善与发展两岸关系，逐步解决彼此间的问题，推动和平统一进程。今年是“汪辜会谈”20 周年。汪辜会谈迈出了两岸关系历史性的重要一步，在两岸关系前进道路上具有里程碑的重要意义。“汪辜会谈”彰显了“九二共识”作为两岸协商基础的重要地位，其揭示的以对话取代对抗、以协商促进合作的精神，依然启迪着两岸关系的现实和未来。开展协商谈判是推动两岸关系和平发展的重要途径。我们真诚希望两岸双方继续积极促进两岸协商不断取得新成果，共同推进两岸关系和平发展，鼓舞两岸同胞团结携手，同心实现中华民族伟大复兴的中国梦。俞正声对即将组成的海协会新一届理事会提出四点希望。首先，要深入学习领会中央对台工作方针政策和关于两岸协商的指示精神，巩固和增强两岸协商的政治基础，保持协商的正确方向。第二，要着力促进两岸关系和平发展的制度化建设。当前要尽快完成两岸经济合作框架协议后续协商的各项目标，积极推进两会互设综合性办事机构，并且推动商签两岸科技、文教交流协议。第三，要积极推动两岸交流合作，加强与台湾社会各界的联系，广泛团结台湾同胞共同促进两岸关系发展。第四，要热情服务两岸民众，坚持以人为本的理念，切实维护两岸同胞正当权益。

6. 习近平会见中国国民党荣誉主席吴伯雄。6 月 13 日下午，中共中央总书记习近平在人民大会堂会见了中国国民党荣誉主席吴伯雄和他率领的中国国民党访问团全体成员。习近平就坚定不移走两岸关系和平发展道路提出四点意见：第一，坚持从中华民族整体利益的高度把握两岸关系大局。第一,坚持从中华民族整体利益的高度把握两岸关系大局。第二，坚持在认清历史发展趋势中把握两岸关系前途。第三，坚持增进互信、良性互动、求同存异、务实进取。第四，坚持稳步推进两岸关系全面发展。

7. 中共中央总书记习近平电贺马英九当选中国国民党主席。7 月 20 日，马英九当选中国国民党主席。当晚，中共中央总书记习近平向中国国民党主席马英九发出贺电。马英九复电，向习近平表示感谢。

8. 第九届两岸经贸文化论坛圆满闭幕。10 月 27 日下午，为期两天的第九届两岸经贸文化论坛在南宁落下帷幕。中共中央政治局常委、全国政协主席俞正声和中国国民党荣誉主席吴伯雄出席闭幕式并致辞。

五、党际交往活动

1. 习近平会见日本公明党党首山口那津男。1 月 25 日，中共中央总书记习近平在人民大会堂会见日本公明党党首山口那津男。习近平表示，中日互为重要近邻，邦交正常化 40 年来，各领域合作深度和广度达到前所未有的水平，有力促进了两国各自的发展。中国政府重视发展中日关系的方针没有变化。事实证明，两国间四个政治文件是中日关系的压舱石，应坚持遵守。新形势下，我们要像两国老一辈领导人那样，体现出国家责任、政治智慧和历史担当，推动中日关系克服困难，继续向前发展。习近平强调，要保持中日关系长期健康稳定发展，必须着眼大局，把握方向，及时妥善处理好两国间存在的敏感问题。中方在钓鱼岛问题上的立场是一贯和明确的，日方应正视历史和现实，以实际行动，同中方共同努力，通过对话磋商找到妥善管控和解决问题的有效办法。以史为鉴，才能面向未来。日方应尊重中国人民的民族感情，正确处理历史问题。中方重视山口在两国关系面临特殊形势之际访华，希望公明党继续为推动中日关系发展发挥建设性作用。

2. 习近平同越共中央总书记阮富仲通电话。3 月 21 日上午，中共中央总书记、国家主席习近平应约同越共中央总书记阮富仲通电话。阮富仲对习近平当选中国国家主席表示热烈祝贺，表示相信在中国共产党领导下，伟大的中国人民一定能够顺利实现中共十八大确定的各项目标，把中国特色社会主义事业推向新高度。越南党和政府高度重视越中传统友谊，始终致力于推动越中两党两国关系发展。希望同中方一道努力，继续把两国老一代领导人缔造的越中友好关系推向前进，为两国人民造福，为地区和世界和平发展作出积极贡献。习近平对阮富仲的祝贺表示感谢。他说，中越关系健康稳定发展，对促进各自国家社会主义建设，对维护地区与世界和平、促进共同发展都有重要意义。中国党和政府坚持从战略高度和长远角度看待中越两党两国关系，将一如既往同越南党和政府一道，根据“长期稳定、面向未来、睦邻友好、全面合作”的十六字方针和“好邻居、好朋友、好同志、好伙伴”的四好精神，保持高层交往，深化两党交流合作，积极推进两国经贸互利合作，加强人文、科技等领域交流，妥善处理分歧，推动中越全面战略合作伙伴关系稳定健康发展。

3. 第四届中欧政党高层论坛开幕。4 月 22 日下午，第四届中欧政党高层论坛在苏州开幕，中共中央政治局常委、中央书记处书记刘云山出席开幕式，并发表题为《同舟共济　合作共赢　共创中欧美好未来》的主旨讲话。全国政协副主席、中联部部长王家瑞，江苏省省委书记罗志军，江苏省省长李学勇等出席开幕式。来自欧洲 27 个国家的 44 个政党、部分欧洲地区性政党和欧洲议会党团领导人、智库负责人和中方各界代表 200 余人与会。

4. 李克强会见印度国大党主席索尼娅・甘地。5 月 20 日，国务院总理李克强在新德里会见印度国大党主席索尼娅・甘地。李克强表示，20 世纪 50 年代，国大党领导的印度政府同新中国建交，开启了两国关系的历史篇章。中印共同倡导了和平共处五项原则，60 年来一直是国与国交往合作的重要指导原则。中方赞赏印度国大党一贯坚持对华友好政策，愿加强与国大党的友好交流合作，为中印关系发展不断注入新的动力。

5. 刘云山会见墨西哥革命制度党代表团。9 月 24 日，中共中央政治局常委、中央书记处书记刘云山在北京会见了由主席卡马乔率领的墨西哥革命制度党代表团。刘云山说，墨西哥是中国在拉美的好朋友好伙伴，今年两国元首成功互访，确立中墨全面战略伙伴关系，开启了中墨友好新阶段。中方愿与墨方一道，抓紧落实两国元首达成的重要共识，推动各领域务实合作取得新成果。中国共产党与墨西哥革命制度党面临着同样的发展任务，愿继续加强治党治国经验交流，相互学习借鉴，通过深化党际关系促进国家关系发展，更好造福两国人民。卡马乔说，在两国元首密切互访推动下，当前墨中关系处于历史最好时期，发展前景广阔。墨西哥革命制度党钦佩中国共产党的执政能力和成就，希望深化两党友好关系，加强治国理政经验交流，夯实墨中关系的政治基础，并助推各领域务实合作。

6. 刘云山会见柬埔寨人民党代表团。12 月 18 日，中共中央政治局常委、中央书记处书记刘云山在北京人民大会堂会见了由索安副首相率领的柬埔寨人民党代表团。刘云山欢迎人民党在柬大选后派出首个高级代表团访华。他说，今年是中柬建交 55 周年和中柬友好年，中方愿秉承“亲、诚、惠、容”周边外交理念，同柬方进一步加强基础设施、农业、旅游业和人文等领域的合作，推动中柬全面战略合作伙伴关系深入发展。刘云山说，中共十八届三中全会部署了全面深化改革任务，这对党的执政能力提出了新要求。中国共产党愿与柬埔寨人民党密切各级别的交往，深化治党治国经验交流，共同致力于以党的建设促进国内各项事业发展，更好造福两国人民。

六、自身建设

1. 十八届中央纪律检查委员会第二次全体会议举行。1 月 21 日至 22 日，中国共产党第十八届中央纪律检查委员会第二次全体会议在北京举行。全会深入贯彻党的十八大精神，高举中国特色社会主义伟大旗帜，以邓小平理论、“三个代表”重要思想、科学发展观为指导，分析了当前反腐倡廉形势，研究部署了 2013 年党风廉政建设和反腐败工作。全会审议通过了王岐山同志代表中央纪委常委会所作的《深入学习贯彻党的十八大精神，努力开创党风廉政建设和反腐败斗争新局面》的工作报告。中共中央总书记习近平出席全会第二次大会并发表重要讲话。李克强、张德江、俞正声、刘云山、王岐山、张高丽等党和国家领导人出席会议。全会认真学习了习近平同志的重要讲话，一致认为，讲话从党和国家事业发展全局和战略的高度，强调要认真学习贯彻党的十八大精神，以邓小平理论、“三个代表”重要思想、科学发展观为指导，深入推进党风廉政建设和反腐败斗争；要严明政治纪律，自觉维护党的团结统一，党的各级纪检机关要把维护党的政治纪律放在首位，加强对政治纪律执行情况的监督检查；要抓好“八项规定”落实，下大气力改进作风，密切联系群众，坚决抵制享乐主义和奢靡之风，各级纪检监察机关要执好纪、问好责、把好关；要依纪依法严惩腐败，继续全面加强惩治和预防腐败体系建设，着力解决群众反映强烈的突出问题，反对特权思想、特权现象。讲话充分肯定了广大纪检监察干部为加强党风廉政建设作出的重要贡献，强调“打铁还需自身硬”，要加强干部队伍建设，提高履行职责能力和水平，做严守纪律、改进作风、拒腐防变的表率，维护纪检监察干部可亲、可信、可敬的良好形象。习近平同志的重要讲话，对加强党的纪律建设、作风建设和反腐倡廉建设，全面提高党的建设科学化水平，具有重大而深远的意义。全党同志特别是广大纪检监察干部一定要认真学习领会，坚决贯彻落实。全会强调，2013年要按照党的十八大部署和要求，坚持党要管党、从严治党，坚持标本兼治、综合治理、惩防并举、注重预防，着力严明党的纪律特别是政治纪律，切实转变领导机关和领导干部工作作风，认真解决反腐倡廉中的突出问题，明确重点、狠抓落实，改革创新、攻坚克难，推动党风廉政建设和反腐败斗争向纵深发展。第一，坚决维护党章的权威性和严肃性。第二，不折不扣落实中央关于改进工作作风、密切联系群众的“八项规定”。第三，坚持惩治和预防腐败两手抓、两手都要硬。第四，用铁的纪律打造人民满意的纪检监察干部队伍。全会号召，全党要紧密团结在以习近平同志为总书记的党中央周围，统一思想、坚定信心，开拓进取、扎实工作，努力开创党风廉政建设和反腐败斗争新局面，为完成党的十八大各项战略决策部署、实现全面建成小康社会奋斗目标作出新的更大贡献！

2. 中共中央政治局研究部署加强新形势下党员发展和管理工作。1月28日，中共中央政治局召开会议，研究部署加强新形势下党员发展和管理工作。中共中央总书记习近平主持会议。会议强调，加强新形势下党员发展和管理工作，对于贯彻落实党的十八大精神、保持党的先进性和纯洁性具有十分重要的意义。要坚持以邓小平理论、“三个代表”重要思想、科学发展观为指导，牢牢把握加强党的执政能力建设、先进性和纯洁性建设这条主线，坚持解放思想、改革创新，坚持党要管党、从严治党，按照控制总量、优化结构、提高质量、发挥作用的总要求，明确目标、突出重点，健全机制、务求实效，不断提高党员发展和管理工作科学化水平，着力把各方面先进分子和优秀人才更多吸收到我们党内，努力建设一支规模适度、结构合理、素质优良、纪律严明、作用突出的党员队伍，夯实党执政的组织基础，为全面建成小康社会、夺取中国特色社会主义新胜利提供坚强组织保证。会议要求，要严格坚持标准，始终把政治标准放在首位，加强入党积极分子培养教育，扩大发展党员工作中的民主，严格工作程序和纪律，提高发展党员质量。要着力在工人中发展党员，继续做好在农民中发展党员工作，重视从青年工人、农民、知识分子中发展党员，优化党员队伍结构。要加强发展党员工作宏观指导，制定和落实发展党员规划，保持党员队伍适度规模。要强化党员管理，严格党内组织生活，严明党的纪律，及时处置不合格党员，改进对流动党员的管理，健全党内激励关怀帮扶机制，构建党员联系和服务群众工作体系，增强党员队伍生机活力。要加强组织领导，明确工作责任，完善保障措施，确保各项任务落到实处。

3. 中共中央政治局进行第三次集体学习。1月28日下午，十八届中共中央政治局就坚定不移走和平发展道路进行第三次集体学习。中共中央总书记习近平在主持学习时强调，走和平发展道路，是我们党根据时代发展潮流和我国根本利益作出的战略抉择。我们要以邓小平理论、“三个代表”重要思想、科学发展观为指导，加强战略思维，增强战略定力，更好统筹国内国际两个大局，坚持开放的发展、合作的发展、共赢的发展，通过争取和平国际环境发展自己，又以自身发展维护和促进世界和平，不断提高我国综合国力，不断让广大人民群众享受到和平发展带来的利益，不断夯实走和平发展道路的物质基础和社会基础。习近平强调，我们要坚持走和平发展道路，但决不能放弃我们的正当权益，决不能牺牲国家核心利益。任何外国不要指望我们会拿自己的核心利益做交易，不要指望我们会吞下损害我国主权、安全、发展利益的苦果。中国走和平发展道路，其他国家也都要走和平发展道路，只有各国都走和平发展道路，各国才能共同发展，国与国才能和平相处。我们要广泛深入宣传我国坚持走和平发展道路的战略思想，引导国际社会正确认识和对待我国的发展，中国发展绝不以牺牲别国利益为代价，我们绝不做损人利己、以邻为壑的事情，将坚定不移做和平发展的实践者、共同发展的推动者、多边贸易体制的维护者、全球经济治理的参与者。

4. 习近平在中央党校发表重要讲话。3 月 1 日，中共中央党校举行建校 80 周年庆祝大会暨 2013 年春季学期开学典礼。习近平出席并发表重要讲话。他强调，好学才能上进。中国共产党人依靠学习走到今天，也必然要依靠学习走向未来。我们的干部要上进，我们的党要上进，我们的国家要上进，我们的民族要上进，就必须大兴学习之风，坚持学习、学习、再学习，坚持实践、实践、再实践。全党同志特别是各级领导干部都要有加强学习的紧迫感，都要一刻不停地增强本领。习近平强调，学习的目的全在于运用。领导干部加强学习，根本目的是增强工作本领、提高解决实际问题的水平。要发扬理论联系实际的马克思主义学风，带着问题学，拜人民为师，做到干中学、学中干，学以致用、用以促学、学用相长。领导干部应该把学习作为一种追求、一种爱好、一种健康的生活方式，做到好学乐学，如饥似渴地学习，只要坚持下去，必定会积少成多、积沙成塔，积跬步以至千里。大会由中共中央政治局常委、中央党校校长刘云山主持。他指出，习近平总书记的重要讲话充分肯定了中央党校 80 年来作出的重要贡献，围绕新形势下党员干部加强学习作了全面深刻的阐述，是对全党大兴学习之风的有力动员，对于提高全党学习水平、提升领导干部素养、促进党和国家事业发展具有重要指导意义，要深入学习领会、很好贯彻落实。各级领导干部要按照习近平总书记讲话要求，把学习作为一种政治责任、作为一种生活方式，自觉做认真学习实践的表率。中央党校要以建校 80 周年为新的起点，发扬光荣传统，坚持正确办学方向，进一步抓好干部的理论学习和教育培训，切实加强学风建设，推动全党形成重视学习、善于学习的浓厚风气。

5. 中共中央政治局进行第五次集体学习。4 月 19 日下午，中共中央政治局就我国历史上的反腐倡廉进行第五次集体学习。中共中央总书记习近平在主持学习时强调，历史的经验值得注意，历史的教训更应引以为戒。面对复杂多变的国际形势和艰巨繁重的改革发展稳定任务，实现“两个一百年”奋斗目标，实现中华民族伟大复兴的中国梦，必须坚持党要管党、从严治党，积极借鉴我国历史上优秀廉政文化，不断提高党的领导水平和执政水平、提高拒腐防变和抵御风险能力，确保党始终成为中国特色社会主义事业的坚强领导核心。

6. 两部重要党内法规公开发布。5 月 27 日，经中央批准，《人民日报》公开发布《中国共产党党内法规制定条例》、《中国共产党党内法规和规范性文件备案规定》。这两部党内法规的制定和发布，对于推进党的建设制度化、规范化、程序化，提高党科学执政、民主执政、依法执政水平，具有十分重要的意义。

7. 中央政治局进行第七次集体学习。6 月 25 日下午，在中国共产党成立 92 周年前夕，中共中央政治局就中国特色社会主义理论和实践进行第七次集体学习。为了准备这次学习，中共中央政治局各位同志事先学习了中国共产党历史，做了认真思考和准备。马凯、刘奇葆、范长龙、孟建柱、赵乐际、胡春华作了重点发言。大家听取了他们的发言，并就有关问题进行了讨论。习近平在主持学习时强调,历史是最好的教科书。学习党史、国史，是坚持和发展中国特色社会主义、把党和国家各项事业继续推向前进的必修课。这门功课不仅必修，而且必须修好。要继续加强对党史、国史的学习，在对历史的深入思考中做好现实工作、更好走向未来，不断交出坚持和发展中国特色社会主义的合格答卷。

8. 全国组织工作会议召开。6 月 28 日至 29 日，全国组织工作会议在北京召开。习近平出席会议并发表重要讲话。他强调，面对复杂多变的国际形势和艰巨繁重的国内改革发展任务，实现党的十八大确定的各项目标任务，进行具有许多新的历史特点的伟大斗争，关键在党，关键在人。关键在党，就要确保党在发展中国特色社会主义历史进程中始终成为坚强领导核心。关键在人，就要建设一支宏大的高素质干部队伍。中共中央政治局常委、中央书记处书记刘云山在会议上讲话。中共中央政治局常委、中央纪委书记王岐山出席会议。这次会议研究部署了今后 5 年党的建设和组织工作。中央党的建设工作领导小组成员，中央和国家机关各部委主要负责人，各省区市和副省级城市、新疆生产建设兵团党委组织部长，中央和国家机关各部委、各人民团体干部（人事）司（局）长，中央管理的金融企业、国有重要骨干企业和高校党委（党组）分管组织人事工作的负责人，解放军总政治部干部部和组织部、武警总部政治部负责人等参加会议。

9. 中央组织部公布最新党内统计数据。7 月 1 日，中央组织部在《人民日报》头版公布最新党内统计数据。统计数据显示，截至 2012 年底，中国共产党党员总数达 8512.7 万名，比上年增加 252.5 万名，增幅为 3.1%；党的基层组织总数达 420.1 万个，比上年增加 17.5 万个，增幅为 4.3%。各项数据表明，2012 年党员队伍结构不断优化，党组织和党的工作覆盖面进一步扩大，展现出蓬勃生机和旺盛活力。从党员队伍结构看，全国有女党员 2026.9 万名，占党员总数的 23.8%；少数民族党员 580.2 万名，占党员总数的 6.8%；具有大专及以上学历的党员 3408.1 万名，占党员总数的 40%；35 岁及以下的党员 2180.1 万名，占党员总数的 25.6%。从基层党组织分布看，全国 7245 个城市街道、3.3 万个乡镇、8.7 万个社区（居委会）、58.8 万个建制村建立了党组织。机关、事业单位党组织覆盖面分别达到 99.97%、99.4%。公有制企业党组织覆盖面达到 99.98%。147.5 万个非公有制企业建立党组织，占具备建立党组织条件的非公有制企业数的 99.95%。4.03 万个社会团体建立党组织，占具备建立党组织条件的社会团体数的 99.21%。3.95 万个民办非企业单位建立党组织，占具备建立党组织条件的民办非企业单位数的 99.61%。分析 2012 年党内统计数据,专家认为党员队伍和基层党组织建设具有以下特点。党员队伍结构不断优化，素质进一步提高。2012 年，全国发展党员 323.3 万名，在生产、工作一线发展党员 142.9 万名，占发展党员总数的 44.2%，比上年增加 3.2 万名。其中，发展工人党员 21.8 万名，发展农牧渔民党员 62.4 万名，发展农民工党员 4.3 万名；党员队伍中工人和农牧渔民党员比上年增加 71.6 万名。发展 35 岁及以下党员 264.2 万名，比上年增加 4.3 万名；发展具有大专及以上学历党员 105 万名，比上年增加 2.1 万名。党员教育管理服务机制逐步完善，党员队伍生机活力明显增强。深入落实党员教育培训规划，全年培训农村党组织书记 148.2 万人次、新党员 435.3 万人次、大学生村官党员 39.7 万人次，开展党员创业就业技能培训 1523.3 万人次。加强流动党员教育管理服务，全年建立流动党员党组织 1.1 万个，党员服务中心（站、点）45.6 万个。基层党组织设置方式不断创新，覆盖面进一步扩大。具备建立党组织条件的非公有制企业中，党组织数量比上年增长 18.8%；具备建立党组织条件的社会团体、民办非企业单位中，党组织覆盖率分别比上年增长 1.8、0.3 个百分点。基层党组织战斗堡垒作用和党员先锋模范作用充分发挥。深入推进窗口单位和服务行业创先争优，各级党组织和党员群众共结成帮扶对子 2097.8 万个，为群众办实事 4962.8 万件。在抗震救灾等重大任务中，广大党员冲锋在前、无私奉献，充分展示了共产党人的优秀品格和时代风范。

10. 习近平到河北省调研指导党的群众路线教育实践活动。7 月 11 日至 12 日，中共中央总书记习近平到河北省调研指导党的群众路线教育实践活动。他强调，要坚持以邓小平理论、“三个代表”重要思想、科学发展观为指导，全面贯彻中央要求，扎实做好各项工作，充分调动领导干部和广大群众两个积极性，通过深入学习教育、广泛听取意见，推动深入查摆和解决作风上存在的突出问题，保证活动善始善终、善做善成。

11. 中共中央对党内法规制度进行集中清理。8 月 29 日，《人民日报》报道，《中共中央关于废止和宣布失效一批党内法规和规范性文件的决定》日前发布。根据该《决定》，1978 年以来制定的党内法规和规范性文件，有 300 件被废止和宣布失效，467 件继续有效，其中 42 件将作出修改。这次对党内法规和规范性文件进行集中清理，在我们党历史上是第一次，是党的制度建设的一项基础工程。中央要求，第一阶段清理任务结束后，要抓紧组织实施第二阶段清理工作，对新中国成立至 1978 年前制定的党内法规和规范性文件进行清理。各地区各有关部门要各司其职、狠抓落实，确保这次集中清理工作于 2014 年 12 月底前全部完成。要建立健全定期清理和即时清理机制，今后一般每 5 年对党内法规和规范性文件开展一次集中清理；同时，在制定或修改党内法规和规范性文件时，对与之不协调、不衔接、不一致的相关党内法规和规范性文件同步进行清理，实现清理工作经常化、制度化、规范化。

12. 习近平参加河北省委常委班子专题民主生活会并发表重要讲话。9 月 23 日至 25 日，习近平在河北参加省委常委班子党的群众路线教育实践活动专题民主生活会并发表重要讲话。他强调，批评和自我批评是解决党内矛盾的有力武器。全党同志特别是各级领导干部要增强党性，本着对自己、对同志、对班子、对党高度负责的精神，大胆使用、经常使用这个武器，使之越用越灵、越用越有效，以此促进民主集中制的贯彻执行，促进党内生活的严格规范，促进党性原则基础上的团结，切实提高领导班子发现和解决自身问题的能力。

13. 中共中央政治局常委到第一批党的群众路线教育实践活动联系点出席指导专题民主生活会。10 月 3 日《人民日报》报道，按照中央开展党的群众路线教育实践活动安排，中共中央政治局常委近期分别到各自的第一批教育实践活动联系点，全程参加联系点省区党委领导班子专题民主生活会，实地指导查摆形式主义、官僚主义、享乐主义和奢靡之风问题，以整风精神开展批评和自我批评。9 月 23 日至 25 日，中共中央总书记习近平用 4 个半天参加了河北省委常委班子党的群众路线教育实践活动专题民主生活会。在此前后，中共中央政治局常委其他同志分别前往各自联系点参加党委领导班子专题民主生活会，李克强到广西壮族自治区，张德江到江苏省，俞正声到甘肃省，刘云山到浙江省，王岐山到黑龙江省，张高丽到四川省。

14. 第一期省部级干部学习贯彻习近平总书记系列讲话精神研讨班举办。11 月 4 日至 8 日，第一期省部级干部学习贯彻习近平总书记系列讲话精神研讨班在中央党校举办。为深入学习贯彻习近平总书记系列重要讲话精神，经中央批准，对县处级以上领导干部进行集中轮训。从今年 11 月到明年上半年，中组部和中央党校将举办 7 期省部级干部研讨班。中共中央政治局常委、中央党校校长刘云山出席开班式并讲话。第一期研讨班分别邀请中共中央政治局委员、中央宣传部部长刘奇葆，中共中央政治局委员、中央组织部部长赵乐际，国务委员、中央外办主任杨洁篪，以及国家发展改革委党组书记、主任徐绍史作辅导报告，结合不同专题对习近平总书记系列重要讲话精神进行系统阐述。

15. 中共中央发布党内法规制定工作五年规划纲要。11 月 28 日，《人民日报》报道，《中央党内法规制定工作五年规划纲要（2013—2017 年）》日前发布。《纲要》对今后 5 年中央党内法规制定工作进行统筹安排，提出了指导思想、工作目标、基本要求、主要任务和落实要求，确定了一批党内法规重点制定项目。这次编制党内法规制定工作五年规划，在我们党历史上是第一次，是加强党的制度建设的一项战略工程。新中国成立特别是改革开放以来，我们党制定颁布了一批重要党内法规，为管党治党、执政治国提供了重要制度保障。新形势下，党的建设面临一系列新情况新问题新挑战，党要管党、从严治党的任务更加繁重、更为紧迫。同新形势新任务的要求相比，现有党内法规制度中存在的系统性、整体性不足问题日益突出，特别是有的基础主干党内法规、配套性党内法规和实践亟须的党内法规尚未出台，明显滞后于实践的发展和形势任务的需要。党的十八大对推进党的制度建设、全面提高党的建设科学化水平作出了战略部署。习近平同志多次强调，加强党内法规制度建设，要按照于法周延、于事简便的原则提高制度制定质量，要立体式、全方位推进制度体系建设，把权力关进制度的笼子里。通过制定实施《纲要》，有计划有步骤地统筹推进党内法规制定工作，对于加强党内法规制度体系建设，推进党的建设制度化、规范化、程序化，提高党的科学执政、民主执政、依法执政水平，具有重要而深远的意义。

16. 中共中央政治局进行第十一次集体学习。12 月 3 日下午，中共中央政治局就历史唯物主义基本原理和方法论进行第十一次集体学习。中共中央总书记习近平在主持学习时强调，推动全党学习历史唯物主义基本原理和方法论，更好认识国情，更好认识党和国家事业发展大势，更好认识历史发展规律，更加能动地推进各项工作。

贾小明　中央社会主义学院中国政党制度研究中心副秘书长

中国国民党革命委员会

2013 年，民革全党认真学习贯彻中共十八大、十八届三中全会精神，围绕全面深化改革、推进“十二五”规划实施大力开展参政议政，突出民革特色，取得了显著成绩，实现了换届后各项工作的顺利起步、良好开局。同时，民革全面贯彻中共十八大关于对台工作的重大决策部署，加大做好台湾人民工作和涉台参政议政工作力度，祖统工作水平得到进一步提升。

一、重要会议及活动

2013 年，民革中央领导机构根据党章规定，通过召开中全会、中常会、中央监督委员会会议、专题工作会议、专门委员会工作会议来领导全党工作，同时中央还在本年的有关重大事件和纪念日召开了多种形式的座谈会和纪念会。

（一）中央全会

1. 十二届二中全会

12 月 2 日至 3 日，中国国民党革命委员会第十二届中央委员会第二次全体会议在北京召开。会议主要内容是学习贯彻中共十八届三中全会精神，听取和审议第十二届中央常务委员会工作报告和中央监督委员会工作报告。民革中央主席万鄂湘、常务副主席齐续春，副主席修福金、刘凡、程崇庆、傅惠民、何丕洁、田惠光、郑建邦、邓力平出席会议。

万鄂湘同志代表第十二届中央常务委员会作工作报告。报告指出，一年来，民革全党认真学习贯彻中共十八大和十八届二中、三中全会和习近平总书记一系列重要讲话精神，深刻把握中国特色社会主义参政党的科学内涵，以坚持和发展中国特色社会主义为方向，以加强领导班子和基层组织建设为关键，以为“十二五”规划实施献计出力为重点，各项工作都取得了显著成绩，实现了换届后的顺利起步、良好开局。

报告强调，2013 年，民革围绕国家经济工作“稳中求进”的总基调，立足社会法制、“三农”、促进祖国和平统一这三个重点领域打造参政议政品牌，凝聚全党智慧参与高层政治协商，积极创新参政议政工作机制，识民情、接地气，多途径、多形式地履行参政党职能，参政议政能力和水平进一步提高。民革社会服务工作充分发挥自身优势和特点，积极推动法律咨询服务，广泛开展“民革基层组织牵手困难群众”活动，继续打造支边扶贫品牌，取得了显著成效。

报告指出，一年来，民革深入贯彻“坚持将推动两岸关系和平发展作为民革祖统工作的核心内容，坚持将能否做好台湾人民的工作作为衡量民革祖统工作成效的主要标准，坚持将创新作为保持民革祖统工作旺盛生命力的根本动力”的民革祖统工作要求，进一步加大做好台湾人民工作和涉台参政议政工作的力度，对台交流活动取得新进展，祖统工作形式取得新突破，祖统工作水平获得新提升。

报告要求，2014 年民革全党要认真学习贯彻中共十八届三中全会精神；广泛深入开展坚持和发展中国特色社会主义学习实践活动，不断提高履职实效，围绕重点领域建言献策，加大民主监督工作力度，健全参政议政工作机制，高质量反映社情民意信息；要全面加强自身建设，强化思想建设、组织建设、作风建设；社会服务工作要力求突破，打造社会服务新品牌，推动支边扶贫新发展，探索传统工作新思路；要推动促进祖国和平统一工作迈上新台阶，大力推进涉台参政议政，务实推进两岸交流与合作，继续加强祖统工作机制建设。

齐续春同志主持开幕会，并就民革开展坚持和发展中国特色社会主义学习实践活动有关情况作了说明。何丕洁同志在开幕会上代表中央监督委员会作工作报告。会议书面报告了民革中央 2013 年参政议政工作情况。与会同志就中央常务委员会工作报告、中央监督委员会工作报告、中央参政议政工作情况报告及有关决议进行了讨论。

12 月 3 日下午，民革十二届二中全会在北京闭幕。修福金同志主持闭幕会。会议通过了《民革中央关于开展坚持和发展中国特色社会主义学习实践活动的决定》和民革十二届二中全会决议。齐续春同志在闭幕会上讲话，他要求民革全党认真学习贯彻中共十八届三中全会精神，进一步把思想和行动统一到全会精神上来；紧紧围绕坚持和发展中国特色社会主义学习实践活动，加强思想理论建设；学习好、传达好、贯彻好民革十二届二中全会精神，为执政党和政府进一步做好全面深化改革工作出谋划策。

民革中央原主席何鲁丽、周铁农，原副主席李赣骝、胡敏、朱培康、刘民复，民革中央顾问出席开幕会，各工作部门负责人，机关服务中心、团结报社、团结出版社负责人列席会议。

（二）中央常务委员会会议

2013 年，民革第十二届中央常务委员会根据党章规定和履行职能需要，共召开了四次会议。

1. 十二届二次常委会

3 月 10 日，中国国民党革命委员会第十二届中央常务委员会第二次会议在北京华北宾馆召开。民革中央主席万鄂湘、常务副主席齐续春，副主席修福金、刘凡、程崇庆、傅惠民、何丕洁、田惠光、郑建邦、邓力平、刘家强和中央常委出席会议。中央各工作部门、团结报社、团结出版社负责人列席会议。齐续春同志主持会议。

会议学习座谈了十二届全国人大一次会议和全国政协十二届一次会议精神，原则通过了关于学习贯彻十二届全国人大一次会议和全国政协十二届一次会议精神的决议。会议书面报告了民革中央自民革十二大以来工作情况和2013年第二季度工作安排，通过了民革十二届中央各专门委员会主任名单，通过了关于民革党员党纪处分的备案事项。

万鄂湘同志在会上讲话，他首先通报了习近平总书记2012年底走访民革中央机关的有关情况，并就学习贯彻全国两会精神、做好今年民革各项工作提出四点意见：一是认真学习贯彻两会精神，为完成两会提出的目标和任务作贡献。二是围绕中心，突出重点，发挥特色，进一步做好参政议政和社会服务工作。三是认真学习张德江同志在全国政协十二届一次会议民革、台盟、台联组联组会上的重要讲话精神，做好促进祖国和平统一工作。四是自觉坚持中国共产党的领导，进一步抓好民革作风建设。

2. 十二届三次常委会

5月23日至24日，中国国民党革命委员会第十二届中央常务委员会第三次会议在湖南常德召开。会议主题是研究加强民革基层组织建设、促进参政议政工作。民革中央常务副主席齐续春，副主席修福金、刘凡、程崇庆、傅惠民、何丕洁、田惠光、邓力平、刘家强及中央常委出席会议。中央各工作部门负责人和机关服务中心、团结报社、团结出版社负责人列席会议。

中共湖南省委书记徐守盛，中共湖南省委常委、省委统战部部长李微微和中共常德市委书记王群等省、市领导同志出席开幕会。徐守盛同志和王群同志分别介绍了湖南省、常德市近年来经济、社会发展建设情况。民革湖南省委会主委刘晓在开幕会上致欢迎辞。刘凡同志主持开幕会，程崇庆同志主持闭幕会。

齐续春同志在开幕会上代表万鄂湘主席作重要讲话。讲话指出，参政议政是民革在国家建设中发挥作用的主要形式，是民革工作的第一要务。今后五年是我国全面建成小康社会和全面深化改革开放的关键时期，民革全党要努力适应新形势新任务对参政党的新要求，正确把握参政党的功能定位，找准参政议政着力点，以参政议政工作来组织和凝聚广大党员，促进各项工作的开展，为促进经济社会平稳较快发展贡献力量。讲话强调，基层组织是民革的组织基础和工作基础，是民革参政议政人才的源泉，在发展人才、凝聚人心、增加民革社会影响力方面具有不可替代的作用。突出参政议政重点，做好参政议政工作，需要以组织建设为基础，特别是以基层组织建设为抓手，推动全党参政能力建设，更好地履行参政党职能，发挥参政党优势。

讲话对民革今后的工作提出四点要求：一要提高党员的政治素质和品德修养，加强实践锻炼，为参政议政做好人才储备；二要充分发扬党内民主，促进党内和谐，切实增强各级组织的凝聚力、战斗力；三要大力加强参政能力建设，全面调动各方积极性，发挥民革特色优势，举全党之力做好新形势下的参政议政工作；四要积极创新思路，拓展社会服务工作新渠道，为实现“中国梦”贡献力量。

修福金、何丕洁同志在开幕会上讲话，分别对民革参政议政工作、基层组织建设工作作了具体部署。

会议书面报告了民革中央2012年第二季度主要工作情况和第三季度初步工作安排。与会同志围绕领导同志重要讲话和参政议政工作、基层组织建设工作进行了充分讨论。

会议通过了人事任免事项，任命李霭君同志为民革中央联络部部长；通过了关于民革党员党纪处分备案事项。

齐续春同志在闭幕会上讲话，就进一步做好基层组织建设和参政议政工作提出三点意见：第一，各级组织都要充分提高对民革基层组织建设重要意义的认识，通过加强民革基层组织建设，进一步推动全党参政议政工作发展。第二，正确认识当前国际国内的经济形势，积极围绕执政党和国家的中心工作，切实履行好参政党职能，为全面建成小康社会作出更大贡献。第三，按照民革十二大制定的目标任务和“三个牢牢把握”的民革工作方针，做好下半年的思想宣传、组织建设、社会服务、促进祖国和平统一等各项工作。

3. 十二届四次常委会

11 月 18 日，中国国民党革命委员会第十二届中央常务委员会第四次会议在民革中央机关召开。民革中央主席万鄂湘、常务副主席齐续春，副主席傅惠民、何丕洁、田惠光、郑建邦、刘家强和中央常委出席会议。部分省级组织副主委、中央各工作部门负责人，中央机关服务中心、团结报社、团结出版社负责人列席会议。齐续春同志主持会议。

会议学习座谈了中共十八届三中全会精神，通过了关于学习贯彻中共十八届三中全会精神的决定；书面报告了民革中央自民革十二届三次中常会以来主要工作情况和至 2014 年第一季度初步工作安排；审议通过了《中国国民党革命委员会第十二届中央常务委员会关于召开第十二届中央委员会第二次全体会议的决定》；审议了《民革中央关于开展坚持和发展中国特色社会主义学习实践活动的决定（讨论稿）》；修订并通过了《中国国民党革命委员会地方委员会组织规程》、《中国国民党革命委员会发展党员手续及审批办法》、《中国国民党革命委员会基层组织工作条例》、《中国国民党革命委员会党员交纳党费及党费使用办法》、《中国国民党革命委员会党员组织关系转移办法》等五个组织工作文件；通过了关于民革党员党纪处分的备案事项。

万鄂湘同志在会上讲话。他强调，在当前和今后一个时期，我们要把学习贯彻中共十八大和十八届三中全会精神作为民革的中心工作。各省级组织要把学习和增进思想共识、更好地履行职能相结合，使广大党员坚定全面深化改革的信心、坚持全面深化改革的方向、凝聚全面深化改革推动发展的智慧和力量。

万鄂湘同志指出，民革全党要把坚持和发展中国特色社会主义这一主题作为统领民革今后几年各方面工作的聚焦点、着力点和落脚点，引导广大党员和所联系群众坚定对中国特色社会主义的道路自信、理论自信、制度自信。要坚持“自觉、自主、自为”，将学习实践活动覆盖到所有基层组织；把民革广大干部党员在学习实践活动中激发起来的积极性引导到本职工作和参政议政工作中去；调动和激发每一位党员的主动性和创造性，探索民革组织开展社会服务和扶贫帮困工作的有效形式。

万鄂湘同志强调，民革各级组织要紧紧围绕中共十八届三中全会确定的目标和任务，从战略和全局出发，就经济体制改革、法治中国建设、城乡一体化发展、政府职能转变、社会事业改革创新、生态文明建设、两岸合作发展等内容建言献策；要注重保持和发挥民革参政议政重点领域的特色，利用民革法律界别人才聚集优势、“三农”领域长期研究优势、祖统方面的特色和资源优势，就相关课题进行深入研讨；要发挥好各专委会和研究中心的作用，围绕高层协商、政协大会发言和提案工作深挖潜力，研究社会经济发展中的战略性、全局性、前瞻性问题；要进一步巩固并深化与行政部门、司法机关、党外政策研究机构、科研机构、高校的合作，加速参政议政成果转化，更好发挥民革中央参政议政的品牌效应。

4. 十二届五次常委会

12月1日，中国国民党革命委员会第十二届中央常务委员会第五次会议在北京召开。民革中央主席万鄂湘、常务副主席齐续春，副主席修福金、刘凡、程崇庆、傅惠民、何丕洁、田惠光、郑建邦、邓力平和中央常委出席会议。各工作部门负责人，机关服务中心、团结报社、团结出版社负责人列席会议。齐续春同志主持会议。

会议审议并通过了民革十二届二中全会议程（草案）、十二届二中全会日程，十二届二中全会小组召集人名单；审定了提交十二届二中全会的第十二届中央常务委员会工作报告、民革中央参政议政工作情况报告。审议并通过了关于开展坚持和发展中国特色社会主义学习实践活动的决定（草案）。

（三）中央监督委员会全体会议

12月1日，民革第十二届中央委员会监督委员会第二次全体会议在北京召开。民革中央副主席、中央监委会主任何丕洁主持会议，民革中央副主席、中央监委会副主任田惠光，中央监委会副主任陈清华及监委会委员出席会议。

会议研究通过了民革中央监督委员会2013年工作报告，并提请民革十二届二中全会审议。会议研究了中央监委会2014年工作计划并决定在2014年召开内部监督经验交流研讨会及省级监督委员会办公室工作会议。

（四）中央学习组学习活动

10月22日，民革中央中心学习组举行扩大会议，专题学习坚持和发展中国特色社会主义。民革中央主席万鄂湘、常务副主席齐续春，副主席刘凡、傅惠民、何丕洁、田惠光、邓力平、刘家强及在京民革中央常委，民革中央各工作部门负责人、团结报社、团结出版社负责人参加专题学习会。

万鄂湘同志在会上作中心发言。他指出，中国特色社会主义是中国共产党和人民90多年奋斗、创造、积累的根本成就，是改革开放30多年实践的科学总结，是凝聚中国力量的伟大旗帜。要全面建成小康社会、实现中华民族伟大复兴的中国梦，就必须坚定不移走中国特色社会主义道路。中国共产党是中国特色社会主义的坚强领导核心。对于民革来说，坚定自觉接受中国共产党的领导，走中国特色社会主义道路的理想信念，就可以保证广大民革党员精神上“不缺钙”。

万鄂湘同志强调，今年年初，习近平总书记首次明确提出，各民主党派是与中国共产党通力合作的中国特色社会主义参政党。这是对各民主党派在中国特色社会主义伟大事业进程中发挥职能作用的总结和肯定。由此可见，中国特色社会主义的形成、坚持和发展，也凝聚着民主党派的智慧和力量。作为多党合作事业和民革事业的继承者、实践者,坚持和发展中国特色社会主义我们责无旁贷。在民革全党开展学习实践活动非常及时、意义重大。

万鄂湘同志要求，民革各级组织要把“薪火相传，圆多党合作之梦”学习教育活动与本次学习实践活动结合起来，把已开展的活动内容纳入到学习实践活动之中。民革各地各级领导班子要认真规划、缜密安排、切实实施。要发扬民革自我教育的优良传统，把学习和实践紧密结合起来，把民革广大干部党员在学习实践活动中激发起来的积极性引导到本职工作和参政议政工作中去。要进一步调动和激发每一位党员的主动性和创造性，努力探索民革组织开展社会服务和扶贫帮困工作的有效形式，积极开展“民革基层组织牵手困难群众”活动，为广大人民群众尤其是困难群众解决实际困难。要突出民革特色，将学习实践活动与继承、发扬孙中山爱国、革命、不断进步的精神结合起来，与深入系统地学习民革章程、加强民革党史学习研究结合起来。要围绕本次学习教育活动的主题，坚持实践基础上的理论创新，加强理论研究。要积极利用自身宣传阵地和社会主流媒体，大力宣传学习实践活动，树立民革良好的社会形象。

齐续春同志在会上指出，作为在中国共产党领导下，与之共同奋斗的参政党，民革亲历了中国特色社会主义的发展，见证了中国特色社会主义的优越性。民革中央开展学习实践活动，就是要继承民革的优良传统，继续担负起中国特色社会主义事业的亲历者、实践者、维护者、捍卫者的责任，更好地履行参政党职能，以实际行动投入到坚持和发展中国特色社会主义的伟大征程中。

田惠光、邓力平、刘家强等同志围绕坚持和发展中国特色社会主义、建设中国特色社会主义参政党等畅谈了学习体会和心得。

（五）中央专题工作会议

1. 民革中央召开省级组织组织部长工作会议

4 月 20 日至 21 日，民革省级组织组织部长工作会议在福建厦门召开。民革中央副主席何丕洁出席会议并讲话，民革各省级组织组织部门负责人参加会议。

何丕洁同志总结了民革省级组织和中央领导机构换届圆满成功的经验，肯定了民革各级组工干部的努力奉献精神。他指出，民革组织建设是自身建设的基础，要做好党员队伍建设、基层组织建设、民革骨干队伍建设和领导班子建设四个方面工作，坚定原则，学习创新，攻坚克难，履行历史赋予民革的职责和任务。他要求全体组工干部能自觉主动加强学习，提高工作能力；深入实际，扎实努力，全面推动组织建设各项工作。

会上，民革中央组织部与各省级组织组织部门负责人总结了组织工作业务内容，相互交流了工作体会，探讨了民革组织工作的思路，并根据民革章程研究修订了民革组织工作文件。

2. 内部监督工作专题研讨会

6 月 25 日至 26 日，民革内部监督工作专题研讨会在天津召开，民革中央副主席、民革中央监督委员会主任何丕洁，民革中央副主席、民革中央监督委员会副主任田惠光及中央监督委员会委员参加会议。

何丕洁同志在讲话中指出，民革内部监督工作的开展，有利于提高党员遵守民革章程的自觉性，进一步规范民革各级组织和全体党员的行为；有利于保障民主集中制原则的实施，督促领导班子按章办事，增强班子团结；有利于对民革党员的违法违纪行为起到预防警示作用；有利于民革加强自身建设，提高参政议政、民主监督能力。他强调，当前和今后一段时间民革内部监督要着重抓好以下几项工作：一是要强化内部监督意识，提高内部监督的自觉性；二是要总结现有成功经验，不断完善内部监督工作机制；三是要坚持和健全民主集中制，为落实内部监督、发展党内民主提供前提保障；四是要加强内部监督工作理论研究，以理论指导工作实际。

与会同志结合各地内部监督工作的成果和经验进行了交流和讨论，对内部监督今后五年工作总体规划提出了意见和建议。民革中央监督委员会副主任陈清华作总结讲话。

3.“海峡论坛·两岸乡村农田水利建设交流会”

6月17日，民革中央、水利部在福建三明联合举办“第五届海峡论坛·两岸乡村农田水利建设交流会”。民革中央副主席郑建邦、邓力平，水利部副部长李国英、国台办主任助理龙明彪出席交流会。三明市有关负责同志、大陆农业水利专家、基层农民代表以及亲民党有关负责人，台湾中南部基层农会、农田水利会代表，在大陆发展的台湾农民代表200余人参加交流会。

郑建邦同志在致辞中指出，海峡两岸血缘相亲、地缘相近、语言相通、习俗相似，在乡村农田水利建设的交流与合作方面有着深厚基础和广阔空间。本次交流会的主题是“扩大和深化两岸乡村农田水利交流合作”，诚挚希望两岸民众彼此了解更为深入，感情更加融洽。这就有待于两岸广大有识之士和衷共济、携手前行，尤其要依靠两岸的农民乡亲们，使两岸基层民众的切身利益和福祉在两岸乡村农田水利事业的大交流与大合作中实现大提升。

民革中央“三农”委员会、水利部农村水利司、中国水利学会农田水利委员会、台湾农田水利会联合会、中华农业暨水利事业发展协会负责人在会上作了交流发言。会后，两岸基层民众、专家深入三明市沙县、将乐、泰宁等地，对现代农业精细灌溉、水库管理等进行了现场考察和交流。

4. 民革中央社会和法制委员会、理论研究与学习委员会、妇女和青年工作委员会联合研讨会

6月14日至15日，民革中央社会和法制委员会、理论研究与学习委员会、妇女和青年工作委员会在天津联合召开研讨会。民革中央副主席、社会和法制委员会主任、理论研究与学习委员会主任修福金，民革中央副主席、妇女和青年工作委员会主任田惠光出席会议并讲话。

修福金同志指出，这次会议就“干部年轻化制度执行过程中存在的问题、意见和建议”、“围绕‘中国梦’主题教育活动，如何加强和改进青年思想政治工作”和“如何构建我国学生道德教育体系”三个课题进行研讨，主题鲜明，意义重大。三个课题既有自己的特定内涵，又彼此渗透、互有联系；三个专委会联合召开会议，就相关课题共同开展研讨，这是首次。同时，以民革为主体，通过专家参与、政府指导的方式，对相关课题进行研讨，也是第一次。这种模式可以开拓视野，拓宽思路，更好地结合实际、了解问题、解决问题。三个专委会要认真总结会议研讨成果，形成书面报告，就相关问题向中共中央、国务院建言献策。

田惠光同志指出，专委会是民革参政议政工作的重要抓手和参谋，本次会议是民革中央加强专委会工作的重要举措之一。会议将围绕上述主题，为实现“中国梦”培养合格

接班人献计献策。

三个专委会部分委员，教育部、国家公务员局等相关部委和部分高校、研究机构的领导、专家参加会议。

5. 当前金融形势分析及对策座谈会

7 月 19 日，民革中央在机关召开当前金融形势分析及对策座谈会。民革中央主席万鄂湘、常务副主席齐续春、副主席郑建邦出席座谈会。财政部、中国人民大学等部门和高校、科研机构的有关专家学者及民革中央有关工作部门负责人参加座谈会。

与会专家学者围绕我国上半年经济增速放缓，金融行业面临复杂形势等情况，从多个角度分析了如何认识当前中国金融形势，就深化金融体制改革等提出了意见和建议。

万鄂湘同志在听取专家学者发言后指出，民革中央针对当前金融形势分析和对策开展了大量调研工作，发现一些重要问题，如关于实体经济和金融业的关系问题，民革中央还需进一步开展调研，希望各位专家继续为我们提出中肯的意见和建议。

6. 朱蕴山纪念馆开馆仪式、朱蕴山生平事迹研讨会暨民革前辈纪念场馆联谊会第二次年会

7 月 18 日，朱蕴山纪念馆开馆仪式、民革中央“朱蕴山生平事迹研讨会暨民革前辈纪念场馆联谊会第二次年会”在安徽省六安市举行。民革中央常务副主席齐续春，安徽省政协副主席王秀芳，民革安徽省委会主委夏涛及六安市有关方面领导同志共同为朱蕴山纪念馆和“民革党史教育基地”揭牌，并为朱蕴山铜像揭幕。

齐续春同志在朱蕴山生平事迹研讨会上指出，朱蕴山同志是杰出的爱国民主人士和政治活动家，民革的重要创始人和卓越的领导人，中国共产党的亲密朋友。我们学习、研究朱蕴山，要学习他坚持中国共产党领导、不断巩固和发展中国共产党领导的多党合作和政治协商制度，坚定走中国特色政治发展道路的信心和决心；学习他不计名利荣辱，善于团结同志，以大局为重的无私奉献精神；学习他为民族复兴、祖国统一而毕生奋斗、无私奉献的高尚情操。齐续春同志希望民革地方组织善于利用联谊会平台，开展形式多样、特色突出、内容充实的教育活动，使民革前辈纪念场馆这一宝贵资源在民革自身建设中发挥更切实、更有力的作用；要多关注民革党史研究，整合各方研究力量，共同提高民革党史研究的水平。

与会同志就朱蕴山生平事迹、纪念场馆的保护利用进行了研讨。

新建成的朱蕴山纪念场馆位于故居旧址附近，包括纪念馆、朱蕴山早年传播先进思想的“讲学堂”等系列建筑。民革中央原主席周铁农为朱蕴山纪念馆题写了馆名。

7. 土地制度研究中心成立大会暨专家座谈会

7 月 28 日，民革中央“三农”委员会土地制度研究中心成立大会暨专家座谈会在民革中央机关举行。民革中央常务副主席、民革中央“三农”委员会主任齐续春出席会议并讲话。民革中央副主席、民革中央“三农”委员会主任刘家强，民革中央有关部门负责人，民革中央“三农”委员会副主任、部分委员，以及来自国家有关部委、高校、科研院所的负责同志、专家学者出席会议。

齐续春同志在会上讲话指出，“三农”问题是民革长期调研、多年关注的重大问题，是民革参政议政的重点领域，取得了众多的参政议政成果，形成了民革特色。他表示，

土地问题是当前农村工作的重中之重，解决好土地问题对我国城镇化进程和农村改革有重大意义。“三农”委员会成立土地制度研究中心，旨在整合民革党内人才资源，加强与部委机关、大专院校、科研院所学者专家的联系与交流，围绕土地问题集思广益，为我国土地制度的改革完善建言献策。

与会专家充分肯定了土地制度研究中心成立的意义，并就当前土地流转、土地确权等热点问题以及研究中心如何更好地开展调研进行了交流探讨。

8. 民革全国机关建设工作研讨会

8 月 23 日至 24 日，民革全国机关建设工作研讨会在黑龙江省漠河县召开。民革中央常务副主席齐续春、副主席郑建邦出席会议。民革黑龙江省委会主委何小平、中共黑龙江省委统战部常务副部长李传模、中共大兴安岭地委书记肖建春分别在开幕会上致辞。民革中央秘书长兼办公厅主任李惠东主持会议。

齐续春同志在开幕会上讲话指出，民革机关建设，是民革加强自身建设的重要组成部分，是履行好参政议政、民主监督职能的重要保障。近年来，民革各级机关着力推进“五型”、“三化”机关建设，更加注重研究和把握机关建设的规律性，更加强调机关各项工作的规范性，更加注重工作的实效和成果，为民革各项工作的顺利开展发挥了重要作用。

齐续春同志指出，总结近年来民革机关建设工作，主要有以下几点经验：一是必须紧紧围绕为民革履行参政党职能服务这个中心任务；二是必须努力建设一支政治坚定、业务精通、作风优良的高素质干部队伍；三是必须形成一系列系统协调、运转高效的工作制度和工作机制；四是必须以和谐机关建设作为机关建设的保障；五是必须要以发展的眼光推动机关建设，用长远的目标来引领工作的开展。

齐续春同志就进一步加强机关建设、做好机关工作提出三点要求：一是加强机关建设要落实为贯彻中共十八大和民革十二大精神的实际行动。二是加强机关建设要体现为民革自身建设和履行职能的实际成效。三是要重点抓好机关作风建设。当前要结合开展“伸出博爱之手——民革基层组织牵手困难群众”活动，把民革机关建设和机关工作推上新台阶。

郑建邦同志在开幕会上讲话指出，加强民革机关作风建设，是进一步推动中国共产党领导的多党合作事业不断发展的需要，是不断提高民革机关为民革各级组织和领导班子服务质量和效率的需要，是树立和改善民革社会形象的重要途径，是以人为本、关怀和培养民革机关干部的重要环节。要进一步明确加强民革机关作风建设的主要任务和目标，通过加强机关作风建设，提升和改进思想作风、工作作风、领导作风和学风、会风、文风，不断增强民革组织的凝聚力和战斗力，为民革更好地履职尽责提供有力保障。

民革各省级组织驻会副主委、秘书长、办公室负责人，各副省级市委会机关负责人，中央各工作部门负责人、机关服务中心负责人、办公厅各处室负责人共 130 余人参加会议。与会同志听取了中国管理科学研究院领导科学研究所副所长吴新华关于机关作风建设的辅导报告，并围绕机关工作和机关建设进行了热烈的讨论。辽宁、黑龙江、广东、云南、重庆、杭州等六个省、市级组织负责同志作了大会交流发言。

9. 法治研究中心和国际问题研究中心成立大会

8 月 31 日，民革中央社会和法制委员会“法治研究中心”和“国际问题研究中心”

成立大会在民革中央机关举行。民革中央主席万鄂湘、海峡两岸关系协会会长陈德铭，民革中央副主席、社会和法制委员会主任修福金出席成立大会。

万鄂湘同志在会上向与会专家学者介绍了民革的历史、发展历程和参政议政工作重点，并就两个研究中心成立的背景作了说明。他强调，设立两个研究中心，不为打牌子，更不是搭花架子，而是切切实实地为国家当前面临的法治方面问题提出意见建议。民革向中共中央、国务院及其他一些机构提出的有关建议和意见，不仅仅是民革的研究成果，而是广泛吸纳了各方面的智慧。成立研究中心的目的就是希望使不同的思想和想法能够通过交流得到碰撞，产生火花。

研究中心召集人分别就两个中心下一阶段的工作谈了设想。成立大会后，陈德铭同志就两岸关系问题作了专题讲座，并与与会同志进行了互动交流。

10. 孙中山研究学会理事会换届暨“拓展孙中山研究新境界”学术研讨会

9月12日至14日，民革中央孙中山研究学会理事会换届暨“拓展孙中山研究新境界”学术研讨会在广东省中山市举行。民革中央常务副主席齐续春，民革中央原第一副主席厉无畏，民革中央副主席修福金、刘家强，民革广东省委会主委周天鸿、山东省委会主委孙继业出席会议。中山市有关方面负责同志出席会议开幕式。

齐续春同志在会上讲话指出，五年来，在民革中央的领导和各省级组织的推动下，孙中山研究学会结合日常工作、地方特色、重大纪念日开展活动，激发了各级民革组织和广大党员学习、研究和宣传孙中山的热情，推动了地方民革组织建立学会分会的步伐，扩大了民革在孙中山研究领域的影响，也使学会成为海内外孙中山研究领域一支引人注目的力量。齐续春同志对进一步做好孙中山研究学会工作提出三点意见：第一，以高度的政治责任感和历史使命感，努力拓展孙中山研究新境界。第二，坚持以中国特色社会主义理论为指导，更加注重孙中山研究工作的科学化。第三，充分发挥民革优势，更加注重各方面人士的相互交流和研讨。

齐续春同志强调，民革各级领导班子要进一步提高认识，采取积极措施，把民革党内和本地孙中山研究人才组织起来，有计划地开展工作，鼓励和推动孙中山研究工作多出成果、出好成果，不断提升民革组织在孙中山研究中的话语权和影响力，努力为坚持和发展中国特色社会主义、为坚持和完善中国共产党领导的多党合作和政治协商制度作出更大贡献。

与会人员就拓展孙中山研究新境界进行了分组研讨，部分专家、学者作了大会发言。

会议期间，民革中央在中山市翠亨村孙中山故居纪念馆举行中国国民党革命委员会孙中山研究基地揭牌仪式。修福金同志宣读了《民革中央关于命名孙中山故居纪念馆为中国国民党革命委员会孙中山研究基地的决定》。齐续春、厉无畏、修福金、刘家强等领导同志共同为基地揭牌，并与与会人员一起参观了孙中山故居纪念馆、中山纪念中学。

11. 农村金融研究中心成立大会暨专家座谈会

9月7日，民革中央“三农”委员会农村金融研究中心成立大会暨专家座谈会在民革中央机关举行。民革中央常务副主席、民革中央“三农”委员会主任齐续春出席会议。民革中央“三农”委员会副主任、部分委员，以及来自国家有关部委、高校、科研院所的负责同志、专家学者出席会议。

齐续春同志在会上讲话指出，土地问题和金融问题是解决“三农”问题的两个核心和关键问题，民革中央“三农”委员会前不久已经成立土地制度研究中心，此次成立农村金融研究中心，旨在整合民革党内外“三农”人才资源，围绕农村金融问题建言献策，共同推进农村金融问题的研究和解决。下一阶段，研究中心将找准研究课题，就农村金融改革问题开展调研。

与会人员充分肯定了农村金融研究中心成立的意义，并结合自身研究专长就研究中心工作开展、委员会调研选题、农村金融改革推进、农村金融机构发展等问题进行了座谈，并对民革中央涉农参政议政工作提出了意见和建议。

12. 民革前辈史料收集工作现场会

9月23日，民革中央在湖南长沙召开民革前辈史料收集工作现场会。民革中央副主席修福金、民革湖南省委会主委刘晓出席会议。民革中央有关工作部门负责人，民革各省级组织驻会副主委、民革前辈史料收集工作项目工作班子负责人参加会议。

修福金同志在会上讲话指出，这次会议的主要任务，是落实民革中央《关于开展抢救性采集民革前辈史料工作的通知》精神，全面、切实推进民革前辈史料收集工作，民革各级组织要充分认识做好这项工作的重要意义。开展民革前辈史料收集工作，是坚持和完善中国共产党领导的多党合作制度的需要，是加强民革自身建设的需要，是充分利用现代信息手段完善和丰富民革党史研究资料的需要。

修福金同志对民革前辈史料收集工作的开展情况进行了介绍，并对继续开展好这项工作提出要求。他要求，民革各级组织要高度重视，精心组织策划。要赶快行动起来，以刻不容缓、只争朝夕的精神状态开展民革前辈史料收集工作；要善于借助社会力量，整合各种资源开展民革前辈史料收集工作；要结合开展“博爱牵手”活动，带着感情开展民革前辈史料收集工作。

13.《团结报》网络建设研讨会暨2013年团结报社顾问会议

10月15日至16日，《团结报》网络建设研讨会暨2013年团结报社顾问会议在广东茂名举行。民革中央副主席修福金出席会议并讲话。民革广东省委会主委周天鸿、甘肃省委会主委郭层城、新疆区委会主委蒋平安等参加会议。

修福金同志在讲话中指出，过去的一年里，《团结报》在宣传中国共产党领导的多党合作和政治协商制度，宣传民主党派在参政议政、民主监督、政治文明建设中的新进展等方面发挥了越来越大的作用，统战类传媒主流报刊地位愈加凸显。目前，随着筹备工作陆续就绪，一个全媒体格局的《团结报》将呼之欲出。希望通过此次会议让《团结报》在下一个关键节点能够认准方向，走稳步子，让《团结报》通过全媒体的变革凝聚更多力量，焕发更大生机，把民主党派的声音传递得更远更广。

修福金同志对《团结报》发展和顾问委员会工作提出几点要求：一要讲政治，要有大局观。顾问们支持《团结报》，不仅是履行社会责任，也是在以实际行动为多党合作事业、为社会主义文化大发展大繁荣、为全面建成小康社会作贡献。二要有强烈的使命感，充分发挥自身的优势，创新与报社的合作方式，为报社的发展出主意、想办法，为《团结报》科学发展新跨越作出新贡献。三要解放思想，进一步完善顾问会机制建设。

与会同志围绕《团结报》网络建设及未来发展进行了研讨。会议期间还召开了网络建设与发展项目恳谈会。

14. 民革全国祖统工作培训暨《台湾研究》撰稿人换届大会

10 月 29 日至 31 日，民革全国祖统工作培训暨《台湾研究》撰稿人换届大会在海南省琼海市召开。民革中央副主席郑建邦，民革海南省委会主委陈莉、青海省委会主委马志伟以及民革各省级组织、副省级市组织分管祖统工作的负责人及联络部门负责人，《台湾研究》撰稿人代表参加会议。

郑建邦同志在讲话中指出，一年来，民革祖统工作紧紧围绕两岸关系大局，力推涉台参政议政工作迈上新水平；促进民革传统优势与新形势、新任务相结合，不断开拓祖统交流工作新局面；深抓祖统工作协调联动机制建设，着力加强干部业务培训，助推民革祖统工作人才队伍和资源实现新的整合，有声有色地开展祖统宣传工作，努力提升全党祖统工作能力和水平。

郑建邦同志对未来一个时期的民革祖统工作提出三点要求：一要努力做到深入学习，深刻理解中共中央对台方针政策，不断提高思想政治素质和业务水平；二要坚持将推动两岸关系和平发展作为民革祖统工作的核心内容，坚持将能否做好台湾人民工作作为衡量民革祖统工作成效的主要标准，坚持将创新作为保持民革祖统工作旺盛生命力的根本动力，推动民革祖统工作再创新局；三要健全工作机制，加强自身建设，整合全党资源，不断推动民革祖统工作向前发展。

与会同志听取了关于深入推进两岸关系和平发展的专题报告。会议交流了民革各省级组织的祖统工作经验，表彰了《台湾研究》第五届优秀撰稿人，并向第六届特约撰稿人颁发了聘书。

15. 企业发展与行政审批制度改革座谈会

11 月 16 日，民革中央在机关召开企业发展与行政审批制度改革座谈会。民革中央主席万鄂湘、常务副主席齐续春及来自财政部、证监会、北京大学、中国人民大学、中国政法大学等部门和高校、科研机构的有关专家学者参加会议。

万鄂湘同志指出，《中共中央关于全面深化改革若干重大问题的决定》中提出的有关完善产权保护制度、深化行政审批制度改革和深化司法体制改革等方面内容，与民革长期关注的问题密切相关。民革中央明年将围绕以上内容，就非公有制经济和个人财产权保护，机关法人制度、权力清单制度与行政审批制度改革，司法管理体制改革等方面的课题开展调研工作，积极建言献策，以便更好地推动这些领域的改革，为全面建成小康社会贡献力量。

与会同志分别从深化行政审批制度改革、促进企业发展、地方政府债务问题、互联网经济等方面提出了意见和建议。

16. 当前经济形势座谈会

11 月 21 日，民革中央与上海社科院在上海联合召开当前经济形势座谈会。民革中央常务副主席齐续春、原第一副主席厉无畏、副主席修福金，民革上海市委会主委高小玫及上海市知名专家学者参加会议。

与会同志对 2013 年国内经济情况进行了总结，对 2014 年经济发展前景进行了展望，重点探讨了国际经济环境，国内经济所面临的压力，以及包括上海在内的区域经济发展问题，并就发展区域经济、加速产业升级换代等方面提出了意见和建议。

齐续春同志表示，专家们的发言对民革中央参政议政工作具有重要的参考价值，会议的部分观点将通过高层协商渠道进行反映。

17.《团结报》全媒体建设研讨会暨2013年度记者站工作会议

11月2日至4日，《团结报》全媒体建设研讨会暨2013年度记者站工作会议在海南海口举行。民革中央副主席修福金出席会议。民革中央、民建中央、致公党中央、九三学社中央宣传部门有关同志，中共海南省委统战部有关负责同志，民革各省级组织相关负责人及全国各记者站站长、记者等参加会议。

修福金同志指出，《团结报》作为民主党派的机关报，需要讲政治，需要认真学习贯彻落实习近平同志的讲话精神，坚持政治家办报，在办报过程中严格遵守新闻纪律，坚持正确的舆论导向，做到守土有责，守土负责，守土尽责。要认真学习报道好即将召开的中共十八届三中全会精神；报道好民主党派坚持和发展中国特色社会主义学习实践活动；紧紧围绕各民主党派中心工作，加大报道力度，挖掘亮点和特色，不断增强宣传报道的影响力和实效性；以网站建设为重点，构建以纸质媒体、网络媒体、移动媒体、户外媒体为渠道的全媒体建设，加快传统报业向全媒体转型的步伐，打造民主党派成员的精神家园。

修福金同志要求，记者站要树立高度的责任感，明确定位，积极进取，加大供稿和发行工作力度；做好各级统战部门、各民主党派省委会及基层组织的通联工作，为《团结报》的进一步发展做好基础性工作。

团结报社负责人在会上作工作报告。会议表彰了全国先进记者站、优秀记者和先进个人。

18. 全国参政议政工作暨成果交流会

12月21日至22日，民革全国参政议政工作暨成果交流会在海南省琼海市举行。民革中央常务副主席齐续春、副主席修福金，部分省级组织主要负责人，民革中央各工作部门、各专委会负责人，各省级组织参政议政工作负责人和信息直报点负责人、特约信息员等近200人参加会议。中共海南省委、琼海市委有关负责同志分别在开幕会上致辞。

齐续春同志在会上充分肯定了民革全党一年来参政议政工作取得的进展与成绩，并就如何进一步做好参政议政工作提出四点要求：一要紧密联系民革参政议政工作的实际情况，认真学习贯彻中共十八届三中全会精神，自觉把思想和行动统一到中共中央决策部署上来；二要认真领会习近平总书记对民主党派工作的指示精神，为执政党和政府做好全面深化改革工作出谋划策；三要学习好、传达好、贯彻好民革十二届二中全会精神，不断健全参政议政工作机制；四是民革各级领导干部、高层次代表性人士要带头搞好参政议政。齐续春同志强调，2014年全国“两会”在即，民革各级组织要提早谋划，通过高水平的议政建言展示新面貌、力争新突破、取得新成效。

修福金同志主持开幕会并作民革中央2013年参政议政工作报告。报告指出，一年来，民革中央牢牢把握“利用优势，‘联结’特色，找准切入点，打造新亮点”的工作思路，建立健全“中央与地方组织结合、集中与分散结合、专家与群众结合”的工作机制，不断创新“统筹安排、精心策划、加强交流、狠抓落实”的工作方法，有效提升了参政议政的制度化、规范化、程序化水平。

会议表彰了 2013 年度为民革中央提案工作作出突出贡献的先进集体及个人、反映社情民意信息工作先进集体及优秀组织者和先进工作者。与会同志交流了参政议政暨反映社情民意信息工作成果和经验，听取了全国政协办公厅研究室信息局负责同志关于社情民意信息工作的辅导讲座。

（六）专门委员会工作会议

专门委员会是民革各级组织做好参政议政工作的参谋和助手，是民革参政议政工作的重要平台和依托。民革中央各专委会在 2013 年分别召开会议，部署具体工作。

1. 民革中央祖国和平统一促进委员会 2013 年度全体会议

1 月 9 日至 10 日，民革十一届中央祖国和平统一促进委员会在京召开 2013 年度全体会议。民革中央副主席修福金，民革中央副主席、祖统委员会主任郑建邦及祖统委员会委员出席会议。

修福金同志在会上讲话，高度肯定了本届祖统委员组建以来所开展的工作和取得的成果，对各位委员五年来的建言献策、辛勤工作表示感谢。他指出，本届组统委员会在五个方面提升了工作水平，发挥了重要作用：一是加强政策学习，夯实思想理论基础；二是开展涉台研究，提升参政议政水平；三是整合各项资源，搭建对台工作平台；四是广泛交流联谊，积极参与两岸交往；五是积极转变职能，全面加强自身建设。

修福金同志就进一步加强祖统委员会的职能提出五点希望：一要提高思想政治素质，充分学习领会对台方针政策；二要坚持发挥民革特色，深入开展祖统工作；三要推进涉台研究调研，提升参政议政水平；四要创新机制方法，开辟对台工作新局面；五要坚持加强自身建设，做好委员会换届工作。

郑建邦同志在会上作总结讲话，高度评价本届祖统会取得的成绩和贡献，并对今后一段时间如何进一步做好对台工作及推进两岸关系和平发展提出四点建议：一要加强学习，适应新形势；二要深入思考，应对新课题；三要坚持创新，开拓新局面；四要加强港澳工作。

2. 民革十二届中央社会和法制委员会第一次全体会议

4 月 20 日，民革十二届中央社会和法制委员会第一次全体会议在北京召开。民革中央主席万鄂湘，民革中央副主席、社会和法制委员会主任修福金出席会议并讲话。社法委副主任、委员参加会议。

万鄂湘同志指出，社会和法制委员会今后的工作要与国家相关立法工作相结合，加大与司法机关的合作力度，不断加强民革参政议政工作的针对性和实效性，进一步突出民革的党派特色。此外，要充分利用和发挥民革在社会、法律界的人才优势，依托民革省级组织，以省为单位尽快成立法律援助中心，在做好基层民革党员权益维护、支持环境等公益诉讼工作的同时，着力为困难群众提供法律援助，共同实现“中国梦”。

修福金同志强调，社会和法制委员会的工作要符合民革参政议政工作的实际情况，将国家法制建设与民革实际情况结合起来，利用民革在社会法制方面的组织优势、人才优势，联系、结合民革参政议政工作的特色领域，找准切入点，打造民革参政议政工作新亮点。他要求，社法委要积极探索发挥委员作用的最佳途径，为委员发挥作用提供可靠的制度保障。每位委员都要积极参加专委会会议及活动，每年都要提交有见地的文稿，并以此作为对专委会委员的考核标准。

与会委员对民革中央2013年的调研课题进行了讨论，并就开展相关调研提出了意见和建议。

3. 民革十二届中央“三农”委员会第一次全体会议

4月11日至12日，民革十二届中央“三农”委员会第一次全体会议在北京召开。民革中央常务副主席、“三农”委员会主任齐续春，民革中央副主席、“三农”委员会主任刘家强及专委会副主任、委员出席会议。

齐续春同志指出，“三农”问题是中国特色社会主义现代化事业全局的一个重大问题，也是民革中央参政议政工作的重要领域。希望通过专委会这个抓手，推动民革各级组织开展涉农参政议政工作，同时希望通过专委会集中一批民革党内专家，深入开展“三农”问题的研究，加强民革“三农”工作与相关政府机构及科研单位的联系和交流，努力开创民革涉农参政议政工作的新局面。

齐续春同志强调，加强民革涉农参政议政工作，是民革积极履行参政党职能、进一步加强自身建设的重要举措，也是健全完善民革参政议政工作机制的重要举措，希望委员们从坚持和完善中国共产党领导的多党合作和政治协商制度的高度，以高度的政治责任感和历史使命感认真履行专委会委员的职责。他对全体委员提出三点希望：一是加强学习，不断提高思想政治素质；二是围绕中心，深入实际调查研究；三是做好本职工作，展示民革党员的社会形象。他强调，要把民革涉农参政议政工作提高到一个新水平，为民革履行好参政党职能作出应有的贡献。

会议邀请国务院发展研究中心副主任韩俊作专题报告。与会委员结合专题报告、本人研究专长就专委会调研选题进行了讨论，并对民革中央涉农参政议政工作提出了意见和建议。

4. 民革十二届中央经济委员会召开第一次全体委员会议

4月18日，民革十二届中央经济委员会第一次全体委员会议在北京召开。民革中央副主席、经济委员会主任刘凡，民革中央副主席、经济委员会主任邓力平及经济委员会副主任、委员参加会议。

刘凡同志指出，新一届经济委员会要按照《民革中央关于加强参政议政能力建设的意见》要求，把参政能力建设作为今后五年的中心工作之一，不断提高参政能力和水平，为民革中央全面履行好参政党职能奠定坚实的基础，提供有力的抓手。邓力平同志要求经济委员会委员要准确定位民革作为参政党的作用，立足“中国梦”的经济思考，抓住民革特色，向执政党和政府提出实事求是、务实可行的意见建议。

与会委员就当前经济形势、调研选题等进行了讨论，并对经济委员会今后的工作提出了意见和建议。

5. 民革十二届中央妇女和青年工作委员会主任会议

4月12日，民革十二届中央妇女和青年工作委员会主任会议在天津市召开。民革中央副主席、妇女和青年工作委员会主任田惠光及妇青委副主任参加会议。

会议就进一步加强新一届妇青委自身建设和调研工作进行了研究，讨论修改了妇青委工作制度，确立了今后五年系列调研方向及中央和地方联动调研机制，确定了2013年调研题目和方案，讨论了成立专委会研究中心等事项。

6. 民革十二届中央理论研究与学习委员会第一次全体会议

5月8日至9日，民革十二届中央理论研究与学习委员会第一次全体会议在北京召开。民革中央副主席、理论研究与学习委员会主任修福金出席会议并讲话。

修福金同志指出，通过五年来的实践，我们在工作中初步总结出几点经验：一是理论研究与学习要紧密结合民革参政议政、自身建设的实际，从参政党实践中形成专委会的工作项目和研究课题，为民革工作服务；二是要在工作中彰显专委会的抓手优势；三是要注重人才培养和资源整合，发挥合力；四是要注重发扬民革特色。

修福金同志就开展专委会工作提出五点要求：一要进一步增强对理论建设工作重要性的认识；二要在中共十八大精神指导下进一步加强理论研究与学习工作；三要继续围绕民革参政议政、自身建设工作实际，突出民革特色；四要进一步加大理论研究的力度；五要建立健全理论研究与学习机制，进一步探索工作新思路、新举措，努力拓宽工作形式、途径、内容与方法。

与会委员听取了《协商民主和多党合作理论研究的现状与发展趋势》专题讲座，并就专委会下一阶段工作进行了讨论。

7. 民革十二届中央教科文卫体委员会第一次全体会议

5月8日，民革第十二届中央教科文卫体委员会第一次全体会议在北京召开。民革中央副主席、教科文卫体委员会主任傅惠民出席会议并讲话。

傅惠民同志就进一步发挥好专委会的作用提出三点要求：一要准确把握多党合作面临的新形势、新任务，切实增强履职尽责的事业心和责任感。要充分认识中国特色社会主义政治发展新阶段的时代特征，进一步统一思想，坚定信念，为提高民革参政议政工作水平和质量，为实现"中国梦"贡献智慧和力量。二要认真总结经验，继续做好专题调研、发挥研究中心作用和积极开展特色活动，努力提升履职水平。三要进一步健全工作机制，不断加强专委会自身建设。要健全和完善现有的会议制度、联系制度等工作制度，进一步完善委员的工作考评机制和激励机制，健全提案、建议、调研报告、社情民意信息的提交表彰制度，同时还要抓好人才队伍建设。

8. 民革十二届中央妇女和青年工作委员会第一次全体会议

5月29日，民革十二届中央妇女和青年工作委员会第一次全体会议在北京召开。民革中央副主席、妇女和青年工作委员会主任田惠光出席会议并讲话。

田惠光同志指出，本届专委会要继承上一届专委会在课题调研方面深入调查研究，取得一手资料的务实工作作风，在工作中提高认识、凝聚力量，同时加强制度建设，创新工作机制，形成工作模式，努力提高委员的参政议政能力，争取多出精品提案，为民革中央履行参政党职能多作贡献。她要求全体委员认真学习，努力提高政治素质；立足本岗，做好本职工作；按照专委会制度要求，认真履行委员职能。

会议介绍了专委会2013年课题调研方案，与会委员就调研课题和自身专业情况进行了交流。

9. 民革十二届中央祖国和平统一促进委员会第一次全体会议

5 月 18 日，民革十二届中央祖国和平统一促进委员会第一次全体会议在北京召开。民革中央副主席、民革十二届中央祖国和平统一促进委员会主任郑建邦出席会议并讲话。

郑建邦同志在讲话中对祖统委委员提出三点要求：一要深入体会专委会的重要职责，了解在涉台参政议政、涉台及海外交流联谊、宣传等方面所发挥的重要作用；二要充分认识当前两岸关系发展的新形势、新任务，不断加强学习，积极投身祖统工作实践，积累工作经验，包括学习政策、加强台情研究、提升处理涉台实际问题的能力；三要持续发挥专委会既分工又合作的工作特色，本届祖统委设立参政议政小组和交流小组，但分工不分家，应将各项工作纳入民革全党对台工作轨道，形成合力。

会议听取了国台办有关同志关于两岸关系新形势及涉台工作的专题报告。与会同志结合学习中共十八大、民革十二大精神，就民革祖统工作的新形势、新任务以及专委会重点工作进行了讨论。

10. 民革十二届中央人口资源环境委员会第一次全体会议

6 月 6 日至 9 日，民革十二届中央人口资源环境委员会第一次全体会议在广西南宁召开。民革中央副主席、人口资源环境委员会主任何丕洁出席会议并讲话。

何丕洁同志强调，大力推进生态文明建设，全面加强环境与资源保护，是我国当前经济社会发展面临的重要课题。专委会要在今后五年工作中围绕建设美丽中国和生态文明的总体要求，落实节约资源和环境保护的基本国策，就资源、环境、人口领域一些具有综合性、全局性、前瞻性的问题深入开展调查研究，建务实之言，献睿智之策。同时重点关注贫困和生态脆弱地区的生态保护工作，推动生态保护与扶贫开发相结合，为实现生态文明建设的整体推进而努力。何丕洁同志希望新一届专委会进一步发扬优良传统，强化工作职能，提高专委会管理的科学化水平；继续加强能力建设，整合资源，扩大交流，打造适应新形势要求的高素质专业队伍和参政议政工作品牌。

与会委员就专委会自身建设以及今明两年调研课题进行了讨论，对专委会今后工作提出了意见和建议。为便于工作开展，会议决定将民革中央人资环委全体委员划分为资源保护与开发、生态保护与建设两个小组。

11. 民革十二届中央经济委员会第二次全体会议

8 月 9 日，民革十二届中央经济委员会第二次全体会议在民革中央机关召开。民革中央副主席、经济委员会主任刘凡出席会议。

会议决定成立城镇化研究中心和金融研究中心。刘凡同志在会上讲话指出，民革中央长期关注地方经济建设和金融改革发展问题，充分发挥优势，围绕加快转变经济发展方式、保障和改善民生等问题卓有成效地开展工作，积极建言献策，取得了良好的效果。当前，我国正处于改革开放的关键时期，城镇化和金融问题是实现全面建成小康社会宏伟蓝图的关键问题。经济委员会成立城镇化和金融两个研究中心，是更好地整合党内外人才资源，加强与部委机关、大专院校、科研院所专家学者的联系与交流，进一步提高经济领域参政议政能力的务实之举。他希望与会委员结合自己的研究成果，对两个研究中心的工作提出意见和建议。

与会委员充分肯定了成立两个研究中心的意义，并围绕当前城镇化发展模式、金融市场化等热点问题进行了交流探讨。

12. 民革十二届中央经济委员会第三次全体会议

11 月 22 日，民革十二届中央经济委员会第三次全体会议在上海召开。民革中央副主席、经济委员会主任刘凡出席会议。

刘凡同志指出，本届中央经济委员会自成立以来，作为民革中央经济领域参政议政工作的重要参谋和助手，在民革中央的统一部署下，围绕国家经济工作“稳增长、调结构、促改革”的主要任务，认真履行职责，积极献计出力，取得了很多成绩。他希望各位委员认真学习贯彻中共十八届三中全会精神，紧密结合实际，及时发现和反映深化经济体制改革中的突出问题，就加快完善现代市场体系、宏观调控体系、开放型经济体系，加快转变经济发展方式，加快建设创新型国家等问题深入调查研究，提出意见和建议。

与会委员结合各自的研究成果和实践经验，围绕金融改革、财税改革、电子商务发展等话题进行了深入探讨。

13. 民革十二届中央社会和法制委员会第二次全体会议

12 月 3 日，民革十二届中央社会和法制委员会第二次全体会议在北京召开。民革中央主席万鄂湘，民革中央副主席、社法委主任修福金出席会议。

万鄂湘同志在会上讲话，结合社法委工作重点，就民革开展涉及司法体制改革、行政管理体制改革、非公经济法律保护等方面的参政议政工作及发挥民革优势做好普法工作提出了具体要求。

修福金同志就社法委 2013 年的工作进行了总结。他指出，2013 年社法委积极提交全国政协大会提案、发言素材；专题调研成效显著，得到有关方面高度重视；创新参政议政工作方法，工作形式多样化发展；认真反映社情民意，重点突出、及时高效。他要求社法委在 2014 年将力量凝聚到中共十八届三中全会确定的改革任务上来，将注意力集中到贯彻民革十二届二中全会精神上来，将点子用到服务国家中心工作上来，进一步加强社会法制这个参政议政重点领域的工作和社法委的自身建设。

14. 民革十二届中央教科文卫体委员会第二次全体会议

12 月 28 日上午，民革十二届中央教科文卫体委员会第二次全体会议在北京召开。民革中央副主席、教科文卫体委员会主任傅惠民出席会议并讲话。

傅惠民同志指出，一年来，教科文卫体委员会为民革中央的全国政协大会提案、发言以及政协常委会发言提交了许多重要素材；开展多次专题调研，成果获得重要批示；积极反映社情民意信息；工作机制进一步健全，为民革的参政议政工作作出了积极的贡献。他要求各位委员在 2014 年要深入调查研究教科文卫体方面的战略性、全局性、前瞻性问题，并通过提案、大会发言、调研报告、社情民意信息等多种方式建言献策，为全面深化改革，推动科学发展、促进社会和谐作出应有的贡献。

与会委员结合自身的研究领域和工作实际，围绕专委会 2014 年工作计划和初步拟定的八个调研课题，以及如何加强专委会自身建设、如何履行好委员职责等问题进行了讨论，提出了许多建设性的意见和建议。同日，教科文卫体委员会还召开了创新驱动战略研究中心和安全与健康问题研究中心成立大会。

15. 民革十二届中央人口资源环境委员会第二次全体委员会议

12 月 25 日，民革十二届中央人口资源环境委员会第二次全体委员会议在北京召开。民革中央副主席、人资环委主任何丕洁出席会议并讲话。

何丕洁同志总结了人资环委一年来取得的成绩，并要求各位委员在 2014 年要以中共十八大、十八届三中全会以及中央经济工作会议精神为指导，围绕国家重大战略部署和人民群众热切关心的问题开展调研、积极建言献策；结合坚持和发展中国特色社会主义学习实践活动，进一步加强自身建设，精心组织调研、促进成果转化，为提高民革参政议政水平作出新的贡献。

会议初步确定了养老事业健康发展、土壤污染与粮食安全、矿区开采与环境保护、生态补偿机制建设、自然保护区与国家公园管理体制改革、农村土地制度改革、大气污染防治等 2014 年重点调研课题。

16. 民革十二届中央妇女和青年工作委员会第二次全体会议

12 月 6 日至 7 日，民革十二届中央妇女和青年工作委员会第二次全体会议在北京召开。民革中央副主席、妇青委主任田惠光出席会议并讲话。

田惠光同志指出，2013 年，妇青委加强制度建设，夯实工作基础；积极开展调查研究，推动参政议政取得新进展；开展联合研讨促进成果转化。2014 年，专委会委员要加强学习、凝聚共识，做好重点课题调研，推动委员履职取得新进展。要发挥好研究中心的作用，加强与民革省级组织妇青委联动。

会议决定成立妇女和儿童研究中心、青年问题研究中心，并就本届妇青委五年规划和 2014 年课题调研方案征求了意见。会议还邀请有关专家就如何做好调研提案和社情民意信息工作进行了培训。

17. 民革十二届中央祖国和平统一促进委员会第二次全体会议

12 月 27 日，民革十二届中央祖国和平统一促进委员会第二次全体会议在北京召开，民革中央副主席、祖统委主任郑建邦出席会议并讲话。

郑建邦同志指出，2013 年，民革涉台参政议政工作迈上新水平，祖统交流工作呈现新局面，祖统宣传工作取得新成效。2014 年，专委会委员要进一步增强紧迫感和责任感，发挥对台工作的参谋助手作用。要努力创新，保持祖统工作的旺盛生命力。

会议决定成立台湾问题研究中心和涉台国际政治问题研究中心。

（七）中央举办的有关纪念会、座谈会

1. 2013 年迎春茶话会

1 月 25 日上午，民革中央在机关举行 2013 年迎春茶话会。民革十一届中央主席周铁农、民革十一届中央第一副主席厉无畏，民革中央副主席修福金、何丕洁、郑建邦等出席茶话会并和新老朋友畅叙友情，共话新春。郑建邦同志主持茶话会。

受万鄂湘主席委托，修福金同志在茶话会上代表民革中央讲话。他说，2012 年，是我国改革开放和现代化建设取得显著成绩的一年，中共中央团结带领全国各族人民，同心协力，攻坚克难，推动我国经济社会发展呈现稳中有进的良好态势。中共十八大胜利召开，描绘了全面建成小康社会和深化改革开放的宏伟蓝图，为坚持和发展中国特色社

会主义提供了坚强的政治和组织保证。

修福金同志指出，当前，两岸关系和平发展步入巩固深化的新阶段，我们将坚定不移地坚持坚持“和平统一、一国两制”方针，坚持发展两岸关系、推进祖国和平统一进程的八项主张，全面贯彻两岸关系和平发展重要思想，坚决反对“台独”分裂图谋，持续推进两岸交流合作，努力促进两岸同胞、海外侨胞团结奋斗，在同心实现中华民族伟大复兴进程中完成祖国统一大业。

修福金同志指出，过去的一年，民革全党以科学发展观为统领，紧紧围绕国家的中心工作，坚持“三个牢牢把握”的工作原则，积极履行参政党职能，在参政议政、自身建设、思想宣传、促进祖国和平统一、社会服务等各项工作都取得了很大成绩。民革十二大胜利召开，大会继承和弘扬民革优良传统，提出了今后一个时期民革的主要任务，一批德才兼备、年富力强的同志进入新一届中央委员会，充分反映了民革事业后继有人、兴旺发达、富有活力。

修福金同志表示，在新的一年里，民革全党将继续高举中国特色社会主义伟大旗帜，以邓小平理论、“三个代表”重要思想、科学发展观为指导，在中共十八大精神的指引下，继承和发扬孙中山爱国、革命、不断进步的精神，团结一致、扎实工作，认真履行参政党职能，为全面建成小康社会，加快实现社会主义现代化和实现中华民族伟大复兴而努力奋斗。

欧洲中国和平统一促进会主席张曼新在会上发言。文艺工作者为茶话会奉献了精彩的文艺节目。民革中央原副主席李赣骝、胡敏、朱培康、刘民复，中共中央统战部、国务院台湾事务办公室、外交部、国家发改委、科技部、公安部、水利部、农业部、文化部、卫生部、国资委、全国政协社法委，最高人民法院、中国科学院、中国美术家协会、北京大学、清华大学、人民大学、北京航空航天大学等单位有关部门的领导同志以及部分台胞代表、海外华人社团代表出席茶话会。

2. 各民主党派中央宣传部负责人座谈会

1 月 29 日，团结报社在京召开各民主党派中央宣传部负责人座谈会，畅叙友谊，共话发展。民革中央副主席修福金出席会议并讲话。

修福金同志在讲话中对各民主党派中央长期以来给《团结报》的大力支持表示衷心感谢并致以新春祝福。他指出，近年来，《团结报》日益得到各民主党派的重视，各民主党派中央领导同志都对《团结报》的工作给予了充分的肯定和鼓励，这与各民主党派中央宣传部负责人所做的大量工作是分不开的。同时，报社服务意识和沟通意识的提高，也是一个重要因素。修福金同志还结合《团结报》2013 年工作安排，从加大发行力度、建立广泛的通联队伍、进一步做好今年全国“两会”报道工作等三个方面与与会同志进行了交流探讨。

团结报社负责同志就《团结报》2013 年工作计划以及 2012 年出版发行、宣传报道工作作了介绍。各民主党派中央宣传部负责人畅谈了与《团结报》合作的经历，并对报社对口记者的联通采访工作给予充分肯定。与会同志还围绕《团结报》的业务和发行工作，与报社编辑、记者展开了互动交流，并就民主党派中央年度重点调研的报道力度、精品栏目设置、通讯员队伍建设、全媒体建设线上线下互动及反馈机制、民主党派基层组织沟通等方面提出了建议。

3. 纪念孙中山先生逝世 88 周年仪式

3 月 12 日上午，民革中央在北京中山公园中山堂举行仪式，纪念孙中山先生逝世 88 周年。民革中央常务副主席齐续春主持纪念仪式。全国政协副主席李海峰，民革中央主席万鄂湘，中共中央统战部副部长林智敏，北京市副市长程红和民革中央副主席、民革北京市委会主委傅惠民分别代表全国政协、民革中央、中共中央统战部、北京市人民政府和民革北京市委会向孙中山先生像敬献花篮。与会同志向孙中山先生像三鞠躬，缅怀这位伟大的民主革命先行者。

4. 纪念中共中央发布“五一口号”65 周年学习座谈会

5 月 2 日，民革中央中心学习组在中央机关举行座谈会，纪念中共中央发布“五一口号”65 周年。民革中央常务副主席齐续春，副主席修福金、刘凡、傅惠民、郑建邦出席座谈会。修福金同志主持会议。

齐续春同志在座谈会上讲话。他指出，纪念中共中央发布“五一口号”65 周年，就是要总结历史经验，继承和发扬民革前辈坚持中国共产党领导、与中国共产党亲密合作的优良传统，继承和发扬他们报效国家、无私奉献的高尚风范，努力为不断巩固和发展我国的多党合作制度，为实现中华民族伟大复兴的“中国梦”贡献智慧和力量。他要求民革各级组织以中共十八大精神为指导，按照民革十二大的工作部署，大力加强自身建设，努力提高参政议政能力和水平，切实履行参政党职能，做中国共产党的诤友和挚友。

郑建邦等同志在会上畅谈了对“五一口号”重要意义的体会和认识。在京民革中央常委、民革中央各工作部门负责人，团结报社、团结出版社负责人参加座谈会。

5. 老同志中秋茶话会

9 月 17 日，民革中央在机关举行老同志中秋茶话会。民革中央主席万鄂湘、常务副主席齐续春，副主席郑建邦出席茶话会并和老同志们畅叙友情，共迎中秋佳节。民革中央原副主席李赣骝、朱培康、刘民复及民革中央顾问、机关离退休老同志出席茶话会。

万鄂湘同志向老同志致以节日的问候，向老同志多年来为民革事业作出的贡献表示感谢。郑建邦同志代表民革中央介绍了中央换届以来各方面工作情况及近期主要工作。他说，2013 年是全党全国各族人民学习贯彻中共十八大精神的开局之年，也是民革各级组织和广大党员按照民革十二大制定的目标任务，更好履行参政党职能的关键一年。新一届中央领导班子将根据民革十二大部署，以邓小平理论、“三个代表”重要思想和科学发展观为指导，以“中国梦”统一思想、凝聚共识，积极适应新形势新任务对参政党的新要求，认真履行参政议政、民主监督职能，切实加强自身建设，各项工作不断取得新进展。郑建邦同志表示，民革中央将一如既往地认真落实老干部的各项政策，常怀敬老之情、恪守敬老之责、多办敬老之事。同时，将在今后的工作中进一步增强做好老干部工作的主动性、针对性、实效性。

茶话会上，与会老同志还就民革组织的长远发展提出了意见和建议。

6. “‘团结杯’同心共筑中国梦”主题摄影大赛

12 月 2 日，“‘团结杯’同心共筑中国梦”主题摄影大赛颁奖仪式在北京举行。民革中央主席万鄂湘，副主席修福金、程崇庆、傅惠民、何丕洁、田惠光、郑建邦出席仪式。

修福金同志讲话指出，此次大赛规模大、范围广、有成果、有影响。“同心共筑中国梦”是此次摄影大赛的主题，也是民革作为参政党义不容辞的使命和责任。通过摄影大赛增强民革组织的凝聚力和向心力，提高广大党员的归属感，进而促进民革自身建设及参政能力建设，在“同心共筑中国梦”进程中发挥民革应有的作用，树立民革组织的良好社会形象，是我们的出发点和落脚点。他希望广大党员以此次摄影大赛为契机，在今后的工作中继续用心去发现，用心去记录，做树立民革社会形象的参与者、记录者、推动者。

本次摄影大赛所征集的作品充分反映了民革十二大以来各项工作取得的新成绩、民主党派成员积极进取的精神风貌、丰富多彩的社会生活以及祖国各地的美好风光。

民革各省级组织相关负责人，民革中央各工作部门负责人及团结报社、团结出版社相关负责人出席颁奖仪式。

（八）中央领导出访活动

10 月 15 日至 24 日，应巴西中国和平统一促进会的邀请民革中央副主席郑建邦率中华中山文化交流协会参访团赴巴西，出席由巴西中国和平统一促进会和里约中国和平统一促进会共同主办的“全球华侨华人促进中国和平统一大会（2013・里约）”，并应秘鲁中国和平统一促进会的邀请顺访秘鲁。

郑建邦同志在出席里约大会时发表讲话。他高度肯定和鼓励海外华侨为祖国和平统一以及民族的复兴和发展所作的贡献；宣讲中共中央对台方针政策和近年来两岸关系和平发展所取得的丰硕成果；介绍了民革自成立以来在促进祖国和平统一方面所做的工作，并表示民革愿与海内外“反独促统”力量共同努力，继续增进两岸政治互信，不断增强两岸关系和平发展的推动力，不断增强中华民族的凝聚力。

在秘鲁期间，参访团拜会了中国驻秘鲁大使馆，并与秘鲁中国和平统一促进会以及秘鲁最大的传统侨社——秘鲁通惠总局进行座谈，参访团与当地侨胞就当前两岸关系和平发展的形势、中国共产党领导的多党合作和政治协商制度、改革开放以来大陆所取得的成就，以及秘鲁当地侨社的特点和爱国侨胞在举办“反独促统”等爱国活动中面临的实际问题进行了交流。

二、参政议政

2013 年，民革围绕国家经济工作“稳中求进”的总基调，围绕保障和改善民生，围绕社会法制、“三农”、促进祖国和平统一这三个参政议政工作重点领域，通过高层协商、政协发言和提案、调研报告、反映社情民意信息等多种渠道，识民情、接地气，多途径、多形式地履行参政党职能，参政议政能力和水平进一步提高。

（一）在高层政治协商和征求意见座谈会上提出意见和建议

2013 年，中共中央、国务院、最高人民法院等分别就《政府工作报告（征求意见稿）》、经济形势和经济工作、人民法院工作情况、等重大问题举行高层政治协商和征求意见座谈会，民革中央领导同志参加会议并就协商的专题发表了意见和建议。

1月11日，最高人民法院在京召开党外人士座谈会，听取各民主党派中央、全国工商联及无党派人士对人民法院工作的意见和建议。最高人民法院院长王胜俊、中共中央统战部副部长林智敏出席座谈会。最高人民法院副院长江必新通报了2012年人民法院工作。民革中央副主席何丕洁出席座谈会并代表民革中央发言，他说，最高人民法院连续五年举办与各民主党派中央、全国工商联、无党派代表人士的座谈会，这种将民主党派对国家司法机关民主监督制度化、常态化的做法，为发扬中国特色社会主义民主探索了新路。何丕洁同志结合民革中央调研工作中了解的情况，对最高人民法院的工作提出四点建议：一是充分发挥司法建议在加强和创新社会管理工作中的作用。二是积极为推进社会主义生态文明建设提供司法保障。三是进一步加大相关工作力度，将联合调研成果落到实处。四是进一步完善监督机制，推进公正廉洁司法。

1月25日，国务院总理温家宝在中南海主持召开党外人士座谈会，听取各民主党派中央、全国工商联负责人和无党派人士对《政府工作报告（征求意见稿）》的意见和建议。民革中央主席万鄂湘、常务副主席齐续春出席座谈会。万鄂湘同志代表民革中央发言。他说，民革中央在京负责同志集体阅读讨论了《政府工作报告（征求意见稿）》，大家认为《报告》对过去五年工作的回顾，体现了中央政府工作坚持科学发展、把握统筹兼顾、决策科学果断、民生保障优先的鲜明特点；对形势的分析判断和工作建议，紧密结合过去十年特别是近五年的体会和经验，保持了政策的持续性和稳定性，体现了中共十八大精神和以更大政治勇气与智慧推进改革开放的坚定信念。万鄂湘同志结合民革中央多年来在“三农”问题、社会和法治领域等调研了解到的情况，就《报告》内容和今年工作，从“三农”政策落实、建设法治政府、进一步深化改革等方面提出了建议。

2月28日，中共中央在中南海怀仁堂举行民主协商会，就国务院机构改革和职能转变、中共中央拟向十二届全国人大一次会议推荐的国家机构领导人员人选建议名单和拟向全国政协十二届一次会议推荐的全国政协领导人员人选建议名单，向各民主党派、全国工商联和无党派人士通报情况，听取意见。中共中央总书记习近平主持会议并发表重要讲话。中共中央政治局常委李克强、张德江、俞正声、刘云山、王岐山、张高丽出席会议。李克强同志通报了《国务院机构改革和职能转变方案（草案）》的有关情况。刘云山同志就新一届国家机构领导人员和全国政协领导人员人选建议名单作了说明。民革十一届中央主席周铁农、第一副主席厉无畏，民革中央主席万鄂湘、常务副主席齐续春出席座谈会。各民主党派中央、全国工商联领导同志，无党派人士代表先后发言。他们认为，《国务院机构改革和职能转变方案（草案）》，新一届国家机构领导人员和全国政协领导人员人选建议名单，都是在广泛征求意见、充分酝酿协商的基础上形成的，体现了中共十八大精神，顺应全面建成小康社会新形势新任务的要求，考虑比较周全，表示拥护和赞成，并就推进国务院机构改革和职能转变等提出了意见和建议。

7月25日，中共中央在中南海召开党外人士座谈会，就当前经济形势和下半年经济工作听取各民主党派中央、全国工商联领导人和无党派人士的意见和建议。中共中央总书记习近平主持座谈会，中共中央政治局常委李克强、俞正声、刘云山、张高丽出席座谈会。李克强同志通报了上半年经济工作有关情况，介绍了中共中央、国务院关于做好下半年经济工作的考虑。民革中央主席万鄂湘、常务副主席齐续春出席座谈会。万鄂湘同志代表民革中央在会上发言。他说，今年以来，面对十分复杂的国内外经济环境，中共中央、国务院准确把握经济发展大势，沉着应对各种风险挑战，团结带领全国各族人民，认真贯彻落实中共十八大精神，扎实有效做好各方面工作，起步稳，开局好，成就显著。万鄂湘同志结合民革中央今年重点调研，对做好当前和今后一个时期的工作提出四点建议：一是在经济发展和宏观调控中注重强化法治思维。二是继续加大“三农”支持力度，优化产业结构，拓展消费市场。三是深化金融体制改革，服务中小企业发展。四是强化主流舆论引导，增强发展信心。

11 月 22 日，中共中央在中南海召开党外人士座谈会，就今年经济形势和明年经济工作听取各民主党派中央、全国工商联负责人和无党派人士代表的意见和建议。中共中央总书记习近平主持座谈会，中共中央政治局常委李克强、俞正声、刘云山、张高丽出席座谈会。李克强通报了今年经济工作有关情况，介绍了中共中央关于做好明年经济工作的考虑。民革中央主席万鄂湘、常务副主席齐续春、副主席修福金出席会议。万鄂湘同志代表民革中央发言。他说，2014 年是贯彻落实十八届三中全会精神的开局之年，做好经济工作意义非同寻常。民革十分赞同继续坚持稳中求进的总基调和以改革促创新发展、促转型升级、促民生改善的总体要求。同时，建议在明年的经济工作部署中，更加突出经济体制改革在全面深化改革中的牵引作用，充分体现改革的智慧、决心和力度；更加明确市场发挥决定性作用的政策着力点，科学设定解决事关民生重大问题的时间表，细化三中全会确立的改革措施，及时回应百姓对改革的期待，汇聚起推进改革的强大正能量。万鄂湘同志结合调研中了解的情况，对做好当前和今后一个时期经济工作提出四点建议：一是深化行政审批制度改革，进一步激发市场主体的发展活力。二是持续加大对“三农”的支持力度。三是完善发展规划，打造新的经济增长点。四是大力发展海水淡化产业。

（二）以民革中央名义向中共中央和国务院提交专项建议

2013 年，民革中央先后就青岛西海岸新区规划、京津冀区域经济一体化、农村困难群众权益保障、四川藏区旅游发展、宁夏内陆开放型经济试验区税收政策、深化金融体制改革、首都水资源保障体制、监护人涉罪失管未成年人权益保护、民事赔偿标准统一适用、中央财政转移支付、加快停车立法、环保执法体制改革、甘肃丝路经济发展、粮食安全农村土地制度改革、乌蒙山赤水河流域综合保护及扶贫开发、3D 打印产业发展和科技金融、黄河三角洲沿海滩涂、盐碱地土壤改良开发、农村金融改革、郑州航空港经济综合实验区建设等问题进行了专题调研，并以调研成果为基础向中共中央、国务院提出专项意见。主要有：

1 月 5 日，民革中央通过中共中央统战部向中共中央、国务院呈报了《民革中央关于规模推进三北防护林体系建设的建议》。该建议是在 2012 年 10 月民革中央副主席郑建邦率调研组赴甘肃省酒泉、张掖、白银三市，就三北防护林体系建设情况进行考察调研的基础上形成的。《建议》介绍了三北工程实施 30 多年来，在改变生态面貌、维护生态安全、建设生态文明等方面发挥的巨大作用，以及当前三北工程发展在自然、技术、资金等各方面受到的制约，并就解决这些制约因素提出四点建议。

3 月 9 日和 27 日，民革中央通过中共中央统战部向中共中央、国务院呈报《关于进一步推进西藏生态安全屏障保护与建设的建议》和《关于加强我国涉藏环境外交的建议》。这两份《建议》是2012年9月民革中央副主席何丕洁率调研组赴西藏进行调研的基础上形成的。《关于进一步推进西藏生态安全屏障保护与建设的建议》介绍了西藏自治区实施生态安全屏障保护与建设规划，突出抓好重点生态区域及生物多样性保护，大力推进节能减排，全面加强生态建设的情况，分析了由于地理位置和历史发展原因，西藏生态环境安全屏障的保护和建设工作仍然面临的困难和问题，并提出四点建议。《关于加强我国涉藏环境外交的建议》介绍了青藏高原目前存在的主要环境问题及对我国环境外交带来的不利影响，并提出四点建议。4月1日，中共中央政治局常委、全国政协主席俞正声就民革中央呈报的《关于进一步推进西藏生态安全屏障保护与建设的建议》作出重要批示。4月2日，中共中央政治局常委、国务院副总理张高丽也就该《建议》作出重要批示。

4月7日，民革中央通过中共中央统战部向中共中央、国务院呈报了《关于推进社会组织参与社区建设的建议》。该《建议》是在2012年9、10月间民革中央常务副主席齐续春率调研组赴北京、上海、青岛等地进行调研考察的基础上形成的。《建议》介绍了各地社会组织在参与社区治理、关怀社区困难群众、倡导文明新风、调节社会矛盾、满足多元需求等方面发挥的积极作用以及存在的主要问题，并提出五点建议。

5月16日，民革中央通过中共中央统战部向中共中央、国务院领导同志报送《民革中央关于尽快批准设立国家级青岛西海岸新区的建议》。该《建议》是今年4月下旬民革中央常务副主席齐续春率调研组赴山东青岛就发展海洋经济问题进行调研的基础上形成的。《建议》分析了把青岛西海岸新区作为国家海洋经济创新实验区的主要优势，并建议从服务国家海洋战略大局出发，充分考虑和结合青岛的独特优势，批准设立国家级青岛西海岸新区，并将西海岸新区建设成为海洋经济创新实验区，理顺海洋资源管理体制，鼓励海洋立法创新。6月8日，中共中央政治局常委、国务院副总理张高丽对民革中央呈报的《关于尽快批准设立国家级青岛西海岸新区的建议》作出重要批示。

6月8日，民革中央通过中共中央统战部向中共中央、国务院领导同志呈报了《关于将宜昌、荆州纳入“长江中游城市群”的建议》。该《建议》是在2012年民革中央调研组多次赴湖北就促进中部崛起和区域经济协调发展进行调研的基础上形成的。《建议》指出，长江中游地区已具有较好的产业基础，在发展后劲、开发潜力、水土配合、人力资源、生态环境、辐射国内市场等方面具有明显优势。结合宜昌、荆州等市地域、政治特点及经济发展情况，建议将宜昌、荆州纳入“长江中游城市群”。6月22日，中共中央总书记习近平在民革中央呈报的《关于将宜昌、荆州纳入“长江中游城市群”的建议》上圈阅。6月22日，中共中央政治局常委、全国政协主席俞正声对该《建议》作出重要批示。6月26日，中共中央政治局常委、国务院总理李克强对该《建议》作出重要批示。6月26日，中共中央政治局常委、国务院副总理张高丽对该《建议》作出重要批示。

7月30日，民革中央通过中共中央统战部向中共中央、国务院领导同志报送了《关于把北京新机场建设上升为国家战略，进一步推动首都经济圈发展的建议》。该《建议》是在今年5月民革中央常务副主席齐续春、副主席修福金率调研组赴河北就首都经济圈发展问题进行调研的基础上形成的。《建议》介绍了当前首都经济圈的建设情况和北京新机场建设对周边省份经济社会发展的重要带动作用，并提出三点建议。8月20日，中共中央政治局常委、国务院总理李克强就民革中央报送的《关于把北京新机场建设上升为国家战略，进一步推动首都经济圈发展的建议》作出重要批示。8月21日，中共中央政治局常委、国务院副总理张高丽就该《建议》作出重要批示。8月22日，中共中央政治局委员、国务院副总理马凯就该《建议》作出重要批示。

7月31日，民革中央通过中共中央统战部向中共中央领导同志报送了《关于完善干部年轻化制度及执行工作机制的建议》。该《建议》是在今年6月民革中央社会和法制委员会、理论研究与学习委员会、妇女和青年工作委员会围绕干部年轻化制度执行问题进行研讨的基础上形成的。《建议》分析了近年来我国干部年轻化制度在执行过程中出现的一些值得研究和探讨的问题，并就进一步完善此项制度及执行机制提出四点建议。

8月6日，民革中央通过中共中央统战部向中共中央、国务院领导同志报送了《关于行政审判体制改革的调研报告》。该《建议》是在今年6、7月间民革中央主席万鄂湘率调研组赴北京、广东、福建、浙江、山东等五省市就行政审判体制改革问题进行调研的基础上形成的。《建议》分析了当前行政审判面临的主要问题及成因，并提出若干建议。

8月15日，民革中央通过中共中央统战部向中共中央、国务院领导同志报送了《关于协调推进新型城镇化和新型农村社区建设的建议》。该《建议》是在今年7月民革中央常务副主席齐续春率调研组赴天津、山东就当前新型城镇化背景下新型农村社区建设情况开展调研的基础上形成的。《建议》介绍了天津、山东根据各自发展实际建设新型农村社区的经验，并提出五点建议。8月28日，中共中央政治局常委、国务院总理李克强就民革中央报送的《关于协调推进新型城镇化和新型农村社区建设的建议》作出重要批示。8月29日，中共中央政治局常委、国务院副总理张高丽，中共中央政治局委员、国务院副总理汪洋分别就该《建议》作出重要批示。

8月16日，民革中央通过中共中央统战部向中共中央、国务院领导同志报送了《关于推动四省藏区旅游业上升为国家兴藏稳藏战略的建议》。该《建议》是在今年6月民革中央常务副主席齐续春率调研组赴四川、云南就藏区旅游产业发展进行调研的基础上形成的。《建议》介绍了四省藏区拥有的丰富旅游资源和高度的开发利用价值，分析了藏区旅游业整体发展面临的困难和问题，并提出五点建议。

8月19日，民革中央通过中共中央统战部向中共中央、国务院领导同志报送了《关于进一步加强农村困难群众权益保障工作的建议》。该《建议》是在今年5月民革中央常务副主席齐续春率调研组赴湖南省就农村困难群众权益保障问题进行调研的基础上形成的。《建议》介绍了湖南省农村困难群众权益保障工作取得的成绩和经验，分析了当前农村困难群众权益保障工作存在的主要问题，并提出四点建议。8月28日，中共中央政治局常委、国务院总理李克强就民革中央报送的《关于进一步加强农村困难群众权益保障工作的建议》作出重要批示。8月26日，中共中央政治局常委、全国政协主席俞正声就该《建议》作出重要批示。8月25日，中共中央政治局常委、国务院副总理张高丽就该《建议》作出重要批示。8月26日。中共中央政治局委员、国务院副总理汪洋就该《建议》作出重要批示。

9月12日，民革中央通过中共中央统战部向中共中央、国务院领导同志报送了《关于支持青海省开展湟水流域高标准基本农田整治的建议》。该《建议》是在今年7月民革中央副主席何丕洁、刘家强率民革中央调研组赴青海省就湟水流域高标准基本农田整治工程进行调研的基础上形成的。《建议》指出，湟水区域由于水资源短缺、土地资源配置不合理，特别是农用地利用效率低，严重制约了湟水流域经济社会的可持续发展。为此建议国家尽快批准湟水流域高标准基本农田整治工程项目，使其早日发挥效益，助推青海现代农业的发展。9 月 22 日，中共中央政治局委员、国务院副总理汪洋就民革中央报送的《关于支持青海省开展湟水流域高标准基本农田整治的建议》作出重要批示。

9 月 12 日，民革中央通过中共中央统战部向中共中央、国务院领导同志报送了《关于积极支持青海格尔木至四川成都铁路工程,大力推进西部地区铁路建设的建议》。该《建议》是在今年 7 月民革中央副主席何丕洁、刘家强率民革中央调研组赴青海省就青海格尔木至四川成都铁路工程规划项目进行调研的基础上形成的。《建议》介绍了格成铁路在改善西部地区交通运输环境，为西部贫困地区提供重要的交通基础设施、提高西部国防交通保障能力、缩小我国东西部发展差距、实现区域经济可持续发展等方面具有的重要意义，并提出三点建议。9 月 19 日，中共中央政治局常委、国务院副总理张高丽就民革中央报送的《关于积极支持青海格尔木至四川成都铁路工程，大力推进西部地区铁路建设的建议》作出重要批示。

10 月 11 日，民革中央通过中共中央统战部向中共中央、国务院领导同志报送了《关于加快海水淡化产业发展的建议》。该《建议》是在今年 7 月民革中央常务副主席齐续春率调研组赴河北省就相关问题进行调研的基础上形成的。《建议》介绍了我国在海水淡化技术研发、装备制造、工程设计建设和工程应用等方面取得的进展，分析了发展海水淡化产业对缓解水资源短缺、提升综合国力、确保国家安全和可持续发展的重要作用，并提出四点建议。11 月 1 日，中共中央政治局常委、全国政协主席俞正声就民革中央报送的《关于加快海水淡化产业发展的建议》作出重要批示。

11 月 1 日，民革中央通过中共中央统战部向中共中央、国务院领导同志报送了《关于统筹开展扶贫生态移民工作，确保群众脱贫致富和生态保护目标实现的建议》。该《建议》是在今年 8 月民革中央副主席修福金率调研组赴贵州考察扶贫生态移民工程实施情况的基础上形成的。《建议》介绍了目前贵州省扶贫生态移民工程在资金、政策、产业发展、社会管理等方面存在的主要问题，并提出六点建议。

11 月 15 日，民革中央通过中共中央统战部向中共中央领导同志报送了《关于加强涉案失管未成年人权益保护的建议》。该《建议》是在今年 8 月民革中央常务副主席齐续春率调研组赴河南考察涉案失管未成年人权益保护现状的基础上形成的。《建议》介绍了目前我国针对涉案失管未成年人救助工作存在的法律缺失、缺乏实施细则等问题，并提出四点建议。11 月 24 日，中共中央政治局常委、全国政协主席俞正声就民革中央报送的《关于加强涉案失管未成年人权益保护的建议》作出重要批示。

11 月 20 日，民革中央通过中共中央统战部向国务院领导同志报送了《关于民革前辈纪念场馆保护、利用工作情况的报告》。《报告》介绍了民革前辈纪念场馆保护利用工作的基本情况、主要成效和社会影响，并对今后的工作提出了设想。12 月 5 日，中共中央政治局委员、国务院副总理刘延东就民革中央报送的《关于民革前辈纪念场馆保护、利用工作情况的报告》作出重要批示。

12月16日，民革中央通过中共中央统战部向中共中央、国务院领导同志报送了《关于促进停车产业化的建议》。该《建议》是在2013年9月民革中央常务副主席齐续春率调研组赴浙江就停车产业发展问题进行调研的基础上形成的。《建议》介绍了浙江省及时调整政策措施，出台多项法规，形成政府主导、市场运作的停车产业化体系的情况，并就大力推进停车产业化提出六点建议。12月25日，俞正声同志就民革中央报送的《关于促进停车产业化的建议》作出重要批示。同日，中共中央政治局常委、国务院副总理张高丽也就该《建议》作出重要批示。

12月16日，民革中央通过中共中央统战部向中共中央、国务院领导同志报送了《关于大力扶持以城市商业银行为代表的中小银行，支持实体经济发展的建议》。该《建议》是在2013年7月民革中央常务副主席齐续春率调研组赴山西就深化金融体制改革问题进行调研的基础上形成的。《建议》介绍了目前我国中小银行发展的紧迫性和面临的主要问题，并提出五点建议。12月26日，中共中央政治局委员、国务院副总理马凯就民革中央报送的《关于大力扶持以城市商业银行为代表的中小银行，支持实体经济发展的建议》作出重要批示。

（三）在全国政协会议上的提案和发言（办复）

1. 全国政协十二届一次会议提交的大会发言和提案

3月3日至12日，全国政协十二届一次会议在北京召开，民革中央提交大会发言5件，分别是：《以农业转移人口市民化为核心，稳步推进城镇化健康发展》（刘凡副主席在会上作口头发言）、《推进生态文明法治化，建设美丽中国》、《以民生为导向，坚持推进结构性减税》、《大力发展集装箱运输，构建现代物流体系》和《携手构筑“中华经济圈”，共同推进货币一体化》。

提交提案53件，分别是：《关于建构我国学生道德教育纵横立体化体系的提案》、《关于在两岸和平发展巩固深化期审慎稳妥地做好民进党工作的提案》、《关于进一步发挥昆仑关战役旧址爱国主义教育基地作用的提案》、《关于与时俱进地贯彻“先经后政”策略，进一步深入推进两岸和平发展进程的提案》、《关于维护涉台婚姻合法权益，促进两岸婚姻健康发展的提案》、《关于推动两岸在海洋争端中共同维权的提案》、《关于深化两岸中小学人文教育的对接与交流合作的提案》、《关于强化和完善两岸青年持续交流合作的动力与机制的提案》、《关于推进两岸货币合作的路径设想的提案》、《关于有效引导台湾青年来祖国大陆就业发展的提案》、《关于超前进行生态布局，推进可持续城镇化进程的提案》、《关于进一步明确养老政策目标，加快完善养老政策体系的提案》、《关于加快完善国土资源节约集约利用立法，推进生态文明法制建设的提案》、《关于加强土地管理，促进可持续发展的提案》、《关于做好我国页岩气开发环境保护的提案》、《关于进一步推进环境污染责任保险的提案》、《关于在集中连片特困地区内设立国家扶贫开发示范区（武陵山示范区）的提案》、《关于在华北建立水资源战略储备系统的提案》、《关于加强红树林保护和宣传工作的提案》、《关于采用先进信息技术构建国家人才资源库，打造人才资源强国的提案》、《关于推进我国生态文明建设法治化的提案》、《关于加快推进养老服务社会化的提案》、《关于加强金融消费者权益保护的提案》、《关于在社会管理创新中切实重视和帮助新生代农民工解决婚恋问题的提案》、《关于将信访纳入法治化轨道的提案》、《关于将新生儿耳聋基因筛查项目纳入国家医药卫生体制改革的提案》、《关于维护我国海洋权益，建设海洋强国的提案》、《关于以区域性市场建设为核心，完善多层次资本市场体系的提案》、《关于提高战略性新兴产业发展质量的提案》、《关于进一步完善我国住房保障制度顶层设计的提案》、《关于加强金融创新，提高服务实体经济能力的提案》、《关于加快推进财税体制改革，保障和改善民生的提案》、《关于推动产业升级，完善我国食品安全机制的提案》、《关于扩大非上市股份公司股份转让试点，加快发展多层次资本市场的提案》、《关于利用市场化机制解决钢铁产能过剩问题的提案》、《关于加快建立海洋生态损害补偿、赔偿制度，促进海洋生态文明建设的提案》、《关于加快农业信息化发展，提升我国农业现代化水平的提案》、《关于进一步加强我国小型农田水利设施建设的提案》、《关于进一步完善伏季休渔制度，推动我国海洋渔业可持续发展的提案》、《关于加快农业企业化，大力发展现代农业的提案》、《关于以农业转移人口市民化为核心，稳步推进城镇化健康发展的提案》、《关于加大农田生态建设与保护力度的提案》、《关于深化土地制度改革，稳步推进城镇化的提案》、《关于逐步健全公共服务制度，稳步推进农民工市民化的提案》、《关于大力提高兽药行业整体竞争力的提案》、《关于促进粮食生产稳定发展，保障粮食供给安全的提案》、《关于坚持制度创新，推进生态文明建设的提案》、《关于进一步发挥市场在科技资源配置中基础作用的提案》、《关于完善心理健康教育，促进未成年人成长的提案》、《关于壮大节能服务业，促进节能减排产业化发展的提案》、《关于消除我国文化产业发展中政策和体制机制障碍的提案》、《关于积极引导社会力量参与文物保护的提案》和《关于进一步完善院士制度，推动创新型国家建设的提案》。

2. 国家有关部委就民革中央提案作出的答复

6 月 28 日，国家文物局就民革中央在全国政协十二届一次会议上提交的《关于积极引导社会力量参与文物保护的提案》作出答复，从制度建设、政策制定、社会组织建设、社会教育等方面介绍了国家有关部委采取的政策措施。

7 月，国土资源部就民革中央在全国政协十二届一次会议上提交的《关于深化土地制度改革，稳步推进城镇化的提案》作出答复，就积极做好农村土地整治工作、探索建立农村土地流转市场体系、推进农村建设用地上市改革、推进农村土地产权制度改革等方面介绍了国家有关部委采取的政策措施。

7 月 1 日，中国科学院就民革中央在全国政协十二届一次会议上提交的《关于进一步完善院士制度，推动创新型国家建设的提案》作出答复。《答复》指出，目前，中国科学院正在围绕改进完善院士增选制度和工作机制、进一步加强自律、规范院士学术兼职、规范院士称号使用等方面开展调研，积极稳妥地提出针对性的工作建议。

7 月 2 日，住房和城乡建设部就民革中央在全国政协十二届一次会议上提交的《关于超前进行生态布局，推进可持续城镇化进程的提案》作出答复，就加快制定和修订相关规划管理办法和标准规范、加快编制和严格实施各级城镇体系规划、科学制定城市规划、进一步加强绿化、积极推进城市生态化更新和可再生能源利用、加强低碳生态城市试点示范、推进小城镇生态建设和新农村建设、进一步完善和实施绿色生态城市建设激励政策、税收政策等方面介绍了国家有关部委采取的政策措施。

8月2日，农业部就民革中央在全国政协十二届一次会议上提交的《关于加大农田生态建设与保护力度的提案》作出答复，就加大农田生态监管力度、加大耕地生态保护力度、治理农业面源污染、构建农田生态安全屏障、鼓励农业规模化经营及管理等方面介绍了国家有关部委采取的政策措施。

8月12日，民政部就民革中央在全国政协十二届一次会议上提交的《关于加快推进养老服务社会化的提案》作出答复，就将养老服务社会化纳入国民经济社会发展重要规划、完善财政投入机制、培育和发展养老产业、加强社会养老服务体系建设、探索新型养老模式等方面介绍了国家有关部委采取的政策措施。

8月20日，农业部就民革中央在全国政协十二届一次会议上提交的《关于大力提高兽药行业整体竞争力的提案》作出答复。《答复》指出，下一步，农业部将突出产业结构调整，促进产业升级；推进科技创新；加强行业监管；加强兽药法规体系建设。

8月20日，农业部就民革中央在全国政协十二届一次会议上提交的《关于加快农业信息化发展，提升我国农业现代化水平的提案》作出答复，就加强组织领导、争取多方投入、抓好典型示范等方面介绍了国家有关部委采取的政策措施。

8月23日，中国人民银行就民革中央在全国政协十二届一次会议上提交的《关于加强金融消费者权益保护的提案》作出答复，就完善金融消费者权益保护法律制度、健全纠纷处理机制、加大对违法行为的查处力度、探索建立金融消费纠纷多元化解决机制等方面介绍了国家有关部委采取的政策措施。

8月28日，农业部就民革中央在全国政协十二届一次会议上提交的《关于深化土地制度改革，稳步推进城镇化的提案》作出答复，就实现户籍和农地承包经营权分离、土地承包经营权抵押和继承、通过调解仲裁解决土地纠纷、促进农村土地承包经营权流转和集中等方面介绍了国家有关部委采取的政策措施。

8月29日，科技部就民革中央在全国政协十二届一次会议上提交的《关于进一步发挥市场在科技资源配置中基础作用的提案》作出答复，就大力发展科技企业孵化器、发展创业风险投资、构建新兴产业金融支持体系等方面介绍了国家有关部委采取的政策措施。

8月30日，财政部就民革中央在全国政协十二届一次会议上提交的《关于加快推进财税体制改革，保障和改善民生的提案》作出答复，就"营改增"扩大试点、优化财政支出结构、调整民生支出投向、完善转移支付制度等方面介绍了国家有关部委采取的政策措施。

9月2日，水利部就民革中央在全国政协十二届一次会议上提交的《关于在华北建立水资源战略储备系统的提案》作出答复，就重新规划地表水的使用、实施地下水水源地保护、建设地下水库等方面介绍了国家有关部委采取的政策措施。

9月10日，中共中央组织部就民革中央在全国政协十二届一次会议上提交的《关于采用先进信息技术构建国家人才资源库，打造人才资源强国的提案》作出答复，就构建国家人才资源库、形成覆盖人才成长整个生命周期的大平台等方面介绍了国家有关部委采取的政策措施。

9月13日，民政部就民革中央在全国政协十二届一次会议上提交的《关于进一步明确养老政策目标，加快完善养老政策体系的提案》作出答复，就加强老年人口的信息统计工作、理性选择养老模式，做好养老规划与城市规划、土地利用规划的衔接，加快农村养老保障试点成果转化等方面介绍了国家有关部委采取的政策措施。

10月，国家发改委就民革中央在全国政协十二届一次会议上提交的《关于壮大节能服务业，促进节能减排产业化发展的提案》作出答复，就开展认责工程和行业节能减排行动、多措施并举克服技术障碍、创新融资方式、完善节能减排政策法规保障等方面介绍了国家有关部委采取的政策措施。

10月，国家发改委就民革中央在全国政协十二届一次会议上提交的《关于利用市场化机制解决钢铁产能过剩问题的提案》作出答复，就建立公平透明的竞争环境、建立过剩产业退出补偿和救济机制、探索开放资本项下人民币跨境流动管制等方面介绍了国家有关部委采取的政策措施。

10月10日，国家卫生和计划生育委员会就民革中央在全国政协十二届一次会议上提交的《关于将新生儿耳聋基因筛查项目纳入国家医药卫生体制改革的提案》作出答复，就大力推广新生儿听力筛查工作、有序推进有条件地区开展基因筛查试点、优先选择高危人群开展基因筛查、加大筛查知识的宣传力度等方面介绍了国家有关部委采取的政策措施。

（四）促进祖国和平统一工作

1月18日下午，民革中央副主席郑建邦在中央机关会见了以冯沪祥为荣誉团长、戚宏宇为团长的第十二届台湾高校杰出青年赴大陆参访团一行。郑建邦同志在会见中对参访团的到来表示了欢迎并向他们致以新春祝愿。他说，刚刚过去的2012年，在两岸关系发展进程上具有特殊重要的意义。年初台湾地区两项重要选举结果表明，两岸关系和平发展符合两岸同胞的共同愿望，符合中华民族的整体利益，符合时代发展进步的潮流。只要两岸双方沿着和平发展的正确道路坚定走下去，就一定能进一步开创两岸关系和平发展的新局面，也势必给两岸的青年才俊提供更为宽阔的展示才华的舞台。戚宏宇团长代表参访团对民革中央的邀请和接待表示了感谢。民革中央有关部门负责人和部分民革青年党员代表参加了会见，双方就海峡两岸文化、科技交流等共同关注的话题进行了热烈的交流。第十二届台湾高校杰出青年赴大陆参访团是应中华中山文化交流协会邀请来大陆进行参访活动的。除北京外，参访团还赴四川进行了参观访问。

5月7日至13日，民革中央副主席、中华中山文化交流协会副会长兼秘书长郑建邦率中华中山文化交流协会参访团赴台湾访问，并出席第四届两岸青年创新创业论坛。郑建邦同志分别拜会了中国国民党荣誉主席连战和吴伯雄。他说，民革中央与北京歌华文化发展集团等机构共同发起成立了两岸文化创意人才服务基地，希望借助基地的牵线搭桥，让两岸青年共同实现梦想，通过一代又一代人的努力，为中华民族的伟大复兴作出贡献。连战和吴伯雄分别回顾了近年来两岸形势的发展变化，对此次创新创业论坛在台举办表示肯定，并表达了希望两岸经济文化合作交流越来越好的心愿。在第四届两岸青年创新创业论坛上，郑建邦同志表示，青年是民族的希望和未来，为两岸青年创新创业提供有益的机制和平台，为两岸经济提供强大活力，进而提升两岸经济的竞争力，是两岸同胞的共同责任，也是我们持续举办两岸青年创新创业论坛的目的。在两岸双方的共同努力下，两岸青年创新创业的天地必将越来越宽广，真诚希望台湾同大陆一道发展，两岸同胞共同来圆“中国梦”。在台期间，参访团一行还拜会了台湾新同盟会、海峡两岸和平统一促进会、中国统一联盟、中华花艺文教基金会、奇美集团等机构团体的友人。

6月24日，民革中央副主席郑建邦在民革中央机关会见了台湾中华工商业联合会大陆参访团一行。郑建邦同志向参访团一行介绍了大陆各项事业的发展以及民革的主要情况。他表示，民革愿继续与台湾中华工商业联合会加强合作，增进友谊，发挥双方各自优势，共同推动两岸民间交流，为两岸人民共谋幸福。民革中央有关部门负责同志及部分在京民革党员、祖统委员、中华中山文化交流协会理事参加会见和座谈。与会人员围绕当前两岸关系、两岸经济共同发展以及如何更好地开展两岸民间交流等话题进行了交流。此次参访团是民革中央自2012年以来以中华中山文化交流协会名义，第二次邀请台湾中华工商业联合会参访团赴大陆参访，成员均为台湾中南部有一定影响力的相关社团领袖和骨干,大部分都是第一次来大陆参访。参访团在北京期间还拜会了中共中央统战部、国台办等单位，并赴云南昆明等地参访交流。

7月19日至23日，民革中央副主席、中华中山文化交流协会副会长修福金率中华中山文化交流协会参访团赴台湾参访，并在台北举办“火柴盒上的艺术之花——精品火花展”。展览开幕式于7月20日上午在台湾艺术教育馆举行,修福金同志在致辞中说,“火花”即火柴盒上的商标，其内容保罗万千，设计独特，在方寸之间记录着时代的变迁，浓缩着历史的精华。在两岸关系和平发展进入巩固深化的新时期，两岸文化交流将更加蓬勃发展。此次展览由中华中山文化交流协会、台湾中华花艺文教基金会共同主办，吉林省四平市博物馆承办，共展出四平市博物馆收藏的各个时期有代表性的火花1812枚。在展览期间举行的座谈会上,来自两岸的专家与观众以“两岸携手弘扬中华传统文化”为主题，共同就火花所展示的文化保存与传承进行了充分研讨。

7月19日,民革中央副主席郑建邦在民革中央机关会见了以陈兴国先生为团长的“第二届台湾中华擎天协会暑期青年华夏文化参访团”一行，并进行座谈交流。郑建邦同志在座谈会中回顾了两岸关系的发展历程，介绍了大陆经济社会发展变化、民革的基本情况以及多党合作制度。他表示,台湾同胞是中华民族大家庭中的一员,两岸人民同根同源,有着割不断的亲情。台湾眷村的广大民众，绝大部分是20世纪四五十年代从大陆地区迁往台湾的，他们不畏艰辛、辛勤劳作，为宝岛台湾的开发建设作出了卓越贡献。民革愿意继续与台湾擎天协会加强合作，增进友谊，发挥各自的优势，牢牢把握两岸关系和平发展的主题，共同推动两岸民间交流，为两岸人民共谋幸福。陈兴国团长表示，“擎天协会”和民革是一家人,双方“共筑中国梦,同系华夏行”,在近年来的交流中不断增进共识,为两岸关系和平发展贡献了力量。参访团成员由台湾眷村后代青年和擎天协会骨干组成,大部分成员是初次到大陆参访。参访团在京期间拜会了中共中央统战部、国台办等单位,并赴云南腾冲、昆明等地参访。

应台湾中华花艺文教基金会理事长黄永川邀请，中华中山文化交流协会参访团于10月18日至24日赴台湾参访。参访团先后走访台北、桃园、台中、嘉义、台南、高雄等地，参加了“2013年中华插花艺术展——花乡逐梦”活动，拜会了台湾新同盟会、中华花艺文教基金会、中华侨联总会、奇美集团、高雄市工商业联合协会等组织和企业的负责人，与部分“台湾高校杰出青年大陆参访团”成员进行了座谈。通过此次参访，参访团与岛内有关团体和各界人士就进一步推动两岸关系和平发展、巩固深化友谊进行了交流，为深入了解台湾社情民意、从而进一步做好台湾人民工作积累了经验。

11月28日，民革中央副主席修福金在中央机关会见了以张亭举副会长为团长的第六届台湾新同盟会中南部会员（会友）大陆参访团一行。修福金同志介绍了大陆近年来经济社会发展情况、中共十八届三中全会作出的关于全面深化改革若干重大问题的决定及民革作为参政党的履职情况。11月29日，民革中央副主席郑建邦会见了参访团一行。除北京外，参访团还赴海南参观访问，进一步了解大陆社会、经济、文化等各方面发展情况。

三、社会服务

（一）支边扶贫和社会服务专项工作

1. 纳雍县扶贫工作

3月10日至15日，民革中央社会服务部调研组赴贵州，就纳雍县扶贫工作开展调研。民革贵州省委会有关负责同志参加调研。调研组赴阳长镇核桃寨村、乐治镇青杠村考察了民革中央建立的两处经果林项目进展情况。调研组专家针对树木剪枝及防虫不当情况及时召集种植农户到现场进行了示范和技术指导，对核桃嫁接技术进行了详细讲解，同时在两个镇分别安排了种植技术系统理论培训。调研组对阳长镇乐丰社区和新房乡以角村两地卫生服务中心、王家寨镇石头纸项目工程、董地乡村民危房集中改造项目、“村校一体化”项目“绿色生态蔬菜大棚”、“经济桃林”等民革中央2012年支持捐助项目落实情况进行了考察，对部分项目落实中存在的不足及时提出了整改意见，并为落实民革中央2013年在纳雍捐建两所村卫生院项目选址。此外，调研组还与核桃寨村致富骨干进行了交流，听取他们今年计划开办节能灯具厂、扩大经果林艳红桃、杂交玉米种植范围、肉牛养殖及试验种植太子参中药材的农业产业化思路与设想，并为核桃寨村发放了经果林补助款。调研期间，调研组还赴遵义市红花岗区儿童福利院（红花岗区社会福利中心），检查了专项捐赠款使用情况。

8月22日至24日，民革中央主席万鄂湘率民革中央“同心·博爱行”调研组赴贵州毕节，就民革中央帮扶纳雍工作进行调研。万鄂湘同志与中共贵州省委书记、省人大常委会主任赵克志会面时指出，民革中央将协调引导更多的智力和资金投入到贵州和毕节试验区建设，做好对纳雍县的定点帮扶工作，以实际行动支持贵州、支持毕节。在与毕节试验区、纳雍县有关负责同志座谈时，万鄂湘同志指出，中共中央、国务院高度重视生态建设，希望毕节试验区及纳雍县积极推进产业转型升级，促进人的城镇化建设，进一步加强生态文明建设，清理破坏生态环境的项目，力保山青水秀天蓝。他强调，毕节试验区及纳雍县不仅是民革中央的帮扶对象，也是民革中央参政议政的重要素材来源地，纳雍不脱贫民革不脱钩，即使脱贫了，也要牵手走一程。调研组先后赴民革组织和党员援建的纳雍县阳长镇核桃寨村博爱小学以及纳雍县同心产业园、水果种植基地等地实地考察，并到生活困难的农民家中走访慰问。万鄂湘同志对民革推动核桃寨村校一体化取得的进展表示赞赏，他指出，通过实施村校一体化，加强了村校优势互补，通过小手牵大手，提高了村民科技文化素质。他强调，一个地方的发展，人的素质是关键，民革要继续发扬奉献传统，调动各方力量，坚持智力帮扶，推动纳雍把人口优势转化为人才优势，把各项帮扶工作推向深入。万鄂湘同志在调研时表示，在中共党委、政府的支持下，通过20多年的对口帮扶，纳雍人民对民革的感情不断加深，民革组织的凝聚力不断提升。今后民革党员要当好"服务员"，利用专业知识技能服务民革党员及其他需要帮助的人；当好"助梦员"，帮助民革党员及身边困难群体在实现中国梦过程中不掉队；当好"环保监督员"，在生态文明建设中积极发挥作用。民革组织要始终与纳雍百姓的手牵在一起,心连在一起，共同向前。在"同心·博爱行"捐赠仪式上，民革中央及民革天津市委会、上海市委会、广东省委会分别向纳雍县捐赠了医疗设备、药品及社区卫生服务中心建设资金。

2. 抗震救灾专项工作

4月20日，四川芦山地震灾情发生后，民革中央主席万鄂湘、常务副主席齐续春等领导同志立即委托民革中央办公厅致电民革四川省委会，详细了解灾情，询问四川民革党员及其家属受灾情况，要求民革四川省委会在当地中共党委、政府的领导和统战部门的指导下，做好抗震救灾工作。

4月22日，民革中央向民革四川省委会发出慰问信，向受灾地区人民群众和民革党员表示亲切慰问，向奋战在救灾第一线的民革党员表示崇高敬意。希望民革四川省委会和灾区民革党员坚定信心,克服困难,用实际行动为打赢抗震救灾这场硬仗作贡献。同日，民革中央向民革各省、自治区、直辖市委会及中央各工作部门发出倡议书，希望广大民革党员发扬"一方有难、八方支援"的传统美德，以捐款等方式为受灾群众和家庭早日走出困境尽一份绵薄之力。要求民革各级组织动员广大民革党员行动起来,按照中共中央、国务院的统一部署，积极投身到抗震救灾和帮助灾区人民重建家园的实际行动中。

4月22日下午，民革中央机关举行为四川芦山地震灾区捐款活动。民革中央主席万鄂湘，常务副主席齐续春等中央领导同志带头捐款，为灾区群众献爱心。民革中央机关、团结报社、团结出版社、中国通和经济开发中心及干部职工共捐款217180元。4月24日，民革中央画院在中央机关举行"伸出博爱之手——情系雅安公益笔会"，笔会共收到捐赠和现场创作书画作品41幅，筹集善款200余万元。

3. 全国旅游名城民革交流网

5月31日，全国旅游名城民革交流网第一次会议在云南昆明召开。民革中央常务副主席齐续春出席会议并讲话。

齐续春同志指出，全国旅游名城民革交流网第一次会议的成功举办，意味着今后宣传推介各城市旅游资源、创新参政议政和社会服务模式、促进文化产业发展的工作将顺利推进。希望相关民革市级组织齐心协力，团结一切可以团结的力量，利用一切可以利用的资源，继续努力做好这项工作，加强自身建设，切实履行职能，为实现"中国梦"贡献才智。

会上，齐续春同志为民革昆明企业家联谊会、昆明民革书画院和云南省特色经济研究会等3个新成立的平台组织进行了授牌。期间，齐续春同志还会见了民革云南省委会领导班子成员并就民革组织围绕中共党委、政府的决策参政议政，促进云南经济社会发展提出了要求。

4. 民革全国经济界人士辽源行活动

7月29日至31日，由民革中央社会服务部、民革吉林省委会、中共辽源市委、辽源市人民政府共同举办的“民革全国经济界人士辽源行”活动在吉林省辽源市举行。民革中央副主席何丕洁、民革陕西省委会主委李晓东、民革吉林省委会主委张伯军、辽源市有关方面领导同志和来自全国各地民革组织负责人及民革企业家70余人参加活动。

何丕洁同志在开幕式上致辞。他指出，位于东北腹地的辽源市，是全国首批资源枯竭型城市经济转型的试点。近年来，中共辽源市委、市政府在振兴东北老工业基地战略的总体部署下，积极探索，勇于实践，思路超前，措施得力，实施一系列产业调整，有效提升基础设施和公共服务水平，优化完善投资环境，通过筑巢引凤，吸收外部优势资源，推动辽源经济跨越发展。希望民革企业家抓住机遇，通过投资兴业，实现互利共赢，共同为东北这片热土贡献力量。

开幕式结束后，与会同志参观了位于辽源市的东北袜业纺织工业园、吉林利源铝业股份有限公司、吉林省麒鸣牧业集团、吉林麦达斯铝业有限公司等企业。经过项目对接，参加活动的6家企业与辽源市有关部门和企业进行了签约，签约金额20亿元人民币。与会同志还出席了在辽源举行的第五届东北亚发展论坛。

5. 石柱县扶贫工作

为贯彻落实《中国农村扶贫开发纲要（2011—2020年）》精神，推进民革中央对口帮扶联系的重庆石柱县黄连特色产业发展，8月12日至13日，民革中央副主席何丕洁率队到重庆市石柱县开展“发展特色高效农业，促进农民增收致富”专题调研。民革重庆市委会主委杨天怡等参加调研。

调研组先后赴有关企业及黄水药用植物园、黄连GAP育种基地等地进行实地考察，并召开了“民渝合作”系列调研——武陵山区农民增收路径探索座谈会。

调研期间，何丕洁同志代表民革中央及中华慈善总会向石柱县捐助价值人民币558.25万元的医疗设备，向大渡口区捐助价值513万元的医疗设备。何丕洁同志还出席了总投资10亿元的重庆华冶钢构30万吨制造基地奠基仪式，该项目是“民渝合作”的又一重要成果。

（二）书画工作

9月24日至28日，由中华中山文化交流协会、民革中央画院、台湾中华花艺文教基金会联合主办的台湾著名书画家黄永川书画展在北京中国美术馆举行。民革中央原主席周铁农，民革中央副主席郑建邦等出席书画展开幕式。

周铁农同志在开幕式上致辞。他表示，近年来，黄永川先生领导的中华花艺文教基金会与大陆中华中山文化交流协会密切合作，广泛开展文化交流活动，为促进两岸关系和平发展作出了积极贡献。本次展览，也势必为两岸艺术界共同学习、借鉴和交流搭建平台，为两岸文化交流再添浓浓一笔。此次共展出黄永川先生的作品80余幅，内容包涵大陆和台湾的名山大川。

四、自身建设

（一）思想宣传工作

1. 网站特约编辑培训班

11 月 7 日至 8 日，民革中央网站特约编辑培训班在北京举行。民革中央副主席修福金出席培训班。中央有关工作部门负责人及网站特约编辑，中央各专委会办公室工作人员，网站参政议政平台、社会服务平台负责人参加培训班。

修福金同志在讲话中充分肯定了民革中央网站开通五年来在宣传多党合作制度、民革工作、对党员开展思想教育等方面取得的显著成效。他指出，进一步加强民革网络宣传思想工作，是中国共产党领导的多党合作事业发展和制度建设的需要；是民革充分利用信息技术和网络媒体做好宣传思想工作的需要；是培养造就一支合格的民革宣传思想工作干部队伍的需要。

修福金同志对网站特约编辑提出三点要求：一要认真学习，不断提高网络宣传思想工作能力；二要进一步增强责任意识，扎扎实实做好网站特约编辑工作；三要充分发挥网上参政议政平台的作用。

培训班学员听取了民革党史讲座。培训班针对民革中央网站稿件内容要求，网站新版编辑平台日常稿件的编辑发布、专题制作，网上参政议政平台稿件处理、用户管理等内容进行了培训。

民革中央网站于10月底成功改版上线试运行。改版后的网站设有新闻专区、资料专区、成果展示、互动专区、风采展示等五个功能模块。在互动专区中增设了网上参政议政平台，由民革中央各专委会、参政议政、社会服务三个工作平台组成，便于工作信息的发布及交流。

2. 坚持和发展中国特色社会主义学习实践活动动员培训会

12 月 4 日至 5 日，民革坚持和发展中国特色社会主义学习实践活动动员培训会在北京召开。民革中央主席万鄂湘、常务副主席齐续春，副主席修福金、刘凡、程崇庆、傅惠民、何丕洁、田惠光、郑建邦、邓力平及民革中央委员、民革各省级组织副主委、各地市级组织主委，民革中央各工作部门负责人，机关服务中心、团结报社、团结出版社负责人出席会议。

齐续春同志主持开幕会，万鄂湘同志在开幕会上作动员讲话。万鄂湘指出，民革全党要充分认识开展坚持和发展中国特色社会主义学习实践活动的重大意义。开展这一活动，首要目的是引导民革全党更加自觉地投身于中国特色社会主义事业，关键在于为坚持和完善中国共产党领导的多党合作和政治协商制度作出新贡献，要把推动民革全党积极履行参政党职能、加强自身建设作为开展这一活动的主要着力点。

万鄂湘同志要求各级组织要精心组织，务求实效，扎实推进坚持和发展中国特色社会主义学习实践活动；要认真学习、深刻领会中国特色社会主义理论，进一步加强民革理论建设工作；要学以致用，积极实践，务求实效；民革各级组织的领导班子要带头搞好学习实践活动。

会议听取了全国人大常委会副秘书长沈春耀关于学习贯彻中共十八届三中全会精神的辅导报告、中国工程院院士邬贺铨关于信息技术的发展与产业变革的专题报告。与会同志围绕学习贯彻中共十八届三中全会精神、开展学习实践活动进行了讨论。

郑建邦同志主持闭幕会。邓力平、汤维建、欧阳泽华同志结合本职工作，就学习贯彻中共十八届三中全会精神、开展学习实践活动作了发言。齐续春同志在闭幕会上讲话，对开展好学习实践活动提出四点要求：第一，民革各级领导要切实负起领导责任，主要领导亲自抓，高度重视对学习实践活动的规划、指导，并亲身参与其中。第二，要认真学习中国特色社会主义理论，当前重点要学好中共十八届三中全会精神。第三，要坚持开展好活动与履行好职能相结合。第四，要做好学习实践活动的宣传报道。

（二）组织建设

1. 民革基层组织工作专题调研

8 月 24 日至 25 日，民革中央主席万鄂湘率调研组赴湖南，就民革基层组织工作进行专题调研。民革中央副主席何丕洁、民革湖南省委会主委刘晓参加调研。

调研组考察了民革长沙市城建支部和财贸支部，走访了民革湖南省委会机关，观看了民革湖南省委会开展的“关爱抗战老兵活动”宣传片，并与民革湖南省委会及长沙、株洲、益阳、常德等地民革组织负责人进行座谈。万鄂湘同志强调，民革组织要加强思想建设，做到“修身、齐家、治国、平天下”。“修身”，就是要加强思想品德修养，坚定政治信念，提高觉悟水平；“齐家”，就是把民革全部党员看成是一家，通过组织建设使这个大家庭和谐融洽，增强民革的凝聚力、向心力；“治国”，就是履行参政党职能，把群众遇到的普遍性社会问题通过参政议政上升到国家层面加以研究解决，使中共党委、政府制定的各项政策措施更科学、更有针对性；“平天下”，就是发挥民革社会法治领域人才密集优势，推动营造公平公正的社会氛围，维护弱势群体的合法权益。

万鄂湘同志对民革湖南省委会的工作提出三点希望：一是通过成立法律援助中心，对遇到困难的民革党员、弱势群体提供及时的法律援助；二是民革党员依法开展环境保护监督工作，为实现中国梦作好“助梦人”；三是进一步关爱救助抗战老兵，保存好真实而鲜活的珍贵史料，推动两岸交流，促进祖国统一。

2. 民革县级组织的功能定位及有关理论问题系列调研

10 月，民革中央副主席修福金率民革中央理论研究与学习委员会调研组分赴广东梅县和兴宁、贵州纳雍和都匀、吉林公主岭、辽宁凤城四省六县市进行调研，就民革县级组织的功能定位及有关理论问题进行调研。调研组与六县市民革组织的干部和党员、中共党委统战部和政协负责人、无党派人士进行座谈交流、听取情况介绍，并对一部分民革党员创办的企业进行了实地考察，深入了解当地民革组织建设取得的经验和成就。

调研组充分肯定所调研的民革县级组织自身建设取得的良好成绩以及在当地经济社会发展中发挥的积极作用，认为进一步推动民革县级组织加强自身建设，是中国共产党领导的多党合作和政治协商制度的优越性的生动体现，具有重要意义。

3. 民革内部监督工作调研

9月14日至15日，民革中央监督委员会调研组赴广东，就民革内部监督工作开展调研。

调研组与民革广东省委会监督委员会进行座谈，听取省级组织监督委员会贯彻落实《民革内部监督工作条例》情况以及省级组织内部监督工作规章制度建立情况、执行情况，领导班子成员谈心会及民主评议开展情况和党员来信来访处理情况介绍，并就如何发挥监督委员会的预防性监督作用、做好民革全党内部监督工作、推动内部监督机制建设听取了意见和建议。调研组负责人传达了《民革中央监督委员会2013年—2017年工作规划》精神，并就健全领导班子谈心会制度，做好信访工作等提出了建议。

（三）制度建设 机关工作

1.2012年度总结述职表彰大会

1月21日，民革中央机关举行2012年度总结述职表彰大会。民革中央主席万鄂湘、常务副主席齐续春，副主席修福金、何丕洁、郑建邦及机关全体干部职工参加大会。

会议由齐续春同志主持，中央各工作部门主要负责人在会上就2012年工作进行了述职。

万鄂湘同志在会上作重要讲话。他说，近期，通过民革十二大的筹备与召开，和接待习近平总书记走访民革中央机关这两个重要活动，让我感觉到民革中央机关的组织动员能力很强，各方面工作很有效率。相信只要我们领导有力，组织得当，机关各方面工作仍有很大的潜力和发挥的空间。

万鄂湘同志就机关工作提出三点希望：一是希望机关同志认真贯彻中共中央政治局关于改进工作作风、密切联系群众的八项规定，切实改进文风和会风。改进“两风”主要要抓住“短、实、精”三点。二是希望机关同志加强学习，把中央机关真正建成学习型机关。机关鼓励大家利用业余时间攻读更高学位，以此来提高机关同志的整体素质，提高参政议政的整体水平。三是希望在机关同志之间创造更加和谐友好的气氛。民革中央是一个大家庭，机关同志相互之间要有更多的关爱和鼓励，相互学习各自的长处，关爱彼此的个人生活和家庭，关爱民革成员中应该帮助的对象。

会议对机关2012年优秀公务员和先进职工进行了表彰。

2. 两会精神传达报告会

3月21日，民革中央机关举行专题报告会，学习传达十二届全国人大一次会议、全国政协十二届一次会议精神。民革中央副主席郑建邦主持会议。

全国人大代表、民革中央秘书长兼办公厅主任李惠东，全国政协委员、民革中央联络部副部长李霭君分别介绍了十二届全国人大一次会议和全国政协十二届一次会议有关情况，并介绍了民革党员中的人大代表、政协委员履职情况。

郑建邦同志在讲话中指出，今年的全国两会是在深入学习贯彻中共十八大精神、我国进入全面建成小康社会、全面深化改革开放的历史关键节点上召开的一次重要会议。大会总结了五年来我国各项事业取得的巨大成就和宝贵经验，部署了今后一个时期的主要任务。依法选举和决定任命了新一届国家机构和全国政协领导机构组成人员，为实现中共十八大确定的目标任务、推动改革开放和社会主义现代化建设提供了重要组织保证。

希望全机关同志大兴学习之风，认真抓好两会精神的学习和贯彻，把思想和行动统一到中央决策和部署上来。要按照两会精神和今年民革中央工作安排，扎实抓好全年各项工作落实。要进一步加强作风建设，认真贯彻执行“八项规定”，增强政治意识、大局意识、服务意识、责任意识，不断改进机关作风，为民革参好政、履好职作出新的贡献。

民革中央机关各工作部门、团结报社、团结出版社负责同志及机关全体干部参加报告会。

3. 机关作风建设工作调研

6 月中下旬，民革中央办公厅调研组分赴辽宁、广东两省，就加强机关作风建设工作开展专题调研。

调研组分别与民革辽宁省委会、沈阳、抚顺、盘锦市委会，民革广东省委会、广州、珠海、江门、中山市委会机关负责同志及机关干部进行座谈交流，听取情况介绍，了解省、市级民革组织开展机关作风建设的基本情况和经验，以及进一步搞好机关作风建设的思考和打算。

调研组负责人充分肯定了两省各级组织机关在新一届领导班子的领导下，在工作部署中把作风建设放在突出的位置，在加强思想建设、制度建设，切实改进文风、会风，提升服务意识、履职能力、工作效率等方面取得的突出成效。调研组负责人表示，在调研中发现的省、市级组织在机关作风建设方面的新做法、新尝试，以及地方对中央机关加强作风建设的意见和建议，调研组将认真进行总结。

（四）成员及组织发展概况

截至 2013 年 12 月底，民革共有地方组织 352 个。其中包括省级组织 30 个，省辖市级组织 270 个，县级组织 52 个。基层组织 5076 个，其中基层委员会 61 个，总支 414 个，支部 4539 个。全年新加入成员 6308 人。全党党员总数 110392 人，平均年龄 52.9 岁，其中女成员 41243 人，占比 37.4%。

界别分布上看，民革全党党员的构成主要如下：公有制经济界 21141 人，占比 19.2%；普通教育界 18814 人，占比 17%；机关团体 18756 人，占比 16.9%；新社会阶层 13677 人，占比 12.4%；医药卫生 13251 人，占比 12%；高等教育界 11587 人，占比 10.5%；私营企业主 5510 人，占比 5%；科技界 4760 人，占比 4.3%；文化艺术 3773 人，占比 3.4%；新闻出版 883 人，占比 0.8%；其他 3750 人，占比 3.4%。

担任各级人大代表的共有 2160 人，其中全国人大代表 40 人，其中常委 5 人、副委员长 1 人；省级人大代表 255 人，其中常委 43 人、副主任 5 人；市地级人大代表 933 人，其中常委 189 人、副主任 37 人；县市区级人大代表 932 人,其中常委 234 人、副主任 101 人。

民革党员中担任各级政协委员共有 12259 人，其中全国政协委员 93 人，其中常委 24 人、副主席 1 人；省级政协委员 905 人，其中常委 198 人，副主席 19 人；市地级政协委员 4827 人,其中常委 926 人、副主席 146 人,县市区级政协委员 6434 人,其中常委 1405 人、副主席 201 人。

民革党员中担任省、市、自治区领导 1 人，厅局级 70 人，县处级 693 人。担任省级司法机关领导职务 11 人，地市级司法机关领导职务 21 人。

民革党员中担任中央有关部门特约（邀）工作的共有 26 人次，其中最高人民检察院特约检察员 4 人，最高人民法院特约监督员 1 人，监察部特邀监察员 5 人，公安部特邀监督员 8 人，国家审计署特约审计员 1 人，国家特邀国土资源监察专员 3 人，教育部特约教育督导员 1 人，国家税务总局特邀监察员 2 人，环境保护部国家环境特约监察员 1 人。

民革党员中学历中有大学以上学历的占 57.6%，其中有研究生以上学历的占 36.6%，有中、高级职称的占 22.9%。担任中国工程院院士的共有 2 人。

张栋　民革中央宣传部干部

中国民主同盟

2013 年是全面贯彻落实中共十八大精神的第一年，也是民盟第十一届中央委员会的开局之年。新一届中央常务委员会按照民盟十一大的部署，研究制定了《民盟中央五年工作规划（2013—2017）》，明确了今后五年发展的新思路、新目标、新任务，有效增强了盟务工作的前瞻性和系统性。一年来，全盟坚持中国特色社会主义政治发展道路，继承发扬盟的优良传统，努力加强自身建设，较好地履行了参政党职能，各项工作均取得了新的进展。

一、重要会议及活动

（一）中央常务委员会会议和中央委员会会议

1. 十一届二次中常会

3 月 10 日，民盟十一届二次中常会在京举行。民盟中央主席张宝文主持会议。

会议审议通过了《民盟中央关于学习贯彻十二届全国人大一次会议和全国政协十二届一次会议精神的决定》。会议认为，十二届全国人大一次会议和全国政协十二届一次会议，是在全国人民深入贯彻落实中共十八大精神、努力开创中国特色社会主义事业新局面的关键阶段召开的一次十分重要的会议。认真学习贯彻全国“两会”精神，对于全盟各级组织认清形势，凝聚共识，切实履行好参政党职能，具有十分重要的意义。

会议强调，2013 年是全面贯彻落实中共十八大精神的第一年，是为全面建成小康社会奠定坚实基础的重要一年，也是民盟第十一届中央委员会的开局之年。面对新的形势任务，全盟同志要把学习贯彻全国“两会”精神与学习贯彻中共十八大精神结合起来，与开展学习践行社会主义核心价值体系活动结合起来，不断增进对中国特色社会主义的道路自觉、理论自觉、制度自觉，努力促进与中国共产党思想上同心同德、目标上同心同向、行动上同心同行，进一步夯实多党合作的共同思想政治基础；要秉承民盟“奔走国是、关注民生”的优良传统，坚持把促进科学发展作为参政议政的第一要务，突出教育、文化、科技、民生等重点领域，围绕教育综合改革、经济结构战略性调整、创新型国家建设、“三农”问题、保障和改善民生等问题，多建睿智之言，多献务实之策；要把社会服务工作作为履行参政党职能的重要内容，进一步整合优势资源，积极探索社会服务工作的新领域、新形式，努力打造“农村教育烛光行动”、“明眸工程”等同心品牌；要着力提升民盟自身建设科学化水平，继续实施“人才强盟”战略，深化参政党理论研究，建立健全思想建设和宣传工作长效机制，努力把民盟建设成为符合时代要求的高素质参政党。

会议审议通过了民盟中央社会委员会、经济委员会、生态委员会、文化委员会、教育委员会、科技委员会、农业委员会、法制委员会、联络委员会、妇女委员会和社会服务工作委员会主任名单。

常务副主席陈晓光，副主席郑兰荪、张平、丁仲礼、徐辉、温思美、欧阳明高、郑惠强、田刚、龙庄伟、葛剑平、倪慧芳、王光谦，秘书长高拴平出席会议，民盟中央机关各部门负责同志列席会议。

2. 十一届三次中常会

4 月 16 日至 17 日，民盟十一届三次中常会在北京举行。会议的主要内容是学习贯彻中共十八大精神，落实民盟十一大提出的各项工作任务，研究如何在新形势下进一步搞好政治交接，加强自身建设，规划未来工作，努力开创民盟事业发展新局面。

开幕会议于 4 月 16 日下午举行。民盟中央主席张宝文在开幕会上讲话，常务副主席陈晓光主持开幕会。

张宝文说，全盟要把学习中共十八大精神作为贯穿今年各项工作的主线，全面、深刻、准确领会会议精神，把思想和行动统一到中共十八大的重要理论观点、重大战略部署上来，切实提高认识，坚持围绕中心，认真履行参政党职能。学习中共十八大精神，要准确把握中国特色社会主义的精神实质，始终坚持把中国特色社会主义作为我国多党合作制度的最大政治共识，不断增强道路自觉、理论自觉和制度自觉，始终做中国特色社会主义的坚定信仰者和忠实实践者；要进一步继承和发扬民盟优良传统，不断提高自身建设科学化水平，把民盟建设成为始终与中国共产党同心、同德、同向、同行的高素质参政党；要深刻领会健全社会主义协商民主制度的新思想，进一步明确参政党在社会主义协商民主制度中的地位和作用，为促进我国民主政治建设作出努力。

张宝文指出，要保证在换届的人事继替中，民盟的政治方向不变、优良传统不变、优势特点不变，就必须大力加强自身建设，特别是推进领导班子政治交接，把政治交接列入当前盟务工作的重要议事日程。要全面理解民盟优良传统，新任领导班子成员要把学习民盟优良传统作为上岗第一课，使民盟优良传统成为个人自觉的价值追求；要有坚实的保障措施，用制度巩固和发展政治交接成果，把政治交接融入自身建设和履行参政党职能的各项工作之中，在实践中体会和学习民盟优良传统；要坚持在继承中发扬光大优良传统，赋予优良传统以新的时代内涵，保持民盟优良传统的持久生命力。

张宝文在谈及《民盟中央五年工作规划（2013—2017 年）》时指出，制定五年工作规划是民盟中央新一届领导班子的新举措，目的是在新的形势下，站在新的起点上对本届工作进行全面谋划，统筹安排，增强盟务工作的前瞻性、系统性。要建立健全督促检查落实工作机制，努力提高《规划》实施成效；要加强学习宣传，做好中央和地方规划的衔接，把贯彻落实《规划》列入重要议事日程，抓好任务分解和落实。

4 月 17 日，民盟十一届三次中常会举行闭幕会议，主席张宝文主持会议。会议原则通过了《民盟中央五年工作规划（2013—2017 年）》。

副主席郑兰荪、张平、丁仲礼、徐辉、温思美、欧阳明高、郑惠强、田刚、龙庄伟、葛剑平、倪慧芳、王光谦，秘书长高拴平出席会议，民盟中央专门委员会主任和民盟中央机关各部门负责同志列席会议。

3. 十一届四次中常会

11 月 21 日，民盟十一届四次中常会在北京举行。会议的主要议程是学习贯彻中共十八届三中全会精神，审议通过民盟十一届二中全会的有关事项，研究民盟开展坚持和发展中国特色社会主义学习实践活动的相关工作。

全国人大常委会副委员长、民盟中央主席张宝文在会上就学习贯彻中共十八届三中全会精神作了讲话，全国政协副主席、民盟中央常务副主席陈晓光主持会议。

张宝文指出，中共十八届三中全会是在我国改革发展的重要关头，在全面建成小康社会决定性阶段召开的一次重要会议。全会鲜明地举旗定向、勾画蓝图，释放出坚定不移地推进改革开放的强烈信号，对中国特色社会主义事业发展具有根本性、决定性的意义。

张宝文强调，学习中共十八届三中全会精神，是当前和今后一个时期全盟的首要政治任务。全盟要统一思想认识，不断加强对全面深化改革重大意义的理解，坚持改革方向，增进改革共识，形成改革合力。要结合民盟优势特色，准确把握全面深化改革的创新突破，及时组织广大盟员认真学习，在求实、务实、落实上多下功夫，不断提高全盟服务改革的能力和水平，使民盟成为促进中国改革的一支不可或缺的重要力量。

张宝文最后说，民盟作为与执政党和衷共济、肝胆相照的亲密友党，要高举改革开放的伟大旗帜，团结带领广大盟员进一步统一思想、凝聚力量、集中智慧，认真履行参政议政、民主监督职能，为加快改革开放进程，为推动中国特色社会主义事业发展做出新的贡献。

会上，副主席张平就开展坚持和发展中国特色社会主义学习实践活动的方案做了说明。

会议审议通过了民盟十一届二中全会的日程、议程，并推举张宝文主席代表民盟第十一届中央常务委员会向民盟十一届二中全会作工作报告。

副主席徐辉、温思美、欧阳明高、郑惠强、田刚、龙庄伟、葛剑平、倪慧芳、王光谦，秘书长高拴平及民盟中央常委出席会议。民盟中央各专门委员会主任、机关各部门负责人列席会议。

4. 十一届二次中全会

11 月 21 日至 22 日，中国民主同盟第十一届中央委员会第二次全体会议于在北京举行。会议的主要议程是学习中共十八届三中全会精神，听取并审议第十一届中央常务委员会工作报告。全国人大常委会副委员长、民盟中央主席张宝文，全国政协副主席、民盟中央常务副主席陈晓光出席会议。

开幕会议于 21 日上午举行，主席张宝文出席会议并作工作报告，常务副主席陈晓光主持开幕会。

张宝文在回顾和总结 2013 年工作时指出，2013 年是全面贯彻落实中共十八大精神的第一年。面对经济社会发展转型阶段的复杂形势，以习近平同志为总书记的中共中央总揽全局、科学决策，坚持稳中求进的总基调，采取了一系列创新性的政策措施，着力稳增长、调结构、促改革，保证了经济、社会平稳运行。中共中央还在全党认真落实转变工作作风的“八项规定”，深入开展了党的群众路线教育实践活动，为各项工作的开展注入了强大动力。2013 年也是民盟第十一届中央委员会的开局之年。一年来，全盟不断加强思想建设，搞好政治交接，多党合作共同思想政治基础更加巩固；深入调查研究，积极建言献策，更好地履行了参政党职能；注重整合资源，不断丰富内涵，社会服务工作取得新成绩；继续实施“人才强盟”战略，进一步推进民盟组织建设。

张宝文对 2014 年全盟工作提出了总体要求。他强调，2014 年是我国改革发展的关键一年。全盟要认真学习贯彻中共十八届三中全会精神，深入开展“坚持和发展中国特色社会主义”学习实践活动，按照《规划》的要求，全面推进盟的自身建设，坚持“奔走国是，关注民生”的优良传统，围绕全面深化改革、实现科学发展深入调研，咨政建言，切实履行好参政党职能。

会议期间，委员们就一年来民盟的工作进行了认真而热烈的讨论。

闭幕会议于 22 日上午举行。常务副主席陈晓光在闭幕会上就贯彻落实民盟十一届二中全会精神作了总结讲话，副主席张平主持会议。

陈晓光指出，要把学习贯彻中共十八届三中全会精神与开展坚持和发展中国特色社会主义学习实践活动结合起来，不断加强盟的思想建设。民盟中央即将下发《关于开展坚持和发展中国特色社会主义学习实践活动的通知》和活动方案，各级盟组织要按照盟中央的总体要求，紧密结合各地实际，周密组织，精心安排，有领导、有步骤地开展好各项活动，教育和引导广大盟员不断强化对中国特色社会主义的道路自信、理论自信、制度自信，自觉做中国特色社会主义的实践者、维护者和捍卫者。

陈晓光强调，中共十八届三中全会就全面深化改革形成的一系列新思想、新论断、新举措，给我们履行参政党职能提出了新目标、新任务，要求我们在保持既有特色和优势的同时，尽快适应新形势的需要，寻找新的工作着力点。盟的各级组织要紧紧围绕改革发展的重大问题，加强调查研究，积极议政建言；要从多党合作事业可持续发展和盟的工作全局出发，以高度的政治责任感、历史使命感，继续坚持实施“人才兴盟、人才强盟”战略。

会上通过了《中国民主同盟第十一届中央委员会第二次全体会议决议》。

副主席张平、徐辉、温思美、欧阳明高、郑惠强、田刚、龙庄伟、葛剑平、倪慧芳、王光谦，秘书长高拴平出席开幕会。民盟中央机关各职能部门负责同志列席会议。

（二）其他重要会议

1. 民盟全国工作会议

4 月 17 日，民盟全国工作会议在北京举行。会议的主要任务是总结交流近几年盟务工作的经验，研究新时期、新形势下如何进一步做好各项盟务工作；讨论研究《民盟中央五年工作规划（2013—2017 年）》。

主席张宝文在开幕会上作了《动员全盟力量，为中国特色社会主义建设事业作出新的贡献》的讲话。常务副主席陈晓光主持开幕会。

张宝文在讲话中阐述了目前全盟工作面临的形势和任务，总结了盟务工作取得的成就和今后的努力方向，还针对《规划》制定情况谈了看法。张宝文说，全盟同志要深刻领会、贯彻落实中共十八大精神和民盟十一大精神，认真学习习近平同志走访各民主党派中央时的讲话精神和在今年迎春座谈会上的讲话精神，准确把握新的历史定位，进一步增强履行参政党职能的使命感和责任感，继续坚持“奔走国是，关注民生”的优良传统，努力保持求真务实、勇于担当的政治品格，全面加强自身建设，积极开展参政议政、民主监督和社会服务工作，在国家政治生活中发挥更大的作用。张宝文要求，全盟同志要坚定不移地做中国特色社会主义的拥护者，坚定不移地做科学发展的推动者，坚定不移地做改革的促进派。

张宝文分别从参政议政、社会服务、思想建设、组织发展、理论研究和机关建设等六个方面总结了盟务工作取得的成就，并指出了今后的努力方向。张宝文还对《规划》制定情况谈了看法。他指出，制定规划是民盟中央新一届领导班子的新举措，目的是增强盟务工作的前瞻性、系统性，希望大家提出建设性意见。要从“人才”、“学习”、“特色”、“创新”等关键词着手，提纲挈领地把握住未来五年民盟中央的工作重点。

会议期间，与会人员就张宝文主席讲话和《规划》进行了深入热烈的讨论，并进行了大会交流。大家普遍认为，张宝文主席的讲话着眼全局，突出重点，提出了新形势下进一步做好民盟工作的思路举措，具有很强的针对性、指导性和可操作性；《规划》提出了民盟中央今后五年工作的指导思想和基本框架，对于进一步增强全盟共识，凝聚全盟智慧力量，更好地履行参政党职能，必将发挥重要作用。

常务副主席陈晓光在闭幕会上作总结讲话。陈晓光说，张宝文主席的讲话概括工作成绩客观全面，总结经验系统凝练。与会人员在小组讨论会上各抒己见，对盟务工作和《规划》提出了许多中肯的意见和建议，形成了广泛的共识。陈晓光对贯彻落实会议精神提出三点意见：一是各省级盟组织要结合本地实际，认真学习张宝文主席讲话，传达贯彻本次会议精神，进一步明确新形势下履行参政党职能面临的形势和任务，提高认识，鼓舞干劲，不断增强做好盟务工作的使命感和紧迫感；二是要认真落实《规划》，充分认识制定《规划》的重要意义，使盟务工作进一步制度化、规范化和程序化；三是切实加强队伍建设，着力抓好省级组织领导班子、代表性人士和机关干部等三支队伍的建设。

闭幕会议由副主席张平主持。副主席郑兰荪、丁仲礼、徐辉、温思美、欧阳明高、郑惠强、田刚、龙庄伟、葛剑平、倪慧芳、王光谦，秘书长高拴平出席会议，民盟中央常委、民盟各省级组织主委、副主委、秘书长、民盟中央专门委员会主任、民盟中央机关和民盟各省级组织机关部门负责同志出席了会议。

2. 民盟参政议政工作会议

4 月 18 日至 19 日，2013 年民盟参政议政工作会议在北京召开。主席张宝文，常务副主席陈晓光，副主席徐辉出席会议开幕式。

主席张宝文在开幕式上致辞时说，这次会议既是一年一度的会议，也是新一届民盟中央五年工作开局的第一次参政议政工作会议。可以说，既关系到今年全盟参政议政工作的顺利展开，更关系到本届五年民盟参政议政工作的良好开局。在民盟全局工作中，参政议政工作是出发点，也是落脚点，是我们全部工作成效的集中体现。他指出，参政议政工作要充分体现参政党和执政党同心同行，从事参政议政工作的同志更应该有足够的政治敏感性，走在同一个步调上；参政议政工作要充分依靠全盟上下的同心同行，民盟参政议政成绩的取得，既有盟中央职能工作部门的努力，其他部门的配合，更有盟的地方组织的积极参与，全盟同志集体智慧和努力；参政议政工作要做出更大更好的“盟字牌”文章，必须借重实证、尊重实际、看重实效，做出民盟参政议政的独家特色。

徐辉副主席作参政议政工作报告。他指出，2013 年是全面贯彻落实党的十八大精神的开局之年。全盟要把促进科学发展作为参政议政的第一要务，在保持传统领域和优势的同时，紧扣提高经济增长质量和效益主线，围绕党和政府关注的重大问题，建有据之言，谋务实之策。他强调新形势下的参政议政工作，要做到六个“新”——立足新高度、思考新任务、体现新作风、探索新途径、打造新品牌、实现新目标。

会议对 2012 年度民盟参政议政工作先进单位、建言献策工作先进单位、调查研究工作先进单位、论坛研讨工作先进单位、参政议政工作进步奖获奖单位以及民盟反映社情民意信息工作先进单位和个人进行了表彰。民盟江苏省委等省级组织代表作了大会发言，介绍交流了各自开展参政议政工作的情况和经验。会议还宣布了 2013 年民盟中央与省级盟组织及各专门委员会合作调研课题的承担单位。

出席本次会议的有民盟各省、自治区、直辖市委员会负责参政议政工作的领导和部门负责人，民盟中央各专门委员会、机关各部门和《群言》杂志社的负责同志。

3. 民盟中央第十一届专门委员会成立大会

6 月 20 日，民盟十一届中央委员会专门委员会成立大会在北京召开。民盟中央主席张宝文，常务副主席陈晓光，副主席张平、徐辉、龙庄伟出席大会有关活动。徐辉副主席代表民盟中央宣布了民盟第十一届中央委员会专门委员会的主任、副主任和委员名单。与会专委会主任、副主任上台领取了聘书。

主席张宝文在讲话中指出，专委会对于民主党派推动参政议政工作，更好地履行参政党职能，有着重要的作用。去年，民盟中央和省级组织都完成了换届工作，一批年富力强的同志走上了盟组织领导岗位。今年以来，民盟中央在这个基础上，经过认真筹划，广泛协商，精心选拔，组建起第十一届民盟中央专门委员会。本次会议，标志着民盟参政议政工作的新起点，承前启后，任重道远。希望各位专委会委员积极参与，认真履职，热诚奉献，锐意创新，从而更有效地凝聚全盟智慧，为民盟事业的持续发展做出新的更大的贡献。对于未来一个时期专委会的工作，他提出了四点要求：首先，继续增进和执政党的政治共识，纳天下大势于胸中，明确自己的历史方位。其次，把工作岗位、专业特长和国计民生紧密联系起来，充分发挥智力优势。再次，新老委员互相学习，精诚团结，构成梯队格局，形成团队优势。最后，在成员相对分散的状态下，重视制度建设，依靠规则运行，鼓励工作创新。

大会结束后，各专门委员会举行了分组会议，研究制定 2013 年工作计划，并就建立健全专委会工作机制进行了研讨。主席张宝文，常务副主席陈晓光，副主席张平、徐辉、龙庄伟听取了讨论。

民盟第十一届中央委员会共设十一个专门委员会，分别是社会委员会、经济委员会、生态环境委员会、文化委员会、教育委员会、科技委员会、农业委员会、法制委员会、联络委员会、妇女委员会和社会服务工作委员会。与第十届专委会相比，新一届专委会呈现出三个特点：一是专委会的设置更加科学合理。将社会和法制委员会分为两个专委会，并增设生态委员会，体现了民盟中央对民生事业、社会建设事业和生态文明事业的高度重视。同时，根据工作的需要，增设了社会服务工作委员会。二是专委会工作基础更加广泛，地方盟员专家的参与性更高。本届专委会共有委员 347 名，是上一届的两倍。民盟各省级组织均向民盟中央推荐了专家，共有 133 名京外专家被吸收到各专委会中，占全部委员数量的 38.3%。三是注意知识结构、年龄结构的有机组合，吸收了相当数量的年轻专家，为专委会充实了新鲜血液，增强了生机与活力。

4. 民盟组织工作会议

10 月 10 日至 11 日，民盟组织工作会议在江苏南京召开。会议主要目的是学习习近平同志在全国组织工作会议上的讲话精神，总结五年来民盟组织工作成果和经验，表彰民盟组织发展工作先进集体，安排部署未来一个时期民盟组织工作任务，开拓民盟组织工作新局面。

全国政协副主席、民盟中央常务副主席陈晓光出席会议并作开、闭幕讲话，江苏省政协副主席、中共江苏省委统战部部长罗一民，江苏省副省长、民盟江苏省委主委曹卫星出席开幕式并分别代表中共江苏省委和民盟江苏省委致辞。

陈晓光在开幕讲话中充分肯定了近年来民盟组织工作取得的成绩，深入分析了组织建设面临的新形势新任务，明确指出了今后努力的目标和方向。他强调，民盟作为致力于中国特色社会主义事业的参政党，新的形势任务给我们提出了更高要求，民盟各级组织要深入学习贯彻中共十八大精神，凝聚并带领全体盟员牢固树立坚持和发展中国特色社会主义的理想信念、全面提高民盟工作科学化水平。为此，他提出三点希望：一是要以体现民盟特色、改善人才结构、提高参政能力为目标深化组织发展工作；二是要着眼政治交接，加强后备干部队伍和代表性人士队伍制度建设；三是要以党的群众路线教育实践活动为契机，加强领导班子作风建设和基层组织活力建设。

大会对五年来在组织发展工作方面取得突出成绩的省级委员会组织部门、市、县级委员会及基层组织进行了表彰，授予民盟北京市委员会组织部等 16 个省级委员会组织部门、民盟北京市朝阳区委员会等 91 个市、县级组织和基层组织“组织发展工作先进集体”荣誉称号。6 个先进集体代表就组织发展工作作了大会交流发言，介绍了经验。

与会同志还就学习习近平同志在全国组织工作会议上的讲话精神、如何进一步做好组织发展工作、新形势下如何加强组织建设进行了热烈讨论，深入探讨做好盟的组织工作的新内容、新思路和新方法，提出许多建设性的意见和建议。

闭幕会上，陈晓光常务副主席结合小组讨论内容，阐述了干部队伍建设和人才工作的重要性，并对如何做好干部队伍建设和人才工作提出了要求。他指出，各级盟组织要按照习近平总书记在全国组织工作会议上的讲话精神，善于发现好干部，培养好干部，推荐、使用好干部。在今后的工作中，应加强主动性，有意识、有针对性地去预判、分析、细化和规划工作，找准着力点、薄弱点、突破点。要增加创新性，在坚持原则的基础上，积极运用现代管理要素和沟通模式，多维度地扩展工作；要加强理论性，善于在基础性工作中提炼分析、思考总结，促进组织工作理论建设；要提高规范性，完善工作制度、明确工作流程、细化工作机制，确保工作稳定、持续向前发展。

民盟各省级组织负责组织工作的副主委、秘书长、组织部门负责人和组织发展工作先进集体代表，民盟中央机关、江苏省委机关各部门负责人及江苏省各市委会负责人出席了会议，民盟江苏省委和南京市委的部分基层组织负责人列席会议。

5. 民盟宣传暨网络管理工作会议

10月29日至30日，民盟宣传暨网络管理工作会议在京举行。会议的主要任务是总结近年来全盟网站建设和网络宣传的经验，分析当前民盟网络宣传工作面临的问题和形势任务，明确今后一个时期的工作重点，为民盟工作营造良好的舆论氛围，推动全盟网络宣传工作再上新台阶。民盟中央副主席张平出席会议并讲话，秘书长高拴平主持开幕会。

副主席张平在讲话中说，快速发展的互联网对我国社会发展及意识形态领域产生了深刻影响。从事网络宣传工作的同志务必要始终保持清醒的政治头脑，要在实践中不断提高我们的思想政治素质、大局意识、判断能力和业务水平。他指出，民盟各级网站是民盟网络宣传的主阵地，为中国共产党领导的多党合作事业，为民盟的参政议政、社会服务、民主监督、自身建设等工作作出了非常重要的贡献。面对复杂多变的形势，我们要站在政治全局的高度上与中国共产党保持一致，坚守全盟网络宣传阵地，无论何时都要守土有责、负责、尽责，都不能丧失自己的政治立场。我们要立足国情，有大视野，维护大局，出大主意，以这种“大局观”统领网络宣传的具体工作。

谈及今后民盟的网络宣传工作，张平希望，负责网络宣传工作的同志要集思广益，多出主意，想好点子，更好地发挥民盟网站的作用，展示民盟作为参政党履职尽责的良好形象；要准确把握盟员需求，把网络宣传工作和盟务工作紧密结合起来，进一步丰富网站题材，调整内容结构，大力提升网络宣传的时效性和可读性。张平还希望做宣传工作的同志要学习民盟前辈信念坚定、修身自觉、学有所长、热爱祖国的优秀品质，要有计划的多读书、读好书，不断提高个人文化素养。

会议邀请了中共中央统战部信息办、信息中心主任王丕君，中共中央统战部宣传办副主任高飞分别作了主题培训讲座。

在30日的闭幕会上，来自黑龙江、上海、广东、安徽、四川、甘肃等地的代表结合小组讨论情况，围绕在当前形势下如何做好民盟网络宣传工作进行了经验交流。

民盟各省级组织宣传部负责人、民盟中央网站通讯员、民盟中央机关各部门负责人和机关宣传通讯员近80人参加了会议。

据统计，全年民盟中央网站年发稿量2000余篇，年访问量300余万次，还完成了盟中央网站手机版上线工作。目前30个省级组织都建立了网站，省级以下盟组织建立网站120个，在盟的宣传工作中发挥了重要作用。

6. 民盟中央美术院理事会第一次会议

11月1日至2日，民盟中央美术院理事会第一次会议在京举行。会议的主要议程是讨论通过《民盟中央美术院章程》，研究2014年美术院工作。开幕会于1日上午举行。民盟中央主席张宝文，常务副主席陈晓光，副主席龙庄伟，原副主席、美术院原院长李重庵出席开幕会。开幕会由副主席张平主持。

张宝文在开幕会上发表了讲话。他说，民盟和美术界有着广泛的联系和深厚的历史渊源。盟员中有许多知名美术家、美术教育家，如刘海粟、庞薰琹、潘天寿、蒋兆和、吴作人、吴冠中、刘开渠、曾竹韶、何海霞、沙孟海、丁聪等，他们的创作对当代中国社会产生过重要影响。如今，民盟在美术领域仍有着大批人才，可说是代不乏人。多年来，盟员美术家们在艺术道路上不断求索，为我国文化事业的发展做出了贡献。

张宝文表示，希望盟员美术家们以知识分子的文化自觉与社会责任感，创作出更多更好的艺术精品，以“美美与共”求“文化大同”，推进具有时代精神的美术事业。希望民盟中央美术院整合民盟在美术界的力量，发挥文化领域的优势特长，办出影响，办出规模，办出实力，办出水平，成为促进社会主义文化建设一支不可忽视的力量。

张宝文对美术院下一步工作提出三点希望：一是开展活动，促进联系。坚持“百花齐放”，让不同专业、不同流派的美术家们在美术院这个平台上展示才华、交流经验，联络感情、增进友谊。加强与美术文化机构的联系与合作，扩大民盟在美术界的影响。二是服务民盟，服务社会。发扬盟员美术家观照现实的传统，鼓励美术家们参与各种文化建设和创造的实践。配合民盟工作，围绕建设社会主义文化强国目标，开展议政调研、社情民意和文化扶贫等活动。三是加强自身建设，提高艺术水平。进一步健全工作制度和工作机构，吸纳人才、发现人才、培养人才、推介人才。

开幕会上，龙庄伟副主席宣读了《民盟中央美术院名誉院长、院长、常务院长、理事名单》。民盟中央美术院聘请张宝文、陈晓光、范曾为名誉院长，张平为院长，吴为山、陈振濂、徐勇民、郑军里、毛国典、张万凌、万捷、马三喜、朱乐耕、容铁、李晓辉、顾平、吴志实等 13 人为常务院长，丁孟芳、卫祖荫等 115 人为理事。

2 日上午，院长会议通过了《民盟中央美术院章程》。之后举行的闭幕会上，民盟中央美术院院长张平作了总结讲话。张平指提出三点希望与理事们共勉。第一，增强奉献意识，做好服务工作。要发挥美术院文化优势，围绕民盟中心工作开展活动，积极组织美术家们开展调查研究，就文化建设方面的重大问题献计出力。第二，增强大局意识，团结联系盟员，提高自身技艺。要广交、深交美术界朋友，吸引人、团结人、凝聚人。广泛联系盟员美术家，互相交流，切磋学习，取长补短，共同提高。第三，增强责任意识，搞好自身建设。坚持制度先行，通过制订完善工作规则和规划，充分行使职责、发挥作用。他最后表示，相信在民盟中央的正确领导和美术家们的积极参与下，民盟中央美术院一定能为中华文化的传承及发展作出更大的贡献。

民盟中央美术院近 80 位理事参加会议。民盟中央机关各部门负责同志出席了会议。

7. 民盟第十一届中央监督委员会第二次会议

11 月 21 日晚，民盟第十一届中央监督委员会第二次会议在京召开。民盟中央副主席、监督委员会副主任龙庄伟作民盟中央监督委员工作报告，14 名监督委员出席会议并发言。

龙庄伟副主席首先向委员们汇报了监督委员会 2013 年的工作情况，然后对 2014 年的工作提出了设想。他说，监督委员会按照《民盟中央监督委员会 2013 年工作要点》的要求，完成了三个方面的工作：一是制定《民盟中央监督委员会全体会议规则》（草案），调研省级监督委员会工作情况；二是监督开除盟籍工作；三是及时认真地处理好盟员违反盟章的行为和有关监督问题的来信来访。

对 2014 年监督委员会的工作设想，他指出，在改革进入深水区和攻坚期的关键时刻，中国共产党提出了全面深化改革的总方针，对于权力监督、廉政反腐问题，提出要努力实现干部清正、政府清廉、政治清明的政治建设新目标。民盟也需要与时俱进，紧跟执政党步伐，不断加强自身建设、做好自我监督。继续坚持以中国特色社会主义理论为指导，按照《盟章》和《民盟中央监督委员会工作试行条例》等各项制度的要求，大力推进制度建设，努力提升监督委员会的工作效能和监督水平。主要应做好两方面工作：一是认真落实《民盟中央监督委员会全体会议规则》，督促省级组织开展领导班子及其成员述职和民主评议活动；二是继续深入调研了解各地监督委员会发展情况，并在调研基础上，酌情召开专题研讨会，探讨盟内监督工作的发展方向、内容，以及机制建设、理论建设等问题。

委员们认真听取了工作报告，对监督委员会 2013 年的工作情况和 2014 年的工作设想进行了热烈讨论，提出了很多想法和建议。

（三）其他重要活动

1 月 1 日上午，中国人民政治协商会议全国委员会在全国政协礼堂举行新年茶话会。胡锦涛、习近平等党和国家领导人同各民主党派中央、全国工商联负责人和无党派人士代表、中央和国家机关有关方面负责人以及首都各族各界代表欢聚一堂，共庆 2013 年元旦。全国人大常委会副委员长、民盟中央原主席蒋树声，全国政协副主席、民盟中央原第一副主席张梅颖，全国政协副秘书长、民盟中央主席张宝文等应邀出席茶话会。中共中央总书记、中共中央军委主席习近平在茶话会上发表重要讲话。

1 月 21 日，民盟中央主席办公会议通过了《民盟中央 2013 年工作要点》并下发各级盟组织。工作要点要求各级盟组织要认真学习贯彻中共十八大精神，进一步夯实多党合作的共同思想政治基础；坚持把促进科学发展作为参政议政的第一要务，紧紧围绕党和政府关注的重大问题建言献策，不断提高参政议政工作水平；巩固现有成绩，加强探索实践，开拓社会服务工作的新局面；加强组织建设，抓好组织发展工作，切实提高盟的履职能力。

1 月 21 日下午，民盟中央主席张宝文、副主席徐辉与来访的中共舟山市委常委、市委秘书长、统战部部长忻海平，舟山市副市长、民盟舟山市委主委徐燕峰一行亲切座谈。张宝文主席对忻海平一行的到来表示热烈欢迎。他说，关注海洋，助推海洋事业发展，是民盟参政议政的一项重要内容。自 2004 年以来，已成功召开了八届民盟沿海省市发展海洋经济研讨会，形成了众多参政议政成果，打造出民盟参政议政的特色品牌。近年来，舟山经济快速发展，人民生活有了很大的改善，为中国首个群岛新区落户提供了良好的基础条件。国家高度重视海洋发展，从全国海洋经济战略层面，设立舟山群岛新区，深感振奋和欣慰。徐辉副主席高度赞赏中共舟山市委统战部在加强党派合作方面所做的工作。他说，中共舟山市委统战部在新时期新任务下，能够继续凝心聚力，集合并发挥各民主党派智力密集优势，取得了很好的效果。近年来，民盟中央同中共舟山市委、舟山市政府、民盟舟山市委等合作密切。民盟中央曾于 2011 年、2012 年两次赴舟山，先后就舟山群岛新区建设、舟山新区海洋科教事业发展等问题进行专题调研，并撰写调研报告，向中共中央、国务院提交促进和加快舟山发展的政策建议，为舟山群岛新区发展作出了贡献。

2月6日下午，在春节即将到来之际，中共中央总书记、中共中央军委主席习近平在中南海邀请各民主党派中央、全国工商联新老领导人和无党派人士代表欢聚一堂，共迎新春。中共中央政治局常委、国务院副总理李克强，中共中央政治局常委俞正声，中共中央政治局委员、中央办公厅主任栗战书出席。全国人大常委会副委员长、民盟中央原主席蒋树声，民盟中央主席张宝文，常务副主席陈晓光应邀出席。

2月25日上午，民盟中央主席张宝文在机关会见了来访的中共北京市委常委、统战部部长牛有成一行。常务副主席陈晓光、副主席徐辉参加了会见。牛有成部长代表北京市委、市政府对民盟长期以来对北京经济社会发展的关心和支持表示感谢，并介绍了目前北京市人口资源环境以及今年北京经济发展、税收等情况。张宝文主席对牛有成部长一行的到来表示欢迎，感谢中共北京市委统战部长期以来对民盟北京市委工作给予的帮助和支持。他说，中共北京市委统战部对各党派换届工作高度重视，做了大量卓有成效的工作，使民盟北京市委顺利完成了换届和政治交接，领导班子队伍建设得到进一步加强。同时，中共北京市委统战部重视吸纳民主党派建言献策，为民主党派发展积极搭建平台，为民主党派干部培养畅通渠道，并大力加强民主党派基础设施建设，改善办公环境，充分体现了对民主党派的关心支持和帮助。他希望中共北京市委统战部能一如既往地关心和帮助民盟北京市委的各项工作，双方将继续保持和加强密切联系。

2月26日上午，民盟中央副主席徐辉在机关会见了来访的中共上海市委常委、统战部部长沙海林一行。沙海林部长代表上海市委、市政府对民盟长期以来对上海经济社会发展的关心和帮助表示感谢，对民盟顺利完成换届工作表示祝贺，并介绍了目前上海市统战系统的工作情况。徐辉副主席受张宝文主席的委托，代表民盟中央对沙海林部长一行的到来表示欢迎，感谢中共上海市委统战部长期以来对民盟上海市委工作给予的帮助和支持。他回顾了民盟多位先贤与上海市的历史渊源，对中共上海市委统战部在民盟上海市委换届工作中做的大量卓有成效的工作表示感谢。

4月20日，四川雅安芦山县发生里氏7.0级地震，民盟中央迅速成立了以张宝文主席为组长、以陈晓光常务副主席为副组长的民盟中央抗震救灾工作领导小组，统筹协调、全面领导部署民盟参与灾后重建工作。地震发生后，民盟中央领导及各地方盟组织领导先后致电民盟四川省委，对雅安受灾情况表示高度关注。4月22日，民盟中央发出了《关于支援四川雅安抗震救灾工作的倡议书》，号召民盟各级组织和广大盟员，大力发扬“一方有难、八方支援”的精神，积极为灾区捐款，支援抗震救灾工作，共同夺取抗震救灾斗争的胜利。4月23日，民盟中央组织机关干部向四川雅安地震灾区捐款。张宝文主席，陈晓光常务副主席，张平、徐辉、龙庄伟副主席，丁石孙、蒋树声原主席，张梅颖原第一副主席，冯之浚、吴修平原副主席，高拴平秘书长等率先捐款。民盟中央机关、群言杂志社、群言出版社和服务中心全体干部职工也踊跃捐款，帮助灾区人民渡过难关。各级地方盟组织也广泛动员，采取捐款捐物等多种形式向灾区献爱心。

4月22日，《中国教育大百科全书》首发式在北京师范大学英东学术会堂举行。民盟中央副主席徐辉参加会议。徐辉副主席代表民盟中央对《中国教育大百科全书》的重要价值表示肯定，并对全书的出版表示衷心祝贺。他表示，民盟是以教育为主要界别的参政党，长期关注并积极推动我国教育事业的改革和发展。百科全书事业是衡量一个国家科学文化发展水平的重要标志，民盟一向重视并积极参与各种百科全书的编撰工作。以1978年—1993年间编辑出版的《中国大百科全书》为例，著名数学家华罗庚和著名新闻出版家陈翰伯担任百科全书总编辑委员会副主任；110名总编辑委员会委员中，有23人是民盟盟员，其中包括苏步青、费孝通、胡愈之、季羡林、周有光、马大猷、钱伟长、刘开渠和吴作人等大家；冯友兰、朱光潜、金岳霖、任继愈、萨空了等也都承担了百科全书分卷内容的编写工作。《中国教育大百科全书》汇古今中外教育理论之大全，对各分支学科的理论体系和主要论题做了全面系统、科学深入的梳理和阐释，具有知识和学科意义；书中条目释义充分，为教育科研提供了翔实、可靠的资料，为后世留下了宝贵的精神财富，具有道德意义；全书还充分体现了教育研究中的问题意识，为教育决策和课程改革等提供了充分的理论依据和坚实的学理支撑，具有思想意义。

4月27日，纪念中共中央发布“五一口号”65周年座谈会在北京举行。中共中央政治局常委、全国政协主席俞正声出席座谈会并讲话。座谈会由全国政协副主席、中共中央统战部部长令计划主持。民盟中央主席张宝文、常务副主席陈晓光出席了会议。张宝文主席代表民盟中央在会上发言。他回顾这段历史说，公开响应“五一口号”，标志着民盟公开、自觉地接受中国共产党的领导，是民盟新的历史阶段的开始。历史和实践证明坚持中国共产党的领导是我们唯一的必然的选择，也是民盟发展和取得一切成就的根本保证。他谈到，重温这段历史，以此深化政治交接，凝聚政治共识，是今天我们纪念中共中央发布“五一口号”的现实意义所在。他指出，民盟的历史，就是一部与中国共产党荣辱与共、亲密合作的历史，是一代代盟员为中华民族复兴伟业自强不息、奋斗不止的历史。中国特色社会主义道路是适合中国国情的正确道路，是几代民盟仁人志士、前辈先贤的历史选择，更是我们这一辈人的自觉选择。我们将以对中国特色社会主义的道路自觉、理论自觉、制度自觉，坚持和完善好中国共产党领导的多党合作和政治协商制度，深入践行社会主义核心价值体系，用新的履职成果延续和丰富民盟的传统，向社会、向人民展示我国多党合作制度的优越性。副主席张平、龙庄伟、葛剑平出席了座谈会。

6月13日上午，民盟中央与上海社会科学院举行合作协议签约仪式。民盟中央副主席徐辉，上海社会科学院党委书记潘世伟、社长王战出席签约仪式。徐辉副主席代表民盟中央对上海社会科学院长期以来给予的支持表示了感谢。他说，民盟中央与上海社会科学院的合作始于2009年。上海社会科学院是我国重要的社会科学综合研究机构，专家众多，实力雄厚，成果丰硕。民盟是致力于建设中国特色社会主义事业的参政党，随着多党合作事业的不断发展，在下情上达等方面的优势不断提高。此次签订合作协议，有利于借助上海社科院的智力优势，推进民盟参政议政工作整体的提高；也有利于借助民盟的组织和渠道优势，推动上海社科院的科研成果转化。在签约仪式中，经过讨论，双方形成共识，将继续联合开展课题调研和学术交流等活动，并不断探索合作的新方式，以实现信息共享、资源整合，达到互利共赢。

6月26日上午，吴征镒遗体告别仪式在昆明市殡仪馆举行。民盟中央副主席、云南省委主委倪慧芳参加告别仪式。民盟盟员、中共党员、中国科学院院士、国家最高科学技术奖获得者、第五、六、七届全国人大代表，中国科学院昆明植物研究所名誉所长、中国植物学会名誉理事长、著名植物学家吴征镒因病医治无效于2013年6月20日在昆明逝世，享年97岁。吴征镒院士逝世后，习近平、李克强等党和国家领导人，以及张宝文、陈晓光、蒋树声、丁石孙、张梅颖等民盟中央的领导同志以不同方式对其逝世表示哀悼，并对其亲属表示慰问。吴征镒院士从事植物学研究和教学70多年，是我国植物分类学、植物系统学、植物区系地理学、植物多样性保护以及植物资源研究的权威学者，为国家培养了一大批植物学家和学科带头人。他一生爱党爱国、热爱科学事业，扎根边疆、淡泊名利，治学严谨、硕果累累，先后获得国家级一、二等奖7项，院省级一、二等奖9项，1995年获何梁何利基金科学与技术进步奖，1996年获求实基金会杰出科学成就团体奖，1999年获国际考斯莫斯奖，2001年获云南省科学技术突出贡献奖，2003年获何梁何利基金科学与技术成就奖，2007年获国家最高科学技术奖，2009年获国家自然科学奖一等奖，2011年获小行星命名。他为现代植物学在中国的发展、中国植物学走向世界做出了开拓性、基础性、前瞻性的突出贡献。

7月22日至26日，主席张宝文，常务副主席陈晓光，副主席郑兰荪、张平、丁仲礼、温思美、欧阳明高、郑惠强、田刚、龙庄伟、葛剑平、倪慧芳、王光谦出席中共中央统战部举办的统一战线深入学习贯彻中共十八大精神专题研讨班。张宝文主席在研讨会上发言，“三个自信”是基于中国国情和民族复兴道路探索实践的科学认识，中国特色社会主义道路是实现民族复兴的唯一路径，这是我们的道路自信；中国特色社会主义理论体系是指导中国改革发展实践的科学体系，这是我们的理论自信；中国特色社会主义制度是根植于中国国情、具有旺盛生命力的政治制度，这是我们的制度自信。他说，坚定“三个自信”是新时期民主党派的重要政治责任，民盟一要坚持走中国特色社会主义道路，继承传统，同心同行；二要切实发挥参政党的价值和作用，参政议政，献计出力；三要全面加强高素质参政党建设，固本强基，求真务实。

8月14日，主席张宝文，常务副主席陈晓光在民盟中央机关会见了中共攀枝花市委副书记赵辉一行。赵辉首先向民盟中央长期以来给予攀枝花市的关心和支持表示诚挚的感谢。他简要介绍了攀枝花市的基本概况和多党合作贯彻落实情况，以及民盟攀枝花市委履行参政党职能的有关情况。他说，民盟中央向中共中央提交的《关于试点建设钒钛产业高技能人才培养基地的建议》，得到了中共中央、国务院领导的高度重视，国家有关部委已经开始安排落实，取得了很好的实效。张宝文主席对赵辉一行的到访表示热烈欢迎，为攀枝花市近年来发展所取得的重大成就感到高兴。他说，民盟中央提交的政策建议信，对地方经济社会发展有所帮助，我们也感到非常高兴，这是民盟作为参政党应该做的。目前是我国多党合作发展最好的时期之一，民盟中央要求各级地方组织要继续发扬“奔走国事、关注民生”的优良传统，围绕地方经济、政治、文化、社会和生态文明“五位一体”建设，发挥我们的特色和优势，提出更多有价值的意见、建议。民盟是以教育、文化、科技为主要界别的参政党，长期关注我国教育改革和发展，在义务教育、高等教育、职业教育等领域都提出了很多意见建议，攀枝花市抓住钒钛产业职业技能人才培养，针对性很强，路子是对的，民盟中央在这方面会继续给予支持，提出建议。

9月24日，中共中央统战部召开各民主党派中央学习贯彻全国组织工作会议精神座谈会。陈晓光常务副主席代表民盟中央就民主党派组织工作提出了四点意见：一是要以深入开展“坚持和发展中国特色社会主义”学习实践活动为契机，加大对民主党派领导班子成员和代表性人士的培养锻炼力度。二是把握民主党派干部成长特点，健全培养选拔制度，完善培养选拔体系。三是进一步提高民主推荐和民主测评工作的科学化水平。四是希望各级党委统战部门在民主党派干部队伍建设各环节进一步加强与民主党派的沟通、支持与合作。

9 月 27 日，民盟中央副主席欧阳明高、倪慧芳出席在重庆召开的民盟西部省（区、市）第十三次盟务工作会议。民盟西部 12 个省（区、市）及民盟上海市委的代表参加会议。副主席欧阳明高代表民盟中央及张宝文主席对会议的召开表示祝贺。他说，定期召开西部地区的盟务工作会，对于促进西部各省级组织之间的沟通、交流和协作，发挥了重要作用。在民盟发祥地重庆研讨“民盟传统与特色”，主题鲜明，载体丰富，意义重大。欧阳明高对今后一段时期如何推进盟务工作提出了三点期望：第一，要认清形势，充分把握历史机遇，推动民盟组织大发展，在实现中华民族伟大复兴事业中，有所担当，有所作为。第二，要依托传统，充分挖掘盟史资源，凝聚思想建设正能量。盟的思想建设要看重、用好传统这个法宝，加深盟员对中国特色政治发展道路的理解和认同，激励盟员继承民盟前辈的优良作风。第三，要突出特色，充分发挥自身优势，为己之长、为己之特、为己之需，传递民盟参政建言好声音。会议期间，来自西部 12 个省（区、市）及民盟上海市委的代表围绕“民盟传统与特色”进行了交流研讨。

10 月 8 日上午，民盟上海市委与上海大学签署合作协议书，共同成立费孝通学术思想研究中心，民盟中央主席张宝文出席签字仪式，并与上海大学党委书记于信汇共同为研究中心揭牌。费孝通是我国著名社会学家、人类学家、民族学家，中国社会学和人类学奠基人之一，中国民主同盟的卓越领导人。据悉，费孝通学术思想研究中心成立后，将重点做好四个方面的工作：组织和开展费孝通学术思想研究，举办学术论坛；承担费孝通学术思想研究课题，总结和推广运用费孝通思想的实践经验和成果；开展费孝通在文化、经济、社会等方面思想的整理，编辑出版有关费孝通研究的著作、期刊和资料；加强与国内外有关研究学者、学术团体的友好往来和学术交流。新成立的费孝通学术思想研究中心聘任民盟中央主席张宝文，民盟中央副主席、民盟市委主委郑惠强为顾问。副主席郑惠强和上海大学校长罗宏杰分别致辞。出席活动的还有民盟中央部分部门负责人，费孝通先生亲属，上海大学专家学者及部分民盟盟员。

10 月 11 日上午，由北京大学数学科学学院、北京国际数学研究中心联合举办的“北京大学数学学科创建一百周年庆典”在北京大学举行。民盟中央原主席丁石孙，民盟中央副主席田刚等出席庆典，与来自国内外的北大数学各届校友、28 位中国科学院院士、75 位海内外大学校长和数学学院院长、32 位来自全国各地的中学校长，以及 8 位来自海外的国际顶尖数学家等 2000 余人，共聚一堂，为北大数学献上最诚挚的祝福。田刚副主席在庆典中发言。他回顾了北大数学的百年历程与优良传统，并对北大数学学科的未来发展提出了自己的建议，表达了北大数学人不论何时都不放弃对于科学和真理的追求与坚守，不忘使命与责任的信念。他说，自 1995 年北京大学数学科学学院成立、2005 年北京国际数学研究中心成立以来，北大数学学科经过几代人的艰苦创业和辛勤耕耘，已经拥有一支领域广泛、学识渊博、治学严谨的队伍。这支队伍始终牢记自己的使命，秉持严谨治学的传统，弘扬爱国进步民主科学的北大精神，参与并推动中国数学的发展，为国家建设和发展作出了贡献。他指出，站在新的历史起点，北大数学人应清醒地看到新的机遇和新的困难、自身的优势和自身的劣势，要戒骄戒躁，脚踏实地，努力进取，向着世界一流的目标奋勇前进。会上举行了北京大学数学发展基金启动仪式，田刚副主席与北京大学有关负责人共同为北京大学数学发展基金按动启动球。

11月9日，民盟中南六省（区）第十四次盟务工作会议在武汉召开。民盟中央副主席温思美，民盟湖北省委主委郭生练，民盟广西区委主委刘慕仁，中南六省（区）民盟省级组织的负责人出席会议。副主席温思美代表民盟中央对会议的成功召开表示热烈的祝贺。温思美在讲话中指出，民盟一贯秉承的“奔走国是，关注民生”的优良传统和价值追求被赋予了新的时代内涵，全面建成小康社会的奋斗目标和“五位一体”建设的战略部署，为我们今后更好地履行参政党职能指明了方向。各级民盟组织理应有所作为，为多党合作事业做出新的、更大的贡献。结合本次会议的主题，温思美提出了“继承优良传统，坚定政治信念，全面加强思想作风建设”、“规范人才结构，健全后备人才队伍，全面加强组织建设”、“积极建言献策，致力服务民生，扎实推进参政议政和社会服务工作”、“完善规章制度，提高办事效率，全面加强机关建设”等四点具体要求，希望中南六省（区）民盟组织落实到各项工作中去，为开创民盟工作新局面做出更大贡献。会议期间，中南六省（区）的代表作了经验交流发言，就民盟发展和盟务工作方面的诸多问题进行了广泛深刻、求真务实的研讨。

二、参政议政

全盟坚持“奔走国是，关注民生”的优良传统，立足民盟的特色和优势，把促进科学发展作为参政议政的第一要务，科学规划，周密安排，深入调查研究，凝聚全盟智慧，不断提高建言献策的质量。

（一）积极参与高层协商

1月11日，徐辉副主席出席最高人民法院党外人士座谈会并代表民盟中央发言，对最高人民法院工作提出三点建议：其一，尽快出台《民事诉讼法》的司法解释，保障公民的合法权益。其二，加强研究与论证，尽早设立符合我国国情的知识产权上诉法院。其三，在审判执行工作中加强社会诚信体系的联动建设。

1月25日，张宝文主席、陈晓光常务副主席、张平、徐辉、龙庄伟、王光谦副主席出席中共中央、国务院党外人士座谈会。张宝文主席代表民盟中央发言，对《政府工作报告（征求意见稿）》提出两条建议：一是积极、稳妥地推进我国城镇化进程。二是加强社会建设与经济建设的同步协调发展，完善基本公共服务体系建设。

2月28日，张宝文主席、陈晓光常务副主席出席了中共中央党外人士民主协商会。会议就国务院机构改革和职能转变、中共中央拟向十二届全国人大一次会议推荐的国家机构领导人员人选建议名单和拟向全国政协十二届一次会议推荐的全国政协领导人员人选建议名单，向各民主党派、全国工商联和无党派人士通报情况，听取意见。张宝文主席代表民盟中央发言。全国人大常委会副委员长、民盟中央原主席蒋树声，全国政协副主席、民盟中央原第一副主席张梅颖也出席会议。

5月2日，张宝文主席、陈晓光常务副主席出席党外人士座谈会。张宝文主席代表民盟中央发言，就中共十八届三中全会议题提出三条建议：一是深化社会保障制度改革，全面优化制度安排，实现定型、稳定和可持续发展。二是从经济、政治、社会建设等各方面、各领域共同发力，综合施政，加快收入分配制度改革，促进社会和谐发展。三是以建立和完善财政体制为重点，推进基本公共服务体系建设。

5月31日，张宝文主席、陈晓光常务副主席出席党外人士座谈会，张宝文主席代表民盟中央对中共中央政治局加强作风建设提出三点建议：其一，“八项规定”效果显著，还需常抓不懈，形成长效机制。其二，加强对形式主义、官僚主义等现象的研究分析，不断提高科学执政、依法执政的水平。其三，以深入开展党的群众路线教育实践活动为契机，着力解决部分党员干部脱离群众的问题。

7月25日，张宝文主席、陈晓光常务副主席出席中共中央党外人士座谈会。张宝文主席代表民盟中央对经济工作提出两条建议：一是稳增长、转方式，把加强农业基础设施建设作为突破口。二是推进城乡发展一体化，把保护耕地和农民利益作为出发点。

8月30日，全国政协副主席杜青林主持召开党外人士征求意见会，徐辉副主席代表民盟中央对政协党组《开展党的群众路线教育实践活动整改意见》提出意见和建议。6月9日、10月29日，中共中央统战部令计划部长两次走访民盟中央机关，分别对中共中央统战部开展党的群众路线教育实践活动和统战工作征求意见。张宝文主席，陈晓光常务副主席，副主席张平、徐辉、龙庄伟参加座谈，并就有关内容提出了意见、建议。

9月17日，张宝文主席、陈晓光常务副主席出席中共中央党外人士座谈会。张宝文主席代表民盟中央发言，对中共十八届三中全会文件征求意见稿提出三条建议：一是以加快行政体制改革为突破口，为全面深化改革提供保障。二是加快财税体制改革，完善公共财政体系。三是全面优化社会保障制度，实现社会保障稳定、可持续发展。

11月22日，张宝文主席、陈晓光常务副主席、徐辉副主席出席中共中央党外人士座谈会。张宝文主席代表民盟中央发言，对当前经济形势和2014年经济工作提出三条建议：继续保持合理增速，提升经济增长质量；深化社会事业改革，进一步完善收入分配制度；多措并举，加大政府职能转变力度。

全年，民盟中央共向中共中央、国务院报送政策建议信9篇，分别为《关于试点建设钒钛产业高技能人才培养基地的建议》、《关于加强最严格水资源管理制度实施的建议》、《关于促进太湖流域水资源保护与社会经济协调发展的建议》、《关于在芦山灾区建设国家生态文明示范区的建议》、《关于全面优化制度安排，实现社会保障定型、稳定、可持续发展的建议》、《关于保护与建设洞庭湖水生态文明的建议》、《关于加强南水北调受水区地下水压采的建议》、《关于加快陇东南先秦文化资源保护与开发的建议》、《关于赤水河流域综合扶贫开发的建议》，获得中共中央、国务院主要领导批示。

（二）利用政协平台议政建言

民盟中央向全国政协十二届一次会议提交大会口头发言1篇，书面发言1篇，提案25篇，内容涉及教育、科技、文化、“三农”、社会建设、经济、金融等方面。上述发言、提案的内容，主要来源于2012年度民盟中央与民盟省级组织、民盟中央各专门委会的合作调研课题。其中，涉及教育问题5篇，内容涵盖高教、普教、职教、学前教育和少数民族教育等多方面；涉及科技、文化领域5篇，内容包括科技投入、科技创新、文化保护等；关于“三农”问题4篇，内容涉及农产品安全、种子安全和农业保险等；涉及社会建设5篇，内容涵盖社会管理、医疗卫生保障、食品质量安全、防范台风灾害等；涉及生态文明建设4篇；涉及经济、金融问题2篇。

3月6日，全国政协十二届一次会议在人民大会堂举行记者会，主题为民主党派中央和全国工商联领导人与记者见面。民盟中央主席张宝文出席记者会，简要介绍了民盟的组织构成、参政议政、社会服务工作情况，并回答了记者的提问。张宝文主席说，民盟现在有23万多人，其中教育界成员占60%，科技界占18%，文化界占6%，从以上数据可以看出，民盟是由从事教育、文化和科技工作者的高中级知识分子组成的参政党。近五年来，我们继承和发扬民盟“奔走国事、关注民生”的优良传统，坚持以促进科学发展作为参政议政第一要务，对教育改革、生态保护、区域经济发展等方面进行了重点调研，特别是围绕着完善收入分配机制、社会保障制度的建设、城乡基本服务均等化和教育公平等问题，向中共中央、国务院提出建议信35封，为促进经济发展、民生等问题作出了贡献。另外，我们秉承优良传统，出主意、想办法、做好事、做实事，开展了一系列社会服务工作，主要在致力扶贫、抗灾救灾、司法帮教、城市社区服务等方面开展了多种形式的社会服务工作，树立了我们的品牌。张宝文主席在回答记者提问时说，中国有八个民主党派，八个民主党派各有各的界别特色，但是八个民主党派有一个共同的特点，就是人才荟萃、智力密集，这是我们共同的特点。以民盟为例，本科以上学历的盟员占到了70%以上，近五年获得国家科学技术奖的有176人次。民盟盟员有17000多人担任着各级人大代表和政协委员，其中担任全国政协委员的有133人，担任全国人大代表的有63人。多年来，我们充分发挥民盟的界别特色，深入调查研究，积极议政建言。五年来，我们以民盟中央名义在全国政协大会上口头发言、书面发言和提案150多份，反映的社情民意是4100多篇。以个人的名义提交全国政协大会口头发言和书面发言290多篇，提案是2200多篇。从上述数据中可以看出，这充分体现了参政党为国家的富强、民生的改善、社会的和谐，在参政议政、民主监督方面所发挥的作用。我们在今后的工作中还将充分发挥人才荟萃、智力密集的优势，围绕中心、服务大局，议政为本、参政为民，切实履行参政党职能，为建设百姓富裕、社会和谐的强大中国尽职尽责、尽心尽力。

3月6日，全国政协提案审查委员会召开《积极稳妥推进城镇化 着力提高城镇化质量》提案办理协商会。民盟中央《关于建立基层公共服务与社会管理有机结合机制的提案》等三篇提案被列入现场办案会。民盟中央副主席徐辉代表民盟中央出席会议。全国政协委员、民盟中央常委、民盟重庆市委副主委杜惠平提交的《关于加快以农民工为主体的户籍制度改革进程的提案》入选此次协商会。发改委、公安部、财政部、人社部、国土资源部、住建部、农业部等对各自部门的应对举措进行了介绍，并对相关问题进行了一一解答。

3月7日上午，全国政协举行了“政协委员谈推动科学发展”的记者会。全国政协委员、民盟中央原副主席厉以宁接受了记者采访。厉以宁在谈到中国经济时说，2013年的中国经济形势将稳中有进，"我们现在首先认识到经济年增长 7% 到 8% 已经是进入常态，今后的经济也不可能再像过去那样两位数增长，所以今年应该能完成 7.5% 至 8% 的增长目标"。但厉以宁也认为,今年我国还存在物价上涨的压力。在谈到中等收入陷阱的问题时，厉以宁说，中国要跨过中等收入陷阱，最重要的是收入分配制度改革。他认为，通过收入分配制度改革，社会可以进入比较和谐的阶段，再加上技术的创新，以及其他各方面的改革，相信中国是可以跨越中等收入陷阱的。

3 月 7 日下午，在全国政协十二届一次会议第二次全体会议上，徐辉副主席代表民盟中央作口头发言，发言的题目是"必须高度重视民众金融资产的保值增值问题"。发言提出，目前我国民众金融资产总量 50 万亿元人民币左右，相当于我国 2012 年度 GDP 数额。分散在数亿家庭的这笔资产，是他们安居乐业的本钱。因此，民众金融资产保值增值不仅是金融问题，更是重大社会问题，对国家长治久安至关重要。当前影响我国民众金融资产保值增值的主要问题是：储蓄收益抵不过物价上涨；股票市场大幅度损失；金融资产品种少，投资渠道狭窄。中共十八大提出的国民收入倍增目标从承诺变成现实，促进民众金融资产保值增值是一条必由之路，也是重要通道。为促进民众金融资产保值增值，建议：一是合理控制通货膨胀；二是加快推进利率市场化改革；三是推动证券市场健康发展；四是完善金融服务体系，促进金融市场产品多元化。

3 月 8 日，全国政协提案审查委员会召开《加强城乡污染防治 改善城乡人居环境》提案办理协商会。列入此次提案办理协商会的民盟中央提案共有 5 份，分别涉及"耕地质量"、"节能减排"、"环境法案"、"太湖治理"、"石漠化治理"等。副主席徐辉代表民盟中央出席会议并发言。他指出，民盟中央的 5 份相关提案中提出的将近 30 项具体建议。例如：《环境保护法修正案（草案）》应充分吸纳 20 年来我国环保实践的丰富经验，积极引进国际通行的先进理念；加强环境保护执法力度，彻底扭转环境违法成本低廉的局面；加强环境监测，严格标准，共享数据，推进不同部门的主动协作；统筹江河湖海水资源的开发与治理，减少陆源污染对海洋环境的影响，等等。他建议：目前的污染问题是进步过程中出现的问题，是发展带来的问题，要靠进一步发展来解决；解决污染问题，立法要先行，执法要严格；改善人居环境，离不开全民觉醒和参与；政府部门要承担起足够的责任。徐辉副主席的发言得到了各承办单位的积极响应。民盟组委员刘晓庄因《关于加强农村饮水安全监管的提案》出席了协商会。各提案党派和全国工商联代表、提案委员代表，以及发改委、工信部、财政部、国土资源部、环境保护部、住建部、水利部、商务部等提案承办单位参会。

此外，民盟中央提出的《关于改进基层医疗卫生机构保障机制建设的提案》被列入全国政协提案办理座谈会内容，《关于加强耕地质量建设，保障农产品质量安全的提案》被全国政协提案委员会列入重点督办、考察座谈会。

民盟中央根据论坛研讨和调研成果提炼出《加大社保建设力度，促进改革协调推进》、《关于大力发展我国草产业的建议》，分别由徐辉副主席和民盟江西省委主委刘晓庄在全国政协常委会上发言，取得了良好的反响。在全国政协大会闭会期间，民盟中央向全国政协提交了 4 件平时提案，就继续加大对农业支持保护力度，制定《文化产业促进法》、促进文化发展，巩固农业基础、保障粮食安全，推进农村社区文化建设等问题提出意见和建议，受到国务院有关部门的重视。

据统计，民盟盟员担任第十二届全国政协委员的共有 133 人，分布在民盟、青联、文艺、科技、社科、经济、教育、体育、新闻出版等多个界别。

（三）围绕改革发展的重要领域和关键环节深入调研

4 月 9 日至 12 日，全国政协原副主席、民盟中央原第一副主席张梅颖在深圳考察文化产业，全国政协原常委、广东省政协原副主席、民盟省委原主委韩大建，全国政协委员、民盟中央常委、民盟省委副主委李竟先等领导陪同考察。雅昌集团作为“全国文化产业示范基地”，成为张梅颖原副主席在深圳考察文化产业的第一站。在雅昌集团精品图书室，民盟中央委员、民盟深圳市委副主委、雅昌集团董事长万捷汇报了雅昌集团“传统印刷 + 现代 IT 技术 + 文化艺术”的独特经营模式、未来的发展方向及三地运营中心独特的艺术中心，还汇报了雅昌集团在公益事业方面所做的成绩。在深期间，张梅颖原副主席还前往观澜版画村、大芬油画村考察文化产业。

4 月 22 日至 25 日，全国政协副主席、民盟中央常务副主席陈晓光，全国政协副秘书长、民盟中央副主席徐辉，副主席王光谦，原副主席索丽生率调研组，赴湖南省就“洞庭湖生态经济区水资源综合利用”开展调研。湖南省政协副主席、民盟湖南省委主委杨维刚陪同调研。调研组实地考察了岳阳、益阳等地，察看了城陵矶综合枢纽工程坝址、君山区广兴洲镇小型农田水利建设及蔬菜产业发展情况、华容县三封寺镇复兴村早稻生产现场、华容河综合治理及水利血防工程现场、南县南茅河生态走廊、益华水产品有限公司、太阳鸟游艇股份有限公司、南洞庭湖湿地等。25 日上午，调研组与湖南省政府及相关部门进行座谈。在座谈会中，陈晓光常务副主席、徐辉副主席和调研组专家就洞庭湖生态经济区水资源综合利用情况与湖南省直有关部门充分交换了意见。在湘期间，湖南省政协主席陈求发，湖南省委常委、省委统战部部长李微微到住地看望了陈晓光常务副主席一行。根据调研情况，民盟中央向国务院提出了四条建议：一是将洞庭湖生态经济区纳入国家区域发展战略，以治理促开发，以建设促保护，形成洞庭湖区可持续发展的长效机制。二是构建基于长江流域和“湘资沅澧”四水的调控体系，从根本上解决洞庭湖缺水问题。三是创新“综合协调”的管理模式，大力削减并严格控制各种入湖污染，从源头上改善洞庭湖区水质。四是整合研究力量，开展洞庭湖生态经济区发展相关重大问题和关键技术研究，为生态经济区发展提供科学支持。建议得到李克强、张高丽、汪洋等党和国家领导人的批示。

5 月 5 日至 9 日，受中共中央委托，主席张宝文、常务副主席陈晓光率调研组赴山东，就“全面优化制度安排，实现社会保障定型、稳定、可持续发展”进行实地调研。参加调研的还有副主席张平、徐辉。郑功成、李玲、褚福灵、姚建平等盟内外知名学者参与调研。全国政协港澳台侨委员会副主任、中共中央统战部原副部长楼志豪，中共中央统战部一局局长吴晓礼，山东省人大常委会副主任、民盟山东省委主委温孚江，也全程参加调研。在实地考察调研的同时，民盟中央还委托民盟江苏省委、安徽省委、黑龙江省委、辽宁省委、四川省委在当地就同一课题进行辅助配合调研。实地调研分青岛—潍坊和德州—滨州两路进行，在青岛、潍坊、德州、滨州、济南分别召开座谈会 7 次，各地政府和社会保障相关部门负责人参加座谈；实地考察社会保障服务机构31个，其中市级6个，县区级11个，乡镇、街道社区级10个和企业4个。9日上午，调研组与中共山东省委、省政府交流山东省社会保障建设的整体情况。山东省副省长孙绍骋介绍了山东省优化社会保障制度安排方面的整体情况，张宝文主席、徐辉副主席就调研情况作了反馈交流。期间，中共山东省委书记、省人大常委会主任姜异康，山东省政协主席刘伟等会见了调研组成员；主席张宝文、常务副主席陈晓光、副主席张平、副主席徐辉还与所调研地区的民盟省、市机关工作人员、盟员代表亲切座谈。8月，根据多省的调研结果，民盟中央高效归纳整理，向中共中央、国务院提出了政策建议：将明确各方主体责任作为优化制度安排重要目标；坚持权利义务相结合和维护同一代人相对公平原则，避免福利泛化和群体之间、代际之间矛盾恶化；打破城乡分割格局，走城乡一体化的发展道路；稳步提高社保统筹层次，着力提升公平性和互济性；进一步理顺社保管理体制，加快社保法制建设；同步推进相关改革，努力提升社保体系的整体效能等六条意见。调研组还分别就养老保险、医疗保障、社会救助、老年服务体系建设的具体情况与突出问题进行深入了解，并随建议信提交了《关于养老保险面临的突出问题与优化方案》、《关于医保制度面临的突出问题与优化方案》、《关于社会救助面临的突出问题与优化方案》、《关于构建覆盖城乡的养老服务体系的建议》等四个子报告。建议信得到了李克强总理、马凯副总理的高度重视，并作出批示。

5月13日至17日，民盟中央副主席徐辉率民盟中央与水利部科技委联合调研组，就“南水北调中线一期工程受水区地下水压采”在河北省、北京市开展调研。水利部科技委名誉主任、原民盟中央副主席索丽生等参加调研。调研组实地考察了邯峰电厂水源置换水处理设备、黑龙洞泉域水源置换工程、引黄入邯工程、邯郸市东部生态水网建设、邢台市七里河倒虹吸工程、邢台水业集团金泉供水有限公司、邢台市召马地表水厂、怀柔应急备用水源工程、北京自来水集团第三水厂和石景山区自来水公司等。调研组先后在邯郸、邢台和北京召开座谈会，听取了当地水利部门的情况汇报。徐辉副主席说，水利事业是农业的命脉，更是经济和民生的命脉，事关我国可持续发展战略。从调研情况来看，目前南水北调中线一期工程受水区的地下水超采问题较为严重。加快实施受水区地下水超采治理，加强地下水管理和保护已刻不容缓。5月17日，调研组在北京召开咨询会议，对调研的整体情况进行了梳理，就地下水压采问题开展了研讨，并通过讨论确定了调研报告提纲。根据调研情况，民盟中央向国务院提交建议信，提出五条建议：一是加大中央财政对南水北调配套工程和地下水压采工程支持力度，切实发挥国家重大工程作用。二是尽快研究制定南水北调水价方案以及初期通水水价优惠政策。三是落实地下水压采责任，加强节水型社会建设。四是加快地下水管理立法工作，完善地下水管理政策法规体系。五是加强地下水监测管理和有关基础研究工作。李克强总理就此作了批示。

7月15日至16日，民盟中央主席张宝文，副主席张平率民盟中央和民盟北京市委联合调研组赴北京顺义区、怀柔区，就“促进城乡发展一体化”进行专题调研。调研组考察了顺义区高丽营镇的村镇建设规划，到金马工业区走访了顺鑫农业农副产品深加工企业，参观了于庄村的农民回迁楼；并与村镇领导、企业家交谈，了解新农村建设中集体经济发展、农村土地流转和村镇社区公共服务体系建设的情况。在怀柔琉璃庙镇白河湾湿地保护区，张宝文主席来到双文铺、八宝堂、白河北村考察了沟域建设、湿地生态保护情况，并走进民俗旅游户了解农户生产生活和农家旅游接待情况。16日下午，调研组同北京市委、市政府及有关部门进行了座谈。在座谈会上，张宝文主席发表了讲话。他说，城乡发展一体化是个复杂的过程，涉及到的因素以及需要攻克的难题很多。他建议，北京在推进新“三起来”的同时，要注重处理好“三个关系”：一是处理好城与乡的关系，要清醒认识到城乡一体化不是城乡一样化，既要高度重视小城镇，特别是重点镇的建设，突出特色，体现品位，又要同步建设好农村，重视农村在承载人口、传承文化、保持田园风光和自然景观等方面的作用。二是处理好政府与市场的关系，一方面，要转变政府职能，发挥好政府主导的作用，另一方面，要加强农民主体的培育，激发农村内生发展动力。三是处理好经济增长与生态建设的关系，必须树立牢固的生态文明的理念，把节约资源和保护环境作为制定政策的基准，把绿色、循环、低碳作为发展的基调，把转变发展方式作为内在的要求。参加调研的还有郑功成、钱克明、董祚继、彭于发、李成贵、王荣彬等盟内外专家。调研组出发前，中共中央政治局委员、北京市委书记郭金龙会见了调研组一行。北京市委常委、统战部部长牛有成，民盟中央副主席、北京市政协副主席葛剑平等陪同会见。

9月9日至13日，民盟中央副主席徐辉率调研组赴四川、贵州，就“赤水河流域连片扶贫开发”进行实地调研。四川省政协副主席、民盟四川省委主委赵振铣等参加调研。调研组围绕赤水河流域8个贫困县同步实现全面建设小康社会目标这一主题，考察了四川省泸州市江阳区、叙永县、古蔺县和贵州省赤水市、仁怀市，到污水处理厂、石漠化土壤改造示范区、集装箱码头、箭竹苗族乡等地，了解了大量第一手情况。11日下午、13日上午，调研组两次召开座谈会，分别听取了贵州方面和四川方面相关部门的意见建议。调研组了解到，赤水河流域受边缘化的地理区位、恶劣的自然条件和落后的基础设施等因素影响，迄今仍是云、贵、川相对落后地区，区域内发展极不平衡，经济发展滞后与生态环境脆弱是流域地区面临的主要问题，加快流域地区发展是广大百姓的强烈期盼。需要进一步转变观念，提高认识，力争把流域综合开发利用上升到国家战略层面，出台长效机制，加大政策扶持力度。徐辉副主席首先对赤水河流域地区经济社会发展的良好态势表示肯定，并就进一步调整完善产业结构、城市形象营造、历史文化保护等方面工作谈了意见建议。他表示，将充分发挥民盟专家学者集中、位置超脱、渠道畅通的特点，与民盟四川省委、民盟贵州省委加强沟通，把此次调研成果进一步加以分析总结，修改完善，以形成具有前瞻性，对当地经济社会发展有积极推动作用的调研报告和政策建议信。赤水河流域主要涉及川、黔、滇三省13个县（市），其自然资源丰富独特、区位条件特殊。实现整个赤水河流域的全面协调发展，对于扶持革命老区不断进步，缩小地区发展差距具有十分重要的意义。

10月22日至25日，常务副主席陈晓光，副主席徐辉率民盟中央调研组，在四川省就“川渝合作示范区（广安片区）建设”开展调研。四川省政协副主席、民盟四川省委主委赵振铣陪同调研。调研组实地考察了广安市的2个市辖区、3个县和1个县级市，调研了广安经济技术开发区、广安港项目、广安大功率锂离子电池项目、岳庙新村、广安北新新型建材项目、广安玖源化工项目、华蓥山领创电子集团公司、科伦药业广安分公司、白坪—

飞龙乡村旅游度假区、广安枣山物流商贸园区等。25 日上午，调研组在成都与四川省政府及相关部门等进行座谈，四川省政协主席李崇禧参加座谈。陈晓光常务副主席对中共四川省委、省政府和所到市、区、县党委、政府对调研工作的精心安排表示了感谢。他表示，支持地方的经济社会发展是民盟的重要责任。调研组将认真归纳整理本次调研收集掌握的第一手资料，积极建言献策，推动广安川渝合作示范区进一步发展。民盟中央将长期关注广安市的发展和示范区建设，开展专项课题的调查和研究，形成参政议政的系列成果。希望四川省和广安市要更加重视川渝合作示范区（广安片区）的建设，进一步理顺体制机制，充分运用示范区已有政策，落实抓手、优化载体，做好项目储备和对接工作，以产业带动发展。相信在大家的共同努力下，广安一定会在改革创新中取得突破，经济社会取得更大发展，成为全国区域合作的典范。

10 月、11 月，为全面了解西北地区农牧业发展现状及制约因素，客观系统地评价西北地区粮食生产、畜牧业、特色农业的发展潜力，为西北地区农牧业可持续综合开发战略实施献计出力，民盟中央主席张宝文先后两次率队在西北地区调研。10 月 25 日—29 日，调研组来到宁夏回族自治区考察调研。在宁期间，调研组先后到青铜峡市邵岗镇星火村、自治区农科院农作物研究所、贺兰县立岗镇兰光村、中地万头奶牛养殖厂、石嘴山市平罗县姚伏镇等地，实地考察了宁夏基本农田建设、新品种选育、种业发展、特色农业产业发展以及创新农业经营模式等工作情况。11 月 6 日—10 日，调研组赴甘肃考察调研，先后深入到庆阳市西峰区鄢旗坳、肖金镇、张铁沟，定西市通渭县、安定区巉口镇，白银市白银区、四龙镇和武威市古浪县、凉州区等地，详细考察甘肃节水旱作农业技术、小流域综合治理、循环设施农业产业、特色农产品深加工、生态移民及扶贫开发、"校地共建"农业节水试验等工作情况。调研期间，调研组分别与宁夏自治区、甘肃省的有关领导同志和相关部门进行了座谈。主席张宝文在座谈会上对宁夏、甘肃两地的农业综合开发工作给予了充分肯定，并针对西部地区农业综合开发工作中的部分问题提出了意见建议，他指出要进一步推进农业可持续综合开发，就必须加快发展现代农业，用现代装备武装农业，用现代科技改造农业，用现代产业体系提升农业，用现代经营形式推进农业，用现代发展理念引领农业，用培养新型农民发展农业；要进一步完善强化强农惠农政策，构建支持强农惠农政策体系；要大力加强农业基础设施建设，重点发展特色优势产业；要进一步深化农业农村改革，创新农业生产经营模式；要着力推进农业科技综合运用，提高科技对农业的贡献率；必须树立科学发展、可持续发展理念，做好生态环境保护工作。副主席徐辉、龙庄伟，民盟中央农业委员会主任钱克明，中国农业科学院、农业部有关同志全程陪同调研。民盟中央农业委员会副主任李成贵，中国工程院院士、中国农大中国农业水问题研究中心主任康绍忠分别参加在宁夏、甘肃的调研活动。

12 月 3 日至 5 日，副主席徐辉到湖南调研职业教育发展情况并考察明年民盟教育论坛筹备情况。湖南省政协副主席、民盟湖南省委主委杨维刚等陪同调研。调研期间，徐辉副主席一行先后考察了湖南信息科学职业学院、长沙商贸旅游职业技术学院、湖南工贸技师学院、湖南铁路科技职业技术学院、湖南省商业技师学院等五所职业院校，全面细致了解长沙、株洲职业教育办学条件、招生就业状况及发展中面临的问题。在调研基础上，调研组在株洲召开了座谈会，听取株洲职业教育发展情况介绍和明年民盟教育论坛筹备情况的汇报。徐辉副主席说，我国工业化、城镇化、信息化还有很长的路要走，职业教育任重道远，对于职业教育的前景充满信心。株洲职业教育在发展过程中，形成了一些好的经验和做法，将在调研的基础上分析总结，并在明年的民盟教育论坛上充分探讨，为国家职业教育的长期可持续发展提出有益的意见建议。他指出，教育论坛是民盟最重要的参政议政平台之一，历史悠久，影响很大。从调研考察情况看，在株洲召开以职业教育为主题的教育论坛是非常合适的，相信明年的教育论坛一定能够取得更大的成功。在调研过程中，徐辉副主席还先后专程到株洲、长沙市盟机关看望了专职干部。

12 月 7 日至 11 日，民盟中央副主席、美术院院长张平率领由民盟中央文化委员会部分委员和民盟中央美术院部分理事组成的调研组，就“文化体制改革与文化市场繁荣发展”主题赴海南省进行了调研。调研期间，张平一行走访了海口、三亚等地，实地考察了当地文化产业项目建设，听取了当地有关部门，特别是文化从业者的意见。张平副主席在调研中表示，海南省有许多特色文化，如原生态的黎族文化、旅游文化等，这些都是海南文化产业发展的优势。希望海南省抓住建设国际旅游岛机遇，加大文化产业投入，加强文化基础设施建设；充分挖掘文化资源，打造一批有特色的文化品牌。民盟是一个以文化、教育、科技为主要界别的参政党，文化是民盟与生俱来的特长。这次民盟中央文化委员会和美术院来海南调研，是弘扬民族优秀文化，推动社会主义文化大发展大繁荣的一次具体实践。我们要发挥民盟在文化方面智力密集、人才荟萃的特色，积极建言献策，推动海南省文化市场持续繁荣发展。海南省人大常委会副主任、民盟海南省委主委康耀红等同志参与调研；海南省政协副主席、省委统战部部长王应际等当地领导同志向调研组介绍了相关情况。

（四）论坛、研讨及座谈会突出重点、注重实效

3 月 8 日晚，民盟中央《群言》杂志社在华北宾馆举行了“大力促进教育公平”专题座谈会，出席全国政协十二届一次会议的民盟组部分委员莅临会议。徐辉副主席主持座谈会并做了讲话。他指出，要以发展的眼光、系统的眼光来看待教育公平问题。谈教育公平，离不开三个核心概念，首先是“人”，就是不同的群体，包括流浪儿童、留守儿童、农村儿童、外来务工人员子女等等；第二是“地域”，城市与乡村，西部、中部与东部在教育方面存在着很大的差异；第三是“学校”，既包括幼儿园，也包括义务教育各级学校、职业技术学校和大学，不同层次的学校之间也存在教育公平问题。应该更多地从公正、正义的角度来理解教育公平，它不简单是机会均等和资源均衡，而在于让合适的人、在合适的时间和合适的地方接受合适的教育。民盟作为主要由文化教育和科学技术界中、高级知识分子组成的参政党，很关注教育问题，希望今后继续对相关内容深入探讨。

3 月 8 日晚，民盟中央《群言》杂志社在华北宾馆召开“大学与科技创新”专题座谈会。出席全国政协十二届一次会议的部分民盟组委员，就高校在创新型国家建设中的地位与作用等展开热烈讨论。民盟中央副主席田刚主持座谈会，郑惠强副主席出席会议并发言。副主席田刚说，近年来，随着科教兴国、人才强国战略的贯彻落实，大学的科技创新能力得到明显提升，但与世界一流大学的创新能力相比还有很大的差距，我国的科技创新水平与世界科技强国之间还存在着不小的距离，科技成就与我国庞大的人口基数不成比

例，与我国快速增长的经济总量也不相适应。针对这种状况，副主席田刚认为，要建设科技强国必须集聚和培养大批创新型人才，必须着力提升科技创新能力。目前我国的大学在科技创新机制上仍然存在诸多问题：科技创新人才培养模式僵化，科技成果低水平重复；科技成果转化率不高，产学研结合困难重重；创新评价机制亟须改进；人才流失严重，科研人员积极性有待提高，等等。

6 月 29 日至 30 日，民盟中央副主席徐辉出席由民盟天津市委举办的参政议政工作会议，并讲话。天津市政协副主席、民盟天津市委主委、天津师范大学校长高玉葆出席会议并作大会报告。徐辉副主席在讲话中充分肯定了民盟天津市委换届以来参政议政工作取得的成绩，介绍了当前全盟参政议政工作的整体形势，并指出未来一个时期的参政议政工作要处理好五个方面的关系，即思想认识与实际工作的关系，全面能力与界别能力的关系，继承传统与工作创新的关系，中央主导与地方合作的关系，重点工作与一般工作的关系。会上，与会盟员分组交流了参政议政工作的经验和体会并对民盟天津市委今后的参政议政工作提出了意见和建议。各小组还推荐代表在总结会上做了交流发言。会议邀请了民盟北京市委、民盟江苏省委有关领导作了专题辅导报告。来自天津各级盟组织的盟员 100 余人参加会议。

7 月 2 日，民盟中央召开经济形势分析会，判断经济发展大势，谋划推动经济社会稳定发展的意见建议。张宝文主席出席会议并讲话，陈晓光常务副主席，张平副主席、龙庄伟副主席出席，徐辉副主席主持。徐一帆、蔡洪滨、钱克明、郑功成、何茂春等 12 位盟内经济领域专家先后就当前经济形势发表了意见。在聆听了大家的发言后，张宝文作了讲话。张宝文指出，当前经济发展到了拐点，机遇与挑战并存。一方面，经济增长的内生动力不足，生产要素成本上升，环境压力上升，投资成本增高、难以持续，的确存在一些问题。但城乡区域协调发展空间很大，内需潜力挖掘空间很大，劳动力素质提升空间很大。要客观看待经济发展中面临的问题，防患于未然，切实中肯的提出建议，推进改革，提升绩效，促进全要素生产率的提高。张宝文鼓励各位盟员专家牢记参政党成员的职责，发挥智力优势，多为国家经济建设、社会发展建言献策。参政议政部将综合整理专家们的发言，在此基础上形成对下半年国家经济发展的意见建议。

7 月 11 日下午，民盟中央文化委员会召开第一次主任会议，交流工作经验，讨论下半年工作计划。民盟中央主席张宝文接见了与会人员，副主席张平出席会议并讲话。张平副主席在讲话中说，民盟中央文化委员会汇集着民盟文化界的精英，承担着民盟文化建设领域参政议政、建言献策的重大职责。对文化委员会的工作，他提出几点建议。一要制度先行，要制订工作规则和规划，充分行使职责、发挥作用。二要加强沟通和联系，充分发挥每个委员的作用，共同做好专委会工作。三要处理好本职工作和专委会工作的关系，切实负起责任，积极开展工作。两相兼顾，才能相得益彰。四要寻求支持，每个委员要协调各方力量，整合有利资源，献计出力。五要团结盟员，既要联系盟员中的文化界人士，也要联系盟外的同志，发现、培养和锻炼骨干。六是要通过文化委员会的工作，扩大影响，吸引更多文化界的人士入盟。与会人员交流了文化委员会工作经验，并围绕下半年工作计划展开了热烈讨论。民盟中央文化委员会主任吴为山，副主任马三喜、马秋华、王勇强、陈力、陈晓明、李晓辉、田沁鑫等出席了会议。

7月20日，民盟中央副主席、民盟福建省委主委郑兰荪，民盟中央副主席张平出席由民盟福建省委举办的“高校创新能力提升”专题座谈会。郑兰荪副主席指出，近几年我国经济结构调整之所以没有取得很大成效，产业结构也没有明显提升，很重要的一个原因就是没有科技支撑，没有做好产学研转化工作。企业本身的创新能力薄弱，而高校毕业生由于追求体制内的安逸而不愿进入企业工作，即使进入企业的毕业生也没有很强的创新能力。针对这种情况，他提出，应当改革高校评价体系，改变将论文作为唯一评价标准的现状。要处理好基础研究与应用研究的关系，地方院校不应在基础研究方面花费过多力量，而应将更多精力投入应用研究。应鼓励教师创办科技研发公司，依托高校的研发公司不仅可以助力产学研成果转化，更可以部分解决学生就业问题，使更多毕业生得以继续在所学专业领域创造价值。应提高职业院校的地位，扭转对职业院校的歧视，将部分地方院校转制成职业院校，使职业教育获得与普通高校教育平等的地位。张平副主席在讲话中提到，近年来，高校作为人才培养和科技创新的重要平台，对我国科技进步的贡献越来越大，核心作用日益凸显。然而，在科技成果转化上，还有许多不尽如人意之处，科学技术不能与产业实际紧密结合，就不能真正发挥其第一生产力的作用。张平副主席强调，高校科技成果转化是一个长期的系统工程，需要政府、企业、高校和社会都来关注，进而突破高校内部以及外部的机制体制壁垒，释放人才、资源等创新要素的活力，在这方面，民盟大有可为。来自厦门大学、福州大学、福建师范大学等多所高校的专家学者参加了座谈会。

7月29日，民盟中央社会委员会第一次全体会议在民盟中央机关召开。会议的主要议程：一是对民盟中央2013年重点调研《“全面优化制度安排，实现社会保障定型、稳定、可持续发展”调研报告（征求意见稿）》进行讨论，征求修改意见；二是研究部署社会委员会下半年工作，开拓新的工作思路，探讨新的工作方式；三是启动第四届民生论坛的筹备工作。主席张宝文、副主席徐辉出席会议并讲话。张宝文主席在讲话中指出，新时期的参政议政工作要紧紧依靠全盟的力量，充分发挥民盟人才济济、智力密集的优势，因此，民盟中央本届专委会改变了以往以在京委员为主体的做法，吸纳了一批京外在各个领域学有专长、富有参政议政热情的民盟成员，这有利于充分发挥民盟的整体优势。他还指出，社会学研究的对象和领域非常广泛，包括政治、历史、民族、城市、乡村、社区、婚姻、宗教、现代化、人口变动等等，这就需要委员们充分发挥聪明才智，既关注局部更要把握全局与整体，把握社会发展规律，发挥参政党地位超脱的优势，为社会发展、进步建言献策，作出应有的贡献。徐辉副主席指出，社会委员会作为一个崭新的委员会，要厘清职能、范围：一是为民盟中央的全国政协大会书面发言提供基础材料；二是有重点有针对性地提交全国两会提案建议；三是为民盟中央高层政策建议信提供素材；四是努力办好一个专题论坛，即民生论坛；五是争取提供一批社情民意信息。出席本次会议的有民盟中央社会委员会主任郑功成、副主任杨汉平、贾楠、崔太平、董祚继，以及部门京内外委员参加本次会议。民盟中央参政议政部相关负责人出席会议。

7月31日下午，民盟中央妇女委员会召开第一次工作会议。副主席张平出席会议并讲话。张平副主席首先肯定了这些年来妇女委员会的工作，希望新一届妇女委员会继往开来，发挥优势，扩大影响，做好工作。下一阶段，应制定规划，多搞活动，包括开展调研、召开主题研讨会等，通过活动增加社会对我们的重视和关注。张平副主席强调，参政要参到点子上，议政要议到关键处。妇女委员会可以关注的选题很多，如妇女权益、就业、家庭、儿童、婚姻等问题，都很重要。多做这方面的建言献策和社情民意工作，争取每年拿出3—5件高质量的提案，成为“两会”期间民盟中央的提案建议。与会委员围绕下半年工作和参政议政选题展开了热烈讨论。大家一致认为，与妇女儿童有关的问题、与民生有关的问题以及各自从事的工作领域中需要反映的问题，仍是妇女委员会参政议政的重点。民盟中央妇女委员会主任尚绍华，副主任王默力、李戈美、檀婧及在京委员出席了会议。

8月13日，民盟中央法制委员会第一次主任（扩大）会议在民盟中央机关召开。主席张宝文接见与会委员，副主席徐辉出席会议并讲话。法制委员会主任曹义孙、副主任梁文永分别主持会议。会议的主要议程有：讨论法制委员会有关工作制度；研究委员会2013年工作计划及今后五年的发展规划；审议各委员申报的参政议政项目。徐辉副主席在会议中讲话。他指出，民盟具有参与国家法制建设的优良传统和人才优势，法制历来是民盟参政议政的传统优势领域之一。对于新一届法律委员会的参政议政工作，他提出了五项要求：第一，认真调查研究，为民盟中央在全国政协大会和常委会的发言提供基础材料；第二，有重点、有针对性地提交法制领域的提案、建议；第三，积极参与民盟中央组织的相关重点调研和重要调研，为民盟中央建言献策作出贡献；第四，适时搭建合适的研讨平台，积极参与国家的政治体制改革和法治国家建设方面的讨论，为我国的政治建设和法治建设作出应有努力；第五，发挥法制工作社会联系面广、社会阶层触及度深的特征，积极提供社情民意信息。会议中，与会委员就《民盟中央法制委员会工作规则（草案）》、《民盟中央法制委员会五年工作规划（2013—2017）》、《民盟中央法制委员会2013年年度工作计划要点（讨论稿）》提出了各自的修改意见。

8月25日，民盟中央副主席田刚，民盟中央副主席、民盟北京市委主委葛剑平出席由民盟陕西省委、民盟清华大学委员会、民盟北京大学委员会、民盟北大医学部委员会主办的第八届民盟高教论坛。本届论坛主题为“大学梦”。陕西省副省长、民盟陕西省委主委张道宏在论坛上致词。葛剑平副主席首先转达了张宝文主席对此次论坛的高度重视和肯定，并对论坛的举办表示热烈的祝贺。他高度评价了“两校三委”联合举办的民盟高教论坛，并指出，改革开放30多年来，面对新形势、新要求和新挑战，我国高等教育依然存在着诸多亟待解决的问题，只有通过完善中国特色现代大学制度，构建行政权力和学术权力的和谐关系，探索教授治学的有效环境，充分发挥教授在教学、学术研究和学校管理中的作用，才能实现“大学梦”。来自北京大学、清华大学、北京大学医学部、西北大学、西安欧亚学院等多所院校的专家学者作了主题发言，在高等教育的宏观管理体制改革、高等教育发展战略与规划、高校课程与教学、高校科研工作等方面进行了深入的探讨。民盟北京大学委员会、民盟清华大学委员会、民盟北京大学医学部委员会及陕西省高校的近百名盟员参加了论坛。

9月7日至8日，民盟中央副主席徐辉出席民盟江苏省委举办的第四届江苏教育发展论坛并讲话。徐辉副主席在讲话中指出，民盟是参政党，坚持以提高全民素质为己任，并始终关注教育，把促进教育发展作为中心工作，为党和政府决策“出主意、想办法”。

教育公平在很长一个时期都是国家重点关注的问题，必须用发展的、全面的眼光看教育公平，不能急于求成，不求绝对公平。在建言教育公平时，广大盟员、专家、学者应加强教育公平的理论研究、政策研究和实践研究。他希望江苏民盟再接再厉，关注江苏教育实践，认真总结经验与特色，为江苏教育发展作出切实贡献。本届论坛历时两天，共收到论文 65 篇，江志红等 6 人作了主旨发言，赵忠和等 16 人作了交流发言，部分专家在自由交流阶段也作了发言。江苏省副省长、民盟江苏省委主委曹卫星作开幕讲话。中共江苏省委统战部副部长马连美，部分民盟中央委员，市分管教育的政府领导和和 80 多名盟内教育专家参加论坛。论坛结束后，民盟江苏省委将编辑出版论文集，并对论坛提出的意见、建议经归纳整理后，分别以提案、建议信和社情民意等形式向江苏省委省政府反映，供决策参考。

9 月 23 日至 24 日，首届民盟教育论坛在河南省开封市举办，主题是：深化综合改革，推动高教内涵式发展。由民盟中央教育委员会、民盟河南省委员会主办，河南大学、民盟开封市委员会承办。民盟中央主席张宝文，副主席徐辉，河南省人大常委会副主任、民盟河南省委主委储亚平，民盟中央教育委员会主任张来斌等出席会议。张宝文主席指出，建国 60 多年来，特别是近三十年，我国高等教育事业得到了长足发展，实现了高等教育规模从精英教育到大众教育的飞跃，在高等教育机会均等、全民族素质提高方面取得了举世瞩目的成就。在总结成就的同时，也要清醒地看到我国高等教育仍然存在着不少问题，与适应我国现代化建设的需要，与达到人民群众满意的程度还有一定的差距。他在讲话中对高等教育制度的顶层设计、高等教育的质量、高校评估体系建设、大学精神缺失、教育领域立法、在开放环境下的国际竞争等高等教育问题作了深入剖析。徐辉副主席提出，高等教育应该坚持发展与改革并重，改革重点是增强大学的自主性和竞争性，同时坚持分类发展、分层发展、多样性发展思路，注重质量保证体系建设。中国高等教育学会会长瞿振元，河南大学校长、民盟河南省委副主委娄源功作了高水平的报告。本次论坛共有 29 个省级盟组织提交论文 113 篇，最终有 18 篇论文被遴选为大会发言。中共河南省委统战部副部长、省侨联党组书记赵太安，民盟中央教育委员会副主任刘长铭、王雪莲、胡建波等领导以及来自 30 个省级盟组织和河南省、开封市等盟组织的 110 多位专家和盟员出席会议。

10 月 9 日，为纪念梁漱溟先生诞辰 120 周年，民盟上海市委联合上海社会科学院共同举办以“文化自省——中国文化走向世界的路径与方式”为主题的第四届“文化论坛”。主席张宝文，副主席、民盟上海市委主委郑惠强出席论坛开幕式。张宝文主席在会上代表民盟中央对论坛召开表示热烈祝贺。他在讲话中指出，梁漱溟先生是中国社会由传统形态向现代形态转化过程中一位具有影响力和创造力的著名思想家、教育家和社会活动家，一生致力于研究儒家学说和中国传统文化。他说，文化自省是对自身文化历史的清醒认识，我们必须正确认识和对待本民族的传统文化，既要反对一概否定传统文化的民族虚无主义，又要反对全盘肯定传统文化的民族复古主义；文化自省是对文化价值观的调整更新，我们要坚持以社会主义核心价值体系为引领，坚持马克思主义中国化时代化大众化，坚持先进文化的前进方向，努力建立符合时代要求的当代文化价值观；文化自省是对文化理想的重新构建，我们要树立高度的文化自信，追求民族文化的生长和创新，确立一种现代的文明精神，寻求全球性的人与自然、人与人之间的和谐相处，使不同的文化能够在交流中长期共存、互相促进。会上，民盟中央文化委员会副主任陈力，民盟上海文化委员会主任马驰和复旦大学教授谢遐龄应邀作主题报告。盟内外有关专家学者及盟员一百余人参加会议。

10 月 13 日，由民盟北京市委员会、民盟天津市委员会、民盟河北省委员会、民盟山西省委员会和民盟内蒙古自治区委员会联合主办，民盟北京市委承办的“2013 民盟华北五省市区生态研讨会”在京举行。民盟中央主席张宝文，副主席张平，副主席、北京市政协副主席、民盟北京市委主委葛剑平，中共北京市委常委、统战部部长牛有成，天津市政协副主席、民盟天津市委主委高玉葆，内蒙古自治区政协副主席、民盟内蒙古自治区委主委董恒宇等出席研讨会。张宝文主席在会上发表讲话。他指出，本次研讨主题鲜明，聚焦“生态文明建设”，非常及时且十分重要。中共十八大报告将生态文明建设提升到了更高的战略层面，这是总揽国内外大局、贯彻落实科学发展观的一个新部署，建设生态文明是关系人民福祉，关乎民族未来的长远大计。他强调，建设生态文明需要区域间的合作协同，华北五省市区彼此为邻，山水相连，在生态建设方面取长补短、互利互惠具有广阔的合作空间。这次华北五省市区的民盟领导、专家共同研讨生态建设，是在国家推进京津冀地区区域经济一体化发展，打造首都经济圈，并将其上升为国家战略的大背景下进行的，因此具有更为特殊的重要意义。民盟华北五省市区领导、机关专职干部和生态领域专家学者 120 余人以及民盟北京市委区委、区工委、直属基层委员会、专门委员会的盟员代表参加了会议。会后，全国政协副主席、民盟中央常务副主席陈晓光，民盟中央副主席徐辉、龙庄伟会见了与会盟员。

11 月 29 日上午，民盟中央副主席徐辉出席教育之春“感受发展、走近朝阳、走进芳草地国际学校”沙龙活动。此次活动由人民政协报教育在线周刊和北京市朝阳区教委联合举办，会场设在朝阳区的芳草地国际学校，旨在聚焦朝阳基础教育界在国际教育方面的实践和探索。徐辉副主席在沙龙活动中讲话。他说，随着全球化的发展，国际教育的重要性逐渐凸现。对于国际教育的发展，政府应从事业的角度，重点关注社会对国际化的需求，如学校的数量、教师的数量等，学校则应更多地关注孩子的成长和发展。对于学校在教育国际化过程中的做法，徐辉副主席提出了四点建议：第一，要培养学生的国际化意识。这种意识的形成对于大都市的孩子、对于国际学校的学生尤为重要。第二，要提供系统的国际化知识。重点为学生提供一套可以理解和内化的知识体系，并不断培养他们对于不同国家文化的热爱和学习有关知识的热情。第三，要教给学生国际化的技能。学校在教育过程中应更多地释放关于技能方面的思考。第四，要培养学生的国际化态度。态度是决定人的行为取向的最关键因素，因此教育国际化应重在培养一种尊重世界不同文化的、对世界友善的态度。中国教育学会会长、中国教育战略学会、国家教育发展研究中心、教育部基础教育课程教材发展中心等单位的有关专家学者也发表了各自的观点。

12 月 17 日，群言杂志社召开“改革红利惠及民生”专题座谈会，民盟中央主席张宝文出席会议并讲话，副主席张平主持会议并作总结讲话。张宝文主席在讲话中说，中共十八届三中全会“决定”强调，“以促进社会公平正义、增进人民福祉为出发点和落脚点”。不久前召开的中央经济工作会议，也为民盟今后更好地履行参政议政职能指明了方向，提出了新的任务和要求。民盟作为参政党，要增强推进改革的信心和勇气，始终坚持解放思想、实事求是，坚持从大局出发考虑问题，不断提高服务改革的能力和水平，在全面深化改革进程中做出应有的贡献。张平副主席指出，中共十八届三中全会顺应时代要求，提出了全面的深化改革的部署，开启了新一轮改革，必将影响我国未来几年甚至更长时间的发展。如何使每一项改革措施更加科学有效，获得最大的共识，减少改革的阻力，还需要认真调查研究。作为参政党，我们会对相关问题加强调研，提出民盟的意见和建议。来自国务院发展研究中心、中国城乡建设经济研究所、财政部财政科学研究所、中国人民大学、北京师范大学、北京科技大学的专家学者出席了座谈会。

12 月 21 日，民盟中央参与主办的“首届张伯驹论坛”在北京恭王府举行。受民盟中央张宝文主席委托，张平副主席出席并发言。张伯驹先生为“民国四公子”之一，集收藏鉴赏家、书画家、诗词学家、京剧艺术研究家于一身，为我国文化事业作出过卓越贡献。张伯驹先生于 1947 年 6 月在北平加入中国民主同盟，时任民盟北平临时委员会委员。新中国成立后，他曾任民盟总部财务委员会委员、文教委员会委员、联络委员会委员，以极大热情投入到社会主义新中国的建设之中，为民盟事业发展付出了心血和努力。张平在发言中指出，张伯驹先生是民盟老一代知识分子的优秀代表。他一生淡泊名利，不屑金钱、权势。他的身上集中体现了民盟先辈们爱国忧民、无私奉献的可贵精神，光明磊落、宠辱不惊的高尚品格。这些都是民盟的宝贵财富，是民盟更好地履行职能的精神动力。召开本次论坛纪念张伯驹先生，就是要把这种优良传统继承和发扬光大，秉承张伯驹先生对国家忠诚、对人民热爱、对理想执著的精神，把他所献身的文化事业继续推向前进。此次论坛秉承“继承传统文化，传播中华文明，弘扬张伯驹精神”的宗旨。论坛设主题论坛和专题论坛。论坛还特别展出国内外著名书画家、社会知名人士为纪念张伯驹先生所创作的百余幅书画作品。

12 月 21 日，由民盟中央社会委员会、民盟北京市委员会主办的第四届民生论坛（2013）“让发展成果更多惠及民生”在北京举行。民盟中央主席张宝文出席论坛并作主旨报告，副主席徐辉为论坛致开幕词。全国人大常委、民盟中央社会委员会主任郑功成主持论坛开幕式与主题报告会。主席张宝文在会上发表“让发展成果更多更公平惠及民生”的主旨报告。他指出，三十多年的改革开放进程，是我国综合国力迅速提升及民生持续大幅改善的过程，它折射出改革开放的正义性和中国特色社会主义事业发展方向的正确性，也合理地解释了为什么如此全面而深刻的变革能够始终得到广大人民群众的衷心拥护和积极参与，这条宝贵的经验在新时期尤其值得进一步发扬光大。他强调，全面深化改革应根据中共十八届三中全会《决定》的总体部署，着力抓住增加就业和提高劳动者报酬、多渠道增加城乡居民的财产性收入和增加直接惠及民生的公共投入三条途径，着力促进教育公平、就业公平、分配公平、社保公平和基本公共服务均等化，通过重塑政绩指标，紧紧抓住攸关民生福祉的重点领域与关键环节做好顶层设计，尽快建立起权利公平、机会公平、规则公平为主要内容的社会公平保障制度体系，实现让发展成果更多更公平地惠及民生。贺铿、潘功胜、蔡昉、高培勇、张力、董祚继、金维刚等知名专家学者分别作主题报告。下午的圆桌论坛分别以“民生综论”和“民生与社会”为题，专家们和盟员同志们围绕论坛主题进行了热烈的探讨和互动。闭幕会由民盟中央秘书长高拴平主持，圆桌论坛小组代表分别发言。来自相关领域的著名专家学者、民盟各级组织及全国民生问题专家学者和代表约 200 人出席论坛。

（五）社情民意信息工作继续保持领先

盟中央加强完善社情民意信息报送工作机制，充分调动各级盟组织和广大盟员的积极性，上报信息质量不断提高，信息报送工作在全国政协民主党派、工商联组继续排名第一。2013 年全年共收到 30 个省、自治区、直辖市和民盟中央各专门委员会报送信息 5770 件，较 2012 年的 4557 件增加 26.62%，表明各省级组织换届后加大了信息工作力度；本着更加重视质量的原则，从中选编、报送全国政协 432 件，较 2012 年的 717 件大幅减少；全国政协采用信息 75 件，比 2012 年增加 11.94%；全国政协新增的考核指标“采用率”从 2012 年的 9.31% 提高到 2013 年的 17.32%。

7 月 30 日上午，各民主党派中央、全国工商联反映社情民意信息工作情况通报会在京召开。副主席徐辉出席会议，介绍民盟反映社情民意信息工作情况。他在发言中说，十一届政协五年期间，民盟中央共收到省级组织、民盟中央专委会信息来稿 23305 件，年均 4661 件；向全国政协报送 4167 件，年均 833 件；全国政协采用 437 件，年均 87 件；在党派、工商联组评比中一直名列前茅。他指出，民盟信息工作在取得成绩的同时也还面临一些问题，主要有四个方面：一是稿源质量有待提高，信息工作重要性认识有待进一步加强。二是选题策划、信息筛选、表彰激励、组织培训等机制有待进一步完善。三是地区之间、各单位之间工作发展不平衡。四是地方组织、专委会换届后，信息工作培训亟须加强。他建议，全国政协信息工作部门应加强政协信息特色的研究，加强对不同观点、意见的反映，扩宽信息出口、提高采用率，进一步抓好培训工作。此次会议是十二届全国政协召开的首次反映社情民意信息专题性工作会议。

（六）继续做好对港澳台联络工作，参加重要外事活动

4 月 10 日上午，肯尼亚总统乌胡鲁·肯雅塔在总统府会见出席其就职典礼的习近平主席特使、全国人大常委会副委员长张宝文。驻肯尼亚大使刘光源等在座。张宝文向肯雅塔总统转达了习近平主席的祝贺与问候，对肯尼亚大选成功举行表示祝贺。张宝文说，中肯有着深厚的传统友谊。近年来，两国高层互访频繁，政治上相互信任，在重大问题上相互理解、相互支持，经贸合作成果丰硕，双方人文交流与合作全面推进。中方珍视中肯传统友谊，愿以今年两国建交 50 周年为契机，同肯方一道，进一步扩大和加强各领域交流与合作，推动两国关系不断取得新进展。肯雅塔衷心感谢习近平主席派张宝文副委员长作为特使出席其就职典礼，认为这是给予肯尼亚政府和人民的巨大荣誉。同日，张宝文副委员长还会见了肯尼亚众议长穆图里，双方就双边关系，特别是加强两国立法机构之间的交流与合作交换了意见。9 日，张宝文作为习近平主席特使参加了总统肯雅塔的就职典礼。

7 月 13 日，主席张宝文出席 APEC 工商领导人中国论坛开幕式，并发表主旨演讲。论坛由中国国际贸易促进委员会和亚洲企业论坛 (ASIA INC FORUM) 共同主办。论坛以“转型中的中国：新领袖，新愿景”为主题，着重探讨亚太经济合作以及中国在新形势中

的发展战略。在演讲中，张宝文首先代表中国政府向与会的国内外嘉宾表示热烈的欢迎。他说，目前，中国已经成为世界第二大经济体，并成为世界第一大出口国和第二大贸易国，这三十余年以来，中国经济发展迅猛，社会进步显著，人民生活大大改善，成果有目共睹。受当前国际大环境的影响，中国经济发展近年来出现了一些困难，但也面临着调整经济结构和转变经济发展方式的历史性机遇。一方面，中国将积极稳妥地推进城镇化，不断提高城镇化的质量，以加大相关公共支持力度，拓展投融资渠道，加强基础设施的建设。另一方面，我们将加快转变经济发展方式，促进中国经济从要素驱动、出口驱动向创新驱动转型。最后，他强调，作为亚太大家庭中的一员，中国与亚太地区的联系密不可分。中国政府坚持改革开放的基本国策不动摇，并将一如既往地为世界各国尤其是亚太经合组织成员经济体企业提供更加规范、更加透明、更有利于投资兴业的良好经营环境。论坛共吸引了来自美国、日本、韩国等来自十多个 APEC 成员经济体的 60 多位演讲嘉宾，与 700 多位参会代表分享精彩观点。

7 月 20 日至 26 日，“第九届海峡两岸暨港澳地区大学校长联谊活动”在宝岛台湾举行。近 30 所大学的新老校长参加了论坛的各项活动。7 月 21 日，作为第九届海峡两岸暨港澳地区大学校长联谊活动首要项目的“两岸四地大学校长论坛”在淡江大学兰阳校区举办。本届主题是“华人共同在线教学平台，两岸四地华人合作”。南京大学校长陈骏、台湾大学校长杨泮池、香港科技大学陈繁昌校长分别代表大陆、台湾和香港，介绍当地一年间高等教育发展情况。民盟中央副主席徐辉说：民盟成员多数是教育界的。多年来，我们致力于国家教育事业的健康发展，积极推动海峡两岸暨港澳地区大学校长开展交流，就是基于对教育作用的基本信念。历史经验告诉我们，一个国家会因为重视教育而繁荣富强，也曾因为忽视教育而遭受苦难。民盟中央作为大学校长论坛的发起单位之一，将长期致力于推进海峡两岸和港澳地区大学教育界的交流与合作。在台期间，各校校长还访问了新竹清华大学、新竹工业科学园区等高校及科研机构，并在新竹交通大学出席了第九届海峡两岸暨港澳地区大学校长联谊活动“立石揭碑仪式”。海峡两岸暨港澳地区大学校长联谊活动被中央统战部、国务院台湾事务办公室誉为民主党派开展对台工作的优秀范例。

民盟中央领导参加的重要外事活动还有：3 月 25 日，全国人大常委会副委员长、民盟中央主席张宝文前往孟加拉国驻华使馆，代表中国政府和人民对拉赫曼总统逝世表示深切哀悼并敬献了花圈。7 月 2 日，全国政协副主席、民盟中央常务副主席陈晓光出席中柬建交 55 周年招待会，代表中方在会上致辞，并与柬埔寨驻华大使凯西索达共同为中柬建交 55 周年纪念首日封揭幕。9 月 20 日—22 日，倪慧芳副主席代表民盟中央参加 2013 年国际和平日纪念活动暨南亚国家和平发展论坛。论坛主题为“教育促和平，合作求共赢——地区人民的共同的心愿”。10 月 17 日—27 日，张平副主席陪同全国政协副主席杜青林对西班牙、保加利亚、马耳他三国进行友好访问。

民盟中央领导还分别参加习近平主席、李克强总理为外国元首举行的欢迎仪式。4 月 25 日，张平副主席出席国家主席习近平为应邀来访的法国总统奥朗德举行的欢迎仪式及晚宴。6 月 13 日，龙庄伟副主席出席李克强总理为埃塞俄比亚总理海尔·马里西姆举行的欢迎仪式及晚宴。6 月 27 日，陈晓光常务副主席出席习近平主席为韩国总统朴槿惠举行的欢迎仪式和晚宴。8 月 19 日，张宝文主席参加习近平主席为肯尼亚总统肯雅塔举行的欢迎仪式和欢迎宴会。8月21日，陈晓光常务副主席参加李克强总理为牙买加总理举行的欢迎仪式和晚宴。9月16日，张平副主席参加习近平主席为巴林王国国王哈马德举行的欢迎仪式和晚宴。10月23日，欧阳明高副主席出席李克强总理为印度总理举行的欢迎仪式和午宴。

三、社会服务

一年来，民盟中央围绕中共中央提出的全面建成小康社会的总体目标，进一步提高社会服务工作的质量，突出重点，整合资源，创新工作，打造品牌，特别注重提高工作的制度化、规范化水平，全盟社会服务工作既坚持优良传统，又在创新中进一步发展。

（一）建立立体智力扶贫工作架构，帮助扶贫联系地区增强发展的内生动力

民盟中央逐步把握做好智力扶贫工作的理念，形成了能复制、可推广的民主党派参与扶贫开发的经验。一是始终坚持“发挥优势，突出重点，量力而行，讲求实效，持之以恒”的工作方针；二是把重点放在科技扶贫、教育扶贫、医疗扶贫上，实现了民盟的智力优势和当地政府中心工作相结合，大力推进新农村建设；三是民盟中央领导高度重视、省市盟组织踊跃参加，广泛联络学校、医院、企业参与，积极寻求有关党政部门、慈善机构支持，扶贫内容涵盖农业、教育、文化、医疗、水利、金融等各方面，形成了立体扶贫架构，多点开花、亮点纷呈。

1. 整合资源，进一步参与毕节试验区建设

1月16日，民盟中央主席张宝文、副主席龙庄伟亲切会见了来访的中共毕节市委书记张吉勇，市委常委、七星关区委书记宫晓农一行。龙庄伟副主席首先对张吉勇、宫晓农一行来访表示热烈欢迎。他说，近年来毕节撤地建市，经济社会建设也取得了巨大进步。随着形势的变化，毕节试验区的发展也进入了一个新阶段，这也为民盟中央参与毕节试验区建设提出了新课题，而毕节试验区作为各民主党派服务科学发展、实践“同心思想”的示范区，一直都是民盟中央社会服务工作的重点。在过去20多年中，双方建立了深厚的感情和良好的合作关系，有效地推动了毕节试验区的建设工作。今后民盟中央将更加珍视双方合作，一如既往，全力以赴参与到毕节试验区建设工作中去，与毕节人民一道，不断开拓创新，共同推动试验区新一轮跨越式发展。

5月27日至30日，张宝文主席、龙庄伟副主席赴贵州毕节考察民盟中央社会服务工作项目进展情况。在贵州省副省长、民盟贵州省委主委何力等陪同下，张宝文主席一行考察了七星关区朱昌镇卫生院、鸭池镇光汇烛光学校，出席了光汇烛光学校落成暨慈溪育才学校捐赠仪式，参观了毕节试验区建设成果展，并召开民盟中央支持毕节试验区建设座谈会。张宝文主席在座谈会上讲话，他要求民盟和毕节的同志不断深化对“开发扶贫、生态建设、人口控制”三大主题的理解，与时俱进地赋予其新的时代内容，使对口帮扶工作更见实效、更见真功。他强调：“开发扶贫”要提升到开发与保护并重的高度来安排部署，“生态建设”要提升到人与自然和谐发展的层面来认真研究，“人口控制”的主要任务已经由如何减少人口压力转移到如何增强人力资源优势。副主席龙庄伟表示，民盟

各级组织通过培训基层医务人员、援建乡镇卫生院、开展义诊等帮扶行动，为缓解毕节基层群众就医难问题发挥了独特作用。民盟中央将继续推动“同心·明眸工程”、“同心·健康心动毕节行活动”、“同心·康宁工程”在毕节的持续开展，为毕节眼病、心脏病、精神疾病的贫困患者提供医疗救助。

民盟中央协调北京倍肯集团捐资416万元在毕节市19个乡镇中心卫生院建立起的基层数字化整体化验室正式投入使用，有效解决了以前基层卫生院不具备化验能力，从而制约治疗水平的困境。

组织盟员专家为毕节市中医院举行中医基础理论讲座，协调北京康益德医院并再次为朱昌镇卫生院捐赠了15万元资金、40万元的信息化软件设备和110万元的药品。盟员沈宏邦还向民盟援建的烛光学校捐赠现金20万元。

9月，龙庄伟副主席率盟员农业、旅游专家考察毕节市七星关区，帮助新调整的新农村建设示范村——干堰村雄嘎苗寨制订发展规划，并针对少数民族旅游资源开发、农业产业结构调整、整合资源参与新农村建设等问题提出了指导性意见和建议。

11月，组织农大社会服务专家组赴毕节干堰村进行调研考察和帮扶规划。针对干堰村耕地分散稀少、劳动力缺乏，但生态环境条件良好等特点，专家组提出了分阶段逐步建立生态现代化新农村的构想，即先发展生产—改善生活—建立生态现代化新农村。民盟农大委员会还募集了500多册书籍捐赠给干堰村小学。

2. 参与贵州黔西南州、河北广宗、重庆彭水、四川遂宁新农村建设工作

1月14日，副主席龙庄伟会见来访的彭水县委副书记、县长刘峰一行。龙庄伟首先对刘峰县长一行的来访表示热烈欢迎，并对彭水2012年经济社会建设工作取得的成绩表示热烈祝贺。他说，民盟中央在彭水的帮扶工作得到了彭水县委、县政府的大力支持和高度重视，双方一年多来的合作取得巨大成绩，也为将来工作奠定了良好的基础。今后民盟中央将继续发挥自身优势，全力以赴支持彭水的经济社会建设，希望彭水在今后的发展中要立足自身实际，统筹安排，综合考虑，推动县域经济和民生事业更好更快发展。

1月15日，副主席龙庄伟亲切会见了来访的中共广宗县委书记刘立生和县长李振军一行。龙庄伟表示，民盟中央参与广宗扶贫开发20多年，一直秉承费老“沙里淘金”的发展思路，有效参与到广宗经济社会发展进程，为广宗的扶贫开发事业做出了积极贡献。尤其是2012年，以民盟中央帮扶广宗20周年为契机，一大批项目落户广宗，对增强广宗自身发展活力，夯实自我发展基础具有重要意义。但是，我们也要认识到与其他地区相比，广宗的发展依旧比较落后，需要双方进一步加强合作，共同推动广宗扶贫开发工作。民盟中央也将继续发挥自身优势，矢志不渝地支持广宗的经济社会建设。2月，龙庄伟副主席赴河北省广宗县走访慰问困难群众，向他们致以新春问候，并赠送了慰问金、慰问品及部分御寒衣物。为进一步提升广宗农业产业现代化水平，经民盟中央领导协调，河北广宗获得水利部农田水利重点建设县项目、国务院扶贫办支持革命老区项目及农业部食用菌基地建设项目，资金总额约3000万元。民盟中央还积极帮助广宗引进外部智力资源和农业龙头企业，与广宗县合作建设农业科技示范园。示范园将通过良种引进、科技示范的方式带动广宗食用菌种植、设施蔬菜产业发展，从而有效推动广宗农业产业升级，带动农民致富。

1月22日，副主席龙庄伟会见来访的四川省遂宁市蓬溪县县委书记林建国一行。龙庄伟表示，今后民盟中央将继续在教育、科技等领域，利用民盟智力密集优势，从智力支边到科技兴农，继续开展对蓬溪县的帮扶工作，与蓬溪县人民一道，共同努力，推动蓬溪县经济社会发展。新年伊始，民盟中央就组织专家赴四川省遂宁市安居区进行调研，召开“盟安合作”联席会，与遂宁市、安居区有关党政领导研究探讨如何进一步深化“盟遂合作”。中国城市发展研究院与安居区签订统筹城乡发展战略合作协议，中国城市发展研究院捐款30万元，在安居区设立奖教奖学基金。湖南农业大学盟员专家在安居区举办了“135”生猪养殖新法讲座。组织上海、重庆、温州企业家考察农业产业投资环境，初步达成投资意向。

2月26日至27日，副主席龙庄伟出席在贵州黔西南州举办的“中国美丽乡村·万峰林峰会”。与会领导、嘉宾围绕“民生与民声”主题，采用专题演讲、专家论坛、热点评析、经验交流等方式，就中央一号文件的内涵、美丽乡村建设构想、民生改善、经济发展与生态文明等议题展开深入探讨，峰会取得圆满成功。国家发改委、农业部、水利部、国家林业局、各民主党派中央、全国工商联相关负责同志，国内知名专家以及来自全国50个美丽乡村代表，联合国世界旅游组织专家及国际友人和部分国内企业负责人参加会议。在黔期间，龙庄伟副主席还利用会议间隙会见了民盟黔西南州委主要领导和盟员代表，并就如何进一步加强各级盟组织间联动，共同做好黔西南“星火计划、科技扶贫”工作等问题进行了深入细致的座谈。

5月24日至25日，龙庄伟副主席赴重庆市彭水县调研对口帮扶工作。龙庄伟副主席考察了乌江彭水水电站、彭水一中、工业园区和彭水新城建设，并与彭水县党政领导座谈，听取彭水县相关工作的情况汇报，了解彭水县经济社会发展状况和民盟中央在彭水帮扶项目的落实情况。龙庄伟副主席对彭水经济社会建设取得的成绩给予了充分肯定。龙庄伟表示，重庆作为民盟发祥地，与民盟有着不解之缘。民盟中央与彭水虽然结对时间不长，但双方已经建立了良好的合作关系，民盟中央先后向彭水县教育、卫生系统捐赠款物330多万元，帮助当地学校与北京多所名校结成共建关系，有力推动了彭水县教育卫生事业的发展和民生改善。今后，民盟中央将把对彭水的帮扶合作工作摆在民盟中央社会服务工作的重要位置，充分发挥自身智力优势，不断探索新的工作切入点，推动彭水的经济社会建设事业的全面进步。在座谈会上，双方还就今后一段时期内的合作项目情况进行了详细沟通。在民盟中央协调下，北京汇文中学接收重庆彭水的12名骨干教师到该校进修培训，并组织9名一线教师到彭水一中开展教学交流活动。暑期，协调100名彭水一中骨干高中教师到北京教育学院进行了为期四天的培训。

（二）“农村教育烛光行动”内涵不断丰富

2013年民盟“农村教育烛光行动”继续深入开展。据不完全统计，“烛光行动”已在全国30个省、自治区、直辖市盟组织中全面开展，共培训乡镇、农村中小学校长及一线骨干教师15万余人次，援建烛光学校110余所，捐赠图书近50万册，捐赠款物折合人民币8600余万元。

6月14日，副主席龙庄伟到北京汇文中学考察调研。龙庄伟一行首先参观了北京汇文中学校史陈列室，随后与北京汇文中学主要负责人座谈交流合作事宜。龙庄伟副主席高度评价了汇文中学142年的办学历史和辉煌成绩。龙庄伟代表民盟中央对汇文中学20多年来积极参与民盟中央教育扶贫工作，为贵州毕节、重庆彭水等民盟中央对口帮扶地区培训农村骨干教师表示感谢。龙庄伟希望汇文中学继续发扬优良传统，积极参与“民盟农村教育烛光行动”，为促进贫困地区基础教育发展多做贡献。希望汇文中学的党政领导多支持学校民盟支部的发展，多关心盟员教师的成长和进步。龙庄伟表示，民盟中央愿意发挥界别优势和联系广泛的渠道优势，在师资培养、学术交流、学生社会实践等方面为汇文中学提供力所能及的支持，帮助汇文中学加强与全国重点高校的联系。

7月9日至11日，副主席龙庄伟赴广东清远、韶关两市考察烛光学校援建情况，并出席学校落成暨《几何王》教学软件捐赠仪式。2011年11月，经时任民盟中央主席蒋树声同志亲自协调,广东嘉博文宝盛生物科技有限公司总经理陈宝财先生慷慨捐资300万元，用于资助民盟“农村教育烛光行动”。民盟中央实地考察调研，并尊重陈宝财先生意愿，将其中200万元用于连南县大麦山镇白芒小学、英德市英红镇锦田小学、桥头镇中心小学、翁源县龙仙镇第三小学四所学校扩建维修工程。经过近2年建设，4所学校建设项目已经全部竣工，并通过当地有关部门验收。为帮助当地农村学校进一步提高教学质量和管理水平，民盟中央还协调原民盟中央委员徐方瞿教授、上海莘越软件科技有限公司总经理徐雯女士向当地教育部门捐赠了价值18万元的《几何王》软件。此次赴粤期间，龙庄伟先后考察了英德市桥头镇中心小学、翁源县龙仙镇第三小学援建项目建设情况，并为学校揭牌。龙庄伟表示，作为以科教界中高级为主的民主党派，关注教育是民盟组织一直以来的传统。“烛光行动”作为民盟社会服务工作的重要品牌，多年来为推动农村教育发展做出了积极贡献。今后，民盟组织将继续发挥自身优势，与广大农村教育工作者一道，为推动城乡教育均衡发展贡献自己的力量。

7月,民盟中央联合美国科技教育协会在福州举办第49届“海内外基础教育研讨会”，资助福建、河南、安徽等省市的50名校长和骨干教师参会。美国科技教育协会（ESS）是一家在美华人慈善组织，由在美华裔学人成立，致力于协助改善中国农村教育，主要从提供图书、改进教学、提供助学金等三个领域资助国内教育。由于在关注中国农村教育、促进义务教育均衡发展等方面的共识，美国科技教育协会成为民盟中央农村教育“烛光行动”的合作伙伴。2009年以来,双方在认助乡村学校图书室、认助乡村学校体育项目、认助乡村学校音乐项目、乡镇学校多媒体信息中心、科学夏令营及海内外基础教育研讨会等项目上开展了良好的合作。

8月15日，由民盟中央和新东方教育科技集团共同主办的“烛光行动·骨干教师新东方进修班”开班仪式在北京举行。民盟中央常委、新东方教育科技集团董事长兼首席执行官俞敏洪等嘉宾出席开班仪式并致辞。来自重庆、内蒙古、河北、河南等地的80位乡村基层骨干教师参加进修班。俞敏洪首先对所有来自农村教学一线的老师们表达敬意。他表示，当前中国城乡教育水平差距巨大，英语水平的差距更加明显，成为制约农村学生成绩提高的重要因素。提高农村英语教师的教学水平显得尤为重要。俞敏洪老师通过自己的求学经历和教学经验告诉老师们，英语老师教学水平的高低和孩子们的成长有重大关系，所以他希望参加培训的老师们珍惜本次来之不易的培训机会，在这里学习到先进的教学理念和教学方式方法，学习到奋发向上的新东方精神，将学到的东西带到全国各地，为帮助农村孩子提高成绩、实现梦想提供动力。

暑期，民盟中央组织来自京津的7名教学一线骨干优秀教师和教育专家，赴贵州黔西南州安龙县开展"烛光行动"暑期教师培训活动。200多名中小学骨干教师参加了培训。

民盟"农村教育烛光行动"与北京四中网校2011年确立战略合作关系，签署远程教育烛光行动合作协议以来,双方合作范围不断扩大。2013年北京四中网校先后在四川成都，湖北武汉、恩施，黑龙江哈尔滨、伊春，河南鹤壁和天津蓟县捐赠价值1000余万元的远程教学资源。

10月，民盟中央社会服务部与北京外研通教育科技有限公司达成战略合作协议，开展"烛光行动——外研通支教行"。外研通公司每年将向与烛光行动密切合作的50所农村中小学捐赠外研通点读笔、点读书、互动教学系统等教学资源，并组织相关师资培训，帮助学校提高外语教学水平。

（三）调研总结帮教工作经验，全面推广"黄丝带帮教计划"

新一届民盟中央领导对帮教工作尤为重视。3月以来，龙庄伟副主席和民盟中央社会服务部负责人先后深入陕西、重庆、四川、江苏、北京等地开展帮教工作调研。龙庄伟还专程拜会司法部有关领导，沟通情况。民盟中央社会服务部在实地调研基础上，收集省级民盟组织开展帮教工作的书面材料，形成调研报告。目前全盟30个省级盟组织都开展了帮教工作，内容不断丰富，形式日益多样，工作逐步规范，政治和社会效益日益显现，并得到了国家司法部和地方司法部门的好评与支持。据不完全统计，民盟组织共在120个监狱、戒毒所、劳教所及社区等场所开展各类帮教活动千余次。

5月26日，副主席龙庄伟一行在重庆市司法局、市监狱管理局、民盟重庆市委有关领导的陪同下，来到重庆九龙监狱，调研民盟开展的监狱帮教工作情况。龙庄伟副主席一行先后考察了服刑人员的生活、学习、劳动场所，并听取了司法部门、基层民盟组织、监狱民警代表、服刑人员代表的情况汇报，了解了服刑人员改造和重返社会以及民盟组织参与监狱帮教工作的情况。龙庄伟在讲话中对民盟重庆市委的帮教工作给予了肯定。他说民盟重庆市委的帮教工作开展早、持续时间长、盟员参与度高、工作形式多样、工作机制健全有效。他希望重庆民盟认真总结，持续创新，为全盟的帮教工作积累更多生动鲜活的宝贵经验。民盟中央也将系统总结全盟开展帮教工作的经验和做法，启动"黄丝带帮教计划"，并将其打造成为社会服务工作的新品牌和新亮点，为和谐社会建设作出更大贡献。

11月5日至7日，民盟社会服务工作暨"黄丝带"帮教计划研讨会在四川召开。会议的主要内容是总结和交流自2011年以来，全盟开展社会服务工作特别是参与司法帮教工作的做法和经验，共同研讨在新形势下如何进一步做好社会服务工作，推进全盟社会服务工作上新台阶。副主席龙庄伟出席会议并作开幕讲话和总结讲话,四川省政协副主席、民盟四川省委主委赵振铣出席会议并致辞。民盟中央秘书长高拴平主持会议。龙庄伟副主席在讲话中对民盟社会服务工作的历史进行了回顾总结，充分肯定了近年来全盟社会服务工作取得的成绩，深刻分析了民主党派开展社会服务工作的重要意义和作用，对今后一个时期如何做好民盟的社会服务工作提出了具体明确的要求和建议。他谈到，关注民生、服务社会是民盟一直以来的优良传统。近年来，在民盟中央领导的关心支持下，经过大家的共同努力，全盟的社会服务工作成绩显著，新农村建设、农村教育烛光行动、监狱帮教、社区服务四位一体的工作格局逐步成熟，“烛光行动”、“明眸工程”等社会服务工作品牌的社会影响日益显著，先后获得中共中央领导同志的肯定，并多次荣获国务院、中央统战部等中央部委的表彰。关于如何进一步做好新时期新形势下的社会服务工作，他提出了四点意见：一是要巩固现有工作优势，打造民盟社会服务工作的新品牌。他希望大家能够高度重视帮教工作的重要意义，不断加大帮教工作力度，积极扩大民盟帮教工作的影响，将其打造为民盟社会服务工作的新品牌，为民盟社会服务工作取得新的更大的成绩奠定坚实基础；二是要整合资源、形成合力，有效突破社会服务工作瓶颈制约；三是要加强制度建设，促进工作机制的不断完善；四是要加强经验总结和理论研究，积极探索社会服务工作的规律、方法。会议期间，举行了向雅安地震灾区捐款仪式。龙庄伟副主席代表民盟向灾区捐款450万元，表达全体盟员对四川雅安地震灾区灾后重建的关心和支持。会议期间，与会同志考察参观了四川民盟帮教基地——绵阳监狱，以及中国民主同盟林、民盟历史陈列馆、张澜故居、盟遂合作陈列馆和黑龙凼水库。民盟中央机关部分部门负责人、民盟各省级组织主管社会服务工作的副主委（秘书长）、社会服务部（处）的负责人，四川省司法厅和监狱管理局的有关同志等出席了会议。

（四）继续探索社区服务工作

一年来，一些有条件的民盟组织继续探索参与社区服务的工作模式。民盟青岛市委与相关街道办事处联合成立“明霞路同心社区服务站”，积极探索民主党派参与社会管理创新、多方位服务社区新模式，产生良好的社会反响，得到了民盟中央领导的肯定。

（五）积极打造“明眸工程”、“健康呼吸万里行”、“民盟名医讲堂”等社会服务工作品牌

2013年，“同心·明眸工程”先后在宁夏、湖南、广西、贵州等地继续开展，实施白内障、低视力康复、角膜移植等手术834例。民盟中央继续联合地方民盟组织开展“健康呼吸万里行”，在陕西富平等地共救助患者300余人、捐赠药品100余万元。

1月，国务院扶贫办下发国开办发[2013]5号文件通报2012年社会扶贫创新案例评选情况，民盟中央《烛光行动传大爱农村教育署色新——民盟“农村教育烛光行动”》、《治愈一双眼睛 幸福一个家庭——“爱心温州·善行天下·明眸工程”》两个案例经过初审、复审及网站公示，成功获选2012年社会扶贫创新案例。民盟“农村教育烛光行动”是在2007年由民盟中央倡导，在全盟广泛实施的一项旨在提高农村教育水平和教学质量，加强农村教师队伍建设的支教行动，受到胡锦涛、习近平、张高丽、贾庆林、刘延东等中央领导同志的肯定，曾荣获国务院“全国‘两基’工作先进单位”、“各民主党派、工商联、无党派人士为全面建设小康社会作贡献社会服务优秀成果”奖、“2011年度中国扶贫创新项目奖”。明眸工程由民盟中央牵头协调，采取民主党派、慈善团体、地方政府合作的创新工作模式为贫困白内障和角膜盲患者提供免费复明手术，自2009年12月启动以来，共募集资金2200多万元，先后在贵州、云南、青海、四川、重庆、河南、陕西、新疆、安徽、湖北、湖南等11省（区、市）开展免费白内障手术3500余例，捐资帮助玉树州人民医院筹建眼科医院，由于成绩突出曾先后荣获“各民主党派、工商联、无党派人士为全面建设小康社会作贡献·社会服务优秀成果”称号和“中华慈善奖·最具影响力慈善项目”表彰。

5月24日至26日，“民盟名医·两江讲堂”系列学术讲座重庆医科大学附属儿童医院举行。副主席龙庄伟，重庆市副市长、民盟重庆市委主委吴刚出席开幕式。“民盟名医·两江讲堂”作为“民盟名医大讲堂”活动的首站，由民盟中央主办，重庆市卫生局、民盟北京市委、民盟重庆市委联办，重庆市医学会承办。该活动将通整合盟内智力资源，组织知名医疗专家开展系列培训活动，以帮助基层卫生机构提高医师队伍建设水平。龙庄伟副主席在开幕讲话中指出，近年来，民盟中央将医疗帮扶作为发挥自身优势、关注服务民生的工作抓手，开展了一系列医疗帮扶工作，取得了良好的成效并先后荣获多项表彰。“民盟名医讲堂”是认真履行职能，积极推动民生改善的重要实践，是民盟中央培育社会服务工作新的“同心”品牌的开端。活动希望通过知识技能的分享推动优质医疗资源的共享，通过提升基层卫生机构医师队伍建设水平来推动基层卫生事业的发展水平，从而让基层群众可以就近享受到我国卫生事业发展的最新成果，推动我国基层卫生事业的全面进步和均衡发展。开幕式后，董瑞、汪欣、杨金奎、孙大为、李刚五位盟员医学专家就“肺系疾病防治”、“局部复发直肠癌外科处理”、“甲状腺功能亢进及甲状腺肿大”、“子宫内膜异位诊治”、“β 受体阻滞剂与脓毒症”5个专题与重庆市近600名医卫工作者进行了学术交流。

11月20日，在贵阳举行“爱心温州·善行天下·明眸工程·再进贵州”启动仪式。蜘蛛王集团、温州市慈善总会、贵阳市温州商会等为活动捐赠资金42万元；厦门瑞之路眼镜科技有限公司、上海沙斐网络科技有限公司捐赠了2000副太空镜片和诺加瓦眼镜镜架。活动选择黔东南州雷山县人民医院作为明眸工程定点帮扶医院，帮助雷山引进和开展防盲治盲新技术新项目，提高当地的眼视光诊疗水平，联合开展防盲治盲工作，造福当地群众。

（六）积极开展社会服务工作调研，不断提高工作水平

3月21日至22日，副主席龙庄伟一行赴陕调研社会服务工作。21日，龙庄伟副主席亲切看望了盟省委机关干部，并就“监狱帮教”、“农村教育烛光行动”、“明眸工程”等社会服务工作与机关干部进行了座谈。座谈会由陕西省副省长、民盟陕西省委会主委张道宏主持，省委统战部副部长郑洁参加会议并讲话。龙庄伟说，陕西民盟近年来各方面工作可圈可点之处很多，呈现出九大亮点，在社会服务工作方面精心打造新品牌，积极组织开展农村教育烛光行动、智力扶贫、监狱帮教、抗震救灾及灾后重建等工作，特别是在监狱帮教方面能够着眼于服刑人员刑满释放后就业的现实需求，紧贴社会就业形势，提供就业培训，使2000多人次通过考核获得各类证书，树立了良好的社会形象。龙庄伟副主席强调，陕盟总体上要把握住“发挥优势、突出重点、量力而行、注重实效、持之以恒”这个原则，努力发挥民盟的科技资源和智力优势；要把握好参政党的角色定位，选好工作领域和切入点，为党和政府做一些拾遗补缺，化解矛盾的工作；要发挥党派的组织优势和整体力量，注重社会服务工作的参政党属性和示范意义；在打造工作品牌的实践中，要注意社会服务与参政议政、自身建设紧密结合、相互促进。过去几年，陕西民盟做了大量卓有成效的社会服务工作，希望今后能够继续发挥优势，积极作为，在全盟发挥示范带头作用，一步一步将社会服务工作向前推进。22日上午，龙庄伟副主席轻车简从，赴富平县出席民盟“健康呼吸万里行”捐赠仪式并讲话。民盟中央委员、北京康益德中西医结合肺科医院院长董瑞致词，富平县党政领导、民盟组织负责人及县妇幼保健院职工近百人参加活动。龙庄伟一行还拜谒了习仲勋陵园，参观了富平陶艺村。民盟中央社会服务部、民盟陕西省委和渭南市委有关同志陪同调研。

3月27日至28日，副主席龙庄伟一行赴江苏调研社会服务工作。27日，龙庄伟副主席先后看望了民盟江苏省委机关和民盟南京市委机关干部，并听取了省、市两级民盟组织社会服务工作有关情况汇报。龙庄伟副主席充分肯定了民盟江苏省委、南京市委社会服务工作近年来所取得的成绩，希望他们能够发挥优势，敢于探索，取得更大成绩。28日，龙庄伟副主席深入南京市栖霞区栖霞街道东阳社区考察社区服务工作。民盟中央社会服务部、民盟江苏省委有关同志陪同调研。

9月3日至4日，龙庄伟副主席赴河南鹤壁调研社会服务工作，并参加了民盟河南省委、鹤壁市人民政府“盟鹤合作”签约仪式。调研期间，龙庄伟副主席还参加了民盟中央“健康呼吸万里行”走进河南三门峡慈善公益活动的启动仪式以及由民盟河南省委、民盟鹤壁市委援建的“陈家湾民盟烛光小学”的落成捐赠仪式。民盟河南省委主委储亚平陪同调研。

12月5日，民盟中央社会服务工作委员会在民盟中央机关召开例会。副主席龙庄伟会见了与会人员。会议由社会服务工作委员会主任张澍主持。社会服务工作委员会副主任段海溪、吕铮、钟祖荣、董瑞，部分在京委员及民盟中央社会服务部各处人员参加了会议。与会同志还就2014年将要开展的各项活动各抒已见，积极谋划，提出了许多好的意见和建议。重点是深度实施智力扶贫，力促雄嘎苗寨一年一个新变化；建立学术委员会和专家人才库，提升“民盟名医讲堂”整体运作水平；规范、提高“黄丝带计划”，探索制订并积极推广“帮教指导手册”；运用现代远程技术，拓展农村师资培训广度，扩大培训效果，等等。

四、自身建设

一年来，全盟坚持以思想建设为核心，以组织建设为基础，全面加强自身建设，进一步增强了盟组织的凝聚力和影响力。

（一）思想理论建设

2013年，民盟中央大力加强思想建设，紧密结合盟员队伍实际，认真学习贯彻中共十八大和民盟十一大精神，积极开展丰富多彩的思想宣传教育活动，引导广大盟员进一步坚定信念，凝聚共识。同时，进一步加强对理论研究工作的组织领导，不断完善研究工作机制。民盟中央参政党理论研究中心开展的课题招标工作突出实践导向，强化对策研究，2013 年共有 28 个省级组织的 31 个课题中标，涵盖多党合作理论、盟务工作、盟史等多个领域。

2 月 26 日，民盟中央召开 2013 年全国“两会”新闻通气会。受民盟中央副主席张平委托，民盟中央宣传部负责人向与会媒体介绍了民盟中央向全国政协十二届一次会议提交的发言、提案情况。来自人民日报、新华社、中新社、光明日报、人民政协报、团结报等多家新闻媒体的记者参加了通气会。

3 月 29 日，民盟中央副主席张平出席由湖北省社会主义学院、民盟湖北省委员会等单位共同主办的第三届参政党建设论坛暨湖北省参政党理论研究专委会第七届年会。中央社会主义学院副院长袁廷华，中共中央统战部研究室副主任张健等出席大会。张平副主席在代表民盟中央致辞时表示，本届论坛暨年会的主题定为“民主党派代表人士队伍建设”，不仅很好地契合了中共中央的意见精神，还找准了参政党理论研究与社会实际相结合的突破口和切入点。他希望湖北省参政党理论研究专委会继续探索有效方法，进一步建立健全开放式、多层次、社会化的研究机制，形成一支领域内与领域外、省内与省外、理论工作者与实际工作者相结合的研究队伍，做到资源共享、优势互补，不断推动参政党理论研究和多党合作事业的蓬勃发展。本届论坛收到论文 80 余篇。来自全国各地百余名专家学者围绕会议主题展开了深入探讨。

4 月 1 日上午，主席张宝文，常务副主席陈晓光，副主席张平、徐辉、龙庄伟一行赴八宝山革命公墓祭扫民盟先辈。张宝文等率民盟中央机关干部首先来到民盟中央原主席张澜墓前，向张澜先生墓碑敬献花篮，瞻仰墓碑并三鞠躬。张宝文等还来到革命公墓骨灰堂，分别向黄炎培、沈钧儒、杨明轩、史良、胡愈之等民盟老一辈领导人遗像敬献花篮，寄托民盟后辈深深的思念之情。民盟中央机关各部门和群言杂志社的同志共近百人参加了此次活动。4 月 1 日上午，全国政协原副主席、民盟中央原第一副主席张梅颖来到八宝山革命公墓，祭扫了张澜先生之墓。

4 月 2 日至 3 日，民盟中央主席张宝文率队在四川考察盟务工作，副主席张平、龙庄伟随同考察，四川省人大常委会副主任刘家强，省政协副主席、民盟四川省委主委赵振铣陪同。2 日下午，张宝文主席一行与四川省盟领导班子部分成员和省盟机关干部进行座谈。在听取汇报后，张宝文主席对民盟四川省委、民盟成都市委换届以来的工作给予了高度评价，他还就如何树立道路自信、制度自信、理论自信与大家进行了交流。他指出，中国特色社会主义道路是我们几代民盟仁人志士、前辈先贤的历史选择，也是我们这一辈人的自觉选择。目前是我国多党合作制度发展最好的时期之一，全盟要深入贯彻落实中共十八大精神和民盟十一大精神，不断增强大局意识，多考虑事关全局性、长远性的问题，多研究带有战略性、系统性的问题和人民群众最关心的问题，积极履行参政党职能。座谈会后，张宝文一行来到中国民主同盟成都史实陈列馆，为陈列馆授“中国民主同盟盟员教育基地”牌。3 日上午，张宝文一行出席盟遂合作陈列馆开馆仪式。张宝文为陈列馆揭幕并宣布开馆，张平副主席为陈列馆授盟员教育基地牌，龙庄伟副主席代表民盟中央讲话。3 日下午，在西充县莲池乡张澜故居，张宝文主席为张澜故居授盟员教育基地牌，并参观了张澜故居。考察期间，张宝文主席一行还会见了中共四川省委书记、省人大常委会主任王东明，双方就四川经济社会发展和完善多党合作制度交换了意见。

4月12日上午，民盟中央副主席张平、徐辉、龙庄伟来到怀柔区长哨营乡项栅子村出席“中国民主同盟林”复建揭碑仪式，并与参加活动的有关方面的领导和盟员一起种下了30棵银杏树。民盟中央副主席、民盟北京市委主委葛剑平讲话。此项活动由民盟中央和民盟北京市委共同举办。民盟中央机关总支第一支部、民盟北京市委机关、民盟怀柔区支部盟员共60余人参加了这次复建揭碑仪式和植树活动。中国民主同盟林是2001年为支持北京申奥，由民盟中央和民盟市委共同在怀柔区郭家坞村建立，因故于今年迁移至项栅子村，碑铭由已故民盟中央主席费孝通先生题写。此次活动旨在发扬费老的“各美其美，美人之美，美美与共，天下大同”的理念，传播民盟文化和生态文化，为促进生态建设、文化建设和社会建设一体化做出的努力。葛剑平主委在讲话中号召全体盟员行动起来，为改善北京的生态环境作出各自的贡献。

5月26日，主席张宝文出席云南民盟成立70周年纪念大会并讲话。云南省委书记、省人大常委会主任秦光荣，云南省委副书记、省长李纪恒出席大会。云南省委常委、省委统战部部长黄毅出席大会并致辞。民盟中央副主席、云南省政协副主席、民盟云南省委主委倪慧芳在大会上讲话。张宝文代表民盟中央对纪念大会的举办表示热烈的祝贺，向云南全体盟员致以亲切的问候！他说，云南民盟具有光荣的传统，成立70年来，在各个历史时期为云南的革命和建设事业作出了积极贡献。这次纪念大会以“中国梦、民盟魂”为主题，恰逢其时，他希望云南民盟进一步增强履行参政党职能的使命感和责任感，继续坚持“奔走国是，关注民生”的优良传统，努力保持求真务实、勇于担当的政治品格，坚定不移地做中国特色社会主义的拥护者、科学发展的推动者和改革的促进派。纪念大会上举行了音诗画展演，全面展示了云南民盟70年来与中国共产党风雨同舟、患难与共的光辉历程。来自各民主党派省委、省工商联、省级有关单位以及盟员代表1000余人参加了纪念大会。在昆明期间，张宝文走访了民盟云南省委机关，并与机关干部进行座谈。

6月11日上午，民盟中央副主席徐辉参加在浙江省嘉兴市举行的“纪念沈钧儒先生逝世50周年学术研讨会”开幕式并讲话。沈钧儒亲属代表、论文作者、嘉兴市沈钧儒研究会会员等100多人参加了会议。徐辉副主席代表民盟中央致词。他说，沈钧儒先生是一位伟大的爱国主义者、杰出的政治活动家、卓越的民主战士、著名的法学家和教育家。沈钧儒先生是中国民主同盟早期的领导人，在民盟的历史上具有重要的地位。在若干重要历史关头，他为中国民主同盟的发展和进步，为巩固和扩大革命统一战线做出了宝贵的贡献。在坚持走中国特色社会主义政治发展道路，推进依法治国的今天，沈钧儒先生的法学思想仍值得重视和研究。开幕式结束后，徐辉副主席在省、市盟组织有关负责同志的陪同下，前往南湖革命纪念馆参观了沈钧儒纪念馆馆藏精品展。

7月19日，民盟中央副主席张平在福建就如何办好《群言》以及《群言》未来发展方向等问题征求盟员意见。在调研中，张平副主席强调，《群言》是民盟中央机关刊物，集全盟之力才能使刊物保持活力和水准。希望大家不仅是《群言》的读者，更是《群言》的作者和编者，大家共同组成一个大编辑部，让《群言》的各项工作更上一层楼。部分在闽盟员就《群言》的内容、栏目设置、版式设计及发行等方面提出了许多中肯的意见和建议。张平副主席感谢大家对《群言》支持与关爱，表示一定认真研究和听取大家的意见，并在选题、组稿、编辑、设计等方面开拓创新，在保持《群言》固有风格的基础上，不断提升杂志的质量，编出高水准的刊物以飨读者。

9月3日至8日，张平副主席率队在江西、安徽调研，就新形势下如何提高思想宣传工作科学化水平、加强思想宣传工作队伍建设以及如何深入开展“坚持和发展中国特色社会主义”学习实践活动等问题征求盟员意见建议。调研组先后在南昌、景德镇、合肥召开座谈会，听取情况汇报。张平副主席强调，开展思想宣传工作要有清醒的头脑，要讲大局、随大势。一是要从全局考虑和部署，科学规划思路任务，把坚定政治信念、巩固政治共识放在一切工作的首位来抓。二是要依托传统，与时俱进。充分发掘民盟前辈留下的宝贵精神遗产。三是要结合履职，务求实效。树立大宣传理念，将思想宣传工作寓于参政议政、社会服务等各项具体工作之中，与履职实践相互支持、相互促进。四是要关注基层，重心下移。支持基层多开展活动，与基层盟员建立起畅通有效的对话机制，挖掘基层典型素材，做好基层典型人物宣传等。对于即将开展的坚持和发展中国特色社会主义学习实践活动，他希望大家要切实提高认识，积极贯彻落实，把学习实践活动与自身工作实际有机结合起来，加强对中国特色社会主义理论的学习研究，及时总结经验，探索建立学习的长效机制，推动学习实践活动能够真正取得实效。座谈中，盟员就思想宣传工作存在的重点难点问题、加强思想宣传工作队伍建设、改进思想宣传工作的方式方法等提出了意见和建议。调研期间，张平副主席还走访了地方盟机关，看望慰问了部分盟员代表。

9月5日上午，常务副主席陈晓光一行来到全国人大常委会原副委员长、民盟中央原主席丁石孙家中，为丁先生庆祝86岁生日。陈晓光首先代表民盟中央祝丁先生生日快乐，并送上生日蛋糕和花篮。他关切地询问了丁先生和夫人的身体状况，详细了解了他们的饮食、起居、疗养等情况。他向丁先生介绍了民盟全国工作会议的情况和民盟换届以来的主要工作。丁先生对陈晓光一行的到来表示感谢，对民盟发生的新变化感到由衷的高兴。丁先生向陈晓光一行赠送了他刚刚出版的新书《有话可说——丁石孙访谈录》。主席张宝文之前也打电话给丁先生，对他的86岁生日表示祝贺。

11月4日上午，主席张宝文到陕西民盟机关调研并为中国民主同盟（陕西）传统教育基地揭牌。揭牌仪式在西安民主党派大楼隆重举行。陕西省副省长、民盟省委主委张道宏致辞并与张宝文主席共同揭牌。陕西是民盟在西北的重要发源地，经过近几年的筹备，西安烈士陵园、榆林米脂斌丞图书馆、延安陕甘宁边区政府交际处旧址、西安东木头市19号院民盟陕西省委办公旧址和西安户县杨明轩事迹纪念馆，被列为陕西第一批民盟传统教育基地。揭牌仪式后，张宝文主席与盟员代表和机关干部代表座谈。他对陕盟的工作给予充分肯定，并对陕盟今后工作提出了四点要求和希望：一是要继承和发扬民盟优良传统，坚持中国共产党的领导。坚持走中国特色社会主义政治发展道路，奔走国是，关注民生，要具备“四气”——心气要正，志气要远，勇气要高，底气要足。二是要认真履行参政议政职能，为实现中国梦贡献力量。参政议政工作要做到“四精”——题目要精选，调查要精细，分析要精到，文字要精炼，还要具有“四性”——前瞻性、战略性、全局性、可操作性。参政参到点子上，议政议到关键处，注重扬长避短、拾遗补缺。三是要切实增强忧患意识，加强人才队伍建设。注重基层组织建设，加大代表性人士培养力度，加强对后备干部队伍的锻炼。四是要加强机关建设，发挥好窗口和枢纽的作用，将民盟陕西省委机关打造成集学习型、服务型、和谐型、绩效型于一体的“四型”机关。尤其是机关青年干部要加强学习，成为“杂家”和“通才”。

11 月 12 日，张平副主席就如何办好《群言》与民盟中央副主席、民盟北京市委主委葛剑平等来自北京的盟内专家学者们进行了座谈。座谈中，张平副主席对多年来民盟北京市委给予《群言》的支持与帮助表示感谢。他说，北京市有 1 万多名盟员，层次高，影响大，知名学者众多，为国家的各项建设提供了充分的智力支持。他们中很多人都是《群言》的老作者，为杂志撰写了许多高质量的稿件。希望今后能够继续得到民盟北京市委及广大盟员的支持，让《群言》各项工作更上一层楼。葛剑平副主席表示，民盟北京市委一直把《群言》作为一个重要的宣传平台，今后将加大与《群言》在办刊与发行等方面的合作力度，充分利用各方资源，共同把杂志办好。与会人员围绕《群言》的定位、内容、栏目设置、版式设计及发行等方面各抒己见，提出了许多中肯的意见和建议。座谈后，民盟中央主席张宝文，副主席张平、龙庄伟会见副主席葛剑平一行。

今年是民盟中央原副主席、吉林大学经济学科创始人关梦觉先生一百周年诞辰。12 月 15 日上午，由吉林大学、民盟吉林省委、吉林省政协办公厅联合举办的“纪念关梦觉先生诞辰 100 周年暨学术思想研讨会”在吉林大学隆重举行，全国政协副主席、民盟中央常务副主席陈晓光，吉林省政协主席黄燕明，吉林省人大常委会原副主任、民盟吉林省委原副主委曾孝箴，吉林大学党委书记陈德文，吉林大学校长李元元，中共吉林省委统战部副部长刘青春，民盟吉林省委主委杨安娣等出席会议。关梦觉先生是我国当代著名经济学家和教育家。他长期从事社会主义经济的教学和研究工作，在政治经济学、《资本论》研究、经济学说史、中国经济问题、世界经济、国际贸易等领域多有建树。他为国家培养了一批经济学人才，为马克思主义经济学在中国的传播和发展作出了杰出贡献。关梦觉先生是东北民盟组织的奠基人之一。他热爱盟的事业，从新民主主义革命到社会主义建设时期，数十年如一日地为盟的工作尽心竭力。始终不渝地贯彻执行中共“长期共存、互相监督、肝胆相照、荣辱与共”的方针，团结和调动广大盟员为社会主义事业服务，把智慧、力量与满腔热忱奉献给了民盟与多党合作事业的发展。关梦觉先生亲属、生前友好，民盟吉林省委盟员代表，吉林大学、教师代表及学生代表等共 100 余人参会。

（二）组织建设

全盟大力加强领导班子、后备干部队伍和基层组织建设，认真贯彻落实《2010—2020 年党外代表人士教育培训改革和发展纲要》精神，组织工作取得新成效。

1 月 10 日，民盟中央副主席田刚走访民盟广西区委机关，看望慰问机关专职干部。民盟广西主委刘慕仁向田刚副主席介绍了广西民盟地方组织的发展历程以及近年来开展思想建设、组织建设、社会服务活动等方面的情况。田刚副主席听后，高度赞誉广西民盟组织是一个具有悠久历史和光荣传统的地方组织，并对民盟近年来所取得的工作成绩表示了充分认可。当看到机关办公条件得到极大改善时，田刚副主席十分欣慰，他认为这充分显示了当地党委、政府对民主党派工作的支持和重视。广西各级盟组织和全区广大盟员不要辜负这一份重视和期望，继承和发扬民盟前辈的优良传统，积极出主意想办法，做好参政议政和社会服务工作，为当地经济发展和社会进步作出应有贡献。田刚副主席向广西盟员表达了新春的慰问和祝福，祝全区盟员在新的一年里工作顺利、合家幸福。

3月11日下午，全国政协十二届一次会议在人民大会堂举行第四次全体会议，选举政协第十二届全国委员会主席、副主席、秘书长、常务委员。民盟中央常务副主席陈晓光当选中国人民政治协商会议第十二届全国委员会副主席。王光谦、厉以宁、田刚、田静、冉霞、刘长铭、刘晓庄、刘慕仁、杨维刚、吴刚、吴正德、张来斌、陈旗、郑兰荪、郑军里、郑惠强、赵雨森、赵振铣、贾庆国、钱克明、倪慧芳、徐辉、徐一帆、曹卫星、康耀红、葛剑平、程红、焦红、温思美、雷蕾、潘功胜、欧阳明高等32位盟员当选为中国人民政治协商会议第十二届全国委员会常务委员。在3月13日举行的政协第十二届全国委员会常务委员会第一次会议上，副主席徐辉被任命为中国人民政治协商会议第十二届全国委员会副秘书长。盟员担任第十二届全国政协专门委员会职务的有：提案委员会副主任徐辉，提案委员会委员高拴平，经济委员会委员厉以宁、李成贵、钱克明、徐一帆，人口资源环境委员会委员王光谦、方精云、张澍、欧阳明高、葛剑平、韩圣浩，教科文卫体委员会委员田静、刘长铭、吴为山、张来斌、俞敏洪、彭于发、焦红，社会和法制委员会委员王文娅、曹义孙，民族和宗教委员会委员王健、刘大钧、尚绍华，港澳台侨委员会委员程红，外事委员会委员贾庆国，文史和学习委员会委员万捷、陈力、梁晓声。

3月14日上午，十二届全国人大一次会议在人民大会堂举行第四次全体会议，选举第十二届全国人民代表大会常务委员会委员长、副委员长、秘书长；选举第十二届全国人民代表大会常务委员会委员；选举中华人民共和国主席、副主席；选举中华人民共和国中央军事委员会主席。民盟中央主席张宝文当选第十二届全国人民代表大会常务委员会副委员长。丁仲礼、邓秀新、龙庄伟、张平、汪毅夫、郑功成、温孚江、蒋庄德等8位盟员当选为第十二届全国人民代表大会常务委员会委员。盟员担任第十二届全国人大专门委员会职务的有：法律委员会副主任谢经荣，内务司法委员会副主任汪毅夫，内务司法委员会委员郑功成，教育科学文化卫生委员会副主任张平，教育科学文化卫生委员会委员丁仲礼，环境与资源保护委员会委员蒋庄德，农业与农村委员会副主任龙庄伟。

3月21日下午，民盟中央邀请参加中央社会主义学院第29期民主党派干部进修班、培训班的民盟学员到民盟中央机关参观座谈。主席张宝文、常务副主席陈晓光、副主席张平、徐辉亲切接见各位学员并合影留念。陈晓光出席座谈会，对学员们提出了两点希望与要求：一是在当前改革开放持续深化的新形势下，要紧跟执政党的步伐，履行好参政党的职能。要做到这一点，就必须加强学习，不断提高政治把握能力、参政议政能力、组织协调能力和合作共事能力。二是要增强责任意识、大局意识和忧患意识。他指出，在盟内担任职务，更多的是要承担责任，要对盟负责、心存感恩，要从盟的整体事业发展的角度来考虑问题、开展工作，通过大家的努力作为，扩大盟的社会影响，展示盟的良好形象。

5月28日下午，民盟中央邀请在中央社会主义学院学习的民主党派省级组织新任专职领导干部多党合作专题研究班的民盟学员到民盟中央机关参观座谈。常务副主席陈晓光、副主席徐辉亲切接见了学员。徐辉副主席出席了座谈会并讲话，他首先代表民盟中央对大家的到来表示热烈的欢迎。他说，作为民盟省级组织的专职领导干部，大家肩负的责任和发挥的作用对民盟事业的发展有着很大的影响，要利用这次学习机会，多交流经验，多探讨问题，着力提高政治把握能力、参政议政能力、组织领导能力和合作共事能力。他希望大家高标准严格要求自己，真正做到热爱多党合作事业和民盟事业，为广大盟员做好表率，树好形象；要进一步加强机关制度建设，努力促进学习型、绩效型、服务型、和谐型机关建设，为盟员履行职责、参与活动提供更好的服务；要进一步树立与时俱进的学习理念，善于思考，勤于学习，形成良好的学习氛围；要进一步改进工作作风，完善联系基层制度，多深入基层，多倾听基层组织和盟员的声音，强化与基层盟组织的联系。

6月14日至18日，新任民盟中央委员培训班和民盟盟务工作骨干培训班同时在京举办。共有39位新任民盟中央委员和64位盟务工作骨干参加。民盟中央主席张宝文、常务副主席陈晓光、副主席徐辉、龙庄伟出席了培训班开班式并与学员们合影。张宝文主席在开班式上讲话，陈晓光常务副主席主持了开班式；培训期间，陈晓光常务副主席和张平副主席分别作了盟务工作、民盟历史和优良传统的专题报告；龙庄伟副主席在结业式上作总结讲话。在开班式讲话中，张宝文主席希望大家要始终把学习当成一种政治责任、一种精神境界、一种终身追求来抓紧抓好，要通过学习不断增强道路自信，进一步坚定正确的政治方向，将几代民盟仁人志士、前辈先贤的历史选择，内化为我们这一辈人的自觉选择；要通过学习不断继承盟的优良传统，进一步提高履职能力和水平，要把个人的专长与民盟的事业紧密结合起来，以丰厚的学养、精湛的专业为国是献策、为民生建言；要通过学习不断加强个人修养，养出正气、志气、勇气和底气，要努力塑造良好的个人形象，自觉做到自重、自省、自警、自励。常务副主席陈晓光为两个培训班的学员们做了盟务工作专题报告。他重点阐述了两个内容：一是做好盟务工作的重要意义及要把握的关键点，二是各项盟务工作的现状、取得的成绩及今后五年的努力方向。他强调指出，做好盟务工作，是新的国际国内环境对我们提出的更高要求，是进一步坚持和完善多党合作制度的内在要求，是我们的历史责任和自身发展的现实要求。陈主席对大家提出了三点要求：一要坚定信念、自信前行；二要进一步增进对盟的感情和责任心，要有“爱心”、有“热心”、有“恒心”；三要加强自身建设，提高履职能力，端正作风、勇于任事、有所作为。培训期间，中央社会主义学院、国家行政学院和国务院政策研究室等单位专家学者作了专题报告。

7月11日上午，常务副主席陈晓光一行到民盟吉林省委机关视察盟务工作。民盟吉林省委主委杨安娣，以及盟省委班子成员和机关干部参加了座谈会。陈晓光常务副主席在认真听取了工作汇报和盟员代表的发言后说，民盟吉林省委换届后，在杨安娣主委的带领下，领导班子团结、和谐，各项工作积极向上，受到中共吉林省委、省政府、民盟中央和社会各方面的普遍肯定，希望民盟吉林省委能够再接再厉，取得新的成绩。陈晓光常务副主席还介绍了民盟中央换届以来在参政议政、自身建设等方面的情况。最后，他对民盟吉林省委下一步的工作提出了要求。

9月3日晚，主席张宝文借全国人大开展气象法执法检查之机，在湘接见了民盟湖南省委班子全体成员。民盟湖南省委主委杨维刚向汇报了近年来湖南民盟的工作。张宝文主席高度肯定了湖南民盟在组织发展、参政议政、社会服务、思想建设等领域所取得的突出成绩，充分肯定了湖南民盟在服务湖南经济社会发展中所作出的贡献。他说，今年4

月，应民盟湖南省委邀请，全国政协副主席、民盟中央常务副主席陈晓光率队来湘，就“洞庭湖生态经济区水资源综合利用”开展了实地调研，现已形成政策建议信向中共中央提交，湖南省委书记徐守盛对此给予了高度赞扬。张宝文强调，湖南民盟各项工作开展得很好，在此基础之上，要保持思想上的清醒、政治上的坚定、组织上的稳定，尤其要注重做好思想建设工作，引导盟员继承和发扬民盟的光荣传统，与中国共产党风雨同舟，做中国特色社会主义的坚定拥护者。要发扬民盟“奔走国事、关注民生”的优良传统，围绕地方经济、政治、文化、社会和生态文明建设，服务党委政府工作中心，为党委政府决策提出前瞻性、全局性、可操作性强的建议和意见。要重视青年盟员的培养和代表性人士的发展，确保组织可持续发展。要遵循“发挥优势、突出重点、注重实效、持之以恒”的原则，坚持做好社会服务工作。9 月 5 日晚，张宝文在娄底接见了娄底市部分盟员，杨维刚陪同接见。

9 月 16 日下午，民盟中央邀请参加中央社会主义学院第 30 期民主党派干部进修班、培训班的盟员到民盟中央机关参观座谈。主席张宝文、常务副主席陈晓光亲切接见盟员并与大家合影留念，陈晓光常务副主席还参加了座谈并讲话。听取了大家的发言后，陈晓光对大家热心民盟事业、积极为民盟争光表示感谢。他说，大家虽然来自不同的岗位，但在盟组织中都承担着一定的工作，是民盟事业的中坚力量，所以这次学习对大家很有必要。他还向大家介绍了民盟中央换届以来，在组织建设、参政议政、社会服务等各方面工作的开展情况，并对大家今后的工作学习提出了两点要求：第一，加强学习，做好本职工作。要认真学习中共十八大精神和习近平总书记一系列讲话精神，跟上执政党的步伐；要加强对本省、本市、本地区情况的了解；要加强自身政治修养的提高，多了解盟史，学习多党合作的历史。第二，尽职尽责，切实做好盟务工作。加入民盟对于每位盟员来说是荣誉，是责任，每位盟员的言行都代表着民盟的形象，所以选择了民盟就要尽职尽责，努力工作，用自己的实际行动为民盟的事业作出应有贡献，为民盟的形象增光添彩。

10 月 8 日，为贯彻人才强盟、人才兴盟的发展战略，民盟上海市浦东新区委员会启动“人才兴盟”“政盟合作”行动计划推进项目活动。民盟中央主席张宝文，民盟中央副主席、民盟上海市委主委郑惠强出席。为加强青年干部培养，浦东区委推出 2013—2015 行动计划：构建“政盟合作”平台，与上海出入境检验检疫局建立战略合作关系；实施青年干部培养的中共和民盟“双导师”计划，采取后备干部与双导师结对方式，从政治思想、专业工作、参政议政和盟务等方面进行针对性的引领和指导。张宝文主席和郑惠强主委等领导分别向盟内外导师颁发聘书。张宝文主席还向首批获得“双导师”计划辅导的盟员赠书，鼓励他们努力学习、积极进取、为盟争光。郑惠强主委在发言时希望浦东不断创新工作方式、探索培养模式、总结提炼经验，继续抓住人才队伍建设这一强本固基的战略性工作，尽最大力气培养和用好人才，积极为区域发展多作贡献。

10 月 28 日上午，中国妇女第十一次全国代表大会在京开幕，出席大会的代表共 1625 名，其中民盟盟员代表 16 名。当天下午，民盟中央热情邀请出席大会的盟员代表到盟中央机关座谈。民盟中央常务副主席陈晓光、副主席张平、亲切接见各位代表并合影留念。陈晓光常务副主席、张平副主席还与大家进行了座谈。座谈会会场气氛十分热烈，代表们纷纷发言，畅谈对民盟的深厚感情。她们还交流了在本职工作和盟务工作中的经验和体会，提出了很多好的意见和建议。陈晓光首先代表民盟中央和张宝文主席向各位盟员代表表示热烈欢迎和祝贺，随后向代表们介绍了民盟中央近期的各项工作。他说，在座的代表都是经过层层选拔产生的，是妇女界的精英，也是民盟的骄傲，你们在本职工作中取得了优异的成绩，做出了突出的贡献，民盟中央和全体盟员感谢你们为盟增光添彩。副主席张平作为民盟中央妇女委员会分管领导，简要介绍了换届后妇女委员会的工作。在此次妇女代表大会上，民盟盟员、全国政协常委、全国工商联副主席、北京市工商联主席、北京市人民政府副市长程红同志当选为中华全国妇女联合会第十一届副主席。四名盟员当选为中华全国妇女联合会第十一届执行委员会委员，她们是：民盟中央委员、联络委员会副主任、故宫博物院副院长宋纪蓉同志，民盟中央委员、妇女委员会主任、《悦己》杂志社社长兼总编尚绍华同志，全国政协常委、全国工商联副主席、北京市人民政府副市长程红同志，欧美同学会副会长兼妇女委员会主任、中国社会科学院世界历史研究所研究员端木美同志。

11 月 26 日，主席张宝文在民盟中央机关亲切接见中国美术家协会第八次全国代表大会部分盟员代表。张宝文主席向各位盟员代表表示热烈欢迎和祝贺，并期望他们今后创作出更多更好的作品，为民盟事业的发展，为促进社会主义文化大发展大繁荣贡献自己应有的一份力量。张平副主席、龙庄伟副主席陪同接见。中国美术家协会第八次全国代表大会选举产生了新一届理事会和主席团等领导机构，民盟中央常委、全国政协委员、中国艺术研究院美术研究所所长、中国雕塑院院长吴为山同志当选为中国美术家协会副主席。三名盟员当选为中国美术家协会理事，他们是：黑龙江省政协委员、哈尔滨师范大学艺术学院副院长田卫平同志，民盟中央委员、文化部中国艺术科技研究所综合发展部主任容铁同志，湖北省政协常委、湖北美术学院院长徐勇民同志。

12 月 2 日至 6 日，民盟盟务工作骨干培训班和民盟从政干部培训班同时在京举办。共有 68 位盟务工作骨干和 31 位民盟从政干部参加。主席张宝文、常务副主席陈晓光出席了培训班开班式。在开班式讲话中，张宝文指出，刚刚结束的民盟十一届二中全会，把学习中共十八届三中全会精神作为当前和今后一个时期全盟的首要政治任务。他希望大家通过学习认真领会深化改革对于当代中国的重大意义，秉承老一辈的优良传统，坚定道路自信、理论自信、制度自信；牢固树立进取意识、机遇意识和责任意识，不断拓宽学习内容，优化知识结构，切实提高议政建言的能力和水平；清醒地认识到自己的责任，对自己高标准严要求，树立实事求是、谦虚谨慎、敢于担当、清正廉洁、勤学常思的作风，不断取得工作实绩，展示民盟良好形象。陈晓光常务副主席为培训班学员们做了盟务工作专题报告。他重点阐述了两方面的内容，一是做好盟务工作的重要意义及要把握的关键点，二是各项盟务工作的现状及今后五年的努力方向。他指出，做好盟务工作，是新的国际国内环境对盟的干部提出的更高要求，是进一步坚持和完善多党合作制度的内在要求，是民盟的历史责任和自身发展的现实要求。培训班还为学员们安排了由中央社会主义学院、中共中央党校、国防大学、国家行政学院专家学者所作的专题报告。培训期间，张平副主席作了民盟历史和优良传统专题报告，徐辉副主席在结业式上作总结讲话。

12 月 9 日—10 日，民盟省级组织组工干部培训班在中央社会主义学院举办。民盟中央常务副主席陈晓光出席开班式并讲话。来自全盟30个省级组织的86名组工干部参加了培训。针对在中央社院的学习，陈晓光常务副主席提出三点希望：一是进一步坚定政治信念，把学习中共十八届三中全会精神与学习民盟十一届二中全会精神结合起来，与开展坚持和发展中国特色社会主义学习实践活动结合起来，不断增强对中国特色社会主义的道路自信、理论自信和制度自信。二是进一步提升业务能力，熟练掌握和运用组织工作方针、政策、原则和程序，增强结合实际探索新思路新方法的意识和本领，提高研究新情况解决新问题的能力和水平。三是进一步改进工作作风，弘扬淡泊名利、甘为人梯、乐于奉献的精神，坚持公道正派、清正廉洁，时刻做到自重、自省、自警、自励；以"基层组织建设年"为契机，深入基层组织摸实情、办实事，密切与基层组织和盟员的联系，促进基层组织建设取得实效。民盟中央副秘书长陈幼平传达了民盟组织工作会议精神，介绍了全盟组织现状，并就领导班子建设、后备干部队伍建设等各项工作提出了要求。学习期间，学员们还就如何做好组织工作进行了分组讨论，大家交流了组织工作经验和做法，探讨了工作实践中遇到的困难和问题，并对今后的工作思路和努力方向达成了共识。

（三）机关建设

全盟高度重视机关建设，着力打造学习型、绩效型、服务型、和谐型机关，机关氛围更加团结和谐，工作绩效明显提升。

1月25日，副主席张平、龙庄伟亲切看望了民盟中央原副主席俞泽猷和民盟中央原副主席千家驹的夫人赵甲素女士，给他们带去了民盟中央的新春祝福。1月25日下午，主席张宝文，常务副主席陈晓光，副主席张平、徐辉、龙庄伟一行到家中亲切看望了全国人大常委会原副委员长、民盟中央原主席丁石孙先生。1月27日，副主席张平、徐辉、龙庄伟亲切慰问了民盟中央原顾问郧沧萍，原副主席卢强、王维城，原副主席厉以宁和原副主席马大猷的夫人王荣和女士，把新春的祝福和关怀送到老同志身边，并嘱咐各位老领导、老同志注意身体，继续关心支持民盟的各项工作。1月30日下午，副主席龙庄伟一行冒着严寒，亲切探望了萧乾先生夫人文洁若和陶大镛先生夫人牛平青，为她们带去了民盟中央的祝福。2月1日上午，原副主席李重庵一行，看望了老盟员、著名语言学家周有光先生。2月1日，副主席、民盟云南省委主委倪慧芳来到昆明医学院第一附属医院，看望在此住院治疗的97岁高龄的吴征镒先生。2月4日上午，常务副主席陈晓光慰问了原副主席、北大中文系教授袁行霈先生。

1月29日，民盟中央机关新春联欢会在机关举行。民盟中央主席张宝文，原主席蒋树声，常务副主席陈晓光，副主席张平、徐辉、龙庄伟，原副主席吴修平、李重庵、索丽生和中共中央统战部一局的同志们出席了联欢会。联欢会由秘书长高拴平主持。张宝文主席等五位专职主席、副主席首先给大家拜年，张宝文在联欢会上致词。他说，在中国传统的春节即将到来之际，民盟中央的各位老领导、老同志和全体机关干部共聚一堂，欢声笑语，喜迎新春，他代表民盟中央向大家拜早年。高拴平秘书长宣读了民盟中央机关2012年度先进集体和优秀个人名单。出席联欢会的民盟中央领导向获奖集体和个人颁发了奖状和证书。联欢会上，机关部分同志表演了精彩文艺节目。民盟中央机关此次新春联欢会为响应中共中央勤俭节约的号召，就近在民盟中央机关报告厅举行。一杯清茶，几段节目，一场简单、欢乐的联欢，为大家带来了温馨、欢乐和吉祥。民盟中央机关、《群言》杂志社、机关服务中心和机关离退休人员 200 多人参加了联欢。

2 月 1 日，民盟中央副主席徐辉，民盟中央副主席、民盟北京市委主委葛剑平出席民盟北京市委举办的 2013 年新春联欢会。600 余名北京市民盟盟员齐聚一堂，共庆新春佳节。徐辉副主席代表民盟中央讲话，对民盟北京市委近年来、特别是 2012 年的工作给予了充分肯定，并希望民盟北京市委在新一年里再接再厉，取得更大更好成绩。民盟各区委、区工委、基层委员会和民盟北京市委机关，为到会的盟员和嘉宾送上了精心准备的文艺节目。北京市各区县统战部、高校统战部、兄弟党派及民盟各基层委员会部分领导应邀出席了联欢会，民盟北京市委机关全体同志参加联欢会。

3 月 21 日上午，民盟中央机关召开传达“两会”精神报告会，全国人大常委、民盟中央副主席张平，全国政协副秘书长、民盟中央副主席徐辉分别传达了十二届全国人大一次会议和全国政协十二届一次会议精神。报告会由高拴平秘书长主持。会上，副主席张平介绍了十二届全国人大一次会议精神，他详细介绍了大会的各项议程，重点从宏观经济、社会保障、三农工作等方面解读了政府工作报告，并从铁路政企分开、组建国家卫生和计划生育委员会等方面介绍了国务院机构改革和职能转变方案。副主席徐辉从新背景、新任务、新作风、新讲话、新观点等方面介绍了全国政协十二届一次会议的基本情况，并向大家详细介绍了民盟界别组在会议期间的主要工作。常务副主席陈晓光在会上对机关建设工作提出三点要求：一是加强学习，勤奋工作；二是规范管理，热情服务；三是营造风清气正、团结和谐的机关氛围。他指出，大家要本着想事、谋事、干事的积极心态，自我加压、自我培养、自我锻炼，努力把自己培养成为全面人才。机关各部门之间要加强相互联系合作，互相补台，要靠制度的约束和政策的激励引导，共同营造团结和谐、风清气正的工作环境，全面加强机关建设。

5 月 31 日上午，为进一步提高民盟中央机关干部的健康素质与精神风貌，大力促进机关建设的和谐发展，民盟中央机关举行了“民盟中央机关 2013 年趣味运动会”。民盟中央主席张宝文，常务副主席陈晓光，副主席张平、徐辉、龙庄伟等领导同志兴致勃勃地与机关干部职工 80 余人一起参加本次运动会比赛。高拴平秘书长担任总裁判长。本届运动会共设有立定跳远、两人三足折返跑、双人夹球折返跑、慢骑自行车、双人跳绳、转呼啦圈、篮筐接皮球、拔河等 8 个项目，兼顾了竞技性与趣味性。趣味运动会从始至终，欢声笑语，精彩纷呈，参赛的每一位运动员都认真完成自己的比赛项目。最后的集体拔河比赛，更是将本次运动会推向了高潮，紧扣心弦的热闹场面，充分体现了体育运动带给大家的热情与快乐。

9 月 26 日至 27 日，民盟中央机关干部培训班在北京举办。张宝文主席、陈晓光常务副主席分别在开、闭幕会上讲话，张平、龙庄伟副主席出席开班式。高拴平秘书长主持会议。张宝文主席在讲话中说，民盟中央机关作为 24 万盟员聚焦的窗口，作为各级盟组织联系的纽带，要把加强机关干部的思想工作，当做生命线来抓。只有机关干部统一思想、坚定信念，才能更好地发挥盟中央机关的示范引领作用。他向大家提出了三点希望：一是希望大家能够静下心来，努力加强自身学习；二是希望大家能够正下心来，认真落实机关各项制度；三是希望大家能够诚下心来，携手改善机关工作作风。机关各部门负责人在会上就盟务工作进行了交流。陈晓光常务副主席在闭幕会讲话中说，此次培训准备工作扎实，大家学习态度认真，培训内容针对性强，通过这次学习培训，大家用理论武装了头脑，用交流凝聚了共识，这对我们加强自身建设，打造“四型”机关，开创盟务工作新局面，必将产生重要的推动作用。他还就如何将学习成果转化为实践成果，推动机关建设再上新台阶，对大家提出了希望和要求。中央统战部研究室负责人为学员们作了题为新时期统战工作的辅导报告。民盟中央机关各部门和《群言》杂志社的同志参加了培训。

10 月 31 日上午，为丰富机关文化生活，促进机关和谐发展，民盟中央机关举办了第四届摄影展。主席张宝文、常务副主席陈晓光、副主席张平、徐辉、龙庄伟等领导同志出席开幕式，并参观了摄影展。张平副主席在开幕式上讲话。张平副主席说，随着时代的发展和摄影成本的降低，摄影已经从贵族艺术发展为平民艺术，成为千万人生活中不可或缺的部分，机关举办摄影展正是顺应了这一潮流。在机关摄影展里，大家既是作品的创造者、参与者，也是作品的欣赏者和评判者。摄影展的举办，不仅融入了我们多姿多彩的工作和生活，也展现着大家心中的美好和青春；不仅提高了我们的审美情趣，也增进了同事情感友谊；不仅丰富了机关活动，也促进了机关和谐，是我们民盟中央机关文化生活中的一件盛事。张平副主席还高度评价了此次摄影展参展作品的质量，希望大家细品慢观，互相学习，今后拍出更好的作品。此次摄影展吸引了民盟中央机关各部门、群言杂志社和服务中心职工踊跃报名，共 87 人提供了 225 幅摄影作品。

12 月 4 日上午，民盟中央机关学习中共十八届三中全会精神报告会在机关举行。常务副主席陈晓光，副主席龙庄伟出席报告会，秘书长高拴平主持报告会。报告会上，民盟中央社会委员会副主任、国家行政学院教授丁元竹以“全面深化改革的目标、重点和主要任务——学习十八届三中全会《决定》体会”为题，为机关全体干部做了主题讲座。12 月 25 日上午，民盟中央机关举行学习中共十八届三中全会精神交流会。会上，机关八个部门的同志分别从各自角度，结合本部门工作，畅谈他们学习中共十八届三中全会的体会和感受。常务副主席陈晓光出席交流会并讲话，他说，本次交流会是民盟学习中共十八届三中全会精神的重要环节之一。中共十八届三中全会精神博大精深，全面深化改革的任务艰巨，需要我们进一步加强学习。希望民盟中央机关全体同志在新的一年中，紧紧围绕全面深化改革，继续深入贯彻落实十八届三中全会精神，更好地履行参政党职能。民盟中央机关、群言杂志社、服务中心等机关全体同志参加了会议。

12 月 24 日下午，民盟中央机关支部盟员在徐辉副主席，民盟中央机关总支主委陈幼平的带领下到国家测绘地理信息局、中国测绘创新基地、中国测绘科技馆参观学习。国家测绘地理信息局副局长李朋德，中国测绘科学研究院党委书记、副院长李永春，民盟中央科技委员会委员、中国测绘科学研究院副院长燕琴全程陪同，并为来参观学习的盟员们作了详细的讲解与介绍。中国测绘科技馆是我国首家以测绘为主题的国家级专门类展馆，是中国科协命名的“全国科普教育基地”。盟员们先后参观了测绘历史沿革与科技创新厅、地图厅、数字地球厅、技术装备厅，并观看了数字城市、地理国情监测、天地图、国家地理信息科技产业园等介绍、演示。盟员们通过文字、图片、道具、模型、实物等形式和声、光、电、三维立体演示、互动触摸等手段，了解到中国测绘的历史、测绘科技的进步、地图文化的博大、测绘成果的广泛应用和地理信息产业的发展壮大，既彰显了中华文化的历史底蕴和博大精深，同时对大家增强国家版图意识，对中国历史文化、特别是有关测绘的历史沿革，以及认识测绘作用、了解测绘功能起到了很大的作用。徐辉副主席接见了中国测绘科学研究院的盟员并合影留念。

（四）盟员及组织概况

2013年共发展盟员12993人，到2013年底共有盟员247343人。在职盟员比例逐年上升，盟员整体素质进一步提高，非主体界别比例有序增长，为民盟履行参政党职能提供了更加丰富的人才资源。2013年净增率为4.9%。平均年龄54.5岁。在职160495人，占64.9%。大学以上文化程度180123人，占72.8%；大专文化程度47070人，占19.0%。中上层人士220099人，占89.0%。大中城市221072人，占89.4%。

各级地方组织总数438个，其中省级30个，市地级312个，县市区级96个。地市级工委11个，区县工委36个。基层组织7205个，其中基层委员会558个，总支660个，支部5823个，小组164个。盟员万人以上的省级组织有9个：上海，16544；广东，15709；江苏，15363；四川，14879；辽宁，12635；浙江，10843；陕西，10653；福建，10544；北京，10486。

盟员中教育、科技医卫、文化艺术、新闻出版共195906人，占79.2%，其中高教59670人，占24.1%，普教78179人，占31.6%；科技医卫43672人，占17.7%；文化艺术、新闻出版14385人，占5.8%；新社会阶层14513人，占5.9%。

十二届全国人大代表64人（其中，副委员长1人、常委8人、代表55人）；十二届全国政协委员133人（其中，副主席1人、常委31人、委员101人）；省级人大副主任4人；省级政协副主席14人。担任县级以上人大代表2900余名，政协委员14900余名。

盟员中担任中央和地方政府部门及司法机关的盟员：副部级2人；直属、部委司局级13人；省级6人，厅局级75人，地市级42人，县处级865人。担任中央有关部门"特约（邀）"人员的共有22人次：最高人民检察院特约检察员6人，监察部特邀监察员3人，国家审计署特约审计员2人，国家特邀国土资源监察专员4人，教育部特约教育督导员1人，国家税务总局特邀监察员2人，最高人民法院特约监督员3人，环境保护部国家环境特约监察员1人。

盟员中两院院士50人：科学院院士33人，工程院院士19人，其中有两人为两院院士。教育部"长江学者奖励计划"特聘教授53人。高校校院长183人，高校院处长1813人。担任省级以上科研院所领导职务的有46人，担任省级以上部分社会团体领导职务的有57人。

2013年，广大盟员立足本职，再创佳绩。

在2013年度国家科学技术奖励大会上，民盟盟员、著名物理化学家，中国高能化学激光奠基人、分子反应动力学奠基人之一，中国科学院院士，国家自然科学基金委员会名誉主任张存浩，荣获国家最高科学技术奖。这是继2007年度吴征镒、2008年度徐光宪、2009年度谷超豪、2011年度吴良镛、2012年度郑哲敏之后，民盟盟员第六度荣获国家最高科学技术奖。张存浩先生1928年出生，1952年11月加入民盟。现任国家自然科学基金委员会名誉主任、研究员，中国科学院院士，第三世界科学院院士。曾任民盟中央第七、八届常委。他是中国著名物理化学家，中国高能化学激光奠基人、分子反应动力学奠基人之一，长期从事催化、火箭推进剂、化学激光、分子反应动力学等领域的研究，取得多项国际先进成果。杨志峰等21位盟员分别荣获2012年度国家自然科学奖二等奖、国家技术发明奖二等奖、国家科学技术进步奖二等奖等奖项。

10月30日，何梁何利基金2013年颁奖大会在北京举行。江雷、焦念志、邓秀新、何清华等盟员荣获2013年度何梁何利基金奖。

12月7日上午，澳门大学在横琴新校区举行隆重的“2013年学位颁授典礼”，澳门大学有关负责人向全国人大常委会原副委员长、民盟中央原主席蒋树声颁授“荣誉教育博士学位”。澳门大学在颁授介绍中说：“以新思维推动高教发展的卓越学者蒋树声教授，是卓有成就的凝聚态物理学家，数十年来一直为推动中国教育事业和科研技术的发展鞠躬尽瘁，不遗余力。……并对海峡两岸四地高教之交流与合作尽心尽力。”“蒋树声教授的大学理念既具有中国特色又具国际学术影响力。”“把南京大学的学术提升至一流水平。……他又领导南京大学与世界著名大学建立紧密伙伴关系，南京大学与美国约翰·霍普金斯大学合作建立中美文化研究中心的学术体制，至今为各校所效仿。”原主席蒋树声在代表荣誉博士致辞中，寄语澳门大学学子：第一，既要有自信的人生态度，更要培养坚忍的意志品质。第二，既要有勤奋的作风，更要有创新的精神。第三，要有善良的心地、坦诚的品格、宽阔的胸怀和高尚的情操。他也对澳门大学、澳门特区的发展，给予了高度评价；并祝福澳门大学的发展欣欣向荣、澳门特区的明天更加美好。

12月12日，由中央电视台财经频道主办的第十四届中国经济年度人物评选获奖名单揭晓，民盟中央原副主席、全国政协常委、北京大学光华管理学院名誉院长厉以宁教授荣获中国经济年度人物“终身成就奖”。

12月19日，第二届中华艺文奖颁奖典礼在北京人民大会堂举行。盟员吴良镛获得艺术家“终身成就奖”，盟员朱乐耕获艺术界领军人物“艺文奖”。

获得重大奖项的盟员还有方汝将、周利、茅善玉、姚百青等荣获梅花奖。

周　荣　民盟中央参政议政部调研处副处长
马向东　民盟中央组织部地方处副处长

中国民主建国会

2013年是全面贯彻落实中共十八大精神的开局之年。中国共产党以邓小平理论、“三个代表”重要思想和科学发展观为指导，高举中国特色社会主义伟大旗帜，带领全国人民坚定信心，凝聚共识，团结奋斗，全面推进社会主义经济建设、政治建设、文化建设、社会建设、生态文明建设，保持了国民经济持续健康发展和社会和谐稳定，实现了良好开局。一年来，民建认真学习贯彻中共十八大精神，积极落实本会十大提出的各项任务，着力推进基层组织建设，改进工作作风，认真履行参政党职能，各项工作取得可喜成绩，为促进深化改革开放、经济健康发展、社会和谐稳定作出了积极贡献。

一、重要会议及活动

（一）中央委员会会议

中国民主建国会第十届中央委员会第二次全体会议12月16日在北京召开。会议的主要内容是学习中共十八届三中全会精神和中央经济工作会议精神，听取并审议民建第十届中央常务委员会工作报告。民建中央主席陈昌智代表民建第十届中央常务委员会作《坚定信念，凝聚共识，为推进全面深化改革作出新贡献》的工作报告。民建中央常务副主席马培华主持开幕式。

陈昌智在回顾总结2013年工作时指出，一年来，全会认真学习贯彻中共十八大精神，积极落实民建十大提出的各项任务，继承和发扬会的优良传统，深化思想宣传教育，以加强基层组织建设为重点，改进工作作风，转变工作方式，认真履行参政党职能，各项工作取得新成效，为促进深化改革开放、经济健康发展、社会和谐稳定作出了积极贡献。

关于2014年的工作，陈昌智提出，民建全会要认真学习贯彻中共十八大、十八届三中全会精神，广泛深入开展坚持和发展中国特色社会主义学习实践活动，把握大局，拓展思路，紧密围绕全面深化改革的目标、任务和重点，动员全会积极投入全面深化改革的实践，积极履行参政党职能，扎实开展好各项工作，以优异的工作业绩迎接中华人民共和国成立65周年。 会议还审议了民建中央监督委员会工作报告。民建中央副主席吴晓青、民建中央常务副主席马培华、民建中央副主席张少琴、辜胜阻、宋海先后作了关于《大力发展环保产业，促进生态文明建设》、《大力推动我国清洁能源发展，促进新型城镇化过程中的环境保护》、《积极稳妥推进新型城镇化，实现城镇化健康发展》、《坚持“市场主导、政府引导”的城镇化模式，要充分激发民间资本的投资活力》、《关于规范和促进我国影子银行发展的政策建议》等五个专题调研报告的说明。

民建中央副主席陈政立、李说、周汉民、王永庆，及民建中央委员出席会议。民建中央专门委员会部分负责人，民建中央机关工作部门主要负责人和各省级组织部分专职副主委列席会议。

（二）中央常务委员会会议

1. 十届二次中常会

3月11日，中国民主建国会第十届中央常务委员会第二次会议在京举行。民建中央主席陈昌智主持会议，民建中央常务副主席马培华出席会议。

会议审议通过了《民建中央关于学习贯彻十二届全国人大一次会议和全国政协十二届一次会议精神的决议》。决议认为，十二届全国人大一次会议和全国政协十二届一次会议全面贯彻中共十八大精神，高举中国特色社会主义伟大旗帜，以邓小平理论、“三个代表”重要思想和科学发展观为指导，进一步动员全国各族人民为夺取全面建成小康社会新胜利而团结奋斗，对于推进中国特色社会主义事业具有重大意义。民建全会同志要更加紧密地团结在以习近平同志为总书记的中共中央周围，认真学习贯彻全国“两会”精神，增强使命感和责任感，振奋精神，团结进取，扎实工作，为全面建成小康社会作出积极贡献。

会议强调，2013年是全面贯彻落实中共十八大精神的第一年，是为全面建成小康社会奠定坚实基础的重要一年，也是民建第十届中央委员会的开局之年。面对新的形势任务，全会同志要把学习贯彻全国两会精神与学习贯彻中共十八大精神结合起来，结合实际贯彻落实本会十大制定的工作目标和任务。坚持把促进科学发展作为第一要务，以经济建设为中心，充分发挥民建密切联系经济界的特色和优势，围绕实施创新驱动发展战略、推进经济结构战略性调整、解决“三农”问题、推动城乡发展一体化、发展非公经济、推进文化建设和生态文明建设等关系经济社会发展和民生的重大问题，深入调查研究，积极建言献策。

会议听取了民建天津市委、民建辽宁省委的工作汇报，审议通过了《中国民主建国会第十届中央委员会五年工作纲要》、《关于民建中央专门委员会换届工作的意见》等文件，通过了《中国民主建国会第十届中央委员会各专门委员会主任、副主任人选名单》，通报了民建中央2013年的重点调研课题。

民建中央副主席陈政立、张少琴、辜胜阻、宋海、李说、周汉民、吴晓青、王永庆、郝明金以及民建中央常委50余人出席会议。

2. 十届三次中常会

6月16日，中国民主建国会第十届中央常务委员会第三次会议在青岛召开。民建中央主席陈昌智主持会议并讲话，常务副主席马培华出席会议并作报告。

陈昌智指出，民建要认真分析会情，着眼未来，做好后备干部队伍建设。民建各级组织要按照“注重质量、注意数量、保持特色、优化结构”的原则认真抓好组织发展工作，在保证质量的前提下保持合理的发展速度。当前，省级组织要把这项工作摆上重要日程，根据新形势新任务要求，积极探索和推进后备干部推荐、选拔、培养、管理工作制度化、规范化建设，做好中长期计划和短期安排，选拔一支政治素质好、代表性强、结构合理、数量充足、具备民建特色的后备干部队伍。要坚持德才兼备、以德为先，坚持选人政治标准和代表性的统一，坚持重在培养、动态管理，坚持体现特色与优化结构相统一，坚持完善制度、全面培养的方针。

陈昌智要求，民建要借鉴中共的群众路线教育实践活动，切实改进会的工作作风。一是要密切联系基层、联系群众、联系会员，依靠群众。二是要坚持自我改进、自我提高。三是要加强会内监督，促进会的工作实现制度化、规范化。陈昌智指出，民建全会要积极发挥专委会作用，动员全会力量全面推进参政议政工作。专委会要发挥自身专业特色和优势，发挥专委会委员的积极性和创造性，为民建的参政议政工作做出新的更大的贡献。陈昌智强调，民建全会要认真学习俞正声同志在毕节考察时的重要讲话精神，发挥自身优势，进一步做好社会服务工作。在总结经验的基础上不断探索新思路、新途径、新办法，使帮扶工作更有成效。

马培华作了关于十届中央委员会专门委员会成立情况的报告。 中共山东省委常委、青岛市委书记李群出席开幕会并致辞。

3. 十届四次中常会

9 月 5 日，中国民主建国会第十届中央常务委员会第四次会议在苏州召开。会议听取了会中央经济委员会、财政金融委员会、企业委员会、能源与资源环境委员会对当前经济形势的分析报告，并进行讨论。会议审议通过了关于召开民建十届二中全会的决定，审议通过了关于批准成立地方组织的决定，会议还审议通过了其他事项。民建中央主席陈昌智主持会议并讲话，常务副主席马培华传达了全国政协有关会议精神。

陈昌智在讲话中简要介绍了在中共中央近期召开的党外人士座谈会上，民建对我国当前经济形势的分析和对策建议，认为：今年以来，我国经济运行总体平稳，主要指标处于年度预期的合理空间。对下半年的经济工作，提出三点对策建议：一是缓解中小企业特别是小微企业困境，助推实体经济发展；二是大力发展环保产业；三是规范和引导影子银行发展。

对今后一段时期的工作，陈昌智提出几点意见：一是要贯彻落实民建基层组织建设研讨会会议精神。各级领导班子要提高思想认识，着眼战略全局，认清形势，正视不足，从解决具体问题入手，进一步增强深入推进基层组织建设工作的责任感和紧迫感。要努力提高领导水平，增强基层组织战斗力。要努力提高创新能力，增强基层组织活力；二是积极推动民建各级领导干部转变工作作风。如何转变民建各级领导干部的工作作风，密切与广大会员的联系，是进一步加强自身建设的主要任务。陈昌智指出，转变工作作风要端正学风，加强对现实问题的思考，注意对实际问题的解决。各级领导班子和领导干部要真正领会转变工作作风的实质，查找在思想、工作、作风等方面存在的问题，制定更具体、更明确、可操作性强的工作制度和措施，领导要做好表率；三是深入学习贯彻中共中央全国宣传思想工作会议精神。民建要深入学习领会、全面贯彻习近平总书记重要讲话精神，切实把思想和行动统一到讲话精神上来。民建的宣传思想工作要始终坚持正确的舆论导向，要体现自身特色，要不断创新。

民建中央副主席陈政立、张少琴、辜胜阻、宋海、李说、周汉民、吴晓青、王永庆、郝明金和民建中央常委参加会议，民建中央秘书长孟孝忠和各工作部门负责人列席会议。

4. 十届五次中常会

12 月 15 日，中国民主建国会第十届中央常务委员会第五次会议在京召开。民建中央主席陈昌智主持会议并讲话，常务副主席马培华出席会议。

会议认真学习了中共十八届三中全会精神和中央经济工作会议精神，审议通过中国民主建国会第十届中央委员会第二次全体会议议程（草案）、日程（草案）、分组名单（草案）；审议通过中国民主建国会第十届中央常务委员会工作报告，提交民建十届二中全会审议，并确定报告人；审议中央监督委员会工作报告；审议通过民建中央关于开展坚持和发展中国特色社会主义学习实践活动的方案；审议通过关于批准成立地方组织的决定；通报会中央改进作风的整改意见以及其他事项。

陈昌智就民建十届中央常务委员会工作报告作说明。2013 年是民建十届中央委员会的开局之年，工作报告全面总结了我会一年来在加强自身建设和履行职能方面的主要成绩，重点突出了在加强与基层组织联系，改进工作作风方面的新举措，充分展现了在思想建设、组织建设、参政议政、社会服务等方面履职尽责的工作亮点，并对明年的工作作出规划和部署。陈昌智还简要通报了三次中共中央党外人士座谈会的情况。

陈昌智强调，开展坚持和发展中国特色社会主义学习实践活动是贯穿今后几年的一项主题活动，各地要通过生动活泼的学习教育形式把活动不断引向深入。希望与会同志以高度的政治责任感开好此次会议，确保会议顺利完成各项议程，把会议开成团结、高效、求真、务实的大会。

民建中央副主席陈政立、张少琴、辜胜阻、宋海、李谠、周汉民、吴晓青、王永庆、郝明金及民建中央常委出席会议。不担任民建中央常委的省级组织主委，民建中央秘书长和各工作部门负责人列席会议。

（三）中央工作会议

1. 民建中央监督委员会全体会议

1 月 28 日，中国民主建国会第十届中央监督委员会第一次全体会议在北京召开。民建中央主席陈昌智和民建中央常务副主席、监督委员会主任马培华出席会议并讲话。民建中央副主席、监督委员会副主任李谠、郝明金分别主持会议。

陈昌智在讲话中强调要充分认识会内监督的重要性。他指出，加强会内监督，对于保障本会正确的政治方向，始终坚持中国共产党的领导，坚定不移地走中国特色社会主义政治发展道路，坚持多党合作政治制度具有十分重要的意义；加强会内监督，对于严肃会的纪律，认真贯彻民主集中制，严格按照规章制度和程序开展工作具有十分重要的作用。陈昌智还提出了两项具体工作要求：一是要加强领导作风的监督。各级领导干部要深入基层、深入支部，倾听会员心声，帮助会员解决问题；要杜绝奢靡之风，避免浪费，继续保持勤俭节约、艰苦奋斗的优良传统。二是要进一步将会内监督工作做到实处。通过完善述职述廉、民主测评、谈心会等监督形式，拓宽监督渠道，细化工作内容，有计划地推进省级组织监督委员会建设等工作，推动会内监督往更实、更深、更细、更好的方向前进。

马培华在讲话中总结了监督委员会成立以来的工作并对 2013 年的工作做了部署。他强调：中央监督委员会要贯彻落实中共十八大精神、深入学习习近平总书记在走访民建中央机关时的重要讲话以及在中纪委二次会议上的重要讲话精神，按照民建十大要求，认真总结以往实践经验，进一步加强会内监督工作。要推动广大会员特别是各级领导干部认真学习会章、严格遵守会章，坚决维护会章的权威性和严肃性；要把维护政治纪律放在首位，深入开展政治纪律教育，保证会的团结统一；要敦促《会内监督条例》的贯彻实施，切实履行教育引导职责，充分发挥会内监督的预防监督作用，切实贯彻民主集中制；要继承会的优良传统，密切联系群众，认真听取群众意见和建议，营造民主会风；要加强会内监督队伍自身建设，严格按照工作规则办事，稳妥慎重地处理问题，认真履行监督职责。

12 月 15 日，中国民主建国会第十届中央监督委员会第二次全体会议在北京举行。民建中央主席陈昌智出席会议并讲话。民建中央常务副主席、监督委员会主任马培华作了题为《弘扬改革创新精神，推进会内监督工作》的 2013 年中央监督委员会工作报告。民建中央副主席、监督委员会副主任李说主持会议。民建中央副主席、监督委员会副主任郝明金出席会议。

陈昌智首先充分肯定了中央监督委员会的工作。他说，一年来，中央监督委员会立足民建的实际，积极稳妥开展工作，会内监督工作有了新进展，取得了新成效。陈昌智对下一阶段的工作提出五点要求：一要进一步提高对会内监督重要意义的认识，推动会内监督工作的开展。二要以会中央印发《关于改进工作作风，密切联系群众的通知》为契机，切实加强对工作作风转变的监督，推动领导班子建设；三要着力提高省级领导班子谈心会、民主生活会的质量；四要抓住机遇，勇于实践，推进会内监督工作向纵深发展；五要认真总结实践经验，探索新时期新形势下会内监督工作的规律，加强对省级监督委员会工作的指导。

马培华的工作报告从六个方面对中央监督委员会 2013 年的工作进行了总结：一是着力增强共识，夯实会内监督思想基础；二是加强组织建设，完善会内监督体系；三是推动作风转变，拓展会内监督途径；四是发扬会内民主，推动领导班子建设；五是积极深化探索，创新会内监督方式；六是服务自身建设，扎实推进监督工作。同时提出了中央监督委员会 2014 年的重点工作：一要以宣传教育为基础，进一步强化监督意识；二要以民主集中制为原则，进一步加强制度建设；三要以机构建设为抓手，进一步完善监督体系；四要以转变作风为主线，进一步推进领导班子建设；五要以理论建设为重点，进一步探索会内监督新途径。

中央监督委员会委员全部出席会议。会议一致同意将马培华所作的工作报告提请主席会议审议后向中国民主建国会第十届中央委员会第二次全体会议报告。

2. 专门委员会成立大会

5 月 16 日，中国民主建国会第十届中央委员会专门委员会成立大会在京举行，民建中央主席陈昌智出席会议并讲话，常务副主席马培华主持会议。

陈昌智在讲话中总结回顾了过去 5 年专委会的工作情况。他说，五年来，九届中央专委会按照民建九大确定的目标和任务，“建有用之言，献有效之策”，注重扩展优势领域，紧扣经济社会发展的重点、难点、热点问题开展调查研究，履行参政议政职能，顺利完成民建中央布置的各项任务，形成了一系列政策建议，产生了良好社会影响。各专委会不断完善工作机制，全面推进自身建设，积极发现人才、培养人才，涌现出一批参政议政的骨干，为发挥民建群体优势和整体功能贡献了聪明才智。

陈昌智希望民建各方面深入学习贯彻中共十八大和民建十大精神，以中国特色社会主义理论为指导，大力发扬民建优良传统，统筹协调，支持专委会充分发挥自身专业特色和优势，提高参政议政能力和水平，发挥专委会委员的积极性和创造性，为民建的参政议政工作作出新的更大的贡献。会上，陈昌智还对新一届专委会的工作提出了具体要求。

民建中央新一届专委会共有主任、副主任、委员 650 名，包括经济、财政金融、法制、企业、科教、妇女、理论研究、文化、对外联络、能源与资源环境、人口医药卫生、农业与农村等 12 个专委会，与上届相比，新增人口医药卫生、农业与农村两个专委会。

民建中央副主席陈政立、张少琴、辜胜阻、宋海、李说、王永庆、郝明金出席会议。各专门委员会及民建中央机关相关人员参加会议。

3. 理论委员会全体会议

5 月 16 日，民建中央理论研究委员会全体会议在北京举行，民建中央主席陈昌智出席会议并作重要讲话。会议研究了理论研究委员会当前和今后一个时期的工作方针和任务，讨论通过了《民建中央理论研究委员会工作规则》和《民建中央理论研究委员会五年工作规划》。

9 月 3 日，民建中央理论研究委员会第二次全体会议暨理论课题研讨会在江苏无锡举行。民建中央主席陈昌智出席会议并作重要讲话。理论研究委员会轮值主任宋村珠、李旭茂就“民建在协商民主中地位和作用研究”以及“组织建设经验规律研究”两个重点课题初稿的形成过程作了简要介绍。陈昌智指出，把党派的具体实践工作总结提升到理论层面，难度较大，需要认真研究、广泛调研、理论概括，最终形成可操作性的成果，用以指导实践。针对两篇课题的内容，陈昌智提出了具体的修改意见和建议。

4. 对外联络委员会全体会议

5 月 16 日下午，民建中央对外联络委员会第一次全体会议在京召开，53 人当选十届民建中央对外联络委员会委员，14 位同志被聘为特邀委员。民建中央副主席辜胜阻出席并讲话。会议通过了民建中央对外联络委员会工作规则。

辜胜阻在讲话中提出三点希望：一是希望委员做好对外联络工作，尤其是与国外工商界和港澳台各界的联络工作，在本届任期内至少随民建中央团组出访一次；二是希望委员加强外语学习，便于增进对国外文化的了解，加快企业“走出去”的步伐；三是希望委员积极做好参政议政工作，鼓励委员百家争鸣，在讨论的基础上使真理最大化，形成参政议政成果。

5. 财政金融委员会全体会议

5 月 16 日下午，民建中央财政金融委员会第一次全体会议在京召开。民建中央副主席宋海出席会议并讲话。来自全国各地的 48 位委员出席了会议。

会议讨论通过了《民建中央财政金融委员会工作规则（草案）》，确定今年的工作重点将围绕中央与地方事权和财权匹配问题、结构性减税问题、利率市场化、汇率市场化、黄金市场、股票市场、影子银行等问题开展研究。

6. 人口医药卫生委员会全体会议

5 月 16 日，民建中央人口医药卫生委员会第一次全体会议在京召开。民建中央常务副主席马培华出席会议并讲话。马培华在讲话中提出五点要求：一是要发挥优势，就委员各自熟悉的领域开展调查研究，提出有预见性的真知灼见。人口发展、现代医学、中华传统医学、医疗制度改革、药学、食品安全以及与健康有关的一切问题都是本专委会研究的重点方向。二是要团结协作，发挥各自优势，取长补短，拓宽思路。三是要善于学习，增长自身才干。四是要努力提高参政议政能力。五是要勇于担当，充分调动委员的积极性、主动性、创造性，争取多研究，多出成果。

会议讨论通过了《民建中央人口医药卫生委员会工作规则》，研究讨论了 2013 年工作计划以及 2013—2017 年五年工作设想。

8 月 5 日，民建中央人口医药卫生委员会第二次全体会议在哈尔滨召开。民建中央常务副主席马培华出席会议并讲话。会议围绕我国医疗体制改革、食品安全等问题进行了研讨。

7. 法制委员会全体会议

5 月 16 日，法制委员会主任会议和第一次全体会议在京召开，郝明金副主席出席会议。主任会和全体会议认真学习了陈昌智在民建中央第十届专门委员会成立大会上的讲话，并对法制委今后五年的工作思路、重点工作和具体举措进行了认真讨论。会后，秘书处根据讨论结果，报经主任审议通过，确定了法制委今后五年工作规划，并通报给每一位法制委员会委员。

8. 经济委员会全体会议

5 月 16 日，经济委员会主任会议和第一次全体会议在京召开，民建中央副主席辜胜阻出席会议并讲话。会议由经济委员会副主任张兆安主持，经济委员会顾问方兆本、民建中央调研部部长蔡玲和全体委员参加会议。会议讨论并通过了民建中央经济委员会工作规则草案。委员们一致认为，经济委员会应加强与民建中央其他专门委员会及民建省级组织的联系；突出经济委员会的特色，加强相关课题的调研；完善制度，鼓励和发挥委员会委员的积极性。

9. 科教委员会全体会议

5 月 16 日，科教委员会第一次全体会议在京召开。民建中央副主席张少琴出席会议。

会议讨论了陈昌智在 5 月 16 日民建中央专门委员会成立大会上的讲话以及《民建中央专门委员会通则》、《民建中央科教委员会规则》（稿）、《民建中央科教委员会工作规划草案》。会议议定了 2013 年科教委员会课题，一是地方高等教育的平等发展（高教组）；二是现代职业教育体系的构建（职业教育组）；三是参与会中央有关清洁能源的调研课题。会议通过了《民建中央科教委员会规则》，要求所有委员积极参与活动，至少一年提交一篇社情民意稿件。

10. 能源与资源环境委员会全体会议

5 月 16 日下午，民建中央能源与资源环境委员会第一次全体会议在京召开。会议认真学习陈昌智在十届中央专门委员会成立大会上的讲话精神，深入讨论能源与资源环境

委员会工作规则和五年工作规划，并研究部署今年的工作

11. 妇女委员会全体会议

5月16日下午，民建中央妇女委员会第一次全体会议在京召开。民建中央副主席李谠出席会议并讲话。

会议讨论通过了《民建中央妇女委员会工作规则（草案）》，并就本届妇委会的工作重点进行了讨论，委员们提出了关于老龄化养老问题、家政服务业的发展和规范、儿童教育和保护、文化的传承与发展等调研课题，同时就如何开展好妇委会工作提出许多建设性的意见。

12. 民建全国基层组织建设研讨会

9月4日至5日，民建全国基层组织建设研讨会在苏州举行。民建中央主席陈昌智出席会议并发表重要讲话。民建中央常务副主席马培华作了《凝心聚力强基固本 不断推进会的基层组织建设》的工作报告。会议还分组就基层组织建设工作进行了研讨，15位基层组织代表结合基层组织工作实践作了大会交流。

马培华在报告中概括了九大以来会的基层组织建设工作，总结了民建基层组织建设工作的特点和经验。马培华说，五年来，民建各级组织坚持继承与创新相结合，积极探索基层组织工作的新思路、新途径，积累了八条富有民建特色的做好基层组织工作的做法和经验。即以提高思想认识为先导、注重组织领导、深入开展基层组织建设，以民建的优良传统为纽带、坚持学习实践、进一步夯实思想基础，以班子建设为重点、抓好选拔培养锻炼各个环节、有效发挥基层组织核心团队作用，以改革创新精神为指导、科学设置支部、激发基层组织的生机与活力，以丰富的活动形式为载体、打造创先品牌、切实增强基层组织凝聚力，以健全规章制度为保障、量化考核体系、加强基层组织规范化管理，以代表人士队伍建设为依托、提升整体素质、保障组织持续健康发展，以营造良好发展环境为目标、主动加强沟通、积极争取党组织的支持和帮助。

陈昌智主持闭幕会议并发表重要讲话。陈昌智要求，加强基层组织建设，全会要抓学习、强信念，把握正确的政治方向；搭平台、聚人心，增强组织的活力和凝聚力；重调研、献良策，不断提高参政议政和社会服务的水平；夯基础、严把关，建设结构合理、素质优良的会员队伍。加强基层组织建设，要健全机制、激发活力，不断提高基层组织建设的整体水平：加强领导，落实责任；搞好班子建设，配强支部主委；创造机会，举荐人才；总结经验，树立典型；创新思维方式，整合优势资源，为基层组织建设取得实效提供组织保障。陈昌智号召，全会要继承和发扬民建优良传统，夯实组织基础，建设适应时代要求的高素质参政党，为实现中华民族的伟大复兴，为坚持和发展中国特色社会主义作出新的更大的贡献！

本次会议共有201个基层组织的代表参会，其中支部116个，总支45个，基层委员会30个，工作委员会6个，其他4个。这是自民建成立以来，第一次有基层组织负责人参加的全国基层组织建设工作会议。充分体现了基层组织对于民建的重要性，体现了民建中央对基层组织建设的高度重视。会议气氛热烈，富有成效，对民建的自身建设将起到重要的推动作用。

民建中央副主席陈政立、张少琴、辜胜阻、宋海、李谠、周汉民、吴晓青、王永庆、

郝明金，各省级组织主委、分管组织工作的副主委、组织处长，以及来自全国各地的基层组织代表，民建中央秘书长、各工作部门负责人共300余人参加会议。

中共江苏省委副书记石泰峰出席会议并致辞，江苏省政协副主席、中共江苏省委统战部部长罗一民，中共苏州市委副书记陈振一，中共苏州市委统战部部长周向群等出席开幕会议。

13. 民建省级组织组织处长会议

9月4日下午，民建全国组织处长工作会议在苏州召开。民建中央常务副主席马培华亲切接见大家并合影留念。来自全国30个省级组织的组织部门负责同志参加了本次会议。

与会同志结合马培华在全国基层组织建设研讨会上的讲话和本地区工作实际情况，进行了热烈的交流和讨论，对会议给予充分肯定，并提出了一些意见建议和具体问题。民建中央组织部部长李世杰最后作总结讲话。他给大家介绍了关于全国基层组织建设研讨会的筹备情况和召开这次会议的目的、意义，布置了下一步贯彻落实全国基层组织建设研讨会精神和明年的组织工作任务。

14. 民建省级组织调研处长会议

9月6日至7日，民建省级组织调研处长会暨社情民意信息工作人员培训班在浙江省嘉兴市举行。民建中央主席陈昌智、副主席辜胜阻出席会议并讲话。浙江省政协副主席、民建浙江省委主委陈小平出席会议。中共嘉兴市委副书记、代市长肖培生到会祝贺并致辞。

陈昌智指出，参政议政是民主党派履行职能的最重要工作。面对新形势、新问题，民建要在参政议政领域发挥更大作用，积极为国家建言献策。陈昌智要求：第一，充分发挥省级组织和专委会的作用，主委和副主委要调动各方面力量，带头深入开展调研工作，认真撰写调研报告，加强与政府部门沟通，提高参政议政质量；第二，省级组织开展参政议政工作要找准定位，既要从地区的实际出发，又要站在全国的角度，充分发挥影响力；第三，做好参政议政工作，要加强沟通和学习，调研选题要深入探讨，发挥整体联动作用，职能部门的同志更要加强相关知识的学习；第四，发挥民建基层组织在参政议政中的作用，基层支部不仅仅是参政议政的桥梁，也是参政议政的重要力量。

辜胜阻在讲话中指出，希望大家认真学习领会陈昌智主席的讲话精神，加强参政议政、民主监督、合作共事的能力，行使好话语权，站在客观的立场上提出见解，充分履行职能。

15. 专门委员会主任会议

12月16日晚，民建中央专门委员会主任会议在北京职工之家召开。受民建中央主席陈昌智委托，副主席辜胜阻主持会议并讲话。

会上，各专门委员会负责人介绍了2013年开展的主要工作和2014年工作设想，并对如何更好地发挥专门委员会作用提出建议。辜胜阻对各专门委员会的工作给予充分肯定，同时，就如何更好地开展工作、发挥作用提出了四点要求和希望：一是深入学习贯彻中共十八大、十八届三中全会和民建十大、十届二中全会精神，不断提高参政议政能力和水平；二是不断加强自身建设，完善工作机制，实行量化管理，充分发挥专门委员会委员的积极性和创造性，积极发现人才、培养人才；三是通过召开全体会议、开展课题调研和其他形式多样的活动，多出高质量的社情民意信息、调研报告和提案；四是树立开放意识，通过与地方政府、民建地方组织等联合开展调研活动、共同举办研讨 会等形式，实现双赢、多赢。

（四）主要论坛、座谈会、研讨会等

1. 风险投资论坛

6月29日，由民建中央、科学技术部、广东省人民政府和深圳市人民政府共同主办的2013（第十五届）中国风险投资论坛在深圳隆重召开。

本届论坛以“拓展VC/PE行业新思维，开启创新驱动新引擎”为主题，围绕“天使投资的发展困境与环境建设”、“IPO受阻后的退出新渠道”、“从概念到现实：城镇化带来中国风险投资（VC）/私募股权投资（PE）新商机”、“有限合伙人（LP）与普通合伙人（GP）真实对话：内部矛盾的暴露与解决”等议题，将举办15场高层次专场论坛，通过深入的对话与交流，助力我国风险投资行业的整合，推动我国创新经济的发展。在29日上午举行的开幕式主旨演讲上，民建常务副主席马培华发表了题为《抓住机遇，创新驱动，推动我国风险投资事业健康发展》的精彩演讲。

本届论坛汇聚了各界精英代表逾1400人。开幕式由民建中央副主席宋海主持。中共深圳市委副书记、市长许勤出席开幕式并发表开幕致辞。民建中央副主席陈政立、辜胜阻等出席开幕式。

2. 非公有制经济发展论坛

11月5日，由中国民主建国会中央委员会、国家工业和信息化部、贵州省人民政府主办，2013′中国（贵州）非公有制经济发展论坛在贵州省毕节市召开。本次论坛以“创新改革发展、激活后发优势、打造非公经济升级版”为主题。论坛共分为主题演讲、主题论坛、捐赠、项目推介和集中签约四大板块。

民建中央主席陈昌智出席开幕式并致辞。贵州省政协主席王富玉代表中共贵州省委、省人民政府致辞。省人大常委会副主任张群山主持开幕式。

陈昌智对2013中国非公有制经济发展论坛在贵州召开表示热烈祝贺。他说，毕节试验区自1988年成立以来，包括民建在内的各民主党派中央、全国工商联与毕节干部群众同心奋斗，开创了多党合作共同推进贫困地区科学发展的先河。民建中央将以本届论坛的召开为契机，与毕节和贵州人民一道，继续抓住深入实施西部大开发战略的历史机遇，广泛凝心聚力，推动科学发展，加快后发赶超，为毕节以至贵州全省非公有制经济乃至经济社会的全面发展做出新的贡献。

民建中央副主席张少琴主持主题论坛。论坛上，工业和信息化部党组成员、总工程师朱宏任，贵州省政府副省长陈鸣明作了主题演讲。民建中央副主席辜胜阻，国务院发展研究中心企业研究所副所长张文魁，中国人民大学民间投资研究中心主任马光远等8位领导、专家学者和企业家围绕城镇化新政下非公有制经济、中国经济升级版和改革经济发展、思维转换及战略机遇等主题，就如何结合“创新改革发展、激活后发优势、打造非公经济升级版”作了深入探讨。

论坛上还举行了捐赠及签约仪式。民建中央中华思源工程扶贫基金会“思源救护”项目向贵州省捐赠30辆救护车；民建会员企业北京万升康达经贸有限公司、民建中央中华思源工程扶贫基金会向毕节市捐赠青光眼治疗设备10台。论坛上还进行了贵州经济社

会发展所需项目的推介活动。本次签约仪式共签约项目 24 个，项目涉及工业、农业、旅游业等产业，签约总金额 370.18 亿元，项目的成功签约将为贵州科学发展、后发赶超、同步小康注入新的动力。

重庆市人大常委会副主任、民建重庆市委主委沈金强，辽宁省政协副主席、民建辽宁省委主委武献华，江西省政协副主席、民建江西省委主委孙菊生，民建贵州省委主委武鸿麟出席论坛。国家有关部委负责同志，民建各省（区、市）代表团代表及民建会员企业家，省直相关部门和各市（州）政府、贵安新区管委会分管负责同志，毕节市相关单位负责人参加论坛有关活动。

3. 2013 年提案论证会

2 月 1 日至 2 日，民建中央 2013 年提案论证会在北京召开。民建中央副主席辜胜阻出席会议并讲话。与会专家围绕民建中央为提交全国政协十二届一次会议准备的提案初稿进行了座谈和论证。

4. 两会提案新闻通气会

2 月 27 日下午，民建中央在京召开 2013 年两会提案新闻通气会。民建中央副主席辜胜阻主持通气会并答记者问。

民建中央调研部部长蔡玲通报了民建中央向全国政协十二届一次会议所提交提案的相关情况。截至目前，民建中央准备向全国政协十二届一次会议提交 41 件提案，具体内容包括调整经济结构、转变经济发展方式、集中连片特困地区发展、加强金融体制改革创新、中小企业民营经济发展等，基本囊括了民建中央近年所重点关注的有关国计民生的热点问题。今年民建中央提案来源主要有五个方面：一是主席带队开展的课题调研；二是省级组织调研成果征选；三是专门委员会研究成果；四是相关支部建议材料；五是应急研究、优势研究领域等相关研究成果。

中共中央统战部宣传办副主任高飞、中央电视台财经频道特约评论员马光远，以及民建中央有关部门的同志参加了会议。61 家新闻媒体的 70 余位记者参加了通气会。

5. 十二届全国人大代表、全国政协十二届委员民建会员座谈会

3 月 4 日，民建中央在京召开十二届全国人大代表、全国政协十二届委员中的民建会员座谈会。民建中央主席陈昌智出席并讲话。

陈昌智向大家通报了习近平总书记前不久走访民建中央时所做的重要讲话，介绍了民建中央近一阶段的工作以及民建新一届全国人大代表、政协委员的产生情况，并对与会会员提出几点要求：一是要充分认识人民代表大会制度和多党合作制度在我国政治生活中的重要意义。二是要牢固树立责任意识，不断提高参政议政水平，认真履行好代表、委员的职责。三是要加强学习，重点学习政治理论、宪法及有关法律和有关的程序要求。四是要增强组织观念，严守组织纪律，讲政治、顾大局、促团结。

座谈会由民建中央常务副主席马培华主持。民建中央副主席陈政立、张少琴、辜胜阻、宋海、李说、周汉民、吴晓青、郝明金，十二届全国人大代表、全国政协十二届委员中的民建会员 170 余人出席会议。

6. 学习贯彻两会精神会议

3 月 22 日，民建中央机关召开学习贯彻全国“两会”精神会议。会上，全国政协副主席、

民建中央常务副主席马培华传达了全国政协十二届一次会议精神，并对学习贯彻全国“两会”精神和近期工作提出要求。全国人大常委会副秘书长、民建中央副主席张少琴传达了十二届全国人大一次会议精神。民建中央机关 80 余人参加会议。

张少琴传达了十二届全国人大一次会议概况和主要精神，就政府工作报告和计划、预算报告，人大常委会和“两高”报告，国务院机构改革和职能转变方案，选举、决定任命新一届国家机构领导人和组成人员等四个专题作了重点传达。

马培华传达了全国政协第十二届一次会议精神。他介绍了贾庆林代表政协第十一届全国委员会常务委员会所作的五年工作报告，万钢受政协第十一届全国委员会常务委员会委托作的十一届政协的提案工作情况报告的内容；并全面介绍民建大会提案和大会发言情况，以及会议分组讨论时委员们就经济建设、政治建设、文化建设、社会建设和生态文明建设等提出建议的情况，并着重介绍了中共中央政治局常委张高丽看望出席全国政协十二届一次会议的民建界别委员并参加分组讨论的情况。最后，他还介绍了政协第十二届全国委员会领导人选举过程，并就政协十二届一次会议闭幕会通过的政协十二届一次会议政治决议、其他决议和报告等情况作了传达。

马培华要求，民建中央机关要认真学习贯彻十二届全国人大一次会议、全国政协十二届一次会议精神，重点学习习近平主席在全国人大闭幕会上的重要讲话，坚定走中国特色社会主义道路的信心，明确发展方向，坚决拥护支持党和国家的重大决策部署。要把学习贯彻全国“两会”精神同做好本职工作联系起来，认真做好民建中央重点专题调研和政协提案工作，组建好新一届会中央专门委员会，为全面建成小康社会、实现伟大“中国梦”作出应有的贡献。

7. 能源结构与发展战略相关问题研究重点专题座谈会

3 月 29 日下午，民建中央“能源结构与发展战略相关问题研究”重点专题座谈会在民建中央机关举行。会议围绕专题的主题、研究重点以及调研方向进行深入讨论。

民建中央常务副主席马培华在认真听取与会专家意见的基础上强调，专题将以“大力推动我国清洁能源发展，促进新型城镇化过程中的环境保护”为主题，围绕现阶段我国能源发展迫切需要解决的问题，并结合民建自身特色和优势，重点研究燃煤清洁利用和产业布局，重点区域燃煤总量控制，清洁能源和环境保护、城镇化的关系等问题，深入开展调研并提出具有可操作性的意见建议。

湖南省政协原副主席龙国键，国家发改委能源研究所所长韩文科，环境保护部污染物排放总量控制司大气污染物总量控制处处长吴险峰，北京金源化学集团董事长张和平，海岸实业集团公司董事长肖江，国务院发展研究中心资源与环境政策研究所副所长谷树忠，中国电力国际有限公司副总经理赵亚洲，北京大学经济学院发展经济学系副主任李虹，山西信友集团总裁刘芳亮出席会议。

8. 风险投资座谈会

4 月 16 日下午，民建中央主席陈昌智在民建中央机关召开风险投资座谈会，就当期我国风险投资行业现状，近一年来出现的新情况、新问题以及相关对策等问题听取了与会专家的意见。科技部战略院投资所所长郭戎，科技部财务司处长沈文京，清科集团董事总经理陈里，君联资本（原联想创投）业务发展高级经理杨光，启迪创投创始合伙人罗茁，天津科技融资控股集团有限公司总裁魏宏锟，天使投资联盟召集人户才和，《融资中国》杂志主编孙瑞华，中国风险投资有限公司高级副总裁李爱民出席会议。

9. 关于大力推进新型城镇化建设的调查研究重点专题座谈会

4月18日上午，“关于大力推进新型城镇化建设的调查研究”重点专题座谈会在民建中央机关召开。与会专家围绕专题调研的内容、重点、思路、方向等问题展开深入讨论。民建中央副主席张少琴出席座谈会。北京市人大常委会副秘书长、研究室主任黄石松，河南农业大学国际教育学院院长张冬平，浙江省社科院经济研究所所长徐剑锋，中国农业大学经济管理学院教授张莉琴等参加了座谈会。

10. 2013两岸财经论坛

5月6日，由民建中央与台湾世新大学联合举办的“2013两岸财经论坛暨扩大内需策略下的两岸企业合作学术研讨会”在台北举行。全国人大常委会副委员长、民建中央主席陈昌智应邀率领大陆经济专家访问团一行16人出席会议。会议由世新大学校长赖鼎铭主持，世新大学董事长成嘉玲致贺词，陈昌智主席应邀作主旨发言。

陈昌智在发言中回顾了从70年代中后期至今两岸经贸和企业合作的发展历史和现状，高度肯定了台湾企业在推动大陆经济快速发展中所做的贡献。他提出未来两岸企业可以在四个方面进一步加强合作：一是继续开拓两岸市场；二是加大两岸货币清算力度；三是推动两岸产业合作；四是促进两岸企业转型升级。同时他强调两岸要实现经济的转型升级，推动两岸企业合作，要紧紧抓住以下四个着力点：一是要选准行业，从第二产业转向第三产业；二是要充分利用国际国内两个市场，从外销转向内销；三是要共同培育打造本土品牌，助推转型升级；四是要用创新推动转型，为未来经济发展厚植潜力。最后，陈昌智倡议，两岸兄弟同心携手，并肩奋斗，共同维护和推动两岸和平发展，共同谋求和增进两岸人民福祉，为实现中华民族伟大复兴的中国梦而努力奋斗。陈昌智生动精彩的发言和深刻独到的见解，受到与会100多位两岸专家、企业家以及世新大学师生的热烈欢迎和积极评价。

论坛以“扩大内需策略下的两岸企业合作”为主题，紧扣当前两岸经济发展的核心议题，汇集了两岸多位颇具影响的专家和企业家参与。台湾中国对外贸易发展协会董事长王志刚到会作专题演讲。6位来自两岸演讲者围绕“扩大内需策略下的两岸企业合作”议题展开深入研讨，分别发表题为《扩大内需下的两岸校企合作》《大陆城镇化与新消费政策对两岸合作的启示》《两岸金融合作展望》《加强两岸企业及企业家交流探索》《两岸企业合作与发展》的主题演讲。在随后举办的两岸企业家论坛上，8位来自不同行业的嘉宾发表对两岸企业合作的经验体会和未来展望，与台下听众交流互动。

两岸财经论坛，为两岸企业家、大学及科研机构搭建了交流与合作的平台，起到了牵线搭桥的作用，直接促成湖北百盟集团彩诚实业投资有限公司与世新大学、重庆曙光都市工业园建设集团公司与台北开平餐饮学校分别在湖北襄阳、重庆开展合作办学的意向，促成狮桥融资租赁中国有限公司与重庆曙光都市工业园和湖北襄阳台商工业园开展融资租赁的合作意向。同时，为台湾世新大学与大陆东北财经大学、西北大学、北京大学经济学院后续交流建立了联系。

全国政协常委、辽宁省政协副主席、东北财经大学副校长武献华，西北大学校长方光华，北京大学经济学院副院长肖治合，河南天明集团董事长姜明，厦门禹洲集团董事局主席林龙安，南京石林集团董事长刘正云，重庆国际信托有限公司首席执行官翁振杰，重庆曙光都市工业园建设集团公司董事长汪官蜀，福建大帝集团董事长吕培榕，百盟集团彩诚实业投资有限公司董事长倪卫东，狮桥融资租赁中国有限公司董事长万钧。

11. 加强我国影子银行监管，防范系统金融风险重点专题座谈会

5月13日下午，民建中央“加强我国影子银行监管，防范系统金融风险”重点专题座谈会在民建中央机关举行，会议围绕专题的研究重点及调研方向等进行深入讨论。民建中央副主席宋海出席会议并讲话。中国金融出版社副总编辑张红地，民建中央财政金融委员会主任、国家外汇管理局中央外汇业务中心副主任李瑶，中国融资租赁有限公司总裁吕益民，广东金融学院中国金融转型与发展研究中心主任汤洪波，大成律师事务所金融部高级合伙人陈贵出席会议。

12. 新闻宣传工作研讨会

5月21日至22日，民建新闻宣传工作研讨会在湖南长沙召开。会议的主要任务是深入学习贯彻中共十八大精神、民建十大精神和全国“两会”精神，交流研讨民建新闻宣传工作。民建中央宣传部部长张皎主持会议，湖南省政协副主席、民建湖南省委主委赖明勇到会致辞，民建中央副主席宋海出席会议并讲话。

吉林、山东、北京、上海、江苏、湖南、四川、贵州等8个民建省级组织围绕近年来开展新闻宣传工作的实践经验，全面交流了各自的有效做法和体会，其他各省级组织在分组讨论会上介绍了各自在刊物编发和网站建设方面的具体措施和心得，为民建的新闻宣传工作提出了意见和建议。民建30个省级组织宣传处处长、网站和刊物负责人，民建中央机关相关工作人员共80余人参加了研讨会。

13. 海峡物流论坛

6月16日，由民建福建省委员会、民建中央企业委员会、福建省经济贸易委员会等单位联合主办的第六届海峡物流论坛在福建厦门开幕。全国政协常委、民建中央副主席、环境保护部副部长吴晓青，全国政协常委、福建省政协副主席、民建福建省委主委郭振家，民建中央社会服务部副部长夏赶秋及两岸700多名嘉宾出席论坛活动。

14. 参政党与中国现代文明发展理论研讨会

7月4日上午，由民建中央理论研究委员会与浙江省社会主义学院联合举办的“参政党与中国现代文明发展”理论研讨会在浙江省杭州市隆重开幕。民建中央主席陈昌智出席会议并作重要讲话。浙江省人大常委会副主任、浙江省社会主义学院院长姒建敏致欢迎词。中共浙江省委副书记王辉忠对理论研讨会表示了充分肯定。

开幕会由浙江省政协副主席、省委统战部部长汤黎路主持。民建中央理论研究委员会主任、陕西省委主委李冬玉、民建浙江省委主委陈小平、浙江省人民政府副秘书长张才方、民建中央宣传部部长张皎、民建中央办公厅副主任金丹华、民建浙江省委副主委郭吉丰，中央社会主义学院、浙江省社会主义学院相关领导专家及与会专家学者80余人出席会议。

15. 财政金融委员会经济形势座谈会

7月25日晚，民建中央财政金融委员会在京召开经济形势座谈会，就流动性、利率改革、

汇率改革（资本项目可兑换）、财税改革（营业税改增值税）等议题进行了较为深入的研讨。

民建中央副主席宋海出席会议并讲话。民建中央财政金融委员会主任、国家外汇管理局中央外汇管理中心副主任李瑶主持会议，汇达资产托管有限责任公司总经理陶晓峰、北京大学经济学院教授王一鸣、国家税务总局科研所研究员付广军，以及财金委部分在京委员出席会议。民建中央调研部副部长孙敏奇等出席会议。

16. 经济委员会经济形势分析座谈会

7月29日下午，民建中央经济委员会在京召开经济形势分析座谈会，就当前经济形势与经济增长、中小企业减负、激活民间投资、营造创业与就业环境等问题进行了深入的分析与讨论。民建中央副主席辜胜阻出席会议并讲话。民建中央经济委员会主任、清华大学经管学院副院长白重恩主持会议。会议特邀民建中央妇女委员会主任、国务院发展研究中心公管所副所长、中国企业家调查系统秘书长李兰参加。中国科技大学商学院院长方兆本、中国人民大学产业政策与企业创新研究中心主任马光远、中企华资产评估公司总裁权忠光、民建长治市委主委张秋利、上海市发展改革研究院副院长汪胜洋、国家审计署经济审计司司长兼办公厅副主任郭彩云、中科院虚拟经济与数据科学研究中心常务副主任石勇等参加会议。

17. 改进工作作风座谈会

9月4日，民建中央改进工作作风座谈会在苏州召开。会议由民建中央主席陈昌智主持，常务副主席马培华，副主席陈政立、张少琴、辜胜阻、宋海、李谠、周汉民、吴晓青、王永庆、郝明金出席，向各省级组织主委及中央常委征求对民建中央领导集体和中央机关改进工作作风的意见和建议。

座谈会期间，大家按照会中央关于密切联系群众、改进工作作风的意见要求，态度真诚、畅所欲言，提出了大量宝贵的意见和建议。会议结束时，陈昌智表示，会后要认真梳理、研究大家的意见、建议，切实改进会中央的工作作风，推动会的建设达到一个新的水平。

18. 民建东部十省市组织对口帮扶黔西县第二次联席会议

民建东部十省市组织对口帮扶黔西县第二次联席会议11月5日在贵州省毕节市召开。会议旨在认真贯彻中共中央领导同志重要讲话精神，总结和回顾2011年10月第一次对口帮扶会议以来的工作，从中提炼经验，明确下一步的帮扶工作，更好地合力助推毕节试验区和黔西县实现科学发展。民建中央主席陈昌智出席会议并作重要讲话。

会议由民建中央副主席张少琴主持。中共黔西县委书记卢林首先汇报了黔西县的经济发展状况和遇到的困难。与会的民建东部十省市组织以及民建贵州省委代表分别汇报了帮扶工作开展情况和今后的帮扶计划，并围绕招商引资、教育培训、品牌打造、机制完善等方面提出了建议。陈昌智充分肯定了两年来民建东部十省市组织积聚力量推动毕节试验区和黔西县经济社会发展的努力和成果，并就下一阶段的帮扶工作提出了具体要求。陈昌智表示，民建中央将继续支持黔西县的发展，始终把群众获得实惠和民生改善作为帮扶工作的评价标准，不图虚名、务求实效，扎扎实实地做好黔西县的帮扶工作。

19. 学习贯彻中共十八届三中全会精神座谈会

11月14日，民建中央在京召开学习贯彻中共十八届三中全会精神座谈会。民建中央主席陈昌智主持座谈会并作重要讲话。民建中央常务副主席马培华，副主席张少琴、辜胜阻、宋海出席会议并作发言，民建中央机关全体同志参加了座谈会。

陈昌智指出，中共十八届三中全会是在我国改革开放新的重要关头召开的一次重要会议，会议提出了全面深化改革的指导思想、目标任务、重大原则，汇集了全面深化改革的新思想、新论断、新举措，形成了改革理论和政策的一系列重大突破，必将推动我国经济社会各领域的深刻变革，对于我国全面建成小康社会，实现中华民族伟大复兴的中国梦具有重大而深远的意义。陈昌智就学习贯彻会议精神，提出了三点要求：一是认真学习，深刻领会中共十八届三中全会精神实质；二是积极履职尽责；三是以中共十八届三中全会精神为指导，在全会深入开展坚持和发展中国特色社会主义学习实践活动。

马培华、张少琴、辜胜阻、宋海在会上分别谈了自己的理解和认识，以及如何学习贯彻中共十八届三中全会精神。民建中央机关各个部门的代表结合工作实际，分别从不同角度畅谈了对中共十八届三中全会精神的认识和体会。

20. 中华思源工程扶贫基金会第二届理事会第十次会议

12 月 14 日，中华思源工程扶贫基金会（以下简称“思源工程”）第二届理事会第十次会议在北京召开。会议由民建中央副主席张少琴主持。民建中央主席、“思源工程”理事长陈昌智出席会议并讲话。会议审议通过《中华思源工程扶贫基金会 2013 年工作总结及 2014 年工作计划》、《中华思源工程扶贫基金会 2013 年财务工作报告》和《专项基金管理办法（修改草案）》等文件。

陈昌智认真听取各项工作报告，充分肯定“思源工程”在劝募活动、扶贫开发、品牌宣传等方面及各专项基金取得的成绩。陈昌智指出，2013 年，“思源工程”团结一致，开拓创新。一是积极开展劝募活动，成果显著，创下历史新高，达到 1.41 亿元；二是扶贫工作扎实细致，不断扩大贫困地区及困难群众受益规模，年度公益支出超过 114%，帮扶贫困县覆盖到 110 个，帮扶的困难群众超过 90 万人次；三是品牌宣传稳步提升，社会公信力和影响力不断增强，参与“思源工程”的社会人士不断增加；四是，专项基金管委会扶贫帮困意识不断增强，开展的工作深入人心。陈昌智表示，今后的扶贫工作任重而道远，必须继续紧紧围绕《中国农村扶贫开发纲要（2011—2020 年）》，抓住中共十八届三中全会提出的“激发社会组织活力”的机遇，倡导“饮水思源，回报社会”的理念，发扬优良传统，创新工作方式，凝集民建及社会各界爱心企业和人士的力量，不断推进公益慈善事业的发展，为改善贫困地区群众生产生活条件创造有利条件，让更多的困难群众分享“中国梦”。

基金会副理事长兼秘书长李晓林表示，“思源工程”在中共中央统战部、民建中央及全体理事和社会广大爱心人士的支持下，继续秉承“饮水思源，回报社会”的理念，坚持“公开透明、规范创新、高效包容”的原则，倡导“全媒体公益，人人慈善”的做法，为实现贫困地区群众早日脱贫而做出新的更大的贡献。孙珩超、陈伟东、徐少春、冯军、荣兰祥、姜明等副理事长、理事，以亲身参与“思源工程”扶贫项目为案例，对“思源工程”的劝募活动、扶贫项目、赈灾工作及信息公开予以充分肯定，并提出众多推动“思源工程”发展的建议，表示将继续全力参与“思源工程”及公益慈善事业。

“思源工程”全体理事和监事共 26 人，以及各专项基金、媒体代表参加了会议。

21. 学习中共十八届三中全会精神专题报告会

12月17日下午，民建十届二中全会举行专题报告会，邀请学习贯彻十八届三中全会精神中央宣讲团成员、国家发展与改革委员会副主任朱之鑫就学习贯彻中共十八届三中全会精神作专题辅导。民建中央主席陈昌智，常务副主席马培华，副主席陈政立、辜胜阻、宋海出席报告会。报告会由民建中央副主席张少琴主持。出席民建十届二中全会的中央委员，列席会议的民建中央专门委员会和工作部门主要负责同志等近200余人听取了报告。

22. 法制委员会专题座谈会

12月21日，民建中央法制委员会在京召开部分委员座谈会。民建中央副主席郝明金出席并讲话。座谈会上大家结合本职工作及调研实际，就检察机关如何加强和规范法律监督、依法公正独立行使检察权、稳步推进检务公开和检察管理体制改革、加强检察官队伍和人民监督员建设等问题提出了很多建设性的意见。

（五）中央领导出访活动

3月22日至27日，各国议会联盟第128届大会在厄瓜多尔首都基多举行，全国人大常委会副委员长陈昌智率团与会。来自120多个国家议会的34位议长、28位副议长、议员、观察员、国际和地区组织代表等1200余人出席。本届大会的主题为：“从任意增长到理性发展——美好生活：新方向、新举措”。各方主要关注可持续发展、绿色经济、气候变化、防灾减灾、消除贫困等问题。陈昌智在大会做主旨发言，就如何推动全球可持续发展进程提出四点建议：一是全面落实历次联合国可持续发展峰会成果。二是坚持公平公正、开放包容的理念。三是积极探索发展绿色经济之路。四是加强可持续发展全球治理。

6月18日至27日，应巴西里约联邦大学、阿根廷国家工业技术研究院邀请，全国政协副主席、民建中央常务副主席马培华率民建中央环境保护与资源利用考察团赴巴西、阿根廷访问。此次访问旨在考察两国在清洁能源开发、环境保护以及资源综合利用等情况，增进中外工商企业之间的交流与合作。

7月8日至15日，应德国经济合理化建议委员会中国中心负责人 Jorg Stremmel 先生和俄罗斯联邦总统直属萨哈共和国莫斯科代表处副主任 ЛI.B. 戈尔布诺娃女士的邀请，民建中央副主席宋海率民建中央科技考察团对德国和俄罗斯两国进行了考察访问。此次访问旨在考察两国科技发展的现状和政策，增进双方的交流与合作。

（六）中央领导其他重要活动

1月8日晚上，由搜狐网主办，搜狐焦点网、中华思源工程扶贫基金会焦点公益基金（简称“思源焦点公益基金”）承办的“搜狐财智公益年度盛典”在北京举行，民建中央主席、中华思源工程扶贫基金会理事长陈昌智出席并致辞。

1月9日，民建中央主席陈昌智在广东调研，并与民建广东省委、民建广州市委同志座谈。陈昌智对民建广东省委、民建广州市委近几年的工作尤其是在参政议政、社会服务等方面做出的成绩进行了充分肯定，对今后一段时期的工作提出希望：一要把深入学习贯彻中共十八大精神作为当前的重要任务；二自身建设中要把思想建设放在首位；三要进一步加强参政议政工作；四要加强社会服务工作。10日和11日，分别到江门市和肇庆市进行调研，并与民建江门市委和肇庆市委的同志进行了座谈 。

1 月 11 日下午，最高人民法院召开各民主党派中央、全国工商联和无党派人士民主监督座谈会。民建中央副主席辜胜阻出席座谈会，并就法院工作提出建议 ：一是坚持人民法院的宪法地位，确保依法独立公正行使审判权。二是进一步加强和创新知识产权审判工作，加大对侵权行为的司法保护力度，提高侵权成本，降低维权成本，重视对“三审合一”试点中出现的实体与程序问题的调研与指导，建立知识产权专门法院，着力培养具备扎实法律功底和科技知识的复合型法官。三是坚持司法的公平正义和权威，反对以言代法，坚持“法治”，重视老百姓“信访不信法”现象，依法解决涉诉信访问题。四是以元月一日实施新刑诉法、新民诉法为契机，切实转变观念，创新体制机制。五是进一步规范调解工作，该调则调。六是进一步探索完善司法救助措施和办法，切实解决弱势群体实际困难。七是进一步加大案件的执行，提高执行效率。

1 月 19 日，2012，中国慈善年会在北京举行，揭晓“2012 中国年度慈善推动者”，民建中央主席、中华思源工程扶贫基金会理事长陈昌智出席并致辞。中华思源工程扶贫基金会“爱的分贝”等项目入选“2012 中国年度慈善推动者”。

1 月 30 日，民建中央主席陈昌智、副主席张少琴、辜胜阻在民建中央机关亲切会见教育部部长袁贵仁一行，并召开座谈会，就我国教育事业发展进行座谈和交流。陈昌智认为，当前我国教育方针、人才培养目标是明确的，但在方式方法上，应该注意把握好几点 ：一是关于素质教育和应试教育。应将素质教育放在第一位，同时重视应试教育，改革考试的内容和方向，要认识到“想象力比知识更重要”，改变过去束缚学生思维的做法，引导学生形成创新、独立的思维方式，提高学生的创造力。二是推动实现教育公平。要认识到我国乡村，特别是边远地区的师资薄弱、经费匮乏，可以探索尝试城市教师赴教育落后地区支教的办法 ；要研究解决西部地区 211、985 高校较少影响学生就业问题 ；解决大城市重点中小学教学资源不平衡现象，推广教师轮换交流的做法。三是用好教育经费。我国教育经费投入 GDP 占比达到了 4%，一定要采取措施，建立长效机制，保证经费使用有效果、有效率。

东北财经大学副校长武献华、天津财经大学副校长王爱俭、北京大学生命科学院副院长顾红雅参加会见和座谈，就推动职业教育发展、增加办学经费投入、改革高校治理结构、创新人才培养措施、完善学校考核机制等方面进行了交流和探讨。

1 月 31 日下午，中华思源工程扶贫基金会陈沙立慈善基金（简称“思源 · 陈沙立慈善基金”）在北京林达海渔广场海星艺术馆举行捐赠救护车签字仪式，向河北省、贵州省等 8 省 32 家县乡基层医院，各捐赠一辆救护车（含思源天使基金捐赠 2 辆）。全国人大常委会副委员长、民建中央主席、中华思源工程扶贫基金会理事长陈昌智出席捐赠签字仪式并讲话。

2 月 21 日，民建中央副主席辜胜阻就京津冀城市群及组织工作赴河北省廊坊市进行考察调研。辜胜阻先后到固安规划馆、固安工业园、河北航天振邦精密机械有限公司、京东方（河北）显示科技园等地进行了实地调研，并召开专题座谈会，与廊坊市政府相关部门、企业家代表等就京津冀城市群相关问题进行了探讨。

3 月 1 日下午，中央社会主义学院 2013 年春季开学典礼在北京举行。中央社会主义学院党组书记、第一副院长叶小文主持开学典礼。全国人大常委会副委员长、民进中央主席、中央社会主义学院院长严隽琪、中共中央统战部副部长林智敏出席并讲话。民建中央副主席张少琴代表各民主党派、全国工商联和无党派人士讲话。

3 月 19 日，全国人大财经委员会副主任、民建中央副主席辜胜阻应邀出席“首届诺贝尔奖经济学家中国峰会”，并就创新等重要课题发表演讲。辜胜阻在演讲中分析了当前中国经济的发展态势,认为中国经济要从要素驱动投资驱动转向创新驱动。在经济转型中，中国经济需要改变六个过度依赖，第一要改变过度投资拉动经济增长的依赖，第二要转变过度依赖出口和外资的外需拉动的局面。第三要改变过度依赖廉价劳动力的要素驱动。第四要改变过度依赖房地产支撑经济增长的局面。第五要改变过度依赖资源消耗和环境代价的局面。第六要改变过度依赖财富的非均衡增长的局面。

3 月 22 日晚，中华思源工程扶贫基金会“爱的分贝”听障儿童救助项目一周年纪念活动在北京晋商博物馆举行，民建中央副主席张少琴出席活动并致辞。张少琴在致辞中感谢爱心人士和爱心企业家共同“饮水思源，回报社会”，支持、参与公益慈善事业。他希望中华思源工程扶贫基金会“爱的分贝”项目继续发扬特色和优势，“汇聚全社会的爱心，帮助更多的听障儿童走出无声世界的阴影，拥有完整的人生。”活动共募集善款 196.25 万元。

3 月 28 日上午，全国政协副主席、民建中央常务副主席马培华在民建中央机关亲切接见正在中央社会主义学院学习的第 29 期民主党派干部进修班、培训班的民建 18 位学员，与大家座谈并合影留念。

3 月 25 日，全国政协副主席、民建中央常务副主席马培华会见了中华思源工程扶贫基金会佑华公益基金管委会（简称“思源·佑华公益基金”）主任方永章等一行,对他们“饮水思源，回报社会”，参与扶贫及公益慈善事业予以赞赏，中华思源工程扶贫基金会副理事长兼秘书长李晓林陪同会见。

4 月 1 日上午，黄炎培塑像揭幕仪式在民建中央举行。民建中央主席陈昌智，重庆市人大常委会副主任、民建重庆市委主委沈金强共同为黄炎培塑像揭幕。出席揭幕仪式的还有全国政协副主席、民建中央常务副主席马培华，民建中央副主席张少琴、辜胜阻以及民建重庆市委有关领导同志。民建中央机关干部近百人参加仪式。

4 月 7 日上午，民建中央在机关召开干部会议，传达学习中央政治局常委、全国政协主席俞正声同志视察毕节时的重要讲话及指示精神。民建中央主席陈昌智主持会议并讲话，民建中央常务副主席马培华出席会议。陈昌智就贯彻落实俞正声同志重要讲话和指示精神提出明确要求。陈昌智指出，俞正声同志的重要讲话和指示精神，具有很强的理论性、思想性和指导性，非常符合毕节试验区的实际，为毕节试验区的发展进一步指明了方向、注入了强大动力。陈昌智要求，学习、领会好俞正声同志的重要讲话和指示精神，重点要做到以下三点：一是民建各级组织和广大会员要认真学习讲话精神，领会内涵实质，进一步做好社会服务工作，并借助社会服务工作推动自身建设。二是民建要在智力扶贫上下工夫。要发挥民建在职业教育方面的资源优势，为毕节培养技术人才，加快四川现代教育集团在毕节的职业学校新校园建设。三是继续做好在黔西的扶贫项目，为当地培养人才，创造经验。要注意把社会效益和企业效益相结合，做到相互促进。

4 月 7 日，中共中央政治局委员、中共广东省委书记胡春华，广东省人大常委会主任黄龙云在广州会见建中央主席陈昌智一行。4月8日下午，陈昌智在广东调研环保产业发展，先后到广州禾信分析仪器有限公司和南方电网有限责任公司调研。调研中，陈昌智勉励禾信公司立足自主创新，加大研发投入，加快发展，争取更大的成绩。陈昌智在听完南方电网公司负责人的情况汇报后，指出公司无论是在发电、输电、配电方面，还是在用户供电方面，都对节能环保高度重视，做了大量工作，值得肯定。同时也希望南方电网再接再厉，发掘潜力，为推进节能减排工作作出更大贡献。民建中央副主席宋海、吴晓青，秘书长孟孝忠，中央统战部和广东省有关部门领导参加调研。

4 月 9 日至 12 日，全国人大常委会副委员长、民建中央主席陈昌智带“大力发展环保产业、促进生态文明建设”专题组在广东佛山、珠海、东莞、深圳考察调研。专题组分别与佛山、深圳市政府召开了座谈会，实地考察了佛山南海国家环境服务业华南集聚区、广东浚丰华环保科技有限公司、广东长天思源环保科技有限公司、珠海伟力高生物科技有限公司、东莞生态产业园、深能环保宝安区老虎坑垃圾焚烧发电厂、东江环保股份有限公司、深圳罗湖区环保油烟在线检测系统、同心产业园等，并召开多场现场座谈会。陈昌智指出，在各级政府的大力扶持推动下，广东各地环保产业发展势头良好，现已初具规模，未来还有很大发展空间。希望政府部门能够进一步加大工作力度，搭建平台推动高新技术的推广应用，为环保产业和环境保护事业健康发展提供经验。企业要找准自身定位，加大研发力度，主动开拓市场，为全社会生产生活发展提供产品和服务。

4 月 18 日下午，民建中央在机关召开中心组学习扩大会议。民建中央主席陈昌智、常务副主席马培华、副主席张少琴、辜胜阻，秘书长孟孝忠等民建中央中心学习组成员出席会议。会议由副主席张少琴主持。本次会议邀请了中国工程院院士、清华大学医学院教授、民建北京市委副主委程京作了“生物芯片在临床中的应用——知未病、防欲病、诊已病”讲座。民建中央机关和民建北京市委会的 100 余位同志参加了本次会议。

4 月 20 日，四川省雅安市芦山县发生 7.0 级地震。民建中央主席、中华思源工程扶贫基金会理事长陈昌智，民建中央常务副主席马培华对四川灾情高度关注，第一时间致电民建四川省委、民建雅安市委询问灾情，并就发挥全会力量、积极抗震救灾作出部署；立即指示“思源工程”全力做好赈灾救灾工作，切实帮助受灾的手足同胞。中华思源工程扶贫基金会立即拨付了 530 万元用于赈灾行动，并组织了“思源·雅安抗震救灾”专组赶赴灾区现场展开救援。

4 月 26 日，民建中央主席陈昌智就“大力发展环保产业、促进生态文明建设”重点专题在北京调研。中央统战部副部长林智敏，民建中央副主席、环境保护部副部长吴晓青参加调研。中共中央政治局委员、北京市委书记郭金龙，市委副书记、市长王安顺，市人大常委会主任杜德印，市委常委、市委统战部部长牛有成，市委常委、市委秘书长赵凤桐等北京市领导与调研组举行了座谈。陈昌智介绍了民建中央重点调研专题的基本情况，希望通过深入调研，了解北京市环保产业发展的经验和存在的困难，听取意见建议，更好地履行民主党派的参政议政职能。郭金龙书记对民建中央调研组一行表示了欢迎，表示北京市愿意将先进的技术和经验在全国推广，也期望通过民主党派的呼吁早日解决存在的实际问题，促进首都经济社会健康发展。北京市政府副秘书长周正宇介绍了北京市环保产业发展的有关情况，市发改委、经信委、财政局、环保局的同志分别介绍了具体工作，来自环保产业的企业家与调研组同志进行了互动交流。陈昌智充分肯定了北京市在促进节能环保产业发展方面所做的工作，他提出，大力发展环保产业，必须要提高认识，无论政府还是百姓，都要充分认识到节能减排和生态文明建设的重要意义；政府要进一步加大扶持力度，增加专项资金支持，逐步提高环保标准，加大执法力度；企业自身要注意技术创新，不断提高竞争力。

5月2日至3日，全国人大常委、民建中央副主席辜胜阻先后到山东东营、潍坊、滨州、济南、泰安、枣庄等市调研组织工作。辜胜阻分别走访了济南等民建市委机关，实地考察机关办公条件，看望慰问了市委班子成员、机关干部、部分市委委员、支部主任和企业家代表等，详细了解了民建组织运行情况。调研过程中还召开了组织建设专题座谈会。

5月6日至9日，民建中央常务副主席马培华率民建中央“大力推动我国清洁能源发展,促进新型城镇化过程中的环境保护”专题组在江苏省调研。马培华一行先后在盐城市、南通市、苏州市、常州市、南京市等地区，重点围绕我国风电、太阳能、天然气等清洁能源发展情况，发展新能源汽车对环境保护的重要作用，清洁能源在城镇化过程中的运用情况，以及传统能源的升级改造等问题，深入实地考察，并与省政府有关部门、企业和行业协会代表进行了深入细致的座谈与交流。江苏省政协副主席、民建江苏省委主委洪慧民、民建中央调研部部长蔡玲等参加了调研。

5月7日至8日，全国人大常委会副秘书长、民建中央副主席张少琴带队就会中央“关于大力推进新型城镇化建设的调查研究”重点专题赴青海进行调研。8日至9日，张少琴赴青海就民建地方组织工作进行调研。

5月8日至10日，民建中央副主席李说赴天津市南开区、滨海新区、河北区、红桥区就民建组织工作进行调研。李说分别出席了民建各区委会召开的座谈会，民建各区委领导班子成员、支部主任及部分会员代表参加了座谈会。李说在充分肯定了各区委会取得的成绩之后，就党派工作谈了四点意见：一是要把思想建设放在首位，加强对新会员的教育工作，丰富培训方式，把学习中共十八大精神与学习民建会章、会史、会的优良传统结合起来，继承和弘扬老一辈领导人与中国共产党风雨同舟、团结合作的优良传统，坚定接受中国共产党领导、走中国特色社会主义政治发展道路的决心和信念；二是深入贯彻民主集中制，推进领导班子建设制度化、规范化，明确分工，团结一致，民主决策；三是加强代表性人士队伍建设，多发掘经济界的人才，有利于保持民建的特色，更有利于民建发挥自身的优势，围绕党和政府的中心工作履行参政党的职能；四是在社会多元化发展的今天，民建要多为执政党分忧，每一位会员都要在化解社会的尖锐矛盾方面发挥自己的“正能量”，为实现中华民族的“中国梦”发挥积极的作用。

5月10日，民建中央常务副主席马培华在南京召开基层组织建设座谈会，与江苏民建省市级组织领导班子成员以及基层组织负责人座谈。江苏省政协副主席、民建江苏省委主委洪慧民，民建江苏省委副主委郝星辰分别汇报了换届以来江苏民建的工作以及江苏民建开展基层组织建设工作的积极探索。马培华对江苏民建的工作给予了充分肯定。马培华指出，民建的基层组织是成员参加会的活动的基本形式，是实现民建政治任务的基础。面对新的形势和任务，民建要创新思路、真抓实干，努力推进基层组织建设，使民建的事业不断发扬光大。一是要增强政党意识，要认真学习中共十八大精神、全国“两会”精神，使广大会员深化对多党合作和政治协商制度的理解和认识，增强同中共亲密合作的参政党意识。二是要优化组织架构，条件成熟的地区要以改革创新精神为指导，积极探索结构调整的新模式，为基层组织发挥作用创造更好的条件。三是要选好带头人，要相信群众，相信会员，尊重会员意志，更多地依靠会员选拔出热心民建事业和较好群众基础的同志担任基层组织的带头人。四是要发挥核心团队的作用，基层组织班子成员要团结协作，乐于奉献，密切联系群众，关心会员的思想、工作和生活，使会员感到组织的温暖，充分调动会员的积极性。五是要加强参政能力建设，多献务实之策，要采取编印经典案例、开展专题培训等活动，进一步提升会员的履职水平。六是要丰富组织活动，要精心制定活动计划，采取有吸引力的、生动活泼的形式，使成员感到有收获，增强组织的活力。七是要关心会员、互帮互学，让会员在工作和生活方面互相帮助、互相关爱，共同进步，使会员有归属感，能够感受到组织大家庭的温暖，进一步增强组织的凝聚力。

5 月 13 日，全国政协副主席、民建中央常务副主席马培华在民建中央机关亲切会见了美国区域经济模型公司（Regional Economic Models,Inc.，简称 REMI）总裁弗雷德里克（Frederick Treyz）一行。马培华对 Frederick Treyz 一行的来访表示欢迎。他说，美国在推动经济发展和促进环境保护方面有许多好的经验、做法值得我们学习借鉴，中美双方开展在能源、环保等方面的交流与合作符合两国人民利益，互利互惠合作有益于增进两国人民友谊。希望双方不断加强合作，进一步拓展未来合作空间，为中美双方的交流更上一层楼做出积极贡献。

5 月 13 日至 16 日，第一期民建中央企业家培训班在中央社会主义学院举行。民建中央副主席张少琴出席开班仪式并讲话。张少琴在讲话中指出，这次民建中央企业家培训班的举行是民建中央为提升会内企业家素质，提高会内企业家综合经营管理水平，促进会员企业健康成长的又一个新举措，相信在大家的共同努力下，一定会将培训班办成一个帮助企业会员掌握政策信息，改善管理，开拓创新的民建特色平台。中央社会主义学院副院长张峰出席开班仪式并致辞。民建中央社会服务部部长包瑞玲等出席开班仪式。

5 月 14 日至 15 日，民建中央副主席宋海带队就民建中央重点专题“加强我国影子银行监管，防范系统金融风险”在北京调研。民建中央副主席、民建北京市委主委王永庆陪同调研。专题调研组与北京市发展改革委、金融局、西城区人民政府、中国人民银行北京银管部、工商银行北京分行、中国银行北京分行、农业银行北京分行、北京银行等有关单位，以及北京市非银行金融机构和准金融机构，围绕影子银行的现状和利弊等问题进行了座谈。

5 月 22 日，民建中央常务副主席马培华赴上海市静安区、浦东新区考察调研，并与民建静安区委和浦东新区区委举行座谈。马培华对区委今后的工作提出几点要求：一是坚定道路自信，弘扬民建优良传统，激发会员政治责任感；二是发挥优势，结合工作实际，积极建言献策，努力提高参政议政水平；三是坚持以人为本，优化结构，加强代表性人士队伍建设；四是加强基层组织建设，创新支部形式。

5 月 23 日，民建中央主席陈昌智就民建中央重点专题“大力发展环保产业，促进生态文明建设”走访环境保护部、国家发展和改革委员会。上午，陈昌智走访环境保护部并召开座谈会。环境保护部部长周生贤介绍了我国环境保护工作的整体情况，副部长吴晓青就专题调研报告（征求意见稿）提出了具体修改意见和建议。下午，陈昌智又来到国家发展改革委，并与相关人员进行座谈。国家发展改革委副主任解振华从我国环保产业发展出现的新情况、特征优势及国际合作等方面进行了介绍，环资司司长何炳光就推进节能环保产业发展有关情况作了汇报，并对专题调研报告（征求意见稿）提出了具体修改意见和建议。陈昌智介绍了本次调研专题的选题背景。陈昌智表示，今天听到了很多很好的意见和建议，我们将在下一步对调研报告的修改完善中进行吸纳，希望今后能够继续为民建中央的参政议政提供支持和帮助。

5 月 23 日，民建中央常务副主席马培华赴上海市杨浦区、宝山区考察调研，并与民建杨浦区委、宝山区委举行座谈。

5 月 24 日，民建中央常务副主席马培华在贵阳会见了贵州省委书记、省人大常委会主任赵克志，并亲切看望了民建贵州省委会机关干部，与民建贵州省委在贵阳班子成员以及部分基层支部负责人就加强基层组织建设深入座谈。座谈会上，马培华就如何加强基层组织建设提出十个方面的意见。一是要提高政党意识，引导广大会员进一步认识中国特色社会主义道路的内涵，认识参政党在全面建设小康社会进程中的重要作用，进一步增强道路自信，增强履职的使命感和责任感；二是要传承优良传统，弘扬老一辈民建成员与党风雨同舟、亲密合作、肝胆相照、荣辱与共的高尚风格，始终坚持接受中国共产党的领导；三是要弘扬时代精神，不能墨守成规，引导会员以改革创新精神指导学习和工作，为我国经济社会发展作出更多贡献；四是要提高建言水平，中央和地方都可以考虑编制参政议政成功的案例或者范本，加强对会员参政议政知识方面的培训，不断提升建言献策的质量和水平；五是要优化组织架构，以有利于发挥会员作用、更好地服务于会的事业发展为目标，不要局限于地域、单位的限制，进一步解放思想，整合力量；六是要选好骨干团队，要充分发挥会员的民主权力，选拔出既热心会务又有组织能力的同志担任支部主任（主委），配好注重团结、协力合作的支部委员；七是要丰富组织活动，要集中大家的智慧，发挥会员的积极性和主动性，制定好活动计划，使成员感到有收获、有吸引力；八是要关心会员困难，领导班子要密切联系群众，乐于奉献，关心成员的思想、工作和生活，使成员感到组织的温暖，一些地方设立关爱基金的做法产生了良好效果，今后要进一步加以总结、探索；九是要加强沟通交流，要加强同会员所在单位党委的沟通和联系，获得支持和帮助，要加强不同区域基层组织之间的横向沟通，取长补短，共同进步；十是要培养团队精神，提升会员参与会务工作的积极性和主动性，努力形成互帮互学共进的良好组织氛围，彰显组织的凝聚力。

5 月 27 日上午，民建中央主席陈昌智、常务副主席马培华在会中央机关亲切接见正在中央社会主义学院学习的“民主党派省级组织新任专职领导干部多党合作专题研究班”的民建 13 位学员，与大家座谈并合影留念。陈昌智指出，首先要加强学习。其次，建设团结高效的机关。第三，注重工作方法。座谈中，马培华常务副主席即时回答了有关问题并提出了具体要求。民建中央组织部部长李世杰主持了座谈会。

5 月 27 日上午，民建中央社会服务部在会中央机关组织召开了京津冀民建组织对口帮扶丰宁县联席会议。民建中央副主席张少琴出席会议并讲话。张少琴对京津冀三省市民建组织对丰宁扶贫工作的重视和支持给予了高度评价，并对下一步的工作提出了几点要求：一是要从加强参政党建设的角度出发，从国家和地方发展战略的高度着眼，扎实开展帮扶工作；二是丰宁县作为民建的两个扶贫点之一，是参政议政工作的平台，也是会员服务社会、回报社会的重要载体，希望三省市民建组织共同重视；三是要形成合力，把京津冀三省市在丰宁的扶贫工作纳入到民建中央统一的载体之下，扩大扶贫效果，增强民建的社会影响力；四是建立和完善联席会议机制和工作制度。

5 月 28 日，民建中央副主席、民建中央监督委员会副主任李谠率民建中央监督委员会部分委员走访监察部并座谈。座谈会前，中纪委副书记、监察部部长、国家预防腐败局局长黄树贤与李谠副主任一行亲切会面。中纪委常委、监察部副部长姚增科，监察部副部长、民建中央副主席郝明金等有关同志参加了会面。民建中央监督委员会委员李世杰、任学良、李忠民、丁万明、贾晓东、郭彩云、姜明等同志参加了座谈会，与监察部的同志进行了热烈真诚的交流。

5 月 29 日上午，全国人大常委会副委员长、民建中央主席陈昌智出席了河北丰宁抽水蓄能电站工程建设动员会，并与河北省省长张庆伟、国家电网公司总经理舒印彪共同启动了丰宁抽水蓄能电站工程开工。

6 月 9 日，由中华思源工程扶贫基金会（以下简称“思源工程”）主办、思源·陈沙立慈善基金、加拿大翡翠国际工业集团承办的“思源救护·善行天下——爱国华商陈沙立资助 100 所县（乡）医院救护车捐赠仪式暨 2013’思源救护中国行”在人民大会堂举行，首批 100 辆救护车从即日起陆续驶往西藏、新疆、甘肃等 20 省（市、自治区），每年将为约 10 万人次的危急重症患者、危急孕产妇等提供紧急救护服务。全国人大常委会副委员长、民建中央主席、中华思源工程扶贫基金会理事长陈昌智出席启动仪式并讲话，他指出，陈沙立等爱心人士“饮水思源，回报社会”，积极参与“思源救护”项目，提升贫困地区医疗急救水平，为抢救危重急症患者、孕产妇等群众生命创造了有利条件，以实际行动践行“中国梦”。

6 月 14 日，民建中央主席陈昌智，民建中央副主席辜胜阻，在民建十届三次中常会间隙调研了青岛民建基层组织建设情况，与民建青岛市委领导班子、部分基层委员会和专门委员会负责人进行了座谈，听取了有关情况汇报。陈昌智对民建青岛市委的工作给予了充分肯定，并就民建青岛市委今后的工作提出了殷切希望和具体要求。陈昌智指出，民建要牢牢树立政治意识，始终不渝地抓好思想建设，始终不渝地坚持中国共产党的领导，始终不渝地坚持走中国特色社会主义道路。既要系统地学习中国特色地社会主义理论，也要深入学习民建的会章会史和会的优良传统，继承民建老一辈的优良传统。

6 月 14 日至 15 日，民建中央副主席辜胜阻就组织建设工作和城镇化课题先后赴山东省德州、淄博、青岛三市进行调研。辜胜阻亲切看望了民建德州、淄博、青岛市委班子成员、机关干部、部分市委委员、支部主任和企业家代表，分别召开了座谈会。辜胜阻要求民建市委在省委的支持和关心下，进一步做好组织建设工作；希望市委继续努力搞好参政议政工作，引导会员积极参与课题调研，建言献策，为民建参政议政工作作出新的贡献。

6 月 17 日，民建中央主席陈昌智在兰州与民建甘肃省委在兰领导班子成员、常委和机关干部进行了座谈。会议由民建甘肃省委会主委宁崇瑞主持。陈昌智作了重要讲话，并对民建甘肃省委会今后的工作提出了四点要求：第一，积极加强班子建设；第二，始终把思想建设作为自身建设的头等大事；第三，认真做好参政议政工作；第四，继续加强社会服务工作。18 日，民建中央主席陈昌智调研民建武威市委员会工作。19 日，民建中央主席陈昌智调研民建酒泉市委员会和嘉峪关总支工作。

6 月 17 日至 20 日，全国人大常委会副委员长陈昌智率全国人大常委会执法检查组在甘肃省进行《中华人民共和国可再生能源法》执法检查。检查组在兰州、武威、酒泉、嘉峪关等市进行执法检查，走访重点项目工程，与相关企业负责人座谈，对我省贯彻实施可再生能源法情况进行全面检查。17 日下午，执法检查组抵达兰州后即召开会议。省委常委、常务副省长刘永富代表省政府向检查组汇报了我省实施可再生能源法的情况。省人大常委会副主任陆武成主持汇报会。从 18 日开始，执法检查组驱车千里，赴武威、酒泉、嘉峪关等市，深入风电场、光伏电站，采取实地走访检查、召开座谈会等形式，认真听取相关人员介绍或建议。省人大常委会副主任孙效东陪同检查。

6 月 30 日，民建中央常务副主席马培华在深圳召开民建基层组织建设工作座谈会，听取深圳民建在基层组织建设方面的情况汇报。马培华就进一步做好深圳民建基层组织工作提出了八点要求：一是选好基层组织带头人，加强领导班子建设；二是适应经济发达地区的组织发展需要，进一步优化组织架构；三是建章立制，规范基层组织管理；四是继承优良传统、弘扬时代精神；五是积极发展优秀人才；六是加强参政议政工作培训；七是进一步丰富组织活动；八是发扬团队精神，促进会员共同发展。民建深圳市委会主委黄中伟，副主委陈泰泉、艾及、梁敏华、郭志文等参加会议。

7 月 1 日至 3 日，民建中央副主席张少琴带队就会中央“关于大力推进新型城镇化建设的调查研究”重点专题赴河南进行调研。调研组在郑州召开座谈会，与河南省农办、发改委、人社厅、国土厅、住建厅、金融办等相关部门的负责同志进行座谈。

7 月 2 日，由民建北京市委、北京市投资促进局、北京产权交易所联合主办的“2013 中外投资机构暨民营企业北京投资发展洽谈会”在京举行。民建中央常务副主席马培华出席会议并致辞，民建中央副主席、北京市政协副主席、民建北京市委主委王永庆出席会议。

7 月 4 日，民建中央副主席辜胜阻在京亲切接见到访的嘉义大学教授侯嘉政，宾主双方就共同关心的两岸经济发展以及城镇化等课题开展了友好交流和座谈。

7 月 5 日，民建中央主席陈昌智在浙江杭州与民建杭州市委会部分会员进行了座谈。在听取了民建杭州市委会的工作汇报后，陈昌智肯定了市委会的工作，认为市委会参政议政工作成绩显著，看得准，抓得准；自身建设工作在有关部门的关心支持下，很有成效，特别是支部建设工作值得推广。对今后的工作，陈昌智指出，要着重加强基层组织建设特别是支部建设。首先是提高认识。要把支部看成组织的细胞，推动基层组织特别是市级组织建设。其次是加强思想建设。把思想建设作为基层组织建设的重中之重，加强会员特别是新会员的思想工作，有针对性地做好培养教育。三是选好支部主任。支部主任要有一定的奉献精神，只有充分调动支部主任的积极性，才能活跃支部活动，增强会的凝聚力。四是坚持制度化、规范化。支部建设要有规章建制可循，在加强制度化、规范化的同时，注意以团结为主，用情感来团结人，凝聚人。民建浙江省委主委陈小平、民建中央宣传部部长张皎等参加座谈。

7月6日，民建中央副主席辜胜阻来到民建河北秦皇岛市委机关，实地考察机关办公条件，听取了民建秦皇岛市委主委王亚洲关于市委会组织建设、参政议政、社会服务、宣传等方面的情况汇报，并与市委班子成员、企业家代表、机关工作人员亲切座谈。

7月12日，中华思源工程扶贫基金会搜狐焦点公益基金在北京大学举行爱心企业捐赠仪式，绿地集团向思源搜狐焦点公益基金捐赠100万元善款，专项用于0—14岁罹患先天性心脏病孤贫儿童的医疗救助。全国人大常委会副委员长、民建中央主席、中华思源工程扶贫基金会理事长陈昌智出席捐赠仪式并讲话。

7月16日，民建中央主席陈昌智在京亲切会见台湾世新大学附属机构执行长文念萱，民建会员企业家、湖北百盟集团彩诚实业投资有限公司董事长倪卫东一行。陈昌智感谢世新大学为两岸教育与文化学术交流所作出的积极贡献，希望世新大学办好与大陆高校的合作项目，为两岸关系和平发展多作贡献，为中华文化的发展与创新培育更多优秀人才。

7月23日上午，民建中央致信民建甘肃省委，慰问地震灾区受灾群众和会员。民建中央在慰问信中说，得悉甘肃省定西市岷县、漳县发生6.6级地震的消息以后，民建中央主席陈昌智、常务副主席马培华等领导同志十分关注有关灾区救援和人民群众生命及财产的损失情况，已责成民建中央有关部门和中华思源工程扶贫基金会的同志奔赴灾区调研了解情况，采取措施积极参与救灾工作，并通过你们向所有灾区群众以及遭受地震波及影响的民建会员表示亲切的慰问。

7月31日，民建中央主席陈昌智到民建长春市委进行市级组织建设调研。民建长春市委员会主委陈巳汇报了民建长春市委基本情况和近年来的主要工作，部分骨干会员就基层组织建设情况进行了发言。陈昌智在认真听取工作汇报和会员发言后，对民建长春市委的工作给予了充分肯定，并就加强自身建设、参政议政、社会服务等方面提出了具体要求。8月1日，陈昌智到民建松原市委进行市级组织建设调研。

8月1日至2日，民建中央常务副主席马培华率民建中央“大力推动我国清洁能源发展，促进新型城镇化过程中的环境保护”专题调研组在河北省张家口市张北县调研。马培华一行先后深入考察了国家风光储输示范项目基地、张北运达风电有限公司、张北县高效节水示范园区，并围绕清洁能源发展的现状、存在问题及意见建议等，与省市县有关部门负责同志、部分企业负责人进行座谈交流。调研期间，马培华亲切接见了民建张家口市委班子成员及驻会工作人员，鼓励大家勤勉工作，进一步加强自身建设，为多党合作事业和当地的经济社会发展献计出力。河北省副省长、民建河北省委会主委秦博勇，中共张家口市市委书记王晓东，市长侯亮等陪同调研。

8月2日，民建中央主席陈昌智到民建白城市委进行市级组织建设调研。陈昌智在认真听取工作汇报和会员发言后，认为民建白城市委在自身建设、参政议政和社会服务等方面特色突出，成效显著，值得肯定，对今后工作提出几点要求，并希望民建白城市委要总结好基层组织建设工作的具体做法和经验，突出自身亮点，为会中央提供鲜活的典型事迹。要加强宣传工作，从实际出发，提高会刊质量。民建吉林省委主委车秀兰主持召开民建白城市委工作汇报座谈会，民建中央组织部副部长李维平、民建中央办公厅副巡视员郭群峰、民建吉林省委副主委赵旸参加了调研。

8 月 5 日下午，黑龙江民建基层组织建设座谈会在哈尔滨市召开，民建中央常务副主席马培华出席会议并作重要讲话。会议由省政府副省长、民建省委主委孙东生主持。马培华提出六点工作希望：一是增强道路自信，巩固思想基础；二是优化组织结构，发挥成员作用；三是发扬民主，选好领导集体；四是努力参政议政，助推龙江发展；五是丰富组织活动，激发会员活力；六是发挥团队精神，促进共同发展。民建省委领导班子成员、省直支部主任、部分市级组织主委和支部主任共 40 人参加会议。

8 月 12 日至 16 日，民建中央常务副主席马培华率民建中央“大力推动我国清洁能源发展，促进新型城镇化过程中的环境保护”专题调研组在新疆维吾尔自治区调研。中央政治局委员、自治区党委书记张春贤，自治区党委副书记韩勇会见了调研组一行。在新期间，马培华一行围绕自治区清洁能源运行及规划情况、清洁能源发展面临的主要问题及建议，以及在推进新型城镇化过程中的清洁能源运用和环境保护等问题先后在乌鲁木齐市、阿勒泰市以及石河子市等地进行实地调研，深入考察了中国国电新疆天风发电股份有限公司、布尔津县冲乎尔水电站以及新疆新华风电开发有限公司窝依莫克风电场等清洁能源企业，听取了达阪城区经济发展委员会对达坂城区风电产业发展现状及园区建设思路的情况汇报，并就清洁能源发展有关问题与自治区政府有关部门、清洁能源企业代表、行业协会代表等进行座谈。自治区人大副主任、民建新疆区委会主委董新光，自治区政协副主席刘志勇等陪同调研。

8 月 14 日至 16 日，民建中央副主席张少琴赴山西运城、临汾、太原就民建地方组织工作进行调研。山西省政协副主席、民建山西省委主委王宁，中共山西省委统战部常务副部长郭海刚等全程陪同调研。张少琴副主席在调研座谈会上分别听取了民建运城、临汾、太原市委会的工作汇报，他对各市在思想建设、组织建设、制度建设、参政议政、社会服务等各项工作中取得的成绩给予充分肯定。张少琴强调，民建各级组织和广大会员要进一步统一思想、坚定信心，认真学习贯彻中共十八大和民建十大精神；要大力弘扬民建的优良传统，发扬“五个坚持”和“四种精神”，自觉与中国共产党在思想上同心同德、目标上同心同向、行动上同心同行；要发挥民建密切联系经济界的优势，调动广大会员积极性，为推动当地经济社会发展作出更大贡献。

8 月 15 日下午，国家发展改革委党组书记、主任，委教育实践活动领导小组组长徐绍史同志主持召开了“两代表一委员”座谈会，邀请党的十八大代表，全国人大代表，全国政协委员 10 位同志，就发改委“四风”突出问题提意见。民建中央副主席辜胜阻出席座谈会，并就发改委如何进一步推进新一轮的改革、特别是如何在城镇化规划和城镇化改革上统筹“人、业、钱、地、房”，发改委如何正确处理好改革与发展的关系发表了意见和建议。

8 月 19 日，民建中央副主席辜胜阻在河北省石家庄市调研大气污染防治和节能减排问题。辜胜阻一行先后考察了省环境监测中心站、石家庄钢铁有限责任公司、河北华电石家庄热电有限公司，并围绕调整产能和产业结构、优化区域经济布局等问题与省政府有关部门及部分钢铁、水泥企业负责人进行了深入座谈和交流。河北省副省长、民建河北省委会主委秦博勇，省政协副主席崔江水陪同调研。

8 月 23 日，中华思源工程扶贫基金会智善慈善基金在北京正式启动，将全面开展贫困脊柱侧弯贫困青少年免费救助项目，帮助他们健康成长，挺起“中国的脊梁”。民建中央主席、中华思源工程扶贫基金会理事长陈昌智出席签约仪式并讲话，并对针对贫困少年儿童的救助工作予以赞赏，他说：“‘少年智则国智，少年富则国富，少年强则国强’，‘思源智善慈善基金’关心数百万脊柱侧弯青少年，并救助贫困青年少年患者，不仅是以实际行动帮扶贫困家庭，也是在帮助我们的青少年挺起‘中国的脊梁’。”

9月8日下午，中华思源工程扶贫基金会向黑龙江省遭受洪灾地区捐赠100万元，全国人大常委会副委员长、民建中央主席、中华思源工程扶贫基金会理事长陈昌智出席捐赠仪式并讲话。中共黑龙江省委常委、统战部长赵敏，黑龙江省政府副省长、民建省委主委孙东生参加捐赠仪式。

9月10日，民建中央主席陈昌智赴齐齐哈尔市视察调研，亲切接见了民建齐齐哈尔市委委员及机关全体同志，并就思想建设、组织建设、参政议政、社会服务等方面与大家进行了交谈。陈昌智对民建市委今后工作提出四点要求：一是思想上要树立政党意识。要加强对会员政党意识的培养，让会员时刻意识到，民建是以经济界为主体的参政党，不同于社会团体。言行中要时刻保持清醒的头脑，讲政治，识大体，顾大局。二是组织发展上，要既注重质量又注重数量，尤其以注重质量为主。重点发展规模较大的企业家入会，注重企业规模和社会影响力；发展大专院校和技师学院等高中级以上人才入会；发展在政府机关任实职的人员入会。同时在党外人事安排上要积极做好监督，促进落实。三是社会服务工作开展上，要持之以恒，贵在坚持。鼓励基层支部和会员发挥各自所长，下基层为社会、为百姓服务。使为基层工作服务根植于心，为齐齐哈尔市经济和社会发展献计出力。四是在自身建设上，进一步做好会内刊物的出版和发行工作。版面设计要更加丰富，内容更具时效性。做到会员人手一份，以便使会员们及时了解市委会的工作，增加凝聚力和向心力。

9月11日，民建中央常务副主席马培华就民建中央重点专题“大力推动我国清洁能源发展，促进新型城镇化过程中的环境保护”走访了国家能源局和国家电网公司。马培华一行与国家能源局有关人员亲切座谈。国家能源局副局长刘琦主持座谈会，并介绍了清洁能源发展趋势，以及加强宏观统筹推动清洁能源发展等有关情况。马培华表示，大力发展清洁能源，促进环境保护对保障我国能源安全，实现经济社会可持续发展具有重要意义。为此，民建中央成立专题调研组，先后在江苏、河北、新疆等地开展了调研，深入了解了我国清洁能源规划执行情况、清洁能源发展面临的主要问题以及传统能源清洁化利用等问题，并在调研基础上起草了调研报告初稿。国家能源局和国家电网公司在推动清洁能源发展规划布局、扩大清洁能源发展规模以及提高清洁能源发展水平等方面积极探索、开拓创新，成效显著，并提出了很多宝贵意见和建议。调研组将认真研究，并充分吸取大家提出的真知灼见，共同努力推动我国清洁能源健康可持续发展。民建中央办公厅主任谷娅丽等参加调研。

9月12日至15日，民建中央副主席周汉民赴民建内蒙古区委及呼和浩特、包头二市就民建市级组织建设工作进行调研。他分别听取了民建内蒙古区委及呼和浩特、包头两市的工作汇报，并与领导班子成员、支部主任等骨干会员亲切座谈交流。周汉民强调民建会员要加强学习。他还提出了几点希望：一是要加强地方组织的建设和组织发展，在条件成熟的地区（如呼伦贝尔市、乌兰察布市）实现突破；二是下定决心，多方支持，尽力解决“三无问题”；三是培养后备干部和发展高层次会员。民建内蒙古区委主委李荣禧等陪同调研。

9月13日，民建中央常务副主席马培华在出席第十二届全国运动会闭幕式后，到沈阳调研了民建市级组织建设情况，并与民建沈阳市委班子成员以及骨干会员亲切座谈。马培华对民建沈阳市委的工作给予了充分肯定。马培华还就进一步做好民建工作提出三点希望：一是要继承优良传统，弘扬时代精神；二是要加强自身建设，夯实组织基础；三是要发扬团队精神，认真履行职能。在沈期间，马培华还参观了会员企业沈阳全密封变压器股份有限公司。辽宁省政协副主席、民建辽宁省委主委武献华，民建辽宁省委副主委王广林陪同调研。

9月13日，民建中央副主席辜胜阻应香港中文大学太空与地球信息科学研究所邀请，访问香港中文大学，并围绕“中国城镇化与智慧城市建设”主题作学术报告，与香港中文大学师生及不同领域的专家学者共同分享探讨中国未来新型城镇化发展之路。之后，辜胜阻还应邀到澳门为VC/PE投资人及相关企业就新型城镇化作学术报告。

9月24日下午，民建中央主席陈昌智在沪会见了上海市人大常委会主任殷一璀。陈昌智感谢上海人大一直以来对民建上海市委工作的关心和支持，表示建设中国（上海）自由贸易试验区是我国顺应全球经贸发展新趋势、实行更加积极主动开放战略的一项重大举措，将推进金融、贸易、航运等领域的开放政策以及管理、税收、法规等方面的整体创新，希望民建上海市委发挥组织优势，进一步做好参政议政工作。民建中央副主席宋海，民建中央副主席、上海市政协副主席、民建市委主委周汉民，民建中央宣传部部长张皎，上海市人大常委会秘书长姚海同参加会见。

9月25日上午，民建中央“爱国主义教育基地”揭牌仪式在浦东川沙新镇黄炎培故居隆重举行。民建中央主席陈昌智出席发表重要讲话，并与中共上海市委常委、市委统战部部长沙海林共同为“爱国主义教育基地”揭牌。全国政协副秘书长、民建中央副主席宋海宣读了《民建中央关于命名黄炎培故居为“爱国主义教育基地”的决定》。民建中央宣传部部长张皎，中共上海市委统战部副部长吴捷，中共浦东新区区委副书记胡佩艳，民建上海市委副主委兼秘书长徐钧健，副主委胡可一、程裕东等200余人参加揭牌仪式。

9月25日上午，全国人大常委会副委员长、民建中央主席陈昌智在沪会见中共上海市委常委、市委统战部部长沙海林，并进行了亲切交谈。陈昌智在会见时说，上海作为民建主要创始人和领导人黄炎培先生的故乡，同时作为民建组织的发祥地，有着特殊的历史意义。长期以来，中共上海市委统战部高度重视、十分关心民建的工作，为民建市委推进领导班子建设、加强自身建设、培养后备干部、提升参政议政能力等方面给予了充分支持和帮助，希望中共市委统战部积极贯彻落实中共中央四号文件精神，一如既往地支持民建市委发展高层次、代表性人士，加大对民主党派干部的培养力度，为广大民建会员施展才能、服务社会、推进发展提供广阔舞台和机会。

9月25日下午，由民建上海市委与奉贤区人民政府联合举办的“2013上海中小企业发展奉贤论坛”在奉贤南桥举行。全国人大常委会副委员长、民建中央主席陈昌智出席论坛并作主旨演讲。民建中央副主席宋海出席，民建中央副主席、上海市政协副主席、民建市委主委周汉民主持论坛并就上海自贸区建设作专题发言。上海民建经济社会发展研究中心在会上首次发布了“上海中小微企业生存发展指数”。民建中央宣传部部长张皎等参加论坛。

9月27日下午，民建中央主席陈昌智、常务副主席马培华在会中央机关亲切接见正在中央社会主义学院学习的第30期民主党派干部进修班、培训班的19位民建学员，与大家座谈并合影留念。陈昌智在听取大家的发言后，围绕学习和加强自身建设问题发表讲话。他谈到学习的重要性，要求大家要勤于思考，善于提出问题，把学到的理论和民主党派工作的实际结合起来，把学到的知识和当前社会政治经济的现实结合起来，要求大家不仅学好还要用好，希望大家把这次学习的成果带回到各自的工作岗位和会务工作中去。会中央组织部部长李世杰主持了座谈会。

9月29日，全国人大常委会副委员长、中国和平统一促进会副会长陈昌智在北京会见了以王志民为名誉团长、吴炳林为团长的泰国中国和平统一促进会总会访问团。陈昌智充分肯定了泰国中国和平统一促进会总会自2001年成立以来，充分发挥自身优势，旗帜鲜明地反对“台独”等分裂势力、努力促进中国和平统一事业、积极发展泰中民间友好关系，而开展的卓有成效的工作。中国和平统一促进会执行副秘书长杭元祥参加会见活动。

10月10日至16日，应台湾世新大学邀请，民建中央副主席辜胜阻率民建中小企业代表团赴台调研。在台期间，代表团先后与台湾商业总会、淡水信用合作社、兆丰国际商业银行、南部科学工业园区管理局、台中市工商发展投资策进会、台中市中小企业服务中心，以及来自侨光铁工厂股份有限公司、瑞隆地板木业工厂等公司的中小企业家代表进行了座谈交流，并实地参访了台南科学工业园区、巨大机械工业股份有限公司（捷安特自行车）等。

10月11日下午，民建中央主席陈昌智在民建宁夏区委会机关同来自自治区民建基层组织的广大会员亲切座谈。自治区人大常委会副主任、民建宁夏区委会主委孙贵宝汇报了民建宁夏区委会近年来组织建设、参政议政、社会服务等工作情况。各市级组织负责人也简要汇报了市级组织的发展情况。在听取了大家的发言后，陈昌智作了重要讲话。一方面他对大家的意见建议给予充分的肯定，另一方面也从不同角度回答了大家的疑问。随后他就加强民建自身建设等工作提出了要求。民建区委会副主委杨培君、解方及区委会机关全体工作人员也参加了座谈会。

10月15日，民建中央主席陈昌智出席了民建四川省广安市委员会成立大会并代表民建中央向大会致词。民建四川省委主委陈文华，副主委王元勇、仰协，民建中央组织部副部长李维平等参加了会议。

10月21日至22日，民建中央副主席陈政立一行莅临绵阳调研，并与当地民建会员座谈。他希望基层组织利用身在基层这一优势，多倾听民声，多反映民意，贡献更高质量的提案。同时，他还勉励民建绵阳市委要加强各种形式的学习和培训，搭建平台，为基层组织开展参政议政和社会服务创造条件，把学习和培训作为新形势下民主党派树立和践行社会主义核心价值体系的一个有效载体和重要手段。

10月21日至24日，民建中央常务副主席马培华赴浙江省杭州、湖州、嘉兴市调研市级组织自身建设工作，分别听取了三个市级组织的工作情况汇报，与市级组织领导班子成员、支部主委和基层组织骨干会员进行了座谈。马培华充分肯定了三个市委会在思想建设、组织建设、参政议政和社会服务等方面取得的成绩，并对加强市级组织自身建设提出三点要求：一是继承光荣传统，弘扬时代精神；二是坚持以人为本，加强组织建设；三是结合当地实际，履行参政职能。马培华还考察了万事利集团、盛发纺织印染有限公司、比华丽电子科技公司、正原电器有限公司等民建会员企业，并走访了民建社会服务基地。在浙期间，马培华还分别会见了中共浙江省委书记夏宝龙、浙江省政协主席乔传秀等浙江省党政主要领导。浙江省政协副主席、民建浙江省委主委陈小平陪同调研。

10 月 29 日，全国人大常委会副委员长陈昌智在京会见以庄成鑫为团长的香港中华出入口商会访京团全体成员。他充分肯定商会一贯坚持爱国爱港立场，并向商会提出三点期望：把香港发展好，把香港稳定好，把社团建设好。陈昌智指出，国家战略机遇期对香港也是发展契机，希望商会秉持一贯的社会、政治责任感，不断提高在港影响力，培养年轻人才，为构建和谐香港作出贡献。

10 月 30 日，何梁何利基金 2013 年颁奖大会在京举行。全国人大常委会副委员长、民建中央主席陈昌智，全国政协副主席、科技部部长万钢出席大会。

10 月 31 日，全国人大常委会副委员长陈昌智在人民大会堂会见了由吴拉敏乌主席率领的缅甸联邦议会人民院国际关系委员会代表团一行。

10 月 31 日上午，民建中央副主席辜胜阻应邀随全国政协提案委员会走访国家发展和改革委员会，就提案办理答复情况交流座谈。辜胜阻在发言中说，国家发改委对提案工作非常重视，仔细研究提案提出的问题和建议，提案答复翔实。特别是对民主党派中央的集体提案，国家发改委在办理过程中注重沟通联系，提前征求党派中央对提案答复的具体意见，提案答复针对提案提出的建议逐条解释回复，认真负责。民建中央对国家发改委的提案答复表示满意。辜胜阻还重点就民建中央关于深化配套改革推进城镇化可持续健康发展的提案与国家发改委交换了意见，介绍了此提案是民建中央长期深入调查研究形成的参政议政成果，提出了具体建议，供国家发改委参考。全国政协副主席马飚，国家发改委副主任穆虹出席会议。座谈会由国家发改委党组副书记、副主任朱之鑫主持。民建中央调研部部长蔡玲参加走访座谈。

11 月 4 日至 7 日，民建中央副主席张少琴赴贵州毕节、六盘水、贵阳等地就民建地方组织工作进行调研。张少琴在调研座谈会上分别听取了民建贵州省委会和贵阳、六盘水市委会以及民建毕节支部的工作汇报，他对民建贵州省委会和各级组织在组织建设、制度建设、参政议政、社会服务等各项工作中取得的成绩给予充分肯定。

11 月 5 日，民建东部十省市组织对口帮扶黔西县第二次联席会议在贵州省毕节市召开。民建中央主席陈昌智出席会议并作重要讲话。会议旨在认真贯彻中共中央领导同志重要讲话精神，总结和回顾 2011 年 10 月第一次对口帮扶会议以来的工作，从中提炼经验，明确下一步的帮扶工作，更好地合力助推毕节试验区和黔西县实现科学发展。会议由民建中央副主席张少琴主持。中共黔西县委书记卢林首先汇报了黔西县的经济发展状况和遇到的困难。与会的民建东部十省市组织以及民建贵州省委代表分别汇报了帮扶工作开展情况和今后的帮扶计划，并围绕招商引资、教育培训、品牌打造、机制完善等方面提出了建议。陈昌智表示，民建中央将继续支持黔西县的发展，始终把群众获得实惠和民生改善作为帮扶工作的评价标准，不图虚名、务求实效，扎扎实实地做好黔西县的帮扶工作。

11 月 5 日上午，民建中央常务副主席马培华在民建中央机关亲切接见了正在中央社会主义学院学习的 45 名民建浙江省、市领导班子及骨干会员培训班的学员。马培华对学员们提出了三点希望：首先，十八届三中全会后，大家要深入全面学习全会精神，要抓住精髓，改革创新；作为参政党要结合自身的特点、各地方的实际以及我国经济发展现阶段的情况开展参政议政工作；要组织力量，多出精品，建设一支有经验、有能力、有水平的参政议政队伍，群策群力，把三中全会精神落到实处。其次，加强领导班子建设，增强履职能力，一是主委要善于当班长，抓大事，少管小事；凝心聚力，多做沟通；二是副手要有敬业实干精神，要以民建为家，明确职责，摆正位置，踏实工作；第三，要加强机关建设，抓好培训工作，提高机关干部办文、办会和办事的能力，创造绩效优先、团结奋进的良好氛围。民建中央组织部部长李世杰主持座谈会。

11 月 5 日，中华思源工程扶贫基金会（以下简称“思源工程”）联合“思源·天明公益基金”、“思源·牵手公益基金”向贵州省 30 家贫困地区县（乡）卫生院各捐赠了一辆救护车，为当地危急重症患者、危急孕产妇等提供紧急救护服务，用于改善贵州省救护车老化短缺严重、“预派无车率高”的现状。同时，“思源工程”还联合民建会员企业北京万升康达经贸有限公司向毕节市捐赠了 10 台青光眼治疗设备，为当地青光眼患者带来福音。民建中央主席、“思源工程”理事长陈昌智，民建中央副主席张少琴，“思源工程”副理事长兼秘书长李晓林，国家有关部委负责同志，民建各省（区、市）代表团成员及民建会员企业家，贵州省和毕节市相关领导约 400 余人出席捐赠仪式。

11 月 5 日，民建中央常务副主席马培华在京会见香港总商会主席周松岗率领的香港总商会北京访问团一行。马培华认为总商会对香港经济发展功不可没，总商会的国际化特性有助于内地企业走向国际。马培华表示，香港能善用资本、技术、人才及国际经验，与内地积极交流，参与到两地经济社会建设之中去，将会为内地以及香港的发展作出更多贡献。中共中央统战部副部长林智敏参加会见。

11 月 6 日，民建中央常务副主席马培华赴民建北京市海淀区委，就自身建设工作进行调研，听取了区委主委的工作情况汇报，与区委领导班子成员、支部主委和基层组织骨干会员进行了座谈。马培华充分肯定了民建北京市海淀区委在思想建设、组织建设、参政议政和社会服务等方面取得的成绩，并对加强区级组织自身建设提出三方面要求：一是强基固本，不断推动自身建设；二是认真学习，深刻领会中共十八届三中全会精神；三是改革创新，搞好参政议政工作。座谈会前，马培华会见了中共海淀区委书记隋振江。民建中央副主席、北京市委主委王永庆，民建中央组织部部长李世杰，民建北京市委常务副主委任学良陪同调研。

11 月 8 日上午，全国人大常委会副委员长、民建中央主席陈昌智和全国政协副主席、民建中央常务副主席马培华在民建中央机关会见了全国政协人口资源环境委员会主任贾治邦、全国政协副秘书长卢昌华、全国政协人口资源环境委员会驻会副主任庄国荣一行。

11 月 10 日至 13 日，全国政协副主席、民建中央常务副主席马培华赴江西省萍乡、宜春、新余、吉安市调研市级组织自身建设工作，分别听取了四个市级组织的工作情况汇报，与市级组织领导班子成员、支部主委和基层组织骨干会员进行了座谈。马培华充分肯定了四个市委会在思想建设、组织建设、参政议政和社会服务等方面取得的成绩，并对加强市级组织自身建设提出三点要求：一是弘扬改革创新精神，认真学习贯彻中共十八届三中全会精神；二是增强使命感、责任感，努力搞好自身建设；三是凝聚力量，加强参政议政。马培华还瞻仰了井冈山革命烈士陵园，考察了百神药业、优特利电源有限公司等民建会员企业。调研期间，马培华还分别会见了中共江西省政协主席黄跃金、各市党政主要领导。江西省政协副主席、民建江西省委主委孙菊生等陪同调研。

11 月 12 日，建华课堂——内蒙古分课堂揭牌暨开班仪式在呼和浩特举行。民建中央副主席宋海与民建内蒙古区委主委、自治区人大常委会副主任李荣禧共同为建华课堂——内蒙古分课堂揭牌。自治区党委统战部副部长杨继业、民建中央组织部部长李世杰等出席了揭牌仪式。宋海副在致辞中说，内蒙古分课堂的成立，可以为内蒙古地区会员、会友的学习培训交流活动搭建起又一新的平台。希望民建内蒙古区委会及各级地方组织能够继续发扬民建的光荣传统和优良作风，不懈努力，把建华课堂内蒙古分课堂真正建设成为服务会员、服务社会的培训基地。民建内蒙古区委副主委康永恒、郑锦春等参加活动。

11 月 26 日至 28 日，民建中央主席陈昌智赴南京、淮安、镇江就市级组织建设进行调研，分别听取民建南京市委、淮安市委、镇江市委会的工作情况汇报，并与市级组织班子成员、部分基层委员会主委和会员企业家代表进行座谈。江苏省政协副主席、民建江苏省委会主委洪慧民主持座谈会。民建中央组织部副部长李维平、宣传部副部长程喜真，民建江苏省委会专职副主委郝星晨等陪同调研。

11 月 28 日，民建中央副主席、中国统一战线理论研究会常务理事张少琴在广州出席 2013 年中国统一战线理论研究会年会暨当前统一战线新情况新问题研讨会。在广州期间，张少琴还会见了中共广东省委常委、统战部部长林雄，民建广东省委主委李心及民建广东省委部分班子成员。

12 月 1 日，民建中央副主席辜胜阻到凉山与民建凉山州委委员、基层支部负责人、会员企业家代表等进行座谈。民建州委主委王萌主持会议。辜胜阻对凉山民建各项工作所取得的成绩给予充分肯定，并提出了希望和要求：一是要注重加强自身建设，切实加强组织领导，认真做好宣传学习中共十八大和十八届三中全会精神工作。二是充分发挥好民建与经济界密切联系的特点与优势，立足凉山实际，选好角度，对钒钛基地环境污染治理等课题积极建言献策，为凉山的经济发展做出更多、更大的贡献。三是做好社会服务工作，多做化解矛盾、稳定社会的工作。

12 月 10 日，丰宁防沙治沙研讨会在民建中央机关召开，会议围绕如何将丰宁防沙治沙工作与产业发展和农民增收相结合进行了深入探讨。民建中央副主席张少琴出席研讨会并作重要讲话。张少琴肯定了丰宁县防沙治沙工作取得的成果，赞同与会专家对丰宁县防沙治沙工作所提的意见和建议。张少琴强调，植树造林、防风固沙，是功在当代、利在千秋的大事。民建中央将继续按照中共中央、国务院关于扶贫工作的整体部署，以中共十八届三中全会精神为指导，大力推进丰宁县生态文明建设，为全面建成小康社会做出应有的贡献。民建中央社会服务部部长包瑞玲主持会议。

12 月 27 日，民建中央常务副主席马培华参加民建北京市委领导班子民主生活会并讲话。马培华就进一步发挥北京民建作用，提升工作水平提出了四点希望：一是要加强班子建设，这对北京民建的发展至关重要；二是要加强会内监督，促进作风转变；三是要坦诚相待、互相支持，形成领导合力；四是要虚怀若谷、广纳贤言，提高履职水平。民建中央副主席、民建北京市委主委王永庆主持会议并对民主生活会进行了总结。

二、参政议政

2013 年，民建认真学习贯彻中共十八大精神，积极落实民建十大提出的各项任务，充分发挥密切联系经济界的特色和优势，深入调查研究，积极建言献策，取得了参政议政工作的新成果。

（一）全国政协十二届一次会议提案、发言材料

在 2012 年民建中央重点专题报告、专委会课题报告以及春秋季成果征选材料的基础上，经过认真分析、加工转化，以及专家论证，最后经主席、各位副主席认真审阅、亲自修改，主席办公会研究讨论，完成了民建中央向全国政协十二届一次会议提交的 6 件大会发言和 40 件政协提案。其中有 4 件提案被列入全国政协重点督办提案，2 件提案参加全国政协重点提案办理协商会，4 件提案被选入《重点提案摘报》。全国政协十二届一次会期间，还组织召开了媒体见面会。两会结束后，做好提案答复的来电、来信和来访联系工作。截至 2013 年底，已经收到财政部等 42 个单位的书面或者电话回复，接待了住建部、证监会等单位的 3 次来访答复工作。

此外，民建中央在全国政协常委会上作了《坚定信念，深化改革，切实发挥市场在资源配置中的决定性作用》、《大力发展环保产业，促进生态文明建设》、《规范和促进影子银行健康发展》的发言；在全国政协专题协商会作了题为《民建中央关于完善城镇化进程中投融资模式的建议》的发言。

（二）围绕重点专题，开展调研活动

围绕民建中央年初确定的五个重点调研专题，在各位领导直接指导下，分别确定了工作计划、调研方案，组建专家队伍，开展不同形式的调研和座谈活动。重点专题确定后，调研部向民建各省级组织、各位中央委员发出了《关于做好会中央五个重点专题调研工作的通知》，各省级组织与部分中央委员选择了相关课题参与，提供了一些调研参考素材。

1. “大力发展环保产业，促进生态文明建设”重点专题，该课题是中央统战部支持的大考察调研专题。在民建中央主席陈昌智的带队下，课题组先后赴广州、佛山、珠海、东莞、深圳和北京等地调研，实地考察了 13 家环保企业，召开了 9 场不同层次的座谈会，并与广东省、北京市两地党委和政府交换了调研意见，还就专题报告的修改完善走访了环保部和国家发展改革委员会，在此基础上形成了《大力发展环保产业，促进生态文明建设》的调研报告，经中央统战部报送中共中央、国务院后，得到了李克强总理、张高

丽副总理、马凯副总理的批示。此外，调研报告还为高层协商和第二、四季度政协常委会发言提供了素材。

2. “大力推动我国清洁能源发展，促进新型城镇化过程中的环境保护”重点专题。在民建中央常务副主席马培华的带队下，课题组先后到江苏、河北、新疆等地调研，实地考察了 19 家新能源相关企业和产业园区，2 家新农村、小城镇典型示范点，并走访了国家能源局和国家电网公司，最终形成了《大力推动我国清洁能源发展，促进新型城镇化过程中的环境保护》的调研报告，通过中央统战部报送中央领导后，得到了李克强总理和张高丽副总理的批示。此外，调研组还结合调研关情况提交了《关于在缺水干旱地区推广高效节水农业的情况反映》。

3. “关于大力推进新型城镇化建设的调查研究”重点专题。该专题由民建中央副主席张少琴负责，课题组先后赴青海、浙江、河南等地进行了一系列调查研究，同调研所在省、市、县、乡镇等地政府相关部门召开了十余场座谈会，了解当地城镇化发展的现状、存在的问题及建议，部分省市的民建地方组织也在当地配合开展了多种形式的调查研究。通过调研、座谈和吸取专家学者意见建议，调研组最终形成了《积极稳妥推进新型城镇化，实现城镇化健康发展》专题调研报告，并经中央统战部转呈国务院，得到了张高丽副总理的批示。

4. “如何发挥民间资本和民营经济在城镇化中的作用”重点专题。该课题由民建中央副主席辜胜阻负责，专题调研组先后赴湖北、河北、山东、广东等 10 多个省市进行了实地考察，并与二百多位企业家、专家进行了座谈交流。同时，调研组还先后召开 10 多场专题座谈会，就相关政策观点征询了部分政府部门和学术机构专家学者的意见。在以上广泛调研基础上，形成了《坚持“市场主导、政府引导”的城镇化模式，要充分激发民间资本的投资活力》专题调研报告。调研取得了较好效果，中期调研成果得到马凯副总理的批示，11 月份调研报告得到了李克强、张高丽等领导同志的批示。

5. “加强我国影子银行监管，防范系统性金融风险”重点专题。该课题由民建中央副主席宋海牵头，专题组赴北京、广东等地进行调研，实地考察了两地部分金融机构，分别与政府主管部门及商业银行、非银行金融机构等进行了广泛座谈，摸清了我国影子银行的基本情况，形成了《关于规范和促进我国影子银行健康发展的政策建议》。调研取得了很好的效果，5 月底调研报告得到了马凯副总理的批示，对上半年中央治理整顿金融市场起到了积极的建言作用；8 月份调研报告得到马凯副总理再次批示，转送到中央金融小组讨论，为我国金融改革专题研究提供了参考。

（三）根据情况，开展应急研究

应河北省政府的邀请，民建中央增加了“河北大气污染防治问题研究”的专题调研。该专题由民建中央副主席辜胜阻负责，专题调研组先后考察了河北省环境监测中心站、石家庄钢铁有限责任公司、河北华电石家庄热电有限公司、中国环境监测总站，围绕调整产能和产业结构、优化区域经济布局等问题，与河北省政府有关部门及部分钢铁、水泥企业负责人进行了座谈和交流。根据调研情况，最终形成了《民建中央关于在京津冀大气污染防治中加大中央政府对河北工作支持力度的建议》的课题报告，通过中央统战部报送中央领导，得到了李克强总理、张高丽副总理的批示。

此外，还参与了证监会就“深化改革促进资本市场安全健康发展的提案”赴广东等地的调研活动；围绕“地方发起设立股权交易中心”赴青海的调研活动等。

（四）参加高层政治协商及其他重要会议

民建中央领导参加新春座谈会、征求政府工作报告意见座谈会、上半年经济形势分析座谈会、中共十八届三中全会《决定》征求意见座谈会、全年经济形势分析座谈会、最高人民法院民主监督座谈会、全国政协提案办理协商会，在会上积极发言，提出意见建议，受到高度重视。

（五）反映社情民意信息工作

做好社情民意的日常编辑、报送，来稿采稿的登记、统计、分析工作，以及定期通报、反馈等工作。截至 12 月 31 日，共收到中央及地方的社情民意来稿 2999 篇，编辑并向全国政协报送 698 期，被全国政协采用 72 期，其中《北京高考“加分”政策不公，大批“裸分”家长反应激烈，应高度重视并切实补救维护公平》被转送后，北京市教育考试院特来机关走访；《关于加强我国汞污染防治工作的建议》得到环保部的回函。继续开展社情民意工作表彰活动，17 个省级组织的社情民意职能处室被评为 2013 年度社情民意工作先进单位，并向 30 个省级组织及部分委员发放了 2012 年下半年和 2013 年上半年社情民意信息奖励经费。通过上门培训、专门约稿的方式，消灭了云南、新疆等省份社情民意信息年度零报送、零采用情况，社情民意信息工作拓展到所有省级组织。加强同全国政协信息局的联系沟通，并做好对地方组织的社情民意信息辅导工作。一是参加了全国政协反映社情民意信息工作情况通报会，二是派人赴湖南、北京、云南、辽宁等地开展社情民意信息辅导工作，三是召开信息工作人员培训班，以会代训。

三、社会服务

2013 年，民建中央深入贯彻中共十八大和十八届三中全会精神，以“同心思想”为引领，发挥优势，突出特色，紧紧围绕党和国家的中心工作，充分发挥各级组织和全体会员的积极性、主动性和创造性，扎实推动社会服务工作顺利开展，并取得显著成效。

（一）以“同心思想”为引领，定点扶贫工作成绩显著

2013 年民建中央从定点帮扶县的实际出发，围绕打造“同心”品牌，牢牢把握“三大主题”，精心组织和实施“助推发展、智力支持、改善民生、生态建设、示范带动”五大工程，是帮扶成效最好的一年，实现了民建十大后开门红。

1. 协调推动重点建设项目和招商引资项目落地，激发内生动力，助推发展成效突出。在民建中央的积极协调及主要领导的亲自推动下，5 月 29 日，丰宁人民期盼 17 年的丰宁抽水蓄能电站项目正式开工，民建中央主席陈昌智出席开工动员大会并致辞。该项目拟分两期开发，规划总装机 360 万千瓦，动态总投资 170 亿人民币，是目前世界上装机容

量最大的抽水蓄能电站，项目实施后，在9年的建设期（含筹备）内，平均每年可拉动地方GDP32亿元至43亿元，电站建成后每年可增加税收3.6亿元，加速推动地方经济社会发展。6月16日，由民建中央多年联系推动的毕节飞雄机场项目正式投入使用，该项目总投资8.55亿元，其中国家投资1.4578亿。飞雄机场将与夏蓉高速公路、成贵快速铁路共同构筑毕节试验区公路、铁路、航空三位一体现代化立体交通网络，对优化投资环境、提升区域竞争力具有重要战略意义。社会服务部推动的黔西电厂二期项目，已经过陈昌智主席批示，目前正等待国家有关部门审批。协调促成浙江会员企业总投资67亿元的黔西"同心商贸城"项目开工建设。重点建设项目和招商引资项目落地，将为地方经济可持续发展注入强大活力。

2. 积极扶持发展特色优势产业，变输血式扶贫为造血式扶贫，农民增收明显。进一步转变帮扶思路，积极扶持发展特色优势产业，在黔西重点推动实施"一大基地"和"两大园区"建设，为当地培育龙头产业，增加农民收入。"一大基地"即魔芋种植基地，推动黔西县扩大魔芋种植，今年全县魔芋种植扩大到23个乡镇，有8000余户参与种植，面积达到6346亩，仅魔芋一项就为当地增收2000万元。到2015年，种植面积预计达到10万亩，魔芋种植将成为黔西县农业龙头，农民纯收入预计可达3.32亿元。"两大园区"即"同心生态示范园"和"经果林生态示范园"。一是扩大"同心生态示范园"种植面积，继续推动万亩高粱、千亩黑莓种植项目，今年继续种植高粱10000亩，黑莓扩种至3000亩，仅此两项为群众增加收入3300万元以上，人均增收1100元以上，"同心生态示范园"已成为全县农业产业结构调整的典范。二是增加"经果林生态示范园"种植品种。去年捐资50万元在新仁乡化屋村、群益村扩种200亩玛瑙红樱桃今年喜获丰收，每亩给种植农户增收6000元；在2007年投资种植668亩优质生姜种植示范基地的基础上，今年又投资25万元，扩种100亩，该项目可为种姜农户年创造纯收入50余万元，人均增收2000元。在丰宁县继续依托会员企业丰大农业发展产业示范项目，已经搭建蔬菜大棚60多亩。召开"防沙治沙研讨会"，共同探讨丰宁防沙治沙和利用沙化环境种植经济作物的课题。组织开展黔西和黔西南州农业产业化调研，为地方农业产业化发展把脉支招。

3. 坚持以人为本，解决重点民生问题和扶贫济困，民生改善赢得赞誉。在两个定点扶贫县实施了一系列惠民项目，进一步解决偏远农村群众出行难、看病难、喝水难等问题。一是解决出行难问题，捐资20万元，在黔西县新仁乡群益村硬化户间便道2000平方米，在丰宁县天桥镇前沟门村修建小桥一座，共解决1000多人的出行问题。二是修建"同心思源"村级卫生室，捐资100万元，新建和升级改造村级卫生室20个，捐赠救护车7辆。三是修建小水窖和沼气罐，共捐资26万元，在黔西县修建水窖50口，在丰宁新修清洁沼气罐50套，共100户近500人直接受益。四是连续四年在丰宁县开展送医下乡活动，今年派出6名医疗专家，共接诊200多名患者，并对当地县乡镇卫生人员进行面对面指导。五是连续第十年赴丰宁开展送温暖活动。

4. 加强人才培训，为帮扶县后发赶超提供智力支持和人才支撑。重点推动实施黔西"千名教师培训计划"和丰宁"助教培训计划"，人才培训力度空前加大。一是实施黔西县第二期千名乡村骨干教师培训计划。协调民建辽宁省委和河北省委组织培训黔西乡村教师200名，黔西南试验区和丰宁县的教师各50名；协调推动民建天津市委和北京市委建立黔西园丁培训长效机制，组织北京和天津的教育专家赴黔西县培训骨干教师800余人。今年共培训黔西县乡村教师1000余人，意味着今年的培训人数已经完成了“千名乡村骨干教师培训计划”五年的总培训任务。二是协调推动民建北京市委和民进北京市委联合在丰宁开展为期三年的“助教培训计划”，今年7月已顺利实施第一期，民进中央副主席朱永新应邀为丰宁教师作“过一种幸福完整的教育生活”的报告，民进北京101中学支部的6位高级教师们对全县13所学校的校长、教导主任、骨干教师580余人进行了为期四天的培训，反响热烈，收获很大。三是在黔西县和丰宁县实施百名乡村医生、百名乡村干部和农民技能培训。综上，今年共培训各类人才2000余人。

5. 发挥整村推进示范作用，培育特色鲜明的“同心新村”。今年重点以黔西县新仁乡群益村为整村推进示范村。根据当地土壤性质和气候条件，因势利导，在当地发展生姜和玛瑙红樱桃特色种植业，群益村现已种植生姜768亩，种植玛瑙樱桃200亩，并逐年不断扩大产业规模，实现樱桃种植和生姜种植两个新的经济增长点。从改善基础设施入手，在群益村捐资10万元硬化户间便道2000平方米，解决上寨、下寨和垮岩组26户人家的出行问题。把群益村打造成特色种植示范村，为旅游资源相对匮乏的贫困村庄典型引路，充分调动当地群众的积极性和主动性，强化群众脱贫致富的主体地位，增强内生动力，促进黔西县的贫困村庄逐渐走上各具特色的致富道路。

（二）搭建平台，探索服务会员企业新路子

根据经济形势和党委政府中心工作，搭建学习、交流、投资等平台，提升会员企业自我发展能力，引导和促进会员企业为加快经济结构调整和新型城镇化建设作出贡献。

1. 成功举办2013中国（贵州）非公有制经济发展论坛。今年8月，民建中央决定11月在贵州省毕节市举办2013中国（贵州）非公有制经济发展论坛，首次将定点扶贫与服务会员企业品牌论坛结合起来。在2个月的紧张筹办过程中，民建中央社会服务部克服时间紧、任务重的困难，加班加点全力投入非公论坛的组织筹办工作，前期完成了与各主办方协商制定论坛主题和总体方案、下发论坛和征文通知、联系会内外专家学者参加论坛演讲、转发毕节招商引资项目介绍等大量的筹备工作。11月5日—6日，2013中国（贵州）非公有制经济发展论坛在贵州毕节成功举办，本次论坛以“创新改革发展、激活后发优势、打造非公经济升级版”为主题，民建中央主席陈昌智出席论坛并作主题演讲，工信部领导、国内专家学者、民建企业家和贵州省有关部门负责人共600多人参加论坛。论坛共分为主题演讲、主题论坛、捐赠、项目推介和集中签约四大板块。本届论坛共征集论文70余篇，签约项目24个，签约总金额370.18亿元，其中民建会员企业签约近230亿元。捐赠仪式上，中华思源工程扶贫基金会向贵州省捐赠30辆救护车，民建会员企业北京万升康达经贸有限公司向毕节市捐赠青光眼治疗设备10台。

2. 搭建学习平台，增强会员素质。为了加大对会员企业服务力度，为民建会员企业发展提供助力和支持，5月13日至16日，民建中央社会服务部和中央社会主义学院联合举办第一期民建中央企业家培训班，共有73名来自全国各地的会员企业家参加了此次培训，民建中央副主席张少琴出席开班仪式并讲话，中央社会主义学院副院长张峰出席开班仪式并致辞。本期培训班由民建中央企业委员会委员、北京倍数增长管理咨询有限

公司董事长张文担任主讲，张文老师通过实战案例围绕企业如何突破发展瓶颈、如何提高企业效益、实现企业持续倍增等发展战略进行深入讲解，并现场互动给企业把脉支招，受到社院的领导及广大学员的高度赞扬。

3. 搭建交流平台，加强非公经济人士联系。为解决企业融资难问题，年初赴河北、山东、湖南和天津等地开展会员投融资调研，了解会员企业投融资情况。为了更深入了解会员企业发展所面临的问题和困难，民建中央社会服务部与中国经济时报社联合举办“非公经济发展圆桌会议”系列活动，先后在天津、北京、广东、辽宁、山东召开非公经济发展圆桌会议，邀请会内外经济学专家学者和会员企业家参加，会议围绕当前非公经济发展的相关问题开展讨论，研究非公经济发展面临的现实问题，探求破解之道，搭建会员企业交流发展新平台，反响热烈，收效显著。与民建福建省委共同筹备第六届海峡物流论坛。6月16日，第六届海峡物流论坛在厦门开幕，民建中央副主席吴晓青及海峡两岸700多名嘉宾出席论坛活动，并组织百名企业家在高雄开展专题活动，今年海峡物流论坛达成投资25.5亿元，海峡物流论坛已成为推动两岸产业合作、促进港区联动、增强双向投资、促进民建交流的重要载体。

（三）参与集中连片特困地区扶贫攻坚，扩大实施思源教育移民计划

《中国农村扶贫开发纲要（2011—2020年）》将集中连片特殊困难地区作为扶贫攻坚主战场，是新阶段扶贫开发工作的重大战略举措。对于集中连片特困地区，通过教育成才推动山区人口向城镇转移是实现脱贫的重要途径。2011年民建中央将教育扶贫与集中连片特困地区扶贫攻坚结合起来，在武陵山区、大别山区、六盘山区、原中央苏区正式实施“思源教育移民计划”，得到了省级组织、地方政府、教育部门和学生家长的热烈欢迎。为扩大影响，2013年民建中央将福建革命老区也纳入教育移民计划，新开班数由原定的12个班扩大到25个，年度投入360万元。9月1日，1200多名贫困家庭的优秀小学毕业生进入民建思源教育移民班开始初中阶段的学习生活。该计划的实施标志着民建社会服务工作由定点帮扶扩大到连片特困地区和革命老区，已经进入全国扶贫开发主战场和整体布局。

（四）履行党派社会责任，积极开展抗灾救灾工作

一是全力投入雅安地震抗震救灾。4月20日，四川省雅安市芦山县发生7.0级地震，造成重大人员伤亡和财产损失。灾情发生后，在民建中央领导的高度重视下，社会服务部积极协调基金会开展抗震救灾工作。根据民建中央领导的意见，于4月21日及时下发了《关于及时报送雅安地震捐款捐物信息的通知》，要求省级组织社会服务部门每日将会员捐赠情况上报会中央。4月25日，以民建中央的名义分别给中共四川省委、省政府和民建四川省委寄发《关于支援你省灾区重建的函》，向灾区送去民建的慰问和一千万援助资金。每天将民建系统最新捐赠情况上报至统战部，并编发抗震救灾简报。按照民建中央的统一安排部署，社会服务部与中华思源工程扶贫基金会迅速启动救灾应急机制，立即向全社会发出抗震救灾倡议，在地震发生当日派出“思源·雅安抗震救灾”工作组赶赴灾区，组织13批次、价值454余万元的救灾物资，在第一时间运往芦山县、宝兴县、天全县、石棉县和雨城区等受灾地区。据雅安市委统战部反映，民建中央是民主党派中，赈灾行动最快、赈灾力度最大的单位。据不完全统计，民建各级组织和广大会员、中华思源工程扶贫基金会共为地震灾区捐献款物15298.58万元，其中捐款10618.88万元、物资4679.7万元。二是积极组织开展"7·22甘肃岷县、漳县地震"和"黑龙江抗洪"救灾。7月22日，甘肃省定西市岷县、漳县交界发生6.6级地震，致使78余万人受灾。民建中央、基金会、民建甘肃省委会和各级组织迅速展开赈灾救灾工作，并最先将12000瓶水、1395件方便面等救灾物资第一时间运到了岷县和漳县受灾最严重的村子，发放到受灾群众手中。入汛以来黑龙江省发生特大洪水灾害，民建中央主席陈昌智在第一时间致电询问受灾情况和灾区急需的物资，并积极组织社会爱心人士出资100万元，向受灾严重的黑龙江伊春市嘉荫县捐赠抗洪物资，支持和帮助灾区人民抗洪救灾。9月8日，陈昌智参加完民建中央常委会议后，立即赶赴哈尔滨市调研灾情，并代表"思源工程"再次向灾区捐助100万元，用于灾后恢复重建。

（五）以中华思源工程扶贫基金会为平台，思源工程深入开展

中华思源工程扶贫基金会全年募集善款1.4亿元，公益支出1.2亿元，今年累计帮扶或受益人群约80万人次。思源救护项目发展迅猛，全年共资助4147.4万元，帮扶26所县、乡医院改善医疗卫生条件，为全国24个省市自治区的211所县（乡）医院、卫生院配置了211辆救护车，直接受益人群超过20万人次，特别是付学朋、吴志辉等大病救助活动，受到中央电视台、新华社、人民日报等200多家媒体的关注。思源扬帆图书室已由去年的430个增加到目前的601个，受益学生超过20万人次。参与思源工程公益活动的社会人士由去年的6万人次，增加到目前的近10万人次。"2013芭莎明星慈善夜"活动当天募集善款6222万余元，再创芭莎明星慈善夜募集善款历史新高。

四、联络工作

2013年，民建中央积极开展对外联络工作，根据自身特色，拓宽工作思路，创新工作形式，圆满完成了各项计划任务。通过精心筹划，顺利实施了20余项任务，总计派出国、境交流团组8个，其中出国考察调研团3个，赴台交流团3个，赴港澳团2个，累计90余人次；接待台港澳团组9个，累计100余人次。协助培训中心办理赴台培训团1个。

（一）对台工作成效明显

一是发挥高层优势，拓展各界深层交往。5月，民建中央主席陈昌智率领大陆经济专家访问团赴台出席"2013两岸财经论坛暨扩大内需策略下的两岸企业合作研讨会"。此次访问充分利用高层参访的优势和便利，抢抓机遇，积极扩大在台联系的深度和广度，拓展了两岸高层交往新局面，扩大了民建对台工作的影响力，产生了很好的效果。10月，民建中央副主席辜胜阻又率中小企业考察团走访了台湾中小企业和相关科研机构，了解了台湾中小企业发展的现状和政策，为会中央参政议政提供重要参考。二是深耕基层，着力创新，加强两岸民间交流与合作。台湾一国两制研究会蔡武璋理事长率台湾村里长访问团赴贵州参观访问。此访促进两岸基层相互学习借鉴，推动祖国统一大业早日实现。台湾宜兰县议会负责人张建荣先生率领宜兰县文化经贸交流团赴广西交流考察，并就两岸共同建设农业科技大学及文创产业园区等课题开展了深入交流，进一步推动了两岸文化以及经贸合作。三是服务大陆台商，为他们来祖国大陆投资兴业牵线搭桥。2013年，民建中央更注重务实的帮扶工作，帮助大陆台商解决实际困难，为他们落户北京，拓展大陆市场，服务祖国大陆消费者做好相关工作。另外，多次专程赴北京市台办等机构为台商协调在京设分支机构以及开展业务事宜，赢得了台商的敬意与感激。

（二）海外交流工作取得新进展

民建中央领导利用出访的机会，向世界宣传中国，突出民建密切联系经济界的特色，紧扣经济热点，结合年度参政议政重点课题，组织考察团赴国外考察交流，进一步拓展国际合作的深度和广度，构建平台，为会员企业“走出去”牵线搭桥。6月，民建中央常务副主席马培华率团就环境保护与资源综合利用赴巴西、阿根廷考察，成效突出。7月，民建中央副主席宋海率科技考察团对德国和俄罗斯两国考察访问，了解两国促进科技发展的政策和经验，成果丰硕。10月，民建中央宣传部部长张皎率中小企业发展访问团赴捷克、匈牙利访问，了解两国促进中小企业发展的政策和经验，圆满完成了考察任务。

（三）港澳联络工作有力推进

全国两会期间，民建中央领导拜访了近20位港澳代表和委员。与往年不同的是，今年采取对重点代表人士逐一拜访方式，进行深入交流沟通。香港中华出入口商会庄成鑫会长率香港中华出入口商会访问团一行参访新疆，与当地政府和企业界人士进行座谈，通过此次访问，增进了香港同胞对祖国西部地区特别是新疆的了解与感情，促进了两地在企业投融资、产品出口等方面的合作。9月，民建中央副主席辜胜阻访问香港中文大学，并围绕“中国城镇化与智慧城市建设”主题作学术报告，与师生及不同领域的专家学者共同探讨中国未来新型城镇化发展之路。此外，民建中央原主席成思危还积极利用出访香港，走进香港多所大学，与青年师生共同交流经济发展等热点议题。两位民建中央领导人深入校园课堂，与青年学生座谈，引导青年思想。这种面对面的交流，潜移默化地在香港青年人心中播种希望，培养他们与祖国同呼吸共命运的爱国之心。

五、自身建设

2013年民建各级组织深入推进学习践行社会主义核心价值体系活动，发扬优良传统，发挥特色，不断加强思想建设、组织建设、制度建设，努力建设适应新世纪要求的参政党。

（一）深入学习贯彻中共十八大精神，继续深化学习践行社会主义核心价值体系活动，开展“坚持和发展中国特色社会主义”学习实践活动，进一步加强全会的思想建设

推动全会认真学习贯彻中共十八大精神和习近平总书记一系列重要讲话精神，检查落实各地贯彻本会十大精神情况，及时总结交流经验。要求各级组织通过举办报告会、座谈会、学习班、培训班等多种形式，把学习贯彻中共十八大精神、习近平总书记走访民建时的重要讲话、新一届中共中央领导集体的执政理念、特别是中国梦的精神实质作为各级领导集体学习的重要内容，结合学习贯彻民建十大精神，始终保持正确的政治方向和舆论导向，引导广大会员加深对坚持中国共产党的领导、坚持走中国特色社会主义道路的理解和认识，进一步坚定理想信念，巩固共同的思想政治基础。

继续深化学习践行社会主义核心价值体系活动，结合本会十大精神的学习贯彻，进一步推进会章、会史和会的优良传统的学习。以纪念响应“五一口号”65 周年为契机，深化学习践行社会主义核心价值体系活动，积极推进政治交接，引导广大会员继承和弘扬民建老一辈领导人与中国共产党风雨同舟、团结合作的优良传统，进一步增强了对中国特色社会主义的自觉和自信，巩固了思想政治基础，在实现中国梦的实践中更好地发挥参政党作用。

开展“坚持和发展中国特色社会主义”学习实践活动。8 月底，民建中央主席办公会议学习讨论了中央统战部《关于在统一战线开展“坚持和发展中国特色社会主义”学习实践活动的建议（征求意见稿）》，对如何在民建开展好这项长达 4 年的活动进行了研究，明确提出把开展“坚持和发展中国特色社会主义”学习实践活动作为当前推进全会思想建设的首要任务。向中央统战部报送关于活动的建议、认识、打算、情况汇报等材料。9 月初召开的中常委会进行了学习实践活动预动员，会后发出了活动通知。会中央成立了活动领导小组和办公室。民建十届五次中常委会审议通过了活动方案，民建十届二中全会对这项活动进行了全面部署。

推动建立民建中央爱国主义教育基地。为了给加强思想建设、更好地继承和发扬会的优良传统提供更多现实载体，积极推动建立民建中央爱国主义教育基地。就相关问题分别赴上海、江苏、浙江调研，并于 9 月 25 日在上海黄炎培故居举行首家“民建中央爱国主义教育基地”挂牌仪式，民建中央主席陈昌智出席仪式并作重要讲话。民建中央爱国主义教育基地的建立是促进全会进一步继承优良传统、坚定理想信念的一项重要举措。

继续推动全会开展理论研究工作。民建即将迎来建会 70 周年，探索研究近 70 年来民建参政党建设发展的规律，对于进一步提高全会的工作水平，解决实际工作中遇到的新情况、新问题，推动会的事业健康发展，具有十分重要的意义。为此，民建中央近两年的理论研究工作围绕参政党建设发展规律这个课题开展。作为这一课题第一阶段的研究，2013 年以加强自身建设的经验和规律为侧重点，年初下发《民建中央关于做好 2013 年重点理论研究课题工作的通知》，共收到研究成果 470 余篇，评选出一等奖、二等奖和组织奖若干，并印发表彰通报、寄送表彰奖金。这些研究为进一步提高民建全会的工作水平，解决实际工作中遇到的新情况、新问题，推动会的事业健康发展，提供了一定的理论支持。

编辑出版《陈昌智论民建工作》一书。2008年以来，陈昌智就民建工作发表了一系列重要讲话，反映了民建中央领导对民建工作基本方针、工作思路以及如何履行好参政党职能、搞好民建的自身建设等方面的思考，对民建事业长期健康发展具有重要的指导意义。从年初开始，收集整理陈昌智2008—2012年的文稿，经过多次编辑校对，出版《陈昌智论民建工作》一书，发送至市级组织。该书收录了陈昌智同志有关统一战线、多党合作以及民建工作的讲话、文稿共51篇，再一次丰富了本会领导人论著选编系列的内容，为全会开展学习教育工作提供了重要素材。积极与其他方面合作共同开展理论研究，扩大研究的深度和广度。为进一步推动我国参政党建设研究，民建中央理论研究委员会与浙江省社会主义学院联合举办了以参政党与中国现代文明发展为主题的理论研讨会，撰写了题为《"五一口号"的启示——兼论民建在我国政治生活中必须遵循的基本政治准则》的论文，并组织8篇会员论文参加研讨，民建中央主席陈昌智出席研讨会并发表重要讲话。还完成或委托完成了其他的一些理论研究成果。如撰写研究论文并参加中央社院举办的理论研究工作年会；就《中国政治制度》等向相关部门反馈意见，为全国政协提供有关文字影像资料；修改《民建文献片》，并推动其在央视播出；为统战部提供孙起孟、陈昌智、程炜同志关于统一战线和多党合作理论的相关文稿。

围绕会务工作重点和重大活动，做好新闻宣传工作。一是筹备召开了民建新闻宣传工作研讨会，民建中央副主席宋海副出席会议并讲话。30个省级组织的宣传处处长、网站和刊物负责人参加了研讨会。与会人员围绕近年来开展新闻宣传工作的实践经验，交流了各自的有效做法和体会，研讨了在新媒体条件下加强民建各级组织宣传工作的思路和举措。二是扎实做好日常新闻报道工作。对全年会中央常委会、民建中央各专委会的活动等进行常规报道。做好"两会"期间的宣传报道。召开2013年"两会"提案新闻通气会，民建中央副主席辜胜阻出席会议并答记者问。邀请了人民日报社、新华社、中央电视台、中新社、中央人民广播电台、中国国际广播电台等61家媒体的70余名记者参会。"两会"期间，主动向媒体提供新闻素材、联系采访对象，在《团结报》刊登专版，宣传介绍民建中央的提案。初步统计，两会期间中央及地方主要新闻媒体、重点新闻网站以及部分专业媒体直接登载的有关民建的报道达600多条。做好民建中央重点调研活动的新闻宣传。根据民建中央领导调研的进展情况，及时向相关媒体提供信息，如配合记者在《人民日报》刊发文章《环保产业迎来发展黄金期（议政·民主党派调研行）》。三是结合当前宣传工作重点，围绕"中国梦"、纪念响应中共中央发布"五一口号"65周年、学习贯彻中共十八届三中全会精神等主题，着力组织策划一些有深度、有影响的专题或系列报道，有效地增强了宣传效果。结合"中国梦"这一主题，在《中国统一战线》和《团结报》刊登了陈昌智的署名文章《实现中国梦 民建大有可为》。为纪念响应"五一口号"65周年，在《中国统一战线》、《团结报》等媒体发表《大道之行：风雨同舟写春秋 同心共筑中国梦——"五一口号"65年纪事（民建篇）》、《历史的转折》等一系列纪念文章。中共十八届三中全会召开后，在《中国政协》杂志刊载陈昌智的署名文章《为全面深化改革作贡献》，在《团结报》刊载张少琴的署名文章《改革旗帜在中国特色社会主义道路上飘扬》，在会内外引起较大反响。四是精心策划，对会中央重要活动、重要会议、民建界别政协委员履职情况等进行重点宣传。积极联络相关媒体，对民建第十届中央委员会专门委员会成立大会、民建新闻宣传工作研讨会、民建全国基层组织建设研讨会、民建中央学习贯彻中共十八届三中全会精神座谈会等重要会议进行宣传，组织系列报道。对民建中央监督委员会第二次全体会议、十届五次中常委会议、民建十届二中全会、新任中央委员培训进行新闻报道。其中，组织15家媒体的20名记者参与民建十届二中全会开幕会议的报道。五是对民建中央领导重要活动进行重点报道，取得良好效果。如报道民建中央迅速反应积极参与雅安地震抗震救灾工作，在《人民日报》刊发陈昌智署名文章《企业不转型 经济难转变》、马培华署名文章《完善创新企业激励机制》、辜胜阻署名文章《让小微企业发展活力竞相迸发》；配合统战部网站"高端访谈"栏目对陈昌智进行视频专访，在人民网登载陈昌智的新年贺词，在《中国统一战线》刊登陈昌智专访文章《我有意见就要提》等；联络人民网分别对辜胜阻和宋海进行视频采访；配合上海广播电视台对辜胜阻进行视频专访等。六是及时提供新闻线索，对民建界别政协委员履职情况进行报道。如在《人民日报》刊登省级组织主委的文章《健全基层服务网络 提高农技推广成效》。

（二）进一步加强组织建设

1. 召开全国基层组织建设经验交流研讨会，推进全会基层组织建设上新台阶。按照2013年会中央工作要点的安排，进一步加强基层组织建设是今年民建中央的重点工作。为做好这项工作，9月民建中央在江苏召开全国基层组织建设经验交流研讨会。会上，民建中央主席陈昌智强调了进一步加强基层组织建设的重要意义，指出了当前面临的困难和问题，明确提出了新形势下加强基层组织建设的工作方针、原则、要求和重点。民建中央常务副主席马培华全面总结了九大以来各级组织贯彻落实《民建中央关于进一步加强基层组织建设的意见》情况，全国基层组织建设工作特点、成果、基本经验和做法，并提出了具体的工作要求。15位基层组织代表作了大会发言，交流了工作经验。与会同志围绕新时期基层组织建设进行了认真讨论，查找问题，交流经验，形成共识，10个小组的召集人在闭幕会上介绍了讨论情况。总体而言，本次会议主题鲜明，内容丰富，求真务实，特点突出，效果显著，推动了全会基层组织建设工作向前发展。

为开好这次大会，4月，民建十届六次主席办公会议专门研究通过会议工作方案，决定由各省级组织主委，分管组织工作的副主委，组织部门负责同志以及201位基层组织负责同志参加9月份召开的全国基层组织建设经验交流研讨会。这是自民建成立以来，第一次有基层组织负责人参加的，人数最多、规模最大的全国基层组织建设会议，充分体现了会中央对基层组织建设的高度重视。为了解基层组织建设情况，掌握第一手资料，从今年初开始，民建中央领导班子成员和组织部深入到全国15个省区市开展了专题调研。各级地方组织也按照会中央的部署和要求，通过各种方式进行调研、总结和推荐，有的召开了基层组织经验交流会，表彰先进。经过全会上下的全面动员，共同努力，探索总结了五年来基层组织建设的宝贵经验和做法，有力地推动全会基层组织工作。

为切实做好贯彻落实工作，在会上，民建中央常务副主席马培华提出了各级组织贯彻会议精神的具体工作要求。部分省级组织在会议结束后很快就召开基层组织建设经验交流和表彰大会，传达贯彻本次大会精神。为便于贯彻传达，民建中央还建立了中央网站专栏，出了民讯专刊，并印制光盘寄送给全国6660个基层组织。会议期间，举办了全国组织处长工作会议，各省级组织的组织部门负责人结合马培华的工作报告和本地实际情况，就组织建设工作进行了认真研讨，并布置了下一步贯彻落实全国基层组织建设研讨会精神和明年的组织工作任务，达到了交流经验，共同探讨问题，为今后做好组织工作的目的。

2. 做好十届中央专委会的筹建工作，为更好地发挥专委会作用提供了人才保证。民建中央高度重视第十届专门委员会的成立工作。为完成好专委会的换届，主要做好三个方面工作：一是精心准备文件。按照会章有关规定和工作需要，对十届专门委员会委员名额进行了分析和测算，起草下发《关于民建中央专门委员会换届工作的意见》、《十届民建中央专门委员会通则》文件，明确规定了专委会的性质、任务与作用，名称与组成，规模，委员候选人提名条件和名额分配方案等。二是充分协商酝酿。根据民建中央领导的要求，经过与各省级组织的充分协商，上下沟通，提出了主任和副主任的建议名单、专委会秘书长人选名单、专委会顾问人选名单等，并提交主席办公会议、主席会议和中常委会议逐级审议通过。三是认真筛选审查。向各省级组织下发通知，由各省级组织按照分配名额推荐专门委员会委员人选，并根据地方的推荐，征求有关工作部门意见，反复沟通，慎重筛选，整理制作了 485 名委员人选的名册，提供给主席会议审议通过。

3. 努力探索，进一步推进会内监督工作。继续推进民建省级组织成立监督委员会。今年上半年，河南、山西、江西省委和宁夏区委先后成立了省级监督委员会。到目前为止，全国已有 24 个省成立了省级监督委员会，天津、辽宁、海南等省级组织也在积极着手进行监督委员会的筹备工作。另外今年还有福建、四川、湖北、浙江 4 个省级组织的监督委员会进行了换届。规范有序地做好中央监督委员会办公室的工作。按照中央监督委员会的部署和办公室工作规则，中央监督委员会办公室认真开展各项工作。为便于了解会内监督工作的新情况、新进展，不定期编制中央监督委员会情况通报。整理、编印《中国民主建国会会内监督文件汇编》，下发各省级组织和监督委员会成员，供地方学习参考。5 月 28 日，部分会中央监督委员会成员到监察部座谈交流，学习、借鉴执政党内部监督的丰富经验。召开民建第十届中央监督委员会第一次全体会议。会后，将陈昌智和马培华的讲话，以及中央监督委员会 2013 年工作重点和中央监督委员会委员联系各省级组织分工表等有关材料及时整理编印成册，下发各省级组织及相关部门学习落实。

4. 加大培训力度，着力提高骨干队伍素质。12 月，民建中央在京举办了新任中央委员培训班，86 位新任中央委员参与了培训，以学习贯彻十大精神为主要内容，使他们更好地熟悉会务，履行好中央委员的职责。本届以来，中央统战部更加重视培训工作，加大了对党外代表人士的培训力度。民建各省级组织利用中央社院、省级社院的优势资源，努力做好培训工作。民建福建省委、浙江省委、云南红河州委已在中央社院开展了骨干会员培训。根据有关部门要求，总结了近年来培训情况，向中央统战部报送了 5 份培训工作案例，其中培训中心起草的《学习培训的场所，沟通交流的平台——“建华课堂”在民建》培训案例被中央统战部《统一战线教育培训优秀案例选编》收录。协助中央统战部完成民主党派省级组织新任专职领导干部多党合作专题研究班本会学员的联系和服务工作以及进修班、培训班本会学员的推荐选送、组织协调等相关工作。

5. 做好信访和困难补助工作。今年共处理来信来访 1301 件次，每月进行信访情况汇总，定期出信访简报；对于领导交办的信访案件，认真处理，及时汇报。在生活困难原工商业者会员的慰问补助工作方面，按照民建中央领导指示精神，2013 年春季前继续向生活困难的原工商业者寄发慰问金，并增加了补助金额。2013 年共补助 88 人，涉及 21 个省级组织，总计 92800 元。这些老同志在收慰问金后，纷纷写信或打电话感谢民建中央领导对他们的关怀。

6. 改进工作作风，密切与基层的联系，机关建设进一步加强。民建中央领导带头改进工作作风。6 月下旬，民建中央下发《关于改进工作作风，密切联系群众的通知》，就严格遵守"八项规定"、制定改进工作作风的措施等方面提出要求。9 月，民建中央先后 3 次召开"改进工作作风座谈会"，分别征求中央常委、省级组织主委、民建中央机关局级和处级以下干部对民建中央工作的意见和建议，主席办公会对大家提出的 103 条意见和建议进行专题研究，制定改进措施，并责成中央监督委员会办公室进行梳理，归纳为 35 条，形成《民建中央关于改进工作作风座谈会所提意见的整改报告》，经主席会议讨论同意，在民建十届五次中常委会上作了通报。民建中央主席和各位副主席按照联系省级组织的分工，分别到 22 个省（自治区、直辖市）的 77 个地市进行调研，了解情况，听取意见，指导帮助解决实际问题。民建省级组织认真贯彻《通知》精神，有的下发改进工作作风的意见和方案，针对作风方面存在的问题制定改进措施。努力推进机关建设。民建中央机关认真查找在工作作风方面存在的问题，对会议、财务、档案、行政等管理制度进行梳理和修订，新制定《民建中央机关财务管理制度》、《民建中央机关会议费管理办法》等，并认真抓好落实，进一步提高机关日常管理和会务工作的水平。组织机关干部参加人社部举办的"公文写作及文件管理"培训班，选派干部赴台参加以"管理与沟通能力"为主题的学习培训，不断提高机关干部的业务能力。选派多名局级、处级和科级干部到基层挂职锻炼，增强实际工作能力。民建中央机关各部门更新联系的民建北京市支部，所联系的支部由 9 个增加到 13 个，加强了民建中央机关与基层组织的联系。

（三）民建组织发展概况

截至 2013 年 12 月底，民建共有地方组织 375 个。其中包括省级组织 30 个，省辖市级组织 289 个，县级组织 56 个。基层组织 6783 个，其中基层委员会 239 个，总支 523 个，支部 6021 个。全年新入会 8675 人。会员总数 151422 人，其中女会员 51267 人。会员平均年龄 50.8 岁。

经济界会员 119656 人，占会员总数的 79.0%。其中企业界会员 94348 人，占会员总数的 62.3%。企业界会员中担任各种经济实体的正、副董事长、总经理、厂长等高级管理人员 30334 人，占企业界会员的 32.2%，占会员总数的 20.0%；其中私营企业主 23150 人，占企业界会员的 24.5%，占会员总数的 15.3%。新社会阶层人士 43466 人，占会员总数的比例 28.7%。政府机关 19692 人，占会员总 13%。 司法机关 838 人，占会员总数 0.6%。党派机关 2643 人，占会员总数 1.7%。 高等教育 9316 人，占会员总数 6.2%。普通教育 6421 人，占会员总数 4.3%。 科技界 3707 人，占会员总数 2.4%。医药卫生 6210 人，占会员总数 4.1%。文化艺术 1431 人，占会员总数 0.9%。新闻出版 1024 人，占会员总数 0.7%。社会团体 2109 人，占会员总数 1.4%。其他 3683 人，占会员总数 2.4%。

会员中人大代表3635人，其中全国人大代表68人，常委2人，副委员长1人；省级人大代表292人，常委48人，副主任5人；市地级人大代表1261人，常委250人，副主任45人；县市区级人大代表1228人，常委304人，副主任131人。会员中政协委员17652人，其中全国政协委员91人，常委15人，副主席1人；省级政协委员867人，常委249人，副主席17人；市地级政协委员5467人，常委1412人，副主席172人；县市区级政协委员6999人，常委2030人，副主席332人。

担任政府及司法领导职务的中央部级干部3人；地方省级干部4人，厅局级76人，地市级48人，县处级1334人。担任各级特邀（约）职务的4137人。

会员学历其中有大专以上学历的占82.3%；有大本以上学历的占52%；有研究生以上学历的占9.5%；有中、高级职称的占53%。担任两院院士的共有5人。担任长江学者9人。

张　皎　民建中央宣传部部长
许　谨　民建中央宣传部新闻处副处长

中国民主促进会

2013 年，中国民主促进会（以下简称民进）深入学习贯彻中共十八大、十八届三中全会和习近平总书记一系列重要讲话精神，坚持“有思有行、集智聚力，顺势而为、开拓创新”的工作方针，不断深化对中国特色社会主义参政党的自我认识，增进全会的道路认同、目标认同和价值认同，围绕全面深化改革积极建言献策，提高履职水平，自身建设和履行职能取得新成就。

一、重要会议及活动

2013 年，根据民进会章的规定，共举行中全会一次，中常会四次。民进中央监督委员会举行了三次全体会议。根据工作需要，召开了一系列专项工作会议和研讨会、座谈会，研究部署推动各项工作开展。

（一）中央委员会会议

12 月 9 日至 11 日，中国民主促进会第十三届中央委员会第二次全体会议在北京召开。民进中央主席严隽琪，常务副主席罗富和，副主席王佐书、贺旻、刘新成、蔡达峰、朱永新、张帆、姚爱兴、卫小春、张雨东和全体中央委员出席会议。

这次会议的主要内容是学习贯彻中共十八届三中全会精神，听取并审议中国民主促进会第十三届中央常务委员会工作报告，审议通过中国民主促进会第十三届中央委员会第二次全体会议决议等。

12 月 9 日，民进十三届二中全会开幕。严隽琪代表民进第十三届中央常务委员会作《增进三个认同 提高履职水平 为全面深化改革作贡献》的工作报告。罗富和主持开幕式。

严隽琪在回顾总结 2013 年民进工作时指出，一年来，民进中央深入学习贯彻中共十八大和十八届三中全会精神，认真落实民进十一大提出的各项工作任务，不断深化对中国特色社会主义参政党的自我认识，在全会开展坚持和发展中国特色社会主义学习实践活动，坚持“有思有行、集智聚力、顺势而为、开拓创新”的工作方针，实现了民进自身建设和履行职能的良好开局。把思想建设确定为年度工作主题，发挥领导班子的领学和带动作用，增强宣传思想工作针对性，切实加大新闻宣传力度，深入开展优良传统教育，不断深化应用理论研究，增进全会的道路认同、目标认同和价值认同，确保政治交接不断线。以领导班子建设和代表人士队伍建设为重点，加大培训力度，切实推进思想建设、能力建设、制度建设和作风建设，部署开展“创先争优”活动，稳步推进会内监督，组织工作取得新进展。坚持围绕改革发展大局，完善集智聚力的体制机制，加强人才队伍建设，以务实的工作作风推动参政议政、民主监督工作取得显著成绩。坚持政治性、公益性和务实性相统一，坚持智与力、智与资的结合，以智力帮扶为主，“同心·彩虹行动”取得积极成果，社会服务平台建设得到加强，社会服务工作取得新成效。

严隽琪在报告中对2014年工作提出要求。新的一年里，民进全会要坚持以中国特色社会主义理论体系为指导，深入学习贯彻中共十八大、十八届三中全会精神，认真落实民进十一大提出的各项任务，将坚持和发展中国特色社会主义学习实践活动贯穿于各项工作之中，以组织建设为年度工作主题，全面加强自身建设；围绕全面深化改革，提高履行职能的水平，努力建设中国特色社会主义参政党，推动我会各项工作再上新水平。深入学习贯彻中共十八届三中全会精神，持续开展中国特色社会主义学习实践活动，进一步凝聚共识、坚定信念，巩固共同的思想基础；围绕中国特色社会主义参政党建设，牢牢把握组织建设科学化水平的要求，以组织建设为年度工作主题，进一步强化“人才强会”理念，全面推动和加强组织建设，为提高履行职能水平提供坚实保障；围绕全面深化改革、和谐社会建设，积极履行参政党职能，完善集智聚力的工作机制，加强参政议政平台建设，进一步提高建言献策的质量，发挥社会服务工作在和谐社会建设中的助推作用，为全面建成小康社会作出新贡献。

开幕式上，民进中央监督委员会副主任卫小春代表民进中央监督委员会向民进十三届二中全会报告了2013年工作情况。

12月9日下午，民进十三届二中全会举行学习中共十八届三中全会精神专题报告会。中共十八届三中全会《决定》起草组成员、学习贯彻十八届三中全会精神中央宣讲团成员、国家发展与改革委员会副主任朱之鑫应邀作专题报告。

12月10日，民进十三届二中全会举行分组讨论。民进中央领导人分别参加讨论并发言。

12月10日下午，民进十三届二中全会举行十一大代表座谈会。严隽琪、罗富和出席，刘新成主持座谈会。来自19个省级组织列席全会的代表参加了座谈。

12月11日上午，民进十三届二中全会顺利完成各项议程，圆满闭幕。严隽琪在闭幕式上讲话，张帆主持闭幕式。严隽琪就贯彻落实本次会议精神、做好明年工作提出了具体意见。一是深入学习贯彻中共十八届三中全会精神。二是以开展坚持和发展中国特色社会主义学习实践活动为主线，推进中国特色社会主义参政党建设。三是加强履职队伍和能力建设，为全面深化改革做出新贡献。

会议审议通过了《中国民主促进会第十三届中央委员会第二次全体会议决议》。《决议》指出，在新的一年里，面对复杂多变的国内外环境，民进全会要准确把握形势，积极适应时代要求，以中国特色社会主义理论体系为指导，以开展坚持和发展中国特色社会主义学习实践活动为主线，以组织建设为年度工作主题，全面加强自身建设；围绕全面深化改革，积极履行参政党职能，切实承担起中国特色社会主义参政党的政治责任。

会议增补民进中央秘书长高友东为民进第十三届中央常务委员会委员。

中央统战部一局有关负责同志，民进“十一大”部分代表，民进中央各专门委员会负责人，民进中央监督委员会委员，民进中央秘书长高友东、副秘书长王建国和部门负责人以及民进省级组织有关负责人列席会议。

（二）中央常务委员会会议

1. 十三届二次中常会

3 月 10 日，中国民主促进会第十三届中央常务委员会第二次会议在北京召开。本次会议的主题是学习贯彻中共十八大精神和全国“两会”精神，落实民进十一大作出的工作部署。

民进中央主席严隽琪主持会议并讲话。常务副主席罗富和，副主席王佐书、贺旻、刘新成、蔡达峰、朱永新、张帆、姚爱兴、卫小春、张雨东和全体中央常委出席会议。

严隽琪在讲话中说，民进中央把今年定为思想宣传年，旨在以各级领导班子和骨干会员为重点，提高政治素质，巩固共同思想政治基础。坚持和发展中国特色社会主义不动摇、不放松、不偏离，是巩固统一战线和多党合作团结奋进的共同思想政治基础，是民进增强组织凝聚力、战斗力和影响力的依据。同时，增强思想政治工作的有效性是新时期要解决的重大问题。思想宣传工作要善于挖掘和利用各种政治资源，如发挥新一届中共中央大力度抓作风建设对民进的鞭策作用，发挥民进优良传统、会史和会章的作用，发挥民进中的先进典型和模范人物的示范作用等。希望全会在统一的原则和要求下，各地结合当地实际挖掘当地资源，创造生动有效的宣传教育方法。

严隽琪强调，民进要不断增强履行参政党职能的使命感。我国现阶段不平衡、不协调、不可持续问题依然突出，同时，经济社会发展也具备难得的机遇和有利条件。机遇里都包含风险，都呼唤改革，改革开放、不断完善社会主义市场经济体制是国家走向现代化不可回避的选择。民进要为执政党助力、为国家尽责、为人民服务、对历史负责，在实现中华民族伟大复兴的“中国梦”的奋斗目标过程中切实履行职能，为经济的稳增长和加强经济发展的平衡性、协调性、可持续性出力献策，为建设“富强、民主、文明、和谐”的美丽中国发挥积极作用。

严隽琪希望各位常委做学习上进的模范，向实践学习，向群众学习，不断提高政治把握能力、参政议政能力、组织领导能力、合作共事能力。全会各级组织要以更加昂扬的精神状态、更加旺盛的精力，把各项工作抓紧抓实抓好。

会议审议通过了《民进中央关于学习贯彻十二届全国人大一次会议和全国政协十二届一次会议精神的通知（草案）》。

民进中央秘书长高友东、副秘书长王建国，民进中央机关部门负责人列席会议。

2. 十三届三次中常会

6 月 21 日至 22 日，中国民主促进会第十三届中央常务委员会第三次会议在宁夏回族自治区银川市召开。会议主要议程是：学习《中共中央在全党深入开展党的群众路线教育实践活动的意见》，听取关于中国特色社会主义道路的专题报告，报告民进中央 2013 年上半年工作情况等。

民进中央主席严隽琪，常务副主席罗富和，副主席王佐书、贺旻、刘新成、蔡达峰、朱永新、张帆、姚爱兴、卫小春、张雨东和全体中央常委出席会议。

6 月 21 日上午，民进十三届三次中常会开幕。严隽琪主持开幕式并讲话。中共宁夏回族自治区党委副书记崔波出席开幕式并致辞，自治区人大常委会副主任刘慧芳、自治区政协副主席田成江出席开幕式。

6 月 21 日下午，民进十三届三次中常会举行学习贯彻中共十八大精神专题报告会，邀请中共中央党校科学社会主义教研部副主任刘海涛教授作《坚定不移走中国特色社会主义道路》的专题报告。

6 月 22 日下午，民进十三届三次中常会闭幕。严隽琪作了讲话，王佐书主持闭幕会。

严隽琪在讲话中强调，民进要进一步加强思想建设，巩固政治共识，增强对民主党派使命的认识。民进中央和省级组织完成换届，标志着组织程序上的新老交替已经顺利完成，要在这个基础上进一步搞好政治交接，使政治信念和政治立场薪火相传。民进中央将思想建设确定为今年工作的重点，着力加强学习培训，就是要进一步巩固政治共识，使民进优良传统的继承弘扬不断线，从而对民主党派的使命有更深的认识。民进要进一步认清形势和任务，推进学习型参政党建设，同时创新“集智聚力”的机制，提高履职的能力和水平。

严隽琪就做好下半年的工作提出意见。她说，深入学习贯彻中共十八大精神，是民进全会当前和今后一个时期的一项重大政治任务。民进要紧密结合工作实际，进一步在全会增强“三个认同”：认同中国特色社会主义的政治发展道路，因为这是我国走向富强、民主、文明、和谐的“正道”；认同全面建设小康社会的目标，因为这是亿万中国人共同的“中国梦”；认同民进的优良传统，因为这是民进人的共同价值取向，是民进能够有所作为、持续健康发展的根本原因。

严隽琪说，中共中央在全党深入开展党的群众路线教育实践活动，体现了中国共产党立党为公、执政为民，为人民服务的宗旨；体现了“党要管党”、“从严治党”的决心和纪律要求。“为民务实清廉”对于参政党的干部加强作风建设同样重要、同样适用。民进各级领导班子成员，特别是主席班子成员和各省级组织的主委，也需要思考权为谁所用、利为谁所谋、情为谁所系的问题，时刻警醒自己。全会各级组织要建立健全以民主集中制为核心的制度体系，使全会的各项工作、各级组织领导班子成员的言行都有制度的约束，不断提高参政党建设的科学化水平。

严隽琪要求各位常委要做遵守会章的模范、爱岗敬业的模范、学习的模范、促进“三个认同”的模范、改进工作作风的模范。

罗富和在会议期间报告了民进中央 2013 年上半年工作情况，朱永新报告了民进中央本年度工作重点——宣传思想工作情况。

会议听取了与会常委对加强民进宣传思想工作的思考与体会，书面通报了纪念民进成立 70 周年系列活动总体方案。

中央统战部一局有关同志，民进中央监督委员会委员，民进中央秘书长高友东、副秘书长王建国及部门负责人，民进部分省级组织负责人列席会议。

会前，严隽琪、罗富和于 6 月 20 日会见中共宁夏区委书记、区人大常委会主任李建华，中共宁夏区委副书记、自治区政府主席刘慧，自治区政协主席齐同生等，副主席王佐书、贺旻、刘新成、蔡达峰、朱永新、张帆、姚爱兴、卫小春、张雨东参加了会见。

3. 十三届四次中常会

10月20日，中国民主促进会第十三届中央常务委员会第四次会议在北京召开。民进中央主席严隽琪主持开幕式并在闭幕式上讲话，常务副主席罗富和，副主席王佐书、贺旻、刘新成、蔡达峰、朱永新、张帆、姚爱兴、卫小春、张雨东和全体中央常委出席会议。

会议审议通过了《民进中央开展坚持和发展中国特色社会主义学习实践活动方案》（草案）和《民进中央关于加强新形势下宣传思想工作的意见》（草案）；报告了民进中央2013年建言献策工作情况；书面征求了民进中央2014年度专题调研参考领域和选题意见。

严隽琪在讲话中强调，开展坚持和发展中国特色社会主义学习实践活动，是今后一个时期民进工作的主线。改革开放是坚持和发展中国特色社会主义的必由之路。即将召开的中共十八届三中全会，对加快推进社会主义现代化建设、全面建成小康社会具有重大意义。各位常委要认真学习领会会议精神，增强深化改革的信心；各省级组织主委要结合本省实际情况，把学习和增进思想共识与更好地履行职能相结合，使广大会员坚定全面深化改革的信心，坚持深化改革的方向，凝聚深化改革推动发展的智慧和力量。

严隽琪在讲话中对下一步工作作出部署。一是要加强学习，充分认识民进是中国特色社会主义参政党的性质定位，自觉做中国特色社会主义事业的参与者、建设者、维护者、捍卫者。二是要坚持把学习研究和推动工作相结合，着眼增进思想共识，继续深化对工作规律的总结和思考。三是要围绕中心、服务大局，提高履职水平，就全面深化改革中的重大问题开展调查研究，积极参政议政；调动一切力量，特别是智力资源和"微公益"力量服务社会。四是要求真务实地加强作风和制度建设，各级领导班子成员要继承和弘扬"立会为公"的优良传统，增强群众观念、多接"地气"，坚持贯彻民主集中制、按制度办事。五是要抓好组织建设工作，就民进组织建设中亟待解决的重大问题和现实问题开展调查研究，推动全会组织建设再上台阶。

会上，民进中央常委重点结合《民进中央开展坚持和发展中国特色社会主义学习实践活动方案》，对民进中央作风、纪律、制度建设等方面工作提出建议。

中央统战部一局有关负责同志，民进中央监督委员会委员，民进中央秘书长高友东、副秘书长王建国和部门负责人，部分民进省级组织负责人列席了会议。

4. 十三届五次中常会

12月8日，中国民主促进会第十三届中央常务委员会第五次会议在北京召开。民进中央主席严隽琪主持会议并讲话。常务副主席罗富和，副主席王佐书、贺旻、刘新成、蔡达峰、朱永新、张帆、姚爱兴、卫小春、张雨东和全体中央常委出席会议。

会议的议程是：学习贯彻中共十八届三中全会精神；审议通过中国民主促进会第十三届中央委员会第二次全体会议议程、日程（草案）；审议通过中国民主促进会第十三届中央常务委员会工作报告（草案），提交民进十三届二中全会审议；审议通过中国民主促进会第十三届中央委员会第二次全体会议小组召集人名单（草案）等。

严隽琪在讲话中说，本次中常会对于统一思想，提高认识，开好民进十三届二中全会具有重要意义。希望与会同志在有限的时间内，保持良好的精神状态，以高度的政治责任感，集中精力开好会议，确保会议顺利完成各项议程，把会议开成民主团结、求真务实的大会。

会上，刘新成就民进十三届中央常务委员会工作报告作了说明。

中央统战部一局有关负责同志，民进中央监督委员会委员，民进中央秘书长高友东、副秘书长王建国和机关部门负责人，部分民进省级组织负责人列席会议。

（三）民进中央监督委员会会议

1. 民进第十三届中央监督委员会第二次全体会议

6 月 20 日至 21 日，民进第十三届中央监督委员会第二次全体会议在宁夏回族自治区银川市召开。民进中央常务副主席、民进中央监督委员会主任罗富和出席会议并讲话，民进中央副主席、民进中央监督委员会副主任卫小春主持会议。

会议报告了民进中央监督委员会 2013 年上半年的工作情况，传达了民进中央十三届三次主席会议关于学习党的群众路线教育实践活动意见的精神，听取了赴部分省级组织开展调研情况的介绍，并与民进宁夏区委会监督委员会进行了交流。

罗富和在讲话中说，会内监督对于全会加强自身建设具有重要意义，能够有效督促领导班子执行制度、履行职能，特别是贯彻民主集中制，坚持集体议事原则；能够有效推动机关工作，促进和谐机关建设。目前，中共中央在全党深入开展党的群众路线教育实践活动，民进中央监督委员会在学习此次教育实践活动意见的基础上，可围绕加强学习、联系基层、服务会员等方面继续在全会开展调研。

6 月 21 日下午，会议就学习党的群众路线教育实践活动意见精神进行了专题研讨，委员们分别发表了意见。

民进中央监督委员会委员出席会议，民进中央组织部负责人、民进中央监督委员会办公室成员及民进宁夏区委会监督委员会部分委员列席会议。

2. 民进第十三届中央监督委员会第三次全体会议

10 月 19 日至 20 日，民进第十三届中央监督委员会第三次全体会议在北京召开。民进中央常务副主席、民进中央监督委员会主任罗富和出席会议并讲话，民进中央副主席、民进中央监督委员会副主任卫小春主持会议。

与会委员学习了《民进中央开展坚持和发展中国特色社会主义学习实践活动方案》，并结合学习实践活动，交流了对加强民进自身建设的意见和建议，听取了下半年赴部分省级组织开展调研情况的介绍。

罗富和在讲话中说，在全会推进学习实践活动开展过程中，中央监督委员会委员自身也要加强学习，积极参与；在今后的工作中，大家要继续深入基层开展调研，广泛听取基层的意见建议，及时提供反馈，为民进中央进一步改进作风、加强集体领导发挥积极作用；同时，继续推动省级组织成立监督委员会，进一步推进全会会内监督工作的开展。

10 月 19 日晚，民进中央监督委员会就开展学习实践活动、加强民进自身建设，听取了 10 位民进中央常委的意见建议，形成了《民进中央监督委员会与部分常委个别交谈的情况反馈》。

民进中央监督委员会委员出席会议，民进中央组织部负责人及中央监督委员会办公室成员列席会议。

3. 民进十三届中央监督委员会第四次全体会议

12 月 8 日，中国民主促进会第十三届中央监督委员会第四次全体会议在京召开。民进中央常务副主席、民进中央监督委员会主任罗富和出席会议并讲话，民进中央副主席、民进中央监督委员会副主任卫小春主持会议。

会议审议通过了《民进第十三届中央监督委员会 2013 年工作报告》和《民进第十三届中央监督委员会2014年工作计划》,确定了向民进十三届二中全会作工作报告的报告人。

罗富和在讲话中说，民进中央监督委员会自 2008 年成立以来，始终坚持稳步推进的原则，按照监督工作条例履行职责，开展工作，形成了一套基本的工作机制。2014 年，中央监督委员会要结合民进中央学习实践活动和组织建设的工作重点，进一步加强对民进中央领导班子成员执行制度、履行职责和改进作风情况的监督检查，指导省级组织开展会内监督，稳步推进试点工作，加强与省级组织监督委员会的联系与交流。

民进中央监督委员会委员出席会议，民进中央组织部负责人及中央监督委员会办公室成员列席会议。

（四）专项工作会议

1. 民进网站 2013 年度工作会议

1 月 16 日，民进网站 2013 年度工作会议在民进中央机关召开。会议总结了民进网站 2012 年度工作，表彰了 2012 年度“好编辑”，讨论了 2013 年网站工作计划。民进中央副主席、民进网站管委会副主任朱永新出席会议并作总结讲话，民进中央机关有关部门负责人参加会议。

朱永新为获“好编辑”奖的编辑颁奖和合影，并作总结讲话。他说，民进网站是民进全会宣传工作的主要阵地，展示工作的重要窗口。民进网站下一步的工作，要加强对全会“重大事件、重要人物”宣传的策划组稿和联动报道，进一步增强网站的新闻性和时效性；充分挖掘会内资源充实网站内容，让工作成果得到充分的展示和利用，提高网站的资源性和服务性；搭建起中央、地方互动的桥梁，有意识地联合会内外重要媒体开展网络宣传，进一步增强网站的互动性和联动性。他同时要求要从网站功能和用户需要出发，认真做好改版工作。

会议认为，过去的一年，民进网站扎实有序地推进各项工作，在巩固提高网站栏目维护合格率、提高网站新闻时效性、丰富和拓展网站服务功能等方面取得了积极进展。会议并研究讨论了 2013 年民进网站工作。

2. 中国民主促进会第十三届中央委员会专门委员会工作会议暨第一次全体会议

1 月 28 日，中国民主促进会第十三届中央委员会专门委员会工作会议暨第一次全体会议在北京举行。民进中央主席严隽琪出席会议并讲话，常务副主席罗富和主持开幕式，副主席王佐书、朱永新和民进中央各专门委员会委员出席会议。

严隽琪说，专门委员会是民进中央开展参政议政工作的特设机构，是集聚民进代表性人士和中青年专家学者，提供大家发挥作用和议政锻炼的重要平台，发挥着联系民进之友、吸引会外资源、扩大社会影响的作用。严隽琪重点就如何开创专门委员会工作新局面提出三点希望。一是要有更大尺度的视野，有前瞻性、战略性的思维。二是要有更加深入的调研，完善集智聚力的工作机制。三是要有更强的基本共识，增强对中国共产党领导的多党合作和政治协商制度的认同，继承和发扬民进“立会为公”的优良传统，成为学习型组织的模范，实现学习和增进团结与进一步提高能力之间更紧密的互相促进。

严隽琪强调，专门委员会的工作及其水平在很大程度上决定着民进参政议政的力度和建言献策的质量，新一届专门委员会要积极适应新形势，迎接新挑战，成为民进履行参政议政职能的参谋部、智囊团和生力军，成为代表人士队伍建设的主要渠道。

民进中央教育委员会主任庞丽娟、文化艺术委员会主任胡军、出版和传媒委员会副主任王晨、科技医卫委员会主任黄卫东、经济委员会主任蔡继明、社会和法制委员会主任吴庆宝、人口资源环境委员会主任王毅、妇女儿童委员会主任佟新、联络委员会主任梁勇在开幕式上分别作了履职发言。

开幕式后，各专门委员会分别召开全体会议和主任、副主任会议，讨论《民进中央专门委员会工作通则》和民进中央各专门委员会工作简则，研究各专门委员会未来五年工作规划和2013年度工作计划。

中央统战部一局有关同志，民进中央秘书长高友东、副秘书长王建国和机关部门负责人等参加会议。

民进第十三届中央委员会专门委员会更多地聘任了京外会员，新增设“人口资源环境委员会”。

3. 民进中央机关第十二次部门负责人新春研讨会

2月18日至19日，民进中央机关第十二次部门负责人新春研讨会在北京召开。研讨会围绕部门工作和未来工作思路展开。民进中央主席严隽琪，常务副主席罗富和，副主席王佐书、刘新成、朱永新出席会议并讲话。

严隽琪在认真听取各部门负责人发言后说，参政党机关的职能部门是开展党务工作的中枢，各部门负责人要进一步统一思想、巩固政治共识，增强对中国特色社会主义道路的自信，增强对中国特色社会主义政治选择的自信，以身示范，做激发正能量的带头人，挖掘、凝聚、培育正能量，为新一年工作的开局增加能量。希望在今后工作中进一步加强对工作规律性的认识，明确机构职能和自我定位，增强工作的针对性，突出工作的实效性。

罗富和在讲话中要求各部门负责人在开展工作中，要进一步认清规律和把握规律。同时，要进一步增强能力，既抓工作又带队伍，在抓工作的过程中注重谋划、实施、评价三个环节；在带队伍的过程中，增强对干部点对点的指导，有意识地培养业务骨干，批评责备少一点，鼓励表扬多一点，把年轻干部尽快带出来。

王佐书结合具体工作和大家分享了十条思考问题的方法，即规律指出了人们工作的路径和方法、存在决定意识、方向比努力更重要等原则，以及需求创新、竞争创新、矛盾创新等方法。部门负责人要进一步掌握工作规律和创新方法，用以指导、激励、矫正和推动工作。

刘新成说，多年来民进积极履行参政党职能，在社会上开展了一系列有影响的活动。要在已有工作基础上总结回顾，加强研究，找准定位，拓展空间，更好地推动工作实践。

朱永新说，应加强计划统筹、注重品牌建设和改善评价机制。各部门要根据现有资源条件，加强工作的统筹性、加强与其他部门的协作和资源共享，把已有品牌活动做深做实。

会议分析了近年来机关建设的主要成绩和发展变化，从制度建设、文化建设等方面对机关建设提出了建议。

民进中央秘书长高友东、副秘书长王建国和机关各部门负责人参加会议并作了发言。

4. 民进全国信息化建设工作交流会

5月8日至9日，民进全国信息化建设工作交流会在广东省广州市举行。会议的主要任务是，统一信息化建设思想认识，总结成绩经验，研究探讨信息化建设工作规律，进一步提高民进信息化建设水平，为做好全会各项工作奠定更加扎实的基础。民进中央常务副主席罗富和出席开幕式并讲话，中共广东省委常委、统战部部长林雄出席开幕式并致词。

罗富和在讲话中说，本次会议是民进首次在全国范围内召开的信息化工作会议。他对民进信息化建设十年来取得的成绩表示肯定，指出信息化建设是加强会内沟通的重要纽带、宣传党派的重要阵地、提升工作效率的重要手段，加强信息化建设是进一步建设符合时代要求的高素质参政党的迫切要求。各级组织要切实采取措施、加大力度，努力加强基础设施建设、安全保密建设，提高信息化应用水平，把全会的信息化建设提高到一个新水平。

为期两天的会议，与会人员进行了会议发言、专题讲座、分组讨论、交流发言等议程，围绕民进信息化建设的主题，交流了成绩和经验，分析了存在的困难和问题，探讨了面临的形势和挑战，明确了工作的性质、职能和定位等问题。

中央统战部办公厅、中共广东省委统战部、民进中央办公厅负责人，民进各省级组织和部分地方组织信息化工作负责同志近百人参加开幕式。

5. 民进中央2013年参政议政特邀研究员聘请暨工作会议

6月14日，民进中央2013年参政议政特邀研究员聘请暨工作会议在北京举行。这是民进历史上首次召开的全体参政议政特邀研究员工作会议，会议的目的是建立队伍、凝聚共识、明确机制、集聚智慧。民进中央主席严隽琪出席会议并讲话，常务副主席罗富和出席会议并就有关事项进行了说明，副主席刘新成主持会议。

严隽琪在讲话中说，要把握好民主党派的定位与参政议政工作的特点，重视人才这个民主党派履行参政议政职能的第一资源，坚持把集智聚力作为民进提升参政议政能力的必然选择。她指出，参政议政特邀研究员是对民进中央特殊的智力支持，要按照开放性、高端性、灵活性的要求，不断推进工作机制的完善。希望通过共同努力，把更多的个案研究转换成具有全局性和普适性的政策，把更多的现状分析推进到前瞻性的建议，把一些问题转变为改革的抓手，切实发挥参政议政特邀研究员在民进履行参政议政职能中的特殊作用，帮助民进判断大局形势、把握战略方向、确定调研重点、形成政策思路、丰富信息资源、挖掘内在规律。

罗富和就本届特邀研究员的宗旨、构成、推荐和聘请原则、聘期与聘请办法、工作机制、工作方式等有关事项进行了说明。

参政议政特邀研究员由社会代表性强、专业研究造诣深、咨政建言经验丰富的会内外专家学者组成，是民进中央集智聚力开展参政议政工作的重要举措和依靠力量。本届聘请的参政议政特邀研究员以会外专家为主，27位特邀研究员中有会外专家18位。

聘任仪式后，特邀研究员进行分组讨论，就当前如何全面深化改革畅所欲言，并就如何进一步做好民进的参政议政工作提出意见建议。

受聘的21位参政议政特邀研究员参加会议并接受了民进中央颁发的聘书。中央统战部一局有关负责同志，民进中央参政议政部负责同志参加了会议。

6. 民进全国社会服务工作暨慈善公益研讨会

6月29日，民进全国社会服务工作暨慈善公益研讨会在黑龙江省鸡西市召开。会议的目的是交流总结慈善公益活动和社会服务工作经验，推动民进全会慈善公益活动开展，推进全会社会服务工作上新台阶。民进中央常务副主席、开明慈善基金会理事长罗富和出席并讲话。

罗富和在讲话中说，从事慈善公益事业是民进的优良传统，是民进作为参政党履行社会服务职能的重要组成部分，并就如何做好全会的慈善公益事业提出意见。要全面提高全会各级组织对慈善公益事业重要意义的认识，努力把握慈善公益事业的本质，充分调动民进全会各级组织和广大会员参与慈善的积极性，构建民进中央支持推动、省级组织协调配合、会员和基层组织广泛参与的慈善工作格局，紧紧抓住组织领导、文化建设和宣传引领三个关键环节，在全会营造慈善公益事业发展的良好环境。推进各省专项基金的建立，推动慈善工作专兼职队伍建设，不断提升专业水平、增强公信力，共同开创民进慈善事业发展的新局面。

民政部民间组织管理局负责人在致词中对民进开明慈善基金会的工作给予了充分肯定，对基金会今后工作的开展提出了建议和希望。

民进中央联络委员会委员、河南泓皓置业有限公司董事长兼总经理刘文现在会上向开明慈善基金会捐赠1000万元。该项捐赠分期10年，每年到账100万元，用于民进中央开展社会服务慈善公益活动。罗富和向刘文现颁发捐赠证书和捐赠奖牌。河仁慈善基金会、安利公益基金会，以及部分省级组织代表在会上交流了慈善公益工作和社会服务工作经验。

中共鸡西市委、市政府、市政协以及鸡西市委统战部负责人，民进中央秘书长高友东、社会服务部负责人，民进各省级组织分管社会服务工作负责人以及社会服务工作专职干部，部分民进会员企业家共80余人出席会议。

7. 民进全国省级组织组织部门负责人座谈会

10月23日至25日，民进全国省级组织组织部门负责人座谈会在京召开。民进中央主席严隽琪出席并讲话。

严隽琪在讲话中就如何全面提高民主党派的工作水平谈了五点思考：一是提高“一个认识”，即建设中国特色社会主义参政党；二是完成“两大历史使命”，即凝聚政治共识与履行参政党职能；三是加强“三支队伍建设”，即加强领导班子和代表人士、机关专职干部、基层会员队伍建设；四是形成“四个互相促进”，即执政党建设与参政党建设、民进中央工作与地方组织的工作、自身建设与履行职能、实际工作与理论研究互相促进；五是深化“五个职能定位”，即参政党的参政议政对执政党的高层决策起到智库作用，民主监督对执政党起到他律作用，社会服务对建设和谐社会起到辅助作用，民进对广大会员起到组织归属作用，为会员搭建平台起到人才推荐作用。

严隽琪就如何当好新时期的民进组工干部提出四点要求：一是要讲政治，遵循党的基本原则与民进的基本立场；二是要遵从保密规则，严守组织纪律；三是要细致、踏实，为人事安排提供真实可靠的依据；四是要提高情商，谦虚低调，“有思有行”，既能认真地完成事务性工作，又能加深对民进组织工作的理性思考。

会议就先进基层组织创建活动、基层组织建设、组织发展、代表人士队伍建设、会内监督、换届工作、如何做好组织部门负责人等板块进行分组主题研讨。与会同志就贯彻《民进中央开展坚持和发展中国特色社会主义学习实践活动方案》提出了意见。北京、上海、江苏、江西、湖北、广东、四川、陕西等 8 个省级组织的组织部门负责人作了大会交流发言。

会议对下一阶段民进全会的组织工作作出了具体安排。会议要求，民进各级组织要充分认识民进是中国特色社会主义参政党的性质定位，抓好组织建设工作，推动全会组织建设再上台阶。

民进中央秘书长高友东、副秘书长王建国和组织部负责人，民进全国 29 个省级组织的组织部门负责人出席座谈会。

8. 参政党在协商民主制度建设中的地位和作用研讨会

10 月 11 日，“参政党在协商民主制度建设中的地位和作用”研讨会在京举行。研讨会由民进中央——中央社会主义学院参政党建设理论研究中心主办。民进中央副主席刘新成、中央社院副院长袁廷华出席研讨会并讲话。

刘新成谈了对中共十八大报告提出的协商民主这一概念的理解，认为当前中共高层积极推动协商民主，民主党派的发展正面临着良好机遇。民进中央—中央社院参政党理论研究中心应把握契机，无论是理论研究者还是党派成员，都能在这一有利条件下进一步加强研讨，进行理论创新，并在新的理论指导下进一步推动实践工作的发展。

袁廷华简要介绍了中共十八大以来理论界对社会主义协商民主制度的研究情况和主要成果。

与会同志一致认为，搞好参政党在协商民主制度建设中的地位和作用的理论研讨，对民进建设高素质参政党、在社会主义协商民主建设中发挥更大作用将产生积极影响，并分别就参政党在协商民主中的角色定位、作用和时代使命，协商民主的程序，协商民主制度的健全，中西协商民主制度比较等问题，从多个视角、不同维度阐述了自己的研究成果。

“民进中央——中央社院参政党建设理论研究中心”于 2011 年 12 月 12 日在北京挂牌成立。该中心由民进中央和中央社院共同建设，旨在充分调动并发挥双方的优势与资源，搭建一个资源共享、优势互补、互利共赢的合作平台。该中心自成立以来，已举办过两届年会，本次研讨会是第三届。

民进各省级组织推荐的 29 篇优秀论文作者和中央社院部分教师，民进中央研究室、中央社院理论教研部负责同志参加会议。

9. 民进全国会刊（报）工作座谈暨《民主》发行会

10 月 29 日至 30 日，民进全国会刊（报）工作座谈暨《民主》发行会在北京举行。民进中央副主席、《民主》杂志社社长朱永新出席会议并作总结讲话。

朱永新说，包括《民主》杂志在内的民进各级组织会刊（报），是民进开展宣传思想工作的重要平台和载体，是民进组织的形象和窗口，也是联系广大会员的桥梁和纽带。进一步做好民进的会刊（报）工作，要坚持正确的政治方向，坚持以会员为中心的工作导向，遵循办刊（报）工作规律，体现民进的党派特色，注重和新媒体的互动。他强调，

《民主》杂志是全会各级会刊中唯一具有正式出版物刊号、国内外公开发行的时政类月刊，改版后的《民主》已经成为展示民进各级组织成果、经验和风采的重要平台。要做好《民主》的组稿和发行工作，实行编辑质量和发行经营的"双轮驱动"，实现《民主》的持续、健康发展。

本次会议是民进中央第一次专门就会刊（报）和《民主》发行工作为主题举办的会议。会议期间举行了民进全国会刊（报）展示。会上，介绍了《民主》改版和发行工作情况，为 2013 年《民主》杂志发行工作 15 个优秀集体和 20 名优秀个人颁发了证书和奖杯，有关省级组织、副省级组织和地市组织分别作了会刊（报）工作和《民主》发行工作的经验交流，全体与会同志还围绕民进会刊（报）如何提高可读性、更好地为会员和读者服务，新媒体时代民进会刊（报）如何发展，如何做好《民主》发行工作等问题进行了深入交流。

民进中央宣传部、《民主》杂志社、民进各省级组织会刊（报）负责人，民进各副省级城市、省会城市及部分地方和基层组织负责《民主》发行的有关同志等 70 余人参加会议。

10. 2013 年民进中央参政议政年会

11 月 4 日至 6 日，2013 年民进中央参政议政年会在北京召开。民进中央主席严隽琪作主题报告，常务副主席罗富和作总结讲话，副主席刘新成、朱永新分别主持会议。

在 11 月 4 日上午举行的 2013 年民进中央参政议政年会开幕式上，严隽琪作了《为全面深化改革贡献力量》的主题报告。

严隽琪强调，走什么路是参政议政工作的大局。当前，民进履行职能必须在中国特色社会主义理论指导下，将参政议政工作与坚持和发展中国特色社会主义学习实践活动相结合。

严隽琪对过去一年来的参政议政工作给予了肯定。她说，民进作为中国特色社会主义参政党，是中国特色社会主义事业的亲历者和维护者，必须秉持"为执政党助力、为国家尽责、为人民服务"的使命感，在五方面发挥好作用：一是做执政党和政府决策之智库和上达社情民意之渠道；二是对党政部门发挥监督或谓"他律"的作用；三是为建设和谐社会发挥辅助作用；四是对会员发挥组织归属作用；五是以组织名义推荐党外人才的作用。

严隽琪强调要进一步提高参政议政工作的能力和水平。首先要质量与数量并重，尤其需要高度重视提升参政议政成果的质量，力争具备前瞻性、战略性、现实性，要建诤言。其次要加强学习和调研。以学习来开拓全球视野，了解历史和现实的国情，发现和掌握问题的本质与事物的科学规律。第三要完善集智聚力的体制和机制，以规范化、制度化和程序化的有效方式，使会中央和地方组织工作互相促进、专职和兼职互相促进。第四要加强机关专职队伍建设，每个专职干部都要加强自身修养，参政议政部门也要改进工作制度，选择不同切入点，持续关注，长期积累，达到"厚积薄发"。

在 11 月 6 日下午举行的会议闭幕式上，罗富和出席会议并作总结讲话。他向与会同志介绍了民进中央 2013 年建言献策工作的基本情况，并要求今后一段时期全会参政议政工作要着重抓好"围绕大局、深入基层、完善体系、改进方法"四个环节。要围绕党中央国务院的大政方针、围绕国家全面深化改革和全面建成小康社会的目标任务来进一步谋划工作。要转变作风，虚心向基层组织和一线会员、专家学者学习，汲取他们迸发出的智慧。要在人才、机制和平台上下功夫，提高会中央与地方组织、专委会之间的联动，积极建设可以集成更多资源，为参政议政活动提供更大影响的平台或联动机制，用好民进的参政议政网上平台。要学会应用社会学调查研究的方法，力争做到情况真实，数据准确，分析透彻，为中共中央科学决策提供有说服力的参考。罗富和对如何做好下一阶段参政议政工作提出四点希望。一要加强学习，二要认识国情，三要站稳立场，四要深入研究，五要聚焦建议，尽量可行。

会议期间，进行了分组讨论。会议对民进中央 2013 年度参政议政成果进行了表彰，其中获得一等奖成果 48 件，二等奖成果 34 件，三等奖成果 8 件。会议还邀请全国政协、国家发展和改革委员会、教育部、水利部、环保部等部门的有关负责同志介绍工作情况和提案办理情况。

中央统战部一局有关同志，民进中央各专门委员会主任、副主任，民进中央参政议政特邀研究员，民进中央秘书长高友东、副秘书长王建国和机关部门负责人，民进各省级组织有关负责人和专职干部等参加了会议。

11. 民进中央专门委员会工作会议

11 月 4 日上午，民进中央专门委员会工作会议在北京召开。民进中央主席严隽琪出席会议并讲话，常务副主席罗富和主持会议，副主席王佐书、刘新成出席会议。

严隽琪在讲话中肯定了专委会一年来的工作，并指出，下一步专委会工作有三个问题要着重研究。一是在年初制定工作计划时，要注意提高计划的科学性、民主性。二是各专委会主任要尽力将民进的工作与本职工作相结合，在制订计划的过程中尽量调动和发挥副主任和委员们的积极性，让大家有担当工作的可能。三是希望各专委会秘书和全机关为专委会提供好基本服务，特别是要为专委会介绍会内可利用的合作资源，以进一步提高集智聚力的实效。

会上，民进中央教育委员会主任庞丽娟，文化艺术委员会副主任王德胜，出版和传媒委员会主任李春生，科技医卫委员会主任黄卫东，经济委员会主任蔡继明，社会和法制委员会副主任沈开举，人口资源环境委员会副主任杜耘，妇女儿童委员会主任佟新，联络委员会副主任张雅晶分别汇报了 2013 年各专委会开展工作的情况。

民进中央各专门委员会负责同志，民进中央秘书长高友东、副秘书长王建国和有关部门负责人参加会议。

12. 民进省级组织负责人会议

12 月 11 日，民进省级组织负责人会议在北京召开。民进中央常务副主席罗富和出席并讲话，副主席王佐书、刘新成、朱永新、张雨东出席会议。会议表彰了 2013 年省级组织专项工作先进单位并颁奖。

罗富和在讲话中强调，民进在 2014 年要着重抓好四个方面工作：一是坚持和发展中国特色社会主义学习实践活动的开展，务必树立“主线意识”，指导推动今后一段时期的各项重点工作。二是 2014 年工作主题为加强组织建设，要按照组织建设工作方案，逐步提升工作的科学化水平。三是继续保持社会服务工作特色，进一步推动“同心·彩虹”行动，探索“微公益”工作渠道和方式，用好开明慈善基金会工作平台。四是机关建设工作方面，要适应当前财务管理制度，严格预算立项等。

王佐书宣读了《民进中央关于表彰省级组织专项工作先进单位的决定》。会议对专项工作先进单位进行了表彰。

会议就《民进中央2014年工作要点》（草案）的指导思想和主要内容作了说明。

民进各省级组织负责人，民进中央秘书长高友东、副秘书长王建国和机关部门负责人出席会议。

二、参政议政

2013年，民进全会在“有思有行、集智聚力，顺势而为、开拓创新”和“以新作为巩固老阵地，在顺势中开拓新领域”的方针指导下，坚持服务改革发展大局，深入调查研究，积极建言献策，参政议政工作取得丰硕成果。

（一）高层协商工作

在中共中央、国务院召开的5次党外人士座谈会上，民进中央围绕“五位一体”建设提出了积极稳妥推进城镇化进程；理顺国有经济和民营经济的关系；推进小微企业健康发展；深化行政体制改革，推进政府职能转变；推进惩治和预防腐败体系建设；建立灾害应急财政责任分担制度；以信息化助力“国家机构的功能整合”；促进教育优先发展；加强技能教育；加强信息化应用的顶层设计和协调推进；加快推进生态文明建设，构建美丽中国；探索建立生态协议保护的新机制等一系列建议。

在最高人民法院、最高人民检察院召开的党外人士座谈会上，围绕建设法治中国，提出了科学贯彻执行修改后的刑事诉讼法、加强对修改后的民事诉讼法适用工作的指导力度、加大对中西部地区检察机关人才建设工作的政策支持、建设过硬的学习执法队伍等建议。

2013年，向中共中央、国务院共报送建议书26份，内容涵盖了经济、政治、文化、社会、生态文明建设和党的建设。其中，经济建设和教育改革方面的建议占到了总数的一半以上，体现了以经济建设为中心和民进教育主界别的建言献策特点。《调整我国高等教育布局与政策，加快培养新型军事人才》、《加强政府间交换留学人员工作的建议》、《进一步加强人禽人畜共患病防控工作的建议》、《土壤生态告急，亟待综合治理的建议》等18份建议书得到了党和国家领导人的批示。

（二）政协发言、提案和信息工作

全国政协十二届一次会议期间，民进中央提交党派发言6件，党派提案36件，民进组提案9件，委员个人及委员联名提案188件。民进中央副主席朱永新代表民进中央做了《县区义务教育均衡发展是促进教育公平的当务之急》的大会口头发言，民进中央委员潘碧灵围绕环境保护作了《梦想成真靠实干》的口头发言，民进中央常委朱晓进围绕文化建设作了《切实提高文化惠民工程实效》的口头发言。《关于加快推进粮食主产区城镇化的提案》、《关于加快农村环境保护和综合整治，建设中国美丽乡村的提案》、《关于加快制定船舶大气污染防治规定的提案》等3件提案，被纳入两会期间的两场重点提案办理协商会，《关于推进生态文明建设顶层设计的提案》、《关于提升教育经费使用效率和效益的提案》等5件提案被列为重点调研提案，《关于“省级统筹、以县为主”完善学前教育管理体制的提案》等2件提案被列入重要提案摘报。

向全国政协十二届常委会第二次会议报送了《构建区域环境综合管理体系，推进生态文明建设综合制度创新》和《防治土壤污染》的党派发言。在全国政协十二届常委会第三次会议上，民进中央副主席姚爱兴代表民进中央做了《着力深化教育领域综合改革推进实现教育现代化》的大会发言。

在全国政协围绕人口资源环境发展、财税体制改革、职业教育发展、推动司法公正、推进城镇化建设等主题召开的系列专题座谈会上，民进中央围绕加大国家层面湿地保护、优化现代职业教育体系结构、保障司法机关依法独立公正行使司法权、加快推进粮食主产区城镇化进程、推进小城镇建设等问题建言献策。

反映社情民意的信息工作取得了新的突破。截止到2013年12月1日，民进社情民意信息报送系统共收到信息稿件2385篇，编报《民进信息》350期，被全国政协采用57篇。

（三）调查研究

围绕义务教育均衡发展、新型城镇化建设、人口资源环境可持续发展等重大问题持续开展调研。民进中央将“促进教育公平，推进义务教育均衡发展”作为专题调研选题，民进中央主席严隽琪带队于5月13日至18日在安徽进行了为期6天的大调研。民进中央领导还率调研组赴天津、河北、海南等地进行了前期调研，赴江苏、福建等地进行了补充调研。辽宁、宁夏、重庆、内蒙古、四川等省级组织也配合民进中央的大调研开展了同步调研。在全面梳理调研材料的基础上，民进中央形成了《关于促进教育公平，推进义务教育均衡发展的建议》，报送中共中央，得到了重视和批示。

围绕“积极稳妥推进城镇化，着力提高城镇化质量”，民进中央常务副主席罗富和、副主席朱永新于6月率团在福建开展“推进小城镇建设，提高城镇化质量”专题调研，在内蒙古开展了“粮食主产区城镇化建设”调研。7月，严隽琪率团在河南省就“产城融合与新型城镇化建设”等问题开展调研。

围绕人口资源环境可持续发展，罗富和于7月在北京市就延庆官厅水库水土保持和泥沙淤积情况进行调研并召开座谈会。8月，罗富和率调研组赴湖北武汉调研水安全问题。11月23日至25日，严隽琪率调研组就赤水河流域的保护与发展问题赴贵州开展调研。

（四）各类论坛、研讨会、座谈会

1. 民进中央参政议政务虚会

5月24日，民进中央——清华大学政治经济学研究中心在北京举行民进中央参政议政务虚会。民进中央主席严隽琪出席并讲话，常务副主席罗富和主持会议。国务院国资委党委副书记、副主任邵宁出席会议。

中国经济体制改革研究会会长宋晓梧，国务院国资委研究局巡视员赵欣，国家发改委城市和小城镇改革与发展中心副主任乔润令，财政部科研所金融研究室主任赵全厚，国务院发展研究中心宏观部第一研究室主任陈昌盛，国家行政学院公共管理教研部教授、公共行政教研室主任竹立家，中山大学原副校长、北京师范大学经济与工商管理学院院长李翀，上海发展研究基金会理事长乔依德，民进中央经济委员会主任、清华大学政治经济学研究中心主任蔡继明出席会议。大家围绕“分析宏观形势，为全面深化改革建言献策”分别发言，阐述了各自的观点并提出相关建议。

2. 2013·中国教师发展论坛

9月7日至8日，由民进中央和北京师范大学联合主办的2013·中国教师发展论坛在河北省邯郸市举行。本届论坛主题为“新形势下农村教师队伍建设政策”。民进中央主席严隽琪、常务副主席罗富和出席开幕式，副主席朱永新主持。中共河北省委常委、统战部部长范照兵，河北省副省长许宁，河北省政协副主席段惠军，河北省教育厅、文化厅和中共邯郸市委、市政府负责人出席开幕式。

严隽琪在讲话中说，要下大力气补齐农村教育这块短板，在农村教师队伍建设这个关键问题上有实招，让中国农村的教育跨上新台阶，使中国梦成为每个中国农村孩子的梦。她从城镇化背景下农村教师队伍的建设、从“公平和质量”的视角谋划农村教师队伍建设的政策供给、激发教师的主动性和职业认同感三个方面阐释了自己的思考。她强调，“公平”和“质量”应成为农村教师队伍建设的主题。农村教师队伍建设要与整个教育体系的变革联系起来，用科学合理的体制和机制来引导和保障教育真正回归育人的本质，来培育和维护教师的职业精神，保障包括农村教师在内的广大教育工作者享受到教育生活的幸福，追求心中的教育理想。

北京师范大学校长董奇致词。教育部教师工作司副司长葛振江在开幕式上作了论坛主题报告。邯郸市农村教师代表和邯郸学院学生代表在开幕式上作了发言。

中央统战部一局有关同志，民进中央秘书长高友东、参政议政部负责人，北京师范大学有关专家学者，两岸三地教育界人士以及邯郸学院师生共700余人出席了开幕式。

9月7日下午，论坛进行分组讨论。与会专家学者围绕会议主题及农村教师待遇保障的体制机制与政策、农村教师素养提升体制机制与政策、县级教师培训机构建设的政策、教师管理模式创新四个分议题展开研讨。

9月8日上午，论坛举行闭幕式。罗富和出席闭幕式并讲话。他强调，要把农村教育放在教育改革的总体思路里建设，教育政策的谋划实施，要做到有利于农村教师队伍的建设、有利于弘扬师德、有利于教师的发展、有利于加大对农村师资力量的支持力度。

教育部普通高校人文社会科学重点研究基地北京师范大学教师教育研究中心主任朱旭东在闭幕式上宣读了《邯郸共识》。共识认为，农村教师队伍建设是新时期各级政府教育工作的核心与重中之重。健全农村教师待遇保障体制机制，必须让广大农村教师有尊严地工作与生活。完善农村教师素养提升体制机制，让农村教师专业地学习。推进县级教师培训机构建设力度，让农村教师有切身的培训。创新教师管理模式，让农村教师安心地完成使命。

论坛期间，严隽琪在邯郸进行了文化调研；罗富和到贾北堡小学进行了调研，并会见民进邯郸市委会班子成员。

3. 基础教育改革座谈会

12月13日，由民进中央教育委员会和中国教育学会高中教育专业委员会联合举办的基础教育改革座谈会在北京市 101 中学举行。会议的主题是，学习贯彻中共十八届三中全会关于深化教育领域综合改革的精神，提出普通高中综合改革的管理体制、教学制度、推进机制的建议。民进中央主席严隽琪出席会议并讲话，常务副主席罗富和出席会议并致词，副主席朱永新主持会议，教育部副部长刘利民出席会议。

严隽琪从教育改革要响应时代呼唤这一角度谈了自己的体会。中国要抓住当前第三次工业革命的先机，把握科技创新和普遍提高劳动者素质这两个着力点，培养学生的学习热情、主动学习的本领和独立思考的能力，建立终身教育机制；要适应全面深化改革的形势，把教育问题放在城镇化、市场化、公平公正、信息化等背景下去探讨，处理好当前和长远的关系；要适应全球化和中国崛起的背景，教育应提倡文化理解和文化宽容，以利于提高中国在国际上的话语权和影响力。

罗富和在致词中感谢教育部领导和各位校长前来参加座谈会，感谢北京市 101 中学承办此次会议并提供优质服务。希望各位校长、专家今后继续多提宝贵建议，民进会充分吸收大家在教育改革和发展前沿的经验，集智聚力，为教育事业的发展作出贡献。

来自 13 个省市的 20 位中学校长，民进中央教育委员会，中国教育政策研究院，中国教育学会高中教育专业委员会以及其他方面的专家参加了座谈。在座谈会上，大家结合会议主题，畅所欲言，直抒胸臆，交流了办学理念和实践经验，以及遇到的困难和问题，提出了许多宝贵的意见建议，为民进在教育领域参政议政提供了很多启发。

中国基础教育改革座谈会是由民进中央教育委员会和中国教育学会高中教育专业委员会为长期工作在教育一线的校长搭建的交流平台，也是向国家决策部门建言献策的渠道，已连续举办 12 次。

严隽琪、罗富和、朱永新在座谈会开始前亲切会见了民进北京市 101 中学支部全体会员。

三、社会服务

2013 年，民进坚持社会服务工作的政治性原则、公益性原则、集智聚力的务实性原则，依靠会内各级组织和广大会员，与会外相关单位密切合作，科学谋划，认真开展社会服务实践，取得了一定成效。

（一）不断丰富“同心·彩虹行动”内涵，在多领域开展社会服务

民进发挥自身优势，集中会内外资源，不断丰富“同心·彩虹行动”内涵，在扶持少数民族地区经济社会发展特别是文教事业发展方面作出了一定的贡献。2013 年全年，民进各级组织落实了十余个帮扶项目。

1. 情系地震灾区，设立专项基金为灾区提供援建服务。

4 月 20 日，四川省雅安市芦山县发生 7.0 级重大地震灾害，给当地人民群众人身安全和生产生活造成严重影响。4 月 22 日，民进中央发出《关于积极支援四川芦山抗震救灾工作的通知》，建立“开明慈善基金会雅安抗震救灾专项基金”并向全会公布了捐款账号。全会各级组织和广大会员积极响应会中央号召，踊跃捐款。据统计，开明慈善基金会接收捐

款共计人民币260万元。经民进中央主席办公会议研究决定，这笔善款全部用于芦山县初级中学教学楼重建项目。10月31日，民进中央副主席王佐书出席开明慈善基金会“雅安抗震救灾专项基金”捐赠芦山县初级中学教学楼签约仪式。教学楼预计于2014年5月建成。

2.“同心·彩虹行动”新疆少数民族校长暑期培训(东昌)班

8月10日至14日，“同心·彩虹行动”新疆少数民族校长暑期培训(东昌)班在北京举办。培训班由民进中央主办，首都师范大学、民进北京市委会、民进新疆区委会承办。“同心·彩虹行动”新疆少数民族校长培训班迄今为止已是第3次举办。来自乌鲁木齐市、石河子市、吐鲁番地区、和田地区的50名中小学校长，通过听取讲座、参观考察、交流座谈等形式，接受为期5天的培训。

受民进中央主席严隽琪的委托，常务副主席罗富和出席开班式并讲话。中央统战部副部长林智敏出席并讲话，民进中央副主席刘新成主持开班式。

罗富和在讲话中介绍了民进的历史以及民进为我国教育事业发展所做的工作。他说，民进继承尊师重教的优良传统，始终把教师的发展作为民进参政议政、履行职能的一个重要方面。中共中央召开新疆工作座谈会后，民进中央从2011年开始在新疆开展了一系列“同心·彩虹行动”。通过这些活动，使我们更加感到内地的发展与边疆的发展需要共同协调，民族大家庭的团结需要进一步加强，民进有责任为我国中西部少数民族地区的教育事业发展作出贡献。希望大家通过培训，听取专家讲课和互相交流，进一步理解、推进我国教育事业改革发展的方向、重点，为中国特色社会主义事业培养更多的接班人。

林智敏在讲话中说，民进历来高度关注和积极推动我国教育事业，在实践中形成、发展了自身特色和优势。中央召开新疆工作座谈会以后，民进为推进新疆经济发展开展了一系列富有成效的工作，受到了新疆党政和各族群众的好评，相信这次培训班会取得更加丰硕的成果。

开班式上，上海东昌企业集团有限公司党委书记丁建祖介绍了上海东昌企业集团有限公司的情况，并表示这次培训极有意义，愿意全力支持这样的活动。培训班学员哈力克·库尔班代表学员们发言。中央统战部一局、二局，教育部民族教育司，国家民委教育科技司，民进中央社会服务部负责人等参加了开班式。

培训班期间，民进中央副主席王佐书、北京教科院研究员吴正宪等应邀为学员们作了专题报告和讲座。

3.“同心·彩虹行动”2013年骨干教师暑期培训班

8月21日至25日，“同心·彩虹行动”2013年骨干教师暑期培训班在北京举行。民进中央副主席王佐书在国家行政学院出席培训班开班式并为培训班学员授课。来自贵州金沙县、安龙县，广西上思县，四川省康定县，以及民进各省级组织推荐的基层骨干教师共106人参加培训。

培训期间，王佐书以及北京教科院研究员吴正宪、北京市语文特级教师刘永胜、教育部教育发展研究中心主任张力、北京大学附属中学校长王铮、北京广渠门中学校长吴甡、海淀区教师进修学校特级教师吴琼为学员们作了七场专题讲座，包括教育思想与教育理念，教师专业发展，关于有效课堂教学的思考，深入贯彻党的十八大精神，推动基础教育事业科学发展，高效教学活动的设计与实施等内容。培训班还安排学员中的民进会员参观了民进中央和民进会史展览。

4. 民进参与毕节试验区建设“同心・彩虹行动”工作经验交流大会

11 月 13 日至 14 日，民进参与毕节试验区建设“同心・彩虹行动”工作经验交流大会在北京举行。民进中央主席严隽琪出席开幕式并讲话，为先进集体和先进个人代表颁发了奖牌和证书，副主席王佐书出席开幕式并在闭幕式上讲话。

严隽琪在开幕式讲话中指出，“同心・彩虹行动”是继承和发扬民进优良传统、促进自身建设的过程，是参与和维护中国特色社会主义的履职平台，是宣传多党合作和政治协商制度的窗口，是团结各界公益力量、共同建设和谐社会的纽带。她强调，要适应新的形势要求，对民进今后的社会服务工作进行思考和研究，不断提升工作实效。一是讲政治大局，始终坚持中国特色社会主义的政治共识，是履行职能的政治基础。二是讲特色优势，民进最大的界别优势和资源在文化教育领域。三是讲群众观念，群众观念是集智聚力的思想基础。四是要开拓创新，总结规律性的认识，使项目决策更科学，提升项目实施的质量。严隽琪希望民进全会充分认识试验区建设近期做示范、长远探路子的实践意义，总结好、运用好、发展好民进参与试验区建设“同心・彩虹行动”工作的经验，做好新时期的社会服务工作。

会上宣读了《民进中央关于表彰民进参与毕节试验区建设“同心・彩虹行动”先进集体和先进个人的决定》，决定对民进北京市委会等 43 个先进集体和王铮等 57 位先进个人进行表彰。开幕式结束后，民进江苏省委会、广东省委会、厦门市委会代表先进集体，陈国强、李君代表先进个人，分别介绍了近几年来参与毕节试验区建设工作的经验和体会。

会议期间，邀请国务院扶贫办国际合作和社会扶贫司副司长刘书文为与会人员作了题为《中国特色的扶贫开发——扶贫开发的形势与进展》的报告。

11 月 14 日，大会举行闭幕式。王佐书在讲话中指出，社会服务是民主党派的职能之一，也是党派存在的价值体现之一。民进参与毕节试验区建设，实施“同心・彩虹行动”具有重大意义。要认真学习领会中共十八届三中全会精神，指导实际工作；要研究好本次会议，向会议要效益、要素质、要工作，要以感情、以政策、以项目来凝聚人才和力量。要与时俱进，找准角度，竭尽全力，务求实效，使社会服务工作能够可持续发展。

中央统战部一局有关负责同志，民进中央秘书长高友东、副秘书长王建国和机关部门负责人，民进各省级组织分管社会服务领导及社会服务专职干部，受到表彰的先进集体和先进个人部分代表，毕节市、金沙县有关领导同志共 90 余人参加了会议。

“同心・彩虹行动”于 2009 年由民进中央发起，旨在响应中共中央的决策部署，从民进自身特色和优势出发，发动民进各级组织及会员参与，致力于帮助毕节试验区加强教师队伍建设，加快教师专业化发展，提高学校管理水平。

5. 王佐书在贵州就民进联系帮扶项目调研座谈

11 月 24 日至 25 日，民进中央副主席王佐书在贵州省就民进联系帮扶项目推进等情况进行调研座谈。

11 月 24 日，王佐书在黔西南州就民进联系帮扶项目推进等情况进行调研。王佐书先后深入兴义市、义龙新区和安龙县，就民进会员企业投资兴建的“开明・同心科技城”、红星工业园苗生药业公司项目和安龙县城西污水处理厂新建、改建及市政管网等项目推进情况进行调研。并在兴义市召开座谈会，与中共黔西南州委、州政府及有关部门进行交流。

11 月 25 日下午，王佐书出席由民进中央积极协调的北京中日友好医院与金沙县中医院对口帮扶签约仪式并讲话。配合此次活动，中日友好医院专家组一行七人为金沙县中医院、金沙县医院及各乡镇卫生院的医疗医技人员一百余人进行短期培训，开展义诊，同时针对医院管理、建设提供指导性意见。

民进北京市委会副主委、中日友好医院副院长姚树坤，中日友好医院副院长彭明强，民进北京市委会副主委毛桂芬，民进贵州省委会副主委方招生，民进中央社会服务部，中共金沙县委、县政府、县中医院负责人等参加活动。

6. 严隽琪、王佐书在金沙县考察调研

11 月 25 日至 26 日，民进中央主席严隽琪、副主席王佐书在贵州省毕节试验区金沙县考察调研。

11 月 25 日下午，考察组在金沙县考察了开明同心城，在金沙县中医院看望了中日友好医院义诊专家。

11 月 26 日上午，严隽琪到金沙县职教中心进行调研，出席“同心·彩虹行动”卫星远程教师培训工程启动仪式，并与金沙教师代表、民进金沙总支会员代表进行座谈。

贵州省及毕节市人大常委会、民进北京市委会、民进贵州省委会、民进中央社会服务部、金沙县等有关方面负责人陪同调研。

（二）努力探索对台工作的新途径新内容

民进围绕中央对台工作大局，根据民主党派地位超脱、联系广泛以及党派领导人个人魅力等特点，充分发挥民进在教育文化出版领域的优势，积极开展对台交流活动。

1. 会见台湾民意代表交流参访团

5 月 23 日，民进中央主席严隽琪，常务副主席罗富和，原第一副主席张怀西，副主席刘新成、朱永新在北京会见饶颖奇率领的台湾民意代表交流参访团。

严隽琪说，民进历来重视两岸的交流和发展，不断推进两岸交流与合作，要靠有见识、有胆识的同仁共同携手努力。希望民进与台湾同胞多年来形成的共识可以一代一代传承下去，在积累共识、增进信任、深化合作的基础上，激发出更多的动力和机会，多做顺民心、和民意、利民生之事，为实现中华民族伟大复兴贡献力量。

罗富和向参访团成员介绍了民进的成立和发展历程，近年来履行参政党职能以及推动两岸交流的情况。

会见双方还就促进两岸农业产业合作进行了交流和讨论。全国政协港澳台侨委员会办公室负责人，民进中央有关专门委员会委员等参加了会见。

2. 叶圣陶研究会出版考察团访问台湾

6 月 13 日至 19 日，应台湾中华出版伦理自律协会邀请，以民进中央副主席、叶圣陶研究会副会长朱永新为团长的叶圣陶研究会出版考察团一行 17 人赴台，进行为期 7 天的交流访问。

6 月 14 日，考察团与台湾中华出版伦理自律协会在台北市共同举办“传统出版的数字化转型研讨会”。研讨会旨在共同研讨海峡两岸出版界在数字化时代面临的挑战以及未来合作机会。朱永新出席并致词。

6 月 15 日，“开明书店、叶圣陶与台湾”座谈会在台北举行。朱永新出席并致词，表示希望以此次座谈会为契机进一步加深两岸学界合作，共同发扬叶圣陶教育思想与老开明书店的优良作风。

考察团在台期间，拜会了中国国民党荣誉主席吴伯雄，并与海峡两岸民意交流基金会理事长饶颖奇就叶圣陶研究会今年年底在台湾举行“海峡两岸中华传统文化与现代化研讨会”相关事宜进行了讨论。先后访问了台湾中华文化总会、天下远见出版社、信宜基金会等文化出版机构，拜访了台北建国中学、台北薇阁小学和薇阁中学，还与台湾城邦出版集团等台湾出版界机构的人士进行了广泛深入接触，访问了台中文化创意产业园区、诚品书店、中台禅寺、921 地震教育园区等。

3. 会见台湾“2013 纵横北京”中华文化研习营参访团

7 月 9 日，民进中央主席严隽琪在北京会见由荣誉团长周荃、团长郑又平带队的台湾“2013 纵横北京”中华文化研习营参访团，并以“美好的大学生活”为题与团员亲切座谈。王佐书主持座谈会。

严隽琪向研修团成员介绍了大陆的教育发展情况和存在的现实问题。她说，希望两岸的大学、大学生能在促进两岸沟通、增进两岸理解上担当重要角色，发挥更大的积极作用，能够用大学人应有的智慧和胸怀，应有的理念和精神，积极推动两岸的深层对话与合作。

座谈会上，王佐书和郑又平先后简要介绍了中国民主促进会和参访团的概况。

来自台湾 22 所高校的 80 名大学生认真聆听了严隽琪的讲话，并就大陆与台湾地区的教育改革与发展、公民素养的提升、就业观与理想信念等问题，与严隽琪互动交流。

民进中央机关有关部门负责人，中央社会主义学院、台湾贤德惜福文教基金会有关人员参加了座谈。

4. 2013・海峡两岸中华传统文化与现代化研讨会

12 月 19 日至 20 日，2013・海峡两岸中华传统文化与现代化研讨会在台北市举行。本届研讨会由叶圣陶研究会与海峡两岸客家文经交流协会共同主办，议题为“社区建设”。

民进中央主席、叶圣陶研究会会长严隽琪出席研讨会并讲话。中国国民党荣誉主席吴伯雄、海峡两岸客家文经交流协会理事长饶颖奇分别致词。民进中央副主席刘新成、蔡达峰出席会议。来自海峡两岸 200 多位专家学者，民进中央秘书长高友东、有关部门负责人参加会议。

严隽琪在讲话中说，文化是历史的积淀、群体的认同和精神状态的表现，具有继承性和创新性，要有清醒的“文化自觉”和理性的“文化自信”。在新时代的呼唤下，对中华传统文化要“取其精华、去其糟粕”，赋予传统文化以时代内涵和时代特色，赋予传统文化以新的生命力。她强调，文化的发展要秉持开放性与亲和性，优秀文化最可贵的特质是宽容。我们要的全球化，就是让世界上所有的民族都能共创、共有和共享美好的愿景。

严隽琪说，社区是文化多样性的现实土壤，文化是社区和谐的精神纽带，是社区内部不可或缺的调和剂，在特殊的情况下甚至会发挥稳定器的作用。为了更好地建设和谐的社区文化，要努力吸取中华传统文化的积极因素。要将平等与自由作为社区文化建设的“原则”，要将和谐与宽容作为社区文化建设的“追求”，要在社区里建立讲理协商的必备机制。

17 位两岸专家学者在会议上作了主旨发言。大陆专家学者就社区建设中社区文化发展的创新与实践、文化表演与社区重组、灾后校园集体疗愈、中华文化的传承与创新、社群的再想象、闽南文化生态保护区与社区建设、儒学传统与现代社会的张力、古村落保护与非物质文化遗产的社会传承、社区教育学校的传统文化教育、大陆居民转型与社区创建等议题展开了深入研讨，并实地考察了台湾的社区文化。

“海峡两岸中华传统文化与现代化研讨会”于 2002 年创办，过去 11 年中，在以“中华传统文化与现代化”的大主题下已举办过十届研讨会，议题覆盖地域特色文化（第一届至第六届）、学科领域文化（第七、八届）、民俗文化（第九、十届）等多个领域。研讨会已经在海峡两岸间架起了友谊的桥梁、思想的桥梁、文化的桥梁、心灵的桥梁。本届研讨会首次来到宝岛台湾举办，是一种新的尝试。本届研讨会的成功举办，展示了两岸社区文化建设的风貌，交流了两岸社区文化建设的经验。

此次赴台举办研讨会，“是一次文化之旅，亦是一次亲情之旅”。严隽琪一行还与台湾知名人士和新朋故知会面，与连战、吴伯雄、刘兆玄、郁慕明、饶颖奇、周荃等知名人士见面座谈，参观了佛光山、慈济功德会等机构，双方共话亲情、乡情和友情，增进了彼此的互知互信和情感的交流交融。

（三）积极推进社会服务平台建设

1. 服务新阶层会员，充分发挥作用

认真贯彻对新阶层会员“充分尊重、广泛联系、加强团结、热情帮助、积极引导”的方针，加强与新阶层会员的交流，积极服务民企、民教界会员。

4 月 9 日至 13 日，2013 年民进企业家培训班在中央社会主义学院举行。民进中央常务副主席罗富和在民进中央机关亲切会见培训班全体学员并与大家合影。民进中央副主席王佐书为培训班的学员们讲授第一课，作了题为《从思考问题的方法看带给人们的启示》的专题讲座。培训班还邀请国防大学、人民大学、长江商学院、国务院发展研究中心等单位的专家、学者，以及金和软件、红星美凯龙等知名企业的董事长为学员们授课。培训课程安排富有针对性，包括从思考问题的方法看带给人们的启示、国防现代化建设与我国周边安全环境、中国经济发展过程中的若干问题、企业文化发展战略、商业活动中的礼仪、发展战略与宏观规划等方面内容，还为学员们讲解民进会史，并组织参观民进会史展馆，组织座谈交流，以及贵州省毕节市和黔西南州招商推介会等诸多活动。来自 27 个省区市的民进企业家会员、民进中央联络委员会部分委员、民进中央社会服务部负责人等 120 名学员参加了培训。在 4 月 13 日下午举行的培训班结业式上，王佐书、中央社会主义学院副院长张峰出席并讲话。汤有祥代表全体学员和培训班班委发言。

9 月 14 日至 15 日，2013 年民进企业家联谊会联席会议在重庆市召开。罗富和会见与会企业家时发表讲话并出席开幕式，王佐书出席开幕式并讲话，重庆市副市长吴刚出席开幕式并致辞。民进中央社会服务部、民进各省级组织社会服务工作负责人和来自全国各地的民进企业家共 150 余人出席了开幕式。罗富和希望大家一如既往地支持民进中央的工作，集智聚力，把民进企业家联谊会这个平台打造好，推进民进的社会服务工作再上一个新台阶。王佐书说，做好民进企业界会员工作具有多重意义，为国家、为企业、为个人、为民进都有帮助，是我们共同的责任。开幕式后，上海、江苏、浙江、广东、福建、山西、山东、重庆的民进企业家联谊会会长就各自实际工作和经验成果作了交流发言。9 月 14 日，全体与会者考察了重庆力帆集团，听取了民进会员、力帆控股有限公司董事长尹明善所作的主题报告。9 月 15 日，举行了重庆市大渡口区，贵州金沙县、黔西南州招商推介会。

2. 开明慈善基金会完善自身建设，社会影响逐步扩大

5 月 21 日，“开明慈善基金会·上海市慈善基金会接受天地龙控股集团捐赠仪式”在上海民主党派大厦举行。民进中央主席、开明慈善基金会名誉理事长严隽琪出席捐赠仪式并讲话，民进中央副主席、民进上海市委会主委蔡达峰主持捐赠仪式。民进会员、天地龙控股集团有限公司董事局主席蒋加平出席捐赠仪式并发言。严隽琪在捐赠仪式上向蒋加平颁发捐赠证书和捐赠奖牌。蒋加平代表天地龙控股集团向开明慈善基金会捐款人民币 1000 万元，该项捐赠将用于民进中央开展的社会服务慈善公益活动。同时，蒋加平向上海市慈善基金会“人文关怀阳光基金”捐赠 200 万元人民币，该项捐赠将定向用于“开明书屋”图书公益捐赠项目和民进上海市各区县社会服务特色项目。

9 月 15 日，开明慈善基金会“小桔灯教育基金”在重庆市举行募资捐赠仪式。民进中央副主席王佐书出席捐赠仪式并现场捐助。捐赠仪式上，开明慈善基金会办公室负责人宣读了《关于成立开明慈善基金会小桔灯教育专项基金的决定》；进行了爱心认购作品活动，该项活动由民进中央开明画院募集，爱心认购收到的善款将全部捐赠给“小桔灯专项教育基金”；并为重庆市綦江区、长寿区、永川区、大足区、荣昌县推选的 10 名优秀贫困学生进行现场捐助。民进中央社会服务部、民进各省级组织社会服务工作负责人，来自全国各地的民进企业家共 150 余人出席了捐赠仪式。

“小桔灯专项教育基金”是在民进中央开明慈善基金会管理下设立的一个专项基金，主要用于重庆教育方面的扶贫、助学等慈善公益活动。本基金首批资金来源主要是重庆民进企业家联谊会会长宋春梅女士的 100 万元捐款和重庆民进全体会员于 2011 年 6 月爱心捐款的余额——40.7631 万元。本基金以“小桔灯”命名，取义于民进前辈冰心老人的散文名篇《小桔灯》，寓意基金虽然规模不大、作用微小，就像冰心所写的“这朦胧的桔红的光，实在照不了多远”，但也可以持续传递爱心，传递正能量，帮助人、鼓舞人、感染人，让人“觉得眼前有无限光明！”

9 月 18 日，“开明慈善基金会河南民进刘文现教育专项基金发放仪式”在民进中央机关举行，为 2011—2013 级河南林州籍清华、北大 35 位寒门学子发放 25.8 万元助学金。民进中央常务副主席、开明慈善基金会理事长罗富和出席仪式，为受助学生发放助学金并作了讲话。他勉励广大学子要志存高远，把个人发展融入到报效祖国的事业中去。民进中央社会服务部、开明慈善基金会、民进河南省委会、北京大学教育学院、林州市人大常委会、林州市慈善总会等有关方面负责人参加了活动。

“刘文现教育专项基金”是开明慈善基金会设立的第一个专项基金，由民进中央联络委员会委员、河南泓皓置业有限公司董事长刘文现捐赠，主要用于助学兴教。该项基金由民进河南省委会负责监管，委托河南林州市慈善总会承办具体慈善项目。

3. 努力推进叶圣陶研究会工作

8 月 21 日，纪念叶圣陶从事编辑出版工作 90 周年研讨会在民进中央机关举行。民进中央主席、叶圣陶研究会会长严隽琪出席研讨会并讲话，她指出，叶圣陶编辑出版思想既是高尚追求的价值观，也是处理各种问题矛盾的方法论，在当今时代仍然具有十分重要的现实作用和意义，是我们应当永远珍惜的宝贵精神财富。民进中央常务副主席、叶圣陶研究会常务副会长罗富和，民进中央副主席、叶圣陶研究会副会长兼秘书长朱永新，原国家新闻出版总署副署长、中国编辑学会会长桂晓风，中国编辑学会副会长、中国新闻出版研究院院长郝振省，叶圣陶研究会副会长、原人民教育出版社社长韩绍祥，叶圣陶研究会副会长、北京大学中文系教授商金林等出席研讨会。研讨会开幕式由朱永新主持。

会上宣读了《致编辑工作者的倡议书》，倡议广大编辑和出版工作者要像叶圣陶先生那样热爱编辑工作，要像叶圣陶先生那样竭诚为读者服务，要像叶圣陶先生那样重视出版物质量。

开幕式后举行了学术研讨活动，叶圣陶先生的亲属以及与会专家围绕“叶圣陶与中国出版人精神”这一主题先后发言，重温了叶圣陶先生对于中国编辑出版事业做出的卓越贡献，研讨了他在长期实践中形成的博大精深的编辑出版思想。

叶圣陶研究会理事及有关出版单位的专家学者 40 余人参加了研讨会。

四、自身建设

（一）思想建设

深入开展坚持和发展中国特色社会主义学习实践活动，按照中国特色社会主义参政党的定位，针对当前面临的新形势新任务和广大会员的思想实际，加强学习引导，凝聚思想政治共识，深化政治交接，不断增进目标认同、道路认同、价值认同。

1. 以在新形势下进一步加强民进的思想政治工作，不断巩固“三个认同”为主题开展调研

2013 年上半年，民进中央推动全会广泛深入开展以“新形势下如何加强我会思想政治工作,不断巩固‘三个认同’”为主题的调研。民进中央宣传部和研究室成立联合调研组，在副主席朱永新带领下，先后赴江苏、浙江、北京、福建、宁夏等 5 个民进省级组织以及绍兴、厦门 2 个市级组织进行实地调研，召开了 7 场座谈会，共有 16 个市（区）级组织、19 个基层组织的负责人，以及会员代表近 80 人参加了调研和座谈。调研组深入了解各级组织开展宣传思想工作的主要做法和经验、存在的问题、面临的挑战，以及加强和改进工作的意见和建议。同时，民进中央宣传部就会员思想状况在全会进行问卷调查，3318 名会员填写了问卷。

2. 民进全国宣传思想工作会议

9 月 16 日至 17 日，民进全国宣传思想工作会议在北京举行。民进中央主席严隽琪出席开幕式并讲话，常务副主席罗富和，副主席王佐书、刘新成、朱永新出席开幕式。

严隽琪在讲话中强调，民进的宣传思想工作要在建设中国特色社会主义参政党的过

程中，发挥实实在在的作用。当前民进宣传思想工作的重点在于促进目标认同、道路认同和价值认同。提高宣传思想工作的实效，要在增强针对性、亲近性、科学性上下工夫，加强理论研究和理性思考,真正以理服人。她要求民进各级领导和干部包括广大宣传干部，要提高学习研究的能力，积极思考新形势下民主党派成员的思想有何新特点，对组织有何新需求，生活和工作方式有何新变化，这些对宣传思想工作带来什么新机遇和新挑战。要善于利用会内外各种资源，特别是执政党在加强党的建设和治国理政过程中的丰富资源,以执政党的建设来促进参政党的建设。要拓展工作的渠道和方式,善用现代传媒手段，善用新型文化载体，善用各种实践活动的时机。严隽琪希望全会以此次工作会议为契机，进一步提高认识和能力，共同努力把民进的宣传思想工作提高到新水平。

王佐书在开幕式上宣读了《关于表彰民进全国宣传思想工作先进集体、先进个人的决定》。授予民进北京市东城区委员会等 128 个集体“民进全国宣传思想工作先进集体”称号，授予傅维伯等 116 人“民进全国宣传思想工作先进个人”称号。

朱永新主持开幕式，并作了题为“高举中国特色社会主义伟大旗帜，努力开创民进宣传思想工作新局面”的工作报告。报告总结了民进五年来宣传思想工作的成绩和经验，分析了当前宣传思想工作面临的形势和挑战，对今后五年如何加强新形势下宣传思想工作作出具体部署。

会议进行了大会交流发言和分组交流。12 位与会的省级组织代表、民进全国宣传思想工作先进集体和先进个人代表分别在大会上介绍各自的工作成绩、经验和体会。

与会同志交流了学习严隽琪开幕式重要讲话的体会，讨论了工作报告，并对完善《民进中央关于加强新形势下宣传思想工作的意见（讨论稿）》提出了建议。

9 月 17 日下午，民进全国宣传思想工作会议顺利完成各项议程，圆满闭幕。朱永新在闭幕式上作了讲话，对会议的重要意义、总体情况和主要成果进行了总结，对贯彻落实此次会议精神提出了三点意见：一要深入学习领会会议精神，进一步统一思想、提高认识；二要着力解决影响和制约民进宣传思想工作的突出问题，建立健全工作体制和机制；三要找准工作的切入点和着力点，真正将本次会议的精神落到实处。

中央统战部一局有关同志，民进中央秘书长高友东、副秘书长王建国和机关部门负责人，民进各省级组织及宣传部门负责人，先进集体和先进个人代表等 140 余人出席会议。

（二）组织建设

以代表人士队伍建设为重点，认真贯彻中共中央 [2012]4 号文件精神，着力加强中央和省级组织领导班子建设，做好代表人士的选拔、推荐、培训等工作，同时做好会内监督工作，为 2014 年全面推进组织建设做好准备。

1. 2013 年第一期民进第十三届中央委员培训班

5 月 7 日至 11 日，“2013 年第一期民进第十三届中央委员培训班”在中央社会主义学院举办。民进中央主席、中央社会主义学院院长严隽琪出席开班式并讲话，常务副主席罗富和出席结业式并讲话，副主席王佐书、朱永新分别主持开班式、结业式。中央社会主义学院党组书记、第一副院长叶小文出席开班式并致词，党组副书记、副院长周宁出席结业式并讲话，副院长张峰出席开班式。

严隽琪在以《加强使命感》为题的开班式讲话中说，本次培训班的目标就是要巩固政治共识，传播民进优良传统蕴涵的价值观，把个人的事业与民进事业紧密结合，让多党合作事业变得可以理解、可以参与，给我们的人生带来意义，从而对民主党派的使命有更深的认识。她强调，民主党派的使命来自于中国特色社会主义政治道路的要求，来自于面临的形势和承担的任务，来自于广大会员的信任。她希望各位中央委员以时不我待的紧迫感尽快适应新岗位的要求，做到不负重托，不辱使命，做遵守会章的模范、爱岗敬业的模范、学习的模范、促进"三个认同"的模范、改进工作作风的模范。

罗富和在培训班结业式上讲话，希望大家在弘扬民进优良传统、本职建功、履行职能和加强民主党派自身建设四个方面努力，发挥新任中央委员的新能量。

培训班期间，围绕"加强参政议政，提高履职能力"的主题，开设了理论辅导、形势报告、能力培养、传统教育等四个教学板块，安排了五位民进中央委员作交流发言，进行了联组讨论，邀请王佐书、朱永新和国家发改委宏观经济研究院副院长马晓河、军事科学院世界军事研究部副部长罗援少将、中央党校科学社会主义教研部主任王怀超、中央社院副院长张峰、民政部管理干部学院副教授马福云等五位知名专家学者作了专题讲座。

来自全国 23 个省级组织的 51 名新任民进中央委员参加培训，民进中央秘书长高友东、副秘书长王建国和有关部门负责人参加了开班式。

2. 2013 年第二期民进第十三届中央委员培训班

9 月 12 日至 15 日，"2013 年第二期民进第十三届中央委员培训班"在中央社会主义学院举办。民进中央主席、中央社会主义学院院长严隽琪出席开班式并讲话，常务副主席罗富和出席结业式并讲话，副主席刘新成、朱永新分别主持开班式、结业式。中央社会主义学院党组副书记、副院长周宁出席开班式并致辞，副院长张峰出席开班式和结业式并在结业式上讲话。

严隽琪在题为《坚定信念 思考问题 明确责任》的开班式讲话中，就"为什么坚持接受党的领导"、"为什么坚持中国特色社会主义"、"为什么坚持中国特色社会主义政党制度"、"如何认识新时期中国特色社会主义参政党"、"如何提高参政能力"，以及"怎么做中央委员"六方面问题发表意见。她指出，坚持接受党的领导是历史的选择、人民的选择，也是民进的立场与传统。民主党派是中国特色社会主义参政党，是中国特色社会主义的亲历者、实践者，也应该成为维护者、捍卫者，坚持和发展中国特色社会主义是民主党派的政治基础和开展活动的前提。她希望各位中央委员增强使命感和责任感，热爱民进、积极参加会务工作，努力使本职工作与会务工作相得益彰，不断增强"三个自信"，不负组织和会员的期待，成为增强民进"组织凝聚力、履职战斗力和社会影响力"的骨干与榜样。

罗富和在结业式上讲话，希望各位民进中央委员在加强学习、集智聚力、深入基层、总结规律四个方面加强努力，不断加强参政议政、提高履职能力。

培训班围绕"坚持和发展中国特色社会主义，加强参政议政、提高履职能力"的主题，开设了理论辅导、形势报告、能力培养、传统教育等四个教学板块，进行了分组讨论，安排五位民进中央委员作交流发言，邀请王佐书、朱永新和国家发改委宏观经济研究院副院长马晓河、中国社科院社会学研究所副所长陈光金、中央社院副院长张峰等知名专家学者讲课。

来自全国23个省级组织的39名新任民进中央委员参加培训，民进中央秘书长高友东、副秘书长王建国和有关部门负责人参加了开班式。

3. 中央国家机关中的民进会员和民进实职人员座谈会

7月8日、9月23日，民进中央先后两次在北京召开中央国家机关中的民进会员座谈会。

在7月8日座谈会上，民进中央主席严隽琪、常务副主席罗富和出席并讲话，副主席刘新成主持座谈会。严隽琪高度评价了在中央国家机关中的民进会员所体现出的“立会为公、参政为民”的责任感和使命感，并向大家对民进组织的热爱表示感谢。她希望大家加强学习，做好本职工作，善用岗位资源，为民进组织聚力。罗富和向与会同志介绍了近年来民进中央履行参政议政、民主监督职能的情况以及有关参政议政的选题机制、课题申报立项机制、提案形成和成果奖励机制、成果转化机制等。25位来自中央国家机关的民进会员围绕如何更好地发挥参政议政作用，如何做好所在单位民进组织的组织建设工作展开讨论，大家畅所欲言，提出了宝贵的意见建议。

在9月23日座谈会上，严隽琪出席并讲话，副主席王佐书主持会议，副主席刘新成出席会议。严隽琪希望大家做好本职工作，善用岗位资源，为民进组织增光、聚力。17位来自中央国家机关的民进会员围绕如何更好地发挥参政议政作用，如何做好所在单位民进组织的组织发展工作，如何加强基层组织建设等畅所欲言，提出意见建议。

民进中央秘书长高友东、副秘书长王建国和有关部门负责人参加了中央国家机关中的民进会员座谈会。

12月7日，民进实职人员座谈会在北京举行。民进中央主席严隽琪出席并讲话，常务副主席罗富和，副主席王佐书、贺旻、刘新成、朱永新、姚爱兴、卫小春出席座谈会。严隽琪在讲话中要求，实职人员要认清形势，明确任务，增强使命感，在本职工作和会务工作两个岗位上更好地实现自身价值。62位在政府和司法机关担任副厅级以上实职的人员参加了会议。12位同志进行了大会交流。与会人员就实职人员如何处理会务工作与本职工作关系，实职人员如何更好地发挥参政议政、民主监督的作用，如何加强代表人士队伍建设、促进党派成员实职安排等主题进行了分组交流。民进中央秘书长高友东、副秘书长王建国及有关部门负责人参加会议。

（三）组织及成员概况

截至2013年12月底，民进共有地方组织359个，其中省级组织29个，省辖市级组织274个，县级组织56个。基层组织6859个，其中基层委员会185个，总支433个，支部6146个。民进会员总数139612人，其中女成员68118人，新加入成员6611人，离退休46098人。会员平均年龄50.7岁。

从会员界别分布上看，高校18642人，占13.4%；普教70074人，占50.2%；科技界3244人，占2.3%；文化艺术8173人，占5.9%；新闻出版2956人，占2.1%；公有制经济5120人，占3.7%；新的社会阶层人士中私营企业主4645人，占3.3%，其他人士3960人，占2.8%；司法机关541人，占0.4%，政府机关8499人，占6.1%，党派机关1894人，占1.4%，团体487人，占0.3%，其他2456人，占1.8%。

担任各级人大代表的共有2165人，其中全国人大代表48人、常委6人、副委员长1

人、专职秘书长及专委会主任副主任 1 人，省级人大代表 209 人、常委 42 人、副主任 6 人，市地级人大代表 716 人、常委 180 人、副主任 38 人，县市区级人大代表 619 人、常委 210 人、副主任 90 人。

担任各级政协委员共有 12083 人，其中全国政协委员 65 人、常委 13 人、副主席 1 人，省级政协委员 638 人、常委 214 人、副主席 16 人，市地级政协委员 3875 人、常委 997 人、副主席 149 人，县市区级政协委员 4656 人、常委 1234 人、副主席 225 人。

担任中央政府及司法机关部级干部 1 人，司局级干部 5 人；地方政府及司法机关省级干部 2 人，厅局级 75 人，地市级 46 人，县处级 873 人。

成员学历中有大学以上学历的占 72.7%；有中、高级职称的占 83.5%。担任中国科学院院士的共有 7 人。担任中国工程院院士的共有 3 人。担任长江学者 28 人。

（四）机关建设

民进中央把机关建设作为一项长期的素质工程，以服务为中心，加强制度化、规范化建设，在推动构建"和谐、高效、规范、阳光"的中国特色社会主义参政党机关中取得了新成效。

1. 构建"和谐"机关

加强思想作风建设，响应中共中央八项规定和反对"形式主义、官僚主义、享乐主义和奢靡之风"的要求，结合机关工作实际，制定了关于改进机关工作作风的意见，查找问题，明确方向。

开展丰富文化活动，举办 9 次开明论坛讲座，拓展干部职工的视野和知识水平；在机关开展"学会史、知会情、促工作"主题读书活动，建设集读书、交流等功能于一体的"职工书屋"，推动机关工会、中共支部、民进支部、团支部"四位一体"的组织协调、合作机制，为机关组织开展活动提供支持和必要的后勤保障。

2. 建设"高效"队伍

加强部门能力建设，加强干部队伍建设，提高机关整体合力。稳步推进信息化建设，开展了调研，召开了民进全国信息化建设工作交流会，完成了民进新闻手机客户端安卓平台和苹果 IOS 平台的开发工作，该客户端面向普通大众及民进会员自动同步更新展示民进新闻，成为党派系统中第一家发布的移动应用软件，扩大了民进的公众影响力和组织凝聚力。

3. 完善规章制度

开展对《民进中央机关管理制度汇编》的修订工作。在明确机关管理制度的基础上，对常规工作和重点工作进行认真梳理，形成程序化的工作规定。

4. 召开处长工作研讨会

4 月 11 日至 12 日，民进中央机关 2013 年处长工作研讨会在京召开。民进中央常务副主席罗富和，副主席王佐书、刘新成出席研讨会并讲话。民进中央秘书长高友东、副秘书长王建国、机关部门负责人和 20 余位处级干部参加会议。

研讨会的目的是贯彻落实民进十一大和民进全国机关建设工作会议精神，进一步加强机关干部队伍建设，提升机关处级干部素质和能力，研讨新形势下机关处室建设面临的新情况和新问题。

罗富和在研讨会上就如何做好处长工作提出三点意见。一是总结经验，增强信心；二是明确要求，查找差距；三是增强做人的工作。他要求处级干部以身作则，从我做起，为建设“和谐、高效、规范、阳光”的参政党机关积极贡献力量。

王佐书在讲话中说，研究处室工作，要思考建设什么处室和怎么建设的问题，并提出有效建议。刘新成在讲话中重点结合分管工作提出今后加强处室工作的建议。

与会的处级干部结合本职工作实践，就如何加强处室建设、当好处长、提高处室服务能力等议题，交流体会、总结经验，查找不足、分析原因、剖析个案，进行了深入的探讨。

5. 举办民进中央机关 2013 年公务员培训班

9月25日至27日，民进中央机关2013年公务员培训班在京举办。民进中央主席严隽琪、常务副主席罗富和出席并讲话。民进中央秘书长高友东、副秘书长王建国参加，民进中央机关全体干部职工参加培训。

本次培训以提高机关公务员公文写作水平、事务处理能力为主要内容，努力提升机关公务员工作效率，推进“和谐、规范、高效、阳光”机关的建设。

严隽琪指出，对高素质参政党建设应从五个方面来认识：首先，是建设一个中国特色社会主义的参政党。第二，具有两大历史使命：凝聚共识、履行职能。第三，要重视构成民进的三部分人：代表人士、机关专职干部、民进基层会员。第四，要做好四个方面的互相促进：执政党建设与参政党建设、会中央工作与地方组织工作、自身建设与履行职能、实际工作与理论研究的互相促进。第五，发挥好党派的五个作用：智库作用、他律监督作用、社会服务辅助作用、会员的组织归属作用、实职干部的组织推荐作用。

严隽琪提出高素质参政党机关建设要做好五大支撑。一是信仰和价值观，二是岗位和责任，三是制度与纪律，四是感情需要，五是利益分配。严隽琪强调，工作中要认清三个问题。第一，跟真理还是跟人，要按照制度和纪律来行事。第二，要智商还是情商，要努力提高情商。第三，做配角与做主角同样重要。她希望机关同志们养成思考和总结的好习惯，学会提问题，磨炼毅力，不断提高工作效率。

罗富和结合民进中央机关的具体工作，提出要着重从三个方面加强高素质参政党机关建设工作。首先，进一步树立服务会员、服务基层的工作宗旨。第二，机关工作要进一步规范、高效。第三，机关工作作风要进一步细致、严谨。

培训班安排高友东作机关公文写作的专题讲座，并安排了“民进历史人物——周建人”的会史讲座。

培训班上进行了“我心目中的参政党机关”交流发言。6位机关干部结合自身经历，从不同角度交流对“参政党机关”的理解、对“参政党机关工作”的思考。

石树梅　民进中央办公厅副主任
王　芳　民进中央研究室年鉴处副处长
吴宏英　民进中央研究室年鉴处干部

中国农工民主党

2013年，中国农工民主党认真学习贯彻中共十八大、十八届三中全会和农工党十五大精神，大力加强思想建设、组织建设、作风建设、制度建设和机关建设，深化政治交接成果，围绕政府的中心工作，以促进实现"健康中国"、"美丽中国"宏伟目标为主线，以科学发展、推进改革、保障民生、拉动内需为参政议政、民主监督和社会服务的主要工作目标，以加强合作、深入基层、细化调研、凝练建议为主要工作方式，切实履行参政党职能，扎实推进各项重点任务的落实，取得了显著的成绩。

一、重要会议和活动

（一）中央委员会会议

12月13日至15日，中国农工民主党第十五届中央委员会第二次全体会议在福建省福州市举行。中央主席陈竺代表常务委员会作工作报告，常务副主席刘晓峰主持开幕会并在闭幕会上讲话，副主席陈述涛出席会议，副主席兼秘书长何维主持闭幕会，副主席姚建年、杨震、朱静芝、蔡威、龚建明出席会议。中共福建省委副书记于伟国到会致辞。

陈竺指出，农工党十五大以来，坚持以邓小平理论、"三个代表"重要思想、科学发展观为指导，认真学习贯彻中共十八大、十八届三中全会和农工党十五大精神，切实履行参政党职能，扎实推进各项重点任务的落实，取得了显著的成绩，得到了中共中央主要领导同志的肯定和社会的好评。陈竺强调，认真学习贯彻中共十八届三中全会精神是农工党当前和今后一个时期的重要任务，各级组织和广大党员要深刻领会精神实质，切实把思想和行动统一到中共十八届三中全会精神上来，把智慧和力量凝聚到实现中共十八届三中全会确定的各项任务上来。围绕全面深化改革目标和任务，凝心聚力，广集民智，协调关系，化解矛盾，为深化改革的路径摸索、难关攻克和制度保障献计出力。陈竺强调，要认真开展坚持和发展中国特色社会主义学习实践活动。坚持和发展中国特色社会主义，是建设中国特色社会主义参政党的应有之义、必由之路。农工党每年要确定一个主题，今年到明年末启动的第一个主题是"坚定政治信念，解放思想，推动改革"。学习实践活动要以深化政治交接、增进政治共识为引领，全面融入思想建设、组织建设、制度建设、作风建设和机关建设之中，贯穿于参政议政、社会服务的全过程，不断增强历史使命感和责任感，增强中国特色社会主义的道路自信、理论自信、制度自信，切实承担起作为中国特色社会主义事业亲历者、实践者、维护者、捍卫者的政治责任。关于2014年农工党总体工作，陈竺指出，要深入学习贯彻中共十八大、十八届三中全会和农工党十五大精神，进一步解放思想，开拓进取，组织动员全党力量，以促进实现“健康中国”和“美丽中国”宏伟目标为主线，以促进科学发展、推进改革深化、保障民生福祉、完善国家治理体系为参政议政和社会服务的主要目标任务，以全面深化改革的精神，发挥优势，认真履行参政党职能，积极推动改革路径科学化、改革攻关集成化和改革成果制度化，扎实推进各项重点任务落实，为全面深化改革献计出力。

刘晓峰就如何贯彻落实提出四点意见：一是发挥智力密集、联系广泛的优势，带领和团结广大党员及所联系的群众，进一步解放思想，按照中共中央确定的改革目标，积极参与，形成支持改革的合力；二是深入学习中共十八大、十八届三中全会精神和习近平同志关于治国理政的一系列重要论述，学习中国特色社会主义理论体系，把学习实践活动全面融入到思想建设、组织建设、制度建设和作风建设之中，贯穿于参政议政、社会服务的全过程，切实推动农工党自身建设和履职水平的全面提高；三是聚焦国家发展改革的重大需求，在参与和推进深化医药卫生体制改革、加快医药卫生立法、公立医院改革、健全基本医疗保障体系、发展健康产业、加强环境保护立法、建设生态文明等方面，深入调查研究，积极探索规律，切实提出农工党的重要建议，为全面深化改革作出重要贡献；四是加强后备干部队伍建设，各省级组织要加强对这项工作的组织领导，建设一支数量充足、素质优良的后备干部队伍，形成“使用一批、储备一批、培养一批”的良好格局，为农工党提供强大人才保障。

开幕式上，龚建明就提交本次全会审议的《中国农工民主党中央关于学习贯彻中共十八届三中全会精神的决议（草案）》和《中国农工民主党中央关于在全党开展坚持和发展中国特色社会主义学习实践活动的决定（草案）》两个文件的相关情况作了说明。

会议审议通过了陈竺代表第十五届中央常务委员会所作的工作报告、《中国农工民主党中央关于学习贯彻中共十八届三中全会精神的决议》、《中国农工民主党中央关于在全党开展坚持和发展中国特色社会主义学习实践活动的决定》、《中国农工民主党第十五届中央监督委员会2013年工作报告》，审议通过了《中国农工民主党第十五届中央监督委员会副主任名单》，决定龚建明任中国农工民主党第十五届中央监督委员会副主任，审议通过了关于党内纪律处分的决定等。

中央委员、非中央委员的中央机关局级干部、中央监督委员会成员、中央各专门工作委员会主任、中央各直属机构负责人、各省级组织专职副主委等200余人出席、列席了会议。

（二）中央常务委员会会议

1. 农工党十五届二次中常会

3月10日，中国农工民主党第十五届中央常务委员会第二次（扩大）会议在中央机关召开。中央主席陈竺出席并讲话，常务副主席刘晓峰主持会议，副主席陈述涛，副主席兼秘书长何维，副主席姚建年、杨震、朱静芝、蔡威、龚建明、谢庆生出席会议。

陈竺指出，今年是落实中共十八大战略部署的第一年，也是落实农工党十五大工作部署的开局之年。为了抓好开局之年的工作，陈竺强调要从深入学习贯彻中共十八大精神，巩固多党合作的共同思想政治基础；改进工作方式，深入调查研究，提升农工党工作质量和水平；加强领导，完善机制，提升民主监督的能力和水平；实施人才强党战略；强化纪律要求，切实转变工作作风；加强制度建设，提高科学管理整体水平等六个方面来不断加强农工党的建设。陈竺号召，农工党全体党员要紧密团结在以习近平同志为总书记的中共中央周围，认真履行职责，积极建言献策，为全面建成小康社会贡献智慧和力量。

刘晓峰传达了中共中央统战部转达的中共中央对各民主党派中央、全国工商联在中共中央总书记习近平走访时所反映情况问题的七个方面的改进意见及相应的落实措施，以及对统一战线共同为保障全国“两会”顺利圆满召开的有关要求。

会议号召全党要以中共十八大精神为指导，贯彻“两会”精神，努力建设适应多党合作事业发展要求的中国特色社会主义参政党。会议审议通过了《中国农工民主党中央关于认真学习贯彻十二届全国人大一次会议和全国政协十二届一次会议精神的通知》、《中国农工民主党第十五届中央常务委员会 2013 年工作要点》、《中国农工民主党中央工作规则（试行）》、《中国农工民主党中央专委会工作条例》，以及中国农工民主党第十五届中央专门工作委员会主任人选建议名单等。

中央常委、非中央常委的中央机关各部门负责人、当选全国人大代表的农工党党员、担任全国政协委员的农工党党员出席、列席了会议。

2. 农工党十五届三次中常会

7 月 5 日至 6 日，中国农工民主党第十五届中央常务委员会第三次会议在北京举行。中央主席陈竺出席并讲话，常务副主席刘晓峰主持开幕会，副主席陈述涛，副主席兼秘书长何维，副主席杨震、朱静芝、蔡威、龚建明、谢庆生出席会议。

陈竺指出，上半年，农工党深入学习贯彻中共十八大和农工党十五大精神，坚定不移地走中国特色社会主义道路，围绕新一届政府的中心工作，组织动员全党力量，以促进实现“健康中国”和“美丽中国”宏伟目标为主线，以科学发展、推进改革、保障民生、拉动内需为政治协商、参政议政、民主监督和社会服务的主要目标任务，以加强合作、结合实际、深入基层、细化调研、凝练建议为主要工作方式，以思想作风建设、组织建设、制度建设为保障，创新工作机制，转变工作作风，认真履行参政党职能，开拓进取，务真求实，扎实推进各项重点任务落实，取得了良好的成绩，得到了中共中央有关领导同志的肯定和社会的好评，实现了全党工作的良好开局。陈竺提出，下半年，农工党要继续深入调查研究，积极建言献策，为明年“两会”做好准备；要努力发挥界别优势，积极开展社会服务工作；要不断深化党内监督，促进组织建设健康发展；要采取有力措施，进一步加强宣传思想工作；要以创新的精神，不断提高各专委会工作水平和成效。陈竺强调，为适应形势发展的要求，更好地履行参政党职能，农工党必须大力加强自身建设，不断提高科学化水平。为此，全党要增强责任感和紧迫感，从自身建设的规律出发，继承自身建设的成功经验，探索自身建设的新方法，大胆创新，着力在科学的工作理念、完善的制度体系、有效的保障措施三个方面下功夫，不断提高农工党自身建设科学化水平。

刘晓峰在闭幕讲话时指出，农工党中央上半年的工作开局良好，工作成绩可圈可点：参政议政取得新成果，社会服务工作取得新成效，自身建设等各项工作都取得新进展。当前，在全面建成小康社会的新阶段，国家发展面临许多新情况、新机遇、新问题，履行参政党职能的舞台广阔，为实现中共十八大确定的宏伟目标，农工党要有积极作为，作出积极贡献。

中央常委、非中央常委的中央机关各部门负责人、中央监督委员会成员、中央各专门工作委员会主任、中央各直属机构负责人出席、列席了会议。

3. 农工党十五届四次中常会

12 月 13 日，中国农工民主党第十五届中央常务委员会第四次会议在福建省福州市召开。中央主席陈竺，常务副主席刘晓峰，副主席兼秘书长何维，副主席姚建年、杨震、朱静芝、蔡威、龚建明出席会议。会议审议通过了《中央常委会 2014 年工作要点》，审议了需要提请农工党十五届二次中央全会审议通过的各项文件。中央常委、非中央常委的中央机关各部门负责人、中央各专门工作委员会主任、中央各直属机构负责人出席、列席了会议。

（三）农工党中央监督委员会会议

农工党第十五届中央监督委员会第二次全体会议

12 月 12 日，农工党第十五届中央监督委员会第二次全体会议在福建省福州市召开。中央常务副主席、中央监督委员会主任刘晓峰出席并讲话，副主席龚建明参加会议，中央常委、中央监督委员会委员苏文金主持会议，中央监督委员会委员 10 余人出席了会议。

刘晓峰肯定了中央监督委员会一年来的工作，认为中央监督委员会从抓班子、建机构、立制度等方面入手，进一步推进了党内监督的科学化和规范化。他指出，要结合学习贯彻中共十八届三中全会精神不断做好党内监督工作，学习贯彻中共十八届三中全会精神，既是为了进一步履行好参政党职责，做好参政议政、社会服务、民主监督，更是深化政治交接、增进政治共识，不断增强中国特色社会主义道路自信、理论自信、制度自信的过程。他强调，要按照积极稳妥、循序渐进、惩防并举、重在预防的方针，坚持党内监督原则和定位，充分考虑党内监督工作的特殊性，坚持积极的心态，继续贯彻落实已有的党内监督制度，不断从理论和实践两个方面进行探索和研究，认真做好体制机制建设和制度保障、稳步推进同级监督和着力加强领导班子作风建设，共同推动农工党党内监督工作迈上新台阶。

会议审议了《中国农工民主党第十五届中央监督委员会 2013 年工作报告》，并提交农工党第十五届中央委员会第二次全体会议审议；审议通过了《中国农工民主党第十五届中央监督委员会 2014 年工作计划》；听取了《关于中国农工民主党第十五届中央监督委员会人事调整工作的通报》；审议通过了党内纪律处分有关事宜等。

（四）农工党第十五届中央专门工作委员会成立大会暨培训工作会议

5 月 10 日，农工党第十五届中央专门工作委员会主任第一次联席会议在北京会议中心召开。中央副主席兼秘书长何维出席并讲话。农工党第十五届中央专门工作委员会主任、中央机关各部门负责人、中央各直属机构负责人参加了会议。

5 月 11 日上午，中国农工民主党第十五届中央专门工作委员会成立大会暨培训工作会议在北京会议中心召开。中央主席陈竺出席并讲话，常务副主席刘晓峰、副主席陈述涛出席会议，副主席兼秘书长何维主持会议，副主席姚建年、杨震、朱静芝、龚建明、谢庆生出席会议。

新一届中央专门工作委员会共有委员 387 名，包括医疗卫生、生物技术与药学、人口与资源、生态环境、经济金融、教育、科技、文化体育、社会与法制、联络、妇女等共 11 个专门工作委员会。

陈竺首先回顾了近些年专委会的工作。他说，农工党中央专委会是在改革开放以后陆续成立的，经过 30 多年的努力，专委会的数量不断增加，委员的人数在不断地扩大，职能在不断地调整和完善，在参政议政、社会服务和自身建设中显示出越来越突出的地位和作用。陈竺指出，新的形势对农工党履行参政党职能提出了更高要求，赋予了新的历史使命。专委会是农工党开展工作的一种有效形式，知识密集、人才荟萃，是农工党履行职能、发挥作用的中坚力量。发挥专委会的作用，对于整合全党人才智力优势，提高农工党参政议政、社会服务、自身建设的质量和水平，具有十分重要的意义。陈竺强调，各位委员要认真学习本次会议的有关文件和辅导材料，提高认识，统一思想，领会这次专委会职能调整的目的和意义，把握专委会工作的性质、任务和作用，增强做好专委会工作的责任感和使命感，调动起积极热情，发挥主观能动性，在专委会这个平台上施展自己的才干；希望各专委会按照这次职能调整的要求，从国家事业发展全局和战略的高度，从农工党事业长远发展的角度，把握政治方向，努力做到坚持用国家的方针政策指导和推动专委会工作，自觉把专委会工作放在国家工作全局和农工党重点工作中去谋划和推进。

会议期间，陈竺、刘晓峰等农工党中央领导给新一届专委会主任颁发了任命书。会议还邀请了全国政协文史和学习委员会副主任卞晋平作了专题报告。中央机关各部门负责人介绍了部门情况。各专委会主任介绍了做好专委会工作的经验体会和 2013 年工作计划。

11 日下午，农工党第十五届各专门工作委员会在北京会议中心分别召开第一次全体会议。中央副主席陈述涛，副主席兼秘书长何维，副主席姚建年、杨震、朱静芝、龚建明、谢庆生分别出席了所联系的专委会全体会议，为专委会副主任、委员颁发任命铜牌，并对专委会的工作提出了要求。

农工党第十五届中央专门工作委员会组成人员和中央机关各部门、中央各直属机构负责人 300 余人参加了会议。

（五）农工党中央理论学习中心组有关会议

1. 农工党中央理论学习中心组学习《中共中央关于在全党深入开展党的群众路线教育实践活动的意见》专题座谈会

5 月 28 日，农工党中央主席陈竺，副主席兼秘书长何维，副主席、上海市委会主委蔡威在上海；常务副主席刘晓峰、副主席龚建明等在中央机关，两地同时就中共中央下发的《关于在全党深入开展党的群众路线教育实践活动的意见》（以下简称《意见》）召开理论学习中心组专题座谈会，认真学习《意见》和中共十八大以来习近平总书记一系列重要讲话精神。座谈中，大家对《意见》一致表示赞同，衷心拥护。

2. 农工党中央理论学习中心组学习中共十八届三中全会精神专题座谈会

11 月 14 日，农工党中央召开中心组学习座谈会会，专题学习中共十八届三中全会精神。中央主席陈竺、常务副主席刘晓峰、副主席兼秘书长何维、副主席龚建明出席座谈会。

陈竺指出，中共十八届三中全会通过的《中共中央关于全面深化改革若干重大问题的决定》，是中国共产党在新的历史起点上全面深化改革的科学指南和行动纲领。陈竺要求，全党要把深入学习贯彻中共十八届三中全会精神作为当前首要政治任务。农工党中央要对学习贯彻中共十八届三中全会精神做出安排部署，中央机关各部门要认真组织学习，起带头示范作用，要学深学透，把思想认识切实统一到中共十八届三中全会精神上。各级组织要以高度的政治责任感，精心安排部署，组织广大党员认真学习宣传贯彻落实中共十八届三中全会精神。

（六）部门有关会议

1. 农工党中央网站编辑座谈会

7 月 16 日，农工党中央网站编辑座谈会在中央机关召开。中央副主席龚建明出席并讲话，中央宣传部部长石光树主持会议。龚建明指出，要充分认识和把握网站三个“大”的功能和作用：一是大平台，网站工作是传达中共中央和农工党中央的精神，展示党员先进事迹和精神风貌和党员风采的窗口和平台，要通过网站宣传增进全党的凝聚力，充分发挥网站大平台的功能。二是大宣传，把握好政治形势和政策方向，壮大主流思想舆论、积极集聚正能量，充分发挥网站大宣传功能。三是大服务，要服务于农工党的组织建设、思想建设，服务于党员和社会，充分发挥网站大服务功能。

2. 农工党 2013 年全国社情民意信息工作及培训会议

8 月 8 日至 10 日，农工党 2013 年全国社情民意信息工作及培训会议在内蒙古自治区满洲里市召开。中央副主席兼秘书长何维出席并讲话，中央参政议政部部长隋路主持会议。何维指出，农工党要进一步改进和加强全党反映社情民意信息工作：一是统一思想、提高认识，进一步增强政治意识、责任意识和创新意识；二是注重质量、多出精品，重点做好重大信息、特色信息和深度信息；三是强化组织领导、完善机制，为信息工作提供可靠保证。会议邀请了全国政协研究室信息局局长谷斌、九三学社中央参政议政部副巡视员张瑛作专题报告。农工党中央社会法制委员会副主任孙东东、江苏省委会副主委肖渡、海南省委会副主委毕华等 6 位同志作了大会交流发言。中央各专委会的主任、副主任、负责信息工作的委员，各省级组织、副省级组织的专职副主委和信息工作人员共 120 余人参加了会议。

3. 农工党全国机关建设工作会议

9 月 4 日至 5 日，农工党全国机关建设工作会议在贵州省贵阳市举行。主席陈竺、副主席兼秘书长何维出席并讲话，中共贵州省委常委、统战部部长刘晓凯到会致辞，副主席、贵州省委会主委谢庆生出席并致辞。

陈竺指出，多年来，农工党中央和地方各级机关干部恪尽职守，勤政廉政，服务大局，为中国共产党领导的多党合作和政治协商制度建设、为中国农工民主党事业发展提供了坚实的组织与服务保障。陈竺对进一步加强机关建设提出三点要求：一要认真回应中共中央对民主党派机关工作的高度重视，努力增强机关建设的大局意识和责任意识。二要精心抓好五个方面机关建设工作，全力提升机关工作的能力与水平。即讲政治、明是非，全面提升机关干部的政治素质；讲法制、守规则，做贯彻《中华人民共和国公务员法》的模范；注重学习，探索实践，努力提升机关服务保障工作的能力与水平；领导做表率，加强作风建设，展现机关干部良好风尚；建章立制，完善规则与程序，全面提升机关制度建设的科学化水平。三要认真学习实践，努力服务大局，为坚持和发展中国特色社会主义作出新的更大贡献。何维就如何贯彻落实陈竺主席讲话精神提出三点要求：第一，深刻认识多党合作事业发展对民主党派机关建设的要求，进一步明确参政党机关的工作使命、性质、特点与任务；第二，协调处理好关系，管好"人、财、物"，提高文件和会议质量，整体提升农工党机关服务保障能力与水平；第三，不断完善机关的制度建设，推进机关工作实现制度化、规范化和程序化。

会议期间，与会代表学习讨论了陈竺主席的讲话精神；对农工党中央机关改进工作作风和各级组织机关建设等提出意见和建议；进行了分组讨论和大会交流。各省级组织的专职副主委、秘书长、办公室主任，中央机关各部门负责人等共 120 人参加了会议。

4. 农工党思想建设研讨会

9 月 22 日至 24 日，农工党思想建设研讨会在辽宁省锦州市举行。中央宣传部部长石光树主持会议。来自农工党各级别组织的 10 余名现任、原任专职领导，党务工作专家，以及宣传部长参加研讨会。与会同志就起草、修改《农工党开展坚持和发展中国特色社会主义学习实践活动工作方案（草案）》等展开了热烈讨论，提出了许多宝贵意见。

5. 农工党全国社会服务工作会议

9 月 25 日至 26 日，农工党全国社会服务工作会议在重庆市合川区举行。常务副主席刘晓峰出席并讲话，副主席龚建明作工作报告。

刘晓峰对社会服务工作指导思想、重要地位以及今后的目标方向作了阐述，并就如何结合国家的中心任务开展社会服务工作提出了要求。刘晓峰指出，社会服务是农工党的一项重要职能，要把社会服务摆在全党工作更加重要的位置；社会服务要成为农工党实践群众路线、强化群众观点、密切群众联系、增进群众感情的重要途径；要进一步建立、健全社会服务组织管理机制和人才保障机制，推动全党社会服务工作创新发展。龚建明在工作报告中，总结了 2010 年以来农工党社会服务工作取得的可喜成绩。龚建明强调，农工党社会服务工作要继续坚持围绕中心、服务大局的原则，积极探索工作形式、创新工作内容，着力注重品牌打造、整合各方资源优势，不断加强示范建设、以点带动全面工作，主动利用媒体资源，加大成果宣传力度。

会议表彰了全党 2010—2012 年社会服务先进集体和先进个人，部分典型省级组织的代表作了社会服务工作交流，并对《中国农工民主党中央关于加强社会服务工作的意见》（讨论稿）进行了讨论。来自农工党各省委组织分管社会服务的领导和代表共 90 余人参加了会议。

6. 农工党全国宣传思想工作会议

10 月 11 日至 12 日，农工党全国宣传思想工作会议在海南省海口市隆重召开。主席陈竺出席会议并作了《坚持中国道路弘扬中国精神努力开创农工党宣传思想工作新局面》的主题讲话，副主席陈述涛、副主席兼秘书长何维、副主席杨震出席开幕式，副主席龚建明主持开幕式，海南省政协副主席、中共海南省委统战部部长王应际到会致辞。海南省副省长、农工党海南省委会主委王路出席并致辞。

陈竺指出，要充分认识宣传思想工作面临的新情况新挑战，充分认识加强宣传思想工作的极端重要性，要围绕执政党和国家工作大局，努力做好农工党宣传思想工作。深入学习领会、认真贯彻落实习近平总书记 8 月 19 日在全国宣传思想工作会议上的重要讲话精神，切实把思想和行动统一到讲话精神上来，是摆在农工党面前的一项重要政治任务。陈竺强调，一要着眼于提高认识、统一思想，深入学习贯彻中共十八大精神和习近平总书记一系列重要讲话精神，加强中国特色社会主义理论体系的学习武装和大力开展“中国梦”的宣传教育；二要着眼于坚定信念、巩固基础，深入开展坚持和发展中国特色社会主义学习实践活动；三要着眼于强化落实政治责任，各级组织要加强对宣传思想工作的领导与管理；四要着眼于凝聚力量、扩大影响，积极构建“大宣传、大教育”的宣传思想工作格局；五要着眼于改革创新、推进工作，努力建设一支高素质的宣传思想干部队伍。龚建明在闭幕讲话中指出，要认真学习贯彻陈竺主席的主题讲话，认真领会精神，提高思想认识，抓好贯彻落实，把农工党的宣传思想工作提高到一个新水平。中央宣传部部长石光树作了工作报告，并就进一步加强宣传思想工作提出具体意见。

会议期间，江西省委会主委郑小燕、河南省委会主委高体健、湖北省委会主委吕忠梅、广东省委会主委马光瑜、广西区委会主委彭钊、重庆市委会主委杜黎明作大会发言。9 位省级组织的代表作大会交流。会议还邀请中共中央统战部信息中心主任王丕君作了“关于中国互联网及民主党派网络宣传工作”的辅导讲座。会议还表彰了党刊《前进论坛》2012 年度优秀“三特人员”、“好文章奖”获得者以及 2013 年度发行工作先进集体和个人。会议还就《中国农工民主党开展坚持和发展中国特色社会主义学习实践活动工作方案（征求意见稿）》进行了讨论。来自农工党各省级组织、部分市级组织的主委、副主委、宣传部部长和网站负责人以及农工党海南省委会有关领导同志等 200 余人参加了会议。

7. 农工党省级组织部长工作会议

10 月 14 日至 18 日，农工党省级组织部长工作会议在广西壮族自治区南宁市举行。常务副主席刘晓峰出席并讲话。广西区政协副主席、中共广西区委统战部部长赖德荣到会致辞，农工党广西区委会主委彭钊出席并致辞，中央组织部部长曲凤宏主持会议。刘晓峰指出，我们要从树立正确的用人导向、建设高素质的干部队伍、健全干部选拔机制、全面加强领导班子建设、改进组织部门工作作风五个方面来学习贯彻中共全国组织工作会议精神。刘晓峰强调，要充分认识新形势下组织工作的重要性和复杂性，用科学的工作理念、完善的制度体系、有效的保障措施来全面加强组织建设，要从组工干部的政治把握能力、沟通交流能力、学习实践能力三方面着手加强组工干部的能力建设。广大组工干部作为各级领导班子的重要参谋，肩负着农工党组织建设的重任，要发扬奉献精神，积极进取，共同奋斗，努力把各级组织部门建设成为讲政治、业务精、作风好的模范集体，努力开创农工党组织工作新局面。来自农工党 30 个省级组织的组织部负责人、组工干部，广西区 10 个农工党市级组织的负责人等 80 余人参加了会议。

8. 农工党全国参政议政业务骨干培训会议

10月28日至31日，农工党全国参政议政业务骨干培训会议在湖南省长沙市召开。中央副主席兼秘书长何维出席并讲话，中央副主席、湖南省委会主委龚建明出席并致辞，中央参政议政部部长隋路主持会议并作主题报告。何维结合自己多年作为党派成员参政议政的经历以及分管中央参政议政工作后的切身体会，将党派参政议政工作概括为四种具体形式：一是围绕中心，服务大局，参与高层协商；二是发挥优势，开展专题调研，报送建议报告；三是通过“两会”平台建言国是；四是反映社情民意信息工作。会议邀请了全国政协提案委员会副主任王国卿、全国政协办公厅研究室副巡视员王普庆就政协提案的性质和意义、如何撰写高质量提案、关于做好农工党提案工作的建议以及反映社情民信息应该关注的内容、如何采集信息、提高信息质量、信息工作重点等问题作了专题讲座。来自农工党各省级组织、各副省级城市组织及中央各专门工作委员会的参政议政业务骨干共150余人参加了培训。

9. 农工党党史研究工作研讨会

11月5日至7日，农工党党史研究工作研讨会在四川省成都市举行。农工党中央常务副主席刘晓峰出席并讲话，农工党四川省委会主委王正荣出席并致辞，农工党中央研究室主任姜天麟主持会议。刘晓峰就做好党史研究工作提出四点意见：第一，要坚持“讲政治”。第二，要坚持“实事求是”。第三，要坚持“开门研究”。第四，要坚持“讲分寸”。

姜天麟汇报了近年来组织开展有关党史研究工作的情况及取得的成果，并介绍了下一阶段拟进行党史研究的重点方向。农工党江苏、安徽、福建、四川、上海、河北省委会的同志作了发言，介绍各自取得的成果和先进经验。来自农工党29个省级组织、14个市级组织的代表共70余人参加了会议。

10. 农工党理论研究工作研讨会

12月6日至8日，农工党理论研究工作研讨会在云南省大理州举行。农工党云南省委会主委杨鸿生出席并致辞，农工党中央研究室主任姜天麟主持会议。会议学习了常务副主席刘晓峰的书面发言《胸怀大局　把握大势　联系实际　刻苦专研　努力开创农工党理论建设新局面——在中国农工民主党理论工作研讨会上的讲话》；姜天麟作了近几年农工党理论研究工作基本情况和下一步工作设想及认识体会的介绍；会议总结了2013年农工党理论研究工作成果，交流了工作经验，研究了工作中存在的问题，部署了下一阶段的工作，研讨了理论研究中长期规划。来自全国28个省级组织的60余名代表参加了会议。

11. 农工党2013年全国参政议政工作会议

12月11日至12日，农工党2013年全国参政议政工作会议在福建省厦门市举行。农工党中央主席陈竺出席会议并作了《努力提升我党参政议政能力与水平——在全面深化改革的伟大实践中发挥参政党应有的作用》的重要讲话，副主席兼秘书长何维出席并讲话，农工党福建省委会主委陈绍军、中共福建省委统战部常务副部长翁卡等出席开幕式，参政议政部部长隋路主持会议。

陈竺指出，农工党作为参政党，应该在中国共产党的坚强领导下，进一步增强责任感，积极投身于全面深化改革的伟大历史实践之中，把坚持与发展中国特色社会主义学习实践活动与国家的重大改革紧密结合，坚定政治信念，解放思想，推动全面深化改革，尤其是在医药卫生、人口资源和生态环境领域中的体制机制改革献计出力，在完善改革路径、推动形成改革共识及改革的制度化和法制化保障等方面有所作为，在健全完善体制、机制、制度、政策、措施等方面建言献策。陈竺提升农工党参政议政能力与水平提出六点要求：一是要提高认识，加强领导，将参政议政工作摆在各项工作的首位；二是要认真学习，突出特色，切实以中共十八届三中全会精神统领参政议政工作；三是要整合资源，凝聚力量，形成全党参政议政工作新活力新动力；四是要善于发现，注重培养，打造一支高素质的参政议政队伍；五是要改进作风，求真务实，不断提高参政议政的质量和实效；六是要做好宣传，扩大影响，为参政议政营造良好的舆论氛围。何维就认真贯彻陈竺主席讲话精神提出了具体要求：一是要加强参政议政工作的规划引导；二是要加强参政议政工作的机制建设；三是要充分发挥专门工作委员会作用；四是要重视发挥地方组织的作用；五是要加强社情民意信息工作。隋路指出，农工党中央参政议政的平台是13万农工党党员履职尽责、议政建言的舞台，要自觉从“要我参政议政”向“我要参政议政”转变，努力做好农工党参政议政工作。

来自农工党中央各专门工作委员会的主任、副主任，各省级组织、副省级城市组织的专职副主委和参政议政专职干部共100余人参加了会议。

（七）其他重要会议和活动

1. 农工党中央领导应邀出席全国政协2013年新年茶话会

1月1日，中国人民政治协商会议全国委员会在全国政协礼堂举行新年茶话会。农工党中央主席陈竺，常务副主席刘晓峰，原主席桑国卫，原常务副主席李蒙、陈宗兴，副主席兼秘书长何维，副主席龚建明应邀出席。

2. 农工党中央领导出席“科学·健康”论坛

1月9日，由农工党北京大学委员会、农工党中科院委员会、农工党医科院委员会联合举办的“科学·健康”论坛在北京大学医学部开幕。农工党中央副主席龚建明，国家中医药管理局副局长、北京市委会主委于文明，中共北京大学党委副书记敖英芳，农工党中央参政议政部部长隋路、社会服务部部长刘峻杰，北京市委会副主委兼秘书长刘迎等出席。

3. 农工党中央、北京市委会机关2013年新春团拜会

1月28日，农工党中央、北京市委会机关2013年春节团拜会在中央机关举行。主席陈竺出席并讲话。常务副主席刘晓峰，原主席桑国卫，原常务副主席李蒙，副主席何维兼秘书长，副主席龚建明，原副主席陈建生、汪纪戎等出席团拜会。陈竺指出，在新的一年里，农工党要把思想和行动凝聚到学习贯彻中共十八大精神、实现中共十八大确定的宏伟目标和各项任务上来，紧密围绕中共十八大确定的战略部署履行职能、发挥作用。农工党中央、北京市委会机关工作人员及离退休同志200余人参加了团拜会。

4. 农工党代表人士迎春座谈会

1月28日，农工党中央代表人士迎春座谈会在中央机关召开。农工党中央主席陈竺出席并讲话，常务副主席刘晓峰、副主席兼秘书长何维、副主席龚建明出席会议，来自北京及周边天津、河北的农工党各行各业代表人士30余人出席座谈会。大家就医药卫生、环境保护、人口资源以及其他社会热点难点问题积极出谋划策，就农工党如何更好地履

行参政党职能提出意见和建议。

5. 农工党中央领导应邀出席中共中央统战部党外人士迎春联谊会

2月2日，中共中央统战部在北京召开党外人士迎春联谊会。农工党中央主席陈竺，常务副主席刘晓峰，原主席桑国卫，原常务副主席李蒙、陈宗兴，副主席兼秘书长何维，副主席姚建年、龚建明，原副主席宋金升、陈建生应邀出席。

6. 农工党中央领导应邀出席中共中央党外人士迎春座谈会

2月6日，在中国人民的传统节日春节即将到来之际，中共中央总书记、中共中央军委主席习近平在中南海邀请各民主党派中央、全国工商联新老领导人和无党派人士代表欢聚一堂，共迎新春，并代表中共中央向统一战线广大成员致以诚挚的问候和新春的祝福。农工党中央主席陈竺，常务副主席刘晓峰，原主席蒋正华、桑国卫，原常务副主席李蒙、陈宗兴应邀出席。

7. 农工党中央领导应邀出席中共中央、国务院2013年春节团拜会

2月8日，中共中央、国务院在人民大会堂举行2013年春节团拜会。农工党中央主席陈竺，原主席蒋正华、桑国卫，原常务副主席李蒙、陈宗兴，副主席兼秘书长何维，以及农工党中央办公厅主任游宏炳等在京中央常委应邀出席。

8. 农工党中央召开中央和首都新闻媒体记者“两会”情况通报会

2月26日，农工党中央在中央机关召开中央和首都新闻媒体记者新春联谊会暨“两会”情况通报会。副主席龚建明出席并讲话。龚建明介绍了2012年农工党各项工作取得的新进展。参政议政部部长隋路介绍了2012年农工党中央参政议政主要工作成果，以及2013年农工党中央准备“两会”提案的有关情况。社会服务部部长刘峻杰介绍了近年来农工党中央社会服务工作取得的主要成果，以及2013年即将开展的社会服务的重点工作。宣传部部长石光树主持通报会。来自首都30余家新闻媒体的记者出席通报会。

9. 刘晓峰出席中央社会主义学院2013年春季开学典礼

3月1日，中央社会主义学院2013年春季开学典礼在北京举行。全国人大常委会副委员长、民进中央主席、中央社会主义学院院长严隽琪，中共中央统战部副部长林智敏出席并讲话。中央社会主义学院党组书记、第一副院长叶小文主持开学典礼。农工党中央常务副主席刘晓峰，以及全国政协、中共中央统战部、其他民主党派中央、全国工商联、无党派人士代表以及在中央社会主义学院学习的280多位学员参加开学典礼。

10. 农工党中央领导出席全国“两会”情况

3月3日至12日，全国政协十二届一次会议在北京召开。农工党员担任十二届全国政协委员共有86名，其中农工组45名。担任十二届全国政协委员的农工党中央常务副主席刘晓峰，副主席兼秘书长何维，副主席蔡威、谢庆生等出席会议。农工党中央主席陈竺、原主席桑国卫、原常务副主席陈宗兴应邀参加开、闭幕会。期间，刘晓峰当选为全国政协副主席，何维、蔡威、谢庆生以及于文明、王新陆、李朋德、陈绍军、周健民、郑小燕、姚克、高体健当选为全国政协常委。在12日至13日召开的全国政协十二届一次常委会上，何维被任命为全国政协副秘书长，蔡威被任命为全国政协教育科技文化卫生体育委员会副主任。

3月5日至17日，十二届全国人大一次会议在北京召开。农工党员当选十二届全国

人大代表共有54名。当选十二届全国人大代表的农工党中央主席陈竺，副主席陈述涛、姚建年、杨震、朱静芝、龚建明出席会议。常务副主席刘晓峰应邀列席开幕会并参加闭幕会。原主席桑国卫、原常务副主席陈宗兴应邀参加开、闭幕会。期间，陈竺当选为全国人大常委会副委员长，陈述涛、姚建年、杨震、朱静芝、龚建明以及杜黎明当选为全国人大常委会委员。姚建年当选为全国人大教科文卫委员会副主任委员，龚建明当选为全国人大环境与资源保护委员会副主任委员。

11. 陈竺等新一届民主党派中央、全国工商联领导集体接受媒体采访

3月6日，农工党中央主席陈竺在人民大会堂出席各民主党派中央、全国工商联领导人“坚持和完善中国共产党领导的多党合作和政治协商制度”记者会，并回答记者提问。

12. 中央社会主义学院第29期党派干部进修班、培训班农工党学员座谈会

3月14日，中央社会主义学院第29期党派干部进修班、培训班农工党学员座谈会在中央机关召开。常务副主席刘晓峰、副主席兼秘书长何维出席并讲话。

13. 农工党中央机关传达2013年“两会”精神报告会

3月21日，农工党中央机关召开传达学习贯彻“两会”精神报告会。副主席兼秘书长何维、副主席龚建明出席并分别传达了全国政协十二届一次会议和十二届全国人大一次会议精神。报告会从“两会”的基本情况、会议主要精神、农工党在人大和政协中的活动情况以及参会人员切身感受等四个方面详细介绍了大会的盛况。中央机关全体干部、直属事业单位工作人员、部分离退休老同志参加报告会。

14. 陈竺走访中国医药卫生事业发展基金会

4月9日，全国人大常委会副委员长、农工党中央主席陈竺一行走访中国医药卫生事业发展基金会。陈竺接受了中国医药卫生事业发展基金会聘请，担任名誉理事长。

15. 农工党中央领导出席纪念中共中央发布“五一口号”65周年座谈会

4月27日上午，中共中央发布“五一口号”65周年座谈会在人民大会堂召开。全国政协主席俞正声出席并作重要讲话，中共中央统战部部长令计划主持座谈会。农工党中央主席陈竺出席并发言，常务副主席刘晓峰、副主席何维兼秘书长、副主席龚建明出席会议。

16. 农工党中央纪念中共中央“五一口号”发布65周年座谈会

4月27日下午，农工党中央纪念中共中央发布“五一口号”65周年座谈会在中央机关举行。主席陈竺出席并发表重要讲话，常务副主席刘晓峰主持座谈会，副主席兼秘书长何维、副主席龚建明出席座谈会。

陈竺指出，中共中央发布“五一口号”，是中国近现代政治史上的一件大事，标志着中国民主政治建设的开端，建树了中国特色社会主义政治发展道路的里程碑，揭开了我国多党合作事业发展的历史新篇章，预示着中国共产党领导的多党合作这一全新政党制度的诞生，吹响了向建立新中国前进的号角，为中国人民走向光明幸福的未来指明了方向。农工党庄严宣布自觉地接受中国共产党的领导，是在历经艰苦曲折之后，所作出的正确的历史选择；农工党响应“五一口号”是时代的召唤；农工党坚持中国特色社会主义政党制度是历史的必然。

农工党天津市委会主委沈中阳、北京市委会专职副主委张新建、河北省委会专职副

主委徐英、中央委员郑伟达、老党员代表肖燕军、青年党员代表梁红秋在座谈会上先后发言。中央机关各部门负责人、部分在京中央委员、省级组织代表、新老党员代表，以及中央机关和北京市委会机关干部60余人参加座谈会。

17. 美丽中国·何学斌画展——纪念中共中央发布“五一口号”65周年

5月11日，由农工党中央书画院主办的“美丽中国·何学斌画展——纪念中共中央发布‘五一口号’65周年”开幕式在北京会议中心举行。农工党中央主席陈竺、常务副主席刘晓峰、原常务副主席陈宗兴，水利部部长陈雷，中国人民解放军空军刘振起上将，全国人大环资委副主任王庆喜，农工党中央副主席陈述涛，副主席兼秘书长何维，副主席杨震、龚建明、谢庆生，河南省原常务副省长王明义，中国国家画院院务委员、中央书画院副院长史国良，中国美术馆研究员、书法家韩卫国等出席开幕式并剪彩。何维代表农工党中央致辞。

18. 龚建明走访调研我党党员创办的企业

5月15日，农工党中央副主席龚建明、中央宣传部部长石光树一行走访调研了部分农工党企业家及其企业。龚建明一行先后调研了河北省廊坊市的润泽国际信息港和天津市武清区的权健自然医学集团。

19. 民主党派省级组织新任专职领导干部多党合作专题研究班

5月21日至29日，由中央统战部组织的民主党派省级组织新任专职领导干部多党合作专题研究班在中央社会主义学院举办。农工党中央副主席龚建明出席了21日的开班式并在29日的结业式上作了总结讲话，中央常务副主席刘晓峰、副主席龚建明出席并与各位学员亲切交流、合影留念。

20. 陈竺参观农工党“第一次全国干部会议”会址

6月1日，农工党中央主席陈竺赴上海市黄浦区淡水路332弄1号，参观农工党“第一次全国干部会议”会址，瞻仰了农工党创始人邓演达先生雕像。

21. 农工党全国副省级城市第六次工作联席会

6月19日至20日，农工党全国副省级城市第六次工作联席会暨参政议政工作研讨会在四川省成都市举行。会议旨在进一步提高副省级城市农工党组织参政议政履职能力，研讨区域经济发展中副省级城市的领先发展作用。来自全国15个副省级城市农工党组织的代表出席会议。

22.2013年上半年经济形势专家座谈会

6月21日，农工党中央在中央机关召开上半年经济形势专家座谈会。主席陈竺出席并讲话，常务副主席刘晓峰主持座谈会，副主席兼秘书长何维、副主席龚建明，以及办公厅主任游宏炳、研究室副主任姜天麟，党内外的专家学者近20人出席座谈会。

23. 农工党中央领导接待中共中央统战部部长令计划一行并座谈

6月24日，主席陈竺、常务副主席刘晓峰、副主席兼秘书长何维、副主席龚建明在中央机关接待中共中央统战部部长令计划、常务副部长张裔炯、副部长林智敏一行并座谈。

24. 刘晓峰出席第六届中国生态文化高峰论坛

6月27日，第六届中国生态文化高峰论坛在北京市延庆县举行。常务副主席刘晓峰出席开幕式并讲话。刘晓峰指出，生态文化是人类生态智慧的结晶，以构建人与自然共存共荣、和谐发展为目标，倡导尊重自然、珍惜资源、保护环境、绿色生活的理念。发展生态文化，是建设生态文明和美丽中国，实现中华民族伟大复兴的绿色之梦、美丽之梦的强大动力。要通过理论创新与实践活动，推动生态文化大发展大繁荣，为建设生态文明和美丽中国构筑精神家园，创造良好条件。

25. 龚建明出席农工党江苏省委委员培训班开班式

7 月 1 日上午，农工党江苏省委委员培训班在中央社会主义学院拉开帷幕。农工党中央副主席龚建明、中央社会主义学院副院长袁廷华出席开班式，并与学员合影留念。

26. “彭泽民关注中医事业发展”座谈会

7 月 1 日，“彭泽民关注中医事业发展”座谈会在中央机关召开。彭泽民先生的女儿彭润平女士应邀出席座谈会。彭泽民不仅是中国共产党的亲密战友、农工党的杰出缔造者和领导者之一，还是一位医德高尚、医术精湛的中医大家。他为发展中医事业出谋划策，为党和政府制定并完善中医政策、奠定新中国的中医基业发挥了重要作用。

27. 刘晓峰在江苏省连云港市调研

7 月 12 日，2013“连云港之夏”旅游节暨江苏沿海发展论坛在连云港市工业展览中心开幕。全国政协副主席、农工党中央常务副主席刘晓峰出席开幕式并致辞。

28. 龚建明出席“水基金”成立新闻发布会

7 月 13 日，由中国社会福利基金会设立的“水基金”新闻发布会在北京举行。农工党中央副主席龚建明出席并致辞。龚建明介绍了农工党中央联合十部委共同开展“中国环境与健康宣传周”在水环境保护和宣传方面做的一些工作，并真诚地希望各界朋友能够携起手来，支持“水基金”健康发展，充分发挥“水基金”这个专业平台的作用，共同为保护水资源、改善水环境、宣传水文化，解决水问题、应对水危机作出应有的贡献。

29. 何维在农工党北京市委会调研

7 月 15 日，农工党中央副主席兼秘书长何维赴农工党北京市委会就换届以来的工作情况进行座谈调研。农工党北京市委会主委于文明，专职副主委张新建、刘迎等参加座谈。何维对农工党北京市委会换届以来的各项工作开展情况给予了充分肯定，并向大家介绍了农工党中央换届以来在参政议政、社会服务、机关建设等各项工作上的新做法和取得的成绩。

30. 龚建明在北京观韬律师事务所调研并座谈

7 月 17 日，农工党中央副主席龚建明赴北京观韬律师事务所调研，并与部分农工党律师界党员进行座谈。龚建明介绍了全国人大常委会立法工作的基本流程及近期立法计划，希望律师们能够结合各自熟悉的专业，就近期一些重要的法律制定和修改提出针对性意见。

31. 农工党中央领导参加统一战线学习贯彻中共十八大精神专题研讨班

7 月 22 日至 26 日，农工党中央主席陈竺，常务副主席刘晓峰，副主席兼秘书长何维，副主席姚建年、杨震、蔡威、龚建明、谢庆生在北京京西宾馆参加统一战线深入学习贯彻中共十八大精神专题研讨班。期间，陈竺代表农工党中央发言。

32. 刘晓峰出席“中国梦・草原情”全国美术书法摄影艺术作品展、内蒙古自治区第八届少数民族传统体育运动会暨第三届吉祥草原锡林郭勒那达慕。

8月7日，第一届“中国梦·草原情”全国美术书法摄影艺术作品展在内蒙古自治区锡林浩特市青少年活动中心开幕。中央常务副主席刘晓峰等为开幕式剪彩。8月8日，内蒙古自治区第八届少数民族传统体育运动会暨第三届吉祥草原锡林郭勒那达慕在锡林郭勒体育中心开幕。刘晓峰、牛广明等出席开幕式。

33. 农工党中央机关聘请岳成律师事务所为常年法律顾问

9月2日，中国农工民主党中央机关聘请岳成律师事务所担任常年法律顾问签约仪式在北京岳成律师事务所举行，副主席兼秘书长何维出席并讲话。

34. 农工党中央召开深化改革系列专题座谈会

9月5日、6日，农工党中央分别就经济、医药卫生和计生以及环境资源领域如何深化改革召开了三场专题座谈会。主席陈竺出席了医药卫生和计生改革座谈会，常务副主席刘晓峰出席了经济、环境资源改革两场座谈会。陈竺、刘晓峰代表农工党中央对出席座谈会的同志们表示感谢，并与专家学者展开热烈讨论。来自国家发改委、证监会等有关部委的农工党内外几十位专家学者，紧紧围绕全面深化改革这个主题各抒已见，畅所欲言，发表了意见和建议。

35. 中央社院第30期民主党派干部进修班、培训班农工党学员座谈会

9月17日，中央社院第30期民主党派干部进修班、培训班农工党学员座谈会在中央机关召开。农工党中央副主席兼秘书长何维、副主席龚建明出席并座谈。

36. “美丽中国、祖国颂”书画展等

9月26日，为庆祝建国64周年，农工党中央书画院与枣庄市委联合举办“美丽中国·祖国颂”书画展在山东枣庄举办。“农工党中央书画院枣庄交流基地”、“大运河书画院”揭牌仪式同时举行。农工党中央原主席、书画院院长汪纪戎以及著名书法家韩卫国，农工党山东省委会、枣庄市有关领导出席活动。

37. 农工党中央领导应邀出席2013年国庆招待会

9月29日晚，全国政协办公厅、中共中央统战部、国务院侨办、国务院港澳办和国务院台办在人民大会堂联合举行2013年国庆招待会。农工党中央常务副主席刘晓峰、副主席龚建明应邀出席。

38. 农工党中央领导应邀出席国务院国庆招待会

9月30日晚，国务院在人民大会堂举行国庆招待会。农工党中央主席陈竺、常务副主席刘晓峰，原主席桑国卫，原常务副主席李蒙、陈宗兴，副主席龚建明应邀出席。

39. 龚建明参加首都各界向人民英雄纪念碑敬献花篮仪式

10月1日，是中华人民共和国成立64周年纪念日，党和国家领导人习近平、李克强、张德江、俞正声、刘云山、王岐山、张高丽来到天安门广场，和首都各界代表一起，向人民英雄纪念碑敬献花篮。农工党中央副主席龚建明出席敬献花篮仪式。

40. 陈竺考察惠州邓演达纪念园

10月12日，全国人大常委会副委员长、农工党中央主席陈竺一行到广东省惠州市参观考察了邓演达纪念园。陈竺指出，邓演达是农工党创始人，是中国杰出的民主革命家。惠州作为邓演达的故乡，要继续把弘扬革命先烈精神与推动经济社会发展结合起来，进一步加快发展，造福百姓。

41. 农工党中央领导出席欧美同学会成立 100 周年庆祝大会

10 月 21 日，欧美同学会成立 100 周年庆祝大会在人民大会堂举行。全国人大常委会副委员长、农工党中央主席、欧美同学会副会长陈竺出席并主持庆祝大会。农工党中央副主席何维出席大会。

42. 中国初级卫生保健基金会“生命绿洲”项目启动

10 月 26 日，由中国初级卫生保健基金会发起的“生命绿洲”项目启动仪式在人民大会堂举行。全国人大常委会副委员长、中央主席陈竺，中央原副主席、全国妇联副主席、中国初级卫生保健基金会理事长汪纪戎，中国工程院院士、中国初级卫生保健基金会“生命绿洲患者援助公益基金”管委会主任钟南山，以及来自社会各界的爱心人士近 500 人出席启动仪式。

43. 出席中国妇女第十一次全国代表大会的农工党女代表座谈会

10 月 28 日，出席中国妇女第十一次全国代表大会的农工党女代表座谈会在中央机关举行，农工党副主席兼秘书长何维亲切接见了 16 名女代表，并与她们合影留念。农工党原副主席、第十届全国妇联副主席汪纪戎出席座谈会。

44. 龚建明拜谒邓演达烈士墓

11 月 3 日，农工党中央副主席龚建明一行在南京拜谒农工党创始人邓演达烈士墓、瞻仰邓演达烈士殉难地，并参观雨花台烈士纪念馆邓演达烈士展区。

45. 龚建明出席农工党河南省委会骨干党员培训班开学典礼

11 月 24 日至 28 日，农工党河南省委会在中央社会主义学院举办了学习贯彻中共十八届三中全会精神骨干党员培训班。农工党中央副主席龚建明出席开学典礼并讲话。农工党河南省委会主委高体健，中央社会主义学院副院长张峰分别出席开班仪式及结业典礼并讲话。

46. 农工党中央领导出席中央机关支部向邓演达烈士铜像敬献花篮仪式

11 月 29 日，是中国农工民主党创始人邓演达殉难 82 周年纪念日。为了纪念这位伟大的爱国主义者，杰出的民主革命政治家、军事家，11 月 28 日上午，农工党中央机关支部党员在中央机关举行向邓演达烈士铜像敬献花篮仪式。主席陈竺、副主席龚建明出席仪式，并向邓演达烈士铜像敬献花篮。

47. 农工党中央领导为“福建事变”时期农工党中央机关旧址揭牌

12 月 11 日，农工党中央常务副主席刘晓峰、副主席龚建明来到福州三坊七巷黄巷 28 号（原黄巷 32 号），为“福建事变”时期中国农工民主党中央机关旧址揭牌。

48. 农工党中央主席会成员走访农工党福建省委会机关

12 月 12 日，农工党中央主席陈竺，常务副主席刘晓峰与副主席兼秘书长何维，副主席姚建年、杨震、朱静芝、蔡威、龚建明专程来农工党福建省委会机关看望机关工作人员，与农工党福建省委会班子成员座谈，并为“党史教育长廊”揭幕。

49. 农工党中央领导接待最高人民法院党组书记、院长周强一行

12 月 20 日，农工党中央主席陈竺、副主席龚建明在中央机关接待最高人民法院党组书记、院长周强，最高人民法院党组成员、副院长李少平等同志一行，并座谈交流工作。

50. 刘晓峰出席“送文化到基层”启动仪式暨书画展开幕式

12月23日，由农工党中央书画院与国美集团共同举办的“送文化到基层”启动仪式暨书画展开幕式在北京举行。农工党中央常务副主席刘晓峰出席启动仪式，并为书画展剪彩。著名书法家欧阳中石，著名艺术家龙瑞、卢禹舜、范扬、韩卫国、于文江、刘学思、刘学惟，中央电视台数字频道董事会主席王平，新恒基集团董事长黄俊钦，国美控股集团总裁黄秀虹等出席开幕式。

51. 农工党中央领导参加毛泽东同志诞辰120周年纪念活动

12月26日，是中国共产党、中国人民解放军、中华人民共和国的主要缔造者，中国各族人民的伟大领袖毛泽东同志诞辰120周年。中共中央在人民大会堂举行纪念毛泽东同志诞辰120周年座谈会，农工党中央主席陈竺、常务副主席刘晓峰出席会议。座谈会前，陈竺、刘晓峰等在毛主席纪念堂瞻仰了毛泽东同志遗容。

52. 农工党中央领导应邀出席全国政协举行新年茶话会

12月31日，中国人民政治协商会议全国委员会在全国政协礼堂举行新年茶话会。农工党中央主席陈竺，常务副主席刘晓峰，原常务副主席李蒙、陈宗兴，副主席兼秘书长何维，副主席龚建明应邀出席。

53. 农工党中央领导走访和接待来访有关工作

1月16日，农工党中央副主席兼秘书长何维在中央机关接待前来走访的毕节市领导一行并座谈。

2月6日，农工党中央主席陈竺、副主席兼秘书长何维在中央机关接待教育部部长袁贵仁、中纪委驻教育部纪检组组长王立英一行并座谈。

2月16日，农工党中央主席陈竺走访中央机构编制委员会办公室，商谈有关工作。

2月21日，农工党中央主席陈竺、副主席兼秘书长何维在中央机关接待来访的中共北京市委常委、统战部部长牛有成一行并座谈。

2月26日，农工党中央主席陈竺、常务副主席刘晓峰、副主席兼秘书长何维、副主席龚建明在中央机关接待中共上海市委常委、统战部部长沙海林一行并座谈。

3月1日，农工党中央常务副主席刘晓峰，副主席兼秘书长何维、副主席龚建明在中央机关接待中共湖南省委常委、统战部部长李微微一行并座谈。

4月17日，农工党中央常务副主席刘晓峰在中央机关接待湖北省宜昌市政协主席李亚隆，宜昌市政协副主席、农工党宜昌市委会主委黄惠宁一行并座谈。

4月19日，农工党中央常务副主席刘晓峰在中央机关接待前来走访的中共葫芦岛市委统战部常务副部长穆在敏、农工党葫芦岛市委会主委赵珉珉一行并座谈。

5月24日，农工党中央常务副主席刘晓峰、副主席龚建明在中央机关接待中共湖南省委统战部常务副部长谭平一行并座谈。

6月7日，农工党中央常务副主席刘晓峰、副主席兼秘书长何维在中央机关接待四川省政协副主席、农工党四川省委会主委王正荣，四川省政协副主席、致公党四川省委会主委杨兴平以及四川省政协人资环专委会有关同志，并就调研有关工作座谈。

7月5日，农工党中央副主席龚建明走访中国医药卫生事业发展基金会，并会见了基金会副理事长桑希杰。双方就在北京平谷医院举办大方县微创技术人员培训班和向贵州捐赠两辆流动医院车的有关具体安排进行座谈。

7月16日，农工党中央副主席龚建明在中央机关会见中共北京林业大学党委常委张勇一行并进行座谈。双方就开展“中国环境与健康宣传周”活动有关合作事宜进行了协商，并达成一致意见。

7月19日，农工党中央副主席龚建明在中央机关会见中国通用技术集团党组成员、董事、副总经理徐明阳一行。双方就共同关注的生态环境保护、健康产业、小城镇建设示范等问题进行交流探讨，并就有关合作达成共识。

10月15日，农工党中央副主席兼秘书长何维在中央机关接待来访的中共中央统战部一局有关同志并座谈。

11月21日，农工党中央主席陈竺、副主席兼秘书长何维、副主席龚建明在中央机关接待前来走访的中共中央统战部副部长林智敏一行并座谈。

12月4日，农工党中央副主席龚建明一行走访北京林业大学，与北京林业大学党委书记吴斌、校长宋维明等举行会谈，商讨合作开展“中国环境与健康宣传周”活动和共建“生态与健康研究院”相关事宜。

12月17日，农工党中央副主席兼秘书长何维带队走访北京市教委，协调有关事项。

54. 农工党中央领导参加外事活动

1月8日至23日，全国政协副秘书长、农工党中央常务副主席刘晓峰陪同全国政协副主席李兆焯出访智利、乌拉圭、古巴。

4月3日至7日，农工党中央主席陈竺出访美国。

4月5日，农工党中央副主席兼秘书长何维陪同国家主席习近平在人民大会堂出席文莱苏丹哈桑纳尔访华欢迎仪式。

5月20日，农工党中央副主席龚建明陪同国家主席习近平在人民大会堂出席塔吉克斯坦总统埃莫马利·拉赫蒙访华欢迎仪式。

5月31日，全国政协副主席、中央常务副主席刘晓峰在人民大会堂会见德国图林根州州长里贝克雷西特。

6月7日，全国人大常委会副委员长、农工党中央主席、中华医学会会长陈竺在中央机关会见《自然（Nature）》杂志执行编辑、麦克米伦科学通讯全球总监尼克·坎贝尔（Nick Campbell）一行并座谈。

7月1日，全国人大常委会副委员长、农工党中央主席陈竺在人民大会堂会见美国明尼苏达大学校长 Eric Kaler。

7月2日，全国人大常委会副委员长、农工党中央主席陈竺在中央机关会见法国梅里埃研究院副总裁 Christian Brechot。

7月10日，农工党中央副主席兼秘书长何维陪同国家主席习近平在人民大会堂出席尼日利亚总统乔纳森访华欢迎仪式及晚宴。

7月11日，全国人大常委会副委员长、农工党中央主席陈竺在人民大会堂会见南苏丹总统特使迪厄一行。

7月16日下午，全国政协副主席、农工党中央常务副主席刘晓峰陪同国家主席习近平在人民大会堂出席白俄罗斯总统卢卡申科访华欢迎仪式及晚宴。

7月19日，全国人大常委会副委员长、农工党中央主席、中国科学院院士陈竺在陕西省出席“2013 年全球华人生物科学家大会”开幕式并作主旨报告。

8 月 15 日，全国人大常委会副委员长、农工党中央主席、中华医学会会长陈竺在北京出席 2013 年世界卫生组织年度报告《全民健康覆盖研究》全球发布仪式，并会见世卫生组织总干事陈冯富珍。

8 月 16 日，全国人大常委会副委员长、农工党中央主席陈竺在北京出席中非卫生部长会议。

9 月 5 日，全国人大常委会副委员长、农工党中央主席、中华医学会会长陈竺在北京出席中华医学会外事活动。

9 月 6 日，全国人大常委会副委员长、农工党中央主席、中法高等级生物安全实验室建设领导小组中方联合组长暨中法新发传染病合作领导小组中方组长陈竺在上海出席中国科学院上海巴斯德研究所外事活动。

9 月 7 日，全国人大常委会副委员长、农工党中央主席陈竺在山东青岛出席第七届世界华文传媒论坛并讲话。本届论坛共有 420 余家海外华文媒体及国内 20 余家主要新闻机构的 600 余位代表参加。

9 月 12 日，全国人大常委会副委员长、农工党中央主席陈竺在北京会见到访的法国国民议会议员、国民议会法中友好小组副主席贝尔纳 · 阿夸耶。

9 月 21 日，全国人大常委会副委员长、农工党中央主席、中华医学会会长、中国科学院院士陈竺在上海出席 2013 年世界胃肠病大会（WCOG）。

9 月 22 日，全国政协副主席、农工党中央常务副主席刘晓峰陪同国家主席习近平在人民大会堂出席为委内瑞拉总统马杜罗访华举行的欢迎仪式和宴会。

9 月 23 日，全国人大常委会副委员长、农工党中央主席陈竺在江苏苏州出席中法应对老龄化圆桌会议。

10 月 9 日至 15 日，应韩国前总理韩 · 洙邀请，农工党中央书画院在韩国首尔举行“韩卫国书法展”。

10 月 14 日，全国人大常委会副委员长、农工党中央主席陈竺在人民大会堂会见来访的法国戴高乐基金会青年精英代表团，双方就中法友好关系等问题交换了看法。

11 月 9 日，全国人大常委会副委员长、农工党中央主席陈竺在北京出席联合国人类健康杰出成就奖颁奖仪式。

11 月 13 日，全国人大常委会副委员长、农工党中央主席陈竺陪同国家主席习近平在人民大会堂出席为也门总统哈迪访华举行的欢迎仪式和宴会。

11 月 21 日，全国政协副主席、农工党中央常务副主席刘晓峰在越南河内会见越共中央政治局委员、越南祖国阵线主席阮善仁并座谈。

11 月 21 日，全国政协副主席、农工党中央常务副主席刘晓峰同越南祖国阵线副主席兼秘书长武仲金举行会谈。

11 月 22 日，全国人大常委会副委员长、农工党中央主席陈竺在人民大会堂会见法中友好协会主席勒甘一行并举行欢迎午宴。

11 月 24 日至 25 日，全国政协副主席、农工党中央常务副主席刘晓峰在老挝分别会见老挝人民革命党中央政治局委员、政府副总理阿桑 · 劳利和建国阵线中央主席潘隆吉并座谈。期间，刘晓峰还同老挝建国阵线中央常务副主席董叶陶进行了会谈。

11 月 27 日，全国政协副主席、农工党中央常务副主席刘晓峰在泰国清迈会见泰国上议院第二副议长阿南并座谈。

12 月 19 日，全国人大常委会副委员长、农工党中央主席陈竺在北京陪同国家主席习近平欢迎来访的玻利维亚总统莫拉莱斯。

二、参政议政

2013 年，农工党参政议政工作以提高人民健康水平为主要目标，以“健康中国”、“美丽中国”为主线，以拉动内需、保障民生、推进改革、求真务实为主要方向，立足自身优势，凝聚全党的智慧和力量，深入开展调查研究，积极建言献策，不断提高参政议政的能力和水平。

（一）在高层政治协商中提出意见和建议

1 月 11 日，最高人民法院召开座谈会，听取各民主党派、全国工商联及无党派人士对人民法院工作的意见和建议。最高人民法院院长王胜俊出席座谈会并讲话。农工党中央副主席龚建明出席座谈会并发言，充分肯定五年来人民法院工作取得的成绩，同时提出一些加强和改进人民法院工作的意见和建议。

1 月 25 日，国务院总理温家宝在中南海主持召开座谈会，听取党外人士对《政府工作报告（征求意见稿）》的意见和建议。农工党中央主席陈竺出席座谈会并发言表示，政府工作报告对过去五年工作的总结实事求是，对 2013 年经济社会发展形势的分析深入全面，确定 7.5% 左右的预期增长目标合理可行，对 2013 年政府工作的建议重点突出、措施有力、指导性强，农工党完全赞同，并就研究制定卫生事业改革发展的国家战略、由卫生行政部门统筹管理基本医疗保障、研究解决乡村医生的养老保障等问题提出了意见建议。农工党中央常务副主席刘晓峰、副主席兼秘书长何维出席座谈会。

2 月 17 日，中共中央组织部、中共中央统战部在北京召开各民主党派中央、全国工商联领导人，无党派人士代表民主协商会，听取对十二届全国人大常委、政协常委人选建议名单的意见。农工党中央主席陈竺出席协商会并就十二届全国人大常委、政协常委人选建议名单中涉及农工党的人选提出了意见建议。农工党中央常务副主席刘晓峰出席协商会。

2 月 28 日，中共中央在中南海举行民主协商会，就国务院机构改革和职能转变、中共中央拟向十二届全国人大一次会议推荐的国家机构领导人员人选建议名单和拟向全国政协十二届一次会议推荐的全国政协领导人员人选建议名单，向各民主党派中央、全国工商联和无党派人士通报情况，听取意见。中共中央总书记习近平主持会议并发表重要讲话。农工党中央主席陈竺出席协商会并发言表示，完全赞成新一届国家机构和全国政协领导人员人选建议名单，并就卫生大部制改革中加强食品药品监管与卫生工作的协调配合、由大卫生行政部门统一管理医保等问题提出了意见建议。农工党中央常务副主席刘晓峰、原主席桑国卫、原常务副主席陈宗兴出席座谈会。

7月25日，中共中央在中南海召开党外人士座谈会，就当前经济形势和下半年经济工作听取各民主党派中央、全国工商联领导人和无党派人士的意见和建议。中共中央总书记习近平主持座谈会并发表重要讲话。农工党中央主席陈竺出席座谈会并发言表示，新一届中共中央领导集体团结带领全国人民，沉着应对十分复杂的国内外经济形势，稳中求进、扎实开局，实现了经济总体平稳发展，农工党完全赞成中共中央、国务院对宏观经济形势的判断和下半年经济工作的部署，并就加大改革力度、促进经济转型升级，大力发展健康产业、培育新的经济增长点，大力发展节能环保产业、走绿色发展低碳发展循环发展之路等问题提出了意见建议。农工党中央常务副主席刘晓峰、副主席兼秘书长何维出席座谈会。

9月17日，中共中央在中南海召开党外人士座谈会，就中共中央关于全面深化改革若干重大问题的决定听取各民主党派中央、全国工商联领导人和无党派人士的意见和建议。中共中央总书记习近平主持座谈会并发表重要讲话。农工党中央主席陈竺出席座谈会并发言表示，在实践和发展中国特色社会主义的关键时刻，中共十八届三中全会拟审议关于全面深化改革若干重大问题的决定，具有重大的历史和现实意义，农工党完全赞成，并就加强社会主义民主政治制度建设、强化权力运行制约和监督体系、深化医药卫生体制改革、生态文明制度建设等问题提出了意见建议。农工党中央常务副主席刘晓峰出席座谈会。

11月22日，中共中央在中南海召开党外人士座谈会，就2013年经济形势和2014年经济工作听取各民主党派中央、全国工商联负责人和无党派人士代表的意见和建议。中共中央总书记习近平主持座谈会并发表重要讲话。农工党中央主席陈竺出席座谈会并发言表示，2013年，在中共中央、国务院的坚强领导下，我们成功有效应对全球经济复苏乏力、国内投资消费拉动不足、产业转型升级任务艰巨等严峻挑战，取得了经济社会发展稳中有进、稳中向好的良好成绩，并就适当扩大改革领域、释放社会活力，守住生态保护红线、加大产业转型升级工作力度，深化改革、满足国家重大发展需求以及促进健康服务业发展等问题提出了意见建议。农工党中央副主席兼秘书长何维出席座谈会。

（二）在全国政协会议上提交提案和发言

3月3日至12日，全国政协十二届一次会议在北京举行。为开好这次会议，农工党中央以“明确新要求，提出新思路，制定新目标，采取新举措，建立新机制”的“五新”原则为指导，广泛凝聚全党智慧和力量，充分发挥医药卫生、人口资源、生态环境的界别特色和智力优势，着重就推动医药卫生事业发展、加强生态文明建设和保障改善民生等积极建言献策。

据不完全统计，大会期间，以农工党中央名义提交大会口头发言1篇，大会书面发言16件，通过秘书组以委员个人名义提交书面大会发言18件，还有许多委员通过网络平台自行提交了书面大会发言；以农工党中央名义提交提案33件，其中9件提案被列为全国政协重点督办提案，通过会议秘书组以委员个人名义提交提案136件，快报1件，还有许多委员通过网络平台自行提交了提案；农工党中央报送社情民意信息26件，被全国政协信息局采用单篇2件，转件4件，农工组委员以个人名义提交社情民意3件，均发挥了良好的作用。其中，有 6 件提案入选重要提案摘报，包括《城镇化道路需要金融体系相关配套和创新推动》、《关于积极应对区域灰霾污染的有关工作建议》、《关于大力促进公益性社会组织发展的对策建议》、《关于进一步完善食品安全监管体制的建议》和《关于进一步深化公立医院改革发展的几点建议》等。

3 月 4 日下午，中共中央政治局常委、中央纪委书记王岐山看望出席全国政协十二届一次会议的农工党、九三学社界委员，并参加农工党、九三学社界委员联组会，与委员们共商国是。农工党中央主席陈竺、常务副主席刘晓峰等出席联组会。

联组会上，农工组有 6 位委员作了发言。农工党山东省委会主委王新陆作了《关于进一步完善民主党派民主监督工作机制和制度的几点建议》的发言，建议：建立中共各级党委同民主党派的联系机制；各级党政负责人每年要面对面听取党派的意见建议，形成例会制度；制定民主党派民主监督工作条例，鼓励民主党派谏真言；加强民主党派监督队伍建设和民主党派民主监督理论研究。农工党中央副主席、上海市委会主委蔡威作了《关于进一步深化公立医院改革发展的几点建议》的发言，建议：对公立非盈利医院财政补贴要到位，保障医院的公益性；调整理顺医疗收费，凸显医护人员的劳务收费；充分调动医护人员的改革积极性并加强对医生处方及医疗行为监管；加大宣传力度，让广大老百姓对改革有一个合理的期望值。农工党中央副主席、贵州省委会主委谢庆生作了《关于推动医疗保健服务产业发展的建议》的发言，建议：制定国家医疗保健服务产业发展规划，调整完善相关产业政策；鼓励和引导社会资本进入医疗保健服务产业；培育和引导老年健康产业和健康管理服务业发展；鼓励带有医疗保健服务特征的延伸性社会保障体系的建设；加强产业引导和配套体系建设，促进形成医疗保健服务产业链和新兴的医疗保健服务产业的产业集群。农工党广西区委会主委彭钊作了《完善湿地生态补偿政策，建立湿地保护长效机制》的发言，建议：加快推进湿地生态补偿立法和保护立法进程；坚持"谁保护谁受益，谁破坏谁赔偿"的原则，抓"两头"；建立湿地保护专项资金，把湿地保护投入列入政府财政核算体系；坚持突出重点和统筹兼顾原则，明确湿地生态补偿范围和对象，逐步提高湿地生态补偿标准。农工党河北省委会主委段惠军作了《关于建立环渤海区域环境安全预警应急与综合应对机制的建议》的发言，建议：建立环渤海区域环境安全预警应急机制和联席会议制度；整合各部门现有基地资源，建立环渤海区域环境安全预警和应急中心；建立环渤海区域环境风险预案库；整合应急资源，形成几个能够统一调度的应急中心。农工党海南省委会主委王路作了《关于加强南海生态环境建设的建议》的发言，建议：从国家层面上给予支持：加强基础设施建设，提高科技装备水平；加快推进综合执法；加快三沙的开放，军民共建，以开放促维权，以开放促管理；建立和探索可持续的发展模式。

3 月 6 日，"积极稳妥推进城镇化，着力提高城镇化质量"提案办理协商会在全国政协召开，全国政协委员、农工党中央副主席谢庆生出席协商会，并针对农工党中央提出的《城镇化道路需要金融体系相关配套和创新推动》和《关于加强我国城镇农民工服务于管理的建议》作了发言。

3 月 7 日，在全国政协十二届一次会议第二次全体会上，全国政协委员、农工党中央副主席兼秘书长何维代表农工党中央作了《应对灰霾污染，净化祖国天空，维护人民健康权益》的大会口头发言。建议：(1) 强化政府职责，建立多层责任体系。国务院牵头成立灰霾污染专项治理领导小组；将空气质量纳入各级政府绩效考核；建立责任追究制度。(2) 重点区域治理下重拳，及时启动空气污染治理专项行动。有关地方政府要尽快提出空气质量改善的近期目标，制定严于国家标准的产业准入政策及落后产能淘汰名录，坚决关闭不达标的高耗能、高排放企业，大力发展清洁能源。(3) 加强规划指导，启动"国家空气质量与公众健康保障工程"。(4) 强化科技支撑能力，降低灰霾对公众健康的负面影响，科学评估灰霾污染对公众健康的负面影响，并提出科技支撑的相关对策；(5) 强化环保教育，提高全民环保素质。

3月7日，监察部、卫生部、国务院参事室有关负责同志列席了农工组的小组讨论，与委员们一起共商国是。陈建国、高体健、任国胜等12位委员分别就反腐倡廉、医药卫生、食品安全、医保基金使用和管理以及城镇化和信息化等主题谈了各自的思考和建议。监察部、卫生部、国务院参事室有关负责同志分别对委员们关心的议题作了回应，并表示希望和各位委员保持联系，共同把有关工作搞好。

3月8日，全国政协委员、农工党中央副主席兼秘书长何维在全国政协出席"加强城乡污染防治，改善城乡人居环境"提案办理协商会，介绍了农工党中央提出的《关于积极应对区域灰霾污染有关工作建议》的主要内容以及提案的形成过程，并与提案审查委员会部分成员、提案承办单位进行了沟通。

4月19日，全国政协在北京召开"推进医疗卫生体制改革，加强基层医疗卫生服务体系建设"提案办理座谈会，农工党中央提案《关于切实保障乡村医生待遇的建议》入选全国政协重点督办提案。

5月21日，全国政协提案委在政协机关召开"大力支持西部地区职业教育发展"提案办理协商会，农工党中央提案《关于国家大力支持贵州省实施"9+3"计划发展中等职业教育的建议》入选2013年重点办理提案。

6月17日至19日，全国政协第十二届常委会第二次会议在北京举行。全国政协副主席、农工党中央常务副主席刘晓峰，全国政协常委兼副秘书长、农工党中央副主席兼秘书长何维，全国政协常委、农工党中央副主席、上海市委会主委蔡威，全国政协常委、农工党中央副主席、贵州省委会主委谢庆生等出席会议。6月19日，谢庆生代表农工党中央作了《生态优先，确保长江上游水电开发可持续发展》的大会发言。发言建议：(1) 统筹规划，严控项目，适度开发并推动立法保障。(2) 进一步强化生态优先战略考虑，以水电工程生态评估为依据，最大限度恢复河流生态系统健康。(3) 本着利益共享原则，探索建立生态保护和水电资源开发补偿机制。(4) 创新移民制度，完善政策法规，支持库区移民可持续发展。

7月16日，全国政协副主席、农工党中央常务副主席刘晓峰，全国政协常委兼副秘书长、农工党中央副主席兼秘书长何维在全国政协出席"积极稳妥推进城镇化，着力提高城镇化质量"专题协商会。农工党中央参政议政部部长隋路参加会议。

11月18日至20日，全国政协第十二届常委会第三次会议在北京举行。全国政协副主席、农工党中央常务副主席刘晓峰，全国政协常委兼副秘书长、农工党中央副主席兼秘书长何维，全国政协常委、农工党中央副主席、上海市委会主委蔡威等出席会议。11

月19日，何维代表农工党中央作了《立法推进医药卫生体制改革，保障人民群众健康权益》的大会发言，强调顶层设计，以立法推进医改制度建设。他指出，关于深化医改有两点认识：第一，医改的顶层设计与制度建设十分重要。第二，制定卫生法包含六大核心要素：国民健康目标；卫生的公平与效率；卫生筹资方式与水平；卫生保障制度的改革与发展；卫生服务体系的改革与发展；卫生系统的外部支撑。

（三）精心组织调研，积极建言献策

一年来，农工党中央向中共中央和国务院报送了九个有关参政议政的建议专报，均得到重要批示，有的已产生实际效果。

1. 围绕应对灰霾污染积极建言

针对今年1月份以来我国中东部地区发生的两次持续大规模灰霾污染事件，农工党党中央组织相关部门以及科研院所的专家学者，第一时间开展深入调研，掌握第一手资料和准确数据，多次开展研讨座谈，共同研究解决方案。

2月5日，农工党中央主席、卫生部部长陈竺亲自部署，邀请环保、卫生等相关部委及气象部门、科研院校的专家学者就积极应对灰霾污染召开专题研讨会。中央副主席兼秘书长何维主持会议。会议提出了实施“国家城市空气质量与公众健康改善计划”、制定灰霾重污染事件下敏感人群医疗卫生和防护干预方案、开展灰霾污染对公众健康的损害影响评估、研究这次灰霾污染以及日常空气污染尤其是PM2.5污染对人体健康的急性和慢性效应及其危害等意见建议。

经过认真研究，2月20日，农工党中央向中共中央报送了《关于积极应对区域灰霾污染的有关工作建议》，提出了六条建议，这些建议得到中共中央、国务院领导同志的高度重视，习近平总书记、李克强、张高丽和刘延东、汪洋、马凯分别作出批示。3月21日，国家发改委牵头环保部、科技部等十多个部门和有关专家召开雾霾污染防治工作座谈会，农工党中央参政议政部部长隋路参加会议，共商雾霾污染防治的现状、对策和建议，研究落实农工党中央提出的建议。

为进一步跟踪这一重要课题，5月13日，农工党中央副主席兼秘书长何维在中央机关主持召开“空气污染与公众健康影响”专题研讨会，来自环保部环境规划院、中国疾控中心、中国科学院、中国环境科学研究院等单位的20余位专家学者出席研讨会。何维介绍了农工党中央关于积极应对灰霾污染的相关工作情况，传达了中共中央主要领导同志对农工党中央报送建议的重要批示精神，以及农工党中央主要领导同志的最新指示和工作部署。何维指出，这个研讨会的目的是要贯彻落实中共中央领导的批示精神和农工党中央主要领导同志的最新指示和工作部署，以实际行动和科学态度面对空气污染防治工作中出现的新情况、新问题，提出可行的政策建议，供中共中央、国务院决策参考。与会专家从各自的研究角度阐述了灰霾污染与公众健康的关系。

在这一建议的积极推动下，中共中央、国务院主要领导同志牵头研究制定了《大气污染防治行动计划》和《京津冀及周边地区落实行动计划实施细则》。9月12日，国务院下发《关于印发大气污染防治行动计划的通知》。农工党中央提出的关于PM2.5纳入政府政绩考核、区域联防联控、京津冀等重点区域重点治理等建议被采纳。

农工党中央关于灰霾治理的建议及办理过程，得到中共中央统战部领导同志的充分肯定，作为经验交流刊发在《民主党派工作交流》刊物上。农工党中央还积极组织相关领域专家学者开展研究。

2.“动员社会力量促进健康服务业发展，有效拉动内需、保障民生”大考察

经过认真研究，农工党中央将促进健康服务业作发展作为2013年大考察的主题。

4月14日至16日，农工党中央副主席兼秘书长何维率调研组在上海市开展了前期调研。农工党中央副主席、上海市委会主委蔡威，中央参政议政部部长隋路等参加调研。期间，调研组召开了两场座谈会，实地调研了上海国际医学园区、上海质子重离子医院等，并进行座谈交流。

5月22日，农工党中央在中央机关召开“动员社会力量促进健康服务业发展，有效拉动内需、保障民生”2013年大考察专题座谈会。中央主席陈竺出席会议并讲话，中央副主席兼秘书长何维主持座谈会。来自国家发改委、科技部、工业和信息化部、民政部、财政部、人力资源社会保障部、卫生计生委、税务总局、统计局、食品药品监管总局、证监会、保监会、中医药局、全国老龄办、中国人寿保险股份有限公司、清华大学卫生与发展研究中心等单位的领导、专家学者以及骨干党员参加了座谈。

5月26日至5月30日，受中共中央委托，经中共中央统战部统筹协调，农工党中央邀请国家相关部委的领导和专家以“动员社会力量促进健康服务业发展，有效拉动内需、保障民生”为主题在上海市、江苏省等地开展调研。调研组由全国人大常委会副委员长、农工党中央主席陈竺率队，中共中央统战部副部长林智敏，中央副主席兼秘书长何维，中央参政议政部部长隋路，以及来自国家发改委、科技部、民政部、财政部、人力资源社会保障部、卫生计生委、税务总局、食品药品监管总局、证监会、保监会、中医药局、中国人寿保险公司、中华医学会等单位的领导、专家学者参加调研。期间，陈竺指出，要进一步深化对健康产业、健康服务业发展重要性的认识；要鼓励和引导社会资本举办医疗机构，加快形成多元办医的医疗服务产业格局；要积极发展能满足全方位、多层次、多样化需求的商业健康保险产业，健全多层次的医疗保障体系；要以机构护理为依托，以社区和家庭护理为主体，着力构建以提供长期医疗护理、康复促进、心理关怀等服务为主的老年健康护理服务体系。调研组实地考察了上海市徐汇区中心医院、上海国际医学园区、上海微创医疗器械（集团）有限公司、东海老年护理医院、国药中生上海生物制品研究所有限责任公司、上海商业医保机构、江苏泰州医药高新技术产业开发区等。

7月9日至10日，全国人大常委会副委员长、农工党中央主席陈竺率调研组在天津市就健康产业及健康服务业发展相关问题进行调研。副主席兼秘书长何维，天津市政协副主席、农工党天津市委会主委沈中阳，参政议政部部长隋路等参加调研。在中国医学科学院血液病医院，陈竺一行认真听取了建设情况及儿童白血病等大病救助情况，观看了天津市健康产业园区的视频介绍。在中科院天津工业生物技术研究所，陈竺指出，工生所的研究方向是国家产业结构调整、社会经济可持续发展的重大需求，是非常有潜力的科技方向，期望其在科技创新、产业促进、机制体制创新等方面不断做出新成绩。在天津国际生物医药联合研究院，陈竺一行详细了解联合研究院在新药研发、公共技术平台搭建、高端项目及人才引进、国际合作等方面取得的成绩，察看了联合研究院和在孵

企业重点研发的自主创新产品，并且重点考察了联合研究院高通量分子药物筛选中心和中药新药研发平台，听取关于新药研发开展情况的介绍，了解联合研究院“二期”建设的规划情况等。

7 月 17 日，农工党中央在中央机关召开“动员社会力量促进健康服务业发展，有效拉动内需、保障民生”大考察报告定稿会。主席陈竺、副主席兼秘书长何维出席会议。期间，陈竺与专家学者就如何进一步鼓励和引导社会力量发展医疗卫生事业，加快建设医疗、康复、护理、临终关爱“四位一体”的养老服务机构，发展商业健康保险，完善民族医疗器械和生物医药产业的创新体系建设等相关热点问题进行了交流和研讨。

7 月 18 日至 19 日，全国人大常委会副委员长、农工党中央主席陈竺率调研组在陕西省就健康服务业及相关产业进行调研。18 日上午，陈竺一行在第四军医大学深入细致地了解学校创新平台建设情况和科研进展情况，实地调研了第四军医大学口腔医院和口腔博物馆。18 日下午，陈竺一行参观了西安交大医学部天然药物工程中心、心血管研究中心和西安杨森制药公司等，并深入了解杨森的产品、股权、税收等情况。期间，调研组还与有关专家学者、科研人员、干部职工等进行了交流座谈。

本次大调研成果以两个专报的形式分别报送给中共中央、国务院相关领导同志，其中《关于动员社会力量促进健康服务业发展的建议》得到李克强总理的重要批示。8 月 28 日国务院常务会议专门就促进健康服务业发展进行了研究部署，10 月 14 日国务院印发了《关于促进健康服务业发展的若干意见》。农工党中央提出的充分调动社会力量、增加供给、在保障基本的基础上促进非基本医疗服务发展的理念，在《意见》中得到了充分体现。另外，农工党中央提出的关于促进社会资本办医、健康保险业、具有医疗保健特征的养老服务业发展等建议也被《意见》所采纳。

3. 关于“长江上游生态环境保护和综合开发利用”的专题调研

5 月 2 日至 9 日，农工党中央常务副主席刘晓峰、副主席兼秘书长何维率调研组，在四川、云南两省就长江上游生态环境保护和综合开发利用开展专题调研。四川省政协副主席、农工党四川省委会主委王正荣参加了在四川省的调研。农工党云南省委会主委杨鸿生参加了在云南省的调研。农工党生态环境保护专家，环境保护部、水利部、农业部、国家林业局等有关部委相关专家参加调研。刘晓峰强调，要讲实话、讲真话，客观反映长江上游在生态环境保护、污染整治、水资源综合利用等方面存在的问题。期间，调研组一行先后考察了四川省阿坝州、成都市、眉山市、乐山市、宜宾市和云南省昭通市、昆明市等 7 个市（州），重点对天然林保护、防护林建设、草场沙化治理、农村面源污染、江河水质监测、水电站建设运营、移民安置、滇池整治等方面进行了实地考察，召开了 5 次由四川、云南两省相关部门参加的专题座谈会。通过实地考察，并与相关专家进行座谈交流，最终得到了充分、翔实的一手材料，为政府解决长江上游生态环境保护中存在的问题，正确处理好能源开发与环境保护的关系提出了有价值的意见和建议。

6 月 8 日，农工党中央副主席兼秘书长何维在北京出席“长江上游生态环境保护和综合开发利用”调研报告定稿会。

调研的成果，形成了《关于加强长江上游流域生态治理工作的建议》和《统筹规划，生态优先，促进长江上游水电开发可持续发展》两个报告，得到张高丽副总理的重要批示。

根据这次调研的成果，全国政协常委、农工党中央副主席、贵州省委会主委谢庆生代表农工党中央在全国政协十二届常委会第二次会议上作了《生态优先，确保长江上游水电开发可持续发展》的大会发言，成为本次政协常委会唯一的党派发言，引起中共中央的重视和普遍关注。

4. 关于“在加快城镇化建设中引导人口合理分布和促进流动人口社会融合”的专题调研

5 月 15 日至 17 日，农工党中央副主席兼秘书长何维率调研组在河南省就在加快城镇化建设中引导人口合理分布和促进流动人口社会融合进行专题调研。何维一行实地调研了漯河、焦作、郑州三个地市，召开了两场专题座谈会。在座谈会上，何维指出，城镇化将成为我国经济转型和可持续发展的新的动力源，现在关键是要提高城镇化质量，以制度、体制、机制创新，推动形成产业集中、人口集聚、资源集约、绿色低碳的城镇化，最终实现以城镇化推动经济结构转型的战略目标。

6 月 30 日至 7 月 4 日，农工党中央副主席兼秘书长何维一行在新疆维吾尔自治区就加快城镇化建设过程中促进人口的长期均衡发展和流动人口的社会融合情况，以及 2012 年换届以来农工党新疆区委会的工作情况进行调研。农工党新疆区委会主委孟庆才等参加调研。何维一行来到新疆建设兵团第十二师五一农场和北疆部分地区进行实地考察，还同新疆区政协副主席、区党委统战部部长程振山进行了座谈。

本次调研形成的成果，在 7 月下旬召开的全国政协“积极稳妥推进城镇化，着力提高城镇化质量”专题协商会上，进行了《绿色健康的生活方式是新型城镇化质量的核心内涵》的书面发言。关于以绿色循环经济的生产方式筑牢健康生活之基；让生态承载能力成为核心，保障生态安全，美化人居环境；以统筹和谐为重要内容，强调公共服务均等化，提升服务能力等观点引起了与会领导的重视。

5. 关于“在黑龙江省建立国家安全食品生产基地”的专题调研

9 月 9 日至 12 日，全国人大常委会副委员长、农工党中央主席陈竺率调研组在黑龙江省就关于建立国家安全食品生产基地进行专题调研。中共黑龙江省委书记、省人大常委会主任王宪魁，中共黑龙江省委副书记、省长陆昊先后会见了调研组一行。中共黑龙江省委常委、常务副省长刘国中参加座谈。黑龙江省人大常委会副主任、农工党中央副主席、黑龙江省委会主委陈述涛，农工党中央副主席兼秘书长何维，中央常委、食品药品监督管理总局食品药品安全总监焦红等参加调研。陈竺一行深入到北大荒博物馆、完达山阳光乳业有限公司、北大荒奶牛养殖有限公司、九三粮油工业集团有限公司、北大荒丰缘集团、黑龙江绿色食品产业大园区、哈医大一院进行考察，并召开专题座谈会。在深入调研基础上，形成了《关于在黑龙江省建立国家安全食品生产基地的建议》，得到张高丽副总理重要批示。

6. 关于《防控恶性伤医事件刻不容缓》的意见建议

2013 年 10 月，恶性伤医事件频发高发，不仅影响医生正常执业，导致医务人员忧虑恐慌情绪蔓延，更严重破坏了正常社会秩序和医患关系，医药卫生界反应强烈。为此，农工党中央组织专家，深入了解实际情况，形成了《防控恶性伤医事件刻不容缓》的意见建议，得到刘延东副总理批示。

7. 农工党中央与中共重庆市委合作十五年总结交流活动及调研

10月19日，农工党中央与中共重庆市委召开总结交流座谈会，庆祝双方签署《中国农工民主党中央与中共重庆市委加强协作会议纪要》15周年。全国人大常委会副委员长、农工党中央主席陈竺出席会议并讲话，副主席兼秘书长何维、重庆市人大常委会主任张轩出席会议，中共重庆市委副书记张国清主持会议。陈竺指出，双方合作是民主党派中央与中共地方组织合作的创新之举，为进一步深化发展多党合作制度提供了新的经验。下一步，双方要促进合作向长效化、常态化、制度化方向推进，聚焦重大问题，开展合作调研，为国家和地方经济社会发展作出新贡献。张国清表示，希望农工党中央一如既往地关心和支持重庆，进一步加强与重庆在各个方面的合作。会上，何维代表农工党中央作了《共同关注和破解重大问题,推动重庆经济社会健康发展》的15周年工作总结。凌月明作了《重庆市深化内陆开放高地建设，推进两江新区开发开放情况汇报》。与会的国家部委相关领导作了发言。

10月19日下午，全国人大常委会副委员长、农工党中央主席陈竺，中央副主席兼秘书长何维一行到两江新区调研。重庆市人大常委会主任张轩，重庆市人大常委会副主任、农工党重庆市委会主委杜黎明陪同调研。这次调研形成了《关于加快重庆两江新区发展，推动内陆开放高地建设的建议》，报送中共中央。期间，陈竺一行视察了抗战时期在渝农工党中央机关旧址复建工程，参观了中国民主党派历史陈列馆等。

8. 关于“促进中医药产业发展问题”的专题调研

11月9日至12日，全国人大常委会副委员长、农工党中央主席陈竺率调研组在甘肃省就促进中医药产业发展问题进行专题调研。中央副主席兼秘书长何维参加调研。甘肃省人大常委会副主任李慧，甘肃省政协副主席、农工党甘肃省委会主委栗震亚陪同调研，甘肃省副省长郝远参加座谈。陈竺一行深入奇正藏药股份有限公司、陇神戎发制药有限公司、陇西广州一方制药有限责任公司、陇原中天制药股份有限公司等中医药企业走访调研，实地参观陇西首阳地产药材市场、中国·文峰药材交易城等中药材交易市场，考察甘肃中医学院科研实验中心、兰州大学药学院等中医药研究中心等，并举行了“促进中医药产业发展专题调研座谈会”和“甘肃省中医药产业发展研发平台建设座谈会”。陈竺指出，中医药事业的发展一定要与时俱进，不断加快传承与创新，充分发挥其特色与优势，使之更顺应现代医学发展的新趋势、人民群众对健康的新期待、经济社会进步的新要求。一是学习贯彻中共十八届三中全会精神，以全面深化改革为契机，进一步明确中医药事业发展的目标任务和制度建设要求；二是坚持中药产业与中医事业发展相结合，促进中医继承与创新，加强中医药法制建设，依法保障和促进中医药事业可持续发展；三是将甘肃中医药服务贸易及相关产业作为新丝绸之路经济带、西部大开发重要方略。何维指出，甘肃中医药产业的发展，要制定适宜甘肃省实际情况的产业政策和发展规划，促进产业化发展。这次调研的成果，农工党中央领导人在中共中央、国务院高层协商会上提出了建议。

9. 陈竺主席率农工党中央调研组赴福建考察调研

12月9日至14日，全国人大常委会副委员长、农工党中央主席陈竺率调研组在福建省进行考察调研。副主席兼秘书长何维参加调研。9日，调研组听取了宁德的干部群众关于习近平同志1988年在宁德担任地委书记期间紧紧抓住摆脱贫困开展工作的有关情况介绍，实地察看了福建安发(生物)科技有限公司、市规划展示馆、宁德新能源科技有限公司等。10日，调研组一行参观闽东苏区纪念馆。11日，调研组实地察看了厦门生物医药港建设情况，考察了厦门万泰沧海生物技术有限公司、厦门特宝生物工程有限公司，听取市心脏中心和卫生局汇报区域协同胸痛急救服务体系建设情况等。14日，调研组考察了福建上润精密仪器有限公司，听取了福州市关于规划建设福州新区的情况汇报。14日晚，中共福建省委书记尤权、省长苏树林、省政协主席张昌平等会见了陈竺、刘晓峰一行。尤权表示，福建省与农工党历史渊源深厚，希望农工党中央一如既往关心支持福建发展，多提宝贵意见建议。陈竺指出，农工党在和中共80年来风雨同舟、亲密合作的过程中，与福建建立了特殊的渊源。今后，农工党将继续发挥自身优势、深入调研，就厦漳泉地区的扩大开放、福莆宁地区的改革创新积极建言献策，为升级版海西经济区的规划、建设、改革发挥助推作用，与福建省一道为实现“中国梦”作出应有贡献。

此外，针对医保职责整合，农工党中央组织有关专家进行了认真调研，提出了《关于建立符合国情、体现规律、促进发展的医疗保障管理体制的有关建议》，得到刘延东副总理批示；农工党中央在上海、江苏开展大考察过程中，总结上海在促进“三医联动”、实践“三保合一”方面的经验，提出了《关于构建统筹协调一致的医保管理体制的建议》，报送中央机构编制委员会办公室；《关于将科技重大专项标志性成果——国家1.1类新药盐酸埃克替尼（凯美纳）纳入国家新农合肺癌治疗药物目录的建议》，得到刘延东副总理批示。这些建议在国务院机构改革、维护农工党所联系的医药卫生界切身利益等方面发挥了重要作用。

10. 其他调研和座谈活动

5月20日，农工党中央主席陈竺在中央机关主持召开“医保管理体制改革”专家座谈会，副主席兼秘书长何维、参政议政部部长隋路等出席。8月10日至13日，农工党中央副主席兼秘书长何维在内蒙古呼伦贝尔开展草原湿地生态保护考察调研。10月14日，“促进卫生基本法立法研究”专项工作会在中央机关召开，农工党中央副主席兼秘书长何维等出席。

（四）明确目标，进一步做好反映社情民意信息工作

2013年，农工党中央共收到中央机关各部门、中央各专门工作委员会、地方各级组织和党员报送的社情民意信息3336件，遴选编辑后向全国政协信息局编报社情民意信息335期，全国政协信息局采用69件，其中单篇采用10件，6件社情民意信息得到中共中央领导人和部委领导批示。

陈竺主席、刘晓峰常务副主席等领导同志率先垂范，亲自撰写社情民意信息，通过全国政协报送中共中央领导同志，取得了很好的效果。其中，陈竺反映的《创建具有中国特色的医疗保障体系，为实现全面建成小康社会目标提供重要民生保障》，得到刘延东副总理批示；刘晓峰反映的《水资源开发、利用和保护的政策建议》，得到汪洋副总理批示；农工党湖北省委会主委吕忠梅反映的《切实做好新疆在内地高校大学生培养工作的建议》，得到刘延东副总理批示；由农工党山东、北京、辽宁、山西、湖北省委会供稿反映的《解决儿童用药紧缺和用药安全问题迫在眉睫》，得到国家食品药品监督管理局局长张勇批示；由农工党浙江省委会供稿、陈为能反映的《期盼三中全会破解家庭农场发展的土地流转难题》和由农工党湖北、浙江、重庆省、市委会供稿的《关于扶持家庭农场健康发展的建议》，得到汪洋副总理批示，

（五）加强品牌建设，继续办好“中国生态健康论坛”

12月8日，由农工党中央主办，中国科学院生态环境研究中心、中国环境科学研究院、环境保护部规划院承办的第八届中国生态健康论坛在北京会议中心举行。本届论坛以“生态健康与生态文明制度建设”为主题。来自全国各地的农工党员和各界知名专家学者、管理决策人员以及企业、科研院校代表共200余人参加了论坛，共同探讨生态环境与健康领域的重要问题。

全国人大常委会副委员长、农工党中央主席陈竺出席开幕式并作了《履行职责、发挥优势，将推进生态文明建设作为新时期农工党的一项核心任务》的主题报告。农工党中央副主席陈述涛主持开幕式。环境保护部副部长李干杰，农工党中央副主席兼秘书长何维、副主席龚建明出席开幕式。

陈竺指出，生态文明建设是转变经济增长方式和实现可持续发展的必然选择与根本途径。加快生态文明建设，制度建设必须先行。要把生态文明建设放在突出位置，使之融入经济建设、政治建设、文化建设、社会建设各方面和全过程，形成完整的体系；要完善生态文明建设体制，建立生态文明的决策、执行、监督和社会参与机制；要加快推进生态文明制度建设，提高决策的综合性与系统性，实行生态文明的分区、分类、分级、分段管理，加大经济激励工作力度，完善生态文明建设评比考核制度与社会参与制度，用制度建设生态文明，用制度保护生态环境。

会上，环境保护部副部长李干杰、农工党中央副主席兼秘书长何维等围绕生态健康与生态文明制度建设、以法制化为核心，推动生态文明制度建设、生态系统生产总值核算、生态健康的制度体系分别作了精彩的主题报告。中国工程院院士魏复盛，以及王金南、陈应天、顾晋等专家围绕“大气污染防治与公共健康”中心议题作了专题报告。本次论坛收集了60余篇关于生态健康和生态文明建设等相关领域的优秀论文。

三、社会服务

2013年，农工党坚持以围绕中心、服务大局为出发点，以群众欢迎、百姓受益为落脚点，以奉献智力、贡献技术为基本方式，立足于开局之年打基础、定方向、创品牌的工作思路，调动一切力量、集结所有智慧、发挥全部优势，面向社会、面对基层开展了智力支边、科技扶贫、关注环保、救灾济困等一系列社会服务活动。

（一）凝心聚力、深入实际，继续推动毕节试验区建设

2013年，已经协调并签订了总投资达59亿元和97.4亿元的项目共12个，涉及中医中药、农产品开发、小城镇建设、养生保健、物流产业、轻纺皮革、生态扶持、生物科

技等领域，同时还协调国家开发银行贵州分行连续5年每年授信20亿元支持农工党中央推荐的大方发展项目，全方位、多渠道地推动当地的经济发展，为毕节试验区建设添砖加瓦。

1. 中央领导高度重视

2013年，农工党中央主席陈竺，常务副主席刘晓峰，副主席兼秘书长何维，副主席蔡威、龚建明、谢庆生等亲赴毕节考察调研，详细了解当地情况、因地制宜挖掘资源，多次协调对口单位，广泛动员社会力量，为毕节试验区发展倾注了大量心血与感情。

4月15日至18日，全国人大常委会副委员长、农工党中央主席陈竺率考察团在贵州省开展考察调研，主要目的是考察农工党参与毕节试验区建设和帮扶大方县情况、“助医工程”项目建设情况、毕节市医药卫生事业发展、中药材种植及小城镇建设情况等。期间，中共贵州省委书记、省人大常委会主任赵克志，省委副书记、省长陈敏尔，省政协主席王富玉分别会见了陈竺。中共贵州省委常委、统战部长刘晓凯陪同考察调研。农工党中央副主席龚建明，贵州省人大常委会副主任、农工党中央副主席、贵州省委会主委谢庆生，中国医药卫生事业发展基金会常务副理事长桑希杰，国家中医药管理局副局长李大宁等参加考察调研。

5月3日至4日，为贯彻落实俞正声同志、陈竺同志有关指示精神，农工党中央副主席、上海市委会主委蔡威，农工党中央副主席、贵州省委会主委谢庆生在毕节市大方县考察调研。

6月15日，党员企业家大方考察座谈会暨捐赠签约仪式在毕节市大方县举行。全国政协副主席、农工党中央常务副主席刘晓峰，贵州省人大常委会副主任、农工党中央副主席、贵州省委会主委谢庆生出席签约仪式并讲话，农工党中央副主席龚建明主持签约仪式，贵州省政协秘书长李月成，社会服务部部长刘峻杰、组织部部长曲凤宏，中共毕节市委副书记、市长陈昌旭，中共大方县委书记张瀚时等80余人参加。龚建明代表农工党中央向大方县捐赠了价值1400万元的医疗设备。随后，举行了农工党党员企业家捐赠签约仪式，党员企业家们与大方县签订了8项投资协议，拟投资金额总计97.4亿元。

6月16日，毕节飞雄机场正式通航发布会在毕节机场航站楼前举行。全国政协副主席、农工党中央常务副主席刘晓峰应邀出席，并宣布“毕节飞雄机场正式通航”。贵州省人大常委会副主任、农工党中央副主席、贵州省委会主委谢庆生等出席活动。

9月7日，农工党中央副主席兼秘书长何维，贵州省人大常委会副主任、农工党中央副主席、贵州省委会主委谢庆生一行在贵州省大方县考察调研，了解大方的民生建设，经济社会等方面工作情况。9月8日，由农工党中央社会服务部、农工党中央科技工作委员会、国家中医药管理局科技司、中国中医药科技开发交流中心、农工党贵州省委员会、贵州省中医药管理局共同组织的“中医药科技惠民活动”启动仪式在贵州省大方县人民医院举行，何维出席启动仪式并讲话。

2. 扎扎实实推进项目

为了贯彻落实农工党中央领导的调研成果，及时了解工作进展，适时解决突出问题，督导催办项目进程，以保证每项工作有序稳步推进。

推动招商引资落地项目有：已促成猕猴桃产业开发的招商引资协议，计划5年内投入 50 亿建成高效的特色产业；引进北京自贡商会 20 亿建设轻纺皮革城的项目，已到位资金 2000 万元；协调大方县有关领导来京参加绿色农产品市场流通推介会，将当地特色农产品卖到北京。

推动产业园区建设项目有：同心食品药品产业园区已建成标准化厂房 32 万平方米，引进企业 32 个；贵州（大方）国际医药物流园已经设立标示标牌、完成规划红线。

推动中药材产业发展项目有：确定了铁皮石斛项目实施方案；拟在雨冲乡种植丹参（或党参）1000 亩、三七 100 亩的项目，已接洽并制立标牌；签订了基本药物中药原料资源动态监测站和信息服务站合作协议；制定了中药材人才培养实施方案。

推动重大项目进程有：陈竺主席亲自致信国家发改委徐绍史主任，推动大方电厂二期 2×660MW 项目，目前已获得 27 个要件中的 19 个；正在积极争取早日立项审批重庆渝富集团和北京中科合成石油公司“煤制油制造及清洁燃料综合利用”示范项目；同心农工职业技术学校 2013 年已招生 874 名，农工党贵州省委会统筹捐赠价值约 40 万元的护理专业设备也已到位。

3. 其他帮扶活动

7 月 29 日上午，农工党中央和中国医药卫生事业发展基金会合作举办的中国区县医学人才培养工程（贵州班第一期）结业典礼在北京市平谷区应急指挥中心举行。全国人大常委会副委员长、农工党中央主席陈竺，中国医卫事业发展基金会理事长王彦峰，以及来自贵州省毕节市的 50 名受训学员等共 100 余人参加典礼。

7 月 29 日下午，《贵州省大方县卫生事业发展规划》专家论证座谈会在中央机关举行。国家卫生计生委规划与信息司司长侯岩、基层卫生司副司长聂春雷、科技教育司副司长金生国等专家和领导出席座谈会。与会专家就规划内容进行了论证发言，并就一些具体指标和细节提出了一些中肯的修改意见和建议。

农工党广东、福建、贵州省委会与大方县人民政府签署合作协议书。为了贯彻落实陈竺主席、刘晓锋常务副主席视察大方县时提出的工作要求，8 月，农工党贵州省委会、大方县人民政府邀请贵州省农业厅专家赴广东、福建考察调研，先后在两省分别召开了有部分党员企业家参加的参观和考察座谈会。9 月 9 日，农工党广东省委会、贵州省委会与大方县人民政府在东莞市签署了参与毕节试验区（大方县）建设的合作协议书。签约仪式上，广东瑞诚投资管理有限公司、广东惠州志源投资有限公司分别与大方政府签署共投资 7.1 亿元的垃圾发电、茶叶加工、饮片厂投资协议。11 日，福建省委会、贵州省委会与大方县人民政府在福州市签署了参与毕节试验区（大方县）建设农业科技合作协议书。农工党广东省委会副主委刘启德、福建省委会副主委赖应辉、贵州省委会副主委黄惠玲、大方县县长顾掌权分别代表各方在协议书上签字。

2013 年在继续做好同心助医工程的基础上，还根据当地需要举办并开展了一系列医疗培训班，共 276 人通过学习加强了业务能力。分别给大方县、安顺市捐赠价值 130 万的救护车 8 辆、250 万元的流动医院车 2 辆、价值 1400 万的妇科诊疗和卫生院全自动生化检验检测设备。加快建成了 2 个乡镇卫生院，将 3 个卫生院建设成为准县级医院，6 个卫生院建设成为中医治疗特色医院，并改造了 44 个村卫生室。

（二）关注环保、聚焦健康，举办中国环境与健康宣传周

举办中国环境与健康宣传周活动，不仅仅体现了农工党对环境保护与人民健康事业的高度关注，同时也是民主党派首次联合国家有关部委共同组织开展的大型宣传公益活动。2013 年的宣传周活动，更加关注老百姓关心的突出环境和健康问题，通过宣传活动，使环境与健康的理念更加深入人心，促进全社会提高应对环境变化、保护健康的意识和能力，取得了良好的宣传效果和社会效益。

1.2013 中国环境与健康宣传周筹备会议

2 月 27 日，2013 中国环境与健康宣传周筹备会议在中央机关召开。农工党中央副主席龚建明出席并讲话。来自教育部、环境保护部、水利部、农业部、卫生部、国家林业局等各协办单位的秘书长、副秘书长、联络员参加会议，联合国环境规划署驻华代表应邀参会。第六届“宣传周”活动主题定为“生态环境与健康”，活动时间定为 2013 年 6 月初。活动内容的初步方案为：在北京举行第六届“宣传周”启动仪式，举办主题论坛，编印宣传手册，举办慢性病咨询义诊活动，举行室内环保宣传活动等，同时号召各地根据活动主题开展各类宣传活动。

2.2013 中国环境与健康宣传周启动仪式

6 月 2 日，2013 中国环境与健康宣传周启动仪式在北京人民大会堂举行。农工党中央主席、中国环境与健康宣传周领导小组组长陈竺出席启动仪式并讲话。中共中央统战部副部长林智敏，农工党中央副主席龚建明，国家发展改革委副主任解振华，教育部副部长郝平、科学技术部副部长王伟中、环境保护部副部长翟青，水利部副部长胡四一，中央纪委驻国家林业局纪检组组长、国家林业局党组成员陈述贤，国土资源部总工程师钟自然，住房城乡建设部总工程师陈重，联合国环境规划署驻华代表张世钢等出席启动仪式。龚建明主持启动仪式。

本届宣传周活动由农工党中央、国家发改委、教育部、科学技术部、国土资源部、环境保护部、住房城乡建设部、水利部、农业部、卫生计生委、国家林业局联合主办，中华环境保护基金会、中国初级卫生保健基金会为协办单位，联合国环境规划署、联合国人类住区规划署为支持单位。活动主题是“生态环境与健康”。活动口号为“建设美丽中国，享受健康生活”、“思前，食后，厉行节约”、“青山绿水，清洁空气，我们一起努力”等。

启动仪式上，陈竺指出，要发挥“宣传周”在政府与社会间的桥梁纽带作用，积极鼓励和引导社会力量开展活动，动员公众参与，形成合力，共同携手为营造良好的生态环境、加快解决水、土壤、大气污染等损害群众健康的突出环境问题不懈努力。陈竺宣布“2013 中国环境与健康宣传周正式启动”。国家发展改革委副主任解振华、环境保护部副部长翟青代表“宣传周”主办单位分别致辞，联合国环境规划署驻华代表张世钢代表支持单位致辞。科学技术部副部长王伟中宣读了《关于颁发 2012 中国环境与健康宣传周突出贡献奖的决定》，对在 2012 年“中国环境与健康宣传周”活动期间做出突出贡献的单位进行颁奖。农工党河南省委会副主委、省卫生厅副厅长黄红霞代表获奖单位作了发言。来自中央国家机关、北京市机关、企事业单位、新闻界、文化艺术界、公益组织、科研院所、高等院校及全国各地的代表共 200 余人出席了启动仪式。

3.“慢性病防治知识宣传义诊”活动

7月13日，由农工党中央社会服务部、中国初级卫生保健基金会、农工党北京市委会主办，农工党北京市朝阳区委会、北京市朝阳区左家庄街道办事处承办的中国环境与健康宣传周“慢性病防治知识宣传义诊”活动，在北京市朝阳区左家庄三源里社区举行。农工党中央原副主席、中国初级卫生保健基金会理事长汪纪戎，中央社会服务部部长刘峻杰，中国初级卫生保健基金会副理事长肖燕军、秘书长周庆年，北京市委会副主委兼秘书长刘迎以及200余名社区居民等参加了活动。此次活动组织了北京朝阳医院、清华大学第一附属医院等各大医院的眼科、西医内科、中医内科的8名农工党医疗专家，为到场的社区居民进行咨询、义诊和宣传，向社区居民发放了近千份慢性病防治、生态环境与健康方面的宣传材料和纪念品等，活动受到了居民们的热烈欢迎。

4.“空气质量与健康”高峰论坛

7月30日，2013（第六届）中国环境与健康宣传周“空气质量与健康”高峰论坛在北京林业大学成功举办。全国人大常委会副委员长、农工党中央主席、中国环境与健康宣传周领导小组组长陈竺出席并致辞。陈竺表示，中国环境与健康宣传周坚持“传播绿色文化、引领生态文明”，是民主党派和国家相关部门积极推进生态文明、建设美丽中国的生动体现和有力践行。此次由中国环境与健康宣传周领导小组主办、北京林业大学承办的“空气质量与健康”高峰论坛，旨在充分发挥“宣传周”的桥梁纽带作用，鼓励和引导社会力量参与活动，形成合力，共同为加快解决空气污染等损害公众健康的突出环境问题献计出力，为营造良好的生态环境不懈努力。在论坛上，陈竺还向北京林业大学授予了——中国环境与健康宣传周“宣传教育基地”牌匾，并为该校大学生志愿者服务团授“中国环境与健康宣传周活动志愿者服务团”旗。北京林业大学校长宋维明，卫生部原副部长、中国医师协会会长、中国健康教育协会会长殷大奎等有关专家学者就空气与质量相关议题作了精彩演讲。来自农工党中央、国家发改委、教育部、科技部、国土资源部、环保部、住房城乡建设部、水利部、农业部、卫生计生委、国家林业局、北京林业大学等单位的相关领导，农工党北京市委会、江苏省委会的专家、党员，以及北京林业大学学生和社会各界人士共200余人参加了此次论坛。

（三）弘扬中医科学，开展中医同行计划

中医同行计划是农工党中央联合国家中医药管理局共同开展的一项大型社会服务活动，以“健康中国、中医同行”为宗旨，在全国范围内开展中医药适宜技术推广、中医科学理念推广、抢救民间中医药、促进养生保健与中医药服务业发展等系列活动。2013年，“中医同行计划”率先开展了基层中医药适宜技术推广专项活动。

中医同行计划在成都正式启动。9月27日，由农工党中央、国家中医药管理局共同主办的“中医同行计划启动暨捐赠仪式”在四川省成都市举行。全国政协副主席、农工党中央常务副主席刘晓峰，国家卫生计生委副主任、国家中医药管理局局长王国强，四川省人民政府副省长陈文华等出席活动。农工党中央社会服务部部长刘峻杰主持仪式。陈文华和王国强分别代表中共四川省委、省政府和国家卫生计生委、国家中医药管理局发表了热情洋溢的致辞。刘晓峰宣布“中医同行计划”正式启动。国家中医药管理局医

政司司长、中国初级卫生保健基金会理事蒋健在仪式上宣布“中国初级卫生保健基金会中医药发展基金”正式成立。该基金将向国内外的社会各界募集物资，主要用于支持“中医同行计划”各项活动。中国初级卫生保健基金会秘书长周庆年代表汪纪戎理事长，向国家中医药管理局医改办常务副主任许志仁、农工党中央社会服务部部长刘峻杰颁发了“中医药发展基金”管委会联席主任聘书。随后，刘晓峰代表农工党中央、国家中医药管理局向四川省成都市新都区人民政府捐赠了首批价值1900多万的中医药高新技术设备。王国强代表农工党中央、国家中医药管理局向四川等9省（市）中医药管理部门代表捐赠了首批价值140万元的《中医药适宜技术手册》。这些设备和书籍都是基层所亟须，将对基层中医药适宜技术推广发挥重要作用。农工党各省级组织领导，北京、吉林、上海、浙江、安徽、广东、四川、重庆、甘肃等9省（市）中医药管理局领导，以及全国各地基层医疗卫生机构代表，多家中医药企业代表，共200多人出席启动仪式。

（四）心系灾区、情暖百姓，参与四川雅安灾区抗震救灾工作

4月20日，四川雅安发生里氏7.0级强烈地震。灾情发生后，农工党中央主席陈竺、常务副主席刘晓峰、副主席兼秘书长何维、副主席龚建明等农工党中央领导非常关心，通过农工党四川省委会向灾区的农工党员和家属致以慰问，向地震遇难同胞致以深切哀悼，号召广大农工党员特别是在医卫系统的农工党员，积极投入到抗震救灾的工作中。据不完全统计，全党捐赠款物折合1亿1128万元，其中农工党党员、权健自然医学集团董事长束昱辉通过农工党中央向灾区捐赠1亿元。

4月21日，农工党中央向各级组织和全体农工党员发出了《积极支援四川雅安抗震救灾工作的倡议》。4月23日上午，农工党中央机关举行向四川雅安地震灾区捐款仪式，陈竺、刘晓峰、何维、龚建明等中央领导以及中央机关各部门负责人和机关工作人员进行了捐款。据统计，捐款总额达33910元。

农工党中央援建四川雅安芦山4·20灾后重建项目。12月18日，农工党中央、中国初级卫生保健基金会援建雅安芦山4·20灾后重建项目签约仪式分别在芦山县人民医院、芦山县芦阳镇黎明村、芦山县飞仙关镇凤凰村举行。为了保证捐赠资金严格按照捐赠人的意愿，资金不被挪用、平调、上解，全额用于灾后重建项目，12月17日在雅安市政协召开了专题座谈会，四川省政协副主席、农工党四川省委会主委王正荣，农工党中央社会服务部副部长张庆伟，中国初级卫生保健基金会秘书长周庆年以及受援建单位法人等出席。会后，由雅安市灾后重建办公室形成专题会议纪要，明确各相关部门在援建过程中应承担的责任和义务，确保援建项目的顺利实施。此次援建资金为6898万元。

农工党中央援建“眉山三苏祠纪念馆修复”项目。12月19日，农工党中央、中国初级卫生保健基金会援建眉山三苏祠纪念馆援建项目签约仪式在四川省眉山市举行。4·20四川雅安发生强烈地震后，眉山市三苏祠纪念馆许多建筑都受到不同程度的破坏。5月，农工党中央常务副主席刘晓峰、副主席兼秘书长何维在眉山市视察时了解这一情况后，决定以中央的名誉修复纪念馆。此次援建资金600万元，专项用于眉山三苏祠纪念馆单体式建筑修复。

（五）热爱和平、共筑和谐，开展国际科学与和平周活动

11 月 10 日至 17 日，第二十五届中国“国际科学与和平周”活动在全国范围内开展。今年“国际科学与和平周”的活动主题是“科学引领创新，发展促进和平”。

1. 第 25 届国际科学与和平周活动启动仪式

11 月 3 日，由农工党中央和国际科学与和平周中国组委会共同主办，农工党江苏省委会和江苏省环境保护厅承办的“第 25 届国际科学与和平周”活动启动仪式暨“环境保护和生态文明建设报告会”在南京市隆重举行。活动围绕“和平周”主题，大力倡导保护环境、建设生态文明，为实现“美丽中国”贡献力量。启动仪式由农工党中央副主席、南京邮电大学校长杨震主持。全国人大常委、环资委副主任、农工党中央副主席龚建明，国际科学与和平周中国组委会副主任杨森、陈继峰，江苏省人民政府副省长许津荣，江苏省政协副主席何权，农工党江苏省委会主委周健民等出席活动。在随后举办了“环境保护与生态文明建设”报告会上，农工党中央生态环境工作委员会主任、环境保护部环境规划院副院长兼总工程师王金南作了《中国的环境挑保护 40 年的战略思考》的专题报告，江苏省委会副主委肖渡作了关于农工党江苏省委会发挥界别特色、推动生态文明建设的情况介绍。农工党中央、江苏省委会、江苏省各市委会的相关同志，江苏省统战系统、环保部门的部分同志，有关高校和科研院所的专家学者，环保组织的代表以及新闻媒体记者等 300 余人一起参加了活动。

2. 国际科学与和平周系列活动

11 月 11 日，由河北省委会、唐山市委会联合举办的第 25 届国际科学与和平周义诊宣传捐赠活动在路北区河北里社区文化广场举行。11 月 12 日，由河北省委会、秦皇岛市委会共同举办的第 25 届国际科学与和平周暨青龙县中小学安全饮水项目启动仪式在青龙县双山子初级中学举行。11 月 15 日，第 25 届国际科学与和平周上海站活动在长宁和浦东两区举行。

第 25 届国际科学与和平周期间，农工党中央和各省级组织本着勤俭节约、服务群众、突出特色、务求实效的原则，围绕活动主题，结合农工党在医药卫生领域的人才优势和特色，紧扣环境与健康主题，深入街道、社区和广大农村，开展科普宣传、义诊咨询、送医送药、讲座报告、文艺演出等一系列富有特色的活动，再次掀起了“讲科学、爱和平”的热潮，取得了良好的社会效应。

（六）其他社会服务活动

4 月 1 日，由农工党中央社会服务部捐资 5 万元主办，农工党贵州省委会和安顺市委会承办的中药材丹参规范化种植培训，在安顺西秀区七眼桥镇举行开班仪式，约 150 名当地专业合作和种植户参加培训。

传承中华文化，推动中华母亲节、父亲节的设立。为弘扬中华文化，推动中华母亲节和父亲节的设立，在北京和常州举行了大型主题活动和文艺演出。5 月 9 日，中华母亲节推进会在北京地坛公园举行，农工党中央原副主席、全国妇联副主席、中华母亲节促进会会长汪纪戎出席并讲话，农工党中央宣传部原部长、首倡中华母亲节的中华母亲节

促进会创会会长李汉秋教授代表会议宣读呼吁书，凌孜宣读了中华儿女共建中华母亲节倡议书，北京多个团体、在校学生、社区居民等200余人参加活动。5月11日，2013年中华母亲节推动大会在常州举行，汪纪戎特地赶到常州向社会发出了“感恩母亲、多回家陪陪父母”的倡议。7月22日，汪纪戎在中央机关主持召开中华母亲节促进会会长会议。10月11日，在传统节日重阳节到来之际在北京青年政治学院举办了“传承慈孝文化·共庆重阳佳节九九重阳文艺汇演”。上述活动均引起了强烈的社会反响，有力地推动了两个节日的设立。

陈竺主席亲自批示“同心圆”工程。“同心圆”工程是农工党广州市委会发动党员捐资1500至3000万元人民币，拟在广东贫困地区、湘鄂渝贫困山区等地捐建100个标有“农工民主党同心圆工程”图案的农村村卫生站。陈竺对此非常重视，并于8月20日亲笔题字回复，通过龚建明副主席转达对广州市委会及党员对社会服务工作和公益慈善事业投入的感谢，并希望市委会真正为“同心助医”工程作出示范贡献。5月17日，由农工党广州市委员会经济支部发起，主委会议审议通过的“同心圆”工程计划在广州从化市举行“同心·送医赠药送健康慈善义诊活动”，“同心圆”工程正式启动。农工党中央已将“同心圆”工程纳入社会服务工作的“同心助医”工程之中。

继续开展“杏林春雨”系列活动。6月29日，“杏林春雨”——山东曹县基层医疗培训班及义诊活动在曹县县立医院开展。活动邀请了首都医科大学检验诊断学系主任、北京天坛医院实验诊断中心主任康熙雄教授、糖尿病专家聂文涛医师和济宁医学院附属医院肾病科李新建主任医师，分别从不同角度对加强老年病防治进行专门授课，来自曹县各基层医院、乡镇卫生院的200余名医务工作者参加培训。专家还在县立医院开展了义诊活动，近百名群众受益，受到当地群众好评。8月21日，农工党海南省委会社会服务暨农村饮用水超滤膜净水设备开通现场会在海南省琼中黎族苗族自治县湾岭镇新仔村举行。中央副主席兼秘书长何维出席并讲话。现场会上，何维、王路共同为“琼中县湾岭镇新仔村委会超滤膜净水设备”揭牌。9月9日，农工党中央与中国医药卫生事业发展基金会向贵州捐赠第四批流动医院医疗车仪式在北汽福田汽车总部举行。中央副主席龚建明出席并讲话。农工党中央和中国医药卫生事业发展基金会决定向贵州省安顺市捐赠两辆流动医院医疗车，帮助安顺地区基层医疗机构解决一些实际困难，从而助推解决基层群众“看病难、看病贵”的问题，让安顺市的人民群众享受到方便就医的“同心助医工程”建设带来的成果。

四、自身建设

（一）思想建设和宣传工作

2013年以来，农工党思想建设和宣传工作认真学习贯彻中共十八大精神和农工党十五大精神，不断研究工作中遇到的新情况新问题新挑战，积极探索开展工作的有效途径，突出重点、狠抓特点、攻克难点，切实加强我党的思想建设、社会宣传、信息化建设和党刊工作。据不完全统计，一年来《人民日报》、《光明日报》、《经济日报》、《科技日报》、

《人民政协报》、《团结报》等中央级媒体共刊登有关我党的文章600余篇，报道的数量、质量稳中有升，对农工党的凝聚力量、社会影响和形象塑造都起了很好的作用。

1. 深入开展思想建设大调研

为了深入了解地方组织和基层党员学习宣传贯彻中共十八大精神和农工党十五大精神、开展思想建设、履行参政党职能，全面掌握广大党员的思想状况，以推动深入学习贯彻中共十八大精神，有针对性切实加强思想建设，进一步巩固多党合作的政治基础，农工党中央决定2013年在全党开展思想建设大调研。调研采取会议座谈、访谈和问卷调查相结合的方式进行。在农工党中央副主席龚建明率领下，中央宣传部分赴广东、湖北、福建、安徽、北京、河北、天津等五省二市开展实地调研，深入基层支部，召开了10余次座谈会，同基层负责同志、骨干党员交流座谈。其中，龚建明副主席带队赴广东、北京、河北、天津等省市调研，中共中央统战部一局派干部参加了部分省市调研活动。

4月19日至21日，农工党中央副主席龚建明率首路思想建设调研组赴广东进行调研究，先后在农工党广东省委会、惠州市委会、深圳市委会召开座谈会，认真听取省市委员会有关开展思想建设的情况介绍，广泛听取广大党员的思想状况反映，意见和建议。

5月16日，农工党中央副主席龚建明、宣传部部长石光树等一行，专程到农工党北京市委会进行工作调研。农工党北京市委会主委于文明，专职副主委张新建、刘迎以及来自基层支部的部分党员同志参加座谈。龚建明希望北京市委会利用自身优势，不断拓展社会服务新途径，搞好网站建设、加强网络宣传，有效地通过现代媒体传播方式营造一个更好的工作氛围。

5月23日，农工党中央副主席龚建明率调研组在河北省石家庄市开展调研。调研组同志听取了河北省委会副主委徐英同志作的工作汇报。河北省委会副主委、石家庄市委会主委王宝山等参加座谈。龚建明表示，做好思想建设工作是一项复杂的、系统的工程，需要我们不断提高认识和理解，只要我们努力去做，就一定会有收获。5月24日，调研组一行在河北省保定市开展调研，农工党河北省委会副主委、保定市委会主委孙建恒参加座谈。

8月22日至23日，农工党中央副主席龚建明、宣传部部长石光树等一行，在天津市河东区、和平区、河北区开展调研。龚建明一行先后与农工党河东区委会、和平区委会、河北区委会领导班子及基层党员举行座谈，听取区委会领导班子工作汇报，听取基层党员心声，听取大家意见建议，并不时与大家交流互动。调研组一行还参观考察了农工党河东区委党员践行社会主义核心价值体系活动基地、农工党天津市委会党员活动基地。

开展问卷调查。4月底，中央宣传部与中共中央统战部一局联合，在全党范围内进行党员思想状况问卷调查，共向全党发出问卷13000余份。至5月底，我们共收回有效问卷总数12188份，占全体党员的近十分之一，30个省级组织都有党员参加了问卷调查。本次调研全部完成后，宣传部综合各路调研情况，并结合问卷数据统计情况，分7个专题撰写了调研报告，编辑印制《宣传思想工作通讯》专辑，受到中共中央统战部和农工党中央领导的好评。本次调研认真归纳调研成果，分析调研过程中发现的问题，就进一步加强农工党思想建设提出了建议和对策，调研活动达到了预期目的，取得了圆满成功。

2. 开展坚持和发展中国特色社会主义学习实践活动

农工党中央从2013年10月开始在全党开展坚持和发展中国特色社会主义学习实践

活动。这一活动，是深入学习贯彻中共十八大和习近平总书记一系列重要讲话精神的重要举措，是深化新一轮政治交接的必然要求，是增进政治共识的核心内容，是今后一个时期民主党派工作有力牵引，意义重大。

9月份，中央宣传部起草了《关于开展坚持和发展中国特色社会主义学习实践活动工作方案》。10月份，在农工党全国宣传思想工作会上，中央主席陈竺作了动员部署，会议对《方案》进行了讨论。12月13日，农工党十五届二中全会通过《中国农工民主党中央关于在全党开展坚持和发展中国特色社会主义学习实践活动的决定》及其附件《中国农工民主党中央开展坚持和发展中国特色社会主义学习实践活动工作方案》，标志着农工党开展坚持和发展中国特色社会主义学习实践活动正式开展。

陈竺指出，要认真开展坚持和发展中国特色社会主义学习实践活动。坚持和发展中国特色社会主义，是建设中国特色社会主义参政党的应有之义、必由之路。学习实践活动要以深化政治交接、增进政治共识为引领，全面融入思想建设、组织建设、制度建设、作风建设和机关建设之中，贯穿于参政议政、社会服务的全过程，不断增强历史使命感和责任感，增强中国特色社会主义的道路自信、理论自信、制度自信，切实承担起作为中国特色社会主义事业亲历者、实践者、维护者、捍卫者的政治责任。陈竺强调，开展这一活动，要狠抓学习教育，重在提高思想理论水平；结合履职实践，为全面建成小康社会做贡献；加强自身建设，搞好学习实践活动的总结表彰。

农工党开展坚持和发展中国特色社会主义学习实践活动，每年要确定一个主题开展活动。从2013年底到2014年底，结合学习贯彻中共十八届三中全会精神，启动的第一个主题是“坚定政治信念，解放思想，推动改革”。

3. 加强对新一届中央领导的宣传报道

2013年，农工党中央重点抓了农工党新一届中央领导人物的宣传，组织了一系列的专访及领导言论的稿件。3月16日，《中华英才》杂志刊出《胸存社稷疾苦，魂牵民生国运》的陈竺主席专访稿件。3月底，《团结报》刊发龚建明副主席《学“三同”做“三者”》一文。4月3日，人民日报刊发龚建明副主席《控制过度包装，倡导理性消费》一文。4月，协调联系香港《文汇报——人民政协专刊》就农工党大会发言形成过程采访了何维副主席，4月11日刊出头版消息、短评以及一整版的专访。5月23日，香港《文汇报——人民政协专刊》刊出刘晓峰常务副主席专访专版。

4. 把“两会”宣传作为重中之重

农工党中央高度重视“两会”宣传报道工作，会前专门制定了“两会”报道计划，并按照计划有条不紊地开展各项报道工作。“两会”期间，中央宣传部与中国汽车报社联合举办了一次“代表、委员共话自主汽车座谈会”，副主席龚建明以及11位担任全国人大代表、全国政协委员的农工党党员应邀出席，并与我国汽车行业的领导、专家、企业代表进行了座谈。这种在“两会”期间邀请部分代表委员就某一议题召开专门座谈的形式我们还是第一次采用，社会反响很不错，引起了不少媒体的关注。

据不完全统计，2013年“两会”期间，由农工党直接提供材料、协助记者联系采写的宣传提案、建议或委员代表个人的稿件约140余篇见诸报端，还在《科技日报》、《人民政协报》、《团结报》等报刊上刊登了专版，重点介绍农工党参政议政、社会服务工作以及每年的重点提案等内容。

5. 突出宣传农工党履行职能的重点工作

围绕参政议政、社会服务等履职的中心工作，通过各种报刊分别以专版、头版、署名文章、社评、专访、综述、专题网页等形式，大力宣传农工党的调查研究、建言献策、智力支边、科技扶贫等重要活动。如大力宣传报道四川雅安抗震救灾、第七届中国生态健康论坛、第六届中国环境与健康宣传周、支持毕节试验区建设等农工党开展的重大工作项目和重大活动。

6. 大力推进网站建设和加强网络宣传

强化网络宣传工作。进一步明确了各部门、专委会网站编辑，召开有关会议，加强编辑培训，中央副主席龚建明到会提要求；及时将农工党中央重大活动在中央网站进行宣传报道，及时发布农工党的通知、启事、倡议等；围绕农工党中心工作和重大活动开辟相应专栏，对栏目设置和内容进行即时更新、调整，形成特色和亮点；及时在中央网站上发布农工党的重要视频资料，进行全方位、立体化的宣传报道；逐步完善中央机关网络编辑制度，努力使网站宣传和维护制度化、规范化。

做好网站后台保障。与中央统战部信息中心加强沟通联系，在网站建设和网络宣传等方面，争取他们的指导、支持和帮助；完成中央国家机关软件正版化检查工作；应用新技术拓展网站功能，提高网站安全性，增强安全防范能力；做好后台维护和数据库的维护工作、服务器及相关软硬件的维护等工作，为网站宣传报道工作提供技术支持和后台保障。

加强网站编辑培训。11 月 18 日至 21 日，农工党网站编辑培训班在湖北省武汉市举办。农工党中央副主席龚建明出席开班式并讲话，湖北省政协副主席、农工党湖北省委会主委吕忠梅出席开班式并致辞，宣传部部长石光树主持开班式。龚建明指出，要按照陈竺主席关于加强网络建设的要求，大力推进农工党的网站建设。首先要加强组织领导，对网站建设工作进行总结和分析，提出加强改进意见；其次要不断提高网站编辑的能力和水平，加强网络宣传的主动性、掌握参政党的网络话语权；最后要充分发挥网站的宣传作用，坚持正确的舆论导向，坚持农工党界别特色，丰富内容、创新手段，同时提高网站安全管理意识。来自农工党中央机关、各省级组织及部分副省级城市组织的网站编辑近 60 人参加了培训。

7. 进一步加强党刊工作

党刊《前进论坛》始终坚持“提高质量、降低成本、扩大发行”的办刊方针，在服务农工党履行参政党职能及加强自身建设中发挥积极作用。一是编辑质量有所提高。按照“走基层、转作风、改文风”活动的要求，深入基层实践，转变作风文风，创新办刊思路，注重基层组织和党员的宣传报道；围绕时代发展主题和农工党重大活动，挖掘新选题，开设新专栏，如“学习中共十八大精神”专栏、“两会”专栏、“五一口号”发布 65 周年专栏、四川雅安“抗震救灾”专栏等；紧密围绕农工党中央的中心任务开展工作，及时刊登农工党中央领导的重要文章，宣传报道农工党参政议政和社会服务工作的成果。二是发行工作不断扩大。制定严格的杂志分装检查制度；完善征订发行工作机制和党刊征订奖励制度，加强对重点省级组织的联系、指导，敦促搞好订阅工作。2013 年《前进论坛》在全党的订阅达到了74000多份，订阅率达到55%，已连续11年达到党员人数的50%。三是管理体制新探索。主要是进一步细化特约记者、特约撰稿人和特约通讯员的管理制度，重新登记、聘用了470名特约记者、特约通讯员、特约撰稿人。

（二）组织建设和党内监督

2013年，农工党组织建设下大力气抓好三个方面的基础性工作：一是将2013年定位为培训年，大力加强干部培训，围绕实施"人才强党"战略开展了一系列的工作；二是认真修改两个基础性文件，扎实推动地方组织建设；三是稳妥推动党内监督，支持完善省级组织内部监督工作。

1. 认真落实培训年任务，大规模培训干部，加强干部安排和使用

2013年，农工党中央举办了9期培训班，累计培训党员近800人，培训规模为历年来最大。培训工作着力关注"重点人、重点事"，组织学习、传达政策，通过培训一批党员、影响一部分党员，进而带动全党形成讲学习、重学习的风气，不断加强自身建设。培训工作特点是：坚持质量第一，重效果而不是形式；坚持需求导向，突出针对性和实效性，真正做到干什么训什么、缺什么补什么。除了举办传统的骨干党员培训班（2期），还对新任中央委员和中监委委员、政府和司法机关厅局级实职干部、市级组织主委（3期）、企业家党员以及新一届中央专委会成员等进行了不同侧重点的培训，为做好今后干部工作打下了基础。

举办新任中央委员、中监委委员培训班。11月4日至8日，农工党新任中央委员、中监委委员培训班在中央社会主义学院举办。来自全国23个省级组织的52名农工党新任中央委员、中监委委员参加了培训。农工党中央主席陈竺出席4日上午的开班式并作动员报告，中央社会主义学院党组书记、第一副院长叶小文代表中央社院出席开班式并致辞，副主席龚建明出席8日上午的结业式并作总结讲话。陈竺就如何当好中央委员、中监委委员，履职尽责，提出了讲政治、讲学习、讲责任三点要求。一是讲政治。要求中央委员、中监委委员认真学习中共十八大精神和以习近平同志为总书记的新一届中共中央领导集体治国理政的一系列重要论述，强化对中国特色社会主义的道路认同、理论认同、制度认同，做中国特色社会主义的亲历者、实践者、维护者和捍卫者。二是讲学习。加强对中国特色社会主义理论体系和统一战线的基本理论和民主党派的方针政策的学习，始终保持政治上的清醒和坚定；加强对农工党党章和规章制度的学习，带头学习党章，带头执行中央制定的一系列规章制度；加强对农工党历史和传统的学习，努力成为农工党历史的知晓者和积极传播者。三是讲责任。要求增强委员意识，积极履行委员职责，把农工党的工作放在心上，处理好立足本职岗位和履行委员职责的关系，敢于担当、敢于负责，主动为农工党事业的发展献计出力，作知党、爱党、兴党的表率。培训期间，常务副主席刘晓峰在培训班上作了《继承光荣传统开拓创新工作》的党史、党情专题辅导报告。副主席兼秘书长何维接见了学员们，与学员们共叙情谊。龚建明在结业式上表示，要自觉把学习培训的成果转化运用到实际工作中去，要加强政治修养、注重学习实践、增强责任意识、严格自我要求，坚持做人与做事、修身与立德相统一，保持高尚的精神追求，努力做到品德服众。本期培训班采用专题报告、座谈、分组讨论、影音录像等多

种教学方式，围绕理想信念教育、国内形势以及农工党党史党情等内容，安排了6个专题辅导报告；围绕履职尽责和发挥作用，安排了座谈和分组讨论，学员们畅所欲言，就如何发挥作用共筑“中国梦”发表意见和看法；通过观看党史教育片《中国农工民主党》，结合刘晓峰常务副主席党史党情专题辅导报告，增强了身为农工党员的自豪感和历史使命感。

首次举办政府和司法机关厅局级实职干部研讨班。3月22日至25日，农工党政府和司法机关厅局级实职干部研讨班在浙江省富阳市举办。主席陈竺出席并作开班报告，常务副主席刘晓峰作总结讲话，副主席龚建明主持开班式。陈竺在报告中结合自身经历，就农工党实职干部如何为实现“中国梦”发挥作用、做好实职工作，从责任、能力、履职和党性等方面提出四点要求：必须强化政治意识，牢记责任使命；强化学习意识，提高履职能力；强化修身意识，完善人格魅力；强化党派意识，发挥组织优势。陈竺指出，实职干部既要把为民、利民、惠民作为根本出发点，敬业奉献，又要从国家政治制度安排的高度来认识自己担任实职这个问题，把握好角色定位，通过自己的履职实践，把中国特色社会主义政治制度的优势更好地发挥出来。陈竺对实职干部的学习实践提出三点基本要求：要依法治国、依法行政；要民主决策、科学决策；要转变作风、聚焦民生。刘晓峰指出，讲政治是领导干部尤其是民主党派领导干部永恒的主题。要有清醒的政治认识、坚定的政治信念、正确的政治原则和敏锐的政治嗅觉；作风建设的好坏对领导干部有非常直接的影响，这关乎个人的形象问题，也是影响公权机构公信度的重要因素；要发挥专业技术优势，弥补行政经历经验劣势，依托党派资源，尽快提高综合能力，搞好合作共事；权为民所用，情为民所系，利为民所谋，是对领导干部的本质要求；立党为公，参政为民，是党派领导干部的政治属性；党员个人成长和农工党的发展是相辅相成的，大家在做好本职工作的前提下，再为农工党的发展多尽一份力。研讨班期间，还邀请了中共中央统战部副秘书长兼干部局局长张献生同志解读了《中共中央关于加强新形势下党外代表人士队伍建设的意见》精神。与会同志紧紧围绕4号文件这一主题进行了认真学习、深入研讨。来自全国各地的48名农工党厅局级实职干部参加了研讨班。

举办了三期市级组织主委研讨班。2013年，中央分三期完成了对全党市级组织主委的培训。第一期以专职驻会主委、人大政协驻会干部为主；第二期学员由各省推荐的一些有强烈受训意愿的主委组成，新任主委较多；第三期学员基本上都是兼职主委。通过政治学习，主委们强化了政治责任意识、学习意识、党性意识和自律意识，增强了使命感，提高了履职能力。

举办骨干党员培训班。9月13日至16日，农工党中青年党员研讨班在浙江省富阳市举办。来自全国各地的36名中青年党员参加培训。12月5日至7日，农工党中西部骨干党员培训班在中央机关举行开班式。常务副主席刘晓峰，副主席兼秘书长何维、副主席龚建明接见培训班学员并合影。何维作了《贯彻中共中央十八届三中全会精神，全面提升机关建设的质量与水平》的开班报告。来自内蒙古、广西、贵州、云南、陕西、甘肃、青海、宁夏、新疆九个中西部地区的30多名骨干党员参加该培训班。

举办首批农工党党员企业家培训班。6月14日至16日，由农工党中央主办，组织部、社会服务部承办，农工党贵州省委会协办的农工党党员企业家培训班在贵州省贵阳市举办。常务副主席刘晓峰出席并讲话。中共贵州省委常委、统战部部长刘晓凯到会致辞。

副主席龚建明主持开班仪式。刘晓峰指出，农工党党员企业家队伍是农工党的重要组成部分和力量，是一支参政议政和社会服务工作不可多得的生力军。刘晓峰提出三点要求和希望，一是要提高政治责任和社会责任意识，全力参与国家扶贫开发工作，希望党员企业家能有新认识，出新招，发真力；二是要发扬优良传统、同心构筑“中国梦”，希望党员企业家把握发展机遇，致富思源，富而思进，帮助更多的人走上富裕之路；三是要以俞正声主席讲话为指导，扎实开展毕节试验区大方县各项帮扶工作。龚建明指出，希望党员企业家利用这次培训班的机会，在提高自身政治素质和党员意识的同时，勇于承担政治责任和社会责任。培训期间，邀请了有关专家介绍农工党积极参与毕节试验区建设的探索与实践、贵州省特别是毕节市经济社会发展状况及前景，并组织党员企业家到大方县参观考察并实地调研。来自全国各地的60余名党员企业家与考察项目人员参加了这次培训。

“以会代训”培训新一届中央专委会。通过举办农工党第十五届中央专门委员会成立大会暨培训工作会议，通过以会代训的方式，对11个专委会、387名专委会委员进行了培训。新一届中央专委会学习了《中国农工民主党中央专门工作委员会工作条例》，了解了新一届中央集体的工作思路和农工党中央机关各部门的职能和运作方式，明确了各自的工作重点和方向，明确了扩大职能，与中央机关各职能部门相互配合，共同开展工作的新要求。

除了自主办班，农工党中央还和中共中央统战部联合举办了新任省级组织专职领导干部研讨班，选调了一批党员参加中央统战部举办的各类进修班、培训班和市场经济研修班。

人才的发展和培养最终是为了使用，2013年农工党继续加强干部的推荐和使用力度：一是积极做好全国人大代表、全国政协委员的推荐工作。二是加大人才推荐力度，进行了副部长级后备干部人选的推荐，推荐了一些党员担任国务院部委的副职、省级政府部门的正职和所在单位的领导职务，推荐了一些党员担任中央文史馆馆员和最高人民法院、公安部、审计署的特约人员，以及全国妇联代表、执委，中华海外联谊会理事、常务理事等职务。三是做好中央专委会换届工作。根据中央安排，起草了《中国农工民主党中央专门工作委员会工作条例》，进一步理顺了专委会的工作机制，调整了专委会的设置，扩大了专委会的规模，为党员搭建施展才华、发挥作用的平台。

2. 认真修改两个基础性文件，扎实推动地方组织建设

启动两个基础性文件的修改工作。2004年通过的《中国农工民主党基层组织工作条例》和《中国农工民主党组织发展工作规程》作为重要的指导性文件，在加强基层组织建设，推进组织发展工作制度化、规范化、程序化方面发挥了重要作用。随着多党合作事业的发展，两个文件中的部分内容已不符合农工党十五大新修订的党章规定和相关政策，不适应实践发展的需要。为进一步规范基层工作和组织发展工作，组织部门重新起草了两个文件的修订稿（征求意见稿）。在市级组织主委研讨班、省级组织部长工作会议期间，修改小组听取了不同层次、不同方面对此修订稿的意见建议。在此基础上，组织部门专门派人向长期从事专职党务工作的部分老同志征求意见。通过广泛走访，努力将文件修改过程变成凝聚力量、统一共识的过程，变成经验交流、推动地方组织建设的过程。

11月11日至13日，农工党中央组织工作研讨会在辽宁省丹东市举行。副主席龚建

明出席并讲话，内蒙古区委会主委牛广明、辽宁省委会主委唐建武、吉林省委会主委赵吉光出席会议。龚建明指出，当前，农工党组织工作的理论研究还比较薄弱，导致一些工作方式、方法和思路还不能很好地适应形势发展的变化。具体到干部选拔、培养和使用、组织发展、领导班子和后备干部队伍建设、地方组织和基层组织建设，还存在许多重点难点问题，需要有敢于担当、敢于负责的胸怀和勇气，认真研究它、解决它，尽我们所能去做得更好。与会同志进行了务实的研讨和深入的交流，并结合各自实际认领了重点调研课题。来自内蒙古、辽宁、吉林、黑龙江四省的党务领导、骨干和理论专家参加会议。

12 月 27 日至 31 日，农工党组织工作研讨会在上海市和苏州市召开。农工党中央副主席、上海市委会主委蔡威出席并讲话，江苏省委会主委周健民、浙江省委会主委姚克、安徽省委会主委牛立文、福建省委会主委陈绍军、江西省委会主委郑小燕出席会议。蔡威指出，“人才强党”战略要求全党抓住中共中央 2012 年 4 号文件颁发的历史机遇，进一步加大高层次人才发展力度，加强干部的教育培训、实践锻炼和推荐使用，下大力气培养一批有较大社会影响、有较强领导能力和参政能力的复合型人才，为农工党政治协商、参政议政、社会服务、自身建设提供人才支撑。与会同志结合各地的实际情况，进行了务实的研讨和深入的交流，并分别认领了重点调研课题。来自上海、江苏、浙江、安徽、福建、江西、山东等六省一市的党务领导和有关专家参加了会议。

加强市级组织建设，做好新建市级组织相关工作。全面了解已列入规划但尚未成立的拟新建市级组织的筹备进展情况，办理新成立市级组织的批复工作。根据 2009—2013 年新建省辖市组织规划，批复成立了上海青浦区委员会、广西百色市委员会、河南南阳市委员会、云南丽江市委员会。

3. 稳步推动党内监督，支持完善省级组织内部监督工作

讲学习重交流，夯实监督基础。通过召开中央监督委员会工作会议和党内监督工作会议，进一步熟悉了党内监督的政策和业务，交流了全党党内监督工作开展情况，研讨了如何进一步完善规范和实施党内监督制度，进一步明确了中央监督委员会委员工作分工。1 月 5 日至 8 日，农工党中央监督委员会工作会议在四川省成都市举行。常务副主席、中央监督委员会主任刘晓峰，副主席龚建明出席并讲话，农工党中央监督委员会委员出席会议。会议部署落实了农工党十五届中央监督委员会 2013 年工作计划，进一步明确了中央监督委员会委员工作分工，结合学习党章（修正案）、党内监督条例（试行）和中央监督委员会工作规则（试行），进一步熟悉党内监督的政策、业务和相关知识。会议还研讨了进一步完善规范党内监督制度、机制的相关问题，并交流了省级监督委员会工作开展情况。10 月 25 日至 29 日，农工党党内监督工作会议在湖南省长沙市举行。中央副主席、湖南省委主委龚建明出席并讲话，山西省委会主委周然、重庆市委会主委杜黎明、云南省委会主委杨鸿生、宁夏区委会主委戴秀英出席会议。中央监督委员会委员、省级监督委员会成员共 30 余人出席会议。会议对加强党内监督工作、文件修改等提出了很多好的意见建议。

讲政治抓作风，推进班子建设。一年来，农工党中央领导班子及成员发挥模范带头作用，坚持民主集中制原则，坚持加强作风建设，认真履行职责，带领全党各级组织和广大党员，推进了农工党事业发展迈上新台阶。为进一步推动我党领导班子加强作风建

设，中央监督委员会启动了加强领导班子作风建设有关文件的起草工作。这是党内监督加强政治监督和作风监督的重要体现，也是加强党内监督制度化、规范化、程序化的重要举措。

讲程序扬民主，健全监督机构。按照新形势新任务新要求，在有关部门的指导帮助下，成立省级监督委员会变得更加成熟和必要。目前，已有北京、河北、上海、福建、湖南、重庆、贵州成立了监督委员会，天津等8个省级组织的监督委员会将于近期成立，即省级监督委员会成立比例将达到一半。

（三）理论建设和党史工作

1. 组织召开“参政党与协商民主”研讨会

3月28日，农工党中央“参政党与协商民主建设”研讨会在中央机关召开。常务副主席刘晓峰出席并讲话。刘晓峰指出，农工党要深入研究协商民主的内涵、形式和机制，丰富和拓展协商民主的形式和内容，创新工作方式，拓宽参与渠道，更好地展现社会主义协商民主的优势和价值。办公厅主任游宏炳，农工党中央常委、国家测绘局副局长李朋德，农工党中央委员、北京市安全生产监督管理局副局长常纪文，农工党中央委员、国资委监察局监察员黄宝荣，安徽省委会副主委方才等围绕社会主义协商民主的地位、作用、主要内涵及重要功能进行了热烈讨论，就参政党在协商民主建设中的基本经验、特点和优势以及如何发挥作用进行了深入探讨，就如何推进协商民主的制度建设与制度创新积极建言献策，就农工党如何发挥自身优势推进协商民主建设提出对策建议。

2. 组织开展理论点调研活动

为全面掌握农工党理论研究整体状况以及理论研究点面临的情况和问题，总结好的经验和做法，理清理论研究的思路，切实加强农工党理论建设，在农工党中央研究室主任姜天麟带领下，对安徽、江苏、上海、黑龙江、四川、重庆、湖北7个理论点进行了调研。调研共分三批进行，第一批是7月28日至8月4日，在安徽、江苏、上海三个点调研；第二批是8月20日至22日，在黑龙江点调研；第三批是8月25日至9月1日，在四川、重庆、湖北点调研。调研采取座谈会和个别重点交流的方式进行。每个理论点召开两个层面的座谈会，共召开了14个座谈会。一是听取主管理论研究工作的副主委介绍本点理论研究的基本情况，包括理论点开展理论研究的方式方法、理论点如何培养理论骨干和建立理论研究队伍、理论点理论研究成果、理论成果的转化、理论研究面临的情况和问题、有哪些好的经验和做法、理论研究成果如何指导工作实践、对农工中央加强理论建设的意见和建议等；二是各理论点的理论骨干研讨在理论研究方面遇到的问题、取得的经验以及对理论工作的意见和建议。个别重点交流是根据中央的要求，跟相关理论专家就重大理论问题进行交流，交换意见。通过调研，具体了解了农工党理论建设现状、面临的情况和问题以及好的经验和做法，掌握了农工党理论研究情况的第一手资料。

3. 召开理论点有关书稿审稿会

农工党中央理论研究四川点承担的中央重点理论研究课题《参政党建设科学化问题研究》和江苏点承担的中央重点理论研究课题《“同心理论”与参政党建设研究》初稿已经完成，农工党中央聘请了参政党理论研究专家进行审稿，并召开两次书稿审稿会，集中各位专家的意见建议，推动了书稿完成和出版工作，并积极推动完成安徽点《参政党建设若干重大问题研究》重点课题研究。

4. 编印《过渡时期的中国农工民主党研究参考资料》

从2009年开始。农工党中央研究室党史处和相关省份的同志们，历经4年多的努力，先后召开征集史料、编辑、审稿会议共5次，查阅了大量史料，斟酌对照，去伪存真，在此基础上开展了艰苦的文字编写工作，形成了60余万字的文稿，首次较系统地总结了过渡时期农工党开展的各项工作。其中，某些内容，如农工党六届二中全会确定农工党以医药卫生界为主，这一界别分工的来源及落实经过属首次考证得实；又如出卖农工党创始人邓演达烈士的叛徒，他的卑鄙行径及得到正义的审批的最终后果，也是首次在农工党中央编印的资料中予以披露等。文稿形成后，广泛征求老领导、老党员的意见，并根据他们的意见做了多处修改，最终于2013年11月交付印刷，这一重要的党史研究成果得到落实。

5. 农工党党史人物资料整理工作交流座谈会

7月11日至12日，农工党党史人物资料整理工作交流会在中央机关召开。常务副主席刘晓峰出席并讲话。刘晓峰指出，农工党作为在国内最早成立的民主党派，有着光荣的历史和优良的传统，这是大家所公认的。农工党前辈们为中国革命和建设事业所做的贡献，奠定了农工党在当今中国政治生活中的地位。今天农工党作为参政党之一，积极履行参政议政、民主监督职能，在中国特色社会主义道路上为全面建成小康社会贡献智慧和力量，是农工党历史的延续。刘晓峰强调，党史研究工作非常繁复，要促进党史研究工作，需要广泛调动力量，发挥方方面面的作用。最后，刘晓峰勉励大家，党史人物资料的整理，是一项很紧迫也是很有价值的任务，希望大家圆满地完成任务，取得更大的成绩。农工党党史人物资料整理工作组成员共30余人参加了会议。

6. 纪念“福建事变”80周年座谈会

12月11日，农工党中央在福建省福州市召开座谈会，纪念“福建事变”80周年。常务副主席刘晓峰出席并讲话，副主席龚建明主持座谈会，原副主席宋金升出席并发言。福建省政协副主席郭振家出席座谈会。座谈会上，研究农工党党史的专家学者，交流了对“福建事变”的学术研究成果，阐明了农工党与“福建事变”的关系，肯定了“福建事变”的进步意义。参加过“福建事变”的农工党党员的亲属代表，讲述了农工党先辈们在“福建事变”中担任的重要职责和发挥的重要作用，表达了对他们的无限怀念。刘晓峰讲话指出，农工党的前身——中国国民党临时行动委员会参加酝酿和组织策动“福建事变”，是继承邓演达遗志，探索中国革命道路的大胆尝试，是追求建立平民政权理想的一次实践，在农工党的历史上留下了闪光的一页。刘晓峰强调，我们纪念“福建事变”，就是要继承和发扬农工党光荣历史和优良传统，把开展党史教育贯穿于坚持和发展中国特色社会主义学习实践活动中，深刻认识建设中国特色社会主义参政党的重大意义和科学内涵，不断增强广大党员接受中国共产党领导的自觉性和坚定性，不断增强道路自信、理论自信和制度自信，在政治上、思想上和行动上与习近平同志为总书记的中共中央保持高度一致，坚定不移走中国特色社会主义道路。来自中共中央统战部、中共福建省委统战部、农工党中央机关、各省级组织、福建省特邀代表以及参加“福建事变”的农工党老一辈领导人家属及后人等50余人出席座谈会。

7. 大力支持农工党党史基地建设

积极同地方组织开展合作，大力支持农工党党史基地建设，促成了三处党史基地的建成。同农工党河北省委会合作，建设了“保定军校毕业的农工党领导人”陈列室。位于河北省保定市的保定军校，培养了大量在中国近、现代史上发挥重要作用的政治、军事人才，先后担任农工党主要领导人的邓演达、黄琪翔、季方，就是其中三位。同农工党福建省委会合作，布置了“农工党与福建事变”史料陈列。为纪念农工党策动、组织和参与事变80周年，农工党中央和福建省委会组织编写了《中国农工民主党与“福建事变”史料研究汇编》，在此基础上，同福建省委会一起布置了史料陈列。同农工党江西省委会合作，建设了党史陈列室并修复了农工党革命活动史迹点——查祠。江西是农工党组织同反动政权开展过武装革命斗争的省份，其中修水县是由农工党领导的武装解放并和平移交给解放军的。农工党在江西省、修水县的发展史，是农工党“在血与火的考验中同中国共产党建立了互相信任、互相支持的密切关系”的真实写照。农工党中央同江西省委会合作，促成了党史基地的建成。

8. 积极做好党史的相关工作

收集党史资料，丰富农工党中央库存。收集到农工党第三届中央委员朱代杰的资料16件，包含农工党党史线索的书籍数十本。同时，制定了党史资料收集、保管、利用的规定，为相关工作提供了制度保障。牵头编印了《同心同德共铸辉煌——中国农工民主党2008—2012年主要工作成果》图片册。

（四）专委会工作和台港澳联络工作

新一届中央专门工作委员会成立后，按照中央的统一部署，11个专委会立足界别特色，发挥委员专长，工作有序开展。中央联络处配合专委会主任做好30余项活动的服务工作，包括大型会议、专题座谈会、课题调研等。编印了三期《中国农工民主党第十五届中央专门工作委员会工作简报》。

关于中国失独家庭的社会保障的调研。3月12日，中央妇委会组织参加全国两会人大代表、政协委员以及中央妇委会委员和北京市妇女委员的部分委员，走访了北京西城区展览路街道新希望家园和西长安街道社区服务中心，调研北京失独家庭的状况。8月29日，召开了《中国失去独生子女家庭调研报告》的意见征询会。邀请全国妇联有关专家、参政议政部有关领导领导对调研报告初稿提出意见和建议。9月26日，农工党中央妇委会和北京市妇委会联合调研，走访北京市计生委，听取计生委关于失独问题的汇报，大家共同探讨了有关失独问题的对策。经过数易其稿，妇委会向中央提交了《中国失去独生子女家庭的社会保障研究》报告。

为修订《环境保护法》等提出意见建议。8月11日，农工党中央生态环境工作委员会在中央机关召开专题座谈会，研讨关于《环境保护法修正案（草案二次审议稿）》的修改意见。副主席龚建明出席会议并讲话。生态环境工作委员会主任王金南主持会议。龚建明欢迎参会的各位专家、学者，对环保部支持配合农工党的工作表示感谢。他指出，本次座谈会很及时，很必要，我们要充分体现我党生态环境的界别优势，为《环境保护法修正案（草案二次审议稿）》的修改献计出力。本次会议特别邀请了环保部有关同志参加了会议。与会代表针对《环境保护法修正案（草案二次审议稿）》的修改各抒己见。

6月19日，农工党中央文化工作委员会主任张新建率中央文化委一行15人赴安徽就“徽班进宫演出资料”整理抢救工作进行调研。6月26日，农工党中央妇女工作委员会牵头的“2013年美丽中国——妇女儿童健康活动”课题组赴位于天津的伊利集团生产基地调研，妇女工作委员会主任孙晓梅、办公厅副主任王素芳参加调研。医疗卫生工作委员会在2013年下半年召开了课题立项研讨会，开展了留守儿童心理健康调查。9月22日至27日，中央联络委、文体委在河南郑州、新乡、荥阳、淮阳、信阳等地先后深入开展姓氏宗亲文化调研，形成《姓氏宗亲文化调研工作报告》，并倡议设立“中国姓氏文化研究基地”。

拓宽渠道，积极开展对台联络工作。2013年，农工党注重通过多种形式加强两岸交流、促进两岸关系发展。主要工作有：(1) 协调组织“台湾医疗品质促进联盟参访团”参访工作。5月26日至6月2日，农工党中央协调陕西省委会、青海省委会于共同接待以中国初级卫生保健基金会名义邀请的“台湾医疗品质促进联盟参访团”，取得了良好的效果。(2) 邀请部分台籍学生参加中秋联谊活动。9月14日，农工党中央办公厅、联络工作委员会邀请北京中医药大学台湾籍学生和中医药专家参加传统活动“中秋联谊会”。中央副主席兼秘书长何维到会并与在座学生交流座谈。联谊得到港澳台学生的积极响应。(3) 河北省委会主办第二届冀港澳台中华传统医药文化发展大会。9月23日至24日，由农工党河北省委员会、河北省卫生厅、河北省中医药管理局、河北省台湾同胞联谊会、河北省黄埔军校同学会联合主办的第二届冀港澳台中华传统医药文化发展大会在河北省石家庄市举行。农工党中央副主席兼秘书长何维，国家中医药管理局副局长、农工党北京市委会主委于文明，全国台联副会长杨毅洲，以及河北省政协副主席、农工党河北省委会主委段惠军应邀到会并致词。来自港、澳等地的150余位中医药专家、企业家参加本届大会，为两岸四地中医药界提供了交流合作平台。

（五）机关建设

2013年，农工党各级机关围绕学习贯彻中共十八大精神和农工党十五大精神，认真履行部门职责，切实增强服务意识，为履行好参政党职能提供了有力保障，机关工作制度化、规范化、程序化进一步加强。机关工作人员认真履行岗位职责，讲学习、讲团结、讲奉献，服务参政议政和党务工作的能力进一步提高。

落实规定，作风建设深入开展。为认真落实中共中央八项规定，农工党中央下发了《关于厉行勤俭节约、反对铺张浪费的通知》和《关于改进机关工作作风的十项规定》，对改进工作作风提出具体的要求。全党按照中央要求，认真执行规定，工作作风有了很大改观。中央机关狠抓纪律与作风建设，要求全体工作人员遵守各项规章制度，形成了积极向上、健康和谐的良好风气。

规范程序，制度建设成果显著。研究制定了《中国农工民主党中央工作规则（试行）》，明确了农工党中央领导决策、责任分工的基本规则与程序。中央重视加强机关建设，强调讲政治、讲法制、抓学习、树正气、立规章五大工作要求，明确机关服务保障的主要职责，推动机关建设规范化、程序化、制度化水平。中央机关着力抓好制度建设，整理修订《中央机关工作制度汇编》，建立了秘书长办公会、部务会等会议制度，形成相互配合的工作机制，初步建立了靠制度管人、管事、管财的管理体系，为建立中央机关长效运转机制奠定了基础。各地方组织机关加强作风建设，建立健全工作制度，完善工作机制，服务保障能力明显提高。

完善保密工作制度，加强机关保密工作。鉴于保密工作事关重大，农工党中央机关成立了保密委员会，制定了《农工党中央机关保密规定（试行）》，以进一步增强机关工作人员的保密意识，规范机关保密工作。专人专职负责机要保密工作，做好秘密文件的登记、保管、清退、借阅等工作，并在机关进行宣传教育。同时，做好网络使用安全的监督管理工作。

立足长远，机关干部队伍建设不断加强。农工党中央机关注重干部队伍建设，加强对机关干部的培养，择优选派骨干力量到地方基层挂职锻炼。制定和实施了《处级领导职位竞争上岗工作方案》，力求形成竞争择优的干部选拔任用机制，调整和充实了一些局处级干部。调整了内设部门处室，进一步理顺了工作关系。继续更新完善机关公务员管理信息系统数据库，努力提高公务员管理的科学化、信息化水平。

12 月 4 日至 12 月 6 日，农工党中央机关 2013 年公务员培训班于在中央机关举行。本次培训班的主题是，提高思想认识，加强能力培养，转变工作作风，做一名合格的参政党中央机关公务员。开班式前，常务副主席刘晓峰、副主席兼秘书长何维、副主席龚建明与本次培训班学员亲切合影。何维副主席兼秘书长出席开班式并作动员讲话，他强调要努力增强大局意识和责任意识，进一步提升机关建设的能力和水平。

继续开展机关档案整理与数字化项目。2013 年，已完成约 38 万页文书档案和 5 万页党史资料的系统整理及电子目录编制。利用机关档案整理与数字化项目所取得的阶段性成果，顺利向机关人员提供所需档案，特别是为党史研究提供了农工党重大党史问题的相关档案与线索，利用档案积极配合了对有关问题的研究。

其他工作还有，组织机关各部门共同开展《中国农工民主党中央重要文稿汇编（2007—2012）》编辑工作，并于 11 月 13 日至 15 日在北京市平谷区主持召开《中国农工民主党中央重要文稿汇编（2007—2012）》编辑工作会议，农工党中央办公厅主任游宏炳主持会议。

（六）组织及成员概况

截至 2013 年 12 月底，农工党共有地方组织 359 个。其中，包括省级组织 30 个，地级组织 280 个，县级组织 49 个。基层组织 6213 个，其中基层委员会 174 个，总支 512 个，支部 5407 个。全年新加入成员 7217 人。成员总数 135615 人，其中女成员 67962 人。平均年龄 51.1。离退休 42653 人。

农工党界别分布如下：医药卫生界 78432 人，百分比 57.8%；普通教育界 11134 人，占 8.2%；高等教育界 10129 人，占 7.5%；科学技术界 9080 人，占 6.7%；政府司法机关 7085 人，占 5.2%；新的社会阶层人士（其中私营企业主 2944 人，占 2.2%；其他人士 3117 人，占 2.3%）；文化艺术界 4009 人，占 3%；公有制经济界 3450 人，占 2.5%；党派机关 1796 人，占 1.3%；新闻出版界 489 人，占 0.4%；团体 300 人，占 0.2%；其他 3216 人，占 2.4%。

担任各级人大代表的共有 1991 人。其中，全国人大常委会副委员长 1 人、人大常委 7 人、人大代表 54 人；省级人大常委会副主任 5 人、人大常委 47 人、人大代表 281 人；市地级人大常委会副主任 35 人、人大常委 230 人、人大代表 859 人；县级人大常委会副主任 78 人、人大常委 270 人、人大代表 797 人。

担任各级政协委员共有 11386 人，其中全国政协副主席 1 人、政协常委 13 人、政协委员 87 人；省级政协副主席 17 人、政协常委 220 人、政协委员 885 人；市地级政协副主席 168 人、政协常委 1120 人、政协委员 4830 人；县市区级政协副主席 212 人、政协常委 1306 人、政协委员 5584 人。

政府及司法机关中，担任省、市、自治区领导 1 人，中央司局级干部 5 人、地方厅局级干部 54 人、地方地市级干部 52 人，县处级干部 754 人。

农工党成员学历情况如下：有大本以上学历的占 70.2%；有中、高级职称的占 87%。担任中国科学院院士的共有 8 人。担任中国工程院院士的共有 7 人。

石光树　农工党中央宣传部部长
常云岐　农工党中央宣传部主任科员

中国致公党

2013 年是致公党十四届中央委员会的开局之年，新一届中央领导班子牢牢把握致力为公和侨海报国两大主题，广泛动员各级组织和全体党员，立足自身特点和优势，切实履行参政党职能，扎实推进高素质参政党建设，各项工作取得了新成绩，实现了良好开局。

一、重要会议及活动

（一）中央委员会会议

12 月 17 日，中国致公党第十四届中央委员会第二次全体会议在北京开幕。会议的议题是组织学习中共十八届三中全会精神，听取并审议十四届中央常务委员会工作报告，对全党开展坚持和发展中国特色社会主义学习实践活动进行动员部署。致公党中央主席万钢出席会议并代表十四届中央常务委员会作工作报告。

万钢指出，2013 年是致公党十四届中央委员会的开局之年。全党坚持致力为公、侨海报国，立足自身特点和优势，切实履行参政党职能，扎实推进高素质参政党建设。一年来，全党认真学习贯彻中共十八大精神，坚持把加强思想建设摆在各项工作的首位，把深化参政党理论研究作为推动工作创新的重要基础；紧扣科学发展观主题和加快转变经济发展方式主线咨政建言，认真履行政治协商、参政议政和民主监督职能；服务国家总体外交战略，广泛联系海外侨胞、留学人员和港澳台同胞；提升社会服务水平，积极做好促进和改善民生工作；推动地方和基层组织建设，着力加强干部后备队伍建设，努力推进“学习型、服务型、创新型”机关建设。

万钢强调，学习贯彻中共十八届三中全会精神，是中国致公党当前和今后一个时期的重大政治任务。全党要以邓小平理论、“三个代表”重要思想、科学发展观为指导，深入贯彻中共十八大、十八届二中、三中全会精神，认真学习习近平总书记系列讲话精神，全面开展坚持和发展中国特色社会主义学习实践活动，不断增强对坚持和发展中国特色社会主义的道路自信、理论自信、制度自信，解放思想、实事求是、开拓创新，充分发挥致公党特色和优势，认真履行参政党职能，积极投身中国特色社会主义伟大实践，为全面深化改革献计出力，努力在服务大局上有新作为，在参政党建设上有新进展。

万钢提出，2014 年是我国推进全面建成小康社会的重要一年。全党要紧紧围绕全面深化改革，充分发挥本党的智力优势和特色，努力就国家经济社会发展中的重大问题建言献策；要以“侨”为桥，以“海”为脉，有计划、有重点、多层次、多领域地开展联谊活动，服务公共外交；要紧紧围绕改善民生民计，整合力量，突出重点，形成社会服务新格局；要不断创新体制机制，着力推进宣传工作、组织建设和机关建设，扎实开展参政党理论研究。

开幕式上，常务副主席蒋作君就《中国致公党党内监督条例（草案）》作了说明，严以新副主席就《致公党中央关于开展坚持和发展中国特色社会主义学习实践活动的方案（草案）》作了说明。

全会审议通过了十四届中央常务委员会工作报告决议、《致公党中央关于开展坚持和发展中国特色社会主义学习实践活动的方案》、《中国致公党党内监督条例》等文件。

会议期间，还召开致公党中央参政议政工作会议、专门委员会工作会议和监督委员会工作会议。

副主席王珣章、程津培、杨邦杰、黄格胜、曹小红、李卓彬、闫小培和中央委员及列席会议的代表200余人参加会议。

（二）中央常务委员会会议

1. 致公党第十四届中央常务委员会第二次全体会议

3月9日，中国致公党第十四届中央常务委员会第二次全体会议在北京召开。致公党中央主席万钢，常务副主席蒋作君，副主席王珣章、程津培、杨邦杰、严以新、黄格胜、曹小红、李卓彬、闫小培及中央常委出席了会议，致公党参加全国“两会”的人大代表、政协委员和有关人员列席了会议。蒋作君主持会议。

会议传达学习了“两会”精神；通报了《致公党中央2013年工作要点》，讨论并通过了《致公党中央关于学习贯彻“两会”精神的决议》；审议通过了《中国致公党第十四届中央委员会专门委员会主任、副主任名单》。

万钢在会上发表重要讲话。他指出，在认真学习贯彻中共十八大精神开局之年召开的这次“两会”，对于深化改革开放，全面推进社会主义经济建设、政治建设、文化建设、社会建设和生态文明建设，实现经济持续健康发展与社会和谐稳定，具有深远的意义。认真学习、深刻领会和切实贯彻“两会”精神，是致公党当前与今后一个时期的重要任务。各级组织和广大党员要认真研读“两会”有关文件，将学习贯彻“两会”精神与全面认识和把握当前形势结合起来，深入实际、深入基层、深入群众，不断加强自身建设，切实履行参政党职能。

万钢要求，各级组织和广大党员要认真学习2012年底习近平总书记走访致公党中央时的重要讲话精神，以开创“致力为公、侨海报国”新局面为目标，注重强化致公党的“侨”“海”特色和服务意识，注重提高服务科学发展的能力和水平；要努力形成参政议政、海外联络、社会服务、组织发展、社会宣传相互协作、相互融合的工作格局，以大侨务工作思路综合推进各方面工作；要在工作中积极探索符合致公党实际的新思路和新方法，增强致公党中央和地方组织在工作上的互动，鼓励地方组织之间互相配合与联动，不断创新工作方式，提高工作成效。

万钢强调，要适应形势发展的要求，进一步完善专门委员会工作机制，加强对专委会委员的联系与沟通，不断提高专委会工作的水平，最大限度地发挥专委会的作用。

2. 致公党第十四届中央常务委员会第三次全体会议

7 月 5 日，中国致公党第十四届中央常务委员会第三次全体会议在云南昆明召开。致公党中央主席万钢、常务副主席蒋作君，副主席杨邦杰、严以新、黄格胜、曹小红、李卓彬、闫小培及中央常委出席会议，有关省级组织负责人及中央机关部分局级干部、中央监督委员会部分委员列席会议。中共云南省委常委、统战部部长黄毅出席开幕式并致词。

会议的主题是围绕我国当前的经济体制改革建言献策。万钢在会议上作了重要讲话。蒋作君作了总结讲话。

万钢指出，改革开放以来，我国经济社会发展取得了举世瞩目的成就，经济总量和国家综合国力跃居世界前列，但目前发展的速度、改革的力度和社会可承受的程度之间也存在一定的内在矛盾。这要求我们以历史发展的眼光、辩证思维的方法和实事求是的观点来看待改革，紧紧围绕改革的主要领域和关键环节，积极建言献策。

万钢要求，作为参政党，致公党要积极关注和研究深化改革发展方面的课题，围绕深化经济改革、生态文明建设、社会管理创新、创新驱动发展、“三农”问题、教育卫生体制改革、留学人员归国创业等内容，注重立论，深入研究，为解决我国当前和今后发展中可能面临的问题，提供有价值的思路和建议，努力为促进我国的改革和发展事业作出应有的贡献。

万钢强调，致公党各级组织要借鉴执政党正在开展的群众路线教育实践活动，继续重视加强自身建设，特别是要抓好各级组织领导班子成员和骨干党员的学习工作；要重视专门委员会的建设，加强对专委会工作的指导力度；要加强各级组织，特别是中央与地方组织之间的联动；要加强机关建设，提高各级机关的服务能力与工作效率。

3. 致公党第十四届中央常务委员会第四次全体会议

11 月 20 日，中国致公党第十四届中央常务委员会第四次全体会议在北京召开。致公党中央主席万钢、常务副主席蒋作君，副主席程津培、杨邦杰、严以新、黄格胜、曹小红、李卓彬、闫小培及中央常委出席会议，有关省级组织负责人及中央机关部分局级干部、中央监督委员会部分委员列席会议。

会议学习了中共十八届三中全会精神，讨论了《致公党中央关于开展坚持和发展中国特色社会主义学习实践活动的方案（讨论稿）》，审议通过了《致公党中央关于学习贯彻中共十八届三中全会精神的决议（草案）》。万钢在会议上作了重要讲话。蒋作君作了总结讲话。

万钢指出，十八届三中全会是在我国改革开放新的重要关头召开的一次重要会议，会议全面回顾总结了十八大以来中共中央政治局的工作，研究部署了新的历史起点上全面深化改革工作。学习贯彻好中共十八届三中全会精神，是当前和今后一个时期致公党的重大政治任务。大家要深刻认识改革开放对当代中国的重要意义，做促进全面深化改革坚定的支持者、拥护者和实践者。

万钢强调，要把学习贯彻中共十八届三中全会精神作为首要任务，切实把思想统一到中共中央的决策和部署上来，使本党始终做到同执政党和国家方向一致、目标一致、工作一致。

万钢要求，要把服务改革发展作为重中之重，继续为促进全面深化改革献计出力。结合本党的实际情况和“侨”“海”特色，开展调研和协商议政活动。要进一步提高智库意识，在建言献策的选题和领域上，要有战略眼光，及早部署，提前研究，从而使本党中央能集中全党智慧，向中共中央提供决策参考。

4. 致公党第十四届中央常务委员会第五次全体会议

12 月 17 日，致公党第十四届中常会第五次会议在北京召开。致公党中央主席万钢，致公党中央常务副主席蒋作君，副主席王珣章、杨邦杰、严以新、黄格胜、曹小红、李卓彬、闫小培及其他中央常委出席了会议，会议由万钢主持。部分省级组织主委，中央机关局级干部及中共中央统战部特邀同志列席会议。

会议进行了以下几项议程：学习贯彻中共中央有关会议精神；审议通过《致公党十四届二中全会议程（草案）》；审议通过《致公党十四届二中全会日程（草案）》；审议通过《致公党十四届二中全会主持人、报告人建议名单》；审议通过《中国致公党第十四届中央常务委员会工作报告（草案）》，决定提交十四届二中全会审议；讨论通过《致公党中央关于开展坚持和发展中国特色社会主义学习实践活动的方案（草案）》，决定提交十四届二中全会审议；讨论通过《中国致公党党内监督条例（草案）》，决定提交十四届二中全会审议；讨论通过《中国致公党第十四届中央委员会第二次全体会议关于中央常务委员会工作报告的决议（草案）》，决定提交十四届二中全会审议。

（三）致公党第十四届中央监督委员会第二次全体会议

11 月 2 日，致公党第十四届中央监督委员会第二次全体会议在南京召开。致公党中央常务副主席、中央监督委员会主任蒋作君就建立致公党省级监督委员会等工作作了部署和安排。致公党中央副主席、中央监督委员会副主任杨邦杰主持会议。

会议听取了各位委员关于本省、直辖市党内监督工作开展情况的汇报；研究中央监督委员会如何对地方组织进行党内监督工作指导；研讨致公党监督条例及监督工作规则的修订；讨论下一步工作安排。

（四）中国发展论坛 · 2013

11 月 4 日至 5 日，“中国发展论坛 · 2013”在江苏省南京市举行。今年论坛的主题为“加快农业现代化，推动‘新四化’同步发展”。致公党中央主席万钢出席论坛开幕式并作主旨报告。致公党中央常务副主席蒋作君、副主席杨邦杰，江苏省副省长许津荣出席开幕式。

万钢指出，农业是关系国计民生的基础性产业，是深化改革、实现创新驱动发展的一个至关重要的方向。中共十八大明确要求，要在工业化、信息化、城镇化进程中同步推进农业现代化，这充分说明在新起点上更好地推进我国农业农村发展，已经成为我国经济可持续发展的重要支撑，也已经成为富裕农民、改善民生的重要基础。本届论坛以“加快农业现代化，推动‘新四化’同步发展”为主题，具有很强的现实与理论意义。要推进农业的现代化，必须立足已有的良好基础，坚持把科技创新作为农业可持续发展的根本出路，着力在造良田、推良种、用良法上下功夫；必须依靠进一步深化改革，克服体制机制问题，大力推进农业产业化、农民职业化和农村信息化建设；必须提高农业全要素生产率，努力实现农业经济增长方式从粗放型到集约型的转变，提升技术进步、农业规模经营和组织创新的综合效率。

许津荣代表中共江苏省委、省政府向论坛的举办表示热烈祝贺。许津荣介绍了江苏省经济社会发展情况。她表示，长期以来，致公党中央对江苏的发展非常关注，给予了大力支持。此次中国发展论坛在江苏举办，充分体现了致公党中央对江苏的重视、关心和支持，对江苏经济社会发展和多党合作事业必将起到重要的促进作用。

蒋作君主持论坛开幕式。他说，农业是稳民心、安天下的产业，十三亿人的吃饭问题始终是天大的事。中共中央、国务院高度重视"三农"问题，出台了一系列的"一号文件"。致公党中央也长期关注"三农"问题，这次论坛再次聚焦"三农"，从农业现代化的层面，收集智者的智慧、行者的经验，拟向中共中央建言献策。

杨邦杰作论坛总结。杨邦杰表示，中国发展论坛是致公党中央的年度盛会，是致公党中央参政议政的一个品牌。他代表致公党中央对支持和参加本次论坛的中央有关部委，江苏省有关部门，论坛的承办方、协办方、演讲嘉宾以及与会嘉宾表示感谢。

论坛上，来自相关领域的 19 名专家、学者，结合各自研究成果和体会，从前沿理论视野和丰富的实践层面围绕发展农业现代化、推进"新四化"同步发展，在农村土地制度创新、整合现代科技等方面开展学术交流和讨论，为政策制定与实施积极建言献策。与会嘉宾还考察了中科院南京土壤所和环保部南京环境科学研究所。

本届论坛由中国致公党中央委员会主办，中科院南京土壤研究所和中国致公党江苏省委会承办，国土资源部农用地质量与监控重点实验室、中国致公党中央环境与可持续发展委员会、中国发展杂志社协办。

致公党江苏省委会主委麻建国，致公党中央秘书长曹鸿鸣，国家发改委、科技部、工业和信息化部、国土资源部、环保部等部委和中共江苏省委、省政府、省政协的有关同志，致公党北京、上海、天津、江苏、广东、山东、福建、浙江等 18 个地方组织代表，中国科学院、中国社科院、中国农业大学、南京大学、南京农业大学等科研院所与高校的专家学者一百五十余人参加论坛。

（五）第四届海峡科技论坛

9 月 6 日，由致公党中央委员会主办，致公党山东省委、山东省科技厅、省台办和潍坊市人民政府共同承办的"2013 海峡科技论坛"在山东潍坊市成功召开。

致公党中央主席、科技部部长万钢出席论坛开幕式并发表主旨演讲，指出中国新一届领导班子执政以来，把科技创新摆在国家发展全局核心位置，这种提法和高度过去没有过；建议海峡两岸科技企业界加强合作，共同做好新兴产业的培育承接转移发展，进一步加强创新政策交流协同，提升科技研发能力，呵护新兴产业成长，用成果形成市场创造利润，携手实现两岸创新驱动发展。

台湾"三三企业交流会"会长兼台湾经济研究院董事长江丙坤、国台办主任助理龙明彪、山东省政协副主席王新陆、潍坊市市长刘曙光等出席论坛并致辞，肯定海峡科技论坛在促进两岸科技交流合作、增进同胞感情、推进和平发展方面发挥的重要作用。中国科学院院士干福熹、中国科技发展战略研究院常务副院长王元、南京大学工程管理学院院长李心丹和台湾工业技术研究院董事长蔡清彦、中信金控副董事长薛金川、清华大学常务副校长叶铭泉、财经专家刘忆如等分别围绕“科技创新推动产业转型升级”、“科技创新推动先进装备制造产业发展”、“科技金融结合促进企业创新与快速发展”和“科技创新推动光电产业发展”等主题发表演讲。

致公党中央常务副主席蒋作君、副主席闫小培分别主持了论坛开幕式和主题演讲。科技部秘书长李萌，致公党中央联络部部长许怡、副部长迟卫东，中共潍坊市委书记杜昌文，致公党山东省委会主委赵家军以及沪津辽鲁苏浙闽致公党有关负责人和台湾统一集团总裁林苍生等来自大陆及台港澳政、学、商代表 450 人出席论坛有关活动。

（六）第五届海峡论坛·致公恳谈会

6 月 15 日，由致公党中央主办、致公党福建省委会承办的“第五届海峡论坛·致公恳谈会”在厦门举行。致公党中央常务副主席蒋作君出席活动并发表题为“采传统文化之所长，聚民族精神之所倚”的主旨演讲。致公党福建省委会主委薛卫民，致公党中央联络部部长许怡、副部长迟卫东，致公党福建省委会副主委刘珂、徐平东等出席活动。

台湾国际洪门中华总会、台湾中华全球洪门联盟、台湾传统伦理文化发展协会等来自台湾 13 个团体 60 位嘉宾参加了恳谈会活动，与会者围绕“中华优秀传统文化的传承与创新”展开研讨。台湾国际洪门中华总会创会理事长刘沛勋，山东师范大学教授、原山东省政协副主席王志民，台湾中华全球洪门联盟总会长刘会进，厦门大学教授连心豪分别应邀从河洛文化、齐鲁文化、忠义文化、闽南文化等方面发表了对传承与创新中华优秀传统文化的意见。

除出席致公恳谈会，部分台湾嘉宾还参加了全国政协主席俞正声的会见宴请及论坛大会，出席了海峡两岸“影视季”活动，参观了闽台书画文物展和非物质文化遗产展，考察了厦门海沧台商投资区。

（七）海外浙商·致公峰会

6 月 26 日至 28 日，由致公党中央和浙江省人民政府共同主办，致公党浙江省委会、浙江省科技厅、浙江省侨办承办，浙江杭州未来科技城（海创园）、杭州青山湖科技城、中国浙江省海外留学回国创业人员联谊会协办的“海外浙商·致公峰会”在杭州隆重召开。300 多位海内外浙商精英和专家学者齐聚杭州，围绕“经济转型与发展机遇”的主题，深入交流、共谋发展。

致公党中央主席、国家科技部部长万钢，中共浙江省委书记、省人大常委会主任夏宝龙，致公党中央常务副主席蒋作君，浙江省委副书记、省长李强，致公党中央副主席闫小培，国家工商总局副局长甘霖，浙江省委常委、秘书长赵一德，致公党浙江省委会主委、浙江省副省长郑继伟，浙江省委统战部部长汤黎路等领导出席峰会。

26 日晚，万钢、夏宝龙、蒋作君、闫小培等领导会见了部分出席峰会的代表。

27 日上午峰会正式开幕，万钢在开幕式上发表了重要讲话。万钢对广大海外浙商关心、关注祖国的发展进步，通过多种方式积极支持和参与祖国的现代化建设表示衷心的感谢，勉励大家以“闯天下”的干劲参与“中国梦”建设，以“挺立潮头”的豪情走驱动创新之路，以“海纳百川”的品质塑造中华企业家精神，以“创造福祉”的情怀开创事业人生，做有梦想、有远见、有内涵、有担当的新一代海外浙商。

夏宝龙在会见时对致公党中央长期来对浙江的关心帮助表示感谢，向各位来浙参加峰会的海内外朋友表示欢迎，希望大家助力浙江转型升级，助力浙江科技创新，为浙江发展注入新的力量。李强在开幕式上致辞，希望海外浙商把大产业、大项目、大企业带到浙江来，把前沿技术、高端人才、优秀团队引到浙江来，为家乡建设作出新贡献。

峰会围绕“经济转型和发展机遇”的主题，分别邀请原国家统计局局长李德水先生和娃哈哈集团董事长兼总经理宗庆后先生作题为“加快经济转型，迎接新的发展机遇”和“世界经济背景下浙商选择”的主旨演讲。峰会还围绕“浙江四大国家战略举措和浙商发展机遇”、“科技创新促企业升级”、“民间资本与‘走出去’战略”三个专题举办专题论坛。论坛由来自凤凰卫视的曾静漪主持，邀请浙江省人民政府党组成员郑宇民，致公党中央常委、国家海洋局海岛管理司司长吕彩霞，国龙联盟创始合伙人兼集团总裁陆兴东，法国麦斯柯汀集团董事长、法国温州商会会长刘若进，嘉善县委副书记、县长许晴等 11 位嘉宾进行对话，发表自己的看法，并与与会来宾进行现场互动。

峰会上，还进行了荷兰荷润集团与浙江勿忘农集团关于浙江省（萧山）现代农业创新园项目的签约仪式。

28 日，与会代表赴杭州未来科技城（海创园）、青山湖科技城等园区考察，并通过诸暨行、嘉善行等活动进一步熟悉浙江的投资环境，开展产业对接。

（八）贵州省毕节试验区考察活动

8 月 2 日至 3 日，致公党中央主席万钢，致公党中央副主席闫小培，科技部副部长张来武，致公党上海市委会主委张恩迪、致公党江苏省委会主委麻建国、致公党贵州省委会主委谢晓尧及致公党中央秘书长曹鸿鸣一行赴贵州省毕节试验区调研考察。

考察队考察了毕节新能源汽车项目及致公党帮扶的毕节农业科技项目、毕节市七星关区人民医院建设项目、致公党大连市委会援建的小坝镇“致公光华同心幼儿园”建设项目，参加了“中国致公党医卫帮扶实践基地”揭牌仪式，并于 8 月 3 日晚与毕节市委、市政府进行了座谈。

万钢提出，在毕节经济发展转型的机遇期要在五个方面下功夫：一是要抓好产业结构调整，做好产业转型，构建产业集群，注重商业模式和找准市场行情；二是要注重现代产业发展，打好扶贫、脱贫攻坚战；三是要扎实推进新型城镇化，要促进农民就业，提高农民劳动技能，增加农民收入，提高农民消费能力，形成一个科学的、可持续的新型城镇化；四是要实现经济与社会同步发展；五是要创新致公党参与毕节试验区工作方式，确立新模式，明确新方向。

闫小培于 8 月 2 日在毕节七星关区进行新型城镇化的调研，考察了毕节七星关区海子街镇丁家寨村的农业科技扶贫项目和海子街镇的镇容镇貌。

（九）“致福慈善基金会发起人单位、发起人和出资人会议”及“致福慈善基金会第一届理事会第一次会议”

8月6日，“致福慈善基金会发起人单位、发起人和出资人会议”及“致福慈善基金会”第一届理事会第一次会议在致公党中央机关召开，致公党中央主席万钢、副主席闫小培、秘书长曹鸿鸣及致福慈善基金会理事会成员参加了会议。

会议通过了《致福慈善基金会章程》等有关文件，选举闫小培为致福慈善基金会理事长，史维学、许振东、董配永、沈国军、郭滨、应仲树为副理事长。会议任命高春丽为基金会秘书长，林冬梅为基金会监事。

万钢、闫小培分别讲话，对基金会下一步的工作提出了建议和要求。万钢在讲话中向一年多以来积极支持致福慈善基金会筹备工作的广大致公党员表示感谢，并对基金会的工作提出几点意见。一是抓住机遇，持续、稳定、长期地开展社会服务工作；二是要规范管理，自觉接受监督，公开、透明、公正办事；三是要在业务范围内开展工作，做出特色，尤其要重视做好项目的试点和论证，多出一批具有广泛发展潜力的“种子”项目。他希望新当选的理事会成员积极发挥自身优势，认真履行职责，加强联系协调，将致福慈善基金会认真办好，取得良好成绩。闫小培指出，致福慈善基金会第一届理事会第一次会议是一次具有里程碑意义的重要会议，基金会的成立，将为致公党社会服务工作提供有力平台和有效抓手。闫小培表示，作为基金会第一任理事长，面对大家的信任和期望，她感到责任非常重大，一定要加强学习，与大家共同努力，积极开展工作。闫小培指出，基金会要进入良性运行轨道，需要做的事情很多，尤其要注意做好以下几个方面的工作：一是严格周密地制定健全办事机构及运行机制，二是严格规范财产使用和管理，确保公开、公平、诚信、透明；三是合理吸纳社会捐赠，科学制定工作计划，尽可能地发挥基金会的强大作用。

（十）致公党参政议政工作会议

12月18日，致公党参政议政工作会议在京召开。致公党中央主席万钢、常务副主席蒋作君、副主席杨邦杰出席会议。致公党部分省、自治区、直辖市及中央直属组织主委和分管参政议政工作副主委，参政议政部门负责同志，副省级以及部分地市级组织参政议政工作负责同志，中央统战部有关同志共150余人参加会议。开幕式由致公党中央秘书长曹鸿鸣主持。

开幕式上，万钢作了重要讲话。他指出，全党各级组织多年来坚持“深入基层、科学调研、精益求精、追求实效”的原则，紧密结合致公党的特色与优势，围绕中心、服务大局，积极建言献策、出计出力，参政议政工作取得了可喜的成绩，为全面建成小康社会作出了积极的贡献。

针对今后一段时期参政议政工作，万钢提出了三点要求：一是要进一步认清参政议政工作所面临的形势和任务。在新的时期，进一步树立对做好全党参政议政工作的责任意识、担当意识和进取意识，立足新起点，高标准要求，高水平履职；二是要进一步找准参政议政工作的着力点和发力点。紧紧围绕执政党和国家的中心任务，注重积累和持续性，充分发挥致公党的特色与优势，要立足“侨”“海”，紧紧围绕“侨”“海”做文章，要集中力量打造精品项目和重点品牌，在做大做强具有致公党优势的参政议政领域上下功夫；三是要进一步提高参政议政工作的质量和水平。统筹利用好参政议政资源，推进中央和地方资源共享、调研合作、成果互通的全党参政议政联动机制建设，全面提升全党参政议政工作的整体效能。

开幕式上，杨邦杰作了《发挥“侨”“海”优势、作好参政议政》的工作报告。他在报告中全面回顾了五年来参政议政工作取得的突出成绩，总结了五年来的典型经验。杨邦杰副主席指出，中央与地方联动合作，是做好参政议政工作的重要经验；团结和培养一批专家骨干，打造高质量的专家团队，是做好参政议政工作的重要基础；重视培训工作，实践与理论相结合，培养锻炼基层参政议政专职干部队伍，是做好参政议政工作的重要保障；发挥“侨”“海”优势，深入研究中国发展的重大问题，是做好参政议政工作的关键。

展望2013年工作，杨邦杰副主席指出：要深入学习中共十八届三中全会精神，围绕经济社会发展重大问题和涉及群众切身利益的实际问题，做好参政议政工作；要充分发挥“侨”“海”优势，重视专家队伍建设，不断加强参政议政长效机制建设，促进参政议政工作取得更大成绩；要进一步做好提案发言素材准备，调研、反映社情民意信息等参政议政各项工作。

会议还对致公党北京市东城区委会等81个参政议政工作先进集体，方宇清等90位参政议政工作先进个人，《关于发展有中国特色少年司法制度完善司法救助的调研报告》等100篇参政议政优秀成果，致公党江苏省委员会等9个提案发言工作优秀组织，致公党福建省委员会等8个信息工作优秀组织，高科峰等35位致公党机关参政议政优秀工作者进行了表彰。

（十一）其他重要会议及活动

1. 致公党网络信息员培训会议

2月20日至21日，致公党中央在福建召开中国致公党网络信息员培训会议。来自致公党各省级组织、副省级城市组织的50余名网站工作人员参加了本次培训会。其中天津、广西、浙江、湖南、湖北的专职副主委参加会议。

会议就2012年度致公党中央网站发稿情况作了通报，并就网站新闻写作有关问题提出相关要求。会议还邀请了团结报刘华博士作题为“网络新闻的操作理念及实务探讨”讲座，分析了当前民主党派网络宣传现状，介绍了网络新闻题材的采写技巧，并对如何看待和使用微博等新媒体以及如何对危机事件开展网上舆论引导作了介绍。与会人员结合自身情况就信息化建设与新媒体的应用进行了深入探讨。

2. 致公党中央理论研究会第一次会议

3月25日，致公党中央理论研究会第一次会议在长沙举行。致公党中央副主席严以新出席会议并讲话。

会议讨论并通过了理论研究会的章程，确定了理论研究会的指导思想、主要任务、工作机制等，研究了理论研究会的五年规划。

会议期间，与会党员专家集思广益、畅所欲言，确定了近期的主要工作内容。理论研究会将围绕“致力为公，侨海报国”、“协商民主”等内容开展专题研究，并于年底对研究成果进行评选和结集出版。

会议由致公党中央宣传部部长王翔主持。理论研究会副主任、致公党湖南省委会主委胡旭晟等20余人参加了会议。

3.“致西合作”考察活动

4月14日至15日，致公党中央常务副主席蒋作君率队赴重庆酉阳调研扶贫工作。调研期间，蒋作君考察了酉阳县麻旺镇卫生院、麻旺中学，重庆华方武陵山制药有限公司，出席了麻旺中学“金祖鑫健华图书馆”开馆仪式并为图书馆授牌，与酉阳县有关干部群众进行了座谈。蒋作君对酉阳县经济社会发展取得的成绩给予了充分肯定。他说，“致酉合作”历经23年，取得了丰硕成果；“致酉合作”是届届相传的使命，已成为民主党派支援贫困地区发展的一个品牌。致公党将一如既往地关心、支持酉阳的经济社会发展。

4. 致公党中央创新社会服务工作理论研讨会

5月14至15日，“致公党中央创新社会服务工作理论研讨会”在广东省珠海市召开，致公党中央副主席闫小培出席会议并讲话。致公党中央重庆市委会原主委王孝询、致公党四川省委会原主委陈杰、致公党中央理论研究会顾问邱国义等特邀人员在会上介绍社会服务工作经验和看法，21位论文作者在会上作大会交流，与会人员还围绕创新社会服务工作理论进行了分组座谈。

5. 第四届海外留学人员江苏行考察联谊活动

6月18日，由致公党中央留学人员委员会和致公党江苏省委会主办的第四届海外留学人员江苏行考察联谊活动在江苏徐州启动。致公党中央副主席严以新出席会议并讲话。

海外留学人员江苏行考察联谊活动，即“引凤工程”，是一项面向海外青年人才的专项招才引智活动，由江苏省政府资助支持，致公党中央留学人员委员会和致公党江苏省委会联合主办，安生文教交流基金会协办，以服务海外留学人员回国发展为宗旨，以组织海外博士考察江苏创就业环境、开展人才科技项目对接、促进联谊交流为主要内容的一项公益项目。自2009年实施以来，“引凤工程”已成功举办了三届活动，先后邀请了130位海外博士、学者，与江苏20所高校、科研院所，16个经济技术开发区、科技园区，100多家科技企业对接洽谈。目前，已促成36位留学生回国发展，其中1人入选青年千人计划、1人投资创业、12人被有关高校、科研院所聘为教授、副教授、研究员。2013年，第四届“引凤工程”邀请了13个国家的64位海外留学人员参加活动。

致公党江苏省委会主委麻建国，徐州市委常委、组织部长杨时云等出席活动。

6. 海峡两岸青少年中华武术夏令营

7月18日至28日，由致公党中央主办、致公党安徽省委承办的海峡两岸青少年中华武术夏令营在安徽合肥市、黄山市举行。来自台湾、香港、澳门的40多名青少年及安徽神行太保文武学校学员参加了夏令营活动。夏令营为期10天。期间，致公党安徽省委会所属神行太保武校为营员们安排了丰富多样的文化武术活动，包括传统武术、套路、散打和格斗基础训练以及武术文化和徽文化讲座等，让营员们在有限的时间内，深入了解中国传统历史文化和大陆经济社会发展成就，亲身感悟中华武术的博大精神，培养他们顽强拼搏、自强不息的精神和互助互爱的团队精神，增强他们对中华传统的认同感和对祖国的热爱。

除文化武术活动外，营员们还赴李府、包公祠等古迹感受安徽历史，赴黄山等名胜领略安徽的秀美山川。此次活动使两岸四地的青少年有机会深入了解中国历史传统文化和当今经济社会发展成就，增强对中华优秀传统文化的认同和对祖国的热爱。致公党中央秘书长曹鸿鸣参加了开营式。

7.《中国致公》特约人员培训交流会议

8月13日至14日，《中国致公》特约人员培训交流会议在海南省海口市召开。来自致公党中央及各省组织负责宣传及期刊工作的机关领导、干部及《中国致公》特约人员共70余人参加会议。

会上，致公党中央宣传部副部长范承玲作《如何做专题》的辅导讲座，从专题的概念、分类等基本知识入手，系统分析了当前媒体环境的变迁与趋势，结合党派内刊的实际特点和操作方法，分析了专题报道制作过程中可能遇到的困难，探讨了致公党各级内刊如何围绕当前政策形势的热点，突出自身“侨”“海”特色，做出有内容、高品质的专题报道。会议特邀专家、《团结报》新闻部主编韩金伟作《为有源头活水来——广义深度报道写作方法述略》的讲座，以致公党中央年度大调研的报道为例，对比讲解了《人民日报》和《团结报》两个媒体在报道该调研的深度报道中，文章体类、风格、图片编辑等方面的区别和特点，强调深度报道的写作必须努力做到典型、生动、具体。

与会人员也提出了当前期刊工作中遇到的一些困难和问题，如杂志与网站功能的重叠；新老党员阅读习惯差异对期刊工作提出的挑战；人手不足，经费短缺等因素制约等，大家还就《中国致公》的改版提出了意见和建议。

8. 致公党中央第八期参政议政干部培训班

8月19日至21日，致公党中央第八期参政议政干部培训班在江苏省常州市举办。致公党中央副主席杨邦杰，致公党江苏省委会主委麻建国，中共常州市委常委、统战部部长张跃，常州市副市长、致公党常州市委主委张云云出席培训班开班仪式。

杨邦杰等领导和专家先后为学员授课，并与学员进行了交流。按照会议要求，培训班举行了座谈会，学员们交流了工作经验，畅谈了学习体会并对参政议政工作提出了宝贵意见建议。

来自致公党各省、自治区、直辖市、中央直属组织以及基层组织的100多位同志参加了培训班。

2006年以来，致公党中央参政议政部每年举办参政议政干部培训班，对全党从事参政议政工作的同志进行轮训，成效显著。培训班为总结交流参政议政工作经验，为提高地方组织的参政议政能力和水平提供了平台，有力地促进致公党参政议政、建言献策总体水平的持续提高。

9. 致公党中央社会服务工作北方片会暨“同心示范工程”现场会

9月23日至27日，致公党中央社会服务工作北方片会暨“同心示范工程”现场会在安徽省召开。致公党中央社会服务部副部长李万通、李曼，致公党北京、上海、天津、江苏、浙江、安徽、山东、辽宁、湖北、河南、西安等组织社会服务工作负责领导和干部，以及致公党安徽省委各地方组织列席代表40余人参加会议。致公党安徽省委副主委高雪松代致公党安徽省委会致辞。各参会代表围绕各自开展的社会服务工作情况及下一阶段的工作建议进行了互动交流。

26日，与会人员在致公党安徽省委会副主委武琼宇陪同下，前往致公党安徽省委会“同心示范工程”帮扶点——六安市金寨县天堂寨镇前畈村召开现场会，实地考察了“同心示范工程”天堂寨镇农特产品产业化项目基地、乡村建设、天堂寨镇暖流中学等并举行了“致福工程”捐赠仪式，李曼代表致公党中央社会服务部向暖流中学捐赠了价值4万元的音响设备及体育用品。

10. 庆祝建国64周年国庆招待会

9月27日，致公党中央在京举行了庆祝建国64周年国庆招待会。60余位来自世界各国的海外侨胞代表和港澳台人士应邀参加了招待会。

致公党中央副主席闫小培在招待会上说，64年来，中华人民共和国走过了从成立到逐渐强大的艰辛历程，也实现了从贫穷落后到繁荣富强的巨大变革。这些成就的取得，凝聚着全国全国各族人民团结奋斗的成果，也饱含着广大海外侨胞和港澳台同胞的支持和帮助。今后，中国致公党将一如既往秉承致力为公的宗旨，关心海外侨胞和港澳台同胞的生存发展，保护海外侨胞的正当和合法权益，继续加强与海外侨胞和港澳台同胞的联系、交流与合作，为实现国家强盛和民族复兴大业而不懈努力。

11. 中国致公画院院长联席会议暨中国致公画院苏州创作基地揭牌仪式

11月6日，中国致公画院院长联席会议在苏州举行。致公党中央副主席、中国致公画院执行院长严以新与来自北京、上海、天津、广东、江苏、安徽、湖南、湖北、山东、四川、陕西等十余位致公党省级组织画院负责人及书画家共同研讨中国致公画院工作。

会议听取了致公党中央宣传部副部长范承玲对画院前期工作的总结，围绕中国致公画院章程的修订展开座谈，讨论了院务委员会的职责、机构组成人员名单和中国致公画院创作基地的设立办法等事项，并对中国致公画院今后的发展提出建议与设想。

会议期间还举办了“侨海情·中国梦”——中国致公画院苏州创作基地揭牌仪式暨2013书画联展。致公党中央副主席严以新、致公党江苏省委会主委麻建国为创作基地揭牌。书画联展共展出了本党中央及各地方画院提供的30余幅画作，与会书画家在会场内开设的笔会上题字、作画，切磋艺术，现场创作近十幅书画作品。

12. 致公党中央扶贫工作专题研讨会

11月14日，致公党中央扶贫工作专题研讨会在海南省海口市召开，致公党中央秘书长曹鸿鸣、社会服务部副部长李万通、副部长李曼一行及致公党北京、上海、天津、重庆、广东、福建、云南、四川、江苏、浙江、山东、海南、贵州等组织社会服务负责同志参加会议。会议由李万通主持，海南省政协副主席、致公党海南省委会主委林方略到会致辞，曹鸿鸣讲话。

研讨会上，各参会代表围绕围绕近年来各自开展的扶贫工作情况、存在的问题及开创新形势下扶贫工作新模式、新方法、新内容等问题进行了交流和探讨。

二、参政议政

2013 年，致公党中央深入学习贯彻科学发展观，在致公党中央的领导下，围绕中心工作，积极开展调查研究、建言献策工作，取得了显著成绩。

（一）参加高层协商会

2013 年，围绕我国经济社会发展形势，致公党中央先后六次在党外人士座谈会上就创新驱动发展、促进开放合作、发展现代农业、促进海外人才回国创业等重大问题发表意见，不少意见得到重视和采纳。为做好党外人士座谈会的发言工作，致公党中央多次召开专家座谈会，征求意见建议，并经反复修改论证，最终形成在党外人士座谈会上的发言。

（二）担任全国人大代表的致公党员向全国人大提出的议案和发言情况

在致公党员中，担任十二届全国人大代表的有 35 名。他们在 2013 年十二届全国人大一次会议期间，踊跃提交了多篇有关经济社会发展方面的大会议案，引起良好反响。

在 2013 年第十二届全国人民代表大会常务委员会历次会议上，担任全国人大常委的致公党成员杨邦杰、严以新、闫小培等积极配合人大立法工作，先后就《旅游法》（草案）、《特种设备安全法》（草案）、《消费者权益保护法》（修正案草案）、《商标法》（修正案草案）、《资产评估法》（草案）、《环境保护法》（修订草案）等法律、法规的立法、修改等问题提出相关意见建议。为配合这项工作，致公党中央法制建设委员会继续发挥在法律研究方面的优势，根据全国人大常委会立法安排和立法动向，选择相关法律及法规在制定、修订过程中的问题，及时召开研讨会，提供相关法律方面的建议和咨询服务。

（三）致公党中央和担任全国政协委员的致公党员向全国政协提出的提案和发言情况

2013 年全国政协十二届一次会议上，致公党中央向全国政协会议提交大会发言 19 篇，提案 29 篇。这些提案发言是致公党中央从地方各级组织及中央专委会、致公党党员征集到的 227 篇素材的基础上筛选、加工而成，集中体现了时代特色和当前的热点、难点问题。48 件提案发言，既体现了致公党“侨”、“海”特色，又涵盖了致公党持续关注的生态文明、可持续发展、“三农”等方面的内容，同时对一些社会热点、百姓的关注点给予了关切，如“虐童”、“社会新底层”、“三沙开发”等。中央电视台、新华社、人民日报等主流媒体对致公党中央的提案发言内容纷纷进行报道。团结报就致公党中央建言献策情况作了专版。

大会期间，全国政协十二届一次会议举行了两场提案办理协商会，致公党中央多件提案入选办理会，并得到集中办理。3 月 6 日下午，首场提案办理协商会围绕“积极稳妥推进城镇化，着力提高城镇化质量”这一主题，提案党派和委员代表建言献策，国家发改委、公安部、农业部等八部委对委员们的提案积极回应，并承诺做好办理工作，协力推动城镇化健康有序进行。致公党中央提交的《关于在城乡规划管理中落实低碳生态建设要求的提案》在会上与其他提案一起得到集中办理，致公党中央副主席王珣章参加了提案办理会，他指出要进一步完善相关技术标准与规范，建立和完善低碳生态导向下的行政许可审查制度，研究出台鼓励性政策，引导市场积极参与低碳生态建设，加强部门间横向协调与配合。3月8日下午，第二次提案办理协商会就“加强城乡污染防治，改善城乡人居环境”主题进行。致公党中央提交的《关于加强农村河道综合整治的提案》、《关于加强区域联防联控、改善大气质量的提案》、《关于加强我国地下水资源保护的提案》、《关于加强湘、珠、赣三江源头地区生态环境保护的提案》、《关于加强国家粮食主产权农业生态环境保护和建设的提案》、《关于提高自然保护地管理效率，捍卫中国生态安全底线的提案》六件提案入选办理会。

（四）致公党中央组织的考察调研情况及主要成果

2013年致公党中央充分发挥致公党中央各专门委员会及地方各级组织的特色和优势，围绕“淮河治理与沿淮农业”、“促进农业现代化”、“加快良田建设、促进农业转型”、“中国企业走出去”、“促进中医药健康发展”等课题组织进行了14项调研活动。根据这些调研形成建议，上报中共中央、国务院后，《关于城镇化进程中住房保障问题的建议》、《关于加快和深化职业教育改革的建议》、《关于优化农村金融组织，促进农业与农村发展的建议》、《关于环首都区域水资源保护与协调发展的对策与建议》、《关于推进陕甘宁革命老区振兴与可持续发展的建议》、《关于大力发展现代信息技术，促进产业转型升级的建议》、《关于推动我国社会资本办医健康发展的建议》、《关于推进中小企业科技创新能力建设的建议》、《关于推进资源型城市可持续发展的建议》、《关于进一步加强和完善政府购买社会组织公共服务的建议》、《关于推进留学人员创业园服务体系建设的建议》、《关于加强文化产业投融资体系建设的建议》等12项建议得到了中共中央、国务院相关领导的批示。

3月26日至29日、4月16日至17日，致公党中央副主席闫小培率致公党中央调研组先后前往广东和四川两省进行“城镇化进程中的住房保障情况”调研，实地走访了广州、深圳和成都三个城市境内有代表性的保障房小区、社会经营的企业员工集体公寓等，与所在地住房保障部门工作人员及住户交谈，了解当地住房保障工作的成绩和问题，并听取相关建议。

4月8日至12日，致公党中央副主席杨邦杰、严以新率调研组赴安徽省蚌埠、阜阳、淮南等调研，考察当地企业、产业园和重大工程，与当地相关政府部门围绕沿淮经济发展等主题进行座谈交流，详细了解当地经济发展情况、政策诉求和可行性建议等，拟就加快安徽淮河经济带建设，实现地区“四化”同步协调发展提出政策建议。

4月和7月，致公党中央科技委员会先后在北京、山西开展“创新驱动推动绿色低碳循环经济发展”专题调研，重点对北京市城市和农村的固体废弃物综合处理和利用情况进行调查研究，探索科技创新推动城市废弃物综合利用新途径和新模式，拟提出科技驱动推动绿色低碳循环经济发展的重点内容、技术路径和政策性建议。

5月6日至11日，致公党中央“加快发展农业现代化”调研组在江苏调研。此次调研是经中共中央批准，在中央统战部组织协调指导下开展的大调研。调研由致公党中央主席万钢带队，常务副主席蒋作君参加了调研。调研组先后到苏州、南通、盐城、扬州、南京等地，深入企业、农场及科研院所，实地考察江苏省现代农业发展情况，并与江苏省市相关部门围绕农业现代化问题进行专题座谈。

5月20日至24日，致公党中央副主席严以新率调研组赴西安、昆明、济南等地调研留学人员创业园孵化服务体系建设情况。

调研组分别在北京、陕西、云南和山东等地召开座谈会，了解留学人员创业园近年来所引进人才和企业在类型、特点、需求等方面发生的变化；了解当前留学人员创业园运行发展的模式和存在的主要困难；了解创业园在孵化服务体系建设上的革新与拓展；探讨如何进行服务范畴的拓展、服务形式的创新、服务功能的完善，打造全方位、国际化的创新创业平台。调研组还深入基层，在留学归国人员创办的企业中走访，并通过与企业人员的交谈获取第一手调研资料。

6月13日至19日，致公党中央常务副主席蒋作君、副主席程津培率"推进中医药事业健康发展"调研组在北京、安徽两地调研，了解我国中医药医疗预防保健、科研、产业、文化以及中医药"走出去"的情况，拟就利用中医药特色优势和资源优势、发挥中医药在基本公共卫生服务和基本医疗中作用提出建议。

6月17日至21日，致公党中央副主席杨邦杰率队赴宁夏回族自治区石嘴山市、青铜峡市、中卫市、固原市等地，就高标准基本农田建设情况进行实地调研，与相关部门召开座谈会，详细了解宁夏高标准基本农田建设采取的做法和积累的经验以及高标准基本农田建设中存在的问题，拟就加快良田建设促进农业转型发展向有关部门提出政策建议。

7月6日至12日，致公党中央副主席杨邦杰率"加快实施走出去战略，提升企业国际化水平"调研组赴广东广州、汕头、汕尾等地开展专题调研。此次调研旨在了解中国企业加快实施走出去战略的基本情况、有益经验和存在问题，探寻提高企业国际化经营水平的有效途径以及如何发挥致公党"侨"、"海"优势服务企业走出去战略，并向相关部门提供决策建议。

8月5日至9日，致公党中央副主席严以新率调研组赴内蒙古呼伦贝尔市开展"加强草原生态保护提升草原生态服务功能"调研。调研组与当地有关部门进行座谈交流，了解呼伦贝尔草原退化与沙化现状、草原生物多样性保护与牧区减贫试点、沙地生态建设工程模式等情况。在此次调研的基础上，调研组拟就加强草原类重要生态功能区生态保护，提升草原生态产品输出能力等方面的问题向有关部门提出政策性建议。

8月21日至27日，致公党中央常务副主席蒋作君率致公党中央医药卫生委员会调研组一行赴广西、天津就健康产业发展情况进行专题调研。调研组深入医药企业、中草药种植基地和贸易市场、养老和保健服务及健康管理机构实地调研，并与两地政府有关部门进行了专题座谈。

9月23日至27日，由致公党中央副主席、致公党中央教育委员会主任严以新带队，致公党中央教育委员会和教育部国际合作与交流司组成联合调研组，赴上海、福建开展高校来华留学生教育国际化问题的调研。调研组先后实地考察了复旦大学、上海大学、上海中医药大学、厦门大学、华侨大学等几所高校的高等教育的国际化水平；听取了几所高校对各自开展来华留学生教育情况的总体介绍以及办学过程中存在的主要问题、困难和有关建议。此外，调研组还组织召开了留学生代表座谈会，面对面了解他们对高校教育方式、教学水平、生活管理和相关政策的反应。

10月25日，致公党中央主席万钢、常务副主席蒋作君率调研组赴河南考察调研。调研组一行与河南省有关方面就科技创新驱动发展进行了座谈，听取了郑州航空港经济综合实验区基本情况汇报。

11月7日和11日，致公党中央副主席严以新率调研组在江苏、北京就文化产业投融资体系建设情况进行调研。

调研组先后在江苏苏州市和北京朝阳区等地召开座谈会，听取当地文化创意产业领导机构和企业代表介绍文化产业投融资情况，并考察了苏州 IDEA 创意泵站、苏州香山工坊、北京国际版权交易中心、北京国家广告产业园、莱锦文化创意产业园等文化创意园区和企业，实地调研文化产业投融资领域目前的发展状况及其存在的问题。

11月11日至15日，致公党中央副主席杨邦杰率调研组赴福建平潭、湄洲岛、东山岛开展海岛调研。致公党中央长期关注海岛保护。围绕海岛立法，连续多年进行了深入调查研究，本次调研继续关注海岛保护与发展问题，向有关部门提出政策建议，促进海岛保护和海洋经济可持续发展。

在去年活动的基础上，2013年致公党中央继续在全党范围内开展以“中国乡村发展模式研究”为主题的调研活动。

（五）各方联动，专委会工作不断拓展

2013年，致公党中央进一步注重加强专门委员会建设，完善专委会工作制度，不断完善其机构和功能，努力推进专委会工作能力建设，为履职尽责做好服务。

为切实履行新时期参政党的历史使命，不断加强对重大理论和现实问题的研究，推动全党理论研究队伍建设，2013年3月，致公党中央成立了理论研究会。至此，致公党中央有13个专门委员会。各专门委员会先后召开主任办公会或全体委员会议，根据各自特色优势，积极开展调查研究、社会服务、反映社情民意信息、撰写提案发言素材等各项工作。成效显著。

（六）反映社情民意信息情况

2013年，致公党中央狠抓信息质量，突出党派特色，编辑整理中央专委会和各地方组织报送的信息1330篇，向中央统战部和全国政协有关部门报送257篇。其中，《“两会”前致公党界别省政协委员关注的热点问题》等23篇信息被中共中央统战部采用，《中资企业“走进”巴西遇到的困难及相关建议》等34篇信息被全国政协信息局采用。特别是，《关于将乳品生产及质量安全提升到国家战略高度来规划发展的建议》等7篇信息被全国政协报送中央领导同志并得到批示，批示数量并列党派第一名。

三、海外联谊和港澳台工作

2013年，致公党中央继续发挥对外联络优势，在原有工作平台的基础上，深挖工作

内涵、拓展工作领域，共派出5个出访团组，赴10个国家进行访问；派出3个团组访问港澳台地区；公费邀请团组4个，日常接待团组10次，总接待海外侨胞、港澳台同胞及外籍友好人士达200余人次，共提交7条信息，其中“中资企业‘走进’巴西遇到的困难及相关建议”得到了汪洋副总理的批复，关于旧金山中华总会馆撤旗后各方动态的情况反映得到了俞正声主席的批示。

（一）通过出访活动，进一步扩大致公党的海外影响力

3月21日至30日，应巴西洪门协会和阿根廷洪门协会的邀请，致公党中央副主席杨邦杰率致公党中央代表团一行4人访问了巴西和阿根廷。在巴西访问期间，代表团拜访了圣保罗州议会，与副议长 Jooji Hato 及部分议员进行了亲切友好的交流；与在巴西投资的中资企业代表进行了座谈，了解企业在巴西的发展情况及遇到的困难，听取他们对国家相关政策的建议；走访了巴西洪门协会、巴西中国投资贸易促进会、巴西中国文化交流协会、巴西和平统一促进会、里约和平统一促进会、巴西里约华人联谊会、巴拉圭洪门协会、巴拉圭东方市中华会馆等侨团，与新老侨胞进行了亲切座谈和深入的交流；还应邀考察了 J.Pilon S/A Acucar e Alcool 公司的甘蔗种植基地和酒精和蔗糖加工厂。在阿根廷访问期间，代表团拜访了阿根廷洪门协会、阿根廷和平统一促进会、阿根廷中国文化发展基金会等侨团，并应邀参观了位于查卡布科市的畜牧业基地和位于奇维尔科伊市的大豆和玉米种植基地。

5月28日至6月6日，应葡萄牙中华总商会、波兰华人青年联合会和匈牙利华人青年联合会的邀请，致公党中央常务副主席蒋作君率致公党中央代表团一行6人访问了葡萄牙、波兰和匈牙利。在葡萄牙访问期间，代表团应葡萄牙社会党主席、葡议会卫生委员会主席玛丽亚·德贝伦·罗塞拉女士的邀请，拜访了葡萄牙议会；分别走访了葡萄牙中华总商会、葡萄牙华人工商联合总会、里斯本华人工商会、欧洲浙商总会、葡萄牙中华妇女联合总会等侨团，与新老侨胞进行了亲切座谈和深入的交流；还应邀参观了成都中医药大学宝德分校，与学校师生进行了亲切交流。在波兰访问期间，代表团与驻波中资企业的代表进行了座谈交流，并拜访了波兰华人青年联合会，深入了解旅波中青年侨领的工作和生活情况。在匈牙利访问期间，代表团出席了由匈牙利华人青年联合会、匈牙利华人妇女联合总会、中欧可持续发展协会、东方国药集团和匈牙利《新导报》共同主办的旅匈侨界见面会，与旅匈侨胞进行深入的交流，认真听取侨胞们对祖国发展和国家对侨政策等多方面的意见和建议。在三国访问期间，代表团还分别与驻葡萄牙、波兰、匈牙利的中资企业进行了座谈，了解企业的发展情况及遇到的困难，听取他们对国家相关政策的建议。

6月7日至14日，应厄瓜多尔中国和平统一促进会和巴拿马广东同乡联谊会邀请，致公党中央副主席严以新率致公党中央代表团一行6人赴厄瓜多尔和巴拿马访问。在厄瓜多尔访问期间，代表团参加了中南美洲中国和平统一促进会2013年大会暨瓜亚基尔论坛，严以新做主旨发言，代表团在大会上广做调研和沟通，与中南美洲华侨华人建立广泛联系，最大限度地团结我海外力量为中国统一和民族复兴服务；代表团还出席了厄瓜多尔欧美亚华文教育交流中心揭牌仪式。在巴拿马访问期间，代表团与巴拿马副议长米盖尔·范诺维、内政部长豪尔赫·法夫雷等政要会晤交流；分别拜会了巴拿马中华总会、巴拿马中国和平统一促进会、巴拿马华商联合总会、巴拿马华人工商总会、巴拿马洪门等侨社，与巴拿马侨界进行了广泛交流，认真听取了大家对祖（籍）国发展和国家侨务政策等多方面的意见和建议；与驻巴中资企业进行了座谈，了解中资企业在海外的发展情况和在“走出去”过程中遇到的机遇和挑战及对国家推动中资企业“走出去”工作的意见和建议。

8月7日至14日，全国政协副主席、致公党中央主席万钢率全国政协代表团访问缅甸、印度尼西亚，并过境泰国。代表团与缅、印尼两国高级官员举行会谈，与缅、泰、印尼科技部长会谈并签署有关合作协议，看望了缅、泰、印尼侨胞，与当地主要侨领、侨校代表座谈，听取其意见建议。

9月7日至14日，应全加洪门庆祝加拿大洪门150周年庆典筹备委员会和北美致公协会的邀请，致公党中央副主席闫小培率中国致公党中央代表团一行5人赴加拿大和美国访问。在加拿大访问期间，代表团参加了全加洪门庆祝加拿大洪门成立150周年庆祝活动，闫小培在庆典活动上作主旨发言，并与当地侨团进行了广泛交流；在美国访问期间，代表团参观了由北美致公协会副主席童杰博士创办的著名华人生物企业——AllCells(澳赛尔斯)公司，并与旧金山湾区科教界社团及人士举行了座谈；分别拜会了旧金山中华会馆、五洲洪门致公总堂，与美国旧金山湾区中国统一促进会、美国华商总会等侨社进行了广泛交流，认真听取了大家对祖（籍）国发展和国家侨务政策等多方面的意见和建议；与美国安生文教交流基金会联合向旧金山市立图书馆赠送了1000本简体中文书籍。在两国访问期间，代表团还与驻卡尔加里地区和驻旧金山地区的中资企业进行了座谈，了解中资企业在海外的发展情况和在“走出去”过程中遇到的机遇和挑战及对国家推动中资企业“走出去”工作的意见和建议。

10月13日至21日，应荷兰（中国）和平统一促进会和巴西（中国）和平统一促进会的邀请，致公党中央常委、山东省委会主委赵家军率致公党中央代表团一行3人访问荷兰、巴西。在巴西访问期间，代表团参加了在里约举行的“全球华侨华人和平统一促进大会”，拜访了新老侨团并与侨胞进行座谈。在荷兰访问期间，代表团拜访了新老侨团，了解了荷兰市政机关的运作。代表团还参观调研了两国的中医机构，了解中医在海外的传承影响。

（二）通过邀请和接待活动，进一步增强致公党与海外各界的沟通和联谊

3月8日，致公党中央设宴招待来自25个国家的41位全国政协十二届一次会议海外列席代表。全国政协副主席，致公党中央主席万钢代表致公党中央向列席全国政协十二届一次会议的海外侨胞表示热烈欢迎。他希望各位侨胞今后能加强与致公党的联系与交流，并对祖（籍）国的建设多提宝贵意见。晚宴由致公党中央副主席闫小培主持，致公党中央常务副主席蒋作君，副主席王珣章、程津培、严以新、黄格胜、曹小红，秘书长曹鸿鸣，致公党中央海联会负责人以及机关相关同志 参加了宴请活动。与会侨胞代表还参观了中国致公党展馆。

3月21日，致公党中央副主席闫小培会见并宴请了美国华商总会、旧金山湾区中国

统一促进会访华团一行 20 人。

5 月 9 日，致公党中央副主席程津培会见中美洲七国侨领访华团一行 35 人。

5 月 15 日至 24 日，应致公党中央邀请，以多米尼加国会众议员阿莱汉德罗·赫莱斯·埃斯皮那尔为团长的多米尼加议员及侨界人士代表团一行 19 人来华访问。访问团先后访问了北京、西安、河南。全国政协副主席、致公党中央主席万钢会见代表团一行并提出希望两国可以在科技领域进行交流合作。

9 月 22 日至 9 月 30 日，应致公党中央邀请，海外侨胞国庆访问团一行 15 人来华访问。访问团由来自荷兰、美国、泰国、新西兰等 12 个国家的侨胞组成。访问团先后访问了贵州和北京。致公党中央副主席闫小培和贵州省政协副主席、致公党贵州省委主委谢晓尧会见了访问团一行。在京期间，访问团还分别参加了致公党中央和致公党北京市委会举办的庆祝建国 64 周年招待会，以及在人民大会堂举行的中央涉侨部门国庆招待会。

9 月 27 日，致公党中央在京举行庆祝建国 64 周年国庆招待会。60 余位来自世界各国的海外侨胞代表和港澳台人士应邀参加了招待会。致公党中央副主席闫小培在招待会上致欢迎词。致公党中央秘书长曹鸿鸣主持招待会。联络部部长许怡、社会服务部副部长李万通和致公党中央海联会部分委员出席了招待会。

10 月 21 日至 27 日，应致公党中央邀请，以北美致公协会主席董黎明先生为团长的访问团一行 17 人来华访问。访问团先后访问了北京、湖北、四川和陕西。根据访问团成员具有多年生物医药领域的科研背景，且大部分成员有回国创业、开拓市场意愿的特点，致公党中央联系科技部、国家食品药品监督管理总局等相关部门为他们进行政策解读，并组织访问团在湖北、四川、陕西实地考察生物医药产业发展的情况。在京访问期间，致公党中央常务副主席蒋作君、副主席闫小培会见了访问团一行，并与访问团成员亲切会谈。

10 月 28 日，致公党中央副主席闫小培会见并宴请南太平洋旅游组织首席执行官伊黎索倪·维卓克提先生一行 3 人。

10 月 29 日，致公党中央副主席闫小培会见并宴请由巴拿马中华总会会长、巴洪门民治党主席黎焕欣牵头组织的巴拿马共和国国家农畜牧业协会访问团一行 14 人。

12 月 2 日至 5 日，应致公党中央邀请，以阿比盖尔·比奈为团长的菲律宾国会议员访华团一行 11 人来华访问。访问团先后访问了北京和天津。致公党中央主席万钢，副主席曹小红、闫小培，全国人大外事委员会主任傅莹，全国政协外事委员会副主任周文重等领导分别会见访华团一行，并就我国政治制度、发展情况、内外政策、中菲关系、城市规划等方面进行了深入的座谈交流。

（三）发挥优势开展港澳工作

2 月 21 日，致公党中央副主席严以新会见了孙中山先生曾侄孙、香港柏瑞酒店管理公司总裁孙伟勇先生。会见中，严以新回顾了孙中山先生的革命历程及海外洪门组织与致公党的渊源关系，并希望孙伟勇先生发挥自身优势，团结海外进步力量，为维护祖国统一和促进祖国现代化作出更大贡献。

2 月 26 日，全国工商联主席、致公党中央原常务副主席王钦敏、致公党中央副主席闫小培会见了香港致公协会主席曹桂发和副主席林珲，听取了该会成立以来的情况介绍和双方合作交流的意见。

5月7日至14日，应香港侨界社团联会和澳门归侨总会邀请，致公党中央副主席闫小培率致公党中央代表团一行6人访问了香港和澳门。访问期间，代表团分别拜会了香港侨界社团联会、香港中华总商会、香港友好协进会、香港广东社团总会、香港广西社团总会、中国和平统一促进会香港总会、澳门归侨总会、澳门中华总商会、澳门地区和平统一促进会等港澳主要社团，与20多个社团的140多位负责人、侨领及留学人员代表座谈交流。在港澳，代表团利用各种场合宣传中共十八大和全国“两会”精神，介绍中国发展状况尤其是中国共产党领导的多党合作和政治协商制度，介绍中国致公党的发展情况及工作，深入了解港澳侨团最新发展和社情民意，进一步拓展了致公党与港澳爱国侨团社团的联系，为今后扩大了交流与合作奠定基础。

（四）发挥优势开展对台工作

7月1日至7月8日，以致公党中央联络部副部长迟卫东为团长的致公党中央传统文化台湾考察团一行4人访问台湾。期间，考察团拜会了台湾中华全球洪门联盟、传统伦理文化发展协会、高雄福建同乡会、台南市洪门文化协会、国际洪门中华总会、国际洪门妇女总会、国际洪门青年总会、台中市新移民女性关怀协会等10余个社团，与150多位台湾人士进行了接触，了解了台湾洪门社团、政党和相关团体的近况，就中华传统文化在台湾的传承与发展与相关人士进行了座谈。

10月12日至18日，致公党中央副主席闫小培应邀率中华武术台湾访问团一行16人赴台湾参加了第六届海峡两岸中华武术论坛。第六届海峡两岸中华武术论坛由台湾中华全球洪门联盟主办，中国致公党中央海外联谊委员会协办，台湾中华少林洪拳总会、安徽神行太保文武学校、珠海中超散打俱乐部等参与承办。访问团此行目的是“弘扬中华武术精神，增进两岸民众交流”，在高雄和台北，参加了武术研讨会，举办了两场武术表演，并与武术团体进行交流，得到广泛关注，成果丰硕。在台湾访问期间，访问团还拜访了中华全球洪门联盟、国际洪门中华总会、台湾武艺文化研究协会，会见了亲民党秘书长秦金生、中国新洪门党主席蔡龙绅、沃华集团总裁陈柏光等80多位台湾政治经济界朋友，就传承中华优秀传统文化，扩大两岸同胞交流与合作，促进两岸关系和平发展等交换了看法。

四、社会服务

2013年，致公党中央社会服务工作在致公党中央领导带领下，认真学习领会中共中央和国务院有关会议精神，在做好长期性、传统性工作和广泛开展调研的基础上，广泛征求意见，积极开动脑筋，围绕扶贫和社会服务理论建设和机制创新积极开展工作，为推动全党社会服务工作更加科学、系统、有效前进贡献力量。

（一）参与毕节试验区建设工作

2013年，致公党中央认真贯彻落实中共中央政治局常委、全国政协主席俞正声同志关于统一战线参与毕节试验区建设工作讲话精神，立足实际，发挥优势，在做好各项基础性、长期性帮扶项目的同时，积极拓展一系列探索创新工作，以实际行动加大致公党中央参与毕节试验区建设工作力度。

4 月 17 日至 19 日，致公党中央副主席闫小培率队会同科技部农村司副司长王喆等赴毕节调研考察，并帮助毕节七星关区协调农业科技富民强县项目——《“毕节白蒜”生产技术集成与示范推广项目》的落实。

7 月 3 日，致公党中央协调致公党福建省委会组织农业科技专家、企业家，赴毕节开展项目考察和科技培训期间，致公党福建省委会发起了“百名专家科技下乡”活动，邀请华东片区的土豆种植首席专家、福建农林大学作物学院教授张招娟，针对毕节试验区农业种植的实际，在千溪乡做西部土豆生长技术辅导。此次考察期间，致公党福建省委会还为“一对一”对口帮扶的毕节贫困小学生发放了助学金。

7 月 30 日至 7 月 31 日，致公党中央社会服务部、致公党广东省委会组织了由 30 位民营企业家参加的珠海民营企业商会商务考察团赴毕节试验区考察投资项目。考察团一行考察了毕节市七星关区德溪新区、小坝工业园区、海子街镇工业园区等地，并就投资环境、政策、投资项目等方面与毕节市委、市政府、七星关区区委、区政府进行了座谈，签订了《珠海民营商会与七星关区战略合作框架协议》。商会还向毕节市政府和七星关区政府赠送了书法作品。

8 月 2 日至 3 日，致公党中央主席万钢、副主席闫小培，科技部副部长张来武，致公党上海市委会主委张恩迪，致公党江苏省委会主委麻建国，致公党贵州省委会主委谢晓尧及致公党中央秘书长曹鸿鸣一行赴毕节调研考察。考察队考察了毕节新能源汽车项目及致公党帮扶的毕节农业科技项目、毕节市七星关区人民医院建设项目、致公党大连市委会援建的小坝镇“致公光华同心幼儿园”建设项目，参加了“中国致公党医卫帮扶实践基地”揭牌仪式，并于 8 月 3 日晚与毕节市委、市政府进行了座谈。

8 月 2 日，致公党中央社会发展与服务委员会副主任、悦康药业集团总裁于圣臣为致公党中央在毕节市七星关区人民医院设立的“中国致公党医卫帮扶实践基地”捐赠了价值 50 万元的药品。

8 月，致公党中央协调新东方教育科技集团，为毕节试验区考上大学的 20 名 2013 届优秀贫困高中毕业生发放奖学金 10 万元。

7 月至 9 月，致公党中央与北大青鸟集团启动并实施 2014 年度“致公学生培养计划”，在贵州省招收 103 名小学优秀贫困毕业生到北大青鸟附属实验学校学习六年，总计投入资金 2400 万元。

9 月，致公党中央社会服务部印发了《中国致公党参与毕节试验区近期工作计划》，用于指导致公党参与毕节试验区近期工作的科学有序开展。“计划”提出近期要具体实施“三个一”工程，即帮助毕节七星关区建立 1 个优势产业，全面技术帮扶 1 所医院，帮助建设 1 个新型城镇化示范点；在此基础上，打造 2 个体系，即符合贫困地区实际的新型农业科技帮扶体系和民生帮扶体系，帮助毕节地区在科技、民生、新型城镇化等方面获得实质的发展和提升。

（二）“致酉合作”、“致泸合作”情况

4月14日至15日，致公党中央常务副主席蒋作君率队赴重庆酉阳调研扶贫工作。调研期间，蒋作君考察了酉阳县麻旺镇卫生院、麻旺中学，重庆华方武陵山制药有限公司，出席了麻旺中学“金祖鑫健华图书馆”开馆仪式并为图书馆授牌，与酉阳县有关干部群众进行了座谈。

10月，致公党中央组织致公党北京市朝阳区委会领导及旅游界致公党员前往四川泸州、重庆酉阳考察项目。致公党中央还协调致公党烟台市委会，为酉阳县泔溪镇太吉小学捐赠了价值10万元人民币的爱心图书，在酉阳县建立一所“同心·致福书屋”，并为一批贫困小学生送去了爱心款。

11月，致公党中央、致公党广东省委会协调海外洪门致公侨团，为酉阳县铜鼓乡卫生院改建项目捐赠100万元援建款项。

（三）支援四川雅安芦山抗震救灾工作

雅安芦山地震发生后，致公党中央召集有关部门研究抗震救灾工作方案，向致公党四川省委会发去慰问信，同时决定向雅安地震灾区捐款10万元人民币。致公党中央社会服务部印发《致公党支援“4.20”四川芦山抗震救灾专刊》，宣传全党各地方组织及致公党员支援芦山地震灾区工作动态。

4月23日下午，致公党中央举行向四川雅安地震灾区献爱心捐款仪式，常务副主席蒋作君、副主席杨邦杰、严以新、闫小培带头捐款，致公党中央主席万钢，原主席罗豪才，王宋大、吴明熹等未参加捐款仪式的领导将自己的捐款转送机关由秘书长曹鸿鸣代为捐出。致公党中央机关全体干部参加了捐款仪式。捐款仪式上，致公党中央社会发展与服务委员会副主任、悦康药业集团总裁于圣臣代表集团向灾区捐赠了600万元急救药品。

（四）社会服务理论研究和创新工作

5月，致公党中央面向全党印发了《中国致公党社会服务工作五年规划纲要（2013—2017）》，为全党社会服务工作的开展提供理论指导。5月14日至15日，致公党中央在珠海召开“致公党中央创新社会服务工作理论研讨会”，与会人员在会上先后介绍社会服务工作经验和看法，21位论文作者在会上作大会交流，会议还围绕创新社会服务工作理论进行了分组座谈。

7月8日至11日，第二届致公党社会服务工作培训班在江苏省连云港市召开。致公党各省级组织、部分市（区）级及基层组织社会服务工作同志共70余人参加了培训。致公党中央经济工作委员会副主任、上海社会科学院经济研究所经济思想史研究室主任钟祥财教授作了《关于国际国内经济形势》的报告，致公党中央社会服务部副部长李万通就《中国致公党社会服务工作五年规划纲要》进行了讲解，部分与会代表分别就创造社会服务工作品牌、“致酉合作”事业、基层组织社会服务工作经验及结合社会服务开展参政议政工作的体会进行了介绍。

（五）“致福慈善基金会”工作

为了拓展致公党社会服务工作平台，引导和组织党员、企业家开展以扶贫和社会公

益事业为主的慈善活动，联系和带动海内外爱心人士一同支持中国贫困地区经济和社会事业发展，2013 年致公党积极筹建致福慈善基金会。

8 月 6 日上午，“致福慈善基金会”发起人单位、发起人和出资人会议及“致福慈善基金会”第一届理事会第一次会议在致公党中央机关召开。会议通过了《致福慈善基金会章程》等有关文件，选举闫小培为致福慈善基金会理事长，史维学、许振东、董配永、沈国军、郭滨、应仲树为副理事长。会议任命高春丽为基金会秘书长，林冬梅为基金会监事。

8 月 19 日，民政部印发《民政部关于致福慈善基金会设立登记的批复》(民函 [2013]261 号)，决定准予致福慈善基金会设立登记。

8 月 30 日，民政部向致福慈善基金会颁布了基金会法人登记证书，致福慈善基金会正式成立。

9 月 4 日下午，致公党中央副主席闫小培赴民政部出席“致福慈善基金会备忘录签字暨颁证仪式”，与民政部民间组织管理局局长王建军共同签署了《民政部作为致福慈善基金会业务主管单位有关事宜备忘录》。

（六）帮扶工作

1 月、9 月及 11 月，致公党中央社会服务部三次前往海南华侨农场调研并参加海南华侨农场帮扶工作。9 月 18 日，致公党中央正式启动“助侨工程爱心助学计划”，在海南省兴隆华侨农场开展助学金捐助仪式。按照“助侨工程爱心助学计划”，从 2013 年至 2015 年，致公党中央将与致公党海南省委会联合资助海南各华侨农场当年考上大学本科的困难归侨侨眷子女每人 5000 元，帮助他们圆大学梦，其中，2013 年共资助 11 名贫困学生，发放助学金 55000 元。

9 月 29 日，致公党中央社会服务部与致公党中央机关中共支部、致公党朝阳区委、北京外语教学与研究出版社共同前往北京西藏中学开展“致公天露助学工程”，为该校藏族学生赠送了《英汉大辞典》。

五、自身建设

（一）思想建设

加强思想建设是致公党始终坚持正确政治方向的根本保证，是致公党强基固本、发挥作用的关键所在。致公党坚持把加强思想建设摆在各项工作的首位。

1. 学习贯彻中共十八大和十八届三中全会精神，学习领会习近平总书记系列重要讲话精神，组织政治、形势学习，扎实开展学习教育活动，切实增强全党同志对中国特色社会主义的道路自信、理论自信和制度自信。

2013 年，致公党继续围绕树立和践行社会主义核心价值体系，开展“十八大”精神和“中国梦”的学习、实践活动。通过领导走访地方组织，中央到地方调研、座谈，邀请经验丰富的党务工作者到各地举办党史党章党务学习讲座等形式，了解基层组织和广大党员的思想动态，推动地方组织结合自身特点，开展内容丰富、形式多样的思想教育活动。

9月份，按照统一战线开展坚持和发展中国特色社会主义学习实践活动要求，致公党中央主席办公会议原则通过了《致公党中央关于开展坚持和发展中国特色社会主义学习实践活动的方案（草稿）》。根据主席办公会议要求，中国致公党决定在全党开展坚持和发展中国特色社会主义学习实践活动，跨度为五年。会议通过了成立坚持和发展中国特色社会主义学习实践活动领导小组并下设办公室的意见。12月，本党十四届二次全会审议通过了《方案（草案）》并作出全面部署。

2013年，致公党中央领导和机关各部门负责人陆续举办专题讲座。一年来，共组织了8场学习讲座，内容有："两会"精神学习、统一战线历史回顾、中国留学政策发展与演变简况、中国洪门与中国致公党历史几个问题的研究、网络通信中的密码保障技术、新形势下致公党社会服务工作、财务制度、中医养生与亚健康调治等。讲座内容丰富、形式多样，促进了机关干部和部分党员对国情、民情和致公党情况的了解，拓宽了视野，丰富了知识面。

2. 加强理论研究，把深化参政党理论研究作为推动工作创新的重要基础。

2013年，致公党中央理论研究会正式成立。4月，研究会向全党下发通知，征集理论研究课题，经过一个月的征集和筛选最终确定64个课题。同时，研究会成立了"致力为公、侨海报国"专题研究小组，以逐步深入、系统地开展该课题的研究。10月中旬，研究会在上海召开2013年论文评审和课题研讨会，对20个省市报送的72篇理论文章进行评审，于12月份编辑出版了《中国致公党理论研究选集2013》上、下两册，并在此基础上评选出25篇优秀文章。

3. 加强刊物和网站建设，努力发挥舆论阵地的宣传引导作用。

2013年，《中国致公》始终坚持"突出本党中央的主张和声音"的编辑原则，发挥刊物编辑的主观能动性，主动约稿、主动采访，形成了一批有分量的文章。同时以专刊的形式强化深度报道，一年共编辑完成了三期专刊，分别是中央第十四次全国代表大会专刊、各省级组织参加地方两会议政专辑和致公党全国两会议政专辑，对这些本党的主要会议和履职工作予以集中宣传报道。为了适应当前纸媒的发展并避免与网站工作的同质化，《中国致公》从今年的第7期起正式改版，改版后的《中国致公》由月刊改为双月刊，页码由32页扩充为48页。同时对刊物的编辑思路、栏目设置、内容安排等都作了相应的调整。

2013年，致公党中央网站日均访问量为800多次。一年来，致公党中央中文网站发稿4700篇，英文网站发稿178篇，合计约263万字，发稿量同去年相比增长了30%。今年网站制作了"两会"专题，"中国梦 · 侨海情"专题，"五一口号"专题和"三中全会"专题。其中"两会"专题还增加了图片花絮栏目，力求增加网站的趣味性。

第四季度，致公党中央宣传部信息办公室开展了地方组织网站建设调研和致公党党员上网情况问卷调查，检查致公党各地方组织网站建设运行情况，听取地方组织对致公党中央网站建设的意见，收集致公党党员信息获取渠道的相关数据并分析党员接受宣传信息渠道变化的整体趋势，为下一步致公党中央网站升级改版和开展新媒体宣传工作做准备。

4. 做好社会宣传报道工作，着力塑造致公党良好社会形象。

进一步增进与社会媒体的联系与沟通，拓宽宣传平台，主动联系主要媒体参与本党重要活动，加强对本党重大活动和典型人物的宣传。

"两会"前期组织召开新闻通气会，邀请近20家中央媒体记者参加了此次会议。会议向记者们介绍了致公党2012年在参政议政方面所做的主要工作，为即将召开的全国政协十二届一次会议所准备的发言、提案情况以及致公党成员中参加此次全国“两会”的代表委员的主要情况。“两会”期间，共有59篇关于致公党新闻在国内各主流媒体进行了报道。

同时，加强媒体对本党重要活动和典型人物的宣传报道。邀请了新华社、《人民日报》、《人民日报（海外版）》、中新社、《经济日报》、《人民政协报》等多家媒体，为本党“海峡科技论坛”、“中国发展论坛”、“社会服务工作创新理论研讨会”等活动进行相关报道和宣传。在《中国统一战线》上报道了万钢主席的《凝聚侨心侨力 共圆中国梦想》署名文章，《中华英才》报道了致公党中央常务副主席蒋作君的专访，《人民日报》报道了致公党中央副主席闫小培的署名文章等。

（二）组织建设

1. 监督委员会工作

2013年，致公党北京市委会、上海市委会、湖南省委会先后成立了监督委员会。同时，为提高监委会委员的实际履职能力，从今年开始，正式确立中央监督委会委员列席中央常委会和全委会的制度。11月2日召开致公党第十四届中央监督委员会第二次全体会议，就建立致公党省级监督委员会等工作作了部署和安排。

2. 组织建设工作

2013年是致公党第十四届中央委员会开局之年，围绕新一届中央委员会，积极做好各项组织工作。

（1）教育培训工作

加大对骨干党员和党务工作者的培训力度。与中央社会主义学院合作举办了致公党第十四届中央委员培训班，对新任中央委员进行培训，切实提高了新任中央委员的政治素养和履职能力。组织本党省级组织新任专职领导干部参加中央统战部多党合作专题研究班，举办了第一期致公党地、市级组织的专职副主委培训班，对本党地、市级组织专职副主委进行轮训，提高本党省、市两级组织党务工作者的党派工作能力。结合工作中存在的问题，举办了两期致公党省级组织组工干部专题培训班，对省级组织组工干部进行理论和业务培训，开展组织工作经验交流。通过培训提升本党自身建设及专职党务干部的政治业务水平，在很大程度上提升本党各级组织的整体水平和精神风貌。

积极开展党员教育培训工作。根据致公党第十四届代表大会所提意见，完成章程修订后续工作，印制并下发修订后的《中国致公党章程》，并在全党开展《中国致公党章程》学习教育活动，检查、督促各省学习教育活动开展情况。

（2）继续推动地方和基层组织建设。

就成立致公党陕西省委会相关事宜，积极与中央统战部、中共陕西省委、省委统战部沟通协商，并协助致公党陕西省筹委会开展好各项筹备工作，于2013年底成立了致公党陕西省委员会。

通过多种形式，积极推进地方组织建设，经过多方努力，成立了致公党山东济宁市委会、致公党贵州遵义市工委会和致公党重庆酉阳县、致公党湖北潜江市基层组织。

截至2013年12月底，致公党全党有省级委员会19个、河南省工作委员会，省辖市级组织125，县级委员会16个，基层组织2184个，其中基层委员会65个，总支177个，支部1991个。当年新加入成员3104人。成员总数43370人，其中有“侨”“海”关系33031人，占76.2%；女性成员20009人。平均年龄50.3岁。离退休12004人。

现有成员中教育界14165人，占32.6%；科技界3100人，占7.1%；医卫界6550人，占15.1%；文艺及新闻出版1565人，占3.6%；经济界5306人，占12.2%；新社会阶层人士5447人，占12.5%，其中私营企业主2207人，占5.1%；机关团体及其他7237人，占16.6%。

担任各级人大代表的共有916人，其中全国人大常委、代表34人，省级人大副主任、常委、代表143人，市地级人大副主任、常委、代表400人，县级人大副主任、常委、代表339人。担任各级政协委员的共有4625人，其中全国政协副主席、常委、委员54人，省级政协副主席、常委、委员438人，市地级政协副主席、常委、委员1918人，县级政协副主席、常委、委员2215人。

担任县处级以上政府及司法机关领导职务的共有506人，其中在中央政府及司法机关担任领导职务的部级2人、司局级15人，在地方政府及司法机关担任领导职务的省级5人，厅局级43人，地市级26人，县处级415人。

担任中央级特约（邀）工作的共有13人。

成员中大学文化程度以上33154人，占76.4%；有中、高级职称的33737人，占77.8%；担任中国科学院院士的共有4人，担任中国工程院院士的共有2人。

（三）机关建设

2013年，致公党中央努力完善制度建设，做好机关干部选拔推荐工作。继续组织开展机关公务员论文竞赛活动，并组织各种讲座、培训，提高机关干部政治理论和业务水平。

1. 进一步规范中央机关财务管理工作。经主席办公会议通过成立致公党中央机关财务管理小组，常务副主席蒋作君任组长。

2. 积极做好机关干部选拔推荐工作。中央机关严格按照公务员法组织开展了处级干部、局级干部的选拔任用工作，在全机关范围内进行民主推荐、考察，选拔了一批优秀干部走上领导岗位。继续选派机关干部到基层挂职锻炼，接收地方组织机关干部到本党中央机关挂职锻炼。

3. 有计划地开展机关建设调研工作。通过加强机关建设问题的理论研究和实践探索，对各地方组织机关建设进行了深入了解，积极总结经验，为2014年召开的致公党机关建设工作会议做好准备工作。

周　慧　致公党中央联络部处长
陈颂原　致公党中央组织部调研员
宋亚轲　致公党中央办公厅副调研员
董巍伟　致公党中央办公厅副调研员
刘　曦　致公党中央宣传部干部
黄鹏飞　致公党中央社会服务部干部

九三学社

2013 年，九三学社坚持以邓小平理论、“三个代表”重要思想、科学发展观为指导，认真贯彻中共十八大、十八届三中全会精神，大力弘扬爱国民主科学的优良传统，积极履行参政党职能，努力加强自身建设，各方面工作都取得了显著成绩。

一、重要会议及活动

（一）中央委员会会议

12 月 9 日—11 日，九三学社第十三届中央委员会第二次全体会议在京召开。全国政协副主席、九三学社中央主席韩启德代表中央常务委员会作工作报告。韩启德在回顾了九三学社一年来的主要成绩以后指出，中共十八届三中全会对全面深化改革作出全面部署，要深入学习贯彻十八届三中全会精神，把全体社员的思想认识统一到三中全会精神上来，不断增强对中国特色社会主义的道路自信、理论自信和制度自信；要紧密联系思想和工作实际，树立进取意识、机遇意识、责任意识，积极探索参政议政工作新机制，开拓社会服务新领域，切实发挥民主监督作用，最大程度地为全面深化改革作出贡献；要把开展坚持和发展中国特色社会主义学习实践活动作为思想建设的重点，与各项社务工作相结合，精心组织实施，力求取得实效；要深入实施“人才强社”战略，加强组织建设；要充分发挥社内资源优势，积极开展海外交流工作。

会议学习贯彻了中共十八届三中全会精神；动员部署了在全社开展坚持和发展中国特色社会主义学习实践活动；邀请国务院发展研究中心研究员魏加宁作了题为“十八届三中全会——改革开放新起点”的辅导报告；表彰了九三学社 2013 年度信息工作先进单位和个人。江苏等 16 个九三学社省级组织分获一、二、三等奖；龚震等 4 人获得信息工作贡献奖；高毅等 7 人被评为优秀信息员。

九三学社中央常务副主席邵鸿，副主席谢小军、张桃林、赖明、马大龙、丛斌、赵雯、卢柯、武维华、印红和社中央委员出席会议。九三学社中央监督委员会组成人员、部分社员代表、未担任九三学社中央委员的省级组织专职副主委和秘书长、九三学社中央机关各部门负责人等列席会议。会前，全体与会人员还听取了九三学社中央常委、中科院国家天文台台长严俊和九三学社中央委员、中科院兰州寒区旱区环境与工程所风沙物理室主任屈建军分别作的“天文学与国家需求”、“风沙物理与防沙工程若干问题研究进展”

科学报告。

（二）中央常务委员会会议

1. 九三学社十三届二次中常会

3 月 4 日，九三学社第十三届中央常务委员会第二次会议在京召开。会议审议通过了《九三学社中央关于学习贯彻十二届全国人大一次会议和全国政协十二届一次会议精神的决议》。会议决定，九三学社第十三届中央委员会设立经济、科技、农林、教育文化、社会建设、法律、医药卫生、人口资源环境等 8 个专门委员会；院士、文化、海外联络、妇女、科普等 5 个工作委员会。会议审议通过了《九三学社中央专门委员会和工作委员会主任、副主任建议名单》。会议还研究了九三学社十三届三次中常会筹备工作，并向荣获九三学社 2011—2012 年度新闻宣传工作先进单位颁奖。九三学社中央主席韩启德主持会议并讲话。

韩启德说，今年的全国“两会”是在中共十八大之后召开的重要会议，是我国政治生活中的大事。九三学社的全国“两会”代表委员要认真参会、积极履职。作为参政党成员，要讲政治，注重从全局、整体看问题，所作所为必须着眼于国家和民主政治建设大局。要弘扬民主科学精神。我们在“两会”上要敢于讲真话,敢于反映群众心声。同时，我们也要讲科学，充分认识社会是一个巨复杂系统，坚持全面理性地看问题，讲求实事求是，从中国实际出发，深入研究深化改革的顶层设计和总体规划，把经济、政治、文化、社会、生态建设的体制改革有机结合起来，把理论创新、制度创新、科技创新、文化创新以及其他方面创新有机衔接起来，提出问题的同时，提出合理可行建议，促进系统完备、科学规范、运行有效的制度体系的构建。

九三学社中央常务副主席邵鸿，副主席谢小军、张桃林、赖明、马大龙、丛斌、赵雯、武维华、印红和社中央常委出席会议，社中央机关各部门负责人列席会议。

2. 九三学社十三届三次中常会

5 月 6 日—7 日，九三学社第十三届中央常务委员会第三次会议在吉林长春召开。会议研究了如何进一步实施人才强社战略，落实组织上坚强的目标和任务，审议并原则通过了《九三学社中央关于进一步加强组织建设的若干意见》。全国政协副主席、九三学社中央主席韩启德出席会议并讲话。

韩启德说，去年底召开的九三学社第十次全国代表大会提出，要把我社建设成为一个“思想上坚定、履职上坚实、组织上坚强”的参政党。只有加强组织建设，提高组织化水平，才能担负起新时期历史使命。韩启德指出，加强九三学社组织建设，一是要加强人才队伍建设，继续实施人才强社战略。二是要提高组织化程度。进一步加强各级组织领导班子建设，处理好中央、省级、市级组织之间的关系，加强横向合作，主动争取党委、统战部门的支持；探索创新基层组织活动的内容和形式，增强社员的组织归属感；进一步强化组织纪律。韩启德强调,组织建设关系多党合作和九三学社事业的可持续发展，要增强历史责任感，加强调查研究，实事求是地开展工作，把《意见》的各项措施落到实处。

会议期间,吉林、北京、江苏、浙江、安徽、云南等 6 个九三学社省级组织做了经验交流，会议现场演示了社员和组织信息管理系统。

九三学社中央常务副主席邵鸿，副主席谢小军、张桃林、赖明、马大龙、丛斌、赵雯、卢柯、武维华、印红和社中央常委出席会议，九三学社中央机关各部门负责人、部分省级组织专职副主委列席会议。

3. 九三学社十三届四次中常会

11 月 18 日，九三学社第十三届中央常务委员会第四次会议在京召开。会议认真学习了中共十八届三中全会精神，审议通过了《九三学社中央关于学习贯彻中共十八届三中全会精神的决议》，原则通过了《九三学社中央关于在全社开展坚持和发展中国特色社会主义学习实践活动的实施方案》、《九三学社中央监督委员会工作条例（修订）》。会议决定，成立九三学社中央特约监督人员委员会并表决通过了主任委员、副主任委员建议名单。会议决定，12 月 9 日至 11 日在京召开九三学社十三届二中全会。会议还表决通过了有关人事事项。全国政协副主席、九三学社中央主席韩启德主持会议并讲话。

韩启德说，十八届三中全会是我国政治生活中的重大事件。全会通过的关于全面深化改革的决定，提出了全面深化改革总目标和 11 个方面的重大改革及其路线图和时间表，具有深远的历史意义。常委会组成人员要认真学习，在领会内容精髓上下功夫。全社各级组织和广大社员要把学习贯彻中共十八届三中全会精神落实到行动上，与做好各项工作紧密结合。韩启德指出，九三学社要树立改革意识，围绕建设一个思想上坚定、履职上坚实、组织上坚强的参政党的目标任务，拿出切实举措。要改进思想调研方式，了解社员对于中国特色社会主义的真实态度，把握社员思想动态。要在履职上下功夫，针对全面深化改革中的具体问题，提出真知灼见，推动中共十八届三中全会各项目标落到实处。要增强组织凝聚力，为广大社员提供成长和发挥才能的平台，让社员感觉到加入九三学社能够发挥更大作用。

九三学社中央常务副主席邵鸿，副主席谢小军、张桃林、赖明、马大龙、丛斌、赵雯、卢柯、武维华、印红和社中央常委出席会议。九三学社江苏省委专职副主委叶勇、九三学社中央机关各部门负责人列席会议。

4. 九三学社十三届五次中常会

12 月 8 日，九三学社第十三届中央常务委员会第五次会议在京召开。会议审议了九三学社十三届二中全会议程（草案）和日程（草案）并决定提交全会审议通过；审议通过了常务委员会 2013 年工作报告并确定了报告人；委托主席会议审议关于常委会 2013 年工作报告的决议（草案）并提交全会通过。

九三学社中央常务副主席邵鸿受九三学社中央主席韩启德委托主持会议，副主席谢小军、张桃林、赖明、马大龙、丛斌、赵雯、卢柯、武维华、印红和社中央常委出席会议，九三学社中央机关各部门负责人列席会议。

（三）中央监督委员会会议

12 月 9 日，九三学社十三届中央监督委员会第二次全体会议在京召开。会议审议并通过了《九三学社中央监督委员会关于 2013 年工作情况和 2014 年工作要点的报告》、《九三学社中央监督委员会工作细则》；认真学习了《九三学社中央监督委员会工作条例》。

九三学社中央常务副主席、监督委员会主任邵鸿主持会议并讲话。

邵鸿说，各位委员以高度负责的态度，对两个文件进行了细致讨论，提出了许多有创新性、建设性的意见建议。民主党派的监督工作还处于探索阶段，如何把监督工作与社的中心工作有机结合起来，落到实处，这既要靠各地方组织的实践经验，也要靠监督委员的集体智慧。邵鸿强调，明年有三件比较重要的工作，第一，要继续探索试验。第二，结合组织建设的重点开展监督工作。第三，要加强监督委员会自身建设。

九三学社中央副主席、监督委员会副主任丛斌和 16 位监督委员出席了会议。

（四）其他重要会议、活动及事项

1 月 1 日，九三学社中央主席韩启德、常务副主席邵鸿，副主席马大龙、武维华、印红，原副主席王志珍，原常务副主席陈抗甫在京出席由全国政协举办的新年茶话会。

1 月 10 日至 11 日，九三学社中央主席韩启德在京主持召开社中央领导班子战略研讨会。九三学社中央常务副主席邵鸿，副主席谢小军、张桃林、赖明、马大龙、丛斌、赵雯、卢柯、武维华、印红出席会议。期间，召开了九三学社中央十三届三次主席办公会议，研究了 2013 年九三学社中央主题常委会主要议题等事项。

1 月 15 日，九三学社中央社会与法制委员会、九三学社北京市委社会与法制委员会在京召开联席座谈会，总结本届两级委员会五年来的工作；研讨社中央社会与法制委员会 2013 年提交全国政协大会的提案选题和内容，并就今后如何加强两级社会与法制委员会工作联系、做好上下互动，以及两级委员会如何进一步加强参政议政调研工作、更好地开展活动等进行研讨。

1 月 16 日，唐立民同志逝世。唐立民（1924—2013），河北秦皇岛人。著名力学专家、教育家。1956 年加入九三学社，1978 年加入中国共产党。九三学社第七届中央委员，第八、九届中央常委；全国政协第七届委员、第八届常委；九三学社辽宁省委原副主委，九三学社大连市委原主委。

1 月 18 日，2012 年度国家科学技术奖励大会在京举行。九三学社 39 名社员分别获得国家自然科学奖、国家技术发明奖以及国家科技进步奖等奖项。九三学社社员主持或参与完成的获奖项目共 31 项，其中包括基础研究方面的自然科学奖 2 项，技术发明奖 5 项、科技进步奖 24 项。31 个获奖项目中，九三学社社员作为第一完成人的奖项 5 个。

1 月 27 日，九三学社中央书画院和北京九三书画院在武警总部直属支队联合举办“九三学社送文化进警营”迎新春书画慰问笔会活动。九三学社中央常务副主席邵鸿出席活动并讲话。邵鸿说，正值新春到来之际，九三学社艺术家们送文化到警营，表达了军民携手共建，为社会主义文化的大繁荣、大发展贡献力量的美好愿望，同时也为武警官兵送上新春祝福。

1 月 28 日，九三学社中央主席韩启德、常务副主席邵鸿、副主席赖明、丛斌等一行看望了社中央部分离退休老领导老同志和有关人员。韩启德一行向各位老领导老同志表达了新春祝福，感谢他们为九三学社各项工作做出的贡献，并详细询问了他们的身体状况和生活情况，认真倾听他们的心声并叮嘱他们要多保重身体。

2 月 4 日，全国人大常委会副委员长、九三学社中央主席韩启德，全国政协副主席、九三学社中央原副主席王志珍在九三学社中央机关会见全国政协副主席、国家科技部部长万钢，科技部副部长王伟中一行。韩启德说，科技部历来重视与九三学社的合作，万钢部长连续5年率队走访九三学社中央，就双方共同关心的问题进行深入坦诚的交流，非常必要，成效也很显著。韩启德从科技创新水平的基本估计、加强创新体系建设、提高资源配置效率、加强政府职能转变等方面提出了建议。九三学社中央常务副主席邵鸿，副主席赖明、马大龙、丛斌、武维华、印红参加会见。

2月5日，全国人大常委会副委员长、九三学社中央主席韩启德在九三学社中央机关会见教育部部长袁贵仁一行。韩启德说，教育是国家发展的根本，现阶段中国正向着世界强国的目标前进，我国教育怎样与之相匹配，战略研究便不可缺少。韩启德提出4点建议：一是要对中国教育的总体形势有清晰地判断，在看到问题的同时要肯定我国教育取得的进步；二是教育经费投入占GDP4%的目标已经实现，怎样高效利用经费的问题摆在眼前，建议抓基本抓公平，把经费重点投入基础教育，着力解决教育公平和均衡问题；减少项目经费，增加211、985等评估经费，引导高校克服浮躁学风；三是改变目前中国教育的"独木桥"现状，建立教育"立体交通"，多入口、多途径、多出口；加强职业技术教育，建立职业资格认证与就业挂钩制度；四是强化教育部对医学教育的领导，统一高等医学教育学制，并与学制后教育衔接好。九三学社中央常务副主席邵鸿，副主席赖明、丛斌、印红参加会见。

2月16日，徐僖同志逝世。徐僖（1921—2013），江苏南京人。中国高分子材料科学与工程的奠基人，中国科学院院士。1951年加入九三学社。九三学社第六、七、八届中央委员，九三学社成都市委第六、七届主委，第三、五、六、七、八届全国人大代表。

2月21日，全国人大常委会副委员长、九三学社中央主席韩启德在九三学社中央机关会见中共北京市委常委、统战部长牛有成一行。韩启德说，九三学社以科技界高中级知识分子为主体，多年来，在建言科技发展方面做了一些工作，今年九三学社中央重点调研课题是促进科技服务业发展。九三学社中央将与北京市密切联系，共同做好这一课题。韩启德指出，九三学社北京市委集中了社内大量人才，在全社的发展中占有重要地位。希望中共北京市委能为北京的九三学社社员搭建更多平台，九三学社北京市委也要提供更多的活动平台，特别是为年轻社员发挥作用提供舞台。九三学社中央常务副主席邵鸿，副主席赖明、丛斌、印红参加会见。

2月26日，全国人大常委会副委员长、九三学社中央主席韩启德在九三学社中央机关会见中共上海市委常委、统战部长沙海林一行。韩启德说，上海市委统战部高度重视与九三学社中央的联系，近些年已形成了每年走访的传统，对九三学社上海市委的工作也给予了大力指导和有力支持，对此表示感谢。韩启德介绍了九三学社在上海的发展历程和九三学社中央最近的主要工作。九三学社中央常务副主席邵鸿，副主席赖明、丛斌、印红参加会见。

3月3日至12日，全国政协十二届一次会议在北京召开。九三学社中央主席韩启德当选为全国政协副主席；九三学社马大龙、王宇田、王林旭、卢京、卢柯、田玉科（女，土家族）、印红（女）、刘迎龙、许仲梓、严俊、李华栋、张桃林、邵鸿、武维华、赵雯（女）、姚志彬、黄宗洪、曾华、赖明当选为全国政协常委。九三学社103名十二届全国政协委员中，新委员43名，连任委员60名，分布于14个界别，其中九三学社45名、工会3名、妇联 6 名、青联 2 名、工商联 1 名、科协 4 名、科技界 8 名、社科界 1 名、教育界 9 名、医卫界 13 名、对外友好界 1 名、少数民族界 5 名、农业界 4 名、新闻出版界 1 名。

3 月 5 日至 17 日，全国人大十二届一次会议在北京召开。九三学社王明雯（女，彝族）、丛斌、刘政奎、姒健敏、侯义斌、黄润秋、谢小军当选为全国人大常委。九三学社 53 名十二届全国人大代表中，新任代表 30 名，连任代表 23 名，分布于 24 个团，其中天津团 1 名，河北团 6 名、山西团 1 名、内蒙古团 1 名、辽宁团 2 名、上海团 2 名、江苏团 4 名、浙江团 4 名、安徽团 4 名、福建团 1 名、江西团 1 名、山东团 5 名、河南团 1 名、湖北团 2 名、湖南团 3 名、广东团 1 名、广西团 3 名、重庆团 1 名、四川团 3 名、贵州团 2 名、云南团 1 名、陕西团 2 名、青海团 1 名、新疆团 1 名。

3 月 6 日，九三学社全国“两会”代表、委员座谈会在社中央机关召开。九三学社中央主席韩启德出席并讲话。常务副主席邵鸿主持会议，副主席谢小军、张桃林、赖明、马大龙、丛斌、赵雯、武维华、印红出席会议。

4 月 9 日，全国政协副主席、九三学社中央主席韩启德和夫人袁明出席绍兴文理学院第九届“卓越奖学金”颁奖典礼，亲自为 6 位获奖学子颁奖，勉励学校、学子以弘毅之抱负和意志在追求卓越的道路上继续不懈努力。2004 年 4 月，时任全国人大常委会副委员长的韩启德夫妇视察该校，捐资倡设“卓越奖学基金”，随后再次捐资，并先后 5 次亲临学校为“卓越奖学金”获奖学生和“卓越贡献奖”获奖教师颁奖。

4 月 19 日，九三学社第十三届中央委员会专门（工作）委员会成立大会在九三学社中央机关举行。全国政协副主席、九三学社中央主席韩启德出席大会并讲话。韩启德在讲话中回顾总结了上一届专门（工作）委员会所取得的成绩和经验，并对新一届专门（工作）委员会的工作提出几点要求：一是要增强责任意识；二是要提高履职质量；三是要整合力量，加强协作；四是要打好基础，厚积薄发；五是要创新人才组织、队伍建设机制；六是要加强专门（工作）委员会的工作保障。会议向各专门（工作）委员会负责人颁发了任命书。会议由九三学社中央常务副主席邵鸿主持。九三学社中央副主席赖明、武维华出席会议。各专门（工作）委员会、九三学社中央机关相关人员近 100 人参加会议。

5 月 4 日，全国政协副秘书长、九三学社中央常务副主席邵鸿出席由外交学院主办、九三学社中央研究室提供支持的“提案中国”全国大学生模拟全国政协提案大赛。

5 月上旬，全国五一劳动奖状、五一劳动奖章和全国工人先锋号评选结果揭晓。九三学社社员朱惠英、姚绍卫、易瑞灶荣获全国五一劳动奖章。

5 月 18 日，全国政协原副主席、九三学社中央原副主席、中科院院士王志珍在东南大学出席“茅以升科技教育基金会第二十二届颁奖大会暨第三届桥梁与隧道工程技术论坛”并讲话。王志珍说，作为中国现代桥梁工程的奠基人，我国著名科学家、教育家和社会活动家，茅以升先生对祖国的贡献是多方面的。我们今天举行这个颁奖大会，就是要缅怀茅以升先生的丰功伟绩，弘扬茅以升先生爱国、科学、奋斗、奉献的伟大精神，激励广大科技教育工作者，以自己的聪明才智，为实现中华民族伟大复兴的中国梦不懈奋斗，作出应有的贡献。

5 月 21 日，九三学社中央副主席、农业部副部长张桃林在中央社会主义学院出席民主党派省级组织新任专职领导干部多党合作专题研究班开班式。开班式前，张桃林与参加学习的九三学员亲切交谈，了解研究班的课程设置，询问学员们对此次学习的认识和期望，并勉励大家要珍惜机会，认真学习，做到学有所获。九三学社共有来自 10 个省市的 10 名学员参加研究班。

5 月 25 日，由九三学社嘉兴市委和嘉兴市文史研究会主办的纪念褚辅成先生诞辰 140 周年学术研讨会于在嘉兴召开。全国政协常委、九三学社中央常务副主席邵鸿出席会议并讲话。邵鸿在讲话中指出，褚辅成先生的经历几乎涵盖了百年前的每一个重要历史时期，也浓缩了整整一代人的理想与斗争。他志存报国、无敢间息的崇高品德，追求真理、百折不挠的进取精神，顾全大局、襟怀坦白的高尚风范，情系家乡、报效桑梓的真挚情怀，永远值得我们学习和怀念。邵鸿对九三学社浙江省委、中共嘉兴市委、九三学社嘉兴市委高度重视对褚辅成先生史料收集和研究工作，出版《褚辅成文存》等极具研究价值的书籍，取得了相当不错的研究成绩感到欣慰。他还就如何进一步对做好褚辅成先生史料征集和研究工作提出了意见和建议。

5 月 25 日，全国政协副主席、九三学社中央主席、中国科协主席韩启德出席中国科协第十五届年会。韩启德在开幕词中指出，要实现民族复兴中国梦，基础是实现一百多年来中国人的“科技强国梦”和“教育兴国梦”。这两个梦是根本，也是先导。如果不先实现这两个梦，“中国梦”就没有根，就没有魂，我们必须站在这样的历史高度，来认识科学技术的伟大力量，从而真正把科技发展摆在更加突出的战略位置。

6 月 6 日，全国政协副主席、九三学社中央主席、中国科协主席韩启德在京出席 2013 年全国科学道德和学风建设宣讲教育工作电视电话会议并讲话。韩启德指出，要站在全局的高度来认识科学道德、科学精神的重要意义，以中国梦引领科学道德和学风建设，引导科技工作者自觉践行社会主义核心价值体系，凝聚智慧和力量，在实现中国梦的伟大征程中奋发有为，作出更大的贡献。

6 月 21 日，张光斗同志逝世。张光斗（1912—2013），江苏常熟人。杰出的水利水电工程专家和工程教育家。1954 年加入九三学社，1956 年加入中国共产党。中国科学院、中国工程院院士。历任清华大学水利工程系副主任、主任，清华大学副校长、校务委员会名誉副主任。九三学社第六、七届中央委员会委员，第八、九届中央参议委员会委员和第十一届中央委员会顾问。第三届全国人大代表，全国政协第五届委员会委员和第六、七届常务委员会委员，政协北京市第五、六届委员会副主席。

6 月 30 日至 7 月 1 日，由九三学社中央、四川省人民政府主办，九三学社四川省委、四川省住房和城乡建设厅、九三学社成都市委、四川省县域经济学会承办，中共双流县委、双流县人民政府协办的“推进新型城镇化和县域经济科学发展”座谈会在成都举行。全国政协副主席、九三学社中央主席韩启德出席大会并讲话。韩启德指出，新型城镇化和县域经济发展是一项综合性、科学性和前瞻性要求都很高的历史任务，完成这个任务应是一个长期的过程，在这个过程中要着重关注五个问题：一是战略规划。二是产业支撑。三是户籍和配套公共服务。四是农村土地。五是投融资。全国政协常委、九三学社中央副主席赖明等出席会议。

7 月 2 日，九三学社中央法律专门委员会在社中央机关召开“三农”法律热点问题研讨会，邀请北京市农村工作委员会负责同志，有关专家、教授及部分在京的九三学社中央法律专门委员会委员，就为新农村建设、为弱势群体提供法律服务等相关问题展开研讨。

7 月 22 日至 26 日，九三学社中央主席韩启德，常务副主席邵鸿，副主席谢小军、张桃林、赖明、马大龙、丛斌、赵雯、卢柯、武维华、印红在京出席统一战线深入学习贯彻中共十八大精神专题研讨班。

7 月 29 日，全国政协副主席、九三学社中央主席、中国科协主席韩启德在京出席第二届科学传播人颁奖典礼。九三学社社员、中国疾病预防控制中心、12320 卫生热线的带头人崔颖荣获“2012 年度新锐科学传播人奖”。九三学社北京市委科技工作委员会第一副主任、北京大学医学部公共卫生学院社会医学与健康教育系副主任钮文异荣获“公众最喜爱的科学传播人奖”。

7 月 30 日，全国政协常委、九三学社中央副主席赖明在京出席各民主党派中央、全国工商联反映社情民意信息工作情况通报会，并代表九三学社中央发言。赖明说，九三学社始终把反映社情民意的信息工作当做履行参政党职能的重要基础和关键环节，不断健全和完善信息工作的体制机制，向全国政协等部门报送了 7700 多篇社情民意信息，产生了良好的社会效益，部分信息得到全国政协和国家有关部门的高度重视。多年来，九三学社中央领导高度重视信息工作、率先垂范，信息工作注意突出特色、服务大局，强化意识和建设队伍，充分发挥社员主体作用，不断与参政议政工作的结合巩固深化。在不断摸索、总结经验的基础上，九三学社逐步形成了独具特色、切实可行的信息工作体制机制和工作平台。

8 月 3 日至 4 日，九三学社中央科普工作委员会第一次全体（扩大）会议在辽宁沈阳召开。全国政协副主席、九三学社中央主席韩启德出席开幕会并讲话。韩启德在讲话中指出，“十大”换届以后，成立社中央科普工作委员会，主要基于三个方面的因素：第一，提高全民科学素质是我国实现科学发展、科教兴国、创新驱动的重要基础。第二，科普工作可以充分发挥九三学社优势、充分体现九三学社以科技界知识分子为主体的政党特色。第三，科普工作是九三学社增强组织凝聚力的重要途径。全国人大常委、九三学社中央副主席丛斌在闭幕会上做主题报告。丛斌强调，要按照科学发展观的要求开展科普工作，减少盲目性、增强针对性、讲求时效性，要注意把握三个原则（尽力而为、量力而行；找准定位、突出特色；立足基层、有所侧重）、关注四个问题（民生问题、社会管理、生态文明、科技成果转化）、做好五项工作（建立工作制度、联系机制、做好保障、人才队伍建设和科普工作理论研究）。会议期间，与会人员赴本溪考察了“中国药都”园区企业，对园区的建设与发展提出了建议。

8 月 24 日，九三学社无锡地方组织成立 60 周年纪念活动在无锡江南大学举行。九三学社中央常务副主席邵鸿等出席纪念活动。邵鸿说，无锡与九三学社渊源极深，九三学社的创始人之一潘菽先生，前社中央主席周培源先生以及王选、金开诚等老前辈都是无锡人民的优秀儿女，为九三学社的发展壮大作出了杰出的贡献。60 年来，无锡九三组织始终坚持中国共产党领导的多党合作制度和政治协商制度，始终围绕无锡地方中心工作和大局，积极建言献策，为无锡、江苏乃至全国的社会、经济、文化等各方面的发展做出了积极贡献。在新的历史时期，他相信在中共无锡市委、九三学社江苏省委的正确领导和全体社员的共同努力下，无锡九三学社一定能够为“四个无锡”建设和无锡率先实现基本现代化作出更大更多卓有成效的贡献，一定能够按照社中央的要求，把无锡九三组织建设成为思想上坚定，履职上坚实，组织上坚强的地方参政党。

8 月 26 日至 27 日，九三学社全国副省级城市第七次工作联席会在济南召开。九三学社中央副主席赖明出席会议并讲话。赖明指出，副省级城市经济比较发达，中高级知识分子相对集中，在很多方面承担着为改革与发展探路的重任，是我社参政议政工作的重要方面，也为我们参政议政、建言献策提供了广阔的历史舞台。长期以来，九三学社副省级组织置身前沿、发挥优势、立足实际、放眼大局，为区域的经济社会发展作出了很多有分量的参政议政成果，得到了社会各界的一致好评，有些好的做法与经验对全社都具有重要的参考价值，一些好的成果被推广到全省乃至全国，为社的参政议政、民主监督和政治协商工作作出了卓越的贡献。

9 月 3 日，九三学社全国参政议政和信息工作会议在长治召开。会议表彰了参政议政工作先进集体和先进个人，各省级组织交流了工作经验，并对下一阶段的工作进行了部署。九三学社中央副主席赖明出席会议并讲话。赖明说，九三学社围绕国家经济社会发展中重大问题和人民群众普遍关心的热点难点问题，通过高层协商、调研报告、政协会议提案发言、信息等多种途径积极建言献策，为协助党和政府保障和改善民生、保持经济平稳较快发展、推动经济结构调整、促进社会和谐稳定发挥了积极作用。赖明指出，要努力挖掘参政议政人才，用好人才，进一步整合力量，推动参政议政再上台阶。赖明提出，参政议政要围绕中心选好题，充分了解情况，选好点深入基层调研，加强与相关部门沟通，凝练焦点，提出可行性建议。

9 月 3 日至 4 日，由九三学社中央主办，九三学社中央办公厅和社江西省委、社中央文化工作委员会承办的“家园记忆文学笔会”在江西南昌召开。九三学社中央主席韩启德出席并讲话。韩启德说，九三学社过去的老前辈里有许多文学大家，现在也不乏写过优美、感人作品的同志。通过不断举办笔会和其他形式的活动，能够交流创作心得，带动更多的社员阅读文学作品，形成喜爱文学作品的氛围和习惯，提升我们九三人的文学素质。文学艺术对人的心灵有很大的作用。作为参政党的成员，除了政治素质、科学素质之外，还要提高文学艺术的素质。九三学社中央常务副主席邵鸿主持会议。会议还特别邀请著名作家梁晓声、王安忆出席并作专题讲演。

9 月 8 日，由北京大学师生创编的原创歌剧《为你而来・王选之歌》在北京大学百年讲堂首演。全国政协副主席、中国科协主席、九三学社中央主席韩启德，全国政协原副主席、九三学社中央原副主席王志珍，王选夫人陈堃銶，九三学社中央常务副主席邵鸿，九三学社中央副主席马大龙、丛斌、武维华等与北大师生一起观看了演出。原创歌剧《为你而来》共分三幕，以王选夫妇的风雨人生为背景，以王选的科研为主线，通过舞台艺术和歌剧魅力抒写了王选的人格与情怀，展现了王选先生献身科学，淡泊名利，勇于创新，甘于奉献的科学与教育人生。

9 月 9 日，九三学社中央主席韩启德，常务副主席邵鸿，副主席张桃林、马大龙、丛斌、武维华、印红在社中央机关出席中共十八届三中全会意见稿草案讨论会。

9 月 24 日，全国政协副主席、九三学社中央主席韩启德在京出席“2013 年首都高校科学道德和学风建设宣教报告会”并讲话。韩启德表示，希望同学们多一些追求，多一点思考，多一分坚守。把“中国梦”作为人生目标的“靶心”，围绕这个目标而努力奋斗，推动中华民族复兴“中国梦”的早日实现。

10月25日，九三学社中央院士工作委员会与九三学社北京市委共同举办第三次科技领军人才跨学科交流活动。九三学社中央主席韩启德，九三学社中央副主席、社中央院士工作委员会主任武维华等出席活动。韩启德强调，九三学社自2003年提出人才强社战略，对如何实现人才战略，也有不同的见解，理解的深度和广度也不尽相同。要特别注重发现潜在的人才，要发展可能成为领军人物的人才，让这样的人才在九三学社的平台上发展，让他们在社组织中有所收获，对个人成长有作用，九三学社就会成为具有强大吸引力的组织。

10月30日，九三学社中央主席韩启德、常务副主席邵鸿、副主席赖明在社中央机关与中共中央统战部部长令计划等同志座谈。

11月4日，九三学社全国参政议政和信息工作研讨培训会在河南郑州召开。全国政协常委、提案委员会副主任、九三学社中央副主席赖明出席会议并讲话。赖明强调，积极参政议政、建言献策是参政党的重要职责，九三学社各级组织要适应新时期、新形势对参政议政和信息工作提出的新要求，认真探讨提升工作的新办法、新思路。要认真学习贯彻中共十八大精神，提高履职水平，围绕中心、服务大局，选择具有全局性、前瞻性的问题开展调查研究，提出操作性强的意见建议。要加强学习，认真选题，突出特色，改进方法，不断提高参政议政和信息工作的质量。要不断完善工作机制，充分调动九三学社各级组织和广大社员做好参政议政和信息工作的积极性，为推动科技进步和经济社会发展作出贡献。

11月5日，九三学社中央副主席丛斌到九三学社江苏画院考察，并与在场的九三学社书画艺术家座谈。丛斌表示，中共十八大提出“五位一体”建设中国特色社会主义，希望艺术家们为江苏省建设文化大省作出应有贡献。

11月6日至7日，九三学社民主与科学研讨会在南京举行。九三学社中央副主席丛斌出席会议并讲话。丛斌强调，尽管随着时光流逝，五四运动渐行渐远，但九三学社先贤的民主科学理念却刻骨铭心、难以释怀。在新的历史时期，我们要更好地继承爱国民主科学的优良传统，在理性上深刻认识民主与科学对我社自身建设和履职工作的重要引领作用。会议期间还举行了九三学社中央第三届思想建设研究中心的研究员聘任仪式。

11月22日至25日，全国政协原副主席、九三学社中央原副主席、中国科学院院士、北京茅以升科技教育基金会主任王志珍赴贵州省调研，并出席第五届中国古桥研究与保护（贵州·福泉）学术研究会。

12月4日，由民主与科学杂志社举办的“科技革命与社会变革”研讨会在九三学社中央机关召开。九三学社中央常务副主席邵鸿出席研讨会。邵鸿说，我们参政议政要用好三个力量：第一个力量就是我们机关的力量；第二个力量是党派组织，把全社的力量整合到一起，来共同围绕一些问题建言献策；第三个力量是用好社会的力量，把社会有关领域专家学者的智力集中起来，转换成我们参政议政的成果，做上传的输送者，向党和国家领导建言献策。今天的会能请到这么多专家学者，一起来讨论问题，对我们参政议政而言也有帮助。要通过这样的会议活动，逐渐形成一种机制，这样有益于我们更好地履行参政党职能。研讨会以“互联网时代社会文化的反思与前瞻”为主题，来自人民日报社、中国社会科学院、中国科学院、北京大学、清华大学、中国人民大学、北京师范大学、中国科学院大学、北京理工大学、上海政法大学、科技日报社、科学普及出版社等科学界和社科人文界的专家学者与会。

12月9日，九三学社中央海外联络工作委员会在京召开会议。九三学社中央常委、海外联络工作委员会主任王林旭主持会议。会议简要总结了九三学社中央海外联络工作委员会换届后所做工作，并围绕本届海外联络委员会的工作进行了讨论，确定了2014年的工作重点，探索了本届委员会工作思路和发展目标。会议提出，2014年应围绕社中央中心工作，加强发挥海外工作联络委员会的职能，结合各位成员的特点专长开展工作。各位委员就加强吸引海归人才、开拓海外培训渠道、加强委员会网络信息平台建设、加强与各省级组织联系等方面工作进行了研讨。

12月10日，九三学社中央文化工作委员会在京召开会议。九三学社中央常务副主席邵鸿，九三学社中央副主席兼秘书长印红出席会议并讲话。九三学社中央文化工作委员会主任、学苑出版社社长孟白主持会议。邵鸿指出，文化工作委员会要按照社中央的统一部署，在联络社内有关成员，团结人、凝聚人，围绕社中央中心工作开展活动、集中优势资源开展调研、吸收文化艺术领域杰出人才入社等方面做出积极的努力。印红提出，要将文化委员会的活动与自己所从事的专业资源优势相结合；要不断完善制度建设，使各项工作更加制度化、规范化。与会委员结合自身专业特长，分别就开展送医疗下乡、书法进课堂、发掘中青年文体人才、艺术大讲座、开音乐教室、加强委员会网络平台建设等方面活动，提出了思路并进行了热烈的讨论。

12月10日，九三学社中央妇女工作委员会在京召开会议。九三学社中央常务副主席邵鸿出席会议，副主席兼秘书长、妇委会主任印红主持会议。会议传达了第十一次全国妇女代表大会的精神，回顾了上届妇委会主要成绩和经验，总结了2013年工作，听取了《“十二五”期间女性农民工城市就业问题调研》的相关情况汇报，讨论了妇委会工作职责及五年工作思路，确定了2014年的工作重点。

12月17日至19日，九三学社中央社会建设委员会在京召开会议。会议传达了九三学社十三届二中全会精神，研讨了下一步工作。与会同志分别围绕各自工作，就社会建设委员会2014年报送提案的题目和内容进行了座谈研讨；就社会建设委员会今后开展参政议政工作的形式、内容和方法提出了意见建议。

12月18日至19日，九三学社中央常务副主席邵鸿率队赴社四川省委进行社中央首次巡视督导。在分别与社省委领导班子成员、部分省委委员和市级组织负责人见面会上，邵鸿就社中央开展巡视督导工作的目的意义、选点考虑和初步做法等做了介绍。邵鸿说，开展巡视督导工作是加强社组织整体性的制度设计和创新举措。与中共重视强化党风廉政建设不同，我们民主党派的巡视督导重在强化上级组织对下级组织的领导与指导，主要是了解情况、听取意见、加强沟通。这项工作无先例可循。选择工作基础较好的四川省委作为试点，有利于试验探索和总结经验。期间，九三学社中央巡视督导组分了解情况、听取意见、沟通协商三个层面展开了有关工作。

12月19日，2013年新增“两院”院士名单出炉，4名九三学社社员当选。其中，北京大学分子医学研究所的程和平当选中国科学院生命科学和医学学部院士；中国科学院地理科学与资源研究所的周成虎当选中国科学院地学部院士；中国科学院金属研究所的成会明当选为中国科学院技术科学部院士；中国科学院亚热带农业生态研究所的印遇龙当选中国工程院农业学部院士。

12月27日，姚奠中同志逝世。姚奠中（1913—2013），山西运城人。著名教育家、书法家、国学大师。1956年加入九三学社。中国人民政治协商会议第五、六届全国委员会委员、第六、七届山西省委员会副主席，九三学社第七、八届中央委员，第四届山西省委员会主任委员。

12月27日，九三学社中央医药卫生委员会在京召开会议。会议总结了2013年医药卫生委员会工作，研讨了如何贯彻中共十八届三中全会精神、推进参政议政工作，以及2014年政协大会提案和医卫委调研课题选题。

二、参政议政

2013年，九三学社坚持贯彻落实科学发展观，围绕我国经济社会发展中的重大问题以及人民群众普遍关心的热点难点问题，深入调查研究，积极建言献策，取得显著成绩。

（一）高层政治协商

1月11日，全国人大常委、九三学社中央副主席丛斌在京出席最高人民法院征求各民主党派中央、全国工商联和无党派人士对人民法院工作意见建议座谈会并发言。丛斌充分肯定了五年来人民法院工作取得的成绩，同时就加强和改进人民法院工作提出了一些意见和建议。

7月25日，全国政协副主席、九三学社中央主席韩启德在中南海出席中共中央召开的党外人士座谈会，并代表九三学社就当前经济形势和下半年经济工作建言。九三学社中央常务副主席邵鸿，副主席赖明出席会议。

8月30日，全国政协常委、九三学社中央常务副主席邵鸿在京出席全国政协党组落实党的群众路线教育实践活动整改措施征求意见会议并代表九三学社发言。邵鸿就加强作风建设、构建系统化的群众联系机制、推动协商民主建设等问题发表了意见和建议。

9月17日，全国政协副主席、九三学社中央主席韩启德在中南海出席中共中央召开的党外人士座谈会，并代表九三学社就中共中央关于全面深化改革若干重大问题的决定提出意见和建议。韩启德建议，加大国有股权划转社保基金比例。九三学社中央常务副主席邵鸿出席会议。

11月7日，全国政协常委、九三学社中央常务副主席邵鸿，全国政协常委、九三学社中央副主席赖明在京出席全国政协第二次双周协商座谈会。赖明就建筑产业化有关问题发表了意见，并提出五点建议：一是加强标准体系建设；二是重视技术体系集成；三是强化产业链培养；四是完善政策与法规体系；五是大力推广应用。

11月22日，全国政协副主席、九三学社中央主席韩启德在中南海出席中共中央召开的党外人士座谈会，并代表九三学社就今年经济形势和明年经济工作建言。九三学社中央常务副主席邵鸿、副主席赖明出席。

12月5日，全国政协副主席、九三学社中央主席韩启德，全国政协常委、九三学社中央副主席马大龙在京出席全国政协双周协商座谈会。马大龙围绕“深化科技体制改革、着力提升原始创新能力”发表了意见，并提出建议：一是对现有政策进行梳理，摈弃不利原始创新的条款，为原始创新提供政策保障；二是设立学术创新特区，重点支持一些优秀的立志于科学事业的青年科学家，给予他们长期的、充足的经费和科研条件支持。

（二）专题调研

1月5日，九三学社中央副主席、中国科学院院士武维华一行赴海南陵水县中国水稻研究所南繁基地调研，并看望慰问了在南繁基地工作的九三学社中国水稻研究所支社部分社员。

3月21日至22日，九三学社中央副主席、农业部副部长张桃林一行到湖南娄底，对农村能源生态环境建设、基层农技推广体系建设和农机化工作等进行调研。张桃林在调研中指出，现代农业发展必须依靠科技进步，切实加大生产技术和农业机械的推广力度，有效整合现代农业发展各种要素，进行规模化、机械化、专业化和企业化生产，促进农业生产力的提升，让广大农民共享现代农业发展成果。

3月29日至4月3日，全国政协常委、全国政协提案审查委员会副主任、九三学社中央副主席赖明率九三学社中央调研组赴广州就“养老服务业发展问题”进行调研。调研期间，调研组实地考察了广州市老人院、广州市松鹤养老院等养老项目，与当地民政等相关部门、相关企业进行座谈，分别听取了广州市及海珠区养老服务业发展的情况介绍，并就养老服务业发展过程中遇到的困难、问题和与会人员进行了探讨、交流。赖明指出，我国老龄化趋势呈现出基数大、进程快的特点，社会和家庭的负担越来越重，社会养老体系压力巨大，这对今后养老服务业的发展提出了四个方面要求。一是要充分认识发展养老事业的紧迫性，政府要高度重视养老服务体系建设；二是要制定发展养老事业的总体规划，切实应对人口老龄化；三是要加强立法，弥补现有政策的缺失，制定养老行业的一系列标准；四是要进一步加强养老服务人才的培育，引入社工组织，培养更多的专业人才投入养老服务行业。

4月7日至10日，九三学社中央副主席、农业部副部长张桃林带队深入广东河源、梅州、揭阳等市县调研。张桃林强调要充分发挥科技的支撑和引领作用，加快推动农业转型升级，全力打造现代农业。

4月10日，全国政协副主席、九三学社中央主席韩启德赴浙江绍兴市考察生命健康产业。在实地考察了有关企业，听取了绍兴市生命健康产业发展规划情况汇报后，韩启德指出，生命健康产业是战略性新兴产业、朝阳产业，更是绍兴实现产业转型升级、经济结构调整的助推力量。绍兴要紧紧抓住全球生命健康产业快速发展的机遇，依托自身独特优势，大力发展生命健康产业。在绍考察期间，韩启德还听取了九三学社绍兴市基层组织建设工作汇报。

4月15日，全国政协常委、九三学社中央副主席赖明率领九三学社调研组深入遂宁市船山区中国西部现代物流港，射洪县沱牌镇、明星镇等地调研。在调研中，赖明指出，在城镇化推进中，人的城镇化是核心，统筹协调是方法，绿色发展是关键，产业发展是支撑，

"四化"联动是抓手，制度建设是保障，创新是动力。他建议遂宁要突出搞好规划，处理好工业化、农业现代化、信息化和城镇化的关系，依托成渝的辐射带动，利用自身区位优势，多点多极均衡发展。

4月16日至19日，九三学社中央副主席兼秘书长、国家林业局副局长印红率队赴贵州威宁就草海国家级自然保护区的保护与综合治理问题进行考察调研。印红在考察过程中指出，草海保护是威宁发展战略的核心，保护好草海是威宁自治县委、政府的政治责任和历史责任。草海的综合治理要符合时代发展的总体要求，要将草海的综合治理提到一个更重要的高度上来。第一，要把草海问题放在更加重要的位置上来考虑。第二，草海保护与治理的理念要适应生态文明的要求。第三，修订完善规划后，规划的执行刚性要加强。第四，要吸取滇池治理的教训。

4月18日，全国政协常委、九三学社中央副主席武维华率中国农业大学专家组一行赴邛崃市，考察现代农业开发区规划和发展问题。武维华一行详细了解邛崃市现代农业产业发展状况。武维华在调研中说，希望邛崃更加注重生态农业的发展，顺势而为、乘势而上，把农业生态文明建设放在突出位置；以项目带动农业发展，构建循环经济产业链，突出特色和优势，包装推出优势农产品，实现邛崃市现代农业的快速发展。

4月22日至25日，全国政协副主席、九三学社中央主席韩启德率党派大调研组在深圳就科技服务业进行调研。韩启德对深圳科技服务业发展表示肯定，希望很好地总结这里的经验，听取进一步促进科技服务业发展的意见建议，凝聚来自一线的实践智慧，为创新驱动发展战略的实施助力。

5月6日至9日，全国政协副主席、九三学社中央主席韩启德率调研组在吉林省就长白山地区资源和生态保护问题进行调研。在听取了吉林省有关负责同志的介绍后，韩启德指出，要充分体现长白山地区自身的地域特点和功能定位，把握保护与开发并重的"度"，做好长白山生态保护的长远规划、顶层设计，并按照国家生态示范区的标准推进各方面建设。九三学社中央副主席谢小军、赖明参加调研。

5月23日至27日，全国政协原副主席、九三学社中央原副主席、中国女科技工作者协会副会长、中国科学院院士王志珍赴贵州省黔东南州调研，并出席第十五届中国科协年会系列活动，参加女科学家高层论坛和科学道德建设论坛。

6月8日至11日，九三学社中央副主席赖明、赵雯率调研组就大别山生态旅游发展问题，赴安徽省安庆市潜山县、岳西县和六安市金寨县进行了调研。九三学社中央原常务副主席陈抗甫参加调研。

6月25日，全国政协副主席、九三学社中央主席韩启德率九三学社中央调研组，在北京市就促进科技服务业发展问题进行了调研。韩启德说，九三学社是以科技界高中级知识分子为主体的参政党，长期关注促进科技发展中的体制机制问题。北京市高度重视科技服务业发展，中关村创造了许多典型案例，九三学社希望通过调研总结经验，为国家科技体制改革提出建议，也愿意为北京市发展出谋划策、多作贡献。

6月28日至29日，全国政协副主席、九三学社中央主席韩启德深入四川省的成都、眉山等地，就新型城镇化与城乡统筹进行专题调研。他指出，十八大提出了走中国特色新型工业化、信息化、城镇化、农业现代化道路，推动四化联动，同步发展，指明了新时期新形势下城镇化发展的战略方向。目前我国的城镇化面临如何实现人的城镇化，如何统筹城乡，如何坚持规划的科学性权威性，如何做到以产业支撑城镇发展等诸多难题，需要各地不断进行探索、实践，逐步加以破解。

7月9日至11日，全国政协副主席、九三学社中央主席韩启德率领调研组对宁夏内陆开放型经济试验区建设情况进行专题调研。韩启德对宁夏近些年经济社会发展取得的巨大成就给予了高度评价，并就宁夏内陆开放型经济试验区的发展提出五点建议：一是深刻理解国务院批准建立宁夏内陆开放型经济试验区的重大意义。二是充分发挥自身优势，立足向西开放。三是利用地方立法的优势，大力推进制度创新。四是加强生态文明建设。五是重视人才引进和培养。

7月19日，全国政协常委、九三学社中央副主席赖明一行赴河南安阳考察。赖明一行在殷都区调研时，听取了关于新型城市化建设、殷墟国家考古大遗址公园建设及社会管理创新工作的汇报，现场观看了区情介绍和城市规划建设电视宣传片，并与社会经济、文化方面专家、学者进行了座谈。赖明指出，城市规划和社会管理必须以人民群众为主体，政府为主导，加强市场运作、创新驱动，根据自身特色做好定位，挖掘优势，形成产业链条，努力推动安阳市的城市和经济发展。

9月2日至6日，全国政协常委、九三学社中央副主席马大龙赴江苏、重庆参加最高人民检察院组织的各民主党派中央、全国工商联和无党派人士就“人民监督员制度立法问题”举行的联合调研。

9月21日至23日，全国政协常委、九三学社中央副主席赖明率队就生态移民开发供水工程的有关问题赴甘肃白银调研。在实地考察和听取有关汇报后，赖明指出，无论从生态效益，还是从经济、政治、社会效益上看，甘肃中部生态移民扶贫开发供水工程项目都非常重要。实施这项工程，还要科学论证可行性，特别是用水指标和用电指标，做到心中有数。赖明强调，解决缺水问题，既要开源，更要节流，加强节水农业、节水工业和节水社会建设，把水用好。九三学社中央将在此次调研的基础上，认真研究推敲相关材料，向中共中央国务院提供了有分量的报告。

10月8日至9日，全国政协常委、九三学社中央副主席赖明率队赴四川绵阳调研科技城建设情况。赖明一行先后前往西南自动化研究所、航空新城建设项目施工现场等地进行了实地调研；座谈听取了绵阳市关于科技城建设工作的汇报以及省、市相关职能部门、部分科技企业和科研院所人士的发言。赖明表示，希望绵阳进一步建立完善和创新科技城建设体制机制，进一步搞好军民融合、军民协作，营造良好的科技创新市场环境。九三学社将发挥中高级科技人才汇聚的优势，利用此次调研成果，积极向中央建言献策，助推绵阳科技城加快发展。

11月26日至29日，全国政协常委、九三学社中央副主席赖明在珠海、广州和武汉三地调研大数据与城市信息化建设。赖明分别听取了当地有关部门的情况介绍，与部分专家学者、科研一线人员进行了座谈，到多个项目单位和试验点进行了实地考察。赖明指出，中共十八届三中全会提出“推进国家治理体系和治理能力现代化”，这是一个全新的课题，也为大数据与城市信息化建设提出了新的要求。大数据与城市信息化建设要紧密围绕和促进实现这一“现代化”重大战略目标，贯彻依法治国理念和科学执政、民主执政、依法执政要求，立高谋远，科学布局，稳步实施。

（三）在政协充分发挥作用

在全国政协十二届一次会议上，九三学社中央提交九三学社中央名义书面发言 14 篇，其中两篇发言被全国政协选为大会口头发言；九三界别委员有 35 篇大会书面发言被政协选用。九三学社中央提交九三学社中央名义提案 41 件、界别名义提案 22 件、平时提案 12 件，其中，《关于加强绿色农业发展的提案》被全国政协列为大会“一号提案”；《关于强化规划的科学性、权威性，推进城镇化健康发展的提案》、《关于促进工业绿色发展的提案》、《关于深化行政审批制度改革的建议》入选提案办理协商会；《关于进一步推动我国科技成果转化的建议》等 8 篇提案入选《全国政协重点提案摘报》；《关于优化科技资源配置提高科技投入效率的建议》等 2 件提案被选为专门委员会督办重点提案；《关于建立开放式创新平台的建议》被选为政协办公厅和提案委员会联合督办重点提案；九三界别委员积极参政议政，共提交个人提案或联名提案百余件。

2 月 25 日，九三学社中央在京举行全国“两会”媒体通气会，向 20 多家在京媒体介绍了九三学社“两会”宣传报道方案和提案发言准备情况。会上还向媒体推荐了九三学社全国人大代表和全国政协委员新闻采访线索，介绍了政协大会九三学社组新闻联络员，回答了受邀媒体记者关注的问题。

3 月 6 日，九三学社中央主席韩启德与各民主党派中央和全国工商联主席共同出席全国政协十二届一次会议记者会并回答中外记者提问。韩启德说，去年底，九三学社召开了第十次全国代表大会。这次大会认真贯彻中共十八大精神，充分发扬民主科学务实作风，统一了思想认识，确立了今后一个时期的工作目标和任务。代表们经过热烈讨论，提出要把九三学社建设成为一个思想上坚定、履职上坚实、组织上坚强的参政党。在回答中央人民广播电台记者“九三学社作为以科学技术界为主体的民主党派，如何为创新驱动发展战略的实施做出贡献？”的提问时，韩启德说，九三学社作为以科学技术界为主体的参政党，为实施创新驱动发展战略做出贡献，是义不容辞的责任。九三学社主要通过参政议政、民主监督，对国家创新驱动发展战略的总体思路、实现路径、方针政策提出建议。在今年的全国政协大会上，九三学社中央将在加快发展科技服务业、合理配置科技资源、转变政府在科技管理中的职能、深化农业科研机构改革等方面提出 12 件提案。

3 月 6 日和 8 日，全国政协十二届一次会议在政协礼堂分别举行了以“积极稳妥推进城镇化，着力提高城镇化质量”和“加强城乡污染防治，改善城乡人居环境”为主题的两场提案办理协商会。九三学社中央提交的《关于强化规划的科学性、权威性，推进城镇化健康发展的提案》、《关于促进工业绿色发展的提案》等被全国政协选为协商办理提案。全国政协提案审查委员会副主任、九三学社中央副主席赖明出席会议，并于 6 日下午代表九三学社中央就推进城镇化的若干建议作了发言。

3 月 8 日，在全国政协十二届一次会议第三次全体会议上，九三学社中央副主席马大龙代表社中央作《优化科技资源配置，提高科技投入效率》的大会发言；九三学社中央副主席赖明作《坚定决心，深化行政审批制度改革》的大会发言。

3 月 8 日，全国政协十二届一次会议就“健全社会主义协商民主制度”等问题在“两会”新闻中心举行第三场记者会。全国政协常委、九三学社中央常务副主席邵鸿出席记者会并就相关问题回答中外记者提问。

3月20日，九三学社中央副主席赖明在社中央机关与工信部有关部门负责人，就九三学社中央提交的《关于促进自主知识产权三维图形平台建设的建议》提案进行会商。赖明介绍了九三学社中央近年来开展的有关调研、发现的关键问题及期待解决问题的路径。赖明表示，九三学社作为以科技界高中级知识分子为主体的民主党派，非常关心创新驱动发展战略在实现中国梦过程中的作用。当前，三维图形平台在国际开发和应用的初期，某些领域尚未诞生占据绝对统治地位的三维图形平台技术，为在二维图形平台阶段落后的中国提供了难得的赶超机遇。政府有关部门当尽快做出相关产业发展意见、提供人力、资金和市场等配套政策支持，九三学社中央将积极建言献策，大家共同努力，尽快实现真正由中国创新推动中国发展。

（四）信息工作

2013年，九三学社始终把反映社情民意的信息工作当做履行参政党职能的重要基础和关键环节，不断加强和改进反映社情民意信息工作。九三学社中央加强了与省级组织的沟通联系，充分调动省级组织的热情，一些社员也积极发挥主体作用，促进信息工作不断发展，工作机制更加健全，工作网络更加完善，报送数量和质量有了比较大的提高。九三学社中央采编形成《九三信息》、《九三信息专报》573篇，向全国政协、中央统战部等部门报送了多篇有情况、有分析、有建议、质量较高的社情民意信息，多篇信息得到了中央领导人的重视和批示。

（五）民主监督工作

2013年，九三学社中央把民主监督与参政议政工作紧密结合起来，通过高层政治协商、“直通车”建议、人大议案、政协提案、“九三信息”等多种方式提出批评建议，推进民主监督。九三学社中央领导应邀出席最高人民法院、最高人民检察院、中央统战部召开的座谈会和情况通报会，就社会发展中的突出问题提出建议。在中共开展党的群众路线教育实践活动中，九三学社中央领导同志对部分党和国家机关的作风建设提出意见。九三学社中央设立特约监督人员委员会，担任各级特约监督员、监察员、检察员、审计员和国家督学的社员，以高度的政治责任感认真参加有关检查和监督工作，参与有关法律法规制定研究和重大案情调查，发挥了特约人员的作用。九三学社中央积极履行民主监督职能、维护社员和群众权益，累计处理来信、来电共400余人次，接待社员来访10余次，群众来访10余批30多人次；有26份来信、来访材料得到九三学社中央领导同志的批示，并进行了办理，一些损害社员权益的事件得到较好解决。

（六）论坛活动

4月26日，九三学社全国医疗卫生体制改革相关问题研讨会在深圳市举行。全国政协副主席、九三学社中央主席韩启德，全国政协常委、社中央副主席赖明出席。会议主要围绕医疗服务体系改革进程中存在的瓶颈问题，特别是公立医院改革、基层医疗、医保体系、政府监管、社会办医等问题开展研讨，并提出可行性意见和建议。

7月9日至11日，第八届“九三论坛”在宁夏银川召开。论坛由九三学社中央主办，九三学社宁夏区委和宁夏林业局承办，九三学社银川市委协办。九三学社各省级组织代表、相关领域专家学者就“生态文明建设”进行深入研讨和交流。全国政协副主席、九三学社中央主席韩启德出席会议开幕式并讲话。韩启德指出，生态文明建设任重道远，只有坚持生态、绿色、循环、低碳的发展理念，才能实现中华民族的永续发展。韩启德强调，当前面对资源约束趋紧、环境污染严重、生态系统退化的严峻形势，必须深入研究生态文明建设的深层次问题，探讨解决的办法必须认真研究四个方面的问题：一是生态资源分配及补偿问题。二是产业发展问题。三是综合运用行政和市场调节手段。四是形成全社会共同推进生态文明的良好社会氛围。

7月12日至13日，全国政协常委、九三学社中央副主席赖明在禹城市出席2013首届中国水安全论坛并作了《加强水安全建设，促进生态文明发展》的报告。九三学社中央原常务副主席陈抗甫出席开幕式。

8月20日，由九三学社北京大学委员会、清华大学委员会、北京大学第二委员会主办，九三学社北京市委教育委员会协办的“高等教育国际化论坛”在北京大学举行。九三学社中央副主席、九三学社北京市委主委马大龙等出席论坛并讲话。

11月1日，全国政协副主席、九三学社中央主席韩启德在京出席以“文明的和谐与共同繁荣——回顾与展望”为主题的北京论坛（2013）并讲话。韩启德表示，中国主张加强人文交流，是对自身发展水平的清醒判断。今天的中国虽然取得了举世瞩目的经济发展和社会进步，但是与世界一些发达国家的发展水平还有不小的差距，中国仍然要积极借鉴国外优秀文化，开展多渠道、多形式、多层次对外文化交流，向世界各国和不同文明学习。北京论坛作为人文交流的重要载体，希望论坛通过全方位多层面的探讨，剖析当前变革的世界新格局，抓住全球治理结构改革的新机遇，提出解决问题、加强交流、增进共识的新思维，为构建持久和平、共同繁荣的和谐世界，为人类和平与发展的崇高事业作出新的更大的贡献。

11月16日，九三学社中央副主席、重庆市政协副主席谢小军，九三学社中央原副主席贺铿等在重庆荣昌出席第六届中国畜牧科技论坛暨第八届中国畜牧科技新项目新技术新产品博览会。论坛期间，贺铿作了《当前经济形势及经济体制改革报告》。

（七）港澳台和海外联络工作

4月15日，九三学社中央联络委员会主任、中央民族大学副校长、中国超象艺术家王林旭创作的超象作品《互动的世界》和《共同的家园》画作交接仪式在纽约联合国总部大厦举行。这两幅画作就此落户纽约联合国总部，并长期向世界陈列展示。联合国秘书长潘基文、中国常驻联合国特命全权代表李保东大使等出席仪式。

6月5日，全国政协副主席、九三学社中央主席韩启德在京出席首届全球CEO圆桌峰会和“全球CEO(首席执行官)委员会”成立仪式。韩启德表示，与会代表来自引领全球经济的重要企业，此次圆桌峰会为大家提供了面对面交流恳谈的方式，希望通过交流加强合作，促进共同繁荣发展。

6月10日至14日，全国政协副主席、九三学社中央主席、中国人民争取和平与裁军协会会长韩启德应土耳其大国民议会邀请率团访问土耳其。其间，韩启德会见了土耳其大国民议会副议长麦赫迈特·萨拉姆，双方积极评价两国关系，愿从议会角度推动中土战略合作关系持续向前发展。韩启德还出席了中国人民争取和平与裁军协会、中国驻伊斯坦布尔总领事馆和马尔马拉战略与社会研究基金会共同举办的“中国—土耳其非政府组织座谈会”。

6月17日至19日，全国政协副主席、九三学社中央主席、中国人民争取和平与裁军协会会长韩启德应第五届以色列总统会议组委会邀请率团访问以色列。访问期间，韩启德出席了中国人民争取和平与裁军协会在特拉维夫举行的“中国—以色列友好组织、智库座谈会”和第五届以色列总统会议，并分别会见了以色列总统佩雷斯和以色列议长埃德尔斯坦，双方领导人积极评价两国关系，愿全方位推动中以友好合作关系持续向前发展。

10月10日，全国政协副主席、九三学社中央主席、中国海外交流协会会长韩启德在全国政协礼堂会见了美国加州华裔民选官员访问团一行12人。韩启德表示，中国政府向来关心和支持海外华侨华人在当地的长期生存与发展，鼓励华侨华人与当地人民友好相处，积极融入当地主流社会，为住在国的经济发展和社会进步做出积极贡献。韩启德指出，华人参政是华人族群积极参与当地公共事务、融入主流社会的具体体现，有利于提升华人族群的话语权和影响力，有利于促进中外相互了解和友好交往，这无论对华侨华人祖(籍)国还是对华人居住国来说均是好事。

11月1日，全国政协副主席、九三学社中央主席、中国海外交流协会会长韩启德在北京钓鱼台国宾馆会见了以美国百人会会长、华美银行董事长吴建民为团长的美国百人会访问团一行。韩启德在会见中指出，华侨华人对中美两国的文化都很了解，在推动两国关系发展方面拥有独特优势。中美关系发展重在“互信”。

三、社会服务

一年来，九三学社坚持围绕中心、服务大局，多渠道、多形式积极开展社会服务工作，在九地合作、新农村建设、支边扶贫、亮康行动等方面做了大量有益的工作，取得很大的成绩。

1月12日，九三学社中央常务副主席邵鸿在社中央机关听取了九三学社湖北省委与潜江市政府开展“九潜合作”的设想。邵鸿说，九三学社潜江市委的工作很有成绩，特别是近几年连续开展的“院士、专家潜江行”活动，一批社员专家成为潜江市政府顾问，为潜江的发展出谋划策，产生了不错的社会效益。这其中，九三学社中央做了一些工作，更多的是与社湖北省委的支持和中共潜江市委、政府的重视分不开的。九三学社湖北省委对建立“九潜合作”很重视，潜江市有诚意，前期工作扎实，项目也比较务实，希望“九潜合作”能开展好，起到示范带动作用。

4月16至21日，全国人大常委、九三学社中央副主席、中国工程院院士丛斌，在四川九寨沟、绵阳、广元等地，考察调研社会服务等工作开展情况。期间，丛斌一行出席了九三学社四川省委与广元市《第七轮九广合作协议》的签字仪式。丛斌强调，开展“九广合作”是中国共产党领导的多党合作的一个实践和创新，要扎扎实实把这些工作做实，做出影响。

4月20日，四川雅安市芦山县发生7.0级地震后，九三学社中央主席韩启德立即委托社中央常务副主席邵鸿代表九三学社中央致电九三学社四川省委，详细询问有关情况、表示慰问，并就社组织赈灾救助有关工作提出了要求。九三学社各级组织和社员纷纷捐款捐物，其中，社中央领导和机关干部职工捐款21500元；社四川省内社组织（含个人）捐款198.9183万元，捐物折合人民币174.2309万元，总计373.1492万元；社重庆市委捐款3.56万元，帐篷10顶、棉被30多床，衣物近800件；社贵州省委捐款1.7万元；社广东省委捐款2.5万元；社青海省委捐款8200元；社新疆区委机关捐款1000元；九三学社广东省委副主委、珠海远光软件股份有限公司董事长陈利浩捐款100万元。

5月16日至17日，九三学社中央院士专家报告团一行在福州市高校举行多场报告会并对福清等地进行经济社会考察。其中，九三学社中央副主席武维华在福建农林大学，九三学社中央原副主席冯培恩在福建工程学院，中科院院士冯守华在福州大学分别作了《农业资源高效利用与可持续发展》、《技术产品创新的关键》、《水热合成化学》专题报告。

5月27日至28日，九三学社中央副主席赖明率调研组就四川芦山地震后农村住宅重建问题，赴芦山县古城村、黎明村进行调研。在考察后召开的专题研讨会上，赖明强调，在地震带农村，主要是农民自建住房，其抗震性能相对较差，成为防震抗震最薄弱的环节。九三学社各方面人才汇集、智力优势突出，应该在灾后农村重建中积极建言献策，并为芦山灾区农村重建作出示范，在农村住宅抗震性能改善、居住品质改良等方面作出贡献。赖明就九三学社援建的灾后重建项目的选点、规划、建设、技术支持以及资金、物质保障提出了初步考虑。

5月23日，全国政协副主席、九三学社中央主席韩启德赴威宁自治县考察调研。韩启德对今后九三学社的帮扶工作提出了三个重点：一是草海的保护及综合治理；二是对威宁教育的帮扶；三是“四化同步”建设。全国人大常委、九三学社中央副主席丛斌等陪同调研。

5月24日至25日，全国人大常委、九三学社中央副主席、中国工程院院士丛斌在贵州省安顺市调研。在实地考察了九三学社援助的张家寨村无籽金刺梨示范种植点、朵贝重华公司茶苗基地后，丛斌指出，农业生产，农产品加工经营，一定要秉持诚信为本、科技为根的理念，着力打造优质精品品牌，要贯彻落实科学发展观、要切实处理好生态保护与开发的关系。九三学社帮扶地方经济发展要尽力而为，量力而行，努力为地方经济发展作出更大的贡献。

5月28日至29日，全国人大常委、九三学社中央副主席、中国工程院院士丛斌在河南省濮阳市调研九三学社“同心”康福行动。“同心”康福行动是九三学社河南省委帮助濮阳市濮范台国家级扶贫开发试验区近200位髋关节骨性关节炎患者及家庭实现“身体健康、家庭幸福、同步小康”，而开展的一项社会服务工作。丛斌表示，九三学社“同心”康福行动是多党合作的理论和实践的有机结合，打造了老百姓急需的社会服务工作链条，得到了当地党委的重视和大力的支持，充分发挥了组织机构的组织领导作用，具有典型性和推广价值。九三学社的社会服务工作就是要在中国共产党的领导下多围绕老百姓做实事，做有影响的事，既解决他们生活上的困难，还要减轻他们心理上的负担，使他们生活得更幸福。

6月14日，九三学社中央副主席、中国科学院院士武维华在莱芜市出席山东省“百名专家企业行”活动启动仪式。山东省“百名专家企业行”活动是由九三学社山东省委、山东省科协共同开展的旨在组织科技专家，服务企业科技创新的一项重要活动。期间，武维华还出席了“莱芜市调结构、转方式、促发展院士专家座谈会”。

7月1日，全国政协副主席、九三学社中央主席韩启德在绵阳出席中国（绵阳）科技城建设座谈暨科技创新项目对接会并讲话。韩启德表示，九三学社上下要大力弘扬“民主与科学”优良传统，积极发挥科技资源优势，为绵阳科技城建设建言献策、牵线搭桥，推进“九绵科技合作”取得更大成效。九三学社中央副主席、中国工程院院士丛斌，九三学社中央副主席、中国科学院院士卢柯，来自全国10余个省市的50多名九三学社企业家专程赴会。绵阳科技城是党中央、国务院批准建设的中国唯一的科技城。九三学社充分发挥人才智力密集优势，与绵阳科技城已开展了十年的合作，先后为科技城引进和实施了10多个优秀科技成果转化项目，为绵阳引进环保、农业、军转民及地质灾害治理项目资金数千万元，有力地助推了绵阳市经济和社会的科学发展。本次会议旨在整合九三学社的科技资源优势，引进、推荐一批国内外高科技中小型企业落户示范基地，为绵阳科技城新型产业发展提供支撑，带动绵阳科技城建设科技创新能力的提升。

7月4日至5日，全国人大常委、九三学社中央副主席、中国工程院院士丛斌赴河北省阜平革命老区出席“九三学社中央亮康行动2013·阜平行”启动仪式并在阜平进行了调研。丛斌表示，九三学社“亮康行动”走进阜平，为老区人民送来优质的医疗服务，为贫困白内障患者送来光明，这既是我们接受老区人民革命精神洗礼的过程，也是贯彻落实习近平总书记指示精神的实际行动。回顾“亮康行动”近10年的发展历程，希望这项行动能够起到“复明一个人，幸福一家人，稳定一群人”的良好作用，使之成为我国扶贫助残、防盲治盲事业的一个组成部分，为构建社会主义和谐社会作出贡献。

7月10日至11日，全国人大常委、九三学社中央副主席、中国工程院院士丛斌率队赴临城县就“薄皮核桃种植推广”、“尾矿循环再利用”等问题进行考察调研。丛斌表示，临城县生态产业的科技含量要提升，经济发展方式要转变，要把尾矿处理项目和薄皮核桃产业做大做强，要进一步解放思想、开拓创新，通过招商引资扩大产能，要按照集团公司规模化经营模式来打造，形成科学的管理体系。期间，调研组还就“九地合作”事宜与临城县达成了初步意向。

7月18日至21日，全国人大常委、九三学社中央副主席、中国工程院院士丛斌一行赴内蒙古赤峰市出席九三学社“亮康行动内蒙古（赤峰）推广基地”揭牌仪式，并就草原生态保护工作开展调研。丛斌在揭牌仪式上对内蒙古“亮康行动”推广基地提出了三点要求：第一，要坚持“扶贫济困”的理念，突出重点，逐步扩大活动规模和范围。第二，要把握好“讲求实效”的原则，高质量地完成好实施亮康行动的各项工作，要特别关注患者术后康复和回访工作，保证“好事做到底”。第三，要加强和党政相关部门的沟通和联系，精心组织和实施好这一民心工程。揭牌仪式结束后，丛斌一行看望了在医院接受手术的病人。丛斌还为当地九三学社社员作了题为“同心共铸中国梦”的讲座。

8月15日至16日，全国人大常委、九三学社中央副主席、中国工程院院士丛斌赴湖北襄阳、十堰调研社会服务工作，并看望了社襄阳市委机关工作人员。丛斌表示，九三学社的社会服务工作，要努力与党的群众路线教育实践活动紧密结合，拉近党与百姓之间的距离。在推进城乡一体化的过程中，九三学社要充分发挥自身的智力优势，积极推广节能、低碳、零排放的环保理念，为缩小城乡差距、推动生态文明发展作出贡献。

8月17日，“九潜战略合作”签约仪式暨“九三学社生态院士专家潜江行活动”在潜江举行。全国人大常委、九三学社中央副主席、中国工程院院士丛斌等出席了签约仪式。在签约仪式上，九三学社湖北省委与潜江市人民政府签署了湖北省第一个“九地合作”协议暨“九潜战略合作协议”，潜江市林业局与中国林科院湿地研究所签署了“九潜生态科技合作项目”。丛斌等人还共同为九潜合作工作站揭牌。

8月19日，为认真总结“同心・智力行”教育结对帮扶工作的成功经验，探讨解决帮扶工作中存在的问题和困难，进一步推动帮扶工作的开展，九三学社中央“同心・智力行”教育结对帮扶经验总结座谈会在广西举行。全国人大常委、九三学社中央副主席、中国工程院院士丛斌出席会议并讲话。丛斌强调指出，教育是贫困地区发展面临的“瓶颈”问题，教育结对帮扶是扶贫工作的重要组成部分，不但有利于改善毕节地区当前的教育条件，更有利于当地经济社会的长远发展，意义十分重大。新一轮帮扶工作要“优化帮扶模式、强化教师队伍建设、推进兴办寄宿制学校、办好职业教育、寻求校企合作、争取‘扶智’、‘扶志’双赢”。

10月8日至10日，九三学社中央“院士专家西北行”活动在宁夏举行。全国政协常委、九三学社中央委员会副主席、中国科学院院士武维华，九三学社中央原副主席、浙江大学原副校长冯培恩等，分别在自治区农牧厅、宁夏师范学院、银川市部分企业调研、座谈、举办报告会。

11月10日，全国政协副主席、国际科学与和平周中国组委会主席、九三学社中央主席韩启德在全国政协大礼堂出席联合国国际科学与和平周二十五周年纪念活动暨第二十五届国际科学与和平周开幕式并致辞。韩启德在致辞中指出，中国举办的“国际科学与和平周”活动产生了积极而广泛的影响。中国各界人士坚持不懈开展“国际科学与和平周”活动是值得肯定和赞扬的，25周年这一重要时刻也是值得纪念的。韩启德呼吁，大家要一如既往地对“国际科学与和平周”活动给予大力支持并积极参与，使这项利国利民的活动办得更好，更有生命力，发挥更大的作用。开幕式上，表彰了25年来对“国际科学与和平周”活动开展作出贡献的组织和个人。九三学社中央获颁“杰出贡献奖”。

11月12日，九三学社多党合作社会主义新农村建设项目总结交流会在京召开。九三学社中央副主席、中国工程院院士丛斌出席会议并讲话。丛斌强调，在进行新农村建设过程中，要特别注重“授之以渔”，提升农民科学技术能力和文化能力，通过各种群众喜闻乐见的方式，做好科学文化的普及，这是进行新农村建设的一个切入点。九三学社的干部和成员一定要树立生态农业建设的理念。建立生态农业制度和开展生态农业是社会主义新农村建设的重要抓手。只有进行规模化种植和科学化管理，发展生态农业，才能解决目前我们面临的农村面源污染、食品安全、农村劳动力就地转移等诸多问题。

11月27日，九三学社中央常务副主席邵鸿在中央统战部出席统一战线参与毕节试验区建设征求意见座谈会。

四、自身建设

2013 年，九三学社高举中国特色社会主义伟大旗帜，围绕学习贯彻全国“两会”精神、学习贯彻中共十八届三中精神，不断加强思想建设、组织建设和机关建设，成效显著。

（一）思想建设

3 月 19 日，九三学社中央与九三学社北京市委在京联合召开全国“两会”精神传达学习会。全国政协副主席、九三学社中央主席韩启德出席会议并讲话。韩启德说，“两会”充分体现了以习近平同志为总书记的新一届中共中央领导集体改革决心大、举措实、民为本、重法治。行政机构改革与职能转变均有具体做法；中央领导人在各种重要场合的讲话都体现了人民的主体地位，同时强调依法行政。整个“两会”显示了一种精气神，一种新风，非常鼓舞人心。九三学社的代表委员热情高，认识深，积极建言献策，同时顾大局讲政治，在“两会”上作出了应有贡献，参政议政成果得到各方赞许。韩启德指出，执政党工作快速推进，对九三学社的履职提出了更高要求。九三学社第十次全国代表大会提出思想上坚定、履职上坚实、组织上坚强的奋斗目标，九三学社各级组织要结合国家和当地实际，在工作中将其落到实处，这同时也是对中共十八大、“两会”精神的贯彻落实。九三学社中央副主席赖明、丛斌分别传达了全国政协十二届一次会议和十二届全国人大一次会议精神。九三学社中央常务副主席邵鸿，副主席马大龙出席会议。九三学社中央副主席兼秘书长印红主持会议。

3 月中下旬，九三学社吉林、江苏、上海、贵州省委和宁夏区委分别召开常委会，传达学习全国“两会”精神；九三学社四川省直工委和成都市委联合召开传达学习会；九三学社安徽、山东、陕西、湖南省委和广西区委分别召开机关全体会议学习全国“两会”精神。与会人员表示，要把学习“两会”精神与履行参政党职能相结合、与弘扬“爱国、民主、科学”精神相结合，同心协力，努力把各项社务工作推向前进。大家认为，学习领会全国“两会”精神，要在深化产业调整、积极稳妥推进城镇化和城乡发展一体化、大力促进区域协调发展、切实加强生态文明建设等方面，整合力量，深入调查研究，为执政党和政府建睿智之言，献务实之策。大家认为，科技是九三学社的主界别，九三学社要发挥好科技人才荟萃的优势，切实围绕科技体制的重大问题和科技发展中的现实问题，扎实调研，提出有深度、有见地、有影响力的建言，在人大和政协的平台上，发挥更大作用。

4 月 28 日，九三学社中央在京召开座谈会，纪念中共“五一”口号发布 65 周年。九三学社中央主席韩启德出席座谈会并讲话。韩启德说，今年是中共“五一”口号发布 65 周年，65 年前，九三学社积极响应“五一”口号，标志着自觉接受中国共产党的领导。“五一”口号是多党合作的起点，也是新中国的起点。只有以历史的视野看现在，才能看得更清楚。我们面对如此大的国家，如此复杂的社会情况，一步步走到今天，有历史的必然性，实现民族复兴不是短时间就可以完成的，必须付出巨大的努力。回顾历史就要总结规律，在历史中受到启发与教育。韩启德指出，民主科学精神渗透到九三学社社员的血液，民主科学最重要的就是实事求是。我们要独立思考，摸索规律，指导我们的行动。韩启德强调，九三学社中央思想建设研究中心要加强社史研究，了解九三学社历史，对于今天怎样做好工作非常重要。要继续努力，加强学习，从历史汲取更多的经验和启示,这对今天的民主政治发展都会有积极的推动作用。社史研究要与履行参政党职能结合，与社员思想实际结合，广泛凝聚共识。九三学社中央常务副主席邵鸿，九三学社中央副主席兼秘书长印红出席会议。会议由九三学社中央副主席丛斌主持。

6月20日，九三学社中央副主席丛斌做客人民网强国论坛，与网友畅谈中国梦。丛斌对中国梦与生物学上“梦”的区别，国家梦与个人梦的辩证关系，中国梦与传统文化、马克思主义的关系，中国梦与美国梦的异同，民主党派在实现中国梦中的作为等问题进行了解读，并与网友一起回顾了近代中国百年追梦的历史。

8月29日至30日，九三学社中央网站特约通讯员培训在京举行。来自全国各省、自治区、直辖市的社中央网站特约通讯员，社中央机关各部门综合处有关工作人员共30余人参加了培训。来自全国各地的社中央网站特约通讯员交流了学习体会并介绍了各省级组织网站建设和稿件采编情况。大家表示，通过学习对网络新闻稿件的撰写和编辑有了新的认识、大有收获，也掌握了采编系统这一重要工作平台的使用方法，回去后将充分利用好这个平台，努力做好社中央网站内容保障和地方组织的宣传工作。

9月10日，由民主与科学杂志社主办的“科学精神与社会转型期文化——社会转型中‘大师’现象的回顾、剖析”研讨会在社中央机关举行。九三学社中央原副主席王志珍出席会议，社中央副主席丛斌出席并讲话。会上，一些亲身经历了上世纪80年代、90年代反对伪科学斗争的媒体专家、学者前辈回顾了当时封建迷信愚昧几度泛滥的事件；与会科学界、社科人文界专家对社会转型时期一些乱象的深层原因进行了剖析,就当前“在社会生活中大力倡导科学精神”、“我们需要什么样的文化来维系社会的良性运行和健康发展”；“在中国社会转型期应该如何生活”，“如何正确看待气功，看待养生‘大师’和偶像”等问题进行了深入探究。丛斌表示，大家在批判这些愚昧无知的同时都形成了一个共同价值观，就是民主与科学。这一点任何人也不能否认，民主与科学站在人类历史发展的高度，它是人类发展的灵魂和动力，也是人类前进的方向和目标，不管什么主义、信仰，我们站在实事求是的角度看待人类社会发展的过程，民主科学是永恒的。

9月14日至15日，九三学社全国宣传工作会议在杭州召开。会议认真学习了中共十八大、中共中央全国宣传工作会议精神和九三学社十大精神，交流了新闻宣传工作做法和经验，研讨了新形势下新闻宣传工作特点和规律，用以会代训形式对全社宣传干部进行了培训。会议还对下一阶段的重点工作进行了部署。九三学社中央副主席丛斌出席会议并讲话。丛斌说，在新形势下，参政党新闻宣传要解决认识论和方法论上的问题。中华民族就像一条巨轮，我们都是其中一员，中国共产党是带领这艘船乘风破浪的掌舵人、方向标。我们现在选择的中国特色社会主义道路，是经过92年艰辛探索，生与死的付出，从实践到理论，从理论到实践，反复摸索出的适应中华民族的实际情况，适应当前形势与未来发展，为实现“中国梦”开启的一条光明大道，这条道路我们必须要坚持住，我们的下一代，几十代也要坚持住。丛斌指出，下一阶段的工作要深入宣传中国特色社会主义、爱国民主科学价值理念，紧密围绕社务工作做好新闻宣传，大力拓展宣传阵地，善用新媒体抢占新阵地，努力改进新闻宣传文风，多动笔多读书，加强能力建设，进一步推动全社新闻宣传工作再上新台阶。

11月20日，九三学社中央与九三学社北京市委在京联合召开学习中共十八届三中全会精神座谈会。九三学社中央常务副主席邵鸿，九三学社中央副主席赖明、马大龙同与会人员分享了自己的学习体会。会议由九三学社中央副主席印红主持。邵鸿说，站在新的历史起点上，作为参政党之一的九三学社责任重大、天地广阔。我们应树立责任意识、机遇意识、担当意识，为改革大业作出实实在在的贡献。赖明说，当前我国发展面临的三大考验是，政府与市场、公平与正义、发展与转型。全面深化改革的关键为六个"进一步"：进一步形成公平竞争的发展环境、进一步增强经济社会发展活力、进一步提高政府效率和效能、进一步实现社会公平正义、进一步促进社会和谐稳定、进一步提高党的领导水平和执政能力。马大龙说，此次会议出台的措施非常全面，尤其是在政治领域迈出了一大步，如推进法治中国建设、推进治理现代化等方面。九三学社北京市委下阶段工作要立足首都，从大局着眼，为北京市的深化改革建言献策作出贡献。

（二）组织建设

3月26日，九三学社中央在社中央机关就《关于进一步加强组织建设的若干意见（要点）》召开调研会议，征求部分省级组织曾任和现任的专兼职社务工作者的意见和建议。全国政协副主席、九三学社中央主席韩启德出席调研会并讲话，九三学社中央常务副主席邵鸿主持会议。韩启德指出，十八大以后，党中央对民主党派和多党合作更加重视，坚定不移支持民主党派更好履行参政党职能，同时对民主党派团结带领广大成员为实现中华民族伟大复兴作出新贡献寄予殷切期望。九三学社第十次全国代表大会提出把我社建成"政治上坚定、履职上坚实、组织上坚强的参政党"目标。为了实现这个目标，有力推动我社各项工作，必须进一步凝聚全社13万成员的力量，使之迸发出更大的积极性和创造性。要把组织建设作为我社今年一个非常重要的工作认真抓好。

4月2日，九三学社中央副主席、社上海市委主委、上海市副市长赵雯赴九三学社静安区委调研。赵雯指出，开展调研，深入基层，主要是倾听基层社员的意见、建议和需求，以便社组织进一步提升工作水平，能够始终围绕社员更好地做好服务。今年社市委工作的重中之重是人才培养，所以调研的另一个目的是进一步在社内发现人才。各级组织要积极吸收有潜力的青年人才入社，建立好"发现、培养、输送"机制；加大人才培养力度，注重综合素质培养和品德考察，鼓励专业交叉和复合型人才培养，为各类人才成长积极搭建平台、创造条件；各级领导要"乐作伯乐"，懂得"识人、育人、用人"，做好对人才的"发现、培养、选拔、任用和帮助"的工作。

4月7日，全国政协副主席、九三学社中央主席韩启德专程到九三学社浙江省委机关，看望了九三学社浙江省委机关干部，并召开了组织建设调研座谈会。在听取了大家的发言和讨论后，韩启德说，十八大以后，中共中央对民主党派和多党合作更加重视，我们面临着非常好的发展形势，但机遇和挑战共存，我们肩负的责任越来越重。为了适应新的形势，九三学社第十次全国代表大会提出把我社建成"政治上坚定、履职上坚实、组织上坚强的参政党"目标。政治上坚定，就是要不断增强对中国特色社会主义的道路、理论和制度的自信和自觉，建立共同的思想政治基础。履职上坚实，就是在民主监督、参政议政方面要做出实实在在的贡献。组织上坚强，就是要建成一个由一大批优秀成员组成的、紧密团结的、有纪律能战斗的党派。为了实现这个目标，就要让每一个社员发挥实实在在的作用，通过组织平台让大家得到锻炼和成长，并通过制度保障和信息技术不断夯实组织坚强的基础。

4 月 8 日，全国政协副主席、九三学社中央主席韩启德一行赴绍兴考察调研，并与九三学社绍兴市委全体委员就如何进一步加强基层组织建设工作进行了座谈。在谈到党派特色趋同问题时，韩启德强调，随着经济社会结构的变化，各党派发展成员的界别会有所趋同，但大家都有各自的文化和传统，从这点上来看党派之间是不会趋同的。九三学社的特色和实力就在于始终坚持“爱国、民主、科学”的优良传统，并注意将这一传统转化为我们的力量。同时，党派能够做到履职有特色，有亮点，把各自的优势发挥出来，这也是能够体现党派特色的地方。在谈到基层组织建设工作时，韩启德指出，发展社员不能唯职称论，在不同的层面应该有不同的要求；发展增幅是个宏观概念，不能片面追求数量，还必须强调质量。他强调，基层组织是社组织的细胞，搞好基层组织建设一定要结合实际情况，与时俱进，创新举措，不断提高社组织的组织化程度，为提高党派履职能力奠定组织基础。

4 月 15 日至 18 日，九三学社新任中央委员培训班在中央社会主义学院举办。九三学社中央主席韩启德出席开班式、结业式并讲话。韩启德说，九三学社具有民主与科学特色。当前，八个民主党派成员构成趋同性明显，在基层尤其如此，这有一定的必然性；但八个党派不可能一样，因为文化不一样，历史决定文化。九三学社民主科学精神深入人心，流淌在血液里。民主科学最核心的问题就是求实、尊重事实。民主本身也是尊重事实的一种形式，因此，我们的工作要从实际出发，讲实话，讲真话，同时，工作要创新，要靠我们的勇气与智慧。韩启德还从勤学习、重修养、知大局、干实事、敢担当等五个方面，谈了如何当好中央委员的心得体会。在为期四天培训期间，九三学社中央常务副主席邵鸿，副主席丛斌、赖明分别就社史与组织建设、九三学社思想建设与社会服务以及参政议政工作为学员做了讲座。

5 月 13 日，九三学社浙江省 2013 年干部培训班开学典礼在中央社会主义学院举行。九三学社中央常务副主席、中央社会主义学院副院长邵鸿出席开学典礼并讲话。邵鸿强调，我们国家坚持走中国特色社会主义道路，取得了辉煌的成就，这是举世公认的。要实现可持续发展，社会和谐稳定，在前进的道路上会面临着不少问题和困难，我们要付出很多的努力，其中非常重要的就是必须坚定不移地推进中国特色社会主义民主政治的发展。要做到这一点，包括我们九三学社在内的各民主党派负有重大的历史使命和职责。我们要真正履行好职责和使命，就必须加强学习和培训。邵鸿希望全体学员要珍惜到中央社院学习的宝贵机会，全心投入，要将学习和社务工作实际相结合，深入思考，加强研讨交流，要做好学习体会的总结工作，做到真正有所收获。参加这次培训的 46 位学员都是九三学社浙江省各级地方组织领导班子成员、基层组织或工作委员会负责人、市委会机关中层以上干部，平均年龄 45.4 岁。

6 月 3 日，九三学社中央副主席丛斌在九三学社中央机关与正在清华大学培训的九三学社双流县委部分社员座谈。丛斌指出，九三学社追求民主科学，就要为实现中国梦贡献力量。要充分认识中国梦的深刻内涵。一是要脱离生物学属性认识中国梦。二是要从中华民族历史痕迹角度认识中国梦。三是要从必然性与偶然性、未来与现实、个人与集体哲学意义角度认识中国梦。四是要从政治层面认识中国梦。五是要从中华传统文化角度认识中国梦。六是要认识中国梦与美国梦的本质区别。

6月至7月，九三学社中央副主席、社上海市委主委、上海市副市长赵雯一行先后赴九三学社同济大学委员会、上海交通大学委员会、上海理工大学支社、东华大学委员会、华东理工大学委员会、华东师范大学委员会、上海大学委员会开展调研，并与社员代表座谈。赵雯表示，九三学社要积极吸收更多的青年人才入社；加大对人才的培养力度，搭建更多的舞台，让社员充分发挥自身优势，立足本职、参政履职、建功立业，最大程度地提高九三学社的对内凝聚力、扩大对外影响力；在职的社员、中青年干部要尊重、关心好老同志，学习继承好他们的优良品德，继续发挥好他们的作用。赵雯希望广大社员分享九三学社优秀的精神和品德财富，要做“高尚的人”、“脱离低级趣味的人”，“不唯上”、“只唯实”，把个人的成长与组织的发展、国家的发展紧密相连。

7月8日至12日，九三学社江苏省第六期中青年骨干培训班在中央社会主义学院举行。九三学社中央副主席丛斌出席开班式并讲话。丛斌指出，作为九三学社的社员，首先要善于学习，要学习马克思主义思想理论，要学习历史、学习党史、学习社史、学习国史。其次要勤于思考。思考中国共产党从成立到执政是偶然还是必然；思考现实社会和未来发展的关系；思考中国特色社会主义道路的合理性和确定性；思考参政党的现实任务和历史使命。第三要不断实践。实践要走基层，帮助社员解决困难，了解民情，解疑释惑；要做好理论研究，提高认识，指导工作。期间，九三学社中央常务副主席邵鸿在社中央机关会见了培训班全体学员。

7月24日至26日，九三学社中央组织干部培训班在河北省承德市举行。培训班以学习贯彻《九三学社中央关于进一步加强组织建设的若干意见》为主题。参加培训的各地组织部（处）长围绕中央《若干意见》并结合各自的实际经验与问题进行了深入研讨，各地组织干部围绕数据库录入和统计报表编制进行了互动交流。

9月11日至12日，为贯彻落实九三学社中央《关于进一步加强组织建设的若干意见》中关于“建立纵向贯通、横向合作、有机联动的长效机制”的精神指示，九三学社温州市委与九三学社大连市委联合举行了缔结友好市委会签约仪式暨第一次联席会议。全国政协常委、九三学社中央常务副主席邵鸿出席签约仪式并讲话。邵鸿指出，九三学社温州市委与九三学社大连市委缔结友好市委会具有三个特点：其一，本次签约是《九三学社中央关于进一步加强组织建设的若干意见》下发后，第一个市级社组织之间的横向合作签约；其二，本次签约具有强强合作的特点；其三，本次签约拓宽了合作的领域。他希望温州、大连两个市委会要精诚合作，为兄弟社组织提供可借鉴的经验，推动各项社务工作的开展。邵鸿还就双方今后的合作与交流提出了三点要求：一是要力戒形式主义，不要为了合作而合作，要长期坚持，搞出成果；二是要在现有的基础上，开阔眼界，拓宽合作范围，进一步整合资源，不断提升合作的水平；三是要认真总结经验，及时加以宣传。

10月15日，九三学社中央组织部与社北京市委组织部联合邀请社北京市委部分区级组织、基层组织的领导干部到社中央机关举行座谈，就贯彻落实《九三学社中央关于进一步加强组织建设的若干意见》和社中央当前开展的“加强联系群众、改进机关作风”专项工作听取意见建议。九三学社中央常务副主席邵鸿同志出席会议并讲话。邵鸿说，新一届中央领导集体经过大量深入的调查研究，于今年5月向全社提出《关于进一步加强组织建设的若干意见》，为实现九三学社“思想坚定、履职坚实、组织坚强”的奋斗目标进行打基础的工作。要把文件中诸多创新举措落到实处，就必须接地气，必须深入到基层，联系到群众。

10月31日，九三学社中央常务副主席邵鸿就委托举办九三学社西北地区干部培训班事宜考察中国人民大学培训学院，并与中国人民大学有关同志座谈。邵鸿说，九三学社的干部培训工作得到中共中央领导同志的关心，有关部门加大了支持力度。此次委托人民大学进行干部培训，是我社第一次与知名高校合作办班，也是拓展干部培训途径的积极探索。中国人民大学在人文社会和管理科学方面学科优势明显，教学师资水平很高，九三学社希望今后在干部培训、参政党理论研究和参政议政成果提升等多方面加强与中国人民大学的交流合作。

11月7日，九三学社中央副主席丛斌在秀山县出席九三学社重庆市秀山土家族苗族自治县支社成立大会并讲话。丛斌强调，九三学社秀山县支社和重庆市各级组织，要按照九三学社十大提出的“思想上坚定、组织上坚强、履职上坚实”的目标任务，不断加强思想建设和自身建设，围绕中心，服务大局，认真履行参政党职能，为地方经济社会发展献计出力。丛斌表示，九三学社会以“九秀合作”为契机，充分发挥科技人才集中的优势，加大对秀山县智力支持，为秀山县“建设武陵山区经济强县和中心城市”献计出力。九三学社中央副主席谢小军主持会议。

11月26日，九三学社中央在社中央机关召开九三学社副省级城市组织建设座谈会。九三学社中央常务副主席邵鸿出席会议并讲话。邵鸿说，社中央《关于进一步加强组织建设的若干意见》归纳起来就是两点：一是要使社组织的联系更加紧密，不断增强组织的整体性；二是要使社内高素质人才队伍更加壮大，继续增强社组织的代表性，继续保持前辈先贤为九三学社赢得的清誉声望。邵鸿希望副省级城市和其他大中城市社组织面对落实创新举措的难点和难度，要解放思想、坚定信心。

12月16日，九三学社西北地区干部培训班在中国人民大学开班，来自陕西、甘肃、青海、宁夏、新疆、内蒙六省区的60名学员及北京市委部分社务骨干参加学习。九三学社中央常务副主席邵鸿出席开班仪式并讲话。邵鸿说，党和国家加大对民主党派的支持力度，为党派干部培训提供了物质保障。本次培训是社中央拓展干部培训途径、创新干部培训方式的一次积极探索。这是社中央第一次以大区为单位为几个省级组织联合举办培训班，第一次在社会主义学院培训体系以外，与国家重点大学合作举办培训班，还邀请了北京市委部分社务骨干旁听学习，也是第一次将北京市委的干部培训纳入社中央干部培训体系中来。希望大家珍惜机会，扎实学习，做到学有所得、学有所用。

截至2013年12月底，九三学社共有地方组织347个。其中包括省级组织30个，省辖市级组织317个，县级组织27个。基层组织5638个，其中基层委员会616个，支社4857个，小组165个。全年新加入成员7088人。成员总数142946人，其中女成员57226人。平均年龄54.05岁。离退休50677人。

成员中高校 33399 人，占 23.36%；普教 3908 人，占 2.73%；科技界 49407 人，占 34.56%；文化艺术 1778 人，占 1.24%；公有制经济界 8308 人，占 5.81%；新阶层人士 5243 人，占 3.67%，其中私营企业主 1544 人，占 1.08%；医药卫生 27472 人，占 19.22%；机关团体及其他 12406 人，占 8.68%。

担任各级人大代表的共有 1889 人，其中全国人大代表、常委 53 人，省级人大代表、常委、副主任 299 人，市地级人大代表、常委、副主任 906 人，县市区级人大代表、常委、副主任 631 人。

担任各级政协委员共有 10359 人，其中全国政协委员、常委、副主席 103 人，省级政协委员、常委、副主席 1080 人，市地级政协委员、常委、副主席 5023 人，县市区级政协委员、常委、副主席 4153 人。

担任中央机关部级干部 1 人，省、市、自治区领导 4 人，在政府司法机关任厅局级职务的 117 人，地市级 116 人，县处级 874 人。

成员中有大学以上学历的占 93.09%；有中、高级职称的占 94.97%。担任中国科学院院士的共有 55 人。担任中国工程院院士的共有 15 人。

（三）机关建设

1 月 17 日，全国人大常委会副委员长、九三学社中央主席韩启德一行到九三学社上海市委机关，看望和慰问了九三学社上海市委领导和机关同志。

1 月 24 日，九三学社中央常务副主席邵鸿出席社中央机关中共支部 2012 年工作总结座谈会并讲话。邵鸿说，中共党员在九三学社中央机关是一个特殊的群体。中共支部在机关做了大量工作,发挥了重要作用。各位中共党员在机关各自岗位上的工作都比较出色，起到了党员的先锋模范作用。邵鸿认为，民主党派中央机关中共支部的职能主要有四项，一是围绕民主党派中央中心工作，动员党员履行好职责；二是带领每位党员发挥先锋模范作用；三是组织好学习和活动，加强自身建设；四是同民主党派中央机关开展互相监督，提出批评和建议，反映党员的诉求。邵鸿强调，机关要特别提倡三种作风，一是实干，二是研究，三是民主。希望中共支部在履行四项职能、提倡三种作风方面更好地开展工作，从而把机关建设得更好。

5 月 26 日至 27 日，九三学社中央机关支社组织社员赴国家天文台密云、兴隆观测基地参观学习。九三学社中央副主席丛斌参加活动。九三学社中央常委、国家天文台台长严俊等专家带领大家参观 50 米天线、米波综合孔径射电望远镜和 500 米口径球面射电望远镜缩比模型。

5 月 28 日，全国人大常委、九三学社中央副主席、九三学社重庆市委主委谢小军会见了赴渝学习的九三学社中央机关干部一行。谢小军强调，重庆是九三学社的发祥地，大家来到重庆，就是回到家。要充分利用这一难得的机会，追寻九三先辈的足迹，体会多党合作制度创立的艰辛，为维护多党合作的政治格局作出应有的贡献。九三学社中央机关干部一行还参观了九三学社成立旧址纪念碑和社市委机关。

7 月 3 日，中央财经领导小组办公室副主任、中央农村工作领导小组副组长、办公室主任陈锡文作客“九三讲堂”，主讲城镇化进程中的“三农”问题。陈锡文认为在城镇化进程中要确保粮食安全，口粮部分必须自给自足，工业用粮可以依靠国际市场。陈锡文指出，世界范围内的城镇化中有两大共性值得注意：一是对土地产权的保护，二是土地利用要符合用途管制原则。城镇化进程中要注重自由与管制之间的平衡，也即公权与私权的平衡。为达到这种平衡必须通过科学、公平公正、公开透明，做好规划。要尤其重视人的城镇化，这其中要处理好农民转化为市民过程中的就业、住房、社会保障以及子女教育问题。陈锡文还就农村集体建设用地的流转、土地金融、农业经营制度等问题谈了自己的看法。与会人员就农民宅基地流转、耕地红线、人口政策等问题与演讲嘉宾进行了交流互动。九三学社中央主席韩启德、九三学社中央原副主席王志珍出席会议，九三学社中央常务副主席邵鸿主持会议。

8 月 19 日，九三学社中央主席韩启德在社中央机关出席九三学社中央加强联系群众、改进机关作风工作动员大会并讲话。九三学社中央常务副主席邵鸿主持会议，副主席兼秘书长印红就工作实施方案作了说明，副主席赖明出席会议。

8 月 23 日和 8 月 26 日，根据《九三学社中央近期加强联系群众、改进机关作风的工作实施方案》和九三学社中央领导的指示精神，九三学社中央机关全体在职工作人员分两批赴昌平区延寿镇黑山寨村（九三学社多党合作新农村建设试点项目）和房山区青龙湖镇北车营村（九三学社北京市委援建水灾后恢复重建项目）进行了考察调研。

9 月 11 日至 13 日，九三学社中央机关公文处理工作培训班在宁夏举办。会议重点学习贯彻《九三学社中央机关公文处理工作规定》，对《规定》进行了说明和解读，与会人员围绕《规定》的贯彻执行及如何加强机关公文处理工作进行了深入讨论和经验交流。九三学社中央副主席兼秘书长印红出席培训班开班式并讲话。印红在讲话中指出，做好公文处理工作，是各级组织机关正常运转的重要保障，是加强机关建设的必然要求，是转变机关作风的现实需要，是社组织成员有效履职的必要条件，也是机关干部必备的基本素养。印红强调，九三学社的机关工作人员要真正践行群众路线，多走进基层、贴近群众，要接“地气”，直接了解基层组织、社员开展履职工作、加强自身建设的情况、成绩，直接感受基层工作状态、境遇及困难与问题，也要多了解地方社会经济发展状况、发展成就，以进一步融通思想感情，增强做好社组织机关各项工作的自觉性。培训期间，与会人员还考察了九三学社宁夏区委机关建设工作情况，参观考察了社员食品加工企业、宁夏防沙治沙及生态保护工程等情况。

乔发进　九三学社中央研究室综合处副处长

台湾民主自治同盟

2013年也是台盟第九届中央常委会正式履职的继往开来之年。台盟中央团结带领全体盟员和所联系的台胞，高举中国特色社会主义伟大旗帜，认真履行参政党职能，积极参与社会主义民主政治建设，取得了新的成绩，圆满完成了台盟九大确定的阶段性任务。

一、重要会议及活动

（一）中央委员会会议

12月3日，台湾民主自治同盟第九届中央委员会第二次全体会议在京召开。全国政协副主席、台盟中央主席林文漪代表第九届中央常务委员会作工作报告。台盟中央副主席黄志贤作台盟开展坚持和发展中国特色社会主义学习实践活动动员讲话。会议审议了《台湾民主自治同盟第九届中央常务委员会2013年工作报告》、《台湾民主自治同盟中央委员会会议制度》，动员部署了全盟开展坚持和发展中国特色社会主义学习实践活动。

会议指出，2013年是台盟第九届中央常务委员会正式履职的继往开来之年。台盟中央团结带领全体盟员和所联系的台胞，高举中国特色社会主义伟大旗帜，认真履行参政党职能，积极参与社会主义民主政治建设，取得了新成绩，圆满完成了台盟九大确定的阶段性任务。一年来，台盟紧紧围绕中共十八大确定的“两个一百年”和“五位一体”任务目标谋篇布局，实现了参政议政工作数量与质量新的双丰收；着力坚持和完善“专、精、深、久”的工作思路，注重巩固与创新相结合，推动对台联络工作实现新突破；按照“突出实效、尽力而为”的工作方针，搭建新的工作平台，拓展了社会服务工作新领域；坚持以深化政治交接、巩固多党合作共同思想政治基础为主题，全面加强自身建设，取得了新成效。

会议强调，开展坚持和发展中国特色社会主义学习实践活动，是深入学习贯彻中共十八大、十八届三中全会和习近平总书记一系列重要讲话精神的重要举措，是深化政治交接的必然要求，是增进政治共识的核心内容，意义重大，影响深远。新的一年，台盟要全面开展坚持和发展中国特色社会主义学习实践活动，加强全盟思想政治建设，以与时俱进的精神状态，不断提高自身素质；要着力加强参政议政能力建设，进一步提高履职水平；要全面贯彻两岸关系和平发展重要思想，增进两岸同胞休戚与共的民族认同；要充分发挥自身特色优势，深入扎实地做好社会服务工作。

会议要求，面对新的形势和任务，全盟要深入学习贯彻中共十八大和十八届三中全会精神，以高度的政治责任感开展好各项工作，不断增强工作的系统性、整体性、协同性，保持和发展台盟九大以来的良好态势，在推进社会主义民主政治建设、实现祖国和平统一和中华民族伟大复兴的中国梦的新征程中攻坚克难，争创佳绩。

台盟中央副主席吴国祯、陈蔚文、杨健、苏辉，秘书长张宁及台盟中央委员出席会议，台盟中央各专委会主任和台盟中央机关各部门负责人列席会议。

（二）中央常务委员会会议

1. 台盟九届二次中常会

3 月 9 日，台湾民主自治同盟第九届中央常务委员会第二次全体会议在北京召开。全国政协副主席、台盟中央主席林文漪出席并讲话。

会议认真学习了十二届全国人大一次会议和全国政协十二届一次会议精神和近期中央有关会议、讲话精神；审议通过了《台盟中央 2013 年工作重点》和《台湾民主自治同盟中央常务委员会会议制度》；审议了《台湾民主自治同盟中央委员会会议制度（草案）》；通过了台盟中央专门委员会通则和台盟中央参事室规则，成立了台盟第九届中央委员会各专委会并任命了各专委会负责人。

会议指出，中共十八大是引领全国各族人民夺取中国特色社会主义事业新胜利、全面建成小康社会的政治纲领，也是台盟开展各项工作的行动指南。全盟各级组织要把学习贯彻十八大精神作为 2013 年的首要政治任务，进一步增强政治责任感和历史使命感，坚定不移地与中国共产党思想上同心同德、目标上同心同向、行动上同心同行，推动台盟各项工作的深入开展，进一步激发广大盟员推动科学发展、全面建成小康社会的积极性和创造性，确保学习活动取得新的实效。

会议要求，全盟要积极参政履职，牢牢把握主题主线，持续关注经济社会发展中的全局性、战略性、关键性问题，努力增强建言献策的战略性和可行性，努力为推动科学发展建睿智之言、献务实之策。要按照中共中央对台工作部署，继续致力于两岸关系和平发展，多层面、各有侧重地开展调研，力争提出一批内容翔实、全局性与针对性强的政策建议，为切实巩固和深化两岸关系和平发展的政治、经济、文化、社会基础服务。

会议要求，全盟各级组织要切实转变作风，加强高素质参政党建设。要更加注重深入基层，脚踏实地地开展调查研究。要切实转变文风，以岛内民众听得懂、喜闻乐见的语言和形式开展交流工作，在转变作风中增进与台湾乡亲的感情，使更多的台湾基层民众参与到两岸关系和平发展的事业中来。要追求一流，真抓实干，努力提高工作水平，努力创造一流业绩，按照时代发展的最新要求，履行好参政党职能，共同把台盟的事业推向前进。

台盟中央副主席吴国祯、陈蔚文、杨健、黄志贤、苏辉及台盟中央常委出席会议。台盟中央各专门工作委员会和机关各部门负责人列席会议。

2. 台盟九届三次中常会

7 月 3 日，台湾民主自治同盟第九届中央常务委员会第三次全体会议在北京召开。全国政协副主席、台盟中央主席林文漪出席并讲话。会议认真学习了近期中央领导有关讲话精神和统战系统 2013 年对台工作会议精神，通报了台盟中央 2013 年上半年工作。

会议认为，中国共产党在全党深入开展群众路线教育实践活动的重大决策，是顺应群众期盼，加强学习型、服务型、创新型执政党建设的重大部署，是推进中国特色社会主义伟大事业的重大举措。台盟作为参政党，也要开展教育实践，加强自身建设。会议要求，台盟各级组织和广大盟员，特别是领导干部，要自觉地把这次群众路线教育实践活动，作为坚定与中国共产党同心同德、同心同向、同心同行理想信念的重要过程，作为践行社会主义核心价值体系的重要契机，作为传承弘扬台盟优良传统、深化政治交接的重要抓手，自觉按照时代发展的最新要求履行好参政党职能，开创台盟工作的新局面。

会议要求，台盟各级组织要把开展群众路线教育实践活动与学习贯彻中共十八大精神结合起来，创新学习方法，紧密联系实际，开展形式多样、内容丰富的教育实践活动，进一步激发全盟同志参政履职、推动科学发展的积极性和创造性，以更加昂扬的精神状态投入到服务于祖国统一大业的工作中去。要把开展群众路线教育实践活动与推进台盟各项工作结合起来，不断增强参政议政、对台联络、社会服务等各方面工作的针对性。要深入开展调查研究，广泛听取群众的建议和呼声，拓展各项工作的广度和深度，在队伍建设和宣传报道方面更加关注基层的干部和事迹，增强全盟的凝聚力和战斗力。要把开展群众路线教育实践活动与常委会工作结合起来，希望同志们充分发挥代表性和影响力，带动引导广大盟员和所联系的群众，以转变作风、密切联系群众的实际行动，进一步推动台盟各项工作深入开展。

台盟中央副主席吴国祯、陈蔚文、杨健、黄志贤、苏辉及台盟中央常委出席会议。台盟中央各专门工作委员会和机关各部门负责人列席会议。

3. 台盟九届四次中常会

10 月 10 日，台湾民主自治同盟第九届中央常务委员会第四次全体会议在上海召开。全国政协副主席、台盟中央主席林文漪出席。中共上海市委常委、统战部部长沙海林到会致辞。会议认真学习了近期中共中央领导同志有关讲话精神，部署了全盟学习贯彻中共十八届三中全会精神的相关工作，研究部署了台盟下一阶段工作。

会议认为，中共十八届三中全会将研究全面深化改革的重大问题，这是关系实现“两个一百年”奋斗目标、实现中华民族伟大复兴的重大决策。深入学习、领会和贯彻中共十八届三中全会精神，是台盟未来一个时期重要的政治任务。

会议要求，台盟各级组织和广大盟员，要把学习贯彻中共十八届三中全会精神与学习贯彻中共十八大精神结合起来，与台盟的工作实际结合起来。要深刻领会中共中央关于全面深化改革的重大战略思想和决策部署，不断增强对中国特色社会主义的道路自信、理论自信和制度自信；要把推进改革作为下一阶段围绕中心、服务大局的重中之重，选准角度、继续深入调研，推动有关改革政策措施的制定完善和落实；要充分发挥台盟的特色和优势，积极引导广大盟员和所联系的台胞参与改革、支持改革、理解改革，为全面建成小康社会、实现中华民族伟大复兴的中国梦贡献更大力量。

会议要求，要将学习贯彻中共十八届三中全会精神与坚持和发展中国特色社会主义学习实践活动有机结合。从今年底开始，全盟将开展坚持和发展中国特色社会主义学习实践活动。这是深化政治交接的必然要求，是增进政治共识的核心内容，意义重大，影响深远。台盟中央将研究制定具体的工作方案，统筹部署全盟开展学习实践活动。地方组织要结合本地实际，研究具体的工作方案，力求突出特色，突出实效。

台盟中央副主席吴国祯、陈蔚文、杨健、黄志贤、苏辉及台盟中央常委出席会议。台盟中央各专门工作委员会和机关各部门负责人列席会议。

4. 台盟九届五次中常会

12 月 3 日，台湾民主自治同盟第九届中央常务委员会第五次会议在北京召开。全国政协副主席、台盟中央主席林文漪出席。会议由台盟中央副主席陈蔚文主持。

会议审议了《台湾民主自治同盟第九届中央常务委员会 2013 年工作报告（审议稿）》等台盟九届二中全会的有关事项，研究部署了台盟开展坚持和发展中国特色社会主义学习实践活动的相关工作。

台盟中央副主席吴国祯、杨健、黄志贤、苏辉及台盟中央常委出席会议。台盟中央参事室和各专门工作委员会主任，部分省级组织专职副主委，各直属组织主委及机关各部门负责人列席会议。

（三）重要国事和外事活动

2013 年，台盟中央领导同志多次应邀参加重要外事、内事活动，其中包括参加庆祝中华人民共和国成立 64 周年招待会、纪念毛泽东诞辰 120 周年座谈会等重要庆典、慰问、纪念活动，陪同中共中央和国家领导人会见玻利维亚总统莫拉莱斯等外宾。

（四）专题工作会议

3 月 24 日至 27 日，台盟中央 2013 年调研课题协调会在武汉召开，全国政协常委、副秘书长，台盟中央副主席黄志贤出席会议并做了总结讲话。台盟各省级组织负责参政议政工作的领导和工作人员等 40 余人参加了会议。与会人员就《2013 年台盟中央重点课题调研方案》、《台盟中央参政议政工作五年（2013—2017 年）规划纲要》等进行了热烈讨论和深入研究。会议还邀请了武汉大学刘传江教授做了《中国新型城镇化与农民工市民化》的专题报告。

5 月 7 日至 8 日，台盟中央对台联络和社会服务工作会议在京召开。全盟各地方组织的 40 名对台联络和社会服务工作相关负责人参加会议。全国人大常委、台盟中央副主席苏辉出席会议并讲话。苏辉充分肯定了近年来全盟对台联络和社会服务工作所取得的成绩，号召全盟要紧紧围绕主题主线，贯彻落实中央对台重要战略部署，努力开创对台联络工作新局面，不断巩固深化两岸关系和平发展的政治、经济、文化和社会基础，为推进祖国和平统一大业发挥更大作用。要按照中央领导同志关于毕节试验区建设的重要讲话精神，积极参与“同心”实践，不断探索开展社会服务工作的新思路、新途径、新办法，为推进民生改善、促进社会和谐贡献力量。要注重在工作中培养、发现和使用青年人才，促进台盟事业薪火相传。会议还就如何进一步完善《台湾民主自治同盟中央委员会对台联络五年规划纲要(2013—2017)征求意见稿》和《台湾民主自治同盟中央委员会关于新形势下进一步加强社会服务工作的指导意见（征求意见稿）》进行了讨论。与会同志还围绕过去三年来各地方组织对台联络和社会服务工作进行了回顾总结，对 2013 年重点工作及未来设想进行了交流探讨。全国政协常委、台盟吉林省委主委王天戈，台盟中央联络部、社会服务部负责人出席会议。

6月21日，由台盟中央举办的台盟新任中央委员和部分省市委委员培训班开班式在北京举行。学员均为2012年换届后新当选的台盟中央委员和各省、直辖市委员会委员。全国政协副主席、台盟中央主席林文漪出席并讲话。林文漪指出，这是台盟中央第一次专门举办新任中央委员和省市委委员培训班，以深化政治交接、巩固多党合作共同思想政治基础为主题，以履行好参政党职能、提高参政议政水平、做好对台工作为主要内容，意义重大。林文漪强调，要始终不渝地坚持中国共产党的领导、牢固树立中国特色社会主义理想信念、聚精会神地致力于共同奋斗目标，切实深化政治交接；要聚焦主题主线，着眼改革关键时期出现的新情况新问题、攻坚阶段呈现的深层次矛盾，配合重大国家战略的实施，以强烈的责任感和使命感，积极参政议政；要充分发挥自身优势，推进两岸关系和平发展，不断加强对台工作的能力，及时提出有建设性的意见和建议，为早日实现祖国统一作出应有的贡献；希望学员们珍惜机会，深入思考，集中研究问题，交流经验方法，准确把握角色定位，尽快历练成为台盟工作的行家里手。本次培训班上，学员们学习了中共十八大精神、多党合作的历史与传统、中央对台政策与两岸关系、参政议政工作和对台工作等相关专题。

7月24日，台盟宣传思想工作会议在京召开。全国政协常委、台盟中央副主席黄志贤出席会议并讲话。黄志贤表示：2010年以来，全盟宣传思想工作围绕中心、服务大局，坚持方向、改革创新，统筹谋划、真抓实干，各项工作整体推进，做出了突出的成绩，取得了显著的成效。结合台盟工作实际，就进一步加强宣传思想工作，黄志贤指出：一是总结经验，查找不足，不断增强做好宣传思想工作的信心和决心。要以学习贯彻中共十八大精神为切入点，深入开展学习践行社会主义核心价值体系活动；以重要纪念日、重要活动的宣传学习为契机，加强传统教育，传承弘扬台盟优良传统；围绕盟中央中心工作，以参政议政、对台联络、社会服务和自身建设为主线，扩大宣传，展示台盟参政党形象；以网站、盟刊、盟讯为平台，进一步提高宣传工作的针对性和实效性；以加强图书入岛销售为渠道，积极开展涉台文化交流，发挥窗口特点和作用。二是提高认识，明确思路，增强做好台盟宣传思想工作的责任感紧迫感。对于重要工作要深入宣传，对于日常活动要经常宣传，对于典型人物要重点宣传。三是加强领导，落实目标，努力把宣传思想工作推进到一个新水平。要认真学习贯彻中共十八大精神，深入开展群众路线教育实践活动；要注重宣传，为台盟事业的发展营造良好舆论氛围；要完善机制，进一步增强宣传思想工作实效；要创新工作思路和方法，注重运用新媒体开展宣传工作；要抓好宣传干部队伍建设，提高宣传干部素质；要增强服务意识，提高宣传思想工作水平。黄志贤强调：台盟宣传思想工作任务艰巨，责任重大，肩负着光荣而崇高的使命，承载着宏大而辉煌的梦想。希望台盟各级组织和广大盟员围绕中心，服务大局，按照台盟九大的工作部署，扎实工作，团结奋进，不断提升宣传思想工作的水平，为全面建成小康社会、实现祖国和平统一和中华民族伟大复兴的中国梦作出新的更大的贡献！

8月5日至9日，台盟中央2013年社情民意（台情）信息培训班在大连举办。全国政协常委、台盟中央副主席黄志贤出席开班动员会并讲话。黄志贤指出，台盟中央2013

年社情民意（台情）信息培训班，是贯彻落实台盟九大工作部署和《台盟中央参政议政工作五年（2013—2017 年）规划纲要》，切实加强全盟信息工作队伍建设和人才培养而组织的一次重要培训活动。针对台盟信息工作的特点，黄志贤强调，台盟的社情民意信息最大的优势和特点就是鲜明的“台”字特色，反映台湾岛内的政治生态、民心动态以及生活在大陆的台胞的利益诉求，向有关部门提出一步做好台湾人民工作的建议，是台盟社情民意信息的重要内容，也是“招牌”和亮点。他指出，做好信息工作一是要增强责任意识，提高社情民意信息工作质量；二是要整合资源，形成反映社情民意信息工作的合力。培训期间，全国政协信息局副巡视员王普庆就《怎样做好信息工作》作了专题辅导报告；台盟中央参政议政工作委员会主任王中围绕《把握大局、把握前途、务实进取、全面发展——现阶段台海局势及两岸关系发展重点信息述评》，台盟中央两岸文化交流委员会主任、参政议政工作委员会副主任骆沙鸣围绕《服务履职 切实提高全盟信息工作科学化水平》，台盟中央联络部副部长潘新洋围绕《关注对台联络中的文化因素》作了专题讲座。台盟重庆市委、上海市委、南京市委、泉州市委结合各自实际情况交流了工作经验。来自全盟各省、市级组织负责社情民意信息工作的机关干部和部分盟员骨干约 120 人参加培训。

9 月 3 日至 4 日，台盟办公室工作会议在北京召开。台盟各省（直辖市）委、南京市委、部分直属支部副主委及办公室负责人参加会议。台盟中央副主席黄志贤出席会议开幕式并作讲话，充分肯定了台盟各级组织机关办公室的工作，提出了当前和今后一个时期全盟办公室工作的重点任务和总体要求。台盟中央办公厅主任陈静主持会议开幕式。会议期间有关专家分别作了关于公文处理和保密工作的专题报告。参会同志在小组讨论中踊跃发言，围绕各地办公室工作及《台盟周报》的编辑报送进行了热烈的讨论和广泛的交流。会议取得了良好的实际效果，参会同志普遍反映，通过本次会议加强了业务学习，提高了思想认识，获益匪浅。

11 月 7 日至 11 月 14 日，台盟第四期中青年干部培训班在江西南昌和井冈山举办。全国政协常委、台盟中央副主席黄志贤出席 11 月 8 日开班仪式并讲话。黄志贤指出，台盟第四期中青年干部培训班，是贯彻台盟九大工作部署，根据台盟中央 2013 年度工作要点的要求，为适应新时期统一战线和多党合作事业发展需要，加强盟组织后备干部队伍建设，进一步提高中青年盟员干部盟务工作能力和参政议政水平而举办的一次十分重要的培训。这次培训班的主题是坚持和发展中国特色社会主义，为实现中华民族伟大复兴的中国梦而努力奋斗。黄志贤对学员提出三点意见：一是加强理论学习，不断增进坚持和发展中国特色社会主义的政治共识；二是突出着力重点，不断提高履职尽责的能力和水平；三是珍惜培训机会，确保培训取得实际效果。来自台盟各地方组织的中青年干部及台盟中央组织部、宣传部工作人员共 70 余人参加培训班。

11 月 14 日至 15 日，台盟中央 2013 年台情研讨会在京召开。会议深入学习中共十八届三中全会精神，总结两年来全盟台情研究工作取得的成果，就提高台情研究工作的前瞻性和应用性、进一步推动两岸关系发展、更有效地争取台湾民心等议题，进行了深入研讨，提出意见和建议。全国人大常委、台盟中央副主席苏辉出席会议并讲话。苏辉首先向与会人员传达了全国政协副主席、台盟中央主席林文漪关于“在会议期间学习十八届三中全会精神、并向各级组织传达学习三中全会精神任务”的要求，与参会人员一起学习了《中国共产党第十八届中央委员会第三次全体会议公报》。苏辉指出，十八届三中全会胜利闭幕，举世瞩目的改革部署令人振奋，各级地方盟组织要结合自身工作，深入学习贯彻三中全会精神，及时将相关动态和工作成果报送至台盟中央，为台盟九届二中全会的召开提供重要信息。苏辉充分肯定了过去两年来全盟台情研究取得的丰硕成果，要求全盟将开展对台研究工作与学习贯彻十八届三中全会精神结合起来，紧紧围绕两岸关系和平发展的主题主线，围绕岛内民意动态、政局走向和重大选举，开展前瞻性和应对性研究，多出成果；要将台情研究工作与更好的培养人才相结合，在台情研究中锻炼人才、发现人才、选用人才，推动台盟事业薪火相传。

12 月 18 日至 19 日，台盟中央 2013 年参政议政工作会议在浙江省杭州市召开。全国政协常委、台盟中央副主席黄志贤在会上作了《创新工作思路，完善工作机制，参政议政工作实现精彩开局》的工作报告，在总结 2013 年工作成绩的同时，就下一阶段全盟参政议政工作做出了重要部署。黄志贤表示，2013 年是台盟九大以来的开局之年，在台盟第二个《参政议政工作五年规划纲要》的指引下，全盟各级组织不断探索创新工作思路，研究完善工作机制，在参与政治协商、组织课题调研、开展主题交流活动等工作中亮点频出、富有实效，全盟的参政议政工作实现了精彩开局。关于 2014 年的参政议政工作，黄志贤提出要贯彻台盟九届二中全会精神，进一步抓好参政议政工作任务的落实。他强调要做到“三个并重”：一是要做到数量和质量并重，集中力量、精选课题，真正深入实际了解情况，分析问题，提出有针对性的、切实的政策建议。二是要做到学习和调研并重，要特别注重向实践学习，扎实深入地开展调研。三是要做到机制和人才并重，进一步推动“上下联动、横向联合”的工作机制，完善参政议政工作量化评价体系，进一步激发全盟上下的积极性和创造性。会议期间还举行了学习贯彻中共十八届三中全会精神的专题讲座，进行了参政议政工作的经验交流，对全盟 2013 年度参政议政先进集体和先进个人进行了表彰。全盟各级组织 80 余名代表参加会议。

（五）监督委员会、专委会、参事室专题工作会议

4 月 9 日至 11 日，台盟九届中央委员会第一次参事座谈会在上海召开。全国政协副主席、台盟中央主席林文漪出席并向各位参事颁发了聘书。林文漪指出，台盟中央参事室正式成立，是台盟学习贯彻中共十八大精神，继续坚定不移地走中国特色社会主义道路，努力提高参政履职能力和自身建设水平的一件大事，是台盟发展历程中的一件喜事。希望各位参事一如既往地以对祖国统一大业高度负责、对台盟事业发展高度负责的精神，资政育人，为实现台盟薪火相传贡献力量；着眼全局，就全盟在参政议政、两岸交流、社会服务、自身建设等方面所面临的带有战略性、前瞻性的重要课题开展研究、力建诤言，努力提高顶层设计水平；心系盟员，了解基层情况，倾听盟员心声，充分发挥桥梁纽带作用。同时，台盟中央机关各部门和各级盟组织，要为参事开展工作创造良好的条件。在上海期间，林文漪主席会见了上海市副市长翁铁慧。台盟中央副主席杨健，台盟中央参事室主任孙南雄，台盟中央参事室参事石四箴、陈昭典、蔡世彦，台盟中央副秘书长宋焱、吴国华等参加了相关活动。

5月9日至10日，台盟第九届中央委员会监督委员会第一次全体会议在北京召开。全国政协副主席、台盟中央主席林文漪出席会议并发表讲话。林文漪指出，要充分认识做好台盟盟内监督工作的重要意义，坚持正确的政治方向。中共中央近年来颁发多个统一战线工作的重要文件，为统一战线和多党合作事业的进一步发展指明了方向，同时也对包括台盟在内的各民主党派在国家政治生活中履行职能、发挥作用提出了新的更高要求。台盟各级组织要充分认识加强盟内监督工作是适应多党合作事业发展的迫切需要，是贯彻落实盟章的必然要求，是加强台盟自身建设的内在要求。林文漪强调，要建立健全盟内监督工作机制，坚持正确的职责定位，保证台盟中央各项工作目标的顺利落实，不断提高台盟各级组织和各级领导班子成员的政治把握能力、参政议政能力、组织领导能力、合作共事能力，确保台盟各级组织和全体盟员始终坚持中国共产党的领导，坚定不移地走中国特色社会主义政治发展道路。林文漪指出，要恪尽职守，努力工作，认真做好监督委员会工作。台盟盟内监督是一项全新的工作，中央监督委员会要适应形势和任务的发展变化，努力探索实践，全面提高工作能力和工作水平，逐步建立健全各项工作制度，规范盟内监督工作程序，使监督委员会的各项工作都能做到有章可循、运转协调、规范有序。台盟中央副主席、中央监督委员会主任黄志贤作工作报告，报告全面总结了台盟第八届中央监督委员会的工作，提出了第九届中央监督委员会今后五年的工作重点。台盟中央副主席、中央监督委员会副主任苏辉主持会议。台盟中央监督委员会全体委员出席会议。

8月6日，台盟第九届中央委员会参政议政工作委员会第一次全体会议在大连召开。会议由参政议政工作委员会主任王中主持。22位参委会委员参加了会议。会上，参政议政工作委员会办公室主任、台盟中央副秘书长、研究室主任宋焱向与会委员通报了台盟第九届中央委员会成立以来在参政议政工作方面开展的工作和取得的成效，与会委员结合《台盟中央第九届中央委员会参政议政工作五年规划纲要》和各地方组织的工作开展情况开展了讨论，提出了一系列意见建议。在充分听取各位委员的发言后，王中主任就本届参政议政工作委员会的职能任务、队伍建设和工作机制等工作提出了要求，一是充分认识台盟参政议政工作的重要意义；二是进一步提升履职的意识和能力；三是进一步加强参政议政工作委员会的制度化、规范化和程序化建设；四是进一步加强队伍建设，形成从中央到地方的人力资源网络，开创台盟参政议政工作的新局面。

8月20日，台盟第九届中央委员会妇女工作委员会第一次全体会议在天津召开。会议讨论并审议通过《台盟中央九届妇委会五年工作计划》和《台盟中央妇委会2013年工作要点》，传达了台盟中央专委会通则。全国政协常委、台盟中央副主席黄志贤出席并讲话。黄志贤说，妇委会要围绕大局，积极参与参政议政和社会服务等各项工作，充分发挥对台优势，构筑两岸交流交往的桥梁。不断加强与其他专委会的联系，积极完善工作机制，提升队伍素质和工作实效。台盟中央九届妇委会主任高美琴就今后五年就如何做好妇委会工作进行部署。她指出，要充分发挥妇委会对台工作优势，整合资源，积极推进两岸女性团体的联络和交流。加强横向联系，为台盟中央参政议政、社会服务等各项工作服务。加强自身建设，积极参与女性干部的培养和锻炼。台盟中央九届妇委会委员参加会议。

8月23日，台盟第九届中央委员会青年工作委员会第一次全体会议在上海召开。全国政协常委、台盟中央副主席黄志贤出席会议。黄志贤在讲话中对青委会的成立表示热烈的祝贺，对光荣担任台盟中央首届青委会主任和委员的各位同志表示热烈的祝贺。讲话提出，希望青委会各位成员切实增强参政党意识，更好地把本职工作与民主党派成员参政议政的政治责任结合起来，把专业知识与建言献策结合起来，为广大青年盟员做出表率，带头在参政履职的政治舞台上施展才华，做出成绩；希望青委会各位成员切实增强责任意识，充分发挥在本地区的影响力和带动力，及时向台盟中央反映广大青年盟员的心声和诉求，反映大家的意见和建议，充分发挥联系带动广大青年盟员的作用。

9月16日上午，台盟第九届中央委员会盟史与自身建设工作委员会第一次主任（扩大）会议在台盟中央机关召开。台盟中央副主席黄志贤出席会议并讲话。盟史与自身建设工作委员会主任吴国华，副主任陈军、孔令人、柯连妹、吴艺煤，在京委员李咏丰、刘中威参加会议。黄志贤副主席在会上指出，盟史与自身建设工作委员会的工作非常重要，盟史工作为台盟组织发展发挥薪火相传的作用，而自身建设工作是台盟整体工作的基础，这些工作都需要大家一起研究探讨。他对与会同志提出要以多种形式多交流、多沟通的希望，用多个触点全方位开展专委会的工作。与会同志学习了《台盟中央专门委员会通则》，研究讨论了盟史与自身建设工作委员会工作规则和五年工作计划，明确了主任、副主任工作分工，并就专委会工作进行研究部署。

10月22日至25日，台盟第九届中央委员会两岸经济合作交流委员会第一次工作会议暨专委会成员培训班在福建省漳州市南靖县召开。台盟中央副秘书长、研究室主任宋焱，台盟中央两岸经济合作交流委员会主任江尔雄，专委会副主任简少玉、蔡国斌、许沛，专委会办公室主任唐涓以及全体委员参加会议。宋焱首先代表台盟中央向专委会第一次工作会议的顺利召开表示祝贺。他说，两岸经济合作交流委员会是台盟中央对台经贸交流工作的重要载体，希望专委会能够凝聚各方力量，发挥各自优势，为推动台盟在促进两岸经贸交流合作方面的各项工作多作贡献。会上，大家共同学习了台盟中央专门委员会通则，对台盟中央两岸经济合作交流委员会工作办法（征求意见稿）进行了讨论。各位委员表示，本专委会致力于推动两岸经贸合作交流，需要明确专委会的工作重点，找到工作抓手。大家就如何将两岸经贸交流工作做到实处展开热烈的讨论，纷纷发言献策。

10月31日，台盟第九届中央委员会妇女工作委员会第二次主任扩大会议在北京召开。妇委会主任、全国妇代会十一次会议代表高美琴出席。高美琴在会上传达了全国妇代会十一次会议报告的主要精神，提出台盟中央妇委会工作要认真落实台盟九大工作部署，深入贯彻党的十八大精神和习近平总书记一系列重要讲话精神。针对妇委会工作的特点，高美琴强调，希望广大女盟员坚定理想信念，发挥两岸妇女对台交流优势，传承和弘扬中华民族文明风尚，适应时代要求，加强妇女的自身建设。会议就进一步做好妇委会工作以及对2014年工作进行了研究部署。

11月6日，台盟中央参事室在浙江杭州召开参事室专题座谈会。全国政协副主席、台盟中央主席林文漪，全国政协常委、台盟中央副主席黄志贤出席会议。台盟中央参事室主任孙南雄，参事室参事陈昭典、蔡世彦参加了座谈会。座谈会上，各位参事围绕即将在全盟开展的坚持和发展中国特色社会主义学习实践活动，特别是如何进一步加强新时期参政党自身建设等重大问题，进行了深入的研讨。

12 月 5 日，台盟第九届中央委员会两岸关系政策研究委员会 2013 年全体会议在北京召开。台盟中央两岸关系政策研究委员会主任郑凡，副主任谢正观、陈紫萱出席会议。郑凡首先介绍了专委会一年来工作情况，对专委会 2013 年的两项调研成果《关于启动两岸学界合著〈新编中国近代史〉的建议案》、《惠台政策效果的评估及工作建议》进行了说明。各位委员对专委会运行机制、调研内容、调研成果转化等问题进行了深入研讨。台盟中央两岸关系政策研究委员会委员、台盟中央宣传部有关同志共 10 余人出席了会议。

12 月 6 日，台盟第九届中央委员会科教医药交流委员会 2013 年全委会在北京召开。会议传达了台盟九届二中全会精神，回顾总结了 2013 年科委会工作，并围绕 2014 年工作规划进行交流座谈。科委会主任洪净作了会议报告。她指出，2013 年是科委会的开局之年，专委会在台盟中央的领导下，围绕台盟中心工作履职尽责，充分发挥"台"字特色和人才优势，推动了两岸科教医药的交流与发展，助推了台盟对台联络和社会服务工作的开展，为今后更好开展工作打下了坚实基础。洪净还对科委会 2014 年工作进行了部署。她希望，要进一步强化科委会的机制建设，逐步形成系统完备、科学规范、运行有效的制度体系；要密切结合对台联络工作，建立两岸科技、教育、中医药合作与技术交流的长效机制；要进一步助推社会服务工作，利用科委会医疗专家荟萃的优势深入参与"同心"实践；要积极围绕两岸科教医药领域的调查研究，为台盟参政议政工作提供有益参考。台盟中央科教医药交流委员会委员参加会议，并就相关议题进行讨论交流。

12 月 18 日，台盟中央年度参政议政工作会议期间，台盟中央青年工作委员会第二次全体会议在浙江省杭州市召开。与会成员围绕着所在地方盟组织开展青年盟员工作的有关情况，以及如何做好台盟中央青委会工作等问题进行了交流讨论。会议确定了青委会 2014 年的两项工作重点：一是集中围绕台资医疗机构发展情况开展课题调研。二是推动相关地方组织完善青委会机构设置，以更广泛地联系发动青年盟员。

12 月 19 日，台盟第九届中央委员会参政议政工作委员会第二次全体会议于浙江省杭州市召开。参委会 19 名委员参加了会议，参委会顾问王天戈出席会议，会议由参委会主任王中主持。会上，参委会办公室主任、台盟中央副秘书长、研究室主任宋焱结合台盟中央副主席黄志贤在台盟中央 2013 年参政议政工作会议上所做的工作报告分析了形势，提出了努力方向。委员们就认真履行参委会委员职责，做好 2014 年工作展开了讨论。王中强调指出，各位委员要深刻认识当前全盟参政议政工作面临的形势，进一步明确参委会的职能和任务，紧密围绕中共十八大和十八届三中全会精神以及中央经济工作会议、中央城镇化工作会议精神，深入开展调查研究，努力提高参政议政工作的质量和水平，凝心聚力，在 2014 年台盟参政议政工作中争取更好的成绩。

（六）座谈会、纪念会

1 月 16 日至 17 日，全国政协副主席、台盟中央主席林文漪一行分别到天福集团和北京育青食品开发有限公司两家在京台资企业走访，就台资企业发展情况进行调研，与在京台商共叙乡情。林文漪首先向台商们致以节日的问候和新春的祝福，并向台商们介绍了参加中共十八大和中共中央总书记习近平前不久走访台盟中央时的情形。16 日，在天福集团天福茗茶文化馆，林文漪一行饶有兴致地参观了产品展示区、展销区和茶文化走廊，详细了解茶品和茶具制作工艺。座谈会上，天福集团副总裁曾明栋感谢台盟中央多年来对企业的关心支持。他介绍，天福茗茶将弘扬中国茶文化作为企业责任，将台湾茶业产销经验与祖国大陆资源、市场等优势资源相结合，努力打造新兴茶业民族品牌。林文漪对天福茗茶的发展表示肯定，她希望天福茗茶继续秉持“茶和天下、情牵两岸”的理念，继续做良心茶、公道茶、品质茶，为促进两岸经贸合作、推动两岸关系和平发展多做贡献。17 日，林文漪一行走访了北京育青食品开发有限公司（以下简称育青公司）。育青公司是一家集开发、生产、销售台湾风味肉类制品于一体的台资企业。1992 年到大陆以来，始终坚持“正、诚、精、勤”的企业核心价值，将台湾食品技术和安全生产经验带到北京，从草创时 20 多名员工，发展为近 600 名员工、覆盖 1000 多家商超销售点的名牌企业。林文漪一行观看了公司食品展示区和企业资料影片，仔细询问了原料供应、食品安全和产业升级等方面的问题。走访中，林文漪还就台资企业如何实现规范化、规模化发展，如何将企业发展战略与地方发展规划相结合等相关问题，与台商、台资企业所在地领导交换了意见。她指出：“台盟盟员都是台湾人，我们和台胞的乡情深厚，友情久远。台盟为促进两岸关系和平发展、促进祖国和平统一，一以贯之地尽自身的努力，这是我们的历史责任，也是今后的主要任务。希望大家共同努力，使两岸同胞在祖国大陆经济社会发展的大背景下，实现互利双赢。”全国政协常委、台盟中央副主席黄志贤，台盟中央秘书长张宁，副秘书长宋焱、吴国华等陪同走访。

1 月 16 日下午，台盟中央副主席、北京市统计局局长苏辉在台盟中央机关会见了中共毕节市委副书记、市长陈昌旭一行。陈昌旭向台盟中央通报了毕节市 2012 年以来的经济社会发展情况，并就台盟中央和各级地方组织一年来给予试验区的大力帮扶表示衷心的感谢。同时，他结合 2013 年工作安排，简要介绍了毕节市今后发展的总体思路和工作设想。苏辉对陈昌旭一行的到来表示热烈欢迎，并就毕节市近年来取得的多项成就表示钦佩和赞赏。在简单回顾了一年来参与毕节试验区帮扶工作之后，她指出，下一阶段，台盟将在中央统战部的协调和指导下，整合盟内外资源，突出“台”字特色，继续做好智力支边和帮扶工作，为毕节试验区的经济社会发展作出积极的贡献。台盟中央秘书长张宁主持会议，机关各部门负责人参加。

1 月 21 日，台盟中央机关举办学习贯彻中共十八大精神对台工作专题讲座，邀请新华社港台部采访室主任陈斌华作《十八大对台部署与新一年两岸关系形势》专题报告。全国政协常委、台盟中央副主席黄志贤出席会议。台盟中央秘书长张宁主持会议。陈斌华主任详细解读了中共十八大报告对台工作重要论述，全面回顾了 2012 年台湾大选情况，并对新一年两岸关系形势发展进行了深入分析。台盟中央副秘书长宋焱、吴国华，机关各部门负责人和全体机关干部，台盟北京市委机关干部和区级组织负责人共 50 余人参加了会议。

1 月 25 日，台盟中央、全国台联共同举办了“2013 年在京台胞新春同乐会”。十届全国政协副主席、台盟中央原主席张克辉，台盟中央副主席、全国台联副会长苏辉，国务院台湾事务办公室副主任孙亚夫，海协会副会长李炳才，全国政协港澳台侨委员会副主任楼志豪，全国台联党组书记、副会长梁国扬，中直机关工委副书记、中直机关工会联合会主席赵凯，中国侨联副主席王永乐，全国台联名誉会长林丽韫，全国台联党组成员史茂林，全国台联副会长纪斌，全国台联副会长杨毅周，全国台企联常务副会长林清发等出席新春同乐会。苏辉主持新春同乐会并向在京台胞致以美好的新春祝愿。她表示，在新的一年里，台盟中央、全国台联将一如既往地为广大乡亲做好服务，为两岸关系和平发展贡献力量。杨毅周在代表台盟中央和全国台联致辞时指出：2013 年，是全面贯彻落实党的十八大精神的开局之年，是实施“十二五”规划承前启后的关键一年，是为全面建成小康社会奠定坚实基础的重要一年。我们要高举中国特色社会主义伟大旗帜，坚持以邓小平理论、“三个代表”重要思想、科学发展观为指导，认真学习、深刻领会、全面贯彻党的十八大精神，在对台工作中，坚持贯彻“和平统一、一国两制”的方针，牢牢把握两岸关系和平发展的主题，促进两岸经济合作，促进两岸文教交流，扩大两岸民众交往，继续为两岸同胞谋福祉，为巩固和深化两岸关系和平发展新局面作出新贡献。在京台胞 400 余人参加新春同乐会，共同欣赏了精彩的歌舞文艺节目，共叙乡情，喜迎新春。

1 月 29 日，全国政协常委、台盟中央副主席黄志贤在台盟中央机关礼堂会见了以《海峡评论》杂志社社长吴琼恩为团长的台湾《海峡评论》杂志社访问团一行。黄志贤首先对访问团的到来表示热烈欢迎。他表示，吴琼恩社长和《海峡评论》的各位同仁是台盟的老朋友，多年来，为深化两岸文化交流、促进两岸关系和平发展建言献策，发挥了重要作用。黄志贤还向访问团一行解读了中共十八大对台方针政策，介绍了台盟的历史与职能，表示愿与包括《海峡评论》同仁在内的广大爱国爱乡的台胞一起，为深化两岸经贸合作、促进两岸文化交流、融合两岸同胞情谊发挥传承和纽带作用，共同致力于推进祖国和平统一大业。吴琼恩团长对台盟中央的热情接待表示感谢，并对《海峡评论》杂志社的基本情况作了介绍。访问团一行还分别就深化两岸民间交流、推动两岸基层民众相互了解、保障岛内基层民众，特别是南部基层民众从两岸经贸合作中直接受益等议题，提出意见和建议。

2 月 4 日，全国政协副主席、台盟中央主席林文漪在台盟中央机关会见了教育部部长袁贵仁一行并进行座谈。台盟中央副主席苏辉主持座谈会。林文漪说，感谢教育部领导一行在春节前夕各项工作十分繁忙的情况下，专程走访台盟中央，听取意见建议；感谢教育部多年来对台盟中央关于台生教育问题等提出的一系列建议给予的大力支持。教育关系到国家的发展进步与社会的和谐稳定，涉及到人民群众的切身利益。在我国办教育是一项长期的系统工程，工作任务十分艰巨繁重，需要各方面的广泛参与。为我国的教育事业改革发展献计出力，是台盟义不容辞的责任。一直以来，台盟中央围绕《教育规划纲要》的制定和实施，开展调研并提出意见和建议；围绕完善教育体制、推进教育改革等问题提出党派提案；围绕促进两岸教育交流合作努力开展工作。2013 年是全面贯彻落实中共十八大精神的开局之年，是实施“十二五”规划承前启后的关键之年。随着两岸交往日益广泛深入，两岸间的教育交流与合作也进入了一个新的阶段。台盟中央愿进一步加强与教育部的联系，充分发挥自身优势，深入开展调查研究，多提促进两岸教育交流，特别是两岸教育比较研究的意见建议，配合教育部做好相关工作，共同为促进两岸关系和平发展作出贡献。袁贵仁说，台盟中央对教育工作一直高度关注，多年来为我国的教育事业改革特别是两岸教育交流与合作提出了很多好的意见建议，对促进我国教育事业发展、推动两岸各领域交流交往起到了积极作用。袁贵仁还就教育部当前主要工作和今后工作设想作了简要介绍。教育部副部长郝平、政策法规司巡视员刘自成、港澳台办常务副主任赵灵山等陪同走访。

2月22日，全国政协副主席、台盟中央主席林文漪在台盟中央机关会见了中共北京市委常委、统战部部长牛有成一行并进行座谈。台盟中央副主席黄志贤主持座谈会。牛有成代表中共北京市委对台盟中央多年来对北京经济发展和社会建设给予的支持表示感谢，并简要介绍了近年来北京市经济社会发展情况，热情邀请台盟中央到北京各区县考察调研，同时希望台盟中央继续关心支持北京的发展建设，特别是在城市管理精细化、新城镇建设等方面多为首都发展出谋划策。林文漪对牛有成一行的来访表示热烈欢迎。林文漪说，北京市委、市政府高度重视多党合作事业和协商民主工作，新年伊始，受郭金龙书记委托，牛有成同志即带队走访台盟中央，令我们十分感动。同时感谢北京市多年来对台盟中央的关心与支持。林文漪说，当前，国家非常重视城镇化发展，前不久台盟中央就城镇化问题进行研究并上报城镇化发展研究专报，得到中央领导同志的重要批示。北京是我国城镇化起步最早，发展速度最快的城市之一。台盟希望进一步加强与北京市的联系，特别是在城镇化发展等方面，深入调查研究，总结宣传北京的成功经验，积极配合北京市做好相关工作，为北京的新城镇建设献计出力，为我国的城镇化健康发展作出贡献。台盟中央副主席苏辉、秘书长张宁、机关各部门负责人，中共北京市委副秘书长赵玉金、中共北京市委统战部常务副部长闵克等出席座谈会。

2月26日，全国政协副主席、台盟中央主席林文漪在台盟中央机关礼堂会见了中共上海市委常委、统战部部长沙海林一行。台盟中央副主席苏辉主持座谈会。沙海林代表中共上海市委对台盟中央多年来对上海经济社会发展给予的支持表示感谢。他介绍了上海市经济社会发展情况，通报了去年上海市各民主党派、工商联换届工作和当前上海对台工作的有关情况，对今后上海市党外干部队伍建设和后备干部培养规划作了说明。他希望台盟继续支持上海的发展建设。林文漪对沙海林一行的来访表示热烈欢迎，对中共上海市委、市政府对台盟工作的关心和支持表示感谢。林文漪表示，中共上海市委、市政府高度重视统一战线和多党合作工作，上海市出台的党外代表人士队伍建设的文件具有很强的操作性。今后台盟将一如既往地关注上海，为上海经济社会发展献计出力。

4月7日，台盟中央机关召开传达学习全国两会精神会议。全国政协常委、台盟中央副主席黄志贤主持会议。全国人大常委、台盟中央副主席苏辉传达十二届全国人大一次会议精神，全国政协委员、台盟中央秘书长张宁传达全国政协十二届一次会议精神。会议要求，台盟中央机关全体同志要认真抓好全国两会精神的学习贯彻，将学习贯彻全国两会精神与学习贯彻中共十八大精神紧密结合起来，把思想和行动统一到中央的决策和部署上来。要按照全国两会精神和今年台盟中央工作计划安排，以饱满的工作热情和昂扬的精神状态，努力学习，扎实工作，团结协作，进一步加强机关建设，改进工作作风，提升工作水平，抓紧抓好全年各项工作任务的落实。台盟中央机关各部门负责人、台海出版社负责人以及机关全体同志参加会议。

4月1日至2日，《台盟中央对台联络工作五年规划纲要（2013—2017）》意见征集座谈会在广州召开，全国人大常委、台盟中央副主席、广东省政协副主席陈蔚文出席会议并致辞，全国政协常委、台盟中央副主席黄志贤出席会议并作总结讲话。台盟中央联络部副部长潘新洋主持会议。辽宁省政协副主席、台盟辽宁省委主委王松等 11 个地方台盟组织相关负责人应邀出席会议。与会人员就《台盟中央对台联络工作五年规划纲要(2013—2017)》修订工作进行了深入讨论。

4 月 9 日，台盟中央机关举办学习贯彻中共十八大精神生态文明建设专题讲座。全国政协常委、台盟中央副主席黄志贤，环保部核安全总工程师徐庆华，台盟中央秘书长张宁，台盟北京市委常务副主委陈军、副主委蔡勉出席。徐庆华围绕中共十八大提出的生态文明建设作了深入而精彩的解读。台盟中央机关部门负责人和机关干部，台盟北京市委机关干部和区级组织负责人，台海出版社有关同志，部分在京盟员参加报告会。

4 月 28 日，台盟中央召开纪念中共中央“五一口号”发布 65 周年学习会。全国政协常委、台盟中央副主席黄志贤，全国人大常委、台盟中央副主席苏辉出席会议。台盟中央秘书长张宁主持会议。会上，传达学习了中共中央政治局常委、全国政协主席俞正声在纪念中共中央发布“五一口号”65 周年座谈会上的讲话，传达学习了全国政协副主席、台盟中央主席林文漪在座谈会上的讲话。台盟中央机关干部王若鲲、李咏丰、刘中威、郭婷、李军鸽、刘晓英分别代表所在部门从不同角度回顾了台盟响应中共中央“五一口号”的光荣历史，结合自身工作实际谈了感想和体会。黄志贤在总结讲话时指出：机关全体同志要深刻认识“五一口号”发布的重要意义，认真贯彻落实俞正声同志的重要讲话精神，并和深入学习贯彻中共十八大精神、全国两会精神结合起来，深入学习践行社会主义核心价值体系，进一步增进坚持走中国特色社会主义道路的政治共识，切实增强中国特色社会主义的道路自信、理论自信、制度自信；要进一步深化政治交接，传承弘扬台盟老一辈与中国共产党亲密合作、同心奋斗的光荣传统，赋予新的时代内涵并不断发扬光大；要立足本职，把学习“五一口号”精神转化为实际的行动，扎扎实实做好台盟的各项工作，为全面建成小康社会、促进祖国和平统一和实现中华民族伟大复兴的“中国梦”贡献智慧和力量。台盟中央机关各部门负责同志和机关干部参加学习会。

5 月 3 日，台盟中央参政议政宣讲团在上海举办首次宣讲活动。宣讲团成员李钺锋、骆沙鸣在台盟上海市委第 25 期骨干盟员培训班上分别以“怎样做好参政议政工作”、“台盟骨干盟员如何为全面建成小康社会有为履职的思考”为主题，介绍了开展参政议政调研、撰写社情民意等工作的经验和体会，并与盟员和机关干部开展互动，为大家解疑释惑，受到一致好评。台盟中央副主席、台盟上海市委主委杨健，台盟中央常委、参政议政工作委员会主任王中等出席。

5 月 21 日，全国人大常委、台盟中央副主席苏辉在台盟中央机关会见了前来调研的财政部行政政法司司长耿虹一行并进行座谈。苏辉对耿虹一行的来访表示欢迎，并对近一段时期台盟中央各项工作作了简要的介绍。苏辉说，多年来，台盟中央在预算工作中得到了财政部的极大关心和大力支持。财政部行政政法司一直与台盟中央办公厅保持着密切联系，对台盟中央参政议政、联络交流、新办公楼建设等重点工作，在预算工作中给予了充分保障和大力支持。对此，我们表示由衷感谢。希望在今后的工作中，能够与行政政法司密切联系、加深交流。耿虹一行对台盟中央多年来对预算管理工作的支持表示感谢，对于台盟中央近年来在预算管理工作中加强制度建设、推进项目绩效管理方面做出的成绩表示赞赏。耿虹表示，财政部党组、部领导对民主党派中央预算管理工作给予了高度重视，也十分希望通过这次调研了解更多信息，解决实际问题。对这次调研了解到的情况，将会进行认真研究。希望台盟中央今后继续关注政法司的有关工作，多提建议。

5 月 28 日，全国政协常委、台盟中央副主席黄志贤在台盟中央机关与参加民主党派省级组织新任专职领导干部多党合作专题研究班的台盟组学员一行进行座谈。座谈会上，学员们首先汇报了各自的学习情况，并结合自身工作，围绕参政议政、民主监督等问题畅谈了学习体会。学员们表示，通过学习，加深了对中国共产党领导的多党合作和政治协商制度的理解，明晰了角色定位，增强了履职意识。黄志贤副主席对各位学员在学习中取得的成果给予充分肯定，鼓励大家通过学习增长才干，增强服务意识，提高工作水平。

7 月 18 日，全国政协副主席、台盟中央主席林文漪在台盟中央机关会见了《中国政协》杂志总编辑周北川一行。林文漪对周北川总编辑一行的到来表示热烈欢迎。她简要介绍了台盟的发展历史和当前台盟各项工作的开展情况，对《中国政协》杂志长期以来对台盟的关注和报道表示感谢，希望《中国政协》杂志与台盟加强联系、增进合作，推动台盟宣传工作深入开展。周北川总编辑表示，《中国政协》杂志将一如既往地关注台盟，积极报道台盟各项工作的开展情况和所取得的成就，为台盟事业的发展增加助力。全国政协常委、台盟中央副主席黄志贤等参加会见。

7 月 26 日，全国政协副主席、台盟中央主席林文漪专程赶往北京天福茶文化馆，探望茶王李瑞河先生。林文漪关心地询问李瑞河先生的身体情况，关切地了解天福茗茶在各地的经营情况。落座品茗时，林文漪称赞李瑞河先生以拳拳报国之心和对祖国茶产业发展的贡献，被评为“感动福建省”的知名人物。李瑞河先生自豪地补充说：天福茗茶在祖国大陆包括台盟中央领导的关心支持下，前年曾以近 4 个亿的年纳税额成为中国茶叶企业的纳税大户。去年虽然受景气影响，纳税额虽略有下降，但仍保持在年纳税 3 个亿的良好势头。与此同时，天福茗茶全产业链、多元化经营也处于良好的发展势头。林文漪称赞天福集团投资创办的漳州科技职业学院，历经七年艰苦创业，目前已呈现年招生 1000 名的良性发展势头。李瑞河先生说，今年年初，他在漳州接待了东城区教委所属的地坛青少年活动中心领导和骨干教师，支持漳州科技职业学院与东城区地坛青少年活动中心草签了在北京市成立“天福青少年茶文化学院”的合作意向，以此鼓励教育机构积极开展青少年茶文化推广活动。他热情地欢迎北京青少年到天福集团参观，到漳州科技职业学院游学，到台湾交流。今秋，他将代表天福茶文化基金会邀请林文漪一起出席在北京举行的“天福青少年茶文化学院”成立大会。林文漪高兴地说：愿与李瑞河先生共襄青少年茶文化教育普及推广之盛举。

9 月 13 日，台盟中央、全国台联在北京台湾会馆召开 2013 年在京台胞中秋茶话会。全国政协副主席、台盟中央主席林文漪，十届全国政协副主席、台盟中央原主席张克辉，国台办副主任叶克冬，中直工委副书记李勇，全国台联名誉会长林丽韫，北京市台资企业协会理事长林清发等出席会议。台盟中央副主席黄志贤主持会议。全国台联副会长梁国扬代表台盟中央、全国台联致辞。黄志贤说，台湾会馆，曾经是一百年前台湾同胞赴京科考的落脚点，今天我们在京台胞齐聚于此，共同庆祝中华民族的传统节日——中秋佳节，见证两岸同胞团聚欢愉的温暖时刻。在这月圆相思的时节，让我们共同祈福两岸和平繁荣，共同祝愿同胞幸福安康！梁国扬在致辞中说，当前，大陆和台湾都面临着国际经济形势深刻变化带来的机遇和挑战，两岸应该在已经形成密不可分、互补互利经济格局的基础上，更加积极主动地推进合作，整合优势要素，才能有效应对挑战，进一步互利双赢、共同发展。茶话会上，林文漪逐一拜访出席会议的老台胞，祝大家节日快乐。在京台胞、台盟台联机关工作人员自编自演了精彩的节目表演，赢得大家的阵阵掌声。全国政协、中共中央统战部、台盟中央、全国台联、中央党校、中央社院、全国妇联、中国和平统一促进会、台湾同学会的有关领导和在京老台胞、台资企业家共200余人出席了上述活动。

9月24日，由台盟中央两岸文化交流委员会、中国扇子学会联合主办的“纪念毛泽东同志诞辰120周年书画展”在京举行。全国政协常委、台盟中央副主席黄志贤出席开幕式并致词。中国书法家协会原常务副主席、顾问张飚为书画展题名，在京书画界名家丁谦、李燎原，中央电视台原副总编赵立凡等120余位书画家及有关人士参加。此次书画展陆续在湖南、福建、台湾等地展出。

9月26日，全国政协副主席、台盟中央主席林文漪会见了来访的最高人民法院党组书记、院长周强一行并进行座谈。全国政协常委、台盟中央副主席黄志贤主持座谈会。全国人大常委、台盟中央副主席苏辉出席。林文漪对周强一行来访表示热烈欢迎，对最高人民法院长期以来对台盟中央工作的支持表示感谢。林文漪介绍了台盟的基本情况和近年来在履行参政党职能方面的工作。林文漪表示，台盟中央愿意加强与最高人民法院的合作，利用对台联络资源优势，协助开展两岸司法领域的交流交往。希望继续得到最高人民法院的大力支持，共同围绕推进两岸司法合作等问题开展调研，配合最高人民法院的工作，通过参政党的渠道反映司法体制改革中的热点难点问题，提出意见建议。周强表示，感谢台盟中央对最高人民法院工作的支持。人民法院工作与对台工作联系越来越紧密，推动两岸的直接司法沟通尤为重要。他介绍了近年来最高人民法院开展工作的情况，充分肯定了台盟中央关于预防未成年人犯罪、关于加强海峡两岸司法互助等提案，并表示人民法院的工作一直得到台盟的关心和支持，今后要进一步加强与台盟中央的联系，为台胞服务，为促进两岸关系和平发展而积极努力。

10月15日，台盟中央联络部与两岸关系和平发展协同创新中心协同合作协议签字仪式在北京举办。台盟中央联络部副部长潘新洋与厦门大学党委副书记、副校长李建发作为双方代表签署了协议。全国人大常委、台盟中央副主席苏辉出席了签字仪式并致辞。厦门大学党委书记杨振斌等参加了签字仪式。两岸关系和平发展协同创新中心（简称“两岸协创中心”）是由厦门大学牵头与复旦大学、中国社会科学院台湾研究所、福建师范大学共同组建的。此次台盟中央联络部与两岸协创中心签署协同合作协议，双方一致同意就两岸关系和平发展重大理论创新、两岸经济一体化、两岸文教融合等领域进行协同攻关，共同研讨，致力于取得创新性成果。苏辉副主席在致辞中就推动协同合作工作提出了几点建议：一是双方协同合作要坚持中国共产党的领导，坚持与中央保持高度一致，为对台工作出良策、献良言。二是双方协同合作要坚持围绕两岸关系和平发展的主题主线，树立对国家、对民族的责任感。三是充分发展台湾会馆的功能和品牌效应，将其作为两岸协创中心的重要活动基地，定期举办相关论坛和研讨活动。四是充分发挥各相关协作单位所联系的社会资源，为两岸协创中心求得更广泛的专业支持和社会基础。五是探索以两岸协创中心以及台盟中央的名义，在海峡论坛这一两岸大型交流平台活动中，开辟出一块特色的领域和活动专项。厦门大学杨振斌书记表示，愿意将台湾会馆这一具有历史传承意义的场所作为两岸协创中心的常设基地。探索将台盟和两岸协创中心相关活动与海峡论坛平台相结合，进一步提升双方研究合作的水平和地位，为两岸关系和平发展做出更多更有建设性的成绩。厦门大学台湾研究院院长刘国深和中国社会科学院台湾研究所副所长谢郁作为两岸协创中心成员单位代表致辞，他们积极回应了苏辉副主席对推动协同合作工作的建议，并表示协议的签署将发挥台盟与两岸协创中心各单位的优势，积极推动相关领域研究取得创新性成果，不断为两岸关系和平发展作出新的贡献。

10 月 22 日，全国政协副主席、台盟中央主席林文漪在台盟中央机关会见了来访的中共重庆市委常委、市委统战部部长刘光磊一行。林文漪对刘光磊的来访表示欢迎，并对近一段时期台盟中央的工作作了简要的介绍。林文漪说，一直以来，台盟中央的各项工作得到了中共重庆市委及重庆市委统战的大力支持，特别是参政议政、联络交流等重点工作。希望在今后的工作中,能够与中共重庆市委及重庆市委统战部继续加强交流和联系，共同推进相关工作的开展。刘光磊高度评价了台盟中央、台盟重庆市委的工作，并表示将继续支持台盟中央以及台盟重庆市委，为加强两岸的交流和推进两岸关系的和平发展做出努力。全国政协常委、台盟中央副主席黄志贤，台盟中央办公厅主任陈静参加了会见。

10 月 22 日，《〈台湾通史〉第一版影印本》出版座谈会在北京台湾会馆举行。全国政协常委、台盟中央副主席黄志贤，中央统战部一局巡视员孙凌雁、三局局长郑刚淼，国台办新闻局局长杨毅，台海出版社社长马铁，新华社台港澳部副主任陈斌华，中国社科院近代史研究所副研究员褚静涛、马平安，台盟中央机关有关部门领导出席座谈会。中国国民党荣誉主席连战先生在座谈会召开前夕专门送来题词："翰墨书香 文化桥梁 两岸共赏 互和融合"。黄志贤、马铁为《〈台湾通史〉第一版影印本》出版揭幕。黄志贤在讲话中指出,《〈台湾通史〉第一版影印本》的出版对于促进大陆民众了解台湾历史，推进两岸文化交流，增进两岸同胞民族认同具有重大的历史意义和现实意义。《台湾通史》是台湾历史上第一部按通史体例撰修的史书。连横先生创作之时正是日本殖民者强行推行"皇民化"最猖狂之日。《台湾通史》的意义不仅在于结束了台湾无史的状况，更在于第一次用历史定位了台湾的中国归属，还原台湾作为中华国土的血脉之身。黄志贤强调，台盟作为由居住在祖国大陆的台湾省籍人士组成的参政党，继承和弘扬先辈爱国爱乡的光荣传统，成立 66 年来，走过了爱国、民主、进步的光荣历程。特别是进入新时期，台盟各级组织和广大盟员坚持以经济建设为中心，以服务改革发展稳定大局和祖国统一大业为己任，以建设适应时代发展要求的参政党为目标，在参政议政、对台联络、社会服务和自身建设等方面都取得了显著的成绩。与此同时，台盟中央主办的台海出版社以传承中华文化、促进两岸文化交流为己任，积极开展涉台文化交流，取得了显著的成绩。《〈台湾通史〉第一版影印本》的出版发行就是台海出版社增进两岸文化认同、弘扬中华文化的又一力作。希望通过阅读此书，大陆的读者能够更近距离地接触隔海相望的台湾，更加清晰地感受台湾的风土人情，更加了解历史背后一个真实的地区。希望通过阅读此书，有助于两岸同胞进一步正视历史，消弭隔阂，增进互信，累积共识，共同缔造中华民族更加美好灿烂的未来。座谈会上，台海出版社负责人介绍了《〈台湾通史〉第一版影印本》

的出版情况，有关专家学者从不同侧面解读了该书对于弘扬民族文化、促进两岸交流的重要意义。台盟盟史研究委员会部分委员，部分在京盟员、台胞、学者以及台盟中央机关、台海出版社有关同志约 50 人参加会议。

10 月 23 日，台盟中央机关"爱国爱乡 薪火相传"纪念台湾光复 68 周年学习会在京召开。全国政协常委、台盟中央副主席黄志贤出席学习会并讲话。中国社科院近代史研究所副研究员褚静涛作专题讲座。台盟中央宣传部副部长穆学锋主持会议。黄志贤指出，台湾光复的历史启示我们，台湾人民具有爱国爱乡的光荣传统，两岸同胞休戚与共，命运息息相关，两岸关系和平发展是实现民族复兴的必由之路。黄志贤说，68 年前，两岸同胞共同用生命和鲜血，赢得了抗战胜利和台湾光复，捍卫了国家主权和领土完整。68 年后的今天，两岸关系发展进入了新的历史阶段，面临着前所未有的机遇，也面临着前所未有的挑战。作为台盟中央机关的工作人员，要铭记台湾同胞抗击日本殖民侵略的光荣历史，继承弘扬台湾同胞爱国爱乡的光荣传统，在本职岗位上履职尽责，用实际行动圆满完成今年的各项工作，并做好明年各项工作的安排和部署。褚静涛在讲座中对台湾光复的历史作了深入讲解，阐述了台湾光复的重要意义和深远影响。5 位台盟中央机关干部结合自身工作谈了感想和体会。台盟中央机关干部共 30 余人参加了会议。

10 月 24 日，由台盟中央、全国台联、中国人民抗日战争纪念馆及台湾抗日志士亲属协进会联合举办的"台胞抗日文物捐赠仪式暨纪念台湾光复 68 周年座谈会"在北京中国人民抗日战争纪念馆举行。全国政协常委、台盟中央副主席黄志贤，全国台联副会长杨毅周，台湾抗日志士亲属协进会会长、台湾抗日志士丘逢甲的后人丘秀芷，中央统战部、国台办及北京市有关部门，台湾抗日志士亲属协进会大陆参访团及在京媒体 100 余人出席了活动。全国台联副会长杨毅周主持座谈会。全国政协常委、台盟中央副主席黄志贤在致辞中说，68 年前的 10 月 25 日，中国人民从日本帝国主义的手中收复台湾，结束了台湾 50 年受殖民压迫的惨痛历史，一洗中华民族半个世纪的耻辱。这是中国人民抗日战争伟大胜利的成果，也是包括台湾同胞在内的全体中国人民顽强抗争、浴血奋斗的结果。今天，我们在这里举行纪念台湾光复 68 周年座谈会，回顾台湾光复的艰辛历程，缅怀英勇牺牲的革命先烈，展望中华民族伟大复兴的美好未来，具有十分重要的历史意义和现实意义。台湾光复这不容抹杀的历史告诉我们，两岸同属一个中国；台湾光复这雄浑悲壮的历史告诉我们，台湾同胞具有光荣爱国的优良传统和气壮山河的民族气节；台湾光复这患难与共的历史告诉我们，台湾的命运和祖国的命运休戚相关，台湾同胞与大陆同胞血脉相连。黄志贤强调，在两岸同胞的共同努力下，两岸关系已经进入了和平发展、巩固深化的新时期，两岸全方位、宽领域、多层次的大交流局面已经形成。两岸关系处于 60 年来最安定、最和谐、最密切、最良好的阶段。台盟、台联与岛内台胞有着天然的亲情、乡情联系，有责任、有义务为推动两岸关系和平发展付出最大的努力。台盟、台联将继续发扬爱国爱乡的光荣传统，勇于担当时代赋予的历史使命，真诚团结服务台胞乡亲，为进一步增进两岸同胞了解与互信、密切两岸交流与合作，为推动两岸关系和平发展、实现中华民族伟大复兴的中国梦作出新的更大的贡献！中国人民抗日战争纪念馆馆长沈强，台湾抗日志士亲属协进会会长、台湾抗日志士丘逢甲的后人丘秀芷，中国社会科学院近代史研究所副研究员褚静涛及在京台胞陈炳基、林为民围绕台湾同胞抗日斗争的历史在座谈会上分别作了发言。座谈会前，来自台湾抗日志士的后人向中国人民抗日战争纪念馆捐赠了先辈们浴血抗日的珍贵历史文物及文献。

10 月 30 日，由台盟中央两岸文化交流委员会、中国闽台缘博物馆、台湾工党中央委员会、中国扇子艺术学会等单位联合主办、台盟泉州市委会等单位联合承办的“海峡两岸纪念毛泽东同志诞辰 120 周年书画巡回展（泉州站）”在中国闽台缘博物馆开展。2013 年 12 月 26 日是毛泽东同志诞辰 120 周年纪念日，此次书画展正是为了深切缅怀毛泽东等老一辈无产阶级革命家的丰功伟绩，弘扬中华传统文化，激励两岸同胞为共圆中华民族伟大复兴的“中国梦”而奋斗。台盟中央两岸文化交流委员会主任、台盟福建省委副主委、泉州市政协副主席、台盟泉州市委主委骆沙鸣，台湾工党中央委员会主席、福建省海联会顾问郑昭明等泉州市政协、市台工办、市委统战部及泉州市台盟盟员、部分台胞、台商、台生及社会各界人士出席书画展。

11 月 5 日上午，全国政协常委、台盟中央副主席黄志贤走访台盟广东省委机关，并就如何扎实开展中国特色社会主义学习实践活动与机关干部交流座谈。在台盟广东省委秘书长高洁陪同下，黄志贤首先走访台盟广东省委机关各处室，与大家亲切交流。在座谈会上，黄志贤表示，加强台盟自身建设是全盟永葆生机活力的重要保证，从今年底开始，全盟将开展坚持和发展中国特色社会主义学习实践活动，意义重大，影响深远，台盟中央将研究制定具体的工作方案。台盟广东省委机关同志就重视加强台盟支部建设，努力为支部发展创造条件、解决困难，以及结合基层组织实际及台盟特色开展学习实践活动等提出意见建议。黄志贤强调，中国共产党同各民主党派团结合作的共同思想政治基础是中国特色社会主义，扎实开展中国特色社会主义主题教育活动，是实现台盟更加团结、更加充满活力的建设目标的一项长期工作，要将学习贯彻中共十八届三中全会精神与坚持和发展中国特色社会主义学习实践活动有机结合，力求突出特色，突出实效，借鉴中国共产党开展群众路线教育实践活动的做法，把台盟自身建设提高到新的水平。

11 月 13 日，台盟九届十二次专职主席（扩大）会议在京召开。会议认真学习中共十八届三中全会公报，研究讨论了台盟中央学习贯彻中共十八届三中全会系列活动方案、台盟中央关于学习贯彻中共十八届三中全会精神通知。全国政协副主席、台盟中央主席林文漪主持会议。台盟中央副主席黄志贤、苏辉出席会议。与会同志结合会议公报，畅谈了学习中共十八届三中全会精神的体会和感受。大家表示，中共十八届三中全会是十分重要的会议，提出了全面深化改革的总目标、路线图，提出了改革的系统性和协同性，把新兴学科系统论和协同论运用到改革之中，是深化改革的新起点，为在 35 年改革开放之后的改革攻坚阶段指明了目标和方向。全会吹响了全面深化改革的号角，为国家未来发展打下了坚实的基础，具有重大的现实意义和深远的历史意义。《中共中央关于全面深化改革若干重大问题的决定》是新时期指导全面深化改革的纲领性文件，是全面深化改革的动员令，令人振奋，催人奋进。大家表示，我们要深入学习贯彻中共十八届三中全会精神，并落实到全盟的各项工作之中。要积极思考改革，紧紧围绕深化改革积极建言献策，努力提出有价值的提案和建议；大力宣传报道全盟学习活动，形成浓厚的学习氛围，展现台盟良好的参政党形象，为全面建成小康社会、实现祖国和平统一和中华民族伟大复兴的中国梦作出新的更大的贡献。

11月18日，台盟中央、台盟北京市委学习贯彻中共十八届三中全会精神座谈会在京召开。全国政协副主席、台盟中央主席林文漪出席会议并讲话。全国政协常委、台盟中央副主席黄志贤，全国人大常委、台盟中央副主席苏辉，北京市政协副主席、台盟北京市委主委蔡国雄，台盟中央老领导田富达等出席会议。林文漪在讲话中表示，中共十八届三中全会是在我国改革开放新的重要关头召开的一次重要会议，是全面深化改革的又一次总部署、总动员，必将对推动中国特色社会主义事业产生重大而深远的影响。林文漪说，35年风雨改革路，成就举世瞩目，影响前所未有。新的历史起点上，十八届三中全会再次对全面深化改革作出总体部署，全会审议通过的《中共中央关于全面深化改革若干重大问题的决定》，提出了全面深化改革的指导思想、目标任务、重大原则，凝聚了各方面的经验智慧，包含了重大理论和政策创新，强调了最大限度地激发活力，凸显了以人为本的执政理念，绘就了中华民族伟大复兴的美好未来。全会吹响了全面深化改革的集结号，绘就了中华民族伟大复兴的宏伟蓝图，引领中华儿女满怀信心在实现“中国梦”的征程中扬帆前进。林文漪强调，作为与中国共产党通力合作、共同致力于中国特色社会主义事业的亲密友党，台盟要认真履行参政议政职能，深入思考、积极参与到改革之中，围绕经济转型、民生改善、实现生态文明等重点、热点问题开展调研，积极建言献策，不断提高参政履职的能力和水平，努力建设适应时代要求的高素质参政党。北京市政协副主席、台盟北京市委主委蔡国雄，国家中医药管理局人事教育司巡视员、台盟中央科教医药交流委员会主任洪净，台盟北京市东城区委委员陈伟、台海出版社社长马铁先后在会上作了发言，他们从各自角度畅谈了学习十八届三中全会精神的感受和体会。黄志贤在主持座谈会时说，台盟各级组织和广大盟员要认真学习贯彻十八届三中全会精神，各级盟组织领导要带头学，抓落实，按照林文漪主席讲话要求，认真组织好学习活动，坚定走中国特色社会主义道路；要关注改革，积极投身改革事业，做改革的参与者、推动者和践行者，紧紧围绕改革深入开展调查研究，积极建言献策，不断提高参政履职的能力和水平，扎实做好服务改革的各项工作。台盟中央和台盟北京市委机关及台海出版社工作人员60余人参加了会议。

12月23日，台盟中央机关、台盟北京市委共同举办学习贯彻中共十八届三中全会精神多党合作与协商民主专题辅导报告会。中央社会主义学院副院长袁廷华围绕中国共产党领导的多党合作和政治协商制度的形成和发展、特征和内容、功能和优势以及健全社会主义协商民主制度四个方面作专题辅导报告。台盟中央机关各部门负责人和全体机关干部，台盟北京市委领导和机关干部及台海出版社工作人员共约50人参加会议。

（七）论坛、研讨会

1月10日至13日，由农业部、台盟中央、重庆市人民政府共同主办的第十二届中国西部（重庆）国际农产品交易会在重庆市南坪国际会展中心隆重举行。农业部副部长陈晓华，贵州省副省长禄智明，重庆市领导马正其、张鸣、陈贵云出席了10日的开幕式。全国政协常委、台盟中央副主席黄志贤出席开幕式并致辞。黄志贤在致辞中说，台盟作为参政党，对推动两岸经贸交流，特别是农业深度合作格外关注。这次农交会以企业展示展销为主体，以丰富市民节日市场、扩大内需为目的，对于推动世界知名农业企业投资重庆，大力实施现代农业的开放开发战略和打造内陆开放城市，意义十分重大。他呼吁两岸同胞满怀爱国情、爱乡情，携起手来，集中智慧和力量，以两岸农业领域的合作发展为平台，进一步推动两岸和平发展更上一层楼，共同开创中华民族的美好未来。为期四天的交易会吸引了全国28个省（区、市）的55个地方政府组团和来自韩国、泰国、马来西亚及台湾等13个国家和地区的1860余家农产品生产、加工、经销企业参展，展示产品5100余种。200余家大型连锁超市、采购商、经销商进行了洽谈、采购，共有65项农业农村重大项目及农产品交易订单签约，总金额达187亿元。黄志贤副主席、马正其副市长一行兴致勃勃地参观了交易会展区，并专程看望了参展的部分台湾客商，对台商的参展表示欢迎。本次交易会是历届西部农交会展出产品档次最高、参展规模最大、境外客商最多的一次盛会。交易会期间，台盟重庆市委通过台盟中央共联系组织了19家台湾企业来渝参展。在渝期间，黄志贤还拜会了中共重庆市委常委、市委统战部部长范照兵，并到台盟重庆市巴南区工委调研。

2月26日，台盟中央、台盟北京市委在京举行纪念台湾人民“二・二八”起义六十六周年学术研讨会。会议邀请中国社科院近代史所副研究员褚静涛作《“二・二八”事件的自治诉求》专题讲座。全国政协常委、台盟中央副主席黄志贤主持会议。黄志贤指出：“二・二八”起义是中国人民解放斗争的组成部分，是台湾同胞爱国爱乡光荣传统的真实写照，是两岸同胞共同争取民族解放和国家光明前途的伟大壮举。我们纪念台湾人民“二・二八”起义六十六周年，不仅是要缅怀在起义中牺牲的先烈和同胞，抚平历史的创伤，抚慰历史的悲情；更是要继承台湾人民反对“台独”势力分裂活动的一向主张，弘扬台湾人民爱国爱乡的光荣传统，增进两岸同胞之爱、手足之情，积极推动两岸关系和平发展和祖国统一大业早日实现。黄志贤强调：早日实现祖国和平统一是我们大家共同的愿望。岛内“台独”势力曲解“二・二八”诉求和台盟的民主自治诉求，这是对台湾人民爱国爱乡光荣传统的污蔑，是对历史的歪曲。当前，两岸关系和平发展已经进入巩固深化的新阶段。中共十八大从战略高度对开创两岸关系和平发展新局面作出了重要决策和部署，台盟要充分发挥自身特点和优势，牢牢把握两岸关系和平发展的主题，为巩固深化两岸关系和平发展的政治、经济、文化和社会基础作出新的贡献。台盟中央秘书长张宁、副秘书长吴国华、台盟北京市委常务副主委陈军等台盟中央、台盟北京市委有关负责人和机关干部，部分在京盟员、台胞等40余人参加会议。“二・八”起义纪念日前夕，全国政协副主席、台盟中央主席林文漪等台盟中央领导同志亲切看望了“二・二八”亲历者及家属。

5月16日，由台盟中央、商务部、国务院三峡办、中国贸促会和重庆市人民政府共同主办的第十六届中国（重庆）国际投资暨全球采购会（简称“渝洽会”）在重庆开幕。本届渝洽会以“国际投资、全球贸易、内陆开放、区域合作”为主题，45个国家（地区）的627家跨国公司、近6000家企业参会，其中世界500强企业221家。参加这次“渝洽会”的还有包括台湾威盛集团、台湾百洁集团等诸多台资企业。中共中央政治局委员、重庆市委书记孙政才，全国政协副主席、台盟中央主席林文漪，国务院国资委主任蒋洁敏，国务院三峡办主任聂卫国，重庆市人民政府市长黄奇帆，全国政协常委、台盟中央副主席黄志贤，重庆市政协副主席、台盟重庆市委主委李钺锋，全国台企联会长等出席开幕式。林文漪在开幕式致辞时表示，台盟作为参政党，注重与国家部委、地方政府加强联系，促进两岸交流合作、推动地方经济发展是台盟履行参政党职能的一项重要工作。林文漪在渝期间，中共中央政治局委员、重庆市委书记孙政才，市政协主席徐敬业等市领导会见台盟中央一行并进行了座谈。

5 月 18 日，由台盟中央、商务部、重庆市人民政府主办，台盟重庆市委、重庆市外经贸委承办的“打造高铁经济带”渝台专家研讨会在重庆博览中心隆重举行。这次研讨会是第十六届“渝洽会”的一项重要分活动。研讨会通过台湾资深专家的经验介绍和成果推广，对重庆吸取台湾及全球高铁经济发展经验，抓住高铁快车快速发展的机遇，推进与高铁发展相关的高铁新城、高铁枢纽、公共交通客运服务网络规划、运营、建设与管理起到了积极的促进作用。台盟中央常委、重庆市政协副主席、台盟重庆市委主委李钺锋，台盟中央联络部部长潘新洋，重庆市外经贸委副巡视员白小玲，以及美国国家工程院院士、中国工程院外籍院士邓文中，台湾高速铁路公司资深顾问颜邦杰等多位享誉业内的专家学者出席研讨会。重庆市发改委、外经贸委等市级有关部门，永川、江津、长寿、南川、綦江、大足、璧山、荣昌、垫江、梁平、万盛等区县政府、管委会相关部门负责人，以及来自重庆市城市交通开发投资集团、重庆市公共交通集团、重庆市轨道交通集团、重庆市综合交通枢纽集团，林同棪国际工程咨询（中国）有限公司，重庆城市交通研究院，重庆市台商协会等单位或部门参加此次研讨会。研讨会由中国城市轨道交通协会副会长、重庆市政协经济委特聘委员沈晓阳主持。李钺锋、潘新洋分别致辞。来自台湾岛内的财团法人中华顾问工程公司高级顾问、博士廖庆隆，台湾高速铁路公司资深顾问颜邦杰，林同棪国际（台湾）公司资深专案经理林忠正等知名专家学者，分别以《台湾高速铁路发展概论》、《高铁与城乡发展》、《从台湾高铁建设谈车站特定区开发》为题，对高铁和城际客运交通的规划、建设、经营、管理等问题进行了深入研讨，并开展了互动交流。为了搭建重庆与台湾高铁及建设高铁经济圈有关的资深专家之间长期的互动沟通交流管道，推动台湾及全球高铁经济规划建设经验的具体落地，会上，台盟重庆市委、林同棪国际工程咨询（中国）有限公司、重庆城市交通研究院、永川区人民政府还共同签署了“打造高铁经济带，助推永川客运交通发展战略框架协议”。合作各方将以永川高铁综合枢纽整体建设为契机，积极打造辐射周边的串珠式发展区域经济带，创造中国中小城市“公交都市”样板。

6 月 15 日至 21 日，台盟中央与两岸 70 多家单位共同主办了第五届“海峡论坛”。本届论坛围绕“扩大民间交流、加强两岸合作、促进共同发展”的论坛主题和“聚焦亲情、共圆梦想”的论坛大会主议题，以两岸基层民众为主角，安排了大会活动、基层交流、文化交流、经贸交流等四大板块 28 项活动。全国政协副主席、台盟中央主席林文漪出席论坛开幕式。作为海峡论坛重要活动之一，6 月 14 日，由台盟中央指导，台盟福建省委与福州市政府、福州市政协、福建省文史研究馆共同主办的“第四届海峡两岸船政文化研讨会”在福州开幕。海峡两岸 20 多所大学、研究机构的 70 多位专家学者，以及来自海峡两岸的林则徐家族、左宗棠家族、沈葆桢家族、严复家族、罗丰禄家族、叶祖珪家族、萨镇冰家族、黄钟瑛家族、刘冠雄家族、陈兆锵家族、陈季良家族等 30 多个船政精英家族代表参加了研讨会。海峡两岸船政文化研讨会自创办以来，已先后举办三届。前三届主题分别是“福建船政与中国近代海军”、“福建船政与辛亥革命”、“福建船政与台湾近代化”。本届船政文化研讨会的主题为：弘扬船政精神，实现民族复兴。在三天的研讨会上，与会海峡两岸学者围绕主题，就“船政文化与中华文化的发展”、“船政文化与国家软实力的增强”、“船政精神与国防力量的增强”、“船政精神与维护国家海洋权益”等多个方面进行了深入探讨交流。研讨会期间，与会者还考察了福州船政系列古迹，出席了在福州马尾举办的“船政与台湾近代化”专题展和在船政天后宫举行的船政后裔恳亲平安祈福仪式。此外，作为海峡论坛的另一项重要活动，6 月 16 日，由台盟中央与文化部、全国侨联、全国台联、海峡两岸关系协会、中国广播电视协会和福建省人民政府共同主办的“2013 世界闽南文化节”在泉州开幕。文化节包括开幕式暨《闽南风 四海情》文艺晚会、第二届世界泉州同乡恳亲大会暨泉州市海外交流协会成立大会、世界闽南文化展示中心揭牌仪式、设立中国社会科学院闽南文化研究中心、闽南文化论坛、世界华文媒体闽南文化泉州行、南少林武术系列活动、第十届泉州国际南音大会唱、精品剧目展演、招商推介洽谈会、第七届闽台对渡文化节暨蚶江海上泼水节、“魅力瓷都”大型瓷艺展和参观考察闽南文化生态保护实验区示范点（示范园区）等 13 个项目。台盟中央副主席苏辉出席了开幕式以及世界闽南文化展示中心开展仪式、第二届世界泉州同乡恳亲大会暨泉州市海外交流协会成立大会等系列活动。

7 月 9 日，由台盟中央、江西省农业厅、台盟江西省支部共同主办的“赣台休闲农业发展研讨会暨台湾农业高级讲座班”在南昌召开。全国政协常委、台盟中央副主席黄志贤出席并致辞。黄志贤说，近年来海峡两岸在政治互信、经济合作、文化交流、社会认同等各方面有了长足的进展，两岸关系和平发展已经进入巩固深化期，两岸 ECFA 制度优势正在不断扩大深化，两岸农业合作正在迎来历史性机遇。黄志贤表示，赣台农业交流合作有广阔的空间和独特的人文地理优势，赣台两地人缘相亲、文缘相承、地缘相近，在赣台同胞的共同努力下，赣台农业的交流合作取得了长足的发展，越来越多的台湾同胞汇成为赣台农业交流合作的支持者、参与者、受益者。目前，赣台农业交流合作面临着十分难得的机遇。要更加积极、全面地探索赣台农业交流的合作机制，大力加强赣台农业之间的交流，拓宽两岸农业合作与交流的形式。要进一步加强两岸农业之间的交流与合作，加大农业科技人员的交往力度，推进两岸农业科技人才的交流与互补。

7 月 11 日至 16 日，由台盟中央主办，台盟福建省委承办，台盟厦门、漳州、南平市委和中共厦门大学党委统战部、中共厦门思明区委统战部等单位协办的“2013 台南大（中）学生海西乡土文化研习营”在福建省厦门、漳州、南平等地举办。11 日上午，研习营开营仪式在厦门大学举行，台盟中央副主席杨健致辞并宣布开营。此次研习营以“血脉相连 海西乡土文化之旅”为主题，旨在促进两岸文化交流，加深台湾青年学子对大陆的了解。本次研习营首次邀请台湾听障学生 6 名、大陆贫困地区优秀学生代表 5 名参与交流，两岸学生在研习营互相帮助，互相学习，加深了友谊和同胞情谊。台南大（中）学生海西乡土文化研习营已连续六年邀请来自台湾南部、从未到过大陆的大中学生来闽研习闽南文化、客家文化、朱子文化等福建祖地文化，已成为台湾南部青少年认知祖地和闽台青少年交流沟通的重要平台。今年共有来自台湾南部地区的 59 名大（中）学师生和贵州省赫章县民族中学的 6 名师生参营。两岸多民族青少年的交流给此次研习营带来了不同以往、丰富多彩的民族特色。营员们通过交流参观，加深了对福建祖地、祖国大陆的认识和理解，增进了友谊。

8 月 10 日至 16 日，由台盟中央和国台办共同举办的首届两岸农业产业项目交流对接会在大连、长春和哈尔滨连续举办。全国政协常委、台盟中央副主席黄志贤出席大会并主持开幕式，国务院台湾事务办公室副主任陈元丰出席会议并致辞。本次两岸农业产业项目交流对接会以“新大地 新未来”为主题，旨在进一步整合两岸农业资源，构建两岸农业科技合作平台，争取更多两岸农业合作项目落地，推动建立两岸农业产业合作长效机制，促进两岸农业和乡村建设的优势互补，带动农民增收致富，促进农业现代化。台湾二十一世纪基金会执行长孙明贤、全球生物产业科技发展基金会董事长彭作奎等来自两岸的农业产业界人士近 300 人参加会议，其中岛内乡亲有近 180 名。会议期间，黄志贤围绕两岸农业产业合作与项目对接，与参会嘉宾进行了交流。会议还组织了多场主旨讲演和考察活动，并就相关重点项目对接举办了签约仪式。

11 月 1 日，由台盟中央、重庆市人民政府主办，台盟重庆市委、重庆城市交通开发投资(集团)有限公司承办的“打造高铁经济带，建设五大功能区域”——渝台城市交通发展经验交流研讨会在重庆举行。全国政协常委、台盟中央副主席、台盟上海市委主委杨健，重庆市人民政府副市长刘强出席研讨会开幕式并致辞。重庆市政协副主席、台盟重庆市委主委李钺锋主持开幕式并全程参与相关活动。本次研讨会旨在充分利用台盟的涉台优势，发挥两岸专家学者的聪明才智，共同推动重庆“高铁”经济带城市规划、产业布局等方面工作的深入开展。同时也是对今年 5 月第十六届渝洽会期间台盟中央、国家商务部、重庆市人民政府共同主办的“打造高铁经济带渝台专家研讨会”的一次成果深化和拓展。杨健在致辞中说，加强高铁经济带的课题研讨，对于正处在统筹区域发展和内陆开放高地建设的重庆市来说，意义重大而深远。台盟将继续落实盟渝合作协议的相关要求，继续做好引进人才、技术、资金等方面的工作，积极推动重庆五大功能区建设特别是高铁经济带建设，全力为促进重庆经济社会发展多作贡献。刘强副市长在致辞中说，近年来，台盟中央十分关心和支持重庆的经济社会发展，不仅和重庆市人民政府签署了合作协议，而且在发挥台盟的涉台优势、推动重庆经济社会发展方面做了不少的实事，本次研讨会通过以会代训的方式，充分发挥两岸专家学者的作用，积极吸取台湾及全球高铁经济发展的先进经验，有助于更好地帮助指导重庆市做好有关高铁规划、运营、建设与管理等方面的培训和经验推广工作。来自台湾的财团法人中华顾问工程公司高级顾问、中华轨道车辆工业发展协会理事长廖庆隆，台湾高速铁路公司资深顾问颜邦杰等两岸专家学者，在研讨会上介绍了台湾高铁、普铁、城轨等轨道交通与常规公共交通规划建设理念、融资经营思路等一系列经验和成果，并就加强互动沟通交流机制与重庆市相关部门达成合作共识。台盟中央、中共重庆市委统战部、市级相关部门、近郊区县、高等院校、业内企业的相关领导、专家学者及台盟重庆市委部分盟员共 120 余人参加了研讨会。

11 月 16 日，由台盟中央与福建省人民政府、国家农业部、台湾农会等 17 个单位共同主办的“第七届海峡两岸茶业博览会”在福建省武夷山市开幕。本届茶博会以“茶与养生”为主题。全国政协副主席、台盟中央主席林文漪，全国政协常委、台盟中央副主席黄志贤以及国家有关部委领导、本届茶博会主办协办单位代表和500多名海内外茶商、茶企代表及各界友人出席了开幕式。为期三天的茶博会期间，还举办了海峡两岸文艺晚会、海峡两岸高峰论坛、海峡两岸农业投资洽谈会、海峡两岸茶界民间斗茶赛、武夷山国际禅茶文化节等专场活动。会议期间，两岸茶叶主产区的相关政府人员以及企业家齐聚武夷山，就推广茶叶科学、推动两岸交流、引领产业发展等多方面进行了交流。同时，来自日本、韩国、马来西亚、新加坡等国家以及两岸三地佛教界、文化界、茶学界专家在武夷山国际禅茶文化节上说茶论道。

12月10日，由台盟中央、海南省人民政府指导，台盟海南省委、海南省台办、省农业厅等单位共同主办的"2013年海峡两岸休闲农业发展(海南)研讨会"在海口举行。来自海峡两岸70多位农业专家及企业代表，为琼台休闲观光农业合作发展建言献策。全国政协常委、台盟中央副主席黄志贤，台盟海南省委主委连介德，台盟海南省委原主委王琼瑛，前台湾农会理事长蔡庆章以及海南省台办、省农业厅、省政协等单位领导出席了研讨会。黄志贤在开幕式上致辞指出，农业是近年来海峡两岸交流合作的重点领域之一。琼台两岛20余年的农业交流已经有很好的基础。目前，琼台两地农业合作交流领域持续扩大，台资农业企业不仅投资海南传统种养殖业及食品加工业，还开始引入台湾经验，在休闲农业开发项目上投资发展，并呈现出良好的发展势头。海南省台办副主任王克禧、前台湾农会理事长蔡庆章分别在会上致辞。本次研讨会为期三天，台盟部分地方组织、台湾农会、台湾休闲农业协会代表，在琼台商、海南本地农业专家学者等嘉宾与会，就借鉴台湾农业发展经验推动海南传统农业转型升级和进一步深化两岸休闲观光农业合作发展进行了研讨，为琼台休闲观光农业合作发展建言献策。与会代表还赴海口、屯昌等市县，考察部分台资休闲农业企业、休闲农业示范园。11日下午，部分与会领导嘉宾还出席了在屯昌县举行的"琼休闲农业高端论坛暨海峡两岸休闲农业研讨会"。台盟中央副主席黄志贤，副秘书长、研究室主任宋焱，台盟海南省委主委连介德等为获得全国休闲农业与乡村旅游星级开源示范创建企业(园区)的企业颁牌。研讨会期间，来自海峡两岸的专家学者作了精彩的主题演讲。

二、参政议政

2013年是台盟九大以来的开局之年，在第一个五年规划的成功经验基础之上，台盟中央研究制定了第二个《参政议政工作五年规划纲要》(2013—2017年)，提出今后五年6个领域的12项重点课题以及主要的工作机制。在规划的指引下，全盟各级组织不断探索创新工作思路，研究完善工作机制，在参与政治协商、组织课题调研、开展主题交流活动等工作中都是有亮点、有实效，全盟的参政议政工作实现了精彩开局。

（一）积极参与政治协商

当前，中共中央的高层协商已经制度化。针对这种形势，在今年的工作中，台盟中央尤其强调要把握规律，掌握主动性，有计划地提前做好相关准备工作。其中，全面深化改革是2013年中央工作的一个中心议题，新型城镇化是国家经济工作的一个重点，而两岸经贸文化交流则是台盟议政建言的一个特色领域。一年来，台盟着重围绕着这一个改革中心议题、一个经济工作重点，以及一个党派特色领域，开展高层协商的准备工作。一年来，台盟中央领导参加由中共中央、国务院召开及委托相关部门召开的协商会、座谈会、情况通报会等26次，提出建议22项。

1月25日，国务院总理温家宝在中南海主持召开党外人士座谈会，听取各民主党派中央、全国工商联负责人和无党派人士代表对《政府工作报告（征求意见稿）》的意见。台盟中央主席林文漪出席座谈会并发言。发言围绕做好“十二五”规划中期评估工作、加强城镇化的顶层设计、进一步推动台资企业根植大陆等问题提出了具体建议。

7月25日，中共中央总书记习近平在中南海主持召开党外人士座谈会，就当前经济形势和下半年经济工作听取各民主党派中央、全国工商联领导人和无党派人士的意见和建议。台盟中央主席林文漪出席座谈会并发言。发言围绕促进新型城镇化成为内需拉动的有力引擎、实现海峡西岸经济区整体发展等问题提出了具体建议。

9月17日，中共中央总书记习近平在中南海主持召开党外人士座谈会，听取各民主党派中央、全国工商联领导人和无党派人士对中共十八届三中全会报告征求意见稿的建议。台盟中央主席林文漪出席座谈会并发言。发言围绕妥善推进土地制度改革、发挥行政绩效考核的鲜明导向作用、促进社会组织健康发展等问题提出了具体建议。

11月22日，中共中央总书记习近平在中南海主持召开党外人士座谈会，就当前经济形势和明年经济工作听取各民主党派中央、全国工商联领导人和无党派人士的意见和建议。台盟中央主席林文漪出席座谈会并发言。发言围绕大力推进新生代农民工市民化、争取更多的台湾基层民众分享两岸经济发展红利等问题提出了具体建议。

（二）在全国政协会议上的发言和提案

1. 全国政协十二届一次会议

全国政协十二届一次会议期间，台盟中央共提交大会发言三篇。其中，连介德委员代表台盟中央、全国台联作了《加快商签两岸文化交流框架协议，推动两岸文化交流合作机制化》的大会口头发言。发言认为，应以加快商签两岸文化交流框架协议（台湾方面称为“文化ECFA”）为抓手，推动两岸文化交流合作机制化，从而有力地增进两岸同胞的民族和国家认同，更好地为祖国统一大业服务。发言建议，一是两岸协商适时设立文化问题专门委员会和互设文化办事机构。二是仿效ECFA，先谈框架，后充实补齐细则。框架可包含相关协议的主要原则、理念，以及协商的阶段、进程、时间表等。三是通过大力推动落实具体的文化合作交流项目，将两岸文化交流合作推向深入。如共同整合经营“孔子学院”与“台湾书院”；共同致力于中华历史文化的研究；共同打造文化交流合作精品。四是营造有利于文化交流合作的宽松环境。落实两岸知识产权保护合作协议，扩大两岸出版物贸易和版权贸易，拓展广电媒体交流，加强数字新媒体合作，促进两岸文化创意产业探索整合。发言提出，文化是民族的财富，也是时代跃动的脉搏。我们希望，在当前这个大有可为的重要战略机遇期，通过加强两岸交流与合作，共同保留、传承中华民族的历史记忆、情感智慧和美好愿景，使文化认同更有力地助推祖国统一，早日实现中华民族伟大复兴的“中国梦”。

此外，台盟中央还向会议提交了《深化民俗文化交流，促进两岸社会融合》的书面发言。发言提出，民俗文化在台湾社会中的作用不可低估，无论是在底层的市井生活中，还是对所谓政党政治的影响，都有非常重要的意义。当前，两岸民俗文化交流虽取得了相当的成效，但距离通过民俗文化交流促进两岸社会融合的要求还有一定差距，不足之处包括基础理论性研究尚待加强、对台文化交流基地建设还需进一步完善、民间文化发展待扶植、交流还存在若干瓶颈等。发言建议，一是加强两岸民俗文化的基础性研究，建议民俗文化研究机构和大专院校、地方文化部门深入民间、扎实地进行田野调查，对众多的民俗事象进行保护性和抢救性的发掘整理及研究，占领民俗文化研究和民俗文化活动的高点；二是加强民俗文化交流基地建设，逐步改变仅仅停留在开展相关主题的展览、宣传的现状，形成以政府为主导、以民间为主体、两岸互动活络的文化交流平台；三是妥善解决民间交流机构的“身份”问题，建议可考虑由地方政府的文化局（馆）、各级艺术研究院（所）等为主管挂靠单位，向民政部门报批，帮助相关民间社团取得法人资格；四是简化审批手续，放宽入台门槛，建议将一定的审批权下到省，以拓宽审批范围，缩短审批周期；五是重视地方民间文化交流的均衡发展，可探索构建起以闽南地区为主体，粤东、闽西客家地区，潮汕地区和闽东沿海及少数民族地区为重要内容，福州和马祖等福州方言区有效互动，结合闽北地区朱子文化的对台全方位文化交流体系，促进两岸文化交流的均衡健康发展。

同时，台盟中央还提交了《助推台资企业转型升级，巩固和深化两岸关系和平发展基础》的书面发言。发言提出，发言建议，针对在陆台商现状，深入开展工作，鼓励台商走内移、转型、升级的良性发展之路。一是为台资企业提供高水平的金融服务保障。在EFCA的框架内，尝试多种途径创新两岸金融合作的方式，为台商融资、台企转型升级提供服务。二是大力扶持台资高新技术企业发展。引导和鼓励台资高新技术企业以各种方式投资高校及研究开发机构，鼓励扶持有利于企业转型升级的高端服务业发展，政府各项科技计划可适当向台资企业开放。三是建立健全中小台资企业转型发展中介服务体系。建议由政府主导，大力发展门类齐全、功能多样的中介服务机构，包括技术创新服务、创业培训服务、市场开拓服务、管理咨询服务、无形资产评估服务，以及会计、税务、报关、律师、信息、投资等服务，为中小台资企业转型发展保驾护航。四是研究出台台籍人士在陆“根植化”有关保障措施。加强台胞台商住房方面的权益保障，积极推进出入境便利化措施，建立健全大陆台商“在地化”服务体系等。

会议期间，台盟中央共提交党派提案30件。提案内容涉及促进两岸关系发展的6件，关于综合经济方面的5件，关于促进科教文卫与生态文明建设的9件，关于加强和改进民生与社会管理的10件。其中，《关于强化“十二五”规划检测评估及“十三五”规划科学编制的提案》、《关于加强三峡库区水污染防治的提案》、《关于助推台资企业转型升级，巩固和深化两岸关系和平发展基础的提案》、《关于建立新型流动人口服务和管理体系的提案》、《关于培育发展社会组织的提案》、《关于完善社区志愿者服务体系的提案》、《关于加快建立完善我国粮食安全保障体系的提案》等7件提案入选全国政协《重要提案摘报》。《关于加大政策引导和扶持力度，切实增强小城镇自我发展造血功能的提案》、《关于推进农村垃圾收运、污水处理科学化，大力促进美丽中国建设的提案》、《关于加强耕地质量建设与管理工作的提案》等 3 件提案被列为重点提案办理协商会题目，台盟中央与国家发改委、国土资源部、环保部等多家承办单位在会上进行了面对面交流，共同协商提案办理。

此外，台盟组的政协委员共提交大会发言 23 件，个人提案 205 件。其中，骆沙鸣委员提出的《关于建议将 R&D 和财政科技投入等五项指标列入政府考核指标体系的提案》，连介德委员提出的《关于制定南海发展战略，加快南海区域开发的建议》入选各专门委员会督办重点提案题目；骆沙鸣委员提出的《关于加快我国城镇化提质和转型的建议》，张宁委员提出的《关于尽快制定湿地保护法的提案》入选重点提案调研题目；李钺锋委员提出的《加快制定互联网个人信息保护法》入选重点提案办理协商会题目；连介德委员提出的《关于制定南海发展战略，加快南海区域开发的建议》，洪净委员提出的《关于加快中医药立法进程的提案》，骆沙鸣委员提出的《关于加快我国专业社会工作者队伍建设的提案》、《关于加快我国诚信体系建设 促进实体经济健康发展的提案》，李钺锋委员提出的《关于加快推进政府公共服务覆盖到社区的建议》，蔡国雄、张宁委员提出的《关于加快推进特高压电网发展，促进清洁能源有效利用的提案》入选《重要提案摘报》题目。

会议期间，3 月 4 日下午，中共中央政治局常委张德江到华北宾馆看望了出席十二届一次会议的民革、台盟、台联界别委员，并与委员共商国是。台盟界别的三位委员，杨健、叶惠丽、李钺锋分别围绕着维护常住台胞权益、帮助大陆台资企业实现“根植化”、争取台湾民心等两岸关系发展中的重要问题作了精彩发言。3 月 7 日上午，台盟台联举行联组会议，邀请国台办、中华全国供销合作总社、农业部等部门的负责同志参加，与委员们进行面对面的交流座谈。台盟界别的四位委员，吴国祯、骆沙鸣、陈俊骢、王天戈分别围绕着在大陆工作的台湾教师情况、提升海峡两岸文化大交流的质量与效益、加强与台湾少数民族同胞的交流、加快实现农业现代化等两岸关系及经济社会发展中的重要问题作了精彩发言。

会议期间，台盟组委员共进行了 9 场小组讨论，围绕政府工作报告、政协常委会工作报告、提案工作情况报告、计划和预算报告、“两高”工作报告、国务院机构改革和职能转变方案，以及人民政协工作等畅谈了体会和感受，并提出了许多建设性意见。

2. 全国政协十二届常委会第二次会议

全国政协十二届常委会第二次会议上，台盟中央就加强水资源保护、健全危废生活垃圾回收体系、科学构建生态文明评价指标体系等问题提交了 3 篇书面发言。

其中，《加强水资源保护，共筑美丽中国梦》的发言提出，随着我国经济社会发展速度不断加快，水资源形势日益严峻。目前，各地在开展水资源保护与污染防治方面取得了一定成效，但还存在着诸如资金投入不足、部门衔接不到位、配套制度不完善、日常监管不到位等一些亟待解决的问题。发言建议，一是理顺水资源保护的总体思路。要解决水的问题首先必须先解决人的问题。需加强警示教育，提高思想认识，在灵魂深处摆正发展与保护的关系。其次需要分轻重缓急进行一次全国普查，彻底了解水资源污染的详细情况，从而对症下药，制定切实可行的实施细则。此外还需结合行政体制改革优化水资源管理体制，改革目前的区域化行政管理体制为按流域或涉水资源事权管理而设水资源管理机构，从而解决部门衔接不到位、重利益轻管理的现状。二是调整污染物治理的现有体制。一方面是需转变“先污染，后治理”的现有体制，通过清洁生产从上游减少污染的发生。另一方面是需转变“谁污染、谁治理”的现有体制，推行“污染者付费，专业化治理”的新模式。三是建立区域污染追溯机制，设置污染物排放“高压线”。对治理后的再次污染要追根溯源，不论是排污者还是管理者，都应承担经济甚至法律责任。

《健全危废生活垃圾回收体系，保障环境安全》的发言提出，由于没有得到及时有效的收集和管理，目前很多危废生活垃圾随普通垃圾一道，以填埋等粗放的方式进行处理。这一方面是由于我国现行的相关法规只针对工业源危险废物和医疗废物的管理做出了具体规定，涉及居民生活中产生的危险废物的内容很少，且缺乏操作性；另一方面是尚未构建起完整的危废生活垃圾回收系统，大量的生活危废无法进入正规回收体系，为数不多的具备许可资质的正规处置企业基本处于超低负荷运营状态。发言建议，一是推进分类回收体系建设。坚持便民、利民的原则，在充分发挥市场机制作用的基础上，加强政策引导和支持力度，加快建立和完善居民废旧商品和危险废物分类收集制度；二是加强行业监督管理。建议政府加强对回收企业、站点和市场的监督管理，进一步健全行业管理制度和监督机制，营造统一规范、竞争有序的市场环境。特别是需强化废旧商品回收环节的污染防治工作，加强环境监管。三是大力开展相关法律法规的宣传教育活动。利用各种媒体，以多种形式广泛宣传解读相关法律法规，对危废生活垃圾的危害性和资源性进行全面宣传报道，在全社会推动形成加强环境保护、注重资源回收的良好氛围。四是建立健全各项保障措施。设立废旧商品回收体系建设专项资金；建立由商务、环保部门牵头，有关部门参与的废旧商品回收体系建设工作协调机制；将废旧商品回收体系建设工作纳入各相关部门工作目标考核内容。

《科学构建生态文明评价指标体系，为生态文明建设提供制度保障》的发言提出，科学构建生态文明指标体系是衡量生态文明状态、考核生态文明建设绩效，对生态系统健康进行预警的重要社会实践内容，是加强我国生态文明建设的根本制度保障。发言建议：当前，应着力于科学构建符合我国国情的生态文明评价指标体系。通过促进生产空间高效集约，实现绿色生产发展；通过促进生活空间宜居适度，实现低碳生活富裕；通过促进生态空间山清水秀天蓝，实现循环生态文明；通过促进身心空间健康和顺，实现永续生命健康，走出一条生产、生活、生态、生命“四生一体”的共赢生态文明科学发展、包容发展与安全发展之路。

3. 全国政协十二届常委会第三次会议

全国政协十二届常委会第三次会议上，全国政协常委、台盟吉林省委主委王天戈代表台盟中央做了题为《激发社会组织活力，疏通承接政府职能转移的“毛细血管”》的发言。发言提出，在政府职能转变的过程中，社会组织是承接政府放权的主要载体，是承接政府职能转移的“毛细血管”。但目前社会组织要想真正“接盘”政府职能转移，差距还很大。一方面是需要转移的政府职能应进一步梳理，另一方面是社会组织承接政府职能转移的能力有待提升。发言建议，为确保中共十八届三中全会提出的改革举措落实到位，在改革的具体实施过程中：一是尽快完善有关法律法规。建议尽快修订《政府采购法》，明确将公共服务纳入政府采购的范围，做到有法可依。对规范社会组织的《社会团体登记管理条例》、《基金会管理条例》、《民办非企业单位登记管理暂行条例》等三个条例也应尽快修订完善。二是建立政府购买服务的制度体系。加快出台分类分层次的政府购买服务指导性目录和社会组织目录。同时，加强社会组织遴选及评估、项目管理、资金支付、激励及退出等机制建设，着重推进政府购买服务的制度化、规范化、程序化。三是大力提升社会组织的承接能力。一方面加强社会组织的自身建设,重点健全内部治理结构，建立权责明确、有效制衡的法人治理结构。建议探索一业多会，增强同业协会间的平等竞争，减少承接组织行政化倾向。另一方面健全配套政策。建议对社会组织在财税政策、金融信贷、人事管理、职称评定、岗位培训、社会保障等方面的政策性需求开展调研，提出具体的实施办法，由国务院协调各部门研究解决。

此外，台盟中央还就行政绩效考核、完善生态补偿机制等问题提交了两篇书面发言。其中,《发挥行政绩效考核的鲜明导向作用，切实推动政府职能转变》的发言提出，转变政府职能是一项系统工程，在具体的实施过程中，政绩考核这根“指挥棒”可以发挥鲜明的引导和督促作用。目前各地普遍推行了符合科学发展观要求的干部考核评价机制，取得了较好的效果。但建立和完善干部绩效考核体系是一个复杂系统工程，仍需要在实践中不断探索、改进和完善。目前存在的主要问题有：考核指标的设置不尽科学；考核主体的选择不够宽泛；考核工作的方法有待完善；考核结果的运用还有脱节。发言建议，为确保中共十八届三中全会提出的改革举措落实到位，应进一步优化完善战略性强、具体可操作的绩效指标体系，让干部考核这根“指挥棒”发挥更加鲜明的导向作用。特别是在当前我国长期经济增速放缓，以及财税结构调整的背景下，更应切实转变观念、改进考核体系，真正落实中央对政府职能转变的总体要求。一是建议进一步完善考核指标体系。建议根据各地区与部门的实际情况，弱化对经济增速的评价考核，强化对结构优化、民生改善、生态保护等的综合评价考核。二是建议进一步借助第三方的考核力量。可以充分发挥人民代表大会的作用，完善群众参与的机制和做法，引入多元化的评估主体。三是建议进一步完善配套制度建设。如，领导干部的任期制、职责管理制、离任审计制等都需及时跟进。同时，需强化考核结果的运用，切实做到奖优罚劣，真正发挥绩效管理的激励和约束作用。此外，建议借助信息化手段辅助干部差异化考核，确保考核客观、简便。

《完善生态补偿机制，加快建设美丽中国》的发言提出，中共十八届三中全会把生态补偿机制的确立和完善作为生态文明制度建设的突破口和着力点，这对于转变“重经济、轻环保”，“先污染，后治理”的落后发展观，将生态文明建设贯穿于经济建设和社会发展的各个环节，渗透到各类经济社会活动的体制设计方案中，具有至关重要的意义。现有的生态补偿机制缺乏统一的顶层设计，各地在执行过程中存在较多问题，已无法适应经济社会发展带来的生态保护压力，突出表现为：对生态补偿机制重要性的认识还不到位；生态补偿机制相关法律、法规体系亟待建立完善；生态补偿机制的量化标准体系缺乏科学性；补偿形式单一，资金来源和分配方案不成体系。发言建议，采取多项措施，进一步推进生态补偿机制的建立和完善。一是建立综合多元的生态补偿专项资金渠道。改变目前由单一部门筹措生态补偿资金的局面，将生态补偿资金筹划纳入国家和地方财税制度范畴，逐步构建以国家和地方财政统筹为主力，社会层面广泛参与为补充的生态补偿资金来源机制。同时，应以流域生态补偿为切入点，积极探索地区之间的横向补助、对口支援和项目协作等多样化的补偿方式；整合现有各类生态工程的财政补贴和转移支付，设立生态补偿财政转移支付专项资金，提高资金使用效率。二是特别关注重点保护区域，建立多种补偿机制。建议地方政府结合保护区区位特色，因地制宜培育绿色环保的生态产业，并创造条件延长产业链，加大劳动力技术培训、小额投资贷款、个体经营优惠等各方面的扶持力度，让更多的当地居民享受绿色生态产业带来的经济发展成果，从而自发的加入生态环境保护者的行列。与此同时，产业发展带来的财税收入又能反哺生态保护投入，形成生态保护与经济发展良性循环。三是构建生态资源使用权的公共交易平台。建议总结已有经验，逐步试验和推行碳排放权交易、排污权交易、水资源使用权交易等市场化生态补偿公共交易平台，形成层次分明、统一开放、竞争有序的现代资源交易市场体系。四是加快立法程序，出台生态补偿相关法律法规。建议合理界定生态资源供给者的各项权利；明确实施生态补偿的基本原则、主要领域、补偿办法；在注重生态补偿制度的适时性、稳定性、原则性的同时，还应强调生态补偿方式的灵活性，因地制宜地制定更详细、更具科学性与可操作性的实施细则与办法。

4. 全国政协“积极稳妥推进城镇化，着力提高城镇化质量”专题协商会

全国政协“积极稳妥推进城镇化,着力提高城镇化质量”专题协商会上,台盟中央常委,台盟重庆市委主委,全国政协委员,重庆市政协副主席李钺锋代表台盟中央做了《规避“两重两轻”路径依赖，推进新型城镇化健康良性发展》的大会发言。发言提出，在我国城镇化发展进程中,长期存在着“重大轻小、重城轻乡”的“两重两轻”倾向。一种倾向是：重大轻小。城镇化的重点长期都放在特大城市和大城市上,忽视了小城市和小城镇的发展。第二种倾向是：重城轻乡。我国乡村基础设施建设、公共服务发展、农村新型社区建设都严重滞后，城乡差距不断拉大。发言认为，这种现象的出现，除了有对“城镇”概念的认识原因之外，“土地财政”和“GDP 至上”两重机制的交互作用也是重要根源。推进新型城镇化健康良性发展，必须规避“两重两轻”的路径依赖，切实按照中共十八的要求，更加注重中小城市及小城镇发展，更加注重乡村城市化进程。发言建议：一是进一步完善土地宏观调控的“杠杆”作用。建议进一步完善和细化土地调控手段，不仅控制各省市建设用地总量,而且需控制建设用地在城乡之间、各级城市（镇）之间的用地比例；不仅对计划内指标进行空间控制，还需对各省市因土地整治复垦节约出来的计划外农村建设用地指标进行空间比例控制。二是推进农村建设用地制度改革，建立农村建设用地实物交易市场。对于因集中居住节约的宅基地和转户空置的宅基地需要就地流转而不需要进行指标（地票）交易的，应尽快建立农村建设用地实物交易市场。在此之前，可开展农村宅基地置换改革试点，三是盘活农村建设用地，建立城乡统筹发展基金。建议通过盘活农村建设用地实现增值收益增量，并将其中的 80% 用来建立城乡统筹发展基金。四是建立科学的政绩考核指标体系。建议切实按照中央提出的“再也不能简单以 GDP 增长率来论英雄”的要求，改进政绩考核观。根据国家主体功能区规划要求，制定科学合理的考核指标体系，加重社会发展指标、城乡统筹指标、农村公共服务建设指标等在政绩考核中的权重。

（三）与政府部门、国家部委和司法机关开展联系合作情况

1. 进一步落实与农业部签署的合作备忘录

为落实台盟中央与农业部于2010年签署的合作备忘录，2013年，台盟中央与农业部共同举办了多次以推动两岸农业交流为主题的论坛、研讨会等活动。其中包括，1月在重庆举办的第十二届中国西部（重庆）国际农产品交易会，11月在福建举办的第七届海峡两岸茶业博览会等。

2. 加强与司法部门的联系沟通

台盟中央重视加强与最高人民法院、最高人民检察院的联系和沟通，积极发挥参政议政、民主监督的作用。1月11日，最高人民法院院长王胜俊主持召开与各民主党派中央、全国工商联负责人和无党派人士代表座谈会，听取对2013年检察工作的意见和建议。台盟中央副主席黄志贤出席会议并发言，围绕切实解决国土资源行政处罚强制执行难问题，进一步完善执行案外人财产的程序规定等问题提出了建议。

（四）专题调查研究

2013年，台盟各级组织着力从作风和机制两个方面入手，进一步做好课题调研工作。一方面是按照中央八项规定的精神，改进调查研究的方式方法，注重深入基层、突出实效。另一方面，在业已形成的课题协调会议制度、课题牵头负责制度基础上，又探索完善了课题研讨会议制度，进一步深化了上下联动、横向联合的工作机制，形成了各地方组织之间协同配合、相互促进的良好工作局面。

在3月武汉召开的调研课题协调会上，确定了2013年台盟中央12项重点课题，内容涉及推动两岸关系发展、新型城镇化建设、生态文明建设、深化改革等四个方面，并确定了各课题的牵头单位和参与单位。

1. 党派大考察

4月21日至26日，由全国政协副主席、台盟中央主席林文漪率领的台盟中央调研组赴福建省，开展以发挥海峡西岸经济区先行先试作用，进一步深化两岸经贸文化交流与合作为主题的调研活动。

在22日举行的调研座谈会上，调研组听取了中共福建省委、福建省人民政府对福建经济社会发展情况的介绍，了解了海峡西岸经济区建设情况，以及闽台经贸合作和文化交流的现状。

林文漪在座谈会上表示，以福建省为主体的海峡西岸经济区，与台湾一水相隔，地缘相近、血缘相亲、文缘相承、商缘相连、法缘相循，在祖国统一大业中承担着特有的历史使命。福建人民为实现两岸关系和平发展付出了大量的心血和汗水，作出了重大贡献。

林文漪表示，台盟与福建有着特别的历史渊源和深厚感情，对福建各项事业发展高度关注。台盟中央在2008年首次提出了构建“海峡经济区”的战略设想，并相继在高层协商会议、全国“两会”以及全国政协常委会和专题协商会上多达数十次提出了建设海西经济区的政策建议。此外，围绕搭建两岸民间大交流大合作平台，台盟中央连续多年参与主办了“海峡论坛”、“海峡经济区高层研讨会”、“平潭旅游开放开发研讨会”、“海峡两岸闽南文化节”、“台湾农民创业园发展研讨会”等活动，为推动两岸合作深入基层、深入文化层面、深入专业领域发挥了积极作用。

为了学习贯彻中共中央政治局关于改进作风、密切联系群众的八项规定，台盟中央对此次调研的形式进行了改革与简化，采取集中与分散相结合的方式，首先集中听取福建省政府及有关部门的综合情况介绍，然后分成三个专题调研组，分别赴福州、泉州、漳州、宁德、厦门、平潭等地，就两岸文化和农业交流、平潭综合实验区建设、两岸港口经济发展、厦门深化两岸交流合作综合配套改革试验以及加强台情研究等不同主题，开展了深入考察调研。在大调研全程时间压缩两天的情况下，有效工作时间从 50 余小时增加到 150 余小时，所到的地市从一般的 2 个增加为 6 个。调研组与对台工作第一线的基层干部群众，以及在大陆经商和就学的台湾同胞接触更为广泛，掌握情况更为全面，取得了很好的效果。

全国政协常委、台盟中央副主席黄志贤，全国人大常委、台盟中央副主席苏辉，以及台盟中央机关、参政议政专委会和部分地方组织负责同志参加了调研，相关国家部委的同志应邀参与调研活动。

为组织好这次调研，台盟中央做了精心准备，3 月 19 日至 22 日，全国政协常委、副秘书长，台盟中央副主席黄志贤率调研组赴福建省提前进行了“预调研”，确保调研工作的有序进行。预调研活动受到了中共福建省委、省政府的高度重视。在闽期间，黄志贤副主席先后会见了中共福建省委常委、统战部长，省政协副主席雷春美以及福州、泉州、漳州、厦门、平潭等地市的领导，出席了由相关地市召集的调研座谈会，实地考察了平潭综合实验区，以及泉州文化创意园区、漳州闽南文化展示馆、漳台现代农业馆等多家单位和企业。

在深入考察调研的基础上，台盟中央形成《关于支持福建省发挥海峡西岸经济区先行先试作用。进一步深化两岸经贸文化交流与合作的几点建议》报送中共中央、国务院，得到俞正声同志的重要批示，要求有关部门关注政策落实情况。

2. 地方组织牵头的重点课题

在各地方组织牵头的重点课题调研过程中，首次全面推行了课题研讨会议制度。根据调研实际进展情况，由牵头单位适时召集参与单位举办研讨会，通过面对面的沟通与碰撞，互相启发、互相借鉴，进一步明确课题的研究方向与调研进程，为课题最终成果的取得奠定了坚实基础。

5 月 13 日，由台盟上海市委牵头的“水资源保护与污染防治研究”重点调研课题研讨会在福建省南平市举行。台盟中央副主席黄志贤出席了座谈会，并分析、指出了课题的研究重点和方向。他强调，水资源是基础性的自然资源和战略性的经济资源，是生态与环境的控制性要素。农业、工业和城市供水需求量的不断提高导致了有限的水资源的分配竞争。要避免水危机，就必须合理开发利用和保护水资源，创造优美的水环境。黄志贤副主席指出，研究水资源保护与污染防治课题很有意义，各参与单位要认真研究，要站在全局性的高度认真展开调研，提出切实可行的对策建议。与会各省（市）台盟组织代表结合各自展开的调研，详细分析了各省（市）水资源保护与污染防治的情况，梳理出存在的主要问题，据此提出有针对性的对策建议，并在此基础上进行概括，提炼出带有全国性的突出问题以及对策建议。大家一致认为，应加强立法，科学规划，完善细则，顶层设计各项政策措施；各级政府要高度重视源头保护和末端治理；建立节水型社会，确保水资源可持续利用；细化水资源流域管理，强力推动上下游水生态补偿机制等等。台盟江西支部何大欣主委、台盟南平市委陈培仁主委出席座谈会。台盟上海市委、台盟吉林省委、台盟江西支部、台盟南平市委派员参加。

5月15日至16日，由台盟南京市委牵头的“加快转变政府职能，发挥社会组织在社会管理中的作用”重点调研课题研讨会在南京举行。台盟中央常委、台盟南京市委主委胡有清主持会议，北京、上海、吉林、湖北、广东、云南、南京、安徽、成都等地台盟组织负责人和代表出席了会议。今年台盟南京市委牵头负责“加快转变政府职能，发挥社会组织在社会管理中的作用”这一课题。台盟南京市委对这次调研高度重视，成立了由胡有清主委牵头的调研组。调研组成立仅一个多月，南京市委就与各参与单位联合制定了调研提纲；参与单位收集社会组织相关背景及基础资料，先后编发5期《调研参考资料》，共约7万字，实现资料共享；部分参与单位开始了前期调研，初步了解了课题涉及有关方面的情况。在此基础上举行的课题研讨会旨在交换意见，统一思想，为深入开展调研，形成高质量调研参政议政成果奠定基础，这也是台盟中央与地方组织合作调研的一项创新举措。课题研讨会上，胡有清代表牵头单位回顾了前期工作，阐述了课题意义和主要内容，并对调研思路和重点、工作进程与具体安排等问题谈了初步设想；台盟中央研究室代表就课题有关问题作了说明；与会代表围绕上述问题进行了热烈而深入的讨论，就主要内容形成共识。大家认为，全面建成小康社会，必须加快转变政府职能，发挥社会组织在社会管理中的作用，进一步推进社会建设和管理创新，做好这一调研课题具有重要的现实意义。调研的重点是社会组织在政府职能转变中发挥作用所面临的主要问题。各参与单位应从本地实际出发，按照课题的主题和重点，深入调研，形成适用于本地的分报告，同时针对全国层面的情况提出意见、建议；牵头单位在此基础上撰写总报告，对全国范围政府职能转变与社会组织发展关系进行分析，提出对策。调研中应重视发现和总结各地的新鲜经验，同时注意吸收台湾地区社会组织发展与承接政府职能发挥作用的经验。会议期间，全体代表听取了南京大学政府管理学院教授王云骏作的《社会组织承接政府职能的理论与实践》报告，还参观了南京市社会工作园和博爱梅园社会组织服务园。南京市社会工作园是市一级社会组织的孵化机构，它突出公益创投特色，通过建立合作交流机制、与基金会进行有效对接、加强与区县和街道同类实体的联动，努力形成点、线、面有机结合的网络体系。博爱梅园社会组织服务园是街道一级的社会组织孵化机构，目前在园区入驻并开展活动的社会组织有20多家，为辖区内的各类人群提供了全面、贴心的服务。南京市民政局赵军副局长陪同参观并与代表们举行座谈，介绍了南京市社会组织发展的基本情况和经验。通过参观，与会代表对社会组织承接政府职能在社会管理中发挥作用有了更为深刻的认识。

5月20日至22日，由台盟吉林省委牵头的“加强两岸交流合作，大力发展现代农业”重点调研课题研讨会在吉林省长春市召开。台盟吉林省委、上海市委、重庆市委、海南省委、云南省委、辽宁省委、湖北省委、江西支部等地方组织参加了会议。会议特别邀请了台湾休闲农业学会理事长、中华两岸农业交流发展协会理事长、台湾屏东科技大学农企业管理系教授段兆麟作了题为“台湾现代农业发展的历程与提供借鉴的经验”的主题发言。段教授回顾了自1895年以来台湾农业发展的历程、经验和特点，归纳出台湾农业发展的10条宝贵经验，包括：农业、农民、农村三农问题整体规划，共同解决；生产、生活、生态三生一体发展目标，不可分割；农业发展策略因社会经济的时空条件而异，农业发展政策与措施应与时俱进等。这些经验对大陆发展现代农业具有很好的借鉴意义。全国政协常委、台盟吉林省委主委王天戈作会议总结发言。发言认为，农业发展是经济发展之母，农业不只是农民的农业更是全民的农业。发展现代农业要通过有目的的政策引导和有计划的市场调节相结合，关键领域要结合地方资源优势打造强大的“国家队”，真正做到“资源与产业相结合，人才靠政策来引导，资金凭利益来驱动”的现代农业发展模式。发言提出，“加强两岸交流合作，大力发展现代农业”是一个大课题，有 8 个兄弟省市组织参加了这个课题。各地在发展现代农业方面都有自己的特色，大家要积极响应台盟中央的号召，既借鉴台湾农业现代化发展经验，又结合本地现代农业发展实际，发挥各级台盟组织的优势，为加快现代农业的发展，建设社会主义新农村进而实现中国农民的“中国梦”献计出力。这次座谈会使大家都受益匪浅，纷纷表示，要结合本省市实际，探索新形势下大陆与台湾农业交流合作的新途径，拓展大陆对台农业交流合作的新领域，提升大陆与台湾农业交流合作的新水平。通过研究当地现代农业发展的地域特点和优势，借鉴台湾经验，提出推动现代农业发展的建议。座谈会期间，还安排与会人员在长春及周边村镇进行了实地考察，切身感受吉林现代农业发展的三种不同风格和模式。考察的第一站是长春皓月清真肉业集团股份有限公司，企业通过 12 年的发展，已经实现了集做大、做强、做精肉牛屠宰加工，同时进行相关多元化发展为一体的生态农牧产业链条。第二站是农安县合隆镇陈家店村，他们走的是一条“党总支加合作社加公司”，从思想上转变观念培养新型农民的新农村建设之路。第三站是长春高榕生物科技有限公司，公司把过去一家一户单打独斗生产食用菌的模式，变成了工业化、规模化的发展。通过这些实地的考察和参观活动，为与会盟组织更好地完成调研课题开阔了视野，拓展了思路，提供了必要的帮助。

6 月 7 日至 8 日，由台盟上海市委牵头的“完善省管党政领导干部考核评价体系”重点调研课题研讨会在上海召开。台盟北京市委、天津市委、重庆市委、福建省委、广东省委、南京市委等 6 个省、市级台盟组织参加了会议。台盟中央副主席、上海市委主委杨健，台盟中央副秘书长、研究室主任宋淼出席会议并致辞。会议特别邀请了中央组织部党建研究所副所长彭立兵，复旦大学公共绩效与信息化研究中心主任牛军钰，中共上海市委组织部综合干部处副处长胡章萍，上海市公务员局考核奖惩处处长庄炜等干部考核领域的专家作了发言。在交流研讨阶段，与会各台盟省、市级组织分别结合当地调研情况做了发言。宋淼副秘书长对大家的发言作出了回应，并对调研的角度和研究的重点做出了说明。台盟中央常委、参政议政委员会主任王中对本次研讨会进行了总结。他指出，此次研讨会选择了“一”个富有挑战性的课题。从 2010 年就开始启动个课题，历时“两”年，此次会议安排紧凑，历时“两”天。研讨会整合了台盟中央、地方组织和专家学者“三”方面的力量。会议内容丰富，包括了开幕式、专家发言、主题发言、交流点评等“四”个方面内容。会议取得了“五”方面的成绩，具体来说，一是达到了开阔视野，获得有效信息的既定目标；二是在交流中碰撞思想，相互启发、相互借鉴，聚焦并完善了对“绩效”考核的研究；三是获得了真谛，有利于课题研究报告的专业性水准的提升；四是创新和完善了参政议政工作新机制，生动实践了台盟中央与地方组织的上下联合、各地方台盟组织之间的横向联系，并与相关领域的专家学者以及党政部门加强沟通联络，进一步加强了和专家、智库的合作机制；五是通过研讨交流总结，为下一步课题研究结题总结工作明确了方向。参会人员通过交流、学习，受益匪浅，纷纷表示，要结合当地实际，积极探索新形势下省管党政领导干部考核的新方法、新途径，在干部绩效考核以及绩效管理等方面认真展开调研，积极建言献策。会议期间，与会人员参观、考察了复旦大学公共绩效与信息化研究中心，通过实例直观感受到了信息化、标准化、精细化的绩效考核系统的作用，开阔了视野、拓展了思路。

6 月 20 日至 23 日，“促进资源均衡配置，加快城乡公共服务一体化”重点调研课题研讨会在湖北举行。台盟中央常委、台盟湖北省委主委江利平出席会议。台盟湖北省委专职副主委兼秘书长张天弓主持会议。台盟中央研究室及上海、重庆、天津、广东、云南、辽宁、湖北等地台盟组织负责人和代表参加会议。今年，台盟湖北省委牵头负责“促进资源均衡配置，加快城乡公共服务一体化”这一课题。台盟湖北省委高度重视，委托武汉大学地方政府基本公共服务体制创新研究团队进行调研。该团队根据课题要求，精心设计了以问卷调查、专家座谈和实地走访为核心的调研方式，并对调研结果进行科学分析。各参与单位密切配合，在全力完成问卷调查的基础上，提交了符合当地实际的调研分报告，为课题的顺利完成打下了坚实的基础。研讨会上，与会人员听取了武汉大学政治与公共管理学院行政系主任陈世香教授作的《政府职能转变与服务型政府建设》报告；武大专家团队代表牵头单位回顾了前期工作，分析了问卷调查的结果，介绍了调研报告的完成情况；台盟中央研究室代表就课题转化提出了具体要求；各参与单位介绍了各地调研的情况，并对总报告的完善提出意见。会议期间，与会人员赴湖北省第一个城乡一体化试点城市——鄂州市，分别走访了庙岭镇和大垅、峒山社区，了解当地在推进城乡公共服务一体化过程中的具体做法和相关经验。通过考察，大家认识到，推进城乡公共服务与管理一体化，是我国统筹城乡发展的重要环节，是贯彻落实科学发展观、构建和谐社会的必然要求。由于城乡间差距的历史复杂性，这种城乡公共服务与管理一体化建设不可能一蹴而就，需要政府从宏观层面逐步健全城乡公共服务体制，不断缩小城乡公共服务的差距，逐步实现全国各地城乡公共服务与管理一体化。

一年来，上海、南京、吉林、湖北、云南、海南、重庆、福建等地方组织牵头，共举办了 11 次课题研讨会，围绕台盟中央年度重点课题形成了 75 份调研报告。其中，台盟上海市委充分调动基层盟员的积极性，每个参与课题都由一名青年盟员骨干负责，开展调研、参与盟内研讨会议、亲笔撰写报告，为基层盟员搭建了施展才华、发挥作用的平台，真正发挥了盟员的参政议政主体作用。台盟湖北省委在城乡公共服务一体化的课题调研中，特别邀请当地高校的台湾教授共同参与，设计发放调查问卷，掌握了更多的第一手情况，使调研更加深入、扎实。还有很多地方组织在课题调研工作中也都充分发挥了自身的优势和特点，既充分调动广大盟员的积极性，同时又非常重视借助社会资源的力量，使调研工作取得了明显成效。

（五）反映社情民意

台盟各级组织扎实推进反映社情民意信息工作，充分发挥其时效性强的特点，对经济社会发展以及两岸关系发展中的新情况新问题作出快速反应，及时提出意见建议，为政府分析判断形势提供参考。一年来，各地方组织共提供信息素材 276 件，在此基础上，台盟中央综合编发并向全国政协报送《台盟社情民意信息》58 期，同比增加 52%。

为进一步提高信息工作水平，8 月，台盟中央在大连举办了社情民意（台情）信息培训班，得到了全盟各级组织的积极响应，共有台盟中央机关和各省级、地市级组织的信息工作专职干部以及盟员中的信息工作骨干 120 余人报名参加，是近年来台盟规模最大的专业培训。

（六）开展民主监督

担任各级人大代表、政府和司法机关领导职务以及特约人员的盟员，充分发挥参政议政、民主监督职能。其中，担任全国人大代表的盟员，认真履行人民代表的职责，反映人民意愿，参与了执法检查和视察工作。担任国土资源部、公安部、审计署等部门特约人员的盟员，认真参加有关执法监督工作，发挥了参谋咨询作用和联系人民群众的桥梁纽带作用。

（七）发挥专委会的独特作用

台盟九届中央委员会共成立了参政议政、妇女工作、青年工作、盟史与自身建设、两岸关系政策研究、台情研究、科教医药、两岸文化交流、两岸经济合作交流等 9 个专委会，并提出，各专委会都应围绕参政议政来开展工作。一年来，各专委会根据自身特点开展了多种形式的调研、交流、研讨等活动，为参政议政工作提供了丰富的信息与素材。

其中，参政议政工作委员会的成员积极参与台盟中央重点课题调研，同时结合本地开展的调研课题提供了多方面的成果素材。根据参委会主任王中同志提供的素材，台盟中央整理形成了报送中共中央、国务院的专报《关于因应岛内政治生态演变，全力聚合两岸双方正能量，巩固和深化两岸关系和平发展的若干对策建议》，得到俞正声同志的重要批示，要求有关部门认真研究，明确落实措施。

青年工作委员会则根据自身特点，积极发动委员结合本职工作收集信息素材，把专业知识与建言献策有效结合起来。目前，上海、湖北、北京等地的青委会成员围绕着建立公共场所急救网络、健全社会强制性教育系统、促进节能环保产业发展等问题，提供了多篇高质量的信息素材。

其他专委会，如妇委会、经济合作交流委员会、文化交流委员会、科教医药交流委员会等，也都围绕不同的主题、不同的领域，开展了特色鲜明的主题活动和课题调研工作，并形成了调研报告或信息材料，有力地推动了全盟参政议政工作的不断深化。

三、对台工作

2013 年，台盟各级组织认真贯彻落实中共中央对台工作方针，着力坚持和完善“专、精、深、久”的工作思路，注重巩固与创新相结合，推动对台工作实现了新突破。

（一）联络接待工作

6 月，台盟中央接待台南市医师公会医疗参访团一行 20 人赴云南参访，期间，还特别组织医师们赴昆明市郊县，采用云南省当地医生搭配一名台湾医师的“1 + 1”方式开展“两岸医务工作者昆明石林医疗健康咨询”的义诊活动，为近200名当地居民提供了诊疗服务，开创了多层面立体交叉的“联络接待＋社会服务”的新模式，加深了两岸同胞间的感情。义诊活动是台盟首次组织两岸医生联合在大陆基层社区举办诊疗的探索，也是台湾医师有组织、具规模地参与大陆社区健康服务的良好尝试。

7月，台盟中央接待台南工商业大陆参访团一行26人赴北京密云、山西考察。其中，台南工商业参访团在京期间，台盟中央特地安排到北京市密云县，与大城子镇党委书记任建华、镇长李海林、大龙门村书记石玉进行座谈，了解密云县的风土人情与社会经济概况。大城子镇领导表示，密云县地处北京城上风上水方位，经济发展必须坚持走绿色环保、高效集约的道路，这与台湾精致农业发展方式不谋而合，希望台南乡亲将先进的技术、管理经验带到密云来，与密云县的优势资源和广阔市场实现精准对接。多家企业对密云县富有北方特色的绿色农业、绿色服务业表现出浓厚的兴趣。

8月，台盟中央接待台湾少数民族社会发展协会参访团赴浙江、江苏、安徽等地考察。期间，参访团拜谒了中山陵、明孝陵，在南京近现代历史博物馆回顾了中国近现代的历史演进，并前往侵华日军南京大屠杀遇难同胞纪念馆凭吊死难同胞。团员们表示，此行行程丰富，收获很大，看到了祖国大陆的快速发展。在杭州西湖，团员们一边欣赏着西湖的美景，一边听导游介绍以西湖为题材和外景地的台湾电视剧《新白娘子传奇》风靡大陆的故事，真切地感受到西湖是两岸中国人共同的精神遗产，纷纷在各个景点留影纪念。在安徽黄山，目不暇接的美景让团员们叹为观止。有团员表示，长江长城、黄山黄河是台湾人从小耳熟能详的祖国名胜，能够亲眼看到，十分幸运和惊叹。在侵华日军南京大屠杀遇难同胞纪念馆，有团员表示：“来这里参观，看到过去国人所受的苦难，心情很沉重。”有团员更忧心，过去那一段历史在台湾的教育很少，很多台湾的年轻人都不知道这段历史。在中山陵，有团员表示：“来这里参观，就是要很肃穆，带着敬畏的心情，因为孙中山是我们中国人共同的国父。”参访团在大陆参访期间，台盟浙江省委、台盟南京市委、台盟安徽总支等地方盟组织接待了参访团一行，浙江省政协副主席、台盟浙江省委主委张泽熙，浙江省台联副会长郑博光、台盟南京市委主委胡有清、台盟南京市委副主委、江苏省台联会长蔡宪沙、台盟安徽省总支主委陈清海、黄山市委统战部长杨震等出席了相关交流活动。

9月底，台盟中央接待来自台湾岛内和法国、德国、意大利、新西兰、美国、智利及港澳地区台胞、侨胞和和统会领导共46人，来京参加国庆观礼活动，期间，按照展示“复兴之路”、共享“中国梦”的设计进行参访，除了安排团员到台盟中央座谈和国庆宴会等活动，还特别安排两天时间赴首都郊区考察新农村建设成就，使参访团成员对新农村建设有了切身感受，对于祖国大陆的“道路”、“制度”、“理论”优越性有了认同，加强了对中国道路的认知。

此外，一年来，还接待了台湾《海峡评论》杂志社、京台文化研习营、鹏辰文化经贸参访团等台湾团体，接待了台胞代表性人士、大陆台商、台生来访。全年共完成四次出访任务：赴法国、德国；韩国、泰国；新西兰、澳大利亚及香港、澳门的访问，加强与海外和港澳地区和平统一力量的协同联合。完成三次赴台交流团组，分别以社会服务、农业和教育交流为主题，与岛内各界专业人士深化交流，探索合作形式，巩固岛内民众支持两岸关系和平发展的社会基础。

（二）台情研究工作

1. 加强智库建设，拓展外脑资源。台盟中央多次组织召开涉台研究专家咨询座谈会，与中国社会科学院台湾研究所、中国社会科学院近代史研究所、国务院海峡两岸关系研究中心、中华全国台湾同胞联谊会、北京联合大学台湾研究院、台海出版社等涉台单位专家进行交流，听取对两岸关系、对台政策的意见建议，为台盟开展台情研究和参政议政工作提供了参考。台盟中央联络部与厦门大学台湾研究院签署了合作开展涉台课题研究意向书，10 月，又与由厦门大学牵头与复旦大学、中国社会科学院台湾研究所、福建师范大学共同组建的“两岸关系和平发展协同创新中心”签订协同合作协议，拟在两岸经济一体化、两岸社会融合、两岸文教融合、两岸共同事务合作制度化、两岸关系和平发展重大理论创新等方面进行协同攻关。

2. 加强队伍建设，增强台情研究力量。首先是助力基层盟组织台情研究工作。5 月台盟重庆市委组建了“重庆两岸经济研究所”，积极整合各方研究机构和专家学者的力量，开展了大量涉台调研工。大调研和海峡论坛期间，台盟中央还协调台盟厦门市委与厦门大学台湾研究院各院所长座谈，共商未来台情研究合作议题。其次是开展台情研究培训工作。8 月在大连举办社情民意（台情）信息培训班，对各地方盟组织信息和台情研究工作骨干进行培训。再次是委托各地方盟组织开展台情研究。台盟中央年初拟定了岛内民意变化等台情研究课题，组织各地方盟组织认领并开展研究，形成了多篇调研成果。

3. 积极开展研究活动，促进研究多出成果。首先是借助台盟中央台情研究专委会的力量，开展常态化的台情研究工作，在 1 月和 4 月，先后两次组织专委会座谈活动，充分发挥盟内老同志在台情研究工作中的独特作用。由台盟中央报送的《关于因应岛内政治生态演变，全力聚合两岸双方正能量，巩固和深化两岸关系和平发展的若干对策建议》、《关于进一步做好中南部代表性人士和绿营人士工作的建议》获得中共中央、中央统战部领导同志的重要批示。同时，还形成了《关于大力宣传两岸关系和平发展路线图的建议》等多篇台盟信息报送有关部门，为国家开展对台工作提供了重要参考。

（三）涉台宣传工作

在台盟中央的关心支持下，台海出版社积极开展涉台文化交流，做出了显著的成绩。截至 8 月底，台海出版社 2013 年发往岛内书店的图书有 182 种。2011 年以来，台海出版社共有 323 种、1353 册图书入岛销售。台海出版社图书入岛销售，使台盟的声音得以传入岛内，在促进两岸文化认同、弘扬中华文化方面，发挥了不可替代的作用。由台盟中央宣传部策划、由台海出版社编辑出版的《台湾同胞抗日丛书》入选“十二五”国家重点图书、音像、电子出版物出版规划，这是统战系统出版业涉台方面选题唯一入选的丛书。《台湾同胞抗日丛书》由全国政协副主席、台盟中央主席林文漪题序，以台湾同胞反抗日本殖民统治，投身于祖国抗日战争，祖国大陆同胞支持和援助台湾同胞的抗日斗争为主题，体现了台湾同胞爱国爱乡的光荣传统。

四、社会服务

2013 年，台盟各级组织不断总结以往工作的经验和成果，保持工作的延续性，集中力量抓住重点工作、打造品牌项目，继续参与毕节和黔西南的帮扶工作，积极深化与重庆等地方政府的合作。

1. 认真贯彻中央领导同志的讲话精神，认真扎实做好毕节试验区的帮扶工作。

2013 年 3 月，全国政协主席俞正声同志在毕节试验区考察调研时的重要讲话传达到各民主党派中央、全国工商联后，台盟中央高度重视，全国政协副主席、台盟中央主席林文漪第一时间召开专职主席会议，及时进行学习传达，并对下一阶段台盟参与毕节试验区建设工作做出了新的部署。

为深入贯彻落实俞正声主席的重要讲话精神，不断总结和探索台盟参与毕节试验区建设的思路、方法，规划下一阶段在赫章县的帮扶工作，林文漪 9 月亲自带领台盟中央以及辽宁、重庆、福建、广东和上海等地台盟组织的负责人赴贵州省考察调研。

9 月 3 日至 6 日，林文漪一行在贵州省毕节市、贫困县赫章县考察调研。在毕节市赫章县，林文漪出席了台盟中央帮扶赫章县座谈暨捐赠仪式，座谈会上林文漪一行听取了毕节、赫章近年来情况汇报。林文漪就台盟近年来帮扶工作及下一步工作作了总结和部署。捐赠仪式上，台盟中央和广东、上海、浙江、福建、重庆、吉林、陕西、海南部分地方盟组织共同向赫章县捐赠“两岸同心”助学基金 30 万元，台盟中央和北京市统计局、国家统计局北京调查大队共同捐赠台式电脑 70 台，台盟中央、北京技术市场管理办公室、北京技术市场协会和北京隆合鼎信科技有限公司共同捐赠医疗设备 45 台。赫章县相关受赠单位代表接受了捐赠款物。赫章县委书记黄光江同志就赫章县经济社会发展情况和台盟中央帮扶赫章发展工作进程作了介绍。林文漪高度肯定赫章县党委政府在跨越式发展战略背景下，所取得令人瞩目的建设成就。林文漪回顾了台盟长期以来助推毕节试验区建设和赫章县发展的工作，表示台盟将继续推动试验区经济社会发展和全面建成小康社会进程，协助赫章县搞好人才培养和职业培训，并利用台盟与岛内联系广泛的优势，协助毕节市和赫章县的政府部门做好招商引资工作，进一步推动赫章经济社会发展。在赫章期间，林文漪一行考察了基层卫生院、职教中心和中草药基地等民生工程。全国政协常委、台盟中央副主席黄志贤陪同考察，台盟辽宁省委主委王松、台盟福建省委主委郑建闽、台盟上海市委副主委高美琴、台盟广东省委副主委郑广台，台盟中央副秘书长宋焱、社会服务部部长唐涓，北京市统计局、北京技术市场协会等捐赠单位代表参加了相关活动。

9 月 4 日，林文漪冒雨赴贵州省惠水县出席贵州盛华职业学院开学典礼并发表讲话。全国政协常委、台盟中央副主席黄志贤陪同。贵州省政协副主席蔡志君，省政协秘书长李月成，省委统战部副部长、省社会主义学院党组书记何萍，HTC 集团董事长王雪红、威盛电子副总裁徐涛等参加。林文漪指出，盛华职业学院的创建和发展，是将教育相对发达地区的优势教育资源向偏远贫困地区倾斜、促进教育公平发展的有益探索。学院在办学模式与教育理念上的高起点和创新精神，有利于我国职业教育的全面发展起到积极的示范作用，是两岸兴办教育的成功典范。随着两岸关系的深入发展，在两岸民众的共同努力和推动下，中国的职业教育必将取得长足发展。林文漪在讲话中说，2011年她曾参加第一届学生的开学典礼，如今两年过去了，看到同学们朝气蓬勃，学校发展这么快，她很高兴，她感谢王雪红女士的公益办学，感谢各界的大力支持，感谢全体师生的共同努力。最后，林文漪还向来自毕节市赫章县困难同学们赠送了平板电脑。台盟中央副秘书长、研究室主任宋焱，社会服务部部长唐涓，宣传部副巡视员吴艺煤及中央统战部办公厅一局有关同志参加活动。贵州盛华职业学院是一所公益性全日制普通高等职业院校，由王雪红女士于2009年创办，2011年举办校园落成暨首届开学典礼。

9月5日，林文漪在贵州毕节、赫章考察座谈会上发表讲话，她说：台盟对毕节试验区的智力支边和帮扶工作可以追溯到上个世纪的八十年代末，可以说几乎贯穿了试验区从建立到成长的整个历史进程。台盟从中央机关到各级地方组织，从盟员到机关干部，上下齐心、同心同德，全力支持试验区的经济社会发展和人民生活改善，和毕节人民结下了深厚的情谊。林文漪简要概括了这些年的帮扶工作：一是牵线海内外爱心士，多方筹集资金捐建公益福利设施，重点在基础教育和医疗卫生等方面开展帮扶工作；二是充分运用台盟的专家资源，协助引进适合当地经济发展的帮扶项目，包括践行科技支农，帮助赫章县培训专业技术人才，支持当地产业发展等；三是依托与台湾同胞联系广泛的优势，邀请岛内和大陆的台商参与毕节市和赫章县的招商洽谈活动，做好牵线搭桥的“红娘”。在谈到下一步工作时，林文漪指出：下一步，我们将着眼于试验区的发展全局，统一全盟思想，继续整合资源力量，发挥与台湾同胞联系广泛的优势，本着“尽力而为，突出实效”的工作原则，扎实开展各项帮扶工作。一是继续推动试验区经济社会发展和全面建成小康社会进程。我们将主要以智力服务和改善当地民生条件为突破点，将对毕节试验区的社会实践与党派的参政议政工作相结合，针对一些具有全局性和典型性的问题开展扎实调研，积极向有关部门反映情况，建言献策，助推发展。我们也将继续组织盟内外的专家学者深入帮扶地区，开展培训、咨询和义诊等公益服务。重点致力于帮助赫章县教育、医疗卫生和群众生产生活条件的进一步改善，为推动当地群众脱贫致富发挥应有的作用。二是继续协助赫章县搞好人才培养和职业培训，依靠科技进步和提高劳动者素质推动社会发展。社会进步离不开人的全面素质的提高。昨天，我应邀去了一趟盛华职业学院，参加他们建校后第3个学年的开学典礼。那里有50多名来自赫章的学生，大部分都是两年前通过台盟牵线，由盛华学院承诺全额免费招收的协议生。我和他们见了面，得知他们学习生活都还不错，感到很欣慰。今天和我一起来的辽宁省政协副主席、台盟辽宁省委的主委王松，他已联系沈阳师范大学，为赫章县的中小学骨干教师提供职业培训机会。最近，台盟的各省市组织发动盟员和台胞力量，很快就筹集了首批30万元的助学基金，将正式捐给赫章县教育部门，旨在为赫章优秀贫困生顺利完成学业提供保障。另外，北京市统计局和北京市科技系统代表各自近千名干部职工，分别向赫章县捐赠电脑和医疗设备。在这里，我也向他们表示感谢。三是继续协助毕节市和赫章县的政府部门做好招商引资工作。过去几年，我们联系了一些两岸的企业界人士，与赫章县进行教育、医疗和公益事业等方面的合作，取得较好的实际效果和社会影响，相信后续还会有更多更好的合作机会。我们也会将赫章县近年来的飞速发展和光明前景介绍给海峡两岸的企业家，将他们的技术和资金优势与赫章县的资源优势进一步结合起来，促成更多合作，创造互利双赢。

5月，台盟中央对台联络和社会服务工作会议在北京召开。会议就新一届台盟中央委员会在社会服务和对台联络方面的目标任务和工作重点进行认真务实的研讨交流，进一步明确目标、谋求共识。全国人大常委、台盟中央副主席苏辉出席会议并作开幕讲话，分管社会服务工作的各级台盟组织领导和骨干近50人参会。这次会议的召开，将使全盟在社会服务工作思路上进一步统一思想，明确目标，真正形成合力共同完成帮扶毕节试验区的各项工作。为把对赫章县的帮扶项目落实到位，认真做好帮扶项目的前期对接。会议结束后第4天，苏辉就率台盟中央调研小分队深入赫章县，就职业教育、乡镇医疗设施和教育培训等台盟拟实施的若干帮扶项目开展扎实的考察调研，实地摸清当地现状和需求情况。5月14日，苏辉一行来到台盟对口帮扶的赫章乡海雀村，这里是毕节试验区的发祥地，也是毕节试验区近年来跨越式发展的一个缩影。苏辉亲切慰问海雀小学的全体师生，为村里带去生活用品、教学设备等以及台海出版社捐赠的324册图书。在海雀村，苏辉还与村干部、村民代表亲切交谈，认真观看了反映海雀村今昔变化的图片和文字资料。15日，苏辉一行在赫章县平山乡的卫生院、职教中心和江南村进行了实地考察，仔细了解赫章县乡镇卫生机构医疗设施、医务人员的配置情况，仔细了解赫章县职业教育的发展情况，实地考察了由台盟协调资金捐建、即将交付使用的连捷旅游饭店，并就台盟的帮扶工作与赫章县领导进行了座谈交流。

6月17日至21日，台盟中央一行4人赴贵州黔西南兴义开展招商引资项目的考察及调研，并就考察的项目与当地政府部门进行座谈。台盟中央还邀请北京台商协会两位副理事长共同参加了此次考察活动。6月18日，台盟中央一行考察了兴义市坪东轻工业区并进行座谈，同日，又赴黔西南州义龙新区调研，考察了水泥场和造纸场。6月20日，台盟中央一行与黔西南州政府办、州委统战部、州发改委、州工信委、州农委、州台办等15家相关部门、企业召开招商引资推介座谈会。黔西南州政府副州长范华对黔西南州地理发展优势及投资环境做了介绍。台盟中央社会服务部副部长蔡国斌，台商刘谟荣先生、陈国柱先生作发言。同日，黔西南州委书记张政会见台商和工商联企业家，主要介绍黔西南州基本州情。

7月10日至12日，台盟中央科教医药交流委员会、台盟上海市委共同邀请京沪两地8名知名医疗专家赴毕节市赫章县为基层群众开展医疗咨询和义诊服务，并对该县医疗卫生情况开展工作调研。这次活动是台盟中央认真落实俞正声主席关于毕节试验区建设重要讲话精神的一项重要举措，受到当地干部群众的欢迎和好评。义诊主要集中在妇产科、皮肤科、心内科、口腔科、普通外科和中医科等常见疾病科室，全天累计接诊患者达580人次。台盟组织的专家在医疗水平和知名度方面都很高，受到了基层群众的热情欢迎。义诊期间，调研组先后到赫章县人民医院和县中医院走访调研，向院方详细了解医院的医疗设备和人员配置的情况。

7月18日至23日，台盟中央与北京市台联共同组织在京台商一行12人到赫章县进行投资项目的考察交流活动。考察团在毕节市赫章县参观了羊、牛养殖业，苦荞加工、核桃乳和牛肉加工厂等，参观了中草药组培及加工厂、中草药种植基地，考察了铸造产业园区和铸造厂等10余家企业及养殖种植基地等。台商们还前往大方县和黔西县进行了考察，并在贵阳同贵州省台联会和贵阳市台商协会的乡亲见面。参加考察活动的台商有北京鑫记伟业集团副总裁、北京台资企业协会副理事长黄俊明先生；呷哺呷哺（中国）控股有限公司董事长、总经理、北京台资企业协会副理事长、北京市海外联谊会理事贺光启先生等知名台商。台盟中央社会服务部部长唐涓陪同考察。通过座谈交流和实地考察，台商普遍对赫章县拥有丰富的矿产、旅游和人文资源表示赞叹。台商们结合经营情况，纷纷提出了一些发展建议，并在牛羊养殖、中草药种植和绿色观光农业等领域有较大投资合作兴趣，部分台商还表示愿意与赫章县合作，定向培养就业人才。考察结束后，大部分台商都表达了希望与赫章县进行商业合作的初步意愿。为增进双方更深入的了解，台商热情邀请赫章县领导及相关企业到北京来参观他们的公司和生产基地，进一步接洽今后的合作事宜，得到赫章方面的积极回应。

2. 积极与地方政府开展合作，继续开展招商引资和社会帮扶活动。

2013 年，新一届黔西南州“星火计划、科技扶贫”联合推动组成立，包括台盟在内的各民主党派中央、全国工商联参与黔西南试验区建设的工作再次启动。作为成员单位，台盟中央积极配合推动组开展各项工作，积极参与黔西南美丽乡村峰会大型论坛活动，并于 7 月初和 8 月底，两次邀请台商前往黔西南州参加招商引资洽谈和项目推进大会，为促进当地经济社会发展贡献力量。

密云县大龙门村是台盟中央机关践行“同心”思想、推动科学发展的重要实践基地和互助帮扶对象。今年 5 月 6 日，台盟中央与北京市密云县大城子镇大龙门村帮扶协议签字仪式在大龙门村举行。全国政协常委、台盟中央副主席黄志贤出席签字仪式并讲话。黄志贤表示，台盟中央十分重视对大龙门村的帮扶工作。今后，台盟将继续发挥自身特色和优势，一如既往地关注大龙门村的发展，为推动镇村发展贡献自己的智慧和力量。中共大城子镇党委书记任建华对台盟中央一直以来对大城子镇和大龙门村的帮助和支持表示感谢，希望今后加强与台盟中央的联系与协作，为推进大城子镇“原生态养生特色镇”和密云“绿色国际休闲之都”建设步伐共同努力。台盟中央与大龙门村的对口帮扶协议为期 2 年，每年将拿出 10 万元支持该村完善有机农产品生产加工配套设施，并协调中国农科院、北京市农科院等科研院所，提供有针对性的技术培训指导，促进该村农副产业可持续发展，推动村民继续增收。

今年，台盟中央继续巩固与焦作市 3 年来开展多项帮扶合作的主要成果和成功经验，进一步开拓合作方式，依托台盟资源和渠道，首次联合组团深入台湾岛内推介焦作的文化旅游资源和各项招商项目，扩大焦作乃至整个中原地区在岛内的社会影响和交流交往。

今年 6 月，台盟中央协调台南市医师公会大陆参访团，深入云南省石林地区为当地群众提供义务问诊和医疗咨询服务。通过这样的社会实践，进一步拉近了两岸民众的情感距离，也增强了台湾同胞，尤其是岛内中南部精英群体对祖国大陆的归属感和认同感。

作为台盟中央与重庆市签订战略合作协议的具体帮扶项目之一，台盟中央与重庆市人民政府于 8 月在重庆万州区铁峰乡共同举办猕猴桃产业规范发展研讨会暨成果展示会，黄志贤副主席出席会议并代表台盟中央捐赠了 10 万元，帮助当地残疾人发展猕猴桃种植。

与此同时，台盟各级组织还积极参与捐资救灾等社会服务活动。4 月 20 日，四川省雅安市芦山县发生 7.0 级强烈地震。地震发生后，台盟中央主席林文漪等领导非常关心，第一时间指示机关负责人致电台盟成都市支部主委，关切询问地震受灾情况和四川省台盟盟员、台胞情况，并通过台盟成都市支部向受灾群众和受灾地区盟员、台胞表示亲切的慰问。4月22日，台盟中央机关组织了募捐活动，机关工作人员踊跃捐款，奉献爱心，帮助灾区人民渡过难关。捐款仪式前，大家向在这次地震中遇难的同胞默哀。同日，台盟中央向全盟下发关于积极支援四川省抗震救灾工作紧急通知，号召全盟各级组织和全体盟员紧急行动起来，发扬中华民族团结一心的精神，在国务院及当地党委、政府的统一组织下积极、有序地参加抗震救灾，并根据自身情况，以适当的方式和途径组织、参与捐助活动，充分发挥自身优势，以实际行动为夺取抗震救灾的胜利作出贡献。

五、自身建设

一年来，台盟各级组织坚持以深化政治交接、巩固多党合作共同思想政治基础为主题，全面加强自身建设，取得了新的成效。

截至2013年12月底，共有地方组织38个。其中包括省级组织13个，省辖市级组织25个，基层组织117个，其中基层委员会5个，总支4个，支部97个。全年新加入成员141人。成员总数2847人，其中女成员1429人。平均年龄50.6岁。离退休882人。

界别特色，高校224人，占比7.9%；普教264人，占比9.3%；科技界176人，占比6.2%；文化艺术52人，占比1.8%；公有制经济605人，占比21.3%；新社会阶层457人，占比16.1%，其中私营企业主94人，占比3.3%；医药卫生318人，占比11.2%；新闻出版31人，占比1.1%；机关团体479人，占比16.8%；其他241人，占比8.5%。

担任各级人大代表的共有100人，其中全国人大代表、常委、副委员长、专职副秘书长及专委会主任副主任15人，省级人大代表、常委、副主任、专职副秘书长及专委会主任副主任28人，市地级人大代表、常委、副主任39人，县市区级人大代表、常委、副主任18人。

担任各级政协委员共有514人，其中全国政协委员、常委、副主席、专职副秘书长及专委会主任副主任30人，省级政协委员、常委、副主席、专职副秘书长及专委会主任副主任118人，市地级政协委员、常委、副主席216人，县市区级政协委员、常委、副主席150人。

担任中央机关司局级领导职务的1人；担任地方政府及司法机关领导职务的，有省级1人，厅局级5人。

成员学历中有大本以上学历的占63%；有中、高级职称的占45.4%。

（一）思想建设

台盟各级组织通过内容丰富、形式多样的主题活动，深入学习贯彻中共十八大精神。1月21日，台盟中央机关召开学习贯彻中共十八大精神对台工作专题讲座学习会，邀请新华社港台部采访室主任陈斌华作《十八大对台部署与新一年两岸关系形势》专题报告。4月9日，台盟中央机关举行学习贯彻中共十八大精神生态文明专题讲座。

围绕重大历史事件、重要纪念日和重要活动开展宣传思想工作是台盟的光荣传统。2

月 26 日，台盟中央举办纪念台湾人民“二·二八”起义 66 周年学术研讨会，邀请中国社科院近代史所副研究员褚静涛作《“二·二八”事件的自治诉求》专题讲座，并进行了互动交流。今年是中共发布“五一口号”65 周年，台盟中央参加或举办一系列纪念活动。4 月 27 日，纪念中共中央发布“五一口号”65 周年座谈会在京召开。4 月 28 日，台盟中央举办纪念中共中央发布“五一口号”65 周年学习会，回顾台盟与中国共产党风雨同舟、患难与共的光辉历史，展望台盟的美好未来，凝聚人心，汇聚力量，为实现祖国和平统一和中华民族伟大复兴贡献智慧和力量。今年是台湾光复 68 周年，台盟各级组织积极做好周年纪念活动等重大会议活动。10 月 22 日，台盟中央、台海出版社共同举办以纪念台湾光复、弘扬中华文化、增强两岸文化认同为主题的《〈台湾通史〉第一版影印本》出版座谈会。10 月 23 日，举办台盟中央机关“爱国爱乡·薪火相传”纪念台湾光复 68 周年学习会。10 月 24 日，台盟中央、全国台联共同举办纪念台湾光复 68 周年座谈会，回顾台湾人民抵御外侮、反抗日本殖民统治的可歌可泣的历史，进一步强化两岸同胞同呼吸、共命运的共同历史记忆，弘扬台湾同胞爱国爱乡的光荣传统，共同维护和推进两岸关系和平发展，推动祖国和平统一和实现中华民族伟大复兴。

（二）组织建设

1. 大力加强换届后培训工作力度

台盟各级组织以深化政治交接、巩固多党合作共同思想政治基础为主题，以履行好参政党职能，提高参政议政水平，做好对台工作为主要内容，积极开展对盟内骨干力量的培训工作。6 月 20 日至 25 日，台盟中央举办“台盟新任中央委员和部分省市委委员培训班”，对换届后新任台盟中央委员、新任的省（直辖市）委委员进行培训。同时，协助中央统战部举办“民主党派省级组织新任专职领导干部多党合作专题研究班”，推荐盟员参加中央社院民主党派干部进修班、培训班。11 月在江西省社会主义学院举办台盟第四期中青年干部培训班，培训来自台盟各省级组织和直属组织、台盟中央的中青年骨干学员共约 80 人，继承和弘扬台盟优良传统，坚定走中国特色社会主义政治发展道路的理想信念。

2. 围绕台盟组织发展、加强台盟自身建设，开展组织工作调研

2013 年 7 月中旬至 8 月中旬，台盟中央先后前往辽宁、吉林、上海、南京、浙江、云南六省市开展组织工作调研，与六省市台盟省市委委员、代表性人士、老盟员进行座谈交流，围绕组织发展、代表性人士队伍建设、自身建设和教育培训等工作进行研讨。调研组还代表台盟中央主席、副主席看望慰问了离任的老领导、老同志，听取他们对组织工作的意见建议。

其中，7 月 18 日，台盟中央副秘书长、组织部部长吴国华一行赴吉林开展台盟组织建设调研，并与部分台盟吉林省委委员、盟员代表和机关同志进行座谈交流。台盟吉林省委主委王天戈主持座谈会。台盟吉林省委组宣处处长韩梅向调研组汇报了台盟吉林省委近年来组织工作的基本情况，着重介绍了台盟吉林省委盟员信息管理系统运行建设情况。吴国华对台盟吉林省委的组织建设工作给予充分肯定，并对台盟吉林省委率先创建的盟员信息管理系统给予高度评价。希望通过此次调研，整合地方优势资源，听取台盟

地方组织对加强和改进组织工作的意见建议。与会吉林省委委员、盟员代表和机关同志踊跃发言，分别就组织发展、扩大台盟影响、新盟员教育培训、加强后备干部队伍建设等议题发表了意见和建议。调研期间，台盟中央调研组走访了袁柏雄等台盟吉林省委老领导。

7月25日，台盟中央副秘书长、组织部部长吴国华一行到南京调研组织工作。台盟南京市委召开组织工作调研座谈会，胡有清主委主持会议。蔡宪沙副主委汇报了台盟南京市委组织发展工作和党外代表人士队伍建设等方面情况。参会的市委委员、支部负责人、老盟员以及台盟市委机关干部分别从拓展盟员发展范围、建立盟员数据库、加强盟员骨干培训等多个方面提出了对台盟中央今后5年组织工作的意见建议。胡有清对组织发展、骨干培训和基层组织建设三个方面提出了意见建议。吴国华在总结发言中充分肯定了台盟南京市委在组织建设方面所取得的成绩，表示听了大家的发言深受启发，会把大家的意见建议带回台盟中央予以整理和落实。

3. 积极稳妥开展组织发展工作，成立台盟南宁支部

经前期充分沟通和反复协商，2013年7月，台盟正式成立了在广西的第一个基层组织——台盟南宁支部。2013年8月13日，支部成立大会在南宁召开。全国政协常委、台盟中央副主席黄志贤，台盟中央副秘书长、组织部部长吴国华，南宁市领导同志容康社、袁曼虹、黄均宁，以及各民主党派南宁市委会、市工商联领导和部分无党派人士代表应邀出席大会。台盟南宁市支部全体盟员、部分台胞代表出席会议。黄志贤代表台盟中央致贺辞。他说，多年来，南宁市的台胞，在中共南宁市委、市政府的领导支持下，依靠与岛内同胞千丝万缕的乡情和骨肉相连的亲情，以独特优势为南宁市的经济社会发展、促进祖国和平统一贡献了积极力量。希望台盟南宁市支部团结和带领南宁市的全体盟员和所联系的台胞，坚持走中国特色社会主义道路，坚定实现中国梦的理想信念，突出特色，着力提高履职尽责的质量和效果，多方面、多角度地开展对台工作，为促进南宁市的经济社会发展，为全面建成小康社会、推进祖国和平统一大业做出新的更大的贡献。中共南宁市委常委、统战部部长容康社代表中共南宁市委、市委统战部对第一届台盟南宁市支部委员会领导班子表示祝贺，他希望台盟南宁支部高举中国特色社会主义伟大旗帜，认真学习贯彻落实中共十八大精神和习近平总书记提出的实现中国梦的重要论述，加强自身建设，建设适应时代要求的参政党；以饱满的政治热情，围绕南宁市经济社会发展中的重点难点问题，深入考察调研，积极建言献策，不断提高参政议政、民主监督水平；发挥自身特有优势，努力做好台湾人民工作，在促进邕台交流合作中作出贡献；以保障和改善民生为出发点和落脚点，为南宁在全区率先实现全面建成小康社会目标作出积极贡献。本次大会成立了台盟南宁市第一届支部委员会，张小庆担任台盟南宁市支部主委。台盟南宁市支部是台盟在广西建立的第一个基层组织。台盟南宁市支部委员会按盟员所在区域划分为台盟南宁市青秀区小组和台盟南宁市西乡塘区小组。台盟中央副主席黄志贤同志出席大会并致贺词。大会成立了台盟南宁市第一届支部委员会，张小庆担任支部主委，林寿禄、黄凯担任支部副主委。台盟北京市委、台盟天津市委、台盟上海市委等19个台盟地方组织发来贺电贺信。

（三）机关建设

台盟各级组织大力加强学习型和服务型机关建设。顺利完成干部的调配、晋升、交流、考录工作和选派干部挂职锻炼工作，进一步拓宽了机关干部锻炼成长的途径。认真做好老干部工作，活动更加丰富多彩。机关工作安全高效，公文运转与管理、档案管理、机要保密等工作进一步规范。台盟中央新办公楼装修改建工程基本完成，特别邀请台湾设计师参与相关工作，融入了更多的台湾元素。

郭　婷　台盟中央研究室综合处副处长

学术会议　学术人物

学术会议

第三届参政党建设论坛暨湖北省参政党理论研究专业委员会第七届年会

第三届参政党建设论坛暨湖北省参政党理论研究专委会第七届年会于3月29日，在湖北省社会主义学院举行，会议的主题是“民主党派代表人士队伍建设”，由湖北省社会主义学院、民盟湖北省委会、武汉大学马克思主义学院、湖北省参政党理论研究专委会、中国统战理论研究会党外知识分子统战工作理论研究基地等单位共同举办。民盟中央副主席张平，中央社会主义学院副院长袁廷华，中央社会主义学院科研部主任贾小明，湖北省委统战部副部长蔡藻鲜，武汉大学党委副书记骆郁廷，湖北参政党理论研究专委会会长、湖北省社会主义学院院长黄利鸣等领导莅会致辞并作重要讲话。中央社会主义学院、部分省市社会主义学院、各党派湖北省委会和武汉大学、武汉理工大学、华中科技大学、华中师范大学、中南民族大学等高校的专家学者，以及武汉、襄阳、宜昌等市委统战部的同志，参政党理论研究专委会特邀研究员，参政党理论研究专委会第七届年会的优秀论文作者参加了会议。与会专家学者围绕民主党派代表人士队伍建设的意义，民主党派代表人士的代表性、培养机制、政治参与以及在政治交接中的作用等展开了深入的探讨。主要观点有：

一、关于民主党派代表人士队伍建设与中国民主政治发展的探讨

加强民主党派代表人士队伍建设是当代中国民主政治发展的必然内容，是完善中国共产党领导的多党合作和政治协商制度的历史选择和现实需要。中央社会主义学院副院长袁廷华认为，民主党派代表人士队伍建设是党外代表人士队伍建设的重要组成部分。加强民主党派代表人士队伍建设，建立一支政治素质好、代表性强、年龄和知识结构合理、数量充足、充分体现党派特色的民主党派代表人士队伍，是坚持和完善中国共产党领导的多党合作和政治协商制度的内在要求，是推进统一战线和我国多党合作事业可持续发展的重要基础和保障，是一项具有战略性的政治任务。对于统一战线工作而言，就是通过党外代表人士发挥桥梁、纽带作用，来团结广大的党外人士。要全面、正确把握民主党派代表人士的确定标准，把“党管干部”与充分发扬民主结合起来，通过建立健全科学的工作机制，为人才辈出营造良好的制度环境，培养一批又一批与共产党亲密合作、能够经受住各种风浪考验的民主党派新一代代表人士。

加强民主党派代表人士队伍建设，需要挖掘体制内制度资源来推进中国民主政治发

展。《民主党派代表人士队伍建设与中国民主政治发展》（肖建平）认为，加强民主党派代表人士队伍建设是当下中国政治发展的内在要求，是推动转型期中国民主政治实现形式的探索实践,中国民主政治增量发展的客观需要。通过加强民主党派代表人士队伍建设，在民主党派代表人士参政议政和科学调研的基础上积极探索中国民主政治新的实现形式，可以推动中国民主政治增量发展。

在中国民主政治发展的进程中，民主党派代表人士队伍建设还需要与中共统战政策相契合。《中共统战政策发展与民主党派代表人士队伍建设研究》（胡东平）认为，我国民主党派成员数量较少,且其代表人士数量不能满足党外干部任用需要,尤其在基层人大、政协、"一府两院"中缺口较大；民主党派代表人士的党派素养和政治素养不足，能力素养滞后于统战事业发展要求。要通过建立新一代民主党派代表人士及其后备干部队伍建设的长效机制，促进新一代民主党派代表人士队伍健康成长。

二、党外代表人士代表性问题的探讨

会议研讨认为，增强代表性是民主党派代表性人士队伍建设可持续发展的关键要素，并就代表性的界定、内涵、特点以及影响等方面进行了交流。从民主党派的代表性与政党代表性的关联上,《民主党派代表人士代表性的内涵及特征》（贾小明）认为，在中国共产党领导的多党合作和政治协商制度下的政党关系，决定了政党代表性结构，在理论上涉及民主党派代表性与中国共产党代表性的关系，民主党派之间的代表性关系。民主党派代表人士代表性的特殊性和复杂性在于，它既受制于民主党派的代表性又受制于党外代表人士的代表性这种双重制约性，它既具有党外代表人士代表性的一般特征，又具有自己的特殊性。其代表性的"群众认同"，首先表现在得到本党派成员的认同，在本党派内有影响力号召力，其次是得到所联系群众的认同。《关于党外代表人士的代表性问题以及加强队伍建设途径的论探》（陈大明、刘旭川）认为，党外代表人士的代表性是社会关系和个人特征的统一。考察党外代表人士的代表性要以社会关系和个人特性相结合的视角为切入点。

在代表性的层次和功能上,《把握规律性突出代表性，进一步加强民主党派代表人士队伍建设》（彭光华、曹敬国）认为，代表性具体表现为政治代表性、利益代表性、界别代表性、人物代表性。民主党派的代表性是由民主党派的性质、地位和作用所决定。在新时期新阶段，民主党派是"劳动者、建设者和爱国者""三者"的同盟，更是"三者"的代表。代表性建设要体现在参政议政工作中,要体现在政治参与、利益表达、社会整合、民主监督和维护稳定中。

基于当前民主党派代表人士的代表性存在的问题，需要通过社会整合来强化代表性。《民主党派代表人士的代表性研究》（民盟湖北省委理论研究课题组）认为，社会结构变化也挑战了党派代表性的传统内涵，民主党派自身的发展态势不能充分肯定民主党派代表性的实际作用，中国的政治领域出现党派趋同明显倾向，也严重影响了民主党派代表性的发挥。通过强化民主党派政党意识和自觉，突出界别特色，让多党合作制度在民主政治和政治协商的过程中充分贯彻，让中国政党制度能够在利益整合、组织整合和意识形态整合三个方面达到最佳社会整合功能和效果，进而建立开放的、发展的中国政党和政治制度理论体系。

从社会影响的角度讲，社会影响是判定民主党派代表人士代表性的主要依据。《民主党派代表人士社会影响的历史检视》（黎玉林、鲍跃华）认为，民主党派的历史贡献主要得益于民主党派代表人士的社会影响，而民主党派社会影响的本质存在于其自身的政治代表性。在缺乏正常代表机制的“革命社会”，这种政治代表性的认可和支持，更倾向于对代表性的实质依赖，需要通过代表性的真实体现来获得。缺乏程序代表的政治代表性更能发挥代表作用，产生真正的社会影响。

三、关于民主党派代表人士培养机制的探讨

会议探讨了民主党派代表人士培养、选拔、任用机制问题。从民主党派领导干部实际成长规律的角度，《省部级民主党派领导干部的几个典型事例及其成长规律》（胡照洲）认为，培养和选拔省部级民主党派领导干部，是加强党外代表人士队伍建设的重中之重，是选拔和推荐更多优秀党外人士担任各级国家机关领导职务的重中之重。文章以从武汉市成长起来的万鄂湘、刘凡、辜胜阻、郑心穗、周洪宇、吴秀凤等几位省部级民主党派领导干部的成长轨迹图和成长时间表为依托进行了分析，认为他们都是在改革开放和社会主义现代化建设新的历史时期成长起来的新一代民主党派领导人，都是共产党领导、多党派合作的社会主义政治制度和政党制度的坚定拥护者和直接参加者；其成长规律中体现出“五个做起”的特点，即从自己的本职工作做起、从人民代表和政协委员做起、从基层领导工作做起、从继承和发扬民主党派光荣传统做起、从学习和践行社会主义人生观世界观价值观做起，这“五个做起”也体现了以科学发展观为指导，加强党外代表人士队伍建设之伟力。

在新的时期，民主党派代表人士呈现出新的特点，其培养和任用要适应时代的要求。干部的培养应该不分党内党外，《关于建立民主党派代表人士和后备干部共培体系的建议》（柯昌军）认为，要通过制定规划方案、建立党外干部后备人才库，进行梯次配备和分类培养；建立互通职级、健全进退机制，加大选拔任用力度，放宽党外干部的使用范围；明确双岗责任、推行双项考核、实施双项监督，建立联系交流制度等方面入手，建立党内外合作共培体系。把加强党外代表人士队伍建设放到经济社会发展大局中去谋划和推进。

参政党与中国现代文明发展理论研讨会

7 月 4 日至 5 日，民建中央理论研究委员会与浙江省社会主义学院联合举办的“参政党与中国现代文明发展”理论研讨会在杭州召开。全国人大副委员长、民建中央主席陈昌智出席研讨会并讲话，浙江省委副书记王辉忠和浙江省人大副主任、九三学社浙江省委会主委、浙江社院院长姒健敏在开幕式上致辞，复旦大学副校长林尚立作主题报告。

陈昌智说，今年是中共中央“五一”口号发布 65 周年。65 年来，各民主党派与中国共产党风雨同舟、亲密合作，在争取新民主主义革命胜利和建立新中国，推进社会主义革命、建设、改革事业的进程中作出了积极贡献。当前，国际国内形势发生深刻变化，我国的建设与发展正处在关键时期，时代赋予我国政党制度新的历史使命和更为丰富的实践机遇。中国政党制度必须在坚持中不断发展，在发展中不断完善，才能适应新世纪新阶段国家发展、社会进步的新要求，始终保持与时俱进的生机与活力。加强参政党建设是坚持、发展和完善中国共产党领导的多党合作与政治协商制度的重要内容，要从理论上认真加以总结和提炼。要认真研究参政党如何更好坚持中国共产党的领导，自觉维护多党合作政治格局的问题；要认真研究参政党如何更好推进政治交接，努力提高自身建设水平的问题；要认真研究参政党如何不断提高履行参政党职能的能力，更好为实现国家富强、民族振兴、人民幸福的“中国梦”服务的问题。

与会人员主要就以下问题进行了探讨交流：

一、参政党与中国文明传承

近代以来，伴随着中西方文明的交流、对话和冲突，中国文明开始巨大转型。在中国文明从传统向现代的转型过程中，主要由知识分子构成的民主党派究竟扮演了怎样的角色，应该发挥怎样的作用？有学者专门探讨了民主党派与中国文明传承的关系问题。作者认为，自诞生之日起，各民主党派就是具有强烈文明使命感的政党。他们坚信中国文明在未来必将复兴，并且为之进行了不懈的努力。从历史发展看，民主党派在中国文明传承中的贡献主要体现在五个方面：一是为中国文明的传承寻找出路；二是积极参加抗日战争，捍卫中华民族与中国文明的生存；三是支持、参与新民主主义革命和社会主义革命，为发展社会主义政治文明作出重要贡献；四是大力推进中国的科技、教育事业，为国家经济社会发展建言献策；五是汲取、吸收西方文明中的进步思想，为中国传统文明的现代化提供养料和资源。

二、参政党与社会主义文明体系建设

现代文明是相对于传统文明而言。从社会形态上看，与传统文明比较，现代文明主要具有经济活动市场化、国家政治民主化、国家管理法制化、精神生活自主化和科学化、社会交往理性化、发展可持续化等特征。从中国的国情出发建设和发展现代文明，其核心和实质就是推进“五位一体”（即物质文明、精神文明、政治文明、社会文明、生态文明）的社会主义文明体系建设。在当代中国，社会主义文明体系建设的领导者，毫无疑问是中国共产党；而各民主党派作为与中国共产党亲密合作、共同致力于中国特色社会主义事业的参政党，在我国社会主义文明体系建设的过程中，也发挥着重要的、特殊的作用。

第一，物质文明建设方面。有学者认为，民主党派要在社会主义物质文明建设中有所作为，关键就是要围绕科学发展履行好参政议政、民主监督职能。邓小平特别强调科学技术在现代生产力体系中的作用，提出了“科学技术是第一生产力”的重要命题。民主党派由于集中了大量知识分子尤其是中高级知识分子，在推动我国科学技术进步方面发挥着重要作用，因此，有学者认为，民主党派是中国科技发展的重要推动力量，他们具有推进中国科技发展所必需的人才优势和政策条件。第二，精神文明建设方面。学者们主要将目光聚焦在参政党与社会主义核心价值体系建构之间的关系上。有学者认为，目前，中国核心价值观建设面临困境，突出表现在全社会对国家核心价值观的接受和认同度不高。在我国多党合作制度框架中，参政党在核心价值观建设中具有特殊的优势和作用，是核心价值观建设的重要参与者和建设者。第三，政治文明建设方面。建设社会主义政治文明一个很重要的方面，就是要充分发挥参政党的作用，真正实现执政党与参政党之间的良性互动，从而实现多党合作制度的可持续发展。第四，社会文明建设方面。参政党作为我国社会主义社会文明建设的重要推动力量，在凝聚和团结社会、协调利益关系、引导社会组织、培育公民精神、完善社会管理体系等方面发挥着重要作用。在这个方向上，与会代表从参政党与凝聚社会团结促进社会和谐稳定、参政党与社会组织发展、参政党与中国教育政策发展、参政党参与社会管理的机制创新、参政党与新生代农民工城市融入等角度切入，进行了深入探讨。有学者认为，总结民主党派长期以来在凝聚社会团结、促进社会和谐稳定中的作用，对比世界其他社会主义国家民主政党的历史经纬，可以梳理出一些有价值的启示：一是执政党从战略上重视民主党派的存在并予以充分信任，是民主党派发挥凝聚社会团结、促进社会和谐稳定作用的政治前提；二是配合执政党凝聚社会团结、促进社会稳定，是参政党履行政治功能的一个重要方面，也是衡量其作为一个政党在政治上是否合格的主要标准之一；三是对于社会主义国家的民主政党而言，凝聚社会团结、促进社会稳定是一个涉及国家政治安全的重大现实问题；四是应充分发挥民主党派的主观能动性，更好利用其独特资源和优势来凝聚社会团结、促进社会稳定。第五，生态文明建设方面。有学者认为，自然环境是最大的公共产品，对这一最大公共产品的供给和管理是最大的政治。民主党派是我国生态文明建设的积极倡导者与重要推动者，在生态文明建设中发挥了不可或缺的作用。而未来我国生态文明建设中，民主党派发挥作用的空间仍然很大，需要我们在制度机制和问题切入上不断创新。

三、参政党建设与中国政党制度的发展完善

总结 65 年来参政党建设发展的经验，提炼参政党建设发展的规律，剖析参政党建设发展的困境，瞻望参政党建设发展的前景，思考参政党建设发展的对策，也是与会代表集中关注和讨论的话题。有学者将民建自身建设的基本经验概括为五个方面：一是坚持中国特色社会主义理论体系，建设理论上清醒的参政党；二是坚持中国共产党领导的多党合作和政治协商制度，建设政治上坚定的参政党；三是坚持发展与巩固、积极发挥特色的方针，建设组织上巩固的参政党；四是坚持与时俱进的工作制度和机制，建设制度上健全的参政党；五是坚持发扬民主、团结、创新、奉献精神，内强素质、外塑形象，建设充满活力的参政党。关于民建思想理论建设的基本经验，有学者概括为“把握特点、切合实际、因势利导、有的放矢”十六个字。

有学者从政党制度包容性的视角，深入探讨了中国的政党趋同现象。作者认为，政党趋同是当前影响和制约我国政党制度包容性并进而影响和制约政党制度可持续发展的重要症结所在。中国政党的趋同体现在两个层面：一是大部分民主党派之间彼此趋同；二是参政党与执政党趋同。这两个层面的趋同又程度不等地体现在各政党的政治纲领和指导思想、关注的问题和政策主张、社会基础和成员构成、组织属性和发挥的功能等方面。对于中国政党的趋同问题，既要在理论上进行认真思考和研究，更要在实践中予以高度重视和应对：一是正确认识“求同存异”原则中蕴涵的辩证关系，客观评判政党制度实践中“求同”与“存异”的现实状况；二是正确认识政党趋同与政党代表性之间的关系，区别分析不同层面和不同方面的政党趋同对中国政党制度带来的影响；三是正确理解“三个为主”的组织发展原则，适当拓展民主党派的组织发展空间；四是切实尊重民主党派的相对独立性，充分开发民主党派的民主监督功能；五是正确解读“全面参政”，重视培育民主党派参政议政的特色领域。针对政党趋同问题，陈昌智副委员长在讲话中专门作了点评和论述。他认为，在我国多党合作政治制度的总格局中，各民主党派的趋同化是必然的，但是，各民主党派也要注重保持和加强自身特色。

对于中国政党制度的特征及未来发展，林尚立教授认为，对中国的参政党到底怎么看，首先涉及到对中国的政党制度怎么看，千万不能用西方的政党模式来理解中国的政党制度。按照西方的逻辑，有执政党必然有在野党，似放在中国本身的制度逻辑和制度框架内，参政本身也是一种执政形式。从这个意义上说，中国的执政体系是一种"一党领导、多党合作"的执政体系。从历史和现实来看，中国政党制度创造了三大功绩：一是孕育了新的国家；二是孕育了基本制度；三是开辟了中国民主发展的新路向——协商民主。从这个意义上讲，我们没有必要妄自菲薄。中国制度适合中国社会发展，创造了中国发展奇迹；中国制度具有了自我完善的基础与能力；中国制度自我完善的这种可能要成为现实，必须进行制度的开发与建设。

2013年全国社会主义学院系统理论研讨会暨中央社会主义学院中国政党制度研究中心第十一届年会

8月12日至15日，由中央社会主义学院主办、甘肃省社会主义学院承办的"2013年全国社会主义学院系统理论研讨会暨中国政党制度研究中心第十一届年会"在兰州召开，会议主题为"社会主义协商民主制度研究"。甘肃省政协党组副书记、副主席刘立军，中央社会主义学院副院长、中国政党制度研究中心主任袁廷华出席开幕式并讲话；甘肃省委统战部副部长陈元龙，民革甘肃省委主委、甘肃省社会主义学院院长郭层城，中央社会主义学院统战教研部主任、中国政党制度研究中心副主任兼秘书长李金河出席会议。来自全国社会主义学院系统、民主党派中央等单位的120位代表参加会议，收到代表提交的参会论文75篇。会议听取了中央社会主义学院副院长、中国政党制度研究中心主任袁廷华关于"中国政党制度研究中心工作报告"和中央编译局陈家刚研究员题为"协商民主与当代中国政治"的学术报告，并进行了分组讨论。本次会议围绕主题着重研讨了六个方面的问题：

一、社会主义协商民主制度的内涵

社会主义协商民主制度集中体现了中国共产党对社会主义民主政治的实践创新、理论创新和制度创新，集中阐释了中国共产党人在中国民主制度选择上的道路自信、理论自信和制度自信。关于社会主义协商民主制度的内涵主要观点有：

第一，社会主义协商民主制度是马克思主义民主思想、中华优秀传统文化与中国实践相结合的产物，是中国特色社会主义政治发展道路的重要组成部分。有学者认为，社会主义协商民主是中国共产党和中国人民在探索人民民主的长期实践中创造的民主形式，不是西方自上世纪80年代兴起的协商民主理论（又译审议民主）的移植或复制。有学者认为，进入21世纪以来，中国学者借鉴西方协商民主概念对人民政协的协商民主实践作了许多研究，取得了积极成果，但是中国人民政协的协商民主（consultation）同西方政治学者所说的Deliberative democracy并不相同。有学者认为，协商民主既契合了传统的"和合"文化，又契合了近代中国社会革命发展的历史逻辑，还契合了人民民主的本质要求。有学者提出，社会主义协商民主具有协商民主理念中的一般特征，但更本质的是社会主义协商民主的社会主义属性。

第二，社会主义协商民主制度是一个制度体系。有学者认为，社会主义协商民主制度的架构客观上由两个部分构成：一是中国共产党领导的多党合作和政治协商制度；二是社会协商对话制度。从中国社会主义协商民主制度层面上看，除了已经基本成型的政治协商制度外，其余的协商民主形式与制度，都属于社会协商的形式，属于社会主义协商民主制度的范畴。在社会主义协商民主制度体系中，人民政协的政治协商是协商民主的一种形式。有学者指出，协商民主制度有多种载体和组织形式、实现形式。从国家制度层面上看，中国的协商民主主要体现于中国共产党领导的多党合作和政治协商制度之中，人民政协协商民主是社会主义协商民主典型实践形式。

第三，社会主义协商民主既是一种民主的治理形式，也是一种决策机制，同时也是实践成果。有学者认为，社会主义协商民主可以这样来界定：在社会主义政治经济社会生活中，所有可能受到决策影响的行为主体，围绕经济政治社会生活中的重要议题，以吸纳群众参与公共事务为灵魂，以改善乡村政治社会权力结构为渠道，以达成共识、作出决策为指向，通过直接参与商议、讨论或咨询的方式，展开积极、理性的交流和沟通，相互体谅，彼此让步，从而尽可能就共同关心的议题达成共识的一种民主治理形式。有学者提出，协商民主是中国人民在马克思主义民主政治理论指导下将人民民主理念、协商政治文化与中国实际相结合进行创造性发展而形成的具有中国特色的协商民主理论与实践。从概念特征来看，中国特色协商民主是“社会主义”、“中国特色”与“协商民主”三者的混合体；从系统建构来看，中国特色协商民主包括人民民主理念、协商政治文化、协商民主制度、协商民主实践等不同层次。

第四，社会主义协商民主制度的边界。有学者提出协商民主有其适用领域，即协商民主是公民社会内的协商民主和国家体制中的协商民主。亦有学者指出，协商民主只是对代议制民主的一种补充，并不是包治社会百病的药方，它也存在着自身的局限性。比如，在一个复杂多元的社会里，只凭协商民主原则或协商民主方法，是无法解决各种政治、经济和社会问题的；协商民主是整个民主大系统中的一个重要部分，而不是全部。协商民主只是民众参与和专家咨询的一种制度安排，它既不能取代政府管理的作用，也不能取代选举民主。

学者们普遍认为党的十八大报告“健全社会主义协商民主制度”部分鲜明的、科学的、完整的阐述了健全社会主义协商民主制度的内涵，为社会主义协商民主制度的整合、健全与创新，提供了一个很好的机遇。我国社会主义协商民主制度的内涵，应该从政治协商制度和社会协商制度中去提炼。两者的整合，才能更为客观全面的形成社会主义协商民主制度的全貌。

二、社会主义协商民主制度的历史沿革

中国特色社会主义协商民主制度产生于中国民族民主革命运动的伟大实践中，是在中国特殊的政治生态环境中孕育出的一种内生型的民主政治形式。

有学者认为，经过由1948年4月30日中国共产党发表著名的“五一口号”，到1954年召开人民代表大会以后，以毛泽东同志为主要代表的中国共产党人决定让人民政协继续存在并发挥作用，再到1993年八届全国人大一次会议将“中国共产党领导的多党合作和政治协商制度将长期存在和发展”写进《中华人民共和国宪法》，再到2005年2月18

日中共中央颁布的《中共中央关于进一步加强中国共产党领导的多党合作和政治协商制度建设的意见》，再到2006年颁发的《中共中央关于加强人民政协工作的意见》，再到十八大报告提出“健全社会主义协商民主制度”的历史发展，就把协商民主从一种民主形式上升为一种制度形式，成为我国国家政治制度层面上的一个重要部分。

有学者指出，中国共产党协商民主思想是人民民主思想的重要体现形式，并随着统一战线的建立、发展、完善而逐步形成和发展的。从1922年“民主联合战线”的提出到1938年抗日民族统一战线的方针政策的正式出台，再到1939年“统一战线”法宝地位的确立标志着中国共产党协商民主思想开始孕育。1945年4月毛泽东《论联合政府》的公开发表和1949年6月“新政协”筹备会的召开，标志着中国共产党协商民主思想，即社会主义协商民主思想的初步形成。1949年9月21日中国人民政治协商会议的胜利召开以及1954年人民政协“统一战线”职能的确立标志中国共产党协商民主思想的正式确立。从1982年开始，中国共产党的协商民主思想进入发展、创新时期，并且从中共十六大、十七大逐渐开始成为中国民主政治发展和建设社会主义政治文明的重要标志，最终在2012年11月中共十八大正式从国家民主制度层面确立了中国社会主义协商民主的政治地位。

有学者从中国共产党协商民主思想的历史发展过程进行分析总结，认为第一次国共合作中“党派协商”概念的提出是中共协商民主思想萌芽的标志；抗日民族统一战线中“政治协商”的运用是中共协商民主思想形成的标志；中国共产党领导的多党合作和政治协商制度的确立是中共协商民主思想成熟的标志；新时期爱国统一战线的巩固和发展是中共协商民主思想进一步丰富发展的标志。

有学者提出，中国共产党关于社会主义协商民主的理论概括，可分为两个阶段，第一阶段的理论概括是以十三大为标志，主要是在党的代表大会历史上，首次提出了政治协商制度与社会协商对话制度这两个理论概括，随之有了其后的中共中央1989年意见与2005年意见的陆续出台；第二个阶段是以十八大为标志，包括了十八大前中共对“协商”与“协商民主”理性概括的表述。

三、社会主义协商民主制度的价值和功能

社会主义协商民主制度拓展了中国特色社会主义政治发展道路的空间，开辟了中国特色社会主义政治发展道路的新境界。

有学者认为，协商民主作为一种新兴的民主思潮，对当今民主政治发展具有普遍的实用价值并在现实政治中付诸实践，其实用价值概括为促进决策合法化，控制行政权力膨胀，矫正竞争民主缺陷，培育公民精神等等。有学者认为，协商民主有利于公民有序政治参与，促进民主政治建设，有利于加强协商主体间的合作共事，有利于避免国家政局动荡，维护长治久安，有利于实现决策的科学化和民主化。

有学者提出社会主义协商民主具有八大现实价值，即化解社会深层矛盾，构建风险社会治理模式；推进政治民主制度化，促进宪政制度的完善；促进公民社会发育，培育现代公民精神成长；拓宽政治民主渠道，促进公民有序政治参与；培育基层民主力量，推动中国民主政治进程；政治民主落地生根，使公民民主权利真实化；进行民主政治尝试，探索民主政治的新形式；构建政治文化框架，培育理性思辨民族精神。

四、社会主义协商民主制度的运行机制

有学者认为，社会主义协商民主制度的运行机制是政治协商制度和社会协商制度两种协商民主制度的统一。政治协商制度，主要是与党外代表人士的协商，具有精英协商的特点，主要实践于中央与地方层面（至县为止）。社会协商对话制度主要是与基层民众的协商，具有公民协商的特点，主要实践于区县以下的社会基层层面（省市区县等地方层面也有各种形式），因此又可称之为基层协商民主制度。有学者从地方特色政协提案办理协商的视角，提出两种协商运作机制，即目标型模式的提案办理协商的运行机制和环境型模式的提案办理协商的运行机制。有学者认为，社会主义协商民主的运行机制离不开三个基本要素，即组织协调机制、协商参与机制和督办落实反馈机制。亦有学者认为，社会主义协商民主的运行机制包含公共协商、理性沟通、偏好转换等要素。

有学者从完善和发展人民政协协商民主的三个价值维度（“人民民主新形态”的协商民主、“纳入政治过程”的协商民主、“提高执政党执政能力的重要途径”的协商民主）分析人民政协协商民主运行机制，认为在三个价值维度中需要形成提案制度、界别协商制度、对口协商制度和专题协商制度。其中，提案运行机制由提案提出、提案审议、办理环节构成，从提案提出、审议至最终的承办，中间历经多次协商，是人民政协经常性的协商民主；界别协商有界别内部的协商、界别之间的协商以及政协界别与党政部门之间的协商；对口协商制度主要是政协各专委会与人大、政府部门之间建立的联系协商制度；专题协商是党委和政府围绕预先确定的协商议题与政协委员进行的协商，其主要形式表现为专题议政协商会、常委会通报协商会等。

五、社会主义协商民主制度的完善路径

如何真正做到有力、有序和有效地推进社会主义协商民主制度建设？学者们从不同的角度提出了一些好的思路。

第一，加强政治协商的制度建设。有学者认为，要规范政治协商程序，明确协商参与各方责任。加强对政治协商制度程序研究的科学设计，明确协商参与各方责任。亦有学者指出，要加强法律化建设，加强程序制度化建设，加强主体平等化建设，加强机构专门化建设。有学者从人民政协运行的机制视角认为，要完善提案制度、界别协商制度、对口协商制度、专题协商制度等。有学者认为，参政党要建立一套完整的适合自己特点、适合组织运行需要的包括民主决策、选拔选举、任期考核、党内监督、组织发展、培养考察、教育培训等相关的制度体系，并逐步加以科学化、规范化，使各项工作都有章可循。有学者指出，要建立知情制度、协商监督制度、意见反馈制度、民主评议制度、民主监督保障制度、确保民主监督的制度化；还要建立群众旁听政协会议制度，建立民主评议、双向交流会制度，建立廉政建设监督员制度、廉政通报制度，提高政协民主监督的参与面和影响力。亦有学者认为，要建立起由选题程序、论证程序、报批程序、审定程序、反馈程序等一整套规范程序构成的咨政机制，使人民政协专题协商的成果切实进入决策过程，成为一个重要环节，不断完善和加强人民政协的咨政功能。

第二，坚持和完善基层群众自治制度。基层群众自治制度是我国的一项基本政治制度，是人民群众直接参与社会主义民主政治建设的主阵地和重要平台。有学者认为，以制度建设和组织建设保证城乡基层群众开展民主选举、民主决策、民主管理和民主监督的实践。亦有学者认为，要制定切实可行的制度措施，采取生动多样的活动形式，积极发挥基层组织的作用，探索出行之有效的基层民主协商机制，并逐步推广。亦有学者提出，要实现基层民主协商规范化，使协商议题的产生、协商过程、协商的监督、协商结果的执行都置于制度的包裹之下，形成闭合的制度链。逐步健全完善基层民主协商实践中已有的听证会、恳谈日、领导干部下访接访、民意调查、专题讨论会等参与平台，形成多样、开放的参与和协商机制。

第三，有学者认为，要引导新的社会阶层树立正确的参与意识，拓展新的社会阶层的政治参与的渠道，增强推进新的社会阶层政治参与的“有序性”。亦有学者指出，要建立健全社会舆情汇集和分析机制以及社会预警体系和应急机制，规范各种社会组织行为，建立党委政府与其他社会组织和个人之间的良好互动关系。

第四，积极培育参与型政治文化，扩大公民有序政治参与。加快培育公民文化进而推进政治社会化是扩大公民有序政治参与的必要途径。有学者指出，要从战略设计上注入开放基因，从民主方式上注入平等基因，从发展理念上注入人本基因，从机理运行上注入合作基因。

第五，坚持和加强共产党的领导。在协商民主中加强中国共产党的领导，才能使协商民主拥有丰富的执政资源和坚实的合法性基础，才能保证协商民主发展的正确方向。有学者认为，共产党要注意营造宽松和谐的政治氛围，进一步扩大知情权、规范政治协商内容、拓宽参政议政渠道、加大民主监督力度，为参政党创造一个宽松和谐、畅所欲言、真诚合作的政治环境。有学者指出，要以保障党员民主权利为基础，进一步完善党代表制、党的委员会制度，坚持集体领导、民主决策，建立健全能充分反映党员和党组织意愿的党内民主制度。亦有学者认为，要加强和改善中国共产党对多党合作的领导。比如，在政协组织中，应该继续重视并完善党派之间的协商，同时促进以党派名义进行的调查和建议、批评和监督，进一步畅通利益表达渠道，健全利益协调机制，充分发挥民主党派和无党派人士专长和才智，形成能够经受住任何风浪考验的合作共事关系。

六、多党合作与协商民主

在当代中国，协商民主的领域不断扩大，已经从政治领域向社会领域延伸，协商民主的主体和实践形式也更加广泛多样。但无论如何，协商民主存在最多、表现最充分的无疑是多党合作领域。

有学者认为，中国共产党领导的多党合作和政治协商制度是社会主义协商民主最主要的制度载体，协商民主贯穿于多党合作和政治协商的全过程。参政党作为多党合作和政治协商制度的重要组成部分，既是多党合作的直接参与者和实践者，也是社会主义协商民主的重要主体和力量依托。参政党自身建设的水平以及在协商民主中发挥作用的大小直接影响着中国特色社会主义协商民主的质量和发展。

有学者指出，中国的协商民主最初是从多党合作中的政治协商开始的，多党合作中的政治协商是中国特色协商民主的最初形式。随着社会主义民主建设向前发展，社会主义协商民主早已突破多党合作的范围向人民政协、政权机关、社会生活、基层组织等领域拓展延伸，但多党合作在社会主义协商民主中仍有着重要地位。有学者认为，我国多党合作制度是社会主义协商民主的“开路先锋”，蕴涵着协商民主的人民主权、政治正当性、互惠宽容与团结和谐的理论逻辑，体现着协商民主的主体多元性与平等性、内容公共性与公开性、过程程序性与理性、结果共识性与公正性的原则理念，是国家层面长期实践的协商民主形式，在本质上是我国典型的一种协商民主制度。

亦有学者认为，社会主义协商民主制度与我国政治协商制度两者在本质上一致的，都是以人民民主作为目的和要求的。但在内容、范围和作用上有很大的区别。政治协商制度，所运用的范围是民主党派和政协，政治协商主体无论是在人数上还是在身份上都有相应的要求。社会主义协商制度，其协商主体所涵盖的范围要大于政治协商制度下的协商主体范围。它不局限于党派或者政协协商，而是超越这一范围，扩大到社会的各个领域、各个方面、各种人群，各项事业中。

与会者一致认为，社会主义协商民主是我国人民民主的重要形式，是中国特色社会主义政治的重要组成部分，应大力发展社会主义协商民主，维护社会稳定和社会和谐，进而全面推进中国特色社会主义民主政治建设的发展。

中国特色社会主义参政党理论研讨会

习近平总书记在今年中共中央举行党外人士迎春座谈会上首次明确提出，各民主党派是与中国共产党通力合作的中国特色社会主义参政党。7 月 22 日，俞正声主席在中央统战部举办的统一战线深入学习贯彻中共十八大精神专题研讨班上也明确强调，要加强中国特色社会主义参政党建设。为深入学习领会上述精神，中央社会主义学院统战理论教研部于 9 月 23 日召开了“中国特色社会主义参政党”理论研讨会，来自中央统战部、各民主党派、中央社会主义学院、北京社会主义学院的专家学者和民主党派干部进修班、培训班的学员代表 27 人参加了会议。

有学者指出，“中国特色社会主义参政党”是对民主党派性质最新的科学论断，对于推动民主党派加强自身建设、履行参政党职能，坚持和完善中国共产党领导的多党合作和政治协商制度，坚持走中国特色政治发展道路，具有重要的理论意义和实践意义。首先，这一论断明确了“建设什么样的参政党”、“怎样建设参政党”等重大理论问题，其重要理论贡献主要表现在：第一，明确民主党派是政党，科学界定了民主党派作为政党的自然属性，这对于回应国内一些人对我国政党制度存在的疑虑，回击西方对我国政党制度的攻击，具有积极意义。第二，明确民主党派是参政党，正确指明了民主党派在国家政治生活中的地位作用，这对民主党派履行好政党功能，发挥好在国家政治生活中的作用，提供了重要指导。第三，明确民主党派的中国特色社会主义性质，首次科学阐明了民主党派的时代特质和本质属性。第四，明确了民主党派要同中国共产党通力合作，再次强调了民主党派的前进方向，也指明了构建和谐政党关系的路径。其次，这一论断也必将对参政党自身建设产生积极影响。认真贯彻习近平总书记这一重要论断，第一，要自觉接受中国共产党的领导，努力构建和谐政党关系。第二，自觉坚持和发展中国特色社会主义，夯实民主党派成员共同前进的思想政治基础。第三，按照执政党建设与参政党建设互相促进的要求，切实加强参政党的参政议政能力建设和自身建设。

有学者认为，“各民主党派是同中国共产党通力合作的中国特色社会主义参政党”，这一界定可以说是"实至名归"、"名副其实"。回顾历史进程来看，我党对民主党派性质的主观认识与界定和民主党派自身性质所表现出的客观实际，经历了一致与脱节的曲折过程。按照判定政党的性质的三条标准，即社会基础、政治纲领和政治实践，由此考察改革开放起始至今的民主党派，应该说，早已是中国特色社会主义性质的政党。但是，改革开放后，党内外对民主党派性质的界定始终不彻底，也即是始终没有形成共识。虽说 1979 年邓小平同志的界定、1989 年《中共中央关于坚持和完善中国共产党领导的多党合作和政治协商制度的意见》、2005 年《中共中央关于进一步加强中国共产党领导的多党合作和政治协商制度建设的意见》界定，都对多党合作和民主党派的发展起到了显著的推进作用，具有历史功绩，但并没有解决民主党派是不是社会主义性质的政党问题。理论上的不彻底，造成理论本身的说服力、信服力欠缺，导致实践中的发展力度和建设力度大打折扣。为什么存在发展、怎样存在发展，总感觉底气不足，从而造成民主党派存在发展建设的合法性缺失。因而，此次将民主党派界定为中国特色社会主义参政党，理论认识上更加彻底，其理论与实践意义重大。根本一点，就是解决了多党合作、民主党派存在发展建设的合法性问题，即多党合作、民主党派的存在发展建设要符合民主政治发展的必然规律。

有学员提出，中国特色社会主义参政党要通过履职尽责来体现特色，主要从三个方面着手：首先，紧扣中心工作，参政议政贡献力量。要掌握参政议政的特点和规律，调查研究要深入，问题分析要透彻，结合实际要紧密，时效性要强。同时，我们还要以求质量为保障，以求创新为着力点，使我们所提的意见建议具有前瞻性、可行性，从而提高参政议政的质量和水平，体现参政党的独特价值。其次，致力于民主监督，尽心尽力发挥作用。我们要牢固树立"在促进发展中搞好民主监督，在民主监督中促进发展"的理念，在完善常规性民主监督的同时，大胆创新，不断丰富监督形式，达到促进工作的目的。第三，做到履职为民，真心实意服务群众。只有实实在在地为群众多办实事，才能不断提升参政党的形象，扩大参政党影响，赢得社会支持。

有学者指出，习近平总书记提出的各民主党派是与中国共产党通力合作的中国特色社会主义参政党，是对民主党派性质和政治地位的科学论断。对民主党派的性质问题，应从三个方面认识：其一，民主党派自身发展的不同时期性质不同；其二，中共在不同时期对民主党派的性质作出了不同的定论；其三，中共对民主党派的定性与民主党派的实际是否相符。

民主党派从成立时国民党统治时期的在野党，发展为今天的中国特色社会主义参政党，首先是民主党派自身不断顺应时代前进的脚步进行相应的调整、转型、发展、进步的结果。中国共产党对民主党派性质的认识，经历了一个不断演变、不断完善的曲折过程。从建国前夕，把民主党派作为民族资产阶级和城市小资产阶级及其知识分子的政治派别；到改革开放以后，认为我国各民主党派都已经成为各自所联系的一部分社会主义劳动者和一部分拥护社会主义的爱国者的政治联盟，都是在中国共产党领导下为社会主义服务的政治力量；再到 1989 年《中共中央关于坚持和完善中国共产党领导的多党合作和政治协商制度的意见》首次明确提出了"参政党"概念；2005 年《中共中央关于进一步加强中国共产党领导的多党合作和政治协商制度建设的意见》从民主党派构成的社会基础、与中国共产党的关系、在致力于中国特色社会主义奋斗目标中的地位三个方面，将新世纪新阶段民主党派性质的表述为三句话；直到今年年初，习总书记作出中国特色社会主义参政党的概括。这是最明确地对民主党派的性质和政治地位作出的科学概括。其中，民主党派的性质：是中国特色社会主义的政党；民主党派的政治地位：是参政党。这一概括简洁、明确，符合民主党派的实际，必将有利于巩固中国共产党与各民主党派团结合作的政治基础，有利于民主党派充分发挥参政党作用。

对于社会主义参政党概念提出的积极意义，有学者认为：第一，这一概念的提出，为我们理解中国的民主党派以及我国的政党制度，提供了一个正确的观察研究视角，即：我们的民主党派既具有一般意义上政党所具有的共性，又带有中国特色社会主义参政党所具有的特殊性，有助于推动中国特色政党理论的研究。第二，这一概念的提出，有助于推动民主党派性质和代表性问题的深入研究。中国特色社会主义参政党这一论断，明确了民主党派的社会主义性质，同时也为深入研究新时期民主党派的代表性问题指明了方向。第三，这一概念的提出，为建构中国政党理论话语体系奠定了重要基础。当前中外学术交流对话中，最大的问题是没有中国学者自己的学术话语体系。完全拿西方的政治学或者政党理论等概念、理论和话语体系套用在中国的政治实践和政党制度的研究中，肯定不合适。这当然跟中国的政治学研究落后于西方有很大关系，还有一个重要的因素就是我们的政治和政党学术研究中，政策性的解释较多，工具性的概念性的基础理论研究较少,我们的政治学话语体系的构建缺乏一行必要的工具性的基础性的概念支撑。所以，中国特色社会主义参政党概念的提出，无论从基础理论研究，还是从构建中国特色的政治和政党理论学术话语体系方面都会产生积极影响。

有学者提出,“中国特色社会主义参政党”这一概念的提出，不仅对提升参政党在国家政治生活中的地位，推动参政党更好地履行职能，具有重要意义，对参政党自身建设的推动作用也非常明显。首先，“中国特色社会主义参政党”概念的提出，凸显了参政党自身建设的紧迫性。各民主党派只有切实担负起“中国特色社会主义参政党”的历史使命，真正履行好“中国特色社会主义参政党”的职能，才是真正意义上的社会主义性质的参政党。要做到这一点，就必须克服参政党建设问题上无所作为的心理，加强自身建设，提高自身素质。其次，对参政党的思想政治素质提出了更高的要求。“中国特色社会主义参政党”概念提出之后，我们首先面临的问题就是，究竟什么是“中国特色社会主义参政党”？从政治思想素质来看，“中国特色社会主义参政党”既然是“中国特色社会主义”的，就应该具备与中国特色社会主义理论体系相符合的社会历史观、政治价值观与参政伦理观，从而为中国特色社会主义参政党名实相符奠定思想基础。再次，“中国特色社会主义参政党”概念的提出，为参政党建设确立了明晰的评价标准。“中国特色社会主义参政党”这一概念，不仅明确了“参政党”的社会主义性质，也使得参政党建设的目标有了更具约束性的规定，即参政党建设一方面要使自身更加充分的体现社会主义性质，另一方面更应该着眼于“中国特色社会主义”的需要,使参政党通过自身建设这种政治实践，在思想上、组织上、制度上为参政党履行职能提供保障，从而为中国特色社会主义建设提供合格的政治主体。

有专家总结说，民主党派的性质的重新界定，有一些人认为没有多大意义，这种观点实际上没有看透这一问题的奥妙。民主党派的性质确定后，可以为民主党派组织建设和思想建设奠定基础。从历史上看，每次民主党派性质确定之后，都会带来相关方针政策的调整。历史经验告诉我们，定性科学，则会推动民主党派和多党合作事业的蓬勃发展；定性不准，多党合作事业就会受到损失。所以，民主党派性质问题关系到多党合作的性质，是多党合作的基础性问题。现在，我们确定了民主党派是中国特色社会主义性质的政党，为民主党派的自身建设、履行政党职能奠定了坚实的基础。为什么这么讲？因为当前民主党派工作存在的问题之一是党派成员政党意识淡薄，不认为自己是一个政党。这其中的原因，第一在于政党命名问题，这是历史遗留问题。我们的几个民主党派，除了民革、农工党、致公党，大多数都以“会”、“盟”、“社”命名，相应的，其党员也叫“会员”、“盟员”、“社员”，很多成员不认为自己是一个党员。这样命名有传统政治文化的影响，“君子群而不党”是中国的传统古训，历朝历代知识分子对“党”有排斥心理；也有国民党长期奉行“党外无党”政策迫害“异党”，当时民主党派有所顾忌的因素。建国以后，各民主党派接受《共同纲领》和中国共产党的领导，中共也给予民主党派以明确的政治地位，即新民主主义性质的政党。但是，社会主义改造后，提出民主党派是“政治团体”；改革开放后提出“政治联盟”的观点。2005年《中共中央关于进一步加强中国共产党领导的多党合作和政治协商制度建设的意见》对民主党派性质的表述为三句话，即“民主党派是各自所联系的一部分社会主义劳动者、社会主义事业建设者和拥护社会主义爱国者的政治联盟，是接受中国共产党领导、同中国共产党通力合作的亲密友党，是进步性与广泛性相统一、致力于中国特色社会主义事业的参政党”。第一句话说的是民主党派的内部构成，第二句话讲的是政党关系，第三句话分为两个层次，一是讲民主党派的特点，二是所表述的是民主党派与执政党相对应的政治定位和政治实践。这三句话是对民主党派的总体概况，但并没有明确其政党性质。所以，提出中国特色社会主义参政党的概念，有助于提高民主党派成员树立政党意识，对民主党派履行政党职能、发挥作用具有奠基性意义。

中国特色社会主义参政党概念的提出，不仅为民主党派的自身建设和履行职能奠定了基础，这也是中国民主政治发展的一个必然过程。社会主义改造后，从性质上讲，已经是社会主义政党。特别是改革开放后，几十年的发展，民主党派已经发生了根本性变化。过去，民主党派的阶级基础是民族资产阶级和城市小资产阶级，老一辈民主党派成员和中国共产党是逐步走到一起的。现在，民主党派成员和中国共产党党员本来就是一起上学，接受相同的教育，拥有相同的成长空间和社会背景，所以他们在成长路径上是一样的，其所属政党在政治纲领、政治实践、指导思想等方面相契合，肩负着同样的历史使命。在这种情况下，中国特色社会主义参政党的提出，适应了当代中国民主政治的发展要求，必将为推动多党合作事业的发展提供新的动力。

参政党的社会基础与社会功能理论研讨会

11月21日，民进中央——中央社院参政党建设理论研究中心与浙江社院参政党建设研究中心联合举办的“参政党的社会基础与社会功能”理论研讨会在浙江社院新校区召开。民进中央副主席、民进中央——中央社院参政党建设理论研究中心主任王佐书出席研讨会，并代表民进中央、民进中央——中央社院参政党建设理论研究中心对研讨会的召开表示祝贺。王佐书副主席在讲话中指出，随着我国改革开放的突飞猛进和社会主义民主政治的不断发展，中国政党和政党制度的研究也在不断向前推进。召开“参政党的社会基础与社会功能”理论研讨会，探讨参政党建设对推动国家政治建设的重要作用，探讨多党合作理论和实践中的热点、重点和难点问题并力图解决好这些问题，为不断完善和发展我国的多党合作制度，促进我国政治文明的发展作出应有的贡献，是参政党应当与时俱进地做好的课题，也是指导参政党与时俱进地做好工作的需求。

浙江省委统战部副部长、浙江社院党组书记、参政党建设研究中心主任张惠康代表浙江省委统战部和浙江社院向全体与会代表和专家表示欢迎并致辞。他说，在新的历史条件下，参政党建设的进一步推进和加强，参政党建设理论的进一步完善和发展，是多党合作事业发展的要求，是与执政党建设相适应的要求。如何在新的形势下努力建设适应时代要求的高素质参政党，必须从理论上做出回应，参政党建设理论研究的重要性日益凸显。浙江社院将继续高举旗帜、把握方向，解放思想、开拓创新，联系实际、服务现实，加强协作、形成合力，在推进和深化我国参政党建设理论研究的征程上不断做出新的贡献、取得新的成果。浙江社院副院长、参政党建设研究中心副主任冯宇甦主持开幕式。

本次研讨会特邀中央社院副院长袁廷华为大会作《中国政党制度功能探析》的主题报告。报告剖析了研究政党制度功能的意义和政党功能与政党制度功能，从政党制度功能的含义、中国政党制度的根本功能、中国政党制度的基本功能和中国政党制度功能与经济社会现代化四个方面做了深入探析，指出中国政党制度确立了现代化发展的现代政治权威，立足于人民长远利益和根本利益实施长远发展规划，保证了改革发展路线政策长期稳定并一以贯之地实施，构建了高效率和低代价的公共决策优化机制，保证了政治人才的长期培育和避免人才浪费，有效地维护了现代化进程中的政治稳定。

参加会议的还有中央社院统战理论教研部主任、民进中央—中央社院参政党建设理论研究中心副主任李金河教授，中央社院科研部主任贾小明，民革中央宣传部部长吴先宁，民进中央研究室副主任、民进中央—中央社院参政党建设理论研究中心副主任左延珠以及中央社院和兄弟省级社院的领导和专家。

在交流研讨阶段，共有九位专家学者就各自的研究成果进行了交流发言。民进中央副主席王佐书就《关于参政党的社会基础与社会功能研究》谈了自己的研究思路，中央社院统战理论教研部副教授邱永文就《国家—政党—社会关系视角下的参政党社会功能探析》谈了自己的看法，浙江社院参政党建设研究中心副秘书长黄天柱就《民主党派社会基础的现状调查及优化路径——以政党代表性为考察视角》作了发言。会上交流的论文与课题还有：民建浙江省委会副主委郭吉丰的《整合社会资源开展社会服务 充分体现民主党派社会功能》，中央社院统战理论教研部教授郑宪的《民主党派政治功能与社会功能的关系研究》，浙江财经学院人文学院哲学政治学系主任华正学的《民主党派参与社会管理创新的资源优势及效能发挥——以浙江民进为例》，民革浙江省委委员、浙江大宇律师事务所主任陈权的《民主党派的利益协调功能研究》，江苏社院科研处副处长、副教授任世红的《民主党派社会基础的演变及其影响因素分析》，复旦大学统战理论研究基地肖存良博士的《契合与转型：民主党派社会基础的政治学考察》等。与会代表在发言中介绍了课题研究的思路、方法、课题结构及其主要观点等，有的还提出在研究中的感到困惑的问题等等。

11 月 22 日上午，理论研讨会圆满落幕。在会议闭幕式上，中央社院统战理论教研部主任、民进中央—中央社院参政党建设理论研究中心副主任兼秘书长李金河作了会议点评。

浙江社院副院长、参政党建设研究中心副主任冯宇甦在会议小结中指出，这次理论研讨会时机非常好，主题有意义、内容成体系、形式有创新。今年我们理论研讨会将关注点聚焦在政党与社会的关系上，紧紧围绕“参政党的社会基础与社会功能”这一主题展开，内容涉及到参政党社会基础的演变、现状、影响因素、发展趋势，参政党社会功能的内涵、内容、现状、问题及走向等方方面面，并对参政党的主要社会功能（包括利益协调功能、政治社会化功能、社会联系功能、社会管理功能、社会服务功能等）及相关重要理论问题（如参政党社会功能与政治功能的关系问题、参政党的代表性问题、公民社会发展与参政党建设问题等）进行了专门研讨，从而使本次研讨会对“参政党的社会基础与社会功能”的专题研究形成了一定的体系，对于下一步这个方向理论研究的深化有一定的指导意义。

民进中央副主席、民进中央—中央社院参政党建设理论研究中心主任王佐书高度评价了本次会议。他指出，这次会议时间虽短，但是成果丰硕。会议为参政党的社会基础和社会功能的研究提供了新鲜的血液，为统一战线工作作出了贡献，也为与会者今后的深入研究提供了提高层次的阶梯。王佐书副主席认为这次会议提供了值得学习的内容、提出了值得借鉴的方法、代表了本领域研究的水平、体现了今后研究的趋势。

第五届中国政党研究论坛

11 月 29 日至 30 日，由中央社会主义学院—民进中央参政党建设理论研究中心、北京大学政党研究中心和山东大学政治学与公共管理学院联合举办的“第五届中国政党研究论坛”在湖南省社会主义学院举行，论坛主题为“中国特色社会主义参政党研究”。中国民主促进会中央副主席刘新成、中央社会主义学院副院长袁廷华出席论坛并讲话。湖南省委统战部副部长、省社会主义学院党组书记邓焕生致欢迎辞，院长雷鸣强主持论坛开幕仪式。

刘新成在讲话中指出，习近平总书记在今年首次明确提出各民主党派是与中国共产党通力合作的中国特色社会主义参政党。俞正声同志也明确强调，要加强中国特色社会主义参政党建设。各民主党派是中国特色社会主义事业的参与者和当事人。“中国特色社会主义参政党”的提出，充分体现了中共中央对坚持和发展中国共产党领导的多党合作和政治协商制度的战略思考和科学谋划。这是对民主党派性质地位最新的科学论断，为民主党派在推进中国特色社会主义事业中的作用定了位，为民主党派围绕中心、服务大局履行职能指明了方向，具有重大的理论价值和实践意义。

袁廷华在讲话中对民主党派的历史道路和其性质、地位变化发展的历程进行了梳理。

他强调，“中国特色社会主义参政党”的提出，是对民主党派性质、地位的新概括，其重要创新在于解决了关于民主党派性质的最核心的问题，即明确了民主党派作为参政党的意识形态属性，表明中国共产党和各民主党派团结合作的政治基础更加巩固，对中国共产党在新的形势下进一步团结各民主党派提出了更高的要求，也对民主党派自身建设和履行职能提出了更高的要求。

来自民进中央、北京大学、山东大学、北京师范大学、中央编译局、湖南省委统战部、部分省市社会主义学院等50个单位的80多位专家学者参会。本次论坛收到参会论文25篇，采取大会发言交流、主题报告的形式，围绕会议主题进行了研讨。

对于“中国特色社会主义参政党”内涵的界定，学者们从不同角度进行了探究。有学者提出，“中国特色社会主义参政党”表明民主党派在政治方向上是坚持中国特色社会主义道路、理论体系和制度的参政党，在政党关系上是与中国共产党风雨同舟、密切合作的参政党，在目标追求上是致力于中国特色社会主义事业的参政党，在政党特点上是体现进步性与广泛性相统一的参政党。

学者认为，中国特色社会主义参政党的提出有着重要的理论价值。其一，把民主党派定性为中国特色社会主义参政党，表明民主党派与中国共产党的一致性进一步增强，必将有力地推进我国多党合作事业的发展。其二，把民主党派定性为中国特色社会主义参政党，与中国特色社会主义休戚相关，使民主党派与中国共产党长期共存具有坚实的理论基础和现实基础，从而实现了民主党派建设规律与中国特色社会主义建设规律有机统一，使民主党派自身建设理论进入科学化新阶段。其三，中国特色社会主义参政党的论断，使民主党派自身建设理论与中国特色社会主义理论有机统一，为中国特色社会主义理论增添了新内容。

在新的历史时期，民主党派如何适应时代发展要求，建设高素质的中国特色社会主义参政党？学者们一致认为，行之有效的参政党建设要以思想建设为核心、组织建设为重点、制度建设为保障，不断加强参政党建设。具体而言，需要从以下几个方面着手：

一是思想建设。民主党派要按照其政党性质的要求从思想上建设党，坚持中国特色社会主义的政治纲领和奋斗目标，不断提高接受中国共产党领导、走中国特色社会主义道路的自觉性和坚定性，进一步增强为中国特色社会主义服务的使命感和责任感，不断提高履行职能的能力和水平。

二是组织建设。要合理定位社会基础，细分党派功能结构，优化成员结构，保持党派发展的界别特色，完善党派的内部运行机制和党派内部的民主监督机制：认真把握组织发展的“三个环节”，即发展中的政策环节、发展后的培训环节、任用时的制度环节，夯实制度建设保障。就基层组织建设而言，要建设学习型参政党基层组织，加强参政党基层组织的培训教育。

三是推动并参与社会主义协商民主，提升参政议政能力与水平。参政党是社会主义协商民主的重要参与者，通过参与利益表达、利益综合、政策制定、政策执行等过程，在协商民主中发挥重要作用。改善参政党参与协商民主的体制机制，需要结合我国民主政治发展实际，进一步加强和完善执政党与参政党的党际协商，加强和完善参政党在国家政权机关的民主协商，进一步加强参政党在人民政协的政治协商，发挥参政党在基层民主协商中的作用，建设与协商民主制度发展相适应的参政党。

四是社会功能开发。要发挥民主党派介于国家与社会、执政党与一般社会组织、政府与公民之间这种特定的组织优势，着重拓展其社会管理、社会纽带和社会团结的社会功能，有效协助执政党搞好国家和社会治理工作。

协商民主与人民政协研讨会

由人民政协报、杭州市政协共同主办的“协商民主与人民政协”研讨会11月29日至30日在杭召开。十一届全国政协副主席、中国人民政协理论研究会会长郑万通作主题报告。全国政协副秘书长张秋俭，市政协主席叶明，省政协原副主席龙安定，人民政协报总编辑刘未鸣，市政协副主席何关新、赵光育、朱祖德等出席。

郑万通在报告中指出，中共十八届三中全会通过的《中共中央关于全面深化改革若干重大问题的决定》，对推动协商民主广泛多层制度化发展作出了全面部署，极大地开阔了我们的眼界、打开了我们的思路，全面提高和深化了我们对社会主义协商民主的认识。他认为，社会主义协商民主之路，是我们党在推进革命建设、改革的进程中走出来的，是同探索中国特色社会主义道路相伴而生、共同发展的，它是中国特色社会主义道路的重要组成部分。郑万通详细介绍了社会主义协商民主发展的历史进程和现阶段我国社会主义协商民主的基本特色，并就如何从理论研究的层面推动人民政协协商民主畅谈了自己的观点。

中国人民政协理论研究会副会长李昌鉴、李君如分别作主题发言，杭州市政协在主旨发言中介绍了协商民主在杭州的实践与探索。来自上海、重庆、天津、广州、成都等城市政协工作者以及中央党校、复旦大学、浙江大学、浙江省社科院等单位的专家学者，围绕充分发挥人民政协作为社会主义协商民主重要渠道作用、推进人民政协民主制度建设、探索拓展人民政协协商民主的平台领域形式等主题进行了广泛的交流研讨。

杭州市政协总结经验，认为应从以下几点入手抓好协商民主建设：一是抓制度建设，推进人民政协政治协商的制度化、规范化、程序化，增强协商自觉。推动建立政治协商“两个纳入”制度。把政治协商的要求纳入党委议事规则、政府工作规则，实现政治协商与党委、政府工作和程序的有效衔接；规范细化政治协商内容。明确“与谁协商”、“怎么协商”和“哪些必须协商”、“什么应当协商”；构建制度化政治协商运行格局，不断拓展协商形式，通过建立民主议政会，市委、市政府领导协商领办政协提案等制度，构建“市委重大决策提交政协协商”等格局；建立健全政治协商的督办落实机制，明确由党委督查部门负责对政治协商工作开展情况的督促落实。二是抓协商体系建设，构建多层面的政协协商民主运行机制，增加协商密度。三是抓协商的平台建设，推进政协工作向基层延伸和网络拓展，扩大协商领域。同时，以门户网站建设为依托打造网上论坛，开发政协手机客户端，经常就有关议题组织协商交流，开辟委员协商建言的新平台等。四是抓协商的机构建设，改革创新政协专委会设置，提升协商能力。从2008年开始，杭州市政协对专委会设置进行了一些探索。一是选择在建德市政协开展设置政治协商、民主监督、参政议政专委会改革试点，建立职能性和特色性相结合的“一办六委”工作机构。通过几年探索实践，形成“有机构议事、有人员谋事、有机制理事、工作规范有序”的良好局面。二是以建立健全委员联络机构为依托，充分发挥委员协商主体作用。

2009年9月广州市委在全国、全省率先试行《政治协商规程》。这是推进广州市多党合作和政治协商制度建设的一个指导性文件。2012年12月，市委对试行《规程》进行修改补充，同时还新出台《关于加强人民政协工作的决定》。四年来，市政协深入实施《政治协商规程》，着力发挥人民政协作为协商民主的重要渠道作用，主要做法如下有：一是主动协助市委制定全年政治协商计划。二是主动围绕中心、选准角度开展专题协商。三是主动争取市委支持前置对口协商。创造协商意见形成与协商意见办理“无缝链接”的一体化协商模式。四是主动运用培育方式强化提案办理协商。就实际工作中的问题、原因和建议，与政府职能部门展开“事前协商”。五是主动整合各种协商方式提高协商成效。把专题调研和对口、界别、提案办理等协商整合为一体，在最短时间落实这些共识与举措。六是主动拓宽政治协商的渠道。广州市政协大力倡导界别提案、参加单位提案等，增加市政府职能部门与市政协委员年度互动问政次数等。

天津市和平区政协结合十八大和十八届三中全会精神，在研究和把握人民政协与协商民主的内在联系过程中总结了一些体会：一是党政重视和支持是发挥政协协商民主重要渠道作用的前。二是围绕中心服务大局是发挥政协协商民主重要渠道作用的原则。三是健全完善制度是发挥政协协商民主重要渠道作用的保障。落实委员学习培训制度，坚持每年举办两场专题报告会；落实委员知情明政制度。坚持每年年初邀请区党政主要领导向政协委员通报区情；通过及时更新政协网站内容、每月编发两期《委员知情》；为搞好每年全体会议整体协商，建立了每年第四季度委员“进界别、进社区，知区情、知民情”的“两进两知”调研月制度等等。四是创新履职方式是发挥政协协商民主重要渠道作用的关键。推进协商民主向社区延伸，突出界别特色强化对口协商，拓展整体协商言路。

上海市闸北政协从基层政协的实际出发，认为推进新形势下人民政协的协商民主，至少要在制度设计和探索实践中着力把握和处理好“五对重要关系”：其一，把握和处理好“顶层设计与基层实践”的关系。顶层设计是“总构架”、是协商指南，基层实践是“试验田”、是“新鲜活力”。顶层设计与基层实践需要上下联动、同步推进，从而为协商民主提供强大的制度张力和鲜活的实践动力。其二，把握和处理好“党委主导与政协主动”的关系。党委主导，需要在强化制度保障上下功夫。要进一步明确协商什么、和谁协商、怎么协商，以及协商“之前、之中、之后”各个环节如何衔接等程序步骤。政协主动，需在智慧履职上做文章。加强政协协商能力建设，善用智慧履行职能。其三，把握和处理好“平台协商与日常履职”的关系。平台协商是规范的制度、借助的载体，而日常履职是广泛的触角、协商的准备，两者互为补充，相得益彰。因此既要重视在实践中被证明体现政协水平、智慧的平台协商，也要在日常的履职过程中充分体现协商的精神，贯穿于政协履职的全过程和各环节。其四，把握和处理好“要协商”与“会协商”的关系。要着力培养协商议政的“骨干委员”，让委员在政协也“术业有专攻”。最后，要注重整合政协各界别、各专委会和委员的力量，形成和放大协商民主的“乘数效应”。其五，把握和处理好“求同与存异”的关系。在人民政协，“求同”是前提，是大势大局；“存异”是政协特色，是民主的体现。把握和处理好政协协商民主实践中求同与存异的关系，要注重做到“三个坚持”。一是坚持平等协商。二是坚持交流交锋。三是坚持公开透明。可借助网上政协等平台，让委员、群众参与到协商中来。

学术人物

周述杰，男，1962 年 4 月出生，湖南省新邵县人。湖南省社会主义学院党组成员、副院长、教授。

湖南师范大学政治系本科毕业，华中师大在职研究生毕业。曾在邵阳基础大学、邵阳工业专科学校、邵阳高等专科学校等地工作。

在省级以上学术刊物发表论文五十余篇，主要有《论邓小平财政政策思想的特征》、《关于新的社会阶层形成与发展的历史考察》、《论和谐社会构建中的统一战线新的特征》、《和谐社会构建中扩大私营企业主政治参与的对策》、《关于构建党外干部能力培养教学体系的探索》、《私营企业主政治心理变化与和谐社会构建》、《论加快新的社会阶层党外代表人物队伍建设的现实意义》、《对提高党的建设科学化水平的几点思考》、《创建之功 奠基之德——毛泽东对中国特色政党制度理论形成的贡献》、《党外干部工作科学化的运行机制研究》等。

曾主持多项省部级课题，出版专著 1 部，合著 1 部，编著 1 部。主持或参与多项省级及以上学术课题。2012 年 2 月，在省干部教育领导小组组织的全省干部教育培训名师名课首批评选中被评为名师，所讲课程《中国特色政党制度》被评为名课。主要学术兼职有：中国民营经济研究会常务理事，中国政党制度研究会理事，省人民政协理论研究会副秘书长。

杨爱珍，女，1952 年 6 月出生，上海市人。上海市社会主义学院教授。曾在安徽省芜湖县委党校、安徽省省委讲师团《理论学习》编辑部、安徽省芜湖市党校工作。1994 年至今在上海市社会主义学院任教。

自 1994 年以来发表关于政党制度和民主党派研究的论文有 73 篇，主要有《中国政治发展道路与多党合作制度互动关系分析》、《考量多党合作制度发展的三大维度》、《民主党派政党职能与政党功能的结构要素分析》、《“文化认同、政党认同、政治认同”与参政党的建设》、《 90 年来中国共产党与民主党派追求民主的历程》、《完善中国特色政党制度的重点问题研究——政党规范的中国式表达》、《民主党派政党文化建设的路径选择》、《解放思想与我国多党合作制度合法性分析》、《民主党派的政党职能和政党功能分析》、《对构建中国特色社会主义政党制度理论体系的思考》等，其中6篇被《中国政治》全文转载。出版专著《当代中国政党制度研究》1部，参与（包括担任副主编）7部：《延承与跨越》、《民主党派大事概述》、《中国共产党与民主党派合作史》等。主要学术兼职：曾任安徽省党史学会理事、中央社会主义学院政党制度研究中心理事。

许超宇，男，1959年6月出生，吉林省长春市人。吉林省社会主义学院教授、教研室主任。中央社会主义学院中国政党制度研究中心理事、吉林省统战理论研究会理事、吉林省政协人民政协理论研究会理事、吉林省民进统战理论研究会副会长、吉林省民进特约参政议政调研员。

1984年毕业于东北师范大学，获中国语言文学学士学位。1984年8月，在吉林省委统战部党派处工作。1984年11月至今，在吉林省社会主义学院工作。长期从事统一战线理论方针政策教学、科研工作。主要研究领域：统一战线理论、中国政党制度理论、中国参政党建设理论。

在省级报刊上公开发表的主要论文有《中国民主党派如何坚持走中国特色政治发展道路》、《邓小平早期统一战线思想初探》、《改革开放以来多党合作理论创新发展》、《践行社会主义核心价值体系，加强参政党自身建设》、《中国特色政党制度理论体系的框架理论构成》、《中国多党合作制度化建设的必要前提》、《党的统一战线九十年的基本经验》、《坚持完善我国多党合作和政治协商制度历史经验探究》、《着力加强自身建设，建设高素质参政党》、《人民政协在民主政治建设中的地位和作用》、《参政党在社会主义协商民主制度建设中的作用》等50多篇。

主持及主要参与完成的课题有"科学发展观与统一战线"、"中国特色政党制度理论体系逻辑起点研究"、"多党合作制度的核心价值研究"、"党的统一战线九十年基本经验研究"、"中国特色政党制度的理论基础"、"人民协在民主政治建设中的地位和作用"、"统战学科建设研究"、"党外代表人士成长规律研究"、"社会主义协商民主机制研究"等。

著述有《中国共产党党内工作条例》（主编）、《科学发展观与统一战线简明教程》（全书章节设计者、统稿者、副主编）。

万光碧，女，1955年5月出生，重庆江津人。重庆社会主义学院教研室主任，教授，全国政协理论研究会理事，重庆市科社学会理事。

主要从事统一战线理论、民主政治理论、中国政党制度的教学和研究工作。主编专著有《重庆统战工作简明读本》、《三峡库区和谐发展模式研究》。主持和参与中央及省部级课题多个，主要有《党外代表人士教育培训特点、规律和机制建设研究》、《中国特色政党制度的理论基础》、《我国社会结构变化与多党合作制度的完善》、《重庆抗战时期民主党派史研究》等。在省部级以上公开刊物发表论文30多篇，主要有《中国发展民主政治的成果与选择》、《多党合作与和谐社会》、《重庆社会主义学院学报》、《同党外人士合作共事是中国共产党的一贯政策》、《加强廉政文化建设，促进社会和谐发展》、《我国地区经济发展差距与和谐社会的构建》、《协商民主：中国发展民主政治的好形式》等。在重庆统一战线的教学研究领域有广泛影响。

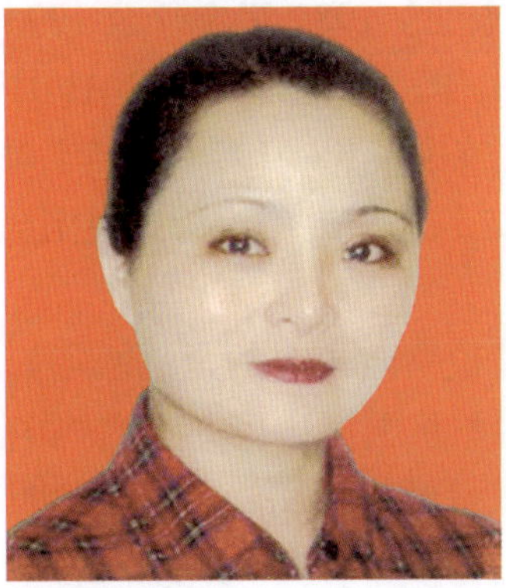

于小英，女，1961年12月出生，上海市人。四川省社会主义学院统战理论教研室主任、教授。

自1984年起从事统一战线理论教学科研工作，专题涉及民主党派历史和多党合作历史研究、参政党理论研究；政党政治与中国政党制度、中西政党制度比较研究；人民政协理论和协商民主制度研究；知识分子问题与无党派代表人士地位作用研究；“一国两制”与港澳台问题、海外华侨华人与侨务工作等方面研究。在全国及省级报刊发表论文70余篇，其中在《四川大学学报（哲社版）》、《毛泽东思想研究》等国家核心期刊上发表10篇；完成个人学术专著2部（《政治道路选择与中国多党合作制度的确立》26万字，四川人民出版社2012年2月出版；《中国民主党派与人民政协的建立》30万字，四川人民出版社2012年11月出版。）、合著6部。

四川省统战理论研究会理事、四川省人民政协理论与实践研究会理事；中国农工民主党四川省委咨询专家、九三学社四川省委咨询专家、中国民主同盟四川省委新盟员培训特聘教授。

顾思茂，女，1954年3月出生，江苏省南通市人，江西省社会主义学院教授。

1983年毕业于徐州师范大学，获历史学本科毕业证书和学士学位。1983年7月，在南昌市东湖区委党校工作，1987年聘任为讲师。1990年6月至今在江西省社会主义学院工作，长期从事政党建设、党的统一战线理论、方针政策的教学和科研工作，2006年聘任为教授，2011年晋升为三级教授。公开发表的主要论文有20多篇：《新时期人民政协工作的发展》、《中外政党监督之比较及对我国政党互相监督的思考》、《参政党组织发展必须保持各民主党派的特色》、《对我国政党制度发展状况的逻辑分析》、《关于中国特色政党制度理论创新的两点思考》、《中国政党制度中几个重要称谓的初步研究》、《在民主党派后备干部建设中，必须进一步加强统战部力量》、《在引导、支持和帮助参政党能力建设过程中进一步加强和改善中国共产党对多党合作的领导》、《关于加强多党合作制度建设的几点思考》、《正确认识协商民主理论，努力创新人民政协制度》、《对我国社会主义民主政治建设的两点思考》等。

主持研究的课题有三个：“发展中国特色政党制度的路径依赖研究”（2007年主持完成江西省社科院研究课题）；“民主党派后备干部队伍培养、选拔、使用机制建设研究”；“完善中国共产党对人民政协多党合作有效领导机制的研究”。担任中央社会主义学院中国政党制度研究中心理事、江西省统战理论研究会理事、江西省政协人民政协理论研究会理事。

高智生，男，1955年12月出生，湖南省衡阳人。云南省社会主义学院教授，教研室主任，云南省科社学会常务理事、云南省统战学会常务理事、云南人民政协理论研究会会员。

1982年7月云南民族大学政治系毕业。1982年7月至1993年11月，在中共西双版纳州委组织部工作，科长。1993年11月至1995年12月任中共西双版纳州委党校副校长。1996年1月调云南省社会主义学院，先后任科研处副处长、教研室副主任、主任，现为三级教授。

出版论著《新时期统战理论探析》，发表论文90余篇，主要有《论参政议政的角色选定》、《进一步加强多党合作的政治基础》、《党外知识分子成为统战对象析》、《中国共产党与中国特色的民主政治》、《正确理解“参政议政”》、《完善政党制度 发展政治文明》、《当代西方“民主政治”特点及启示》等。研究课题近30项，主要有《云南省党外干部特点研究》、《党外知识分子既是工人阶级一部分，为何又是统战对象？》、《中国共产党领导的多党合作和政治协商制度在新形势下的现实必然性》、《统一战线与社会主义和谐社会构建研究》等。

崔珏，女，1966年2月出生，湖北武汉人。广州市社会主义学院教研室主任、教授。

1987年毕业于华中师范大学历史系，获史学学士学位，2008年在中山大学获得管理学硕士学位。曾在武汉市第二师范学校、广州外国语学院工作。1991年底至今在广州市社会主义学院工作，长期从事中国政党制度、民主党派史、参政党建设问题的教学和研究。目前兼任广州市统战理论研究会副秘书长、常务理事，广东邓演达研究会副会长，广东省党史学会、广州市党史学会、广东社会主义辩证法研究会理事等职。

曾参与广东省社科院重点项目《广东通史》现代政治部分的写作。先后主持或参与多项学术课题的研究。1998年出版专著《中国民主党派地位的历史演变》，先后发表论文《多党合作制度与当代中国的政治发展》、《论人民政协的求同存异原则》、《论参政党的角色定位与参政原则》、《从多党合作制度看协商性民主及其实现》、《对当今我国政党关系的思考》、《第三党成立问题探源》、《邓演达民权思想初探》、《民主与民主监督刍议》、《多党合作制度化问题探析》、《略论参政党的民主监督——基于权利的分析视角》、《政治共识与多党合作制度的发展》、《刍议政治文化对我国政党制度运行和发展的影响》、《中国政党制度的社会整合功能及其面临的挑战》等共40余篇，其中1篇被人大复印报刊资料《中国政治》2011年第9期转载。

近五年来，研究课题获全国社会主义学院系统优秀课题奖1项，研究报告、论文获全省统战理论研究成果一、二、三等奖共4项，获全市统战理论研究优秀成果一、二等奖2项，获广州市哲学社会科学优秀成果三等奖1项。

参政议政案例选

中国国民党革命委员会参政议政案例

一、关注农村困难群众权益保障，推进社会主义新农村建设

中共十八大提出到2020年全面建成小康社会，让人民“老有所养、病有所医、住有所居”，实现这一宏伟目标，关键在于农村，重点在农村困难群众。为贯彻落实中共十八大会议精神，深入了解当前我国农村困难群众权益保障情况，探索如何进一步加强农村困难群众权益保障工作，维护农村社会稳定大局，推进社会主义新农村建设，民革中央在委托辽宁、山东、湖南、四川、广东、宁夏等地民革组织进行预调研的基础上，2013年5月16日至21日，民革中央常务副主席齐续春率领民革中央调研组赴湖南省，先后在长沙、湘潭、娄底等地，就“农村困难群众权益保障问题”进行了考察和调研。

5月17日，调研组相继走访了长沙天心区大托村雷锋超市、岳麓区望新小学等地考察，并与长沙市农村困难群众座谈。5月18日，调研组一行冒雨赶往毛泽东故乡韶山，在紧邻毛主席故居、韶山建设规模最大的社会主义新农村示范点——华润希望小镇，调研组一行认真考察了小镇建设情况，并询问了居民改造工程、农村困难群众安置、土地流转问题和希望学校建设情况。据介绍，小镇通过统一规划，就地改造、重建村民居住房屋，村民们的居住条件得到彻底改善，并发展起富有特色的高效农业。随后，调研组一行与韶山乡困难群众代表进行了面对面座谈。在银塘村村部，调研组成员与村干部、村民们攀谈，仔细询问农民的收入是多少、村里困难户多不多、有没有土地流转以及当前工作中存在的困难等，并鼓励村干部一定要切实为村民着想，为老百姓做实事，带领村民发展经济，把新农村建设的更加美好。在娄底，调研组一行先后考察了娄星区石塘村群众工作组、万宝镇敬老院和杉木苗木花卉基地，并与娄底市困难群众进行座谈。

通过考察和调研，调研组了解到，在中共中央、国务院的总体部署下，长期以来，湖南省高度重视农村困难群众权益保障工作，注重加强政府引导，不断完善政策措施，在解决农村困难群众实际问题方面创新了很多好的做法，积累了很多好的经验。特别是把保障农村困难群众权益放在新型城镇化建设的突出位置，不仅在政策上给予支持，而且加大投入力度，促进不同部门之间的合作协调，形成了具有湖南特色的权益保障新经验、新思路。目前，湖南省新型农村社会养老保险制度实现全覆盖，新型农村合作医疗的参合率达到92%，并率先在全国实现省级统筹，农村地区全面实现了免费义务教育，还出台了《关于在延长土地承包期工作中切实保障妇女合法权益的意见》、《关于加强农

村留守流动少年儿童工作的建议》等一系列与社会保障相关的政策文件，切实维护了农村困难群众的各项权益，特别是在让农村困难群众“老有所养”、“学有所教”、“病有所医”和“权有所保”等方面取得了明显成效。

调研组认为，中共中央、国务院近年来围绕我国三农问题的部署是正确的，对农村困难群众权益的保障工作也是积极有效的。但受城乡二元格局影响，农业仍然是弱势产业、农村仍然是落后地区、农民仍然是弱势群体，各地基础不一、差异较大，以及部分部门、地方认识不到位、执行不力等因素，当前农村困难群众权益保障工作与党和国家保障和改善民生的要求、与农村困难群众的期望还有一定差距，存在着一些困难和问题。

第一，法制建设相对滞后。农村困难群众权益需要完备的法律法规来保障。但目前我国相应的法律体系还很不健全，一些领域处于无法可依的状态。例如，中共十七届三中全会明确了农村土地承包关系长久不变，而现行《农村土地承包法》规定的承包期限仍为 30 年，《土地管理法》、《物权法》等其他法律也未作相应修订，这使土地流转主体不敢转入也不敢流出；2012 年 11 月，国务院常务会议讨论通过《土地管理法修正案（草案）》，对农民集体所有土地征收补偿制度作了修改，但迫于相关方面的压力，最终全国人大常委会未提交表决；对“农村集体经济组织成员”，特别是出嫁女等特殊群体的“农村集体经济组织成员”资格认定缺少法律依据，现行宪法性法律文件及《村民委员会组织法》中都没有这个概念，《农村土地承包法》虽然使用了这个概念，但是没有明确规定确认集体经济组织成员资格的标准。

第二，保障制度不完善。现有保障制度不完善，缺乏连续性、系统性和全面性。例如，湖南省当前新农保和新农合已经实现全覆盖，但是城乡相关社会保障制度的衔接还不够完善，社会保险关系跨地区转移还存在障碍。在被征地农民权益保障方面，2006 年国务院办公厅发文，对各地开展被征地农民社会保障工作提出了明确要求。但是，由于部分征地程序不规范、社会保障资金不能足额到位，还有一些被征地农民社会保障问题没有解决。土地流转的审查评价标准制度仍然欠缺，特别是对流转土地用途缺乏实质性审查和监管。

第三，农村征地拆迁土地补偿标准依旧偏低，被征地农民生计缺乏引导与保障。现行农村征地拆迁的补偿标准较低，整体上不适应当前市场物价水平和农民的生产生活需求，征地考虑较多的是促进当地经济发展，没有充分考虑被征地农民的切身利益，缺乏合理调整机制和公平原则，导致大量农民通过“对抗”、“上访”来争取权益保障。目前，大多数老的被征地农民在征地时领取的土地补偿费已基本消费殆尽，解决他们的社会保障问题，主要是依靠地方财政出资，对当地财政造成很大压力。被征地农民生计方面，客观上存在就业门路狭窄，就业技能单一，难以实现充分就业的问题；主观上则表现为欠缺长远眼光，对征迁补偿金的使用缺乏规划，理财意识和能力欠缺，甚至存在“先拿钱，过不下去再找政府要”的依赖心理。政府引导和保障力度不足，使被征地农民在养老、就业等方面缺乏有力保障。

第四，公办养老服务供不应求，民办养老机构发展缓慢。当前，农村公办养老机构无论是数量上还是服务的质量上，都远远满足不了农村居民养老的需要。养老机构服务设施严重不足，大部分敬老院规模较小，湖南省 50 张以下床位的敬老院达 938 所，占

45.7%；集中供养率 27%，低于全国 7 个百分点。农村社会化养老服务设施严重短缺，农村日间照料场所覆盖率仅为 14.4%，远远低于国家提出的“十二五期末，养老服务覆盖 50% 以上农村社区”目标。县级新农保经办机构、农村敬老院等办公设备配套不足，办公经费紧张，影响服务质量。民办养老机构由于准入门槛、资金投入等问题，发展极其迟缓。

第五，农村低保、新农保基础养老金、医疗救助等保障水平偏低，资金投入不足。以新农保基础养老金为例，2009 年启动新农保试点时，中央政府参照全国农村最低生活保障月人均支付金额，暂定全国基础养老金最低标准为 55 元，中央财政按此标准对试点地区给予补助，有的地方限于财力一直没有提高标准。随着物价水平的上涨，5 年前的 55 元到现在实际购买力下降了 1/3 以上，保障能力大打折扣。由于新农保基础养老金水平太低，导致两个现象：一是对老年农民生活的保障作用十分有限，只有 30% 的老年农民认为目前领的基础养老金对改善生活的作用明显，另 70% 的老年农民认为有用但作用不明显；二是相当多的中青年农民不愿参加新农保，40 岁以下的参保率不足 50%。此外，因财力有限，投入不足，湖南省农村低保平均保障率仅为 5%，低于全国农村低保平均保障率 6% 的水平。而一些偏远、贫困山区农村低保保障率仅为 4.8%。大部分养老机构办公经费紧张，一些养老服务机构设施严重不足，乡镇街道社会保障站的问题更为突出。此外，敬老院建设、农村五保的供养、农村医疗救助等方面资金都有较大缺口。

2013 年 8 月，民革中央向中共中央、国务院报送了《关于进一步加强农村困难群众权益保障工作的建议》。针对调研中了解到的农村困难群众权益保障工作中存在的困难和问题，提出以下建议：

第一，进一步推动保障农村困难群众权益的相关立法进程。建议修改《农村土地承包法》，将农村土地承包经营权期限由“30 年”修改为“长久不变”，并强化对土地用途的制度约束，明确承包方对保护耕地质量、确保耕地用途不改变的法律责任。同时对“农村集体经济组织成员”资格，特别是出嫁女等一些特殊群体的集体成员资格问题作出具体规定；修改《土地管理法》，对于依法办理土地征用手续的非农建设项目占用耕地，因人为因素造成一年以上不使用的，强制收回，交由原所有者组织耕种，并依法征缴土地荒芜费；尽快制定《社会保障法》，把农村人口养老保险纳入其体系，并出台民办养老机构资助管理办法；尽快颁布《社会救助法》，为社会救助依法行政、依法管理提供法律支撑。此外，建议修改完善义务教育法、未成年人保护法、妇女权益保护法、老年人权益保障法、婚姻法、继承法等配套性法规体系，加强对农村困难群众的救助和权益保护。

第二，进一步完善农村困难群众权益保障的顶层设计，建立多层次的农村社会保障体系。设法解决农户将土地转出后的后顾之忧，逐步弱化土地的福利和社会保障功能，建立多层次的农村社会保障体系。重点抓好农村最低生活保障制度、养老保险制度和医疗保险制度建设，适度提高保障标准，确保应保尽保。尽快建立新农保基础养老金正常调整机制，中央确定的全国新农保基础养老金最低标准应不低于农村低保月人均支出水平。加快建立住房救济、司法救济、灾民救助、家庭中遇到重特大事故临时困难救助等救助制度。加快制定被征地农民特别是老的被征地农民纳入社保的具体办法，足额安排并确保落实被征地农民社会保障资金，实行先保后征。逐步消除城镇职工和农民工差别对待现象，为农民工进入城镇社会保障体系创造条件。制定出台操作性较强的制度，用税收减免、政策优惠等方式，引导民间力量兴办养老服务机构，推进全国养老服务体系建设。

第三，进一步加大对农村困难群众权益保障的资金支持力度。一是建议政府进一步减少“三公经费”，把结余下的资金投入到农村困难群众的权益保障工作；二是加大对农村低保资金的投入，建立最低生活保障标准的动态调整机制，把制定农村困难群众基本生活保障标准与物价上涨水平相结合，并坚持有差异性倾斜的原则，根据不同地区的农村经济发展水平、农民人均消费支出水平进行调整；三是加大农村五保供养资金投入并理顺财政管理体制，中央财政加大对财政困难地区补助力度，确保农村五保供养标准达到不低于当地农村居民平均生活水平的法定要求；四是加大对敬老院建设项目的资金支持力度，并将敬老院建设资金列入专项财政预算。全面开展敬老院等级评定和事业单位登记工作，不断提高敬老院建设管理和服务水平。此外，还可考虑将部分超标建设的政府楼堂管所或农村空置中小学校收回后改建为敬老院；五是把基层医疗卫生机构的专项补助和经常性收支差额补助纳入中央财政预算。

第四，加大扶持，广开门路，拓宽农村困难群众就业渠道。帮助困难群众走向自立、自尊、自强，实现经济独立是维护农村困难群众合法权益的主要路径。建议各地政府因地制宜，出台促进农村困难群众就业的政策。一是通过大力发展现代农业，拓展二、三产业，积极为困难群众特别是失地农民就业搭建平台。同时通过减免企业税收等措施，增强企业、农民专业合作组织、经济实体业主的带动力，提高农村困难群众的就业率，做到“输血”与“造血”并举。二是加强职业技能培训，同时进一步推动小额贷款，增强农村困难群众的就业能力。加大转移就业培训力度，积极开展家政、餐饮、建筑、冶炼、修理等适合农民就业特点的职业技能培训和鉴定，提高培训质量，打造高品位的劳动力品牌，增强困难群众转移就业、稳定就业的能力和竞争力。同时，进一步推动小额贷款，帮助更多农村困难群众获得就业与再就业的机会。三是加快当地小城镇建设，不断增加小城镇对农民工的容纳能力，使农村困难群众在“离土不离乡”的前提下实现就业。实行必要的政策保护和引导，尽快消除农民工就地就近转移就业的障碍。

该建议上报后，得到了中共中央政治局常委、国务院总理李克强，中共中央政治局常委、全国政协主席俞正声，中共中央政治局常委张高丽等领导的重要批示。

二、积极开展财税问题调研，就完善财政转移支付制度献计出力

长期以来，党中央、国务院对建立和完善财政转移支付制度非常重视，提出了一系列指导方针。各地区、各部门认真贯彻落实，转移支付体系不断完善，管理不断加强，职能作用得到进一步发挥，成绩令人瞩目。但受一些因素制约，现行转移支付制度也存在一些问题，需要进一步研究并逐步加以规范。中共十八大强调：“加快健全以税收、社会保障、转移支付为主要手段的再分配调节机制”，“继续实施区域发展总体战略，充分发挥各地区比较优势，大力促进中部地区崛起”。为贯彻落实十八大精神，民革中央主席万鄂湘、民革中央副主席修福金率调研组于 2013 年 9 月 2 日至 6 日赴安徽、江西，就建立科学的评估体系，完善中央财政转移支付制度问题进行调研。

在江西和安徽，万鄂湘充分肯定两省在发挥中央财政转移支付中的作用，在促进经济社会发展方面取得的成就。他指出，中央财政转移支付是政府保持地区平衡、实现社会公平的重要财政手段。两省应该进一步科学测算、规范分配，最大限度发挥资金使用效益。

调研组了解到，近年来，中央财政转移支付对中部地区支付规模不断扩大，结构持续优化，有效缓解了当地财政困难状况，有力保障了民生等重点支出，为推动地方经济社会发展、促进中部崛起发挥了重要作用。但是，在政策落实过程中，也存在人均水平差距大、均衡性转移支付比例小、专项配套压力重、资金绩效有待提高等问题，主要有三点：

一是对中部地区转移支付总体占比有所下降，人均财政支出差距较大。据了解，2005年至2011年的7年间，东、西部地区转移支付占全国的比重由56.5%上升至58.8%，中部地区占比由43.5%下降到41.2%。根据财政部网站《2013年各省市区财政预算执行情况报告汇编》公布的数据测算：2012年全国人均财政支出是9447元，中部六省平均只有6501元，比全国平均水平低2946元；比平均水平为16492元的京津沪直辖市低了9991元；比平均水平为12927元的西部十省市低了6426元；全国（除西藏以外）人均财政支出最高的省（20726元）是河南省（5322元）的近4倍，中部地区实际上已经成为财政转移支付的“中部洼地”。

二是转移支付结构不够合理，均衡性转移支付比重较低。2012年国家审计署发布的审计报告中指出：中央财政转移支付占其总支出的62.8%，其中均衡性转移支付仅占转移支付总额的35.6%。中部地区的比例更低，以安徽、江西为例，2012年中央对安徽转移支付1923.6亿元，其中均衡性转移支付422.9亿元，占22%；对江西转移支付1542.3亿元，其中均衡性转移支付334亿元，占21.6%；两省均衡性转移支付比例都只有专项转移支付的一半。享受中央均衡性转移支付比重较低的地区，地方政府自主安排财力的空间较小，统筹资金的能力较弱，预算执行中如遇重大的增支项目，地方财政难以保障。

三是专项转移支付比重过大，一些配套资金要求不切实际。2012年，中央专项转移支付加上一般性转移支付中具有限定用途的5项资金后，实际占支付总量的比重为64.4%。专项转移支付安排比重较大的地区，资金获取的不确定性强，申报程序复杂，项目庞杂，资金分散，交叉重叠，资金难以形成规模效应，使得部分民生改善、公共服务、生态保护等项目资金得不到集中利用，不利于地方政府整体工作部署和财政绩效。同时，不少专项转移支付需要地方政府安排配套资金，没有考虑各地财力差异，往往超出中部地区财力偏弱省份的承受范围。初步统计，2012年中央下达安徽省转移支付资金中有硬性配套要求的为319.9亿元，地方需配套资金201.7亿元，占当年财政收入的11.3%；中央预算内投资对重大水利工程项目的补助，只按项目资本金总额给予40%的补助，补助资金相对于项目投资总额不到10%，地方配套筹资压力大；农村公路项目，中央给予江西省的补助标准是每公里10万元，但目前该地区农村公路造价普遍在每公里25万元以上。由于中央补助标准偏低，配套资金的筹措给本已薄弱的地方财政带来很大困难，导致一些地方政府对专项转移支付项目弄虚作假、挪用财政资金虚假配套，且在拨付基层项目主体过程中，会发生专项转移支付层层结存现象。特别是专项转移支付比例过高还容易造成“跑部钱进”和财政资金效率低下等问题，不仅造成财政资金浪费，管理难度加大，甚至滋生腐败。

调研组认为，财政转移支付制度是落实科学发展观、优化经济社会结构、促进基本公共服务均等化和区域协调发展的重要制度安排，不仅为保障各级政府正常运行、均衡区域间财力分配、提供基本社会保障水平发挥重要作用，而且作为宏观调控和配置公共资源的重要手段，必须立足全局，积极施为，不断创新财政政策措施，助推中部地区突破瓶颈、积聚优势、释放潜能、带活全盘，使中部地区成为我国区域经济布局均衡、协调发展的有力支撑，为实现全面建成小康社会提供坚实基础。

2013 年下半年，民革中央在调研的基础上，形成了《关于建立科学的评估体系，完善中央财政转移支付制度的建议》，并在中共中央召开的高层协商会上，作为民革中央对《全面深化改革的若干重大问题的决定》（征求意见稿）的主要意见提出。具体建议如下：

一是尽快制定出台《转移支付条例》，明确政府间事权和支出责任。规范中央与地方的事权与财政支出范围，合理划分政府间事权和支出责任，将财政转移支付全面纳入预算管理体系，收支通过各级人大进行批准和监督，建立健全财力与事权相匹配的财政体制，健全统一规范透明的财政转移支付制度。同时，地方人大立法明确政府上下级之间事权与财政支出范围，衔接好各级政府间职能。在立法的过程中，要坚持适度集权与适当放权相结合、公平与效率相兼顾的原则，与行政体制改革和政府转变职能相协调，适当引入激励机制，调动各级政府的积极性，确保中央政策落实，提高转移支付资金使用效率。

二是围绕基本公共服务均等化目标，进一步完善转移支付制度。增加一般性转移支付规模和比例，尤其是加大均衡性转移支付力度，降低专项转移支付比重，促进地区间基本公共服务均等化。对专项转移支付要加大整合规范力度，中央政府只规定使用方向，不确定具体项目，归集财力和项目，将复杂度较高的专项转移支付项目下放到地方管理，以增强地方统筹财力的能力。严格控制专项转移支付规模，减少地方资金配套，并按项目化管理，避免地方政府或项目主体造假，引导地方政府将有限财政资金向基本公共服务领域倾斜。每一项专项转移支付资金的设立、审批和分配，要做到有合理明确的分配依据、有操作规程，坚持公开、公正、透明、效率的原则，加强跟踪监管。加快划拨速度，分批次定期下拨资金，减少中间环节，避免层层结存，并将用于项目的资金由审批制调整为备案制，提高财政绩效。

三是建立科学的评估体系，加大对中部地区的政策倾斜。中央财政在根据因素法确定对地方的财政转移支付时，要对农村地区、革命老区、贫困地区适当照顾，可以依据各省市区上年度人均财政支出作为基准点来确定标准，同时考虑人口基数、农业人口、粮食产量、城市化水平、教育等因素，并加大其权重，使一般性转移支付向这些地区倾斜，尽量缩小不同区域之间人均财政支出的差距，提高各地区可享受基本公共服务均等化水平。继续加大对农业大省，特别是中部地区限制开发区域、重点生态功能区的转移支付规模，增加“三奖一补”（对财政困难的县乡政府增加县乡税收收入，以及省市级政府增加对财政困难县财力性转移支付给予奖励，以调动地方政府解决缓解县乡财政困难的积极性和主动性；对县乡政府精简机构和人员给予奖励，促进县乡政府提高行政效率和降低行政成本；对产粮大县给予奖励，以确保粮食安全，调动粮食生产的积极性；对以前缓解县乡财政困难工作做得好的地区给予补助，以体现公平的原则）资金规模；优先布局国家大型商品粮基地和优质粮食产业工程，增加中部地区粮食风险基金和农业综合开发资金，豁免粮食财务利息挂账；继续增加中部地区农产品基地开发，农民就业、信息和技术服务，农村人畜饮水工程，洪水灾害损失等专项资金补助。加大中部地区基础设施建设和民生工程建设的支持力度，适当提高中部地区农村义务教育、社保、医疗等转移支付的比例。适当增加中央对中部地区的代发债规模，以降低地方政府融资成本。探索创新省际之间横向转移支付方式，通过富裕地区对贫困地区的资金转移来弥补贫困地区的财政缺口，实现地区间财政横向均衡，促进产业结构调整，扩大交流合作，实现共同发展。

民革中央在调研的基础上，形成了《关于建立科学的评估体系，完善中央财政转移支付制度的建议》，并在中共中央召开的高层协商会上作为民革中央对《全面深化改革的若干重大问题的决定》（征求意见稿）的主要意见提出。

三、建言首都新机场建设，推动京津冀一体化发展

中共十八大明确提出："继续实施区域发展总体战略，充分发挥各地区比较优势。"作为国家区域发展总体战略的重要组成部分，打造首都经济圈已经被列入国家"十二五"规划纲要。近年来，民革中央高度关注首都经济圈发展，多次赴北京、天津、河北等地就"环首都绿色经济圈"建设、京津冀文化旅游产业融合发展、河北沿海地区优势产业、都市型现代农业、天津滨海新区发展等课题开展调研，以推动京津冀区域经济一体化发展。2013 年 5 月中旬，民革中央常务副主席齐续春、副主席修福金率调研组又就首都经济圈发展问题，赴河北省廊坊市进行调研。

调研期间，齐续春率调研组一行先后赴廊坊市规划展示馆、固安工业园等地，考察了河北航天振邦有限公司、京东方移动装置用平板显示器等项目，并在座谈会上听取了地方政府相关工作情况汇报。

通过调研和考察，调研组了解到，得益于国家重大政策支持和国内外市场需求扩大，经过京津冀三地的努力，首都经济圈产业经济发展速度明显加快，区域合作更加密切，交通等基础设施日益完善，各种协作机制不断健全。但是，与伦敦、巴黎、东京、首尔等首都经济圈相比，甚至与我国长三角、珠三角相比，首都经济圈区域内部发展差距过大，合理的协调分工机制尚未形成，资源利用缺乏合理统筹规划，城市之间的产业联系还不够紧密。更关键的是，由于北京与周边地区的发展水平差距较大，并且缺少区域性重大项目作为抓手，向周边地区产业转移比较困难，没有能够充分发挥北京在首都经济圈发展中的辐射带动作用。

调研组发现，国务院 2012 年审批通过的北京新机场项目，选址北京市大兴区和河北省廊坊市交界处，处在京津塘和京保石两个重要经济发展带的交汇处，具有有利的区位条件。根据荷兰史基浦机场、韩国仁川机场、首都国际机场、上海浦东国际机场等国内外枢纽机场临空地区的发展经验，北京新机场的建设必将带动周边交通和市政设施的改善，从而吸引临空产业的聚集，创造大量就业机会和居住需求，成为首都地区新的城市节点。如果与区域产业合理布局相结合，北京新机场建设将有利于促进北京南部和首都

经济发展，进而辐射带动相邻区域，成为首都经济圈未来发展的重要引擎。

就目前北京新机场规划建设情况来看，北京新机场并没有放在打造首都经济圈的大背景下进行规划，没有能够充分重视其在疏解首都功能过度集聚、带动周边地区经济发展、健全区域利益决策和协调机制等方面的重要作用。调研组认为，北京新机场作为首都经济圈的重大基础设施，必须紧紧抓住这一重大机遇，进行统筹规划，发挥其在区域经济中的乘数效应，使之成为首都经济圈发展的重要抓手和“火车头”之一。

调研结束后，民革中央形成了《关于把北京新机场建设上升为国家战略，进一步推动首都经济圈发展的建议》，针对调研中反映比较集中的几个问题，提出了三个方面的建议：

第一，把北京新机场建设上升为国家战略。机场临空经济发展及作用的发挥，很大程度上依赖于政府的重视和提供的优惠条件。建议设立由国务院牵头，北京、河北两地政府及国家有关部委参与的领导小组，建立定期沟通协商机制，统筹研究解决北京新机场项目及两地空港新区的建设用地指标、占补平衡、耕地核减、产业布局、路网对接等问题。通过统一规划、统一建设、统一开发，高标准、高质量建设好北京新机场，并形成对外交通体系高效便捷、产业功能清晰明确、区域共同受益的空港新区，充分发挥新机场对首都经济圈发展的积极作用。可以考虑在北京新机场建立首都经济圈空港经济综合实验区，在口岸通关、航线航权、财税金融、土地管理、服务外包等方面给予政策支持，打造区域核心增长极，带动周边共同发展。

第二，科学规划北京新机场产业布局，实现区域合作共赢。北京新机场包含北京大兴和河北廊坊的部分地区，应统筹考虑机场建设的需求和周边区域的资源承载力，注重规划的科学性和长远性，明确区域分工，优化产业布局，避免同质化发展、恶性竞争和重复建设，实现新机场对首都经济圈的持续带动作用。北京、河北两地应根据城市化进程和产业升级的不同要求，找准在北京新机场建设中的发展位置和方向，力争航空物流、航空制造与服务、商务会展、旅游休闲等产业合理布局和可持续发展，提升区域整体竞争力和影响力，共同发力促进首都经济圈发展。

第三，保障被征占地群众切身利益，促进首都经济圈和谐发展。北京新机场建设对于选址地区以及被征占地群众来说，是发展的好机遇。在北京新机场征地拆迁工作中，一方面，应结合新型城镇化的要求，促进产业、失地人口向城镇集聚，努力壮大城镇经济，优化首都经济圈城镇体系；另一方面，应充分照顾被征占地群众期望，保障其切身利益，分享首都经济圈发展红利。建议北京新机场建设征占地实行共同补偿机制，或同一补偿标准，地上物征拆同质同价，在扣减土地区片价格后形成的补偿资金缺口，由国家层面统一协调解决，确保拆迁工作和谐稳定。此外，在北京新机场及空港新区建设、运营中，应充分考虑被征占地农民的就业安置和长远生计，做好培训、就业及帮扶工作。

2013 年 8 月，民革中央向国务院报送了《关于把北京新机场建设上升为国家战略，进一步推动首都经济圈发展的建议》。中共中央、国务院高层领导对此高度重视，李克强、张高丽、马凯等领导先后作出了批示。

四、推动藏区旅游业发展，为兴藏稳藏作贡献

四川、云南、甘肃、青海省藏区（简称“四省藏区”）地处青藏高原，生活居住着380万藏族同胞，占全国藏族总人口的3/5，农民人均纯收入只有全国的61%，经济社会发展水平相对较低。支持藏区加快发展，是中央的一项基本方针，也是推进西部大开发的重大任务。为推动藏区经济社会进一步发展，2013年6月20日至25日，民革中央常务副主席齐续春、民革中央副主席刘家强率调研组赴四川、云南，就藏区旅游产业发展进行调研。

在成都召开的调研座谈会上，四川省政协、省旅游局、省交通厅等单位先后向调研组介绍了四川藏区旅游发展情况。随后，调研组一行赴甘孜康定、雅江、理塘、稻城等地调研，听取当地中共党委、政府关于发展本地旅游的工作汇报。

齐续春对四川各级党政重视藏区发展、着力改善藏区民生给予高度评价，非常赞同四川省政协提出的将藏区建设提升到国家层面，从国家政治经济全局考虑，从国家民族宗教政策出发，按照中共十八大要求，全面推进藏区旅游业发展，以旅游发展促进藏区的繁荣、发展、稳定。

调研组了解到，中共四川省委、省政府以科学发展观为指导，坚决贯彻执行中共中央、国务院的决策部署，大力推进藏区跨越式发展，藏区发展、民生、稳定等各项工作取得明显成效，呈现出经济加快发展、民生持续改善、社会总体稳定、民族团结和睦的局面。甘孜州委、州政府以推进群众工作全覆盖统领全州各项工作，提出主动创稳的工作思路，大力实施“生态立州、旅游强州、科教兴州、依法治州、和善安州”的经济社会发展总体战略，坚定不移统筹抓好发展、民生、稳定“三件大事”，开创了建设美丽生态和谐幸福新甘孜的新篇章。迪庆州委、州政府以建设全国藏区跨越发展和长治久安示范区为目标，制定了一系列有效措施，实现了从快速发展走向跨越发展，从基本稳定走向长治久安的新跨越。相关国家部委对四省藏区经济社会的发展给予了大力的支持与帮助。实践证明，中央关于藏区工作的方针政策是完全正确的，各项决策部署是有力有效的。

通过深入实地考察，调研组看到，由于地域条件限制和历史等原因，四川、云南以及青海、甘肃四省藏区整体都面临着经济社会发展相对滞后的困境。但与此同时，四省藏区却拥有丰富和独特的旅游资源，其绮丽的自然风光及民族、宗教、历史等多种资源，不仅在国内独树一帜，就是在世界范围内也属罕见，具有非常高的开发利用价值。近年来，四川、云南省抓住藏区得天独厚的世界级旅游资源优势，重视发展藏区旅游，出台了一系列的政策措施，支持藏区旅游业发展，取得了较好的成效。2012年，四川藏区实现旅游总收入217.66亿元，同比增长40.5%，占四川藏区地区生产总值的54.2%。云南迪庆州2013年1—4月实现旅游收入19.31亿元，同比增长7%。一些地区依靠旅游业带动实现了跨越式发展，出现了旅游旺、人民富、藏区稳的良好局面。

调研组也看到，目前四省藏区旅游业整体发展水平仍处于初级阶段，还存在不少困难和问题：一是各省藏区旅游发展缺乏统一协调机制，旅游经济效益提升难度大，旅游业在带动经济社会发展、促进人民群众脱贫致富、增强自我发展能力等方面的作用未能

充分显现。二是交通等基础设施条件相对滞后，严重制约了旅游业的发展。三是旅游投入不足、旅游产业层次不高和旅游人才匮乏。四是藏区旅游业抵御风险能力弱，容易受到自然灾害、特殊事件等外部因素影响。

调研组认为，在生态环境十分脆弱的青藏高原，要实现中共十八大提出的“加快民族地区发展，促进各民族和谐相处、和睦共济、和谐发展”目标，实现四省藏区经济社会的跨越发展，更好地维护藏区稳定和国家长治久安，国家应从战略高度重视四省藏区旅游业的发展问题，将旅游业作为四省藏区经济发展的重要支柱性产业，作为促进四省藏区社会稳定、经济发展、生态安全、民族和谐的重要举措。

为此，2013 年 8 月，民革中央向中共中央、国务院领导同志报送了《关于推动四省藏区旅游业上升为国家兴藏稳藏战略的建议》，就存在的问题提出了五点建议：

第一，从国家实施西部大开发特别是推动藏区稳定的战略大局出发，充分考虑和结合藏区的独特优势，将四省藏区旅游业上升为国家兴藏稳藏战略。

第二，在将四省藏区旅游业发展作为国家战略的前提下，由国务院成立四省藏区旅游业发展领导小组，指导和协调四省藏区旅游业发展。领导小组办公室设在国家发展和改革委员会，具体负责综合协调和督促落实支持藏区旅游业发展政策、项目、资金等事宜。

第三，在国务院四省藏区旅游业发展领导小组的统筹协调组织下，由国家发展改革委、财政部、交通部、国家民委、旅游局及四川、云南、甘肃、青海省有关部门组成联合调研组，研究制定出台《国务院支持四省藏区旅游业发展的若干意见》，切实推动四省藏区旅游业成为当地“带动发展、兴藏稳藏”的支柱性产业。

第四，加大对四省藏区以交通建设为主的基础设施建设的投入，构建公路、铁路、航空等相互补充、相互衔接的立体交通体系，为旅游业在四省藏区的发展创造良好的基础条件。

第五，建议将甘孜州确定为全国旅游综合改革试点地区，请求国家相关部委支持将稻城亚丁申报为世界自然与文化遗产，将稻城亚丁创建成自然与人文相生相融、多种文化和谐共融的生态人文示范区，助推甘孜藏区旅游业发展，以旅游带动藏区对外交流、交往、交融。

五、以新型农村社区建设为抓手，助推城乡一体化发展

中共十八大作出了“四化同步”的战略部署，2013 年习近平总书记在湖北省调研时也明确指出：城镇化要发展，农业现代化和新农村建设也要发展，同步发展才能相得益彰，要推进城乡一体化发展。

为了解当前新型城镇化背景下新型农村社区建设的情况，2013 年 7 月上旬，民革中央常务副主席齐续春率调研组赴天津、山东开展专题调研。根据与天津市、山东省及有关区、市和县、乡、村干部的座谈交流，以及在天津市北辰区双街镇双街村、东丽区华明镇，山东省德州市德城区馨秋社区和齐河县李官社区、胜利社区、华中社区、洪州社区，诸城市辛兴社区、大源社区等地的实地考察。

在天津召开调研组召开了座谈会，天津市副市长尹海林介绍了天津市新型农村社区

建设有关情况。在会上，天津市民政局、市建交委、市发改委、市农委相关负责同志与会专家学者就天津市在积极推进城镇化建设的同时加强农村居住社区建设中取得的经验，进行了深入的交流。在座谈会上，齐续春谈到“三农”问题是事关中国特色社会主义现代化事业全局的一个重大问题。十八大报告再次强调，解决好农业农村农民问题是全党工作重中之重。民革作为参政党，长期以来一直把“三农”问题作为参政议政工作的重要领域。近年来，向中共中央、国务院报送了许多涉农建议，得到了中共中央、国务院的高度重视，希望天津在已有基础上，以改革开放的思路，紧密结合当前农村经济社会发展实际，坚持以人为本，强化顶层规划，加大投入力度，完善相关政策，创新管理服务，不断加强农村金融改革，大力发展农村集体经济，搞好城镇化资源配置，让更多农民享受到新型农村社区建设发展的成果。

新型农村社区，是我国工业化、城市化进入中期阶段统筹城乡发展的产物。随着我国现代化建设事业的发展，以建设新型城镇和新型农村社区的方式推动人口相对集中居住，日益成为一种普遍趋势。

在天津的调研中，调研组发现，天津市考虑到大型城市近郊农村人均占有耕地少、传统村庄功能逐步消失、农村基础设施薄弱等特点，采取以宅基地换房的方式，即农民按照规定的标准，以其宅基地置换新市镇住宅并迁入居住，建设了一批新型示范小城镇，农民原有宅基地统一组织整理复垦，实现耕地占补平衡。新市镇除农民住宅区外，还规划出建设用地出让开发，用土地出让收入平衡新市镇建设资金，逐步形成了示范工业园区、农业产业园区、农民居住社区“三区联动”的发展格局。同时采取集体经济组织股份制改革、户籍登记制度改革，撤销村委会、组建社区居委会等措施，加快推进城乡发展一体化。天津市在此项工作中坚持以人为本、政府主导、科学规划、稳步实施，创造了“一样的土地、不一样的生活”，实现了共同富裕和可持续发展。

在山东省德州市，调研组了解到，根据其原有村庄多、小、散，农村承载能力较弱、社会事业发展缓慢、集体经济实力薄弱、农民增收困难的情况，德州市提出“两区同建”即同步建设新型农村社区和农村产业园区的思路，有序推进村庄整合和土地整理。在已经建成的新型农村社区，农民就业机会增加，收入稳步提高，农民生活质量和村民自治质量大幅度提升。据介绍，再经过 15 年的努力，德州市将基本完成村庄整合，并将累计新增 100 万亩耕地。诸城市按照地域相近、规模适度的原则，把相邻的几个村庄（一般为 5 个行政村）规划建设为一个社区，在社区内选择一个中心村庄设立社区服务中心，以此作为基本公共服务向农村延伸的平台，也作为引导城市经济社会发展资源流向农村区域的平台，促进了农民生产生活的就地城镇化。农民在农村社区就近就业、安居乐业，外出打工的少了、“留守儿童”现象少了，促进了社会稳定、发展和和谐。

从天津、山东新型农村社区建设的经验看，在充分尊重农民的意愿、充分调动广大农民积极性的基础上，根据本地区经济社会发展的实际水平制定发展规划，稳步有序地加以推进，促进新型城镇化和新型农村社区协调健康发展是完全可能的，也是非常必要的。在国家积极稳妥推进新型城镇化的背景下，各级政府也应当制定政策措施，大力促进新型农村社区建设。为此，2013 年 8 月 15 日，民革中央向中共中央、国务院领导同志报送了《关于协调推进新型城镇化和新型农村社区建设的建议》。具体内容是：

第一，将新型农村社区建设纳入新型城镇化规划，促进新型城镇和新型农村社区协调发展。新型城镇化和新型农村社区建设的核心都是人的城镇化，进入城镇的农业转移人口要市民化，农业人口和留在农村的农业转移人口则要就地城镇化，即人不离开农村，但生活方式可以实现城市化。否则，只要农村居民还在向往城市、想要离开农村，农民就会源源不断地进入城市，农业转移人口市民化的问题就不能最终解决。因此，各级政府制定新型城镇化规划，应当把城乡居民居住区看作是从特大城市到大城市、到中小城市、到小城镇、到新型农村社区这样一个完整的体系，把促进农业人口和留在农村的农业转移人口就地城镇化作为一项重要任务和战略重点，促进新型城镇化和新型农村社区建设的协调推进。

第二，加快土地制度改革，促进土地资源优化配置和集约节约利用。新型城镇化和新型农村社区建设的一个关键和核心问题，就是通过土地制度的改革和创新，实现土地资源的整合和高效利用。建议国家完善城乡建设用地增减挂钩政策，允许各地根据本地实际情况，在保证城市建设用地特别是工业用地集约节约利用和耕地质量不降的前提下，适当扩大耕地占补平衡范围，逐步实现在市、省甚至全国范围内占补平衡，从而让偏远农村能够得到大城市、特大城市在资金及各方面资源的反哺和支持，为新型农村社区建设和现代农业发展注入更大的活力和动力。同时，应加快推进农村土地的确权登记办证工作，并在此基础上，积极改革土地流转制度，一方面让农民在进入城镇定居时，能够将承包地经营权和宅基地使用权变现为资金，用以支付定居城镇的生活成本，另一方面为农业适度规模经营创造条件。

第三，积极推动基本公共服务资源向农村流动，着力将高等教育资源和优质基础教育资源向农村区域配置。在山东德州，有的新型农村居民区建成以后，又出现了农民外出务工、农村从“空心村”又变成了“空心社区”的现象。因此，按照中华民族高度重视教育的优良传统和教育优先发展的现代理念，各级政府可着力把高等教育资源引向县城乃至中心镇、把优质基础教育资源引向新型农村社区，以此增强新型城镇和新型农村社区的吸引力和凝聚力。可以采取推动高等院校在县城办分校区、中小学名校在新型农村社区办分校区的办法，让农村教育水平向城市靠近，这对于有序引导农业转移人口进入中小城市、促进农业人口及留在农村的农业转移人口就地城镇化将起到十分突出的促进和巩固作用。

第四，积极引导、严格规范社会资本和金融资本参与新型城镇化和新型农村社区建设。2013 年中央一号文件明确提出，“鼓励社会资本投向新农村建设”，这是一个意义重大的决策。城市工商资本参与新型城镇化和新型农村社区建设，应当是城市支持农村、工业反哺农业的主要形式之一。在我国城市企业和居民缺乏投资渠道的情况下，国家应当大力推动企业和城乡居民向新型城镇化和新型农村社区建设投资。在此过程中，应当十分注意“新型城镇”和“新型农村社区”的不同职能。城镇可以是农村区域的工业中心，而农村社区则应当是发展现代农业和服务业的基地。必须按照生态文明建设的要求，坚决杜绝污染企业到城镇特别是农村去。

政府应重点引导和推动城市国有企业和民营企业参与新型农村社区的社会建设，鼓励企业和社会组织在农村兴办各类教育和就业培训机构以及医疗、养老、农业生产服务等社会服务事业，鼓励城市企事业单位、社会团体和个人乃至外资以多种形式兴办农村公益服务机构（比如“雷锋超市”）。

第五，进一步完善村民自治法，抓住建设新型农村社区的契机，加强基层群众自治制度建设。在山东一些地方，新型农村社区的村民选举质量远远高于原来的行政村，这是因为，刚刚从周边行政村集中过来的农村居民都对社区未来发展充满期待，居民之间也尚未形成不同利益的冲突，加上原来对行政村村民选举形成干扰的家族宗法势力以及其他势力都变成了少数，村民参与村民自治的热情普遍高涨，选举投票反映了真实的民意，社区党组织建设和村民自治组织建设得到了加强。这一经验表明，各级政府应当高度重视、充分利用建设新型农村社区的有利时机，建立和完善新型农村社区的公共生活，进一步推进中国特色社会主义民主政治建设。

该建议上报中共中央、国务院后，得到了中共中央、国务院领导的高度重视，中共中央政治局常委、国务院总理李克强同志，中共中央政治局常委张高丽同志对相继建议作出重要批示。

卢　森　民革中央宣传部干部

中国民主同盟参政议政案例

一、建言加强耕地质量建设、保障农产品质量安全

近年来，由于工业、城市污染的加剧和农用化学品投入数量的增加，土壤污染日趋严重，质量不断下降，污染面积逐年扩大。尤其是重金属污染物在土壤中移动性差、滞留时间长、不能被微生物降解，并经水、植物等介质对人类的健康带来危害。

为此，民盟中央向全国政协十二届一次会议递交了《关于加强耕地质量建设、保障农产品质量安全的提案》，建议：

第一，加大政府的扶持和监管力度。各级政府应加大对土壤质量建设相关基础设施与仪器设备的扶持，进一步完善土壤检测体系，增强土壤质量监测能力。建立土壤肥力与有机质提升项目补贴机制，明确资金补贴标准、内容、范围与规模，鼓励农民种植生草绿肥，加大秸秆还田和测土施肥项目资金补贴力度，引导农民增加土地投入。根据各不同类型区土壤养分含量情况，定点、定量供应化肥，增加使用有机肥及生物菌肥的补贴力度，使农民逐步恢复使用有机肥的习惯，逐步改善耕地质量，提高农产品质量及效益。

第二，加强对污染物的监测管理。环保部门对工厂的废弃物、废水处理的监管工作要及时到位，将污染隐患消灭在源头，保证灌溉水的质量，减少灌区土壤污染，保证农作物的产量及品质。为防止通过肥料特别是化肥、有机肥中有害物质对土壤及农产品的污染，组织无公害农产品生产指定肥料筛选和认证工作，严格控制肥料质量。加强土壤监控，包括土壤肥力及土壤重金属污染指标，制定无公害施肥技术规程，健全完善无公害农产品质量标准体系，包括无公害农产品生产基地环境质量、生产过程、栽培措施、肥料、农药等投入品质量和监测规程等。

第三，增加土壤投入，优化土壤环境，提高土壤肥力。通过农田投入建设良好的农作物根际区系和土壤环境，投入的各种肥料必须达到国标要求，农家肥必须经过充分腐熟或无害化处理，杜绝一切有害物质或可能造成危害的生物质肥料、化学肥料、土壤调理剂、植物调节剂等进入土壤。按照土壤容量和供肥性能，确立目标产量，计算养分投入量，有机肥施用应考虑有机物质的腐殖化系数和土壤矿化速率，基本做到土壤有机质的平衡与有效积累。在施肥过程中，要注意有机肥与无机肥、土壤培肥与各项营养调节技术、大量元素与中微量元素、土壤质量建设与其他关键技术相结合的原则，逐步构建肥沃、生态、协调、持续的土壤环境。

第四，改进肥料生产技术，发展节肥施肥技术。研制与推广高浓度、缓效、控释肥料及肥料增效剂，减少施肥次数，减少肥料流失可能。配合使用脲酶及硝化抑制剂，延缓脲酶对尿素的水解，抑制硝化速率，减缓铵态氮向硝态氮的转化。推广水肥综合管理技术，基肥采用无水层混施，追肥采用铵态氮带水深施，以减少氮的流失和逸失，有效防止农产品及环境污染。提倡耕地土壤修复工程，对于施肥、灌溉造成的耕地土壤重金属污染及土壤 PH 变化，可采取施用石灰、增施有机肥、生物降解肥料、土壤调理剂等方法降低植物对重金属元素的吸收积累，或用翻耕、客土和换土等方法去除或稀释土壤中重金属和其他有毒元素的污染。

第五，合理利用有机废弃物，使其无害化、资源化、商品化。随着人类食品安全生产意识的增强，无公害、绿色食品的需求必将推动商品有机肥、有机无机复混肥、生物有机肥、氨基酸类肥料等生态肥料的快速发展。畜禽粪便、农副产品和食品加工废物、有机垃圾等有机废弃物将被视为宝贵资源，经微生物快速发酵技术使其资源化、无害化、商品化、产业化，科学合理使用，不仅可减少其对农产品及环境的污染，又能增加土壤有机养分的投入，培肥耕地地力，改善农产品品质。

第六，加大宣传教育力度，从根本上改变农民的种植观念。提高土壤质量是建设现代农业，保障农业持续发展，繁荣农村经济的基础性工作。提高土壤质量又是一项长期艰巨的工作，必须经过多年的艰苦努力方能见效。各级政府和广大农民要充分认识到加强土壤质量建设的长期性、艰巨性，只有不断付出努力，才能取得丰厚的回报。

该提案受到了全国政协的高度重视。3 月 8 日下午，全国政协举行了主题为“加强城乡污染防治 改善城乡人居环境”提案办理协商会，民盟中央所递交的此份提案入选此次会议。大会主席团常务主席罗富和出席会议并讲话，各提案党派和全国工商联代表、提案委员代表，以及发改委、工信部、财政部、国土资源部、环境保护部、住建部、水利部、商务部等提案承办单位参会。

二、建言全面优化制度安排，实现社会保障定型、稳定、可持续发展

在党和政府的高度重视下，我国社保体系建设在近几年间取得了巨大进展，社会救助已经覆盖城乡，全民医保基本实现，养老保险达到了制度全覆盖，各项社会福利事业在不断发展，城乡居民均不同程度地获得了相应的保障，后顾之忧大为减轻。然而，由于传统的体制性障碍依然存在，渐进改革中的遗留问题日益凸显，现行制度设计还有不足与缺陷，社会保障发展客观上面临着严峻挑战，其提供稳定安全预期的功能尚未有效发挥，并成为引发一些社会矛盾与群体性事件及极端个案的新的源头。

2013 年 5 月 5 日至 9 日，全国人大常委会副委员长、民盟中央主席张宝文，全国政协副主席、民盟中央常务副主席陈晓光率民盟中央调研组赴山东，就“全面优化制度安排，实现社会保障定型、稳定、可持续发展”进行实地调研。同时参加调研的还有民盟中央张平、徐辉两位副主席。

调研分青岛—潍坊和德州—滨州两路进行，以实地考察、座谈研讨等方式展开调研。5 月 5 日清晨，张宝文主席、徐辉副主席率第一组，乘最早一班高铁奔赴青岛市；陈晓光

常务副主席、张平副主席率第二组赴德州市。下车伊始，两路调研组都直奔调研点，先调研、后座谈，深入基层、耐心倾听。此次调研民盟中央注重作风转变、精简人员，确保调研务实、高效；更加关注基层盟员。张宝文主席每到一处，都认真倾听基层的意见建议，晚上接见基层盟员，在各地座谈会上都认真听取发言，参加讨论，并作了六次重要讲话；陈晓光常务副主席为了能够获取更多一手资料，短短几天，深入市、县和乡、镇、街道及企业考察调研点 26 处。

在民盟中央调研组赴山东进行的实地考察调研的同时，也委托民盟江苏省委、安徽省委、黑龙江省委、辽宁省委、四川省委在当地就同一课题进行辅助配合调研。此次重点调研所涉及的省份为历年之最，分布于我国的东、西、南、北、中，加上此前的“社会保障制度的建设与完善”重点调研，调研范围覆盖范围了三分之一的省级行政区域，体现着民盟中央对于社会保障体系建设的高度重视，也体现着民盟作为参政党的责任感。

通过调研，调研组认识到：我国社保体系建设已经从面向部分人群的选择型制度安排转变为面向全民的普惠性制度安排，正在从渐进改革的试验性状态步入制度定型与可持续发展的新阶段，这一制度体系亟待通过深化改革来加以优化，急需理性的顶层设计。当前存在的问题主要有：首先，制度体系结构因缺乏统筹规划而不协调。总体上表现为重社会保险轻社会福利，重经济保障轻服务保障，计划经济体制下的城乡分割、地区分割、群体或身份分割的格局并未改变，不协调性明显。其次，责任分担机制因主体各方负担畸轻畸重而失衡。总体上是政府与单位的责任偏重，个人与社会的责任偏轻。再次，改革进程因未能同步而致使矛盾激化。如企业职工养老保险改革急速推进，老职工进入了新制度；而机关事业单位还在原地踏步，新人也继续被纳入传统退休制度，“双轨制”已成为一个激化矛盾的严重问题。此外，制度推进因法制欠缺而弱化了稳定的安全预期。由于具体制度安排还处于改革试验状态，法制建设滞后，导致制度迟迟不能定型，从而影响了公众的信心与安全预期。最后，制度建设因相关政策不配套而影响了整体效能的提升。

在汇总各项调研成果的基础上，民盟中央起草并向中共中央、国务院递交了《关于全面优化制度安排，实现社会保障定型、稳定、可持续发展的建议》，同时了附上优化养老保险、医疗保险、社会救助制度与构建老年服务体系的基本方案，提出了以下具体建议：

第一，明确各方主体责任作为优化制度安排重要目标。不断增进人民福祉是政府的当然责任，但这种责任又不能演变成政府的沉重负担，而须以主体各方合理分担责任为条件。在这方面：一是要清晰界定政府对社会保障的财政责任，并明确划分中央与地方的责任边界，让各级政府能够有计划地安排财力。二是要均衡单位与个人负担，逐步改变养老、医疗保险等单位缴费多、个人缴费少的失衡状态，通过强化个人责任来维护制度理性，实现可持续发展。三是合理化解历史欠账。当前引起广泛关注的养老保险个人账户空账约 2 万多亿元，还有部分中老年职工等待兑现的“视同缴费”待遇，实质上都是养老保险制度转型出现的历史欠账，是过去数十年间形成的，也宜在明确补偿方式的条件下由 2—4 届政府均衡消化。四是强化社会责任，调动市场力量，弘扬优良传统。如制定有力的财税政策，推广政府购买服务，大力扶持慈善公益组织，充分调动社会资源与市场资源参与社保事务，以不断壮大社会保障物质基础，最终促使国民福利水平持续得到提升。

第二，坚持权利义务相结合和维护同一代人相对公平原则，避免福利泛化和群体之间、代际之间矛盾恶化。一方面，必须坚持权利义务相结合，走中国特色的社会保障道路。当前，有的地方推行免费医疗或将医保报销水平提到90%以上，有的地方养老服务机构建设不考虑供求之间有效匹配而追求“大而全”的做法，表明确实存在追求短期福利政绩的现象，值得引起警惕。我们认为，基于现实国情与所处发展阶段，保持福利增长是必要的，但除了极端弱势群体外，所有人获得社会保险、社会福利待遇均应坚持以承担相应的缴费义务为条件。只有这样，才能形成共同参与、共同分担、共同享有的新社保精神，形成自助、互助、公助相结合的新社保格局。另一方面，社会保障改革实质上是对既有利益格局的调整，从维护历史公正和减少改革阻力的双重目的出发，应当坚持同一代人相对公平的原则，按照“老人老办法、新人新办法、中人有过渡办法”的基本思路来深化改革。过去，由于未能很好地遵循这一原则，让企业“老职工”一步到位地进入了新制度，而机关事业单位却一个直延续着不用缴费的退休制度，结果不仅造成两大退休群体的矛盾激化，也制造了年轻一代的不公，助长了年轻人争相选择机关事业单位就业的偏好。因此，应对“新人”与“老人”有所区别，加快推进机关事业单位养老保险改革，对企业退休老人给予适度补偿，让所有“新人”站在平等的社保起点上，这是化解旧矛盾、避免新矛盾并减少改革阻力的必由之路。

第三，打破城乡分割格局，走城乡一体化的发展道路。当前我国各项社保制度几乎均处于城乡分割状态，其直接效应是造成社保制度的统一性与公平性先天不足，既阻碍了城乡统筹发展与城市化进程，也衍生出了新的社会问题与矛盾。因此，有必要将城乡社保体系一体化作为统筹城乡发展的重点，同时摆到全面优化社保制度的优先位置，并通过制度整合等方式加以推进。在这方面，可以先行推进城乡社会救助、医疗保险与老年福利一体化，将城镇的保障性住房制度等逐步向农村延伸，实现公共福利资源的公平、高效配置。如果实现了城乡社保一体化，就为缩小城乡差别、促进城乡统筹发展奠定了坚实的基础。

第四，稳步提高社保统筹层次，着力提升公平性与互济性。统筹层次低是制约我国社保制度公平性与互济性的重大影响因素。例如，职工基本养老保险停留在地区分割统筹状态，造成不同地区的缴费负担畸轻畸重、基金余缺两极分化，既损害了制度自身的公平性与市场经济竞争的公平性，又放大了现行制度的问题，影响了公众对制度的信心和制度的可持续发展。医疗保险大多还停留在县级统筹，直接限制了疾病风险在更大范围内分散，影响了患者异地就医，也降低了医疗保险财务的稳定性。因此，应当尽快实现职工基本养老保险全国统筹，这是优化整个养老保险制度的治本之计；将医疗保险统筹层次尽快提到地市级，并向省级统筹稳步迈进，以切实解决疾病风险分散与财务稳定问题，并为患者据需跨县市就医创造条件。如果统筹层次得到了提升，地区差距就会缩小，国民的福利权益会走向公平，亦会为区域协同发展创造相应的环境。

第五，进一步理顺社保管理体制，加快社保法制建设。经1998、2008年两次国务院机构改革，社会保障领域多龙治水格局有所改观，但城乡分割、群体分割、资源分割及对社会力量利用乏力的现实情形，表明社保体制改革还不到位。调查地区普遍反映，还需进一步理顺管理体制。一方面，进一步厘清相关职能部门的职责，实行集中监管。如将医疗保险事务由两部门分割管理变为一部门集中监管，将社会救助事务从多部门分头介入转为民政部门归口管理，强化国家发改委、财政部的宏观规划职能，充分发挥国家立法机关与工会等人民团体的监督职能等。另一方面，需要切实转换政府职能，充分调动社会组织与市场主体的积极性。例如，养老服务宜发挥民间机构的巨大作用，医疗服务应平等利用公、私医疗系统展开服务竞争，政府购买服务方式应当在社保领域得到充分利用。当然，也要注意以不损害制度公平、不牺牲受保障者利益为前提。同时，应当加快社保法制建设。在社会保险领域，需要尽快制定养老保险条例、医疗保险条例及社会保险基金投资法规。在社会救助领域，制定《社会救助法》已成当务之急，应当确保全国人大常委会今年12月能够如期审议。在社会福利领域，急切需要制定专门的儿童福利法规等。最终让社保制度全面运行在法制轨道上，真正实现定型、稳定与可持续发展。

第六，同步推进相关改革，努力提升社保体系的整体效能。一是加快推进公立医院改革，发展民间医疗服务，这是全民医保顺利推进与质量提升的必要条件。二是加快推进财政体制改革，尽快明晰各级政府的社会保障责任与财权，实现公共福利资源高效配置。三是大力发展慈善公益组织，创新社会服务机制，为促使社会保障成为全民共同的事业创造条件。四是完善资本市场，制定社保基金投资政策，确保基金保值增值。五是确立家庭与社区支持政策，将社会保障与家庭保障传统有机结合起来。如果能同步推进上述工作，则社会保障的综合效能将得到全面提升。

三、建言加强西北旱区农牧业可持续综合开发开展

我国西北地区受自然环境等因素制约，水资源比较匮乏，生态环境非常脆弱，农业基础设施相对薄弱，农民增收的难度很大，但是西北地区分布着大量农业后备资源，土地储备量充足，光照资源丰富，昼夜温差较大，农业综合开发的潜力巨大，如何对实施西北地区农业可持续综合开发对国家粮食安全、推动西北地区经济社会发展都具有重大意义。为全面了解西北地区农业发展现状及制约因素，客观系统地评价西北地区粮食生产、畜牧业、特色农业的发展潜力，为西北地区农业可持续综合开发战略实施献计出力，2013年10月、11月，全国人大常委会副委员长、民盟中央主席张宝文先后两次率队在西北地区调研农业综合开发情况。

10月25日至29日，张宝文一行首先来到宁夏回族自治区考察调研。在宁期间，张宝文一行先后到青铜峡市邵岗镇星火村、自治区农科院农作物研究所、贺兰县立岗镇兰光村、中地万头奶牛养殖厂、石嘴山市平罗县姚伏镇等地，实地考察了宁夏基本农田建设、新品种选育、种业发展、特色农业产业发展以及创新农业经营模式等工作情况。11月6日至10日，张宝文一行赶赴甘肃考察调研，先后深入到庆阳市西峰区鄢旗坳、肖金镇、张铁沟，定西市通渭县、安定区巉口镇，白银市白银区、四龙镇和武威市古浪县、凉州区等地，详细考察甘肃节水旱作农业技术、小流域综合治理、循环设施农业产业、特色农产品深加工、生态移民及扶贫开发、“校地共建”农业节水试验等工作情况。调研期间，调研组还分别与宁夏自治区、甘肃省的有关领导同志和相关部门进行了座谈，听取了当

地有关部门关于地方农业综合开发工作情况的汇报。

回京后，调研组起草了《关于加强西北旱区农牧业可持续综合开发的调研报告》。对调研中发现的问题进行深入分析，提出了可行的对策，具体内容如下：

第一，实施科技创新驱动的旱作节水工程。充分利用天然降水，以节约用水、高效用水为着力点，以科技创新和技术集成应用为支撑，全面推进旱作节水农业发展，是解决西北旱区水资源短缺的重要途径。一是大力发展旱作农业。在西北旱区推广全膜双垄沟播、秸秆覆盖还田、保护性耕作、集雨补灌、培肥地力等旱作农业集成技术，实施集雨、蓄水、坡改梯等工程措施，按照不同类型区建立农牧业可持续发展技术模式和生产体系，提高旱作农业生产能力。特别是，要把全膜双垄沟播技术作为主推技术来推广，通过补贴地膜覆盖，大幅度提高粮食单产及玉米总产，为畜牧业提供发展基础；通过补贴或贴息方式，启动建设一批农田残膜回收站点及加工企业，实现残膜资源化利用，消除白色污染。二是加大农业节水支持力度。实施渠道防渗、管道输水、微灌、滴灌、喷灌等节水灌溉工程，配合相应的农机农艺措施，普遍提高西北旱区农田灌溉水有效利用系数。选择有代表性流域，建设节水农业示范区，辐射带动节水农业快速发展。三是加强旱作节水农业科技创新。建立以企业为主体的育种创新体系，培育推广一批节水、多抗、高产、优质、专用的突破性新品种。加快旱作节水农业分区技术集成、废膜回收与可降解地膜研发和应用。选择适宜地区分别建立西北旱区和内陆灌区农牧业可持续综合开发科技创新示范区。

第二，加快推进农业结构战略性调整。为提高西北旱区农业资源利用率，必须加大结构调整力度。一是支持种植业“压夏扩秋”。顺应天时和作物生长规律，通过加强宣传、集成推广旱作农业技术，调整种植业内部结构，在适宜地区实施夏粮改种秋粮、小麦改种玉米，力求降水和作物需水期同步，提高水土资源利用率和土地产出率。二是加快“耕地农业”向“粮草兼顾”结构转型。重视草地农业发展，将牧草和食草家畜引入农业生产系统，对耕地和非耕地的农业用地进行统一规划，给予财政扶持和政策优惠。大力发展草食畜牧业，实施舍饲半舍饲圈养，对棚圈建设予以支持，提高出栏率和防灾减灾能力。建设优质饲草料生产基地、饲草库棚和加工设施，提高饲草生产、加工和储藏水平。支持西北旱区优质牧草良种扩繁基地建设，提高牧草良种供给能力。三是做优做强特色产业。以发展清真食品产业为重点，加强优势特色外向型产业基地建设，重点培育优势农产品和优势产区，积极推进产业集聚和优化升级。注重农牧结合，划定禁养区、限养区和可养区，做到以环境容量确定养殖业规模。

第三，加强农业资源和生态环境保护。当前和今后一个时期，实施农业综合开发，要着力抓好四件大事：一是加强耕地整治。以培肥地力、养分平衡、土壤改良、耕地修复、农田节水为重点，加快改造和消解中低产田的主要限制因素，着力提升耕地质量。实施梯田改造、坡耕地及沟地治理，合理利用25度以下的坡耕地。通过农业综合开发，分类改造盐碱地，建立盐碱地分类治理示范区，熟化技术模式，扩大辐射带动范围。二是推进退耕还林还草。在农牧交错带已垦草原实施退耕还草，恢复草原植被，控制草原沙化、盐碱化，通过人工补播、适当灌溉等工程措施，提高草原生产能力。在25度以上坡耕地上实施退耕还林还草，控制水土流失。三是大力发展循环农业。加大沼气工程实施力度，建立以沼气特别是大中型沼气为纽带的种养业循环农业模式。选取典型农牧县，开展循环农业、生态农业技术集成示范。推广无污染、无公害以及节地、节水、节肥、节能、节材、节饲、节劳的农牧业生产技术和农牧业面源污染治理技术等，提高资源利用率。四是开展农业环境突出问题治理。在黑河、石洋河、塔里木河流域部分水资源过度开发地区，开展结构调整和退休耕试点，对休耕轮作进行补贴，有序实现耕地、河湖休养生息。加大坡改梯和淤积坝建设力度，有效控制水土流失。加大秸秆还田、秸秆养畜力度，开展畜牧业养殖场综合整治，推进农业废弃物资源化利用。

第四，启动实施南水北调西线调水工程。组织有关专家对调水方案进行科学论证，选择建设成本相对低、生态影响相对小的实施方案。在此基础上，加强统筹协调，尽快开工建设西线工程，在全国范围内优化水资源配置，向黄河流域及其邻近的河西走廊地区供水，有效解决涉及青海、甘肃、宁夏、内蒙古、陕西、山西等6省（区）黄河上中游地区和渭河关中平原的经济社会缺水问题。

第五，完善政策支持体系。按照普惠与特惠、公平与精准、政府与市场相结合的原则，加快构建新型农业政策支持体系，推动政策目标由单一生产目标向农民增收、可持续发展多目标转变，政策手段由专项措施向组合措施转变。一是加大新型经营主体补贴补助。新增支农资金重点向家庭农场、农民专业合作社等新型经营主体倾斜，支持生产大户改善生产基础设施条件、扩大生产规模。支持农牧民合作社承担政府相关建设项目，增强农产品加工能力，扩大特色农产品品牌效应，提高产业化发展能力。二是加强公共服务体系建设。按照主体多元化、服务专业化、运行市场化的方向，加强基层公共服务体系条件建设，健全经费保障、绩效考核的激励机制，积极推行合作式、订单式、托管式等服务模式，增强技术推广和服务能力。三是建立完善农业生态补偿政策。对畜禽养殖废弃物和农作物秸秆的综合利用、农业排放废弃物的回收利用、生物农药和生物有机肥的推广使用等，逐步实行农业生态补偿。对生态农业企业及种养业有机结合的经营主体予以生态补偿。继续加大对农牧区环境保护建设的投入力度，全面落实草原生态保护补助奖励机制。

第六，深化制度创新。进一步完善现有法律法规，为农业可持续综合开发创造良好的体制机制环境。一是统筹推进土地制度改革。加快农村集体土地所有权、宅基地使用权、集体建设用地使用权等确权登记颁证工作。盘活现有土地资源存量，加强土地承包经营权流转管理和服务，建立健全土地承包经营权流转市场，积极引导农村土地流转和适度规模经营。二是健全完善农村金融服务制度。扶持发展村镇银行、贷款公司等农村小型金融机构，引导合作社发展信用合作，推动社区性农村资金互助组织发展。积极探索农民以宅基地使用权、林权、土地承包经营权、大中型农机具、订单抵押等作为贷款抵押物，允许具备条件的村委会为农户提供贷款担保。提高金融保险服务补助标准，扩大产品覆盖范围，完善政策性农业保险制度。三是健全完善水权管理制度。在保障灌溉面积、保证灌溉率和农民利益的前提下，建立健全水权转换机制。引导和规范市场主体通过公开公平竞争获得水资源开发权。完善水资源有偿使用制度，制定反映水资源价值的合理水价，逐步推行阶梯水价。构建完善的基层水利服务体系。四是建立健全有关法律规章制度。完善“米袋子”省长负责制和“菜篮子”市长负责制，推进农牧业专业化生产、区域化布局、产业化经营。完善干部政绩考核评价体系，把农牧业生产、农民增收、耕地保护、可持续发展作为考核地方领导班子绩效的重要内容。

在调研报告的基础上，民盟中央起草并向中共中央、国务院递交了《关于加强西北旱区农牧业可持续综合开发，提高我国粮食安全保障能力的建议》。该建议上报后，获得了中共中央、国务院领导的批示。

四、以第九届海峡两岸暨港澳地区大学校长联谊活动为载体，力促两岸四地合作与交流

2013 年 7 月 20 日至 26 日，“第九届海峡两岸暨港澳地区大学校长联谊活动”在台湾举行，由民盟中央、北京大学、南京大学、台湾大学主办。民盟中央副主席徐辉以及大陆、台湾、香港地区 26 所高校的 29 位现任、前任校长出席活动，澳门大学校长临时因故未能成行。至此，两岸四地参与历届活动的高校总数已达 42 所、时任与现任校长总计 68 位。

在活动中，民盟中央副主席徐辉深情地说：民盟成员多数是教育界的。多年来，我们致力于国家教育事业的健康发展，积极推动海峡两岸暨港澳地区大学校长开展交流，是基于对教育作用的基本信念。历史经验告诉我们，一个国家会因为重视教育而繁荣富强，也曾因为忽视教育而遭受苦难。民盟中央作为大学校长论坛的发起单位之一，将长期致力于推进海峡两岸和港澳地区大学教育界的交流与合作。

7 月 21 日，作为第九届海峡两岸暨港澳地区大学校长联谊活动首要项目的两岸四地大学校长论坛在淡江大学兰阳校区举办，本届主题是“华人共同在线教学平台，两岸四地华人合作”。南京大学校长陈骏、台湾大学校长杨泮池、香港科技大学陈繁昌校长分别代表大陆、台湾和香港，介绍当地一年间高等教育发展情况。

在论坛研讨阶段，话题聚焦在“磨课师计划”（MOOCs—Massive Open Online Course）。台湾教育行政机构杨镇华先生介绍该计划的发展现状和前景时，对借助现代媒体技术的全新教育方式表达了十分乐观的观点。元智大学校长张进福即提出质疑：在教育过程中，人是不是可以完全淡出？教育生态如此改变后的效果，是我们完全可知的吗？上海交通大学校长张杰举其校推展类似计划的实际效果为例，证明确实有效改进了教学效果。香港理工大学唐伟章说：“线上教育与教学改革”已引起了“校园海啸”。台湾大学前校长李嗣涔认为：很难想象斯坦福那样的名校因为在线学习获得了足够学分就给学位。在线教学方式对教育的改变没有想象的那么大。例如，有电视以后就有了空中课堂，几十年过去了，对顶尖大学教育有很大影响吗？没有。

综合座谈阶段，发言和争辩更趋热烈。台下的校长们纷纷举手，扼要表达观点。台湾清华大学校长陈力俊总结认为，大学校长们确实需要多想点深层的、文化的问题。现在两岸博士生的出路都遇到问题，促使我们反思高学历人群素质下降的现象，反思高端人才培养数量与社会需求脱节的根源。同时，我们又相对忽视了人文与社会科学，也需要反思。

在淡江大学论坛研讨之后，校长们相继考察了新竹科学工业园、台湾清华大学、台湾交通大学、成功大学、台湾兰花生物科技园区、义守大学、中山大学和金门大学，一路高谈阔论，笑语欢歌，妙语连珠。他们在活动中交流了思想，增进了共识，深化了友谊。

从第一天宜兰论坛的研讨，到最后一天金门晚宴的惜别，校长们的话题一直贯穿着一个主题词——大学的社会责任。现代大学肩负重大的社会责任与学术使命，这一点是各路大学校长的共识。东吴大学前校长刘兆玄指出，高等教育掌握着国家的命运与未来，责任重大。我们从第一届开始就积极推动海峡两岸暨港澳地区大学校长开展交流，盖因高等教育对于社会之重要。有道是“问渠那得清如许，为有源头活水来”，我们的事业是为社会发展提供源头活水。上海交通大学校长张杰认为，过去千百年时间里，有这样一种社会组织，作为保存、保护社会正义、良知和传道授业的机构，这就是大学。大学有崇高的社会责任，校长也因此而责任重大。这一责任需要我们的担当，所以我们需要这样一个坦诚交流的论坛。台湾联合大学系统校长曾志朗主张，上海有很多台商为大陆的经济转型作出贡献，这就是我们从事教育职业的功用。国家建设和社会进步需要人才，每个不同阶段需要不同类型的人才。一个城市里，最伟大的事情就是有重要的大学，依靠大学培养各类人才。两岸四地的高等教育还有许多事情需要我们去做。

本届活动成效显著。一是进一步体现了“以教育、文化交流为载体，以促进、深化高校间合作为目的”的活动特色。本届活动中教育、文化方面的交流内容安排“多、密、广”，前所未有。二是成功完成“加深了解、增进友谊、推进合作、扩大共识”的活动宗旨和任务。本届活动专门安排余光中、郑愁予两位认同“两岸一家”的文化名人做专题演讲，在台湾交通大学参与活动校长们共同揭立“第九届海峡两岸暨港澳地区大学校长联谊活动·和平石碑”。三是进一步增进了活动的吸引力、凝聚性和影响面，完成了“开辟渠道、打造平台”的活动创办设想。目前，各校间开展的合作项目已超百项。

五、创新民盟教育论坛，推动高教内涵式发展

教育是民盟最重要的界别特色之一，是民盟长期以来参政议政的重要领域。民盟中央举办各类教育研讨会已有 20 多年时间。本着“精简、规范、优质”的办会原则，民盟中央决定从今年开始，将各类教育研讨会合并，统称“民盟教育论坛”。

2013 年 9 月 23 日至 24 日，首届民盟教育论坛在河南省开封市举办，主题是：深化综合改革，推动高教内涵式发展。论坛由民盟中央教育委员会、民盟河南省委员会主办，河南大学、民盟开封市委员会承办。全国人大常委会副委员长、民盟中央主席张宝文，民盟中央副主席徐辉，中国高等教育学会会长瞿振元，河南省人大常委会副主任、民盟河南省委主委储亚平，河南省政府副省长徐济超，河南省政协副主席邓永俭，教育部高等教育司司长张大良，民盟中央教育委员会主任、中国石油大学（北京）校长张来斌等领导出席了会议。

全国人大常委会副委员长、民盟中央主席张宝文指出，建国 60 多年来，特别是近三十年，我国高等教育事业得到了长足发展，实现了高等教育规模从精英教育到大众教育的飞跃，在高等教育机会均等、全民族素质提高方面取得了举世瞩目的成就，为我国改革开放与现代化建设提供了强大的人才和智力支持。截至去年，我国拥有 2790 所高校，高等教育毛入学率达到 30%，在学总规模为 3325 万人，今年大学毕业生达到 690 多万人，是世界上最大规模的高等教育体系。今年是《国家中长期教育改革和发展规划纲要（2010—

2020 年)》颁布实施的第三年。三年来，按照《纲要》提出的高等教育发展目标的要求，一系列政策措施得以出台，高教发展取得了明显成绩。在总结成就的同时，也要清醒地看到我国高等教育仍然存在着不少问题，与适应我国现代化建设的需要，与达到人民群众满意的程度还有一定的差距。他在讲话中对高等教育制度的顶层设计、高等教育的质量、高校评估体系建设、大学精神缺失、教育领域立法、在开放环境下的国际竞争等高等教育问题作了深入剖析，提出了殷切期望，并勉励大家要从更高的角度、更宽的视野、更深的层次上，共同探讨中国高等教育的现实和长远发展，积极贡献自己的智慧和力量。

民盟中央副主席徐辉指出，首届民盟教育论坛是展示全盟高等教育研究成果、改革发展思想的一个重要平台，其关注点是宏观的、政策性的建议，不应拘泥于具体的学术性问题，应努力为民盟在教育领域参政议政工作的提升发挥作用。他深刻总结了我国高等教育的四大特点：一是处在大众性发展中期阶段，意味着未来发展依然任重道远；二是规模巨大，意味着改革很难，很多格局、利益、机制需要改变和打破；三是公办大学优势明显，公办、民办高校规模、水平相差很大，竞争机制有待完善；四是偏注重综合性、规模效应，造成大学追求综合化、规模化。他提出，高等教育应该坚持发展与改革并重，改革重点是增强大学的自主性和竞争性，同时坚持分类发展、分层发展、多样性发展思路，注重质量保证体系建设。

河南省人大常委会副主任、民盟河南省委主委储亚平在致辞中介绍了民盟河南省委在教育方面的工作情况，强调了论坛对盟省委参政议政工作水平和服务教育发展能力的提升作用。河南省政府副省长徐济超到会祝贺，介绍了河南经济发展、社情风貌，高度评价了民盟与河南合作发展的历史和成绩。

中国高等教育学会会长瞿振元，河南大学校长、民盟河南省委副主委娄源功分别以促进内涵式发展、提高高等教育质量和在教育公平上要多想办法、多做实事为题，作了高水平的报告。

本次论坛共有 29 个省级盟组织提交论文 113 篇，经过专家评审，最终有 18 篇论文被遴选为大会发言。大会发言人求真务实，热情洋溢，深刻剖析了当前高等教育发展面临的新形势、新问题，并提出了科学、可行的解决思路。民盟中央教育委员会向入选大会发言的论文作者颁发了教育论坛“优秀论文”荣誉证书。

中共河南省委统战部、中共开封市委、开封市人大和民盟中央教育委员会、民盟中央参政议政部、群言杂志社等单位的领导以及来自 30 个省级民盟组织和河南省、开封市等民盟组织的 110 多位专家和盟员出席了论坛。论坛受到各级媒体的积极报道，社会影响力进一步增强。

宋立宝　民盟中央参政议政部调研处干部
姚　远　民盟中央参政议政部办公室干部

中国民主建国会参政议政案例

一、建议大力发展环保产业，促进生态文明建设

生态文明建设既具有战略重要性，也具有现实紧迫性。中共十八大把生态文明建设放在突出地位，明确将生态文明纳入“五位一体”的总体布局，建设美丽中国，实现中华民族永续发展。而我国传统经济增长方式主要靠高投入、高消耗、高污染，环境污染严重，与环境承载力之间的矛盾突出。严峻的生态环境对环保产业发展提出了更高要求，要建设生态文明，环保产业必须加快发展步伐，这既是节能减排、改善民生的现实需求，又是提升传统产业、促进结构调整、加快经济发展方式转变的重大举措，也是发展绿色经济、抢占国际竞争制高点的战略选择，对实现经济可持续发展和确保2020年全面建成小康社会具有十分重要的意义。

民建中央长期关注我国经济社会发展中出现的不平衡、不协调、不可持续问题，连续六年选择不同的切入点，进行“转方式、调结构”方面的调查研究。今年，民建中央把“大力发展环保产业，促进生态文明建设”作为重点调研专题，由民建中央主席陈昌智负责。3月底，中央统战部召开各党派中央大调研协调会。4月上旬，陈昌智率队赴广东先后在广州、佛山、珠海、东莞、深圳等地实地调研，召开了8场座谈会，分别听取了广东省政府，佛山、东莞、深圳市政府，以及各地环保企业的情况介绍，实地考察了广州禾信分析仪器有限公司、南海国家环境服务业华南聚集区、珠海伟力高生物科技有限公司、深能环保宝安区老虎坑垃圾焚烧发电厂等11家环保企业，根据调研情况与中共广东省委、省政府交换了意见，广东省委作了积极回应。4月下旬，陈昌智带队在北京调研，与中共北京市委、市政府相关领导进行座谈，交换了看法，并与北京市政府相关部门召开座谈会，听取了北京市环保产业发展的有关情况，实地考察了北京碧水源科技公司、北京高安屯生活垃圾焚烧厂等两家环保企业。在此基础上，形成了专题调研报告《大力发展环保产业，促进生态文明建设》初稿。

此专题在调研过程中得到了国家有关部委的大力支持，中央统战部、国家发改委、环保部的领导和同志不仅参加了调研过程，还参与专题组讨论会并积极提出意见建议，在调研结束后也一直与民建中央保持良性互动。5月下旬，陈昌智率专题调研组就修改完善专题调研报告走访了国家发改委、环保部，专题调研报告得到了发改委和环保部的高度评价和充分肯定，部委也就相关问题提出了修改意见和建议。

6月初，民建中央向中共中央、国务院报送了专题调研报告《大力发展环保产业，促进生态文明建设》，具体内容如下：

改革开放以来，我国经济快速增长，但是传统的发展方式主要靠高投入、高消耗、高污染，环境污染严重。从水环境看，巢湖、太湖等蓝藻现象时常发生。从大气环境看，河北、北京等雾霾极端天气增多。从土壤环境看，某些农产品主产区土壤污染较严重。生态系统退化，从内蒙古、黑龙江等地的情况调查看，森林、草地、湖泊、湿地面积亟须扩大。面对如此严峻的生态环境，环保产业必须要加快发展步伐。“十一五”以来，我国环保产业迅速发展，年均增长率达到15%—20%，国务院将节能环保产业列为国家“十二五”战略性新兴产业之首，预计“十二五”期间我国环保产业将保持12%—15%的增长速度，高于同期经济发展速度，我国环保产业将迎来前所未有的黄金机遇期。

大力发展环保产业，推进生态文明建设，总体上要继续坚持“政府引导、市场驱动”的原则。

第一，尽快完善相关法律法规。一是尽快修订《环境保护法》，完善条款，增加促进环保产业发展的有关内容，明确环保产业在环境保护中的地位和作用。二是尽快出台《排污许可证管理条例》，规范污染源环境监管，提升环保产业发展空间。三是完善国家和地方环保标准体系，根据国家环境保护的要求，结合产业结构调整，适时增加标准中污染物项目数量，修订污染物排放限值，提高环境质量要求和排放控制要求，引导环保产业发展。

第二，倡导绿色消费模式。一是政府带头积极推动绿色消费。与普通消费者相比，政府采购规模大、品种多，对绿色消费的带动效应强。不断加强政府绿色采购的立法工作，完善相关的规范和产品标准；大力发展环境友好型产品，推进政府绿色采购，不断扩大绿色采购范围（包括采购环境服务）；定期发布绿色消费指南，通过政府的示范作用带动全社会的绿色消费。二是鼓励公众绿色消费。加大宣传力度，将环境教育作为基础教育和素质教育的重要组成部分，加强公众对环境治理的监督，逐步扩大环保产品应用范围，用优惠政策引导鼓励公众绿色消费。

第三，拓宽融资渠道。一是推广发展项目融资。项目融资是近年来新兴的一种融资方式和手段，以项目营运收入承担债务偿还责任，如BOT融资、TOT融资等。BOT融资具有投资数额大、投资周期长等特点，适合环保产业投融资，特别是城市环保项目领域。TOT融资通过公开招标向社会投资者出让资产或特许经营权，可以用于污水、垃圾处理及电力烟气脱硫脱硝等领域。鼓励项目融资在更大的范围内开展应用试点。二是发展融资租赁。对于环境服务业，可以积极发展融资租赁。由于融资租赁中融资与融物相结合的特点，出现问题时租赁公司可以回收、处理租赁物，因而在办理融资时对企业资信和担保的要求不高，比较适合环保企业项目融资。融资租赁可以发展租赁公司独立承担资金模式、投资公司兼租赁公司模式、投资机构提供资金模式等。三是加大金融机构信贷力度。中央政府采用贴息等方式鼓励银行业金融机构投资环保产业。鼓励银行业金融机构加大对环保产业的支持力度，探索将特许经营权、收费权等纳入贷款抵押担保物范围。鼓励信用担保机构加大对资质好、管理规范的环保企业的融资担保支持力度。四是积极发展债权融资。可以利用环保国债筹集资金，鼓励企业发行债券等融资方式，有偿使用企业外部资金。五是积极利用国际资本。继续加强与世界银行、亚洲开发银行等国际金融组织的合作，申请环保产业项目专项贷款，引入第三方机构以保证公平，放大资金效应。此外，对于成长性较好的环保企业，私募股权融资、上市融资可成为企业发展融资渠道的重要途径。

第四，加大对环保产业的政策宣传、落实和扶持力度。一是进一步梳理、宣传现有的国家发展环保产业政策。让更多环保企业了解并真正享受到国家政策的实惠，把国家的政策用足、用好。如污水、垃圾收费政策；鼓励环保企业发展的税收优惠政策；脱硫、脱硝电价政策及垃圾、生物质发电电价政策等。二是落实和完善环保企业税收优惠政策。推动企业加强环保技术研发的前瞻性及对环保核心技术的研发投入，鼓励民间资本进入环保产业。完善有关优惠政策，建议将“线路板时刻废铜液”比照废彩色显影液、废线路板列入废物利用原料范围；将利用废弃物生产的“金属化合物等金属中间体”比照金属列入利用废弃产品范围,享受增值税退税。三是加大财政对环保产业的投入和支持力度。环保产业发展专项资金应能为环保产业发展提供长期、稳定、低回报率的支持，建议财政设立环保产业发展专项资金。对环保产业的投入要纳入政府年度预算，并根据财政收入增长比例逐年提高，把财政投入的重点放到市场动力不强的管网建设和维护上。每年安排一定量的资金支持环保装备的生产，特别是一些急需的环保装备、产品的生产。考虑到环保企业大多是中小企业，要放宽项目安排的条件。加大企业为主体的环保科技创新体系建设扶持力度，对新技术、新工艺、首台套等技术推广应用，财政采取后补贴的方式，给予资金奖励和分担风险，对关键、共性环保技术设备的研发应用给予扶持。研究实施环保产品惠民工程。四是尽快下放住建系统环境工程专项设计资质审批，修订申请条件。现有的部分环境污染治理资质申请条件过高，甲级设计资质要求同时具有结构、电气、暖通、给排水等 11 位注册类工程师，乙级资质则要求具有 6 位注册类工程师，而环保企业要同时具有如此数量的非相关人员，没有必要，如南方就基本不需要暖通人才。因此建议住建系统下放环境工程专项设计资质审批环境污染治理资质审批，并适当调整申请条件，满足环保产业发展的实际需要。

第五，加快提升环保产业技术装备水平。我国环保产业技术装备水平与建设生态文明的需求相比，仍有很大差距。切实加强环保产业关键核心技术研发，充分发挥企业技术创新的主体作用。完善以企业为主体、市场为导向、产学研相结合的技术创新体系，支持企业设立技术中心、海外研发中心，鼓励企业、高校和科研机构共建工程实验室、工程（技术）研究中心、实习实训基地等工程化平台，推动组建公共技术研发平台，鼓励成果共享。加速环保产业的创新驱动，全面促进我国污染防治水平的提高。鼓励、支持环保企业与科研机构联合开展技术研发并建立长效合作机制，形成优势互补的环保技术联盟；加快培育建设环保技术和产业孵化器，提高其培育和扶植科技型中小环保企业的能力。

第六，进一步培育和规范环保产业市场。一是严格执法，营造公平竞争的市场环境。加强市场监督、产品质量监督，强化标准标识监督管理，规范环保产业市场，让成本回归真实。二是促进先进环保设备（产品）消费。环保设备（产品）市场存在“劣币驱逐良币”的现象，不利于产业健康发展。建议对使用量大、应用面广、产品质量好、污染减排效果明显、社会影响力大的环保设备和环境友好产品进行分类分级补贴，使购买先进环保设备（产品）的消费者和用户成为财政补贴的最终受益者，提高先进环保设备（产品）的市场占有率。三是建立完善污染物排放权交易市场。坚持谁污染谁付费的原则，特别对一些特殊的污染物排放，一定要建立强制标准，市场主体根据自身需要合法获得适量的排污权,出售排污权获得的收益用于污染治理。四是发挥政府在市场中的引导作用。开展政策创新试点，通过一系列措施，培育环保产业市场，积极引导民间资本进入环保产业。五是充分发挥行业协会的作用。在政府职能转变的大背景下，环保行业协会在行业推动、管理、协调等方面可以发挥更重要的作用，通过服务提升协会的行业凝聚力和号召力，协助政府管理和规范环保产业发展。

第七，推动环境服务业发展机制和模式创新。一是推动环保产业链上下游整合以及横向联合，形成包括咨询、土建、金融、环保设备、工程设计等环保产业链各个环节在内，能够开展全方位、大规模作战的企业集团。二是推动污染治理设施专业化、市场化、社会化运营服务。发展提供系统解决方案的综合环境服务业，推动环境监测服务的社会化。三是完善考核机制。对各级政府环境管理成效的考核从以“重行动轻效果”转为以“切实改善环境质量”为考核目标，大力推动各级政府由以往单纯地采购具体的环境设备、工程、产品转变为采购综合服务带来的环境质量改善，并理顺相关财政资金渠道和政策保障机制。四是大力推动环境服务业试点。在加强环境监管、综合环境服务、工业园区环境管理、环境金融等领域积极探索，推动合同环境服务模式创新工作，促进环保产业的业态转型和升级，推动环保产业走向市场化、专业化、多元化和国际化。

第八，鼓励环保企业“走出去”。一是建立完善的政策保障体系。全面研究我国环保产业“走出去”的优势、重点国别与优先领域、具体途径与交易模式、政策需求等，在此基础上形成我国促进环保产业“走出去”的政策框架；在我国对外经贸合作谈判双边经贸工委会工作机制下，针对环保产业重点国别成立环保产业工作组，对双边高层次的环保产业合作进行规划和推进；逐步出台鼓励承揽境外各类环保工程、服务等相关企业的财政补贴、金融信贷、税收减免、工商及劳务输出等方面的扶持政策。二是提供全方位的公共服务。通过财政支持渠道，重点培育建设一批集技术研发、产品生产、工程建设和运营服务等为一体的环保产业国际化发展示范基地或示范工程，为目标国的潜在客户提供“看得见、摸得着”的环保产品、技术及服务，增强国际竞争力；将环保产业“走出去”重点领域的技术纳入援外产品目录。三是形成顺畅的信息渠道。依托我国驻外使领馆系统以及产业合作的相关职能机构，收集重点国别的相关产业需求信息；利用南南等合作机制，发起建立并组织环保企业参加各类双边或国际环保产业论坛、环保展以及贸易投资促进团等，充分利用上述平台开展交流和推介宣传。

《大力发展环保产业，促进生态文明建设》得到了李克强、张高丽、马凯等领导同志的批示。6 月，形成了民建中央参加全国政协常委会的发言材料。8 月，国务院发布《关于加快发展节能环保产业的意见》，报告中提出的建议与中央决策方向保持了一致。报告建议修订《环境保护法》，增加促进环保产业发展的有关内容，10 月全国人大常委会第三次审议的《环境保护法修正案（草案）》已经增加了相关条款。11 月，民建中央再次就环保产业发展问题在全国政协常委会上提交书面发言材料。

二、建议大力推动我国清洁能源发展，促进新型城镇化过程中的环境保护

随着我国国民经济持续快速发展和新型城镇化建设的逐步推进，能源需求增长强劲、能源消耗总量不断增长，石油等优质资源对外依存度不断提高，长期以煤为主的能源结构对生态环境的影响日趋显现。大力发展清洁能源，不仅可以逐步改善能源结构、保障能源安全，而且可以减少温室气体排放、促进环境保护，对于推进生态文明、建设美丽中国，实现国民经济可持续发展具有重要意义。为此，民建中央将“大力推动我国清洁能源发展，促进新型城镇化过程中的环境保护”作为年度重点专题，成立了专题调研组，民建中央常务副主席马培华担任组长。

3 月，调研组邀请会内外部分专家在京座谈，商讨专题的研究重点以及调研方案，决定分别在经济发达且用电负荷较高的东部地区、距离中心城市较近且资源丰富地区，以及少数民族边远地区选取代表性地区进行调研。

5 月，专题调研组赴江苏调研，重点围绕我国风电、太阳能、天然气等清洁能源发展情况，发展新能源汽车对环境保护的重要作用，清洁能源在城镇化过程中的运用情况，以及传统能源的升级改造等问题，先后在盐城市、南通市、苏州市、常州市、南京市等地，考察了 13 家新能源相关企业和产业园区，以及 2 家新农村、小城镇典型，并与省政府有关部门、企业和行业协会代表进行座谈。

8 月初，专题调研组赴河北调研，深入考察了张北国家风光储输示范项目基地、张北运达风电有限公司、张北县高效节水示范园区，并围绕清洁能源发展的现状、存在问题及意见建议等与省市县有关部门负责同志、部分企业负责人进行座谈交流。

8 月中旬，专题调研组赴新疆调研，先后在乌鲁木齐市、阿勒泰市以及石河子市等地进行实地调研，深入考察了中国国电新疆天风发电股份有限公司、布尔津县冲乎尔水电站以及新疆新华风电开发有限公司窝依莫克风电场等清洁能源企业，听取了达阪城区经济发展委员会对当地风电产业发展现状及园区建设思路的情况汇报，并与自治区政府有关部门、清洁能源企业代表、行业协会代表等进行座谈。

通过调研，调研组成员切身感受到地方政府因地制宜，把推动清洁能源发展和改善生态环境作为重要任务，通过实施绿色发展战略，进一步提高居民生活质量，提升区域竞争力。在总结和消化调研过程中了解到的实际情况和问题的基础上，调研组走访了国家能源局和国家电网公司，了解全国风电和太阳能发电发展总体情况，以及我国新能源及智能电网发展情况。同时，民建地方组织还对内蒙古、青海、甘肃、湖南等地清洁能源发展情况进行调研，为本报告提供了有力的支撑材料。在此基础上，调研组形成调研报告初稿。

9 月中旬，经过反复讨论修改，专题调研组撰写完成了专题调研报告《大力推动我国清洁能源发展，促进新型城镇化过程中的环境保护》。报告简要描述了我国清洁能源发展现状，着重分析了我国清洁能源发展面临的主要问题，并就大力推动我国清洁能源发展提出如下建议：

第一，从国家可持续发展和能源安全的战略高度优先发展清洁能源。2011 年，全球一次能源消耗中化石能源占 87%，加剧了全球气候恶化，危及全球经济社会的可持续发展。目前世界主要国家和各大经济体都在大力发展清洁能源，低碳高效与清洁化成为世界能源发展的主要方向。我国能源结构以煤为主，一次能源消费中煤炭占比达 67%，石油对外依存度高达 57%。由能源生产消费引起的生态环境保护和应对气候变化问题，已严重制约经济社会发展。为保护环境，抓住清洁能源带来的市场机遇，摆脱能源供应受制于人的被动局面，保障国家能源安全，实现经济社会可持续发展，必须加快发展清洁能源，实现能源清洁化利用；必须确立清洁能源优先发展战略，加快改善能源结构。

第二，理顺体制机制为清洁能源产业发展营造良好环境。进一步建立和完善清洁能源管理协调机制，大力转变政府职能、下放审批权限、提高办事效率，充分调动社会各方发展清洁能源的积极性。适时修订《可再生能源法》、《电力法》等相关法律法规，逐步建立有利于清洁能源产业发展、开发利用的法律法规体系。加大清洁能源财税金融优惠政策执行力度，进一步完善对清洁能源的项目支持、财税和价格补贴、成本与风险分摊机制等优惠政策并保持相关政策的延续性，特别是税收政策应综合考虑地方、电网和发电企业利益。在不违反《补贴与反补贴协定》前提下，进一步研究扩大清洁能源的补贴范围，推出更加系统完善的、与国际接轨的清洁能源补贴政策。

第三，统筹规划清洁能源产业发展。增强国家规划实施的权威性和约束力，确保国家和地方清洁能源规划的协调一致和相互配套。尽快出台《国家“十二五”电网发展规划》，以规划指导和约束项目审批，落实新能源基地消纳市场和配套电网工程，从源头上保证清洁能源规划与电网发展规划的协调发展。加快制定风电、太阳能发电分地区、分年度建设计划，实现清洁能源健康有序发展。加大对清洁能源资源丰富的老少边穷地区的扶持力度，着力解决边远地区清洁能源一次性投入后带来的管理、维护等后续问题，鼓励当地发展微网和局域网。

第四，稳步提高电网清洁能源消纳和输送能力。我国国情决定了大规模跨区域远距离输送问题将长期存在。要加快蒙西—长沙、锡盟—南京、酒泉—衡阳、张北—赣州等输送通道建设，推动准东—成都、哈密—重庆输送通道建设。加强智能电网建设，提高电网统一调度和管理水平，更好地消纳间歇性电源，确保清洁能源发电优先输送。在充分考虑用户、企业与地方政府情况的基础上，制定智能电网国家标准，所选技术路线应留下足够的升级空间，为将来升级改造提供方便，走可持续发展之路。积极示范并推广储能项目，单独核定储能容量电费，将储能项目电价高于当地燃煤脱硫标杆电价部分通过可再生能源电价附加进行补贴。

第五，大力推动海上风电发展。鼓励有条件的地区加大海上风电发展力度。要加大对海上风机技术研发的投入力度，特别是大功率风电机组的研发。制定完善海上风电场建设管理机制，协调有关各方利益，稳步推进海上风电场的开发建设管理工作。制定合理的海上风电定价机制，引导企业投资海上风电。

第六，加快培育清洁能源应用市场发展。根据新能源汽车特点制定准入监管制度。按照《节能与新能源汽车产业发展规划（2012—2020 年）》，进一步明确基础设施建设原则，防止垄断。新建商品房的停车位要配备充电电源，在公共场所建设充电桩，设置专用停车位，对老社区也要制定建设充电设施的改造计划。公交、环卫、政府用车要率先实现电动化。政府研发和产业化扶持资金要向企业倾斜。在购买和使用环节实施鼓励政策，特别是在市场启动初期，可以直接免费发放电动汽车牌照。研究制定光伏发电项目用地面积核定办法和审批程序，尽快出台操作细则，规定分布式电站电价及电价补贴流程。

第七，积极推动新型城镇化过程中的清洁能源开发利用和环境保护。清洁能源发展应注重优势互补，各种清洁能源综合协调发展，在大力发展风电和光伏发电的同时，加快城镇污水处理、垃圾处理等设施建设，提高运营管理水平。积极开展秸秆发电、垃圾发电和沼气规模化利用。逐步扩大锂离子电池使用范围，特别是在储能、通讯等领域。同时提高铅酸电池行业准入门槛，淘汰落后产能。

第八，大力开展化石能源清洁化利用。加快研发现代煤制油化工技术，科学合理地规划产业布局。引导煤制油化工向规模化、大型化、一体化、基地化有序发展。进一步促进洁净煤产业发展。继续实施“上大压小”，全面开展燃煤机组的脱硫脱硝脱尘改造等工作。进一步提高天然气供应数量和质量，增加常规天然气产量，积极推动煤制天然气、煤层气等非常规天然气生产。

《大力推动我国清洁能源发展，促进新型城镇化过程中的环境保护》专题调研报告上报李克强总理后获得了重要批示，张高丽副总理也作了重要批示。

三、建议积极稳妥推进新型城镇化，实现城镇化健康发展

城镇化是我国现代化建设的历史任务，也是扩大内需的最大潜力所在。当前我国城镇化正处在加速发展阶段，改革开放以来我国城镇化率年均提高 1.02 个百分点，2012 年城镇化率达到 52.57%，与世界平均水平大体相当。中共十八大提出了必须坚持走中国特色“新型城镇化”道路的目标和要求。2012 年召开的中央经济工作会议也指出，要围绕提高城镇化质量，因势利导、趋利避害，积极引导城镇化健康发展。建设健康、可持续的新型城镇化，关系到国家现代化建设的全局，关系到 2020 年全面建成小康社会，实现中国梦的时代要求，是推动我国经济持续健康发展的重要力量。为此，民建中央将“关于大力推进新型城镇化建设的调查研究”作为 2013 年重点调研专题，成立专题调研组，由民建中央副主席张少琴担任组长。4 月，专题调研组召开专家座谈会，深入讨论专题调研的内容、重点、思路、方向等问题。从 5 月份开始，调研组先后赴青海海东地区乐都县、浙江嘉兴市嘉善县姚庄镇、河南济源市承留镇及大峪镇等地实地考察城镇化建设及发展情况，同省、市、县、乡镇等各级政府相关部门召开了十余场座谈会，了解当地城镇化发展的现状、存在的问题及建议；部分省市的民建地方组织也在当地配合开展了多种形式的调查研究。通过调研、座谈和吸取专家学者意见建议，调研组形成了调研报告《积极稳妥推进新型城镇化，实现城镇化健康发展》。

报告指出，研究新型城镇化问题，实质上是研究如何使广大农民和城镇市民过上富裕、小康生活的政策、载体和手段，如何使县域经济充满活力、保持特色、源源不断地创造就业机会，实现工商服务业、农业和农村的信息化和现代化建设目标，以及教育、科技、文化、卫生、医疗、体育、交通、环境等公共事业协调全面发展，留住人和吸引人的问题。通过

对我国东、中、西部有关地区城镇化建设的调研，调研组认为，当前各地政府对推动城镇化发展表现出空前的热情和积极性，各级领导高度重视，相关部门积极谋划，各自制定了具体的目标和推进措施，如浙江省提出到2020年，全省城市化率达到72%以上，城市化发展总体上达到中等发达国家水平；河南省提出未来3年，力争每年转移农村劳动力100万人以上，带动随迁家属100万人以上，全省城镇化率到2015年达到48%以上；青海省提出到2020年，城镇化率达到60%，达到全国平均水平。实践表明，我国城镇化建设正进入一个新的发展阶段。然而也要注意到，在城镇化建设如火如荼、快速发展的同时，特别需要高度关注容易产生的各种问题，迫切需要从国家层面加强顶层设计和指导，以推动地方加快转变发展模式，大力推进新型城镇化建设。调研报告论述了我国城镇化发展的现状，分析了当前城镇化面临的问题，并提出了推进新型城镇化的具体建议：

第一，大力提升中小城市的功能定位。充分认识中小城市在新型城镇化建设中的重要战略地位，推动地方政府转变发展方式，增强中小城市的产业和人口聚集能力，特别是创造就业的能力，建议在一些具有代表性和典型性的中小城市开展新型城镇化试点工作。在中小城市发展过程中，一方面，要坚持产业先行，充分发挥中小城市在区位、资源、产业基础等方面的优势条件，吸引人才、资金等产业要素集聚，改造提升传统产业，培育发展新兴产业，打造特色优势产业，同时以生产性服务业为重点，大力发展现代服务业，突出产业在拉动就业、提高居民收入等方面的功能，通过产业集聚带动人的集聚；另一方面，要完善公共服务体系，着力构建交通公路网、信息传播网、环保设施网等基础设施体系，不断完善就业、教育、医疗、养老、文化等公共服务体系，为群众提供优质、方便、整洁的工作和生活环境，逐步缩小与大城市的公共服务差距，同时应加快推进公共服务均等化，解决子女教育、公共卫生、住房保障等基本民生问题。

第二，优化城镇化空间和结构布局。继续强化城镇群主体形态，将环渤海、长三角和珠三角打造成为具有世界影响力的大都市连绵区，在增强东部平原集聚的同时，通过打造中西部城镇群，实现城镇化格局全面展开与区域间协调发展。创新具有区域特色的城镇化模式，根据东中西部地区不同的地域特点，积极探索和构建各具特色的区域城镇化模式。一些地区由于自然条件限制和生产方式制约，不适宜城镇化发展，应因地制宜，保持特色，促进其在就业形态、公共服务、基础设施、生活方式等方面的发展，使其从城镇化中受益，并成为我国城镇化空间形态的补充。科学规划城市群内各城市的功能定位和产业布局，在发挥中心城市辐射带动作用基础上，强化中小城市和小城镇的产业功能、服务功能、居住功能和就业功能。针对城镇化的发展阶段，国家在土地、金融、社会保障等方面实行差异化政策，重点支持中西部地区城镇化基础设施建设。

第三，统筹推进户籍制度改革。新型城镇化的核心是源源不断的创造就业，实现人的城镇化。而人的城镇化关键在于就业机会和户籍制度改革。深化户籍制度改革，是一项复杂的系统工程，要实现人的城镇化迁移，重点要放在小城市，有序放开中等城市落户限制，科学管理大城市落户条件。尽快推行以居住证为载体的城市人口管理制度，统筹解决城市常住人口的义务教育、就业服务、社会保障、基本医疗、保障性住房等问题。积极探索城乡社会保障和跨省市社会保障账户的衔接政策，为劳动力流动和人口合理布局创造良好的制度环境。适时制定出台全国统一的《户籍法》，使户籍管理纳入法制化轨道。

第四，创新土地管理制度。按照管住总量、严控增量、盘活存量、差别化利用和管理的原则，推进土地管理制度改革，促进土地资源节约利用和优化配置。一是加快农村土地确权登记办（补）证工作，在此基础上，积极探索允许农民进城落户后依法盘活承包地、宅基地等农村土地使用价值的有效政策。对已转化为市民的“农村居民”，其拥有的自留地、承包地，可以折算成股权入股分红，但不允许其改变农业用地的用途。二是各级土地管理部门要进一步依法简化审批，为城镇化发展提供优质高效服务。土地管理制度是社会发展和安全的战略要素，在人的城镇化建设中，一定要高度重视，避免出现大量失业、失地农民的状况。出台政策，都应用这一标准预先评估。

第五，完善城镇化投融资机制。一方面，调整财政支出结构，强化政府基本公共服务供给的责任，推进建立包括农民工在内的基本公共服务体系。进一步明确中央政府、省级政府和城市政府在推进农业转移人口市民化方面的主要职责，充分考虑农业人口转移规模和趋势，逐步提高中央财政在义务教育、基本养老、基本医疗等基本公共服务支出中的比重；合理确定土地出让收入在不同主体间的分配比例，将政府土地出让收入纳入公共财政进行管理，提高土地出让收入的使用效率，减少地方政府对土地财政的依赖。另一方面，应根据城镇基础设施和公共服务性质的不同，建立多元化资金供给模式。积极引导和鼓励民间资金进入经营性基础设施领域，通过特许经营、股权融资、项目融资等方式，吸引社会资金和境外资金参与，建立政府、企业和个人共同投资的多元化投融资机制；推进公共服务和公共产品提供方式的社会化和市场化，使市场在资源配置中起到决定性作用，同时更好地发挥政府的作用。

总之，城乡二元结构是制约城乡发展一体化的主要障碍。必须健全体制机制，要加快构建新型农业经营体系，赋予农民更多财产权利，推进城乡要素平等交换和公共资源均衡配置，完善城镇化健康发展体制。形成以工促农、以城带乡、工农互惠、城乡一体的新型工农城乡关系，让广大农民平等参与现代化进程、共同分享现代化成果。

11 月，民建中央上报该调研报告，报告得到了张高丽同志的批示。

四、建议坚持“市场主导、政府引导”的城镇化模式，充分激发民间资本的投资活力

为了深入研究“市场主导、政府引导”的城镇化发展新模式，充分发挥民间资本在新型城镇化中的作用，由民建中央副主席辜胜阻带领的调研组，先后赴湖北、河北、山东、广东、浙江、黑龙江、江苏、北京、贵州、海南等 10 多个省市进行了实地考察，并与二百多位企业家、专家进行了座谈交流。在形成初步调研成果后，调研组又会同国务院有关部委、科研机构对有关政策建议进行了探讨。同时，调研组还先后召开 10 多场专题座谈会，就相关政策观点征询了部分政府部门和学术机构专家学者的意见。本次调研取得了较好效果。中期调研成果上报国务院马凯副总理并获批示。

在广泛调研和充分征求各方意见的基础上，调研组最终形成了《坚持“市场主导、政府引导”的城镇化模式，要充分激发民间资本的投资活力》的调研报告。

报告指出，城镇化是新一轮经济发展的重要引擎，它涉及到“人、业、钱、地、房”

五大要素。新型城镇化只有围绕这五大要素的协调、互动发展深化改革，才能坚持正确的方向。“人”是城镇化的主体和核心。“人”的城镇化要解决“人往哪儿去”和转移人口“如何市民化”两个问题。市民化 = 稳定就业 + 基本公共服务 + 安居及生活方式城镇化。户籍制度改革要采取“因城而异，因群而异”的分类指导原则，优先将拥有稳定劳动关系并长期生活在城市的“沉淀型”转移人口转为城镇居民。“业”就是城镇化要有产业支撑、市民化要有稳定就业。产业支撑及转移人口稳定就业是城镇化的重要基础。要强化城镇化的产业支撑，促进产城融合，通过推动产业发展来提高城镇吸纳就业能力，实现城镇化与工业化、信息化的融合。“钱”是城镇化的重要保障。“钱从哪儿来”的问题涉及到财税改革和金融改革，解决这一问题要建立多元化的改革成本分担机制和市场化的投融资机制。“地”是指土地的集约使用和推进新一轮的土地改革。在土地改革中使农民利益最大化是城镇化过程中必须处理好的重大问题。要让转移人口能够不放弃承包权，用好抵押权，能够用土地换股权，实现使用权的有序流转。“房”是进城人口住有所居的关键。解决住房问题则要建立覆盖不同收入群体的多元化城镇住房供给体系，使进城人口实现安居梦想。

报告强调新型城镇化只有围绕这五大要素的协调、互动发展深化改革，才能坚持正确的方向。城镇化过程中解决“人往哪儿去”问题，应该“两条腿”走路：一方面要大力发展城市群，发挥大城市的规模效应和辐射作用，以大带小，把周边的中小城市和小城镇纳入块状的城市圈内；另一方面要依托县城和县域中心镇发展中小城市，进一步提升其人口聚集功能，在有条件的地方将农村社区建成城镇化的末端，鼓励更多的人就地城镇化，实现城镇化的均衡发展。坚持“市场主导、政府引导”的城镇化发展新模式，必须激活民间资本。民间资本与市场经济存在着天然联系。民间资本的特征是投资产权的高度人格化和清晰性，其投资主体自主经营、自负盈亏、自我约束，能够主动、敏感地接受市场机制的调节，也最善于根据价格信号做出自主决策，优化资源配置。相对于政府投资和国有企业，民间投资和私营企业存在更强的盈利动机，一旦引导得当，会在客观上加速相关投资建设进程和提高投资效率，同时也能够大大缓解因政府投入能力有限制约城镇化发展的“瓶颈”约束。当然，民间资本不可避免地具有随机性和盲目性，这就需要政府合理引导。民间资本是掌握在民营企业以及股份制企业中属于私人股份和其他形式的非公有资本，主要形式有经营性资本和投资性资本。经营性资本是民间法人组织和个人投资于实业的资本，这部分投资用于生产和经营能带来直接收益；投资性资本主要通过非直接经营的方式获得回报。城镇化带动人流、物流、钱流、信息流、能源流的高速流动，会带来巨大的投资需求。面对投资需求，应实行“市场主导、政府引导”的城镇化发展新模式，着力扩大民间投资，充分发挥民间资本在新型城镇化发展中的作用。为此，调研报告建议：

第一，城镇化能够拉动巨大的能源和基础设施建设需求。能源及基础设施建设单靠政府投入，会因缺口过大而滞缓城镇化进程，也会加大政府债务风险。要完善公共私营合作制（PPP），引导民间资本积极参与能源和城市基础设施建设，形成政府与民间力量共同投资城镇化的机制。

第二，城镇化将引发服务业大发展。要利用当前服务业快速发展的战略机遇，鼓励民间资本发展服务业特别是现代服务业，激活多种市场主体在服务业中更加高效的配置资源，更加活跃地展开竞争，改变服务业在产业结构中的“短板”局面。

第三，以人为核心的城镇化需要加快公共服务体制的改革。要引入民间资本和社会力量加快公共服务发展，解决城镇化进程中公共服务供给严重不足的问题，有效推进公共服务向城镇常住人口的全覆盖，以公共服务促进城镇化，加快转移人口市民化进程。

第四，数以亿计的人口城镇化浪潮将引发巨大的住房需求。要引导民间资本在扩大全社会住房和商业地产供给的过程中，参与保障房建设、棚户区改造，化解由政府主导保障房建设所面临的巨大资金缺口，促进房地产业的健康发展。

第五，城镇化“集约、智能、绿色、低碳”发展将为民间资本提供巨大市场空间。要鼓励民间资本积极参与智慧城市建设和城市绿色发展，实现城镇化与信息化的深度融合，发挥市场机制在治理城市污染中的作用，提高城镇化环境质量。

第六，城市产业升级需要民营科技企业发挥助推作用。要引导民间资本和科技人才向创新企业集聚，营造“创业 + 创新”共生共荣的环境，发挥人才在创新驱动战略中“第一资源”的作用，使更多企业家懂科技，更多科技专家懂市场，鼓励民间资本和民营科技企业为推进产业升级和制造业的高端化作贡献。

第七，城镇化与农业现代化同步发展有助于农业规模经营和农业产业升级。要利用当前农村土地流转和农业规模经营的机遇，鼓励民间资本发展专业大户和家庭农场等农业经营主体，积极参与土地流转和农业产业化。

第八，农村城镇化和新型社区开发是实现农民就地城镇化和城乡一体化的重要途径。多元经营、城乡兼顾的龙头型民营企业担当就近就地城镇化的市场驱动主体，形成产业兴、人口聚、小城镇成型的良性互动，实现农民、企业和地方政府的多赢局面。

第九，城镇化必须有坚实的产业支撑，市民化必须建立在稳定就业的基础上。要鼓励民间资本大力发展面向创业的中小银行和互联网金融等新型金融业态，构建有利于创业和实体经济发展的多层次金融体系，支持农业转移人口的创业，以创业带动就业。

10 月底调研报告报送国务院领导后，得到了李克强、张高丽等领导同志的批示。在中共中央 11 月召开的党外人士高层协商会议上，报告中的相关建议被吸纳进民建中央的发言。辜胜阻代表调研组就城镇化调研中的有关问题在人民日报、经济日报、新华文摘等报刊发表文章、接受主流媒体采访共 50 多篇次。

五、建议规范和促进我国影子银行发展

2012 年以来，我国影子银行的快速发展及潜在的金融风险受到国内外高度关注。2012 年 10 月，国际货币基金组织（IMF）发表报告，提示我国影子银行风险问题。2013 年 4 月 25 日，中共中央政治局召开会议强调“金融领域潜在风险需要加强防范”。为了准确掌握我国影子银行发展现状，分析潜在的风险，提出有效的应对措施及政策建议，民建中央成立了以副主席宋海为组长、有关专家组成的影子银行专题调研组。5 月 13 日，专题调研组在民建中央机关召开座谈会，明确专题的研究重点及调研方向。5 月中旬，专题调研组赴北京、广东等地进行调研，通过分别与政府及金融监管机构、商业银行、非

银行金融机构等进行座谈，并选择部分金融机构进行实地考察等方式开展了调研与论证，摸清了我国影子银行的基本情况，形成了《关于规范和促进我国影子银行健康发展的政策建议》的调研报告。

调研报告厘清了我国影子发展现状，分析了影子银行对我国经济发展的积极作用和潜在风险，对规范和促进我国影子银行健康发展提出了如下政策建议：

第一，清晰界定影子银行的概念和范围。影子银行作为一种新型金融形态，其内涵和外延尚不明确。这不仅不利于监管部门形成客观、科学的认识、开展适度监管，也容易造成社会对影子银行形成误解，不利于影子银行在我国规范、健康发展。建议金融监管部门结合我国金融发展现状，根据我国影子银行的主要形式、基本功能等，对我国影子银行进行明确界定，并设定统计范围及信息采集标准，为进一步规范和促进我国影子银行发展夯实基础。

第二，建立对影子银行的协同监管机制。目前我国影子银行涉及银行、证券、保险等多个金融行业，由于在分业监管体制下，我国各金融监管部门间的协调机制尚不完善，导致对影子银行的监管力度不一致，甚至存在监管空白。同时，由于影子银行信息不透明，监管部门难以评估其风险状况，并实施有效监管。因此，一方面，我国金融监管部门应加强部门间协调，对银子银行制定相对统一的监管原则及规范标准，防止出现监管空白与监管重叠；另一方面，积极推动建立信息披露机制，明确影子银行信息披露的标准，并将其纳入征信系统，降低信息不对称，让市场参与者充分了解影子银行运作及投资的相关内容。同时，不同金融监管部门之间应加大信息共享及协同监管力度，以增强监管的有效性，防范系统性金融风险，促进我国影子银行在规范前提下健康发展。

第三，引导影子银行在支持实体经济和中小企业融资方面发挥积极作用。影子银行是现阶段我国金融创新的一种大胆尝试，其主流是健康的，作用是积极的。应出台相关法律和政策，进一步加大对我国影子银行创新的支持力度，使其相对银行形成差异化发展趋势，重点发挥影子银行在支持实体经济以及满足中小企业融资方面的积极作用，可考虑给予一定的财政支持，以加大对中小企业融资的倾斜力度，使影子银行在推动我国中小实体经济发展方面发挥重要作用，并相互促进，共同创新与发展。

第四，建立市政债券发行机制，减轻对影子银行的外部融资压力。由于预算法的制约，长期以来，我国地方政府只能依赖项目融资债为主的融资平台筹集资金进行城市基础建设，而融资平台在向银行借款难的情况下主要依赖影子银行融资。由于影子银行融资风险明显大于贷款和发债，既不利于地方市政建设的可持续发展，又容易受到资金来源的制约。依靠影子银行和融资平台不能最终解决我国城镇化资金来源问题，而且影子银行不仅风险大也难以保证资金持续供给。目前，除财政部代上海、深圳、广东和浙江发行较小数额的市政债券外，其他地方政府无法发行债券，目前仍只能设立融资平台支持地方的融资需要。建议学习美国的经验，由国家建立一个统一的地方政府市政债券发行制度，通过市场机制解决地方政府市政建设的资金需求和城镇化资金来源。这一制度包括市政债券的发行、评估、二级市场交易以及监管等。先在部分省市试点，后在全国推广，以省为单位发行市政债券，为地方政府合力融资打开一个渠道，依靠市场，持续规范地为地方政府解决市场建设资金来源问题，也为社会资金找一条投资渠道，同时也可以促进我国金融市场多样化发展。

第五，鼓励通过影子银行等形式进行金融创新，加快金融市场发展。与西方发达国家相比，我国金融业创新严重不足。推进金融创新是党的十八大提出的未来我国金融改革方向之一。因此，建议为我国的金融创新制定一个长远规划，鼓励包括影子银行在内的所有金融创新活动，在做好风险防范的基础上，积极进行金融制度创新、市场创新、产品创新。通过创新不断增强我国金融业的活力，为实体经济和中小企业提供更多的融资方式和多样化金融服务。为有效防范风险，金融创新的重点是创新标准化金融资产和产品，如资产证券化产品，对非标准化金融资产和产品纳入征信系统进行有效监测与管理。

第六，加强对新兴金融机构和民间融资的监管，防止诱发区域性金融风险。近年来我国新兴金融机构发展很快，包括资产管理公司、融资租赁公司、对冲基金、私募基金、小额贷款公司、典当行等。但监管未跟上，这些机构的业务几乎不受限制，投资对象也不受宏观调控政策的制约。从长远看，应对这些新兴金融机构按照业务的性质和产品的功能进行监管，防止对正常金融秩序造成冲击和金融风险的积累与扩大。我国民间金融在促进中小微企业发展方面起到了重要的补充作用，但由于管理不规范，相关法律不完善，民间金融存在的问题也较多。建议出台相关的管理法规，对民间融资实行备案制度，实现信息公开化，加大民间借贷规模、资金流向、履约情况、融资利率等监控力度，防止民间集资问题扩大化。鼓励和支持民间资金参与地方金融改革，设立或参与村镇银行、贷款公司、农村资金互助社等新兴民间金融组织，放宽市场准入条件，将优良的民间金融吸纳为市场主体，保证民间融资的健康发展。

第七，加快推进利率市场化进程，为影子银行健康发展创造良好的条件。我国影子银行爆发式增长的最重要因素就是我国利率市场化没有完全实现，导致商业银行的存款资金和储户不得不转向理财产品寻求更高的回报。由于利率未放开，风险定价机制难以匹配，在金融机构内部出现双轨套利，促使影子银行出现机构与产品扩张冲动，并试图规避监管。为了争夺资金来源，各个金融机构不得不提高理财产品或者影子银行产品的年化收益率，从而出现恶性竞争。利率市场化与影子银行发展相辅相成，影子银行快速发展是利率市场化的重要推力，而只有在利率市场化条件下，影子银行才能健康发展。建议尽快放开基准利率，允许商业银行和金融机构根据市场需求和利率管理原则自主确定利率。

5 月底形成的调研报告后报送中央领导并得到了马凯副总理的批示，对上半年中央治理整顿金融市场起到了积极的建言作用。8 月份报告得到马凯副总理再次批示，被转送到中央金融小组讨论，为我国金融改革专题研究提供了参考。

六、建议在京津冀大气污染防治中加大中央政府对河北工作支持力度

近年来，我国部分地区长时间反复出现雾霾天气，许多城市空气质量急剧下降，部分时段达到严重污染级别，受影响的国土面积达 270 万平方公里，人口约 6 亿人，部分监测点小时浓度最大值接近 1000 微克 / 立方米，严重损害人民群众的身体健康，影响社会和谐稳定，社会对此反映强烈；国际上也出现大量中国环境威胁论的言论，并质疑我国的发展成果。京津冀地区城市空气达标率普遍较低，成为雾霾天气的重灾区，其中又

以河北省空气污染状况尤为严重。有关监测数据显示，2013 年 1—3 月份，河北省 11 个设区城市平均达标天数比例仅为 26.7%，远低于全国重点监控的 74 个城市总体达标天数比例（44.4%）。最新公布的 8 月份数据显示，京津冀地区仍然是空气质量最差的地区。在 13 个监测城市中，仅承德达标天数比例为 64.5%，其他城市达标天数比例均不足 50%。整个地区空气质量平均达标天数比例在7月份36.5%的较低水平基础上再下降2个百分点。环保部空气质量报告表明，河北省城市的污染表现出污染程度重、集中连片分布的特征。

2010 年 5 月国务院发布《关于推进大气污染联防联控工作改善区域空气质量指导意见的通知》，明确将京津冀区域确定为开展大气污染联防联控工作的重点区域。2013 年 6 月 14 日，国务院总理李克强主持召开国务院常务会议，研究确定了大气污染防治工作十条措施，对做好大气污染防治工作，推进环境质量改善进行了安排部署。9 月 12 日，国务院发布了全国人民期盼已久的《大气污染防治行动计划》(以下简称《大气十条》)和《京津冀及周边地区落实大气污染防治行动计划实施细则》(以下简称《实施细则》)。环境保护部与京津冀签订了大气污染防治目标责任书，群众高度评价《大气十条》采取的措施，期盼政府把各项措施落到实处，期盼大气环境质量切实得到改善。

为了做好京津冀及其周边地区的大气污染防治工作，受民建中央主席陈昌智的委托，由民建中央副主席辜胜阻率领的民建中央河北大气污染防治调研组，对河北相关企业进行了调研，召开了专题座谈会，听取了省政府有关部门负责同志座谈汇报，在中国环境监测总站和河北省环境监测站了解了全国及京津冀大气污染监测的有关情况，组织有关专家研讨、分析河北经济发展和环保协调发展方面存在的困难和问题。通过深入调研，并结合国家提出的要求，调研组深感京津冀及其周边地区的大气污染控制的重点和难点在河北。从河北目前的经济实力、产业结构、能源结构特征来看，单纯依靠其自身能力，加快经济转型和结构调整、完成国家大气治理行动计划的各项目标任务还存在很大困难，迫切需要国家从经济社会生态发展全局出发，在政策层面给予大力支持和扶持。根据调研，最终形成了《民建中央关于在京津冀大气污染防治中加大中央政府对河北工作支持力度的建议》。

调研报告指出，PM2.5 污染问题是发展过程逐渐形成的，“积小恶成大恶”，人民群众听惯了政府的豪言壮语，更在意的是结果。困难和问题回避不了，解决起来也需要时间，关键是要脚踏实地一步一个脚印地推进工作，积小胜为大胜。综观世界发达国家解决大气污染问题的历史，河北多个城市的现状类似于六十年代美国宾夕法尼亚州的匹兹堡市和德国北威州的鲁尔地区。当时，两个城市群大量集中了钢铁、建材和化工，空气污染十分严重，遮天蔽日十分突出。经过几十年的治理，前者采取以重污染企业搬迁为主的措施、后者采取了以清洁燃料替代和高效环保措施，目前空气质量基本上达到标准。只要有决心、借鉴国外经验、措施到位、齐心协力，治理好河北的空气污染是有希望的。

调研报告强调，当前河北大气污染治理承担的任务更加繁重，面临的形势更为严峻，不仅要落实好生产力布局、产业结构、能源结构等经济结构的大规模调整，还要切实解决好退出企业职工再就业、城乡居民生活方式转变等社会民生问题。河北省与北京、天津相比，处于不同的发展阶段，产业结构不同，地方财政收入、人均 GDP 相差悬殊，但所承担的空气治理任务却是最重的，根据《京津冀及周边地区落实大气污染防治行动计划实施细则》要求，钢铁产能压缩淘汰 6000 万吨以上；净削减煤炭 4000 万吨，而北京为1300万吨，天津为1000万吨。从河北目前的经济实力以及产业结构特征来看，单纯依靠其自身加快经济转型和结构调整完成国家大气污染防治行动计划的各项目标任务还存在很大困难，需要国家从经济社会发展全局出发，在政策层面给予大力支持。这就需要妥善处理好河北产业"退"与"进"的关系，进一步加强京津冀区域的统筹协调，建立区域联防联控机制和长效的生态环境补偿机制，在经济补偿的同时，将政府的环保行动和市场的"倒逼"机制相结合，依靠政府和市场"两只手"来平衡利益关系，推进节能减排，促进大气污染治理。为此，提出如下六条建议：

第一，中央政府要统筹环首都城市群建设和京津冀地区大气污染治理，加大京津地区环境友好型产业向河北的转移，优先在河北布局战略性新兴产业等低碳产业，疏解北京城市功能，使河北产业结构调整有"退"有"进"，"退"中求"进"。河北大气污染控制将倒逼其产业结构转型、能源结构调整，是催生节能环保产业等战略性新兴产业跨越发展的机遇。河北传统产业发达，战略性新兴产业和服务业发展相对薄弱，依靠自身较短时期内实现腾笼换鸟、产业升级，从根本上解决大气污染问题具有较大难度。为此，要统筹协调京津冀区域发展及经济定位，积极改变河北省"高污染、高排放"行业密集分布的现状，实施严格的环境准入标准，通过整合重组、就地改造优化污染产业"存量"。建议国家在战略性新兴产业等低碳产业布局时，优先布局环首都地区，并在土地、税收及能耗、环保总量指标等方面给予政策倾斜，促进京津冀地区经济合作，将环境友好型产业布局到河北去，给予河北省部分首都或天津的功能，为河北省产业结构转型及经济发展提供支撑，增加产业的绿色"增量"。结合河北省环境治理需求和拉动就业需要，综合考虑资源、环境、物流等因素，布局战略性新兴产业，重点发展节能环保产业，着重培育资源循环利用装备、环保技术装备以及节能环保服务业，着力转变经济发展方式，实现产业的低碳发展、交通的清洁发展、建筑的节能发展。河北环首都地区要力争成为北京城市功能疏解的新空间、要素移动的新基地、央企项目布局的首选地。加快发展现代物流、旅游休闲、文化创意、健身疗养及文化教育等服务业，为北京养老、医疗、休闲、教育等服务需求提供支撑。要强化与央企及科研院所的合作。围绕北京产业外溢，建设首都产业转移和央企战略合作的首选地，培育发展航空航天、电子信息、新材料、生物工程等战略新兴产业，高标准打造一批产业园区平台，将河北环首都地区逐步发展成为北京的科技成果转化基地和高端制造业基地。主动承接北京环境友好型产业转移，疏解北京城市功能，缓和北京人口膨胀压力，实现城市功能的有效对接。

第二，依据生态补偿机制原理，通过对相关发电企业征收1分/度电等多渠道扩容京津冀大气污染防治专项资金，支持落后污染产能的淘汰，补偿非落后产能的退出，补贴新能源发电上网电价，扶持分流下岗职工再安置和再就业。区域的联防联控需突破行政壁垒，建立合理利益机制的保障。大气污染防治资金需求量巨大，有数据表明，国家《重点区域大气污染防治"十二五"规划重点工程项目》总投资多达3500亿元。在钢铁行业的"有关钢铁烧结机/球团二氧化硫治理项目"中，河北省就有73个项目，其中，石家庄3个，唐山27个项目。另有调查资料表明石家庄预计3年内需投入10项大气污染治理工程，初步预算总计218.68亿元。大气污染治理是系统工程，要比建设三峡大坝困难得多。虽然国家设立了大气污染治理专项资金，但由于各级财政增量较小，资金需求远远不够。建议对华北地区的发电企业征收 1 分 / 度电作为大气污染治理资金，并对终端消费电价加价。2012 年约 120 亿元，专款用于大气污染治理，重点向河北倾斜，主要用于城市重污染企业的搬迁、煤改气、煤改电等方面。同时，需统筹主要污染物减排等专项，设置大气污染防治专项资金，对河北省重点区域按照淘汰落后产能等措施的力度实施“以奖代补”。提高新能源发电上网电价的省级补贴力度，逐步推进新的清洁能源代替传统能源，提高新能源消费比重。对于失业人口的再就业问题，一方面需要由中央及省市共同投入资金，为工人转岗过程中的培训和基本生活提供资金保障；另一方面，可大力扶持中小企业特别是科技型中小企业发展，使中小企业成为吸纳劳动力的主要力量。这样即解决了淘汰产业工人的就业问题，也为新兴产业的发展提供人才保障。鲁尔区在转型过程中就采用了免费提供培训与扶持新兴中小企业相结合的方法，解决淘汰产业工人的就业问题，约有 80% 的劳动力在中小企业就业。

第三，尽快建立京津冀及周边地区大气污染防治协作联运机制，科学统筹天然气等清洁能源对河北的供应分配，提升京津冀地区油品质量，协调神华集团统一给河北农村供应优质煤炭，从根本上改变河北的能源结构。随着《大气十条》的颁布实施，各地区、各行业认识到天然气替代煤炭规模决定了 PM2.5 改善程度，都在竞争天然气使用量。国家要综合考虑天然气替代煤炭的区域环境效益，科学统筹确定使用方式和供应量。如用 15 亿立方米天然气替代北京华能热电厂 2012 年 260 万吨的煤炭消耗，减少的大气污染物排放量只有几百吨（对北京 PM2.5 的改善微乎其微），而若在河北替代量大面广的燃煤锅炉，减少的大气污染物排放量有万吨，环境效益是北京的百倍。在国家明确要求河北削减煤炭消费 4000 万吨的情况下，全省天然气利用规模需达 200—300 亿立方米，而当前基本落实气源仅为 140—150 亿立方米，存在巨大的能源缺口无法落实，必将对整个京津冀地区的大气污染防治工作带来巨大隐忧。因此，可借鉴德国鲁尔工业区污染治理的经验，由联邦、州和市三级政府共同参与鲁尔区的改造工作，并成立鲁尔煤管区开发协会，作为鲁尔区最高规划机构，统一指挥、形成合力。建议建立由中央政府领导牵头、区域内各省（区、市）人民政府共同参与的京津冀大气污染治理联席会议制度，形成京津冀及周边地区大气污染防治的协作机制，从全局出发，科学统筹，统一研究协调解决区域内突出环境问题，合理分配资源，使各省市获得的支持力度与所承担任务相匹配，取得环境效益的最优化。要协调神华集团统一给河北农村供应优质煤炭。由于河北煤矿采掘深度逐渐加大，高硫份高灰份劣质煤炭比例越来越高，“城里用好煤、村里烧差煤”现象十分突出。而在发达国家，劣质煤炭供应安装了高效治污设施的电厂，优质煤炭则供应无任何治理措施的散户。河北两千多村庄目前使用的煤炭处于无管理状态，国家要求到 2017 年基本建成以县为单位的优质煤配煤中心。建议地方政府负责建设配煤中心，国家协调神华集团统一供应河北农村优质煤炭，由河北省政府和神华集团签订合作协议，按照“建得成、管得好、用得起”原则和“县建设、镇配送、村使用”模式，有效解决广大农村用煤污染问题。

第四，健全有效的激励和约束机制，实施财税、信贷和政府优先采购等方面的政策措施，鼓励企业淘汰落后污染产能和减少排放，最大限度地利用经济手段增强全社会节能减排的内生动力。调查表明，当前河北钢铁行业以牺牲环境为代价的粗放型发展方式已经成为大气污染的“黑手”。环保部今年年初对华北地区298家钢铁企业进行了“家家必到”的全面排查，发现了“三个70%”。70%以上的钢铁企业未按标准排放污染物，存在超标排污的现象。目前华北地区钢铁行业产能约3.5亿吨，产量约2.89亿吨，其中约75%都是“黑户”。“黑户”企业不愿花大成本上环保设施。这些企业每吨钢一元到几十元不等的利润，大多以牺牲环境为代价。调查还发现，许多钢铁企业即使安装了污染治理设施，出于成本考虑也并未正常运行。河北钢铁企业目前共有烧结机300多台，安装脱硫设施一百多台，但其中70%运行不正常。为了省下脱硫的几万块开支，多个受访钢铁企业由厂长下令脱硫脱硝设备“晚8点停，早8点开”，夜间偷排现象严重。为此，要进一步强化目标责任评价考核，加强监督检查外，还要完善“以奖促治”、“以奖代补”以及采用财政补贴方式推广高效节能减排措施。建议支持河北按照超量淘汰既有产能原则，布局建设沿海钢铁项目和资源地项目，并加快核准。以税收补贴为激励措施淘汰钢铁、火电等落后产能以及行业的落后工艺；借鉴国际的“赤道原则”，针对两高行业实施更为严厉的贷款标准，积极利用金融杠杆保护环境；调整政府的采购目录，完善强制采购与优先采购制度，提高政府采购的“绿色化”比重。推动京津冀地区区域排污权交易试点，重点针对钢铁、电力、石化等行业，逐步建立反映资源稀缺水平和环境恢复成本的价格机制，最大限度地利用经济手段增强全社会节能减排的内生动力。

第五，构建大气污染治理的示范引导机制，把节能减排工程措施落到实处，积极培育市场主体，重点促进节能服务公司发展，完善合同能源管理等支持机制，大力推进余热发电，大幅度提高能源利用效率，显著减少污染物排放。唐山钢铁公司作为花园式钢铁企业，无论能源消耗和资源消耗，还是污染物排放，在国际上都是一流水平，但由于采取了高效环保措施，吨钢成本增加100元左右，竞争处于劣势。如果河北的钢铁企业都能达到如此水平，各种大气污染物排放量至少减少50%。建议把唐山钢铁公司作为标杆企业，要求其他企业按此进行整改。要注重节能减排市场主体的培育，其中节能服务公司在整个工业节能改造、工业减排降耗工作中发挥着巨大的作用。节能服务公司实施合同能源管理节能改造，不仅可以帮助耗能企业节约大量电能，同时在减排方面发挥极大作用。据统计，节能服务公司帮助用能单位每节省一吨标煤就少向大气排放约2.68吨二氧化碳，0.016吨二氧化硫。针对当前制约节能服务公司发展的诸多问题，尤其是前期投入巨大的特点，国家需给予更多、更强的资金与政策支持，并由专门部门在核实节能服务公司的节能项目的真实性，核准节能项目的节能量后，迅速、程序简洁地将专项奖励下发到节能服务公司手中。此外，需进一步通过资本市场、银行信贷等方式引导资本进入，促进节能服务公司的融资贷款渠道多元化，畅通化。

第六，改革行政审批体制，加快河北调整产业结构和能源替代工程项目的审批进程，进一步推进河北产业结构调整和能源结构优化的长效机制建设。一要尽快审议批复《河北省钢铁产业结构调整方案》，并出台压减钢铁产能的相关标准。加快核准同意布局建设沿海钢铁项目和资源地项目。二要在国家层面协调河北省天然气供应及油品保障，确保“煤改气”和油品升级需要。支持河北省加快布局建设大型储气库、大型LNG应急调峰站等设施建设，提高气源应急保障能力。三要加快推进河北核电前期工作，建议将沧州核电项目纳入核电中长期发展规划。加快河北风电基地及送出通道建设，尽快启动张家口

3 座 500 千伏变电站建设，推进丰宁 500 千伏变电站前期工作，促进特高压通道开展前期工作。进一步完善光伏产业扶持政策，保障地面光伏电站用地需求。四要在能源替代不能及时到位的情况下，为保障河北工业生产和人民生活，及时批准建设已上报的高参数大容量燃煤发电项目，支持批准建设已同意开展前期工作的曹妃甸 2×100、蔚县 2×60、涿州热电 2×35 及唐山西北郊热电 2×35 万千瓦发电机组。

此建议作为民建中央的应急课题，紧密结合当前热点难点问题，为国家制定京津冀协同发展战略献计出力，取得了很好的社会效果。11 月，建议转呈中共中央后，得到了李克强总理、张高丽副总理的批示。

张　皎　民建中央宣传部部长
许　谨　民建中央宣传部新闻处副处长

中国民主促进会参政议政案例

一、促进教育公平，推进义务教育均衡发展

2012 年 9 月，国务院下发了《关于深入推进义务教育均衡发展的意见》，教育部将该项工作列为重点并采取措施积极推动。2013 年 5 月，民进中央以“促进教育公平，推进义务教育均衡发展”为重点课题开展了调研，主调研地是安徽省。为了加大力度，由民进中央主席严隽琪、常务副主席罗富和分别带队在安徽、天津、河北、海南和江苏等地进行了调研。民进中央副主席刘新成、朱永新以及中国教育政策研究院、东北师范大学等民进会内外相关专家参与了上述调研。

这次调研活动是中共中央委托统战部组织各民主党派中央、全国工商联和无党派人士一年一度开展专题考察活动的重要组成部分。辽宁、内蒙古、重庆、四川、宁夏等民进省级组织按照统一部署在当地开展同步调研，并向民进中央提交了调研报告。

综合各方调研情况可见，各地在推进义务教育均衡发展方面都取得了很大的成绩，也积累了许多先进的经验，但也存在着一些问题。在调研的基础上，我们提出如下思考和建议：

（一）各地推进义务教育均衡发展取得的成绩

近年来，按照中央的要求和部署，义务教育均衡发展在全国得到有力推进。国务院专门出台了推进义务教育均衡发展的指导意见，教育部将该项工作列为历年重点并采取措施积极推动，地方各级党委和政府高度重视，态度积极，举措有力，有规划、有保障，在实践中取得了明显成效，积累了宝贵经验，特别是各地区县域义务教育均衡发展的局面初步显现。

第一，高度重视义务教育均衡发展，各地普遍加大工作力度，完善配套政策，各级政府合力推动均衡发展的工作机制已经形成。各地党委政府高度重视，既把义务教育均衡发展当做促进教育改革发展的大事来抓，又将其提升到民生保障和社会建设的高度来谋划，相继出台法规、规划和实施方案，明确了义务教育均衡发展目标、重点任务和保障措施，设定了时间表和路线图。截至 2012 年 9 月 6 日，教育部与全国 31 个省（区、市）和新疆生产建设兵团全部完成了义务教育均衡发展备忘录的签署，标志着中央与地方协同推进义务教育均衡发展的机制已经形成。

第二，在标准化基础上推进多方面的管理创新，地方推进义务教育均衡发展的能力不断提升。在资源均衡配置方面，农村中小学布局调整有效整合了存量教育资源，学校

标准化建设显著提升了存量教育资源，高标准新建学校进一步扩大了优质教育资源，增量资源向薄弱学校和农村倾斜。例如，安徽对城市、县城、农村学校按同一标准办学，并对农村学校实行“标准＋补偿”资源配置机制，将经费、师资等公共资源向贫困地区、老区山区，以及薄弱学校和村小、教学点倾斜。在经费投入和管理方面，采取针对性措施，确保义务教育经费投入足额及时到位。对义务教育经费保障政策落实不到位、资金使用管理不规范的县（区），实施重点监管，对出现违反财政资金拨付和预算管理规定等行为的，按有关规定给予严肃处理。在师资管理方面，各地都积极探索实行校长、教师在校际和城乡之间流动的有效机制。安徽省落实新招聘教师“无校籍管理”制度，健全“局管校用”的教师管理机制，打破了学校对教师的“一校所有”制，实现了教师由身份管理向岗位管理的转变，有力推动城乡师资均衡配置。在强化教育管理方面，调研省份普遍实行了学区制，既强化了教育末端管理，促进校际资源共享，又较好地调动了基层学校的积极性。例如，安徽实施了“学区管理委员会”制度；天津市一手抓学校建设标准化、师资配备均衡化，一手抓教育质量优质化，其管理模式可以概括为：科学定标、独立督导、专家（业）主导、民众参与（监督）。

第三，突破难点，各地政府推动义务教育均衡发展的主体责任得到进一步强化。解决流动儿童义务教育问题。在安徽，各地按照“两为主”思路，坚持了“三个一样”，即一样就读、一样入学、一样免费，探索健全完善农民工随迁子女就学体制，使所有农民工随迁子女能够在流入地就近入学。率先打破户籍限制，规定进城务工就业农民及其他流动人员子女可在流入地参加中考并报考高中阶段学校。解决留守儿童义务教育问题。河北省实施农村“留守儿童关爱工程”，结合农村中小学布局调整和学校标准化建设，改扩建农村寄宿制学校，解决农村留守儿童寄宿上学问题。安徽省实施了“农村留守儿童之家”建设民生工程，按照“有场所设施、有图书器材、有亲情电话、有管理制度、有档案资料、有结对帮扶、有固定标牌”的“七有”要求建成留守儿童之家 1.9 万个。实施教育扶贫移民工程。为解决边远贫困地区孩子接受优质教育的问题，部分地区实施了投入力度最大、政策整合度最高的教育扶贫移民工程，“把山里的问题在山外解决，把扶贫的问题用扶智的办法解决”。这一做法在海南和宁夏表现突出，对广大中西部贫困地区，具有典型示范意义。

第四，探索省级统筹，强化经费保障和考核督导，有效保证了各地县域义务教育均衡发展按规划推进。探索省级统筹。按照《纲要》要求，我国应率先在县（区）域内实现城乡均衡发展。国务院《关于深入推进义务教育均衡发展的意见》（国发〔2012〕48 号）进一步强调了省级政府的统筹责任。作为改革试点省份，安徽发挥省级政府统筹作用，取得显著效果。一是统筹制定规划，将县域义务教育均衡发展的目标任务细化到每个县的工作时间表和路线图。二是统筹资源配置，一手抓扩大增量，一手抓政策倾斜。三是统筹规范管理，以深化改革、创新发展为动力，促进解决义务教育均衡发展中存在的困难和问题。四是统筹健全机制，加强政策法规体系建设，完善义务教育均衡发展的政策和制度体系。五是坚持“省拿大头”，例如，仅 2010 年一年，省财政投入“校安工程”就高达 55 亿元。在学校标准化建设中，省级资金占全部投入的 68%，为推进县域（特别是贫困县）义务教育均衡发展提供了有力保障。安徽省早在数年前就启动实施了“皖北教育振兴计划”，加大投入的同时，在教师补充、教师培训、地区结对发展上都作出了详细安排。

强化经费保障。各省都将义务教育全面纳入公共财政保障范围，大幅度提高义务教育经费投入。县域义务教育投入力度不断加大。以公用经费为例，均达到了国家规定的生均基本定额标准。一些地方相应地提高了定额标准，如小学生均 800 元 / 年，初中生均 1000 元 / 年。

重视考核、监测和督导。多个省份将推进义务教育均衡发展工作纳入县（市、区）党政领导干部教育工作监督考核指标体系，实行工作责任制和责任追究制。安徽实行教育主管部门联合组织部门、督导机构对区县主要领导进行督察考核的制度，力度大，效果好。天津市设立的“市政府教育督导委员会”，由分管教育的副市长兼任委员会主任，由 20 个政府职能部门负责同志任副主任或委员，实现了“同级督政”，保证均衡发展重点工作的落实。

(二) 对促进教育公平、推进义务教育均衡发展的几点思考

第一，我国义务教育均衡发展呈现阶段性特点。目前我国义务教育均衡发展呈现初级性、行政主导性和脆弱性的阶段性特点。初级性是指各地主要改善了薄弱学校和农村学校的办学条件、硬件资源，离教育质量均衡还有较大差距。评价、考核义务教育学校质量的标准更多集中在升学的刚性数量，而难以顾及学生的全面发展和养成教育、公民教育的成效；行政主导性是指推进义务教育均衡发展大多靠自上而下的行政推动，而缺少基层自主、自觉的努力，现行体制曾经是义务教育失衡的根本原因之一，今天又沿用同一体制来推动均衡，因而面临诸多矛盾；脆弱性是指各级政府为义务教育均衡发展投入了巨大财力，个别地方已占到当地民生投入的较大份额，但仅仅达到硬件、初级均衡，而实现更高水平的均衡后劲不足。“两为主”、“三个一样”、留守儿童关爱工程、教师校长流动制度，等等，都明显属于权宜之计，而不是成熟的制度设计，还不能适应未来经济社会发展的需要，尤其是应对新一轮城镇化发展需要。

第二，坚持以均衡发展促进教育公平。据专业监测，目前，有相当一部分区县的乡镇和农村学生学业成绩达标比例在 20%—40% 以下；在大多数县区内，学生学业达标率的校间差异，甚至比发达国家的全国范围内的校间差异都要大。这种非均衡的、两极分化的义务教育必将固化社会阶层差异、拉大城乡差距、加剧社会分离和阶层矛盾，因而与社会主义制度不相容。在媒体发达、民众权利意识觉醒的当今时代，义务教育阶段学校之间的差距更清楚地呈现在公众面前，义务教育均衡化受到前所未有的关注，甚至演化为社会问题。这要求我们以党的十八大精神为指引，把推进义务教育均衡发展上升到维护社会公平公正，增进社会团结和谐的政治高度来认识，把它当做一个民生问题来解决。

第三，坚持“软硬兼施”、“动静兼顾”，应对城镇化带来的新挑战。义务教育均衡发展的关键是要均衡配置师资。在学校的硬件水平得到一定的提高后，师资队伍建设的问题日益凸现，并且比起硬件的改善有更多“软”的因素，必须因地制宜地出台一系列政策，切实解决义务教育阶段教师的编制、待遇、素质提高和合理配置等问题，尤其要让农村优秀教师“进得来、留得住、教得好”。一方面对能作出合理的、硬性规定的内容，要制定刚性的或者量化的规范标准，政府要自上而下地落实责任并加强督导考核；另一方面

还应注意政策与制度设计，以激发校长和教师自主的、内生的活力，使教师成为令人向往的职业。这是比较难以量化考核，却正是教育发展的“软实力”所在。

我国正处于快速城镇化的关键转型期，城市布局、产业结构正在发生巨大变化，人口流动规模之大举世罕见，义务教育学校布局调整面临着新课题。在新型城镇化进程中，既要办好现有的城乡学校，满足流动儿童和留守儿童的就学需要；又要按照最新的城乡规划调整学校布局和结构，合理配置公共教育资源，避免新的城市（镇）教育资源紧张和农村教育资源闲置浪费。这就要求我们加快义务教育管理体制改革，提高教育自身的应变能力，实现义务教育的动态均衡发展。

第四，在标准化基础上实现多样化和优质化，推动义务教育走向质量均衡。学校建设标准化，是实现义务教育均衡发展的必由之路，但均衡并非要使学校之间无差别，均衡也不应止步于办学条件均衡，应该追求教育教学质量均衡，即每一所学校教育教学质量都能达标。所以，多样化、优质化发展是义务教育均衡发展的必然方向。办学条件达标仅仅是起步，还要不断超越达标，加强教育教学管理和师资队伍建设方面的改革和创新，通过切实有效的内涵建设，努力实现义务教育质量均衡。

第五，推进社会领域改革、深化教育综合改革，实现义务教育稳固的、持续的均衡发展。推动义务教育均衡发展，必须深化教育改革以及与均衡发展相关的配套改革。义务教育属于政府基本公共服务的范畴，也是社会、民生建设的重要方面。因而，政府自身的改革和社会建设的推进，是义务教育均衡发展的外部条件。公共财政体制建设、人事制度改革、社会保障制度的完善，都深切影响到义务教育领域的资源配置、质量提升、效率改善以及动态均衡发展。深入推进教育综合改革，必须把强化政府责任与转变政府教育管理职能方式统一起来。在新形势下实现义务教育均衡发展、城乡一体化发展，不能再沿用曾经导致严重失衡的计划思维、效率思维，必须转变为公平和质量思维，深化教育管理体制变革。要通过改革激活并融合中央和地方、政府和社会多个方面的积极性，释放教育系统自身的活力。

（三）促进教育公平，推进义务教育均衡发展的建议

第一，以十八大精神为指引，推进落实《义务教育法》和《纲要》规定的教育改革任务，为义务教育均衡发展奠定制度基础。

一是为建立现代义务教育学校制度提供法律保障。深入实施《义务教育法》，适时出台《学校法》。从义务教育在整个国民教育体系中的基础性地位出发，依法调整落实义务教育学校（含各类民办义务教育学校）的法律地位及其与政府、社会的关系，明确政府管理义务教育的职责范围、职能方式，明确学校管理体制，明确义务教育学校与相邻学段学校的关系，为实现义务教育均衡化发展开辟制度和政策空间。

二是深化义务教育办学体制改革。要根据各省的省情，探索行之有效的县域义务教育均衡发展模式，核心是探索多样化的教育基本公共服务的实现形式。明确民办义务教育的法律地位和在整个教育体系中的角色，为全面实施“公办不择校、择校找民办”铺路。

三是强化政府主体责任，全面落实“省统筹、县为主”的管理体制。实现义务教育均衡发展最关键的是要强化政府的责任主体地位。要将义务教育均衡发展纳入地方经济社会发展规划，纳入法治保障范畴；实行“一票否决制度”。考核地方党政领导的教育政

绩，首先看义务教育学校的均衡水平有多高、差距有多大；同时，党政领导要带头执行“就近入学”的规定，将“不批、不转择校条子”作为对领导干部普遍的纪律要求。

四是强化中央和省级政府的统筹责任，明确划分中央、省、市、县各级财政对义务教育的投入责任，明确县级政府的具体管理职责，施行“省统筹、县为主”体制。国务院应以各地《备忘录》为依据，加强对省级政府在推进义务教育均衡发展中发挥统筹作用的监督检查，杜绝推诿和不作为现象。

第二，面向新型城镇化，前瞻性地规划义务教育学校布局和资源配置。

依据国家和地方新型城镇化发展规划，制定区域义务教育学校布局规划。新型城镇化规划绝不能“见物不见人”，不仅要包含土地规划、城市规划、产业规划，还应该突出教育规划。教育部门应深度参与城镇化规划，做好教育资源均衡配置，同步研究新型城镇化加快推进背景下的教育资源优化配置的宏观指导政策；严格执行有关城市新住宅区配套设立学校的规定，严格执行农村小学和教学点撤并的程序规定，切实缓解城镇教育资源极度紧张和农村儿童向城区无序流动的状况。

实施县镇教育资源扩大工程。对新建扩建学校，实行用地指标单列，在保障建设用地、设立专项资金扶持、减免相关规费等方面给予政策倾斜。适当调整已经实施的国家教育项目工程，使之覆盖到县城和城市困难区的学校建设。

实施农村村小和教学点建设工程。对必须长期保留的农村小学和教学点实施专项建设工程，按照确保教育教学质量的要求，在师资配备、办学条件、经费标准等方面，实施大幅度倾斜政策。

第三，以教育综合改革为动力，推进义务教育均衡发展。

建立公共教育财政制度，加大中央和省级财政转移支付力度，完善义务教育经费保障机制，推进教育基本公共服务均等化。按公共财政的要求，将义务教育全面纳入财政保障。加大中央财政对义务教育的转移支付力度，增加一般性转移支付并完善转移支付经费监管，扩大保障范围，以弥补经济欠发达地区义务教育均衡发展的财政缺口，降低或取消“三区”（民族地区、革命老区和贫困地区）教育专项建设项目资金的地方配套比例；对中西部地区城市困难的区和县域义务教育学校公用经费给予一定的财政转移支付；将公办中小学教师工资全部纳入中央财政支付范围，实施农村和“三区”义务教育教师岗位特别津贴制度（以体现这些教师劳动的艰苦性和特殊性、对优秀教师产生吸引力为标准），继续完善实施农村教师特岗制度；省级政府要对全省县（区、市）的财政收入情况进行分类管理，对财政薄弱县加大投入力度，明确省与县的财政投入比例。

探索义务教育阶段教师管理制度改革，均衡配置师资。改革教育人事制度和社保制度，探索义务教育阶段公办学校教师参照公务员管理的制度，规范推广“无校籍”管理，将教师待遇与教师岗位和任教年限挂钩，因地制宜实行教师交流制度，建立完整的配套政策，构建区域内教师轮岗流动的长效机制。鼓励公益机构组织有条件的退休教师赴农村地区支教。

第四，推进实施素质教育，引导义务教育走向质量均衡。

严格规范义务教育学校办学行为，推进初高中招生制度改革。按照素质教育的要求，全面规范义务教育学校办学行为。禁止学校收取任何与招生挂钩的费用。按照有利于实施义务教育和有利于促进义务教育均衡发展的要求，改革完善中考制度；小学、初中实施划片免试入学，严禁在公立义务教育学校中择校。

改革学校管理体制，激发一线教师的教改热情。大力倡导“高质、均衡、轻负”教育发展理念，深化学校管理体制改革，落实教育家办学的制度保障；完善教师绩效考核标准，深入推进教师教育培训制度改革，不断提高教师队伍尤其是农村教师队伍综合素质和能力水平；深入推进课程改革和学校教育教学模式改革，把学生和教师从沉重的应试压力下解放出来。

编制区域义务教育质量均衡指数，并纳入督导和评估。定期在全国范围内开展义务教育质量监测，对各地学生的学业水平、均衡程度、课业负担状况等进行持续、动态的监测，跟踪了解进展变化情况，检验相关政策落实成效，为政策调整和政府问责提供信息依据。此外，研制包括教育资源配置状况和教育质量检测结果的均衡指标，测算义务教育均衡指数，适时替代现行的针对硬件资源配置的差异系数，并将其纳入评估和督导。

第五，加快教育信息化建设，助推义务教育均衡发展。

实施全国教育信息化三年行动计划，开展农村中小学教师队伍教育技术能力提升工程。以“宽带网络校校通、优质资源班班通、网络学习人人通”为目标，加快教育应用设备和网络环境建设；启动省（市）级教育资源中心和云服务平台建设，形成设施完备、标准统一、功能齐全、互联互通的市、县、校三级教育信息网络；与硬件和资源建设同步，实施农村中小学教师现代教育技术能力提升工程。

2013年7月，民进中央向中共中央报送了《关于促进教育公平，推进义务教育均衡发展》的建议，受到高度重视。多位党和国家领导人很快先后作出重要批示，高度评价调研成果，并要求有关方面和部门，认真研究，及时研拟制定相应政策措施。

二、为推进惩治和预防腐败体系建设建言献策

近年来，随着反腐倡廉力度的不断加大，惩治和预防腐败体系基本框架初步形成，消极腐败现象滋生蔓延势头得到遏制。但反腐倡廉是一项具有长期性、艰巨性、复杂性的任务，我国也仍然存在着法律不完善、机制不健全、机构不清晰、监督不到位等等薄弱环节。特别是在世情、国情、党情发生深刻变化的当下，腐败问题又呈现出新的特点，主要表现为：群体腐败呈上升趋势；腐败形式更具隐蔽性和欺骗性；腐败行为更加公开化和制度化；腐败的社会认同度不断提高，涉及层面不断扩大，腐败文化开始形成等等。在这种背景下，一方面腐败现象易发多发且短期内难以根治，一方面群众对反腐败期望值上升、容忍度下降，因此，反腐败斗争形势依然严峻，任务依然艰巨。

十八大报告在党风廉政建设和反腐败工作部署方面，第一次把反腐倡廉建设放在了党的五大建设的第四位，第一次在党代会的报告中提出了建设廉洁政治的目标，第一次在党代会报告中把党的纪律建设作为一个专门的问题来阐述、进行要求。这都充分体现了新一届领导集体高度重视反腐倡廉工作。习近平总书记明确指出，必须全面加强惩治和预防腐败体系建设，坚持“老虎”、“苍蝇”一起打，“把权力关进制度的笼子里”。王岐山同志多次在中纪委工作会上强调指出，深入推进反腐败斗争，努力实现干部清正、

政府清廉、政治清明的目标要求。中央领导密集发出反腐倡廉之声，彰显加强反腐倡廉的力度和决心，进一步树立了执政威信，得到了人民群众的广泛支持与认同。

为此，民进中央综合民进各级组织的意见反映，形成了《进一步加大反腐倡廉力度，推进惩治和预防腐败体系建设的建议》，提出如下建议：

第一，完善反腐立法。以财产申报、金融实名、遗产税和赠与税、公民信用保障号码、反腐败国际合作等制度为主要内容，制定《反腐败法》。同时，优化反腐倡廉绩效考评体系。将群众满意度作为衡量反腐成效的重要指标，把群众对反腐倡廉情况的真切感受，作为反腐成效的权威评判。要将评价结果纳入各地、各部门综合考核和工作目标考核之中，作为党风廉政建设责任制考核的重要内容，作为干部评优、奖惩、业绩评定、提拔任用的重要依据。

第二，试行纪检部门垂直管理。在现行体制下，各级纪委既是同级党委的被领导者，又是同级党委的监督者，双重身份很难保证党内监督的独立性和权威性。实践表明，副部级以上的腐败案件基本都是中纪委直接查处的；地市级的腐败案件也基本都是省级纪委直接查处的。近年来，在中央层面，中纪委对国家部委和大型国企纪检派出机构实行、试行了统一管理；在地方层面，一些地方也试行了对市直部门纪检派出机构实行垂直管理。建议进一步加大试点力度，从推进市直部门纪检派出机构的垂直管理入手，逐步推进地方纪检部门的垂直管理。另外，建议进一步推进政府职能转变，将政府的事务性管理工作、适合通过市场和社会提供的公共服务，交给社会组织、中介机构、社区等基层组织承担，降低服务成本，提高服务效率和质量，同时限制公权力，防止权力寻租。

第三，加大监督力度。一是加强人大依法对“一府两院”的监督力度。特别是人大对政府财政收支、重大资金调度、重要资产的变更及收支事项的监督力度。二是加大政协及民主党派的民主监督力度。建议以廉政通报为基础，定期向政协和党派通报反腐倡廉建设情况、通报有关大案要案查处情况；以特邀监察员制度为抓手，支持政协和党派参与对领导干部和部门的廉政监督和检查，参与重大案件的听证、督察等工作。

第四，规范网络反腐。一是加强网络反腐的法制建设。制定关于网络信息安全、网络反腐倡廉工作机制及网络运行管理等方面的法律法规，明确界定网络舆论监督的知情权与隐私权、政务公开与党政机密、社会监督与造谣诽谤、言论自由与人身攻击的法律界限，使网络反腐在法制化轨道上健康运行。二是加强网络反腐平台建设。建设、管理和运用好现有的网络举报平台和反腐政务微博，建立和完善对网络举报人的保护制度、奖励制度，鼓励网民通过专门网络举报渠道，向纪检监察机关举报案件线索。三是完善政府信息公开制度。推进网上政务公开和电子政务服务建设，提高权力运行的透明度。对公共资源交易、公共资金使用、公共权力运行等重点领域和土地出让、政府采购、招投标监管、行政审批等关键环节，建立健全电子监察系统和在线监督平台，实现跨地区、跨部门、全过程监控和动态预警，形成开放的公共权力运行空间。

第五，加强法制文化建设。一是把加强法治文化建设作为今后一个时期党和政府的重要工作之一。通过深入开展法制文化建设，树立社会主义法治理念，提高领导干部运用法治思维和法治方式深化改革、推动发展、化解矛盾、维护稳定的能力。确保政府依法行政，做到程序合法、完整，问题有人接待、处理。二是深入开展法制宣传教育，增强全社会学法遵法守法用法意识。只有全社会各个层次都依法而行、遵法而为，腐败才会失去滋生的土壤。

2013 年 5 月，民进中央将该建议报送王岐山同志，得到了王岐山同志的批示。

三、为维护新疆稳定出谋划策

在中国实现中华民族伟大复兴和国家富强的进程中，新疆的地位和作用十分重要。十八大以来，中共中央先后召开一系列重要会议专题研究新疆改革发展稳定工作，极大地鼓舞了新疆和全国的干部群众。民进出于“为执政党助力、为国家尽责、为人民服务”的愿望，长期关注我国民族地区经济社会发展、国家统一和民族团结的大局。民进中央在汇聚多方面专家学者、援疆干部和民进新疆区委会干部意见的基础上，结合民进中央长期对新疆问题给予关注和调研的基础上，形成了《关于做好维护新疆稳定工作的建议》。

建议指出，中央新疆工作座谈会以来，求发展、谋富裕、思稳定、盼和谐已经成为新疆的主旋律。但是受各种复杂因素的影响，新疆稳定的形势依然严峻。近期，新疆发生了多起严重暴力恐怖事件，引起社会各界的高度关注和强烈谴责，我们在认清暴力恐怖事件本质的同时，还要围绕如何实现新疆的长治久安进行深入的思考。30 年来，我国对新疆分裂主义和恐怖主义势力的打击从未停止，并保持高压严打态势，可为何分裂主义和恐怖主义势力打而不死、死而不绝呢?

一是人心上，民众情感和心理表现出“西向性”。新疆的民族与相邻国家的跨界民族在历史渊源、民族属性上具有共同性，在风俗习惯、语言文字、宗教信仰等方面具有相似性，这使得双方的民族关系有很强的渗透性，新疆地区的安全形势极易受到周边事态的辐射与影响。二是体制上，社会管理呈现出滞后性。目前的宗教管理具有宏观、粗放、宽松的特点，无法应对宗教领域微观、具体、有效的扩张，管理理念和方式陈旧落后跟不上宗教形势的变化，宗教的宏观管理无法应对宗教极端势力的微观具体宣传。三是文化上，单一身份认同凸显危害性。长期以来，民众的族别和宗教信仰的身份意识不断得到强化，公民身份反而被弱化或虚化，对是非的判断常常受制于事件中单一的身份角色，以此辨明态度和立场，而不管是非曲直。四是教育上，爱国主义教育缺乏实效性。少数民族青少年对国家的认同感没有深入人心，对国家不满的政治行动释放出的思想情绪对少数民族学生也产生了一定的影响。

当前，新疆已进入分裂主义和恐怖主义活动的高发期。自 2009 年乌鲁木齐“7・5”严重暴力恐怖事件发生后，到今年 6 月 26 日鄯善县发生的暴力恐怖事件，新疆发生暴力恐怖事件的频率更加密集、组织更加分散、分布更加广阔、手段更加残忍，今年上半年发生的案件数几乎是过去三十年的总和。民族主义和恐怖主义活动的发生，往往根植于民众对本民族的义务压倒对国家的义务、民族间力量与发展阶段的不平衡、“民族精英”的鼓动以及国际国内局势的动荡，而目前这些条件在新疆已然具备。可以说，新疆社会已经进入民族主义和恐怖主义活动的活跃期，暴力恐怖事件的多点、频发、分散等现象很难避免。

宗教极端思想、民族不满情绪、境外分裂活动以及各种社会矛盾思潮等交织在一起，一定程度上加大了新疆治理的政策难度和操作难度。为此，建议：

第一，在制度设计方面，体现“三个超越”与“三个重塑”。我们从民族国家走向公民国家后，制度体系却还停留在民族国家的状态中，要确保国家的长治久安，需要在顶层制度设计上实现超越民族、重塑公民，超越宗教、重塑精神，超越文化、重塑文明。

一方面，加强公民意识教育。公民意识教育的核心是国家认同教育，以“公民意识”覆盖和统摄“民族意识”，在全社会构筑政府、学校、家庭、社会以及个人五位一体的公民意识立体教育网络。强调“无论属于哪个民族，都是中华人民共和国的平等公民”的概念，明确公民权利和义务，在此基础上贯彻民族政策和法律法规。

另一方面，建设现代宗教文明。宗教文明是宗教文化中的积极因素，我们可以从建设现代宗教文明的角度，继续深入研究“引导宗教与社会主义社会相适应”这一课题，使宗教成为当代中国社会的积极因素，使宗教界人士成为和谐发展的积极力量，如发挥爱国宗教人士的引领作用，提高年轻爱国宗教教职人员的宗教学识等。

第二，在维护稳定方面，实现综合立体施策。

一是净化思想环境。当今社会在国家、民族、历史、宗教、文化、双语等方面还存在着许多“杂音”，有时正面的声音很弱，而负面的声音很强，有时在网络和媒体上有正义感的人发出一点正面的声音，往往会遭到围攻。因此，有正义感的人也不敢发声，许多重大问题认识混乱，我们必须下大气力开展思想大讨论，统一思想认识，澄清原则问题，让错误思想没有生存空间，净化日常生活环境和社会“土壤”。

二是用好民族干部。干部是新疆维稳的决定因素。党员干部的党性原则要求必须信仰马克思主义，但长期以来新疆少数民族干部“信马”还是信教的问题一直左右摇摆，没有解决好。一些党员干部名义上是党的干部，实际上是“民族干部”，处处以民族身份为代表，只关注本民族利益，党性原则和党的利益常常被忽视或弱化。在一些大是大非问题上，一些干部不愿发声，不敢发声，不反映真实情况，不作为、甚至乱作为，这也是新疆维稳艰难的一个重要原因。提拔任用党员干部，不仅要听其言，还要观其行，关键是要考察其政治表现和政治业绩，重点是要抓好高层干部和基层干部。

三是推广国家通用语言。双语教学的本意为“推广国家通用语言文字”。然而，现在“双语”普遍被误解为是民族语言和“汉语”，有些少数民族学生将汉语视为汉族的语言，与维吾尔语相对立，甚至以保护民族文化为由抵制学习汉语（维语、蒙语都把汉语译为汉族语言）。建议尽快明确双语教学是“民族语言和普通话教学”的准确含义，以免被一些极端民族主义者和别有用心分子所利用，把双语教学歪曲为对少数民族“汉化”、“消灭”民族文化。同时，建议修订《国家通用语言文字法》，明确普通话（包括汉语拼音）及规范字为国家官方语言文字，也即国语，进一步增强各民族人民对中华文化和国家的认同感。

第三，在推动跨越式发展方面，创新人才政策。

人才问题是制约新疆跨越式发展的瓶颈问题。虽然中央和新疆自治区政府为人才的引进、留用创造了宽松和谐的环境，但目前新疆人才状况仍存在人才布局和结构不合理、高素质专业人才匮乏、技能型人才培养受现行机制制约等情况。当前，政府要从政策层面对新疆高素质专业人才的引进留用给予支持，为企业松绑，借助企业和项目的引进，通过“项目 + 人才”模式，有针对性地引进和培养新疆跨越式发展急缺的各类人才。

一是针对赴新疆投资落户企业出台个人所得税减免优惠政策。虽然新疆的个税起征点明显高于内地，但对于留住人才的吸引力十分有限。建议针对新疆的特殊情况，出台更为有力的个人所得税减免优惠政策。在企业投资建设之初的3至5年内，对其引进的高管、技术人才和技术工人，加大个人所得税减免幅度，使企业顺利渡过投资无营利期，待企业站稳壮大后再实行正常征收。具体减免标准还应充分考虑地域因素，越艰苦的地方减免额度应越高。

二是优化技能型人才的培养机制。建议促进新疆职业教育与落户企业发展相结合，根据落户企业发展的需要就地培训和培养人才，特别是支持民企培训培养技术人才；在专业人才职称评审时，根据新疆区情，制定针对边远艰苦地区的有关政策，在工资、职务、职称等方面给予倾斜；援疆资金中应有一部分用于人才的培养开发，同时，在重大建设、技术改造、科研项目经费中，安排部分经费用于人才的培训和培养。

2013年7月，民进中央将该建议书报送中共中央政治局常委、全国政协主席俞正声同志，受到了俞正声同志和其他中央领导同志的高度重视。俞正声同志还专门作出批示，部署研究落实建议书提出的具体意见建议。

四、把脉城镇化：积极稳妥推进中国特色新型城镇化进程

中国的城镇化正处于加速发展、质量提升和体制创新的重要阶段，必须避免城镇化主要靠传统工业化以及主要靠政府包揽的"造城运动"所带来的生态、金融、社会和文化等方面的风险。中国特色新型城镇化道路，应以人的生活质量提高和生产力的发展为目的，坚持可持续发展的理念，将城乡差别的缩小、"三农"问题的解决、社会民生的改善、生态环境的优化和体制机制的改革进行统筹协调。

中共十八大报告中首次提到了"新型工业化、信息化、城镇化、农业现代化"四化同步发展的目标，其中城镇化更是被提到了前所未有的高度。民进中央在结合近几年一直重视对城镇化进程的调研和建言献策，并汇集专家学者意见建议的基础上，形成了《关于积极稳妥推进中国特色新型城镇化进程的建议》，具体建议如下：

第一，坚持政府、市场双轮驱动。政府尽快从建设主体的位置上退下来，在编制规划、制度建设、法律保障和经济社会服务上发挥引导作用，使城市建设、产业布局、公共服务同步规划，并应根据城镇化布局，把一些行政资源有目的地放到城镇化的重点地区去，实现城镇经济社会的最优效应。同时让市场机制在资源配置方面发挥决定性作用，探索城镇化的多元化投资模式，引导和扩大民间资本进入城镇化建设领域，通过财政贴息等措施提高资本参与城镇化的回报率，有针对性地对民间资本参与的建设领域增加财政配套资金，将更多民间资本引向中小城市和有发展潜力的小城镇，以解决资金问题。

第二，坚持大中小城市互动协调。要合理配置和布局城市功能，一是加强大城市的辐射功能，特别是推动北京等特大城市向周边的二、三线城市分散部分功能，缓解中心城区压力；二是强化中小城市的产业功能，增强小城镇公共服务和居住功能；三是发挥乡村生态涵养功能。同时，把城市群发展作为引领区域发展的龙头，推进大中小城市基础设施一体化建设和网络化发展。达到在东部地区打造更具国际竞争力的城市群，在中

西部有条件的地区培育壮大若干城市群，在既急需发展、又同时担任睦邻友好重任的边境地区打造若干国际口岸城市群。

第三，加快推进粮食主产区的城镇化进程。我国有 13 个粮食主产区，尤其是 6 个粮食调出省为保障国家粮食安全和生态安全作出了重大贡献。但是粮食主产区往往也是人口密集地区和经济相对落后地区，城镇化率普遍低于全国平均水平，自身发展动力严重不足。为保护粮食生产积极性和避免这些地区在全国城镇化进程中拉大差距，建议：首先，优先安排粮食主产区基础设施和公共服务建设，加快县城、中心镇和新型农村社区发展。根据国家统计局数据，作为粮食主产区的河南省每千人医疗卫生机构床位数为 3.20 张，低于全国平均水平 3.81 张，仅为上海的 42%；高校数量与每万人口比值为 0.013，仅为北京市的 30.4%，每万人口高校在校生数量只有北京市的六成。内蒙古 2011 年城市污水处理能力为 158.4 万立方，仅有全国平均水平的 38%，不足广东省的 10%。因此，要结合 2013 年中央一号文件提出的“着力加强 800 个产粮大县基础设施建设”等措施，优先把基本公共服务均等化的项目安排在粮食主产区，加快县城、中心镇和新型农村社区发展。其次，切实处理好城镇规划用地和耕地保护的关系。确保耕地面积不减少，质量得到提高，灌溉条件得到改善。努力实现耕地“占补平衡”，通过土地开发整理，补充耕地数量和质量不低于同期建设占用、灾害损毁和农业结构调整损失的耕地；严厉制止土地利用粗放浪费、违法违规用地的现象。同时尊重农民意愿，坚决不搞行政命令强行拆迁。再次，推进城镇化与新农村建设紧密结合。不断完善相关规划和政策，引导城市资金、技术、信息等要素向农村流动，城市公交、供水、燃气、污水和垃圾处理等基础设施向周边农村延伸。有效整合涉农资金，集中投入水、电、路、教育、医疗、文化等设施建设，促进居民生活水平提高和居住环境改善；要优先处理好城镇化与环境保护的关系，强调减少对水源和土壤的污染，特别是对农村、小城镇垃圾中转、污水处理设施建设和运营，给予重点支持和补助，不断提升城镇人居环境。最后，中央和省级政府要加强指导，加大投入。中央政府在加大一般性转移支付力度的同时，对粮食主产区的专项转移支付不能减少。此外，建议减少或者取消粮食主产区对中央农业投资配套政策，加快现代农业建设步伐。对在商品粮生产上做出突出贡献的产粮大省、大县，按照粮食产量、商品量、商品率和人均占有量等指标，核定补偿标准，使产粮大县人均财力达到全国县级平均水平。

第四，促进“四化”同步发展。一是促进产城融合，新的产业聚集区要注重产业链的配套、产业的集群，注重产城一体、生产与生活并重，注重资源要素集约、生态环境保护。二是以农业现代化为核心实施新型城镇化。中国的主要问题在三农，新型城镇化既要有能富城市的产业，又要有能富农村的农业。建议在农业领域全面发展和应用现代信息技术，加速传统农业改造，大幅度地提高农业生产效率和生产力水平；以现代生态农业为基础，以城乡融合发展为特点，建设各具特色的新型社区化村镇；通过就业培训及宣传教育，全面提高农村人口综合素质。三是提高城市精细化管理水平。一方面，强化规划的权威性和约束力；另一方面，将人口计生、城市管理、公共服务资源配置等城市管理和城镇化中的实际需求作为切入口，利用信息化手段提高城市管理的效率和覆盖面。同时，加快发展低污染的节能建筑和绿色交通，实施对现有城镇的现代化改造，增强承载力，将其改造成新型的宜居地。

第五，开展新型城镇化综合试点。我国区域差异大的国情决定了城镇化模式不能一刀切，不同的地区，如山地和平原，城市近郊区和远离城市的农村，应该有不同的路径和时间表。应不失时机地鼓励地方开展试点，发挥基层的积极性和自主性，因地制宜推进城镇化。同时要及时总结试点的经验、加深认识，可为国家优化规划标准提供基础。希望解决好各类规划间的衔接，重点抓“两头”，向上同“十二五”规划、区域经济发展总体战略布局、主体功能区规划、城镇体系规划、土地利用规划衔接起来；向下把规划做细做实，实现产业、土地、新型农村社区和各项公共服务规划“四规合一”。另外，要提高规划工作的透明度和公众参与度。充分征求专家和当地居民的意见,及时向社会公布。

该建议于 2013 年 7 月以严隽琪主席、罗富和常务副主席名义报送习近平同志、李克强同志，受到了中央领导同志的高度重视。习近平、李克强、张高丽、汪洋、王沪宁等中央领导同志先后作出批示。

五、关注行政审批制度改革，建议行政审批制度改革落到实处

改革是发展的动力，也是中国最大的红利。从“强刺激”到“深改革”，新一届政府以转变职能、简政放权为突破口，截至 2013 年 9 月 25 日，取消和下放的行政审批事项已达 221 项。由此可见，新一届政府正在加速兑现“任期内把现有行政审批事项再削减三分之一以上”的承诺，进一步释放改革的红利，决心和力度有目共睹、深得民心。

然而，好的举措是不是能够在地方落到实处，让百姓真正得到便利和实惠？民进中央领导在与基层会员座谈时就听到了不同的声音——群众对办事便利化的实际感受与官方削减行政审批的幅度并不对等，甚至仍然听到了“跑断腿、磨破嘴、交了钱、受了累”的抱怨，以及“一个章都没少盖”的否定声。

看来行政审批制度改革仍需落到实处。由此，民进中央和民进地方组织充分发挥党派“集智聚力”的人才和组织优势，“上下联动”，民进福建省委会、泉州市委会、广东省委会、天津市委会纷纷展开调研和座谈，在一线听取“民声”、吸取“民意”，广泛搜集资料。

2013 年 9 月，在充分消化、吸收民进地方组织提供的基本材料和意见建议基础上，经过反复酝酿、多次修改，民进中央领导向国务院领导提交了《行政审批制度改革仍需落到实处》的建议书。

建议书分析认为，行政审批制度改革未落到实处的原因，一是没在要害处动手，原有的各行政审批事项“含金量”和使用频度是不相同的，甚至其中可能有已经不起多大实际作用的审批项目，而目前的改革是属于行政部门自我革命，自然会选择政府部门觉得最易开刀、或阻力最小的地方入手，而不是从群众感到最困难最麻烦的环节着力，所以数字上削减审批项目的力度并不等于群众实际感受上的认同。二是没在联动的工作流程上下工夫，群众办事往往受制于政府多个部门的多个环节衔接形成的“工作流程”，而目前提出改革项目的还是以部门为单位，甚至以部门中的部门为更小的单位，他们对某个审批环节的取消不一定就等于整个办事流程的顺畅和缩减。三是取消的承诺没及时落

地，面对服务对象的政府基层办事人员是按本部门具体的操作规定行事的，若没有在承诺取消审批事项后立即出台相应的和明确的新操作细则，实际上就还会照老办法办，承诺就成了“空头支票”。

这些原因的背后，有对深入改革的畏难情绪在作祟，怕触及旧有利益格局的调整，如某地为了怕“节能办”的人难以安置，就不同意将建筑节能审查一项合并到施工图审查中，更有的是怕难以协调跨部门的权责再分配；也有将“审批”等同于“管理”的习惯思维在作祟，一旦遇到需加强管理，就落入增加审批的老套路，“边减边增”，或以名目繁多的审核、事前备案、准销证、准运证等形式变相设置审批事项。

为此，建议书也给出了有针对性、切实可行的建议。一是树立“流程优化”的指导思想，在政府自上而下地推进行政审批削减和下放的同时，更加重视自下而上地征求服务对象的意见，了解他们的需求，从而确定改革的着力点、流程优化的路径、操作的细则以及审批改革效果的考核目标。二是加强政府在事中和事后进行监管的制度建设和能力建设。统筹研究解决流程优化所带来的冗余人员的安置政策，中央与地方之间、部门之间重新厘清职责，以及其他必需的改革保障措施。三是加强对行政审批取消和下放实绩的监督。对违法设定许可和增设许可条件，或以登记、备案、年检、监制等为名行许可之实的情况，予以坚决纠正和严肃处理。发挥人大、政协、商会及有关社会各方的监督作用，特别建议以投资领域、社会事业领域和非行政许可审批领域等为重点领域，对政府审批改革的实效进行更客观的评议。

建议书得到了国务院领导的批阅，也引起了社会和媒体的关注，2013 年 5 月 21 日的人民日报刊发了《行政审批制度改革仍需落到实处》的文章，作者为“民进中央”。

2013 年 9 月 25 日，李克强总理主持召开国务院常务会议，修订政府核准投资项目目录，决定再取消和下放 75 项行政审批事项。简政放权再提速，新一届政府取消和下放的行政审批事项已达 221 项。

陈　鸣　民进中央参政议政部部长
李宗主　民进中央参政议政部干部

中国农工民主党参政议政案例

一、建言积极应对区域灰霾污染

2013 年 1 月，在我国中东部地区发生了两次持续大规模灰霾污染事件，持续时间之长、覆盖范围之广、污染程度之重、影响人群之多均属建国以来首次，给人民群众生产生活带来很多不便，严重影响了人民群众身心健康，受到了媒体和公众的广泛关注。西方国家更以此质疑我国经济社会发展模式。

针对区域灰霾污染事件，农工党中央快速反应，第一时间协调卫生、环保、气象等相关部门以及科研院所的专家学者联合调研。陈竺主席亲自对课题进行了方向性和战略性的指导和安排，建议从环境与公众健康的关系和影响的角度进行研究，提出综合治理对策建议。调研发现，灰霾污染是由不利气象条件所引发，高耗能、高排放长期积累、环保制约政策刚性不足所导致的爆发事件。如不立即采取强有力措施，预计未来大规模的灰霾事件还将频繁发生，甚至成为常态。我国灰霾污染形势严峻，尤其是重点污染区域的治理和防控已刻不容缓。这一问题如处理不当，将对我国经济社会发展产生更深远、重大的负面影响，将严重影响中共领导力和政府公信力，难以实现中共十八大提出的“美丽中国”发展目标。

在调研基础上，农工党中央形成了《关于积极应对区域灰霾污染的有关工作建议》，对区域灰霾污染治理与预防工作提出了以下对策建议：

一是加强领导，战略重视。建议成立由一位国务院副总理领衔的灰霾污染专项治理领导小组，成员包括国家发改委、环保部、卫生部等相关部委领导同志及灰霾污染严重的重点区域地方政府主要负责同志，从国家层面统筹协调区域灰霾污染治理工作，系统研究解决之策。同时，成立一个由发改委牵头的工作班子，落实领导小组的各项决策。

二是建立多层次责任体系，为防控灰霾污染提供强有力的组织保障。将 PM2.5 纳入各级政府绩效考核，强化政府监管环境与健康的职责，构建以“空气质量改善为核心”的环保目标责任考核体系：实施城市空气质量限期达标，国家制定 PM2.5 阶段性控制目标及达标期限，并将目标分解到各省及城市；各级政府建立 PM2.5 监测、评价及考核的具体规范，并将考核结果纳入党政领导政绩考核指标；各级政府应定期通报、公开 PM2.5 控制目标完成情况及考核结果；建立责任追究制度，对未能完成 PM2.5 治理任务且空气质量状况持续恶化的城市，要追究政府相关负责人的领导责任。

三是重点区域治理下重拳，要及时启动空气污染治理专项行动，短期实现明显改善空气质量的具体目标。在国家确定的重点区域开展空气污染治理专项行动，相关地方政府要尽快提出空气质量改善的近期目标，接受公众监督，实行党政领导行政问责，对于不能达到新空气质量标准或者不能实现PM2.5控制目标的环保模范城市，撤销“国家环境保护模范城市”称号，对主要负责的领导同志的绩效考核实行一票否决制。国家灰霾污染专项治理领导小组和工作机构要做好重点区域间的统筹协调工作。重点区域应制定严于国家标准的产业准入政策及落后产能淘汰名录，促进煤炭消费向电力等大型燃煤设备转移，推进民用炊事、采暖及分散燃烧设施能源消费的百分百清洁化，天然气与可再生能源应优先供应民用。到2013年底重点区域全面供应国Ⅳ车用汽油，2014年底全面供应国Ⅳ车用柴油，2015年京津冀、长三角、珠三角区域全面供应国Ⅴ油品。

四是强化规划指导，完善相关标准，启动“国家空气质量与公众健康保障工程”。建议由环保部和卫生部牵头，吸纳相关部委和地方政府参加，着手制定“国家空气质量与公众健康保障工程”规划，提出2020年全面建成小康社会的城市空气质量以及公众健康改善指标和目标，加大电力、钢铁、水泥、有色、石化、工业锅炉等重点行业的二氧化硫、氮氧化物减排力度，大力发展清洁能源和绿色公共交通；加强大气环境污染对公众健康影响的基础性研究，建立全民健康基础国家数据库，将颗粒物、挥发性有机物（VOCs）纳入国家管控范围，强化颗粒物无组织排放源的综合整治及监管，尽快出台和完善挥发性有机物排放标准，在重点区域率先将颗粒物、挥发性有机物纳入污染减排约束性指标；鼓励各省市将氨纳入污染控制体系，探索谋划氨排放控制。

五是发挥科技支撑作用，积极应对灰霾对公众健康的负面影响。建议科技部设立大气污染对健康影响的研究专项，开展PM2.5相关回顾性和前瞻性空气污染流行病学和毒理学研究，研究灰霾污染以及日常空气污染尤其是PM2.5污染对人体健康的急性和慢性效应及其危害，建立我国大气污染与人群健康效应结局的暴露—反应关系，科学评估灰霾污染对公众健康影响的经济损失，适时公布评估报告，并提出科技支撑的相关对策。建立突发大气环境事件综合预警和应急机制，实现大气重污染事件的信息共享、研判、预警、预防和应急处置。加强突发公共事件应急体系建设，建立气象、环保和卫生大气污染突发公共事件应急机制。

六是强化环保教育，提高全民环保素质，启动全民环保行动。建议教育部着手制定提高全民环保素质教育规划；在校教育在课程设置、内容安排等方面加强对学生环保意识和行为的教育；推动普及全民环保教育，提高全民环保意识，培养公众环境公德，形成保护环境光荣，污染环境可耻的社会氛围；由环保部、教育部、卫生部等相关部门共同在条件成熟的典型地区试点启动全民环保行动，做好环保知识、环保技术的推广普及，倡导绿色出行、低碳生活，动员全社会力量共同应对包括空气污染在内的环境污染问题。

2月20日，农工党中央向习近平总书记报送了该建议报告。建议上报后，得到了习近平总书记高度重视，并作出重要批示。李克强、张高丽、刘延东、汪洋、马凯分别作出批示。2月22日，向全国政协十二届一次会议提交了相关提案。3月7日，农工党中央副主席何维在全国政协十二届一次会议第二次全体会上，作了《应对灰霾污染，净化祖国天空，维护人民健康权益》的大会发言，引起社会各界强烈共鸣。4月9日，中共中央统战部在《民主党派工作交流》第 3 期上专刊印发农工党中央《关于积极应对区域灰霾污染的有关工作建议》相关工作情况。国家发改委、环保部等相关部委为落实中共中央领导批示精神，分别召开了政府部门、科研机构和专家座谈会，研讨有力举措，治理灰霾污染。2013 年 9 月 10 日，国务院正式下发《关于印发大气污染防治行动计划的通知》。

陈竺主席要求，要以科学的态度和精神，以参政党的政治觉悟和力量，落实中共中央主要领导同志对农工党中央建议报告的批示精神，客观评价灰霾对健康的影响，阐述我们的立场和观点，正面回答社会各界提出的问题，展现中共中央对治理灰霾的坚强决心和果断措施。在农工党党员、环规院副院长王金南等众多科研工作者的努力下，2013 年 9 月初，《中华医学杂志》第 93 卷第 34 期专刊发表环规院、复旦大学等的专家学者关于"空气污染与公众健康"的系列研究论文 6 篇。12 月 15 日，陈竺主席亲自组织了农工党相关领域的专家，共同在国际医学界最权威的《柳叶刀》杂志发表了《中国积极应对空气污染对公众健康的影响》的评论文章。李克强总理、张高丽副总理、刘延东副总理对此分别作出批示。

二、建言健康服务业发展

健康产业是具有巨大市场潜力的新兴产业，主要包括医疗康复、养老照护、健康促进、医疗健康保险、生物医药、医疗器械与材料等行业，是实体经济和服务业的重要组成部分。具有以下主要特点：一是具备社会效益和经济效益的双重属性；二是健康产业的产业链长，覆盖制造业和服务业两大领域；三是宏观因素对健康产业发展的影响力大；四是产业发展可满足环境友好、资源节约的社会科学发展要求。大力发展健康产业，可有效拉动内需增长、促进民生改善与保障、吸纳就业、促进产业结构调整和发展方式转变。尤其是当前我国经济发展面临世界经济下滑弱势难改、国内经济增长动力不足、资源环境约束突出等严峻挑战，采取有力措施推动健康产业发展，将是一项重要的宏观政策的战略选择，可培育出新的经济增长点，形成新的绿色经济发展格局，有效缓解社会就业压力，以市场机制促进人民健康保障水平的提升，推动医药卫生体制深化改革，积极应对人口老龄化的挑战，推动我国经济社会健康可持续发展。

为更好地推动健康服务业发展，2013 年 5 月至 7 月，全国人大常委会副委员长、农工党中央主席陈竺同志率调研组先后赴上海、江苏、天津、陕西等地进行了考察调研。从调研了解和我们掌握的情况看，生物医药行业发展态势良好，2012 年增长 14.5%，高出工业增速 4.5 个百分点。但尚存在以下问题：医疗康复、养老照护、健康促进等行业构成的健康服务业发展水平尚低，在生活性服务业中的比重尚低；商业健康保险业尚处在起步阶段；医疗器械国产化程度低；"重大新药创制"科技重大专项产业化尚需有力政策支持。因此，国家应大力推动健康服务业发展，同时强化创新药物和医疗器械科技成果转化，从而带动我国健康产业高质快速发展。整体而言，制约健康产业发展的突出因素是政府的宏观政策支持力度不大，缺乏新的改革性政策，社会力量没有得到更好地动员与组织，市场配置资源的基础性作用未有效发挥，市场活力没有得到有效释放。就健康服务业而言，政府主办的医疗机构为主的格局未做及时调整，社会力量办医仍受体制机制束缚，社会资本进入仍有壁垒限制，事业单位机构和人事制度改革滞后，医疗服务业受公立医院垄断的局面有待破除。

为此，在宏观政策方面有以下建议：一是将健康服务业纳入战略性新兴产业重点支持的领域。《国务院关于加快培育和发展战略性新兴产业的决定》中将生物产业列入战略性新兴产业重点扶持的七大领域之一，包括生物制药、先进医疗设备、医用材料，但未包含医疗康复、养老照护、健康促进、健康保险等构成的健康服务业。建议国务院研究将其纳入，给予相关政策支持。二是深化改革，把政府定位在制定规划与规则、保障公平、宏观引导上。建立由国务院领导同志牵头、相关部委参加的领导协调机制，进一步取消社会资本进入健康服务业的不必要审批，遏制公共机构参与健康服务业的逐利行为，放开非公共服务性质事业单位的人才流动，加快事业单位人事制度改革的工作进展，对公共服务性质的事业单位坚决推行政企分开、政资分开、政事分开；三是创造公平有序的市场竞争环境。让资本和人才自由流动，鼓励政府以购买服务的方式扶持健康服务业的发展，鼓励民间资本参与公立医院改革与改制；四是在土地、金融、财税等方面加大对健康服务业的扶持力度，增加市场提供健康产品的数量、质量和规模，提升健康服务业的能力和水平。在条件成熟的长三角、珠三角和京津冀地区，创建国家级健康产业龙头园区，集中产、学、研、用的集约优势，逐步推进试点园区的国家规划。

调研期间，调研组重点关注了社会力量办医、养老照护和医疗护理服务、商业健康保险、医药高新技术创新等当前亟待解决的问题，并提出如下具体工作建议：

一、多措并举，以改革完善区域卫生规划、医疗卫生机构人事制度和商业医保政策为突破口，鼓励和引导社会力量发展医疗卫生事业

社会力量办医难以有效发展的症结是医疗卫生服务规划、人才资源管理及筹资保障体系有效组织与利用的问题。

出台鼓励社会力量办医的综合性政策措施，建立健康服务业良好的市场机制。将民营医院发展纳入医药卫生体制改革的近期重点任务之中，细化措施，有力推动；进一步完善细化区域卫生规划，强化医改的统筹作用，在区域卫生规划和医疗机构设置规划中，为社会资本办医预留充足的发展空间，形成公立医院与社会办医相互促进、共同发展的格局；从强化能力建设、完善支持政策、规范行业监管等方面支持社会资本办医，鼓励有条件的非公立医疗机构做大做强；要制定社会资本参与健康服务业发展的利益保障机制和投资回报实现途径政策。

合理确定编制配置标准，促进卫生人才合理流动与使用，形成人才竞争环境。建议由中编办牵头，研究出台全国范围内专业公共卫生机构和社区服务机构的编制标准，对公立医院试行更加灵活的编制管理办法，推行编制备案制，允许根据机构发展实际，合理确定编制总额，解决服务下沉与机构编制约束之间的矛盾；全面落实定编定岗不固定人员，变固定用人为合同用人，变身份管理为岗位管理，真正建立能上能下、能进能出的竞争性用人机制；继续推进并规范注册医师多地点执业，破除阻碍医师多点执业的各类障碍，引导医务人员合理流动。

大力发展商业医疗保险，解决社会办医的医疗服务买单问题。要坚持政府与市场机制作用有机结合，构建商业健康保险与社会医疗保险相互补充，相互配合，共同发展的

医疗保障新模式。特别是要进一步明确政府责任和制度边界，充分发挥市场作用，通过发展商业健康保险合理控制社会医疗保险的制度边界，分担社会保险可持续发展的财政压力，通过促进竞争的方式鼓励公共医疗保障机构改善绩效。进一步鼓励和支持商业保险机构参股、投资医疗机构，参与公立医院改革。

二、积极应对人口老龄化的严峻挑战，创新服务机制，加快建设医疗、护理、康复、临终关爱“四位一体”的养老服务机构，推动养老服务业健康发展

从国家层面以问题为导向做好养老服务业发展的顶层设计，为养老健康保障行业发展提供正常支持。养老照护与医疗护理不可分，应促进医疗服务与老年人长期护理服务的有效衔接，建议发改委牵头，卫计委、民政部等部委参与，研究出台公立医疗机构介入养老机构的相关政策，并推动建立老龄服务事业和产业、非营利组织和企业协同发展、相互补充、相互促进的发展格局。把社会资本作为养老护理服务事业发展的重要力量，将国家直接投入转变为通过贴息、土地优惠等政策鼓励社会资本投入，营造各类主体平等参与、公平竞争的环境，实现社会养老服务业可持续发展。

探索建立老年照护的国家与社会保障体系，为老有所养提供坚实保障。研究建立国家的老年护理保障制度，同时发展商业长期护理保险，建立分梯次的老年护理保障经费支付体系并由政府、企业和个人共同筹资。基本护理需求由长期护理保险解决，基本医疗需求由基本医疗保险解决，补充性的老年长期护理或者非基本护理和医疗需求则由商业健康险作为补充。进一步鼓励和支持保险业大力发展商业长期护理保险，鼓励护理保险和护理服务相结合。

探索老年护理服务人才培养模式，加快护理从业人员培养，提高老年护理队伍整体素质。加强对护理从业人员的培养，可将社区护理员职业列入政府补贴培训目录，通过各级护理院校的课程教育和短期技能培训相结合，提高护理队伍素质。要进一步完善老年护理人员保障政策，提高老年护理行业整体待遇。

研究对老年护理医院实行政府补贴政策，保障老年护理机构的运行和发展。合理确定补贴范围和方式，做好医疗保险、护理医院服务补贴和现行养老服务床位补贴的衔接。加强对老年生活照护和医疗护理产业的监管，结合实际研究制定服务质量管理标准，组建老年护理质量评估机构，逐步整合分散的小规模护理院。

三、完善政策，构建多层次全覆盖的医疗保障体系，繁荣商业健康保险市场

繁荣商业健康保险市场，亟待从制度设计和政策完善等方面加以突破：

抓紧制定关于鼓励和支持商业健康保险发展的相关政策。从国家层面制定有关商业健康保险发展、服务医药卫生体制改革的纲领性文件。合理界定政府和市场在完善医疗保障体系中的定位和职责，梳理现行的各类补充医疗保险，分别划归基本医保或商业健康保险范畴。

提高财税政策支持力度，充分发挥税收的“杠杆”作用，鼓励社会、企业和个人共同关注公民健康，投资健康保障。引导企业用好、用足目前补充医疗保险 5% 的税前列支的优惠政策，税务部门不再对企业用工资总额 5% 以内购买补充医疗保险的资金向员工征收所得税。研究制定个人购买商业健康保险所得税优惠政策。减免专业健康保险公司一定年限的营业税和企业所得税，对商业保险机构经办各类医疗保障管理费收入免征营业

税，降低健康保险经营成本。

推动专业化发展，提升健康保险服务能力。深入研究健康保险经营规律、盈利模式和风险管控机制，细化和完善健康保险核算制度、精算制度、风险管理制度和核保理赔制度，建立保险业发病率、残疾率等健康保险专业数据库，研究健康保险新产品保护制度，探索健康保险、健康管理相结合的健康保障服务模式。完善健康保险专业化监管体系。

实施“医、保”信息共享，发挥“第三方”制约作用。建议由医改办牵头组织有关部门研究制定国家医疗数据的标准编码、建设国家统一的疾病数据库，加快数据接口标准化建设；切实保障个人隐私和信息安全，遵循最小必须原则，按业务职责实现医疗卫生、基本医保、补充社会保险信息共享。

鼓励通过政府购买商业健康产品和服务的方式为参保群众提供基本医疗保障。落实《医改意见》有关精神，逐渐将医保中心与政府脱钩，成为独立法人实体。通过不同医保经办机构（保险公司、医保中心）的竞争，实现基本医保项目运营的成本更低、效率更高、服务更好、专业更强。

加快落实城乡居民大病保险工作。加强调研，总结各地大病保险试点情况，及时研究解决试点中发现的问题，边试点探索、边总结完善。有条件的地区可在委托商业保险机构承办大病保险的基础上，进一步探索将基本医疗保险经办服务交由商业保险机构承担。

强化国家医疗保障的有效提供服务、合理控费的作用，建立医疗三保合一的新体制。根据世界各国卫生部门管医保的惯例及卫生部管理“新农合”推动医改获得良好社会效益的成功经验，建议国务院锐意改革，组建国家医疗保险局，直属国务院管理，由分管医改的副总理主管。统筹基本医疗保险和商业医疗健康保险，形成国家与社会保险有机统一、高效运行的管理体制，为提升人民群众健康水平和推动健康产业发展提供强有力的体制保障。

四、鼓励创新，明确医药高新技术创新对于健康服务业发展的重要支撑作用，促进健康服务业长期有序发展

加大国家政策支持力度。在遵循国际竞争原则的前提下，加大力度实施国务院发布的国家生物产业发展规划，有效扶持民族医药高新技术企业。对有技术引领作用、重要临床价值和较大影响，并能形成规模化生产的核心技术和重大产品，加大科技重大专项支持力度和国家产业化的支持力度。

对重大国家级创新产品应在产品注册、定价及政府采购三方面予以政策倾斜。将药品和医疗器械的创新，作为审批流程优化、资源倾斜的一个重点领域。对于重大创新产品，食品药品监管部门按照早期介入、专人负责、科学审批的原则，在标准不降低、程序不减少的前提下，予以优先办理，并加强与申请人的沟通交流，提供指导。增加食品药品监管总局人员编制，特别是药品和器械的审评人员的编制，提高审评质量和效率。政府招标采购时应对重大国产创新产品制定倾斜政策，除有一定优先采购权外还可以实施政府对医院采购补贴或强制性要求公立医院必须在某些产品种类中购买一定比例的国产设备。

建立医药等高新技术企业的人才保障机制。继续引进海外高层次人才，以人才引领创新创业，建立真正的高水平、高素质的研发队伍。继续放宽股权激励政策，加大对高层次人才创新创业的支持力度，促进科技成果的产业化。完善高层次人才的评价、考核、

激励机制，对高层次人才、团队创业及项目进展提供全方位的服务。

建议科技部尽快设立医疗器械创新科技重大专项。同时，以优惠政策鼓励社会资本向生物医药及医疗器械领域聚集，加快成果转化和应用，推动医药创新创业企业成长后上市壮大。

在调研的基础上，农工党中央形成了《关于动员社会力量，促进健康服务业发展的建议》，并上报中共中央、国务院相关领导同志。该建议上报后，得到了李克强总理高度重视，并作出重要批示。2013 年 9 月 28 日，国务院正式印发《关于促进健康服务业发展的若干意见》。

三、建言在黑龙江省建立国家安全食品生产基地

为进一步抓好源头治理，促进现代农业产业发展，坚决守住食品安全的第一道关口，全国人大常委会副委员长、农工党中央主席陈竺于 2013 年 9 月上旬率调研组赴黑龙江省就“建立国家安全食品生产基地”进行了考察调研。

通过调研，调研组了解到，黑龙江省不但生态环境、农业资源先天禀赋优良，而且农业组织化程度高、科技支撑能力强，垦区农业现代化建设居全国前列。在黑龙江省建立国家安全食品生产基地，就是要在充分发挥其独特优势的基础上，继续加大国家对商品粮生产基地基础设施建设的投入，逐步把机械化作业、标准化栽培、规模化生产、社会化服务、产业化发展的现代生产方式和企业道德诚信制度推广到全省农村，努力引导农户的家庭生产承包步入现代农业的发展轨道，使黑龙江省成为我国“量”能保障、“质”更安全的食品生产基地。调研组认为，在黑龙江省建立国家安全食品生产基地，一是有利于推动两大平原现代农业综合配套改革，促进我国现代农业产业发展，激发区域经济发展动力；二是有利于地方特色产业推进食品安全发展，在全国率先形成安全食品生产的示范模式，实现由保证粮食安全向保证食品安全的转变；三是有利于进一步满足人民群众日益增长的安全食品需求，提升政府公信力。

然而，面对维护国家粮食安全与食品安全的重任，黑龙江省也面临着一定的困难与挑战，如黑龙江省现有的黑土、湿地等资源环境优势正受到不同程度的威胁；水利基础设施建设总体滞后、农田抵御水旱灾害的能力很弱、水资源调控能力不足；食品安全监管体系建设、食品安全信息化和追溯体系建设、农产品质量检测、动植物疫病防控等社会化服务体系条件和能力建设相对滞后；产业链条短，农产品原字号出售和粗加工比重大，品牌效应低下，运输物流缺乏平台，农产品深加工装备严重依赖进口，精深加工率、附加值和综合效益偏低；农业从业人员老龄化、妇女化、低龄化趋势明显，整体素质不高。现有资源、环境、组织化优势未能有效地转化成为产业和市场优势。总之，应采取有力措施保护好农业资源环境优势，进一步提高现代农业的组织化程度，并加快农业装备制造业和现代服务业的发展。上述问题的有效解决可进一步满足国家农牧产品的重大需求，发挥龙江高端粮、应急粮和后备粮的关键基地作用，并主要体现安全食品的示范效应与重要保障，为国家的民生保障、经济发展方式转型及产业结构调整作出历史性贡献。

在深入调研基础上，农工党中央形成了《关于在黑龙江省建立国家安全食品生产基

地的建议》，具体内容是：

一、将黑龙江省确立为国家安全食品生产基地，并由国家有关部委与黑龙江省共同编制《黑龙江省国家安全食品生产基地建设规划》。该规划不仅要与国家“十二五”规划相衔接，还要尽可能多地与国家有关部委的专项规划衔接。通过规划的编制完善，使目标更清晰，措施更具体，更好地集聚政策资源和社会资源。加快建设安全食品原料基地、加工体系、物流营销体系、生产标准体系、质量追溯体系，确保从土壤、种子到生产、加工再到物流、营销，每个环节都有具体措施，使食品安全从概念落实到每一个具体的生产过程，着力从源头上解决食品安全问题，为维护国家粮食安全、食品安全作出新贡献。

二、进一步加强水利工程建设与管理，提高生态环境保护法律保障水平，为龙江安全食品生产提供法律与政策保障。应以保护粮食安全为主要目的，提高环境保护标准，使龙江生态环境保护、建设与利用在高水平上得以可持续发展。一是要继续推进黑龙江省农田水利工程建设和管理体制改革。在两大平原区加快建设与现代化大农业相适应的现代化大水利保障体系，并参照西部省份降低大型灌区等与粮食增产密切相关项目的地方筹资比例。二是要抓紧探索创新土壤环境保护的管理模式。尽快实施土壤污染防治战略，开展污染土壤修复试点，研究建立适合国情的土壤环境质量监管体系。加大农业面源污染防治力度，积极引导和鼓励农民使用生物农药或高效、低毒、低残留农药，推广病虫草害综合防治、生物防治和精准施药等技术。三是要制定湿地保护规划，逐步健全湿地保护的相应法规与标准体系，建立湿地保护的长效运行与有效监督机制。从国家层面上确定黑龙江省湿地保护红线，探索建立占用湿地的审批审核制度、占补平衡制度以及湿地生态效益补偿制度，将黑龙江省符合条件的湿地自然保护区尽快纳入国家和省生态效益补助试点范围，给予生态效益政策的支持。

三、在重点领域内突出解决几个事关国计民生的重大问题。一是将两大平原水稻种质资源的收集和发掘工作纳入国家计划，给予重点支持。建议黑龙江省与中央财政出资设立的现代种业发展基金在种业基础性、公益性研究等方面开展深入合作，推动在黑龙江省建立水稻种质资源库和寒地特色的种质创新体系。二是支持黑龙江省建设民族大豆产业保护区。建议国家出台政策限定转基因大豆的应用领域，调整非转基因大豆的最低保护价政策，进一步完善大豆期货市场，保护非转基因大豆产业，支持黑龙江建立非转基因大豆保护区。三是把黑龙江省作为国家婴幼儿配方乳粉主要生产基地，探索保障婴幼儿乳粉质量安全的新途径。建议根据《国务院办公厅转发食品药品监管总局等部门关于进一步加强婴幼儿配方乳粉质量安全工作意见的通知》（国办发〔2013〕57 号）精神，积极推动黑龙江省参照药品管理办法开展婴幼儿配方乳粉监管试点工作，从监管体制和机制、信息化和追溯体系建设、产业政策和资金资助等方面予以支持。由地方政府扶持牧场建设，引导农民进行规模养殖和现代化养殖，给予产业化龙头企业在牧场建设用地上零价位出让，对项目建设、技术改造、设备更新等方面进口的国内不能生产或性能无法满足要求的设备以及国内市场供应存在较大缺口的饲草实施较低税率的暂定关税。

四、加速构建现代农业产业体系和农业及食品加工装备制造业体系，努力提高企业核心竞争力。种养产业方面要创建一批有科技体系支撑、有产业集聚效应、有持续发展动力的绿色种养基地。着力打造绿色有机种植基地、绿色健康养殖基地、良种繁育推广基地、战略性新兴产业培育基地。加工产业方面要强化龙头企业建设，突出重点项目推进园区发展，以园区发展带动产业升级。要重视对农业及食品加工装备的自主品牌建设，加大研发投入，促进农业及食品加工装备的结构调整和优化升级，努力延长产业链条、推进精深加工。物流营销产业方面要打通国内国际粮食物流通道并系统建设营销网络。立足于黑龙江省粮食物流现状，打造国际化粮食物流产业体系，充分发挥市场对粮食资源配置的基础性作用，在粮食主产区与主销区之间搭起快捷通道。

五、努力打造国家安全食品生产基地建设的示范标准。一是积极推进地方食品安全监管机构改革。加快组建各级食品安全监管机构，充实配备基层一线监管执法人员，强化监管队伍建设，健全完善食品安全监管机制和制度，创新监管理念和方法手段，提升监管效能和水平，尤其要注重提升县域食品安全监管能力；二是加强产品标准体系和质量追溯体系建设。强化农业行政、食品药品监管等部门的协作配合，整合原有的分散在质监、工商、食药等部门信息化资源，加快全省统一的食品安全信息网络平台建设，完善食品标准体系，建立健全粮食、蔬菜、生猪和肉类、婴幼儿配方乳粉等的生产基地质量安全追溯信息系统，通过信息化手段对食用农产品和食品质量安全进行管理。三是促进先进科技与基地建设的结合。把标准化原料生产基地直接作为农业大专院校和科研机构的“第一车间”，及时推广和应用最新的品种、生产种植技术；四是培育懂技术、会经营、善管理的新型农民。要系统开展农民培训，增强农民生产安全食品的意识，提高广大农牧民生产安全食品的技能和素质，将安全食品生产的新技术和新标准送到田间地头，变成农业生产经营者的自觉行动。

该建议上报后得到了张高丽副总理高度重视，并作出重要批示。

四、深化内陆开发开放，助推两江新区加快发展

国务院 2010 年批准成立的两江新区，是国家在内陆地区设立的唯一的开发开放新区，是国家丝绸之路经济带和海上丝绸之路的关键节点，是长江经济带的核心枢纽，是国家引领西部地区大发展的战略引擎。两江新区成立后，习近平、张德江等中共中央领导先后莅临视察并提出殷切希望。如何从经济全球化的战略高度和长远角度出发，抓住欧亚国际大通道崛起的重要机遇，利用两江新区、渝新欧铁路等优势，不断克服各种困难，加强与中亚、欧洲各国经济合作，拓展全方位的交流合作，战略意义十分重大。

2013 年 10 月，农工党中央陈竺主席带队对两江新区开发开放情况进行了专题调研。我们了解到，在中共中央、国务院及相关部委的大力支持下，两江新区开发建设稳步推进、成效明显：两江新区“一心四带”发展思路逐步明晰，基础建设平稳快速推进，开发开放环境不断优化，工业园区、金融、会展、保税物流、信息五大发展平台已初步成形，以龙头带集群的产业框架初步建立。

然而，我们也了解到，两江新区要实现国家赋予的统筹城乡综合配套改革试验的先行区、内陆重要的先进制造业和现代服务业基地、长江上游地区的金融中心和创新中心、内陆地区对外开放的重要门户、科学发展的示范窗口的五大功能定位目标，落实中共十八届三中全会关于健全城乡发展一体化体制机制、构建开放型经济新体制和建设有利

于内陆产业集群发展新型体制机制的有关要求，实现平稳快速发展，尚存在以下突出问题：一是先行先试突破不够。两江新区作为国家统筹城乡综合配套改革试验的先行区，在内陆开放、体制改革、科技创新、政策试点等方面肩负先行先试、引领示范的重任。但是，以工促农、以城带乡的有关体制机制创新尚有较大努力空间。与上海浦东、天津滨海等新区相比，先行先试尚有较大潜力，国家级重大政策创新不多，各部委在新区推进的改革措施较少，特别是在内陆开放方面的创新探索作用尚未真正发挥。二是辐射带动能力不强。两江新区成立仅三年，经济体量和实力尚在培育阶段，尽管新区拥有内陆唯一保税港区、长江上游最大集装箱港口、中西部最大会展中心等一批功能性、枢纽性平台，但是这些平台尚未充分发挥辐射带动作用，尚缺乏连片联动效应。三是国家级项目不多。国务院明确提出要把两江新区建设成为内陆地区重要的先进制造业和现代服务业基地。尽管两江新区引进了一批重大项目，但距离国家级产业基地要求仍有较大差距，尤其缺乏具有重大国际影响性、行业引领性的国家级重大项目带动。四是自身优势特色发挥不充分。两江新区在内陆开放中有两大优势，但是没有充分发挥。其一，渝新欧国际铁路优势发挥不充分。其二，两江国际云计算中心优势尚未有效发挥。

目前，我国经济转型和结构战略性调整进入关键阶段，对外开放进入由沿海沿江向广大内陆纵深推进的重要阶段。两江新区对于重庆承载国家西部大开发的重要战略使命，探索中国内陆地区经济发展转型，建设内陆开放高地和统筹城乡发展，具有重要而深远的意义。当前，两江新区已进入功能开发的新阶段，面临更加艰巨的开发建设任务。因此，农工党中央形成了《关于深化内陆开发开放、推进两江新区加快发展的政策建议》，建议在国家层面进一步加大对两江新区改革和发展的支持力度，促进两江新区尽早实现国务院确定的“五大战略定位”。主要有以下四点建议。

一、建议支持两江新区建设内陆首个自由贸易园区，推动两江新区在更大范围、更广领域和更高层次上对外开放，构筑内陆开放战略门户，形成全方位开放新格局，辐射带动内陆地区快速发展。两江新区是国家内陆开放的重要战略平台，国务院赋予探索内陆开放新路子的重要使命，建设自由贸易园区有利于国家“优先推进西部大开发”的区域发展总体战略的实现，有利于构建“沿海—内陆—沿边”开放格局，探索一条内陆开放的新路径，为我国改革开放特别是内陆开放提供有益借鉴。为此，建议支持重庆两江新区建设内陆首个自由贸易综合试验区，给予海关特殊监管区相应政策，同时在税收、外汇、贸易、出入境管理政策上给予相应配套，推动两江新区成为内陆市场发展新引擎。

二、建议支持两江新区建立部际联席会议制度，推动两江新区在国家统筹城乡综合配套改革试验先行区、长江经济带等战略规划定位中发挥应有作用。两江新区作为内陆首个国家级开发开放新区，在积极探索内陆开发开放新路子的过程中，工作需要涉及多个层面、多个区域，尤其是面临开发开放政策及体制机制创新等问题，需要国家有关部委加大统筹协调力度，建立部际联席会议制度是非常有效的办法。为此，建议由国家发改委牵头建立重庆两江新区部际联席会议制度，财政部、工信部、商务部、海关总署、质检总局、国家税务总局等部门作为成员单位，建立定期协调沟通工作机制，帮助解决开发建设中面临的重大问题，在政策实施扶持、项目布局安排、体制机制创新等方面予以积极支持。

三、建议批准在团结村铁路站设立铁路口岸，使重庆发挥丝绸之路经济带建设的中西部带动引擎作用。目前，两江新区的两路寸滩保税港区已形成空港、水港双港口模式，分别适合高附加值及大宗低价值货物运输，但缺少与中高价值货物运输对应的铁路口岸。以重庆为起点的渝新欧铁路符合了国家层面西向开放战略，不但可以密切中国与欧洲的联系，也可以深度促进中国与中亚和阿拉伯地区的经济社会文化交流。目前重庆铁路口岸属二类口岸，只允许中国籍和毗邻国家双边人员、货物、物品和交通工具直接出入国（关、边）境，无法对外国籍交通工具开放，无法发挥保税贸易、保税物流功能。为此，我们建议在团结村铁路站设立铁路口岸，作为两路寸滩保税港区口岸拓展作业区；并择机将重庆铁路口岸升级为一类口岸，推动渝新欧铁路上升成为国家战略，有助于拓展货源、增加班次，促进班列运行常态化，打造“渝新欧”国际货运品牌线路，探索内陆口岸开放的新模式，进一步发挥重庆凝集中西部制造业资源，产生更多的物流效应，在丝绸之路经济带产生更重要的带动效应。

四、建议支持拓展重庆两路寸滩保税港区功能，建设与城市功能融为一体的资源配置型港口，推动两江新区建设成为国际物流中心、贸易中心，深入推进内陆开放。港口在建设亚欧桥头堡中具有重要战略作用，重庆两路寸滩保税港区集中了内河航运最大枢纽，是内陆唯一“空港＋水港”双核驱动的保税平台。深入拓展保税港区功能，对于两江新区集聚大量产业，主动参与资源配置，全面提高经济竞争能力和对外开放水平，具有深远意义。为此，建议支持拓展重庆两路寸滩保税港区功能，支持两路寸滩保税港区功能创新，开展“委内加工”业务，试点非国产货物进境入区维修，开展全球电子产品售后维修服务，试点海关特殊监管区的“区中园”模式，推进非保税货物入区同库堆存。加快发展保税贸易，建设保税商品展示交易中心。支持设立水果、疫苗等一批内陆地区有需求的国家进口口岸。构建跨境贸易电子商务平台，形成保税电商产业集聚区。发展离岸金融，以离岸结算为重点，打造全球资金归集结算中心和资产结算中心。

该建议上报后，得到了李克强总理高度重视，并作出重要批示。张高丽副总理、汪洋副总理分别作出批示。

五、建言加强长江上游流域生态治理工作

长江是孕育中华民族文明与发展的最为重要河流。长江上游流域生态环境的治理工作,对促进长江上游乃至全流域的经济社会可持续发展至关重要。2013 年 5 月 2 日至 9 日，全国政协副主席、农工党中央常务副主席刘晓峰邀请环境保护部、农业部、水利部、国家林业局、中国长江三峡集团、中国环境科学研究院、环保部环境规划院的领导和专家学者赴四川省、云南省就长江上游生态环境保护和综合开发利用进行了专题调研。调研成果形成了农工党中央《关于加强长江上游流域生态治理工作的建议》。

调研中了解到，长江上游地区各级政府十分重视生态环境保护工作，都将生态建设列为重要任务，坚持生态立省、环境优先的发展原则，在保护中促进开发，在开发中落实保护，使多年生态环境恶化趋势得到控制，局部地区得到改善。但是长江上游生态环境问题依然十分严峻。一是森林草地退化、沙化严重，水土流失得到一定控制。受多方

面因素的影响，长江上游地区森林恢复缓慢，草地退化、沙化，区域水资源总量呈减少趋势；同时造成水源涵养能力下降，地表径流形成时间缩短，威胁到长江流域的用水安全。各级政府虽然安排了专项资金进行植被恢复和草地养护，但往往处于单打一的局面，治标不治本。二是资源开发与生态环境保护矛盾突出，局部地区水环境污染形势不容乐观。长江上游流域山多平地少，适宜开发的空间有限，生态脆弱、环境承载能力较弱；人口聚集和开发集中的区域大多是大中城市、城镇；在经济发展格局中处于产业链的底端，发展方式粗放、产业结构不合理、资源转化效率低，保护与发展的矛盾十分尖锐。随着长江上游流域经济社会发展步伐不断加快，大量工程项目纷纷开工建设，对资源和环境的开发利用与保护形成了巨大压力。上游干流城市江段和支流水质污染较为严重，点源污染呈增加态势，所带来的环境问题十分突出。三是农业面源污染对长江上游的影响日趋严重。一是缺乏有效和针对性的面源污染防控政策的支持和相关法律约束。二是农村环境管理的能力薄弱，环保基础设施建设严重滞后。三是种植业由于过量和不当使用化学品（农药、化肥）导致土壤和水体污染严重。四是畜禽养殖规模不断扩大，缺乏有效的治理措施，环境管理水平较低，对水体造成严重污染。

针对上述问题，农工党中央建议：

一、进一步完善长江流域上游生态保护政策体系，保障长江上游生态安全。

为实现全国人民“建设美丽中国”的共同目标，一方面流域上下游人民均享有发展权利，另一方面流域上下游要承担共同而又有区别的义务。一是进一步完善国家流域生态补偿机制，促进生态环境良好区域、敏感区域、脆弱区域的优先保护。坚持“谁开发、谁保护，谁破坏、谁恢复，谁受益、谁补偿，谁污染、谁付费”的原则，明确生态补偿责任主体，确定生态补偿的对象、范围。建立长江上游生态补偿资金机制，并在长江流域选择具有代表性的省市开展试点工作。资金来源可由以下四方面组成：国家财政资金的转移支付、下游发达省份的定点援助、建立资源综合开发项目和生态环境保护基金。国家综合管理部门牵头，充分发挥业务部门的支撑作用，确保资金给足用好。同时加快生态补偿政策立法，为生态补偿机制的规范化运作提供法律依据。可以研究沿长江流域省与省之间的补偿机制。二是国家综合管理部门牵头，充分发挥相关部门的支撑作用，整合国家在国土综合整治领域的投入，形成污染防治和生态保护的合力。如水质良好湖泊保护专项、中小河流整治专项、重点流域污染防治专项、退耕还林工程专项以及其他财政转移支付计划投入。三是建立与生态文明相适应的领导干部考核体系。对于生态敏感区、脆弱区所在地区政府，淡化经济指标的考核，以生态环境质量等指标替代。在资源综合开发利用过程中充分考虑环境保护需求，在生态环境建设中充分考虑当地人民脱贫致富的愿景。

二、以国家主体功能区划为依据，调整产业结构和布局，优化发展模式，从根本上解决长江上游环境保护的困局。

长江上游地区是长江重要水源区，也是我国重要的生态功能区。这一区域生态环境比较脆弱，生态保护需求十分迫切。从中央层面看，强化长江上游地区经济社会发展统筹规划，合理布局城市规模、产业发展结构和布局，合理利用水环境容量；从流域系统角度统筹新建项目建设布局，优先结合本地区资源优势，安排污染少，效率高的项目，向流域上游地区倾斜；中央资金补助重点支持产业升级，淘汰落后产能，扶持新兴产业发展。从地方层面看，鼓励绿色招商，发展区域工业经济；加强城市基础设施建设，提高城镇污水处理率和处理深度，如果现阶段资金不足，至少要先行在一些重点地区提高污水处理深度，真正变污水为清水，如滇池等湖库地区的污水处理；强化工业污染防治，确保工业废水排放稳定达标；增加对欠发达地区的污水处理厂运营保障资金，促进已建成污水处理设施环境效益的正常发挥。对国家级贫困县的污水处理设施运行费用应由国家财政承担，省级贫困县的污水处理设施运营费用由省级财政承担，以综合利用为途径的污泥处置工程由政府财政进行补贴。

三、加强农业面源污染整治，降低农业生产对长江上游水域可能造成的大面积常态性污染。

一是加快农业面源防治立法。以流域为单元进行立法，加强农业面源污染防治，建议制定“长江流域农业面源污染防治条例”，加快建立健全农业生态环境管理法律法规体系，完善农业环保执法监督监察机制，并尽快制定农业生态环境保护管理办法及防治农业面源污染实施方案。二是完善农业面源污染防治的组织体系。增加县级环境相关监察执法人员的编制数，确保达到国家规定的要求。在条件允许的乡镇先试点设立环保机构，争取用 3 年的时间，在所有乡镇都设立环保站，从根本上扭转农村环保“缺胳膊少腿”的状况。在农村“六大员”基础上设立环保员，加强农村环保宣传、环境监督等执行力。出台鼓励性政策，引导农业投入品生产企业回收其包装废弃物；建立对农业生产废弃物的集中收集、处理和综合利用的运行体系，建立城乡统一协调管理体制，实现农业废弃物集中收集资源化利用全覆盖、一体化管理。在乡镇中心村建设农业生产废弃物压缩式中转站，配置压缩车，提高农村生产、生活垃圾集中收集处理率，并试行农村生产、生活垃圾的分类收集、分类处理办法。三是以综合利用为主导方向，充分发挥政府的引导作用,加强畜禽养殖污染治理力度。一方面根据区域耕地面积及其对农业废弃物消纳能力，确定区域畜禽养殖规模；另一方面政府财政应对畜禽养殖废物综合利用进行引导，对有机肥生产企业及农户进行补贴。对规模化畜禽养殖企业，应促使其建立完善的废弃物处理处置设施；对于散养的畜禽污染，可在农村环境连片整治工作中统筹考虑。四是全面推广数字化测土配方施肥技术，减少化学品投入。推广数字化测土配方施肥技术，利用现代信息技术对土壤养分状况进行综合分析、开展养分管理和指导精确施肥，引导农民自觉保护耕地、科学施肥，减少农业面源污染。同时，通过推广高效低毒农药、微生物防治技术、物理防治技术减少农药的使用。

该建议上报后，得到了张高丽副总理高度重视，并作出重要批示。

六、建言防控恶性伤医事件

近年来，我国医患冲突呈“井喷式”爆发。这些恶性伤医事件不仅影响医生正常执业，导致医务人员忧虑恐慌情绪蔓延，更严重破坏了正常社会秩序和医患关系，医药卫生界反应强烈，以医药卫生领域为主要界别的农工党的党员、专家纷纷上书，希望农工党中央能向有关部门呼吁，依法保障广大医务工作者人身权益，维护社会和谐稳定。为此，

2013 年 11 月，农工党中央就防控恶性伤医事件在调研基础上形成了《防控恶性伤医事件刻不容缓》的意见建议，向中共中央国务院领导同志提出了以下建议：

一、建议各级党委、政府将有效治理恶性伤医事件作为近期深入贯彻党的群众路线教育实践活动的重点工作。

广大医务工作者是贯彻党和政府卫生改革与发展政策的主力军，为保障广大人民群众健康做出了重要贡献。恶性伤医事件关系到广大奋战在医疗卫生战线上医务工作者的切身利益，维护他们的人身权益不受侵犯，保障他们的职业安全，是贯彻党的群众路线的重要内容和表现。建议各级党委、政府在近期群众路线教育实践活动中，针对恶性伤医事件，深入群众、实际，认真解决体制机制等深层次问题，保护广大医务工作者工作热情，营造一个更为安全和谐的工作环境。

二、建议国家卫计委会同公安部尽快联合开展对恶性伤医事件的专项整治行动，加强医院安全防范，依法严惩侵犯医生人身权益的犯罪活动，确保医护人员人身安全。

一是要严格贯彻执行《国家卫生计生委办公厅公安部办公厅关于加强医院安全防范系统建设的指导意见》(国卫办医发〔2013〕28 号)要求，进一步加强医院安全防范系统建设，尽快对恶性伤医事件开展专项整治行动，严厉打击事实清楚、性质恶劣、影响巨大的杀害医护人员、侵犯医护人员人身权益的刑事犯罪行为，预防和减少发生在医院内部的刑事案件，及时消除医院安全隐患。二是建议深化警务改革，使公安部门切实担负起维护医院正常秩序、及时处置突发事件职责。医院被划为文保系统，而不属于治安系统，影响了公安机关对医院突发治安案件的及时处置，建议将医疗机构治安防范纳入《治安管理处罚法》范畴。同时，借鉴地方经验，根据条件，在医院设立派出所或者警务室，确保医院正常诊疗活动不受冲击、医务人员人身安全不受侵害。三是进一步加强医院安保系统建设，可借鉴国外经验，在三甲医院设立安检制度。

三、全面深化医药卫生体制改革，切实解决人民群众看病难、看病贵等实际问题，改善医患关系，减少医患冲突。

一是健全法律制度，及时将医药卫生体制改革的成功做法、经验和政策上升为法律法规，适时修改相关法律条例，明确医患双方的权利与义务，从法律层面加大对医护人员保护力度。二是加快医药卫生体制改革步伐，继续深化公立医院改革，建立科学合理的分级诊疗制度和支付制度，调整不合理医疗服务价格体系，尽快改变医院以药养医体制，加强医疗机构管理，用制度建设进一步明确基本医疗的社会公益责任。三是建立国家、社会、个人共同筹资，由基本医疗保险、国民医疗救助、商业健康保险三种机制构成，各种机制相互衔接且与医疗服务体系紧密结合的具有中国特色的医疗保障体系，有效减轻个人诊疗费用负担。

四、建立和完善医疗纠纷处理和补偿机制，将医疗纠纷处理制度化、法制化，构建和谐医患关系，为不断完善医疗卫生政策提供依据。

一是建议制定出台《医事争议调解仲裁法》，对医疗事故纠纷、药品不良反应赔偿纠纷等医事争议的范围、协商机制、调解机制、仲裁机制等作出详细规定，使医患双方对于合理合法解决医患纠纷有法可依。二是建立第三方医疗纠纷调解仲裁机制。设立省、市、县三级医事争议人民调解委员会，为医患双方搭建了中立公正的“第三方”协调互信平台。

鼓励社会力量成立医事争议事务所，给病人一个合理合法解决医事争议的途径。三是建立健全医疗风险救助补偿机制。建议借鉴国际经验，结合我国国情，加大推行各类医疗保险力度，加快建立医疗风险保险互助金、医疗风险救助机制、医疗风险意外分摊机制等，有效化解医疗风险，确保患者一旦发生医疗事故可以得到及时合理补偿，减少患方家属对医疗机构过激行为。

五、提升国民素质，普及科学知识，加强媒体正面引导。

生老病死的客观规律、医疗技术有其局限性、金钱和生命及健康不可相互交换，这些都应该成为全民共识。要加强医疗卫生等健康领域的全民教育，普及相关科学知识，更要加强对媒体的正确引导，督促媒体客观、公正报道医疗纠纷事件，勇于承担社会责任，防止恶性炒作，引导患方回归理性、依法维权，构建良好的医疗环境。

该建议上报后，得到了刘延东副总理高度重视，并作出重要批示。2014 年 4 月 22 日，最高人民法院、最高人民检察院、公安部、司法部、国家卫生和计划生育委员会以法发〔2014〕5 号印发《关于依法惩处涉医违法犯罪维护正常医疗秩序的意见》。

王善学　农工党中央参政议政部调研处处长
熊　凤　农工党中央参政议政部干部

中国致公党中央参政议政案例

一、全力推动农业现代化发展

中共十八大明确要求“促进工业化、信息化、城镇化、农业现代化同步发展”。目前，推进农业现代化建设已成为我国全面建成小康社会、推动四化同步发展、应对粮食安全挑战的重大举措。大力发展农业现代化，将有效地平衡由大中城市吸纳进城务工农民的拉力和由村镇集聚发展的中小城镇就地吸纳农民工的推力，可由“镇”端加快新型城镇化步伐。致公党中央长期关注农业与农村发展，为深入研究我国农业现代化发展,2013年5月，致公党中央调研组赴江苏省苏南、苏北、苏中等地进行了实地调研。在调研的基础上，致公党中央形成了《关于加快发展农业现代化的建议》。

从实地调研的情况看，近年来，江苏全力保障主要农产品有效供给，促进农民增收致富；重视科技创新和信息化在农业现代化建设中的支撑作用；在农村土地制度改革、农村金融以及农业适度规模经营方面做了一些有益的探索。但仍存在一些问题，如：耕地保护形势严峻，主要农产品有效供给的任务艰巨；职业农民队伍尚未建立，种地种田后继乏人；规模经营水平不高，新型农业生产经营体系有待完善等。

由于我国地域辽阔，在思想观念、经济发展、地理条件、人口状况等各方面存在较大甚至是巨大的地域差异，因此，要因地制宜地提出适合本地的农业现代化指标体系。建议根据地域的不同特点推进农业现代化，鼓励和支持有条件的地区先行先试、率先突破，发挥好示范带动作用。

为此，调研组具体建议如下：

一、拓展农业生产链条，优化农业生产组织模式，促进农业产业化经营。

一是推进农业标准化生产，依靠科技大力发展设施农业、精准农业等，生产无公害、绿色、有机农产品，支持农产品品牌创建。依托农村信息化建设，建立健全农产品质量安全和食品安全追溯体系，真正让老百姓吃得安全、吃得放心。二是重点发展农产品精深加工、农业物资生产等农业相关的加工制造产业，大力提升农业附加值，有效吸纳农村转移劳动力。三是深入推进农业服务产业，积极发展育种育苗、农资农机、农技推广、农民培训、资讯信息、物质流通、休闲旅游、金融保险等与农业相关的现代服务产业。四是大力推进设施化、标准化和组织化，在运行机制上积极发挥市场机制在农业现代化建设中的作用，提升农业生产经营规模效应。五是规范家庭农场、专业合作社等生产经营主体工商登记制度，引导和扶持种养大户、家庭农场、专业合作社健康发展。

二、通过多种形式培育壮大新型职业农民队伍。

一是通过普及和重点相结合的方式培育专门从事于主粮、蔬果、花卉、养殖、农机等农业从业人员。对农业技术人员、农业经营管理人员、农业社会化专业服务人员等进行普及性的职业培训的同时，把农业生产组织中的骨干力量和种养大户、专业经纪人、涉农企业、农业科技特派员等作为培育职业农民的重要载体。从市场需求入手，从农民切身利益出发，加强对培训的考核管理，严格公共培训资金的检查审计，提高农民培训和农业技能证书的“含金量”。二是出台增强农村和农业吸引各类人才的政策，如设立现代农业青年创业扶持基金，重点鼓励高校毕业生、返乡农民工、退役军人、投资创业者等群体到农村发展现代农业，成为高素质的新生代农民。三是通过城乡统筹发展确立现代农民的职业性。打破城乡户籍制度的藩篱，淡化农民的身份性质，使农民真正成为依赖其农业职业技能而非依附于土地的职业化农业从业人员，农民如同工人一样可依其技能自由流动，这不仅有利于原有农民的职业化，优化城乡二元结构，而且有助于吸引各类人才投身于农业现代化建设。四是重视对长期进城务工农民的培训，使他们逐步成为新型产业工人。

三、加强农村信息化建设，促进农业科技推广与服务。

农村信息化有力推动科技服务农资供应、农机服务农产品销售的市场化，促进了从土地到餐桌的农业产业链建设。一是积极推进“科技兴农”战略，加快农业公益性技术开发和农业战略性新兴产业发展，加强农村基层科技创新与推广能力建设，积极探索解决农业科技最后一公里问题。二是信息化助推农业现代化建设。加快制定农业信息化发展规划，加大财政投入，引导资金重点用于网络基础设施、信息服务平台、信息资源体系等建设，加大扶持智能农业；建立农业信息化标准体系，促进农资集团采购、产品网络推销等一体化建设；进一步加强农业信息化技术创新和集成应用，推广江苏省的农村科技信息化服务超市三级店面的发展方式。

现代农业的发展，重在提升农业劳动生产力，必然会推动小城镇发展。只有农民收入的提高，才能拉动消费，有效推动城镇化、特别是小城镇的有效健康发展。

该建议上报国务院后，得到国务院总理李克强、副总理汪洋的批示。

二、积极推进淮河经济带建设

淮河流域人口密集，土地肥沃，资源丰富，交通便利，是我国重要的粮食生产基地，能源矿产基地和制造业基地，是我国东部与中部的链接纽带、南方与北方的过渡区域，在我国经济社会发展全局中占有十分重要的地位。该地区的粮食产量占全国的 1/6，提供的商品粮占全国的 1/4，人口密度是全国平均的 4 倍多，然而该区域却至今仍然属于经济欠发达地区，如何让该地区成为中国区域经济发展新的增长极，对维护国家粮食安全和全面建成小康社会都具有重要的战略意义。

为此，致公党中央组成调研组，于 2013 年 4 月赴淮河流域进行了实地调研。通过调研，致公党中央形成了《关于淮河经济带建设的建议》。具体内容如下：

将淮河经济带建设列入国家级战略规划，将淮河建设成为连接东中部地区的黄金通道，先行构建“淮安＋蚌埠”双核发展模式，打造淮河流域黄金走廊，有效推进江苏沿海经济带国家战略、皖江城市带国家战略、中原经济区国际战略顺利接轨，为江苏沿海、皖北、豫南乃至整个“泛长三角”地区发展提供新动力，也为今后打造“淮安＋蚌埠＋信阳”三核发展的淮河经济带奠定基础。将淮河流域打造成工业化、信息化、城镇化、农业现代化的“四化”同步协调发展的先导区，内河流域水资源综合开发利用示范区，中部地区重要的特色产业集聚区，内陆地区改革开放的试验区，让淮河两岸人民享受到全面建成小康社会的福祉，早日实现淮河人民的“中国梦”。

一、加快淮河流域综合治理开发，打造淮河黄金水道。

（一）提升沿淮水资源保障能力。进一步制定科学合理的水资源开发、利用和保护规划体系，加快推进淮河流域水量分配方案制订。科学规划沿淮重大水利控制性工程，积极推进淮水北调等跨区域调水工程建设。实施应急备用水源工程，加强洪水资源利用、雨水集蓄利用、中水回用等非常规水源工程建设。建议在淮河全流域全面严格执行取水许可制度，以提高水资源的利用效率为目标，推进全流域水资源统一管理。启动淮河行蓄洪区调整改造、淮河下游主要行洪通道堤防达标及河道治理、重点平原洼地排涝等治淮新三项工程，结合采煤塌陷区综合治理，规划建设平原水库。

（二）加快淮河黄金水道建设。内河水运是绿色的运输方式，有运量大、成本低、污染少、占地少，利于防止水土流失、保护耕地等特点。大力发展淮河水运，符合以人为本与循环经济特点，也是转变及发展方式、促进流域经济可持续发展的重要举措。因此，建议以淮河干流和淮河入海水道为基础建设高等级出海运输通道，加强淮河干流及沙颍河等重要支流高等级航道建设，积极推进引江济淮航道工程，制定统一的航运和船舶标准，构建淮河流域通江达海水运交通网。打造淮安内河航运枢纽与国际港，以蚌埠港、淮南港为重点，优化布局沿淮港口，整合港口资源，加快推进专业化、现代化码头建设，形成沿淮港口群，实现淮河、京杭大运河等内河航道与“连云港港口群”及“上海港口群”的两翼对接。

（三）建立健全以市场为基础的生态环境保护机制。首先，建立排污权交易机制。建议建立流域排污权管理中心，确定流域各地区污染物排放指标的总量，确定排放指标的种类，确定流域初始排污权分配的方案，建立流域排污权交易初级市场，通过市场机制降低流域排污总成本。实施重点污染治理工程，加强重点湖泊水环境保护。建立沿淮网络化预警、监测、指挥系统，完善流域水系间水流沟通系统，合理调蓄配置水资源。其次，由国家财政和沿淮各省级财政共同给予支持，建立淮河流域生态补偿基金，推动建立完善的淮河流域生态补偿机制，全面推进淮河全流域生态保护和建设。

二、打造淮河流域现代粮食产业示范区。

淮河流域作为国家重要的粮食生产基地，粮食增产潜力仍然很大。据初步测算，仅安徽省淮河流域的4000万亩耕地，其中有2600万亩由于涝渍、干旱、土壤贫瘠而属于中低产田，如果采取综合性治理措施，粮食亩产增产幅度可达50—100公斤。建议：进一步加强淮河流域粮食生产主体功能区农田基础设施投入，积极运用财政、税收、金融、保险、价格等经济杠杆和手段进一步保护粮食生产主体功能区和种粮农民的积极性，建立粮食生产抗御市场风险和自然风险能力的长效机制，促进种粮大户集聚发展，依托国家粮食生产规划和淮河流域开发，利用政策优势充分提升粮食生产核心区的粮食生产能力，大力发展现代规模化农业，提升农业综合生产能力。国家已经将黑龙江列为现代农业综合配套改革试点省。淮河流域，特别是淮河干流的皖北地区，作为国家粮食生产主体功能区，具有现代农业综合配套改革先行先试的基础条件，建议将该区域列入国家的现代农业综合配套改革试点区。一个省加一个区域分别进行改革试点，对于体制机制的探索和创新更具有借鉴意义。

三、构建“一带、两核、多极”沿淮现代城镇布局。

建议通过科学规划，依托产业和交通运输体系，分步推进，最终形成“一带、两核、多极”的城镇化空间布局。一要强化“一带”。依托于连云港、淮安等城市，对接苏北大开发、沿江大开发，以中原经济圈以及淮河经济带为腹地，形成沿淮城市带。二要建设两核。建设淮安和蚌埠两大核心城市圈，提升核心城市的辐射带动能力，打造区域核心增长极。蚌埠位于中国中部、皖江经济带北部、中原经济区东部，淮安位于中国东部、长三角北部，属江苏沿海大开发范畴，建设淮河经济带，可实现三大经济带的连接，打造中东部地区协调发展典范，提升沿河、沿海地区综合竞争力。三要多极联动。根据区位条件、产业基础和发展潜力，明确发展定位，积极培育发展中小城市，形成江苏省内滨海、阜宁、响水、大丰，安徽省内阜阳、寿县、颍上、凤阳，河南省内淮滨、桐柏等若干中小核心城市。

探索在不牺牲农业和粮食、生态和环境的前提下，以淮河流域新型城镇化引领城乡协调发展，构建新型工业化、信息化、农业现代化的发展平台，走多级集聚、城乡统筹、生态宜居、民生安全和共同富裕的城镇化道路。

四、大力发展职业教育。

根据淮河流域人口密集的特点，建议大力发展沿淮地区的职业教育，扎实推进皖北职教园区建设和管理模式改革，进一步完善税费、土地、师资、校企合作等方面的支持政策，积极推进职教园区建设步伐。大力推行市级统筹管理普通中专学校的管理模式，探索建立所在地的省属中专学校主管部门与学校所在地市级政府共建机制。继续在项目和资金安排上倾斜，争取第三批中职国家改革发展示范校 2013 年度项目建设资金用于皖北。推进沿淮地区，特别是皖北高职院校自主招生改革试点，支持阜阳职业技术学院开展国家骨干高等职业院校建设。

该建议上报国务院后，得到国务院副总理张高丽同志的高度重视和批示。

三、加快实施走出去战略，提升国际化经营水平

加快实施“走出去”战略是我国“十二五”规划纲要的重要内容之一。支持企业“走出去”并参与国际市场竞争，既是企业破解当前面临的困境，拓展自身发展空间的主要出路，也是我国掌握对外开放主动权，提高国家经济实力的重要举措。同时，通过国际竞争与合作，还可以促进我国经济结构优化，实现产业转型升级和创新驱动，提升我国经济国际竞争力和抵御风险能力等。

2013年上半年，全国人大常委、华侨委副主任，致公党中央副主席杨邦杰率致公党中央调研组分别赴广东、福建、重庆等地就“加快实施走出去战略，提升我国企业国际化经营水平”这一课题进行调研，并结合在巴西、阿根廷的出访调研情况，形成了《关于加快实施走出去战略，提升国际化经营水平的建议》。

近十年来，我国实施“走出去”战略取得了初步成效，“走出去”企业已经从贸易型向投资和兼并重组型转变。在这一过程中也面临着诸多挑战。主要表现在：一是国际局势复杂多变。部分发达国家设置障碍遏制我海外利益拓展；部分发展中国家对我存有疑虑；世界经济复苏艰难曲折，对外投资风险上升。二是政府宏观层面尚未研究出台较为明晰的“走出去”宏观战略规划，缺乏完善的与时俱进的企业“走出去”制度保障和配套政策措施；相关审批手续过于繁琐，可能导致企业贻误最佳投资时机。三是企业微观层面也存在着内部治理相对落后、缺乏防范风险意识、国际化经营能力差等问题。

因此，建议：

一、尽快制定国家“走出去”宏观战略规划和具体政策，统筹考虑经济、政治、文化和外交等多种因素，布局全球，增强我国经济发展的可持续性。根据现阶段我国不同行业特点和产业状况，传统优势和实际需求，引导“走出去”到重点地区和重要领域，做到由近及远、先易后难、统筹规划、合理布局。同时完善对“走出去”的产业、企业和项目的后续跟踪、服务保障和监管制度，增强全局把控能力。

二、积极参与全球经济治理，营造中国企业“走出去”的良好国际营商环境。一是着眼于经济发展角度参与世界贸易组织、世界银行和国际货币基金组织等机构的规则协商、制定和政策执行；二是充分发挥区域经济组织在促进国家经济发展中的突出作用，积累我国在多边贸易投资领域中的领导经验，提高影响力；三是增强我国参与的双边投资保护协定条款的可操作性和保障力，为中国企业对外投资提供法律保护；四是主动参与国际行业规则和技术标准制定，推动中国标准国际化，为中国企业和产品“走出去”排除障碍；五是外交部门应为我国对外经商人员到所在国从事商务活动争取更多的免签等便利制度。

三、进一步推动国内体制机制改革，营造中国企业“走出去”的良好国内环境。

（一）出台进一步鼓励“走出去”的相关政策，完善财政、金融、税收、外汇、产业、外交等促进体系，进一步简政放权。一是根据我国实际情况，反向参照“外商投资产业指导目录”，制定我国“对外投资产业指导目录”，具体列明对外投资禁止类、限制类产业（项目），除此之外一律取消对外投资审批，改为登记备案；对于限制类项目应优化审批流程，增加透明度；以上所有备案登记和审批事项均改由一个部门受理。二是尽快研究制定“对外投资法”，使“走出去”有法可依。三是在已有的驻外大使馆设立产业参赞，向“走出去”的相关企业提供咨询及帮助。

（二）充分发挥产业主管部门在企业“走出去”中的作用。在当前和未来阶段，企业“走出去”已经超越了产品“走出去”的形态，而主要以产业“走出去”为主。因此，建议产业主管部门在拟定“走出去”的发展战略，起草鼓励企业“走出去”的相关政策，制定对外投资和对外经济合作的法律法规，提出我国经济贸易法规及其与国际经贸条约之间的衔接意见，研究经济全球化、区域经济合作的发展趋势等方面提出产业方面的相关建议。尤其是在统筹规划扶持重点产业和企业“走出去”方面，产业主管部门应该发挥相应的职责。

（三）加大支持企业“走出去”的金融扶持力度。努力开拓中资银行离岸业务；及时调整境外投资资金管理政策，放宽相关限制；加强金融创新，丰富境外投资融资及避险工具；完善资金扶持体系，改善走出去企业融资环境；大力发展海外投资保险业务，防范征收、战争、汇兑限制以及政府违约等政治风险。

可以考虑以适当形式建立支持企业“走出去”的产业投资基金。充分利用国家充足的外汇储备，针对特定的区域（国家）、特定的市场，直接对国内企业境外投资的项目和公司进行股本投资；帮助企业通过股权并购，在国际上获取知识产权、品牌、市场份额和资源等。

（四）培育本土国际化中介服务机构，引进、培养国际化人才为“走出去”服务。应着重培育本土国际型投行、律师事务所、会计师事务所以及行业协会等中介服务机构；加快人才引进，积极储备短缺型人才、高层次营销人员以及高层次研发人员；在签证办理等具体出入境管理方面对“走出去”企业的国际化人才提供便利。

四、充分发挥侨团组织作用，帮助中国企业“走出去”实现互利共赢。

海外华人华侨是更早走出去的中国人，人数多、分布广，经济实力雄厚，人才荟萃，社团活跃，遍布五大洲，普遍具有爱国爱乡的传统，是世界上独一无二的实现中华民族伟大复兴之中国梦的重要力量。在新时期，这股力量仍然可以为中国企业“走出去”发挥参谋向导、辅助带动、桥梁纽带和服务合作作用，譬如，提供金融、法律、政策方面的服务，解读海外行业市场、经济政策，帮助准确选择投资目标，设计投资模式等等。

（一）发挥世界华人华侨，尤其是海外侨团商会的作用，支持“走出去”战略的实施。中央各涉侨涉外单位应与相关主管部门建立联系，定期加强沟通，相互通报海外侨团动态和企业“走出去”总体情况，并且营造国内企业与海外侨商的合作交流平台等，形成合力。

（二）协调处理好“走出去”企业与当地华侨华人的关系，以及他们之间的相互关系。“走出去”企业与所在国华侨华人的企业既有合作，也可能有竞争，包括“走出去”的企业之间也存在着竞争。这种竞争有合理的一面，但有过度或不当的地方。因此，国家应主导建立一种协调机制，由相关单位和部门参加，据实化解纠纷，实现“走出去”多方共赢的局面。

该建议上报国务院后，得到国务院副总理汪洋同志的高度重视和批示。

四、加快良田建设，促进农业转型

加快良田建设、促进农业转型是当前确保国家粮食安全、加快经济转型发展的全局性和战略性重大问题。2013 年 6 月，全国人大常委、华侨委副主任，致公党中央副主席杨邦杰率致公党中央调研组对宁夏回族自治区高标准基本农田建设情况进行了调研，调研成果形成了《关于加快良田建设，促进农业转型的建议》。

调研组认为，当前高标准基本农田建设（良田建设）工作意义重大。建设高标准基本农田是稳定提高农业综合生产能力，保障国家粮食安全的需要；是加快发展现代农业，提升农业科技应用水平和抗御自然灾害能力的需要；也是促进农业可持续发展，推进生态文明建设的需要；更是提高农业比较效益，促进农民增收的需要。

近年来，宁夏着力推进国土整治“三大工程”，即中北部土地开发整理重大工程、中南部生态移民土地整治工程和高标准基本农田建设工程。“三大工程”实施以来，取得了明显成效：一是保障了耕地红线和粮食安全；二是优化了农业产业结构；三是促进了农业节水和农民增收；四是改善了区域生态环境。他们的主要做法有：注重顶层设计，建立政府主导的工作机制；注重规划设计，保障工程建设的有序推进；注重工程管理，促进工程质量的全面提升；注重廉政建设，构建防范风险的严密体系。

宁夏良田建设的实践充分说明，农业问题千头万绪，但根在土地，良田建设是夯实农业现代化发展物质基础的重要举措。农业转型，良田建设要先行。做好良田建设，是全社会和各部门的共同责任，还需要基层做好统筹、群众有效参与。

为此，建议：

一、良田建设要作为全面建成小康社会的农村民生工程抓紧抓好。土地整治必须充分尊重农民意愿，坚持走“群众自愿、群众参与、群众受益”的群众路线，坚决做到群众“不同意不干，不乐意不办，不满意不完”，切实维护项目区域农民土地合法权益，提升生产生活水平。为此，要加快建立健全土地整治工作公众参与机制，特别是要进一步拓宽农民参与土地整治的渠道，搭建农民参与土地整治的平台，积极创造条件让土地整治项目涉及群众能够及时、合理的反映自己的需求和愿望，让相关农民参与土地整治项目实施全过程，切实尊重群众意愿，反映群众诉求，把土地整治工作办成真正的“惠民工程”和“民心工程”。

二、良田建设要以高标准基本农田建设为主。我国中低产田占比约70%，受干旱、渍涝、酸化、盐碱、坡薄粘酸瘦、冷浸烂泥等因素影响，产量低，经建设改造后增产的潜力大。占比30%的高产田基础条件较好，产量水平已经较高，增产潜力有限。因此，瞄准良田建设目标的高标准基本农田建设要立足改善或消除主要限制性因素、全面提升农田质量，有效开展土地平整、土壤改良、灌溉与排水、田间道路、农田防护与生态环境保持、农田输配电以及其他工程建设。

三、良田建设要加强高效利用和科学管护。针对当前一定程度上存在的良田建设“重建设、轻管护”现象，应着手建立建后管护长效机制。要按照“高标准建设、高标准管护、高标准利用”要求，积极探索管护工作模式，从制度层面落实建后管护补助资金，对建成的良田要及时划入永久基本农田实行保护，确保良田长久发挥功效；建立动态监测系统，完善基础数据和档案资料管理，对建成后的良田、特别是集中连片良田实行跟踪监测；积极组织协调有关部门开展良田后续地力培肥和农业产业发展工作，不断提高耕地质量和土地利用水平，推进农业产业化发展，切实发挥良田在农业现代化发展中的基础平台作用。

四、良田建设要统筹考虑土地整治、增产增收和土地流转问题。土地整治是手段而不是目的，必须着眼保障国家粮食安全和推动农村深化改革等经济社会发展战略而进行部署和推进。针对目前国家粮食安全基础尚不稳固的现状，土地整治要从增加耕地数量、提高耕地质量，进而提升耕地综合产能出发，深入推进土地整治，加强良田建设；针对当前承包地块普遍较为细碎和不适合农业现代化发展需求的事实，土地整治要大力推进土地平整工程、着力配套农田基础设施，切实做好土地权属调整，为促进土地流转、推动农业适度规模经营创造条件，让良田在农业现代化发展中发挥更大作用。

五、农业生产关系应充分适应生产力变化，研究农村土地制度改革路径时充分考虑提高农业生产效率。农业作为中国现代化发展的薄弱环节，农业生产关系滞后生产力发展是主要原因所在。为了实现工业化、信息化、城镇化、农业现代化“四化”同步协调发展，必须适应农业现代化发展需要，着力调整、重构和优化农业生产关系。针对当前农村土地管理已经滞后实践发展的现实，要进一步加大农地制度改革创新力度，切实发挥农地制度改革“红利”，推动农业生产效率逐步提高。土地整治是农地制度改革的理想平台，应立足于此深入推进土地产权管理、经营方式创新等农地制度改革。

当前，我国正处在经济结构调整和发展方式转变的关键时期，面对部分产业产能过剩和国内需求总体不旺的现状，要进一步调整思路，统筹考虑稳增长、调结构和促改革，把农业和农村作为消解过剩产能和扩大消费需求的重要领域，不断提升农业物质技术装备水平，切实提高农业综合生产能力。宁夏的良田建设在这方面能够提供很好的参考和借鉴。

该建议上报国务院后，得到国务院副总理汪洋同志的高度重视和批示。

五、大力促进健康服务业发展

中共中央、国务院高度重视健康服务业的发展，2013 年国务院出台了《关于促进健康服务业发展的若干意见》（以下简称《意见》），明确了今后一个时期发展健康服务业的主要任务。为了更好地贯彻《意见》精神，推进我国健康服务业发展，2013 年 8 月至 9 月间，全国政协常委、全国政协副秘书长、致公党中央常务副主席蒋作君率致公党中央医药卫生委员会调研组赴广西、天津、山东等地进行专题调研。经过调研，调研组认为在落实《意见》、发展健康服务业过程中应重点关注三个领域：建设城市健康功能区、健康小城镇和健康社区；拓展老年健康服务工作；鼓励科技创新和知识产权保护，推进药品和医疗器械的国产化。在调研基础上，形成了《关于大力发展健康服务业应重点关注三个问题》，具体内容是：

一、发展健康服务业应加强顶层设计和规划，在区域规划中推进城市健康功能区、健康小城镇和健康社区的建设。

（一）建议大中城市增设健康功能区以完善城市的功能。建设“健康城市”是世界卫生组织为应对城市化给人类健康带来的挑战所倡导的一项全球性行动战略，也是中国城市建设科学发展的必然选择。中国城市正在由粗放型建设发展向以人的健康为中心的科学发展目标迈进。从城市功能角度来看，一座城市有不同的功能区，建议在现有城市功能的基础上增设健康功能区，完善城市的功能。由政府负责规划，鼓励社会力量投入，健康功能区中将集中包括药品研制、医疗器械生产、医疗护理、康复保健、健身养生，乃至养老等在内的服务健康的产业。同时，充分考虑各地地情，创建各地富有特色的健康功能区标准。

（二）建议建设一批健康小城镇走特色城镇化之路。将发展经济与改善民生相结合。在一些有中草药资源的县城，建议建设健康小城镇，走特色城镇化之路。围绕健康服务业产业链，发展中草药的加工、分离、提纯生产、营销，保健、康复和养老等，同时推动房地产业、养老产业、服务产业和旅游产业的发展，贯通一、二、三次产业。实现中草药的种植和农村土地流转，中草药提纯和新药研制，中草药和中医保健、健身、养老、康复等的有机结合，实现产业联动发展。此外，在一些生态环境较好、交通便利的乡镇可以走以养老生活为主的健康小城镇的发展道路。

（三）建议整合社区资源打造健康社区。社区是社会的基础和单元，对农村社区与城市社区的建设一样受到重视。目前，以社区为阵地的医疗保健咨询服务、以社区为依托的居家养老模式等得到较快发展，但是社区资源条条分割现象严重。建议整合社区资源，大力发展社区卫生、社区养老、社区健身、保健等与健康服务业相关的服务内容，打造健康社区。

二、发展健康服务业应大力拓展老年健康服务工作。

（一）因地制宜制定、完善养老制度，满足人民群众的多种需求。一是农村要探索建立多种形式的计划生育家庭养老保险制度。有条件的地方，可建立政府、集体和社会共同参与的养老服务机构。对生活不能自理的农村计划生育家庭老年父母，按规定提供低保或独生子女补助。对军烈属、鳏寡以及其他有特殊困难的老年人，按规定给予养老救助。二是城市要逐步完善社会统筹与个人账户相结合的基本养老保险制度，构建多层次、覆盖面广泛的城镇养老保障体系。发展适合老年人特点的知识和经验密集型服务业，为老年人提供力所能及参与社会的机会。提高养老服务机构在城市规划中的比重，发展社区老年活动场所和服务设施。三是鼓励社会资本举办和发展具有一定规模、有特色的医疗机构，保障非公立机构享受公平、足够的发展空间。

（二）不断丰富完善养老服务内容，加大健康服务技能市场准入。一是加快养老服务人员的专业化培训，提高服务能力。二是探索建立老年服务志愿者、照料储蓄、长期护理保险等社会化服务制度。三是弘扬子女赡养、家庭养老和邻里互助的传统美德。

（三）进一步加强和改善居家养老的社区服务。完善和细化现有的“973”养老服务体系，特别是需要进一步加强7%的社区养老服务。制定和落实老年健康服务业发展战略规划和政策，构建以居家养老为基础、社区服务为依托、机构照料为补充的多元化养老服务体系。

（四）探索引入保险机制的新型自助养老方式。进一步促进医疗保险和健康保险（含养老）的全面发展。鼓励商业保险，实现多层次保障体系，支持发展与基本医疗保险相衔接的商业健康保险，补充基本医疗的不足。建立和完善符合健康保险风险特点和经营规律的制度，加快推进健康保险专业化经营。另外，保险公司、养老机构和公积金管理中心等机构推出的“以房养老”业务，建立专业化商业机构和制定相应的政策。

三、发展健康服务业应鼓励科技创新，大力发展拥有自主知识产权的医药、保健品和医疗器械，推进国产化。

（一）加强自主创新，提高药品核心竞争力，构筑知识产权保护。重视中西医结合，鼓励企业加大研发投入，加强自主创新，突破药品生产的上下游关键技术。政府应主动引导企业与科研院所以及企业之间的合作，积极推动行业论坛、技术联盟、企业联盟的发展。可借鉴美国的研发模式，重点投入某类核心技术的研发，力争在某类载体技术或导入系统上有所突破和贡献，并构筑自己的有效专利保护群。

（二）进一步加快完善保健食品、保健用品和保健服务的政策措施。规范和明确保健食品的监管制度，区分药品与食品、医疗和保健，规范保健食品和保健产品的销售行为，让老百姓明白看病买药进医院药店，保健养生进市场、商场等场所。

（三）加大对国产化医疗器械的研发和投入，缓解“看病贵”。一是加大医疗器械产业基础研究的投入，促进医疗器械关键技术的发展创新，加快医学转化速度。二是建设一支有足够数量且稳定的医疗器械人才队伍，提高研发水平。建议从高校的人才培养入手，加强始业教育。鼓励企业在高校建立研发中心，增强校企合作。三是建立医疗器械研发与临床试用一体化中心，促进企业与大型医疗机构的合作。

该建议上报有关部门后，先后得到李克强、刘延东、王勇等领导人的高度重视和批示。

董巍伟　致公党中央参政议政部副调研员

九三学社参政议政案例

一、呼吁促进建筑产业化健康发展

当前，我国工业化与城镇化进程加快，正处于现代化建设的关键时期。但是，作为城镇化建设重要载体的建筑业，发展模式仍然较为粗放。2011 年之后，九三学社中央就建筑产业化问题，联合国家有关部委和科研机构在北京、上海、深圳的一些建筑工地和板材生产企业进行了深入调研，实地察看建设施工情况、听取企业意见建议、征求专家技术人员看法。

通过调研，九三学社中央认识到，建筑产业化利用标准化设计、工业化生产、装配式施工和信息化管理等方法来建造、使用和管理建筑，是建筑工业化发展的必然趋势，更是建筑业的深刻变革。建筑产业化可促进传统产业升级、转变城镇化建设模式、全面提升建筑品质，是建筑业转变发展方式的重要举措，也是推动信息化和工业化深度融合、工业化和城镇化良性互动的有效途径。

一是节地、节能、节水、节材和环境友好。据测算，与传统方式比较，建筑产业化可分别减少建造用水量 60% 以上、木材近 80%、材料浪费 20% 以上、建造垃圾约 80%、建造综合能耗 70% 以上。据香港房屋署在 15 年内对 473 栋产业化住宅的统计数据，可降低建筑后续维护费用 95% 左右。此外，可减少施工场地占用，提高土地利用效率，减少施工扰民以及对周边环境影响。同时，建筑产业化采用新型建筑材料，使用先进建筑技术，可使建筑在使用过程中降低能耗水耗、减少污染，生态效益显著。二是提升建筑品质。新技术、新材料、新设备和新工艺在建筑产业化中大量运用，使建筑隔音、隔热、保温、抗震、耐火、防水等性能大大改善，提升了建筑使用的安全性、健康性和耐久性，同时，建筑质量大幅提高。据香港房屋署对 15 年内建设的 250 栋产业化住宅抽取 8 栋的统计数据，平均延长建筑使用寿命 43%—100%。三是促进行业技术进步和创新。建筑产业化改变传统建造方法，能够推动建筑业技术整体进步，带动设计、施工、建材、冶金、化工、机械、电子电器、装修装饰等 50 多个关联产业、近 2000 种产品技术创新，促进创新驱动建筑业发展。四是有利于建筑业由劳动密集向技术密集转变。结构性就业矛盾对我国未来 30 年城镇化进程将产生深远影响。推进建筑产业化，将促进建设的标准规范化、流程系统化、技术集成化、部品工业化以及建造集约化，使建筑业发展主要依靠技术进步和现代化施工方法，用工减少 50%左右，且促进以农民工为主体、专业素质较低的工人向高层次、专业化的产业工人转变，同时缩短建设工期30%—70%，实现减员增效，降低用工压力。五是有利于建筑业实施“走出去”战略。多年来，国内低廉的劳动力是我国建筑业海外发展的重要竞争力，但这一比较优势正快速消失。建筑产业化代表了国际建筑业发展的前沿，在保证工程质量、促进节能减排、缩短工程周期的同时，能显著降低用工需求，为建筑业“走出去”注入强大活力。六是有利于高质量大规模建设保障性住房。以建筑产业化支撑保障性住房建设，可改善高品质需求与落后生产方式之间矛盾，提高效率、保证质量、控制成本。

九三学社中央认为，促进建筑产业化，能使建筑达到面积不大功能全、占地不多环境美、成本不高品质优的良好效果。北京、上海、深圳等一些城市，正在积极探索建筑产业化的发展路径，取得了一些突破，积累了一些经验，但也遇到一些亟待解决的问题。一是法制与机制不完善。在法制上，本世纪初，日本实施《住宅品质确保促进法》，加快产业化技术集成，提高住宅品质，取得了成功经验。相比之下，我国的建筑产业化发展缺少相关法律支撑。在机制上，还未建立起全过程监管、考核和奖惩机制。监督机制和考核评定标准不完善，检查手段不健全，惩罚措施不到位。二是标准和技术体系不健全。在标准制定上，与建筑产业化相关的标准还存在体系不完善、内容不配套、要求不明确等问题。在技术体系上，建筑产业化技术仍以单项技术应用为主，缺乏有效的集成和整合，没有形成完整的产业化建筑技术体系；对新型建筑结构体系、构部件体系的研发投入不足，相应的国家科技攻关项目较少。三是经济政策不到位。现行的财政、税收、信贷和收费等经济政策，未对建筑产业化发展形成有效支持。财政和信贷政策缺乏激励机制，预制构件存在重复征税，城市配套费、电力增容费、排污费、垃圾处理费等收费政策没有考虑建筑产业化的资源节约和污染减排效益；新技术研发应用的额外投入也没有相应税收减免。四是产业链发展不成熟。建筑产业化没有形成上下贯穿的产业链，构部件产品生产与建筑建造脱节、使用与工程技术脱节，导致质量难以保障、责任难以追究。

九三学社中央认为，我国应抓住工业化和城镇化协调发展以及转变发展方式的重要机遇，大力促进建筑产业化健康发展。为此，2013年1月，九三学社中央向国务院报送了《关于促进建筑产业化的调研报告》，提出如下意见建议：

第一，加强法制和机制建设。1999年，原建设部等八部委出台的《关于推进住宅产业现代化提高住宅质量若干意见的通知》，已不适应新形势的新要求，建议研究制定《建筑品质促进法》，用法律手段推进建筑产业化；建立建筑品质保证制度，强制要求对建筑质量提供合理的保质期。逐步建立构部件产品准用证制度、淘汰制度和质量认证制度，实施企业自控、行业管理、政府监督、社会监理、用户评价相结合的产业化建筑质量管理机制。对产业化建筑实施市场准入机制，引导建筑业生产方式加快转变。

第二，健全标准和监管体系。完善的标准和监管体系是建筑产业化健康发展的根基。一是完善规划、勘察、设计、生产、施工、验收和运营等环节的标准和规范，建立健全建筑产业化的标准体系。二是健全以技术标准为主体，包括工作标准和管理标准在内的标准体系，鼓励企业结合自身优势制定高水平的建筑产业化技术标准。三是在规划审批、设计审查、施工许可、竣工验收、销售许可等行政审批环节，建立建筑产业化全过程监督、考核、奖惩制度，明确量化指标，加大监督和执法力度。

第三，加快技术体系建设。一是健全建筑产业化技术保障、构部件产品以及产业化建筑质量控制等技术体系。二是设立建筑产业化科技专项，加强技术集成与创新，加快对关键技术的科技攻关，将建筑产业化作为建筑业健康发展的重要领域。三是参照对战略性新兴产业的扶持政策，重点支持一批建筑企业、设计院所、科研机构对建筑产业化的技术集成、推广及应用。

第四，建立经济激励政策。一是通过财政支持激励企业的建筑产业化技术研究和创新，设置适当条件将实施建筑产业化的企业认定为高新技术企业。二是对企业开发建设和消费者购买产业化建筑，给予适当税收减免或优惠，放宽贷款比例和期限，降低贷款利率。三是改革城市建设基础设施收费制度，改变按建筑面积为依据的收费制度，实施与建筑产业化程度挂钩的征收政策。调整水、电、气等公共产品价格政策，引导消费者从仅关注购买成本向关注综合使用成本转变。四是在土地出让时，将建筑产业化的相关要求纳入评价条件；对产业化建筑给予适当的容积率奖励；优先安排建筑产业化达到一定规模的企业在资本市场融资。

第五，培育产业健康发展。良好而成熟的产业链有助于建筑产业化的推广。一是扶持建筑产业化研究与设计队伍发展。研究与设计是建筑产业化的核心。将建筑产业化有关要求纳入建筑工程师的教育培训、资格认证、职称评定、资质申请等方面，在企业和专业人员申请资质、升级或执业资格时，对有建筑产业化认证项目咨询、设计、建造业绩的单位和个人予以加分。扶持和培养一批具备创新和研发能力的建筑产业化设计研究团队。加强建筑产业化的职业教育、职业资格认证，扶持农民工转型为有技术专长和职业化素养的产业工人。二是支持建筑构部件生产企业产业化发展布局，促进产业链完善。加大产业化建筑在保障性住房建设中的试点示范，提供建筑产业化发展需求，以迅速形成市场规模效应。引导建筑构部件生产企业由产品供应商向集成商转变，形成完整的建筑产业化技术解决方案，使工程质量得到有效保障、相关责任得以明确。重点培育龙头企业，以市场力量推进建筑产业化发展。三是加强示范作用。近几年，住建部在全国建立了一些建筑产业化基地，对培育建筑产业化健康发展起到了一定的示范和带动作用。建议在此基础上，加大基地的建设规模和推广力度，扩大建筑产业化示范试点覆盖面，通过产业化基地和示范工程建设，积累基础技术，共享先进经验，破除技术壁垒，推动建筑产业化健康发展。四是在绿色建筑推广中加强对建筑产业化的要求。

2013 年 3 月 3 日，全国政协十二届一次会议在京召开，九三学社中央又将《关于促进建筑产业化的建议》作为重点提案提交，广受好评。九三学社中央提交的这一调研报告和提案，得到全国政协主席俞正声的高度重视和批示。2013 年 11 月 7 日，全国政协召开第二次双周协商座谈会，主题就是推进建筑产业化。会上，全国政协常委、九三学社中央副主席赖明作了重要发言。这是新的历史时期全国政协继承传统作法，恢复召开的第二次双周协商座谈会，也是第一次围绕民主党派中央的调研报告和提案而召开的双周协商座谈会。

二、关注科技服务业，为落实创新驱动发展战略建言献策

中共十八大报告指出：科技创新是提高社会生产力和综合国力的战略支撑，必须摆

在国家发展全局的核心位置，把全社会智慧和力量凝聚到创新发展上来。这十分清楚地表明创新驱动已成为国家发展的重要战略。中国要赶上时代，要在国际金融危机的严峻挑战面前赢得主动，要实现中华民族伟大复兴的“中国梦”，就必须推进科技创新，这已成为中国人的共识。但怎样把共识化为现实？有太多的科研成果躺在实验室里，成了研究院所的“陈列品”。那么，它们为什么没有转化成为现实生产力，从而去造福社会和大众呢？九三学社一直在思考和关注这个问题。

为了破解这一难题，九三学社中央将促进科技服务业发展列为今年的党派大调研题目。早在2013年年初，全国政协副主席、九三学社中央主席韩启德就专程赴上海药明康德就科技服务业进行了调研，春节前又同来访的科技部万钢部长交流了关于促进科技服务业发展的看法，在国务院征求政府工作报告意见座谈会上阐述了促进科技服务业发展的重要性。在2013年的全国政协大会上，九三学社中央提交了《关于大力推进科技服务业发展的建议》提案，后来被列为全国政协提案委、联络局共同的视察题目。

为增加研究的深度，2013年4月和6月，韩启德又亲率九三学社中央调研组先后在深圳和北京就促进科技服务业发展进行了调研。财政部、科技部、国税总局等部门相关司局负责同志和有关专家参加了调研。调研中，九三学社中央调研组分别考察了一些园区和相关科技服务型企业，详细了解了深圳和北京的科技服务业发展现状，与有关职能部门和企事业单位代表进行了座谈，就发展中的有关问题和需求与相关负责人进行了深入交流和探讨。同时还上下协同，发动多个九三学社地方组织开展了相关调研。

经过深入调研，九三学社中央发现，近年来，我们一直强调“构建以企业为主体、市场为导向、产学研相结合的技术创新体系”，却往往把“产”和“企业”仅仅理解为最后出产品的企业，忽视了在高校院所和最后生产企业中间，需要一大批科技服务企业和机构。科技服务业作为为科技成果转化为现实生产力服务的专业性行业，为企业、科研院所等各类创新主体提供研发设计、检测认证、信息咨询、知识产权、创业孵化、市场推广等服务，一环扣一环、一棒接一棒地接力向产品推进，不断增加产品的附加值，既分担创新风险，也分享产品利润。健康、发达的科技服务业是技术创新体系中的关键环节，只有在科技服务业发展壮大的基础上，才有可能实现科技成果的有效转化。正是由于对创新体系中科技服务业这最重要的环节重视不够，导致我国科技成果转化一直很不理想，高等院校和科研机构与企业脱节的问题始终未能很好解决。从总体上看，我国科技事业发展历经大包办、大计划、大项目过程后，现阶段已显疲顿，必须寻找新的突破口。从发达国家的经验来看，在这样一个当口着力发展科技服务业，可较好破解这一瓶颈。因此，应高度重视科技服务业的重要作用，大力发展科技服务业以弥补我国技术创新体系的薄弱环节，打通科技和经济转移转化的制约瓶颈，形成完善的创新格局，落实创新驱动发展的战略。

九三学社中央认为，当前我国科技服务业的发展主要面临以下问题：

一是对科技服务业内涵和重要性的认识亟待提高。政府和社会各方面对科技服务业内涵和重要性的认识还不到位，对科技服务业特别是其新兴业态的发展规律还缺乏研究，对如何推进科技服务业更好发展仍缺乏清晰的思路。

二是科技服务业发展环境有待优化。科技服务业发展的专门规划、政策法规、服务标准和专项投入等还不完善，科技服务业发展缺乏良好的政策环境。譬如，科技服务业不断发育出新的业态，而相关部门仍按传统办法进行管理，由此造成许多科技服务企业登记注册难和经营难等问题。又如，在税收方面，科技服务型企业原适用5%的营业税率，“营改增”后改为适用6%的增值税率。虽然理论上可以抵扣进项税，但大部分以智力劳动为主的科技服务型企业很少有进项税，实际税负反而增加。再如，《科技进步法》规定了将财政性科技项目不涉及国防和国家安全、重大社会公共利益的知识产权授予项目承担者的制度，但并未具体规定如何将知识产权的处置与收益权授予项目承担者。目前，在中关村等国家自主创新示范区的试点中，将一定价值限额内科技成果的处置权授予了所在单位，将收益权分段按比例给予所在单位，但是对收益权在项目承担者、项目承担单位以及技术转移机构之间的分配依然没有明确规定。此外，科技金融近年来取得了长足发展，但其中至关重要的一环，即投资于种子期和早期科技型企业（统称为初创期科技型企业）的创业投资匮乏的问题依然很严重。据估算，2010年和2011年，我国对初创期企业的投资占总创投资金的比例分别为7.1%和5.0%。而美国在2001年—2010年10年间这一比例平均为23.5%。虽然我国于2007年颁布了《科技型中小企业创业投资引导基金管理暂行办法》，引导创业投资机构向初创期科技型中小企业投资，但是对初创期科技型中小企业的界定过于宽泛，使得政策未能达到预期效果。

三是科技服务业人才支撑能力相对不足。科技服务是高端的服务，是主要依靠人的综合素质的软性服务，但目前科技服务机构及其从业人员专业化服务能力不够强，服务理念滞后，大多仅能提供一般性、初级性的服务，难以提供包括知识产权战略制定、产品设计、融资、营销等在内的高端服务，缺少如硅谷银行、德国史太白技术转移中心、中国台湾工研院等类似的国际化的科技服务机构和具有较大影响力的服务品牌；现有的各种人才政策对科技创新人才已经高度重视，但是对科技服务人才的价值则缺少足够的认可，因此科技服务业一直面临着“好汉不想干，赖汉干不了”的尴尬处境，研发设计、技术经纪、知识产权评估、科技金融等专业和高端复合型人才十分缺乏。

四是科技服务业发展需要进一步转变政府职能。譬如在市场开放方面，由于现行的不少科技服务业业务，如检验检测、评估、鉴定等原由事业单位承担，现虽要求其与主管部门脱钩，但事实上不少事业单位依然是“背靠大树好乘凉”，明脱实不脱、半脱半不脱。深圳一家从事检验检测业务的公司反映，他们能够顺利地拿到了欧美多项准入资质，而在国内要获得相应准入资质却非常困难。又如在政府扶持方式上，为实现企业在技术创新体系中的主体地位，许多政府科技计划都要求企业牵头组织、高校和科研院所共同参与实施。然而在企业创新能力依然薄弱的现实国情下，将大量财政科技经费以项目形式投给个别企业往往演变成一种“拉郎配”式的资源配置方式，效率令人堪忧，且影响市场竞争的公平性。

2013年8月，九三学社中央向中共中央、国务院报送了《关于将大力发展科技服务业作为落实创新驱动发展战略重要着力点的建议》的调研报告，提出以下建议：

一是确立科技服务业在国家经济社会发展和创新型国家建设中的战略地位，加强对科技服务业发展规律的研究，出台科技服务业发展规划，明确其战略定位，确定政策支持的重点领域和方向。

二是加强对科技服务业的统计、监测和评估，汇编整理国家相关部门出台的涉及科技服务业的政策，更好地发挥现有政策的集成导向作用；对分散在一些示范项目、试点区域试行的扶持政策进行全面梳理和评估，相应地加以延续、完善，扩大适用范围，促进科技服务业快速发展。

三是加快转变政府职能，发挥市场在科技资源分配中的基础性作用。政府要减少对微观经济活动的干预，要有壮士断腕的勇气和信赖市场的胸怀，把一些该放未放的科技服务业务推向市场。近年来，政府的科技投入增长很快，但效率反而在下降，我们主张不如适当控制科技投入增长，把省下的科技经费用于减免科技企业税收；这样，只有真正把科技成果转化为生产力的企业才能享受到政府支持，等于由市场代替政府做出评判和筛选，真正发挥了市场在科技资源配置中的基础性作用。此外，对企业自主创新必需的经费，政府可主要通过金融扶持政策给予优惠贷款，从而使企业既得到急需的资金，又承担了还贷的压力，增强创新动力；这样，既提高了科技投入效率，也维护了市场的公平竞争环境。

四是进一步完善科技服务业发展的政策环境。明确财政投入科技项目形成的知识产权实施后带来的产业化收益在科研项目承担者、项目承担单位以及技术转移机构之间的分配细则，激发科技人员转化科技成果的积极性；加强技术交易平台建设，充分释放技术类产权的市场活力；对从事技术开发、技术转让、技术咨询、技术服务等的科技服务企业，经认定后享受与高新技术企业同等的税收优惠待遇；针对大部分以智力为主要资源的科技服务型企业很少有进项税，“营改增”后实际税负增加的情况，对其按“小规模纳税人”标准纳税不设规模限制，对其“四技收入”的增值税改为“即征即退”；在相关扶持政策中严格界定初创期科技型中小微企业，通过税收优惠和风险补偿等手段，引导创业投资真正投向初创期科技型中小微企业；充分利用大数据、云计算等新兴信息技术，建设国家科技金融综合服务平台，在更高层级集成、整合、均衡科技金融资源布局。

五是加大科技服务人才引进和培养力度。构建科技服务高端人才政策体系，研究制定科技服务业急需紧缺人才的认定与引进措施；加大对新兴业态科技服务机构创业者（团队）的支持，鼓励其做大做强；支持人才培训机构、行业协会、高等院校、科研院所等各类主体建立科技服务人才培养基地，推动科技服务业理念和实务进入学历教育体系和专业设置，从源头上夯实科技服务人才基础。适当放松科技服务领域外资进入限制，引进一些知名科技服务企业，通过示范和带动作用促进我国科技服务业整体水平提升。

九三学社中央提交的这一调研报告，得到中共中央有关领导同志的高度重视和充分肯定。

三、建言加强绿色农业发展

从 2012 年开始，九三学社中央多次赴四川等地就绿色农业发展开展调研。九三学社中央在调研中发现，近年来，我国农业生产能力稳步提高，农业科技得到了广泛应用，农业产业化进程进一步发展，农业生产条件和生产设施不断完善，农产品市场竞争力不断提高，农民收入有了较大提高。特别是 2012 年实现粮食连续九年增产，粮食的综合生产能力迈上一亿斤大台阶，现代农业建设取得了巨大成就。但总体来看，我国大部分地区农业的发展模式还很粗放。

经过深入调研，九三学社中央认为，我国农业存在的主要问题有：

一是资源浪费和破坏严重。我国是世界上13个严重缺水的国家之一，要用不足全球十六分之一的水资源量，保障世界四分之一人口的生存和发展。尽管如此，在农业生产中对淡水资源的浪费仍然十分严重，我国全部耕地中只有40%能够确保灌溉，其余多数沿用传统的大水漫灌方式。另外，灌溉设施配套也不完善，灌溉水利用效率低，当前我国农田灌溉水平均利用系数只有0.46，远低于发达国家0.7—0.8的水平，如果灌溉系数提高到0.7，每年能节约用水约800亿立方米，相当于农业用水量的近1/4。我国化肥年使用量5400万吨左右，居世界第一，但利用率低，例如氮肥的当季利用率仅35%左右。每年农药的使用量30万吨，因不合理使用农药造成的农药残留事件时有发生。

二是农业生产能源利用效率低。我国超过报废年限仍在使用的大型农业机械约占30%、小型机械占50%，由此带来了能耗高、污染大等问题。

三是污染日趋严重。根据第一次全国污染源普查报告，2007年全国农业源的化学需氧量排放超过1320万吨，占全国排放总量的43.7%，农业源中总氮和总磷排放分别超过270万吨和28万吨，占全国排放总量的57.2%和67.4%。根据农业部最近几年的典型调查和定位监测表明，目前农业面源污染已经成为水环境污染的重要原因。全国耕地重金属污染面积在16%以上，其中在大城市、工矿区周边情况相当严重。如广州有50%耕地遭受镉、砷、汞等重金属污染；辽宁省八家子铅锌矿区周边耕地镉、铅含量超标都在60%以上。

九三学社中央认为，必须改变粗放型的农业发展模式，因时因地发展低消耗、低排放、高效率的绿色农业发展模式，构建绿色农业产业体系，切实推进农业生态文明建设。为此，2013年3月，九三学社中央向全国政协十二届一次会议提交了《关于加强绿色农业发展》提案，建议当前和今后一个时期，在发展绿色农业方面，着力做好以下工作：

一是树立生态文明的观念。建议加强农业资源的保护，充分考虑资源和生态的承载力，改变不符合生态文明的观念做法，切实用可持续发展和循环经济的理念指导农业生产。

二是要提高资源效率，发展节约型农业。加快发展测土配方施肥等项目，增加有机肥所占比例；加强对废旧农膜的收购力度，对农民购买可降解农膜实施补贴；大力推广节水工程，采取政策扶持节水产品和节水技术。

三是以“绿色”为抓手，跳出农业促农业。国土资源部调查显示，我国低于平均等别耕地占全国耕地总面积的57%以上，耕地质量总体水平偏低。高效是绿色农业的基本要求，高效农业必须高质量耕地保障，因此，我们认为通过改造提高耕地质量，增强农业发展潜力，实现农业高效发展是我国当前农业发展的根本途径。陕西省陇县蒲峪渠灌区仅就农田水利设施进行完善，平均每亩增产粮食362公斤。当然，改造提高耕地质量需要投入大量的资金，河南省封丘市计划改造中低产田50万亩，需要投入开发资金5亿多元。据此推算，我国近10亿亩的中低产田改造成高产田至少需要一万亿元，这无论对于国家还是地方资金压力无疑是巨大的。我们认为耕地质量有优劣之分，区位也有好坏之别。经济发展不平衡造成对土地需求特别是工商业及市政建设的土地需求在不同地区之间的极大差异。以四川省成都市与攀枝花市为例，2007 年成都绕城路内商业用地平均每亩可拍 500 万元以上，而攀枝花盐边县农村开发、整理出一亩耕地的费用不足 2 万元，同样一亩耕地区位价值的差异显而易见。另外，一些发达省市由于经济增长较快，而后备土地资源数量有限，若确保本行政区域内耕地总量动态平衡，势必会影响其经济的发展；一些偏远地区恰恰相反，同时由于缺乏资金，土地投入少，只能采取广种薄收的方式，产出率低。因此，建议可以通过耕地占补平衡，以耕地的区位差异获得资金，在土地复垦整理、土壤肥力提高以及培育优良作物方面的加强投入，大力提高耕地质量，通过内涵挖潜，在保持总量动态平衡前提下实现生产力的提高。当然，在耕地占补平衡中必须实行最严格的耕地保护制度，构建耕地质量保护的有效防线。按土地利用总体规划从严审查各类规划用地规模和标准，严格执行土地用途管制制度，坚决制止违法违规占用耕地和林地行为。另外，耕地置换、土地流转必须坚持以保护耕地为核心。建议置换和流转要严格按照全国耕地质量等级标准，坚持高级别的耕地置换低级别的耕地，对之前的耕地必须先有评估，对之后的耕地应进行检查，保证耕地质量不下降。

四是大力培养绿色农业所需的科技人才。科技人才是绿色农业发展的重要支撑，建议确立人才优先发展的战略布局，着眼于绿色农业产业链，培养和造就一大批绿色农业研究人才、绿色技术工人、绿色企业家等高层次、创新型人才，抢占科技制高点。

2013 年 3 月，九三学社中央向全国政协十二届一次会议提交的《关于加强绿色农业发展》的提案成为此次全国政协会议“一号提案”，引起社会的广泛关注和重视。

四、关注科技资源配置，建言提高科技投入效率

九三学社作为以科学技术界高中级知识分子为主体的参政党，始终把科技问题作为参政议政的重要领域。九三学社中央发现，近年来，国家对科技创新高度重视，财政科技投入大幅增长。“十一五”以来，中央财政科技投入保持了 20% 以上的年均增速。但社会各界对投入效率的忧虑却与日俱增。北京市的一位基层检察官就曾经发出这样的警示：“如不尽快采取措施，掌握大笔科研经费的教授、研究员群体可能沦为新的腐败高发群体。”

经过深入调研，九三学社中央认为，当前影响科技投入效率的主要原因有：一是未能充分发挥市场在科技资源分配中的主导作用。很多情况下，政府取代市场成了科技资源分配的主导。一些政府部门不仅忙于立项目、争经费，而且实际上决定着项目投哪里、投给谁，超出了自身的职责和能力，导致部门利益、长官意志和个人好恶往往取代公众利益和科学判断决定着科技资源的投向。一些情况下，从项目立项到结题，一纸领导批文，一两个官员、几名圈内专家，暗箱操作，就能决定数千万甚至上亿科研经费的投入和水平，不仅导致投入效益低下，更助长了学术腐败。二是国家层面缺乏对科技项目的信息共享和统筹安排。不仅科技部管理着 20 多类上万个项目，发改委、财政部、教育部、中科院和各行业主管部门，以及各级地方政府也设立了大量的科技项目。由于缺乏全国范围内互联互通的科技项目统一申报平台和项目管理平台，不仅造成重复立项、资源配置分散和浪费，也使得科技工作者疲于多头重复申请项目，加重了学术浮躁。一些科研人员甚至先有成果再有项目，一个成果到处交差。三是科技项目分配过程中的科技评估过分倚

重资历，导致的“马太效应”使科研资源过度向少数人集中，产生了一些学术垄断的科研包工头，他们往往不再专门从事一线科研工作，主要依靠他们过去的学术成就和人脉挂名牵头申请项目并分包、转包项目。这无形中挤占了那些敢闯敢干的年轻科研人员的机会，严重挫伤了他们的积极性。四是政产学研各方评价体系和价值导向差异明显，加上保障各方权益的制度尚不完善，使得协同创新的长效机制仍未建立，导致来之不易的科技成果未能有效地向现实生产力转化。现阶段，我国企业仍然没有真正成为创新主体，大量技术创新成果往往以理论研究报告形式躺在高校院所教授、研究员的抽屉里，科技成果转化的短板限制了科技投入的效率。

根据调研情况，九三学社中央认为，应当倍加珍惜科技投入大幅稳步增长的良好局面，更加合理配置科技资源，努力提高科技经费使用效率。为此，九三学社中央向全国政协十二届一次会议提交了《优化科技资源配置，提高科技投入效率》的发言，提出以下建议：

一是完善科技投入方式，合理确定稳定支持和竞争性项目的比例，减少项目经费在科技投入中的比例，增加对高校和公共技术研究机构的一般性经费支持，使科研人员集中精力潜心搞研究。一些应用型项目可探索成果转化经费“贷款制”，对于转化效益突出的项目，可减免贷款。

二是官员和行政部门不应过度干预具体科技课题的立项和资源配置，要充分发挥市场在科技资源分配中的主导作用，建立更为科学合理规范的科技立项和评审机制，同时要加强对科技项目立项的第三方监督和建立问责制度。

三是在国家层面整合力量，建立互联互通、共建共享的科技项目统一申报平台和项目管理平台；建立全国统一的数据库，提升科技计划项目相关信息的公开透明程度，增强科技管理能力和决策水平；有效限制同一人、同一研究集体在同一时段申请项目的总数，防止科技资源过度集中和权力寻租，杜绝项目转包、“一题多报”等现象。

四是增强高校院所科研工作的市场意识，探索建立产学研合作长效机制。改革高校院所的人事制度、考核评价方式等，改变目前高校院所与企业沟通少、教学与社会需求脱节、科研与市场脱节的现状；制定产学研之间人才柔性流动的激励政策，鼓励高校院所的教师、科研人员到企业去兼职研发，鼓励企业家、工程师到高校兼职教学，到科研机构挂职研究，加强三方人才相互流动；完善落实科技人员成果转化的股权、期权激励和奖励等收益分配政策。

2013 年 3 月，九三学社中央向全国政协十二届一次会议提交的《优化科技资源配置，提高科技投入效率》大会发言被全国政协提案委员会列为重点督办提案。

五、建言强化规划的科学性、权威性，推进城镇化健康发展

2012 年，中国城镇化水平已超过 52%，但也遭遇诸多困扰，城市居民为堵车、污染、房贵等“大城市病”所困扰，而农民“被上楼”、“半城市化”等问题也仍待解决，此外还有大约 2.6 亿农民工，希望逐步融入城市，并且有就业支撑，有服务保障。十八大提出“坚持走中国特色新型工业化、信息化、城镇化、农业现代化道路”。这既是以往经验的总结，更是实现现代化的重大战略选择，重视并科学做好城乡规划是协调推进城镇化的关键环节。

经过深入调研，九三学社中央发现，不少地方的城乡规划表现出一些突出问题。一是缺乏长远性。《城乡规划法》规定城乡总体规划期限一般为20年，而不少地方城乡规划以领导任期为限，频繁地修编，城乡规划变成了三年规划、五年规划。二是缺乏全局性。一些地方在编制城乡规划时，过于强调自身发展，忽视国家主体功能区规划、区域发展总体战略以及与周边城市协调，不遵从近规服从远规、小规服从大规、下规服从上规的“位阶原则”，导致建设一窝蜂，同质竞争严重。三是缺乏协调性。大中小城市和小城镇发展失调，城市内部“二元结构”显现，城乡和城市内部公共服务差距加大。不少城市规划没有将资源集约利用、可持续发展和宜居性有效结合，导致“城市病”出现。四是缺乏权威性。源于粗放的、急功近利的政绩观驱动，各类规划朝令夕改，大破大立的城乡发展大跃进现象比比皆是。

九三学社中央认为，频频出现的“短命建筑”、“火”起来的爆破业，以及众多“国际化大都市”的纷纷“上墙”，折射出一些深层次问题。经济方面，从之前的“贪大求洋”到当下的“遍地仿古”，伴随而来的大拆大建实际是对有限财力人力和资源的巨大浪费以及环境的严重破坏。《民用建筑设计通则》规定，一般建筑主体结构的使用年限为50年，然而我们建筑的平均寿命不到30年。更痛心的是，有的建筑“出生即死亡”。社会方面，规划常改、建筑常拆，影响了民众对规划乃至政府的信任，干扰了老百姓的正常生活和城市的规范管理，城市文脉传承和肌理延续遭到破坏。一些地方在仓促的旧城改造中，不时出现拆迁户无处可居、文化遗产惨遭破坏的现象。

九三学社中央认为，城镇化是一项综合性、科学性和前瞻性很强的工作，要绘就中国特色城镇化的绚丽蓝图，必须牢牢把住规划龙头，保障规划的科学性、权威性。为此，九三学社中央向全国政协十二届一次会议提交了《关于强化规划的科学性、权威性推进城镇化健康发展的建议》的提案，提出以下建议：

一是完善监督机制，增强规划的法律约束性。城乡规划一旦由地方人大通过并报上级政府批准，就应严格执行，对确有必要的修编应严格依法进行。各级政府换届后，一大批新的地方官员已走上领导岗位。在此之际，期望中央高度重视城乡规划问题，将上级监督、人大监督、群众监督、专家监督和法律监督有机结合起来，建立规划信息公开制度，采取切实措施遏制“一任领导，一个规划”现象再度泛滥。

二是拓展专家参与规划的深度。《城乡规划法》规定，编制城乡规划要充分听取专家的意见，但现在的规划专家往往只是为地方政府“代言”，且“交卷即完事”。有必要将专家“一次参与”转变为“长期参与”，明确专家的长期责任。

三是建立“大规划”专家队伍。国民经济社会发展规划和城乡发展规划、土地利用规划等专项规划“多规合一”，是城镇化可持续与统筹协调发展的重要基础。要着力培养一批既熟悉城市发展规律，又懂经济社会发展规律，并能把握中国城镇化发展规律的规划大师。同时，要权责分明，综合部门要抓宏观、促统筹，专业部门要抓落实、善协调，充分发挥综合部门和专业部门的各自职能。

四是正确处理规划制定和执行中政府、专家和公众之间的关系。依法组织编制城乡规划，是政府的职责；充分尊重专家的意见，是科学决策的理性选择；公众参与，是开门问民意，以人为本编制城乡规划的必然要求。这三者应有机结合，相互促进。

五是做好三个协调，实现全面发展。对未来人口结构、分布、素质等方面的变化趋势进行研究和预测，结合国家主体功能区规划，将大中小城市、小城镇和新农村发展相协调，做好城乡统筹这篇大文章。将城镇化与工业化相协调，处理好城镇化速度与质量的关系。将资源的集约利用、城市的宜居性与可持续发展相协调，加强生态环境保护。

2013 年 3 月 6 日下午，全国政协十二届一次会议在政协礼堂举行了以“积极稳妥推进城镇化，着力提高城镇化质量”为主题的提案办理协商会。九三学社中央提交的《关于强化规划的科学性、权威性推进城镇化健康发展的建议》提案入选。全国政协常委、九三学社中央副主席赖明出席会议，并代表九三学社中央就推进城镇化的若干建议作了发言。

乔发进　九三学社中央研究室综合处副处长

台湾民主自治同盟参政议政案例

一、持续关注海西经济区建设，深入助推两岸经贸文化交流

海峡西岸经济区建设是台盟持续关注的重点参政议政课题。2013 年台盟中央换届以后开展的第一次党派中央大调研就选择在福建省，围绕着“发挥海峡西岸经济区先行先试作用，进一步深化两岸经贸文化交流与合作”的主题开展。调研活动从 4 月 21 开始，为期 6 天，由全国政协副主席、台盟中央主席林文漪同志带队，全国政协常委、副秘书长，台盟中央副主席黄志贤，全国人大常委、台盟中央副主席苏辉以及台盟中央参政议政专委会和部分地方组织负责同志参加。中共中央台办、国家发改委、财政部、农业部等部委的同志也参加了调研活动，并给予了指导和帮助。调研活动受到了中共福建省委、省政府的高度重视。省委书记尤权、省长苏树林等领导同志会见了调研组并介绍了相关情况。

为了学习贯彻中共中央政治局关于改进作风、密切联系群众的八项规定，台盟中央对此次调研的形式进行了改革，实行集中与分散相结合的方式，首先集中听取福建省的综合情况介绍，然后分成三个精干的专题调研组，由主席、副主席分别带队，赴福州、泉州、漳州、宁德、厦门、平潭等地，就两岸文化和农业交流、平潭综合实验区建设、两岸港口经济发展、厦门深化两岸交流合作综合配套改革试验以及加强台情研究等不同主题，开展了深入考察和调研。

据统计，这次大调研全程相较往年减少了 1 至 2 天，但是，有效工作时间从 50 余小时增加到 150 余小时，所到的地市也由一般的 1 至 2 个增加为 6 个。调研组与对台工作第一线的基层干部群众，以及在大陆经商和就学的台湾同胞接触更为广泛，沟通更为坦诚，掌握情况更为全面，就加快改革发展、巩固深化两岸关系和平发展形成了更多的共识。

在这次大调研中，考察团一行特别关注福建省在推进海峡西岸经济区建设和积极推进闽台交流工作中取得的成绩与经验，包括：

第一，把握战略机遇，实现跨越发展。从 2004 年初福建省正式提出“建设对外开放、协调发展、全面繁荣的海峡西岸经济区”的战略构想，到海峡西岸经济区建设上升为国家战略，再到国家全面实施“三规划两方案”，福建省牢牢把握战略机遇，大力开展先行先试，持续深化改革开放，通过一系列的创新实践，极大地增强了发展的动力和活力。从 2004 年到 2012 年，全省经济实现高速发展，国内生产总值从 6053.14 亿元增长到接近 2 万亿元；财政总收入从 622.76 亿元增长到 3000 亿元；综合科技进步水平居全国第 9 位，

科技促进经济社会发展指数居全国第 5 位，规模以上工业增加值增速居全国前列。面对复杂多变的宏观经济形势，全省转变发展方式取得重大进展，经济发展的质量和效益不断提高，取得了令人瞩目的成就。

第二，发挥“五缘”优势，深化两岸交流。福建与台湾具有地缘近、血缘亲、文缘深、商缘广、法缘久的特殊关系。福建省委省政府历来高度重视福建对台工作的独特优势，高度重视福建在促进祖国统一大业中不可替代的地位和作用，坚持以经济合作为基础、以文化交流为纽带，全方位推动闽台各领域交流往来，不断拓展交流范围，积极推动各项合作，对台交流合作走在全国前列，为服务两岸关系和平发展作出了重要贡献。

一是着力拓展经贸合作。围绕切实把地缘优势转化为经济优势和竞争优势，通过拓展经贸合作，促进双向投资，累计实现对台进出口贸易额 1009.19 亿美元，初步实现了厚植共同利益；通过组织闽台合作研讨会，与台湾授权机构开展石化、汽车、精密机械、LED、电子等“五大产业”对接商谈，力促台资重点项目义联钢铁、古雷石化等项目落地，大力推动两岸产业合作机制建设，促进产业转型升级；通过积极推进海峡电子商务产业基地、海峡出版物博览交易中心等项目建设，打造了高水平的两岸产业对接合作载体。

二是着力推进农业交流。经过多年努力，福建已拥有 2426 个台资农业项目，6 个国家级台湾农民创业园，数量居全国之冠。近年来，福建在加快原有台湾农民创业园建设的同时，积极开展福清、惠安等新增创业园的规划编制和招商引资工作，并积极推广示范先进技术，加强品牌合作，发展两岸农产品加工出口基地，将闽台农业合作进一步引向深入。目前福建已成为全国最大的海峡两岸农业合作试验区。

三是着力促进文化交往。福建省高度重视文化在两岸交流中“润物无声”作用，大力保护、弘扬闽南文化，并以此为纽带积极开展两岸文化交流合作先行先试，不断厚植共同利益，增进民族和国家认同。当前，闽台文化交流交往已呈现出往来高端化、活动品牌化、交流持续化、形式多样化、内容多元化、机制常态化的良好态势，在台湾岛内产生了重要影响。其中，福建省相关地市连续几年与台盟中央共同举办“闽南文化节”，每年都邀请大量来自台湾岛内特别是中南部的基层民众参与，浓郁的闽南文化特色令台湾民众倍感亲切，增强了台湾基层民众对祖国的归属感。

四是着力构建载体平台。已经连续四年举办的“海峡论坛”，已成为两岸规格最高、规模最大、参与人数最多、涉及范围最广、亲情色彩最浓的经济文化交流活动。以此为龙头，全省以“海峡两岸”为主题举办的大型交流活动已达数十项，涉及经济社会民生等各个方面、各个层次、各个群体，有力地推动了两岸交流合作。

五是着力建设厦门、平潭等对台交流合作先行先试区域。厦门经济特区兴建三十多年来，充分发挥了改革开放和两岸交流合作“窗口”、“试验田”和“排头兵”作用，先行先试不断取得突破，为推进两岸关系和平发展作出了积极贡献。全市 GDP 年均递增 17.2%，财政收入年均递增 21.4%，城市建成区拓展 6 倍，城市化率达到 88.6%，经厦门口岸入境大陆的台胞累计近 700 万人次，创造了令海峡彼岸羡慕的“厦门速度”。2011 年 12 月《厦门市深化两岸交流合作综合配套改革试验总体方案》获得中共中央支持、国务院批准实施后，特区不断在新起点上深化改革、扩大开放。目前全市正通过加快建设两岸金融中心、两岸新兴产业和现代服务业示范区、东南国际航运中心、两岸贸易中心等重大发展平台，努力打造“两岸经贸合作最紧密区域、两岸交流交往最活跃平台、两岸直接往来最便捷通道、两岸同胞融合最温馨家园”。

2011年国务院批复《平潭综合实验区总体发展规划》，以来，福建省委、省政府把平潭开放开发作为海峡西岸经济区建设的重要抓手和突破口，以非凡的魄力和智慧，举全省之力，采取一系列先行先试举措，实现了实验区建设超常规推进。特别是围绕把平潭建成“两岸同胞合作建设、先行先试、科学发展的共同家园”这个目标，积极探索两岸共同规划、共同开发、共同管理、共同经营、共同受益的新模式，如，以“省部合作”模式建设福州至平潭岛铁路，鼓励在实验区开展融资业务模式创新和金融产品组合运用，开展两岸专家学者、企业人士就平潭战略定位、产业选择、两岸合作方式的系列研讨，邀请台湾规划机构深入参与平潭规划编制工作，招聘台湾专才参与试验区管理等。三年来，平潭实验区累计完成投资1000亿元，基础设施水平大幅提升；宸鸿科技、万众百源锂电池等一批高端产业项目竞相落户；105家台商在平潭登记注册经营；“海峡号”首航一年运送旅客突破10万人次。随着平潭综合实验区建设加快推进和国家不断赋予更加优惠的政策，特别是广大建设者深入探索两岸交流合作新模式、推动体制机制创新、推进全方位开放开发，平潭的后发优势正在得到充分体现，日益展现出良好的发展前景。

六是着力落实各项对台惠民政策措施。抓好台胞创业、就学、就业、就医、往来、置产等方面工作，为台胞台商在闽创业生活营造了良好的环境。

第三，坚持民生优先，促进社会和谐。“民惟邦本，本固邦宁”。在实现科学发展、跨越发展的进程中，中共福建省委省政府坚持“以人为本、民生优先”，把民生作为发展的根本目的，开展了一系列保障民生、改善民生的重要实践。2012年，福建省公共财政用于民生事业的支出达1906.02亿元，占全省公共财政支出的73.27%，进一步把资源向就业、社会保障、教育、医疗、保障性住房等公共服务领域倾斜；2012年全省确定的教育、文化、卫生、体育、助残、养老、社保、安居以及生态环境保护整治、惠农等50个为民办实事项目，均已顺利实施。福建省教育经费占财政支出比例连续9年居全国首位，并在全国率先启动了城乡居民大病保险。如今，福建省的各项惠民举措已经显现良好成效，有力地促进了社会和谐，促进了公平正义，推动了科学发展，为福建实现提前全面建成小康社会的战略目标奠定了坚实的基础。

第四，重视生态建设，实现绿色发展。福建生态环境条件较好，在谋求经济崛起的同时，良好的生态环境也被福建省看做是最大的后发优势之一。在国务院出台《关于支持福建省加快建设海峡西岸经济区的若干意见》之后，福建省明确提出了“建设生态优美之区”的海西发展目标，以生物多样性保护、水源涵养、土壤保持、风沙与石漠化控制、饮用水源水质保护、特大型水库水环境维护6类主导生态功能为依据，制定出台了《福建省生态功能区划》，把全省共划分2个生态区、5个生态亚区、107个生态功能区，明确规定在制定区域经济发展与开发规划，以及建设项目立项、选址和环评审批时，都必须将《福建省生态功能区划》作为重要依据，根据项目所处生态环境功能区的功能定位、保护目标、准入条件、保护措施等要求，进行认真论证，合理规划生产力布局和产业结构调整，把生态环境优势持续转化为经济社会发展的优势。

通过深入实地的调查研究，考察团认为，在当前这个可以有所作为的重要战略机遇期，宜通过加强政策指导和适当扶持，保持海西经济区的良好发展势头，以全力贯彻中共十八大提出的“深化经济合作，厚植共同利益”、“扩大文化交流，增强民族认同”、“密切人民往来，融洽同胞感情”、“促进平等协商，加强制度建设”的对台工作方针，为和平统一创造更充分的条件。

考察团建议，一是继续支持厦门特区和平潭实验区开展先行先试，努力打造高水平的海峡西岸经济区对台工作前沿平台。在厦门特区方面，充分利用其30多年开展对台产业合作和文化交流的坚实基础和成功经验，支持深化综合配套改革；在平潭实验区方面，按照“先经济、后政治”的规律，循序渐进地推进“共同家园”建设，现阶段研究给予其特定的、与国际上自由贸易区部分接轨的政策，促进产业落地发展，为未来担负两岸交流合作更重要的任务打下坚实基础。二是充分发挥闽南文化的纽带和桥梁作用，巩固深化两岸同胞的民族和国家认同。建议将“闽南文化生态保护实验区”升格为“闽南文化生态保护区”并赋予福建省更加灵活的赴台审批政策。三是加强对福建省相关地市的指导和帮助，实现海峡西岸经济区全面均衡发展等问题提出了政策建议。

在扎实调研的基础上，台盟中央将相关情况及政策建议形成《关于支持福建省发挥海峡西岸经济区先行先试作用，进一步深化两岸经贸文化交流与合作的几点建议》报送中共中央、国务院，得到俞正声同志的重要批示，要求有关部门关注政策落实情况。同时，在习近平总书记主持召开的党外人士座谈会上，台盟中央也围绕实现海峡西岸经济区整体发展再上新台阶的相关问题提出了政策建议，为推动两岸关系和平发展与落实海西经济区发展战略提供了有益的参考。

二、开展典型案例系列调研，助推新型城镇化建设

2013年，围绕着中央推进新型城镇化建设的重大战略任务，台盟与有关专家组成专题调研组，在多个地区开展了典型案例的系列调查研究：在重庆市合川区重点调研了以旅游业推动城镇化的有关情况，在北京市怀柔区重点调研了城镇化的产业与水资源承载力情况，在北京市朝阳区重点调研了水资源承载力限制人口膨胀的有关情况，在北京市平谷区镇罗营镇重点调研了山区村镇城镇化的探索情况，在河北省石家庄市正定县重点调研了大力发展旅游与节水产业支撑城镇化的有关情况，在上海市崇明县长兴岛重点调研了新型工业化与生态化推动城镇化的典型情况，在河南省开封市重点调研了产业与资源支撑城镇化的有关情况。

通过深入实际的调查研究，专题组就新型城镇化的顶层设计、总体规划、路线图和时间表形成了初步的设想和建议。

专题组提出，当前，推进农业转移人口市民化是我国城镇化过程中最突出的问题。要使已达2.63亿，还以每年3%—4%的速度增长的农业转移人口成为真正的市民，是世界历史上最大的社会发展系统工程。城镇化要以人为本，核心在于给人以迁徙的自由，应通过顶层设计使其通过诚实劳动追求幸福的权利在选择的定居点得到保障。而顶层设计的核心是总量控制，可以通过三条红线来进行：

一是我国城镇化的近期目标可控制在2020年低于65%。历史与国际比较是这一比例的重要依据。城镇化已完成的国家俄罗斯2010年人均GDP10300美元，城市化率73%。日本至今城市化率仅67%，法国为78%，美国也只有82%。在城市化进程中的国家，如南非2010年人均GDP7402美元，城市化率从1990年的52%增长到2009年的61%；土耳其2010年人均GDP9893美元，城市化率从1990年的59%增长到2009年的69%；其余城市化率过高的一些国家城市问题都比较严重。比较而言，我国有世界上最长的农耕历史，有农家乐的传统；我国有较多的丘陵地带，不易进行规模化农业生产。因此，应保持相对较低的城镇化率。

二是每年城镇化增长速率宜控制在2.5%以下，使得在一定的经济增长率条件下城市住房、交通、环境、教育和社会福利能同步发展，保证新老市民的生活质量不降低。在世界1990—2009年的城镇化过程中，城镇化发展起点高于50%的国家，其年增长率除阿尔及利亚外都在2.6%以下。

三是百万人口以上的大城市占城市人口总量应低于40%，最大城市的用水人口（包括流动人口的折算）不宜超过2500万，不能走产生大城市病的老路。

专题组认为，在顶层设计之下应有科学的总体规划。发达国家城镇化的一个重要教训是大多数城市缺乏总体规划，尤其是不考虑城市地域的资源、环境与生态承载能力，造成了水资源严重短缺和空气极度污染的问题，再回过头来补救，事倍功半。国家应建立指标体系，核算各城市的经济、社会、资源、生态承载力和潜力。例如，水资源是我国占总数2/3的缺水城市的木桶短板，城市水系和地下水埋深应是美丽城市的保障。同时，城市车辆过多和高排放城市产业群是我国严重雾霾天气的主要原因。因此，应制定土地产出率、人均GDP和资源利用率等指标体系，变粗放发展为集约发展，因地制宜地制定规划，使农业转移人口市民化科学、有序、真实、渐进地进行，成为经济增长和可持续发展的主支撑。

同时，应有以产业结构和产业布局为主的清晰的路线图。城镇的产业是城镇发展的核心内容，没有产业的城镇将是空心的城镇，难以可持续发展。必须改变征地拆迁——房地产开发——农民上楼这种后遗症很多的旧模式，变城镇外延发展为内源发展。产业发展路线图应预测产业发展，促进产业升级，避免城市产业单一，区域产业同构，实现经济发展方式的转变。西方由工业化产生的城镇化，首要目的是使投资集中、原料集中、高素质人力集中，从而使用先进技术，集约高效地发展经济。这一经验值得借鉴。文化发展路线图应注重城市传统文化保护和文化发展中的特色。城市生态建设路线图应以水定城，保证城市人均水面、绿地和污水、废气排放限量达标。城市发展路线图还应充分考虑城乡一体化和与相邻城市的相互关系。不能重蹈发达国家和一些发展中国家对大城市发展失控、造成恶果后再使城市空心化的覆辙。因此，城镇化过程中大城市的人口总量控制是重点；同时重视小城市和卫星城的发展。应根据上述城镇化总量控制的三条红线，制订渐进的时间表。依据我国发展进程的不同阶段，依据城镇自身的发展特点和条件，科学考虑、合理确定城镇化的推进速度。

在提出顶层设计总量控制的三条红线、总体规划的一系列指标体系、路线图的发展模式和时间表的基础上，专题组又结合实地典型案例的调查研究，形成了关于农业人口取得城市户籍基本准入条件的思考：

首先是产业发展能力。在实地调研中专题组了解到，重庆合川区钓鱼城在西方史学界和联合国会议上被称为世界历史的节点，“拯救了基督教的文化”；河北正定县隆兴寺周恩来同志虽未曾亲临、仅据10年前梁思成教授介绍，就于“文革”期间派军队保护，使之未受损。这些都有条件申请“世界文化遗产”，并分别构成重庆和北京的旅游外环，可大力发展旅游业。因此，专题组建议，农业人口城市入籍的产业发展能力需为加上入籍农民（包括家属）后，城镇能完成十二五人均收入翻一番的任务，不但要求产业创造就业岗位，而且要生产附加值相对高的产品。

其次是生态承载能力。专题组提出，当地的生态承载能力必须保证在城镇人口增加的情况下不降低。如人均水资源量大于300立方米/人的维系可持续发展最低标准，地下水位、人均绿地与人均水面均不降低。如上海崇明长兴岛有需求也有条件建成保护上海饮用水源地青草沙水库的生态型城镇。

其三是公共服务和社会保障能力。专题组提出，新增人口（包括家属）必须享受与老市民同等的公共服务和社会保障。为此必须有能力做足量的有效投入，如病床数/万人不能降低，新市民家属应与老市民享受同等养老保险待遇等，这样才不会形成单纯户籍城镇化。

其四是职业培训能力。应有强大的能力（包括财力、人力和组织力）对入籍农民进行免费职业培育（包括提供免费午餐和补助等），提升他们的能力，这样才能真正做到新型城镇化以人为核心。

其五是建立诚信记录网。专题组认为，城镇应结合信息化管理由政府与企业共同建立全覆盖的诚信记录网（如雇主拖欠工资更应记录），作为由常住到入籍的一票否决；企业录用和免费高层培训的法律依据；避免违法超生、违规跳槽和盲目流动等现象发生；有效维护城乡基层公务员的执法权力。

专题组提出，在以上基本准入条件的约束下，可参照《上海市居住证管理办法》实行居住证积分制度，作为主要参考，决定农民是否可以入城市户籍。

在深入实地调查研究的基础上，台盟中央向中共中央、国务院报送了2份详细的调研专报《关于新型城镇化的顶层设计、总体规划、路线图和时间表》以及《关于农业人口取得城市户籍的调研报告》，得到习近平、李克强、俞正声、张高丽等中共中央领导同志的7次重要批示，要求有关部门结合城镇化规划编制工作研究采纳。

与此同时，《人民日报》的记者还就城镇化相关问题，采访了全国政协副主席、台盟中央主席林文漪，并于3月27日《人民日报》20版刊登了专访《新型城镇化要提升规划水平》。此外，台盟中央还在高层协商会议上先后提出了加强城镇化的顶层设计、解决好农业人口取得城市户籍问题、大力推进新生代农民工市民化等政策建议；在全国政协“积极稳妥推进城镇化，着力提高城镇化质量”专题协商会上，台盟中央作了《规避“两重两轻”路径依赖，推进新型城镇化健康良性发展》的口头发言，为国家推进新型城镇化工作提供了重要参考。

三、助力台资企业根植大陆，巩固深化两岸关系和平发展的经济社会基础

近年来，大陆的台资企业在密切两岸经济联系中发挥了不可替代的作用，其发展情况也是影响岛内民意变化的重要因素。然而随着国内外宏观经济环境的变化，许多台资企业都面临着转型升级的压力。由于许多台资企业都是出口加工、劳动密集型行业，且以中小型企业居多，面临的经营困难尤其突出。为此，2013 年，台盟中央将“加强政策扶持与配套保障，促进台资企业根植大陆”作为年度重点参政议政课题，组织台盟重庆市委、台盟北京市委、台盟上海市委、台盟广东省委、台盟云南省委、台盟浙江省委、台盟陕西省委、台盟南京市委等地方组织组成联合课题组，分别在当地开展调研，并在重庆召开课题研讨会，进一步开展了深入的研究与探讨。

课题组在调研中发现，目前在大陆的台资企业呈现出一些发展新动向：一是向大陆中西部内移。重点是中部湖北、安徽、河南、江西、山西、湖南等 6 省，同时也趋向西部重庆、成都、西安等三个区域中心城市以及辐射到贵州等地；二是向所谓“VIP”三国外移。目标是越南、菲律宾、印尼等欠发达国家，其生产发展条件类似我国 20 年前，生产力相对落后、劳动力成本相对较低、土地提供相对廉价；三是就地“二转三”式转型。通过调整生产结构，改变生产方式，由从事生产制造二产业转型到发展生产服务三产业；四是就地“二 + 三”式升级。通过技术改造，全面提高生产服务能力，由单一从事生产制造二产业拓展到既从事生产制造，又发展生产服务、生活服务等综合性生产服务业。五是回流台湾。自 2011 年以来，在欧债危机的冲击下，台湾经济下行压力不断增大。为应对不利经济形势，台湾当局出台“经济动能推升方案”，希望台商回流，扩大民间投资，为台湾经济投入新活力。部分台资企业迎合台湾当局“加强推动台商回流”政策措施，选择回流台湾。六是就地关闭。一些生产规模相对较小、经济实力较弱，经不起危机、风险挑战的台商，为减少损失便选择就地关闭。

课题组认为，在当前的形势下，促进台资企业根植大陆具有重要意义：

一是有利于进一步优化台商在祖国大陆的投资布局。当前，台商投资主要集中在沿海的长三角、珠三角和海西区等区域，这三个地区占台商在大陆投资量的 80% 以上，而台资对广大的中西部地区的投资力度仍显不足。大力促进台商向祖国内地投资，可进一步优化台商在祖国大陆的投资区域布局，开辟两岸经济密切协作的新阵地，形成东、中、西部梯度推进、衔接发展、均衡布局的区域开发态势，形成台资在祖国大陆沿海与内陆“并蒂开花”的双赢局面。

二是有利于进一步推进两岸产业结构调整与提升。台商企业在内地根植，特别是 IT 产业长期在内地发展，不仅对内地 IT 产业本身发展有极大的促进功能，还将极大地带动与信息相关产业的升级、人才的集聚、城市创新能力的提升，为内地优化产业发展环境，打造内陆开放型经济，创造重要推动力。另一方面，在台商根植大陆的过程中，可充分将内陆丰富的科技人才储备和巨大的市场空间等优势与本企业的品牌、研发优势结合，大幅度提升技术创新能力，推进产业发展模式转型，在全球范围竞争中继续拔得头筹。

三是有利于推动两岸和平关系进一步交流与发展。在先易后难、由经及政的两岸循序渐进互动融合过程中，及时推进两岸产业协作深入，将台商产业发展深植于内陆地区

经济发展全过程，先期从经济领域中将两岸整合为一个互不可分割的整体，推进两岸经济相互依存逐步由低水平向高水平发展，这是促进两岸持续和平发展的一个重要物质前提，也是两岸人心所向、人心所盼。

然而，课题组在实地调研中也发现，当前台资企业要根植大陆深耕发展，还面临着一些困难和障碍：

一是产业技术水平不高。台资企业在大陆地区布局，大部分以制造业加工装配和传统资源型产业为主，总体上还处于产业链的低端或者说高技术产业的加工配套环节，技术含量不高。据了解，在整个大陆，台商投资企业的生产技术有 90% 以上来自于台湾母公司或外国研发机构，而来自两岸相关机构合作研发的仅占 7.82%。

二是生产用工成本逐年攀高。在大陆的台资企业大部分是加工贸易型中小企业，对优惠税收政策的依赖性较强，随着劳动力等成本的不断上升，企业经营面临很大困难。

三是融资渠道及能力比较欠缺。据对福建泉州等地台资企业的调研发现，台商普遍反映在大陆的投融资渠道比较单一，主要依靠银行单一渠道进行贷款，且融资成本较高。此外，部分台资企业由于不熟悉内地政府的操作流程，且产业门类也不属于政府鼓励类的高新技术企业，很难享受到政府给予的各类贴息或者产业技术创新类的专项资金，特别是出口加工型企业，流动资金缺乏更是普遍的现象。

四是本地生活工作环境难以调适。长期生活在大陆的台商，往返两岸时仍需要办理台胞证，台商普遍感觉往来的便利化不够。在与大陆当地政府打交道时，在沟通方面也存在一定的障碍，此外，台商与本地企业的协作关系也很薄弱。

五是受国际政治财经局势影响大。台商在内地投资最大规模的产业是 IT 产业，而 IT 产业是一个全球性分工的产业，其产能的扩张需时时考虑到国际供应链风险。

六是项目投资落地困难。台商 IT 企业近年来在中西部迅猛扩张布局，其主要产能向西部地区转移的趋势十分明显，但伴随而来的是土地供应跟不上产能扩张的需求，导致出现部分企业无法落地的问题。以重庆为例，从 2008 年开始，重庆依托笔记本电脑品牌企业和台商代工企业的产业垂直整合，打造世界最大的笔记本电脑生产基地，在惠普、华硕、宏基等 4 家笔记本电脑品牌商和富士康、纬创、仁宝等 6 家笔记本电脑代工商的带动下，产业迅猛发展，吸引了 700 余家笔记本电脑配套商来重庆发展。但在如此的短时间有如此多的配套企业密集落地重庆，面临的却是无法找到工业用地建造厂房的尴尬。

针对调研中了解到的情况和发现的问题，课题组提出，针对台资企业发展现状，应进一步推动其根植大陆，鼓励支持台资企业内移、转型、升级等发展态势，积极化解外移、回流、倒闭等不利走向。同时，课题组还提出了促进台资企业根植大陆的若干具体政策建议，包括增强土地、资金等关键生产要素的政策性供给；鼓励两岸企业加强技术对接和产业合作；加强对台商产业的政策扶持引导；完善综合生活服务环境配套；建立健全台商“在地化”的服务体系等。

在李克强总理主持召开的政府工作报告征求意见座谈会上，台盟中央将相关调研成果转化为关于进一步推动台资企业根植大陆、巩固深化两岸关系和平发展的经济社会基础的政策建议。在全国政协十二届一次会议上，台盟中央还提交了《助推台资企业转型升级，巩固和深化两岸关系和平发展基础》的大会发言及党派提案，并入选了全国政协《重要提案摘报》，为国家开展相关工作提供了重要参考。

四、建言水资源保护，共筑美丽中国梦

水是生命之源、生产之要、生态之基，水资源是基础性自然资源和战略性经济资源。近年来，中央把治水提高到治国的高度，我国在水资源保护和开发利用方面取得了重要进展。然而，随着我国经济社会发展速度不断加快，水资源形势日益严峻。为此，2013年，台盟中央将“加强水资源保护和污染防治”作为年度重点参政议政课题，协调台盟上海市委、台盟重庆市委、台盟福建省委、台盟湖北省委、台盟吉林省委、台盟陕西省委、台盟江西支部、台盟安徽总支等地方组织组成联合课题组，分别在当地开展调研，并于5月在福建武夷山召开课题研讨会，参与课题单位通过面对面的沟通与碰撞，进一步明确了课题的研究方向与调研进程，此外还共同考察了闽江上游水生态保护情况。

与此同时，台盟中央与有关专家也组成了专题调研组，在多个地区开展了典型案例的系列调查研究：在广西桂林市重点调研了水生态系统修复工程的实施情况，在黑河、塔里木河重点围绕调研了共建丝绸之路经济带中城镇化的水资源问题，在上海市青草沙水源地原水工程重点调研了水源地建设与城市可持续发展的有关情况，在黑龙江省哈尔滨市重点调研了以水定城引导新型城镇化建设的有关情况，在北京市平谷区镇罗营镇重点调研了以生态文明引导新型城镇化建设的有关情况。

课题组提出，新型城镇化应是以水生态系统为核心的生态文明的城镇化。水资源的约束、水环境的良好和水生态系统的支撑，是新型城镇化需认真对待的问题，“金城银城”不如“净水青城”。目前水资源约束主要在北方，而水环境恶化则是全国性的突出问题。

据统计，目前我国人均水资源占有量尚不到世界人均占有量的一半，全国有2/3的城市缺水，110座城市严重缺水。与此同时，水污染问题又使缺水矛盾更为突出，其严重后果近年来才逐渐引起人们的重视。以地下水污染为例，据国土资源部2012年对198个地市级行政区检测结果，地下水质差的为59.1%，其中极差的为16.8%。尤其严重的是，与2011年比较呈变好趋势的占17%，而变差的则占了19.5%。

课题组认为，造成水环境问题的原因是多方面的，但最重要的是结合实际创新理论的问题。过去基础理论研究不足，对水资源、水环境和生态水没有大系统分析；技术路线比较偏颇，没有强调适宜技术；顶层设计指导思想不够明确，总体规划经常流于形式；路线图不够清晰；缺少一个时间表，更缺乏对上述工作承担责任的机制。

为了更好地解决这些问题，课题组在调查研究的基础上，提出了有针对性的政策建议：

一是环境治理改革已进入深水区，需以理论创新为先导。水环境工程科学是一门新学科，它的基础研究不是公共卫生学的简单延长，而是以系统论、生态学、卫生学、水文学、水生物学、统计学、概率论和协同论为指导的多学科交叉综合。因此，建议创新基本概念，加深对“生态水”新理念的认识，加深对地下水的认识，以系统论为指导重新认识水环境治理，树立“节水就是治污”的理念使水资源与水环境在理论上统一，按中央水利工作会议肯定的“水（资源）功能区”治理水环境。

二是创新水环境治理的顶层设计、总体规划、路线图和时间表。实行我国水域纳污

的总量控制；实行各城市按水功能区划分解指标，制定科学的总体规划；改革、创新管理与技术路线图，强调水资源综合管理以及采用不同地域下的适宜技术；建立水环境损害责任终身追究制；发挥市场在资源配置上的决定性作用，建立循环水产业体系；明确“饮甘泉，临绿水青山”梦的时间表。

与此同时，围绕水资源保护与污染防治的问题，课题组在深入各地开展调研的过程中还发现了许多亟待解决的具体问题。一是资金投入不足。近年来，各地虽然加大了水资源保护的资金投入力度，加快了基础设施建设步伐，但由于欠账太多、投入额度较小且投资分散，无法完全满足水资源保护的实际需要。二是部门衔接不到位。水资源保护工作是一项综合性、系统性工程，涉及到水利、环保、农业、卫生、建设、国土等多个部门，由于部门协调机制尚不健全，无法充分发挥水资源保护工作的合力。三是配套制度不完善。目前，虽然形成了以《中华人民共和国水法》、《中华人民共和国水污染防治法》等为主的水资源保护法规体系，但多以原则性规定为主，实施细则很少，尤其是水源地保护、应急监测、部门分工协作等制度的缺失，使水资源保护工作无法全面、有效、持续地开展。四是日常监管不到位。水资源保护水域多处于边远、偏僻和交通不便地区，日常监管和监测费用很高，由于没有专项工作经费，缺乏必要的执法手段和监测设备，难以开展及时、定期的监管和监测。

围绕这些问题，课题组也提出了有针对性的具体建议：

一是理顺水资源保护的总体思路。水资源现状是经济发展过程中“重发展，轻保护”的结果，说到底还是经济发展与环境保护孰轻孰重在思想意识领域的错位而导致的。问题表现在水上，根源却在人上。因此，要解决水的问题首先必须先解决人的问题。需加强警示教育，提高思想认识，在灵魂深处摆正发展与保护的关系。其次需要分轻重缓急进行一次全国普查，彻底了解水资源污染的详细情况，从而对症下药，制定切实可行的实施细则。此外还需结合行政体制改革优化水资源管理体制，改革目前的区域化行政管理体制为按流域或涉水资源事权管理而设水资源管理机构，从而解决部门衔接不到位、重利益轻管理的现状。

二是调整污染物治理的现有体制。一方面是需转变“先污染，后治理”的现有体制。建议通过政策导向，引导企业增加研发投入，从原料选择到工艺设计，从产品销售到产品维修的全过程，都应选择适宜原材料，减少废弃物，通过清洁生产从上游减少污染的发生。另一方面是需转变“谁污染、谁治理”的现有体制。就污水处理而言，建议鼓励一定条件下的产污与治污分离，实现污水治理的区域合作。随着我国工业项目日益呈现园区化的特点，应通过规划建设区域污水处理设施，对各企业外排污水进行集中处理。同时，对企业进行污水排放量的核定，按处理难度大小收取排污费，推行“污染者付费，专业化治理”的新模式。这种模式还可促进中水再利用。

三是建立区域污染追溯机制，设置污染物排放“高压线”。对治理后的再次污染要追根溯源，不论是排污者还是管理者，都应承担经济甚至法律责任。

在深入实地开展调研并与有关专家联合开展课题研究的基础上，台盟中央向中共中央、国务院报送了详细的调研专报《创新解决新型城镇化的水资源制约与水环境治理》，得到中央领导同志的高度重视。习近平总书记作出近二百字的重要批示，高度肯定台盟的调研报告，并结合报告中提出的建议，详细阐述了对保障我国水安全的战略思考和明确要求。李克强总理、俞正声主席也做出了重要批示，张高丽副总理、汪洋副总理更是分别两次对报告做出具体批示，要求有关部门认真研究借鉴。按照中央领导的批示精神，水利部明确了3个相关司局，要求尽快落实报告提出的建议。

此外，台盟中央还在李克强总理主持的政府工作报告高层协商会议上，围绕创新解决水资源制约与水环境治理问题、推动新型城镇化健康发展的问题提出了政策建议；在全国政协以生态文明建设为主题的议政性常委会上，台盟中央也提交了《加强水资源保护，共筑美丽中国梦》的大会发言，为保护一片青山绿水、实现美丽中国梦积极建言献策。

五、聚焦行政绩效考核，助力推动政府职能转变

中共十八届三中全会关于全面深化改革的决定突出强调了加快转变政府职能，这可以说是当前全面改革的关键与核心。转变政府职能是一项系统工程，在具体的实施过程中，政绩考核这根“指挥棒”可以发挥鲜明的引导和督促作用。为此，2013年，台盟中央将“完善干部考核评价体系相关问题研究”作为年度重点参政议政课题，协调台盟上海市委、台盟北京市委、台盟津市委、台盟重庆市委、台盟广东省委、台盟福建省委、台盟湖北省委、台盟南京市委等地方组织组成联合课题组，分别在当地开展调研，并于6月在上海召开课题研讨会，邀请中共中央组织部党建研究所、复旦大学公共绩效与信息化研究中心、中共上海市委组织部、上海市公务员局等相关部门的领导专家共同出席，围绕课题进展情况开展了面对面的深入研讨。

在深入调研的过程中，课题组了解到，按照中央的要求，目前各地普遍推行了符合科学发展观要求的干部考核评价机制，取得了较好的效果，包括：

考核紧密结合年度党委政府重点工作任务进行，导向性强；考核结果体现多方面意见，讲求民主，如上海对发改委的考核，就涉及到分管市长、行风测评、区县等方方面面的意见；指标设计较简洁，且利用现代化技术手段，考核操作简便；根据各部门履职的不同特点以及各地区经济社会发展的不同基础，实行分类考核；除了考核经济发展，还对社会事业发展和社会稳定、特色工作等进行综合考核；在适当横向比较的同时，更加突出纵向比较等。

但建立和完善干部绩效考核体系是一个复杂系统工程，需要一个长期的过程，不可能一蹴而就。课题组在调研中也了解到目前还存在一些问题，仍需要在实践中不断探索、改进和完善，包括：

一是考核指标的设置不尽科学。如项目、指标增加较多，基层党委政府往往要应付多达几十个考核部门的上百个政绩指标；对“差异化考核”的认识还有待提升，某些领导干部往往对于那些较容易完成的项目，赞同纳入差异化考核，而对于那些历史遗留问题、难点问题，一旦纳入差异化考核，就会提出不同意见；考核内容较笼统，偏重于经济指标，其他方面缺乏明确的量化标准。

二是考核主体的选择不够宽泛。如，评估主体比较单一，各地的《考评办法》均规定“引入第三方力量介入考核”，但普遍缺乏刚性，实施过程仍然没有突破“权力本位”、“官本

位”主导绩效考核的框架；群众参与面较窄，目前民意调查主要在来自基层的党代会代表、人大代表、政协委员和处级干部中进行，参与人员范围过小，人数也有限，急需研究探索有效了解民意的其他途径和操作方法，进一步调动群众参与的积极性。

三是考核工作的方法有待完善。如，考廉的问题仍然缺乏有效的办法和途径，在防止干部"带病提拔"的问题上没有取得明显突破；考核通常采用一次性集中考核，缺乏经常性、跟踪性的工作绩效考核；考核过程偏重于听述职报告、查看资料等，缺乏针对性，对不同单位、不同岗位考核方法千篇一律。

四是考核结果的运用还有脱节。单一的考核方法使得结果缺乏层次性和针对性，在对不同单位不同职级干部的评价中出现主要领导年年评优、副职干部轮流坐庄，除个别受到党纪政纪处分者被评为不称职外，其他人员千篇一律为称职，一些不称职的干部难以通过现有的考核界定出来，制约了考核工作激励作用的发挥。

为确保中共十八届三中全会提出的改革举措落实到位，课题组建议，进一步优化完善战略性强、具体可操作的绩效指标体系，让干部考核这根“指挥棒”发挥更加鲜明的导向作用。特别是在当前我国着力转变经济增长方式，以及财税结构调整的背景下，更应切实转变观念、改进考核体系，真正落实中央对政府职能转变的总体要求。

一是建议进一步完善考核指标体系。课题组在调研中了解到，上海市近年来取消了对各区县 GDP 增长率的考核，相应增加了“知识密集型服务业增加值占生产总值的比重”、“环境质量指数”等体现调结构、促转型的量化指标。广东省对各地市也取消了“GDP 发展速度”这一传统意义上最核心的评价指标，并且在对不同区域分类考核的基础上，都市发展区、生态发展区两个区域的经济发展指标组所占权重不到 1/4，相应地增加了许多社会发展指标、人民生活指标以及生态环境指标等。建议根据各地区与部门的实际情况，总结推广这些好的经验与做法，弱化对经济增速的评价考核，强化对结构优化、民生改善、生态保护等的综合评价考核。特别是应进一步明确政府不是创造 GDP 的主体，政绩更多地应反映在居民消费价格指数、失业率等宏观经济稳定的指标上，且越是基层政府，作为中央政府宏观决策的执行者，越应强化公共服务职能，淡化经济职能。

二是建议进一步借助第三方的考核力量。课题组提出，首先是可以充分发挥人民代表大会的作用。按照法律规定，加强人大的监督职能，积极探索人大参与对政府及领导干部绩效考评。开展政府组成人员和法院、检察院的领导人员向同级人大常委会述职，由人大常委会进行评议。其次是完善群众参与的机制和做法。科学设计民意调查和民主评议的内容、形式，根据不同层次、区域的具体情况和不同考察任务的要求以及群众关注的突出问题，建立民意表达和参与考核机制。群众满意评价的调查对象应更加具体，可以让政府服务管理项目的直接对象（行政相对人）进行评价。其三是引入多元化的评估主体。独立的政府绩效评估是评估体系趋于成熟的标志之一。建议合理增加外部民意调查评价主体，大力培育独立的、专业化的政府绩效评估组织，增强评估结果的客观性与科学性。

三是建议进一步完善配套制度建设。课题组认为，在建立科学考评体系的同时，需注重相关的制度配套作保证。比如，领导干部的任期制、职责管理制、离任审计制等都需及时跟进。同时，需强化考核结果的运用，切实做到奖优罚劣，真正发挥绩效管理的激励和约束作用。此外，建议借助信息化手段辅助干部差异化考核，确保考核客观、简便。可以通过信息化手段建立一个阳光工作平台，让所有的参与者根据权限随时查看各类信息，增加压力效应；考核主体可以看着工作打分，确保结果公平公正；信息化系统还可以根据需要采取强制分布，避免平均主义；用信息化工具，高效便捷实现绩效考评信息收集处理、统计分析，使考核工作简单易行。

在实地调查和深入研讨的基础上，台盟中央在习近平总书记主持召开的党外人士座谈会上，围绕发挥行政绩效考核的导向作用问题提出了政策建议；在全国政协十二届一次会议上，台盟中央提交了《关于完善干部考核评价体系的提案》；在全国政协以深化改革为主题的议政性常委会上，台盟中央还提交了《发挥行政绩效考核的鲜明导向作用，切实推动政府职能转变》的大会发言，为国家推进行政体制改革提供了有益的参考。

六、关注社会组织发展，疏通承接政府职能转移的“毛细血管”

中共十八届三中全会的改革方案突出强调了加快转变政府职能。在此过程中，社会组织是承接政府放权和实施社会服务职能的主要载体，是输送政府职能转移的“毛细血管”。2013 年以来，台盟中央组织南京、北京、上海、重庆、广东、云南、湖北、吉林、成都、安徽等地方组织组成联合课题组，围绕政府职能转变与社会组织发挥作用的课题开展了深入调研，并于 5 月在南京、9 月在安徽两次召开课题研讨会，邀请南京大学政府管理学院等相关部门的领导专家共同出席，结合各地实际开展了交流研讨。

课题组在调研中了解到，当前，社会组织成长的社会环境、法制环境、政策配套不断改善，社会组织整体实力不断增强，社会管理和社会服务作用日益凸显。与此同时，我国在推进政府职能转变方面也进行了积极探索。为加强推动政府职能转变，更大地发挥社会组织的作用，2012 和 2013 年，中央财政各安排 2 亿元专项资金，用于支持社会组织参与社会服务试点，有效促进了社会组织的发展，收到了良好的社会效果。

在社会组织蓬勃发展的同时，课题组也发现，现实中还存在很多问题影响和制约了社会组织更好地发挥作用，包括：

一是对政府职能转变和社会组织作用的认识有待提高。有关部门对此认识不完全一致，有的对社会组织参与社会管理的地位作用存在认识误区；有的出于部门利益考虑不愿放权；有的对社会组织的承接能力表示怀疑，认为一放就乱。而且还不同程度存在着在管理主体上重政府作用轻社会参与，在管理环节上重事后处置轻源头治理，在管理方式和手段上重管制而轻公共服务、重行政手段而轻协商协调的现象。

二是政策法律体系有待完善。现有的《政府采购法》中对于政府采购“服务”的理解仅限于政府自身运作的后勤服务，并不包括面向公民的社会服务，然而两者之间存在本质性区别。关于社会组织承接政府职能方面没有任何专门法规出台，导致无法从法律制度上确保社会组织承接政府职能的合法性。此外，规范社会组织的《社会团体登记管理条例》、《基金会管理条例》、《民办非企业单位登记管理暂行条例》等也不能完全适应新形势下社会组织发展需要。

三是需要转移的政府职能尚需进一步梳理。目前，政府购买服务的顶层设计内容只有概念上的定性，缺乏具体目录进行界定。购买服务的过程也没有统一规范，有的是地方政府集中统一采购，有的是职能部门自行采购，有的是财政部门统一监管经费，有的是部门经费自行支出，缺乏相对平衡一致的采购、支付标准。

四是社会组织承接政府职能转移的能力有待提升。首先是社会组织发展不平衡。一些没有完全剥离官方背景的社会组织存在活力不足、效率低下的问题，其组织内部运行机制不规范还引发了一系列社会公共事件，损害了社会公信力。而民间社会组织特别是服务弱势群体、困难群体的社会组织和社区服务、生态环保类社会组织整体发展水平低、实力弱的特点更是极大地制约了其参与公共服务的能力。同时，社会组织结构不合理，学术团体多，公益性团体少；支持性组织，如资金支持性机构（如基金会和各类基金）、专业支持性组织（如公益行业协会等）、网络性支持性机构（例如联合会、联盟组织等）缺乏；欠发达地区的社会组织发展速度远远落后于发达地区社会组织的发展速度等等。其次是专业人才缺乏。缺乏明确的社会组织人才引进、培养和培训政策，社会组织员工在社会保障、职称评定等方面还面临一定的困难，且薪资水平普遍较低，难以吸引和留住优秀人才。其三是内部治理结构不健全。一些社会组织缺乏以章程为核心的法人治理结构和治理机制，存在组织机构不健全、内部制度不完善、民主管理不到位、财务管理不透明等问题。少数社会组织活动不规范，有的甚至违规违纪，靠乱收费敛财。

五是对社会组织的监管有待加强。首先是监管缺乏部门间协调。社会组织的身份管理、资格审查等主要集中在工商、民政部门，而业务管理则分散在相关职能部门，导致审批与监管脱节、监管标准不统一、监管效率不高等诸多问题。其次是行业指导弱化。特别是四类社会组织实行直接登记后，原业务管理部门的指导、监督作用削弱，一些社会组织虽然经过合法程序登记成立，但运作不透明、不规范，处于脱管状态，有的甚至从事非法行为。三是社会监督急需加强。信息不对称制约了媒体监督、群众监督作用的进一步发挥。

六是社会组织发挥作用的保障机制有待强化。首先是财政投入不够。与较发达国家相比,我国社会组织资金来自于政府的资助比例较低。其次是登记管理机关力量需要加强。各级登记管理机关级别较低，协调乏力。管理人员和社会组织数量配比过低，管理人员普遍不足。尤其是基层工作人员普遍不足，工作经费和执法手段严重缺乏。其三是扶持政策缺乏。目前还没有形成比较完备、操作性较强的社会组织政策扶持体系，如在税收制度、资金信贷、项目建设、购买服务等方面还缺少相配套的政策措施。很多企业能够享受的税收等优惠政策社会组织却无法享受。如南京等地对企业安排新就业人员有一定的补助，然而社会组织虽然也吸纳了大量的就业人员，却无法享受这种优惠。

针对调研中发现的这些问题，专题组经过深入研讨，形成了若干政策建议：

一是转变观念，提高认识。建议从建设服务型政府的高度来认识促进政府职能转变和发挥社会组织作用的重要意义，在此基础上，将其纳入经济社会发展的总体规划，纳入地方政府重要工作日程，做到经济发展和社会建设同步推进。

二是加强顶层设计，完善法律法规。建议进一步修订完善《政府采购法》，明确将公共服务纳入政府采购，做到有法可依。特别是应明确界定公共服务的范围，明确界定哪些是涉及公民切身利益、满足基本需要的公共服务，应该纳入政府采购范围。同时，对规范社会组织的《社会团体登记管理条例》、《基金会管理条例》、《民办非企业单位登记管理暂行条例》等三个条例也应尽快修订完善。此外,在税法中也应明确社会组织的界定,完善公益性社会组织在所得税、房产税、土地税等各税种中的税收优惠，以鼓励其健康发展。

三是建立政府购买服务的制度体系。建议在全面梳理和分解政府职能，科学制定职能转移目录的基础上，加快出台分类分层次的政府购买服务指导性目录和社会组织目录，通过授权、委托、购买服务等方式，把政府部分管理和公共服务职能依法转移给有资质的社会组织，着重推进政府购买服务的制度化、规范化、程序化。同时，逐步完善对承接政府职能转移的社会组织的遴选、评估、项目管理、资金支付、激励约束及退出等竞争机制建设，建立相对稳定的动态管理体系。

四是大力提升社会组织的承接能力。其一是加强分类指导。加大对紧缺型社会组织的培育力度，加大对枢纽型社会组织的指导，逐步扩大承接社会服务试点项目数量，使承接组织在数量和质量上双双得到提升。其二是健全治理结构。建立健全社会组织权责明确、协调运转、有效制衡的法人治理结构；承接组织开展活动主要通过各种项目进行，提高转移项目的运作水平；探索一业多会，增强同业协会间的平等竞争，减少承接组织行政化倾向。其三是加强人才队伍建设。开展专业人才培养和培训工作，建立健全内部激励和约束机制，发挥从业人员的工作积极性和主动性。逐步推广社会工作者资格认定及职业水平评价，推动人才专业化、职业化。

五是进一步加强监管。其一是建立综合监管体系。对承接组织的发展，既要大力培育扶持，又不能放任自流，疏于监管。尤其是在实行由民政部门直接登记的体制同时，要建立多部门齐抓共管的监管机制，实行登记与管理分离。其二是落实行业指导。对有较多社会服务职能需要转移的部门，如教育、科技、文化、卫生、体育、环保、商务、工业和信息化等行业，主管部门应将社会组织纳入行业管理，加强业务指导，强化日常管理。其三是建立社会监督体系。要落实社会组织重大活动报告和项目公开、信息披露制度，加快信用体系建设，调动社会力量加强监管，特别是充分发挥人大、政协、纪检监察机关以及民主监督、舆论监督的作用。

六是不断完善促进承接组织发挥作用的保障机制。其一是进一步加大财政支持力度。设立社会组织发展基金，专项用于承接政府职能社会组织的培育、发展以及评估、激励。同时加大对孵化基地等培育机构的投入力度，加大政府购买服务的投入力度。其二是加强登记管理机关建设。着力解决各级社会组织登记管理机关人员编制和经费问题，可以借鉴青岛、深圳等地经验，成立社会组织监察队伍，逐步增强社会组织执法和涉外社会组织监管力量。其三是健全配套政策。原则上做到企业和事业单位享受的优惠政策，社会组织也能够享受，公办、民办同一标准。建议对社会组织在财税政策、金融信贷、人事管理、职称评定、岗位培训、社会保障等方面的政策性需求开展调研，提出具体的实施办法，由国务院协调各部门研究落实。

在各地开展实地调研并深入研讨的基础上，台盟中央在习近平总书记主持召开的党外人士座谈会上，围绕促进社会组织健康发展，进一步厘清政府与社会的边界问题提出了政策建议。与此同时，在全国政协十二届一次会议上，台盟中央提交了《关于培育发展社会组织的提案》，并入选了全国政协《重要提案摘报》；在全国政协以深化改革为主题的议政性常委会上，台盟中央还作了《激发社会组织活力，疏通承接政府职能转移的“毛细血管”》的大会口头发言，为进一步处理好政府和社会的关系、推进社会体制改革提供了有益的参考。

郭　婷　台盟中央研究室综合处副处长

附录

附录一：台湾政党制度研究

随着政权和平轮替逐渐常态化，也因应台湾民间对政策问题的偏好逐渐超越对意识形态特别是"统独"问题的关照，台湾选举和政党政治变革也日渐回归正轨。学者们转而更加关注政党的改革和发展问题，以及政党政治与治理绩效问题。因应新形势、新特征，除对选举的关注和聚焦以外，2013 年岛内外学者对台湾政党制度研究的重点，也很自然地放置在了这两个方面。

一、研究论文概要

2013 年学者们在各大期刊上发表的关于台湾政党制度的文章，主要集中在对国民党、民进党，亲民党党务改革的评析，对选举及政党治理的论析，以及政党政治变迁的研究上。总体上看，研究内容涉及范围广且颇具深度。

（一）国民党研究

长期以来，国民党自身改革是这个党能够每每在政治悬崖边际尚能够老干发新枝、不断焕发竞争活力的关键所在，也是关乎这个党能否继续维持其政治地位的关键所在。特别是现国民党当局两个任期转承、过渡的阶段中，严重的腐败弊案再次出现，更是凸显了国民党自身全面、深刻变革的重要意义。由此，2013 年国民党研究的主轴就是党务改革问题与国民党第 19 次全党代表大会后国民党的政策走向问题。学者们或是整体上检视了这些问题，又或者是从党产、组织、派系等方面分别加以考察，对国民党的未来党务及政策走向作出了预测，并对国民党关于两岸关系的政策方针提出了建议。

《中国国民党的社会民主党性质辨析——兼论国民党与西欧社会民主党的比较》（陈人江，《马克思主义研究》2013 年 第 1 期）一文认为，社会民主主义的角度来说明中国国民党的政党性质，是一个有现实意义的问题，对此需要作具体的、历史的分析。由于国民党与现代社会民主党的先驱和典型代表——西欧社民党一直处于阶段性演变中，因而不能完全依据某一时期西欧社民党的具体主张来判断国民党的性质，也不能将国民党某一阶段的特殊性质等同于国民党的总体属性。文章将中国国民党与西欧社会民主党一同放入历史发展的维度中进行对比、辨析，依次得出孙中山时期、蒋介石大陆统治时期、蒋介石台湾统治时期、台湾政治民主化时期这四个阶段关于国民党的社会民主主义属性问题的不同结论。

《国民党：在困难和挫折中艰难前行》（金奕，《两岸关系》2013 年第 2 期）一文对国民党近期的经济措施和社会改革政策作出了列举与分析。国民党虽然赢得了“二合一”选举，全力推动经济发展和收入分配改革，但效果不彰且执政实力受到削弱。并且，在施政频频受挫的冲击下，国民党士气不振，内部纷争也浮上台面。具体表现在：一是缺乏斗志，基层党部辅选不力，支持者失去热情，国民党无一胜绩；二是清廉招牌受损，“行政院”秘书长林益世受贿案、基隆市长张通荣关说案、南投县长李朝卿贪污案，都重创国民党形象，造成恶劣社会影响；三是党内质疑声四起。面对社会和基层的不满，党内要求检讨、反省的声音不断，党的凝聚力及马的威信均受影响。如何团结、整合党内各派势力，是国民党将面临的重要问题。文章同时指出，国民党、马英九在两岸重大议题上的表述与过去四年基本一致，在继续坚持“在中华民国宪法架构下，维持不统、不独、不武的现状，在九二共识、一中各表的基础上，推动两岸和平发展”的基本立场的同时，也有更进一步的积极表述。具体表现在：一是明确以“一国两区”作为两岸定位；二是重视两岸经贸交流制度化建设；三是翻修“两岸人民关系条例”，维护陆生、陆配权利。客观上这些开放政策增加了两岸交流的深度与广度，有利于两岸社会的融合。

《国民党“19 全”取得了哪些成果》（陈咏江，《世界知识》2013 年第 23 期）一文分析了中国国民党第 19 次全党代表大会取得的成果。2013 年 11 月 10 日，中国国民党第 19 次全党代表大会在台中梧栖综合体育馆举行。在会议上，马英九发表了党主席任职演说，党代表讨论了党、政、“立法”三项报告，并通过了修改党章等议程。文章认为，通过此次全代会，国民党内挺王金平与挺马英九两派双方各退一步，实现了“双赢”。马英九如愿确立“总统”兼任党主席的党章制度，王金平则在做“立法”报告时赢得党内热烈掌声，并获得吴伯雄以“同志”相称、“熊抱”相拥。但另一方面，虽然挺王、挺马两派在团结的大方向上保持一致，但会中暗中较劲仍不少。此次马英九得以顺利确立“总统”兼任党主席制度，提前避免出现马英九为明年“七合一”选举负责的局面，这既是党内各方势力妥协的结果，也对党内有意接班的人选产生约束效果。这有利于巩固党中央权威，也使得党内接班人选面临不同形势。文章还指出，王金平、郝龙斌、朱立伦、胡志强等党内重量级人物虽然都到场与会，摆出“尊马”姿态，但都在中午前离开会场，反映出他们内心未必“挺马”；今年与会的“立委”、县市议员也比往年少了许多，这些都是国民党中央应该重视的警讯。

《国民党将相总不和》（默宁，《廉政瞭望》2013 年第 10 期）一文从历史以及执政理念等方面上对国民党内部将相之争进行了分析总结。文章指出，早在国民党初创时期，孙中山与黄兴便有龃龉，虽革命目标一致，却多在细节之处未能调和好彼此关系，迫使黄兴远走他乡。这开启了后世长达一个世纪的内斗与出走之风。1925 年孙中山病逝，党内争权开始。蒋介石借“中山舰事件”先斩后奏，给汪精卫难堪，并趁汪出国养病期间公开发声，认为党政军只能有一个领袖，不能有两个领袖。有舆论预言，国民党的高层恶斗不会因“两蒋”时代结束而终止。事实上，党内斗争有过之而无不及，引发了一波波出走潮。蒋经国逝世，其提名的继任者李登辉接班。1990 年国民党中央爆发“二月政争”，以宋美龄为首的“非主流派”卷土重来，企图阻止李当选党主席，结果以失败告终。2000 年“连宋配”破局，宋楚瑜决定自行脱党参选，遭国民党中央开除党籍；宋楚瑜另组亲民党，也引发大批立委出走。同一年，国民党丢掉在台近 50 年的执政权，李登辉顿时成为众矢之的，他被连战“逼宫”，辞去党主席之位。等等历史表明，自该党成立以来，其历史就似一部“内斗史”，将相之争从未断绝，几乎没有团结过。文章还指出，无论是统治大陆，还是经营台湾，国民党从没有摆脱过内耗的毛病。国民党的不团结，直接源于内部派系复杂，山头林立。然而，领导人却不讲调和，反而扩大和制造部属间矛盾，利用矛盾分而治之。派系林立是党内纷争的导火索，追根溯源，还是党的文化基因出了问题，且始终未能得以改良。文章最后指出，内斗不是国民党的专利。在台湾，绿营内的斗争也不罕见。但国民党与民进党内斗的最大区别在于：民进党内斗激烈，但是弥合性强，斗而不裂，斗而不散。国民党则不同，内斗激烈，一斗就散，一斗就乱，一斗就垮。

《国民党未来党务及政策走向》（张华，《两岸关系》2013 年第 12 期）一文对国民党党章修正案及新的政策纲领进行了介绍和分析，并由此对国民党未来党务及政策走向进行了具体阐述。文章指出，在中国国民党第 19 次全党代表大会中审议通过的党章修正案及新的国民党政策纲领，有利于巩固马英九在党内的共主地位，透露出国民党未来施政及发展两岸关系的重点与方向，但国民党能否打赢“七合一”选举，仍面临诸多变数。文章同时指出，马英九强力主导通过党章修正案，有利于奠定其“一个太阳”的领导地位，并牢牢掌控 2014“七合一”及 2016“二合一”选举提名权。并且国民党对于今后两岸关系方面的政策方向明晰，勾勒出了今后发展两岸关系的重点面向，有利于开辟两岸交流新领域，但同时指出两岸领导人能否实现会面尚需观察。在此认知基础上，国民党 19 全注重宣扬执政成效，争取改善老百姓的不良观感，并对未来施政做出重点说明。马英九在其致辞中提出食品安全升级、文化创新升级等六大重点施政蓝图，“行政院长”江宜桦在其政务报告中提出了未来五大施政重点，而国民党的新政纲也呈现出新的政策面向。相较于四年前国民党将对外关系置于政纲十条中首位不同，此次国民党前 3 大政策依次为经济、社会、教育政策。以上政纲顺序的变化预示马当局之后 3 年将以“拼经济”、重民生为首要任务，希望借此增强民众对国民党的信任，为明年即将举行的“七合一”选举营造良好执政大环境。

《谁在改变国民党的未来》（庄礼伟，《中国新闻周刊》2013 年第 35 期）一文对国民党就王金平关税柯建铭案的处理方式以及行为动机进行了评析。文章指出，“倒王”事件，事关是非，也关乎国民党未来的运程。大家不仅是聚焦王金平为民进党高官柯建铭的贪污案所做的关税，更是马英九对此事的处理方式以及行为动机。反对者认为马此举是“政治迫害”，支持者则认为国民党不如次将会等价沉沦。凡此种种，从当前看一团乱象，但从长远看有利于岛内政治的健康发展。文章指出，尽管有人说台湾已经实现了两次和平的“执政党”轮替，政治转型取得重大成果，但从岛内实际情况来看，其政治转型远未结束，对各种公权力，公共程序的挑剔，辩论、限制、纠错，仍是这个转型过程中的重要功课。尽管目前岛内同情王金平的声浪颇高，但仍然有不少民众更愿意从是非而不是权斗角度评价马英九的行动：至少是王金平有错在先。文章还指出，当前以马英九为主席的中国国民党，仍然是一个背着大量不良历史积习、党内既得利益尾大不掉的政党。可以说，当前国民党、民进党的贪腐滥权行为，都与两蒋专制统治时代特别是李登辉时期的流弊歪风有关。总体上看，台湾政治生态中的人情大于是非的流风，使得台湾尽管政治体制上有了许多变革，但整体的民主生活品质仍有待提高。文章最后指出，尽管马英九有傲慢、自私、机会主义的一面，但他以清廉自许的“不粘锅”作风是对整个政坛“王金平化”、权钱粘连的一个难得的抵制。或是他能力问题，或是政坛风云沉沦太深，导致他对国民党的改造成效极其有限。

（二）民进党研究

民进党能否顺利实现意识形态和基本政策的转变、能否实现自身转型，也就成为2013年相关研究的焦点所在。总括相关研究的成果，它们都直接或间接地只想这样一个事实：2008年以来的民进党迷失了自身的政治方向，在选举和政策层面上显然缺乏明确的定位，仍然沉溺于想“独”、“独”不得、不“独”心不甘的纠结，而且深陷非“左”非“右”、左右难堪和动辄得咎的尴尬境地。作为一个长期用意识形态高度捆绑自身存在以至将意识形态等同于自身存在的党，面对这样一种因意识形态反噬而形成的政治困境，也是极其自然的事情。就学者们所推及的结论来看，未来民进党若要成功地实现政治转型，似乎只有一个努力的方向：承认现实，充分把握当下台湾政治变迁中正在集结的左翼和右翼潮流，积极回归政策层面，逐步将自己改造成一个意识形态实用型的政党。

《民进党大陆政策何去何从》（刘国奋，《世界知识》2013年第1期）一文指出，年初民进党在新一届台湾领导人选举中失败，多数舆论认为民进党是败在否认“九二共识”上。此后民进党内出现要求检讨和调整大陆政策的声音，但近一年来，并未看到民进党在此问题上有调头的迹象，相反仍被“台独”意识形态捆绑，在两岸关系和平发展进程中无所作为，甚至还试图沿用过去的老办法——扮演反对者与阻滞者的角色。作者认为，要民进党自己搬掉两岸关系和平发展道路上的拦路石，至今仍困难重重，其原因有四：一是民进党内“台独”基本教义派势力仍较强，且有相当的活动能量。二是民进党派系盘根错节、相互制约，“台独”则是各派系所供奉的“神主牌”。三是民进党“冷战反共”意识强，中华民族整体利益意识弱。四是作为现任党主席的苏贞昌有意角逐2016年台湾领导人选举，为与党内其他人士争夺“大位”，怕得罪“台独”基本教义派。由是观之，在今后一段时期内，民进党都不会对其“台独党纲”作处理，而“台独”仍是民进党的主流意见。文章还指出，今后民进党在两岸关系和平发展进程中有三种角色可选择：一是建设者和促进者的角色，二是静坐以观和无所作为的角色，三是阻滞和破坏者的角色。从多方分析来看，民进党极有可能选择后两者，并将根据岛内外形势变化交替扮演这两种角色。文章最后指明，民进党的大陆政策何去何从关乎台湾民众对该党的信任，他们对民进党的“反中、反马”及其抗争路线也已感到厌倦，如果民进党再试图以“反中”手法达到“反马”进而骗取选票的目的，恐难以在今后的选举中奏效。民进党要重返在台执政舞台，就必须改变“台独”立场，舍此没有它途。

《十字路口的民进党》（陈先才、王文谦，《两岸关系》2013年第2期）一文对现阶段民进党的处境进行了分析说明。文章指出，当前的民进党正处在十字路口，一方面，民进党内部要求改变的理性力量开始成长与不断集结，主要是由于民进党连续在两次台湾地区领导人选举中遭到重大挫败，使党内一部分人开始认识到要重新思考和处理两岸关系。另一方面，民进党内部的保守势力仍然相当强大，特别是民进党内部的主流并没有放弃“反中”、“仇中”的意识形态，反而变本加厉地破坏和阻挠两岸关系和平发展。处在十字路口的民进党，未来如何前行，在很大程度上不仅取决于其政治人物的意愿，也取决于民进党如何认识当前的两岸关系。文章指出，民进党在钓鱼岛问题上的态度与立场，不利于民进党争取岛内主流民意的支持，也无法获得国际社会的认可。虽然民进党内部保守势力相当强大，“独派”还牢牢掌控民进党内部的话语权和意识形态主导权，但目前民进党内部已有一部分人愿意与大陆进行接触与互动。这对于民进党未来客观认识两岸关系，以及调整两岸政策有促进作用。文章还指出，有两大短板不利于民进党的成长。一是民进党仍然死抱“反中”、“仇中”的意识形态。二则是民进党仍然对重新上台执政抱侥幸心理。作者还认为，当前两岸综合实力差距不断扩大，台湾经济发展对大陆依赖度不断加深。这种情况下，民进党有必要清醒认识到这一客观情势。文章最后指出，如果民进党不认清现实，不调整两岸政策，继续顽固死抱“逢中必反”的意识形态，则最终无法避免被淘汰被边缘的命运。如果民进党仍然顽固坚持“台独”分裂立场，干扰破坏两岸关系和平发展，不但会使其与大陆互动无法开启，也会使其重返执政的“最后一里路”无法挪动一步。

《民进党“台独”大陆政策沿革及影响因素探析》（华朝辉，《财经政法资讯》2013 年第 2 期）一文指出，进入 21 世纪以来，台湾民进党经历了从执政党沦为在野党的转变。总体看来，其大陆政策始终没有迈出“台独”的门槛，但在不同时期又有不同程度的调整。究其原因，既有来自岛内民众的影响，也有大陆方面的反“台独”政策和两岸之间日益密切的经济贸易、人员交流等方面的影响，还有来自国际社会如美国、日本对台政策的影响。文章还指出，影响民进党大陆政策的因素有台湾岛内部、大陆方面和国际上特别是美、日的对华政策等。其中，台湾岛内部的影响因素又分为：台湾岛内民意因素的影响及台湾岛内党内和党外派系的制约。文章最后还分别对台湾及大陆当局提出建议：第一，伴随着大陆国力的日益强大和国际因素的制约，民进党对大陆的“台独”政策必然越来越没有市场，民进党要获得支持，就必须转型。但未来民进党大陆政策该如何制定，道路走向何方，答案依然不会明朗。第二，从大陆方面来讲，维护国家主权和领土完整是中华民族的崇高使命，促进台湾和平统一是全体中华儿女的共同心愿。中国共产党坚持“和平统一”的对台方针政策不动摇，在坚持“一个中国”原则的前提下，可以同台湾当局党进行任何政治谈判。大陆同时还要尊重台湾当前的政治体制、政治环境，任何台湾政党和主要政治人物，遵循“九二共识”原则。

《民进党大陆政策走向与两岸关系分析》（何达薷，《重庆社会主义学院学报》2013 年第 3 期）一文分别从民进党大陆政策转型困难的原因、未来民进党大陆政策的主要内容等方面对民进党大陆政策的走向及两岸关系进行了探讨与分析。作者在文章中指出，大陆政府希望在当前和平与发展成为两岸关系主题的形势下，民进党能顺应两岸潮流，在两岸政策上有积极、正向的转变。但纵观台湾岛内外的政治环境，在可预见的未来，如无特殊情况，民进党的大陆政策难有实质性的转变，这也意味着未来“民共关系”发展的空间有限。文章指出，民进党大陆政策转型困难的原因主要体现在：一是从岛内外的政治环境看，民进党进行两岸政策实质调整的外来压力不大。二是从民进党自身看，其党内在两岸政策方面进行政策大调整的积极性不高。三是从党主席苏贞昌方面看，政策改革的急迫性不大，民进党进行两岸政策改革的时机不成熟。文章同时还指出，未来民进党大陆政策的主要内容有："台湾主体化"其政策原则是"台湾利益优先"，基点是"台湾是台湾，中国是中国"。"两岸两国化"，秉持民进党一贯的"偏向于独立"的政策立场。以"台湾共识"取代"九二共识"。未来民进党大陆政策的特点将是：一方面以"台湾前途决议文"为其理论基础，坚守台湾价值，确保台湾"主权"；另一方面维持一个开放弹性的对中态度，在确保台湾"主权"的前提下，展开与大陆的交流。文章最后还指出，未来"台独"主张将继续成为民进党和大陆交往最大障碍，不放弃"台独"立场，未来大陆与民进党依然不可能有互信的基础，未来的"民共关系"将持续僵持对峙，民共互动的空间十分有限，从而对两岸关系的和平发展大局造成重要的"隐忧"。

《民进党大陆政策调整论析》（刘强，《中央社会主义学院学报》2013年第4期）一文指出，民进党大陆政策争论的背后是不同社会阶层和社会群体之间的博弈与较量，其大陆政策的调整既有积极的变化，又有顽固的坚守。这种政策调整的特征既决定了民进党大陆政策转型的复杂性，又指明了国家统一的光明前景。自2012年大选败选后民进党内部关于两岸政策调整的争论大致分为三大谱系，分别是："宪法一中路线"，"台湾前途决议文路线"，"台独党纲路线"。并且对民进党大陆政策调整的原因进行了分析。主要原因是随着大陆的崛起，综合实力进一步增强，国际地位和影响力稳步提升，大陆的深刻变化对台湾民众的社会心理产生了深刻的影响。但作者同时还指出，在自信地面对"两岸整合"和"大陆崛起"的同时，我们也要清醒地正视另一个面向。第一，在两岸日益走向融合的道路上，台湾民众特别是底层民众对这一融合过程仍然存有太多的疑虑和彷徨。第二，对于"大陆崛起"，绿营民众也有自己不同的解读。文章最后对民进党大陆政策的调整进行了反思：一是"台独"主张仍将主导民进党的大陆政策。二是民进党大陆政策的调整确实发生了积极的变化。三是重视民进党"积极面对大陆"的另一个面向。民进党既有"展示善意"的需要，也有深层次的战略考量。四是大陆综合实力的全面提升是民进党大陆政策调整的决定性力量。

《民进党依然痼疾难除》（陈先才，《团结报》2013年第5月11日）一文指出，黑道入党丑闻，使台湾社会对民进党产生明显的负面观感，从而使民进党陷入空前的困境之中。长期以来，人头党员问题一直是民进党体内的病瘤，由于它直接牵涉到党内各大派系及山头的选举利益，其复杂程度当然不容小视，这也是民进党过去二十多年里一直无法彻底解决的原因所在。文章指出，人头党员在民进党内的出现，有其特殊而复杂的历史背景。目前民进党内部爆发的人头党员丑闻风波，从表面上看似乎是与民进党内部不完善的入党审查制度有很大关系，而其实质则是由于人头党员问题直接牵涉到党内各大派系及要角的权力角逐，甚至或许会造成左右苏蔡竞争格局的影响。并且，民进党爆发出来的黑道入党丑闻，对民进党的形象影响很大，特别是使台湾社会对民进党产生明显的负面观感，而且对民进党的看好度也大为降低。随着民进党爆发人头党员风波，特别是黑道入党丑闻的曝光，使民进党陷入空前的困境，而其对外攻击的力道也大为削弱，使其在蓝绿攻防中的正当性有所降低，社会公信力不足。

《民进党的未来在何处》（陈星，《两岸关系》2013年第5期）一文对苏贞昌执掌民进党一年进行了评析。文章指出，在其当选之初，有台湾评论分析苏面临的三个主要问题：

一是如何加速党务革新，促进党内团结与整合；二是如何切实扎根基层，争取民众支持，并在此基础上推出理想人选，打好 2014 年台“七合一”选战；三是如何提出务实务可行的两岸政策，解决长期困扰民进党的两岸问题，完成民进党的“最后一里路”。但从台湾媒体和社会大众的普遍认知看，目前形势对苏相当不利。有媒体分析，苏上任以来并没有充分运用党主席的权威，带领民进党解决这些问题，反而处处保观望，错失许多良机。文章还指出，民进党内的派系斗争向来复杂。民进党成立以来形成的派系共治格局使得党内山头林立，未有改观。苏贞昌虽然执掌民进党，但却无法避免各个派系坐大。并且，民进党的派系整合显然没有那么简单，对苏贞昌来说最大的难题就是如何处理党内利益分配中的派系冲突问题。民进党内话语权的争夺向来激烈。话语权的争夺其实就是议题主导权的争夺。苏贞昌出任民进党主席以来，在党内话语权的争夺中优势逐步流失。造成这种情况的一个重要原因就是苏无法成功整合内部派系，导致其无法与其他派系共同主导和建构民进党面向未来的话语体系。相比较而言，蔡英文在深耕基层的问题上用意远较苏贞昌为深。蔡强调重视经济民生议题，并形成了和苏在这些议题上争夺话语主导权的态势。文章最后指出，苏贞昌对于两岸政策拖以待变。两岸议题对台湾的影响越来越大，而且根本无法回避。苏想边缘化两岸议题，无异掩耳盗铃，只能伤害到他自己。

《民进党大陆政策调整不得要领——评民进党“中国事务委员会”》（杨泽军，《两岸关系》2013 年第 6 期）一文对近期国民党的大陆政策及对中国事务委员会的成立进行了评析。文章指出，2013 年 5 月 9 日“中国事务委员会”成立。台湾舆论认为，委员会派系失衡、功能弱化，在两岸关系上难以发挥实质作用，民进党大陆政策调整不得要领。2012 年 5 月，苏贞昌当选民进党主席后提出成立“中国事务委员会”，并暗示将由谢长廷出任委员会召集。当时有媒体评论说，苏颇有抱负、很有想法，有意将委员会打造成民进党大陆政策的重要决策部门及民进党发展与大陆关系的重要平台，但情况的发展却不同，由于深绿势力强烈反弹，苏贞昌从原有立场大踏步后退，最终明确将委员会定位为民进党内两岸问题的沟通平台。委员会成员出炉后，难以整合党内意见，也难以实际和大陆交流及无法累积经验。文章还指出，苏贞昌虽将委员会定位为民进党内有关大陆政策的沟通平台，以整合党内各方意见、凝聚共识，为民进党处理与大陆关系提供参考意见。但从委员会成员看，派系和世代失衡，局限性较大，无法代表各方意见，难以凝聚党内共识。作者认为，苏贞昌自提出成立委员会后，就对委员会成立运作充满权谋算计。其意不在民进党的大陆政策调整，也不在改善民进党与大陆的关系，而是有着他个人的政治考虑。由此看来，民进党成立“中国事务委员会”，并企图以此来为它的两岸关系政策解套，搭建与大陆交流沟通的平台，到底是梦想成真或一厢情愿，就只能端视民进党自己的所作所为了。

《民进党两岸政策调整的取向与困扰》（彭丹宇，《两岸关系》2013 年第 8 期）一文 2012 年“大选”败选后，民进党两岸政策走向一直备受关注。文章对民进党两岸政策调整的取向与难题进行了具体的分析，认为从未来两岸大趋势着眼，两岸关系将是民进党无法回避的发展，与民进党既有基本价值取向之间的基本矛盾又是民进党不得不面对、不得不解决的一个基本问题。如果民进党依然死抱“台独”，尽管马英九民调不佳，民进党也未必能够在 2016 年台湾地区领导人选举中顺利出线。在两岸关系和平发展的大趋势下，民进党将会面临越来越大的转型压力，重回深绿路线的可能性将继续变小。并且，台湾大型选举投票率和得票数直观反映政党实力和民意变化，将会成为民进党两岸政策转型的重要内在驱动因素。作者还指出，民进党转型的重要看点是其两岸政策调整及未来如何处理两岸路线的问题。然而，民进党两岸政策建构的路径轨迹，却取决于多重制约力量多维度综合作用的结果。总体而言，两岸政策转型，虽然是令民进党痛苦的政治抉择，但在潮流与民意面前，如何走出内外交加的困境，关键还在于民进党自身的内生力量和有效的外部力量的综合驱动作用。文章最后指出，在民进党两岸政策转型的机遇期中，人们期待民进党的指标政治人物能够带领民进党创造历史，有所作为，彻底摒弃“台独”分裂主张，为两岸和平发展的政治新局注入新的动力和活力。

《民进党能否跳出两岸论述的困境》（王建民，《世界知识》2013 年第 13 期）一文指出，民进党内当权派的保守性，可能会扼杀民进党内务实派与理性派的两岸论述建构，这预示着未来民进党将依然受困于两岸议题，受困于两岸论述。民进党在两岸论述问题上开始主打“人权牌”，企图以“人权共识”取代“九二共识”，以“人权”包装“台独”，为民进党在两岸论述上的困境解套，并为两岸政治协商设置障碍。并指出，这一论述的错误之处在于：第一，论述将两岸关系定位为“国与国的关系”，即持续坚持“台独”立场。第二，以“人权厘清两岸关系”。两岸关系包括了政治、经济、社会、文化等多方面的关系，非常广泛与复杂，两岸关系发展有紧张、危机与缓和、和平等不同阶段，不能简单地用“人权”厘清。第三，以“人权”与大陆“实现政治民主化”为借口阻挠两岸政治协商，阻碍两岸关系的进一步发展。文章同时还指出，“政治民主”一直是台湾内部对抗大陆和平统一主张的重要论述之一。但不同时期，台湾的“民主牌”与“民主论述”有所不同。在两岸关系和平发展的新形势下，民进党内部正在重塑新的民主原则，并将其运用到两岸论述或两岸和平统一问题上。尽管民进党内部一直在寻找新的两岸论述，但由于党内声音趋于多元，意见分歧较大，没有形成共识，理性、务实主张受到压制，“台独”与冷战思维依然当道，这些都阻碍了民进党内部关于两岸新论述的建构。由此看来，未来民进党将依然受困于两岸议题，受困于两岸论述。

《民进党内的“两个太阳”》（张顺，《世界知识》2013 年第 21 期）一文指出，苏贞昌当选民进党主席之后，领导权威一直受到前主席蔡英文的冲击，两人犹如党内“两个太阳”，围绕 2016 年“总统”选举党内初选打得不可开交，甚至被外界形容“刀刀见骨”。文章指出，苏贞昌、蔡英文在党内的影响力说是平分秋色。两人的斗争在民进党内早已公开，并且越来越白热化。目前来看，苏贞昌的支持者主要包括：一是本身“苏系”人马。二是“基本教义派”的代表“游系”。三是“扁系”。蔡英文的主要支持者则包括：一是本身“英系”人马。二是“谢系”。三是部分“新潮流系”。在社会声望上，蔡英文则明显高于苏贞昌。与苏贞昌相比，蔡英文长于政策论述，且与派系纠葛保持距离、形象清新，被视为“非典型政治人物”。其“理性问政”的旗号曾骗取不少中间、甚至泛蓝选民的支持。但两人实现这一目标的路线不同，苏贞昌的着力点是树立党内权威，蔡英文的着力点是培养社会声望。由于苏贞昌掌握党的机器，因此他所走的路线是着力巩固其在党内地位，拉拢党内各派系。而失去党内舞台的蔡英文，则深耕基层、大力拓展其“中间路线”，培养社会声望。文章同时还指出，在 2016 年“大选”前，几点不确定因素将对苏贞昌、蔡英文的政治实力对比产生较大影响。其一，民进党2014年党主席选举花落谁家将牵动苏贞昌、蔡英文的党内实力。其二，无论谁当选党主席，2014年“七合一”选举结果将影响其领导权威。其三，“总统”选举的党内初选机制对苏、蔡谁能胜出有重要影响。文章最后指出，综合目前的各种因素以及环环相扣、相互交织的未来因素，蔡英文更有可能积累、扩大优势，赢面较大。

《民进党聪明反被聪明误》（陈咏江，《世界知识》2013年第22期）一文指出，自台湾“立法院长”王金平涉嫌为民进党“立院党团总召”柯建铭进行司法关说一案爆发后，民进党见猎心喜，趁机煽风点火，大肆进行系列政治操弄，试图主导岛内政情发展。作者认为，民进党操弄权术，聪明反被聪明误，不知反省的政治导向非但未让其从中渔利，反倒令其自陷不利境地。其实，在“马王政争”致使对马英九的民调再次探底之际，民进党完全可以展现“自省”姿态，提升政党形象，可是它却大搞权谋斗争，最终“输到脱裤”，这与其犯下的几项错误密不可分。一是未对柯建铭予以处理。二是持续阻挠江宜桦上台作施政报告，让行政政务与“立法”议事同时陷入停摆。三是明知无望却发动“倒阁”案。作者认为，民进党做出这一系列看似痴愚的举动，背后却包含着精心的政治算计。只不过，民进党因为有着不切实际的幻想和躁进的举动，落到“聪明反被聪明误”的境地。文章还指出，以苏贞昌为首的民进党近期采取的系列政治行为，除了向部分深绿选民有所交代以外，几乎没有捞到任何好处，反而大受内伤。一是反柯建铭声浪升高，苏贞昌权威再受质疑。二是民进党面临必须配合议事的民意压力。三是民进党一系列的不当操作让2014年“七合一”选情变数增多。随着苏贞昌领导权威的不断弱化，民进党内分歧的加重，各派系各行其是的态势更加明朗，民进党战斗力大不如前。

（三）亲民党研究

2013年亲民党研究的主轴就是当今亲民党的党务改革问题。学者们或是整体上检视了这一问题，并从党产、组织、派系等方面对主轴问题加以考察，对亲民党的未来党务及政策走向作出了预测，并对亲民党未来的政策方针提出了建议。

《亲民党为何与绿营并肩作战》（《东南早报》2013年10月17日）对亲民党与绿营合作“倒阁”的原因进行了探讨与分析。民进党此次提出的“倒阁”案最终被封杀。原属蓝营的亲民党，这次跟民进党、“台联党”站在一起，欲把台“行政院长”江宜桦赶下台。作者分析指出，在马英九任内，这并非是绿橘首次联手图谋“倒阁”。2012年9月，民进党和“台联党”发起针对陈冲“内阁”的“倒阁”案，亲民党也是站在泛绿阵营的一边。亲民党成立后，虽以橘色为党旗颜色，但往往以“正蓝”自居。不过，2005年，喧嚣一时的“扁宋会”，就让人产生“橘子变绿”的感觉。2006年台北市长选举，宋楚瑜执意加入战局，一些蓝营人士再度痛批“橘子变绿”。但到了2007年、2008年，在时任国民党主席吴伯雄的主导下，国亲合作进入蜜月期，在2008年“大选”期间，宋楚瑜还卖力帮马英九以及国民党“立委”候选人辅选。但在马英九胜选后，国亲关系却越走越远。究其原因，有人认为是在国亲合作细节上出了分歧；有人认为是宋对马施政不满；更有人认为是宋求官不成，对马怀恨在心。双方的矛盾在2010年的“民调事件”上被激化，时任国民党秘书长金溥聪不惜起诉宋楚瑜。之后，马宋近乎撕破脸。2012年“大选”，在蔡英文的咄咄进逼下，马英九陷入苦战，而宋楚瑜再度以“搅局者”身份加入战局，很多蓝营民众纷纷痛批。在“大选”中，宋楚瑜虽落败，但将三席子弟送进“立法院”。此外，宋楚瑜子弟兵刘文雄、吴昆玉等也经常出面痛批马英九无能，用词之激烈，比绿营更甚。后来林正二因官司丢掉“立委”席次，国亲恩怨再添一笔。由此可以看出，亲民党与绿营并肩作战并非首次联手，在马英九任内，诸多行为都成为此次联手“倒阁”的渊源。

《亲民党还有多少“家底”？》(《海峡导报》2013 年 12 月) 一文指出，近期亲民党布局的“七合一”选举，成为了台湾政坛的热门话题。虽然宋楚瑜御驾亲征大台中的传闻已被亲民党核心人士否认，但亲民党副秘书长刘文雄日前表态，对于 2014 选举，亲民党不会放过任何一个可能机会。多年来，拉着亲民党在台湾政坛奔跑的，依旧是那三驾马车：党主席宋楚瑜、副主席张昭雄、秘书长秦金生。相对于高层的一成不变，亲民党的战将们则是一茬换一茬，亲民党高峰时有 46 席“立委”，现在绝大多数已改投国民党，包括周锡玮、邱毅、罗淑蕾等。目前，亲民党在“立法院”还剩两席不分区“立委”：李桐豪、陈怡洁；此外，基隆市议员庄锦田，台北市议员黄珊珊、林国成，台中市议员段纬宇、陈清龙，高雄市议员吴益政也是亲民党员。文章指出，这几个人就是亲民党在公权力部门的所有“家底”。即便如此“落魄”，他们仍要提防来自国民党的“招降纳叛”。虽然缺人少钱，但亲民党副秘书长刘文雄仍表示，“亲民党的命运没那么凄惨，对 2014 选举不会放弃任何一个可能的机会”。有杂志甚至传出，宋楚瑜甚至会“御驾亲征”大台中。但在丁仁方看来，去年“大选”，国亲已撕破脸皮，这次亲民党即使派人选台中市长，马英九也不会理会他们。“与其弄得鱼死网破，亲民党不如把有限的资源投在市议员选举上，否则原有的席次或将不保”。

（四）选举与政党治理研究

2013 年有关台湾选举与政党治理的研究基本上比较均匀地覆盖了选民与政党、政党与政党、政党与公权力系统等基本领域。因为台湾选举制度和周期的调整，今年是台湾的“选举休整年”，所以，学者们对近几年“总统”选举的比较分析也较之以往有所增加。与此同时，学者们对台湾选民的关注也更多一些，譬如对青年选民的专门研究，以及对选民选制知识、族群政治的研究等，无论是在研究方法、研究理念上都充分显示对台湾竞争性政党政治更加深入的把握。

《青年的政治参与对台湾政党转型发展的影响》(苏颂兴,《青年探索》2013 年第 1 期) 一文认为，随着台湾大选竞争升温，国民党和民进党建立了青年团、青年军等团体，组织战和网络战相配合，通过显性和隐性教育，从理性和感性两方面吸引青年支持。本文根据在台深度访谈资料，分析 2012 年台湾大选中执政党与在野党的攻防战，两党青年工作策略的共性与特性。通过分析得出了对于台湾两党的青年选战的启示：一是青年关系到政党的执政合法性。基于建国和实力原则，政权合法性在中老年群体中不是一个问题，但越来越多的青年认为合法性来自于人民的选择和认可。二是政党应该有明确的青年政策和先进的价值导向。政党需要用良好的制度留住青年，实效的政策赢得青年支持。三是重视政党形象的塑造，要不断创新政党宣传手段。政党要重视党建，需要不断更新宣传手段。其中包括：第一，宣传要先进行市场细分，注重社会调研，针对不同群体的特点、诉求和关注问题，制定专门的宣传方略。第二，对青年的宣传要重视同辈影响和实践活动中的隐性渗透。第三，要运用新媒体。在微博、人人网等地开设个人博客与网民互动，建立网络组织；运用图片、音乐、短片、微电影等青年人喜欢的宣传方式。文章同时还指出两党的青年工作出现共融趋势：首先，青年群体受到高度重视，马、蔡二人几乎每周都在高校演讲，攻抢首投族（台湾 20—24 岁第一次投票的青年人）；第二，高度重视网络，脸书等互动网站成为宣传候选人，争取青年选民的主阵地；第三，对中间选民开展争夺，增加隐性活动，主要议题由族群省籍和意识形态转向了经济和民生。

《“选举之年”的台湾政局》（辛旗，《台湾工作通讯》2013 年第 1 期）一文对 2012 年台湾政局形势进行了分析整理。文章指出，2012 年岛内各股政治势力围绕“总统”、“立委”选举的较量贯穿全年，蓝绿两大阵营斗争尖锐复杂。国民党着力提升政绩，整合内部力量，运用行政资源全力辅选，但效果差强人意；民进党积极调整策略，展现所谓理性、温和形象，精心推出执政愿景，试图重新夺回执政权，但其含混模糊的大陆政策能否获选民认同尚待观察；亲民党、台联党等小党异常活跃，纷纷投入选战搅局争利，影响选情及政局走向的能量增大；岛内民众普遍支持两岸关系和平发展，但台湾主体意识仍在增长，“蓝消绿涨”政治格局持续发展，使 2012 年岛内政局和两岸关系发展充满变数。文章还指出，绿营内部矛盾有增无减，民进党的未来走向充满了变数。从目前形势来看，团结问题已成为民进党的最大隐患，一旦形势有变，派系矛盾极可能激化，并影响民进党未来的发展。作者还指出，岛内民众普遍支持两岸关系和平发展. 但对大陆及两岸未来心态复杂。有近 6 成的岛内民众认为两岸合作有助于台湾整体发展，但由于长期受反共宣传教育和“去中国化”的影响，岛内民众的统“独”立场仍未发生根本性的改变，分离意识依然严重。展望现今，文章指出，台湾政局将更加复杂。蓝绿两大阵营内部和彼此之间将展开新一轮权力重组，“朝”野间围绕施政、“立法”、大陆政策等斗争将更趋激烈。

《台湾选民的政党认同——基于 2004、2008、2012 年三次“总统”选举的分析》（李秘，《台湾研究集刊》2013 年第 2 期）一文认为，经过 2004 年到 2012 年三次“总统”选举，台湾选民的政党认同逐渐结构化。新党、亲民党的认同者迅速下滑，“台联党”亦然，国民党认同的比例上升，民进党认同的比例则保持稳定，“中间选民”的比例逐步下降。在国民党和民进党认同者中，持强烈认同的比例不断上升，较弱认同的比例不断下降。从蓝绿两大政党看，年龄和受教育程度已经不是影响政党认同的显著因素，而国家（族群）认同以及统“独”立场始终是影响政党认同的最重要因素，阶级地位具有显著影响，但是其影响力远不及国家（族群）认同以及统“独”：立场。通过对 2004、2008、2012 年三次“总统”选举的分析，文章得出结论：第一，民进党认同者在台湾选民中所占的比例相当稳定和稳固，无论是 2008 年的大挫败还是 2012 年的恢复上升，都没有大的变化。第二，台湾选民逐步向国民党和民进党靠拢，政党中立的选民逐渐减少。第三，国家（族群）认同以及统“独”倾向仍是影响政党认同的最重要因素，无论是就简单的双变量相关性分析还是控制其他因素后进行测定，均发现国家（族群）认同、统“独”倾向与政党认同显著相关。

《台湾选举的内部因素漫谈》（刘红，《统一论坛》2013 年第 6 期）一文从影响台湾选举的基本因素及“王金平案”对政局的影响两个方面对台湾选举的内部因素进行了探究与分析。文章指出，影响台湾选举的基本因素：一是蓝绿对立。蓝绿对立已成为凌驾于政党、政策、个人、形象、能力、政绩、民生和经济等选举因素之上的基础性因素；二是大陆政策。由于两岸关系和祖国大陆对于台湾民众有着特殊的关系，所以朝野政党和政治人物的大陆政策如何，为选民们特别关注；三是基本阵营。正是台湾内部蓝绿对立和大陆政策上的不同态度和主张，导致选举时和政治生态中基本盘的出现；四是民调结果。蓝绿对立、不同大陆政策的后果，通过基本盘表现出来；五是个人声望。在重大选举中，个人声望、执政支持度高低，对其个人连任有很大影响，但对其任期届满以后的换届选举来说则有不同；六是政党的状态。在蓝绿对立、基本阵营确立情况下，选举时的国民党和民进党的作用不能低估。文章还指出，两岸关系是"大势不可阻挡"。在两岸关系和平发展潮流不可阻挡的大背景下,"王金平案"的发生,不是"台独"和反"台独"力量的较量，不影响接受"九二共识"的政治和社会力量的组合，也不会对朝野政党的大陆政策和统"独"立场产生负面影响。文章最后指出,因为台湾选举制度和周期的调整，今年是台湾的"选举休整年"。在蓝绿双方的大盘整中，爆发"王金平案"对政坛产生了重大冲击，由于蓝绿对立、两大阵营等基本因素的存在，一方的任何政治事件，另一方都很难得到其想要的结果。

《族群政治在台湾"总统"选举中的表现及其特点》(程凯,《民族论坛》2013年第8期)一文分别从2000、2004、2008、2012的台湾"总统"选举出发分析了族群政治在台湾"总统"选举中的表现及特点。并总结出，从台湾最近的四次"大选"过程中，可以体察到台湾族群政治的发展呈现出一定的特点：第一，台湾族群政治的表现形式有逐渐趋于温和、理性、隐性的趋势，政党在选举中以激烈、非理性、明显的方式操纵族群议题的做法逐渐式微；第二,族群政治议题、族群政治行为具有间隙性,不论是"中央"层级的"总统"、"立委"选举还是基层的行政首长和民意代表的选举,族群政治都表现出明显的间隙性；第三,族群政治具有建构性，族群政治在台湾社会并非日常现象，而主要是以定期选举为依托、间断性的发生，这表明人的主观行为能够左右族群政治；第四，各族群的政党取向明显，台湾四大族群在政治参与中，各个族群的政党取向在某种程度上有着相对固定的态度，其中绝大多数外省人和大多数闽南人的政党取向尤为显著；第五，省籍差异仍然是族群政治的主角，台湾的族群概念与省籍概念之间存在着一种包含与被包含的关系，省籍区分是台湾族群分类中的一种，而且是矛盾最为突出、操纵空间最广的一组分类。文章最后指出，族群式的政治动员既不利于台湾社会的整合，也不利于其民主政治的健康发展，早日实现两岸统一或许有助于解决台湾以"外省—本省"之别为操弄核心的族群政治问题。

（五）政党与政治变迁研究

2013年学者们在台湾政党与台湾政治变迁领域中的相关研究无疑是非常深入的，迈上了一个新的台阶，不仅有利于正确地解读、促进台湾政治变迁，也有利于相关方面形成正确的政治判断并作出审慎、及时的政策和策略调整，从而从根本上有利于中国的统一事业和民族的伟大复兴。

《近期台湾政局演变趋势简述》(刘红、景艳,《新视野》2013年第1期)一文对近期台湾政局演变趋势进行了简述分析。文章指出，马英九执政的后四年开局不利，社会上批评之声四起。分析影响马英九方面执政政绩的三大要素中，两岸关系和国际因素均有利于其执政，岛内方面则是有利和不利因素并存。在岛内因素中，民进党方面已经摆出夺取下一届执政权的进攻架势，但国民党拥有执政“多数优势”，和平发展红利和效益会继续增加，经济情况会逐步好转，马英九方面的决策失误情况会逐步改观。因此，有利于国民党继续执政的态势在继续，有利于两岸关系和平发展巩固和深化的态势在继续。文章同时还指出，马英九连任的执政背景近期内不会转变太大，“执政小环境”有压力，“执政大气候”有助力。两岸在“九二共识”基础上共同推进和平发展，国际间支持马英九与大陆一起稳定两岸关系的基本政策，共同成为马英九执政的重要支点。再加上马英九执政团队自身的反贪、勤政等方面固有的优势，扭转目前的施政过程中的被动局面是有可能的。文章最后指出，总体上看，近期马英九执政的满意度和支持度，已经跌到无法执政、近乎于执政崩溃的程度。但是在海内外媒体、台湾社会舆论和包括民进党核心人物在内的各界人士中，认为马英九已经陷入执政危机的声音微乎其微，应该说这是分析台湾政局演变趋势的重要观察点。只要马英九方面能够充分发挥执政优势，减少执政失误，有利于国民党继续执政的态势就会继续，有利于两岸关系和平发展巩固和深化的态势就会继续。

《台湾二元管治体制的形成、影响及启示》（黄易宇，《中央社会主义学院学报》2013年第3期）一文认为，国民党主政台湾后采取的二元管治体制，不仅使台湾地方势力成为台湾政治的基本力量，而且决定了台湾政治和经济转型的特点，最终也导致了国民党自身性质的变化和政党轮替的形成。文章从日本殖民时期对台湾二元管治结构的影响，以及国民党入台后二元管治结构的形成及原因两方面入手对台湾二元管治体制的形成进行了分析说明。并将国民党二元管治体制对其在台执政的影响概括为：国民党采取二元管治结构的治台政策，使得台湾地方势力完整地保存和发展，为台湾主体意识提供了滋生的温床，也使得台湾地方势力成为台湾政治社会举足轻重的因素。文章还指出，国民党人管治台湾的政策，在土地改革、经济发展、扩大执政的群众基础、取得执政合法性方面都作出了较大的努力，也取得了一定的成效。但是，二元社会的管治方式，并不能较好地处理“中央”和地方的关系。从台湾目前的情况来看，这些社会组织一旦失去“一个中国”理念，其承载的民族习俗和文化，就不再是中华民族的凝聚力，不利于一个中国的国家认同。因此，文章最后还指出，重视对台湾地方势力的工作，打破两岸隔绝，让台湾民众通过两岸交流切实感受到大陆的存在和作用，将台湾的“主体意识”与中华民族和中华文化相联系，最终增强台湾民众对一个中国框架的认同，是做好台湾人民工作的重要环节。

《台湾地区两大政党内部派系结构的比较研究》（林冈、李振志，《江苏行政学院学报》2013年第3期）一文指出，比较分析台湾地区两大政党内部派系的结构变迁和特点，可以看出国民党的派系具有隐性运作、缺乏组织化的特点，而民进党的派系则存在制度化的公开运作方式和“派系共治”的历史传统，国民党的派系可以区分为倾向型和侍从型两种类别，民进党的派系则可以区分为原则型和利益型两种类别。在台湾选举政治的影响下，近年来国民党、民进党内部派系结构的变迁呈现某种程度的趋同性，侍从型派系今后有可能成为两党内部派系运作的主要形式。但从短期看来，两党的派系组织仍将保持其由历史遗绪和意识形态所塑造的特性，难以发生根本性的变化。文章还从两大政党内部派系结构的演变轨迹与两大政党内部派系结构的不同特点进行分析，比较研究了台湾地区两大政党内部派系结构。作者认为，通过对台湾地区两大政党内部派系结构变迁和特点的比较分析，可以看出国民党的派系具有隐性运作、缺乏组织化等特点；民进党的派系则具有“强组织”的特点,存在制度化的公开运作方式和“派系共治”的历史传统。作者还指出，国民党的“弱派系”组织，源于“训政”时期禁止党内派系合法存在的传统思维，但在台湾政治转型后，随着政治强人在党内一言九鼎的权威的削弱，党内派系，特别是地方派系，获得了新的生存空间。与国民党的地方派系不一样的是，民进党的派系具有全岛性的特征，依不同派系的意识形态强度，可以区分为原则型和利益型两种“强组织”的派系类型。最后，文章概括性的指出，国民党、民进党内部派系结构的变迁及其基本特点，呈现某种程度的趋同性，但仍保持各自的组织特点，短期难以消失。

《未来几年台湾政局发展走向研究》（杨赟洁,《世界经济与政治论坛》2013 年第 4 期）一文指出，2012 年台湾地区领导人选举马英九成功连任，国民党继续执政。一年来，岛内形势发生了重大变化，国民党未能把握胜选契机，将良好局面巩固下去，重新陷入施政困境；民进党重新执政的企图虽告破灭，但拜国民党施政不彰所赐，很快走出困境，气势回升，国民两党、蓝绿两大阵营实力在不断拉近，随着 2014 年“七合一”地方选举、2016 年台湾地区领导人及民意代表选举逐步展开，岛内政治力量此消彼长，台湾政局将可能发生重大变化。本文就未来几年台湾政局发展走向作出了探讨与研究。文章指出，未来几年台湾政局发展将有以下几点特征。第一，国民党未能把握胜选契机，重陷施政困境，2016 年谋求继续执政难度大幅上升。第二，民进党得益于国民党施不彰，很快气势上扬，但发展瓶颈依旧突破不易。第三，两党政治格局基本稳固，蓝绿实力继续拉近，第三势力发展前景有限。第四，岛内民意走势十分复杂，多数民众支持两岸关系发展，和平分离意识同步增长。第五，政局总体平稳可控，发生重大动乱的可能性低，但矛盾纷争不断政局持续动荡。第六，岛内形势瞬息万变，不确定因素多，未来政局发展充满变数。文章最后还指出，影响未来政局发展的主要因素将有以下几点：一是国民党执政绩效。二是蓝绿内部团结整合。三是民进党大陆政策调整。四是“七合一”选举结果。五是美国的态度。六是两岸关系的发展。

《台湾民众两岸关系认知嬗变及其对两岸关系的影响》（陈星,《广州社会主义学院学报》2013 年第 4 期）一文认为，台湾民众对两岸关系的认知变化是长期认知变迁持续累加的结果，在内容上，体现为两岸由对抗走向合作；在实质上，体现为社会生活开始向理性回归。当前，要求维持两岸稳定、加强两岸合作和共同促进两岸和平发展的诉求已经成为台湾的主流民意。文章指出,台湾民众对两岸关系认知的变化主要表现在两个方面。一是民众对两岸关系的认知早已突破对抗的框架。二是“九二共识”成为台湾共识的重要组成部分。台湾民众对两岸关系认知的变化反映了两岸关系交流、融合从而最终走向统一的历史趋势。文章同时还指出，台湾民众认知变化的实质是社会生活开始向理性回归。台湾民众对两岸议题的认知结构也反映了台湾政治变迁过程中怀有不同目的的政党和政治势力长期建构的痕迹。文章最后指出，众认知嬗变对两岸关系的影响在于民众认知变化会对政党产生巨大的压力。选民意见对台湾的政治生态产生越来越强影响的背景下，一旦两岸交流与合作成为大势所趋与民心所向，无论是政党还是政治人物，都必须迎合民众的这种需求，否则他们的生存空间会立即遭到压缩。文章指出目前可以预见的是，民众对两岸关系认知结构调整的变化对台湾政党两岸政策的影响会日益增加，在两岸关系结构中成为越来越重要的影响因素。

《台湾的“两大四小”政治格局》(《台商》2013 第 4 期）一文指出，目前台湾政党政治呈现“两大四小”局面，国民党以微幅领先的姿态和民进党呈现势均力敌的形势，四小则是“亲民党、台湾团结联盟、无党团结联盟、新党”，各自存在的意义不尽相同。新党和亲民党都是不满国民党的蓝营人士出走后，号召支持者筹组而成的政党，一开始不但不是小党，还有取国民党而代之的气势。它们在民族主义、国家认同、中产阶级、知识分子性格方面基本上一致，但是在权力游戏规则和利益分配等方面却不同调。文章还指出，两党政治成北蓝南绿对比状态，从总体的宏观角度，可以看出两大党时而趋近、时而拉远的竞争态势，但借助选区的细部观察，能看出各自的地盘实力消长。基本上，越接近北部，支持国民党的力道就越强；越接近南部，认同民进党的程度就越高。文章还指出，未来政治趋势年轻人才出头。在选民希望未来政治领导人要令人耳目一新的期望下，年轻化已是不可违逆的趋势，大佬们不是得另外开辟新路线，就是会逐渐退居二线，扮演其他助攻的角色。文章最后指出，台湾的政治社会表面上仍然躁动不安，政党政治的深层结构却已经深入社会肌理，再难摇撼，历经各种政治动员、选举动员、社会动员，台湾的民主政治和政党政治已逐渐成为相当稳定的结构体，如果有变化的话，也只能是政治板块的相对移动，至于“两大四小”政治结构能否发展成“三足鼎立”局面，至少在目前还不具备这个环境。

《论台湾政党体制的制度化问题》(陈星，《台湾研究集刊》2013 年第 4 期）一文认为，台湾的政党体制并不是稳定的两党制。以制度化视角来看，台湾政党在政党间互动模式、政党与社会联结模式以及政党内部结构等层面上均处于不同程度的不稳定状态，政党体制的制度化水平相对较低。因此在论及台湾岛内政治问题时，“两党制”的判断不能作为一个不言自明的前提来使用，而是要对其涵义进行讨论。文章从政党及政党体制的制度化、台湾政党互动模式与政党体制制度化、政党与社会联结方式改变与政党体制制度化、政党结构变化与政党体制制度化四个方面对台湾政党体制的制度化问题进行了探讨研究。并指出，政党体制的制度化程度反映出台湾地区政党政治运行的稳定程度。一般来说，政党体制制度化程度较高的政治系统内，政党行为的可预测性也会显著加强。不过目前台湾的政党体制制度化程度并不高。21 世纪以来的 10 多年间，台湾政党体制的不稳定性主要表现为诸多政党的分化组合。如“台联党”和亲民党的成立、国民党的改造、民进党执政以后内部组织结构的调整等，台湾政党体制从原来的“两个大党加两个小党”过渡到两个大党竞争的格局，亲民党和“台联党”已经极度萎缩。其中一个重要原因就是国民党的改革与改造远没有结束，内部结构变化剧烈。文章还指出，总的来说，只有在台湾选举制度基本稳定、政党内部形成比较稳定的运行机制、选民的政党认知逐渐稳定以及政党互动关系逐步趋稳的情况下，台湾政党体制的制度化水平才能逐渐提高。

《政党政治与台湾地区大陆政策的立法过程——以“两岸人民关系条例”为个案》(严泉、蒋金海，《台湾研究集刊》2013 年第 5 期）一文分别从“条例”提案立场之争，“条例”

政策主张之争，“条例”审议程序之争，“条例”修正程序之争，政党政治与立法审议等方面对政党政治与台湾地区大陆政策的立法过程进行了分析整理。文章指出，台湾地区立法机构制订的“两岸人民关系条例”，是规划台湾大陆政策基本框架的主要法规，其立法时期正值台湾进入政党政治时代。“两岸人民关系条例”在立法过程中的政党政治主要表现在提案立场、政策主张、审议与修正程序。提案立场与政策主张之争主要反映出台湾地区主要政党大陆政策主张的差异。而审议与修正程序之争则是与当时的政党政治具体运作有关，其中民进党凸显的是抗争性立法风格，而国民党更多是内部的派系之争。文章还指出，在“条例”立法过程中，国民党与民进党在立法机构中权力运作的特点是各不相同的。民进党民意代表的行动比较一致，党团运作一般不会有太大的问题。作为在野党的民进党进取心非常强烈，经常诉诸抗争性立法行为，以牵制国民党。国民党党团由于内部的主流派与非主流派斗争加剧，在“立法院”的次级问政团体也因政治倾向不同，彼此之间针锋相对。特别是新国民党连线更是经常反对支持李登辉的“集思会”主张，而“集思会”则是在李登辉的授意下，在一些议题、议案和提案上的态度与党团要求有异，有时甚至与民进党保持合作关系，出现“跑票”现象。从20世纪90年代至今，岛内日趋激烈的政党政治发展，对台湾地区大陆政策立法过程的作用与影响不言而喻。

《台湾社会的政治冷漠现象》（陈星，《统一论坛》2013年第5期）一文指出，政治冷漠的出现意味着民众对政治的热情不再，而政治参与也会相应呈现出逐步下降的趋势。也意味着政党政治的运作模式和政党的动员系统都要进行相应调整，才能适应形势的变化，否则政党的发展会遇到很大困难。台湾的政治冷漠现象近年来逐渐增加。台湾的政治冷漠程度可以用两个指标衡量：一是选举的投票率，二是电视政论节目的收视率。文章指出，台湾社会政治冷漠的出现是政治变迁随着时间推移自然沉淀的结果。高度的政治参与往往发生在政治变迁的初期，特别是威权统治的初期。不过，随着时间的推移，原来在街头抗争的在野势力一旦拿到了政权，马上就变得和原来的执政党趋同，官僚系统固有的怠惰性格会很快将在野势力身上的锐气消磨净尽。文章还指出，政治冷漠出现的原因还在于，随着时间的推移，竞争性选举带来的负面影响也逐步显露出来，民众的失望情绪日益增加。在台湾这样的社会中，竞争性选举带来的一个严重后果就是族群分化和对立。竞争性选举的这种负面效应给民众的观感非常不好，民间政治参与的热情自然与政治变迁初期不同。文章最后指出，政治冷漠的出现对于不同政治系统的意义是不同的。对于台湾而言，政治冷漠的出现意味着政治变迁初期出现的政治参与狂热已经烟消云散，社会开始对政治变迁过程本身进行一定程度的反思，对未来的发展也不再如以前带有理想化色彩，也可以说台湾社会在经历了长时间的选举后日益走向理性。同时，随着竞争性选举的不断实践，民生议题在选举中受到了越来越多的重视。此外，两岸关系的缓和及两岸合作的快速展开，使台湾政党加快了选举诉求向民生议题回归的速度，从这个角度上讲，台湾政治冷漠的出现既是台湾政治变迁的必然结果，同时也是两岸关系发展的必然结果。

《现阶段两岸政治关系问题探析》（王鸿志、张华，《台湾研究集刊》2013年第6期）一文指出，当前两岸关系和平发展已实现由开创期转入巩固深化期的阶段性跨越，两岸在经济、社会、文化、民间交流等领域的合作规模与深度不断提升，但在政治领域，双方关系仍处于低层次的增进了解、累积互信阶段。文章在探索当前两岸关系阶段性特征的基础上，寻求解决两岸政治难题的着力点。文章指出，2012 年以来，两岸关系在双方的共同努力下，呈现出鲜明的特征：第一，当前两岸关系是“大陆与台湾同在一个中国框架下的特殊关系”。主要表现为大陆与台湾同属一个中国的事实不容改变，两岸双方逐渐发展出以“一中框架”为特征的共同认知,和双方关系具有“平等而不对等”的特殊性。第二，当前两岸关系发展阶段处于统一前和平发展的巩固深化阶段。主要表现为和平发展是和平统一前的必经阶段，当前两岸关系和平发展已由开创期进入巩固深化期。第三，两岸政治互信有所增强，但敌对状态并未正式结束。其主要表现在近年来两岸政治互信得以增强。其次是两岸战争状态中止，但敌对状态并未正式结束。文章还指出，为解决两岸政治难题，应从以下几个方面加以努力。第一，要继续在维护和巩固“一中框架”上下功夫。切实维护“九二共识”，严守反对“台独”底线，并且要充实“一中框架”内涵，增强两岸对同属一个中国的共同认知。第二，要合理定位当前两岸政治关系，引领民意寻求解决政治难题路径。其中包括，引领民意，顺应民意，借助民智，探讨两岸政治问题的解决方式。第三,要积极推动两岸开启政治谈判签署和平协议,妥善处理台湾“国际空间”问题。

《台湾青年政治冷漠现象及影响因素分析》(吴乐杨,《中国青年研究》2013 年第 11 期)一文认为，近年来台湾青年在政治态度上呈现出对政治问题冷漠的倾向，在政治行为上表现为对政治参与的疏远与逃避。台湾青年之所以表现出明显的政治冷漠倾向，是有着深层次原因的。其原因包括：第一，台湾当局政治统治的合法性及有效性相对不足。台湾民众政治认同危机损及了台湾执政当局的合法性与有效性，并且台湾当局的政治体系回应能力与实际作为不佳。第二，台湾青年族群“政治效能感”及“政治信任感”普遍低下。青年族群不具备改变社会权力配置方式的能量，普遍漠视公共议题。并且青年人普遍对政治生活和政治人物持怀疑态度，缺乏政治参与的动机。第三，台湾青年生存压力影响及群体利益诉求的边缘化。主要表现在台湾青年普遍贫困化及生存压力大。第四，台湾青年世代“非权威化”的价值取向与自主意识凸显。台湾青年在价值偏好上的“非权威化”倾向深受青年亚文化的影响。并且长期以来，台湾年轻族群不仅政治冷漠，而且投票意愿很难掌握。第五，台湾政党组织力量衰落及主要政党竞选政纲的趋同化。台湾政党组织力量的衰落一直是造成台湾青年族群政治冷漠的重要原因。文章最后还指出，台湾青年社群广泛的政治冷漠，既是台湾政治制度软弱的表现，又是其政治制度软弱的根源。多元民主主义者认为，政治冷漠意味着统治者没有将统治下的社会公民组织到政治活动中去,没有能力激起公民对政治的兴趣和对自己的忠诚。这种现象有一定的危险性，因为当公民的大部分游离于正常的政治渠道之外，不能共同参与决定他们生活的决策时，这一国家的政治空气就变得具有潜在的爆发性。

《过程与分析台湾政治体制的民主转型》(苏程程,《今日中国论坛》2013 年 13 期)一文指出，从 20 世纪 50 年代开始国民党在台湾建立亚洲第一个威权政权，直至 90 年代中期完成民主化转型和 2000 年出现政党轮替，台湾在现代化道路上走过了一段极富戏剧性的历史进程。基于相关史实，文章分政治自由化和政治民主化两个时期具体阐述台湾政治体制的民主转型过程，并采用了宏观结构性与微观主体行为选择相结合的分析方法，尝试对台湾民主转型的原因做具体分析，尤其是国民党统治合法性危机以及转型背景下政治主体行为选择。宏观结构性分析结果显示：第一，外部合法性危机。在日、美与中国关系改善后，其他大多数国家也相继断绝了与台湾的外交关系，台湾在国际上被孤立。随着国际形势的急转直下，国民党政权的外部合法性危机凸显。第二，"法统"危机。为了维护统治,国民党借"动员戡乱"之名,形成了举世罕见的"万年国会"和"万年议员"。这虽然有助于平息批评并提高政治和谐度，但同时也在侵蚀"法统"体制的根基。第三，内部合法性危机。随着美国的支持撤离，国民党外部合法性几乎崩溃，内部合法性也随之衰退。微观主体行为选择分析结果显示：第一，政治强人的"理性"选择。台湾政治成功转型得益于较为"开明"的领导阶层,其中以蒋经国和李登辉为代表。第二，知识分子的推力作用。在体制内外的知识分子的推力作用下，台湾民主的政治参与意识觉醒，民间改革呼声高涨，为最终的民主转型打下基础。第三，大众传媒的压力运作。不论是国民党还是党外反对势力，大众传媒是政治运作的重要组成部分。台湾政治的高度意识形态性使各种政治力量竭力拥有或争取媒体的支持，媒体政治的运用也达到炉火纯青。

《台湾政治文化与两岸政治关系的发展研究》(赵德欣,《改革与开放》2013 年第 20 期)指出，第三次科技革命极大地推动了现代媒体技术的发展，并将其延伸到衡量现代政治民主的领域。本文在从传播学的角度出发，探究了台湾政治文化与两岸政治关系的发展关系。并从大众媒体视角出发，介绍了两岸政治文化的发展。指出，第一，大众媒体促进了两岸政治文化沟通。第二，"一个中国"奠定两岸政治文化发展的基石。基于"九二共识"的"一个中国"原则就是两岸最大认同感。第三，"厦金模式"是两岸政治文化交流与融合的先行棋。第四，政治文化与大众媒体的关系。台湾民主化的过程也就是大众媒体从国民党的侍从地位逐步脱离出来的过程。第五，主导权决定两岸政治文化发展走向。文章还指出，为维护两岸关系需要把握好以下基本原则和方向。第一，在"一个中国"原则基础上稳妥地推进两岸关系。第二，在一个中国原则基础上大陆要与台湾有不同政见的政党交流接触，特别是民进党。第三，寄希望于台湾人民的大方针不变。第四，对待台独势力的分裂活动要坚决反对。作者还认为，为进一步争取台湾民心，掌握建构两岸关系上的主导权，中央政府要做的事情有以下几项：第一，大陆应该与台湾各个政党进行沟通和交流。第二，加大开放陆生来台力度，增进两岸新生代之间的了解。第三，发挥美国对台湾的影响力。第四，在两岸充分协商的情况下适当地给予台湾更大的国际生存空间。第五，大陆与台湾探讨符合当下发展的两岸互动模式。

二、研究性著作简介

2013 年学者们在台湾政党制度领域的研究性著作涉及范围非常之广。不仅仅聚焦在台湾政党改革及政治变迁等问题上，还对政党的民主化进程及政党型第三势力进行了研究分析。与此同时，海峡两岸的关系也备受学者们的青睐。

《台湾政治经济与两岸关系》（彭付芝，北京航空航天大学出版社 2013 年版）

该书对台湾的政治、经济和两岸关系分别进行了阐述。该书指出，近年来，台湾的政治、经济和海峡两岸关系都发生了很大的变化。民进党执政八年，政局动荡不安，执政政绩不佳，两岸关系陷入政冷经热的状态；2008 年国民党重新执政，岛内政局趋稳，两岸关系进入和平发展时期。该书由三篇内容组成，第一篇介绍了台湾政治。分别从台湾问题的由来、台湾政局演变、台湾的政党政治及台湾的选举等方面出发，对台湾的政治进行了具体系统的分析。该书从历史及地理角度分析指出，台湾是中国不可分割的一部分，并具体分析了台湾早期住民时期，明郑时期，清代治理时期，日据时期，台湾光复时期等历史上台湾与祖国大陆的关系。该书还介绍了台湾问题的产生及其演变以及中国政府在国际事务中涉及台湾问题的原则和立场。该书还对台湾政党体制的变化、现状与趋势做了分析，并介绍与评析了台湾选举的历史渊源，选举文化及选举特色。第二篇介绍了台湾的经济。第三篇介绍了海峡两岸关系。该书还将 1949 年以后台湾的政治、经济与两岸关系的总体情况分为五个时期，即以蒋介石、蒋经国、李登辉、陈水扁、马英九时期为线索，全面系统介绍了台湾政局的演变情况、台湾的政党政治与选举、台湾的经济发展、两岸关系发展的历程及两岸关系和平发展的理论与实践等。

《台湾政局 60 年》（李松林，人民出版社 2013 年版）

该书按照时间顺序，分五章，对战后台湾光复与初步发展、台湾从混乱到稳定时期、台湾经济起飞时期、台湾经济调整与政治革新、台湾从稳定趋于动荡时期、民进党主导下的台湾社会以及马英九与台湾社会新希望等内容作了介绍，按照历史发展的实际进程，揭示其时代特点与社会特征，客观地反映出台湾 60 年历史的面貌。该书不仅对重大历史现象做了详细描述，而且对其产生的历史背景及影响都做了详细的分析与探讨。该书最后在结语中还指出，第一，台湾当局始终坚持一个中国原则和反对“台独”的立场是台湾政坛趋向稳定与两岸关系走向和平的内因。第二，中国共产党捐弃前嫌，不断调整对台政策，坚持用和平方式解决台湾问题，是稳定两岸关系与台湾政局的关键因素。第三，台湾多数民众对“九二共识”的认同与反对“台独”的立场是台湾社会趋向稳定与发展两岸关系的重要原因。

《政治狂澜的浪花：台湾第三势力研究》（王鸿志，九州出版社 2013 年版）

该书研究对象为台湾第三方势力，即独立于两大政党之外，以影响政治为目标且有一定影响力的组织或有组织背景的个人。该书由导论和五章内容组成，第一章为绪论，主要阐述选题的研究现状、意义及研究方法；第二章主要对“第三方势力”这个概念作出解释和界定，并详细具体的阐述了第三势力与第三党之间的关系、第三党的类型区隔、第三势力的生存机理、台湾政党型第三势力的选民基础，以及台湾第三势力生存的特殊政治环境。第三章分别从台湾新党的成立、新党的历程、新党的作用以及新党衰落后台湾政党格局的演变等方面介绍了第三势力视角看台湾政党版图变迁。第四章主要从社会运动型第三势力，社会运动发展脉络，社会运动的成长，以及非政党、非运动型的第三势力等方面介绍了第三方势力对台湾版图变迁的影响和非政党型第三方势力的发展脉络及概况；第五章揭示出第三方势力存在的必然性和发展的局限性。

《台湾民主化与政治变迁 政治衰退理论的视角》（陈星，九州出版社 2013 年版）

该书主要用亨廷顿的“政治衰退”理论来看台湾政治现代化进程及其得失，认为2000 年以来的台湾政治发展出现了严重的政治衰退。民进党上台以后，台湾虽然基本实现了包括传统政治发展理论和民主化理论所设定的民主制度目标，如竞争性的选举、制衡的制度安排、言论自由、全面的政治参与等。但是也正是在这段时期内出现了严重的政治衰退，政治操守沦丧、政治无力感扩大、社会失序问题严重、经济发展放缓等现象纷纷出现。该书比较系统地检讨了台湾政治变迁和民主化过程中出现的政治衰退所呈现出来的理论意涵。该书由导言及四章内容组成。第一章主要介绍了政治衰退的概念性解析与政治衰退理论的流变。第二章主要介绍了台湾民主化过程中的政治衰退。分别从“总统”权利的集中与制衡弱化，“政治无能”，族群撕裂与政治对立，社会共识的缺失及政治腐败及其控制等方面进行了分析阐述。第三章主要介绍了政治变迁与衰退的过程，机制和行动模式化。该书第四章对比较视角下台湾政治衰退理论的意涵进行了分析探讨，并对政治衰退的发生学解释进行了说明。

《台湾“国家认同”问题概论》（刘红，九州出版社 2013 年版）

在两岸关系完成历史性转折、和平发展取得突破性进展情况下，影响和引导台湾的“国家认同”，增加“一个中国认同”，对于和平统一来说是一项具有战略意义的工作。该书从台湾“国家认同”问题切入，分析论证了台湾“国家认同”的概念、内涵、特点和现状等问题，进而深入探讨了影响台湾“国家认同”变化的各种因素，着重研究台湾“国家认同”对于两岸关系的影响。在理论探讨和实证基础上，作者提出了有效、系统、务实和具有可操作性的对策建议。该书由前言及六章内容组成，第一章主要介绍了台湾关于“国家认同”的相关概念，其历史性，特殊性，危害性。第二章分别从民族因素 、历史因素 、文化因素及实力因素介绍台湾“国家认同”的原生基础，并从两岸分离的形成、发展道路的不同 、双方“差异”的出现等方面介绍了影响台湾“国家认同”变化的因素。此章还对台湾“国家认同”的政治干扰以及台湾“国家认同”的国际干扰进行了分析与探讨。第三章主要介绍了台湾“国家认同”的现实难点。并指出，和平统一是两岸关系的最高阶段,和平发展是两岸关系的重要阶段。第四章主要介绍了中华文化与台湾“国家认同”的关系。作者还指出两岸文化无论从内涵还是思想上都有着同质性，都是中华文化。两岸文化的“差异”有利于两岸文化的交流合作。第五章主要是对于和平发展的巩固和深化背景的概述。作者认为，两岸关系有利于台湾认同问题的引导。和平发展的巩固与深化是为今后的发展创造条件，是要化解和平发展的阻力。第六章主要介绍了影响和引导台湾“国家认同”的路径。分别从认识“一个中国认同”的特殊意义，营造引导台湾“国家认同”的文化氛围与社会氛围出发加以说明分析。

《台湾族群问题与政治生态》（杨华基，福建人民出版社 2013 年版）

族群问题是台湾特殊历史造成的一个客观存在。该书以政治文化学和社会文化学的理论，从历史、社会、政治、经济、文化等多个层面对台湾的族群问题和政治生态进行了剖析。该书从历史及社会角度介绍了台湾族群问题的历史根源，台湾族群的构成与政治生态，台湾地方派系与政治生态；从文化角度剖析了台湾政治生态中的族群文化影响及其消极后果；从政治与经济角度对台湾族群的政治化，促成台湾族群问题的内外政治因素，台湾族群生态中的政商关系与黑金政治，族群斗争背景下的台湾传媒等方面进行了分析总结。该书最后还提出：两岸关系和平发展是和平统一的必由之路。

三、重要的学术会议概况

2013 年两岸举办的重要学术会议主要有第十一届两岸关系研讨会、“北京会谈”两岸关系研讨会、全国台联 2013 年台湾民情学术研讨会、两岸和平论坛。两岸间的学术交流象征着两岸将循序渐进地推动两岸和平制度化框架。

第十一届两岸关系研讨会

由海峡两岸关系研究中心主办的第十一届两岸关系研讨会，于 2013 年 3 月 22 日在福建平潭举办。本届研讨会以“稳步推进，全面发展”为主题，福建省领导同志将在开幕式上致辞，中台办、国台办主任张志军将发表讲话，中台办、国台办副主任，海研中心主任孙亚夫和来自海峡两岸、港澳及海外的两百余位专家学者、媒体记者将出席研讨会。刚刚履职的中台办、国台办主任张志军的亮相是此次研讨会的焦点。张志军在研讨会开幕式上的讲话更是引起强烈的关注和反响。关于中共领导集体换届，大陆对台政策是否会改变的问题，张志军明确表示，正如邓小平先生当年所强调的，路子走对了，政策不会变。要变，也只会变得更好。我们今年的工作就是要稳步推进两岸关系全面发展。关于稳步推进，意味着要在全面把握两岸关系总体形势及其趋势中争取新的发展，也意味着要加强两岸各领域交流合作的制度化建设，还意味着要努力提高两岸交流合作的质量和效益。关于全面发展，是指两岸关系各个领域各个方面的进展应当相辅相成、相得益彰，努力实现全面协调的可持续发展。在讨论中，两岸专家学者涉及最多的就是两岸政治对话议题。学者们普遍认为，目前，两岸政治对话的时机已经来临。两岸应该抓住机遇，继续巩固深化非政治领域的交流合作，同时创造条件，在推进两岸政治对话商谈问题上积极作为。关于如何进行政治对话，两岸学者普遍认为，两岸政治对话可从民间开始，由两岸有关学术机构和有识之士展开对话，逐步增进了解、缩小分歧、寻找共识、加强互信，要先做到机制化、民间化、透明化、学术化，不能急于求成、一步到位。两岸学者都提出，两岸政治对话不应只是国共两党的对话，还应展开多党的接触与交流，台湾朝野政党也应就两岸政策问题建立沟通管道。研讨会上，两岸专家学者就如何深化两岸经济、文化等方面交流合作发表了自己的看法。前来参加研讨会的 6 名民进党人士也是媒体关注的热点。民进党人士此行的目的不只是来观望、试水，而是来说出自己的观点，与大陆沟通交流。台湾维新基金会的谢敏捷、朱政骐、蔡沐霖利用各种机会，宣传谢长廷的两岸关系观点。中台办、国台办副主任孙亚夫在研讨会结束时，作了总结讲话。他说，通过这次研讨会，我们感受到这几年两岸关系和平发展对人们的思想产生了强烈的积极影响。参会人士的发言表明，人们肯定这几年两岸交流合作、平等协商取得的显著进展，希望两岸关系继续改善发展并取得新的成果，因此从各方面提出了建设性的意见。

"北京会谈"两岸关系研讨会

2013年6月20日至21日，以"强化认同互信、探索政治安排"为主题的"北京会谈"两岸关系研讨会在北京举行。国务院台办副主任孙亚夫及两岸近百名相关专家学者与会，就强化认同互信、两岸关系定位等问题展开探讨，并提出了一些积极的、有建设性的意见和建议，为两岸开展民间政治对话，共同商讨破解两岸政治分歧瓶颈，深化两岸关系和平发展累积了共识，创造了条件，做出了铺垫。在研讨中，两岸专家学者就"目前两岸关系的机遇与挑战"、"如何强化两岸的认同与互信"、"两岸政治安排与和平发展"、"国民党、民进党的大陆政策与两岸关系和平发展"、"认同互信与政治安排"等议题展开深入探讨。尽管与会各方学者就两岸政治关系等重大问题依旧存在分歧，但通过两天的研讨，倾听了各方意见，加深了相互了解，提升了对两岸政治对话等问题的认识，为两岸双方今后共同破解各种难题凝聚了共识、注入了新的动力。一是探讨如何强化两岸认同与互信。本次会谈主题之一便是"强化认同互信"，会中两岸学者就两岸认同的现状及强化认同的路径各抒己见。二是关注民进党两岸政策转型问题。由于近期民进党内两岸政策调整呼声频起，再加上此次研讨会吸引多位绿营学者参加，使得民进党两岸政策问题备受关注。与会学者大多认为，民进党的两岸政策必须改变，继续坚持"台独"立场将没有出路。不过，在大陆学者看来，苏贞昌主控下的民进党两岸政策调整"没有任何改变迹象"，虽摆出一副愿意推动两岸互动的姿态，但基本立场没有任何松动，而以所谓的"人权"来对话，更是"打不开民、共交流的大门"。三是呼吁两岸尽快开启政治对话。与会学者大多认为，两岸政治对话与谈判在所难免，两岸应尽速开启政治对话。四是探索两岸政治安排的具体路径问题。经过研讨，两岸学者对政治议题的交流与沟通达到了更高的广度与深度，并且就未来两岸政治安排的路径有了更清晰的认识。

全国台联2013年台湾民情学术研讨会

由全国台联主办的2013年台湾民情学术研讨会，2013年9月在吉林省延吉市召开。出席会议的专家学者围绕"深化交流，巩固发展"的主题，聚焦岛内社情民意，各抒己见，发表了一些新的研究成果和新观点。与会专家学者表示，研究台湾民情，要坚持实事求是的观点，理论联系实际的观点，发展的观点，内因与外因、量变质变的辩证思想，坚持经济基础决定上层建筑的理论，务实客观的研究问题。与会的专家学者在四个方面形成了一致的认识：一是以一中框架定位两岸关系，不断增强政治互信，坚持"九二共识"，反对"台独"，适应历史发展潮流，符合两岸同胞的根本利益，是两岸关系平稳发展的重要前提，也是今后我们巩固扩大台湾社会民意基础的重要着力点，我们要坚定不移。二是打造两岸同胞命运共同体，要从汇聚两岸同胞利益着手，进一步提升两岸经济合作水平，积极创新两岸民间合作交流的方式和渠道，要切实增强、有效发挥惠台政策的影响力，争取让更多的台湾民众特别是中南部基层民众看到并分享到两岸关系和平发展的红利。三是深化两岸交流，拉近情感，消除隔阂，要从历史渊源和现实差异的结合上，强化对中华文化共同的认识，多讲共同的历史记忆，累积共识，增强共同的民族心理，强化两岸一家人的观念。不断融合感情，系牢两岸民众的情感纽带。四是坚定信心，牢牢把握两岸关系和平发展的正确方向，要始终坚持团结广大台湾同胞共同奋斗的工作主线。

首届两岸和平论坛

首届两岸和平论坛于2013年10月11日在上海举办。两岸120多位专家学者和有关人士将就两岸政治关系、两岸涉外事务、两岸安全互信、两岸和平架构等四个议题展开讨论。论坛由全国台湾研究会、台湾二十一世纪基金会等14家两岸民间团体和学术机构共同举办，主题为“两岸和平、共同发展”。全国台湾研究会会长成思危代表大陆主办单位在开幕式上致辞时表示，大家齐聚上海，不仅要回顾历史，探讨解决历史遗留的两岸结构性政治难题，而且要放眼未来，以开放的心胸、创新的思维尝试有关两岸政治问题的蓝图设计。如此大规模、专门性的两岸民间政治对话，在两岸关系发展进程中是一个意义重大的新开端。他认为，召开和平论坛，进行两岸民间政治对话，这对两岸关系和平发展至少具有三个重要意义：有利于两岸增进了解、化解猜忌、深化互信；有利于保证和促进两岸关系全面协调、可持续地发展；有利于为今后两岸正式政治商谈积累经验，营造社会气氛，创造启动条件。台湾二十一世纪基金会董事长高育仁表示，首届两岸和平论坛顺利召开，象征着两岸将循序渐进推动两岸和平制度化框架，以平等协商取代冲突对抗、以共同合作创造两岸双赢。论坛的四大议题在台湾内部或两岸之间虽仍存有不少歧见，但是所有与会人士只要秉持善意、诚心、谅解，勇敢面对两岸历史事实，以同理心、包容心，耐心持续不断地理性、客观探讨，相信必能找出解决之道。

杨绪盟　中央社会主义学院中国政党制度研究中心副教授

附录二：国外政党制度研究

2013 年，国内学界一方面紧密结合全球化、国际金融危机等大的时代背景，一方面结合国内十八大报告精神及现实需要，继续对国外政党建设与执政经验、国外政党政治及政党制度发展等问题开展了大量研究，比较了中外政党制度，引介了国外政党理论观点与研究成果。与 2012 年相较，相关研究既有类似之处，也有许多不同的地方。不仅出现了一些新的概念、提法，也有用新的框架、方法开展研究的尝试。

一、国外政党建设与执政经验研究

（一）国外政党建设的主要举措及经验研究

在全球化、全面提高党的建设科学化水平的国际国内大背景下，2013 年继续关注国外政党建设问题。除了关注思想建设、组织建设、制度建设等传统建设外，也关注了反腐倡廉建设、文化建设、形象建设、信息建设等新型建设，还出现了关于政党治理的研究。

1. 国外政党建设经验的一般性研究

柴尚金的《变革中政党——国内外政党建设的经验与教训》（经济科学出版社 2013 年版）一书认为，政党结合自身所处历史方位、政治生态环境和执政条件的变化，进行变革，是必然之举。只有适应新形势，不断改革，政党才能有所发展。该书考察了社会主义国家执政党建设的做法，得出相应启示：必须通过创新，增强党的思想理论的说服力和吸引力；发挥党内民主的整合作用，实现党的统一和保持党的生机活力；加大反腐败斗争力度和对权力的监督、制约；以民主作为社会主义政治体制改革的主要目标，但政治改革步子要慎重、稳妥，反对极端、过激的民主倾向。

蒲国良的《国外一些政党如何应对全球化的新变化》（《社会科学研究》2013 年第 2 期）一文认为，全球化深刻影响国外政党的生存与发展环境，面对挑战，国外一些政党适时改革，成功实现转型，主要做法有：淡化意识形态色彩，拓展党的社会基础；改革党的组织体制，创新党的管理方式，提高党对党员及支持同情群体的吸引力；改革和调整党的宣传动员方式，加强与新兴媒体的互动，增强党的凝聚力；增进与国外政党的交流与合作；一些国家执政党大力解决社会公正问题，更加慎重妥善处理内部事务，注重防范外部风险。

徐世澄的《古巴共产党在自我"更新"中保持党的生命力》(《当代世界》2013年第9期)一文分析了古共自我"更新"以保持生命力的措施：将党的工作重点转移到经济工作上来；强调全党应就"更新"经济和社会模式的必要性和重要性统一思想认识，并逐步予以落实；宣布实行党和国家最高领导人的任期制，取消了事实上的终身制；健全党的集体领导制度和党内的民主集中制，定期召开工作会议；着手党和政府领导干部的年轻化；强调党政分开和政企分开；注意发扬党内民主，坚持走群众路线，广泛听取党员和民众的意见，强调关注民生问题；加强道德建设，坚决惩治腐败。

2. 国外政党加强思想、组织、制度等传统建设的研究

思想建设方面，重点是意识形态建设。段鹏飞在《西方资本主义政党加强意识形态建设的实践及启示》(《中共云南省委党校学报》2013年第4期)中介绍了西方资本主义政党加强其意识形态建设的主要做法，包括：利用法律手段加强和保障其意识形态、依靠政府的行政手段维护和推广其意识形态、通过宗教的教化力量塑造其意识形态、通过全民思想政治教育灌输和引导其意识形态、借助各种载体传播和推广其意识形态等，其特点表现为意识形态建设趋向中间化、意识形态建设呈现包容性、意识形态宣传具有垄断性。沈丹的《从政党政治看欧洲社会民主党的意识形态右转——以英国工党、法国社会党、德国社会民主党为例》(《社会主义研究》2013年第3期)一文从政党制度的角度对社会民主党意识形态右转这一趋势进行了分析。作者认为，政党意识形态的发展变化受到政党制度，尤其是政党结构的限制，通常情况下，两党制中政党的意识形态较为接近，而在政党数量较多的政党结构中，各政党更倾向于保持具有自身特色的意识形态。

组织建设方面，涉及党与党员、党与领袖的关系问题。齐忠成《一些国家政党处理党员数量与质量关系的做法与启示》(《上海党史与党建》2013年第7期)一文从阐述党员数量与质量关系的意义入手，通过对比分析四个政党处理党员数量与质量关系方面的具体做法，总结了新加坡人民行动党、日本自民党、巴西劳工党和俄罗斯统俄党在加强自身建设，尤其是在处理党员的数量与质量关系方面积累的经验，如注重党员数量与质量的统一、重视提升党内自我净化能力、注重党员队伍建设和党组织对党员的组织引导等。刘建军《政党：孕育领袖还是遏制领袖？——对中国、日本和新加坡的比较研究》(《复旦学报·社会科学版》2013年第4期)一文认为，政党是政治领袖的孕育者还是遏制者直接决定一国的政治效能和国际影响力。文章通过对中国、日本和新加坡三个国家中政党与政治领袖关联性的研究，得出如下结论：弱政治领袖必然导致国家的衰落；传统力量对现代政党的侵蚀必然导致政党的衰落；领袖型政党与制度化政党的结合是现代政党政治的基本形态；魅力型领袖向使命型领袖转型也是必然趋势。谢峰的专著《英国保守党领袖选举研究(制度变迁与政治发展)》(江苏人民出版社2013年)及文章《英国保守党领袖选拔制度演变研究》(《马克思主义与现实》2013年第4期)梳理了保守党领袖选拔制度演变的历史：最初以协商方式产生领袖，之后出台选举制，由议员投票产生领袖，其后又将投票群体扩展至党员，领袖选拔制度演变呈现出一种民主化的发展趋势，这一趋势与西方社会的民主化浪潮相契合，回应了党内参与需求。保守党采取各种措施对民主参与施加引导控制。推进民主过程中要坚持民主与控制并行、应谋求最大程度的共识、选举制设计需要系统思维和长远考虑、合理设计权力分配机制。对于包括保守党在内的

很多政党而言，设计有效的权力分配机制才可以获得党员和精英双重支持，既满足参与需求又避免参与可能产生的低效、不专业等问题。

制度建设方面，重点关注了新加坡人民行动党的制度建设经验。吕元礼在《新加坡人民行动党独具特色的制度建设》(《中国党政干部论坛》2013 年第 10 期）一文中认为，人民行动党的成绩与其独具特色的制度建设不无关系。实行干部党员制度、精英选领袖；凝聚力量，积极主动发现人才；听取多元声音，设“影子内阁”，建“政策论坛”等做法，是其制度建设独特性的体现。胡荣荣《政党“寡头统治铁律”及其超越——基于新加坡的制度创新经验》(《党政干部学刊》2013 年第 1 期）一文认为，人民行动党以制度保证开放性，抵消封闭性；用政治征募的横向模式，打破纵向的升迁垄断；以伞状结构和自主自治，代替等级制和行政命令；党权移转到政府手中，党政关系趋于无形；用法治攻官僚“患失”软肋。

3. 国外政党加强反腐倡廉、形象、信息等新型建设的研究

反腐倡廉建设方面，赵付科、季正聚的《新加坡人民行动党廉政建设的基本经验及启示》(《科学社会主义》2013 年第 1 期）一文认为廉洁自律是人民行动党长期执政的重要原因之一。人民行动党的廉政之道主要有：官员自律品质高，减少腐败动机；实行有效的薪俸制度，消除腐败诱因；建立严格规章制度，堵塞腐败机会；严惩贪腐行为，提高腐败成本。吴海红的《国外长期执政政党如何制度反腐》(《学习时报》2013 年 10 月 7 日）认为，在和平时期，腐败是损害执政党合法性基础的最为要害的因素之一。世界历史的实践已经反复证明，一些政党能够长期立于不败之地，根源就在于其政治的清廉和执政的绩效。文章分析了国外一些大党、老党（尤其以越南共产党、新加坡人民行动党、瑞典社民党等）在反腐败方面的经验教训，包括构建严密的反腐败制度体系；重视制度的执行力，对腐败实行零容忍；注重政党自我约束机制与外在法律社会约束机制的统一等。李梦阳《抓好领导干部治懒治庸工程全面提高党的建设科学化水平——新加坡人民行动党先进经验分析与借鉴》(《党政干部学刊》2013 年第 3 期）一文总结了人民行动党“治懒治庸”经验：贤能执政，德才兼备；依法治党，严格管理；高薪养贤，奖惩分明。

形象建设方面，孙景峰、陈倩琳在《新加坡人民行动党形象建设论》(《河南师范大学学报·哲学社会科学版》2013 年第 3 期）一文中，从多个维度分析了新加坡人民行动党的形象建设——努力打造“全民党”形象，淡化阶级色彩；党服、党徽及党总部大楼等最具代表性符号惟妙惟肖地诠释出人民行动党“白衣”“行动”及“低调”的自然形象；努力将自身打造成一个高质量、受爱戴、有活力的精英党。

信息建设方面，林德山的文章《国外政党政治信息传递最大化的三个做法》(《中国党政干部论坛》2013 年第 12 期）认为，在欧美发达资本主义国家，政党的政治信息传播是多渠道进行的。因其规模、构成、政治作用方式以及实际影响力的不同，政党所拥有的政治信息传播渠道和特点也不同。文章介绍了介绍欧美国家的一些政党，尤其是长期保持大党地位的政党做法，分别是利用党的组织资源、充分利用媒体的传播功能、利用专门智囊机构尤其是政治基金会。杨启乐的《互联网视域中西方政党建设的发展趋势》(《广播电视大学学报·哲学社会科学版》2013 年第 2 期）研究了网络对政党发展的影响。认为众多西方政党看到了将网络用于政党竞争的技术潜力，纷纷把网络技术应用于联系

选民、竞选活动以及政党自身组织建设等方面。“网络党”模式下的政党竞争呈现均等化态势。“网络党”的出现给传统西方政党的运作模式带来了巨大冲击和变化，成为西方政党未来发展的一个方向，但目前尚未从根本上改变西方政党政治的形态。

4. 国外政党党内民主建设研究

2013 年对国外政党党内民主建设问题的研究不多。谢峰的《西方政党党内民主研究》（广东人民出版社 2013 年版）一书梳理和分析了西方政党党内民主演进的历史进程，解析了西方政党党内民主的基本特征，从政治生态环境的角度比较研究了西方政党的差异，分析了西方政党党内民主的功能及发展限度，以个案研究展示了西方政党党内选举民主之领袖选举、议员候选人选举和党内代表制民主。作者认为，西方政党党内民主表现出如下基本特征：以选举的方式产生党内重要官员；重视监督制约党内权力行使；扩大党员对党务的参与，增加党员在政策制定领域和人事领域的民主权利；提高政党代表性是当前西方政党党内民主发展的一个新趋势；西方政党党内不同程度存在着派系竞争；党内民主管理的制度化。发展党内民主已成为潮流，党内民主在政党发展党员队伍、纳用政治精英、制定纲领政策、塑造政党民主形象等方面发挥作用，但西方政党党内民主的发展程度受到政党组织日渐专业化和政党集权化趋势的制约。周淑真等人的《当代左翼政党党内民主与中共之借鉴》（《理论探讨》2013 年第 5 期）梳理了当代左翼政党发展党内民主的做法：推进党内民主制度化建设，完善权力的分配、制衡与监督；保障和扩大党员个人权利，以个体民主推动整体民主的发展。

5. 国外政党增强与民众联系研究

党的群众路线教育实践活动开展以来，对国外政党增强与民众联系的研究进一步加强。相关研究涉及西方政党密切联系民众的方式方法、模式、经验、与社会组织的联系等问题。西方政党联系民众的经验方面，曾庆美《西方政党联系民众的经验与启示》（《四川行政学院学报》2013 年第 3 期）、黄洪旺在《国外政党如何处理同民众的关系》（《领导文萃》2013 年 10 月下）、邹国煜《国外政党创新群众工作的方式方法》（《理论导报》2013 年第 5 期）等文章认为，国外政党不断根据时代发展及民众需求，探索和创新联系民众的方法；国外政党的做法主要有制度保障强化党群关系，创新联系民众方式、提高亲民技能，鼓励民众广泛参与政治、与社会团体展开广泛合作等。郑琦《国外政党改善党群关系的探索与创新》（《理论视野》2013 年第 11 期）认为国外政党探索和创新联系群众的方法，改善党群关系，呈现出以利益化为导向、以社会化为倾向、以廉洁化为方向的明显趋势。尤其认为，从国外政党的经验和教训来看，政党只有清正廉洁才能赢得民心。

西方政党联系民众的模式、机制方面，刘舒、薛忠义《东亚政党与民众的政治沟通及其启示——以韩国和新加坡为例》（《东北亚论坛》2013 年第 1 期）一文通过对韩国“多党竞争”体制下的政治沟通模式和新加坡“一党主导”体制下的政治沟通模式的分析认为，两国政党与民众的政治沟通模式基本涵盖了东亚政党与民众沟通的主要模式，如充分发挥政党的能动作用、采取灵活多样的沟通方式、积极主动地拓宽沟通的渠道等。陈文、黄卫平的文章《新加坡人民行动党扎根基层的动力机制》（《中国党政干部论坛》2013 年第 4 期）认为新加坡人民行动党并非天然地“代表国内各方面利益”，一系列政治制度安排以及日益增长的民众诉求决定了新加坡人民行动党要扎根基层。谭鹏在《新加坡人民行动党密切党群关系的经验和启示》(《宁夏党校学报》2013 年第 6 期）一文中提出，人民行动党还利于民、以教化民、以情感民，在密切党群关系方面既有务实利民的体制安排，也有亲民便民的制度化的工作机制，实现了执政党和人民群众之间共享利益，以良好的执政形象赢得了群众的青睐。

与社会组织的联系方面，吴浩《执政党与青年组织间的良性互动探讨——以新加坡人民行动党青年团为例》(《中国青年研究》2013 年第 6 期）一文从理论与实践的视角分析人民行动党与青年团良性互动的策略及效果，梳理了青年团的创新举措——网络建团，适应新形势；活动多样化接地气，改善政党形象；活动目的明确化，发掘草根政治领袖等。

6. 国外政党治理研究

政党治理是个新提法，相关研究有待进一步加强，有很大的研究空间。2013 年关于国外政党治理的研究非常少。隋斌斌的《缓冲区机制与政党治理——以新加坡人民行动党为例》(《理论学刊》2013 年第 3 期）一文，对政党治理过程中的缓冲区进行了解释：缓冲区在于政党组织与普通党员之间所具备的广泛的中间沟通网络，缓冲区是政党组织和社会之间的交叉区域。自建党以来，人民行动党政党建设和执政形态体现出较强的合作与协同治理色彩。一种持续动态发展的缓冲区机制发挥了极其关键作用。

（二）苏共亡党的教训研究

苏共亡党教训向来是国内学界研究的一个重要问题。但研究角度、出发点不同，相应观点、结论往往不尽一致，甚至存在观点冲突。

李慎明主编的《居安思危：苏共亡党的历史教训（八集党内教育参考片解说词 · 大字本)》简明叙述了苏共兴衰的历史轨迹，并从苏共基本理论及指导方针、意识形态工作、党风、特权阶层、组织路线、领导集团、应对西方世界西化分化战略等八个方面，从理论与实践的结合上作了深刻论述。他主编的《苏联亡党亡国 20 年祭：俄罗斯人在诉说（六集党内教育参考片解说词 · 大字本)》从六个方面记录了 20 年前那场剧变的亲历者、当事人和普通民众对那场剧变及其后果的诉说，特别是对戈尔巴乔夫时期六年多的“改革”所作的反思。在《片面解读苏联教训的又一“力作”—— 评〈苏联亡党亡国 20 年祭：俄罗斯人在诉说〉》(《探索与争鸣》2013 年第 1 期）一文中，左凤荣对《苏联亡党亡国 20 年祭：俄罗斯人在诉说（六集党内教育参考片解说词 · 大字本)》的材料、观点提出质疑。作者认为，苏联亡党亡国的根源在体制，对历史的亵渎导致历史的报复，而该片在解读苏联亡党亡国的原因方面分析不当，否认苏联的问题主要是体制问题，把苏联剧变原因归为少数人的错误，片面解读苏联的改革历史、为斯大林体制辩护，更没有反映当今俄罗斯主流对苏联这段历史的看法。针对上文，汪亭友以《如何解读苏联亡党亡国这一重大历史事件——兼答左凤荣教授》(《探索与争鸣》2013 年第 8 期）一文进行回应。文中对“大清洗”死亡人数与“第五纵队”、是否应当称戈尔巴乔夫为叛徒、苏联亡党亡国的主要原因等相关问题作了进一步说明，尤其强调电视教育片认为苏联亡党亡国的主要原因是从赫鲁晓夫集团到戈尔巴乔夫集团逐渐脱离、背离乃至最终背叛马克思主义、社会主义事业的结果。作者同时强调，斯大林体制与苏联亡党亡国有一定联系，但不是决定因素，对斯大林模式要一分为二地看。

姜跃在《官僚特权与政治伤害——对苏共亡党的一点思考》(《中国党政干部论坛》2013 年第 6 期）中认为，苏联体制模式下形成的各种特权及由此生发的各种问题和矛盾是探讨苏共亡党亡国不能绕过的问题。正是上述问题和矛盾导致社会各种负面情绪的累积，最终导致信任危机。徐元宫在《苏共腐败亡党亡国》(《领导文萃》2013 年 5 月上）中认为，在斯大林时期形成并被其继任者们日渐固化的苏联社会主义模式及其体制的作用和保护下，苏联形成了腐败的特权阶层，这一阶层又反过来固化着这一模式和体制。这一模式在政治体制方面的特点主要是高度集权，权力监督和民主集中制缺失，意识形态长期僵化，党内教条主义和个人崇拜盛行，以党代政，且不关注民生。其结果就是苏共及其政权最后覆亡。李永忠、董瑛在《苏共亡党与既得利益群体》(《廉政瞭望》2013 年第 11 期）一文中提出，苏联模式的两大核心标志是“议行监合一”权力结构和等级授职制用人体制，也是苏共亡党的两大根本性原因。

杨金华的《从历史人道主义到历史虚无主义——苏共乱史亡党的悲剧之路》(《中共天津市委党校学报》2013 年第 1 期）一文认为，历史虚无主义是苏共亡党的重要原因。苏联后期的历史虚无主义瓦解了社会主义的合法性基础，动摇了马克思主义的领导地位，引发苏联意识形态全面危机。苏共的教训说明，一个国家或者民族丧失了历史认同，政治认同就不复存在。

在《关于研究苏共失败教训的几点方法论思考》(《上海市社会主义学院学报》2013 年第 5 期）中，王长江教授认为，正确认识苏共失败涉及到方法论的问题。相关研究的出发点分为“政论”和“史论”两类，关注点有“合力论”和“重点论”之分，落脚点有“党论”和“体制论”两种。只有从历史出发，从实际出发，把握“真重点”，才可能对苏共失败问题形成客观、正确的认识与评价。

（三）不同类型政党执政的经验教训与启示研究

许多国家于 2012、2013 年开展了大选。大选的结果悲喜不同——有的党继续执政，有的党丧失政权，有的卷土重来。国内学界对这些不同结果分别展开了研究。

1. 国外主流政党执政经验研究

施雪华的《冷战后国外政党执政的经验教训及其对中国的启示》(《社会科学》2013 年第 2 期）总结了冷战后国外政党执政的经验：以法律规范政党的行为；淡化意识形态与建立开放性政党；以经济和社会发展为政党的共同目标，推进经济与社会发展来体现政党执政优势；政党、宗教与传统的融合与分离；与社会团体共筑网络化治理结构；规范选举过程，化解政党政治的危机，维护政治制度的合法性；建立与维持竞争性政党政治；实现传统威权政党政治转型；加强党的自身建设，提高党的执政能力等。

姜跃的《国外部分执政党意识形态的困境及应对》(《理论学刊》2013 年第 6 期）认为，执政党意识形态困境是当今各类执政党面临的共同困境。执政党意识形态困境成因在于政党意识形态与社会意识之间有天然距离、理论与实践之间的脱节、政党政策转向的两难困境、意识形态的神话不复存在、人们的价值取向和个性化要求越来越多等方面。国外政党的应对措施有：更新思想观念，适时进行理论创新；努力扩大意识形态包容性；动员民众时刻意弱化意识形态色彩；注重意识形态的大众化本土化；兼收并蓄，实行“拿来主义”。

刘少华《施罗德时期德国社会民主党执政经验教训及启示》(《当代世界与社会主义》2013 年第 1 期）一文提出，随着全球化不断深入，社民党的价值观念和理论政策受到很大冲击，为适应形势变化，开展了以“新中间政策”为代表的第三条道路探索，以期实现执政与政党建设的双方面发展。调整执政政策，在执政实践中贯彻变革：与绿党结成执政联盟；调整福利政策、改革社会福利体制；调整经济纲领、构建新经济。社民党所推进的改革深刻影响了其组织建设，形成一套改革的动态机制。

2. 曾长期执政的老党在野一段时间后重新执政研究

2012 年，曾执政长达 71 年的墨西哥革命制度党在下台 12 年后重新执政，引起国内学界广泛关注。高新军在文章《墨西哥革命制度党重回执政地位说明了什么？》(《国外理论动态》2013 年第 4 期）中认为，国家行动党失败的原因在于，执政期间，墨西哥腐败泛滥，贫富差距加大，经济发展速度下降。革命制度党之所以重新夺回执政地位是由于该党在实行党内民主、进行组织建设、与过去错误划清界线以及重新走近群众等方面进行了改革。不能简单地在民主与良政、专制与劣政之间画等号，仅仅政党轮替并不一定带来良政，还需要创造其他条件来使这一制度发挥积极效果。靳呈伟在《墨西哥革命制度党重新执政的初步思考》(《重庆社会主义学院学报》2013 年第 2 期）中认为，革命制度党能在总统大选中胜出而重掌政权得益于多方面因素：革命制度党重视自身改革和重建工作，为东山再起做好了思想理论、组织等方面的准备；国家行动党政绩不佳，民众思变情绪强烈；民主革命党内耗严重，影响力下降等。革命制度党重新执政将面临改善自身在民众心目中的形象、维护党内团结、革命制度党与总统关系处理（府院关系问题)、兑现竞选承诺与提高执政绩效问题等困难与挑战。革命制度党重新执政后的表现将会决定近一段时间墨西哥民主发展的走向。

3. 长期执政的执政党执政经验研究

对长期执政的执政党执政经验的研究既有比较分析，也有具体案例分析。其中以对新加坡人民行动党长期执政经验的研究居多。

比较分析方面，黄卫平、涂谦的《国外长期执政政党的比较分析——执政方式、现实困境与转型》(《学术前沿》2013 年 6 月上、下）文章认为，长期执政政党的执政方式主要有显性的一党长期执政与隐性的特定政治集团长期执政两种类型。长期执政政党目前都面临腐败滋生、内部分化、派系斗争等常见“政党疾病”的困扰。因而，长期执政政党需要发展与转型。有效提升自身的适应能力，决不是照搬或模仿某个具体国家的特定模式，而是在特定时空条件下，找到一条适合本国国情的发展道路。

案例分析方面，曾毅在《瑞典社会民主党：百年老党长期执政的“秘密”》(《中国纪检监察报》2013 年 12 月 20 日）一文中着重分析了瑞典社民党在营造党的社会基础方面的做法：提出“人民之家”，以好的理念吸引民众；建设福利国家，以好的政策吸引民众；以组织密切联系民众、夯实社会基础；合作与协商，以协商民主扩大社会基础。

熊辉、胡柳娟的文章《新加坡人民行动党的执政经验及其启示》(《国外理论动态》2013 年第 8 期）认为主要是以统筹经济社会联动发展为执政理念；推行民主与权威相结合的执政方式；大力倡导“精英治国”战略，扩充执政的人才基础；实施从严治党，严厉打击腐败行为，以塑造良好执政形象；积极奉行互利友好的外交战略，优化国际政治环境等。冷波的《新加坡人民行动党稳定执政的经验及启示》(《江西社会科学》2013 年第 5 期）一文以政治生态、政党政治、执政合法性为视角分析了该党的执政经验，包括处理好执政党与国家和社会的关系、执政合法性与执政有效性的关系、政党现代性与政党阶段性的关系。秦德占在《新加坡人民行动党长期执政背后的政治哲学》(《新视野》2013 年第 4 期）中认为人民行动党之所以能长期执政，最重要的原因在于它以促进国家福利和人民幸福为宗旨，始终坚持忧患意识，将立足实际的务实理念、一心一意的发展理念、人民为大的服务理念、王在法下的法治理念、清正廉洁的德治理念、共存共生的和谐理念等贯彻于政策实践中，不懈地致力于为民办实事、造福人民，用实际行动赢得了选民的真心支持。袁锐东的《新加坡人民行动党为维护执政地位进行新探索》(《当代世界》2013 年第 1 期）一文分析了人民行动党为扭转在 2011 年大选中得票率降低的局面、维护执政地位而进行的党内和政策改革，包括以亲民为导向改革执政方式；推动党内民主与领导层年轻化；以让民众分享更多发展成果为核心，出台多项民生政策等。由民的《新加坡大选：人民行动党为什么总能赢？——以 1997、2001、2006、2011 年国会选举为例）一书集中总结了人民行动党在 1997—2011 年间的四次大选中连续获胜的基本做法和成功经验。作者以博弈论为分析方法，也对博弈趋势进行了评述，认为朝野政党竞选实力向平衡方向发展。

4. 国外执政党得失政权经验教训研究

赢得选举方面，朱艳圣的文章《日本自民党再度崛起的原因探析》(《当代世界》2013 年第 11 期）认为安倍晋三的再次当选表明，自民党的新保守主义得到了日本国民的支持和认同。自民党推出了诸多举措，国家层面推行大胆的经济改革政策，保持日本经济持续增长态势；强化党内自身改革，加强和扩大党内民主，加强地方党组织和党支部建设，发挥基层党组织的作用，展现出全新形象。时静的《奥地利社民党在大选中继续保持第一大党地位》(《当代世界》2013 年第 12 期）一文分析了奥地利 2013 年大选的特点，社民党和人民党组成的大联合政府 2008 年上台以来的政绩得到肯定，故而得到选民肯定；关乎民生的税收和社会政策成为大选主题；“疑欧”政党自由党等上升势头明显。基于选举结果，作者认为大联合政府有望继续执政；政党格局变化，新政府面临诸多挑战；发展经济、改善民生将是新政府首要任务。

丧失政权方面，连智的《日本民主党败选原因》(《当代世界》2013 年第 1 期）认为，未能兑现政治承诺、外交政策摇摆不定、腐败丑闻接二连三、内部分裂愈演愈烈四大失政导致民主党民心尽失。根本原因在于党的执政能力不足，日本政治、经济、社会转型加剧了民主党的执政难度。吴寄南的《民主党下野及日本政坛剧变的深层原因》(《日本问题研究》2013 年第 2 期）认为民主党下野直接原因是以野田佳彦为首的领导层内外政策的失误和党内运作的失败，日本政治生态近年来发生的深刻变化则是深层原因：一是“选举互助会”式的组织机构和运行机制使日本政党无法有效整合全党意志；二是“剧场政治”的盛行导致日本政治家缺乏战略视野，热衷短期行为；三是“多党化”现象造成日本选民在投票时的选择困惑，“死票率”明显上升；四是日本政坛整体右转，标榜“中道政治”的政党已失去对选民的吸引力。朝野政党如果不能顺应这些变化加快转型，日本政局的动荡局面还将延续相当一段时间。郇庆治的《法国 2012 年大选中的左翼政党：一种理论阐释》(《学术界》2013 年第 2 期）一文以“执政表现、选举战略和政治机会环境”组成的三维分析框架解释法国 2012 年大选的结果，认为萨科奇及其领导的中右政党之所以败选，原因在于缺少执政政绩、不成功的选举战略和不利的政治机会环境。对于一个长期执政的政党来说，竞选连任的最重要条件是能够根据所处的国内外环境选择契合选民意向的竞选策略，否则，类似执政表现和执政周期压力等相对客观的变量会成为决定性因素。

二、中外政党制度比较研究

2013 年关于中外政党制度比较研究的成果不多（其中还包括硕士论文)。与已有同类研究相比，这些成果在选题、角度、内容、观点、方法等方面更多体现出延续性，创新不足。

施雪华在《中西政党制度比较及其启示》(《中国特色社会主义研究》2013 年第 6 期）一文中认为，西方与中国的政党制度均是自然“长成”的政治制度，都是本国历史发展和历史选择的结果。文章分析了西方政党制度的优势与劣势，认为西方的多党制、两党制虽然也有缺点，但相对而言，是迄今为止西方国家的普通公民和垄断资本都能接受的政党制度。共产党领导的多党合作与政治协商制度的确立和发展是中国历史和人民自主选择的结果，有其自身优势，也需要继续完善。作者认为，西方和中国政党制度对于各自的发展来说是最好的、最合适的制度选择，各自有优势和不足，也需要改革与完善。盲目移植别国的政党制度是不可能成功的。坚持和完善中国特色社会主义政党制度是中国社会现代化成功的关键。

朱虹的《从中外政党比较研究的视角看中国政党政治参与的发展》(《中央社会主义学院学报》2013 年第 3 期）一文把政治参与和政党制度结合起来，提出了政党政治参与（政党参与）的概念，比较了中西方政党政治参与的异同，探讨了政党政治参与的一般规律，提出了进一步推进中国政党政治参与发展的基本思路。文章认为，中西方政党政治参与的区别表现在政党与民众的关系、政党与政府的关系、执政党与非执政党的关系等方面。中国的政党政治参与在维护与民众的良好关系、提高参与的法治水平、健全完善民主党派监督机制、优化参与技巧等方面有探索的空间。

唐好林的《当代中美政党制度浅析》(《重庆科技学院学报・社会科学版》2013 年第 8 期）对中美政党制度进行了比较，对中美政党制度新特点及其改革进行了分析。认为由于中美政治经济发展态势、历史沿革、政治基础和文化传统等具体条件不同，各阶级、阶层或集团力量代表利益不同，政党制度表现形式也就表现各异。

胡婷婷的硕士论文《中苏政党制度形成的比较研究》从宏观文化视角解读政党制度，分别分析了俄国传统文化中大国主义与民粹主义对苏联政党制度形成的作用，中国传统文化中和合文化与实用理性主义对本国政党制度形成的影响。认为，观念文化是政党制度形成的深层因素，也是推动政党制度完善的内在动力。文化传统的差异是导致中苏政党制度同质殊途的原因之一。中国政党制度文化基础需要不断改革和更新，要从共产党自身的文化创新和观念更新开始做起。

三、国外政党政治及政党制度发展研究

2013年度对政党、政党制度、政党政治问题的研究比2012年的有关研究更丰富，且呈三足鼎立之势，改变了对国外政党发展研究居多的局面。

（一）国外政党发展研究

1. 国外政党发展面临的挑战及应对

国外政党面临的挑战重点关注了全球化、金融危机、社会思潮变迁等带来的挑战。袁东振的《2013年拉美国家传统政党动态与趋势》（《当代世界》2013年第12期）一文梳理了全球化和拉美地区政治生态环境的变化背景下拉美国家传统政党的情况。他认为，虽然拉美传统政党的政治地位遭遇前所未有挑战，但其仍是该地区最重要的政治力量，一些传统政党仍具有掌控或主导国家政治发展的能力。新世纪以来，拉美传统政党总体出现衰落，但各国传统政党的现状和处境不尽相同。

林德山的《危机阴影下的欧洲政党》（《中国社会科学院国际研究学部集刊》2013年第1期）分析了金融危机过程中各国政党在选举政治中的表现，认为危机中主流政党受到的冲击更大，而左右两端激进的中小政党则显得更为活跃；但欧洲主要大国和受危机冲击较小的国家的政府及政党结构保持了较大稳定性。

石晓虎在《国外政党面临的社会思潮挑战趋于增大》（《当代世界》2013年第2期）一文中认为，社会思潮此起彼伏对不同类型政党产生了重大而现实的影响。民生诉求与政治诉求不断增强、发展理念与路线之争趋向激化、不同类型极端主义思想有所抬头，对一些发展中国家而言，西方思想文化成为社会精英和大众的直接诉求，对这些国家的执政党意识形态建设和维稳带来严重挑战，等等。作者认为，社会思潮多样化系大势所趋，但多数诉求仍集中在经济社会领域，对民生诉求的回应始终是关系政党生存和发展的最重要因素之一；重视社会心态和社会舆论的变化，妥善应对各种“非主流”思想，捍卫主流意识形态安全；着力发展社会主义民主政治，完善党的执政方式，增强意识形态安全的政治保障。

叶海林的《巴基斯坦政党背后的世家政治》（《文化纵横》2013年第1期）一文分析了巴基斯坦的独特政治生态——传统社会的地方豪强，依然是掌控该国政治走向的根本因素。巴基斯坦的政党总体而言是地域性质的，依托本地域本民族的选票在中央竞逐权利在地方确保豪门的利益，形成了大大小小的地方豪强集团。巴基斯坦的左右分野、传统的宗教力量与新兴的世俗文化，都无法撼动这一与土地和资本互相交织的权力体系。巴基斯坦政党及其整个制度安排只能是世家豪门用来互相争斗以及抵御共同威胁的工具。

2. 国外政党某一方面变化研究

对国外政党某一方面变化的研究重点关注了国外政党指导思想方面的变化与调整及政党与社会关系的变迁。

李华锋的《英国工党政坛沉浮与主导思想的关系研究》（《中国社会科学出版社2013年版》）一书对英国工党在政坛上的沉浮与英国工党主导思想的演变及其相互关系进行了深入考察，详细分析了主导思想对工党政坛沉浮的直接影响和政坛沉浮对工党主导思想

的反作用，客观总结了工党处理二者关系给其他政党提供的启迪。英国工党主导思想经历了劳工主义——民主社会主义——社会民主主义的演变轨迹。英国工党主导思想是决定工党政坛沉浮的重要变量，英国工党政坛沉浮状况对主导思想的变化具有反作用。政党必须具有正确适宜的主导思想，主导思想必须与时俱进，做好继承与创新，政党应协调好稳固阶级基础与扩大社会基础的关系。王一凡《发达资本主义国家马克思主义政党指导思想的新变化》(《前沿》2013 年第 24 期）一文梳理了发达国家马克思主义政党指导思想的变化：承认马克思主义或科学社会主义是其思想理论基础，但有些政党不再提“马克思列宁主义”；坚持社会主义的前进方向，承认马克思主义的指导地位，但多数提出要突破传统马克思主义原有框架，创造性地发展马克思主义；提出坚持马克思主义还必须立足于社会现实并变换斗争策略，解决好理想与现实间的矛盾；不再将马克思主义作为“国家哲学”，相对淡化对意识形态目标的诉求；强调马克思主义必须与本国具体实际相结合，使之更具有本国特点和多样化色彩。

高奇琦《西方政党与社会的关系变迁：一种复合结盟的分析框架》(《当代世界与社会主义》2013 年第 5 期）一文用一种复合结盟的分析框架解释西方政党与社会的关系变化。复合结盟模式是介于传统结盟模式与再结盟和解盟模式之间的中间状态或变动状态，它在未来会成为西方政党应对政治社会关系变迁的一种主流模式。与传统结盟关系比，复合结盟关系具有弱关系、开放性、技术依赖、局部动员、层级结构等特点。高奇琦的另一篇《试论东亚政党与公民社会关系的两种模式》(《武汉大学学报·哲学社会科学版》2013 年第 2 期)，从类型学的角度对政党与公民社会的关系进行了理论探讨，结合日本、新加坡、韩国和泰国等东亚国家的实践对两者的关系模式进行了实证分析。作者认为，政党与公民社会的关系可以分为紧密共生模式、即时合作模式、政党主导模式和双重虚弱模式四种类型。

3. 某种类型政党的发展变化研究

（1）左翼政党研究

简繁的《共产党和工人党国际会议的社会主义观》(《社会主义研究》2013 年第 5 期）一文对共产党和工人党 1998—2012 年间召开的十四次会议进行了研究，认为十四次会议重点阐发了对当前马克思主义的地位和价值的思考。聂运麟、吴国富、周华平的《加强反帝反垄断斗争 坚决维护各国劳动群众的基本权益——第 14 次共产党和工人党国际会议述评》(《当代世界》2013 年第 2 期）一文重点关注了第 14 次共产党和工人党国际会议，介绍了与会的各国共产党和工人党就当前经济危机的演变（资本主义经济的“第二次衰退”)、帝国主义猖狂的侵略行径，以及垄断资本对人民生存权利的进攻等问题开展的深入讨论。

对左翼阵营的重要成员共产党的研究，既有专著，也有论文；既涉及发达国家的共产党，也涵盖发展中国家的共产党。专著方面，卫建林的《全球化与共产党》(社科文献出版社 2013 年版）对全球化时代背景下的各国共产党（包括执政的共产党）适应新形势以求有所作为的经验和教训作了系统梳理。认为，西方全球化的推进造成各国共产党前所未有的困境和坎坷，同时也为共产党人的奋斗和探索提供了从未有过的广阔天地。共产党存在和发展的依据，就在于存在西方全球化，存在世界人民反对西方全球化的实践和从资本主义苦难中解放出来的要求。余金成的《当代社会主义研究文存：冷战后两制关系演变及发达国家共产党研究》（山东人民出版社 2013 年版）一书通过对法、日、美三国共产党的研究，分析了发达国家共产党在近 20 年中出现的新变化及可能出现的发展趋势，认为发达国家共产党出现的新动态是以世界范围内的民族关系为背景的，现代资本主义对现实社会主义形成的优势，对社会主义道路的拒绝是与其民族地位联系在一起的，是利益实现机制从阶级到民族再到人类的必然环节。发达国家共产党处于全面守势。

论文方面，李凯旋的《苏东剧变后意大利共产主义政党的发展》（《科学社会主义》2013 年第 2 期）一文梳理了苏东剧变后意大利的共产主义组织力量概况，认为 1991 年意大利共产党更名易帜后，后继的意大利重建共产党和意大利共产党人党两党的队伍力量与上世纪 90 年代比可谓急剧衰落，在工会中的影响力微弱，同时还面临着阶级基础变化、政党政治趋于中间化、党内矛盾悬而未决等诸多问题，加之生存于自由人民党、民主党和北方联盟夹缝之间，两支共产党要进入意大利政治中心困难重重。程光德在《南非共产党：建设群众性的先锋队政党》（《上海党史与党建》2013 年第 6 期）一文中介绍了南非共产党建设群众性的先锋队政党的情况，认为群众性的先锋队政党是南非共产党在种族主义制度废除后提出的加强党的建设的核心理论，适应新形势争取民主和社会主义的必然要求，南非共从发展壮大党的队伍、提高党的建设水平、筹集足够的可持续发展的经费等多个方面开展实践。

对左翼阵营的又一重要成员社会民主党的研究，主题广泛，涉及社民党的思想理论、组织、转型等问题。思想理论方面，林德山《欧洲社会民主党的平等观念及其变化》（《科学社会主义》2013 年第 3 期）一文认为，追求平等与公正是欧洲社会民主党始终的价值观。欧洲社会民主党发展至今经历了三个历史阶段和三次转型。与之相应，其平等观及其相应的政治诉求在三个历史阶段分别表现出不同时代特征，从一个侧面显示了欧洲社会民主主义的演变特征。欧洲社会民主党平等观的变化表明，社会民主党人的平等观是随着时代的发展而改变的，其内在的变化逻辑及其所表达的政治诉求从一个侧面表示了欧洲社会民主党三次历史转型的脉络，即从一个带有典型阶级特征的工人阶级政党转变为一个体现资本主义主流价值观的进步主义政党。薛新国《欧洲社会党的身份特征论析》（《天津师范大学学报·社会科学版》2013 年第 6 期）一文认为，民主社会主义是西方发达资本主义国家社会党、社会民主党和工党共同信奉的思想体系，欧洲社会党是民主社会主义的载体，多元主义、改良主义和伦理主义是欧洲社会党的身份特征。组织方面，谭鹏在《论战后西欧社会民主党的组织转型及现实启示》（《上海党史与党建》2013 年第 1 期）一文中提出，战后面对西欧社会阶级结构和社会结构的变化，西欧社会民主党为了赢得选举胜利，开始以扩大组织的包容性和开放性为核心，从各个层面展开对组织的革新，由阶级党转变为全民党，又由全民党转变为全方位党，为社会民主党扩大执政基础、获得执政地位提供了保证。但在组织转型的过程中，社会民主党组织也出现“娱乐化”、“媒体化”等不良倾向，需要特别注意。转型方面，刘成的《英国现代转型与工党重铸》（三联书店 2013 年版）是其有关英国史研究的论文汇总，在下篇以工党重铸为主题，涉及工党百年历程、工党主流意识形态、公有制思想与政策、更替性经济战略、第三条道路等问题，认为英国工党是英国现代社会发展的产物，它的出现推动英国在 20 世纪以后现代社会的进一步发展，而工党本身在现代转型过程中也进行了调整，工党完成了从“老工党”到“新工党”的重铸。

另外，2013 年恰逢德国社民党建党 150 周年。因而出现了一批对德国社民党的研究。张文红在《德国社民党：重整旗鼓抑或风光难再？》（《当代世界》2013 年第 8 期）一文中回顾了作为德国历史最悠久政党的德国社会民主党的辉煌历史成就。认为，该党之所以经受住 150 年的风雨发展至今，是因为它能够不断进行自我革新以适应时代发展的新要求，努力扩大党的选民基础和社会阶级基础，实行“团结与开放”政策，团结各种政治力量，特别是以中间阶层为代表的中间势力，实现从无产阶级到新中间的转变。柴野的《百年老党再注新活力——写在德国社民党建立 150 周年之际》（《光明日报》2013 年 5 月 26 日）一文认为，经过长期发展，德国社民党逐步完成了从革命党到改良党、从政治边缘到权力核心、从纯粹反对派到主要执政党的转变，一直进行着适应时代发展的尝试，不断调整自己的定位。德国社民党当前正陷于各种矛盾之中：一方面，不想放弃社会公平公正这一党的核心理念；另一方面，在现实改革中又不得不牺牲民众的部分利益，因此被指责为背叛了社会民主主义的传统价值观。社民党正试图在理想与现实这对矛盾之间找到一个平衡点。

（2）右翼政党研究

与 2012 年相关研究类似，2013 年度对国外右翼政党的研究重点依然关注极右政党。赵晨《欧洲极右政党的发展》（《当代世界》2013 年第 2 期）和叶国玲《北欧极右翼民族主义政党崛起的原因及其影响》（《当代世界》2013 年第 8 期）都分析了欧洲极右政党的情况。赵晨认为，极右翼政党的力量不断壮大已成为 21 世纪欧洲政党政治的一个突出特点。欧债危机爆发后，欧洲极右政党势头进一步上升，极右政党在选举中赢得相当比例选票，左右选情，威胁主流政党的情景呈现扩散和常态化趋势。极右政党还受到选举制度、执政转型和国际舆论的制约，直接威胁欧洲政局稳定的危险前景还难以出现。叶国玲认为近年来北欧极右翼民族主义政党影响增强主要基于传统主流政党表现不佳失去部分选民支持、政治经济社会的深刻变化进一步打破少数主流政党把持北欧政坛的局面、北欧民粹主义思想迅速膨胀等多方面原因。极右翼民族主义政党崛起将对北欧政治生态产生影响：一是多党联合组阁成为常态，施政将更加困难；二是促使传统主流政党调整政策，保持稳定。

（3）草根政党、新型政党研究

相关研究重点关注了绿党、茶党，也有对其他新型政党的研究。绿党方面，斯妙华、赵宬斐《西方政党绿色意识形态发展厘析》（《领导科学》2013 年 3 月中）一文认为，作为新社会运动的典型代表，绿党认为人们政治认同的变迁与“阶级政党”的衰落必然带来政党的阶级基础和行为模式的变化。周建勇《国外政党地方组织的职能——对德国绿党的个案考察》（《学习时报》2013 年 3 月 11 日）通过实地观察德国绿党地方组织的一些活动，初步归纳出联邦德国政党地方组织的功能：一是开展地方党的组织活动，包括讨论党的现行政策、由党内的积极党员参与的月度会议、各界人士都可以参与的年度招待会等；二是讨论城市政策；三是组织竞选和党内选举；四是征收党费。绿党作为德国第三大政党，无论是在联邦、州还是地方，都担负着极其重要的政治责任。焦佩的文章《韩国的环保运动和绿党初探》(《当代韩国》2013 年第 1 期)提出，20 世纪 90 年代全面展开的韩国环保运动一直坚持草根政治路线，2012 年成立的绿党将政治选举和社会运动结合在一起，具有运动政党的典型特征。由于韩国政治制度和社会环境还没有为绿党的发展提供必要条件，韩国绿党不仅很难进入国会，甚至不能继续正式注册。如何进一步丰富政党政策，巩固政党组织，增加绿色理念的社会认知度，直接决定韩国绿党能否获得新生。

茶党方面，丁晔在《茶党运动：伪草根运动？——美国茶党运动的诱因与性质》(《当代世界社会主义问题》2013 年第 4 期)一文中认为茶党运动兴起的主要原因有两个，一是美国所面临的严重经济危机，二是在经济危机刺激下美国社会中保守主义的回潮。茶党运动是二战后美国保守主义运动在新历史阶段的继续，继承了二战后美国保守主义运动的基本主张和特点，本质上就是一场草根的社会运动。刘永涛的《茶党运动与重铸美国极端保守主义》(《教学与研究》2013 年第 9 期)一文认为茶党运动的主要抱负是谋求拯救和改造当代美国社会，重铸极端保守主义在美国政治生活中的主导地位；其主要思想来源是传统的保守主义、自由意志论和平民主义。温宪通过对美国政坛围绕联邦政府关门和债务上限问题的角力的观察，在《茶党加速美国政坛裂变》(《人民日报》2013 年 10 月 29 日)一文认为，发端于 2009 年的茶党运动是美国民主、共和两党治国理念分歧以极端形式出现的延续，也是对奥巴马执政以来所推行社会变革的强烈反弹。茶党作为国会中共和党右翼民粹势力，以不妥协的强硬态度对共和党起了极大牵制作用，凸显美国政治极化现状。茶党在政府运转、主权信用、金融稳定等问题上的作为使得两党妥协余地越来越小，茶党将是美国政坛中一股不可小觑的裂变力量。

其他政党有德国海盗党、“德国的选择党”等。伍慧萍、郭彩琴的《德国海盗党的制度创新及发展制约因素》(《国际论坛》2013 年第 5 期)一文认为，数字化时代应运而生的德国海盗党以社交网络为依托，高举变革旗帜，倡导知识交流自由和“流动式民主”等标新立异的政治主张，为西方的正统政治秩序带来变革之风。孙林在《“德国的选择”党——德国的选择？》(《世界知识》2013 年第 14 期)一文认为“德国的选择”党的组建有着深刻的政治背景和民意背景——德国的政党政治生态受持续发酵的欧债危机的影响；其废除欧元、重新启用德国马克的主张引起民众共鸣。外界对该党有多样化评价。在其是理性还是非理性，左还是右，“昙花一现”还是“常青藤”等问题上，各方观点不一。

（4）宗教性政党研究

相关研究主要关注了宗教政党的兴起，分析了其背景、原因与影响。王世达《巴基斯坦宗教政党崛起及其原因》(《国际研究参考》2013 年第 7 期)一文认为，巴基斯坦宗教政党的诞生源于南亚次大陆民众争取民族独立和实现身份认同的政治诉求，是穆斯林政治意识觉醒的表现，其壮大则是巴基斯坦政治生态演进的必然结果。自巴基斯坦建国以来，宗教政党一直通过议会政治、街头抗争、修改法律等多种方式发挥作用，并试图影响巴基斯坦的整体发展方向，最终实现国家的伊斯兰化。巴基斯坦宗教氛围日渐浓厚和政治生态日趋保守将使得宗教政党有机会以其特有方式参与塑造巴基斯坦政治，并对国家未来走向产生重大影响。刘中民、李志强《中东变局与伊斯兰政党的新发展》(《阿拉伯世界研究》2013 年第 6 期)一文认为，中东变局发生以来，伊斯兰政党纷纷通过参与民主选举参政议政，一些较为温和的伊斯兰政党在埃及、突尼斯、摩洛哥等地先后通过议会选举成为执政党，而土耳其老牌的伊斯兰政党正义与发展党也在中东变局中发挥了重要作用，伊斯兰政党在意识形态以及政治实践方面均发生明显变化。李艳枝《中东剧变与穆斯林民主政党的兴起》(《国际论坛》2013 年第 2 期）一文认为，在 21 世纪特定的历史背景下，伊斯兰政党逐渐超越传统伊斯兰属性，转变为与现代民主政治相容的公民政党。2010 年底以来的中东剧变，为穆斯林民主政党赢得民主选举提供历史契机，精英与民众的文化断裂、现代化进程中诸种危机的涌现、君主政治、威权政治或世俗政党执政不力等都对穆斯林民主政党兴起有利；其在不同国家上台执政或参与联合政府得益于务实开放的政治定位。穆斯林民主政党对民主自由的强调证明了民主与伊斯兰教的相容性，表现了伊斯兰主义者对穆斯林民主模式的探索与思考，体现了中东政治民主化的发展方向。何洪武《埃及穆斯林兄弟会的政党化道路及其影响》(《长沙铁道学院学报·社会科学版》2013 年第 2 期）一文结合中东乃至世界政局的发展，全方位地透视了穆兄会的政党化历程。作者认为，在相当长的一段时期内，穆兄会是一个纯粹的宗教政治组织，随着埃及社会的不断变化以及穆兄会自身的不断追求，其政治化目标日益清晰，政治诉求不断升级，终于走上政党化道路。以穆兄会为代表的伊斯兰党派的群体性崛起将对阿拉伯世界产生直接影响——将会导致社会伊斯兰化，宗教在社会和经济领域中的作用将上升；掀起政治伊斯兰思潮在阿拉伯世界的泛起；将导致阿拉伯世界地缘政治格局的变动。

（二）世界政党制度研究

与 2012 年度相关研究类似，2013 年对世界政党制度的研究，绝大部分针对某国政党制度，从一般意义上进行的综合性研究较少。

1. 世界政党制度综合性研究

2013 年对世界政党制度的综合性研究重点关注了政党制度的功能，如政党制度对社会稳定、反腐败的影响等。孙美晖的《政党制度与社会稳定研究——加拿大、新加坡与菲律宾比较分析》(《黑龙江社会科学》2013 年第 6 期）一文分别对加拿大、新加坡与菲律宾的政党制度及社会状况进行了分析，通过比较分析得出结论：在发达国家，政党数量多寡无碍于社会稳定；而在发展中国家，一党独大制国家的社会稳定状况远远高于多党制国家。戴立言的《政党制度与反腐败》(《新华每日电讯》2013 年 6 月 8 日）认为，政党制度本身不具备反腐因子，多党制本身并没有、也难以解决腐败问题。不管是一党、两党还是多党，政党的主要功能都是不同政治集团所代表的利益的聚合、表达与实现，这种利益在近代以来最重要的实现方式就是赢得政权、获得公职、推行政策；多党制并没有杜绝腐败，多党轮流执政照样腐败，一党长期执政也可达到清廉，腐败与否并不取决于政党的多少。

也有研究涉及政党制度类型与特点。彭慧的《东南亚的庇护政党制刍议——以菲律宾、泰国及印度尼西亚为例》(《东南亚研究》2013 年第 6 期）一文认为，在东南亚十国的政治发展及政党体制变化历程中，菲律宾、泰国及印度尼西亚有很多共性，都是在 20 世纪八九十年代完成了从威权向民主的转型，政党体制也从原先的“优势政党制”转变成为多党竞争制。然而，这三国在完成政治转型后的民主巩固阶段，却形成了独特的侍从式庇护政党制，表面繁荣的多党竞争实质上依赖从上至下、覆盖整个社会的庇护网络方得运转。此种非体制化的庇护关系必然导致政党政治中充斥着利益交换与金钱政治，对其国内政治影响颇大。叶富春的文章《新加坡与马来西亚一党独大制比较分析》(《学术界》2013 年第 2 期）认为新加坡与马来西亚的政党政治都是典型的一党独大制，但二者又有很大区别。作者通过分析两国一党独大制的确立和演变、一党独大制的特点，得出相关经验与启示：要正视稳定的政党政治对一国发展建设的价值；一国或地区政党政治形态的生存发展过程受内外环境及其可控性的制约；一国或地区的政党政治的发展必须要保持独立性自主；要通过网络等新的现代化工具来聚合民意，积极施政，解决好民生及国家建设、发展所面临的主要问题等。作者还提出“稳定、优良且适合国情的政党政治是一个国家走出困境的关键”的观点。

2. 国别政党制度研究

对各国政党制度的研究，涉及政党制度的渊源、演变、特点、发展趋势等问题，涵盖发达国家与发展中国家。

张晓立的文章《美国政党制度的文化渊源及历史启示》(《当代世界》2013 年第 3 期）分析了美国政党制度演变的历史文化传统，认为权力平衡制约理念是美国政党文化的核心价值观，美国的政党制度是其建国后历史演变的结果，是不同政治理念基于美国社会政治文化传统的制度产物。美国政治和政党制度的文化渊源和传统根脉的精髓是政治现实主义和功利主义传统，制约公权力与保护私权利构成了美国政治文化的特点。

谢峰所著《政治演进与制度变迁：英国政党与政党制度研究》(北京大学出版社 2013 年版）以英国政党与政党制度为题，系统梳理了自二战以来英国政党意识形态的演变及其对政治的影响，深刻分析了英国政党党内核心权力的运行，考察了英国政党的组织和资源，并围绕政党制度，从多维视角分析了英国政党制度的延续与变迁。英国是西方竞争性政党制度中两党制的典型代表，经历了旧有的两党制式微、三党竞争、趋向重新建立新的两党制的复杂过程。推动英国政党制度发生变化的主要因素，一是社会变迁；二是制度因素，选举制度的影响。英国实行单名选区相对多数选举制，这在维护两党制的稳定方面发挥了重要作用。单名选区相对多数选举制使得两党制在复杂社会变迁面前仍能存续下来，两党在议会中的主导地位很大程度可保持稳固，英国两党制的发展前景仍可期。

徐向梅的《俄罗斯政党制度发展与法律规制建设》(《俄罗斯学刊》2013 年第 6 期）分析了俄罗斯政党制度的发展历程与特点，认为现代俄罗斯政党制度发源于戈尔巴乔夫时期，不过这只是俄罗斯多党制在法理上奠基、在实践中摸索的时期。苏联解体后俄罗斯政党制度的发展大体经历了两个主要阶段：在叶利钦时期，尽管不成熟，但多党制获得了宪法基础，多党政治格局得以奠定。普京执政以后，加快了政党制度改革步伐，使政党对国家的政治生活和政治格局产生现实影响，这是俄罗斯政党制度改革、多党制趋于形成阶段。汪宁、韦进深的《普京的俄罗斯政党制度发展设想与实践》(《国际关系研究》2013 年第 1 期）认为普京上台后，巩固并发展了俄罗斯多党制的政治制度，这意味着俄罗斯朝着西方民主政治模式靠近了一大步。普京政党制度设想是俄罗斯政党政治的现实、西方政党理论的发展实践和苏共执政失败经验教训共同作用的结果。其主要内容是：多党制的政党制度是国家稳定的手段，但必须改变俄罗斯党派林立的现状；俄罗斯必须拥有执政党；必须采取依法治党的务实措施。江秋丽《俄罗斯政党体制的发展及其趋势》(《西伯利亚研究》2013 年第 5 期）一文认为，俄罗斯已经形成了实际意义上的执政党，然而政党力量的发展严重失衡，政权一定意义上控制了政党，未来俄罗斯政党体制的发展将很大程度上受普京的影响。谢晓光《俄罗斯政党体制与政治体制关系对俄罗斯民主进程的影响》(《当代世界与社会主义》2013 年第 4 期）一文分析了俄罗斯政党体制的演进及其政治体制与政党体制演进的关系，认为政党在国家政治体系中的地位并未有实质改变，国家总统仍然起主要作用。

朱新光等的《吉尔吉斯斯坦多党制评析》(《新疆师范大学学报・哲学社会科学版》2013 年第 5 期）一文认为，吉尔吉斯斯坦多党制是冷战后中亚民主化进程的产物，其形成与发展同吉国的政治、经济、社会及其所处的外部环境等因素密不可分。作为西方政党制度的移植，吉多党制经历了本土政治、经济、文化传统的不断碰撞与磨合，形成了具有吉国特色的温和多党制模式，呈现出政党类型温和性、政党格局非均衡性、政党社会基础脆弱性的特质。由于吉尔吉斯斯坦的民主政治发育不成熟、经济基础薄弱、社会结构裂变过度放大、美俄势力的介入等因素影响，其多党制存在潜在风险和不确定性。

唐展风在《政党制度制度化与民主巩固的相关性研究——以泰国政党制度为样本的分析》(《湖北行政学院学报》2013 年第 3 期）一文依据泰国政党制度表现为政党竞争稳定性低、政党的社会根基弱、政党或选举的合法性低、政党组织水平低等特征，得出泰国政党制度处于低制度化水平的结论。低制度化的政党制度是泰国民主尚未巩固的关键性因素：低制度化的政党制度是非民主行为出现的动因，削弱了民主满意度，妨碍了民主制度的巩固。作者以此验证了“新民主”国家政党制度制度化与民主巩固相关性的理论。

袁东振在《委内瑞拉政党的特点与发展动向》(《当代世界》2013 年第 1 期）和《“后查韦斯时代”委内瑞拉政党及政党格局的新变化》(《当代世界》2013 年第 9 期）两篇文章中认为，委内瑞拉政党格局发生重大变化，传统政党持续衰落，新型政党成为国家政治生活的主体，立场相近的政党相互结盟成为“常态”。围绕支持还是反对国内激进变革进程和查韦斯的“社会主义”，委内瑞拉逐渐形成立场相左的两大政党“联盟”，中间力量日益“边缘化”。面对反对派力量不断攀升，以及社会安全形势恶化等执政难题，统一社会主义党执政压力不断增大。查韦斯病逝后，委内瑞拉政党格局在相对稳定中有新变化，多党制格局基本稳定，但各党实力相差悬殊；在多党制格局下，两大政党联盟对垒的局面趋于“常态化”；新的政党组织不断诞生，政党政治继续呈碎片化趋势。执政的统一社会主义党政治地位相对稳固但面临新难题。

秦晖《从种族两党制到左右两党制——新南非十九年评述(之四)》(《经济观察报》2013 年 8 月 12 日）一文分析了新南非 20 年来政治制度、政治格局的变化，认为其从“黑白两党制”到“左右两党制”是南非政党政治的进步，这种变化使其从种族社会到了阶级社会，成功地强化了多民族国家认同。

（三）世界政党政治发展过程与趋势研究

2013 年对世界政党政治发展过程与趋势的研究，涉及政党政治发展的背景、影响因素、特点、趋势等问题，有研究试图用新的分析框架与方法研究世界政党政治发展相关问题。

1. 世界政党政治发展的背景及影响因素研究

方雷的《超越民族主义的东欧政党政治——基于全球化和欧洲化的视角》(《社会科学》2013 年第 1 期）一文认为，东欧国家的政治环境和政党制度在全球化时代发生了根本改变，东欧政党政治的发展出现新趋势，过去无处不在的“左”和“右”之分变得模糊不清，出现朝中间靠拢的倾向。同时，急剧的社会转型和持续的“欧洲化”进程使东欧国家内部传统的社会认同和族群意识遭遇挑战，东欧民族主义呈现出开放性。东欧各政党针对政治形势和政治体系内相对力量的变化进行了一系列调整，东欧政党政治开始显现超越民族主义的趋向。

吕虹的《金融危机与资本主义政党政治的相互作用》(《毛泽东邓小平理论研究》2013 年第 4 期）认为金融危机恶化了资本主义政党的执政环境，导致资本主义政党在执政环境和治国理政的方式上发生诸多新变化，执政党竭力应对国内危机，在野党抓住机遇搅动国内政坛。资本主义政党制度也受到金融危机冲击，出现若干新动向。

孙林的《网络时代西方政党政治困境》(《理论视野》2013 年第 4 期）一文则认为在网络时代，以多向、即时、互动为特征的网络沟通对西方政党政治产生巨大影响，国家与社会通过网络进行的沟通和互动迅捷而高效，政党的中介功能明显弱化。不仅如此，网络沟通和传播优势降低了政党运行和组建的成本，这一方面迫使传统政党进行组织转型；另一方面促成单一问题党大量涌现，强烈冲击着西方政党政治运行秩序。

张伯玉在《日本选举制度与政党政治》(中国经济出版社 2013 年版）一书中认为，20 世纪 90 年代中期以来，日本众议院选举导入新选举制度，实行小选区制和比例代表制混合使用的小选区比例代表并立制。日本众议院选举制度改革的宏观政治动因包括：净化日本政治；实现政党本位、政策本位的选举；给选民以政权选择的选项；以政权轮替给日本政治注入活力；形成保保对立的政治结构或两大保守政党制等。此改革的战略意图则是“改造”自民党和社会党。新选举制度下，日本政党政治呈现出令人忧虑的右倾趋势，且在短期内不能轻易扭转。日本政治发展呈现出新特征：第一，选举竞争主要在自民党与民主党两大保守政党之间展开，日本共产党、社民党等革命政党的生存空间愈来愈小；第二，政党组织结构中央集权化，日本政治模式由分权型向集权型转变；第三，政党制形态具备了向两大保守政党制发展的可能性，等等。日本在新选举制下举行的大选实现了向“有政权轮替的民主”的转化，这直接关乎政党制度的未来走向——向两党制迈出了重要一步。

2. 西方政党政治发展的特点与趋势研究

王洪一在《非洲政党政治的新特点和新趋势》(《当代世界》2013 年第 12 期）一文中认为，虽然当前非洲多党制和民主选举的宪政模式正在进一步巩固，但政党政治远未成熟，出现碎片化特征。非洲多党民主选举制度建立的基础仍然脆弱，西方民主模式难以适应非洲历史传统和现实需要。非洲国家的宪政民主往往根据本国实际情况作出特殊安排，一些国家的政党政治具有强烈的非洲特色。另外，政党政治国际化和政党联盟的趋势加强。

崔翔、杜小林的《南亚政党政治发展特点与趋势》(《当代世界》2013 年第 10 期）认为，南亚政党政治发展呈现出四个突出特点：政党构成的多样性和复杂性；各国政党政治发展不平衡；政党变动不居、反复分化组合；具有浓厚家族政治色彩。南亚政党政治近年来呈现出新的发展趋势，民主政治成为大势所趋，政党作用上升，政党有意突出独有特性以增强吸引力，但执政党在经济政策方面差异缩小。总体上，南亚政党政治还在继续发展演变，政党地位和作用将进一步上升。

郭伟伟、徐晓全的《马来西亚政党政治的特点与趋势展望》（《国外理论动态》2013年第11期）一文认为，马来西亚政党政治具有族群政治的特点，各族群都建立自己的政党以表达和实现本族群意志；同时，代表不同族群利益的政党以政党联盟的方式参与议会竞争，进行政治权力分配。展望马来西亚政党政治的未来走向，族群政治仍然是影响政党政治的最重要因素，国民阵线仍然具有强大的执政优势，而经济和社会结构变化则给政党带来了转型压力。国民阵线与人民联盟两个政党联盟作为执政党与反对党长期对立或者轮流执政的可能性较大，因而两线政治将会成为马来西亚政党政治中一种相对稳定的态势。

3. 西方政党政治发展的前景研究

在《辩证看待西方政党政治的新发展》（《当代世界》2013年第9期）一文中，吴兴唐认为，对于西方政党政治的新变化要辩证地看，西方政党自身和政党格局确实发生了很大变动，但由一个政党（或少数几个政党联合）上台执政，贯彻该党政治理念的政党政治基础并未动摇。西方国家传统政党和主流政党确实已经成为“选举党”；左翼和右翼界限渐现模糊，中左和中右盛行；党内和党派斗争与竞争既有激烈性又有妥协性，但这不意味着西方政党政治如部分人所说的走向“衰败”。

柴尚金的《当前西方国家多党民主的五大制度困境》（《当代世界》2013年第3期）一文认为接连不断的危机使西方国家的“制度自信”备受打击，多党民主深陷制度困境：把“程序正确”提高到至高无上的神圣地位，会使西方民主制度陷入困境；失序无为的议会民主效率低下；利益集团化的多党竞争导致政治极化；政党政治异化为金钱政治；党内民主走向“寡头政治”。以上情况导致西方国家将处于一个较长时期的“亚健康状态”，但并不意味着资本主义的“总危机”已经到来。

臧志军的文章《试析日本政党政治的危机》（《复旦学报·社会科学版》2013年第4期）认为，20世纪90年代以来，日本政党政治的危机主要表现为：政治冷漠症蔓延，政党分化重组频繁、政局动荡，缺乏政治对立轴，政党政治异化为朋党政治，“剧场政治”盛行，极端主义渐行其道，统治能力低下和非传统政治力量的兴起。日本政党政治的危机无法在短期内摆脱。

4. 西方政党政治发展研究的新框架、新方法

叶麒麟的《弱政党政治：西方政党体制的一种分析框架》（《中国社会科学报》2013年7月31日）认为评判政党政治强弱的关键是政党政治制度化程度，有四个考察维度：政党的社会根基、政党组织结构、政党间关系模式以及政党与国家的关系，某一维度缺失或者严重缺陷即为弱政党政治。弱政党政治过程实施竞争性选举，在初步完成民主转型的国家中，将会呈现人格政治、庇护政治、集团政治、运动政治等政治运行形态。在初步完成民主转型的国家中，简单盲目移植西方政党政治模式，未能创设具有本国特色

的政党体制，政党政治制度化程度低下且十分脆弱，极易导致上述弱政党政治现象的发生，给民主政体带来致命冲击。在政党政治主导的现代政治体制下，政党执行政党政治制度能力的强弱，决定该国政治体制的强弱，从而决定政权与国家的稳定。

张磊的《欧洲议会中的党团政治》（北京大学出版社 2013）一书以理论与实证相结合的方式，通过梳理欧洲议会权力的演变、欧洲议会党团的产生与发展、党团的政治结构及党团在欧洲议会运行中的作用等，描述了欧洲议会的政党政治基本概貌，分析了欧洲议会党团的现代政党政治特征，并试图以政党政治的个案研究为基础，揭示欧洲政治一体化的程度以及欧盟的政治治理状况。作者认为，欧洲议会自身的发展为议会党团的发展创造了条件和动力，欧洲议会党团尤其是大党团已经形成了比较完备的组织体系。在欧洲议会现有权力范围内，欧洲议会中的投票越来越围绕议会党团而非国籍展开，欧洲议会的党团在组织方式、人事任命能力、凝聚力、利益表达方式以及竞争态势等方面都展示出较强的意识形态特征。就总体趋势而言，欧洲议会越来越朝着“超国家机构”的方向发展。

在《中东欧政党政治的“欧洲化”程度研究》（《当代世界与社会主义》2013 年第 2 期）一文中，项佐涛认为，政党政治的“欧洲化”程度是中东欧国家政治转型的一项重要指标。中东欧国家转型 20 多年来在政党格局、政党的意识形态和政策主张、政党关系等方面逐渐与西欧国家看齐。然而，由于政治文化、经济发展水平、历史遗产等不同，中东欧政党政治表现出独特之处。随着各国在入盟后对“本土特色”的日益强调，中东欧政党政治的自身特征趋向明显。

樊吉社在《美国军控政策中的政党政治》一书研究了政党政治如何作用于美国军控政策过程，涉及政党政治对美国军控政策产生影响所经历的变化过程、两党政策偏好在政策形成与实施中如何得到体现、影响政党政治介入美国军控政策程度的因素、政党政治影响美国军控政策产生的结果等问题。作者认为，政党政治对美国军控政策产生影响的渠道主要是分权结构中的国会；借助的手段主要是直接立法和塑造公众舆论、利用程序影响政策等；两党的军控政策理念、国内政治环境包括国会和白宫的权力分布、资深议员作用及突发事件等都影响政党政治介入美国军控政策的程度；由于政党政治的介入，军控问题在美国外交政策中的分量产生变化，美国军事力量的结果和规模也因而受到影响。

刘辉的《美国司法制度中的政党政治因素分析——以最高法院为例》（《当代世界》2013 年第 2 期）对美国司法制度的政党政治因素背景、大法官选任过程中的政党政治因素、审判活动中的政党政治因素、制衡性政治制度下的政党政治因素影响司法制度的底线等问题进行了研究，认为无论过去、现在还是将来，政党政治因素影响大法官选任与最高法院审判活动的诸环节上都体现着党同伐异的普遍规律和政治主张认同超越党派界限的例外，但政党政治因素影响最高法院为代表的司法制度均受到制衡性政治制度的限制。

5. 某国政党政治的新变化研究

盛世良的《俄罗斯多党政治的新变化》（《当代世界》2013 年第 12 期）认为俄罗斯在普京第三任期之初就加快政治改革步伐，当局对政治竞争由担心到放心，对多党制由收紧到放开，各党力争参选、胜选，其多党制正处于完善过程中。李亚洲《俄罗斯政党政治的新变化与发展动向》（《当代世界社会主义问题》2013 年第 2 期）一文也关注了普京 2012 年再任总统后俄罗斯政党改革的步伐及其引发的俄罗斯政党政治的新变化——大批新政党获准登记注册，成为合法政党。

杜洁等人在《泰国两党朝野制衡格局与民主政治的理性走向——2013 年曼谷市长选举个案研究》(《人民论坛》2013 年第 18 期）一文中认为，近年来泰国政治的两大政党格局逐渐清晰，2013 年曼谷市长选举呈现出泰国政党政治民主渐进的两大特点：政党政治的两大政党朝野制衡格局，地方选举中公民政治的理性走向。

四、政党理论和观点的引介与评析

与 2012 年度的相关研究类似，2013 年对国外政党理论观点的引介与评析不仅翻译、引介了国外政党研究成果，也梳理了国外关于某些政党问题的研究现状，还对国外政党思想理论尤其是经典性思想理论进行了研究。

（一）国外政党研究成果的引介与评析

齐建华译的《梦想与追悔：法国社会党与政权关系 100 年（1905—2005）》((法）贝尔古尼欧，(法）戈兰博格著）一书系统地分析和研究了法国社会党从发端到 21 世纪这 100 年来的发展变化历程，梳理了该党与政权关系的百年历史。作者认为，法国社会党与执政的关系非常独特，雄心壮志与后悔莫及两种状态不断混合纠缠在一起。法国社会党一方面在不断融入法国政治体系，另一方面又不肯因融入带来的后果而改变自己的理论和原则，反对修改其任何理论去适应实践。

李雯选译了美国俄亥俄州立大学政治学教授理查德·冈瑟的《选举法、政党制度与精英：西班牙个案》(《天津市社会主义学院学报》2013 年第 3 期)。冈瑟根据西班牙政党政治的具体个案，探究了选举法、政党制度和政党精英之间的微妙关联，认为，政党精英的洞察力、策略和行为在选举模式和政党制度之间发挥重要制约作用。李雯摘译的另一篇文章《欧洲衡量政党及政党法规标准的演进》(《天津市社会主义学院学报》2013 年第 4 期）是荷兰莱顿大学政治学博士弗朗斯·莫莱纳的研究手稿，莫莱纳试图通过分析欧洲跨国层面对政党行为的评判标准，探究欧洲跨国机构对民族国家规范政党和政党法的影响。莫莱纳认为，欧洲跨国机构对政党及政党法规的评判标准对民族国家相关政策的发展产生重要影响，这实际反映出欧洲一体化对民族国家层面的影响越来越大。

王聪聪的《德国政治谱系中的左翼党——评〈当代德国政坛中的左翼党〉》(《唯实》2013 年第 10 期）一文评介了研究左翼党的重要英文著作——2007 年出版的由丹·霍夫、迈克尔·科斯和乔纳森·奥尔森合著的《当代德国政坛中的左翼党》一书。作者认为，该书详尽阐释了左翼党从统一社会党到民社党再到左翼党的发展历程，梳理了其从反对党到体制内政党的“体制化的长征”，并从纲领、选举战略和表现等方面比较了左翼党与绿党发展路径的异同。

周亭佑、施雪琴翻译了（新西兰）詹姆斯·奥基的《泰国的政党、派系与腐败》(《南洋资料译丛》2013 年第 4 期）一文，文章对泰国政党中的派系按凝聚力或效忠程度进行了划分。作者认为，在泰国，政党困境因派系的存在而加剧；这些派系提升了对无益于政党发展的腐败的忍受。除非政党可以控制它的派系——或者找到一种“筹措资金”的替代方法，否则腐败仍将猖獗，政党将因此失去活力，而民选政治体制也将经常遭受军方政变的戕害。

靳呈伟摘译的（瑞典）维维亚娜·斯蒂恰娜的《政党与20世纪90年代阿根廷和智利的高层腐败》（《国外理论动态》2013年第4期）一文的核心问题是政党与腐败的关系。政党与腐败之间存在相互影响。一方面，政党和政党制度的特点影响腐败的发展；另一方面，腐败以利于自身不断繁殖的方式改变了政党的结构、功能和规范。

（二）国外政党观点梳理

崔士鑫所著《历史的风向标——英国政党竞选宣言研究（1900—2005）》（北京大学出版社2013年版）一书认为，英国政党大选竞选宣言是英国政党政治的重要组成部分，是政党的政策、理论和意识形态的集中反映，也是考察一定历史时期国情民意的重要研究依据。作者以20世纪初以来英国主要政党竞选宣言为主线，结合英国相关政治制度与20世纪初以来的历史变迁特别是所面临的主要政治经济和社会问题，分析竞选宣言在内容、形式、形成机制等方面的发展演变；研究竞选宣言与政党政治、选举制度等的相互关系与影响；研究竞选宣言在政党理念形成与政党建设中的地位和作用；研究竞选宣言对于解决英国政治经济社会问题所产生影响的途径与程度等，总结出一些规律性内容，得出一些带有一般规律性的启示。

（三）国外关于某一政党问题的研究现状

王磊、臧秀玲的《衰落抑或复兴：美国学者关于美国政党变迁的研究》（《国外理论动态》2013年第8期）从美国政党衰落的纵向时间维度和横向政党维度两个视角对美国学者已有的研究进行了梳理与评价。相关研究涉及政党衰落与复兴的概念、衡量方法、时间段、原因等问题。

（四）国外政党思想理论研究

陈崎的《理查德·卡茨和彼得·梅尔的卡特尔政党理论述评》（《教学与研究》2013年第8期）介绍了美国学者卡茨和爱尔兰学者梅尔于1992年提出、在此后近20年间不断加以丰富和发展的卡特尔政党理论。该理论从西方政党与社会和国家之间关系的变化入手，一方面探讨了政党与国家之间的关系日益密切、主流政党结成政治卡特尔垄断国家政权、议会和政府内的政党领袖和组织日趋强势、政党的中央机构不断强化等现象，为政党的存在和发展提供了合理解释；另一方面也注意到了政党逐渐脱离社会而导致的政党地方组织和基层组织萎缩、党员数量下降等问题，意识到政党在长远发展中将会面临合法性不足的危机。不过，卡茨和梅尔未能找到应对这些问题和危机的办法，体现出了其理论的局限性。

朱昔群　中央编译局政治发展研究所所长
刘　玉　山东警察学院副教授
靳呈伟　中央编译局副研究员

附录三：中国政党制度年鉴文献目录

本目录共收录论文 1080 篇，分为政党制度、执政党建设、参政党建设、国外政党研究和比较研究四部分。收录图书 103 种。

一、论文

1. 政党制度

侯远长．充分发挥中国特色政党制度的独特优势．中州学刊，2013，(1).

薛建泽．网络民主对我国政党制度的影响和对策研究．理论观察，2013，(1).

常婧．提升政党制度的社会整合效能——基于政治社会化视角的结构功能分析．中央社会主义学院学报，2013，(1).

吴艳春．社会主义民主政治的发展与中国特色政党制度的成长．中央社会主义学院学报，2013，(1).

袁蕊．民国初年竞争型政党制度的兴起与夭亡．商丘师范学院学报，2013，(1).

伊胜利．坚定不移坚持和完善中国特色社会主义政党制度——学习党的十八大报告的一点体会．黑河学刊，2013，(1).

鲍跃华．中国特色政党制度的共识导向及其延展．中央社会主义学院学报，2013，(1).

王春云．浅析中国政党制度的中国特色及完善路径．延边党校学报，2013，(1).

周贤山．论“同心思想”对多党合作理论的新发展．重庆社会主义学院学报，2013，(1).

任士敏．中国多党合作制度孕育的理论原点．上海市社会主义学院学报，2013，(1).

林国华．多党合作制度建设中的文化自觉．广东省社会主义学院学报，2013，(1).

杨猛．中国党际政治协商问题的现状与对策分析．科教文汇(上旬刊)，2013，(1).

王建华，王云骏．我国多党合作的民主监督问题研究——基于比较政党制度的视角．学术界，2013，(1).

李焕云．多党合作制度在中原经济区建设中的作用发挥探索．河南社会科学，2013，(1).

孟彩云．谈共产党领导的多党合作制确立的时间．河南商业高等专科学校学报，2013，(1).

张韶华．西柏坡在多党合作历史上的地位和作用．广东省社会主义学院学报，2013，(1).

徐晓冬，于海会．中国特色政党制度形成的历史考察．沈阳干部学刊，2013，(1).

周维启．当代中国政党制度的科学内涵与科学发展．陕西社会主义学院学报，2013，(1).

郑香妞．新时期统一战线视野下的政党制度面临的挑战与建设的原则．辽宁行政学院学报，2013，(1).

叶介甫．李维汉对我国政党制度的理论和实践贡献．天津市社会主义学院学报，2013，(1).

刘炳端．中国特色政治包容视域下的多党合作和政治协商制度．武汉交通职业学院学报，2013，(1).

肖存良．政党制度与中国协商民主研究——基于政权组织形式的视角．南京社会科学，2013，(2).

安彩英．论政党制度在政治民主进程中的整合功能．信阳师范学院学报(哲学社会科学版)，2013，(2).

丁志刚，董洪乐．政党、政党制度与现代多民族国家治理．思想战线，2013，(2).

乔方亭．论毛泽东关于中国政党制度的思想．上海市社会主义学院学报，2013，(2).

刘朋．党的第一代中央领导集体政党政治思想探析．中央社会主义学院学报，2013，(2).

张瑞琨．关于我国政党制度的发展理念问题．江苏省社会主义学院学报，2013，(2).

邹升平．参政党视阈下中国特色政党制度民主价值的优化与开发．辽宁省社会主义学院学报，2013，(2).

杭元祥．中国多党合作事业的历史回顾．中国政协理论研究，2013，(2).

蔡旺儒．优化民主党派关系与完善中国政党制度．天津市社会主义学院学报，2013，(2).

姚建华．当代中国政治制度体系视阈中的多党合作制——兼析多党合作制与国体、政体的关系．观察与思考，2013，(2).

刘红凛．我国政党制度的创造性价值与发展要求．中共中央党校学报，2013，(2).

陶建兵，武文涛．中国特色政党制度的协商民主理论形成的国情背景——中国特色政党制度的协商民主理论探究．中共南昌市委党校学报，2013，(2).

许丽丽．适应性视野下中国特色政党制度的发展和完善．甘肃理论学刊，2013，(2).

周宁宁．中国特色政党制度与现代国家建设的互动性分析．河北省社会主义学院学报，2013，(2).

耿百峰，史君红，陈小葵．论中国特色政党制度的政治优势．中共济南市委党校学报，2013，(2).

李雯．例外论与政党比较分析．天津市社会主义学院学报，2013，(2).

刘景泉，赵晓呼．论近代以来中国政党的基本走向．史学月刊，2013，(2).

王东海．毛泽东的多党合作思想辨析．社科纵横，2013，(2).

吴伯奎．超越竞争与控制：中国特色政党制度的历史生成．前沿，2013，(2).

郭勤华．推进多党合作制度化建设的思考．中共银川市委党校学报，2013，(2).

熊必军．试论我国多党合作制度的制度设计路径选择．湖南省社会主义学院学报，2013，(2).

魏晓东．我国执政党与参政党关系民主化问题研究．上海市社会主义学院学报，2013，(2).

黄小荣．论多党合作制度．广东省社会主义学院学报，2013，(2).

戴安林．论江泽民的多党合作思想．湖北省社会主义学院学报，2013，(2).

张世坤．多党合作视域下“同心”思想与和谐政党关系的思考．河北省社会主义学院学报，2013，(2).

严隽琪．坚持和发展中国特色社会主义推动多党合作事业蓬勃发展．中央社会主义学院学报，2013，(2).

汪守军．“中间路线”的历史宿命与中国共产党领导的多党合作和政治协商制度的历史必然性．中央社会主义学院学报，2013，(2).

贾丽云，王丽欣．“大位置”起用党外人士：多党合作和政治协商制度形成的基石．河北省社会主义学院学报，2013，(2).

温小勇．西柏坡多党合作文化与“同心”思想的理论联系．河北省社会主义学院学报，2013，(2).

刘舒，薛忠义．中国政党趋同问题研究：回顾与展望．甘肃理论学刊，2013，(2).

郭世松．试论保持和促进中国特色和谐政党关系．广西社会主义学院学报，2013，(2).

熊必军．试论提高我国多党合作制度效能的制度设计原则与要求．天津市社会主义学院学报，2013，(2).

范前锋．当代党外代表人士特点、发展趋势及成长规律．云南社会主义学院学报，2013，(2).

刘树燕．网络民主在我国政党制度革新中的价值分析．江西行政学院学报，2013，(3).

陶建兵．中国特色政党制度的协商民主理论之特色和优势．实事求是，2013，(3).

宋连胜，董树彬．中国政党制度的理论构建．社会科学战线，2013，(3).

邸乘光，贾绍俊．中国特色政党制度的完善与发展．中共天津市委党校学报，2013，(3).

柴宝勇．论“一国两制”与中国政党制度的衔接：基础、条件与路径．上海市社会主义学院学报，2013，(3).

郭钰霞．新视域下中国政党制度的完善．长春工程学院学报(社会科学版)，2013，(3).

李明彦．构建和谐政党关系实现民族复兴之梦．吉林省社会主义学院学报，2013，(3).

和宝军．李维汉对多党合作理论的贡献．湖南省社会主义学院学报，2013，(3).

杨正琳．中国多党合作制度化规范化程序化建设的思考．云南社会主义学院学报，2013，(3).

赵秀忠．西柏坡多党合作文化的价值内涵和文化底蕴．山西社会主义学院学报，2013，(3).

李听．多党合作与“同心思想”．鄂州大学学报，2013，(3).

邹谨，姚红．毛泽东与中国共产党领导的多党合作和政治协商制度的奠基——纪念毛泽东诞辰120周年．广东省社会主义学院学报，2013，(3).

杨丹娜．坚持和完善中国共产党领导的多党合作和政治协商制度的实践思考．广东省社会主义学院学报，2013，(3).

李静．中国梦视角下的多党合作制度建设．贵州社会主义学院学报，2013，(3).

黄毅．健全社会主义协商民主制度与多党合作事业发展．云南社会主义学院学报，2013，(3).

齐春雷．关于党外代表人士代表性的几点思考．湖北省社会主义学院学报，2013，(3).

姚广利．特色视阈下的中国政治制度．信阳农业高等专科学校学报，2013，(3).

戴小江．马克思主义多党合作理论中国化的发展历程及基本经验．哈尔滨市委党校学报，2013，(3).

陶建兵，何旭．中国特色政党制度的协商民主理论之发展历程．天津市社会主义学院学报，2013，(4).

周翠．论新时期多党合作制度的建设和发展．吉林省社会主义学院学报，2013，(3).

杨选锋．浅析社会资本与政党关系．湖北社会科学，2013，(3).

刘如梅．对中国特色政党制度的几点思考．贵州社会主义学院学报，2013，(4).

梁晓宇．坚持和完善中国特色政党制度的再思考．贵州社会主义学院学报，2013，(4).

王孝勇，郭智勇．政治共识视域下的中国特色政党制度发展探析．河海大学学报(哲学社会科学版)，2013，(4).

曹晓飞．网络民主对我国政党制度安全的影响及对策．湖北省社会主义学院学报，2013，(4).

王东勤．发挥我国政党制度的独特优势和作用实现政党制度与人民民主的良性互动．中央社会主义学院学报，2013，(4).

[49] 陶建兵，陈路明．中国特色政党制度的协商民主理论之主要内容．中共太原市委党校学报，2013，(4).

鲍跃华．论中国政党制度的社会和谐功能．广州社会主义学院学报，2013，(4).

陈忠辉．浅谈中国政党制度的“三性”．四川省社会主义学院学报，2013，(4).

刘在华．中国共产党的政治品质和组织领导能力决定了中国政党制度的历史必然性．延边党校学报，2013，(4).

张灯．论当代中国政党制度的运行机制及其完善．商丘师范学院学报，2013，(4).

杨立志．中国政党制度的价值意蕴及其当代发展．中共天津市委党校学报，2013，(4).

熊必军．现代化视域中完善中国特色政党制度的思考．上海市社会主义学院学报，2013，(4).

吴丽萍．中国政党制度的思想渊源——马克思恩格斯关于政党合作的理论．邵阳学院学报(社会科学版)，2013，(4).

陈立明．马克思主义多党合作理论在当代中国的实践与发展．中央社会主义学院学报，2013，(4).

李红芹．试论多党合作在构建社会主义和谐社会进程中的作用．湖南省社会主义学院学报，2013，(4).

邹义煜．多党合作凝聚力量民主协商攻坚克难——试论“五一口号”的当代启示．武夷学院学报，2013，(4).

童凤华．坚定“三个自信”，不断巩固和发展多党合作事业．云南社会主义学院学报，2013，(4).

李其春．坚持多党合作实现“中国梦”．吉林省社会主义学院学报，2013，(4).

朱琳琳，魏晓文．我国多党合作时代发展的“同心”思考．广州社会主义学院学报，2013，(4).

罗维英，龙刚．李维汉多党合作思想初探．湖南省社会主义学院学报，2013，(4).

黄小钫．中国多党合作制研究：历史、理论和实践的维度．吉林省社会主义学院学报，2013，(4).

中共宿迁市委统战部，民进宿迁市委员会．我国多党合作中的民主监督问题研究——以民主党派对共产党的党际监督作用为视角．江苏省社会主义学院学报，2013，(4).

李文涛，顾国柱．我国多党合作文化内涵探讨．上海市社会主义学院学报，2013，(4).

张焕金．完善机制，加强党外代表人士队伍建设．河北省社会主义学院学报，2013，(4).

刘晓辉．浅析共产党在中国特色政党制度中的领导地位．山西高等学校社会科学学报，2013，(8).

刘娜．中国特色政党制度伦理建设初探．桂海论丛，2013，(5).

黄文胜．论当代中国特色社会主义和谐政党关系的特征．中南林业科技大学学报(社会科学版)，2013，(5).

张锋．坚持和完善中国特色社会主义政党制度．湖北经济学院学报(人文社会科学版)，2013，(10).

陶建兵，徐罗卿．建构中国特色政党制度的协商民主理论及时代意义．中共云南省委党校学报，2013，(5).

魏晓文，刘越．关于新形势下发挥中国政党制度特色优势的思考．学理论，2013，(10).

吴丽萍．中国政党制度思辩．当代教育理论与实践，2013，(7).

戴立言：政党制度与反腐败．红旗文稿，2013，(14).

戴晓娟．论网络民主与新时期中国政党制度构建．韶关学院学报，2013，(9).

陶建兵，陈路明．中国特色政党制度中党际民主协商之发展和完善．湖北省社会主义学院学报，2013，(6).

夏燕月．毛泽东对中国特色政党制度形成和发展的历史性贡献．中国浦东干部学院学报，2013，(6).

徐建萍．当代中国社会阶级阶层结构与政党制度的关系演变及特点分析．中央社会主义学院学报，2013，(6).

朱益飞，刘诚．论增强中国政党制度的包容力——基于社会主义协商民主的视角．中国青年政治学院学报，2013，(6).

刘飞．新中国政党制度建设与社会稳定关系探析．山东社会科学，2013，(11).

朱哲，刘秀玲．从多党竞争到多党合作——中国政党制度的历史考问与当代考量．学习与探索，2013，(5).

余磊．中国特色政党制度对“中国奇迹”的贡献与作用．文史博览(理论),2013,(7).

李伟．中国政党制度的特点和优势．人民论坛，2013，(27).

丁文．中国特色政党制度若干问题研究综述．北京党史，2013，(5).

程云庆．新世纪中国特色政党制度形成的文化因素研究评述．江苏省社会主义学院学报，2013，(5).

朱琳琳，任春雷．论中国特色社会主义政党制度的发展与创新．吉林省教育学院学报(上旬)，2013，(11).

郭钰霞．浅析协商民主理论与中国政党制度建设．长春理工大学学报(社会科学版)，2013，(10).

曹希岭．毛泽东关于新中国政党制度的艰难抉择．科学社会主义，2013，(5).

王锐，朱士亮．我国多党合作制度的历史演进．四川统一战线，2013，(5).

林尚立．中国政党制度的历史性贡献．求是，2013，(13).

程单剑．试论近代中国现代化与政党先进性的关系．学理论，2013，(26).

姜丽华．完善运行机制，提升多党合作制度的整体效能．江苏省社会主义学院学报，2013，(5).

罗卫荣，彭兰萍，李佳颖，汤池．中国特色政党制度在社会主义民主政治建设中的地位和作用．湖南省社会主义学院学报，2013，(5).

刘菊香，农晓芬．多党合作制度与协商民主．江苏省社会主义学院学报，2013，(6).

蔡圣凤．中国多党合作制度的传统文化渊源探析．党史文苑，2013，(20).

石媛．多党合作与政治协商制度在社会主义民主中的地位．中共银川市委党校学报，2013，(5).

吉秀华．正确认识中国特色政党关系需要把握的三个关键点．上海市社会主义学院学报，2013，(6).

姚雁鸣．毕节模式——中国共产党领导的多党合作制度探析．法制博览(中旬刊)，2013，(9).

胡小芬．多党合作与国家软实力问题研究．经济与社会发展，2013，(5).

徐琳琳．网络民主对我国政党建设的影响及对策探析．辽宁经济，2013，(10).

余发良，宋绍霞．毕节示验区多党合作的启示．党史文苑，2013，(24).

李后强，郭丹．政治协商的文化内涵与多党合作的“同心圆模型”．中国浦东干部学院学报，2013，(5).

冉鑫．中国新民主义革命时期的多党合作历史研究．兰台世界，2013，(19).

邹谨，张丽红．抗日战争时期毛泽东的多党合作思想——纪念毛泽东诞辰120周年．上海市社会主义学院学报，2013，(4).

张军国，刘利平．中国共产党领导的多党合作政治协商制度在西柏坡初步形成．党史博采(理论)，2013，(9).

谭元敏．多党合作和政治协商——中国共产党对马克思主义联合民主政党思想的继承与创新．湖北理工学院学报(人文社会科学版)，2013，(5).

邓方国，贺俊春．以同心思想指导我国多党合作实践．江苏省社会主义学院学报，2013，(5).

任世红．协商民主：多党合作的内生价值．中共天津市委党校学报，2013，(6).

秦玉．多党合作与政治协商制度在新时期的理性完善．北华大学学报(社会科学版)，2013，(5).

芦新建，范前锋．“五一”口号：多党合作的先声——纪念“五一”口号发布65周年．湖北省社会主义学院学报，2013，(5).

林萍．坚持和完善多党合作制度共圆中国梦——习近平对多党合作理论的创新与发展．天津市社会主义学院学报，2013，(4).

同言．解读我国多党合作制度成功的密码．中国统一战线，2013，(5).

佟一．多党合作中的政治协商是社会主义协商民主的生动实践．中国统一战线，2013，(5).

刘鹏飞．“三三制”政权及其对完善多党合作制的启示．重庆科技学院学报(社会科学版)，2013，(7).

陈惠卿．宪法视角下的多党合作制探析．法制博览(中旬刊)，2013，(9).

高天．铭记历史薪火相传——西柏坡多党合作文化研究的历史价值和实践探索．中国统一战线，2013，(8).

邹义煜．历史视野下“五一口号”精神内涵的再发现．吉林工商学院学报，2013，(5).

刘俊杰．中国党际协商民主的精神基础探析．重庆社会主义学院学报，2013，(5).

王瑜，赵海月．论协商民主在构建和谐政党关系中的作用．甘肃社会科学，2013，(6).

陈建．中国特色多党合作制度不断向前发展．中华工商时报，2013-01-14007.

戴立言．反腐败与政党制度辨析．中国纪检监察报，2013-06-25003.

蔡志强．构建和谐党群关系．辽宁日报，2013-07-30006.

滕树红．新时期构建和谐政党关系的思考．贵州政协报，2013-08-01A03.

王韶兴．中国特色政党制度研究的拓展与深化．中国社会科学报，2013-12-25B03.

车庆芳．中国特色政党制度是历史的必然选择．山西青年报，2013-11-10002.

2. 执政党建设

成为杰．发展视角下中国共产党执政合法性研究．江汉大学学报(社会科学版)，2013，(1).

朱兆华．中国共产党党内协商民主的发展路径研究．理论建设，2013，(1).

朱新山．试论基层党组织增强代表性的逻辑与机制．毛泽东邓小平理论研究，2013，(2).

郑凯旋．中国共产党群众路线的历史发展与现实反思．长江师范学院学报，2013，(1).

郑惠强．完善制度机制 密切党群关系．上海市社会主义学院学报，2013，(1).

黄国华．关于“协商民主”新概括的若干思考——学习党的十八大报告体会．中共成都市委党校学报，2013，(1).

韦灵桂，秦黎桃，赖武善．简论执政党在政府过程中的作用．中共成都市委党校学报，2013，(1).

杨溪阁．源与流：新时期党的群众工作动力机制探析．求索，2013，(2).

徐向周．加强新形势下党的思想建设的路径探析．才智，2013，(6).

李东明．党的十八大对党内民主建设的新贡献．首都师范大学学报(社会科学版)，2013，(1).

李玉荣．党的十八大反腐倡廉建设方略的确立．首都师范大学学报(社会科学版)，2013，(1).

罗子俊．党的执政能力提高的动力机制探讨．社会科学家，2013，(2).

沈冰清．中国共产党学习型政党建设的学习模式及变迁．行政与法，2013，(2).

何军．中国共产党执政体系的治理绩效基础研究．当代世界与社会主义，2013，(1).

韩凤芝．中国共产党执政能力建设思想探析．延边教育学院学报，2013，(1).

刘朋．党的十八大对马克思主义党建理论发展的新贡献．新疆社科论坛，2013，(1).

李东洲．将科学发展观确定为党的指导思想是历史性的创新和进步．中共银川市委党校学报，2013，(1).

于潇珊，孙建领．积极探索党的建设科学化水平的途径．中共银川市委党校学报，2013，(1).

彭希林，丁慧．毛泽东的学习型政党建设思想浅析．思想政治教育研究，2013，(1).

万庆．加强党的纯洁性建设亟须增强四种能力．中共郑州市委党校学报，2013，(1).

陈伯仁．十六大以来我党构建惩治和预防腐败体系的探索与启示．中共郑州市委党校学报，2013，(1).

齐春雷．推进党内民主是当代中国政治发展的最佳路径．江苏省社会主义学院学报，2013，(1).

魏志祥．中国共产党理论创新自觉的历史经验．西部学刊，2013，(2).

汪津生．加强党的文化软实力建设新思路——基于中国共产党十八大报告的考察．重庆行政(公共论坛)，2013，(1).

胡祖凤．新世纪以来中国共产党执政理念研究概况．党政干部学刊，2013，(2).

唐秀玲．学习型服务型创新型：党的建设目标新探索．当代广西，2013，(4).

徐仲韬．中国特色社会主义党建理论体系研究．学习论坛，2013，(2).

姚金果．从党对自身经验的总结看十八大的贡献．中共党史研究，2013，(2).

叶介甫．统一战线是中国共产党执政兴国的重要法宝．中央社会主义学院学报，2013，(1).

张书林．党的建设形态的历史演进与现实呈现．中共石家庄市委党校学报，2013，(2).

朱兆华．党内选举民主与党内协商民主的互动关系研究．中州学刊，2013，(2).

李卫红．从“以阶级斗争为纲”到“以人为本”——中国共产党执政理念演变的逻辑进程探寻．中国石油大学学报(社会科学版)，2013，(1).

袁绍东．党建总目标的演进：历程、基础及启示．福州党校学报，2013，(1).

齐春雷．关于发展中国共产党党内民主的几点思考． 湖南省社会主义学院学报，2013，(1).

贾绘泽．论中国共产党的五大政治优势． 求实，2013，(2).

王雪超．十六大以来党内民主建设的巨大成就与基本经验． 理论导刊，2013，(2).

肖柯．改革开放以来中国共产党政党文化转型与创新探析——以时代精神嬗变与执政党软实力建设为分析视角． 社会主义研究，2013，(1).

许一飞，肖珩．党的执政能力建设研究综述． 世纪桥，2013，(3).

苏杰，戈文慧．多维视角下党风廉政建设探析． 世纪桥，2013，(3).

魏润月．浅析十八大党的建设理论创新． 科教文汇(上旬刊)，2013，(2).

高新民．建设"三型"马克思主义执政党——党建目标新定位． 中国党政干部论坛，2013，(2).

朱新现．全面提高党的建设科学化水平的逻辑路线． 贵阳市委党校学报，2013，(1).

蔡志强．在制度框架内保障党的作风建设． 贵阳市委党校学报，2013，(1).

任武娟．对中国共产党执政经验的探析． 中共乐山市委党校学报，2012，(6).

刘昀献．党内民主理论的新发展． 中国浦东干部学院学报，2013，(1).

廖雄军．中国特色的党群合作决策模式研究——完善党内民主决策机制的新视角． 中国浦东干部学院学报，2013，(1).

张笑扬．马克思主义中国化的百年演绎历程——从十八大看中国共产党理论创新的逻辑主线． 中共四川省委党校学报，2013，(1).

任伟民．人民为本：中国共产党执政的核心理念． 南京政治学院学报，2013，(1).

张蕾蕾．中国共产党意识形态历史嬗变及思考． 改革与开放，2013，(2).

王峰．从发展目标看中国共产党执政为民的理念． 改革与开放，2013，(2).

夏达，杜春华，胡雅娟．中共执政制度认同空间维度的深度思考． 广西社会科学，2013，(1).

丁俊萍．党的建设主线的历史考察和理论思考． 中国井冈山干部学院学报，2013，(1).

王永恒．增强忧患意识 加强党的建设——学习党的十八大精神体会． 郑州师范教育，2013，(1).

张洪萍．论中国共产党执政包容性思想的本土文化影响． 宜春学院学报，2013，(1).

时新华．延安时期我党对核心价值理念的探索． 济南大学学报(社会科学版)，2013，(2).

赵铁锁，李思聪．回顾与总结：十六大以来党的纯洁性建设历程与经验． 长白学刊，2013，(1).

李祥营．完善中国共产党的领导制度的思考． 重庆社会主义学院学报，2013，(1).

胡祖凤．对中国共产党执政理念科学化若干问题的思考． 党史文苑，2013，(2).

申文明．论中国共产党提高党的建设科学化水平的理论与实践． 党史文苑，2013，(2).

吴海勇．从党的建设和民族复兴的高度解读科学发展观． 南京理工大学学报(社会科学版)，2013，(1).

王丽君，王烨．中国共产党执政理念的历史剖析与现实思考． 牡丹江教育学院学报，2013，(1).

余树林，黄相怀．论中国共产党的核心执政能力． 唐都学刊，2013，(1).

高广宏，方国辉．从历史周期率看中国共产党执政能力提高． 天津行政学院学报，2013，(1).

刘林元．论中国共产党的执政理念． 中国延安干部学院学报，2013，(1).

张书林．十八大对党的建设新总体布局的规划设计． 中共天津市委党校学报，2013，(1).

闫东．社会建设视角下基层党组织功能转换及实现途径研究． 河南科技学院学报，2013，(1).

罗晓梅．马克思主义执政党建设的规律：把握与运用． 重庆社会科学，2013，(1).

师泽生，林毅．深化对中国共产党执政地位必然性的认识． 理论探讨，2013，(1).

季冬晓．中国共产党政党法治建设探微． 理论探讨，2013，(1).

徐国亮，刘飞．新社会组织党的建设工作探析． 理论学刊，2013，(1).

李德，李艳辉．新时期加强党的最新执政能力建设研究． 领导科学，2013，(2).

刘文长，张彩虹．全面提高党的建设科学化水平． 宁夏党校学报，2013，(1).

公茂虹．加强中国共产党核心价值体系建设． 思想政治工作研究，2013，(1).

沈尚武．中国共产党执政方式的现代化． 领导科学论坛(理论)，2013，(1).

李水清，胡永干．高校建设马克思主义学习型党组织的途径和方法． 领导科学论坛(理论)，2013，(1).

车辚．中国共产党执政生态系统的变革能力分析． 桂海论丛，2013，(1).

雷青松．加强新时期党的执政民心资源建设的思考． 桂海论丛，2013，(1).

王春玺．十六大以来中国共产党执政理念的人民性特征． 北京党史，2013，(1).

王钦双．中共十二大与新时期党的建设． 北京党史，2013，(1).

吴阳松．延安时期党内民主建设的理论探索及启示意义． 桂海论丛，2013，(1).

兰华，尹利平．中国共产党执政地位与领导方式的基本特征． 山东社会科学，2013，(1).

陶玉霞．建设学习型、服务型、创新型的马克思主义执政党． 新长征，2013，(1).

姚桓．长期执政如何避免生命力衰退——全面提高党的建设科学化水平． 人民论坛，2013，(1).

徐晨光．中国共产党执政思想的重大创新——论十八大报告的新亮点． 湖湘论坛，2013，(1).

陆斗细．我党执政建设在信息化时代的机遇与挑战——以党的执政建设为视角． 求索，2013，(2).

翟淑莲．强化自觉 把握要求 全面推进服务型马克思主义执政党建设． 党史博采(理论)，2013，(2).

刘鹤挺．论执政党依法执政． 陕西行政学院学报，2013，(1).

朱联平．执政党与社会视域下的政治困境与建构． 党政干部学刊，2013，(2).

唐皇凤．增强执政党调适性：中国政治发展的核心战略取向．浙江社会科学，2013，(2).

陈伟．冲击与应对：新兴媒体的发展与马克思主义执政党建设．探索，2013，(1).

赵长芬．提升服务理念 建设服务型执政党．探索，2013，(1).

梁晓宇．对建设学习型、服务型、创新型马克思主义执政党的思考．探索，2013，(1).

周志平．“三型”马克思主义执政党建设探析．长江论坛，2013，(1).

孙艳春．对建设学习型、服务型、创新型的马克思主义执政党的几点认识．奋斗，2013，(2).

虞云耀．牢牢把握党的建设总目标．求是，2013，(3).

于洪生．执政党在社会建设及社会管理上的新理念．中国浦东干部学院学报，2013，(1).

肖纯柏．科学发展观对执政党建设的理论贡献．中共云南省委党校学报，2013，(1).

周知民．全面建成小康社会总布局中执政党建设的新逻辑——学习中共十八大报告的体会．长白学刊，2013，(1).

李伟才．执政能力建设与提高行政效率．经营管理者，2013，(2).

孙飞．建设服务型执政党意义重大．中国监察，2013，(2).

唐志龙．论服务型执政党建设的四重维度．唯实，2013，(1).

钟龙彪．建设服务型马克思主义执政党的依据、内涵与根基．中共天津市委党校学报，2013，(1).

薛小荣．信息网络技术对执政党建设的三重影响——技术变革视野下的政党建设．党政论坛，2013，(1).

蒋仁勇．建设学习型、服务型、创新型马克思主义执政党的思考．理论视野，2013，(1).

陈登才．党的十八大对马克思主义执政党建设的新要求．北京交通大学学报(社会科学版)，2013，(1).

刘京希．当代中国执政党党社关系检视——基于政治合法性视角的历史分析与展望．学术界，2013，(1).

田旭明．清正廉洁：马克思主义执政党的政治本色．学术论坛，2013，(1).

王懂棋．“三型政党”建设的重大意义．思想政治工作研究，2013，(1).

刘德海．围绕“三型”政党建设提高党建科学化水平．群众，2013，(1).

汪连天．新时期党内民主建设重要意义探析．湖北省社会主义学院学报，2013，(1).

王建新．努力建设“三型”马克思主义政党 全面提高党的建设科学化水平．沧桑，2013，(1).

章铸，章澄，盛武，方芳．党风廉政建设信息化问题探讨．理论建设，2013，(2).

鱼俊清，康小怀．马克思主义执政党建设目标的重要创新——学习型、服务型、创新型政党的构建．西安政治学院学报，2013，(2).

高长峰．与时俱进 建设服务型执政党．今日中国论坛，2013，(5).

彭海燕．任弼时对执政党建设理论的卓越贡献．福建党史月刊，2013，(8).

王海明．充分认识建设学习型马克思主义政党的重要意义．社科纵横，2013，(4).

陈正良，胡舟霞．论加强执政党的软权力建设——中国共产党党建工作的一项重大课题．浙江社会科学，2013，(4).

王海军．论新形势下提高党的建设科学化水平的系统建构——基于党的执政体制的分析．探索，2013，(2).

毛跃．以服务型执政党思维构建新型党群关系．观察与思考，2013，(4).

姚桓．论建设学习型、服务型、创新型的马克思主义执政党．中国特色社会主义研究，2013，(2).

崔建周．马克思主义执政党创新的路径选择．中国特色社会主义研究，2013，(2).

刘玉瑛．新媒体环境下执政党需实现四大转变．中国党政干部论坛，2013，(4).

黄玉琳．全面提高党的建设的科学化水平．今日中国论坛，2013，(4).

刘朋．建设服务型执政党重在转变作风．求知，2013，(4).

赵秀忠．全面提高科学化水平：党的建设的高度自觉．攀登，2013，(2).

王森泰．建设学习型服务型创新型执政党．理论参考，2013，(4).

张慧霄．提高对建设学习型服务型创新型政党的认识．理论参考，2013，(4).

钟国兴．为什么要建设学习型服务型创新型政党．理论参考，2013，(4).

刘会喜．新时期胡锦涛执政党建设思想．改革与开放，2013，(6).

李晓燕．现阶段阶层矛盾与执政党的社会基础建设探析．改革与开放，2013，(6).

王炳林，方建．建设学习型服务型创新型政党的理论思考．北京师范大学学报(社会科学版)，2013，(2).

张磊．执政党先进性建设与坚持群众路线．学习月刊，2013，(6).

陈曦．论大众传媒在党的执政能力建设中的作用及促进对策．东北师大学报(哲学社会科学版)，2013，(2).

柴宝勇．论十八大报告中的执政党建设——以政党认同理论为分析视角．中国青年政治学院学报，2013，(2).

钟龙彪．服务型基层党组织建设的现状分析与理论思考．长白学刊，2013，(2).

朱金融．浅析提高党的建设科学化水平．才智，2013，(8).

李邦松．马克思主义政党观的重大创新．党政论坛，2013，(3).

唐海潇．社会阶层分化对执政党建设的影响．党政论坛，2013，(3).

姚桓，邹庆国．论构建中国执政党建设理论的话语体系．新视野，2013，(2).

袁绍东．中共党建总目标的演进：历程、基础及启示．宁夏党校学报，2013，(2).

王树春．建设学习型、服务型、创新型的马克思主义执政党．奋斗，2013，(3).

黄蓉生．确立工作抓手 提高高校党的建设科学化水平．中国高等教育，2013，(5).

李景治．全面提高党的建设科学化水平．社会科学研究，2013，(2).

祝玉峰．论党的纯洁性建设的重要性、基本内涵及路径．重庆师范大学学报(哲学社会科学版)，2013，(2).

张时碧．新时期党的建设工作特点浅析．世纪桥，2013，(7).

王卫．延安时期朱德对加强党的建设工作的贡献．延安大学学报(社会科学版)，2013，(2).

石昌帅，李庚全．党的建设科学化的历史进程和基本经验． 中共石家庄市委党校学报，2013，(4).

吴萍．党内民主责任的制度取向及路径选择． 探索，2013，(2).

王长江．用“科学化”统筹党的建设．唯实，2013，(4).

刘泽雨．服务型政党：中国共产党新时期功能作用的新定位． 党政论坛，2013，(4).

姜伯奎，屈克逊，何贤举．保持党的先进性、纯洁性的优化思路． 重庆社会科学，2013，(4).

王士龙，赵绪生．全面提高党的建设科学化水平． 理论与当代，2013，(4).

向红．马克思主义学习型政党建设动力探讨． 中共福建省委党校学报，2013，(4).

郭国祥，杨光红．中国共产党执政意识形态创新路径． 学术论坛，2013，(4).

涂小雨．科学发展观与中国共产党执政话语体系转型． 中国井冈山干部学院学报，2013，(2).

戴安林．论大力提高党的领导工作科学化水平． 中国井冈山干部学院学报，2013，(2).

唐莲英．党的纯洁性建设的历史进程与实践意蕴． 中国井冈山干部学院学报，2013，(2).

张秀珍．把“纯洁性建设”列入党建主线的思考． 中共云南省委党校学报，2013，(2).

吴光祥．提高党的建设科学化水平的历史逻辑与实践路径． 湘潮(下半月)，2013，(3).

王继元．全面提高党的建设科学化水平论析． 长白学刊，2013，(2).

张荣华，宋海儆．党对基本执政方式的探索及其经验． 理论学刊，2013，(3).

卢少求，程增俊．执政价值观：中国共产党执政文化建设的核心要素． 安徽理工大学学报(社会科学版)，2013，(1).

林志彬，郭文亮．党建文化与新时期党的建设生命力． 领导科学，2013，(8).

蒯正明，王玉．中国共产党成立以来保持党纯洁性的基本经验． 求实，2013，(3).

李志强．论中国共产党政党文明建设的战略价值． 重庆文理学院学报(社会科学版)，2013，(2).

刘佳．执政生态与党内利益冲突的防范与治理． 宁夏党校学报，2013，(2).

孙应帅．积极推进党的建设科学化水平． 中国国情国力，2013，(2).

姚桓．论全面提高党的建设科学化水平． 求知，2013，(3).

高长峰．保持党的先进性 提高党的执政能力． 今日中国论坛，2013，(Z1).

周荣建，蒋建业．在考验与危险中加强党的自身建设． 今日中国论坛，2013，(Z1).

肖纯柏．论中国共产党执政风险的防范． 桂海论丛，2013，(2).

肖文锋．新时期中国共产党作风建设问题探究及其治理对策． 湖北省社会主义学院学报，2013，(3).

周斌，周建超．新时期党建的总体布局与制度生成． 毛泽东邓小平理论研究，2013，(6).

文斌．马克思主义服务型政党建设理论基础与实践路径．传承，2013，(8).

张洪军，尚金州．新民主主义革命时期党的基层组织建设探析．辽宁省社会主义学院学报，2013，(2).

刘峰．中国共产党依法执政的历史沿革．河北工程大学学报(社会科学版)，2013，(2).

孙静．略论加强党的制度建设．中共银川市委党校学报，2013，(3).

周术国．新中国成立初期中国共产党防范和抵御执政风险的经验与启示．江西社会科学，2013，(6).

布晓青．制度视域下党的建设科学化思考．学理论，2013，(16).

王春旭．中国共产党先进性建设创新论．学理论，2013，(16).

林晓妹．关于“三型”执政党建设的思考——学习党的十八大报告的体会．新东方，2013，(3).

张会刚．服务型执政党——执政为民新诠释．湘潮(下半月)，2013，(6).

王先俊．中共十八大对执政党建设的理论创新．安庆师范学院学报(社会科学版)，2013，(3).

刘汉卿，翟洪峰．论陈云的党风廉政建设思想．党史文苑，2013，(12).

吕祥．新时期党的建设面临的问题和对策．党史文苑，2013，(12).

张妍妍．法治思维与执政党的现代化转型．科学社会主义，2013，(3).

王继元．试论建设服务型执政党——学习党的十八大报告关于党的建设的新思想．长春市委党校学报，2013，(3).

王继元．试论十八大报告对党的建设的理论创新．中共郑州市委党校学报，2013，(3).

郭恒利．陈云执政党建设思想形成研究综述．福建党史月刊，2013，(12).

黄远固．实现中国梦的政治、组织保障——建设学习型服务型创新型执政党．重庆行政(公共论坛)，2013，(3).

李德新．党的执政资源的现实损耗与有效开发．社科纵横，2013，(6).

严宏．服务型马克思主义执政党建设：基于党政关系的分析．探索，2013，(3).

陈广亮．高度自觉与“三型”执政党建设的现实响应．重庆社会科学，2013，(6).

邹谨，姜淑兰．关于建设创新型马克思主义执政党的思考．中央社会主义学院学报，2013，(3).

滕明政．建设“三型”马克思主义执政党的理论价值和现实意义．中国特色社会主义研究，2013，(3).

邹谨，姜淑兰．论建设服务型马克思主义执政党．求实，2013，(6).

杨爱杰，李强．和谐视野下执政党政治包容性的提升．社会主义研究，2013，(3).

刘红凛．党建目标的历史发展与“三型政党”的时代定位．中共福建省委党校学报，2013，(6).

张录平．服务型执政党的理论内质与要务．求索，2013，(5).

林梦．毛泽东关于党的作风建设的历史启示．毛泽东思想研究，2013，(3).

张黎天，孙冉，杨丽莉．我国执政党与社会组织良性互动关系探析——基于政党认同的角度．广西社会科学，2013，(5).

张琴芬．马克思主义执政党“三型”建设研究． 江苏教育学院学报 (社会科学)，2013，(3).

肖光文，朱熙宁．关于建设“三型”马克思主义执政党的整体性思考． 长白学刊，2013，(3).

张黎天，杨丽莉．新自由主义冲击下我国执政党意识形态的困境与出路． 辽宁行政学院学报，2013，(5).

陈淑娟，李俊．社会阶层分化视域中的执政党利益整合．甘肃理论学刊，2013，(3).

张恩韶，常桂祥．法治精神视野下党的执政能力建设探讨．甘肃理论学刊，2013，(3).

夏梦春．社会历史合力理论视野下的执政党建设． 西部学刊，2013，(5).

张砉，徐琛．十六大以来党的作风建设的理论和实践创新． 中共天津市委党校学报，2013，(3).

徐行，崔翔．机制创新与多元互动——关于加强执政党自我监督和外部监督的新思考．理论探讨，2013，(3).

周显信，张振夏．建设服务型执政党的理论演进、精神特质与实践诉求． 江苏师范大学学报 (哲学社会科学版)，2013，(3).

李萍，白剑光．建设学习型、服务型、创新型马克思主义执政党． 社科纵横，2013，(5).

孙岩．新时期加强基层党组织建设的方法探讨． 才智，2013，(14).

谭建．执政党与民众关系论析． 中共浙江省委党校学报，2013，(3).

臧笑冬．服务型执政党与党的执政伦理建设． 理论学习，2013，(5).

周敬青．执政党治党理政的理论分析新范式． 上海行政学院学报，2013，(3).

刘晓钟，张文雅．牢牢把握党的建设主线的思考． 新视野，2013，(3).

郑永年，陈超．新时期的中国共产党：挑战与机遇． 武汉大学学报 (哲学社会科学版)，2013，(3).

唐皇凤．变革型政党：对中国执政党建设历史经验与未来愿景的一种理论解读． 武汉大学学报 (哲学社会科学版)，2013，(3).

李桂秋．服务型执政党是中国共产党执政公信力建设的必然要求． 上海党史与党建，2013，(5).

彭华松．保持中国共产党纯洁性的现实思考． 求索，2013，(8).

肖铁肩，黎增梅．党的政党意识、执政党意识及执政意识辨析． 中南大学学报 (社会科学版)，2013，(4).

袁富民．执政合法性建设视域下当代中国马克思主义大众化研究． 山西高等学校社会科学学报，2013，(8).

王宜胜．建设服务型执政党的内涵、意义与路径． 理论研究，2013，(4).

刘芸瑞，王艺霖．科学化视阈下的执政党制度建设规律探析． 理论研究，2013，(4).

韦春北．群众观与马克思主义执政党的制度思维． 福建省社会主义学院学报，2013，(4).

黄苇町．执政党建设仍需“去苏联特色”．人民论坛，2013，(24).

公方彬．“格瓦拉困境”与中国共产党转型．人民论坛，2013，(24).

吴澌．关于深入推进党内民主建设的若干思考．理论观察，2013，(8).

张振．关于建设“三型政党”的若干思考．当代世界与社会主义，2013，(4).

谭东华，刘宇赤．对中共执政合法性的认识．党政干部学刊，2013，(8).

罗斯，万霞．深入探讨党建的“三型”目标．人民论坛，2013，(23).

欧健．中国共产党纯洁性建设的政治学分析．社会主义研究，2013，(4).

姚桓．加强执政党先进性、纯洁性建设的战略措施．群言，2013，(8).

张荣臣．正确理解和把握中国共产党的党群关系．中国党政干部论坛，2013，(8).

涂利军．以学习为基，以服务为本，以创新为魂——建设“三型”执政党的几点思考．今日中国论坛，2013，(12).

秦前红．中国共产党未来长期执政之基——宪法共识下的依宪执政、依宪治国．人民论坛·学术前沿，2013，(15).

郭从伦．服务型执政党建设的理论、意义及途径．中共四川省委党校学报，2013，(3).

冯清利．建设“三型”党组织 提高党建科学化水平．改革与开放，2013，(14).

张蕾蕾，王飞．加强党内监督 推进党的建设科学化水平的提升．改革与开放，2013，(14).

浦解明，钱文华．中国共产党科学执政基本经验内涵探论．东北师大学报(哲学社会科学版)，2013，(4).

陈首．整风：新启执政党纯洁性建设．新产经，2013，(7).

林常颖．试述刘少奇的忧党意识及其执政党建设理论．福建党史月刊，2013，(14).

徐新彦．十八大以来中国共产党执政理念的新拓展．党政论坛，2013，(7).

薛小荣，陆旸．执政党在网络空间的媒介交流能力．党政论坛，2013，(7).

齐卫平．新的历史条件下党的建设发展进路的思考．理论探讨，2013，(4).

刘朋．新媒体时代执政党的自我调适．理论视野，2013，(7).

吴常柏．社会转型与执政党组织建设的调适．学术探索，2013，(7).

杨雁飞．建设服务型执政党彰显执政为民的先进性．人民论坛，2013，(20).

甄小英．首部“党内立法法”推进执政党制度建设．前线，2013，(7).

李雄舟．论服务型执政党对马克思主义党建理论的贡献．人民论坛，2013，(20)

汤建容．牢牢把握党建特点 着力推进“三型”执政党建设．科学咨询(科技·管理)，2013，(7).

高新民．从执政党、政府、社会三者关系角度谈转变党的执政方式．中国党政干部论坛，2013，(7).

唐中明，贺先国．挑战与机遇：互联网和执政党建设．湖南行政学院学报，2013，(4).

何虹．试述中国共产党协商民主思想形成的历史过程．湖北省社会主义学院学报，2013，(4).

曾令辉，陈敏．论中国共产党建设马克思主义学习型政党的基本经验．传承，2013，

(10).

万纪耀．中国共产党加强纯洁性建设的历史经验．理论研究，2013，(4).

金德楠．新时期加强中国共产党执政有效性路径探析．辽宁行政学院学报，2013，(8).

康民．拓展党的建设主线的意义——兼谈加强党的纯洁性建设．学习论坛，2013，(8).

薄明华．中国共产党理想信念建设的历史经验．党政论坛，2013，(8).

张运青，覃安基．中央苏区党的先进性建设基本经验及启示．人民论坛，2013，(23).

张洪萍．论中国共产党群众路线实践的内在逻辑．中国特色社会主义研究，2013，(4).

王泉．党建科学化视野下的干部教育创新：经验与启示．社会主义研究，2013，(4).

尤国珍．创新型政党建设的基本要求和实现路径．中共山西省委党校学报，2013，(4).

崔克锐．建党初期马克思主义学习型政党建设的历史考察．南京政治学院学报，2013，(4).

朱兆华．党内协商民主制度化研究．安徽师范大学学报（人文社会科学版），2013，(4).

李思学，陈慧．论学习型政党与马克思主义中国化之互动关系．湖北师范学院学报（哲学社会科学版），2013，(4).

邹滢．十八大党的群众路线的新发展及实践途径．改革与开放，2013，(14).

赵璐．新形势下加强党内监督问题的思考．学习论坛，2013，(7).

徐学通．提高党建科学化水平的制度保障——两部重要党内法规解读．党政论坛，2013，(7).

杨晓燕，张荣华．中国共产党执政方式运行机制中的问题与原因分析．理论与改革，2013，(4).

曹峰旗．困境与路径：党内民主动力的政治生态学分析．理论与改革，2013，(4).

韩福国．“开放式党建”：基于群众路线与协商民主的融合．中共浙江省委党校学报，2013，(4).

李国正，卢霖．中国共产党执政力提升途径研究．人民论坛，2013，(20).

王艳春．中国共产党的组织结构与党内民主的关系．桂海论丛，2013，(4).

许耀桐．关于党的群众路线形成和发展的认识．理论探索，2013，(4).

游劝荣．群众路线与执政合法性．领导文萃，2013，(20).

马国钧．基层服务型党组织的本质内涵与建设路径．思想政治教育研究，2013，(5).

徐秀萍．浅析我党思想建设的发展．今日中国论坛，2013，(17).

文斌．学习型服务型创新型执政党建设的理论基础与内在逻辑．四川行政学院学报，2013，(5).

张新华．陈云的群众观对服务型党组织建设的路径启示．重庆行政（公共论坛），2013，(5).

刘军民．党的执政安全研究现状综述．党政干部学刊，2013，(10).

刘兰星，仰义方．论创新型马克思主义执政党建设的基本思路．湖南省社会主义学院学报，2013，(5).

王丽华．执政以来我党关于群众路线理论的探索与创新．创造，2013，(10).

李俊．政党适应性与党的现代化的推进．领导科学，2013，(29).

肖瑜．加强“三型”政党建设 夯实执政基础．学理论，2013，(28).

包月英．关于建设学习型政党的几个问题．黑龙江史志，2013，(19).

齐卫平．群众路线教育实践活动与执政党建设路径．中共中央党校学报，2013，(5).

林德彬．发展党内民主 推动创新型党组织建设．政工学刊，2013，(10).

夏日贵．执政党的建设与国家政权的合法性问题探析．传承，2013，(11).

麻秀荣．论和谐党群关系是执政党抵御危险挑战的根本保障．黑龙江社会科学，2013，(5).

穆娟．“三型政党”：马克思主义执政党建设理论的新贡献．党史文苑，2013，(18).

刘永纯．加强党的网络执政能力建设研究．今日中国论坛，2013，(15).

姬锋．执政党建设的新目标：“三型”政党建设．今日中国论坛，2013，(15).

张波．法治思维与中国共产党执政思维的现代转型．理论探讨，2013，(15).

朱前星．社会整合与执政党建设的系统机制．理论探讨，2013，(5).

刘强，李保林，高云．建设服务型执政党视角的群众路线贯彻机制创新．云南行政学院学报，2013，(5).

张强．执政党的建设与协商民主的关系．辽宁师范大学学报(社会科学版)，2013，(5).

祝福恩，张舒．论党执政的群众认同资源涵义及特征．黑龙江省社会主义学院学报，2013，(3).

平章起，杨国强．合法性资源变迁与执政党权威建设．唯实，2013，(9).

曾维伦，郝东超．网络党建平台建设的思考．重庆邮电大学学报(社会科学版)，2013，(5).

党国英．执政者应有三种新型政治意识．理论与当代，2013，(9).

赵理富．论中国共产党执政行为的法治化．武汉大学学报(哲学社会科学版)，2013，(5).

刘明．中国共产党执政的社会基础拓展要素分析．桂海论丛，2013，(5).

蔡艳，吴家庆，李长跃．政治信任的构建与执政党公信力提升的路径选择．湖湘论坛，2013，(5).

卢旭东．建设学习型、服务型、创新型马克思主义政党的“双重”逻辑．理论建设，2013，(5).

王国奇．中国共产党的执政历程与执政经验．经济研究导刊，2013，(30).

曲青山．党的群众路线的形成与发展．前线，2013，(10).

李华．论党的群众路线与政治路线的逻辑贯通．浙江社会科学，2013，(510).

刘冀瑗．对保持党的纯洁性的重大意义的思考．中央社会主义学院学报，2013，(5).

张春，廖华宇．新时期全面提高党建科学化水平的路径选择．人民论坛，2013，(29).

汤建军．如何全面提高党的建设科学化水平．湖南省社会主义学院学报，2013，(5).

金怡顺．构建党内和谐运行机制的三个维度．探索，2013，(5).

马丽，董亚炜．新民主主义革命时期党政关系的四个特点．中国党政干部论坛，2013，(10).

盛海英，李秀华，李珊．中国共产党对“民本”思想的创造性发展．社会科学战线，2013，(10).

郭广银．中国共产党人民主体思想的理论演进与实践发展．中共中央党校学报，2013，(5).

张晓东．人民主体论：从群众史观到群众路线．中共中央党校学报，2013，(5).

魏子扬，杨林．观念全球化与执政党的信息战略．中共中央党校学报，2013，(5).

季冬晓．执政视域下的中国共产党法治生成机制研究．中共中央党校学报，2013，(5).

刘娜．论中国共产党的执政制度伦理建设．湖北行政学院学报，2013，(5).

张云．党的纯洁性四要素之辩证分析．中国浦东干部学院学报，2013，(5).

张菊香．中国共产党执政理念发展创新与社会建设演进．常州大学学报(社会科学版)，2013，(5).

邸乘光．党的群众工作的新认识新阐述——学习习近平同志关于党的群众工作的论述．中国井冈山干部学院学报，2013，(5).

侯远长．改革开放以来党的群众路线的理论创新．中国井冈山干部学院学报，2013，(5).

宁鸿铭，陈科．新时期加强和改进领导干部作风建设的思考．中国井冈山干部学院学报，2013，(5).

肖纯柏，顾霞凤，蔡世忠．延安时期毛泽东的党建战略及当代启示．中共云南省委党校学报，2013，(5).

韩强．关于加强党建学科建设的几个问题．中共云南省委党校学报，2013，(5).

谢琴．浅析新时期党的群众路线的挑战与思路．改革与开放，2013，(18).

鲁彩荣．论党建科学化思想的基本要素和实践要求．党史博采(理论)，2013，(9).

田心铭．毛泽东与中国共产党的群众路线．毛泽东思想研究，2013，(5).

李翠兰，高立．坚持党的群众路线必须把群众利益放在首位．吉林省社会主义学院学报，2013，(3).

肖存良．政党与社会的一体化：中国共产党执政规律新认识．甘肃理论学刊，2013，(5).

蒯正明．以基层党内民主促进党的基层组织纯洁性建设的路径探析．理论探讨，2013，(5).

董爱玲，李为刚．以社会主义核心价值体系为主线夯实党执政的社会意识形态安全．社科纵横，2013，(9).

韩永涛．试论新时期坚持党的群众路线的途径与意义．管理观察，2013，(26).

李君如．以协商民主制度的完善践行群众路线． 前线，2013，(9).

齐卫平．民主革命时期党的群众路线思想的形成与发展． 党政论坛，2013，(9).

谭和平．深化党的群众工作需处理好五对关系． 求实，2013，(9).

赵璐．增强党内监督有效性问题探论． 理论导刊，2013，(9).

曹琨．党内民主生活的发展历程与经验启示． 理论导刊，2013，(9).

黄圣．中国共产党初创时期的反腐廉政思想及其现实启思． 湖北社会科学，2013，(9).

邓建华．坚持和执行群众观点和群众路线是党的生命线． 宁夏党校学报，2013，(5).

张志明．执政条件下如何发扬自我批评的优良传统． 中国党政干部论坛，2013，(5).

毛维军．论改革开放以来党内基层民主建设的基本经验． 上海党史与党建，2013，(9).

刘旺洪．当前形势下贯彻党的群众路线的路径与方法． 群众，2013，(9).

欧阳淞．关于党的群众路线的几点认识． 党建研究，2013，(9).

方涛．党的群众路线理论与实践发展历程． 党建研究，2013，(9).

裴泽庆．民族复兴进程中党的建设及其目标定位． 社会科学研究，2013，(5).

温泉．建设学习型政党 不断提升中国共产党的自组织能力． 观察与思考，2013，(9).

王大力，金玲．党的群众路线的基本内涵是什么． 中国统一战线，2013，(9).

吴桂韩．政党转型与政党适应性研究——兼论中国共产党的历史转型及其适应性． 山西社会主义学院学报，2013，(4).

马建新．党的纯洁性在政治清明中的功能及实现路径． 中共成都市委党校学报，2013，(6).

江珂．社会转型期中国共产党执政文化建设的意义． 思想教育研究，2013，(12).

雷兆玉．“三型”执政党建设之“三论”． 清江论坛，2013，(4).

卢旭东．“三型”马克思主义执政党建设的逻辑理路． 江汉学术，2013，(6).

崔珏．从民主执政视角看政治协商的意义． 江苏省社会主义学院学报，2013，(6).

李军刚．中国共产党的纯洁性建设理论及现实意义． 思想政治教育研究，2013，(6).

薛小荣，陆旸．提高执政党在网络空间的意见表达能力． 党政论坛，2013，(12).

李东杨，张彩玲．新形势下提高执政党做好群众工作能力的研究． 辽宁经济管理干部学院（辽宁经济职业技术学院学报），2013，(6).

朱海波．包容性增长与执政党意识形态合法性的巩固． 社科纵横，2013，(12).

郑君瑜．建设服务型执政党需要正确认识和处理的几个重要关系． 学理论，2013，(34).

王长江，张克．王长江：以党内民主带动人民民主． 检察风云，2013，(23).

罗国辉．建设“三型政党”——马克思主义执政党建设规律的新探索． 山西高等学校社会科学学报，2013，(11).

卢旭东．论“三型”马克思主义执政党的“双重”逻辑． 桂海论丛，2013，(6).

金乾月．试论党的八大中关于执政党建设的理论． 党史文苑，2013，(22).

朱佳木．略论陈云执政党党风建设的思想． 中共党史研究，2013，(11).

夏志有．群众路线：中国共产党执政合法性的发展路向与价值选择． 宁夏社会科学，2013，(6).

朱联平．陈云的执政党监督思想：缘由、策略与启示． 云南行政学院学报，2013，(6).

刘朋．“三型”马克思主义执政党：现代化政党的调适与优化． 理论与改革，2013，(6)．

贾庆文，聂月岩．建设马克思主义服务型执政党的实现路径． 理论月刊，2013，(11)．

卢旭东．“三型”马克思主义执政党的内在逻辑与实现路径． 宁夏党校学报，2013，(6)．

刘厚金．服务型执政党建设的实践价值． 中共四川省委省级机关党校学报，2013，(6)．

谭建．执政条件下的党群关系探析． 理论探索，2013，(6)．

张曙．执政党的党风关系党的生死存亡——学习邓小平改进党风的思想． 求是，2013，(21)．

杨真真．科学发展观与党的思想路线之辨． 山西青年管理干部学院学报，2013，(4)．

高璐佳．延安精神与党的学风建设刍议． 甘肃科技，2013，(24)．

刘文娟，林晶晶．新时期中国共产党完善执政方式的必然性． 学理论，2013，(36)．

谭文翰，唐顺利．毛泽东对党的群众路线的重要贡献．文史博览(理论)，2013，(12)．

董世明．服务型基层党组织建设问题刍议． 传承，2013，(14)．

郭纯平．和谐社会视野中的党群关系探析． 经济研究导刊，2013，(36)．

王开新，施海龙．刘少奇关于党的群众路线和群众观点的理论浅析．党史博采(理论)，2013，(12)．

赵祥彬．论新媒体视野下党的执政方式转变． 山西高等学校社会科学学报，2013，(12)．

张永刚．新形势下落实党的执政理念面临的挑战探析． 理论学习与探索，2013，(6)．

冯仿娅．中国共产党执政方式的历史经验与实践创新． 福建党史月刊，2013，(24)．

郑长忠．有机政治建设的政党使命——未来十年中国共产党发展的本质规定． 当代世界与社会主义，2013，(6)．

刘志国．关于新时期加强党的作风建设的几点思考．世纪桥，2013，(15)．

权宗田．网络民主对党的执政安全的影响及应对研究． 党史文苑，2013，(24)．

巴桑卓玛．信息化对党的组织建设影响对策研究． 今日中国论坛，2013，(21)．

黄利文．党的群众路线教育实践活动的对策思考． 黑龙江省社会主义学院学报，2013，(4)．

鲁旭媛，丁科．毛泽东党的建设理论和实践及其现实意义． 科教导刊(中旬刊)，2013，(12)．

马运军，李安林．影响中国共产党执政安全的党内因素及对策研究． 中共南京市委党校学报，2013，(6)．

徐占春，何秋兰．人民利益与党的执政能力建设的关系． 临沧师范高等专科学校学报，2013，(4)．

陈宇洁．新形势下群众路线困境及其对策． 福州党校学报，2013，(6)．

郑科扬．毛泽东党建思想及其当代意义． 中共党史研究，2013，(12)．

沙健孙．毛泽东关于在执政条件下加强党的建设的思想．中共党史研究，2013，(12)．

黄远声，李国兴．延安时期加强党的思想建设的路径探析． 延安大学学报(社会科学版)，2013，(6).

蒯正明．新中国成立初期党加强纯洁性建设的实践．重庆社会科学，2013，(12).

邵鹏，安启念．论群众路线与中国共产党核心价值观．社会主义研究，2013，(6).

兰英．新的历史条件下党的作风建设论析．学校党建与思想教育，2013，(26).

王建军．毛泽东的党建思想及其当代意义．前进，2013，(12).

张荣臣．中国共产党对党的作风建设的探索和制度化进程．中国党政干部论坛，2013，(12).

杨新红．中国共产党党群沟通机制运行的结构要素分析．攀登，2013，(6).

王振国，武仕祯．毛泽东党的先进性建设思想及其当代价值．河南社会科学，2013，(12).

何旭．论微博在党群关系建设中的重要作用．中共太原市委党校学报，2013，(6).

李爽．群众路线是中国共产党的一种民主方式．社会科学战线，2013，(12).

郝鹏腾，冯耀明．加强和改进新形势下党的基层民主建设．中共山西省委党校学报，2013，(6).

顾燕峰．困境与出路：群众路线的当代思考．中国浦东干部学院学报，2013，(6).

李军．现代化进程中的党建科学化．新疆师范大学学报(哲学社会科学版)，2013，(6).

王泉．挑战及应对：再论社会转型背景下的中国共产党执政资源．湖北师范学院学报(哲学社会科学版)，2013，(6).

车辚．中国共产党组织建设经验的政治生态学分析．中国井冈山干部学院学报，2013，(6).

白涛．论新世纪下我国执政为民思想．改革与开放，2013，(22).

彭文龙，陈世润．中国共产党执政伦理的历史脉络、特点与经验．广西社会科学，2013，(11).

谭东华，刘宇赤．执政合法性之辨与中国共产党的执政操持．中共贵州省委党校学报，2013，(6).

谌玉梅．延安整风与保持党的组织纯洁性初探．河北青年管理干部学院学报，2013，(6).

杨跃华．浅析党的建设的合理性．党史博采(理论)，2013，(11).

管新华．密切党群关系应解决的三个突出问题．福建党史月刊，2013，(22).

钱翠玉，钱正武．提升党建科学化水平 实现党对人民的承诺．学理论，2013，(32).

郝明宇，范军．提高党建科学化水平的党性要求．东北师大学报(哲学社会科学版)，2013，(6).

姚春林，戴玉琴．论中国共产党先进性实现的重要维度．中国青年政治学院学报，2013，(6).

高兴成．中国共产党执政能力的价值尺度研究．云南行政学院学报，2013，(6).

胡承槐，王侃．中国共产党群众路线思想的基本特征与时代意义．中共浙江省委党校学报，2013，(6).

刘兴波．中国共产党执政合法性面临的挑战与应对策略． 中国石油大学学报(社会科学版)，2013，(6).

曾芳莲，袁新秀．正确把握党的执政能力建设的新要求． 人民论坛，2013，(32).

王锁明．密切党群关系的重要性及着力点分析． 人民论坛，2013，(32).

全家悦．党的群众路线与思想路线辩证统一． 前线，2013，(11).

张国，卢继元．中国共产党最大的政治优势与政治危险——基于党群关系的分析．中共石家庄市委党校学报，2013，(11).

张秀文．中国共产党加强纯洁性建设的历史考察与经验总结． 人民论坛，2013，(32).

许兰菊．中国共产党制度建设的路径选择浅见． 人民论坛，2013，(32).

张进存，李文平．十六大以来党的作风建设的主要贡献． 求实，2013，(S2).

李伟． 社会阶层结构变迁与中国共产党执政基础的巩固． 山东青年政治学院学报，2013，(6).

陈文胜．论微政时代党的意识形态建设． 求实，2013，(11).

梅荣政．马克思主义实践观与党的群众路线的内在一致性． 红旗文稿，2013，(21).

赵艳华．对建党以来党的群众路线的历史考察与基本经验． 南方论刊，2013，(11).

翟桂萍．服务型执政党建设的理论分析． 中共四川省委省级机关党校学报，2013，(6).

郝宇青，佟亚洲． 服务型执政党建设：时代变迁背景下的政党功能转换． 中共四川省委省级机关党校学报，2013，(6).

齐卫平．清退与净化：党的先进性和纯洁性的基础． 中国党政干部论坛，2013，(11).

林梵．群众路线是当代中国共产党人科学执政的集中体现． 学术交流，2013，(11).

晁燕华，高妍妍．新时期党的纯洁性建设问题研究． 科技视界，2013，(31).

夏东民．坚持党的群众路线的若干核心要素． 河南社会科学，2013，(11).

韩振峰，纪淑云．中国共产党历代领导核心对群众路线的重大贡献． 河南社会科学，2013，(11).

毕德　张浩．马克思主义执政党建设新定位．南方日报，2013-02-18F02.

余剑雄．提升执政能力的根本要求．宁夏日报，2013-05-29013.

李莉．努力加强“三型”政党建设．山西党校报，2013-05-25S03.

张铁．建设现代政党的重要一步．人民日报，2013-05-29005.

彭穗宁．以建设服务型政党提升党建水平．学习时报，2013-05-20005.

张荣臣．全面提高党的建设科学化水平．人民日报，2013-06-07007.

李新生．建设学习型服务型创新型执政党的时代价值．福建日报，2013-07-08011.

张荣臣．始终保持党和人民群众的紧密联系．光明日报，2013-07-23011.

郑科扬．毛泽东党建思想及其当代意义．组织人事报，2013-12-19010.

袁小娟．建设学习型服务型创新型政党．贵州日报，2013-11-29006.

3. 参政党建设

许超宇，徐丽维．参政党在协商民主制度建设中的作用． 吉林省社会主义学院学报，2013，(4).

唐华生．参政党建设科学化的特点和实现路径． 西昌学院学报(社会科学版)，2013，

(4).

王小鸿．从阶级联盟到中国特色社会主义参政党——论中国民主党派性质的演变．湖南省社会主义学院学报，2013,(6).

杨丽丽．试论“同心”思想指导下的参政党民主监督．广西社会主义学院学报，2013,(6).

唐华生．参政党建设科学化的目标原则及其意义．湖北省社会主义学院学报，2013,(6).

宋村珠．参政党应切实承担健全协商民主制度的历史责任．中国政协理论研究，2013,(4).

罗振建．关于中国特色社会主义参政党的理论思考．中央社会主义学院学报，2013,(6).

唐华生．参政党建设科学化是巩固我国特色政党制度的新要求．四川文理学院学报，2013,(6).

靳晓光．加强我国参政党民主监督的路径选择．岭南学刊，2013,(1).

刘菊香．参政党与中国核心价值观建设研究．湖北省社会主义学院学报，2013,(1).

李丹,邹自豪．参政党学习型组织建设研究——现状、问题及对策．四川大学学报(哲学社会科学版)，2013,(2).

邓辉．新形势下参政党在文化建设中的思维取向．厦门特区党校学报，2013,(1).

阚熙．参政党推进中国科技发展立法研究．金华职业技术学院学报，2013,(1).

邱永文．参政党的社会功能探析——以国家—政党—社会关系为分析框架．湖北省社会主义学院学报，2013,(2).

李文涛，顾国柱．参政党文化建设中价值认同问题研究．广西社会主义学院学报，2013,(1).

王远启．参政党在我国文化建设中的作用．江苏省社会主义学院学报，2013,(1).

王远启，张鹏立．浅析文化建设对我国参政党的基本要求．天津市社会主义学院学报，2013,(1).

鲁开垠，徐晓迪．参政党参与社会服务的政治内涵、功能及其理论价值．广东省社会主义学院学报，2013,(1).

任映红，任江南．提升参政党社会管理科学化水平的路径探索．求实，2013,(7).

姚俭建．健全社会主义协商民主制度与参政党的新任务．前进论坛，2013,(3).

杜平，杨军．中国参政党民主监督与反腐倡廉机制探讨．湖南科技学院学报，2013,(5).

陈洪超．略论参政党树立和践行社会主义核心价值观．辽宁省社会主义学院学报，2013,(2).

王晋强．参政党服务社会主义文化建设的研究——推动地方特色文化建设浅探．传承，2013,(6).

邓凌．参政党民主监督效能评估研究．中央社会主义学院学报，2013,(6).

吴文艳，欧阳林波，宁可，方雪晴．我国参政党领导人才培训开发状况、问题及对策研究．上海市社会主义学院学报，2013，(3).

高继周．浅谈新时期参政党政党文化建设与我国政治建设的关系．商，2013，(4).

袁春红．参政党参政技术的完善和创新．天津市社会主义学院学报，2013，(2).

谢炜如．参政党话语体系刍议．广州社会主义学院学报，2013，(2).

张献生，肖照青．如何认识和把握我国参政党的内涵．中国统一战线，2013，(5).

刘晓峰．充分发挥参政党作用 努力推进协商民主科学化建设．前进论坛，2013，(6).

顾建军．推进参政党党际协商 健全社会主义协商民主．前进论坛，2013，(8).

辛秀明．把握参政党性质 树立四个理念 切实提高自身建设质量．贵州社会主义学院学报，2013，(2).

庞学光．加强参政党内部监督应该关注的两个问题．天津市社会主义学院学报，2013，(3).

郑宪，李梦奇．转型期参政党与社会组织关系探析．观察与思考，2013，(9).

倪立新，韦文靓．浅论学习型参政党建设．广州社会主义学院学报，2013，(1).

孙瑞华．参政党在中国文化与政党文化互动中的蜕变．重庆社会主义学院学报，2013，(5).

宋村珠．参政党成员党性修养之我见．吉林省社会主义学院学报，2013，(3).

郑宪．参政党与中国社会组织关系初探．湖南省社会主义学院学报，2013，(4).

陈健．参政党机关反映社情民意信息工作之管见．广西社会主义学院学报，2013，(4).

王彩玲．论参政党制度建设的伦理基础．广州社会主义学院学报，2013，(3).

黄宝荣．监督还需自身硬——借鉴执政党的治党经验 加强参政党的反腐倡廉工作．前进论坛，2013，(12).

徐宗俦．民主党派在舆论宣传上应当秉持的基本观点——兼议参政党应当成为执政党的“智库”．贵州社会主义学院学报，2013，(4).

王洪树．新时期参政党党内民主建设具有独特价值．中国政协理论研究，2013，(4).

在中国特色社会主义协商民主制度中履职尽责——对参政党在协商民主制度中的地位、作用和时代要求的认识．内蒙古统战理论研究，2013，(6).

刘彦．加强自身建设 开创党派工作新局面．前进论坛，2013，(2).

李晓．提高民主党派参政议政能力的途径和方法．团结，2013，(1).

李朝林．坚持求同存异原则 发挥党派特色优势．重庆社会主义学院学报，2013，(2).

杨雪燕．发挥参政党职能和优势 提高服务社会管理科学化水平．江苏省社会主义学院学报，2013，(1).

农工党天津市委会课题组．关于建立参政党内部监督机制问题的探讨．天津市社会主义学院学报，2013，(2).

王报换，唐援朝．提升参政党民主监督实效性的思考．民主，2013，(7).

秦博勇．新时期民建发挥参政党职能作用要在“两大两好”上下功夫．河北省社会主义学院学报，2013，(3).

齐岩，代红梅．提升我国参政党民主监督效能的相关思考．科技视界，2013，(18).

朱其亮．强化参政议政职能 推动协商民主发展．前进论坛，2013，(9).

唐华生．试论参政党文化建设的内涵、意义与路径．重庆社会主义学院学报，2013，(5).

吉秀华．论参政党在社会主义协商民主建设中的地位和作用．中央社会主义学院学报，2013，(5).

梁祝．以信息化促进民主党派建言献策科学化．四川统一战线，2013，(10).

蔡圣凤．试论参政党形象建设对新闻宣传的需要．重庆社会主义学院学报，2013，(6).

张海霞．“微时代”下民主党派参政议政能力建设探析．广州社会主义学院学报，2013，(4).

聂继红．试论大力加强民主党派参政议政能力建设．山西社会主义学院学报，2013，(3).

周永良．新形势下民主党派参政议政能力建设研究．云南社会主义学院学报，2013，(3).

程岩．民主党派组织发展中要保持界别特色．湖北省社会主义学院学报，2013，(1).

张颖聪．正确认识民主党派履行参政议政职能的几个问题．四川统一战线，2013，(5).

陈立明，程芳．加强和完善民主党派的政治参与功能．湖北省社会主义学院学报，2013，(3).

张鹏立．民主党派与我国文化建设的关系．陕西社会主义学院学报，2013，(3).

李悦玫．新形势下加强和改进民主党派宣传工作的思考．前进论坛，2013，(7).

张东明，王云霞，邢克余．民主党派如何提高参政议政能力研究．河北省社会主义学院学报，2013，(3).

朱妍．扎实抓好重点环节 提升党派提案质量．江苏政协，2013，(7).

朱爱华．关于民主党派成员担任实职的思考．前进论坛，2013，(5).

朱妍．民主党派提升提案质量的路径探究．前进论坛，2013，(8).

申德成，义少祥．加强民主党派参政议政职能建设提高民主党派参政议政能力的若干思考．广西社会主义学院学报，2013，(3).

程红．民主党派参政议政、民主监督两大职能的再认识．江苏省社会主义学院学报，2013，(4).

赵吉光．论政治交接中民主党派的价值实现——做好民主党派工作的几点体会．吉林省社会主义学院学报，2013，(3).

张俊芳．完善机制，提升参政议政水平．民主，2013，(10).

于国华．民主党派政治资源合理配置问题研究．内蒙古统战理论研究，2013，(4).

荆小庆．民主党派参政议政必须强本固基．前进论坛，2013，(11).

光雅芹．社会学视阈下新时期民主党派的社会角色．广西社会主义学院学报，2013，(5).

徐光木．网络政治兴起背景下民主党派参政议政的新形势与创新．天津市社会主义学院学报，2013，(4).

仇桂且．浅析新时期参政党人才建设．科技视界，2013，(32).

蒋红军．权力观、空间与制度革新：建设规范性民主党派的理论思考．云南行政学院学报，2013，(4).

许奕锋．民主党派社会功能的三维分析．云南社会主义学院学报，2013，(3).

陈晶璞，邢克余．民主党派内部监督机制建设研究．河北省社会主义学院学报，2013，(4).

梁书宏．民主党派培育和践行社会主义核心价值观路径探析．上海市社会主义学院学报，2013，(6).

朱琳琳．民主党派民主价值的历史嬗变与当代启示．东北师大学报(哲学社会科学版)，2013，(6).

张爱军，崔莹．民主党派组织发展问题研究．辽宁省社会主义学院学报，2013，(4).

蒋红丹．完善机制 提高民主党派参政议政能力．辽宁省社会主义学院学报，2013，(4).

向宇．论民主党派在推进非政府组织发展中的优势和作用．中央社会主义学院学报，2013，(1).

李键．论民主党派在完善我国民主监督机制中的作用．福建省社会主义学院学报，2013，(1).

王行道．民主党派与协商民主．湖北省社会主义学院学报，2013，(2).

王宝生．在社会主义核心价值体系下民主党派思想建设的原则与主要内容．山西社会主义学院学报，2013，(1).

彭璐．基于网络时代下民主党派参政议政的思考与研究．企业研究，2013，(6).

周伟，蔡峥．民主党派在公共决策中的地位与作用研究．上海市社会主义学院学报，2013，(2).

王刚．政治发展视域下民主党派的利益表达功能研究．辽宁省社会主义学院学报，2013，(2).

鲍跃华．民主党派的民主监督：实践与拓展．江苏省社会主义学院学报，2013，(3).

张彩珍．民主党派趋同化问题研究．河北省社会主义学院学报，2013，(3).

雷振文，徐婷．值得重视的民主党派民主监督效能．求实，2013，(8).

王克群，张磊．我国民主党派追寻中国梦的光辉历程．吉林省社会主义学院学报，2013，(2).

李其春．浅析当前民主党派政治交接的长期性．吉林省社会主义学院学报，2013，(1).

任世红．民主党派社会基础演变的影响因素及发展前景．中共浙江省委党校学报，2013，(3).

姜朝晖．高校民主党派组织政治交接存在的主要问题及对策思考．辽宁省社会主义学院学报，2013，(3).

王小鸿．中国民主党派与协商民主．湖南省社会主义学院学报，2013，(3).

崔珏．政治价值·政治技术·政治沟通社会职能——论提高民主党派参政议政效力的三个维度．广州社会主义学院学报，2013，(1).

钟成，李玲．民主党派参政议政方法论研究的若干思考．广州社会主义学院学报，2013，(1).

杨淑英．“三个代表”重要思想与民主党派参政议政．黑龙江史志，2013，(19).

王复光．“大文化”视野下的参政党文化建设探析．厦门特区党校学报，2013，(5).

王江燕．多党合作视域中的民主党派独立性．上海市社会主义学院学报，2013，(5).

朱琳琳，魏晓文．民主党派推进生态文明建设的多维思考．贵州社会主义学院学报，2013，(3).

贾小明．论“参政党”概念属性与“中国特色社会主义参政党”．湖南省社会主义学院学报，2013，(6).

王彩玲．论参政党建设的新要求——对“中国特色社会主义参政党”概念的一种解读．湖南省社会主义学院学报，2013，(6).

方彦明．中国参政党参政能力建设的制约因素与对策．河南大学学报(社会科学版)，2013，(1).

李金河，黄天柱．夯实基础　扎根社会——“参政党的社会基础和社会功能”理论研讨会综述．中央社会主义学院学报，2013，(1).

汤颖．网络民主视角下参政党建设的机遇及其实现路径分析．经济研究导刊，2013，(6).

田玉科．深入学习贯彻中共十八大精神　认真履行参政党职能．湖北省社会主义学院学报，2013，(2).

刘菊香．以“同心”思想为引领培育参政党核心价值观．江苏省社会主义学院学报，2013，(1).

胡庆亮．媒介民主背景下参政党的网络参政议政能力建设．山西社会主义学院学报，2013，(1).

田晓玉．提升参政党社会公信度的几点思考．中央社会主义学院学报，2013，(3).

王彩玲．关于高素质参政党的理论探讨．湖北省社会主义学院学报，2013，(4).

黄天柱．公共决策科学化与民主党派参政议政专业化．广州社会主义学院学报，2013，(1).

“中国特色社会主义参政党”理论研讨会纪要．中央社会主义学院学报，2013，(5).

黄天柱．“参政党与中国现代文明发展”理论研讨会综述．中央社会主义学院学报，2013，(5).

孟凤英．协商民主视域下的参政党建设探析．重庆社会主义学院学报，2013，(6).

徐佩瑛，金薇．基于文化动因的协商民主——民主党派在协商民主建设中价值功能的多维论析．广州社会主义学院学报，2013，(4).

王士龙．我国民主党派民主监督存在的问题和发展路径．广西社会主义学院学报，2013，(6).

龙刚．民主党派建党初期民主思想的来源．贵州社会主义学院学报，2013，(4).

张宝泉．协商民主的使命与民主党派的职责．延安大学学报(社会科学版)，2013，(6).

廖璐婷．民主党派历史转变的历史考察．福建省社会主义学院学报，2013，(5).

肖存良．契合与转型：民主党派社会基础的政治学考察．岭南学刊，2013，(1).

王升．加强和改进民主党派内部监督思考．湖北省社会主义学院学报，2013，(1).

左传圣．如何发挥民主党派的民主监督作用问题研究．湖北省社会主义学院学报，2013，(1).

郭长寿，郑锦惠．民主党派组织发展问题研究——以民盟为例．辽宁行政学院学报，2013，(1).

聂秀华，马永华，张琳．试析民主党派在“和平民主新阶段”思想提出过程中的作用．全国商情(理论研究)，2013，(2).

汪根木，贺俊春．以政治参与组织化促进民主党派代表人士队伍建设．湖北省社会主义学院学报，2013，(2).

郭增荣．浅论宁德市民主党派在加强和创新社会管理中的作用．福建党史月刊，2013，(6).

曾莉．民主党派领导班子建设研究——以建设科学发展观引领下的和谐领导班子为视角．中共银川市委党校学报，2013，(2).

朱琳琳，张明莉．过渡时期我国民主党派发展的理性思考．重庆社会主义学院学报，2013，(3).

孙瑞华．再议民主党派的界别趋同．中央社会主义学院学报，2013，(3).

朱新光，朱雅宾．当前我国民主党派的民主监督模式．上海市社会主义学院学报，2013，(3).

崔珏．20世纪80年代民主党派对我国教育政策发展的影响．广州社会主义学院学报，2013，(2).

潘培志．民主党派在协商民主中的独特作用及实现路径．今日中国论坛，2013，(10).

唐长久．政党适应性理论的民主党派组织发展界别特色问题研究．求索，2013，(5).

唐海军，代金平．我国民主党派在凝聚社会团结促进社会和谐稳定中的作用．观察与思考，2013，(8).

诸芳．民主党派服务地方文化建设的经验和启示．湖北省社会主义学院学报，2013，(4).

诸芳．民主党派服务云南民族文化强省建设探析．云南社会主义学院学报，2013，(2).

张毅．政治系统中民主党派的参政议政．云南社会主义学院学报，2013，(2).

王长才．在延续制度和对国家民族负责层面上实现政治交接——关于民主党派政治交接的思考．江苏省社会主义学院学报，2013，(4).

徐文杰．浅谈中共党建理论研究经验对民主党派自身建设的借鉴意义．上海市社会主义学院学报，2013，(4).

卢学强．善治理念下的民主党派多元化创新社会服务刍议．天津市社会主义学院学报，2013，(3).

王江燕．试论我国民主党派的独立性．广州社会主义学院学报，2013，(1).

王磊，张蔓菁．“代表性”视域下的民主党派代表人士队伍建设．重庆社会主义学院学报，2013，(6).

杨徽财，王金豹．新形势下民主党派干部队伍建设的探讨．广东省社会主义学院学报，2013，(3).

谢建美．民主党派如何在社会主义文化建设中发挥自身的作用．湖北省社会主义学院学报，2013，(5).

孙照红．改革开放以来民主党派干部的年轻化发展．贵州师范大学学报(社会科学版)，2013，(5).

袁廷华．关于加强民主党派代表人士建设的几点思考．广州社会主义学院学报，2013，(3).

陈凌峰．试论民主党派在香港统战中的作用与实现机制．广州社会主义学院学报，2013，(3).

陈亚轩．高校民主党派参政议政能力建设研究[J/OL]．浙江科技学院学报，2013，(4).

王佳玲．论民主党派在社会主义协商民主中的地位作用．黑龙江省社会主义学院学报，2013，(4).

喻晓钢．浅谈民主党派作风建设的重要意义．四川省社会主义学院学报，2013，(3).

钟伟，钟俊．论民主党派参政议政存在的问题与对策．山西社会主义学院学报，2013，(4).

傅江浩．刍议高校民主党派监督模式创新．领导科学论坛(理论)，2013，(4).

孙先明，陈小平．地方高校民主党派基层组织建设工作研究．湖北省社会主义学院学报，2013，(6).

陈石．试析民主党派的基层民主治理参与．贵州社会主义学院学报，2013，(4).

潘志建，赵蔷．提高民主党派组织协调能力 凝聚力量共筑“中国梦”．贵州社会主义学院学报，2013，(4).

管仕福，颜娟华．民主党派自身建设的若干突出问题及对策．衡阳师范学院学报，2013，(5).

刘卫国．基层民主党派代表人士综合评价体系建设研究．辽宁省社会主义学院学报，2013，(4).

万雪芬．提升民主党派政治参与组织化程度的若干思考．重庆社会主义学院学报，2013，(1).

吴平魁．建立健全民主党派参政议政工作机制问题的几点思考．上海市社会主义学院学报，2013，(1).

李萍，秦岩．社会服务是当代中国民主党派的一项重要社会职能．河北省社会主义学院学报，2013，(1).

尹大新．民主党派调研三境界．江苏政协，2013，(3).

李玉宏，高轩．建国初期毛泽东关于民主党派问题述论．淮北师范大学学报(哲学社会科学版)，2013，(1).

郭长寿，陈静．民主党派服务体育文化建设的研究——基于民盟的视角．沈阳大学学报(社会科学版)，2013，(3).

李陌尘，邢颖．民主党派换届政治交接相关问题研究．辽宁省社会主义学院学报，2013，(2).

杨绪强．民主党派践行“同心”思想，打造“同心”品牌问题研究——以广西为例．广西社会主义学院学报，2013，(2).

李胜峰．创新思路 多措并举 扎实推进民主党派特色工作．衡阳通讯，2013，(5).

刘树元．论民主党派在高校发展中的作用与个性保持．湖州职业技术学院学报，2013，(2).

梁晓宇．关于加强民主党派组织建设若干问题的再思考．贵州社会主义学院学报，2013，(2).

王秉奎．浅谈民主党派机关建设．前进论坛，2013，(10).

李文献．浅论民主党派与社会主义协商民主．广西社会主义学院学报，2013，(6).

张奇．论高校决策与民主党派参与．前沿，2013，(24).

刘新乐．浅谈民主党派后备干部队伍建设．内蒙古统战理论研究，2013，(3).

郑爱军．高校民主党派参政议政与档案工作．城建档案，2013，(12).

计时华．民主党派两大职能的由来及区别．团结，2013，(6).

周长城，曹亚娟．民主党派参与社会管理创新的新思考．湖北省社会主义学院学报，2013，(2).

中共铁岭市委统战部课题组，赵学明．关于民主党派换届的政治交接问题．辽宁省社会主义学院学报，2013，(2).

万纪耀．准确认识和切实保持民主党派政党本色．清江论坛，2013，(1).

陈华森．和谐政治文化在贵州民主党派参政议政中的体现．贵州社会主义学院学报，2013，(1).

吴棉国．以“中国梦”引领民主党派政治共识教育的思考．重庆社会主义学院学报，2013，(3).

毛鹏程．论如何发挥民主党派在人民政协中的重要作用．湖北省社会主义学院学报，2013，(3).

唐勇．论民主党派推进中国法治的方式．民族论坛，2013，(3).

陈文良．信息社会中的民主党派建设．中央社会主义学院学报，2013，(3).

许奕锋．多维度视角下的民主党派与马克思主义．陕西社会主义学院学报，2013，(3).

阎玮，李云．民主党派民主监督的探索．河北省社会主义学院学报，2013，(2).

王智华．贯彻中共十八大精神 推动新一轮民主党派工作．辽宁省社会主义学院学报，2013，(1).

朱书刚．论政治交接与民主党派后备干部队伍建设．广州社会主义学院学报，2013，(2).

陈亚轩．高校民主党派参政议政能力建设研究．浙江科技学院学报，2013，(4).

韩军，张艳波．充分发挥民主党派在新时期高校发展中的重要作用．中国校外教育，2013，(21).

李存龙，张颖．新形势下增强民主党派基层组织活力的问题研究．河北省社会主义学院学报，2013，(3).

杨继红，王星，佟丽娟．新时期加强民主党派基层组织建设研究．辽宁师专学报(社会科学版)，2013，(3).

王瑞敏．民主党派参与社会管理创新的路径选择．重庆社会主义学院学报，2013，(4).

李翠兰，王野．努力提高新形势下民主党派参政议政能力．吉林省社会主义学院学报，2013，(2).

刘继华，姜朝晖．民主党派换届的政治交接问题研究．辽宁省社会主义学院学报，2013，(3).

强化主旋律意识 创新开展民主党派宣传思想工作．前进论坛，2013，(10).

杨爱珍．民主党派民主监督的再思考．湖南省社会主义学院学报，2013，(3).

邱永文．浅议政治参与与民主党派代表人士队伍建设问题．天津市社会主义学院学报，2013，(3).

李萍，秦岩．社会服务：当代中国民主党派的一项重要社会职能．广州社会主义学院学报，2013，(1).

李钺锋．做好新形势下民主党派民主监督工作的理性思考．重庆社会主义学院学报，2013，(5).

邹新．民主党派树立和践行社会主义核心价值体系刍议．重庆与世界(学术版)，2013，(9).

郑劲松．对人大中民主党派成员作用发挥问题的思考．江苏省社会主义学院学报，2013，(5).

民主党派增强中国特色社会主义道路自信、理论自信、制度自信的探讨．内蒙古统战理论研究，2013，(4).

李春生．民主党派参与公共政策制定研究——问题如何变成议程．观察与思考，2013，(11).

肖建平．民主党派代表人士队伍建设与中国民主政治发展．湖北省社会主义学院学报，2013，(5).

张毅．我国政治系统中民主党派的参政议政．云南社会主义学院学报，2013，(4).

九三学社云南省委员会．民主党派应在协商民主中发挥作用．云南社会主义学院学报，2013，(4).

台盟云南省委员会．加强中共党委同民主党派进行民主协商的几点建议．云南社会主义学院学报，2013，(4).

左定超．抓紧抓好民主党派宣传思想工作．民主，2013，(12).

曾佳妮，郭小聪．高校中共党委与民主党派合作工作机制：从“和”到“合”．华南理工大学学报(社会科学版)，2013，(5).

吕东春．新形势下民主党派思想政治工作研究．理论界，2013，(12).

王兵，张秀成．论中国民主党派的历史与未来——兼论统一战线发展规律与中国民主党派组织发展的局限性．攀枝花学院学报，2013，(1).

黄珍，刁重阳，白洪国．民主党派社会服务工作创新实践与思考．前进论坛，2013，(2).

林乃宏．社会主义核心价值体系教育与民主党派组织建设．四川统一战线，2013，(2).

林伟．广东省民主党派代表性问题的原因及其对策的实证分析．重庆社会主义学院学报，2013，(2).

喻禾芳．切实增强履职能力 积极促进科学发展——各民主党派中央今后五年履行职能工作打算．中国统一战线，2013，(2).

蔡长谋．民主党派组织发展问题的思考和建议．前进论坛，2013，(3).

董波．浅析城市化背景下的民主党派建设．团结，2013，(2).

胡宇彬．民主党派成员代际变化与民主党派代表人士队伍建设研究．湖北省社会主义学院学报，2013，(3).

李平，王立新，李爽．浅议高校民主党派基层组织参政议政．学理论，2013，(13).

阮鼎勋，郑蔚颖，吴霄玮．福建省高等院校民主党派组织发展状况的调查．福建省社会主义学院学报，2013，(3).

姜朝晖．高校民主党派组织换届与政治交接的关系探析．理论界，2013，(7).

许奕锋．加强民主党派代表人士队伍建设的宏观审视．江苏省社会主义学院学报，2013，(3).

林少红．新形势下做好民主党派工作的思考．河北省社会主义学院学报，2013，(3).

孙忠贤．民主党派推进协商文化发展的路径探讨．前进论坛，2013，(5).

孙学君．用社会主义核心价值体系指导民主党派干部队伍建设．前进论坛，2013，(5).

张继兰．关于民主党派成员思想状况的调查与分析．广西社会主义学院学报，2013，(3).

陈照顺，胡宝新，赵勇．民主党派组织发展界别及构成问题研究——以河南民主党派组织发展为例．中国统一战线，2013，(7).

刘杰．适应新形势下民主党派代表人士队伍建设需要 我省启动民主党派代表人士综合评价试点工作．四川统一战线，2013，(9).

郑劲松．对民主党派的人大代表发挥作用问题的思考．前进论坛，2013，(9).

张天星．提高民主党派参政议政能力面临的问题与对策．团结，2013，(4).

闫锋．保持民主党派组织特色，促进多党合作事业健康发展．团结，2013，(4).

李玲．民主党派在促进教育政策发展和完善中的功能与优势．广州社会主义学院学报，2013，(3).

杨君武．民主党派基层组织建设的现存问题及其对策．湖南省社会主义学院学报，2013，(6).

张亚娟．努力做好民主党派政协提案．前进论坛，2013，(3).

聂继红．加强民主党派代表人士队伍建设的现实路径． 陕西社会主义学院学报，2013，(2).

张大成．论高校民主党派基层组织建设中的问题与对策． 辽宁工业大学学报(社会科学版)，2013，(3).

戴叶萍．论高校民主党派工作中的一致性和多样性． 上海市社会主义学院学报，2013，(3).

喻禾芳．认真履行参政党职能 参政议政成果丰硕——各民主党派中央五年来参政议政工作情况． 中国统一战线，2013，(4).

凌龙华．当好诤友——浅谈民主党派成员的特定作为．中国统一战线，2013，(3).

九三学社秦皇岛市委员会课题组．民主党派基层组织建设存在的问题及对策． 河北省社会主义学院学报，2013，(3).

严用明．“同心”品牌建设中发挥民主党派成员主体作用的思考． 广西社会主义学院学报，2013，(3).

杨君武．民主党派成员参政素质实证分析——以湖南盟员为样本．文史博览(理论)，2013，(7).

张宝文．坚定“三个自信”是新时期民主党派的重要政治责任． 中国统一战线，2013，(8).

还光荣．群众路线与民主党派工作． 特区实践与理论，2013，(5).

傅绍平．充分发挥民主党派在协商民主中的作用． 湖南省社会主义学院学报，2013，(5).

柯带，张艳，金卓行，刘艺非．高校民主党派工作的调研与思考——一项基于问卷数据的实证调查分析与建议．广东省社会主义学院学报，2013，(3).

农工党云南省委员会． 健全社会主义协商民主制度进程中民主党派自身建设需要加强的几个问题．云南社会主义学院学报，2013，(4).

刘腾飞．发挥民主党派优势加强生态文明建设． 吉林省社会主义学院学报，2013，(4).

杨加增．对民主党派推进学习型组织建设的看法． 前进论坛，2013，(12).

江肇钦．提高认识 发挥优势——例谈民主党派如何认识和保持自身特色．社科纵横(新理论版)，2013，(4).

刘激扬．民主党派监督职能的实现路径． 团结，2013，(6).

孙日华．微博时代民主党派参政议政的挑战与机遇． 前进论坛，2013，(7).

朱松林．构建民主党派宣传思想工作体系的传播学思考． 前进论坛，2013，(10).

龙建平． 充分发挥民主党派的民主监督作用 建设社会主义民主． 前进论坛，2013，(10).

刘家强．参政党领导班子建设的实践性路径初识．团结报，2013-01-15008.

黄天柱．比较视野下的参政党功能：从共性到个性．团结报，2013-04-09008.

周淑真．“五一口号”的历史意义及现实启示．团结报，2013-05-07008.

陈延武．协商民主的伟大实践．团结报，2013-04-25002.

马鹏程．正确理解民主党派在政协中的民主监督作用．陕西日报，2013-08-06005.

李祥泰．浅议参政党人才队伍建设问题．贵州政协报，2013-08-29A03.

蔡达峰．参政党在协商民主制度建设中的地位与作用．团结报，2013-10-08008.

4. 社会主义协商民主

朱兆华．中国共产党党内协商民主的发展路径研究．理论建设，2013，(1).

肖存良．相互支撑：统一战线的理性化与社会主义协商民主制度建设研究．上海市社会主义学院学报，2013，(1).

黄国华．关于“协商民主”新概括的若干思考——学习党的十八大报告体会．中共成都市委党校学报，2013，(1).

张淑萍，张继华．论社会转型条件下协商民主制度的推进．淮海工学院学报(人文社会科学版)，2013，(4).

贾庆林．健全社会主义协商民主制度为全面建成小康社会广泛凝聚智慧和力量．中国政协理论研究，2013，(1).

李君如．协商民主理论为人民政协研究 提供了新的视角和方向．中国政协理论研究，2013，(1).

张平夫．关于健全社会主义协商民主制度论述的几点认识．中国政协理论研究，2013，(1).

陈惠丰．“健全社会主义协商民主制度”的意义和主要任务．中国政协理论研究，2013，(1).

黄国华．社会主义协商民主新概括的若干思考．中国政协理论研究，2013，(1).

刘俊杰．中国党际协商民主的实践价值论析．江西师范大学学报(哲学社会科学版)，2013，(1).

王伟达．中国特色协商民主探析．福建省社会主义学院学报，2013，(1).

陆亚林．李维汉在人民政协建树中蕴含的协商民主理念．湘潮(下半月)，2013，(2).

余磊，李雅兴．论中国特色社会主义的民主制度——以选举民主和协商民主为视角．湘潮(下半月)，2013，(2).

贺璐．论人民政协协商民主．剑南文学(经典教苑)，2013，(2).

协商民主：中国人民民主的重要形式．内蒙古统战理论研究，2013，(1).

牛广明．推进政治建设必须健全社会主义协商民主制度．内蒙古统战理论研究，2013，(1).

刘建禄．充分发挥人民政协作为协商民主的重要渠道作用．内蒙古统战理论研究，2013，(1).

姜瑞荣．周恩来是实践协商民主的典范．江苏政协，2013，(2).

钱能．完善协商民主制度 推进基层政协工作．江苏政协，2013，(2).

谢乾丰．中国特色协商民主浅析．江苏政协，2013，(2).

田晓玉．协商民主：发展我国民主政治的现实选择．广西社会主义学院学报，2013，(1).

任兰．协商民主：中国民主政治发展的一条路径．广西社会主义学院学报，2013，(1).

任映红，任江南． 中国特色协商民主的现实优势和推进原则． 中央社会主义学院学报，2013，(1).

肖存良．政党制度与中国协商民主研究——基于政权组织形式的视角．南京社会科学，2013，(2).

孙忠焕．切实发挥政协优势积极推进协商民主．观察与思考，2013，(2).

周晓斌．协商民主有哪几种实现形式．四川统一战线，2013，(2).

李金河．正确认识社会主义协商民主．四川统一战线，2013，(2).

朱兆华．党内选举民主与党内协商民主的互动关系研究．中州学刊，2013，(2).

范伟．中国特色社会主义协商民主制度的基本特征．福州党校学报，2013，(1).

田晓玉．论人民政协在协商民主制度建设中的重要渠道作用．湖南省社会主义学院学报，2013，(1).

范伟．中国特色社会主义协商民主制度的历史演进．云南社会主义学院学报，2013，(1).

张明，黄晓波，尹亮．发展社会主义协商民主必须坚持的几个原则．经济研究导刊，2013，(4).

赵艳华．发展社会主义协商民主促进党群关系和谐化．中共太原市委党校学报，2013，(1).

张立群．关于推进社会主义协商民主制度的思考．青海社会科学，2013，(1).

葛燎原．完善协商民主制度推进协商民主发展．中共四川省委党校学报，2013，(1).

李景治．中国协商民主制度化新进程．南京政治学院学报，2013，(1).

杨湘川．协商民主与人民政协的主渠．求索，2013，(1).

吴辉，袁为海．落实社会主义协商民主制度的思考．中国井冈山干部学院学报，2013，(1).

张秀霞．协商民主的生命力．理论导报，2013，(1).

陈建新．积极推进政协协商民主科学化．江苏政协，2013，(1).

李君如．民主政治、协商民主与人民政协．党政干部学刊，2013，(1).

包心鉴．论协商民主的现实政治价值和制度化构建．中共天津市委党校学报，2013，(1).

孙晓莉．选举民主和协商民主：政党政治发展的机制．中国工商管理研究，2013，(1).

张扬金．协商民主与村民自治制度的价值重拾．理论探讨，2013，(1).

孙萍，许阳．论协商民主理论视阈下公共政策公信力的提升．社会科学辑刊，2013，(1).

林国华．发挥人民政协优势培育中国特色协商民主文化．河北省社会主义学院学报，2013，(1).

凌友诗．中西协商民主比较与中国协商民主之回归传统．政协天地，2013，(1).

肖莉．党的十八大报告关于社会主义协商民主的新发展．广东省社会主义学院学报，2013，(1).

李招忠．论广东协商民主制度建设成就与价值．广东省社会主义学院学报，2013，(1).

王卫红．协商民主的特征与完善协商民主体系对策探讨．广东省社会主义学院学报，2013，(1).

齐卫平．协商民主制度与中国特色社会主义政治发展．桂海论丛，2013，(1).

白天明，高佳．人民政协协商民主探讨．理论探索，2013，(1).

蔡晓明．以协商民主推进社会主义民主政治建设．中国统一战线，2013，(1).

喻禾芳．在实践中不断推进协商民主．中国统一战线，2013，(1).

王行道．民主党派与协商民主．湖北省社会主义学院学报，2013，(2).

王克群．四代领导集体对协商民主的发展．湖北省社会主义学院学报，2013，(2).

陶建兵，武文涛．中国特色政党制度的协商民主理论形成的国情背景——中国特色政党制度的协商民主理论探究．中共南昌市委党校学报，2013，(2).

孙存良．发展协商民主是建设社会主义政治文明的必然要求．上海市社会主义学院学报，2013，(2).

殷啸虎．人民政协实践协商民主的路径分析．上海市社会主义学院学报，2013，(2).

卢亮亮，杨竣凯．社会主义协商民主制度化的逻辑和价值．福建省社会主义学院学报，2013，(2).

叶元俭．微博问政视野下协商民主的挑战与发展研究．福建省社会主义学院学报，2013，(2).

傅雪蓓．参与民主：中国社会主义民主政治的新面向——以协商民主与选举民主之融合现象为观察对象．中国农业大学学报(社会科学版)，2013，(2).

黄国华．社会主义协商民主新概括提出的历史思考．江苏省社会主义学院学报，2013，(2).

姜瑞荣．如何发挥人民政协“重要渠道”作用——推进协商民主制度化发展的认识与思考．江苏省社会主义学院学报，2013，(2).

姜瑞荣．健全社会主义协商民主制度的认识与思考．江苏政协，2013，(4).

殷圣元，李晓向，伏兴中．发挥党派作用推进协商民主．江苏政协，2013，(4).

梁经成．参与：协商民主的基本精神．广西社会主义学院学报，2013，(2).

盘名德．推进我国协商民主发展的若干思考．广西社会主义学院学报，2013，(2).

徐化影．协商民主：主体新塑与制度新建的双重建构．广西社会主义学院学报，2013，(2).

李作鹏，闫飞飞．在协商与民主之间：对协商民主概念的思辨．学术探索，2013，(4).

杨松．发挥政协重要渠道作用发展社会主义协商民主．世纪行，2013，(4).

刘俊杰．我国党际协商民主存在的问题与对策建议．中央社会主义学院学报，2013，(2).

李恩侠，侯建华．协商民主：缘起、价值与完善——从党的十八大“健全社会主义协商民主制度”谈起．河北省社会主义学院学报，2013，(2).

王伟达．中国特色协商民主：逻辑起点、特点及拓展空间．河北省社会主义学院学报，

2013,(2).

曹长胜.协商民主的广泛化与多层化.北京观察,2013,(4).

李雅兴,余磊.论中国特色社会主义民主制度——以选举民主和协商民主为视角.湖南省社会主义学院学报,2013,(2).

董树彬,刘秀玲.近年来国内社会主义协商民主的研究现状.湖南省社会主义学院学报,2013,(2).

易承志.协商民主与人民政协功能的优化分析.湖北社会科学,2013,(4).

王晓琎.健全社会主义协商民主制度坚持中国特色社会主义政治发展道路.陕西社会主义学院学报,2013,(2).

刘俊杰,徐玉生.中国党际协商民主何以存在——兼析党际协商民主的特征.求实,2013,(4).

陈少艺,杜艳华.从民主协商到协商民主——中国共产党协商民主观的新拓展.上海党史与党建,2013,(4).

杨松.发挥政协重要渠道作用发展社会主义协商民主.政策,2013,(4).

徐培华.周恩来与协商民主.中国统一战线,2013,(4).

夏宝龙.协商民主具有强大的生命力.中国统一战线,2013,(4).

李仁质.人民政协是社会主义协商民主的重要形式.山西社会主义学院学报,2013,(1).

王红玉.健全社会主义协商民主制度实现最广泛的人民民主.山西社会主义学院学报,2013,(1).

范伟.中国特色社会主义协商民主制度的基本特征.山西社会主义学院学报,2013,(1).

原冬平.人民政协与我国社会主义民主政治建设.湖北师范学院学报(哲学社会科学版),2013,(2).

李捷.加强社会主义协商民主研究.人民论坛,2013,(9).

顾建军.推进参政党党际协商健全社会主义协商民主.重庆社会主义学院学报,2013,(2).

商玉泉.政协文化的核心价值:协商民主.天津市社会主义学院学报,2013,(1).

王克群.略论中共领导人协商民主思想.天津市社会主义学院学报,2013,(1).

范伟.中国特色社会主义协商民主制度的文化渊源.天津市社会主义学院学报,2013,(1).

姚远,任羽中."激活"与"吸纳"的互动——走向协商民主的中国社会治理模式.北京大学学报(哲学社会科学版),2013,(2).

余华.以协商民主推动人民民主的发展——浙江民主政治建设的经验启示.浙江学刊,2013,(2).

宋连胜,李建.社会主义协商民主理论源头探析.理论学刊,2013,(3).

吴应仕.健全协商民主制度推进科学民主决策.理论与当代,2013,(3).

马丽娟.社区参与中的协商民主机制运作研究.甘肃联合大学学报(社会科学版),

2013,(2).

叶娟丽．协商民主在中国：从理论走向实践．武汉大学学报(哲学社会科学版)，2013,(2).

李强，吴张祥．中国特色的社会主义协商民主制度．奋斗，2013,(3).

张学明．参与式预算：协商民主的生动实践．人大研究，2013,(3).

姚俭建．健全社会主义协商民主制度与参政党的新任务．前进论坛，2013,(3).

慕良泽．建国以来政治协商与协商民主建设的主要特点和经验．前沿，2013,(5).

董长海．把协商民主制度坚持好完善好发挥好．中国统一战线，2013,(3).

魏银立．论社会主义协商民主的当代价值、可行性与推进路径．山西社会主义学院学报，2013,(2).

钟俊，钟伟．论协商民主视阈下的人民政协建设．山西社会主义学院学报，2013,(2).

夏东民．人民政协协商民主六要素之我见．江苏政协，2013,(6).

张扬金．论协商民主理念在群众利益维护新机制的嵌入．中南大学学报(社会科学版)，2013,(3).

王耀东，吴阳松．论社会主义协商民主的中国特色、实践载体与推进路径．广西社会科学，2013,(6).

霍晋涛，李琼．人民政协制度下的协商民主文化认同研究．现代妇女(下旬)，2013,(6).

刘祝环．社会主义协商民主制度的先进性．社会科学家，2013,(6).

张强．协商民主是人民民主不可分离的组成部分．安徽行政学院学报，2013,(2).

于广志．发挥协商民主作用提升政协履职实效．协商论坛，2013,(6).

王东杰．我国协商民主及其未来发展．中共郑州市委党校学报，2013,(3).

赵艳华．社会主义协商民主视角下党群关系和谐化的多维思考．中共济南市委党校学报，2013,(3).

杨曼．协商民主在中国政治体制中的优势和作用研究．吉林省社会主义学院学报，2013,(2).

张燕红．关于协商民主理论与实践的几个问题．贵州社会主义学院学报，2013,(2).

刘秀玲，董树彬．人民政协协商民主的内涵刍议与作用厘定．贵州社会主义学院学报，2013,(2).

李建明．试论社会主义协商民主的优越性．广西社会主义学院学报，2013,(3).

徐锋．刍议政党协商与中国式协商民主．中央社会主义学院学报，2013,(3).

张宏艳．论社会主义协商民主的现实意义．黑龙江省社会主义学院学报，2013,(2).

肖阳．正确认识社会主义协商民主——近年来关于协商民主研究综述．四川统一战线，2013,(6).

李发戈．协商民主视角下的公众参与．团结，2013,(3).

刘玲灵，徐成芳．论中国协商民主的特殊性及发展空间．理论学刊，2013,(6).

张秀霞．协商民主的价值追求与理论定位．人民论坛，2013,(18).

王小鸿．中国民主党派与协商民主．湖南省社会主义学院学报，2013,(3).

吴健宏．试论人民政协推动、丰富、发展协商民主中的作用．政协天地，2013，(6).

刘晓峰．充分发挥参政党作用努力推进协商民主科学化建设．前进论坛，2013，(6).

丰富协商民主的形式和内容．中国统一战线，2013，(6).

李真真．发展党内协商民主制度初探．中共乐山市委党校学报，2013，(2).

沈照良．新民主主义社会党际协商民主的继承和发展的探析——兼谈对十八大报告中党际协商民主的认识．传承，2013，(7).

张建新．基层协商民主工作探微．江苏政协，2013，(5).

王旭东．深化基层政协协商民主的几点思考．江苏政协，2013，(5).

包心鉴．论协商民主的现实政治价值和制度化构建．中国政协理论研究，2013，(2).

孙津．协商民主创制的主要问题和难点．中国政协理论研究，2013，(2).

齐卫平．协商民主在中国民主政治建设中具有广阔空间．中国政协理论研究，2013，(2).

陈朋．社会主义协商民主的基本要素论析．重庆社会主义学院学报，2013，(3).

王浦劬．中国协商治理的基本特点．求是，2013，(10).

梅兆华．我国协商民主的四个阶段．四川统一战线，2013，(5).

刘俊杰．中国党际协商民主的价值取向与发展趋向．中共天津市委党校学报，2013，(3).

李强彬．协商民主：民主决策的逻辑及其实现．浙江学刊，2013，(3).

李军，田晓玉．政治体制改革视野下社会主义协商民主建设的思考．理论探讨，2013，(3).

蔡达峰．浅谈协商民主制度建设．民主，2013，(5).

李君如．“五一口号”与协商民主．北京观察，2013，(5).

邱会生．协商民主：渊源·理念·偏好．前沿，2013，(10).

杨松．进一步提高人民政协协商民主水平．世纪行，2013，(5).

陈友康，杨松禄．社会主义民主政治建设中的协商民主．云南社会主义学院学报，2013，(2).

刘俊杰．中西协商民主之比较．云南行政学院学报，2013，(3).

段永清．社会主义协商民主的实践价值与发展途径．四川师范大学学报(社会科学版)，2013，(3).

王寅平．民主竞争性视角下的协商民主问题研究．求实，2013，(5).

陶建兵．中国特色政党制度的协商民主理论之特色和优势．实事求是，2013，(3).

佟一．多党合作中的政治协商是社会主义协商民主的生动实践．中国统一战线，2013，(5).

陈延武．协商民主的伟大实践——写在中共中央发布“五一口号”65周年之际．湖北省社会主义学院学报，2013，(4).

何虹．试述中国共产党协商民主思想形成的历史过程．湖北省社会主义学院学报，2013，(4).

王寅平．社会主义协商民主若干问题探析．湖北省社会主义学院学报，2013，(4).

郑惠强．社会弥合——关于人民政协协商民主独特功能的思考．上海市社会主义学院学报，2013，(4).

陈朋．社会主义协商民主何以运行．上海市社会主义学院学报，2013，(4).

张云．中国共产党协商民主的历史探源．传承，2013，(10).

陈社招．从协商民主与选举民主关系的中国特性看我国民主政治的优势．文史博览(理论)，2013，(8).

余则湖．提高基层政协协商民主实效的探讨．文史博览(理论)，2013，(8).

齐惠．和而不同：社会主义协商民主制度的传统文化资源．中国政协理论研究，2013，(8).

施芝鸿．人民政协既要发挥协商民主重要渠道作用又要促进协商民主广泛多层制度化发展．中国政协理论研究，2013，(3).

卞晋平．关于推进政协协商民主的几点建议．中国政协理论研究，2013，(3).

牛旭光．对开展协商民主研究的一些看法．中国政协理论研究，2013，(3).

陈惠丰．关于人民政协协商民主的若干问题．中国政协理论研究，2013，(3).

虞崇胜，张继兰．社会主义协商民主的制度属性．中国政协理论研究，2013，(3).

张峰．社会主义协商民主制度是个大概念．中国政协理论研究，2013，(3).

程群力．政协组织在协商民主制度建设中地位和作用的思考．中国政协理论研究，2013，(3).

刘菊香．关于人民政协协商民主主体的探讨．中国政协理论研究，2013，(3).

朱进．发挥人民政协优势推进协商民主发展．江苏政协，2013，(8).

张仁海．找准推进政协发挥协商民主作用的突破口．江苏政协，2013，(8).

顾维宪．人民政协协商民主之我见．江苏政协，2013，(8).

张志泉，姜其沅．论协商民主及其在我国的应用．国家行政学院学报，2013，(4).

刘菊香．论人民政协协商民主的主体．协商论坛，2013，(8).

杨雪冬．协商民主不会取代投票民主．领导科学，2013，(24).

刘高吉，刘祖云．协商民主：四维理论审视．江苏省社会主义学院学报，2013，(4).

侯福同．正确认识协商民主的功能价值．江苏省社会主义学院学报，2013，(4).

张杨，徐源．人民政协协商民主的内涵、历史和实现途径．江苏省社会主义学院学报，2013，(4).

魏晓东．陕甘宁边区的协商民主及历史启迪．广西社会主义学院学报，2013，(4).

黄毅．健全社会主义协商民主制度与多党合作事业发展．云南社会主义学院学报，2013，(3).

对社会主义协商民主制度化、规范化和程序化的基本把握．云南社会主义学院学报，2013，(3).

浅谈民主党派在健全社会主义协商民主制度中的地位和作用．云南社会主义学院学报，2013，(3).

加强民主党派自身建设，推动社会主义协商民主制度化发展．云南社会主义学院学报，2013，(3).

加强制度建设，提高社会主义协商民主的规范化水平．云南社会主义学院学报，2013，(3).

苏红军．协商民主：推进爱国统一战线的有效机制．中央社会主义学院学报，2013，(4).

王小鸿．民主党派与协商民主．中央社会主义学院学报，2013，(4).

杨健．试论协商民主在民主决策中的作用．四川统一战线，2013，(8).

邱永文．论社会主义协商民主的制度建设．湖南省社会主义学院学报，2013，(4).

杨长河．试论协商民主在我国民主政治建设中的地位和作用．湖南省社会主义学院学报，2013，(4).

魏银立．社会主义协商民主制度论析．湖南省社会主义学院学报，2013，(4).

姚成华．积极探索实践形式推进基层协商民主．世纪行，2013，(8).

卢亮亮，杨竣凯．社会主义协商民主制度化发展：规范性分析．江汉大学学报(社会科学版)，2013，(4).

刘永瑞．准确把握协商民主与我国基本政治制度关系的实质．红旗文稿，2013，(15).

李祥营．健全社会主义协商民主制度推进人民民主政治进程．政协天地，2013，(8).

顾建军．推进参政党党际协商健全社会主义协商民主．前进论坛，2013，(8).

丁丹丹，李桦．协商民主的概念、缘起及其与当代中国政治．前沿，2013，(15).

陶建兵，陈路明．中国特色政党制度的协商民主理论之主要内容．中共太原市委党校学报，2013，(4).

任孟娥，房雷涛．协商民主是贯彻群众路线的重要途径．新西部(理论版)，2013，(14).

古龙高．基于政治文明建设视野下的协商民主制度研究．淮海工学院学报(人文社会科学版)，2013，(14).

朱兆华．党内协商民主制度化研究．安徽师范大学学报(人文社会科学版)，2013，(4).

强建华，卢志云．提升协商民主科学化水平的几点思考．江苏政协，2013，(7).

李仁彬．试论发展我国基层协商民主．党史文苑，2013，(14).

张芳芳．协商民主中的角色分析．今日中国论坛，2013，(11).

宋键．“三三制”政权是中国协商民主的最早实践与探索．重庆社会主义学院学报，2013，(4).

商玉泉．论人民政协的协商民主增量．重庆社会主义学院学报，2013，(4).

董树彬．社会主义协商民主的理论甄别．重庆社会主义学院学报，2013，(4).

王远启．论发展中国特色协商民主．广东省社会主义学院学报，2013，(3).

周宁宁．协商民主的价值选择．广东省社会主义学院学报，2013，(3).

童庆平，王强．试论建设中国特色协商民主的根本原则．广州社会主义学院学报，2013，(3).

黄梅．政治协商与社会主义协商民主制度建设．广州社会主义学院学报，2013，(3).

陈大明，何文生，肖珺．试论协商民主与参政党自身建设．广州社会主义学院学报，

2013，(3).

沈云霞．社会主义协商民主刍议．党政干部学刊，2013，(7).

朱宗友，许开轶．协商民主研究 :10 年回顾与思考．中州学刊，2013，(7).

袁忠．论中国特色协商民主发展路径的选择．岭南学刊，2013，(4).

魏银立．健全社会主义协商民主制度的思考．河北省社会主义学院学报，2013，(3).

陈朋．中国场域的协商民主 : 特色彰显与发展逻辑．理论探讨，2013，(4).

董树彬．社会主义协商民主制度研究现状梳理．四川统一战线，2013，(7).

万桃元．加强制度规范彰显独特优势充分发挥人民政协协商民主重要渠道作用．世纪行，2013，(7).

林萍．关于健全社会主义协商民主制度的思考．陕西社会主义学院学报，2013，(3).

孟凤英．社会主义协商民主的时代价值与制约性因素探析．理论月刊，2013，(7).

王荣景，王斌．协商民主制度中党外代表人士参政能力的培养研究．领导科学，2013，(20).

张平夫．人民政协是协商民主的重要渠道．新视野，2013，(4).

王孝勇．论“三三制”政权建设中选举民主与协商民主的有机结合及其启示．湖北社会科学，2013，(7).

深入推进社会主义协商民主．中国党政干部论坛，2013，(7).

杨雪冬．协商民主的前途及挑战．中国党政干部论坛，2013，(7).

肖立辉．社会主义协商民主的内涵、制度体系及价值．中国党政干部论坛，2013，(7).

马宝成．如何认识选举民主与协商民主的关系．中国党政干部论坛，2013，(7).

陈奕敏．协商民主在基层的制度创新．中国党政干部论坛，2013，(7).

齐惠．协商民主与和而不同的可通约性．中国党政干部论坛，2013，(7).

蒋政．协商民主 : 理念与实践的差距及其弥合．山西师大学报 (社会科学版)，2013，(4).

寇鸿顺．协商民主 : 中国特色民主的自主性制度创新．河南大学学报 (社会科学版)，2013，(4).

江利平．发展人民政协协商民主推进民主政治建设．湖北省社会主义学院学报，2013，(5).

姜丽华．论社会主义协商民主的价值——对民主理论与实践的历史考察．湖北省社会主义学院学报，2013，(5).

蔡国斌．中国协商民主的实践及启示．湖北省社会主义学院学报，2013，(5).

李文献．我国社会主义协商民主探析．湖北省社会主义学院学报，2013，(5).

刘杰．协商民主的中国特色与统一战线的保障功能．上海市社会主义学院学报，2013，(5).

杨健．推进党际协商民主的宏观思考和措施．上海市社会主义学院学报，2013，(5).

刘秀玲．中国协商民主的文化渊源与理论基础．福建省社会主义学院学报，2013，(5).

李翠霞，周韬，石君．推动基层协商民主发展的动力机制探究．法制与社会，

2013,(30).

谢永芳．社会主义协商民主的基本特点及走向．广东省社会主义学院学报，2013，(4).

徐佩瑛，金薇．基于文化动因的协商民主——民主党派在协商民主建设中价值功能的多维论析．广州社会主义学院学报，2013，(4).

方刘松．中国协商民主的生成逻辑与现实定位．中共济南市委党校学报，2013，(5).

周青山，周家吉．构建人民政协协商民主有利环境的思考．协商论坛，2013，(10).

楚向红．协商民主：中国民主政治创新的重要形式．世纪桥，2013，(13).

梁晓宇．人民政协协商民主刍议．江苏省社会主义学院学报，2013，(5).

石媛．社会主义协商民主的内涵探析．江苏省社会主义学院学报，2013，(5).

陈贤滨．社会主义协商民主制度的历程与展望．辽宁行政学院学报，2013，(10).

李中林．协商民主是推进决策科学化民主化的重要途径．江苏政协，2013，(10).

任世红，龚万达．协商民主：多党合作的内生价值．江苏政协，2013，(10).

岳世平．试论我国人民政协协商民主的发展体现及当今功用．河北省社会主义学院学报，2013，(4).

刘慧娟．中西方协商民主实践形式比较研究．河北省社会主义学院学报，2013，(4).

王彩玲．论社会主义协商民主的条件．中央社会主义学院学报，2013，(5).

朱虹，孙信．社会主义协商民主制度研究——2013 年全国社会主义学院系统理论研讨会暨中央社会主义学院中国政党制度研究中心第十一届年会会议综述．中央社会主义学院学报，2013，(5).

吉秀华．论参政党在社会主义协商民主建设中的地位和作用．中央社会主义学院学报，2013，(5).

刘国普．统一战线与扩大公民有序政治参与的路径探析——基于协商民主制度建设的视角．中央社会主义学院学报，2013，(5).

陈惠丰．“健全社会主义协商民主制度”的意义和主要任务．团结，2013，(5).

刘长安．试论协商民主在人民政协中的实践运用．四川统一战线，2013，(10).

傅绍平．充分发挥民主党派在协商民主中的作用．湖南省社会主义学院学报，2013，(5).

岳世平．试论我国人民政协协商民主的发展体现及现实功用．湖南省社会主义学院学报，2013，(5).

金建明．人民政协：协商民主的重要渠道．唯实，2013，(10).

金厚坤．积极发挥人民政协协商民主重要渠道作用．唯实，2013，(10).

郭钰霞．浅析协商民主理论与中国政党制度建设．长春理工大学学报(社会科学版)，2013，(10).

袁为海，王庆展．发展社会主义协商民主的重要原则——把政治协商纳入决策程序．福州党校学报，2013，(5).

吴先宁．十八大后我国协商民主的发展趋势．政协天地，2013，(10).

何虹．中国共产党协商民主思想的发展．陕西社会主义学院学报，2013，(4).

蒋红．协商民主：社会主义民主优越性的本质体现．红旗文稿，2013，(19).

宁有才，王彩云．推进基层协商民主的动力分析．山东社会科学，2013，(10).

刘晓峰．充分发挥参政党作用努力推进协商民主科学化建设．人民论坛，2013，(28).

郑宪．关于社会主义协商民主制度的若干思考．山西社会主义学院学报，2013，(3).

王继宣．努力创造大力发展社会主义协商民主的条件．山西社会主义学院学报，2013，(3).

强亦忠．推进政协协商民主的几点思考．江苏政协，2013，(9).

汤成元．浅谈基层协商民主的现状与出路．江苏政协，2013，(9).

陶建兵，徐罗卿．建构中国特色政党制度的协商民主理论及时代意义．中共云南省委党校学报，2013，(5).

张洪武．协商民主的构建．辽宁省社会主义学院学报，2013，(3).

陈界．协商民主是全面建成小康社会的政治发展载体．辽宁省社会主义学院学报，2013，(3).

刘建成．约束与创新：中国特色协商民主制度建设．行政论坛，2013，(5).

叶介甫．统一战线在完善协商民主和引导扩大有序参与上大有可为．天津市社会主义学院学报，2013，(3).

刘俊杰．中国党际协商民主的精神基础探析．重庆社会主义学院学报，2013，(5).

卢亮亮，杨竣凯．健全社会主义协商民主制度的实质与路径选择．重庆社会主义学院学报，2013，(5).

王寅平．论社会主义协商民主制度的价值和功能．四川省社会主义学院学报，2013，(3).

杨兴林．中国语境下协商民主的科学意蕴．长白学刊，2013，(5).

焦成水．社会主义协商民主的基本经验初探．贵州社会主义学院学报，2013，(3).

张继兰．人民政协的内在困境及其解决——基于协商民主规范条件的视角．云南行政学院学报，2013，(5).

朱磊．协商民主视角下的“三三制”政权．安徽理工大学学报(社会科学版)，2013，(3).

张强．执政党的建设与协商民主的关系．辽宁师范大学学报(社会科学版)，2013，(5).

赵志宇．社会主义协商民主制度的理论内涵及其价值．理论与改革，2013，(5).

冯志峰，廖清成．协商民主：理论逻辑、功能定位与实施路径．江西社会科学，2013，(9).

姜希伦．论协商民主与中国特色社会主义政治建设．内蒙古社会科学(汉文版)，2013，(5).

张洪武．社会整合与协商民主．宁夏党校学报，2013，(5).

朱其亮．强化参政议政职能推动协商民主发展．前进论坛，2013，(9).

陈奇文．正确理解“健全社会主义协商民主制度”的真义．湖北省社会主义学院学报，2013，(6).

李卓垚．社会主义协商民主价值探析．湖北省社会主义学院学报，2013，(6).

张宏艳．从党的代表大会报告体会“社会主义协商民主”内涵．湖北省社会主义学院学报，2013，(6).

商玉泉．论社会主义协商民主的制度化发展．山西社会主义学院学报，2013，(4).

李祥营．社会主义协商民主制度的基本内涵．上海市社会主义学院学报，2013，(6).

匡永琼，胡伟生．论人民政协与基层协商民主发展．重庆广播电视大学学报，2013，(6).

齐美音．社会主义协商民主及其未来发展．辽宁省社会主义学院学报，2013，(4).

蒋德海．论协商民主中协商和民主的关系．同济大学学报(社会科学版)，2013，(6).

张若云．从协商民主制度的提出看中共意识形态转型．成都师范学院学报，2013，(12).

夏燕月．毛泽东对中国特色政党制度形成和发展的历史性贡献．党的文献，2013，(S1).

陶建兵，何旭．中国特色政党制度的协商民主理论之发展历程．天津市社会主义学院学报，2013，(4).

阎金明．人民政协在协商民主中的历史逻辑与实践价值．天津市社会主义学院学报，2013，(4).

张玲，刘慧琴．健全社会主义协商民主制度对推进民主政治建设具有十分重要的作用．天津市社会主义学院学报，2013，(4).

谭韬．人民政协协商民主的特征和优势．江苏政协，2013，(12).

金秋．推进协商民主广泛多层制度化发展．江苏政协，2013，(12).

杨建平．浅论执政合法性视野下的协商民主．贵州社会主义学院学报，2013，(4).

李君如．推进协商民主广泛多层制度化发展浅议．协商论坛，2013，(12).

金建明．人民政协是协商民主的重要渠道．江苏省社会主义学院学报，2013，(6).

强亦忠．协商民主：中国特色社会主义民主政治的必然选择．江苏省社会主义学院学报，2013，(6).

许超宇，徐丽维．参政党在协商民主制度建设中的作用．吉林省社会主义学院学报，2013，(4).

冯晓青．中国特色协商民主的开创．吉林省社会主义学院学报，2013，(4).

刘仁勇，谭宏玲．协商民主的政治价值和现实路径研究．四川省社会主义学院学报，2013，(4).

李文献．浅论民主党派与社会主义协商民主．广西社会主义学院学报，2013，(6).

杨垚．人民政协在发展社会主义协商民主中的重要作用．湖南省社会主义学院学报，2013，(6).

张连珍．充分发挥人民政协作为协商民主重要渠道作用．唯实，2013，(12).

刘仁勇，于小英．健全社会主义协商民主制度研究．中央社会主义学院学报，2013，(6).

刘秀玲，董树彬．人民政协：社会主义协商民主的重要渠道．中央社会主义学院学报，

2013，(6).

张宝泉．协商民主的使命与民主党派的职责．延安大学学报 (社会科学版)，2013，(6).

魏晓文，郭一宁．毛泽东协商民主思想及其当代价值．理论学刊，2013，(12).

马力，梁宏．社会主义协商民主与公民有序政治参与．黑龙江省社会主义学院学报，2013，(4).

王佳玲．论民主党派在社会主义协商民主中的地位作用．黑龙江省社会主义学院学报，2013，(4).

张爱荣．健全社会主义协商民主制度的实践意义．黑龙江省社会主义学院学报，2013，(4).

虞崇胜，张继兰．人民政协：社会主义协商民主的重要载体．探索，2013，(6).

夏澍耘．社会主义协商民主的中国智慧．探索，2013，(6).

陈尧．从参与到协商：协商民主对参与式民主的批判与深化．社会科学，2013，(12).

范会勋．论发展社会主义协商民主进程中的几个重要关系．理论导刊，2013，(12).

刘学军．健全社会主义协商民主制度研究．中共福建省委党校学报，2013，(12).

崔勇．协商民主的渊源、理念与偏好探析．领导科学，2013，(35).

郑万通．关于社会主义协商民主的几个问题．中国政协理论研究，2013，(4).

李昌鉴．正确认识、大力推进中国的协商民主．中国政协理论研究，2013，(4).

李君如．在推进民主政治发展的大趋势中健全人民政协协商民主．中国政协理论研究，2013，(4).

刘佳义．推进协商民主广泛多层制度化发展．中国政协理论研究，2013，(4).

邢孟军．协商民主视阈下人民政协引领群众有序政治参与研究．中国政协理论研究，2013，(4).

肖存良．人民政协作为协商民主重要渠道作用的内涵研究 ~．中国政协理论研究，2013，(4).

宋村珠．参政党应切实承担健全协商民主制度的历史责任．中国政协理论研究，2013，(4).

柴宝勇．简论人民政协协商民主：概念、原则与制度化建设．中国政协理论研究，2013，(4).

石绍斌．人民政协：从党际协商到党群协商．中国政协理论研究，2013，(4).

王瑜，赵海月．论协商民主在构建和谐政党关系中的作用．甘肃社会科学，2013，(6).

朱益飞，刘诚．论增强中国政党制度的包容力——基于社会主义协商民主的视角．中国青年政治学院学报，2013，(6).

孟凤英．协商民主视域下的参政党建设探析．重庆社会主义学院学报，2013，(6).

童庆平．人民政协协商民主建制化进程引论．重庆社会主义学院学报，2013，(6).

张靖伟．完善社会主义协商民主制度研究．重庆社会主义学院学报，2013，(6).

许道权．浅议协商民主的特质与基层协商民主的发展．重庆社会主义学院学报，2013，(6).

韩剑锋，刘丽峰．协商民主的当代价值与政协实践．人民论坛，2013，(33).

刘俊杰．中国党际协商民主运行的问题及其完善．中共浙江省委党校学报，2013，(6).

刘永春，刘世华．论中国协商民主选择与建构的历史逻辑．理论探讨，2013，(6).

侣传振．党内选举民主与党内协商民主的衔接与互动——以理性为视角．理论与改革，2013，(6).

宋巍．试论社会主义协商民主的本质内涵．陕西青年职业学院学报，2013，(4).

九三学社云南省委员会．民主党派应在协商民主中发挥作用．云南社会主义学院学报，2013，(4).

黄国华．社会主义协商民主若干基本问题辨析．云南社会主义学院学报，2013，(4).

董树彬．社会主义协商民主制度研究综述．天津行政学院学报，2013，(6).

齐惠．我国协商民主与选举民主相辅相成．四川统一战线，2013，(11).

方刘松，张立．中国协商民主的生成逻辑与现实定位．求实，2013，(S2).

虞崇胜．“自信、自觉、自省”应成为发展中国社会主义协商民主的基本共识．中国党政干部论坛，2013，(11).

孙华玉，宋富华．健全社会主义协商民主制度的三维视阈．学术交流，2013，(11).

5. 国外政党研究和比较研究

杨洋．古巴共产党加强学习型政党建设的举措及其启示．湖北省社会主义学院学报，2013，(1).

赵清华．列宁工人阶级执政党党内监督思想的借鉴与启示．南华大学学报 (社会科学版)，2013，(1).

汪宁，韦进深．普京的俄罗斯政党制度发展设想与实践．国际关系研究，2013，(1).

许雅．台湾政治转型中选举演变及其原因探析．长春教育学院学报，2013，(4).

陈文刚．20 世纪英国政党政治的发展．剑南文学 (经典教苑)，2013，(2).

刘少华．施罗德时期德国社会民主党执政经验教训及启示．当代世界与社会主义，2013，(1).

李洪涛．俄罗斯联邦共产党发展面临的困境解析．中共济南市委党校学报，2013，(1).

曹旭东．香港政党政治的制度空间．法学，2013，(2).

施雪华．冷战后国外政党自身建设的经验教训及其对中国的启示．学术界，2013，(2).

郇庆治．法国 2012 年大选中的左翼政党：一种理论阐释．学术界，2013，(2).

叶富春．新加坡与马来西亚一党独大制比较分析．学术界，2013，(2).

李智．从共和走向民主：美国选举人团制度的历史变迁．大连海事大学学报 (社会科学版)，2013，(1).

李路曲．威权政治下的民主发育——政党转型的东南亚经验．文化纵横，2013，(1).

张夺．卢卡奇无产阶级政党理论探析．理论月刊，2013，(2).

王建礼．巴西左翼政党的社会主义理论研究．社会主义研究，2013，(1).

施雪华．冷战后国外政党执政的经验教训及其对中国的启示．社会科学，2013，(2).

张万杰．苏东剧变后印共 (马) 在意识形态建设中的探索．社会主义研究，2013，(1).

余卉．关于美国政党政治衰落的商榷．黑龙江史志，2013，(3).

石晓虎．国外政党面临的社会思潮挑战趋于增大．当代世界，2013，(2).

魏伟．2012 年世界政党形势的突出动向．当代世界，2013，(2).

赵晨．欧洲极右政党的发展．当代世界，2013，(2).

贾旭阳．外国政党动态．当代世界，2013，(2).

孙春胜．从英国自由党衰落看英国政党执政走向．中共中央党校学报，2013，(1).

李照雨．后冷战时代西方政党理论创新及其对中国的启示．兰州教育学院学报，2013，(1).

刘笑非，于宝柱，段克勤．简析日本自民党的派阀政治．中国校外教育，2013，(3).

苏颂兴．青年的政治参与对台湾政党转型发展的影响．青年探索，2013，(1).

杨俊．西方国家服务型政党建设的经验与启示．党史博采 (理论)，2013，(1).

张旺．非洲国家政治发展问题上的政党体制原因分析．学理论，2013，(2).

孙永标．论政党的宪法定位．学理论，2013，(2).

胡荣荣．政党“寡头统治铁律”及其超越——基于新加坡的制度创新经验．党政干部学刊，2013，(1).

叶麒麟，陈心香．弱政党政治的民主政治形态——基于西方自由民主话语的分析．中共天津市委党校学报，2013，(1).

龚娜．日本第三极势力的崛起与困境．东北亚学刊，2013，(1).

王高贺．长期执政条件下的民意运用探讨——以苏共执政教训为视角．湖北社会科学，2013，(1).

王会民，蔡晓良．欧洲主要社会民主主义政党转型探析．理论界，2013，(1).

方雷．超越民族主义的东欧政党政治——基于全球化和欧洲化的视角．社会科学，2013，(1).

王世恒．论列宁共产党执政思想的形成背景及时代价值．学术交流，2013，(1).

袁东振．委内瑞拉政党的特点与发展动向．当代世界，2013，(1).

谭鹏．论战后西欧社会民主党的组织转型及现实启示．上海党史与党建，2013，(1).

刘舒，薛忠义．东亚政党与民众的政治沟通及其启示——以韩国和新加坡为例．东北亚论坛，2013，(1).

吕虹．金融危机与资本主义政党政治的相互作用．毛泽东邓小平理论研究，2013，(4).

邱实．欧美传统政党的“消亡”之忧．领导文萃，2013，(8).

李凯旋．苏东剧变后意大利共产主义政党的发展．科学社会主义，2013，(2).

项佐涛．中东欧政党政治的“欧洲化”程度研究．当代世界与社会主义，2013，(2).

辛向阳．19 世纪国际共产主义运动中无产阶级国际组织与政党的民主实践初探．当代世界与社会主义，2013，(2).

孙林．网络时代西方政党政治困境．理论视野，2013，(4).

李秘．台湾选民的政党认同——基于 2004、2008、2012 年三次“总统”选举的分析．台湾研究集刊，2013，(2).

柴尚金．西方多党民主的制度困境及原因．中国特色社会主义研究，2013，(2).

钟准．当政党政治遭遇欧洲一体化．文化纵横，2013，(2).

张士海．列宁关于无产阶级政党纯洁性思想及其启示．社会主义研究，2013，(2).

杨宏伟，徐旖瑶．瑞典社会民主党政党文化建设及其启示．江西行政学院学报，2013，(2).

王江雨．人民行动党长期执政的“秘诀”．南风窗，2013，(7).

柴尚金．西方宪政民主陷入制度困境．学习月刊，2013，(7).

陈文，黄卫平．新加坡人民行动党扎根基层的动力机制．中国党政干部论坛，2013，(4).

高新军．墨西哥革命制度党重回执政地位说明了什么？. 国外理论动态，2013，(4).

维维亚娜·斯蒂恰娜，靳呈伟．政党与20世纪90年代阿根廷和智利的高层腐败．国外理论动态，2013，(4).

张东．明治时期的藩阀与政党——以民意为中心．外国问题研究，2013，(1).

孟宪艮．西方政党议员的角色平衡与发展困境．广西社会科学，2013，(3).

梁志伟．列宁关于保持党的纯洁性思想探究．中共云南省委党校学报，2013，(2).

陈月红．中西执政党执政方式之比较．党史文苑，2013，(6).

靳呈伟．墨西哥革命制度党重新执政的初步思考．重庆社会主义学院学报，2013，(2).

斯妙华，赵宬斐．西方政党绿色意识形态发展厘析．领导科学，2013，(8).

李艳枝．中东剧变与穆斯林民主政党的兴起．国际论坛，2013，(2).

杨平．从执政党到议会民主党的转型之痛——台湾国民党转型的经验与教训．贵阳文史，2013，(2).

董卫华，曾长秋．如何看待国外政党立法．中国党政干部论坛，2013，(3).

高奇琦．试论东亚政党与公民社会关系的两种模式．武汉大学学报(哲学社会科学版)，2013，(2).

张晓立．美国政党制度的文化渊源及历史启示．当代世界，2013，(3).

宁锦歌，李宝江．列宁晚年对政党精英权力制约与监督的思考．河北学刊，2013，(2).

蒲国良．国外一些政党如何应对全球化的新变化．社会科学研究，2013，(2).

约翰·维达，奇芳．英国绿党四十年．科学新闻，2013，(3).

刘长江．党内派别、政治对抗与党内民主——以苏共的经验教训为例证．江苏行政学院学报，2013，(2).

隋斌斌．缓冲区机制与政党治理——以新加坡人民行动党为例．理论导刊，2013，(3).

熊光清．共产主义政党不同时期的民主实践专题研究．中共四川省委省级机关党校学报，2013，(2).

柴尚金．当前西方国家多党民主的五大制度困境．当代世界，2013，(3).

熊辉，胡柳娟．新加坡人民行动党的基本执政经验和启示．学理论，2013，(18).

文斌．苏共亡党教训对加强党的纯洁性建设的警示．重庆与世界（学术版），2013，（6）．

吴寄南．民主党下野及日本政坛剧变的深层原因．日本问题研究，2013，（2）．

杨烨，刘洪霞．金融危机背景下中东欧左翼政党出现相对优势之评析．当代世界社会主义问题，2013，（2）．

李亚洲．俄罗斯政党政治的新变化与发展动向．当代世界社会主义问题，2013，（2）．

范磊．新加坡政治新生态与选举政治——基于 2013 年榜鹅东选区补选分析．当代世界社会主义问题，2013，（2）．

朱清秀．日本国会议员在政党间流动的行为逻辑分析——以第 45—46 届众议院选举为例．日本研究，2013，（2）．

彭萍萍．国外主要政党关于党内民主建设的主要经验与启示．科学社会主义，2013，（3）．

曾庆美．西方政党联系民众的经验与启示．四川行政学院学报，2013，（3）．

白伊维．欧洲主义与民族主义的较量：克罗地亚社民党的演变．当代世界与社会主义，2013，（3）．

董卫华，曾长秋．国外政党立法情况研究．当代世界与社会主义，2013，（3）．

刘红凛．“政党法制”论析——基于战后世界政党法制历史发展与当代现状的考察．当代世界与社会主义，2013，（3）．

徐刚．略论 19 世纪末 20 世纪初的巴尔干社会主义运动．当代世界与社会主义，2013，（3）．

靳呈伟．新世纪以来拉美政党应对重大危机的主要举措与启示．中共济南市委党校学报，2013，（3）．

孙景峰，陈倩琳．政党形象：概念、意义与建设路径．探索，2013，（3）．

朱虹．从中外政党比较研究的视角看中国政党政治参与的发展．中央社会主义学院学报，2013，（3）．

薛留增．瑞士多党制度对于我国政党制度的借鉴意义．人民论坛，2013，（17）．

杜婷，徐海波．香港社会阶层分化与政党政治的演进研究．安徽电气工程职业技术学院学报，2013，（2）．

姜跃．国外部分执政党意识形态的困境及应对．理论学刊，2013，（6）．

杜洁，ChaphipornKiatkachatharn. 泰国两党朝野制衡格局与民主政治的理性走向——2013 年曼谷市长选举个案研究．人民论坛，2013，（18）．

何洪武．埃及穆斯林兄弟会的政党化道路及其影响．长沙铁道学院学报（社会科学版），2013，（2）．

黄卫平，涂谦．国外长期执政政党的比较分析（下）——执政方式、现实困境与转型．人民论坛·学术前沿，2013，（12）．

项佐涛，夏纪媛．中东欧共产党与社会民主党党章内容异同比较．社会主义研究，2013，（3）．

沈丹．从政党政治看欧洲社会民主党的意识形态右转——以英国工党、法国社会党、德国社会民主党为例．社会主义研究，2013，(3).

吴浩．执政党与青年组织间的良性互动探讨——以新加坡人民行动党青年团为例．中国青年研究，2013，(6).

程光德．南非共产党 : 建设群众性的先锋队政党．上海党史与党建，2013，(6).

唐展风．政党制度制度化与民主巩固的相关性研究——以泰国政党制度为样本的分析．湖北行政学院学报，2013，(3).

黄卫平，涂谦．国外长期执政政党的比较分析 (上)——执政方式、现实困境与转型．人民论坛 · 学术前沿，2013，(11).

王进芬．列宁关于执政党与人民群众保持密切联系的理论阐释与实践探索．南京政治学院学报，2013，(3).

邹国煜．国外政党创新群众工作的方式方法．理论导报，2013，(5).

冷波．新加坡人民行动党稳定执政的经验及启示．江西社会科学，2013，(5).

李新廷．部分与整体 : 萨托利分析政党与政党体制的框架．齐齐哈尔大学学报 (哲学社会科学版)，2013，(3).

周淑真．政党政治理念的变革及其深层逻辑．新视野，2013，(3).

孙景峰，陈倩琳．新加坡人民行动党形象建设论．河南师范大学学报 (哲学社会科学版)，2013，(3).

林冈，李振志．台湾地区两大政党内部派系结构的比较研究．江苏行政学院学报，2013，(3).

胡荣荣．政权结构、政党制度化与民主转型——对四国、地区的比较研究．社会科学战线，2013，(5).

王元．澳大利亚工党政策对大选的影响．学理论，2013，(24).

郭翠萍．捷克社会民主党的历史与现状研究．科学社会主义，2013，(4).

宋晓钗．新世纪以来俄罗斯政党政治的发展历程及其对俄罗斯政局的影响研究．辽宁行政学院学报，2013，(8).

苏程程．过程与分析 : 台湾政治体制的民主转型．今日中国论坛，2013，(13).

徐晓冬，吴宁．全球视野下执政党建设基本经验初探．沈阳干部学刊，2013，(4).

代金平，唐海军．当今国外一些社会党新情况新变化与困境探析．当代世界与社会主义，2013，(4).

谢晓光．俄罗斯政党体制与政治体制关系对俄罗斯民主进程的影响．当代世界与社会主义，2013，(4).

熊辉，胡柳娟．越共加强党性教育的经验及启示．当代世界与社会主义，2013，(4).

乔海波．日本政治生态之维新会崛起与选战前景分析．吉林省教育学院学报 (中旬)，2013，(8).

陈星．论台湾政党体制的制度化问题．台湾研究集刊，2013，(4).

唐好林．当代中美政党制度浅析．重庆科技学院学报 (社会科学版)，2013，(8).

赵凡．德国自民党地方选举支持度下降原因浅析．重庆科技学院学报 (社会科学版)，2013，(8).

李奕潼．政党意识形态视角下的苏共亡党历史教训．经营管理者，2013,（19）.

宋敏，郭启翔．苏联共产党执政合法性的历史反思与现实启示．广西职业技术学院学报，2013,（4）.

陈兰芝．列宁关于保持马克思主义政党理论纯洁性的思想．社会主义研究，2013,（4）.

李建俊．列宁早期关于党的纲领的理论与实践．社会主义研究，2013,（4）.

徐刚．中东欧左翼力量的新动向．学习月刊，2013,（15）.

姜红，吕耀东．日本政坛“一党独大”及政治右倾化——第23届参议院选举后的日本政局走向．当代世界，2013,（8）.

叶国玲．北欧极右翼民族主义政党崛起的原因及其影响．当代世界，2013,（8）.

王磊，臧秀玲．衰落抑或复兴：美国学者关于美国政党变迁的研究．国外理论动态，2013,（8）.

熊辉，胡柳娟．新加坡人民行动党的执政经验及其启示．国外理论动态，2013,（8）.

李亚洲．俄罗斯政党改革的新动向及其影响．国外理论动态，2013,（8）.

向文华．西方早期政党类型理论：演变与评价．东岳论丛，2013,（8）.

王世达．巴基斯坦宗教政党崛起及其原因．国际研究参考，2013,（7）.

谢峰．英国保守党领袖选拔制度演变研究．马克思主义与现实，2013,（4）.

刘建军．政党：孕育领袖还是遏制领袖？——对中国、日本和新加坡的比较研究．复旦学报（社会科学版），2013,（4）.

臧志军．试析日本政党政治的危机．复旦学报（社会科学版），2013,（4）.

陈金英．印度国大党：支持者、意识形态与组织建设．复旦学报（社会科学版），2013,（4）.

袁春霞．西方政党党内民主的特点与加强中国共产党党内民主建设的思考．西华师范大学学报（哲学社会科学版），2013,（4）.

段鹏飞．西方资本主义政党加强意识形态建设的实践及启示．中共云南省委党校学报，2013,（4）.

若木．拨开云雾看埃及之变——阿拉伯学者怎么看伊斯兰政治力量执政．世界知识，2013,（14）.

孙林．“德国的选择”党——德国的选择？. 世界知识，2013,（14）.

钱乘旦．“说”与“做”的悖论——英国议会选举与政党政治解析．求是，2013,（14）.

刘飞．政党学习视角下西方国家政党适应性变革及启示．云南行政学院学报，2013,（4）.

孙景峰，陈倩琳．论新加坡人民行动党形象建设的基本特征．深圳大学学报（人文社会科学版），2013,（4）.

毛立红．美国政治与行政关系的演进：历程与启示．北京航空航天大学学报（社会科学版），2013,（4）.

赵永红．政党认同的嬗变与重建：基于社会治理结构变迁的分析．经济社会体制比较，

2013,(4).

杨启乐．赛博空间与西方政党运作的新变化．学术探索，2013,(7).

姜希伦．金融危机影响下欧洲社会党的发展变化及其前景展望．内蒙古师范大学学报(哲学社会科学版)，2013,(4).

秦德占．新加坡人民行动党长期执政背后的政治哲学．新视野，2013,(4).

李明顺．苏共腐化的社会危害与启示——兼论无产阶级执政党保持纯洁性的途径．南都学坛，2013,(4).

焦佩．韩国左翼进步政党的内部分裂原因探析．武汉大学学报(哲学社会科学版)，2013,(4).

齐忠成．一些国家政党处理党员数量与质量关系的做法与启示．上海党史与党建，2013,(7).

周宇翔，刘备．社会中心主义与政党中心主义——基于英、美、俄政党政治经验传统的比较分析．法制与社会，2013,(19).

李思奇．西方国家服务型政党建设的经验与启示探讨．才智，2013,(19).

邹焕梅．当代国外社会主义国家执政党关于政党学习的认识和探索．山东社会科学，2013,(7).

闫大杰．日本政党制度变化的原因及其影响．学理论，2013,(30).

江秋丽．俄罗斯政党体制的发展及其趋势．西伯利亚研究，2013,(5).

包德芳．透视苏共亡党内因，再谈坚定不移地走中国特色社会主义道路．赤峰学院学报(汉文哲学社会科学版)，2013,(10).

黄洪旺．国外政党如何处理同民众的关系．领导文萃，2013,(20).

高奇琦．西方政党与社会的关系变迁：一种复合结盟的分析框架．当代世界与社会主义，2013,(5).

冯艳茹．从全球化视角看我国政党制度的新特色——苏联模式政党制度的瓦解对中国的警示．沈阳干部学刊，2013,(5).

成晓叶．论拉美新左翼政权崛起中的美国因素．郑州轻工业学院学报(社会科学版)，2013,(5).

赵婷．国际金融危机对西欧政党格局的影响．领导科学，2013,(29).

周月．塞浦路斯社会民主运动党发展概述．理论界，2013,(10).

黄小勤．两岸关系和平发展背景下民进党政党功能的嬗变．理论月刊，2013,(10).

孙林．苏联党政关系模式对我们党有何影响．中国党政干部论坛，2013,(10).

李庆四．历久不衰的美国共和党．当代世界，2013,(10).

张忠祥．非国大引领南非走向复兴．当代世界，2013,(10).

崔翔，杜小林．南亚政党政治发展特点与趋势．当代世界，2013,(10).

刘从齐．政党制度顶层设计中的他山之石——论比较方法在中国政党制度研究中的特殊意义．上海党史与党建，2013,(10).

谭鹏．论战后瑞典社会民主党长期执政的成就、经验、启示．中国浦东干部学院学报，2013,(5).

朱新光，苏萍，余国华．吉尔吉斯斯坦多党制评析．新疆师范大学学报(哲学社会科学版)，2013，(5).

史云锋．绿党．世界环境，2013，(5).

董瑛．苏共亡党应成为全党群众路线教育实践活动教材——苏共亡党对中共廉洁政治建设的启示．甘肃社会科学，2013，(5).

王佳．俄罗斯政党制度的历史变迁．商，2013，(18).

李雯．选举法、政党制度与精英．天津市社会主义学院学报，2013，(3).

赵宬斐,赵光勇．“深绿”转向“浅绿”的调适与回归——论欧洲绿党转型的现代性意蕴．甘肃理论学刊，2013，(5).

周淑真，杜一菲．当代左翼政党党内民主与中共之借鉴．理论探讨，2013，(5).

曾庆美，雷秀岚，何咏梅．西方政党联系民众对我党群众工作的启示．社科纵横，2013，(9).

周柔．列宁的党风廉政建设思想研究．齐齐哈尔大学学报(哲学社会科学版)，2013，(5).

张定淮，甘长山．论香港政党政治的发展空间和限度．深圳大学学报(人文社会科学版)，2013，(5).

张慧卿．政治秩序视角下的执政党能力建设——兼评亨廷顿的政党政治思想．学习论坛，2013，(9).

孙功，高旭．马克思恩格斯列宁党代表大会制度理论及其当代价值．中共天津市委党校学报，2013，(5).

伍慧萍，邬彩琴．德国海盗党的制度创新及发展制约因素．国际论坛，2013，(5).

袁东振．“后查韦斯时代”委内瑞拉政党及政党格局的新变化．当代世界，2013，(9).

吴兴唐．辩证看待西方政党政治的新发展．当代世界，2013，(9).

史志钦．英国保守党何以老而不衰?．当代世界，2013，(9).

宋丽萍．政治生态环境的变化与印度国大党的发展．当代世界，2013，(9).

王克明．韩国政党群众工作策略述评．求知，2013，(9).

葛伟阳．列宁关于执政党密切联系群众的思想路径及其现实思考．中共南昌市委党校学报，2013，(6).

詹姆斯·奥基，周亭佑，施雪琴．泰国的政党、派系与腐败．南洋资料译丛，2013，(4).

蒯正明，蒋苗苗．主权债务危机背景下欧洲左翼政党发展的状况及其评析．江西师范大学学报(哲学社会科学版)，2013，(6).

谈娅，唐海军．亚非拉共产党近期发展、调整探索与前景．当代世界社会主义问题，2013，(4).

彭慧．东南亚的庇护政党制刍议——以菲律宾、泰国及印度尼西亚为例．东南亚研究，2013，(6).

廖小健．试论马来西亚华人政党的“不入阁”．东南亚研究，2013，(6).

李雯．欧洲衡量政党及政党法规标准的演进．天津市社会主义学院学报，2013，(4).

陈力丹．马克思恩格斯关于党内思想交流的思想．东南传播，2013，(12).

陈胜男．论凹陷的政党营销．佳木斯教育学院学报，2013，(12).

施雪华．中西政党制度比较及其启示．中国特色社会主义研究，2013，(6).

徐向梅．俄罗斯政党制度发展与法律规制建设．俄罗斯学刊，2013，(6).

蒯正明．列宁关于密切党群关系的思想与现实启示．社会主义研究，2013，(6).

A. Papariga，陆轶之．共产党对资本主义经济危机的立场：同化或决裂．社会科学论坛，2013，(12).

林德山．国外政党政治信息传递最大化的三个做法．中国党政干部论坛，2013，(12).

袁东振．2013 年拉美国家传统政党动态与趋势．当代世界，2013，(12).

刘辉．美国民主党为何长期活跃于美国政坛．当代世界，2013，(12).

王洪一．非洲政党政治的新特点和新趋势．当代世界，2013，(12).

盛世良．俄罗斯多党政治的新变化．当代世界，2013，(12).

王洪起．阿尔巴尼亚社会党在野八年后重新掌权执政．当代世界，2013，(12).

延 – 沃纳・穆勒．应该禁止极端主义政党吗？. 南风窗，2013，(24).

孙美晖．政党制度与社会稳定研究——加拿大、新加坡与菲律宾比较分析．黑龙江社会科学，2013，(6).

陈曦．新加坡政治领袖产生因素探析．学理论，2013，(32).

郑光贵．西方政党制度的虚伪性和欺骗性——兼论美国“两党轮流执政”的实质．思想理论教育导刊，2013，(11).

冉刚．国外政党作风建设专题之一越南共产党着力加强作风建设．中国监察，2013，(22).

高放．社会党是代表部分工人的社会主义政党——对上百年世界社会主义历史的简要考察．中国延安干部学院学报，2013，(6).

郑琦．国外政党改善党群关系的探索与创新．理论视野，2013，(11).

刘中民，李志强．中东变局与伊斯兰政党的新发展．阿拉伯世界研究，2013，(6).

赵婷．印度共产党 (马克思主义) 的社会主义理念研究．理论界，2013，(11).

朱映雪，周红梅．列宁关于以党内民主促进党群关系和谐的思想及其现实启示．理论导刊，2013，(11).

林明春．浅析英美两党制的异同．商，2013，(21).

陈洪兵，张小青，程旭辉．墨西哥三大政党的青年组织．中国青年研究，2013，(11).

朱艳圣．日本自民党再度崛起的原因探析．当代世界，2013，(11).

谭鹏．论战前西欧社会民主党的发展历程及其主要特点．上海党史与党建，2013，(11).

张超．一党制的起源、分类与演化——亨廷顿一党制研究述要．国外理论动态，2013，(11).

郭伟伟，徐晓全．马来西亚政党政治的特点与趋势展望．国外理论动态，2013，(11).

陈文，胡胜全．从金字塔顶溃落：埃及民族民主党垮台的系统因素分析．国外理论动态，2013，(11).

降瑞峰．把握政党政治基本规律推进中国政党理论研究——“世界政党格局变迁与中国政党制度发展”学术研讨会综述．新视野，2013，(3).

邓喆．政党体制构因浅析——对凯伊《两党制》一文的译介．南京政治学院学报，2013，(2).

厉有国．政党执政资源建设的中西比较与启示．信阳师范学院学报 (哲学社会科学版)，2013，(3).

赵婷．意大利重建共产党发展的困境．中国社会科学报，2013-03-27B03.

牛海彬．拉美左翼运动兴衰．东方早报，2013-03-07A10.

成文章．政治不文明与苏共的败亡之路．经济观察报，2013-05-20049.

柴尚金．西方多党民主的三大制度性困境．中国社会科学报，2013-05-29B03.

叶麒麟．弱政党政治：西方政党体制的一种分析框架．中国社会科学报，2013-07-31B03.

赵宬斐．西方政党发展现状及前瞻．中国社会科学报，2013-06-26B03.

陈海燕．冷战后世界左翼政党发展特点．中国社会科学报，2013-07-31B03.

代金平．国外一些政党处理与选民关系的经验教训．重庆日报，2013-08-15011.

秦晖．从种族两党制到左右两党制．经济观察报，2013-08-12048.

秦晖．南非共的转型．经济观察报，2013-09-16051.

郭伟伟，徐晓全．独具特色的马来西亚政党政治．学习时报，2013-09-16002.

王克明．韩国政党的群众工作策略．学习时报，2013-09-23002.

唐昊．代表与转型：当代西方政党政治逻辑．中国社会科学报，2013-09-25B03.

吴海红．国外长期执政政党如何制度反腐．学习时报，2013-10-07005.

赵忆宁．美国必须要“跨过政党的走廊”．21 世纪经济报道，2013-10-01024.

赵忆宁．两极化可能使美国演变为多党政体．21 世纪经济报道，2013-11-26024.

二、著作

中央社会主义学院中国政党制度研究中心编．中国政党制度年鉴．2012. 北京：中央文献出版社，2013.

高新文主编．“同心”思想与多党合作．太原：山西人民出版社，2013.

熊必军著．制度分析视域下的中国特色政党制度研究．北京：中央编译出版社，2013.

黄卫平，陈家喜主编．制度建设与政党发展：政党体制的比较分析．北京：社会科学文献出版社，2013.

刘俊杰著．当代中国党际协商民主研究．镇江：江苏大学出版社，2013.

蔡志强著．价值引导制度：社会和谐与党的执政能力建设．南京：江苏人民出版社，2013.

谷宇，丁建华主编．党的先进性与纯洁性研究．上海：上海三联书店，2013.

闫健著．中国共产党转型与中国的变迁：海外学者视角评析．北京：中央编译出版社，2013.

靳呈伟主编．党内民主．北京：中央编译出版社，2013.

黄飚著．马克思主义党风建设理论中国化研究．广州：世界图书出版公司，2013.

高原著．新时期农村基层党组织建设研究．西宁：青海民族出版社，2013.

高文兵主编．党建科学化的认识与实践，理论篇．长沙：湖南人民出版社，2013.

黄小军主编．云南农村基层党组织建设研究．北京：中国书籍出版社，2013.

黄梦其著．新时期党建工作热点问题初探．长沙：湖南人民出版社，2013.

黄钢威主编．新中国高校党的建设发展进程研究．成都：四川人民出版社，2013.

该书课题组 [著]. 中国共产党自身建设道路，改革开放新时期篇．北京：中央文献出版社，2013.

该书课题组 [编]. 党的建设科学化十论：对策研究报告．北京：中共中央党校出版社，2013.

该书编写组编著．党建理论研究与实践创新．北京：红旗出版社，2013.

全国党的建设研究会课题组，辽宁省党的建设研究会课题组编．创先争优与党的先进性建设研究．北京：党建读物出版社，2013.

全国党的建设研究会课题组，湖北省党的建设研究会课题组编．新的历史条件下密切党同人民群众联系问题研究．北京：党建读物出版社，2013.

中共中央组织部党建研究所编著．党建研究纵横谈．2012. 北京：党建读物出版社，2013.

中共中央组织部党建研究所课题组 [编著]. 新时期党建工作热点难点问题调查报告．第十七卷，网络虚拟社会对组织工作影响问题研究报告．北京：党建读物出版社，2013.

该书课题组编著．中国非公企业党建创新研究．北京：红旗出版社，2013.

何克祥著．党内生活科学化研究．北京：社会科学文献出版社，2013.

余光芝编著．基层党建工作探索．北京：中国农业科学技术出版社，2013.

侯晋雄著．转型期执政党的整合功能．北京：国家行政学院出版社，2013.

俞思念，谭德宇，苏阳著．论党的群众路线．武汉：华中师范大学出版社，2013.

傅杰主编．社会主义市场经济体制建立过程中的党风廉政建设．2 版，修订版．北京：中国方正出版社，2013.

刘勇著．党员主体地位的理论创新与实践探索研究．北京：中国社会科学出版社，2013.

刘川生主编．高校党建创新：实践探索与理论思考．北京：北京师范大学出版社，2013.

刘汉峰著．党内基层民主的实践探索与路径创新：以北京市为例．北京：首都师范大学出版社，2013.

刘红凛著．政党关系和谐与政党制度建设．北京：人民出版社，2013.

刘诚，戴玉琴等著．代表人民利益与保持党的先进性．北京：社会科学文献出版社，2013.

吴家庆著．中国共产党公信力建设研究．北京：人民出版社，2013.

吴美华，于红著．马克思主义党建理论在当代中国的新发展．北京：中国人民大学出版社，2013.

李良栋著．改革和完善党的领导方式执政方式问题研究．北京：中共中央党校出版社，2013.

侯晋雄著．转型斯执政党的整合功能．北京：国家行政学院出版社，2013.

周新芳著．党内基层民主建设研究．济南：山东人民出版社，2013.

姜玮主编．保持和发展党的本色与优势：中国特色反腐倡廉建设理论与实践研究．北京：中国社会科学出版社，2013.

孙德江著．世纪之交党风廉政建设思想研究．南宁：广西人民出版社，2013.

孙晋康，谢英芬主编．西柏坡时期党的建设．石家庄：河北人民出版社，2013.

宋秦年著．略论党的思想建设．北京：清华大学出版社，2013.

廖晓文主编．服务型党支部建设．修订版．北京：中共党史出版社，2013.

张健著．中国共产党党内民主建设理论与实践．北京：新华出版社，2013.

张志富主编．国有企业党建工作创新研究与探索．北京：煤炭工业出版社，2013.

张红妹著．共产党的执政理念与实践研究．天津：天津人民出版社，2013.

张育松，王斌，王晓晴著．大学党建工程建设研究．沈阳：辽宁人民出版社，2013.

曾成贵主编．正道中国：十六大以来党的理论创新．武汉：湖北人民出版社，2013.

朱文伟著．社会中介组织党的建设研究．郑州：郑州大学出版社，2013.

朱映雪著．中国共产党党内民主发展动力问题研究．北京：人民出版社，2013.

朱晞颜，刘贵忠，熊世明主编．网格化基层党建和社会管理的创新与实践．北京：党建读物出版社，2013.

李发平主编．社区党组织建设．太原：山西经济出版社，2013.

李少军主编．学习型党支部建设．修订版．北京：中共党史出版社，2013.

李明三著．党的建设思索评论集．北京：红旗出版社，2013.

李蓬著．建国后中国共产党反腐败政治体系构建和实践研究：基于政治生态学分析的视角．北京：光明日报出版社，2013.

韩福国著．开放式党建：协商民主与群众路线的融合．上海：上海人民出版社，2013.

蒯正明，付启章著．中国共产党制度建设科学化研究．北京：中国社会科学出版社，2013.

李锡炎主编．非公企业党建与领导管理创新：泸州公交党建科学化案例研究．北京：人民出版社，2013.

李雁冰，王鸣晖，肖永辉著．高校学习型党组织建设长效机制研究．长春：东北师范大学出版社，2013.

林绪武，王利娟，扶志刚著．马克思主义中国化与中国共产党的现代化．天津：南开大学出版社，2013.

梁昱庆主编．马克思主义党建理论中国化：创新与发展．成都：四川大学出版社，2013.

毛跃著．执政党建设创新十论．杭州：浙江大学出版社，2013.

汪华主编．马克思主义学习型党组织建设研究：基于高校党组织建设的思考．武汉：

武汉大学出版社，2013.

牛安生主编．党的建设科学化：河南省党的建设理论与实践成果集．郑州：河南人民出版社，2013.

郭大方著．执政党跳出周期率的必然选择——中国共产党惩治腐败的探索与思考．北京：军事科学出版社，2013.

周挺著．乡村治理与农村基层党组织建设．北京：国家知识产权局知识产权出版社，2013.

王建中，郑志飚，路光前主编．党的建设新的伟大工程论．西安：西北大学出版社，2013.

王真等著．中国共产党科学发展思想史．北京：中国社会科学出版社，2013.

王金柱著．构建良性互动的党群关系：中国梦的力量源泉．成都：四川人民出版社，2013.

王长江主编．政党政治与中国问题书系．南京：江苏人民出版社，2013–.

由民著．新加坡大选人民行动党为什么总能赢？：以 1997、2001、2006、2011 年国会选举为例．北京：经济管理出版社，2013.

祝宝钟等编著．党建正能量聚力中国梦：以改革创新意识加强新时期党的建设．北京：人民出版社，2013.

肖东波著．新中国成立初期中国共产党执政实践研究:1949~1956．北京：中央文献出版社，2013.

肖存良，林尚立著．中国共产党与国家建设：以统一战线为视角．上海：复旦大学出版社，2013.

胡良琼著．党内民主问题研究．北京：中共中央党校出版社，2013.

董德福，史云波著．中国共产党理论创新的自觉：历史与现实．镇江：江苏大学出版社，2013.

蒋乾麟主编．党的创新理论与实践．北京：国防大学出版社，2013.

蒋学基主编．参政党的社会基础与社会功能．北京：中共中央党校出版社，2013.

李秀华，盛海英著．民主党派参政与政治文明建设研究．长春：吉林出版集团有限责任公司，2013.

黄利鸣主编．参政党理论研究论文集．第七辑．武汉：湖北人民出版社，2013.

黄利鸣主编．民主党派代表人士队伍与参政党建设研究．武汉：湖北人民出版社，2013.

九三学社中央研究室编．九三学社参政党理论研究论文集．北京：学苑出版社，2013.

中国农工民主党中央宣传部编．2012 中国农工民主党理论研究优秀论文集．北京：中国医药科技出版社，2013.

舒新著．承袭与僭越——中国共产党对社会民主党及民主社会主义的认知历程．北京：中国社会科学出版社，2013.

刘敏茹著．转型国家的政党制度变迁：俄罗斯与波兰的比较分析．北京：中央编译出版社，2013.

中国统一战线理论研究会政党理论北京研究基地编著．世界政党格局变迁与中国政党制度发展．北京：中国友谊出版公司，2013.

梁琴，钟德涛著．中外政党制度比较．北京：商务印书馆，2013.

谢峰著．政治演进与制度变迁：英国政党与政党制度研究．北京：北京大学出版社，2013.

于洪君主编．当代世界政党情势:2012. 北京：党建读物出版社，2013.

程玉红著．网络时代的政治参与和政党变革研究．北京：知识产权出版社，2013.

薛小荣著．网络党建论——互联网时代政党的组织变革与社会适应．北京：时事出版社，2013.

包承柯主编．转型体制下各国政党体制与选举制度研究．上海：上海人民出版社，2013.

（意）安格鲁·帕尼比昂科著；周建勇译．政党：组织与权力．上海：上海人民出版社，2013.

赵宬斐著．西方政党发展路径及现代性变革．北京：中央文献出版社，2013.

卫建林．全球化与共产党．北京：社会科学文献出版社，2013.

顾训宝著．列宁执政党学习思想研究．北京：中国社会科学出版社，2013.

张伯玉著．日本选举制度与政党政治．北京：中国经济出版社，2013.

王建波著．改革与分离：瑞内·莱维斯克与魁北克人党（1968–1985）．长春：吉林大学出版社，2013.

谢峰著．西方政党党内民主研究．广州：广东人民出版社，2013.

谢峰著．英国保守党领袖选举研究：制度变迁与政治发展．南京：江苏人民出版社，2013.

李华锋著．英国工党政坛沉浮与主导思想的关系研究．北京：中国社会科学出版社，2013.

方雷，蒋锐著．政治断层带的嬗变：东欧政党与政治思潮研究．济南：山东大学出版社，2013.

李满长著．多党制与南斯拉夫分裂．北京：人民出版社，2013.

陈丽君著．香港政党政治与选举制度研究．北京：中国社会科学出版社，2013.

朱　虹　中央社会主义学院中国政党制度研究中心编辑

图书在版编目（CIP）数据

中国政党制度年鉴·2013 / 中央社会主义学院中国政党制度研究中心编．
—北京：中央文献出版社，2014.12
ISBN 978－7－5073－4195－9

Ⅰ．①中…　Ⅱ．①中…　Ⅲ．①政党－政治制度－中国－2013－年鉴
Ⅳ．①D665-54

中国版本图书馆 CIP 数据核字（2014）第 268822 号

中国政党制度年鉴·2013

编　　者／中央社会主义学院中国政党制度研究中心
责任编辑／李月兰
文字编辑／朱　虹
封面设计／敬德永业

出版发行／中央文献出版社
地　　址／北京西四北大街前毛家湾1号
网　　址／http：//www. zywxpress. com
邮　　编／100017
销售热线／63097018　66513569　66183303
编辑热线／66552779
经　　销／新华书店
排　　版／敬德永业
印　　刷／北京嘉恒彩色印刷有限公司

787×1092mm　16开　　64. 125 印张　1400千字
2014年12月第1版　　2014年12月第1次印刷

ISBN 978-7-5073-4195-9　　定价：290. 00元